管理会计案例汇编

2024

中华人民共和国财政部会计司编写组 ◎ 编

中国财经出版传媒集团

经济科学出版社
Economic Science Press

·北 京·

图书在版编目（CIP）数据

管理会计案例汇编 2024 ：上、下册/中华人民共和国财政部会计司编写组编. -- 北京 ：经济科学出版社，2025. 1. -- ISBN 978 -7 -5218 -6443 -4

Ⅰ. F234. 3

中国国家版本馆 CIP 数据核字第 20243EX666 号

责任编辑：卢玥丞　杨金月　赵　岩
责任校对：靳玉环　王肖楠　李　建　蒋子明
责任印制：范　艳

管理会计案例汇编 2024

GUANLI KUAIJI ANLI HUIBIAN 2024

中华人民共和国财政部会计司编写组　编

经济科学出版社出版、发行　新华书店经销

社址：北京市海淀区阜成路甲 28 号　邮编：100142

总编部电话：010 -88191217　发行部电话：010 -88191522

网址：www. esp. com. cn

电子邮箱：esp@ esp. com. cn

天猫网店：经济科学出版社旗舰店

网址：http：//jjkxcbs. tmall. com

北京季蜂印刷有限公司印装

787 ×1092　16 开　102. 25 印张　2000000 字

2025 年 1 月第 1 版　2025 年 1 月第 1 次印刷

ISBN 978 -7 -5218 -6443 -4　定价：298. 00 元（上、下册）

（图书出现印装问题，本社负责调换。电话：010 -88191545）

前　言

为总结、推广我国管理会计实践经验，调动单位应用管理会计的积极性，按照《会计改革与发展“十四五”规划纲要》关于深化管理会计应用的要求，2023年6月，财政部办公厅印发《关于开展管理会计案例征集工作的通知》，在全国范围内开展管理会计案例征集工作。经专家评审后共遴选出190篇案例纳入财政部管理会计案例库，并从190篇入库案例中进一步遴选出100篇案例为优秀案例。经征得案例单位和案例作者授权同意，现将其中97篇优秀案例集结出版，以充分发挥优秀案例的示范引领作用。

本书案例包含企业案例和行政事业单位案例，涵盖战略管理、预算管理、成本管理、营运管理、投融资管理、绩效管理、风险管理、其他等应用领域，具体显示了不同行业、不同性质、不同规模单位管理会计应用的先进经验，为相关单位深化管理会计应用、推动高质量发展提供参考。

本书案例均由各署名单位（作者）提供，各署名单位（作者）对案例真实性、准确性、合法性负责，并具有最终解释权。

中华人民共和国财政部会计司编写组
2024年12月

目　录

上　册

三、成本管理 281

七、风险管理 893

八、其他领域 967

九、综合应用　1255

一、战略管理

基于战略地图与平衡计分卡的省级医院战略管理体系构建与实践

摘要

在国家分级诊疗制度改革和医疗服务供给侧改革的大背景下，公立医院应当立足发展战略锐意改革，加快构建秉承医疗服务公益性宗旨、强化成本管控理念、体现医务人员劳动价值、激发医务人员创新改革动力的战略管理体系建设，以实现医院高质量发展。

河北省中医院是河北省三级甲等公立医院。此前，医务人员绩效考核体系单一，导致无法全面评价医护人员的工作业绩，医院战略落地缺少有效支撑。自推行管理会计深度应用以来，医院积极开展战略管理改革、构建基于医院战略的绩效分配体系，引导医院增强公益性、提高精细化管理水平，促进了医院可持续健康发展。

2020 年开始，河北省中医院采用依据行业特征和医院特色进行本土化改进的战略地图和平衡计分卡管理会计工具，从工作效益、服务质量、医疗质量和学习成长四个维度进行战略支撑，绘制了院级、科室和岗位三级战略地图；明确了医院、各科室和不同岗位职工的绩效考核评价指标，形成了三级平衡计分卡体系，使战略地图和平衡计分卡在战略管理中发挥牵头和导向作用。为了保证战略目标实现，医院采取全面预算管理、医疗质量考核等多种措施对战略目标执行情况进行监控，并定期进行总结和回顾，确保战略有效落地和动态适应，保障了医院各项医疗、管理工作向战略目标稳步推进。

一、案例背景描述

（一）应用单位基本情况

河北省中医院（河北中医药大学第一附属医院）（以下简称“医院”）创建于 20

世纪 70 年代，是一座集医疗、教学、科研、预防、急救、康复等功能于一体的综合性三级甲等中医院。

医院设临床医技科室 75 个，编制床位 1800 张，是第二批国家中医临床研究基地建设单位，拥有 4 个国家临床重点专科（中医专业）、7 个国家中医药管理局重点专科、17 个省级中医重点专科。设有 8 个全国名老中医药专家传承工作室，4 个省级名老中医药专家传承工作室，3 个国家级、省级重点研究室，3 个省级科研平台，是国家药物临床试验机构。

（二）应用单位战略管理存在的问题

医院存在战略贯彻落实不到位和绩效考核与战略脱节的问题。医院战略落地缺乏具体的工作支持，医院战略并未全面转化和细化为医院各科室的战略目标，各科室对医院战略理解不到位；绩效考核原方法侧重通过科室结余评价各科室的绩效，无法体现医生的劳动效率和质量，与医院战略目标脱节。原有考核方式有侧重经济指标的不恰当信息传递，无法调动职工积极性，职工参与度不高，降低了职工对绩效考核制度的认同感和满意度。

（三）选择相关管理会计工具的主要原因

通过战略地图和平衡计分卡的应用，能够将医院的战略目标清晰化、可视化，引导各科室关键绩效指标（KPI）制定有效地与医院战略目标相结合，保障医院战略的实现。

二、总体设计

2020 年开始，医院采用依据行业特征和医院特色进行本土化改进的战略地图和平衡计分卡管理会计工具，对医院战略管理水平进行升级优化。目前，已经绘制建成了院级、各科室和不同岗位的三级战略地图和平衡计分卡管理体系，并在医院推广和执行。

（一）应用相关管理会计工具的目标

医院采用战略地图和平衡计分卡进行战略管理，以引导各科室聚焦医院战略，形成与医院战略一致的、相互协同的科室战略目标，将科室和职工的利益与医院战略绑定，形成战略合力。从而贯彻落实医院公益性、发扬中医特色的战略目标，最大限度地调动员工的主动性和能动性，提升医院服务效能和成本控制水平，驱动医院高质量发展。

（二）应用相关管理会计工具的总体思路

首先，采用战略地图和平衡计分卡工具，链接战略和运营管理，形成战略管理的闭环。如图 1 所示，医院依据国家相关文件精神和医院发展特色制定战略，并采用战略地图将医院战略细化；依据战略目标制定医院未来的发展规划、绩效评价体系和行为方案，保证战略贯彻执行；定期反馈总结，每年依据医院战略执行情况进行回顾，并对下一年度工作进行调整。

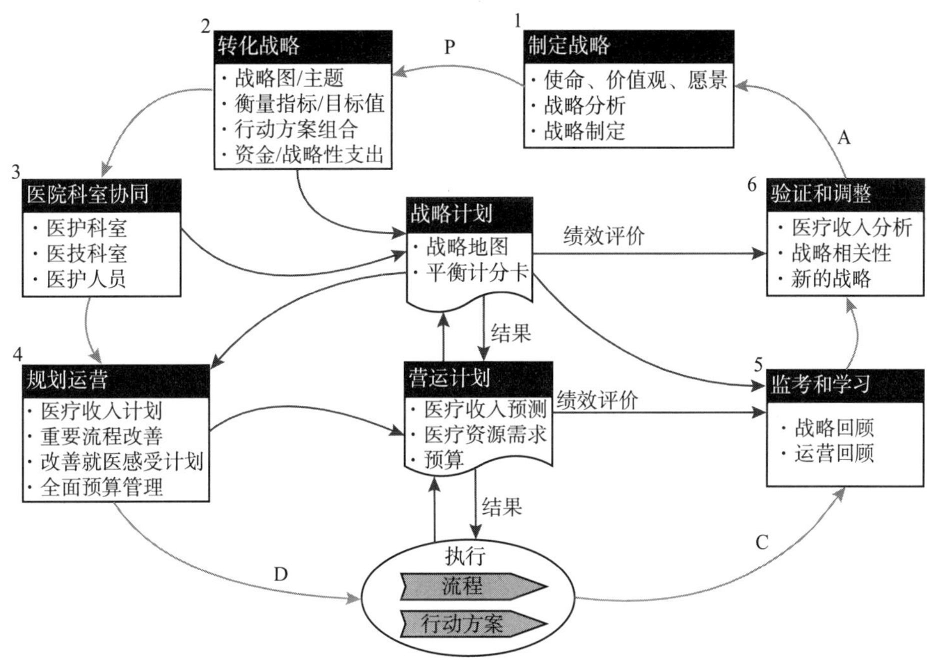

图 1　河北省中医院战略管理思路

其次，将战略目标贯彻落实到每个职工，形成“医院—科室—个人”的三层战略管理体系，达到全链条战略管理。依托战略地图和平衡计分卡管理工具，将医院战略层层分解细化，结合各科室职能特征，形成各科室的战略目标和绩效评价指标；同时，科室内部形成不同岗位职工的战略目标和绩效评价指标。

最后，结合各科室职责、医疗特点和战略目标，采用不同的考核方法和考核指标。科室划分为临床医生科室、护理单元、医技科室、医辅科室和行政科室五类科室（单元）。

（三） 应用相关管理会计工具方法的创新

（1）将战略地图和平衡计分卡管理会计工具引入医院，依据医院的战略绘制医院战略地图时，加入了公益性和发扬中医特色的战略目标，符合公立医院的发展目标。

（2）医院采用战略地图和平衡计分卡管理会计工具，能够与医院战略和行业特色相结合，对管理会计工具进行本土化改造。将平衡计分卡原有的四个维度，转化为工作效益、服务质量、医疗质量和学习成长四个维度，以符合医疗行业特点。

（3）按职责不同，将科室部门进行细化，更有针对性和精细化地制定战略目标和考核指标。区别于其他单位直接以科室作为二级考核对象，医院将各医疗科室拆分成临床医生和护理单元两类，对两类科室和岗位分别制定不同的战略目标和考核指标。

三、应用过程

（一） 参与部门与人员

医院成立由党委书记和院长共同担任组长的绩效领导小组并设立办公室，负责绩效考核体系的制定和评价方案的执行。绩效领导小组作为医院战略管理和绩效考核的决策机构，其职责是：组织领导战略制定工作、负责审定战略管理政策及相关实施细则。办公室作为具体执行部门，其职责是：具体负责管理和协调绩效考核工作、负责绩效奖励发放的计算和监督考核与分配的实施过程。

（二） 应用相关管理会计工具的部署要求

1. 制定战略管理制度

为了落实平衡计分卡绩效考核制度，医院制定了一系列战略管理制度实施的具体方案，包括《河北省中医院战略目标细化方案》《河北省中医院绩效考核及分配方案》《护理质控与科室绩效实施方案》《质控考核实施方案》《医院科室年度目标责任书》等系列制度文件。

2. 建立完善的信息系统

医院建立了一套完善的医院信息系统（Hospital Information System，HIS 系统），为战略管理提供信息化的技术支持。HIS 系统的主要功能包括：提供系统管理平台，为门诊诊疗服务、急诊诊疗服务、住院诊疗服务搭建信息化平台，为患者设立电子病历，提供电子病历归档系统，提供临床管理、药事所需的技术支持，为医技科室提供预约排队、重症监护等信息系统，构建数据中心，加强医联体之间的协作，实现信息共享、分级诊疗、双向转诊等功能。

3. 积极与员工沟通

医院绩效管理办公室通过宣讲、座谈会、科室调研、问卷调研多种形式，及时与各岗位职工沟通，收集职工的反馈意见和建议，明确原有管理体系的缺陷，了解各科室的工作流程和职责特点，探寻医护人员对绩效激励的关注点。经过与各方专家的探讨，并结合科室特点，制定了科室战略目标和适合的绩效考核指标，以提高战略目标规划、绩效考核体系的合理性和有效性。

（三）具体应用流程

1. 构建院级战略地图

医院通过对战略愿景、医院使命、规划目标的分解设计，并结合医院特色和行业特征对战略地图进行本土化改进，分别编制工作效益、服务质量、医疗质量和学习成长四个维度的主要工作，以工作效益为首要目标，通过服务质量支持工作效益、医疗质量支撑服务质量的达成、学习成长支撑医疗质量流程，四个维度汇总形成院级战略地图，体现系统性、逻辑性和医院特色，如图 2 所示。

工作效益维度战略目标是其他三个维度的最终目标，也是医院最终工作完成情况和目标实现结果的体现。战略地图中定位了医院未来发展的重要方向，并描绘了实现路径：通过收入结构调整和成本管控实现经济效益的提高，通过降低患者诊费、提高综合救治能力等公益性导向和弘扬中医文化完成医院社会效益。

服务质量维度战略目标用来响应医院战略和支撑工作效益维度战略目标，要解释“做什么、通过什么方式做、做到什么程度”，描绘医院客户蓝图。

医疗质量维度战略目标需要支撑医院战略、工作效益维度和服务质量维度战略目标。医院明确通过优化资源配置、提高服务效率和水平的方式“提升运营质量和效率”以降低成本、减少患者诊治费用，完成工作效益维度的“成本管控”目标和“公益性导向”目标。通过“构建医疗质量体系”和加强科研技术水平等方式“提升诊疗技术水平”，以支撑服务质量维度的“提高患者满意度”目标；通过完善医疗就诊模式“提升患者就医体验”；通过发扬中医特色疗法、加强重点专科专病建设、提升中医教学水平，支撑工作效益维度的“弘扬中医文化”目标。

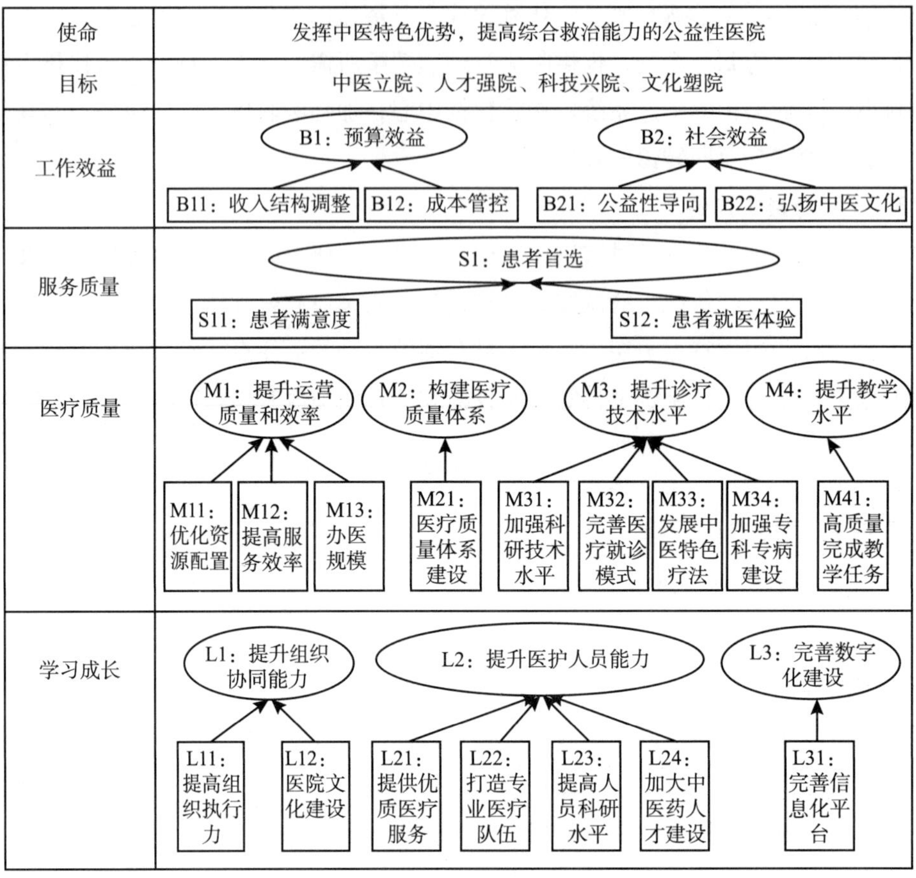

图 2　河北省中医院战略地图

上述三个维度战略目标的实现需要依靠“人”和“组织”协同实现，形成学习成长维度的战略目标。医院重点关注组织协同能力的提升，包括医护、医技、管理人员在内的每位医院职工能力的提高和医院数字化建设，以明确组织、人力、团队等“无形资产”的支撑作用。

2. 构建院级平衡计分卡

首先，依据四个维度战略目标的设立，识别关键成功因素，结合国务院办公厅《关于加强三级公立医院绩效考核工作的意见》《关于推动公立医院高质量发展的意见》，河北省人力资源社会保障厅等 5 个部门联合印发《河北省深化公立医院薪酬制度改革实施方案》，医院初步搭建了符合医院独特院情、适应医改政策、具有前瞻性的战略框架，形成医院绩效考核指标，实现战略目标与医院运营管理的无缝对接。其次，医院绩效评价小组依据专家意见，并结合医院员工的调研、座谈结果，制定各评价指标的权重。最后，依据上述文件中对高质量公立医院的要求、我国公立医院行业均值以及中医院“十四五”规划和未来发展目标，确定下年度目标值，形成河北省中医院平衡计分卡体系（见表1）。

表1　　河北省中医院平衡计分卡

维度	战略目标	评价指标	计算公式	权重	目标值
工作效益	B11：收入结构调整	医疗服务收入占比	医疗服务收入/医疗收入×100%		
		“冀膏”中药制剂收入占比	中药制剂收入占药品收入比重		
	B12：成本管控	百元卫生材料	卫生材料成本/(毛收入－药品收入)		
		核算成本率	核算成本/核算收入		
	B21：公益性导向	门诊均次费用	门诊收入/门诊人次数		
		出院均次费用	出院患者住院费用/出院人次数		
	B22：弘扬中医文化	中医药学术理论传承	燕赵医家经典名方数量、国家或者省级中医药学术继承人才数量		
服务质量	S11：患者满意度	患者投诉率	患者投诉数量/就诊人数		
	S12：患者就医体验	患者就医体验满意度	调查问卷得到		
医疗质量	M11：优化资源配置	大型医用设备台数	大型医用设备台数		
		中药调剂智能质控装备业务量	中药调剂智能质控装备运行次数		
	M12：提高服务效率	门诊量	挂号数－退号数		
		医生日均看诊量	当期门诊患者人次/天数/医生数量		
	M13：办医规模	编制床位数	床位个数		
		总建筑面积	楼面建筑面积		
	M21：医疗质量体系建设	医疗服务质量得分	医务科系统直接导出		
	M31：加强科研技术水平	三四级手术占比	三四级手术/手术总量		
		出院患者手术占比	做手术人数/出院患者		
	M32：完善医疗就诊模式	多学科联合门诊量	多学科联合门诊就诊人次		
	M33：发展中医特色疗法	人均中医服务项目	门诊人次中医服务项目/门诊人次		
		中药饮片占比	中药饮片收入/药品收入		
		中药制剂使用率	包含中药制剂的处方量/总处方量		
	M34：加强专科专病建设	临床重点专科数量	医院国家级和省级临床重点专科数		
		省级医学重点专科	医院省级临床重点专科数量		
	M41：高质量完成教学任务	教学工作量	为河北中医药大学承担的教学工作量		

续表

维度	战略目标	评价指标	计算公式	权重	目标值
学习成长	L11：提高组织执行力	临床护理医技之间的配合度	内部评分		
	L12：医院文化建设	职工对医院文化的了解程度	医院开办的介绍医院战略、文化和党建培训会次数		
	L21：提供优质医疗服务	中医特色护理人才	中医特色护理专业人才数/护士数		
		医护比	医生人数/护士人数		
	L22：打造专业医疗队伍	执业医师数量	医院执业医师人数		
		人员结构	副高以上职称医生/总医生		
	L23：提高人员科研水平	发表论文数量	发表高端论文篇数		
	L24：加大中医药人才建设	高尖端中青年创新人才	具有博士学位、中医药基本功扎实并能把握前沿科技的高端人才数量		
	L31：完善信息化平台	电子便利系统应用水平分级	医务科系统直接导出		
		信息互联互通标准化成熟度	医务科系统直接导出		

3. 构建各科室战略地图和平衡计分卡

各科室需要从医院战略地图入手，根据各科室职能性质不同，在兼顾部门业务特点的同时，将医院战略有效分解至本科室。再依据各科室战略目标，结合院级平衡计分卡，制定各科室的绩效评价指标，形成科室平衡计分卡。医院临床医生科室、护理单元和医技科室的战略目标存在显著差异，也形成了不同的战略地图和平衡计分卡。下面以临床医生科室的战略地图和平衡计分卡为例具体说明。

第一，建立临床医生科室的战略地图。临床医生科室是医院最核心的战略执行单位，直接决定了医院的医疗服务能力和水平，也是决定医患关系和医疗方法的直接载体。图 3 列示了临床医生科室的战略地图。

科室工作效益维度战略目标需要明确本部门“能为医院创造哪些价值、通过什么路径创造价值，能够创造多少价值”。针对医院“提高预算效益”的战略目标，临床医生科室分解为“收入结构调整”“科室成本下降”目标。针对医院“提高社会效益”的战略目标，临床医生科室分解为“降低患者就诊费用”目标。

确定各科室服务质量维度战略目标需要明确本科室“通过哪些方式提供什么样的服务”，以支撑工作效益维度目标。作为直接面对患者的科室，临床医生科室需要通过“降低患者投诉率”“缩短就诊时间”“提高医疗服务质量”等方式提高患者满意度。

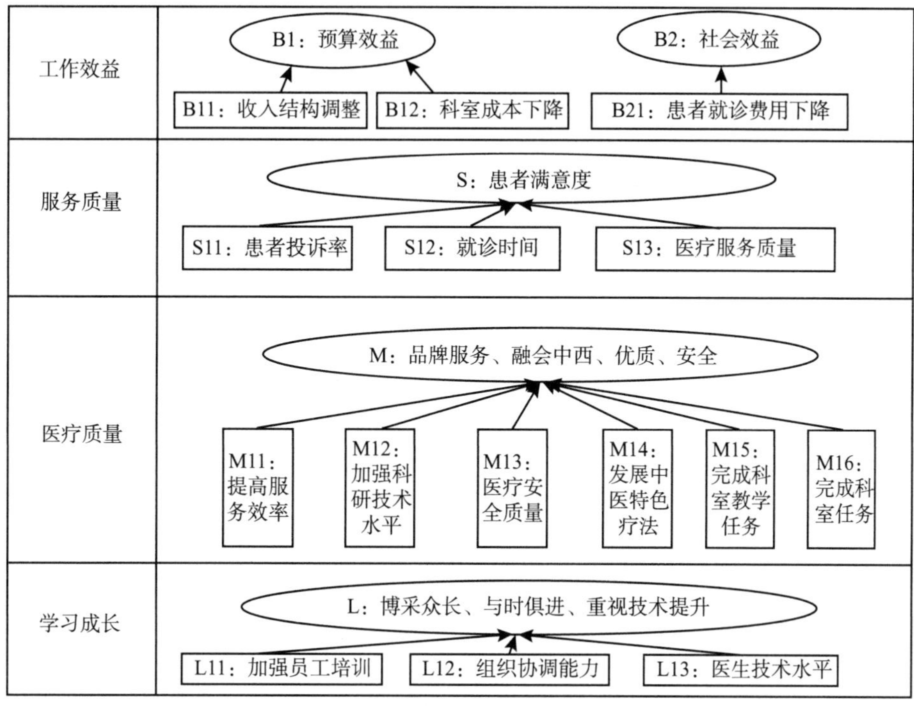

图3　河北省中医院临床医生科室战略地图

确定科室医疗质量维度战略目标需要明确科室应该“具备哪些能力、通过什么手段、做哪些事情”。临床医生科室需要“提高服务效率”以缩短患者的就诊时间；需要“加强科研技术水平”“提升医疗安全质量”以降低患者投诉率和提高医疗服务质量；针对医院院级医疗质量维度战略目标，临床医生科室需要“发展中医特色疗法”“完成教学任务”和“完成科室任务”。

为了支撑上述三个维度科室战略目标的实现，临床医生科室需要“组织员工培训”提升学历和经验，协调与医技、护理等科室的关系、提高不同岗位员工的协同能力，以及提高医生的技术水平。

第二，建设临床医生科室的平衡计分卡。依据临床医生科室的战略地图，结合院级平衡计分卡，制定临床医生科室的绩效评价指标，形成临床医生科室平衡计分卡。结合各科室诊治方式和特点不同，各临床医生科室的平衡计分卡也存在如下差异。

考核指标存在差异。医院将临床医生科室分为以下三类：一是外科临床医生科室，医疗服务包括为患者提供门诊、住院服务和手术诊疗。表2展示了外科临床医生科室的平衡计分卡。二是内科临床医生科室，本部分科室不涉及手术诊疗手段，以中医诊疗为主。与外科临床医生科室平衡计分卡相比，在“M12 医疗技术水平”目标下，内科临床科室减少了三四级手术占比和出院患者手术占比两个评价指标。三是门诊临床医生科室，主要包括推拿科、口腔科、男科和精神心理科四个科室。四个科室仅为患者提供门诊服务，不涉及住院服务和手术诊疗，因此，“医疗质量”维度的评价指标与前两类科室存在差异，其他三个维度基本一致。表 3 展示了门诊临床医生科室“医疗质量”维度的评价指标。

表 2　　河北省中医院外科临床医生科室平衡计分卡

维度	战略目标	评价指标	计算公式	权重	目标值
工作效益	B11：收入结构调整	医疗服务收入占比	医疗服务收入/医疗收入 ×100%		
		门诊量	挂号数 – 退号数		
	B12：科室成本下降	核算成本率	核算成本/核算收入		
		百元卫生材料	卫生材料成本/(毛收入 – 药品收入)		
	B21：患者就诊费用下降	人均核算收支结余	(核算收入 – 核算成本)/实际人数		
		患者就诊均次费用	科室收入/患者就诊人次数		
服务质量	S11：患者投诉率	患者投诉率	患者投诉量/科室就诊人次		
	S12：就诊时间	患者平均就诊等待时间	就诊时间点 – 挂号时间点		
	S13：医疗服务质量	医疗服务质量得分	医务系统直接导出		
医疗质量	M11：提高服务效率	出院人数	出院人数		
		平均住院日	出院患者实际占用病床天数/出院患者数		
	M12：加强科研技术水平	新技术	应用新技术治疗数量/科室门诊数量		
		危重床日占比	危重床日数/实际占用总床日数		
		三四级手术占比	周期内三四级手术占手术总量的比例		
		出院患者手术占比	出院患者中做手术人数的比率		
	M13：医疗安全质量	医疗事故率	科室医疗事故量/门诊量		
	M14：发展中医特色疗法	门诊人均中医服务项目	门诊人次中医服务项目/门诊人次		
		出院人均中医服务项目	出院人次中医服务项目/出院人次		
		门诊西成药品占比	门诊西成药品收入/门诊结算收入		
		颗粒饮片占比	颗粒饮片收入/毛收入		

续表

维度	战略目标	评价指标	计算公式	权重	目标值
医疗质量	M14：发展中医特色疗法	中药饮片占药品收入比例	中药饮片收入/药品收入		
		自制药品占比	自制药品收入/毛收入		
	M15：完成科室教学任务	教学任务管理	科室医生承担的教学任务		
	M16：完成科室任务	完成科室基础管理	医务系统直接导出		
		完成医院指令任务	医务系统直接导出		
学习成长	L11：加强员工培训	医生培训次数	科室组织医生培训次数		
	L12：组织协调能力	临床护理医技之间的配合度	内部评分		
	L13：医生技术水平	医生人员职称结构	具有副教授及以上医生人员占比		

表3　　河北省中医院门诊临床医生科室平衡计分卡（部分）

维度	战略目标	评价指标	计算公式	权重	目标值
医疗质量	M11：提高服务效率	医生日均看诊量	当期门诊患者人次/天数/医生数量		
	M12：加强科研技术水平	发表论文数量	科室医护人员发表高级别论文数量		
		新技术应用	应用新技术治疗数量/科室门诊数量		
	M13：医疗安全质量	医疗事故率	科室医疗事故量/门诊量		
	M14：发展中医特色疗法	人均中医服务项目	门诊人次中医服务项目/门诊人次		
		门诊西成药品占比	门诊西成药品收入/门诊结算收入		
		颗粒饮片占比	颗粒饮片收入/毛收入		
	M15：完成科室教学任务	教学任务管理	科室医生承担的教学任务		
	M16：完成科室任务	完成科室基础管理	医务系统直接导出		
		完成医院指令任务	医务系统直接导出		

考核指标的目标值存在差异。综合考虑各科室业务量、同期业务收入及医院收入结构、业务发展情况和社会发展变化，确定差异化的各科室考核指标目标值。

4. 构建职工个人战略地图和平衡计分卡

医院各科室按照本科室的战略地图和工作职责，组织科室职工进行讨论，从工作效益、服务质量、医疗质量和学习成长四个维度，制定每个岗位职工的战略目标以支撑科室战略目标的实现，形成各科室内不同岗位的战略地图和平衡计分卡，完成第三级战略管理。下面以科室内临床医生岗位战略地图和平衡计分卡为例说明。

图 4 列示了医院临床医生岗位的战略地图。

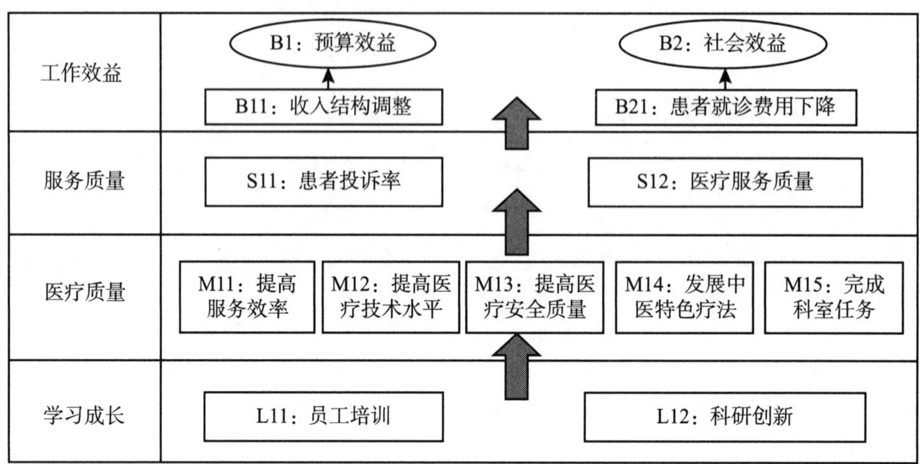

图 4　河北省中医院临床医生岗位战略地图

表 4 列示了外科临床医生的岗位平衡计分卡。内科临床医生的岗位平衡计分卡中，减少了“手术费用”“三级手术例数”“四级手术例数”指标。门诊临床医生的岗位平衡计分卡中，除减少了“手术费用”“三级手术例数”“四级手术例数”指标外，还不包含“收患者住院数量”“出院人数”等指标。

表 4　　河北省中医院外科临床医生岗位平衡计分卡

维度	战略目标	评价指标	计算公式	权重	目标值
工作效益	B11：收入结构调整	医疗服务收入占比	医疗服务收入/医疗收入×100%		
		医生门诊量	挂号数－退号数		
		医生参加手术台数	周期内医生操作手术台次		
		医生参加会诊次数	周期内医生参加会诊次数		
		收患者住院数量	周期内医生诊治患者住院人次		
		出院人数	周期内医生诊治患者出院人数		
	B21：患者就诊费用下降	门诊均次费用	医生诊治患者收入/诊治人次数		
服务质量	S11：患者投诉率	患者投诉率	患者投诉量/医生就诊人次		
		患者表扬次数	患者送锦旗、表扬信次数		
	S12：医疗服务质量	医疗服务质量得分	医务系统直接导出		

续表

维度	战略目标	评价指标	计算公式	权重	目标值
医疗质量	M11：提高服务效率	医生日均看诊量	周期内医生诊治患者人次/30		
	M12：提高医疗技术水平	四级手术例数	周期内医生操作四级手术台数		
		三级手术例数	周期内医生操作三级手术台数		
	M13：提高医疗安全质量	处方点评	科室专家定期评价得分		
		病历归档	病历质控员定期评价得分		
		病历质量考核	病历质控员定期评价得分		
	M14：发展中医特色疗法	颗粒饮片占比	医生开具处方颗粒饮片收入/毛收入		
		西成药占比	医生开具处方西成药品收入/结算收入		
		中药饮片占药品收入比例	医生开具处方中药饮片收入/药品收入		
		自制药占比	医生开具处方自制药品收入/毛收入		
		中医治疗费用	医生采用中医治疗方法收入		
	M15：完成科室任务	科室管理工作奖励	承担医保联络员、教学规培秘书、病历质控员等工作奖励		
学习成长	L11：员工培训	员工培训次数	员工参加培训次数		
	M12：科研创新奖励	发表论文奖励	SCI 论文加分、中文核心加分……		
		课题项目奖励	国自然课题 2000 元、省自然课题 1000 元……		
		开展新技术奖励	按技术等级考核加分		
		自制药奖励	按自制药影响程度考核加分		

（四）战略地图和平衡计分卡的实施

1. 实施全面预算管理，提升财务精细管理水平

在构建了各级平衡计分卡后，医院将平衡计分卡与全面预算管理相结合，确保战略目标实现。依据绩效评价指标的目标值制定各级预算数据，为了确保预算落地，医院加强信息化平台建设，建立预算管理系统，通过战略预算、业务预算和月度预算的有效衔接，以及平台的预算审批和预算监控功能，确保战略逐级落地。

2. 加强关键任务监控，保证战略目标执行

战略分解落实过程中，医院通过有效运用关键任务监控、重点问题分解，对医院工作任务进行监控，确保战略目标实现。

第一，开展业务院长查房和职能部门参加早交班工作。截至 2023 年底，已有 54

个临床医技科室开展了业务院长查房工作，现场督办或后续解决问题300余项；职能部门到病区、医技科室参加早交班71次。通过强化日常督导检查，提升内涵质量建设，进一步加强科室服务能力和管理水平。

第二，实行目标责任管理制，与医疗科室负责人签订“任期目标责任书”，并于年底对各科室进行考核，考核结果同当年评优评先挂钩，确保医院各项任务得到高效率推进、高标准落实、高质量完成。

第三，健全院科两级质量管理与控制体系，明确64项质量与安全管理重点监测指标，确保对科室和职工进行全面质量考核。

第四，为医院战略完成情况进行中期评估。医院定期对战略目标绘制、绩效考核评价指标制定和目标完成情况进行评估，以归纳经验、查找短板、分析原因、提出改进措施、明确规划后期实施的重点任务和举措。

第五，广泛拓展优质护理服务，提高患者就医体验。提高完善护士培训机制，规范中医护理专科护士培训，加强中医护理门诊建设，打造中医专科护士培养基地。全面推进护理工作信息化，完善护理质量评价体系。创新病房服务模式，在全院推广无陪护病房，开展有中医特色的安宁疗护病房。创新“互联网+护理”服务模式，扩大中医护理服务的广度和深度。

3. 开展专项活动，为战略目标实现保驾护航

为改善患者就医体验、实现医院战略目标，医院从院级整体层面，集中医院优质资源，开展了一系列专项活动。

第一，优化门诊流程设计，缩短患者在门诊的滞留时间。加强预约诊疗管理，运用人工智能等手段提升预约诊疗精准度；压缩门诊取号、缴费、打印报告等环节，缩短患者在门诊的等候时间；简化需要多次门诊诊疗、护理的流程，减少无序流动；拓展门诊付费渠道。

第二，优化就诊环境。优化门诊全流程布局，设置醒目标识，有效引导和分流患者。

第三，加强医院信息化建设和后勤保障。完善收（退）费系统，支持现金、线上支付等多种收（退）费方式；积极探索运用人工智能技术改善患者就医体验，提升医疗服务质量和效率；加强后勤保障，畅通后勤问题反馈渠道，提供24小时后勤保障服务。

4. 定期进行战略回顾

医院以国家政策为宗旨，以医院战略为导向，逐步形成“一线调研、评估分析、方案制定、实践运行、后效反馈、完善优化”的动态战略调整机制，通过对战略地图和平衡计分卡完成情况进行总结、回顾，建立自上而下的问题整改机制，持续优化战略管理工作，推动医院高质量发展。

医院绩效办每月派专人至各科室走访、调研，了解各科室及职工的绩效目标完成情况，分析战略目标未完成的原因。医院绩效办依据各科室实际完成情况和未达标原因，结合环境分析，提出未来的发展计划，形成新的战略地图和平衡计分卡。

四、取得的成效*

利用战略地图和平衡计分卡管理工具对医院进行绩效管理和战略管控，有助于提高医院战略管理水平、推动医院战略目标制定的精细化、保证战略目标的落地和实现、提升医院竞争力，增加医院价值。

（一）推动医院公益性战略目标的实现

通过对比实施前后的相关数据，可以发现 2022 年医院门诊人次约 101 万次，比 2019 年增加了近 50%；2022 年门诊均次费用为 374.9 元，反而比 2019 年的 425.86 元减少了 50.96 元；医院有效收入占比、医疗服务收入占比均呈增长趋势，分别增长 5.68%、1.57%。医院在医疗服务方面为病人提供了实惠，减轻了患者负担，实现了医院公益性战略目标。

（二）体现医院特色，发扬中医文化

中医疗法得到进一步推广。医院出院患者使用中医非药物疗法的比例由 2019 年的 78.86% 上升至 2022 年的 92.40%，西成药品占比由 2019 年的 28.97% 下降至 2022 年的 22.36%，提升中医适宜技术的运用，充分发挥了中医治疗法具有患者痛苦小、治愈率高、费用低廉的特点，更加凸显医院的功能定位和发展方向。

（三）提高患者的就医满意程度

2022 年门诊患者投诉率较 2019 年下降了 10%，住院患者投诉率下降了 4%。医院为病人提供了更加优惠的医疗服务，减轻了患者的就医负担。同时开展了全院志愿者服务，有利于提升患者就医体验。

五、经验与启示

战略地图和平衡计分卡管理会计工具能够在医院推广和使用，并取得了良好的成

* 资料来源：《2022 年河北省中医院工作报告》。

效，主要取决于以下几个因素。

（一）提高单位领导的重视程度

第一，医院党委高度重视战略管理工作，专门成立了绩效评价办公室，高效部署、有序推进新的战略管理和绩效考核制度建设。第二，医院党政“一把手”亲自带队，赴绩效考核领域的先进医院考察学习。第三，为了保障绩效考核制度改革的顺利开展，医院制定了一系列绩效实施方案。

（二）建立有效的员工沟通与反馈机制

战略地图和平衡计分卡管理会计工具的实施，离不开全体职工的有效沟通和意见反馈。医院在建立战略地图和平衡计分卡前，以培训会、座谈会、科室调研、微信问卷等不同形式，全面梳理问题清单，收集科室职工反馈的建议，有针对性地建立战略目标和绩效考核体系，以保证医院各级战略目标设计的合理性和精细化、绩效考核指标的可实现性。

（三）搭建完善的信息技术保障体系

运用战略地图和平衡计分卡管理会计工具需要完善的信息系统作为技术支撑。首先，通过信息系统记录患者的治疗过程，为后续通过绩效系统核算绩效做铺垫；其次，通过信息系统的自主计算和分析，可以节约人力成本，同时保证了信息数据大量且精准的特点；最后，完善的信息系统能够反馈科室的绩效完成情况，便于管理层掌握医院的整体运营情况，有利于决策制定和战略目标的调整。

（河北省中医院：孙士江　郭登州　许文忠　武慧卿　马建通　王　平
范晨梅　周兴荣　周雯珺　董泽曦　高维远）

案例评语：

该案例聚焦公立医院战略管理，采用依据行业特征和医院特色改进的战略地图和平衡计分卡管理会计工具，从工作效益、服务质量、医疗质量和学习成长四个维度进行战略支撑，绘制了院级、科室和岗位三级战略地图；明确了医院、各科室和不同岗位职工的绩效考核评价指标，形成了三级平衡计分卡体系，使战略地图和平衡计分卡在战略管理中发挥牵头和导向作用。同时，医院采取全面预算管理、医疗质量考核等多种措施对战略目标执行情况进行监控，定期总结和回顾，确保战略有效落地和动态适应。案例单位战略管理体系的构建和实践过程、经验总结对其他医疗机构具有较好的实践参考价值。

重庆理工大学战略地图的构建及应用

摘要

高校财务工作如何从核算型、服务型向决策型、治理型转型是十分值得研究的课题。管理会计工具的应用不仅可以提升高校战略决策水平、精细化管理水平、资源配置效率，而且有助于推动高校实现业财融合，带来高校管理的提质增效。因而，探索和推动管理会计的应用是高校财务转型的应有之义。重庆理工大学从高速发展到高质量发展转型过程中面临发展的困惑，主要表现在：部门和学院对学校发展战略理解不清晰，战略推进过程中难以形成合力，无法对战略进行考核。

针对以上问题，重庆理工大学探索了战略地图在高校战略决策、战略推进及战略考核中的应用。主要内容包括：（1）提出了从“战略痛点分析——愿景、使命陈述与重塑——战略评价维度选取——战略主题及关键战略动作构建——战略地图开发”的“五步法”战略地图开发的方法论。（2）提出了基于“战略地图沟通机制、分解机制、衡量机制”的高校战略地图应用思路。（3）以平衡计分卡设计和关键行动方案的设定为抓手，为高校战略地图落地提供了行动指南。（4）总结了高校应用战略地图的主要经验，包括战略地图与平衡计分卡的协同、图卡表的体系化与指标精简、战略地图与预算考核的有机衔接等。

一、背景描述

（一）单位基本情况

重庆理工大学诞生于1940年，曾是享誉国内的“兵工七子”之一，现为重庆市重点建设高校、重庆市高水平新工科建设高校，也是西南地区唯一具有兵工背景的普通本科高校。学校拥有“十四五”重庆市重点学科14个，设有一级学科硕士学位授权点15个（覆盖二级学科硕士学位授权点46个）、硕士专业学位授权类别12个，工程学、材料科学等学科位列ESI全球排名前1%。学校设有本科专业69个，其中，国家级一流本科专业建设点11个、特色专业4个、综合改革试点专业2个，建有教育部首批现代产业学院，以及国家级虚拟教研室、实验教学示范中心、示范性虚拟仿真实验教学项目、大学生校外实践教育基地等。

（二）学校战略推进面临的问题

重庆理工大学近年来总体发展势头良好，但从快速发展到高质量发展转型的过程中仍面临不少发展瓶颈和困惑，主要表现在：部门和学院对学校发展战略理解不清晰，战略推进过程中难以形成合力。

1. 战略描述困难

高校的发展战略是宏大的、抽象的，战略涉及很多方面，很难用精简的、概括的、量化的语言回答学校的发展战略定位究竟是什么。

2. 战略衡量困难

“如果无法衡量则无法管理”，科学准确地衡量战略的实现程度是高校战略落地的关键。然而，调研中发现学校尽管存在很多考核指标，但大多数考核指标与战略的关系并不紧密。

3. 战略合力困难

由于战略的模糊性，不同部门、不同层级管理人员对于高校战略难以形成统一认知，这将导致战略合力很难形成。

（三）选择战略地图的主要原因

重庆理工大学旨在通过战略地图提升管理能力，实现各个维度的全面贯通，促进战略落地。引入战略地图是对传统绩效观念的更新，可以促使高校领导重新审视和思考发展战略的问题，帮助高校战略愿景的形成、战略主题与战略目标的确定与实施，以及绩效衡量指标的设定，将战略目标逐层分解落实到下级部门，有效提升高校战略执行力，对高校管理整体规划和长远发展具有借鉴意义。

二、总体设计

（一）应用战略地图的目标

一是清晰地描述高校的长期和短期发展战略，以利于学校层面战略在不同层级部门、人员之间的沟通，达成战略共识。二是通过战略地图，清晰地展现出学校战略发展主题、各经营目标之间的因果关系，以及学校业务流程内在逻辑上的关联性，以战略地图的形式展现清晰的战略从而体现目标之间的因果关系。

（二）应用战略地图的总体思路

1. 领导支持、分工保障

为了推进战略地图工具在高校的应用，成立了“高校战略地图构建及应用项目组”，通过责任分工、周密组织推进形成高效的双向沟通和反馈机制，确保战略地图推进得到支撑保障。

2. 研讨需求、明晰脉络

战略地图应用阶段进行了多次完善讨论，结合重庆理工大学现有体制机制和学校“十四五”发展规划，基于应用需求展开6次专业咨询交流，最终形成清晰明确的方案和目标。

3. 广泛调研、全面诊断

调研对象覆盖校级领导和主要职能部门及相关学院，体现了调研对象的全面性，调研过程中信息完全保密，并针对典型问题提出方案后进行回访交流，调研结果安全高效，体现了调研的专业性。

4. 构建开发、轨迹清晰

基于调研、研讨，进一步论证每个战略维度内部的关键战略主题是什么，各战略主题之间的驱动与被驱动的逻辑关系是什么。在此基础上构建重庆理工大学的战略地图，清晰地呈现高校战略的推进轨迹。

5. 实践反馈、优化完善

重庆理工大学在应用战略地图的过程中还涉及反馈机制，就实践应用的效果进行回访，促进高校战略地图应用机制更加健全与完善。

（三）开发战略地图的工作内容

1. 成立战略地图工作组

工作组包括：（1）领导小组组长和副组长。由学校领导任高校战略地图工作组组长，财务部门、会计学院负责人担任工作组副组长。（2）成员单位。学校职能部门及各二级学院为战略地图工作组的成员单位。（3）实施小组。财务部门、会计学院负责人任实施组组长，会计学院骨干教师和财务部门骨干为实施小组成员。

2. 战略地图的工作协调和培训沟通

协调工作有：（1）沟通的协调。（2）意见的协调。（3）工作分工的协调。（4）目标任务的协调。培训工作包括：（1）编制战略地图的操作手册和培训方案。提升部门领导对战略地图的认知和操作水平。（2）组织开展战略地图培训答疑。帮助各级人员解决战略管理中的问题。

3. 战略地图的开发实现

主要的工作包括：(1) 战略痛点分析与重塑。(2) 战略的描述与衡量。完成高校、行政职能部门、学院、教辅部门合计 7 份战略地图、7 份平衡计分卡的编制开发。(3) 战略沟通评审。组织多次讨论会，反复修订，有效分解学校的战略，将战略具象化为具体的考核指标和行动方案。

（四）主要工作创新

1. 专家讲堂、提升认知

组织校内管理会计的专家学者对校级领导及中层干部实施专题培训、开展主题交流，提升校领导及中层干部对战略地图的认知。

2. 系统动员、广泛参与

各职能部门还应该分别建立内部平衡计分卡的工作团队，制订工作计划，领导高校各部门共同参与。

3. 行动计划、步步为营

在高校战略地图中，增加行动计划的编制开发，优化行动计划编制模板，设立关键节点和完成的标志，确保计划可操作、可评价。

4. 考核评审、耦合推进

将各单位战略地图评审与年度考核指标讨论工作融合，提高各部门一把手的重视程度。

5. 试点标杆、先进示范

邀请试点先进的部门或学院积极准备报告材料并做主题演讲，分享经验与成果，帮助其他单位提高战略地图的认知水平。

6. 指导沟通、提升质量

一方面，向各级战略地图开发人员分享经验、交流心得；另一方面，针对各部门图、卡、表存在的问题逐个反复对接，确保各级部门的图、卡、表在内容和质量上不断提升，形式上达到标准模板要求。

三、战略地图的开发过程

（一）战略问题调研

战略地图工作组采用调研走访的形式来全面了解学校及各核心部门的战略愿景和使命，为战略地图的开发打下基础。

调研方式：系统问卷、纸质问卷、定向访谈和专项咨询。

调研对象：校级领导和主要职能部门（财务处、科研院、研究生院、教务处、人事处等）及相关二级学院。

调研内容：重庆理工大学战略地图工作组根据高校战略地图开发调研提纲里梳理的战略问题清单与校级领导及主要职能部门进行访谈和咨询，得出各部门的战略愿景和战略使命（见表1）。

表1　学校或部门的战略愿景及战略使命描述

学校或部门	战略愿景	战略使命
重庆理工大学	打造高水平应用研究型大学	取得博士学位授予单位、部分学科进入全国一流行列
教务处	成为国内一流的高校教务部门	培养应用研究型人才
科学技术研究院	成为国内一流的高校科研部门	推动产出有“辨识度”的成果
人事处	成为国内一流的人事部门	人才数量稳步提高、结构优、梯队合理、“塔尖”更亮
研究生院	成为国内一流的高校研究生院	着力提升研究生培养水平和学科影响力
财务处	成为国内一流的高校财务部门	从“小财务”转型为“大财务”

（二）战略地图开发的“五步法”

为了保证战略地图的目标导向和内在逻辑，采用“五步法”，以战略调研和“痛点”分析为起点，以愿景和使命为目标，以战略维度和战略主题为抓手，层层递进、循序渐进开发重庆理工大学的战略地图，具体的开发过程如图1所示。

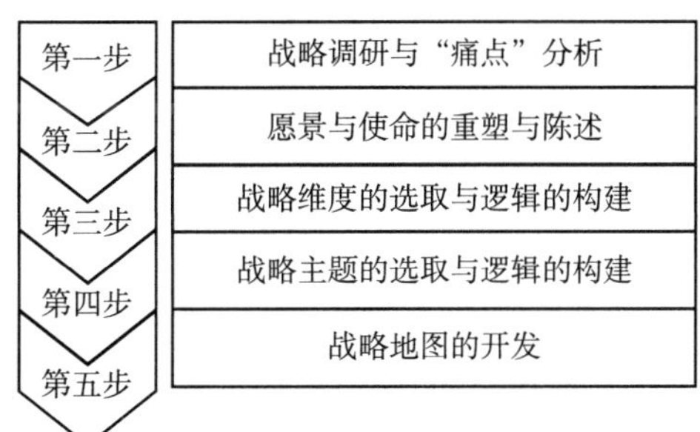

图1　重庆理工大学战略地图开发的“五步法”

第一步：高校战略扫描——战略调研与“痛点”分析。

基于调查研究、对标分析、现状分析等，实施小组初步明确了重庆理工大学战略决策的痛点包括：缺乏对于战略定位的清晰描述；战略沟通不畅，不同管理层级对于战略的认知不统一；缺少战略实现路径的描述与规划；各部门、学院对于学校战略推进的贡献无法衡量。

第二步：高校战略重塑——愿景与使命的重塑与陈述。

从愿景和使命两个方面对重庆理工大学的战略进行阐述，愿景是长期性的、抽象的、宏大的战略描述，使命是短期的、具体的、可量化的战略描述。愿景和使命的陈述兼顾了战略的长期性与短期性、抽象性与具体性，是比较好的战略陈述思路。重庆理工大学的战略愿景是“成为一所国内外知名的高水平应用型大学”；重庆理工大学的战略使命是“在 3 ~5 年内奋力建成博士学位授予单位”（见表 2）。

表 2　　战略的描述——愿景与使命

战略元素	定义	战略描述
愿景	长期来看，重庆理工大学想要成为什么样的高校？	成为一所国内外知名的高水平应用研究型大学
使命	短期来看，重庆理工大学应该达到的发展目标是什么？	奋力建成博士学位授予单位

第三步：战略维度的选取与逻辑的构建。

战略维度回答了实现高校战略最应该持续发力的点在哪里。因而，战略维度既是推进高校战略实现的重要方面，也是高校战略分解落实的重要方面，是高校战略地图的核心元素。战略维度的选取综合了各部门调研结果、校级领导访谈结论及战略地图实施小组的反复沟通，秉承精简性、重要性、关联性的原则，最终选取“办学影响力、利益相关者、内部运行、财务治理”4 个维度作为重庆理工大学的战略地图细分维度。

其中，“办学影响力”是高校办学成果最直接的体现，也是衡量高校战略实现程度的直接依据；“利益相关者”是高校提升影响力应该关注的相关主体，换言之，高校利益相关者价值的实现程度决定了“办学影响力”的提升程度；“内部运行”是高校为了更好地满足利益相关者必须关注和开展的内部运营工作；“财务治理”为高校的运行提供财务和决策支撑。

四个方面的战略维度在整个战略地图框架下是有机的整体，具有紧密的驱动与被驱动的逻辑关系。具体的内在逻辑关系为：“财务治理”维度通过夯实财务基础和服务决策为高校内部运行提供支持；“内部运行”维度通过党建引领、校园文化、大学精神的打造，以及学科建设、科研管理、人才培养、人事与绩效等工作的开展推动大学利益相关者价值主张的实现；“利益相关者”维度通过满足学院、教职工、学生、政府和社区等大学利益攸关主体的价值主张，最终提升了学校的办学影响力；即“财务治理——内部运行——利益相关者——办学影响力”。

第四步：战略主题的选取与逻辑的构建。

战略主题是推动战略实现的具体“战略动作”或“战略举措”，战略主题的遴选在于精而不在于全。首先，基于战略问题清单的调研结果形成“战略主题库”。其次，依据对战略的影响、实施资源支持、实施紧迫性、成功的可能性等评判标准，建立战略主题筛选表，并根据最终得分排序遴选，选出关键战略主题（见表3）。

表3　　战略主题筛选

序号	战略主题	对战略的影响（40%）	实施资源支持（30%）	实施紧迫性（20%）	成功的可能性（10%）	得分
1	……					
2	……					
3	……					
……	……					

重庆理工大学战略主题的逻辑体现在两个方面：一是战略主题对于所在战略维度的支撑；二是战略主题对于上一层战略维度的支撑。以重庆理工大学战略地图（见图2）的“利益相关者”维度的战略主题为例，本维度选取的10个战略主题（C1～C10），不仅体现对于高校利益相关者（学院、教职工、学生等）价值主张的支撑，还体现出对于上一层战略维度（即提升办学影响力）的支撑。

重庆理工大学战略地图各维度的战略主题包括：

第一层面“办学影响力”的战略主题：S1 打造有影响力的师资、S2 产生有影响力的科研成果、S3 培养有影响力的校友人才。

第二层面“利益相关者”的战略主题体现在教职工、学生、二级学院、政府和社区等主体价值主张的实现程度。针对以上利益相关者价值主张提出了：提升获得感、培育主人翁精神、改善育人环境、提升综合素质与创新能力、服务区域经济发展和引领社区文化等10项战略主题。值得一提的是，利益相关者价值主张的实现有助于学校“办学影响力”的提升。因而，第二层面的战略主题对于第一层面战略目标的实现具有支撑作用。

第三层面“内部运行”的战略主题：一方面，体现在提升校园“软实力”的战略举措，包括实施高质量的党建引领、打造兵工特色校园文化、培育“明德笃行、自强日新”的大学精神等；另一方面，“内部运行”的战略主题还体现在学科建设、科研管理、人才培养、人事与绩效等工作的提质增效，包括：培育双一流学科、对接产业需求、提升学科排名等。需要说明的是，党建引领、特色鲜明的校园文化彰显了重庆理工大学的“软实力”，是大学的精神内核，对于重庆理工大学高质量内部运行发挥了基础性、牵引性作用。

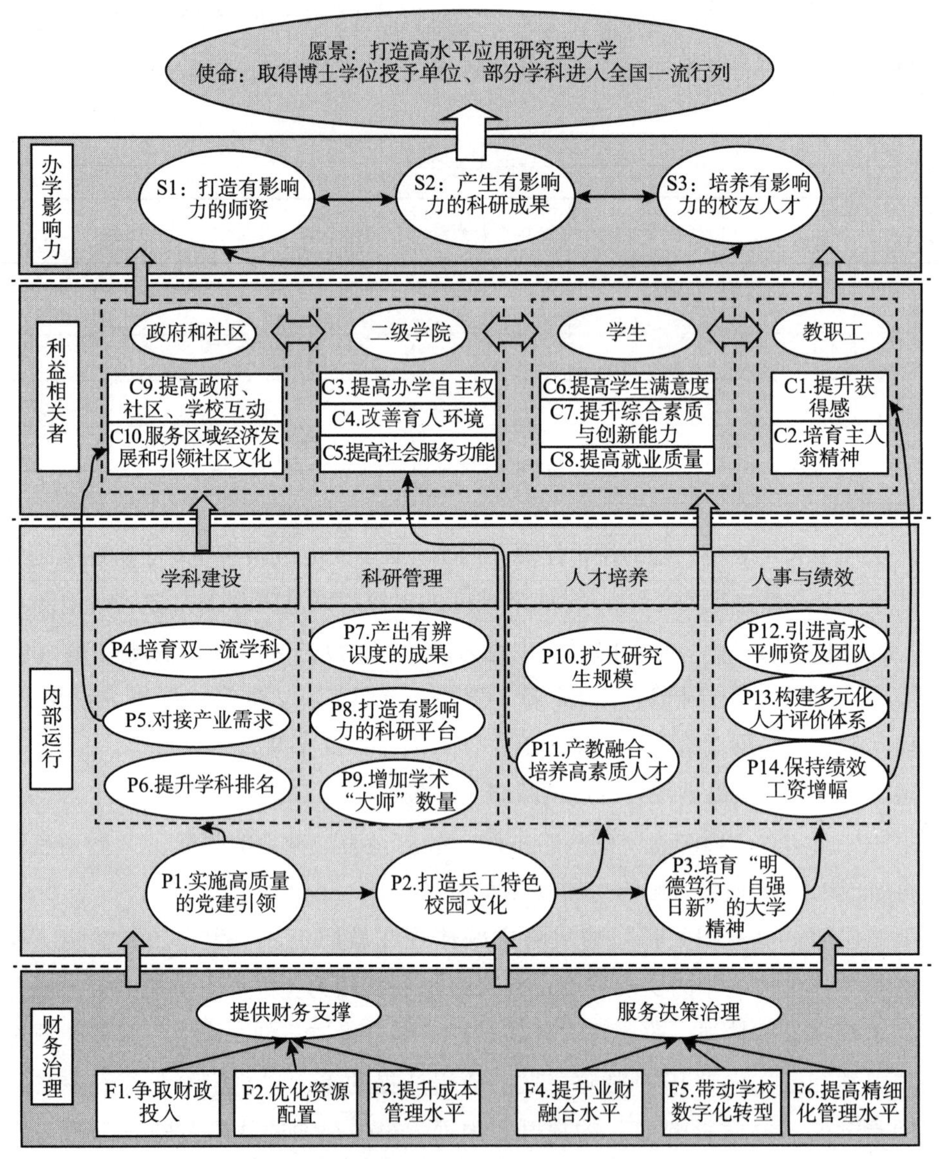

图 2　重庆理工大学的战略地图

第四层面“财务治理”的战略主题旨在发挥高校财务工作的效能，主要围绕夯实学校发展的财务基础、服务学校精细化管理，包括：争取财政投入、优化资源配置、提升成本管理水平、提升业财融合水平、带动学校数字化转型、提高精细化管理水平等。有别于企业战略地图，重庆理工大学的战略地图将“财务治理”维度放在整个战略地图的最下面。这是因为，高校是非营利组织，“财务治理”在高校的战略推进过程中发挥着物质保障和决策支持的基础性作用。

第五步：战略地图的开发。

将通过战略主题筛选表筛选出的关键战略举措进行提炼、归纳、整理、汇总分析结果，最终形成重庆理工大学战略地图（见图2）。战略地图开发的要点包括：(1) 战略愿景和使命应置于战略地图的最顶层并得到清晰陈述。(2) 战略维度的排放顺序应清晰地反映战略推进轨迹，自下而上各战略维度之间应存在驱动与被驱动的逻辑关系。(3) 借助箭头图示的方法呈现战略主题之间的因果关系。

（三）战略地图的应用

1. 战略地图的沟通机制

战略地图初稿出来之后，建立了以下战略地图的沟通机制：

(1) 组织战略地图实施组的专家老师开展主题培训交流，学校分管领导、部门负责人、主要学院领导等参加学习研讨。

(2) 部门领导、学院领导召集所在部门、学院的教职员工开展战略地图主题交流研讨。

(3) 通过线下学校纸质媒体、线上网上自媒体（公众号）等对重庆理工大学战略地图的开发过程、战略地图及文字材料开展广泛宣传。

(4) 开展主题为“我与重庆理工大学战略地图”的征文活动，广泛征求各单位教职员工的意见建议。

借助以上战略地图的培训沟通机制，将重庆理工大学的发展战略沟通至学院层面、部门层面乃至教师和学生层面。

2. 战略地图的分解机制

重庆理工大学先后编制了部门层面、学院层面的战略地图，将学校层面的战略细化分解落实到部门、学院层面，形成不同层级的战略合力（限于篇幅，部门、学院层面战略地图未列示）。

从学校总体战略地图筛选、分解各部门、学院的战略目标要求，确保部门、学院层级的战略地图与学校战略地图的无缝关联，如图3所示。

3. 战略地图的衡量机制

战略落地的关键在于如何衡量，重庆理工大学利用平衡计分卡这一管理会计工具将战略地图中的战略主题转化为可衡量、可考核的指标。

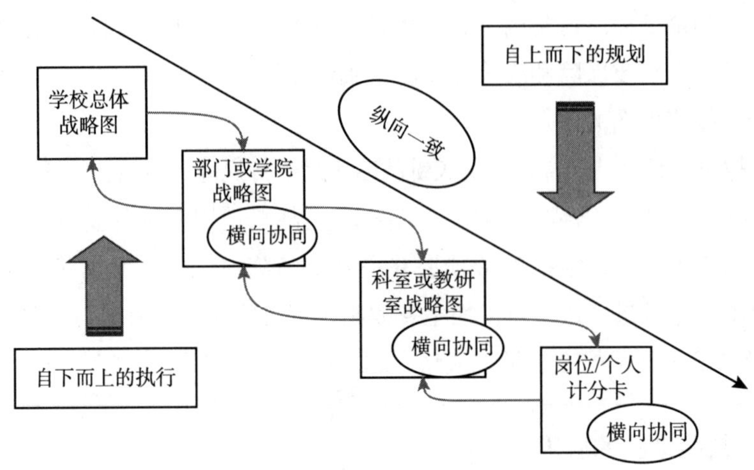

图 3　重庆理工大学战略地图的分解思路

（1）对每一个战略主题选择一个或多个衡量指标，如图 4 所示。

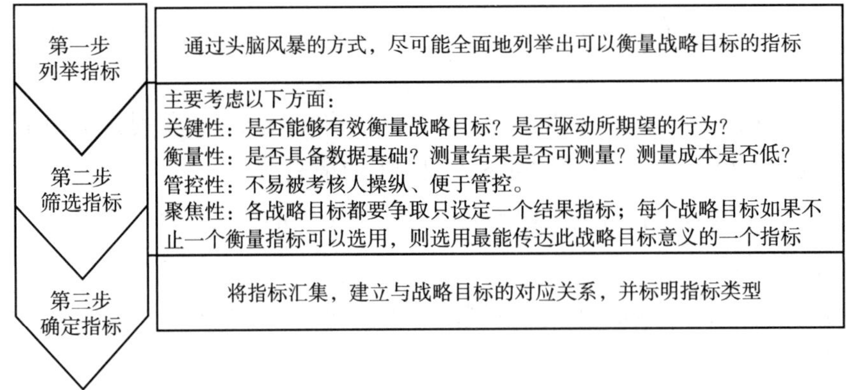

图 4　重庆理工大学战略地图的衡量机制

（2）定义衡量指标和目标值。为战略主题设置了相应的衡量指标后，需要对每一个指标进行定义，定义的要素有：指标意图、计算方法、责任部门、目标值、数据来源等。

（3）编制学校平衡计分卡。重庆理工大学的平衡计分卡将战略地图各维度的战略主题量化为可操作的指标，平衡计分卡的主要要素包括：维度、战略目标、衡量指标、目标值、权重、行动方案、责任部门等。重庆理工大学平衡计分卡有办学影响力、利益相关者、内部运行、财务质量 4 个维度，各维度的衡量指标共计 32 个，如表 4 所示。

表 4　　重庆理工大学平衡计分卡

维度	权重（%）	战略目标	衡量指标	目标值	得分	权重（%）	关键行动方案	责任部门
办学影响力	30	打造有影响力的师资	具有博士学位的教师比例	≥60%		20	加大对师资队伍建设的经费投入	人事处
			新增国家级人才数量	2～3 人		20	构建引才荐才育才新机制	人事处
		产生有影响力的科研成果	国家“两金”数量	100 项		25	高标准建设国家大学科技园，打造专业化技术转移转化服务团队	科学技术研究院、二级学院
			新增高水平论文（发表在 SCI 的 1 区、2 区等）	300 篇		25	实施世界一流学术期刊攀登计划	科学技术研究院、期刊社、二级学院
		培养有影响力的校友人才	校友捐赠金额	10000 万元		5	建立校友信息数据库	校友工作办公室
			校友中担任政府、企事业单位高级领导数量（增量）	≥20 人		5		
利益相关者	20	提升教职工获得感	职工绩效工资年增幅	≥5%		15	完善与学校事业发展相协调的教职工薪酬制度	人事处
		提高二级学院办学自主权	逐步赋予二级学院人事、财务、管理权限数量（年）	1～2 个		15	推进管理重心下移，完善学院内部管理结构体系，建立符合学科专业建设和发展规律的体制机制	二级学院
		提高二级学院社会服务功能	教职工担任政府顾问、企业外部董事、咨政建议等人次	150 人次		10		
		提高二级学院育人环境	师生对二级学院教学设施满意度	≥90%		10		

续表

维度	权重（%）	战略目标	衡量指标	目标值	得分	权重（%）	关键行动方案	责任部门
利益相关者	20	提高学生满意度	学生对后勤服务、教学与科研服务的满意度调研得分	≥90 分		10	制定和落实学生德智体美劳全面发展实施方案，完善“三全育人”“五育并举”工作格局	研究生院、二级学院、教务处
		提升综合素质与创新能力	学生创新创业及其他学科竞赛获国家级、省部级奖励数	150 项		10		
		提高就业质量	应届毕业生就业满意度	90%		10	完善实施“1334”就业工作方案	招生就业处
		提高政府、社区、学校互动	教职工政府挂职、承办社区或政府大型活动次数	120 次		10	搭建产学研用深度融合的实验实践教学平台，探索建设“文科实验室”	产学研合作办公室、二级学院
		服务区域经济发展	产政学研合作次数	≥30 次		10		
内部运行	30	实施高质量党建引领	新增全国样板党支部数量、全国标杆学院数量	各 2 个		15	开展党建品牌创建工程，培育创建一批先进典型，打造认定一批党建品牌	二级学院
			建设“中国共产党人精神谱系”研究生实践基地	15 个		10	优先打造红船精神、井冈山精神、长征精神、延安精神、红岩精神等一批“中国共产党人精神谱系”研究生实践基地	研究生院、二级学院
		打造兵工特色校园文化	每学期校园特色文化活动举办次数	≥10 次		5	培塑校园品牌特色文化活动	二级学院
		培育“明德笃行，自强日新”的大学精神	建设校级研究生“课程思政”示范课程	30 门		10	塑造红色文化实践育人品牌，构建完善思政课第二课堂教学体系	马克思学院

续表

维度	权重（%）	战略目标	衡量指标	目标值	得分	权重（%）	关键行动方案	责任部门
内部运行	30	提升学科排名	新增 ESI 全球前 1% 学科数	5 个		10	精准实施“一学科一政策”，集中资源支持主干学科指标补短	研究生院、学科建设办公室
		培育双一流学科	新增国家级一流学科	5～6 个		15		
			新增市级一流学科	12 个		5		
		打造有影响力的科研平台	新增国家级科研平台	2 个		5	建设一批交叉学科科技创新平台和特色智库	科学技术研究院、人事处、二级学院
		扩大研究生规模	研究生占学生总数的比例	≥40%		10	优化在校生结构	招生办公室
		引进高水平师资及团队	新增国家优青、杰青、万人计划等高端人才数量	5 人次		10	加大高层次领军人才引育力度	人事处
		构建多元化人才评价体系	建立各有侧重、与岗位职责匹配的评价体系数量	≥5 个		5	完善对教职工的评价考核机制	人事处
财务质量	20	争取财政投入	新增科研经费（教育部统计口径）	17.5 亿元		40	持续提高财务支撑力；强化财务、资产及资源优化配置	财务处、后勤部门
		优化资源配置	办学效益分析报告	2～3 个		15		
		提升成本管理水平	教育成本核算报告	1～2 个		15		
		提升业财融合水平	财务部门提出办学建议数	20 个		15	提升财务标准化、信息化管理水平	
		带动学校数字化转型	学校数字中台建设经费投入	2000 万元		10		
		提高精细化管理水平	财务部门编制业务报表数量	5 个		5		

注：相关数据、资料做了脱敏处理，仅供参考。

（4）制定部门或学院 KPI。根据学校平衡计分卡，各部门、学院根据职能职责筛选并认领本单位可以负责的 KPI。每项 KPI 原则上只能由一家单位认领，对于多个单位共同完成的 KPI 由牵头部门负责认领。

（5）编制部门、学院的行动方案。

①列举关键行动方案。采用头脑风暴方式，依据战略目标和衡量指标，尽可能全面地列举出可能的关键行动举措。各部门关键行动方案如表 5 所示。

表 5　　各部门关键行动方案

部门	战略目标	衡量指标	关键行动方案
科学技术研究院	增加国家“两金”数	新增国家“两金”项目立项数	设立国家“两金”项目培育基金、实施国家“两金”项目培育计划
	打造科研团队	新增省部级及以上科研团队	建立科技创新团队分类支持和评价机制
	增加国内国际顶尖期刊论文数量	新增高水平论文（发表在 SCI 的 1 区、2 区等）	实施世界一流学术期刊攀登计划
研究生院	提升学科评估结果	学科进入 ESI 排名前 1%	构建高水平学科体系，推动学科带动专业发展
	加强导师队伍建设	获批重庆市研究生交叉导师团队	实施“大师 + 团队”人才工程，引进和培养一批活跃在国内外学术前沿的一流科学家、学科领军人物和高水平创新团队
	推进申报博士点	新增一级学科博士学位授权点	着力建设博士学位授权点增列学科，优化硕士专业学位类别领域设置
财务处	提高核算自动化程度	应用升级版 RPA 财务管理和财务核算流程自动化机器人	引进财务核算流程自动化机器人，提高效率
	拓宽财务收入来源	新增科研经费（教育部统计口径）	设置科研财务助理岗，协助教师管理经费
	以财务数字化推动学校数字化流程	财务模块与教学、资产等系统互联互通的数量	上线查询、报销、申报、科研经费管理、预算绩效管理、统一支付平台、差旅平台等多项信息系统
教务处	打造一流师资	具有博士学位的教师比例	加大对师资队伍建设的经费投入
	打造一流专业	新增省级一流专业建设点	夯实基础学科，培育新的学科增长点，带动一流专业建设
		国家级一流专业建设点通过验收数	
	打造一流学科	市级一流学科	精准实施“一学科一政策”，集中资源支持主干学科指标补短
		市级重点学科	

续表

部门	战略目标	衡量指标	关键行动方案
教务处	打造一流课程	新增国家级一流课程（含在线课程、思政课程、示范性虚拟仿真实验教学项目）	制定课程建设“三坚持两强化一杜绝”总体要求，规范各级各类课程建设
人事处	增加国家级人才数量	新增国家级人才	以学科建设为引领，围绕新兴学科引进前沿之才，围绕申博学科引进急需之才，围绕重点学科引进高端之才
	提高省部级学术带头人数量	新增省部级及以上学术技术带头人或骨干人才	
	实施“大师＋团队”人才工程	引进和培养一批活跃在国内外学术前沿的一流科学家、学科领军人物	实施“筑峰”工程，集聚培育、引进和培养高层次领军人才，创新科研团队
	畅通人才职称通道	建立教师系列、辅导员系列以及其他专业技术系列单列条件、单列指标、单独评审的分类评审机制	遵循因才施策原则，坚持分层分类评价，创新多元评价和多维评价

②筛选关键行动方案。

可行性：抓住学校管理的薄弱环节和紧迫工作，完成最可能突破的事项。

有效性：对战略目标的提高和实现能发挥最大作用，且预期将对目标或指标提升产生明显效果的事项。

持续性：结合发展规划，对学校长期战略目标的实现持续发挥积极作用的事项。

③确定行动方案。将行动方案汇集，建立与战略目标、衡量指标的对应关系。

④汇报、审签。将编制好的部门、学院关键行动方案，提交校长办公会汇报、审核，审核通过后下发各单位执行。

⑤存档、公示。将学校确认、各部门或学院认领的关键行动方案打印成文，一份提交学校发展规划处留存备档，另一份留在部门或学院进行张贴公示。

四、取得成效

（一）实现了战略管理的大道至简

重庆理工大学沿着战略定位、战略地图、平衡计分卡、KPI、关键行动方案五条战略主线推动学校、部门、业务科室沿着战略目标运行，以战略地图开发、平衡计分卡设计和KPI的选取等为抓手，不断审视学校战略规划，提出关键业绩衡量指标，不断修正战略主题和关键行动计划，将战略融入具体的学校关键业务中，将战略决策和战略考核体现到精简高效的关键指标中。可以说，战略地图的引入和应用，真正使大学的战略管理实现了“大道至简”。

（二） 实现了战略沟通的直观高效

重庆理工大学通过战略地图的开发与应用不仅使各部门、学院以及教职员工清晰地知晓学校的长期发展愿景和短期发展使命；而且借助战略地图 4 个维度逻辑关系的呈现，使各层级的部门和教职员工清晰地理解学校战略实现的轨迹。更为重要的是，通过将学校战略地图分解至学院或部门，以及通过各部门或学院认领 KPI，使各部门或学院能够清晰地了解本单位在推动学校战略实现的过程中所扮演的角色。因此，借助战略地图和平衡计分卡工具的应用，重庆理工大学实现了战略沟通的直观高效。

（三） 实现了战略推进的合力共识

重庆理工大学拥有 60 余个部门、学院及科研平台，开发和应用战略地图的优势首先在于借助形象化的工具统一了学校上下的战略认知，达成了战略共识。其次，重庆理工大学通过将学校战略形象化为战略地图，再通过平衡计分卡将战略转化为具有内在逻辑的衡量指标，并分解到各部门、学院、教职工，落实责任，形成了战略推进的合力，确保了战略管理的高效。

（四） 实现了战略考核的有的放矢

重庆理工大学通过战略地图清晰地描述了学校的战略，通过平衡计分卡衡量了学校的战略，进而建立了部门或学院层面的 KPI 和关键行动方案。应该说，平衡计分卡和 KPI 指标体系的遴选和应用使原本抽象的高校战略变得可衡量、可测度。更重要的是，平衡计分卡各维度指标、各部门 KPI 的完成情况，直接地反映了各部门或学院在推进学校战略中的表现情况，平衡计分卡和 KPI 指标体系实际上成为可观测的战略考核指标，使重庆理工大学的战略考核“有的放矢”。

五、经验总结

（一） 战略地图与平衡计分卡要结合使用

高校战略管理的难点在于战略的描述与衡量，“如果你不能描述你就无法衡量，如果你不能衡量你就无法管理”。战略地图在高校的应用，可以很好地解决这一痛点问题。一方面，重庆理工大学利用战略地图清晰地描述学校的战略定位和战略推进轨迹，使抽象的战略决策和管理变得形象化、具体化。另一方面，重庆理工大学利用平衡计分卡将战略地图转化为可衡量、具有内在关联性的衡量指标体系，找到了战略落地的“抓手”。重庆理工大学将战略地图与平衡计分卡结合使用，实现了战略管理的闭环，找到了高校战略落地的可行路径。

（二）图、卡、表的体系化与指标精简

重庆理工大学开发了学校层面、部门或学院层面、科室层面三个层次的战略地图，打造了立体战略地图体系，实现了学校战略管理的协同，形成了不同管理层级的战略合力。相应地，重庆理工大学开发设计了学校层面、部门或学院层面、科室层面的平衡计分卡和战略地图考核报表。重庆理工大学在体系化图、卡、表的开发应用方面的主要经验是：

（1）纵向上，不同层级的战略地图、平衡计分卡等的开发过程，应该体现“自上而下的规划”和“自下而上的协同”，换言之，战略分解过程非常重要。

（2）横向上，不同部门、学院、科室的战略地图、平衡计分卡要避免冲突、要形成合力。

（3）表达上，应灵活使用逻辑箭头、图形、色彩等多元呈现方式，尽量使图、卡、表醒目且具有可读性。

（三）部门间博弈的协调

重庆理工大学在推行战略地图工具的过程中，出现一个明显的现象是各部门不愿意认领指标，甚至出现互相推诿的情况，如何协调指标分解落实中的部门博弈是不容忽视的问题。

（1）学校领导组织专题推进会，亲自参加学校战略地图与平衡计分卡指标的讨论与责任落实。

（2）指标考核总体上以激励为主，只针对少数约束性指标实施惩罚性考核。

（3）指标的牵头单位原则上只能有一个部门。

（四）战略地图与预算、考核的有机衔接

重庆理工大学还进一步拓展了战略地图开发及应用的成果，强化了战略地图中各维度战略主题对学校预算编制的指导性作用，建立了学校及各单位平衡计分卡与年度考核的有机衔接。通过将战略地图嵌入学校预算、考核工作，重庆理工大学提升了预

算工作对学校战略的支撑，强化了考核工作的针对性。

（重庆理工大学：杨　宝　韩　博　王　波　周　蜀　胡迎东
蔡　红　杨　萌　平雅婷　宋佳琪）

案例评语：

该案例深入探讨了战略地图在高校战略制定、推进与评估中的应用价值。基于战略地图开发“五步法”这一方法论，提出了高校战略地图实施的新思路，即“沟通机制、分解机制、衡量机制”。通过运用平衡计分卡这一管理会计工具，将战略地图中的主题转化为具体、可考核的指标，确保战略与学校关键业务的深度融合。此举将战略决策与评估融入具体的学校关键业务中，聚焦于精简高效的关键指标，实现了战略的清晰沟通与高效管理，使重庆理工大学的战略考核更具针对性。

案例单位在战略描述、衡量及高校战略地图应用方面的经验总结，为高校战略地图的实际操作提供了宝贵的行动指南。

"战略地图＋PDCA 循环"助力 C 高校校院两级财务治理能力提升

摘要

推进校院两级财务治理改革，破除观念束缚、完善治理机制、优化资源配置、提升服务效能，是提高高校财务治理能力现代化水平的必然要求，也是推进高校内涵式发展的关键举措。C 高校在推进校院两级财务治理改革的过程中，坚持问题导向和目标导向，探索构建基于"战略地图＋PDCA 循环"的校院两级财务治理机制，运用战略地图开展顶层设计，使用 PDCA 循环推进改革举措落地落实落细。通过合理划分责权边界、改革资源配置方式和强化制度激励，推动财务治理重心下移，逐步建立以预算管理改革为核心，以经济活动内部控制为抓手，以财务信息化建设为支撑的财务内部治理结构。同时，通过系统性、整体性、协同性迭代更新循环，不断优化校院两级财务治理体系，逐步激发学院内生动力，提升学院自主办学效能，为推动 C 高校高质量可持续发展，提供坚实的财力保障和服务支撑。

一、背景描述

（一）C 高校基本情况

C 高校是教育部直属全国重点大学、国家"211 工程"首批重点建设高校、国家"985 工程"部省重点共建高水平大学和国家"2011 计划"首批牵头高校，2017 年 9 月入选世界一流大学 A 类建设高校，2022 年 2 月入选第二轮"双一流"建设高校。学校目前有 31 个二级学院，4 所附属医院，教职工 2 万余人（含附属医院），在校学生 6 万余人。[①]

① 资料来源：C 高校官网，数据截止时间为 2023 年 5 月。

（二）C 高校财务治理现状

C 高校实行党委领导下的校长负责制，实行统一领导、分级管理的财务管理体制。多年来，C 高校通过深化推进预算管理改革，开展经济活动内部控制体系建设和优化，优化资源分配方式，开展绩效考核，推进财务信息化建设，着力理顺校院两级财权与事权的关系。然而，治理能力现代化的发展目标，对高校财务管理提出了新的更高要求。目前，C 高校财务治理主要存在以下问题。

（1）资源统筹配置能力不强。C 高校地处中部，缺乏地域优势，自筹经费能力不强，财政拨款收入占比高。① 二级学院在资源分配上存在“等、靠、要”的思想，校财预算资金撬动二级学院自有经费投入作用发挥不够。预算项目存在“过细、过散、过小”的问题，有限的预算经费“撒胡椒面”式投入，无法集中资源办大事。

（2）校院“责、权、利”划分不对等。校院两级财权和事权划分不够清晰，财权与事权不匹配，下放给二级学院更多的是事权，财权和资源配置权仍然在学校，二级学院缺乏经费统筹安排能力和使用配置权限，改革内生动力不足，二级学院没有真正成为自主管理的办学主体，办学积极性不足。

（3）校院管理保障机制不健全。校院两级财务治理改革是系统工程，本质上是对办学体制“责、权、利”的梳理与优化。学校部分规章制度滞后于国家政策和学校管理需求，特别是对“责、权、利”的划分存在漏洞，亟须完善。激励约束机制不完善，二级学院在资金使用中缺乏绩效和成本管理意识。缺乏人力资源保障，面对校院两级财务治理要求，二级学院无法保证“接得住”“用得好”。

（三）运用“战略地图 +PDCA 循环”助力校院两级财务治理

推进校院两级财务治理改革，是破除制约学校高质量发展的思想观念束缚和体制机制弊端，实现新时代学校治理体系和治理能力现代化水平的重要举措。一是国家政策对学校事业发展提出更高要求。2022 年印发的《高等学校财务制度》、2023 年印发的《关于进一步加强财会监督工作的意见》以及从 2018 年 12 月起先后实施的科研减负行动 1.0、2.0、3.0 和 2023 年 1 月 1 日起实施的中央预算管理一体化改革，对新形势下做好高校财务管理、提供优质财务服务、实施全面财会监督提出更高要求。二是学校自身高质量发展要求财务治理必须“求变”。C 高校财务必须聚焦学校发展战略，从服务学校决策、监管和可持续发展需要出发，通过预算管理、资源配置、资

① 据 2017 年以来 C 高校决算工作报告统计数据，财政拨款收入占 C 高校年度决算收入平均超过 60%。

产管理、采招管理、绩效管理、风险控制等，处理好事权和财权间的关系，服务学校事业改革发展。同时，把以预算管理为核心的财权逐步下放给二级学院，扩大学院预算编制、经费统筹与管理自主权，有效调动学院当家理财、开源增收的积极性，最终形成改革合力，助推学校“双一流”建设。

校院两级财务治理改革是一项系统工程，涉及财务管理机制转变、财务部门职责转变、学院管理运行机制建立与完善、学校监督管理机制建设等多个方面。在推进治理过程中，运用战略地图开展顶层设计，明确财务维度、利益相关者维度、内部流程维度、学习与成长维度的改革目标与推进举措；使用 PDCA 循环的计划、执行、检查和修正四个阶段推进改革举措落实落地，在不断循环提升中达到改革目标。两种管理会计工具的结合使用，有效确保校院两级财务治理改革顺利实施。

二、总体设计

（一）“战略地图＋PDCA 循环”理论框架

基于 C 高校校院两级财务治理改革的现状，本案例结合战略地图和 PDCA 循环的特点，将“战略地图＋PDCA 循环”理论框架体系归纳为应用目标、应用思路、主要内容和管理创新四部分（见图 1）。

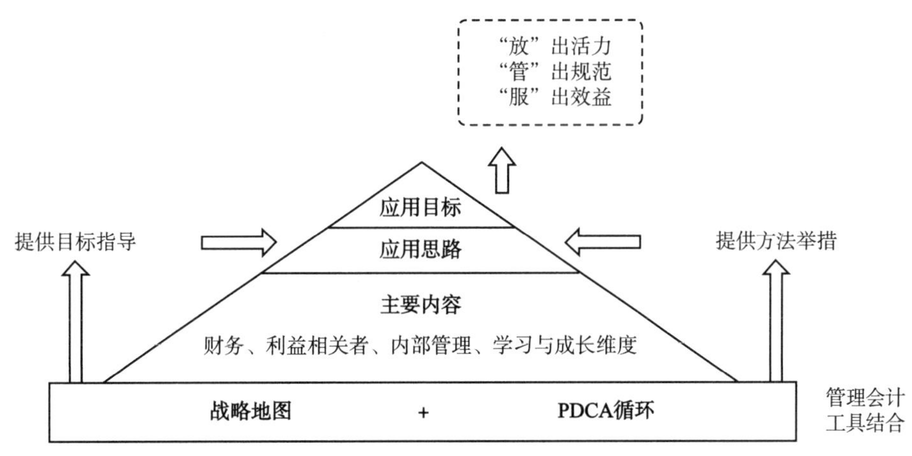

图 1 “战略地图＋PDCA 循环”在高校运用的理论框架

（二）“战略地图＋PDCA 循环”作用于校院两级财务治理的目标

C 高校秉承“‘放’出活力、‘管’出规范、‘服’出效益”的理念，探索构建“战略地图＋PDCA 循环”模式，提升高校财务治理效能。

一是“放”出活力。进一步理顺学校和学院的责权利关系，合理划分学校、学院的权责边界，通过资源配置和制度激励，推进管理重心下移和职能部门职责转变，夯实学院办学责任和自主权。二是“管”出规范。加强改革方案顶层规划和整体设计，通过资源配置、政策激励、过程管理、内部风控四位一体统筹推进，确保权力“放得下”“接得住”“用得好”。三是“服”出效益。加强财务信息化建设，打破信息孤岛，建立科学、全面的财务数据分析与评价决策机制，为学院发展提供“贴心”“暖心”“舒心”的财务指导与服务。

（三）“战略地图 +PDCA 循环”模式下校院两级财务治理改革的总体思路

（1）战略地图为财务治理提供目标指导。充分梳理改革的基础、核心、保障等内容，明确财务维度、利益相关者维度、内部流程维度、学习与成长维度的改革目标与推进举措，为财务治理提供具有明确指向性和引领性的目标指导。

（2）PDCA 循环为财务治理提供方法举措。在实施改革中，财务管理活动被分为计划（plan）—执行（do）—检查（check）—处理（act）四个阶段。每次循环解决相应问题，通过多个循环的信息反馈，实现高校财务治理的循环化、流程化、全面化。

通过战略地图的目标引导，在实施层面执行 PDCA 循环（见图 2），可以有效帮助改革，提高财务治理效能。

（四）“战略地图 +PDCA 循环”模式下校院两级财务治理改革的主要内容

1. 财务维度

高校在财务方面的战略目标是获得更多的资金支持，规范有效使用，提高资金配置效率。校院两级财务治理改革在设计财务指标时，重点考察资金筹集能力、资金使用情况和绩效评价情况。

2. 利益相关者维度

高校的服务对象是师生和社会，学生综合素质的高低、社会的综合评价和教职工的满意度，在一定程度上反映出高校的综合水平和教育质量。在利益相关者维度方面重点考查学生、教职工及社会评价情况。

3. 内部管理维度

科学规范的内部管理能促进高校竞争力和整体绩效的不断提升，并直接影响高校总体战略目标的实现。科学制定内部管理机制有助于促进利益相关者满意度的实现。在衡量内部管理维度时，设计教学科研管理、行政管理、财会监督、审计巡视等指标。

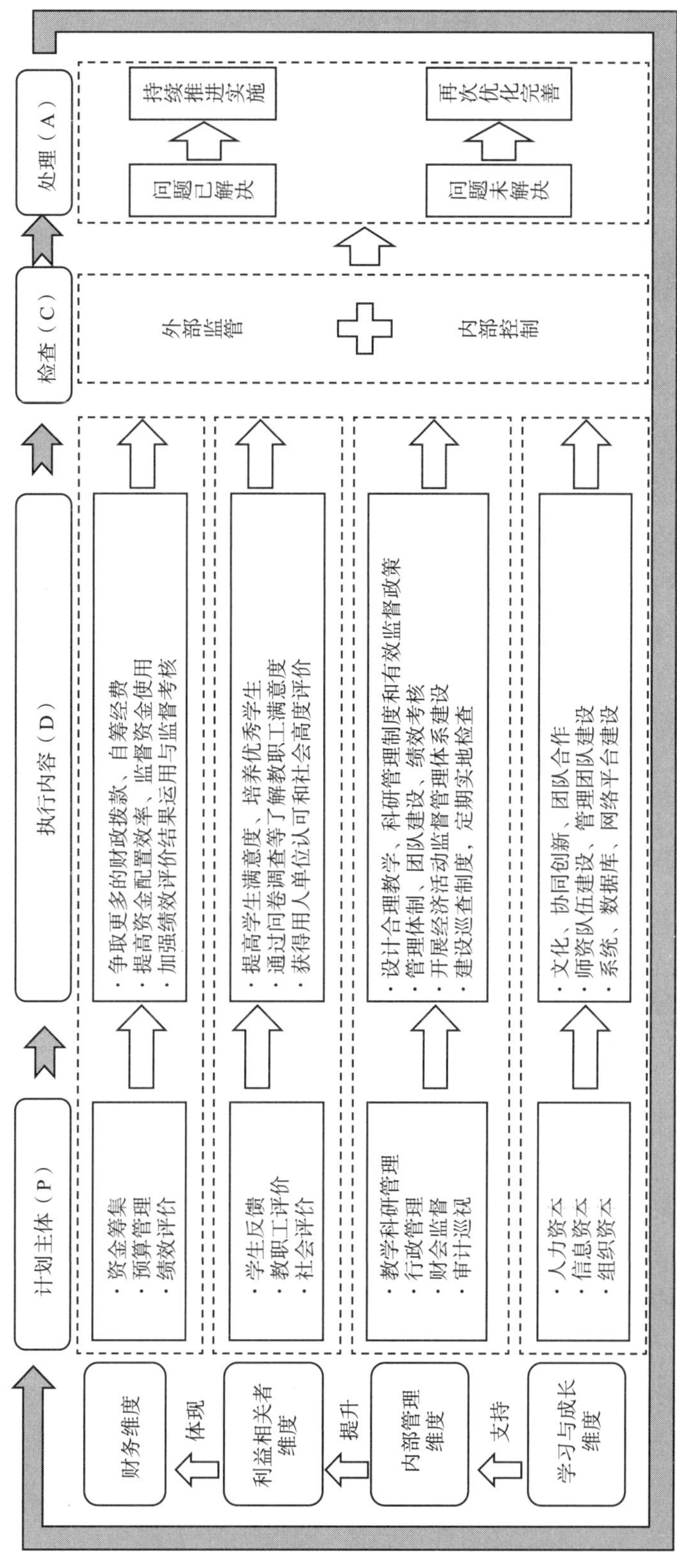

图2 “战略地图+PDCA循环”模式下校院两级财务治理总体思路

4. 学习与成长维度

高校通过学习、成长和创新，促进高校管理机制完善和优化，才能保障事业发展战略与使命的实现。高校综合水平的提升除了资金的支持和良好的内部管理，更需要有优秀的人才和前沿的战略研究和技术支持，本维度选取人才队伍、信息化建设和组织保障三个指标。

（五）“战略地图 +PDCA 循环”应用于校院两级财务治理改革的管理工具创新

利用战略地图，从财务、利益相关者、内部管理、学习与成长四个维度明确职责主体，基于职责分配进行绩效考核设计，推动财务治理落地落细。PDCA 循环具有系统性、循环性、监控性、渐升性等特点，将其融入战略地图设计，可以细化财务治理要求，落实财务治理过程，加强信息反馈应用，形成院校两级财务治理循环机制，在螺旋式优化上升的过程中，不断提升财务治理水平。两项管理会计工具的有效运用，助力财务由基础会计向管理会计转型，提升财务治理能力和水平。

三、应用过程

（一）“战略地图 +PDCA 循环”助力校院两级财务治理改革的保障机制

1. 健全组织机构

为保障财务治理的深入推进，依托现有组织机构，成立财经工作领导小组和经济活动内部控制建设领导小组，由校领导担任组长，财务、人事、学科、科研、本科生院、研究生院等职能部门共同参与，日常管理办公室设在计划财务处（见图 3）。

财经工作领导小组统筹管理学校财经工作，规范学校财务管理和经济活动运行秩序。内部控制建设领导小组统筹学校内部控制体系建设、评估等相关工作。管理办公室牵头组织研究制定财务治理改革方案，开展业务指导，推进改革落实，开展绩效评价并完善治理举措。参与部门负责改革举措的落地实施，制定考核评估和绩效评价指标，开展考核评估和绩效评价，提出优化建议完善方案。

2. 建立沟通协商机制

在计划财务处内部组织预算、科研、创收、采招等业务骨干组建改革工作小组，全面负责对接职能部门和二级学院，提供反馈机制和建立意见收集渠道，及时回应问题和解决疑虑。同时，实施财务联络员制度，遴选一批业务骨干对接二级学院，直接提供财务业务指导。

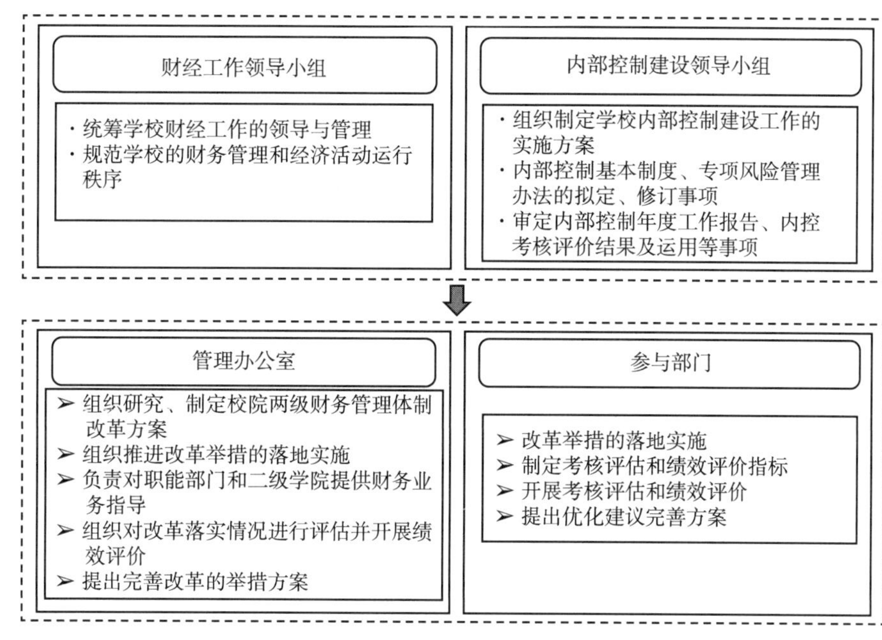

图 3　相关组织机构职责分工情况

3. 完善财经规章制度

在已有的财经规章制度基础上，结合校院两级财务治理改革内容，从战略地图的四个维度，先后修订、出台了 40 余个财务规章制度（见图 4），包括预算管理、专项资金、报销核算、科研经费、采购招标、货币资金、绩效管理、财会监督等方面，覆盖财务管理全过程。

4. 进行绩效考评挂钩

将预算执行绩效纳入二级单位年终考核指标范围，考核结果与单位本年度绩效、下一年度预算指标挂钩。同时，将预算执行绩效纳入单位负责人经济责任审计范围，全面强化二级单位财务考核绩效管理意识，推动改革向预期目标持续发展。

5. 丰富财务信息化系统

升级完善预算管理系统，全面开通二级学院预算申报、经费分拨、预算执行、预算调整、项目负责人更换、绩效考核等网上办理功能。对接人事、科研、学科、本科生院、研究生院等职能部门，实现财务系统与部门业务系统的互联互通互享。新建财务决策系统，对数据进行清理、筛选后，通过可视化界面呈现，为学校开展决策提供支撑。

（二）“战略地图 +PDCA 循环”助力校院两级财务治理改革的具体应用

在保障机制的支撑下，将战略地图和 PDCA 循环相结合，实现对校院两级财务治理改革的全面规划、有效执行、科学评估和持续改进（见图 5）。

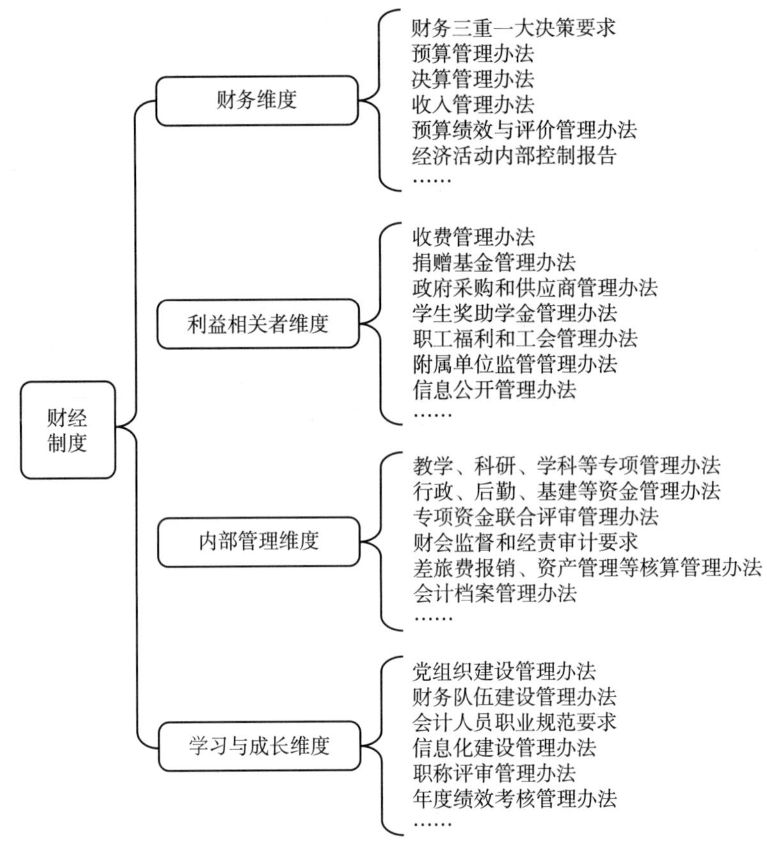

图4　战略地图视角下C高校财经制度示例

1. Plan：坚持问题导向，强化顶层设计

在计划环节（Plan），坚持校院两级财务治理改革服务学校战略发展目标；做好改革计划与五年规划、年度计划的相互衔接；基于战略地图法建立财务维度、利益相关者维度、内部管理维度、学习与成长维度的工作执行台账，形成服务于校院发展方向目标一致、内容相互协调、措施彼此支撑的财务治理体系。

2. Do：推进数字赋能，优化业务流程

（1）建立校院两级预算管理体系。

一是划分校院预算管理职责。学校预算管理职责包括：对学院实行目标责任制管理，组织二级学院编制预算、加强预算执行、开展预算调整、实施绩效评价、落实考核结果应用，并提供财经政策、组织协调等服务保障。学院预算管理职责包括：建立健全学院预算管理规则制度，开展预算项目储备，编制学院预算方案，按规定使用好项目经费，开展项目与单位绩效评价，接受学校监督与考核，依法依规多渠道筹措办学资金。

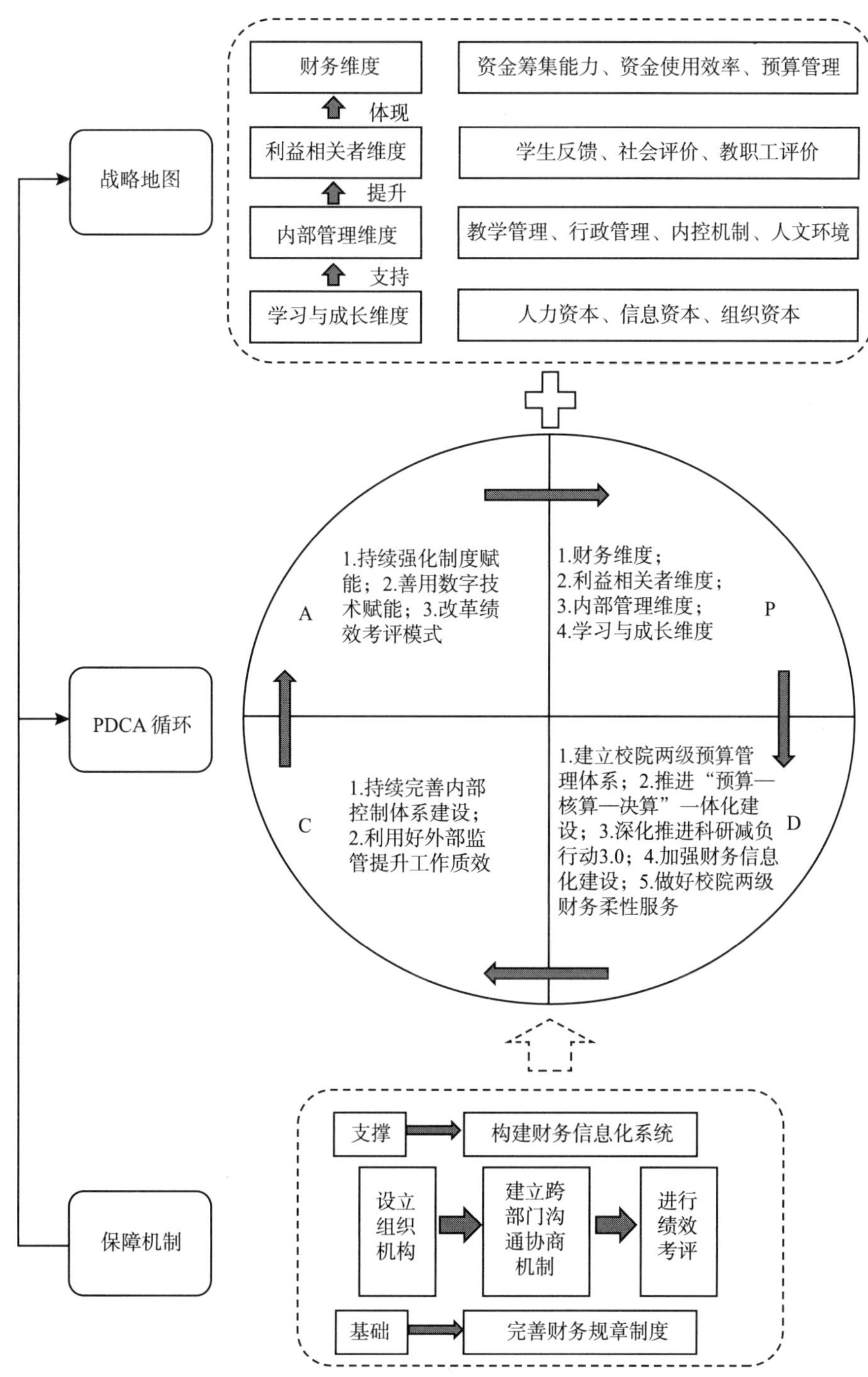

图 5 “战略地图 + PDCA 循环”在校院两级财务治理改革中的具体应用

二是改革预算经费分配模式。将预算支出事项划分为人员类项目、运转类项目、特定目标类项目[①]，进一步明确三类支出项目所涵盖的业务范围，规范和明确经费支出事项。根据三类支出事项对应安排预算经费，相同内涵的工作不重复安排。

三是建立预算项目联合评审机制。打破原项目遴选和“挤牙膏式”经费分配模式，由归口职能部门组织项目申报入库、细化论证和评审，形成经费分配初步方案；经联合评审小组审议后，形成经费分配建议方案，提请学校审定；按学院汇总额度，归口下拨至相关学院（见图6）。

四是扩大学院经费管理自主权。学院成为预算编制执行主体，由学院根据事业发展需求，自主统筹用好内部和外部资源，对内做好学校核拨资金的使用规划，提高资金使用效益，对外多渠道筹措办学资源，增强自我发展能力。

五是明确校院预算编制内容。校级收入预算包括财政拨款收入、科研事业收入、教育事业收入、其他等；支出预算包括人员经费、基本运转经费、特定目标类项目经费、科研支出等。院级收入预算包括学校下达的预算经费、学院提取的科研管理费、学院自筹收入、其他外来专项拨款等；支出预算包括人员经费、基本运转经费、特定目标类项目经费等。

六是优化校院预算编制流程。学校综合财务预算年度为自然年度，从每年1月1日至12月31日，采取“二上二下”的编制程序，相比原预算编制模式，实现预算资金提前4个月下达。

七是强化全面预算绩效考核。落实“谁使用，谁负责”的管理要求，确保权责统一，硬化预算和绩效“双约束”；健全完善绩效评价机制，加强对学院资金使用绩效、项目支出绩效的考核和综合评估，优化过程监管，注重结果应用，不断提高预算管理水平、提升资金使用效益。

（2）推进“预算—核算—决算”一体化建设。

一是推进全面预算绩效管理，提高经费使用效益。持续贯彻过紧日子要求，压减非刚性非必要支出，健全尽力而为、量力而行的资源投入机制。建立“三统筹”工作机制[②]，进一步盘活存量资金。建立“三三一”工作机制[③]，进一步加强预算执行。实施预算绩效管理，将预算执行进度及绩效情况纳入学校二级单位年度综合考核指标范围，推进评价结果与单位绩效、预算安排和政策调整挂钩。完善预算项目库建设，搭建预算项目管理信息平台，规范项目立项和管理，实施滚动预算项目制，推进预算

---

① 特定目标类项目，主要对应财政专项经费安排的预算项目，包括改善基本办学条件、基本科研业务费、“双一流”建设经费等。

② “三统筹”工作机制，是指统筹存量资金与新增预算、统筹结转结余资金与年度预算、统筹财政资金与自筹资金。

③ “三三一”工作机制，是指推进“预算执行三提前、三加强、一推进长效工作机制”。其中，“三提前”是计划提前、论证提前和资金下达提前；“三加强”是加强推进关键节点预算执行、加强协调关键项目资金使用和加强落实预算执行与绩效挂钩机制；“一推进”是通过信息化手段推进预算编制、执行和绩效考核。

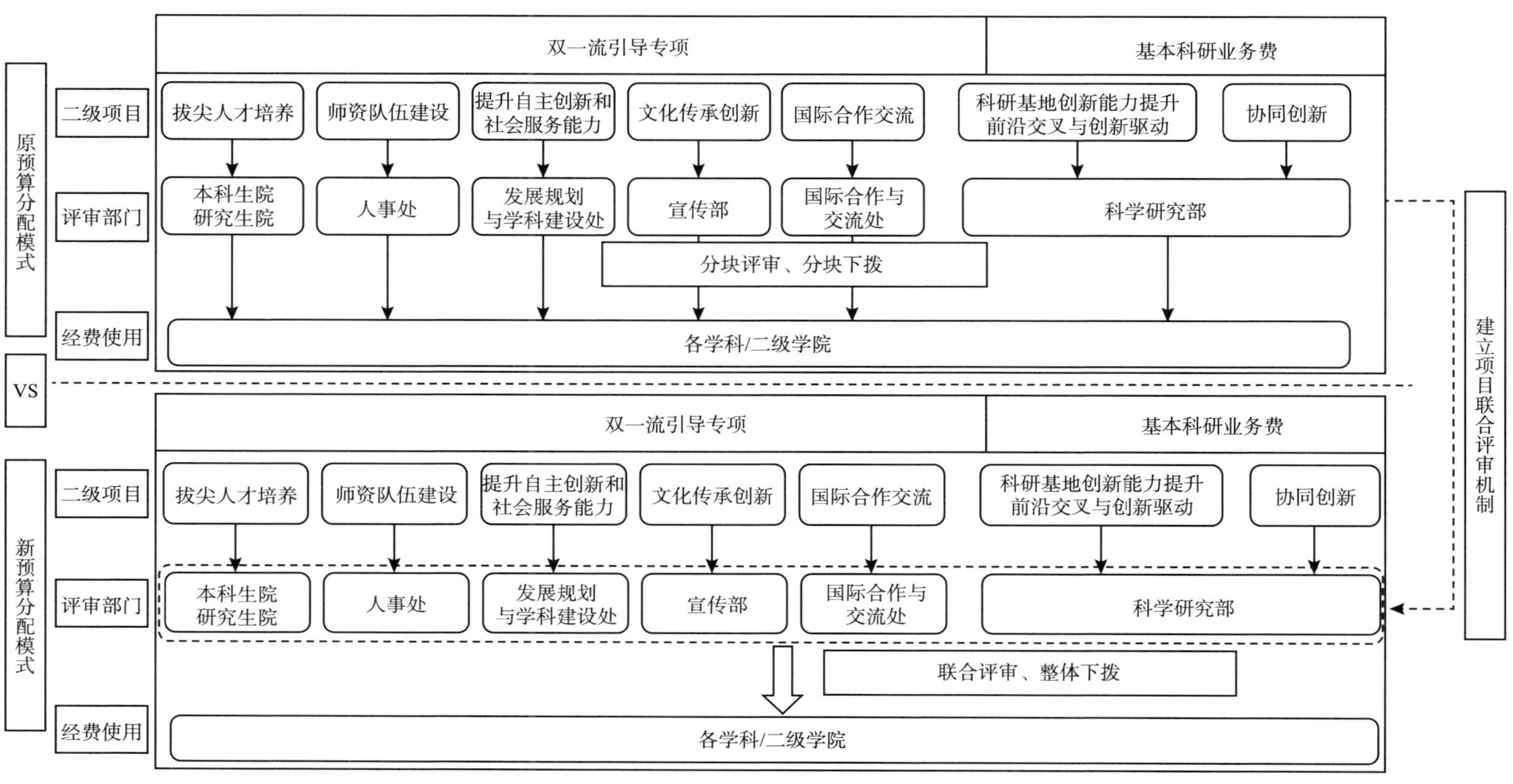

图6 改革前后特定目标类项目预算模式对比

管理一体化改革。

二是落实政府会计制度改革，规范会计核算机制。制订方案，开展政策宣传、培训，升级改造账务系统，扎实推进政府会计制度改革。编制政府会计制度核算手册，完善财务内部稽核制度，规范财务报销业务。

三是夯实会计核算基础工作，提升决算信息质量。严把会计核算工作和财务数据质量关，按要求编制财务工作报告和决算工作报告，如实反映学校财务、二级学院财务收支情况和财务管理状况，为学校、学院决策提供支撑。

（3）深化推进科研减负行动 3.0。

一是建立常态化调研机制。建立深入科研一线调研机制，了解经费管理与报销的难点、痛点和堵点，建立整改台账。跨部门召开工作推进会，确保整改措施落地成效。二是优化科研项目管理。修订科研经费管理办法，下放预算调剂权限，简化报销签字流程，取消绩效提取与管理费挂钩政策，释放政策红利。三是完善报销政策。设立财务咨询服务岗，推行科研财务助理、财务联络员制度，编印财务报销服务手册、财经法规制度汇编等资料，开展宣讲会，确保各项政策落地生效。

（4）加强财务信息化建设。

一是搭建“大财务”信息化平台。配合政府会计制度改革、新个人所得税法实施、财政电子票据试点等重大改革，优化升级财务信息系统。对接科研、资产等职能部门，实现信息系统互联互通，着力构建“大财务”信息平台。二是推进财务信息系统建设。开发并优化预约报账、酬金申报、网上缴费、差旅服务、财务信息管理等平台，全校部署报销单据投递机，建成“VPN 网上预约 + 自助投递 + 短信平台”服务链，有效解决师生“报销繁”问题。

（5）做好校院两级财务“贴心、暖心、舒心”服务。

一是积极争取政策红利。积极争取税收政策支持，实现科研增值税和劳务等税收优惠，做好年终一次性奖励绩效税收筹划、个人所得税汇算清缴，最大限度降低税负，提高师生获得感。二是加强政策宣传解读。通过召开财经政策宣讲会，开展财务文化墙建设，开通财务微信公众号，打造“十万个小姐姐”微信公众号品牌，讲好财务故事，传播财务声音，让财经政策入脑入心。三是细化财务柔性服务。持续开展“我为师生办实事”实践活动，设置科研首问负责岗、离退休报销专岗、个人所得税服务专岗等。建立并实施财务联络员制度，遴选业务骨干担任财务联络员，对接二级学院提供管家式“点对点”服务。

3. Check：健全动态监管，加强财务监督

（1）持续完善内部控制体系建设。

一是完善规章制度体系，以经济活动为主线，梳理业务流程、完善制度体系、明确不相容岗位、完善动态风险评估框架，编制内部控制规范手册、内控信息化建议报告。二是信息系统嵌入内控机制，强化内部控制信息化建设，通过信息化流程将内控要求固化到经济业务活动审批各环节。三是延伸内部监管范围，强化对学校所属法人单位的财务监管。

（2）利用好外部监管提升工作质效。

结合各级各类巡视、审计和检查反馈问题整改，建立工作台账，落实责任清单，明确职能部门责任，细化整改举措，深刻剖析原因，举一反三，着力解决校院两级财务治理在体制机制上的问题和不足。

4. Act：持续巩固优化，提升管理质效

经过检查阶段（Check）的动态监控，反馈阶段（Act）持续总结校院两级财务治理过程中的问题，形成良好的反馈复盘过程，为下一环节的治理过程提供宝贵经验。一是持续强化制度赋能。坚持问题导向与目标导向结合，根据国家战略、事业发展目标及师生需求，确定制度改革的内容和优先次序，实行“制定—解读—执行—反馈—更新”的动态调整机制。二是善用数字技术赋能。基于数据驱动，搭建核心业务流程框架，将相应规章制度内嵌于流程节点，实现对经济业务活动合理合规的管控。加强与其他部门的信息系统对接，实现责任单位、数据资源、指标体系之间的对应勾稽。基于用户实践反馈，不断创新信息系统应用模型，提供精准化、个性化服务。三是改革绩效考评模式。以五年规划为建设周期，学校与学院签订绩效目标协议，确定办学资源配置基数，实行以协议为基础的全过程目标管理；实施中期绩效评价、终期绩效评价和单位年度综合考核，对综合考核优秀和不合格单位执行年度预算浮动；必要时根据中期评价调整后半期资源配置基数；根据期末评价确定下一周期资源配置基数。

（三）“战略地图＋PDCA 循环”助力校院两级财务治理改革中遇到的主要问题及解决方法

1. 以“放”为核心，把握“放”的尺度

校院两级财务治理改革的核心在于权力和资源的重新分配以及权责关系的处理。学校发展目标与阶段不同，责权利下放的内容和力度不同。要认真了解内外部环境变化，科学辨析机遇挑战，分析职能部门、二级学院统筹协调能力，充分论证后，选择合适时机，科学决定责权利下放的广度与力度。

2. 以“管”为抓手，平衡“管”的维度

只“放”不“管”容易失控走偏，“管”的维度过多或太少，又达不到“放”的效果。《关于进一步加强财会监督工作的意见》对新时期加强财会监督提出更高要求，学校要在丰富完善管理体制机制的基础上，通过制度建设、流程设计、统筹协调、监督评估，让下放的权力平稳运行在既定轨道上。

3. 以“服”为支撑，增强“服”的力度

学校财务部门要建立良好的财务服务保障体系，帮助二级学院对财务管理权力“接得住”“用得好”。利用财务信息化建设加强“业财融合”，实现财务数据向具体业务延伸。加强财会队伍建设，为二级学院教学科研业务提供专业指导与服务。

四、取得成效

（一）促进校院两级资源配置更加合理

通过改革，突破原有预算模式下职能部门条块分割预算的不足。二级学院作为经费使用主体，真正参与部门预算编制过程中，实现预算编制内容、绩效指标设定、预算执行进度与考核的高度统一。同时，校财预算撬动二级学院自有经费投入效果明显，有效改善二级学院过度依赖校级财力状况。

（二）促进校院两级财务管理更加高效

通过改革，优化预算管理、创收激励、科研经费管理、内部控制等流程，提升管理效能。通过财务信息化建设，将财务系统与业务系统有效连接起来，推动“业财融合”。财务数据能更真实、准确地反映学校的发展状况，为管理层决策提供更精准可靠的财务数据支撑。

（三）促进校院两级绩效管理更加完善

在改革过程中，二级学院统筹安排经费使用，解决“撒胡椒面”式经费安排的弊端，资金使用效益进一步提高。对二级学院年度预算执行情况开展绩效考核的广度和力度进一步加强，二级学院绩效理念进一步强化。

（四）促进校院两级各项事业全面发展

学校财力情况进一步改善，2022 年收入增长 18.02%。科研竞争力大幅跃升，2022 年进校科研经费增幅 9.98%。学科实力进一步增强，19 个学科进入全球前 1%，6 个进入前 1‰，在 2023 年软科世界大学学术排名中居第 93 位（见图 7）。师生获得感进一步增加，师生用于财务报销的时间缩减 60% 以上，财务服务满意度达95%以上。

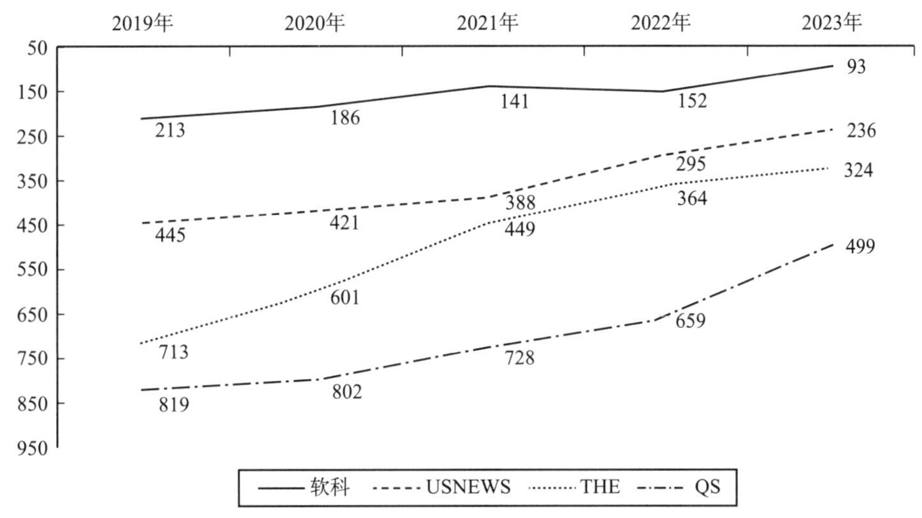

图7　C高校在世界四大大学排行榜的位次变化

资料来源：C高校历年有关新闻宣传报道的统计数据。

五、经验总结

（一）“战略地图+PDCA循环”应用的基本条件

1. 需要配备专业管理会计人员

要开展系统的管理会计知识学习和培训，更好地推进财务人员从核算型向管理型转换。

2. 需要建立部门协同配合机制

职能部门和二级部门都是改革的参与者，各方要通力合作，加强交流和反馈，建立长效协同配合机制，确保改革一体化推进。

3. 需要提升信息化建设水平

信息化建设是把改革各方高效串联起来的重要手段，建立统一的数据收集、统计、整合标准，提高数据的交换度和利用率，提供“一站式”决策支持，满足跨系统、跨部门分析的决策需求。

（二）“战略地图+PDCA循环”应用的关键因素

1. 坚持问题导向，工作目标明确

结合所面临的内外部环境，做好顶层设计，构建目标体系，让每一位改革参与者

都能各司其职、协同发力。

2. 契合学校实际，分类施策精准

结合高校建设与发展实际，针对不同改革内容分类制定改革举措，改革举措要切合实际，容易操作。

3. 构建评价体系，结果运用有效

建立高质量考核评价机制，定期对实际效果进行评估，及时反馈存在的问题与偏差。

（三）“战略地图 +PDCA 循环”应用的优点和缺点

1. 优点分析

一是聚焦战略，为有效决策提供保障。高校需要全面审视自身内外部环境，明确自身战略目标并逐级细化、分解，确保改革工作围绕战略展开。二是动态循环，不断完善优化管理过程。PDCA 单次循环只能解决部分问题，通过不断地循环解决新的问题，才能够实现全过程管理，并不断完善优化。三是全员参与，形成合力推进改革落地。执行阶段把目标任务分解到部门、具体到项目、落实到岗位、量化到个人，形成一级抓一级、层层抓落实。四是融合使用，解决单个管理会计工具短板。战略地图从顶层设计出发，厘清校院两级财务体制改革原则与目标，制订改革计划，PDCA 循环细化财务体制改革要求，落实改革过程，两者结合能够优势互补。

2. 缺点分析

一是专业化程度高，多部门分工协调难度较大。“战略地图 + PDCA 循环”模式的应用需要较高的专业水平和各部门深度参与配合。在校院两级改革要求下，更多权力被下放到二级学院，如何确保二级学院能真正应用好这个新模式，是一个挑战。二是工作量大，管理成本增加。财务管理不再是简单地下达任务、执行任务，还需要检查、调整和反馈，管理成本大大增加，这要求高校要在成本和效益中寻求“平衡点”。

（四）“战略地图 +PDCA 循环”应用的改进思考

一是需要找准两个管理会计工具的契合点。战略地图和 PDCA 循环有各自的优缺点，找准二者之间的契合点，才能实现“1 +1 >2”的效果。二是制定符合自身实际的“战略地图 + PDCA 循环”模式。高校所处的内外部环境千差万别，现有财务管理体制以及推进财务管理改革的基础不尽相同，要结合实际制定符合高校自身情况的管理改革方案，不能生搬硬套。三是及时更新“战略地图 + PDCA 循环”模式各个环节的因素。根据高校发展过程中的战略调整和内外部环境变化，及时分析调整财务治理过程中各维度的发展目标，同时更新 PDCA 循环各环节的发展要求，以保证持续有效运行。

（五）“战略地图 +PDCA 循环”应用的推广建议

1. “因地制宜”制定符合高校自身实际的校院两级财务治理改革方案

高校在制定改革方案的过程中，必须充分考虑自身所处地理位置、办学定位、文化传承、学科发展、队伍建设、管理体系等多重因素，把改革目标任务和要求细化分解到财务管理、财务服务、财务监管等各个环节，并建立与之相配套的问题清单、任务清单、责任清单和时间进度表。

2. “因势利导”推进校院两级财务治理改革举措的落地落细

一是要加强财经政策宣传与培训，将财务管理理念深入浅出传递给二级学院管理者，为改革落地奠定基础。二是要加强队伍建设，针对二级学院缺乏财务专业人员的问题，探索多渠道提供财务服务与指导，如选聘财务业务骨干担任二级学院联络员，鼓励二级学院或科研团队聘请财务助理，实施财务人员定点定时到二级学院坐班指导等。三是要加强财务信息化建设，实现学校财务与二级学院之间各项财务业务的有效串联衔接，通过数字化赋能，实现对各项经济业务活动的高效管控，实现改革目的。

3. “因时制宜”完善校院两级财务治理改革体系

坚持与时俱进，根据学校面临的内外部环境变化，及时调整改革体系，以保证 PDCA 循环过程的闭合。同时，做好经验总结，建立并实施“推进落实—反馈问题—整改提升”动态调整工作机制，确保改革方向不走偏，执行不走样，效果不打折。

“战略地图 + PDCA 循环”模式下高校财务治理改革的推广运用需要进一步明确高校财务治理的绩效目标，它区别于企业绩效的盈利性，也区别于以往公共事业单位绩效的模糊性。因此，可以引入 ESG 理念，丰富高校财务治理的制度实践。ESG 理念是一种关注环境、社会、公司治理三个方面综合表现的非财务性评价过程，它关注企业的可持续发展能力和长远的社会价值实现。基于“战略地图 + PDCA 循环”的校院两级财务治理改革需要强调高校的可持续发展和社会价值，这与 ESG 理念的要求相契合。当务之急需要制定一套符合高校发展、逻辑自洽的高校 ESG 报告概念框架，以适应高校财务治理体系和治理能力现代化的发展要求，这也是本团队下一步的研究方向和关注重点。

（中南大学：彭满如　刘汉森　谭圆奕　龙力钢　袁牧星　徐爱兰
欧阳玲　李　慧　肖晓乐　陶京栋　卫陈蝶）

案例评语：

该案例体现高校在推进校院两级财务治理改革过程中，坚持问题导向和目标导向，运用战略地图开展顶层设计，使用 PDCA 循环推进改革举措落地落实落细，通过合理划分责权边界、改革资源配置方式和强化制度激励，推动财务治理重心下移，逐步建立以预算管理改革为核心，以经济活动内部控制为抓手，以财务信息化建设为支撑的财务内部治理结构，为推动高校高质量可持续发展提供坚实财力保障和服务支撑。

案例单位为运用战略地图进行顶层设计和细化措施落地的过程与经验总结，为同类行业的财务治理提供了可借鉴、可复制、可推广的范本。

二、预算管理

高高山顶立，深深潜海行

——LQ 集团全面预算管理赋能集团运营管控实践案例

摘要

随着国资国企改革的深化，LQ 集团积极调整发展策略，将“运营管控”模式作为核心管理手段。然而，在实施过程中，集团面临长短期战略目标不协调、绩效考核数据支撑不足、年度目标确定与实际执行存在偏差、业务协同难度大、内控和风险管理体系不完善等多重挑战。

为解决这些瓶颈问题，LQ 集团分步实施全面预算管理体系建设，逐步推行以“赋能运营管控高质量”为主导思想、以“战略—计划—预算—绩效”为管理理念、以“项目为主线”为管理模式的全面预算管理，通过信息化赋能，协同运用 SWOT 分析法、目标成本法、清单管理、闭环管理、计划管理、资金集中管理、KPI 考核和平衡计分卡等多种管理工具，助力实现运营精细化管理。

通过全面预算管理体系的建设，LQ 集团成功构建适应行业和企业实际的全面预算管理生态圈，实现了数据管理标准的统一和跨部门联动，促进了数据的融合共享，推动了内控体系的转型升级，提升了预算管控能力与综合管理效能，为集团数字化转型与战略的成功落地提供了有力支撑。

本案例以 LQ 集团实施全面预算管理的背景、动因为切入点，从全面预算管理体系构建及制度流程设计、全面预算管理信息系统开发运行、全过程建设应用、取得成效、经验总结五大方面展开，提出了全面预算管理向上承接集团战略、向下指导业务经营的实际应用价值，对赋能 LQ 集团运营管控，助力同类大型国有企业全面预算管理落地具有重要借鉴意义。

一、背景描述

（一）单位基本情况

LQ 集团是山西省人民政府于 2001 年 5 月批准设立的大型国有企业，2017 年 11 月重组成为山西交通控股集团有限公司的全资子公司，业务涵盖交通基础设施的投资、建设、施工，以及上下游相关产业。

（二）管理会计应用基础

随着国资国企改革的不断深化以及新战略机遇期的来临，重组后的 LQ 集团面临着诸多机遇和挑战，现有运营管控模式暴露出的长短期战略目标不协同、绩效考核数据支撑不足，年度目标确定“拉锯战”、上下偏差大，业务多维管理、协同难度大，预算编制审核难度大、以报代管、以报代审，内控和风险体系不完善，数据监控和反馈机制不足等问题限制了 LQ 集团的进一步发展。

为提升管理效能，实现企业可持续发展，LQ 集团深入评估内外部环境及战略因素，确定推行由集团总部直接管理和控制所属单位的“运营管控”模式，并同步实施全面预算管理，如图 1 所示。

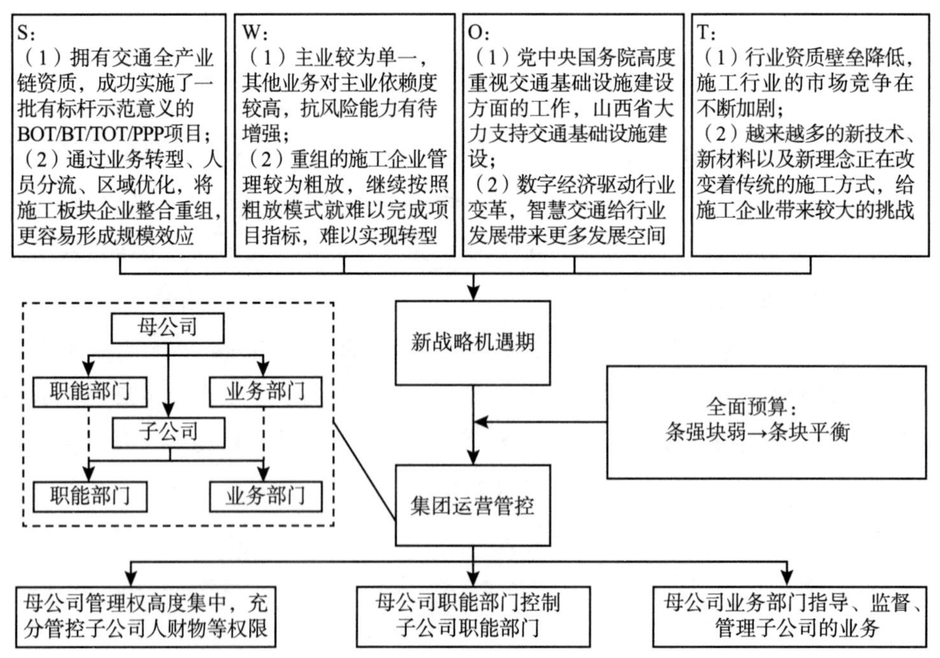

图 1　LQ 集团内外部环境分析及集团运营管控模式

（三）选择全面预算管理的主要原因

全面预算作为能够系统串联年度经营活动所有关键问题的管理工具，可以通过整合业务、资金、信息和人才等资源，为企业提供战略贯彻、作业协同、经营把关和价值增长的有力支持。

（1）在赋能集团运营管控方面，可以完善企业内部控制和风险管理体系，提高管理水平和效率，降低风险和隐患；统筹推动数据溯源和数字化转型，增强竞争力和创新力；实现企业管理闭环。

（2）在助推企业高质量发展方面，可以提升目标分解质量、提高预算编制质量、强化会计信息质量、优化预算分析质量以及提高企业绩效考核质量。

二、总体设计

（一）实现目标

（1）构建完善的全面预算管理体系，实现预算管理工作的全业务、全流程、全组织的覆盖。

（2）实现各业务系统数据源统一，通过同源数据分析，发现并解决企业经营管理过程中存在的问题，降低企业经营风险。

（3）实现资源配置有效，资金监管到位，企业效率效益普遍提高，促进集团战略目标落地。

（二）总体思路

LQ 集团以“赋能运营管控高质量”为主导思想，总体上通过主辅两条线和三个层次来完成全面预算管理的建立和实施。

1. 主辅两条线并行开展

一条主线：按计划推进全面预算管理体系建设（含全面预算管理系统建设）；

一条辅线：过程中发现、协同解决问题，完善标准，助力各业务向精细化管理改进。

2. 三个层次

第一层次，坚持以战略为导向，打通“战略—计划—预算—绩效”管理主线，进行全过程的动态管理，如图 2 所示。

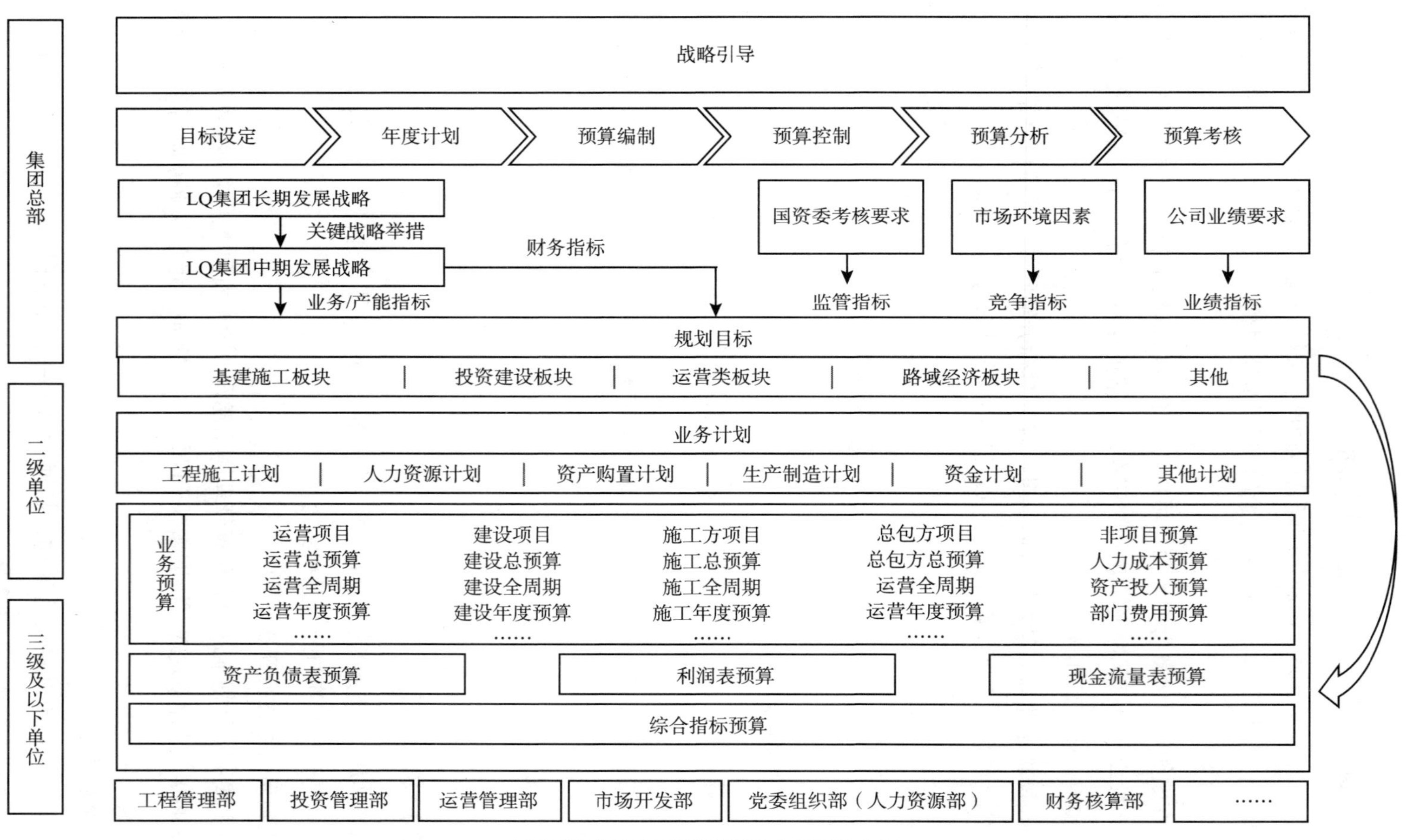

图2 “战略—计划—预算—绩效”示意

第二层次，建立“以项目为主线”的项目预算管理体系，在集团形成“年度预算＋项目预算”的预算管理模式，以更好地发挥全面预算管理功能，如图3所示。

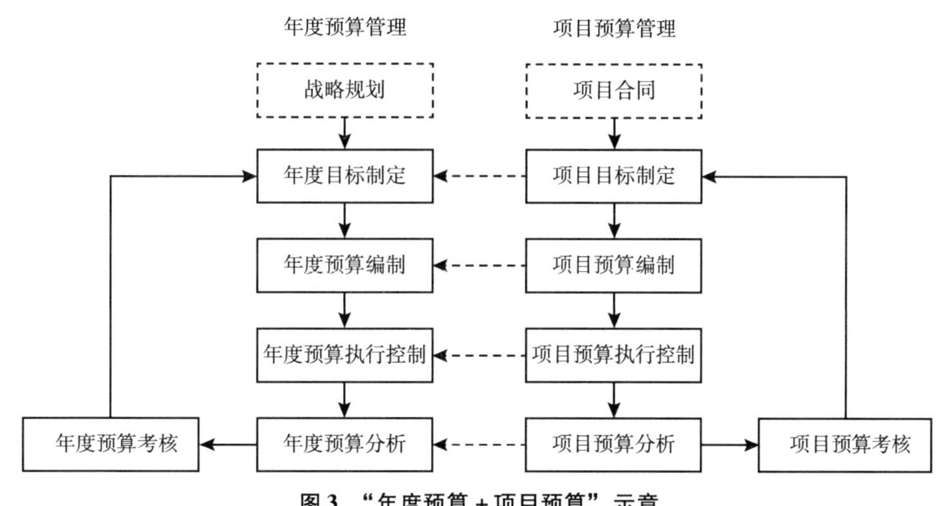

图3 “年度预算＋项目预算”示意

第三层次，通过信息化赋能数据资产高质量，引领企业转型，如图4所示。

（三）全面预算管理工具的内容

全面预算管理涵盖了从战略承接、预算编制、执行监控、管报生成与分析到绩效考核的完整闭环，同时涉及预算协作审批流程、业务数据集成、调整规划、风险管理等多个关键方面。

（四）管理创新

1. 全面预算管理模式创新

通过“项目总预算→项目全周期预算→项目年度预算”的预算模型，实现项目预算精细化动态管控；项目业态的多维管理与信息化技术融合，实现项目预算数据多口径实时汇总取数。

2. 全面预算管理工具创新

嵌入清单管理工具，赋能业务预算管控之精细化、业务场景暨计划管理之闭环化；上接经营计划，下连绩效管理，落地“战略—目标—计划—预算—控制—考核”之闭环管理，赋能企业战略目标落地之精准化；与资金集中管理相结合，赋能集团司库建设之高效化；分类使用计划管理工具和目标成本管理工具，赋能成本费用控制之精细化。

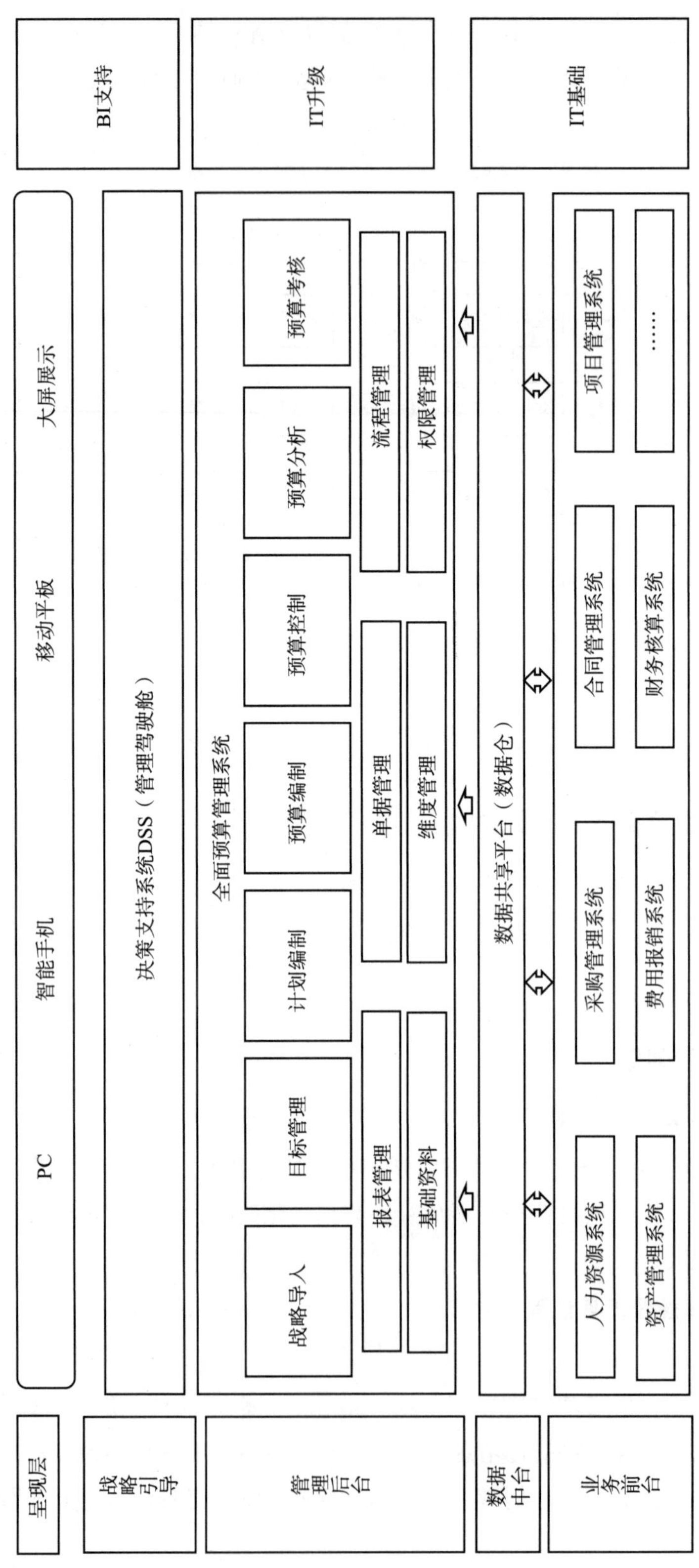

图4 全面预算信息平台示意

3. 全面预算管理平台创新

梳理信息化系统共享数据标准，实现多系统数据共享推送，精准识别业财差异，提升财务预算数据质量；通过对“项目基础资料”的多维管理，实现多口径数据（业务级次、法人级次、内部自投自建甲乙关联交易）同步统计汇总，如图5所示。

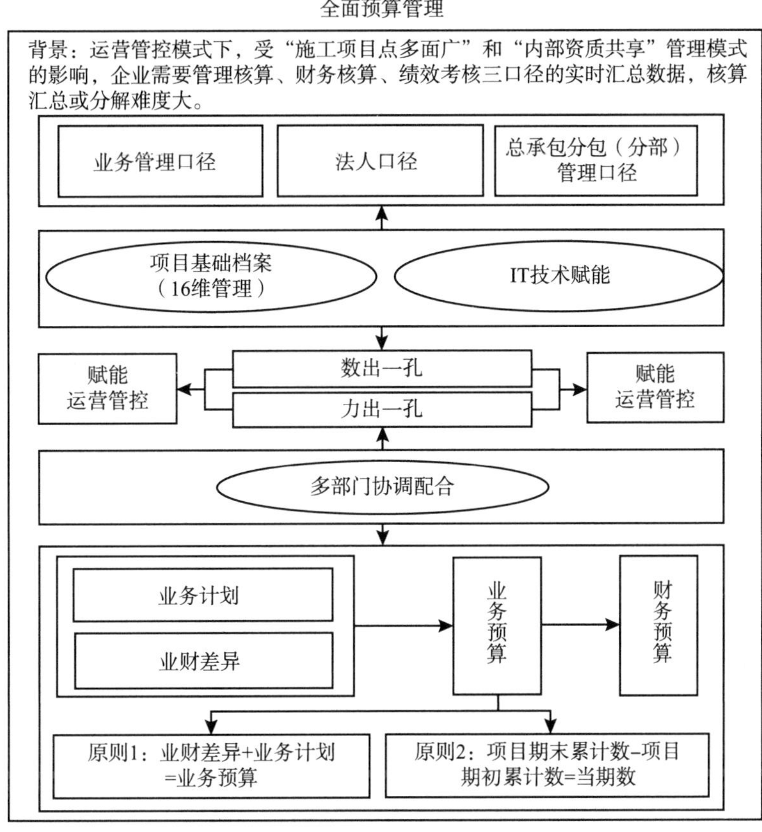

图5　全面预算管理信息系统平台创新

注：业财差异可分为正常差异和非正常差异。其中正常差异指业务部门和管理部门统计口径或核算方法不同造成的差异；非正常差异指“问题”管理生产的差异。

4. 全面预算管理治理创新

将数据治理与全面预算管理相融合，提升数据信息质量，赋能企业数字化转型；将业务取数的“习惯性”和财务入账的“高标准”相融合，化解业财取数标准不同对预算编制和考核的影响；厘清业务计划和业务预算的逻辑关系：“本期业务计划＋期初累计业财差异＝本期业务预算＋期末业财差异”；强化协同沟通，实现年度目标与战略滚动的一致性。

三、应用过程

（一）参与部门和人员

开展全面预算管理之初，成立和完善了公司全面预算管理组织体系，领导层、管理层、执行层全面参与。具体包括：

（1）公司预算决策机构。

（2）公司预算管理委员会。

（3）公司全面预算管理办公室、预算考核机构、预算审计机构。

（4）预算责任中心。

（5）预算管理信息员。

（二）基础保障

1. 资源保障

（1）资金投入方面，以具体实施工作量清单测算为主，保证与企业管理规模、管理细度相匹配，选择实施效果好的全面预算管理软件、实施前聘请专业机构全程设计和指导。

（2）硬件方面，建立大数据库以支持预算系统的运行。

（3）软件方面，现有的通用软件（久其、OA 等）和三十几大类业务系统全部提供系统接口方案，保障全面预算管理软件能顺利实施和对接。

2. 制度保障

开展全面预算管理的过程中出台并根据管理实际持续优化《全面预算管理制度》《全面预算编制指引》《年度全面预算实施方案》《年度全面预算考核方案》，从预算组织、预算启动到预算考核都作出了明确的规范。

3. 技术保障

基于全面预算管理场景建模，以系统化思维和信息化手段推进预算管理工作，建设战略导向性、集成性的全面预算管理系统，加快数据采集及处理速度，通过技术手段提升全面预算管理效率，提升预算控制的实时性和精准性，推进业财数据共享，助力集团信息化深度融合。

4. 人才保障

LQ 集团拥有一支专业能力和综合素质兼备的预算管理团队，人才储备丰富、业务精湛，为全面预算赋能运营管控提供了强有力的智力支持。此外，集团高度重视人才培养，每年定期组织业务管理技能提升培训，旨在进一步发挥全面预算管理的价值，确保团队始终走在行业前沿。

（三）应用模式

结合行业特点、业务特色以及企业管理水平，创建以项目为主的精细化预算管理模式，该模式包含以下两个关键层次。

（1）LQ 集团创建“以项目为主线，项目预算 + 年度预算相结合”的预算管理模式，构造“建设项目、施工项目、运营项目、研发项目”的项目预算模型，赋能运营管控之精细化。

通过“项目总预算→项目全周期预算→项目年度预算”的预算模型，实现项目“建安投资、其他投资”“人、材、机、其他直接费、间接费”“运维成本费用、摊销成本费用、财务成本费用”预算的精细化动态管控；项目业态的多维管理与信息化技术融合，实现项目预算数据多口径实时汇总取数，代替手工线下数据传递，高效提升项目预算管理的工作效率。

（2）通过总部业务部门综合审核业务计划和预算，强调集中和归口管理理念，引导和促进分子公司业务管理，同时强调分子公司预算管理职责，逐步实施“先强化条块管理，再实现条块平衡”的管理模式。

（四）应用流程

LQ 集团的全面预算管理体系建设遵循整体规划、分步推进的策略，核心目标是构建全业务预算编制模型、搭建中长期规划框架、推动精细化管控，并建立全面预算信息系统。在这一应用流程中，我们将始终以解决管理问题为导向，持续优化内部管理会计报告体系，以不断提升管理效率和决策质量，推动企业可持续发展并提升竞争力，如图 6 所示。

（1）构建适应集团业务多行业、多层级、多口径管理的全面预算管理体系，有效解决企业业务管理口径与法人口径实时同源共享数据的痛点及瓶颈问题，形成 LQ 集团特色的管理体系。

通过全面预算管理，一方面要对接业务管理和考核的口径，设立内部管理报表体系，支持业财融合对照分析，支持业财考核；另一方面要对接法人口径全级次对外输出的财务预算，实现内部自投自建项目甲乙双方进度计划适时对比，及时协调修正甲乙双方业务计划进度的较大偏差对预算目标落地的影响，有效解决以下问题。

①口径差异问题：业务管理口径与法人管理口径不一致，存在资质共享（A 法人单位用 B 法人单位的资质承揽业务）、委托代管（PPP 项目建设期由建设单位管理，

运营期由委托专业运营公司代管）、集中采购（由不同的子公司分类集中采购）、资产集中管理（小车统一划转一个公司管理，其他固定资产由各子公司机关统一管理并核算盈亏，项目部不再设固定资产账）等跨法人管理业务关系。

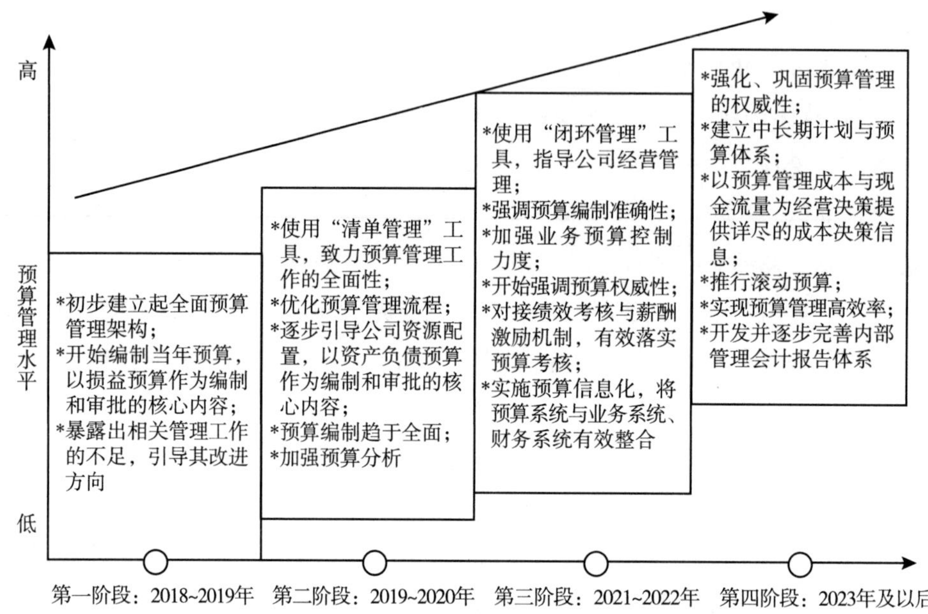

图 6　LQ 集团全面预算管理规划示意

②组织架构差异问题：内部业务管理口径组织架构和外部法人口径组织架构差异较大，预算目标和考核是以内部管理口径下达和考核，预算对外披露或上报是以法人口径上报。

（2）采用全新的“年度预算 + 项目预算”的管理模式，引导资源的分配。与业务管理部门对接，共同梳理项目基础管理资料，完善项目详细信息，做到项目信息共享共用。

①统一建设项目、施工项目编码规则、项目名称和项目简称，便于预算和各业务管理的对接。

②通过设置项目中标方、项目承建方、上级项目等维度满足内部管理口径、外部法人口径汇总管理需求。

③项目经理、签订合同日期、开工时间、计划完工时间等其他信息一方面对接业务管理的需要，另一方面便于项目预算模型的建设。

（3）深度融合“预算管理”和“项目业务管理”，有效衔接“项目预算与年度预算”。

①完成三大对接：项目总预算——业务管理（成本测算数据）对接；项目全周期预算（按年划分）——项目总预算对接；项目全周期滚动预算——项目年度目标对接。

②启动“项目预算+项目全周期预算（滚动预算）+年度预算”的预算编制方式。

第一步，以项目为单位，在开工（立项）时编制“项目预算”和“项目全周期预算”；

第二步，各项目以年度为单元分解项目预算，编制“项目滚动预算”；公司汇总“项目滚动预算”编制“年度预算”。

③更新“项目全周期+年度”的考核方式。

第一，项目开工时明确项目经理“项目利润”的考核目标；

第二，项目结项时对项目目标利润进行考核；按年度分解项目利润目标，对年度项目目标进行过程考核（与部分绩效挂钩）。

（4）通过总部业务预算加强归口管理，指导并带动分子公司业务管理，同时强化分子公司预算管理职责，促进“条块管理平衡”。

①实施业务计划及预算的归口管理，强化总部对分子公司及项目部的过程控制，特别是对人员编制、项目成本、管理费用等方面的管控。

②通过部门归口管理，逐步完善各项目标和定额，包括：

第一，产值、市场开拓年度目标标准；

第二，人员编制、职工薪酬标准；

第三，项目成本定额标准（材料、人工、管理费等）；

第四，运营养护支出等标准；

第五，综合办公费、车辆使用费、差旅费、招待费编制标准；

第六，12类中介服务费预算编制标准等。

③建立归口审批流程。

强化分子公司预算管理委员会、预算管理办公室的管理责任，经分子公司预算管理组织审核同意才能上报归口部门。

④督促分子公司加强自身“块状管理”。

采取下达分析报告模板、审阅分子公司全面预算分析报告、推送管理问题和建议等手段，引导督促子公司加强自身“块状管理”，通过加强集团与子公司预算管理组织间的沟通，实现“条块管理”的平衡。

（5）建立预算管理控制体系，赋能运营管控（见图7）。

①将“成本费用管控”融入预算管理体系中；针对项目成本预算，集团采用目标成本法，在项目实施过程中，成本中心严格按照“项目同进度目标成本”进行控制；针对各类费用预算，集团采用计划管理，财务核算部依据工作计划严控年度费用

预算，并坚持无计划不列支的原则。

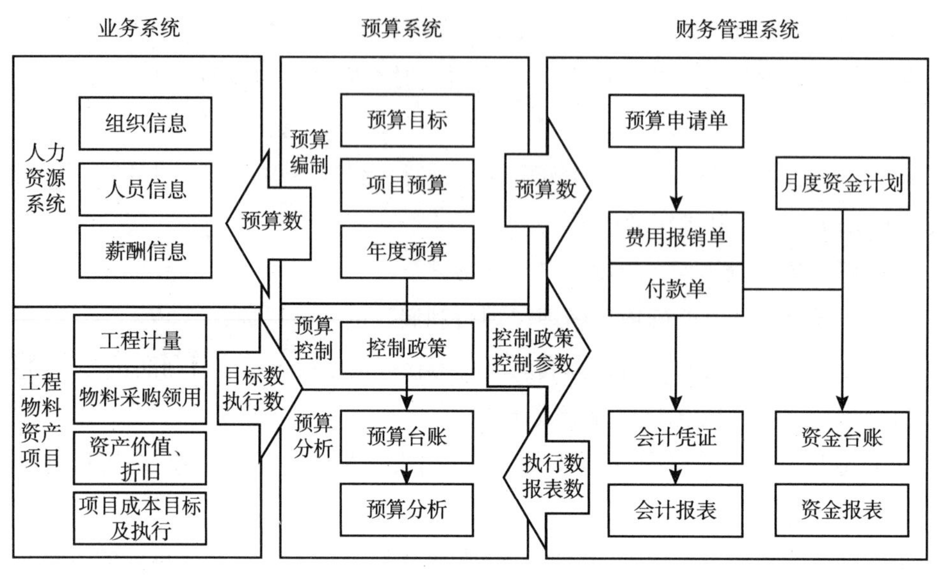

图 7　全面预算管理控制体系

通过分类使用这两种管理工具，LQ 集团能够更好地管理和控制项目成本和各类费用。目标成本管理工具确保项目成本控制与进度同步，而计划管理工具则确保费用预算与工作计划强关联。这种精细化的成本费用控制有助于 LQ 集团在运营管控模式下提高成本效益、优化资源配置，并最终实现既定的战略目标。

②增加了“预算使用申请”控制环节。

③通过预算系统与业务系统的融合，实现分级管控。

全面预算控制体系作为管理的核心系统，通过数据中心将预算控制数分发给各业务系统，如项目管理系统、资产管理系统、费用报销系统等；由各业务系统进行各业务的具体管控，全面预算管理系统进行整体管控。

（6）开发并逐步完善内部管理会计报告体系。

为客观还原内部责任单位价值创造的过程，服务匹配管理架构的内部各级责任中心（包括多维度的业务管理部门、多层级的被考核单元），保证每个节点的业务主管和管理团队能够获得所需的决策支撑报告，LQ 集团全面启动并不断完善内部管理会计报告体系。这一体系的构建分为四个关键步骤：首先，深入收集和评审各级报告需求；其次，统一管理核算和财务核算规则，将内部交易规则显性化，确定潜在风险预警指标；再次，通过线下填报，测试管理报告的数据质量；最后，通过 IT 系统承载并统一多维数据、展示多口径、多层级管理核算报告，从而提升全员对数据的敏感性和严谨性。图 8 为管理会计报告体系。

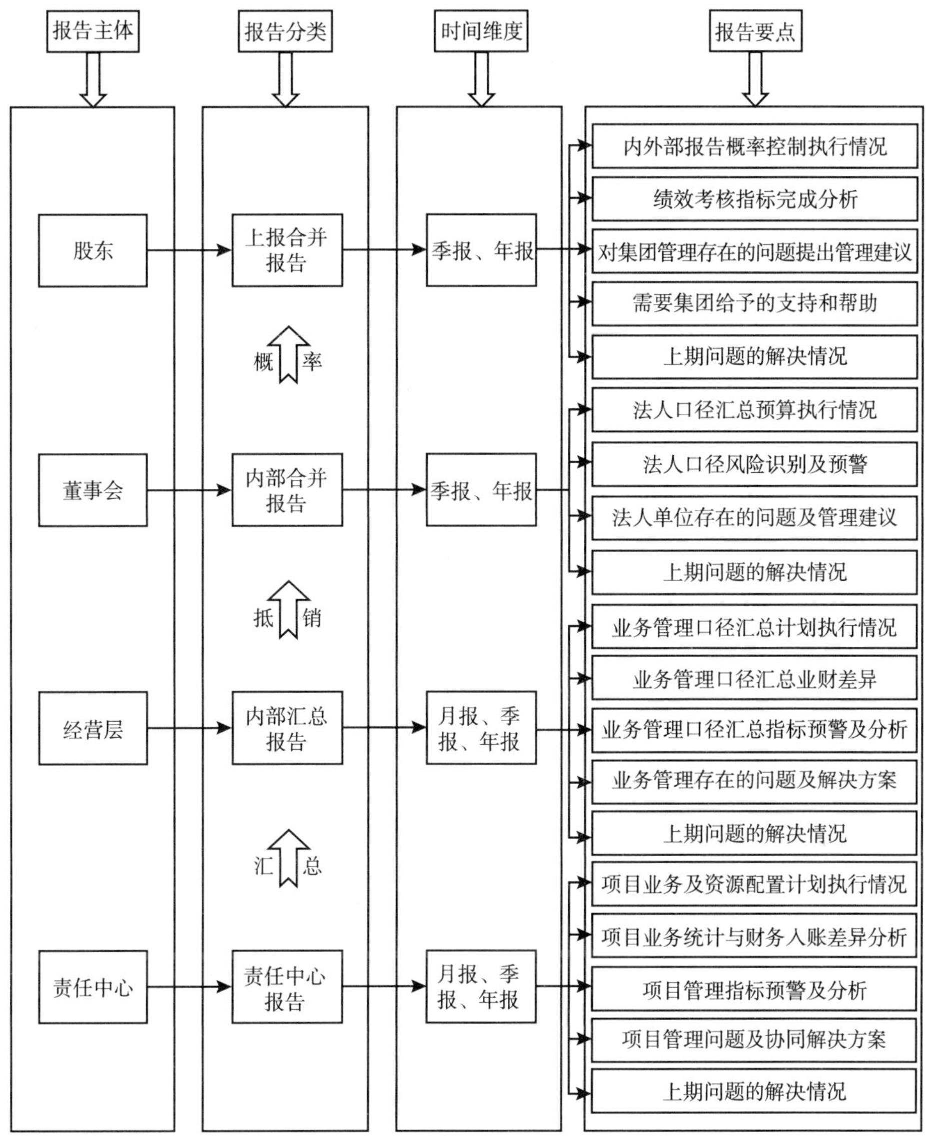

图 8　管理会计报告体系

（7）建立管理数据标准，统一管理数据口径。

通过全面预算管理信息化平台的建设，围绕集团管理数据分析对各业务系统数据的输出作出了相应要求，包含时间要求、数据字段要求、组织口径要求、业务财务口径统一要求等，为集团建立了管理数据标准，实现了管理数据口径的统一。

①主数据源头系统要以约定格式向数据管理平台推送主数据，并维护更新数据，确保各系统对外推送数据的主数据一致。

②预算系统向数据管理平台推送预算结果（包括预算调整结果）。

③各业务系统将本系统产生的相关执行数据按标准时间（暂定每月 1 日）要求推送到数据管理平台；预算系统按标准时间（暂定每月 2 日）从数据管理平台获取实际数据。

④资产管理系统、财务系统从数据管理平台获取预算结果，并结合本系统控制规则，分别在本系统内部完成预算控制。

LQ 集团全面预算系统总体思路效果如图 9 所示。

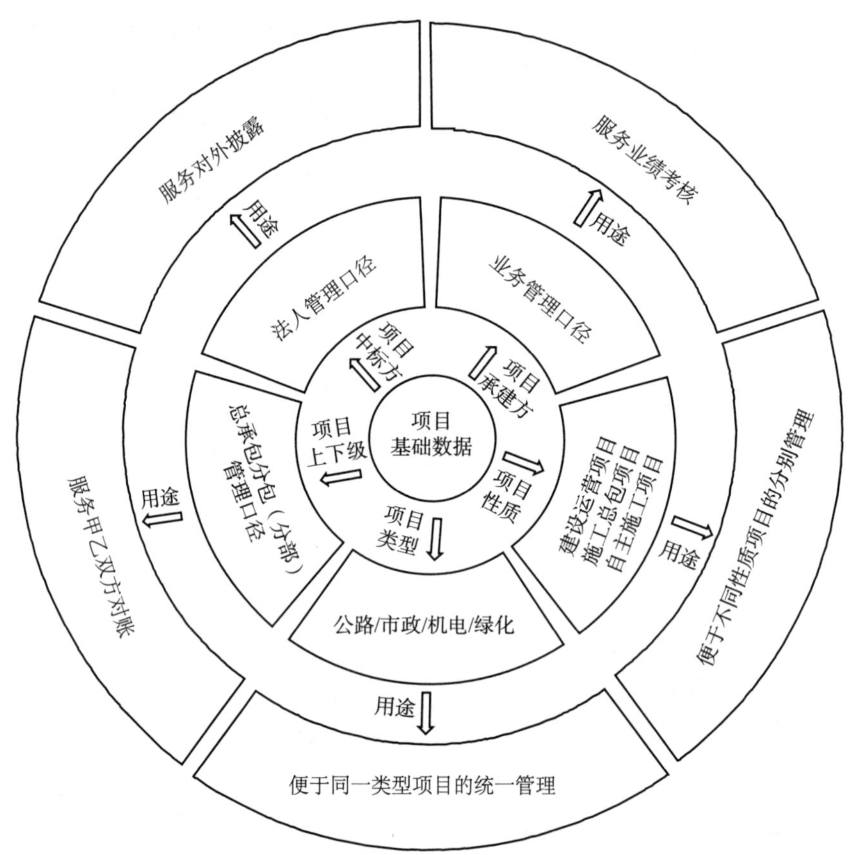

图 9　LQ 集团全面预算系统总体思路效果

（五）全面预算管理过程中遇到的问题和解决办法

（1）LQ 集团开展全面预算管理工作，公司员工对预算管理不了解，给预算推进工作带来了一定的阻力。

解决办法：

①坚定主要领导尤其是“一把手”的信念。

②开展了大量的培训、宣贯工作，包括公司内部媒体的宣传、召开大规模的启动大会、举办了多次预算培训等。

③做好充分、全面、细致的准备工作，包括进行详细的调研、制订科学的体系建设方案、提供好用的工具、制订详细的推进计划等。

④先松后紧，前期以“正激励”为主、“负激励”为辅，以“弱控制”为主、“强控制”为辅，逐步加大预算控制和考核力度。

（2）长短期战略目标不协同，战略规划滚动调整机制未建立，年度目标或绩效考核目标不能有效承接战略目标。从战略规划→战略解码→组织协同→战略实施→闭环管理全流程看，LQ 集团存在战略规划过程中尚未形成滚动执行管理体系，长短期战略目标无法协同，长期绩效难以衡量，管理体系无法构建，关键决策无法沟通，重大协同难以实现，重大变革动力不足等问题。在运营管控模式下，绩效考核缺乏有效的数据支撑，财务数据无法及时反映业务实际情况，且业务数据质量难以确认，从而导致绩效考核数据的支撑不足。

解决办法：

沟通战略规划部门及绩效考核部门，确保年度考核目标明确、具体、可衡量和可达成，实现与战略目标的有机融合，促进战略解码落地及过程滚动调整；制订综合预算计划，并强化跨部门协作与沟通；建立有效的预算执行监控机制，及时调整预算策略以应对市场变化；将计划管理与精细化管理耦合，在运营管控模式下，实现预算先策后控，有效地促进企业战略的精准落地和实现企业的长远发展目标。

（3）年度目标确定上报及分解偏差大。LQ 集团按照“项目谁实施，考核目标下给谁”的原则对下制定年度考核目标，上级单位采用合并财务指标考核，对上对下考核口径不对等，导致上报目标被层层减码，而下达目标则层层加码，上下层级目标偏差大，合并和汇总目标时口径不清晰，预算目标制定效率低下。

解决办法：

①理念先行，在上下多次沟通保持信息对称的基础上，借助信息化平台的实时汇总功能，制定科学合理、可实现、有实现路径的目标，以提高预判性；建立目标制定者和执行计划者之间的责任共担机制，将目标达成情况纳入双方绩效考核。

②通过采用概率预算确定年度上报目标，并确保目标数与业务计划汇总数在一定概率偏差范围内，提升目标分解质量，消除信息不对称现象，预防信息丢失和扭曲。精确的目标分解能够缩小集团考核目标与各级分解目标之间的偏差，加强目标与考核的衔接，减轻集团在执行分析方面的工作负担，使管理层更专注于核心战略和业务发展。这一方法有助于提升整体绩效管理水平，确保目标的有效实现。

（4）各部门对“在建项目”和“完工项目”界定标准不统一，各类项目业务预算漏报现象频发；各业务部门对同一项目的责任认定不统一，数据信息不对称，致使用工程、成本和财务数据计算的施工项目进度偏差大，财务数据无法及时反映业务实际情况，业务统计数据管理规则和标准不够规范，影响核算和绩效评估结果的准确性；预算追加调整频繁，编制源头“全面性”实施不到位。

解决办法：

以全面预算管理为抓手，规范清单梳理及维护部门、业务发起源头部门、业务归口管理部门、内部交易主导部门职责，助推各类业务基础信息资料同源共享；共梳理清单十大类、二十八项，助推信息系统建模，实现多口径组织架构责任单元不重不漏、业务预算模型分配不重不漏、关键业务环节人财物资源配置不重不漏（如建设转运营环节、完工、开工环节人力资源配置、办公设备配置等）。

实时维护和共享项目数量及状态清单，全面梳理建设项目、运营项目、施工项目、总承包项目，并根据项目状态（如在建、完工未审计、完工已审计、完工审计已并账、完工审计未并账、竣工）进行分类，将梳理后的项目档案在全面预算管理系统中进行维护，形成主数据分发给业务系统，促进各部门对项目的多维管理；通过数据场景维度的清单梳理，确定各类数据预算管理标准，促进预算编制有效、执行分析有效。

（5）业务和财务取数习惯与标准未融合，影响预算编制准确性与考核严谨性。

解决办法：

统一数据确认流程，在编制环节、执行控制环节、考核环节，均先完成项目本期末开工累计数据确认，再衔接上年年末开工累计数各环节已确认或认定数据，计算当期预算编制及实施数据。以施工项目为例描述：

业务系统数据归集按业务“发生所属期”归集，而非业务“批复所属期”归集，业务已披露数据，随着取数时间节点的不同，归集的所属期数据不同（例如，存在本月调整以前已计量数据，业务直接调整所属期数据），如果不限定取数维度，业财“当期数据差异”的原因就分解不清；以项目期末开累数据为基础，减去期初开累数据，计算本期预算编制数、执行控制数的方法，化解了历史上因业财披露数据取数规则不同，可能造成重复考核或遗漏考核的欠公平公正问题。

（6）信息系统较多，数据分散且口径不统一。

LQ 集团信息系统较多，各系统之间未进行数据共享造成信息孤岛，同时业务数据与业务数据之间、业务数据与财务数据之间的口径不一致，导致数据质量及数据在部门间可利用性差，增加了预算管理的难度，主要体现在：

①从集团层面看：业务多元化，管理层级多，数据汇总统计口径多，基层手工填报数据周期长、范围广、困难大，工作效率低，预算编制汇总、执行分析难度大。

②从所属单位层面看：预算编制维度不够，预算未与业务计划精准匹配。

③从整个集团看：预算与战略规划、绩效考核衔接不够；缺少行之有效的预算执行控制体系；预算管理局限于财务预算编制工作；编制目的是上报需要；预算分析流于形式。

④项目成本控制方面：项目成本目标动态调整机制不健全；业财数据融合不充分；预算执行分析缺乏有效数据支撑；业务收入进度与成本结算进度不匹配。

⑤预算管理时限问题：预算目标下达、审批、上报周期长；预算执行分析取数时间长。

解决办法：

①搭建多口径数据汇总平台，保障不同维度的数据输出。

②建立数据中心，实现所有数据共享。

③以全面预算管理为抓手，围绕集团管理数据分析，对各业务系统数据输出的数据进行认真梳理，对数据场景多维贴标，并就执行分析取数标准作出了相应要求，包含数据所属期、数据发起时点、数据批复时点等要求、数据字段要求、组织口径要求、业务财务口径统一等，建立了数据标准，实现数据口径统一。

四、取得成效

（一）预算管控能力有效提升，为集团战略目标落地提供有力支撑

2018～2023年的预算执行率显著提升，企业规模和经营效益大幅攀升，各类业务预算执行率均达90%以上，创效能力得到有效提升，利润率从2018年的1.34%增长至2023年的5.63%。[①]

（二）构建集团特色的预算数据管理生态圈

通过多维标签整理项目资料与业务数据，利用预算信息系统建模，解决母子公司资质共享和代管问题，实时更新业务与法人口径预算数据，满足披露和考核需求，提升预算管理效率，如图10所示。

（三）致力集团管理数据标准，助力集团数字化转型

LQ集团梳理系统数据，统一标准，解决数据分散、口径不一的问题，实现指标

① 资料来源：LQ集团内部专用数据。

下沉，结合业务特性，设置差异化基层预警，满足精细化管理需求，推动数字化转型。

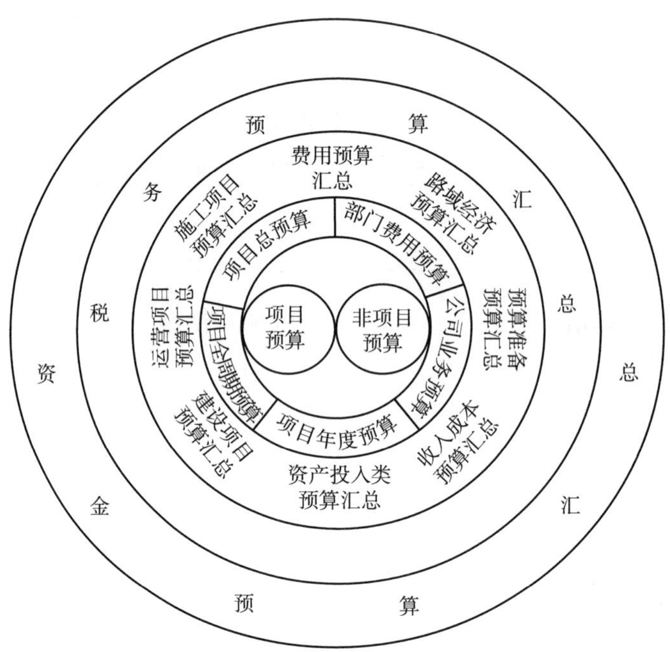

图 10　LQ 集团预算数据管理生态圈

（四）持续消除预算管理的薄弱环节，促进业财融合

LQ 集团通过全面预算管理横向边覆盖业务、纵向底覆盖组织，解决目标分解、绩效考核问题；建立业财信息共享平台，提高沟通与执行效率；优化业务预算模型，强化项目数据分析管理，严控成本费用预算，节约资源和资金成本。

（五）促进集团内控体系由“人防人控”向“技防技控”转型升级

通过全面预算的编制和执行过程，LQ 集团不断用量化的工具，使自身所处的经营环境与拥有的资源和目标保持动态平衡，准确识别、预测、评估与控制各种风险。

五、经验总结

（一）经验和体会

首先，开展全面预算管理需要创建管理环境。领导层需意识到全面预算管理的必要性，加强员工培训和宣传，树立预算管理文化，达成共识和形成合力；预算管理人员必须能够准确分析预算执行偏差的根源，结合业务实际制定详细的管理流程和标准，为信息化建设奠定基础。

其次，科学设计适合企业特点的预算体系。要充分考虑自身的行业特点、管理基础、管理环境和自身的需求，制定符合实际需求的预算模型。

再次，企业要全面实施沟通计划管理，明确对象、内容、渠道和频率，通过培训会、书面征求意见稿、协同解决问题方案、组织内部评审会议等方式进行，形成全面系统的横向纵向沟通机制，推动问题业务解决，促进各项预算工作的顺利开展。

最后，推动全面预算管理信息化建设。采用清单管理追踪业务数据并更新管理标准。建立业财融合信息共享平台，实现多维度业财数据分析，结合外部政策和经济状况变化，及时调整和规划预算目标。

（二）改进和发展建议

为了灵活应对市场变化，在数据交换成熟且适当的时机下，积极推进全业务滚动预算。此举旨在提高预算管理的灵活性和准确性，优化资源配置，促进业务的高效运转，为企业的持续健康发展提供坚实保障。

（山西路桥建设集团有限公司：杨志贵　杨建红　李　军　卫晋芳
王　希　张欣茹　严昌剑）

案例评语：

该案例针对集团公司长短期战略目标不协调、绩效考核数据支撑不足、年度目标确定与实际执行存在偏差、业务协同难度大、内控和风险管理体系不完善等关键问题，逐步推行以“赋能运营管控高质量”为主导思想、以“战略—计划—预算—绩效”为管理理念、以“项目为主线”为管理模式的全面预算管理，通过信息化赋能，协同运用 SWOT 分析法、目标成本法、清单管理、闭环管理、计划管理、资金集中管理、平衡计分卡等多种管理工具，助力实现运营精细化管理，为集团数字化转型与战略的成功落地提供有力支撑。

案例在全面预算管理体系构建及制度流程设计、全面预算管理信息系统开发运行等方面，对赋能集团公司运营管控，助力大型企业全面预算管理落地具有重要借鉴意义。

以全面预算为纽带，持续提升经营管控能力的探索与实践

摘要

本案例介绍全面预算管理工具在能源企业的应用，案例单位为以“煤炭、煤电、清洁能源”为主的多产业、多业态综合能源服务企业。针对企业预算管理过程中战略目标引领力不足、预算编制效率低下、数据信息不共享等问题，以信息化系统为工具，形成了“以战略为引领，以业务为先导，以产业为支撑，以业态为特点，以数据为资源，以指标为纽带”的全面预算管理体系，打造了一套“战略 + 业务”双主线设计、“1 + N + M”预算管理架构、“5W1H”任务驱动、“业务量向价值量科学转化”的集团公司全面预算管理系统，实现了集团公司经营管控能力的持续提升。

系统从无到有，从事前预测、事中有效控制到事后分析考评，形成了全面预算管理系统全流程闭环管理。按照“一网打尽、一屏尽览，互联互通、信息共享”的建设目标要求，该系统充分融合“人、财、物、产、供、销”等相关业务系统，实现了“一处录入、处处共享”，打通了数据信息孤岛，将业务和财务进行贯通融合，作为业财一体化的重要纽带。该系统覆盖了集团公司全面预算管理的全层级、全口径、全要素、全过程，固化时间、地点、人员、步骤、方式、方法、逻辑等预算任务驱动，提高了预算管理效率。目前，该系统已成为集团公司强化经营管控的重要平台，为集团公司“六效”点评分析和管理决策提供了数据支撑，有效推动了企业高质量转型发展。

一、背景描述

（一）单位基本情况

淮河能源控股集团是以煤炭、煤电、清洁能源为主，技术研发服务、金融、物流等多产业协调发展的企业集团，为全国 14 个亿吨级煤炭基地和 6 个大型煤电基地之一，中国企业 500 强和中国煤炭企业 50 强之一，目前已有 120 多年历史。首创“大

比例交叉持股”煤电联营模式，被誉为煤矿办电“淮南模式”并推向全国。近年来，坚定以习近平新时代中国特色社会主义思想为指导，全面贯彻党的二十大精神，深入落实能源安全新战略，保障安徽省乃至长三角区域能源清洁低碳、安全高效供给，加快建设“绿色、清洁、和谐、美丽、安全、高效、智慧、低碳”新时代现代新型能源集团，打造国家级新型清洁能源基地和转型升级示范企业。

（二）全面预算管理应用基础

随着企业转型发展，产业业态发生变化，集团公司2020年修订出台了全面预算管理暂行办法。通过对集团公司以前预算管理现状的调研和分析，总结出预算管理工作中存在的主要问题。

一是战略与预算缺少衔接。战略规划侧重投资规划，对预算目标管理的引领作用衔接力不足。

二是产业特征未能体现。以前年度通用预算指标体系已不能满足多产业业务特点。

三是部分预算编制滞后，专项预算与经营预算关联性不强。

四是预算编制方法单一。未根据业务特点采用不同的编制方法，缺乏科学合理性。

五是编制工作效率低下。线下手工编制，数据无法共享，工作效率低。

六是预算博弈现象明显。二级产业单位、职能管理部门和集团之间存在不同程度的博弈现象，导致集团预算目标与战略规划目标存在较大差异。

（三）实施全面预算管理系统的原因

基于上述问题，一是决策层，获取决策信息不全面、有效数据不及时、展现方式不直观；二是管理层，预算界面不清晰、流程运行不通畅、指标体系不科学、上下联动不协同；三是执行层，操作工具不高效、编制方法不明确、数据采集不便捷。

亟须全面预算管理工具发挥其作为企业落实发展战略、优化资源配置、提升经营效益有效管理手段的纽带作用，提升集团经营管控能力，真正实现“价值溯源、业务求本”的业财融合管理新模式。

二、总体设计

（一）全面预算管理建设目标

1. 完善预算管理体系

按照“以战略为引领，以业务为先导，以产业为支撑，以业态为特点，以数据为资源，以指标为纽带”的原则，完善全面预算管理体系和集团经营管控体系。

2. 搭建预算管理平台

建设包含目标管理、年度计划、预算编制、执行控制、调整变更、预算分析、预算考评的全面预算管理闭环平台。

3. 实现多维数据共享

通过集团数据中台，与各业务系统建立有效衔接，实现数据集成，构造多维数据中心，以全面预算为纽带，提升集团经营管控能力，为持续提升企业绩效、实现高质量发展提供数字化支撑。

（二）全面预算体系设计思路

1. “双主线”设计思路

以问题为导向，全面预算管理要先定目标、定方向，提出“战略主线 + 业务主线”相融合的设计思路（见图 1），加强预算对企业的“指挥”作用，发挥全面预算纽带作用，提升集团经营管控能力，实现企业经营持续把脉、持续改善。

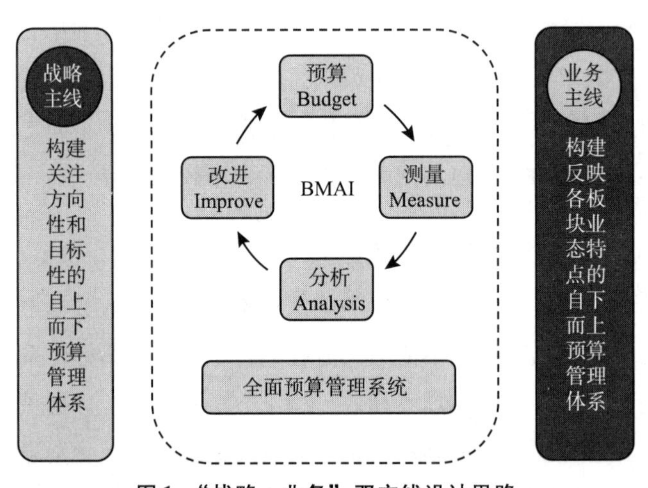

图 1 “战略 + 业务”双主线设计思路

2. “1 + N + M”预算管理架构

基于集团公司管控模式，以及多产业、多业态的特点，搭建“1 + N + M”的多级预算架构体系（见图 2），“1”指满足集团管控要求的集团级预算管理体系；“N”指满足各板块业务和管理特点的个性化预算管理体系；“M”指具有鲜明特点或具有多个板块业务的企业实体，可以根据自身管理需要设计符合自身要求的预算体系。

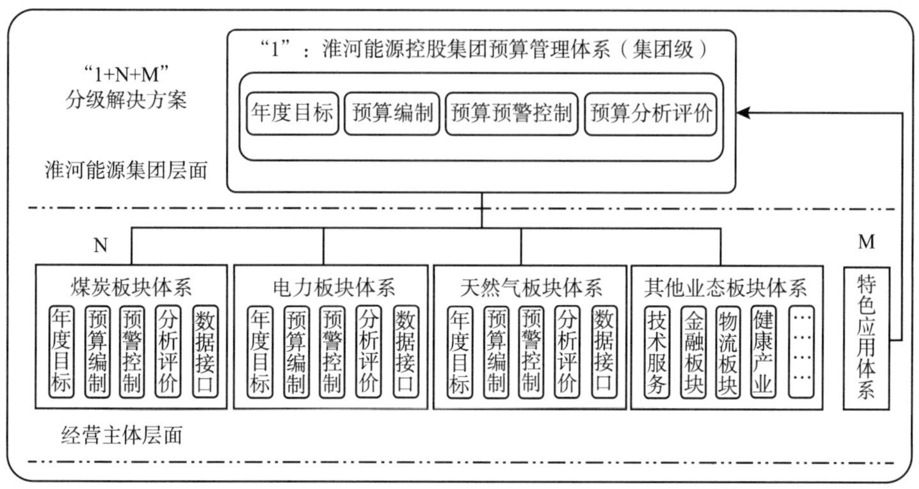

图2 "1+N+M"的多级预算架构

（三）全面预算管理建设内容

全面预算管理是一项"全员参与、全业务覆盖、全过程控制、全要素分析、全方位评价"的综合性、系统性管理活动，涉及企业经济活动的方方面面，包括经营预算、科研预算、投资预算、资金预算、财务预算、专项预算等。建设内容包括编报、控制、预警、分析、调整、考核等全流程的内容。按照"两下两上"编制过程，以战略为引领，基于业务驱动，编算结合、以算为主，实现企业资源有效配置。可视化的预算控制引擎，具备业务事前和事中控制。智能化预警分析平台，重点指标实时监控，执行结果立体展示。动态化可钻取的预算看板，业务、经营、财务指标一屏尽览。

（四）全面预算管理创新思维

1. 以"六效"为牵引，提升企业经济运行质量

坚持以用促建、以用促用、以用促改、以用促学、以用促效"五个以用"，实现"人人网办、一网通办、一处录入、处处共享"。创新建立以效率、效益、效果、效能、效应、效绩为牵引的"六效"季度分析点评机制，着力提升企业经济运行质量，助力企业高质量发展。

2. 发布数据标准，规范全面预算管理维度及口径

根据集团经营现状和运营整体情况，按照财务管理、投资管理等11大类进行划分，具体细分为55个二级分类，173个三级分类，确保全面预算系统维度、口径标准统一，实现与各业务系统相关数据资源的有效整合和共享。

3. 坚持"战略主线+业务主线"双主线的系统设计思路

双主线体系，将面向决策、关注方向性和目标性的管理主线，和面向业务、关注

科学性和合理性的业务主线，融合到一体。集团公司全面预算管理与集团战略目标紧密相连，通过下达年度预算目标的方式，指引集团所属单位生产经营活动，引领年度规划目标实现。

4. 以产业为支撑 + 业态为特点，搭建“1 + N + M”预算架构

按照业务先导、业态特点和产业支撑编制思路，遵循因果逻辑关系，坚持“量、价、相关性”原则，专项预算与经营预算同步编制，将业务量转换成价值量。从无到有，现在集团公司每个产业板块一套预算，覆盖到 113 家预算主体单位，满足产业板块个性化管理需求。

5. 创新“5W1H”任务驱动方式，固化流程人员参与

通过“5W1H”（“为何编”“编什么”“在哪编”“何时编”“谁来编”“怎么编”）的任务驱动方式，定时间、定地点、定人员、定步骤、定方式、定方法、定逻辑等，明确预算界面、划分预算职责，确保相关人员协同分工、全面参与。

6. 推进业财融合、推动价值引领、实现降本增效

积极推动财务视角向业务流程、煤电产业链拓展，让财务经营人员更加关注并研判“两价”（煤价、电价）和“两率”（利率、税率）的变化，推动财务价值管理角色从事后向事前转变，从决策执行向决策支撑转变。

7. 坚持业务系统互联互通、协同推进、共同建设

开展流程优化、融合再造，以数字治理赋能企业管理，全面实现信息化、数字化管理，推进业务、财务一体化，与集团公司涉及的“人、财、物、产、供、销”方面的 20 多项业务系统集成融合，实现信息高效流转、集团管控有力、决策科学高效。

三、应用过程

（一）全面预算管理项目工作组

为加快项目建设进度，保障系统建设和应用推广工作顺利推进，掌握各级单位预算管理流程和设计需求，及时解决和协调项目建设过程中的问题，集团公司和系统承建商适时组建全面预算项目团队及工作小组。

1. 项目组织

集团公司与全面预算系统承建商组成一个项目实施团队，包括项目领导小组、项目负责人（项目经理）、技术负责人、各实施组负责人、实施人员、资源保障人员等，其中：集团公司财务部牵头，从各产业板块选调业务及财务人员 18 名，开展全面预算编制体系研讨及设计；承建厂商现场驻点 8 ~ 10 人，现场驻点人员根据业务开展情况和系统建设情况，随时调配调整。

2. 项目例会

采用“一日一人一清单、一周一会一纪要、一月一会一总结”的例会工作机制。

3. 进度报送

按照“周调度、月总结”的工作机制，及时向集团公司报送全面预算管理系统建设进展。

（二）全面预算管理资源、环境和信息化条件

（1）资源配置：集团公司有充足且专门从事预算管理的财务人员、业务人员，具备专业的知识，对全面预算管理有深入的理解。

（2）组织结构：集团公司有完善的组织架构，各个部门之间有清晰的职责和浓厚的合作氛围。

（3）应用环境：一是集团公司主要领导高度重视，大力支持全面预算管理工作；二是预算人员具备相应的业财融合意识；三是办法制度先行、组织架构完善、预算体系清晰、权责明确；四是人员参与度高、执行力强；五是有相应的业务系统支持，且系统融合程度高；六是有一定的财力支持，保障信息化系统顺利建设。

（4）信息化条件：一是集团公司提前编制了信息化规划，作为建设信息化系统的纲领，各业务系统围绕规划有序开展。二是全面预算系统建设有相应的业务系统支撑，并且与其他业务系统集成融合，确保数据的准确性和及时性。三是具备一定的信息化人才，专门负责统筹信息化系统建设。

（三）应用模式和应用流程

1. 项目前期准备阶段

（1）集团公司总经理带队赴多家煤炭行业兄弟单位及软件公司调研考察，学习先进的理念和经验做法。

（2）围绕全面预算管理暂行办法，结合集团公司产业特点和实际情况，形成全面预算管理建设方案。

（3）建设方案经上会审议，完成全面预算管理系统计划函的批复。

2. 业务调研和设计阶段

（1）开展需求调研。

全面预算管理项目组依据“调研计划”与“调研提纲”，先后赴集团公司职能部门、分子公司及服务支持机构等 40 个部门和单位，进行了业务与系统调研，访谈约 200 名干部员工，查摆 107 项现实问题、134 条管理需求建议，整理 40 份会议纪要，

并形成调研分析报告。

（2）研讨预算体系。

成立全面预算管理工作组，按照“一日一人一清单、一周一会一纪要”工作机制，采取业财因果逻辑关系，共同研讨全面预算管理体系设计思路和集团各产业板块预算编制的设计，分别从指标内容、指标关联性、指标完成编制所需的流程三个方面进行研讨，设计业务预算、经营预算、资本预算、科研预算、专项预算、资金预算、财务预算等表格。

全面预算管理工作组以业务为先导、明确量价关联关系，确定预算内容和流程等，开展封闭式驻点研讨，共采纳 561 个问题，梳理形成预算编制表格 235 张，其中产业个性化预算表 199 张、通用性预算表 36 张。

（3）设计蓝图方案。

基于业务调研情况、调研分析报告、全面预算管理工作组研讨的结论，集团公司财务部与承建厂商团队通过内部多次研讨交流，形成集团全面预算管理系统蓝图设计方案。

蓝图方案从现状分析、项目目标、体系设计、实施路径和预期效果五个方面进行了阐述，具体如下所示。

一是现状分析，分别从集团战略、管控模式、调研开展情况、存在问题进行总结。

二是项目目标，从完善全面预算管理体系、平台建设和数据共享三个方面提出项目建设目标。

三是体系设计，“以战略为引领，以业务为先导，以产业为支撑，以业态为特点，以数据为资源，以指标为纽带”的体系，提出“战略主线 + 业务主线”相融合的设计思路，并以全面预算为轴心，协同联动业务运营，加强预算对企业的“指挥”作用，突出全面预算纽带作用（见图 3），实现企业经营持续把脉、持续改善。分别从总体设计、基础体系设计、编制体系、控制体系、分析体系、变更体系、考核体系和集成体系进行设计。

四是实施路径，理念宣贯→资料收集→调研访谈→方案设计→系统部署→系统实施→系统集成→上线培训→运行总结→验收运维。

五是预期效果，衔接企业战略规划目标和年度任务目标落实，提升企业运营管理精细化水平，为持续提升企业绩效、实现高质量发展提供数字化支撑。

3. 预算编制

预算管理工作的起点是预算目标的制定，要保证预算目标与集团战略目标、年度计划有序衔接。先根据战略规划确定年度任务目标，再分解为年度计划、然后启动年度预算编制。集团按照“自上而下、自下而上、上下结合、分级编制、逐级汇总、

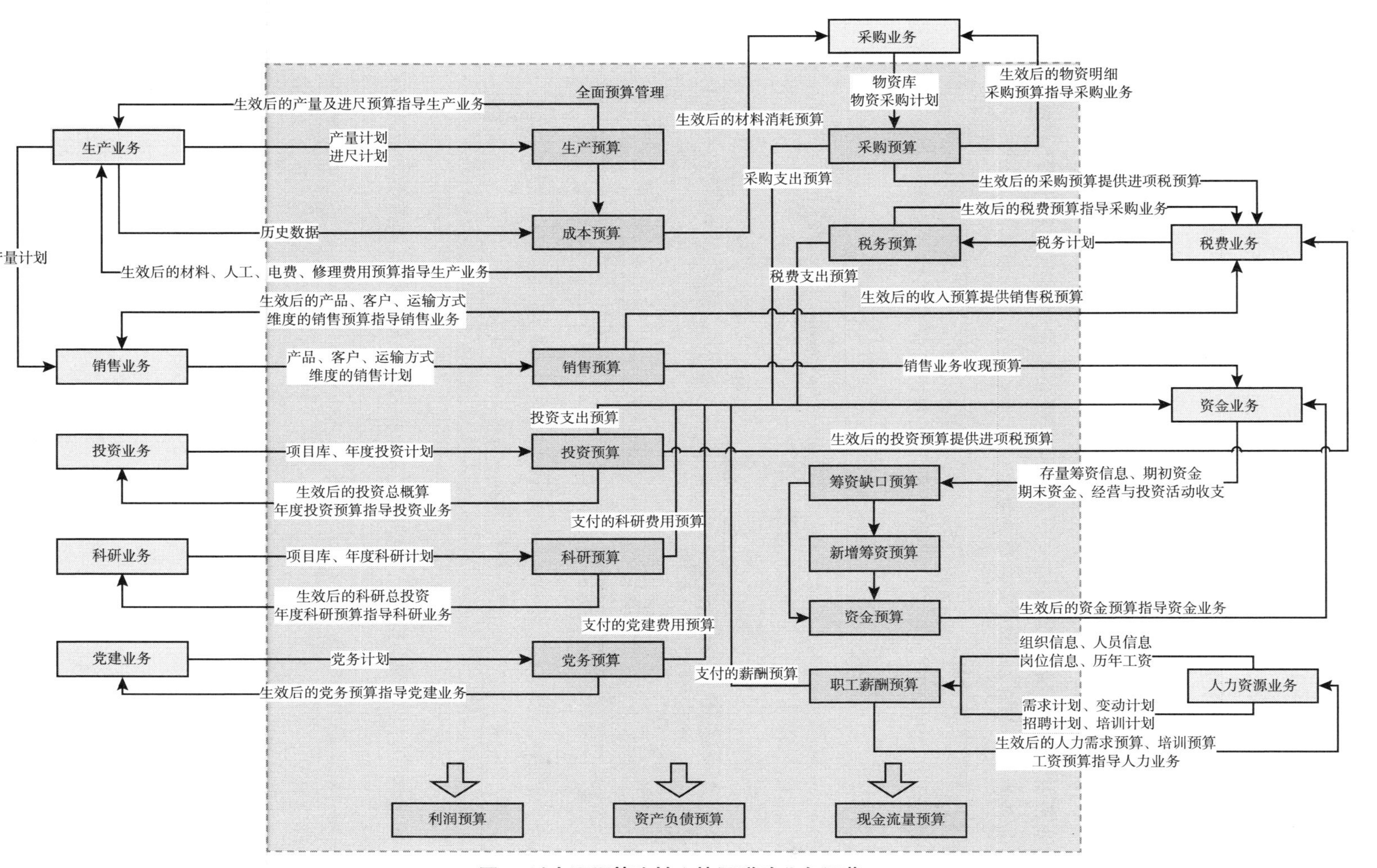

图3 以全面预算为轴心协同联动业务运营

综合平衡”的原则，采取“两下两上”的方式进行年度预算编制。“一下”是指集团公司将年度任务指导目标和年度计划方向第一次下达至各单位。“一上”是指各单位根据集团公司下达的“一下”指导目标第一次编制上报全面预算草案。“二下”是指全面预算管理办公室将审定的年度预算目标第二次下达至各单位。“二上”是指各单位根据“二下”年度预算目标做好全面预算月度分解工作，第二次上报集团公司。

全面预算编制遵循先业务后价值的原则。按照由业务量到价值量的逻辑，先编制生产业务量预算，再编制价值量预算。全面预算系统创建产业板块之间和内部单位之间的业务逻辑关系，各预算主体须严格按照业务表编报时间节点和步骤编制，实现了关联业务收支对等自动取数、合并自动抵销。

（1）采场接替计划。

通过工作面的走向、面长、采高以及采煤方式等业务属性，确定工作面采煤接替计划（见图4）。

MTJH0010 采煤工作面接替计划

采煤工作面接替计划

编制单位：[illegible]矿 生产技术部　　单位：万吨

施工队伍名称	工作面名称	走向×面长×采高	采煤方法	开始时间	结束时间	平均人数（人/月）	总产量	1月	2月	3月	4月	5月	6月	7月	8月	9月	10月	11月	12月	备注
综采一队	2131（3）工作面	3000*240*5.5	综采	2023-10-01	2023-12-31	171	85.00										29.00	28.00	28.00	
	小计						317.00	27.00	22.00	18.00	27.00	28.00	27.00	28.00	28.00	27.00	29.00	28.00	28.00	
[illegible]	[illegible]	[illegible]	[illegible]	2023-01-01	2023-03-31	185	39.00	15.00	13.00	11.00										
综采二队	2232（3）工作面	1025*256.2*2.3	综采	2023-05-01	2023-12-31	185	122.00					17.00	12.00	17.00	16.00	18.00	13.00	18.00	11.00	
	小计					185	161.00	15.00	13.00	11.00		17.00	12.00	17.00	16.00	18.00	13.00	18.00	11.00	
综采三队	13518工作面	941*230*3	综采	2023-01-01	2023.07.31	141	108.00	15.00	11.00	16.00	18.00	10.00	20.00	18.00						
	11618工作面	846*230*3	综采	2023-08-01	2023-12-31	141	100.00								20.00	20.00	20.00	20.00	20.00	
	小计					141	208.00	15.00	11.00	16.00	18.00	10.00	20.00	18.00	20.00	20.00	20.00	20.00	20.00	
[illegible]	[illegible]	[illegible]	[illegible]	2023-02-17	2023-08-10	186	54.00	13.50	13.50	13.50	13.50									
[illegible]	21316工作面	474*211.8*2.5	综采	2023-09-16	2023-12-31	186	60.00								12.00	11.00	13.00	10.00	14.00	
	小计					186	114.00	13.50	13.50	13.50	13.50				12.00	11.00	13.00	10.00	14.00	
回采产量							800.00	70.50	59.50	58.50	58.50	55.00	59.00	63.00	76.00	76.00	75.00	76.00	73.00	
掘进产量							40.00	4.00	3.00	3.00	4.00	4.00	4.00	3.00	3.00	3.00	3.00	3.00	3.00	
矿井产量							840.00	74.50	62.50	61.50	62.50	59.00	63.00	66.00	79.00	79.00	78.00	79.00	76.00	

图4　采煤工作面接替计划

（2）进尺计划。

通过巷道的煤岩别、倾角、支护形式等业务属性，确定每条巷道掘进量（见图5）。

MTJH0040 进尺计划

进尺计划

编制单位：[illegible]矿 生产技术部　　单位：米

施工队伍类型	施工队伍名称	巷道名称	巷道用途	煤岩别	净断面（㎡）	倾角（°）	支护形式	设计工程量	截止2022年12月底累计已完成工程量	截止2022年12月底剩余工程量	总进尺	1月	2月	3月	4月	5月	6月	7月	8月	9月	10月	11月	12月	备注
	[illegible]	[illegible]	[illegible]	岩巷	19.50	13	锚网喷	350	150	200	200				35	30	45	45	45					
		[illegible]	生产准备	岩巷	17.00	13	锚网喷	70		70	70										20	50		
		小计						2,480	2,010	470	470	65	90	45	35	30	45	45	45		20	50		
	[illegible]	2131（3）[illegible]	安全	岩巷	16.10	3‰	锚网	2,585		2,585	975	30	35	50	80	120	70	120	120	110	120	120		6月二主井[illegible]
		小计						2,585		2,585	975	30	35	50	80	120	70	120	120	110	120	120		
	[illegible]	22124[illegible]	安全	岩巷	17.80	15	锚网喷	400	320	80	80	35	45											5月一主井[illegible]
		12424[illegible]	[illegible]	岩巷	22.30	3‰	锚网喷	245		245	245				20	35	50	50	50	40				
		[illegible]	生产准备	岩巷	21.00	15	锚网喷	680		680	80											30	50	
		小计						1,325	320	1,005	405	35	45		20	35	50	50	50	40		30	50	
	[illegible]	[illegible]	安全	岩巷	17.80	3‰	锚网	400	235	165	165	35	45	50	35									
[illegible]		[illegible]	[illegible]	岩巷	19.50	3‰	锚网喷	400	100	300	285						20	35	50	50	50	45	35	
		小计						800	335	465	450	35	45	50	35		20	35	50	50	50	45	35	
	[illegible]	21234[illegible]	生产准备	煤巷	19.80	0	锚网	3,580	250	3,330	2,280	160	180	200	200	200	140	200	200	200	200	200	200	
		小计						3,580	250	3,330	2,280	160	180	200	200	200	140	200	200	200	200	200	200	
	[illegible]	21234[illegible]	生产准备	煤巷	19.80	0	锚网	3,270	100	3,170	2,090		150	200	200	200	140	200	200	200	200	200	200	
		小计						3,270	100	3,170	2,090		150	200	200	200	140	200	200	200	200	200	200	
	[illegible]	12428[illegible]	生产准备	煤巷	19.80	0	锚网	3,130	100	3,030	2,280	140	200	200	200	140	200	200	200	200	200	200	200	
		小计						3,130	100	3,030	2,280	140	200	200	200	140	200	200	200	200	200	200	200	
	[illegible]	2131（3）[illegible]	生产准备	煤巷	19.80	0	锚网	920	410	510	510	120	180	180	30									
		2131（3）切眼	生产准备	煤巷	24.75	13°	锚网	240	35	205	205				120	85								
		2131（3）[illegible]	生产准备	煤巷	19.80	0	锚网	3,300	1,900	1,400	315					65	100	150						
		[illegible]	生产准备	煤巷	19.80	0	锚网	1,810		1,810	820								100	180	180	180	180	
		小计						6,270	2,345	3,925	1,850	120	180	180	150	150	100	150	100	180	180	180	180	

图5　进尺计划

（3）安装拆除计划。

根据采场接替计划确定本年需要安拆的工作面，明确每个安拆工作面的参数、安拆时间等，便于安装公司根据安拆计划确定本年工作量（见图6）。

安装拆除计划

编制单位：	潘二矿 生产技术部																
安装拆除类别	工作面名称	工作面参数							[illegible]	[illegible]	[illegible]	工作面"三机"型号及支架种类	其他	起止时间		安拆个数	说明
		走向(m)	倾斜(m)	倾角(°)	涌水量(m³/h)	架数（架）	支架装撤方式	[illegible]						开始时间	结束时间		
合计		6,786	1,415			278										9	
拆除	11221	350	150	9	4	23	解体	是	否	否	否	采煤机：MG65		2023.1.1	2023.2.15	1	
	11223	300	130	7	5	43	解体	否	是	是	否	采煤机：MG70		2023.6.1	2023.7.15	1	
	11215	644	120	30	4	27	解体	否	是	是	否	采煤机：MG45		2023.7.1	2023.8.15	1	
	18215	200	185	7	5	20	解体	否	否	是	否	采煤机：SL 300		2022.7.1	2023.8.10	1	
	12221	706	175	9	6	23	解体	否	否	是	否	采煤机：MG65		2023.12.1	2023.12.31	1	
	小计	2,200	760			136										5	
安装	18325	1,500	210	6	4	23	解体	否	否	是	否	采煤机：MG65		2023.10.15	2023.12.28	1	
	11013	686	127	15	4	43	解体	否	否	是	否	采煤机：MG45		2023.3.1	2023.4.25	1	
	18114	1,200	193	2	4	27	解体	否	否	是	是	采煤机：MG65		2023.2.28	2023.4.15	1	
	12023	1,200	125	8	3	49	解体	否	是	是	是	采煤机：MG70		2023.9.15	2023.10.30	1	
	小计	4,586	655			142										4	

图6　安装拆除计划

（4）钻孔收入。

专业化公司（勘探公司）根据业务能力，由系统自动承接各矿井的钻孔计划，基于孔径、孔深、瓦斯压力、瓦斯含量等业务特点，制定标准单价，结合钻孔施工量，自动生成钻孔收入（见图7），尽力减轻内部博弈现象，提高工作效率。

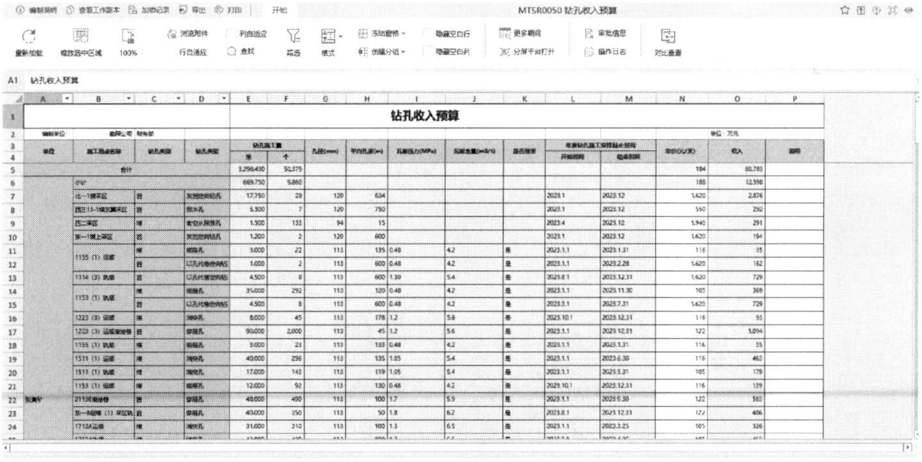

钻孔收入预算

编制单位：	勘探公司 财务部												单位：万元		
单位	施工地点名称	钻孔类别	钻孔类型	钻孔施工量		孔径(mm)	平均孔深(m)	瓦斯压力(MPa)	瓦斯含量(m3/t)	是否[illegible]	[illegible]起止时间		单价(元/米)	收入	说明
				米	个						开始时间	结束时间			
合计				3,298,430	50,379								184	60,783	
张集矿	小计			669,750	5,860								188	12,598	
	北一1煤采区	岩	灰岩定向钻孔	17,750	28	120	634				2023.1	2023.12	1,620	2,876	
	西三13-1煤[illegible]采区	岩	放水孔	5,300	7	120	750				2023.1	2023.12	550	292	
	西二采区	煤	老空水探放孔	1,500	133	94	15				2023.4	2023.12	1,940	291	
	东一1煤上采区	岩	灰岩定向钻孔	1,200	2	120	600				2023.1	2023.12	1,620	194	
	1155（1）运顺	煤	顺层孔	3,000	22	113	135	0.48	4.2	是	2023.1.1	2023.1.31	116	35	
		岩	以孔代巷定向钻	1,000	2	113	600	0.48	4.2	是	2023.1.1	2023.2.28	1,620	162	
	1314（3）轨顺	岩	以孔代巷定向钻	4,500	8	113	600	1.30	5.4	是	2023.8.1	2023.12.31	1,620	729	
	1153（1）轨顺	煤	顺层孔	35,000	292	113	120	0.48	4.2	是	2023.1.1	2023.11.30	105	369	
		岩	以孔代巷定向钻	4,500	8	113	600	0.48	4.2	是	2023.3.1	2023.7.31	1,620	729	
	1223（3）运顺	煤	[illegible]	8,000	45	113	178	1.2	5.6	是	2023.10.1	2023.12.31	116	93	
	1223（3）运顺[illegible]	岩	穿层孔	90,000	2,000	113	45	1.2	5.6	是	2023.1.1	2023.12.31	122	1,094	
	1155（1）轨顺	煤	顺层孔	3,000	23	113	133	0.48	4.2	是	2023.1.1	2023.1.31	116	35	
	1511（1）运顺	煤	[illegible]	40,000	296	113	135	1.05	5.4	是	2023.1.1	2023.6.30	116	463	
	1511（1）轨顺	煤	[illegible]	17,000	143	113	119	1.05	5.4	是	2023.1.1	2023.5.31	105	179	
	1153（1）运顺	煤	顺层孔	12,000	92	113	130	0.48	4.2	是	2023.10.1	2023.12.31	116	139	
	21136[illegible]	岩	穿层孔	48,000	490	113	100	1.7	5.9	是	2023.1.1	2023.9.30	122	583	
	东一8[illegible]（1）采区轨	岩	穿层孔	40,000	350	113	50	1.8	6.2	是	2023.8.1	2023.12.31	122	486	
	1712A运顺	煤	[illegible]	31,000	310	113	100	1.3	6.5	是	2023.1.1	2023.3.25	105	326	

图7　钻孔收入

4. 预算执行

以全面预算为纽带，为各类业务系统提供预算控制引擎或将预算目标推送至业务系统，实现预算的事前、事中过程控制、事后纠偏控制。

（1）预算控制。

全面预算系统打通与业务系统的通道，提供预算控制引擎，对业务进行预算管控，下面以四项费用（办公费、差旅费、会议费、招待费）为例，说明全面预算与财务共享系统集成实现费用预算控制。

业务部门在财务共享平台发起四项费用报销流程，提交时，由提单人选择该笔预算业务是预算内还是预算外事项，若为预算内事项，财务共享平台推送费用（不含税）到全面预算系统，全面预算系统调用控制引擎，依据配置的控制规则（如总额控制、收支配比控制等）进行校验，通过校验，则提交成功，若未通过校验，则提示提交失败，需重新提交；若为预算外业务，不校验预算，经业务部门负责人审批后，由业务归口部门审核确认该项业务能否处理。

（2）执行填报。

按月分层级编制、汇总，针对核心业务以及主要指标设计表格模板 87 张，包括生产计划、经营预算、收入、材料、薪酬、电费、福利费、管理费用、销售费用等，分析其当期、累计同期比、预算比（见图 8）。目前全面预算管理系统与相关业务系统融合，自动获取实际发生数据，实现“一处录入、处处共享”，只需编制同期比原因分析及预算比原因分析，从而提高工作效率。

JKCBZX0050 经营预算完成情况-健康产业合并

经营预算完成情况-健康产业合并

编制单位：健康产业集团 财务部　　　　单位：万元

预算项目	年度预算	6月							累计						
		同期	预算	实际	同期比	同期比原因分析	预算比	预算比原因分析	同期	预算	实际	同期比	同期比原因分析	预算比	预算比原因分析
一、收入预算	17,660	1,949	1,719	2,562	614	生态农业公司节日	844	生态农业公司节日	8,347	6,931	9,375	1,028	生态农业公司节日	2,445	生态农业公司节日
1、主营业务收入	15,958	1,815	1,492	2,177	362	生态农业公司节日	685	生态农业公司节日	7,564	6,102	8,315	751	生态农业公司节日	2,213	生态农业公司节日
2、其他业务收入	1,702	134	227	386	252	生态农业公司收水	159	生态农业公司收水	783	829	1,060	277	生态农业公司收水	232	生态农业公司收水
二、成本费用预算	20,693	1,773	1,668	2,312	540		645		9,880	9,087	10,482	602		1,415	
（一）生产成本	19,142	1,631	1,528	2,160	529		632		9,001	8,299	9,370	369		1,071	
1.采购成本	11,903	1,003	684	1,556	553	猪销售收入增加而	872	猪销售收入增加而	5,682	4,636	6,502	821	猪销售收入增加而	1,866	猪销售收入增加而
2.材料	729	109	275	201	93		-74		236	367	344	108		-23	
3.职工薪酬	4,008	283	333	270	-13		-63	未兑现领导年薪、	1,725	2,055	1,537	-189	未兑现领导年薪、	-518	未兑现领导年薪、
职工工资	2,746	186	221	172	-14		-48	未兑现领导年薪、	1,171	1,434	981	-190	未兑现领导年薪、	-453	未兑现领导年薪、
社会保险费	677	51	56	52	1		-4		306	339	321	15		-17	
住房公积金	243	19	20	18	-1		-2		113	121	111	-2		-11	
工会及职教经费	97	7	8	6	-0		-2		41	51	34	-7		-16	
劳务派遣费	18	2	2	1	-1		-0		13	9	10	-3		1	
劳务费	96	11	9	10	-0		2		37	41	35	-2		-6	
辞退福利	32	1	3	0	-1		-2		7	15	1	-6		-14	
职工福利费	99	7	15	10	3		-5		36	45	39	3		-6	
其他职工薪酬									1		4	3		4	
4.电力	55	3	3	3	0		-0		21	21	25	3		3	
5.折旧	984	82	82	73	-9		-9		491	492	472	-19		-20	
6.修理费	36	0	3	0	-0		-3		7	20	5	-3		-15	
7.内部市场化服务费	245	20	20	15	-5		-5		90	120	94	4		-26	
8.其他支出	1,182	131	128	41	-90		-87		748	588	392	-357		-196	
（1）租赁费	306	72	26		-72		-26	预算分解时租赁费	84	153	11	-73		-142	预算分解时租赁费

图 8　经营预算完成情况

（3）分析报告。

全面预算系统结合产业单位业态特点，抓住常项工作重点、难点、痛点、增强点，建立不同产业板块业务特点的分析报告模板，将各二级单位以及服务支持机构实施模板 26 份，嵌入预算系统，实现自动出具分析报告初稿，可下载修改完善也可上传，规范分析报告的同时，减少重复劳动，提高工作效率。

5. 预算预警

预算预警主要通过与煤业公司生产调度系统、西部生产调度系统、煤炭销售系统、物资采供系统、财务共享系统集成实现，每日获取数据，按照预警规则，每月分四次进行发送预警。根据集团公司主要经营业务、业务系统支撑情况，共选取6项指标预算完成情况进行预警，如四项费用预警（见图9）。

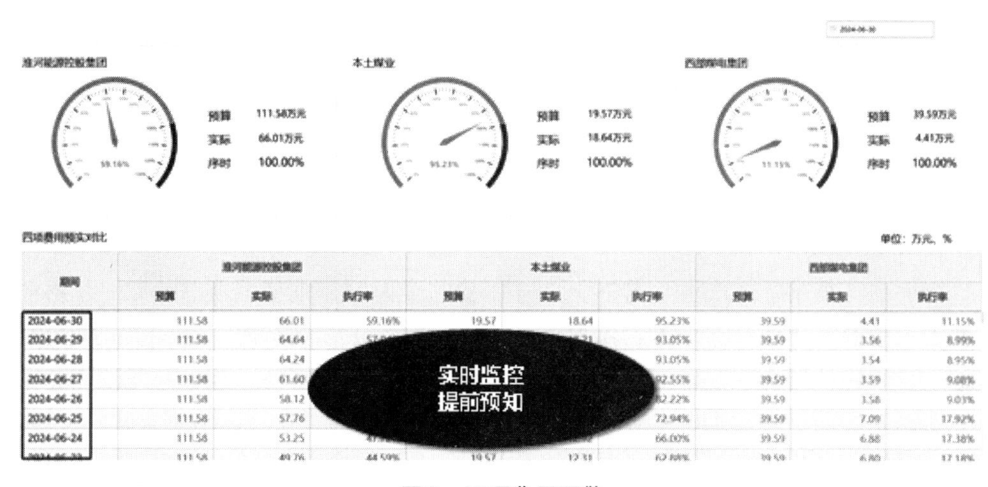

图9　四项费用预警

6. 预算调整

全面预算一经批准下达，原则上不予调整。当预算环境出现不可抗力因素及市场价格等重大变化时，对单位经营目标产生重大影响的，可于每年9月采用“两下两上”方式进行年中调整（见图10）。

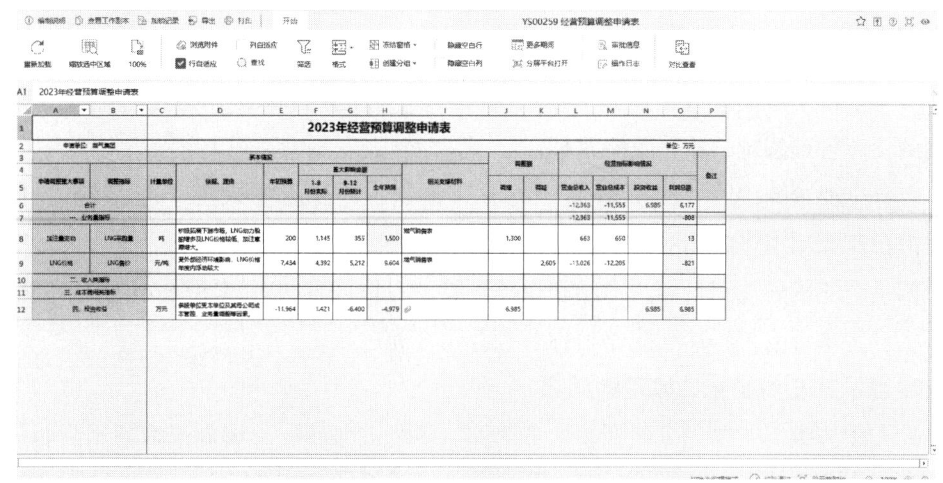

图10　经营预算调整申请

7. 预算考核

全面预算指标作为集团公司各类考核的基础，全面预算系统负责将涉及的预算考核数据推送至绩效考核系统，绩效考核系统将实际考核结果反馈至全面预算管理系统，并在系统中进行展示。

8. 对标体系

全面预算系统建立对标体系，实现集团内部对标、外部对标及历史对标，内部对标主要实现矿井对标、电厂对标、天然气对标等；外部对标主要包括盈利能力、营运能力、偿债能力、发展能力指标，与行业水平对标；历史对标指将集团关键指标资源量、发电量、配煤量、营业收入、利润总额指标，与前几年水平自我对标分析。

9. 系统融合

全面预算集成总体思路形成一个“树”状的全面预算框架（见图 11），“树根”为数据收集器，从各层级单位、各业务系统收集业务运营的数据；“树干”为数据存储池，将“根”部收集的数据进行清理后存储，为“树枝”提供数据给养；“树枝”为数据应用展示，为集团及各层级单位的决策层、管理层、执行层提供全员、全场景的应用，实现“一处录入、处处共享”。

（四）主要问题和解决方法

1. 解决战略目标与预算衔接的问题

全面预算与企业战略目标脱节。战略规划以投资规划为重点，战略规划没有反映具体目标，战略规划与全面预算缺乏有效衔接。

一是构建“战略引领、执行有力”的战略管理体系，加强组织领导，落实责任主体，做好规划分解落实，切实发挥规划引领作用，提高规划执行的刚性和约束性。

二是坚持“战略主线 + 业务主线”双主线的系统设计思路，搭建以战略规划为引领的预算管理系统，量化战略目标。

三是全面预算按照“两下两上”的方式编制，总体目标来源于战略规划目标，在全面预算编制工作启动前，以战略目标为引领，衔接战略规划目标。

四是企业战略规划目标，需结合全面预算的具体内容，对集团公司以后年度的战略目标进行修订完善，达到战略目标和预算目标相一致。

2. 解决产业特征未能体现的问题

原先预算编制主要以煤炭板块业务为主，实行一张表制，编制采取通用指标，未体现各产业业务特点。

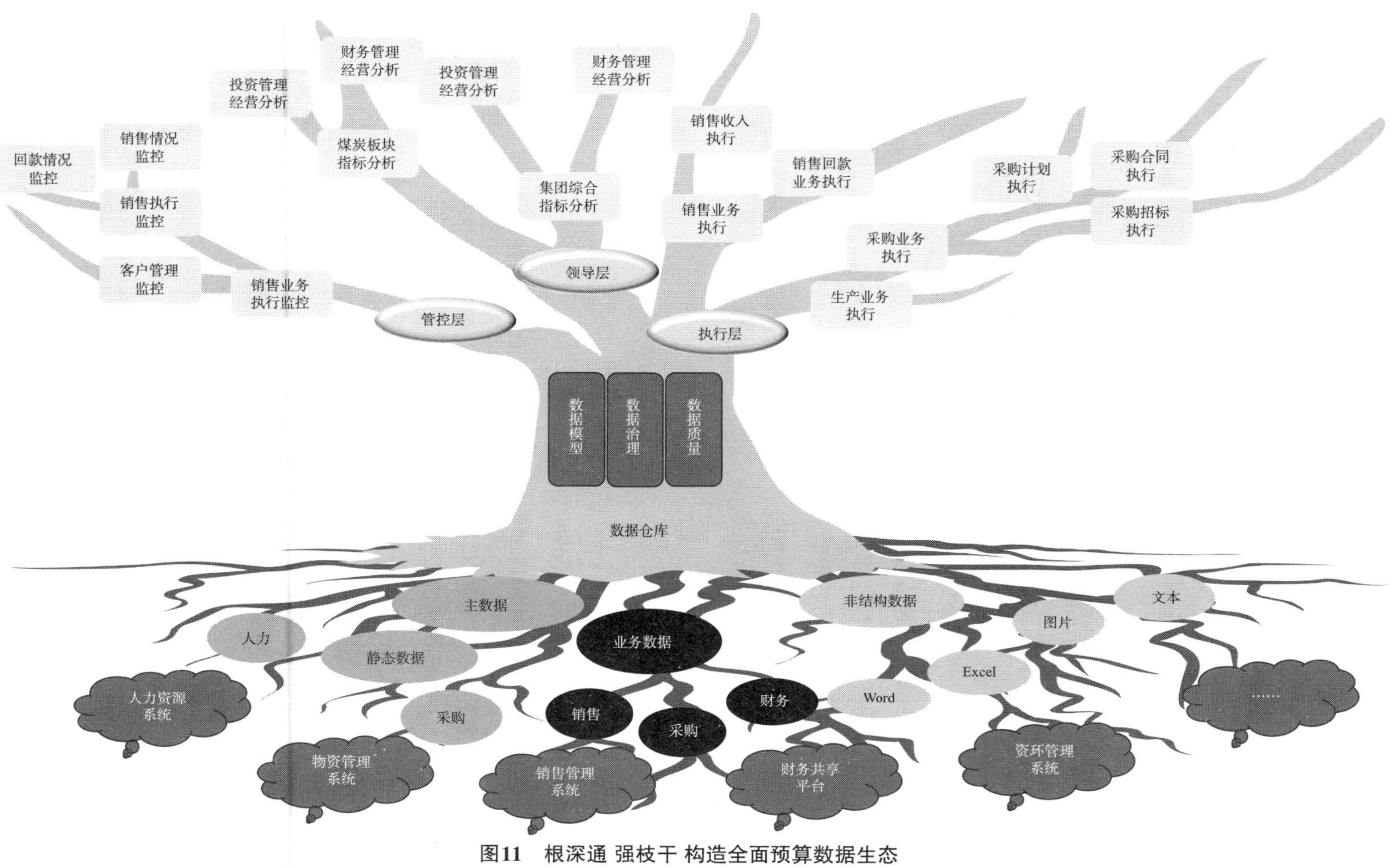

图11　根深通 强枝干 构造全面预算数据生态

一是深入多产业、多业态研究，研究集团公司产业特性，理解集团公司的收入和成本结构，确保预算的制定更符合产业的实际情况。

二是以产业为支撑、以业态为特点，根据集团公司各产业板块业态特征，设计符合多产业、多业态的全面预算管理体系，满足集团公司多产业化、多业态化管理需要。

三是不断地反馈、改进及完善。随着集团公司产业发展及产业环境的变化，预算体系是一个动态的、会随着产业环境变化而改变的体系，需要不断地反馈和改进，以保证预算管理的有效性、时效性。

3. 解决职责不明确问题

全面预算管理涵盖全人员、全过程、全业务，在建设过程中发现部分业务缺少归口部门管理。

一是出台《全面预算管理暂行办法》，明确全面预算管理的功能定位、基本原则和组织体系，以及全面预算管理内容、职责和流程。

二是以人力资源系统数据为基础梳理行政组织体系，在此基础上，结合各板块行业特点与实际业务情况，按照预算管控界面搭建分产业板块的预算组织体系。

三是通过明确各产业特点生产业务量指标内容，根据预算管理办法中预算管理办公室成员单位职责，结合部门业务范围，按照“谁负责、谁编制、谁审核、谁管控”的原则，将指标落实到职能部门或管理单位。

四是通过“5W1H”的任务驱动方式，确保相关人员协同分工、全面参与，让预算分工更加合理、标准。

4. 解决部分预算编制滞后问题

部分专项预算编制时间滞后，专项预算与经营预算关联性不强。

一是确定集团公司各单位预算编制内容，明确相关人员的责任，制订详细的工作计划和时间表，并进行严格的督导和管理。

二是规范预算编制的流程和步骤，确保每一步都能够按照预定的计划进行，避免因为流程混乱导致预算编制滞后。

三是以业务为先导、以指标为纽带，遵循因果逻辑关系，坚持“量、价、相关性”原则，立足指标内容、指标关联性、指标编制流程三个方面，将业务量转换成价值量。

四是利用全面预算管理系统，对预算任务设定到期提醒，并与集团集成平台融合，实现单点登录、待办集成，提高预算编制的效率，防止预算编制滞后。

五是开展预算评价工作，检查预算编制的质量、进度以及效率，提高大家的积极性，发现问题及时解决，保证预算编制的流程能够顺利进行。

5. 解决数据标准问题

基础数据以及业务数据来源、标准、口径不统一。

一是成立大数据管理办公室，负责统筹集团公司数据指标系建设以及数据标准管理。

二是制定《数据指标体系及核心业务数据指标规范》，规定集团公司数据指标体系和核心业务数据的总体目标及原则、数据指标体系、核心业务指标。

三是指标数据属性需要包括业务属性、技术属性、管理属性。其中业务属性包括分类、指标名称、指标定义、统计维度、计量单位、统计频度、采集/填报时间等；技术属性包括数据类型、数据精度、数据来源、计算公式、指标类别等；管理属性包括指标编码、指标监管部门、数据管理单位及岗位等信息。

四是搭建集团公司数据中台，建立数据标准，打破信息孤岛，与集团及各板块业务系统互联互通，实现一处录入、处处共享。

6. 解决系统融合问题

部分业务及系统存在界限不清晰、流程不通畅的现象。

一是集团公司编制信息化规划，确定各业务系统的角色和定位，以及设定系统融合的目标和预期结果，作为建设信息化系统的纲领，各业务系统围绕规划有序开展。

二是成立信息化管理办公室，专门负责统筹信息化系统建设，并定期召开信息化项目调度会议，了解信息系统建设情况并协调解决项目建设过程中遇到的问题。

三是通过建设业务流程梳理及系统融合项目，厘清业务架构，明确各业务系统建设内容、边界划分、流程运转、功能实现、数据范围及相互应用等，提出各业务系统统筹融合设计方案，指导各业务、各系统之间的融合，并为信息系统建设提供支撑。

四是有一定的技术支持和不断地持续改进。首先，在系统融合的过程中，需要有一支强大的技术支持团队，及时处理融合问题；其次，系统融合不是一次性的工作，需要根据用户反馈和系统运行情况，不断进行优化和改进。

四、取得成效

（一）战略规划目标引领、规划执行落实到位

通过系统将战略规划分解落实为年度任务指导目标与经营计划方向，下达给相关单位作为全面预算编制起点，发挥定方向、定目标作用。自系统使用后，全面预算年度目标与战略目标充分衔接，近 2 年实现了战略目标的落地。

（二）业务先导体现产业特征，减少预算博弈

以业务为先导建立量价相关性逻辑，由 100 万条逻辑计算公式支撑，设计符合多产业、多业态的预算体系，通过预算高目标引领，绩效挂钩、工资效益同向增减的编

制原则和编算结合、以算为主的编制方法，减轻预算目标博弈，一改原先集团汇总与战略目标偏差率极大的现象。

（三）破壁垒享数据，切实提高预算工作效率

打破业务系统壁垒，实现与“人、财、物、产、供、销”系统的数据共享，自动、准确、快速处理、汇总数据，编报进度大幅提升。系统“5W1H”的任务驱动方式，确保预算人员合理分工、工作聚焦、效率提升。目前，系统自动计算率达 80% 以上，工作时间比往年提前 1 个月以上，单位部门之间分工扯皮、跑腿要资料、线下等资料、专项预算不同步，以及线下各自做表汇总无法共享数据资源等现象杜绝。

（四）梳理业务流程标准，加强综合风险防控

通过预算流程再造，建立权责界面清晰、管控要素全面、业务活动精简的流程标准，树立“管业务必须管预算”的理念，规范预算业务处理，落实企业管控要求，加强综合风险防控能力。

（五）推进数智赋能，实现数据价值有效释放

顺应数字智能技术发展，以“一网打尽、一屏尽览、互联互通、信息共享”为总领，通过预算系统应用，深度挖掘经营数据揭示的管理改进方向，使数据要素价值有效释放。

（六）助力业务财务融合，提升经营管理水平

通过预算系统打通业财融合通道，为领导决策提供多维业务属性的数据资源；加强业财融合，为精细化管理提供丰富的数据支撑，帮助企业提升经营管理水平。

五、经验总结

（一）全面预算管理系统建设经验和体会

（1）集团公司主要领导的重视和支持为必要条件。预算管理信息化作为一项从理念到行动的全局性变革，必须得到主要领导的支持和参与。

（2）成立预算管理工作组为必备条件。信息化项目建设不是一蹴而就的，需要集团各层级人员，尤其是了解业务的人员，积极参与项目建设。

（3）完善全面预算管理制度、办法是先行条件。全面预算管理系统的建设，

需要有健全的管理机制和制度，由此来保证信息化建设的方向性，并保证系统顺利进行。

（4）深入业务、体现业态是预算管理的本质特征。集团公司全面预算项目组通过咨询调研，深入了解各板块业务特征，并抽调业务人员一起参与预算体系研讨，最终建立起“1+N+M”全面预算管理系统，满足集团各板块业务特点。

（5）适应并满足用户管理需求是系统推进的前提。信息化系统需要真正服务于用户，满足用户的实际需求，提供有效的决策支持。

（6）引导全员参与是预算系统全面推广的基础。集团公司通过全面预算管理理念宣贯和大力推广，让系统融入预算管理的每个环节，成为所有相关人员都愿用、会用、想用的管理工具。

（二）全面预算管理进一步改进和发展的建议

1. 全面预算管理——深化应用、业财融合

一是不断创新和改进全面预算管理业务模型，以适应不同行业和企业的特点。

二是提高预算编制的科学性和实用性，使预算真实地反映企业的经营目标和管理要求。

三是不断根据业务和模式变化升级完善系统，强化系统运行效率和质量，适时推进系统移动端开发建设。

2. 全面预算系统——功能升级、智能应用

一是预算控制功能深入各业务系统，对业务尽力实现精细化管控，加深预算与业务的融合深度、衔接流畅度，提高对业务场景的控制力度与目标。

二是提升预算管理系统的智能化水平，采用当今先进的信息技术，实现人力与计算机之间更高效、更友好的互动。

三是进一步强化风险管理和预警功能，适时开发财务风险等管理功能，深化业务与财务融合度，为领导提供更全面的决策支持。

3. 全面预算价值——价值发挥、行业推广

一是建立成功案例分享机制，促进企业间的经验交流，将先进成果向全行业推广。

二是普及全面预算管理的知识和应用，提升企业管理水平，实现可持续的发展。

三是国家政府机构出台激励政策，鼓励企业积极应用全面预算管理工具，提高管理水平和竞争力。

（淮河能源控股集团有限责任公司：韩家章　牛占奎　孟　伟
刘海亮　陈　杨）

案例评语：

该案例深入探讨了全面预算管理工具在能源企业中的应用实践。针对预算管理过程中存在的战略目标引领不足、编制效率低下、数据信息孤岛等问题，案例单位利用信息化系统工具，构建了一个以“战略为引领、业务为先导、产业为支撑、业态为特点、数据为资源、指标为纽带”的全面预算管理体系。同时，打造了一套“战略 + 业务”双主线设计、“1 + N + M”预算管理架构、“5W1H”任务驱动的集团公司全面预算管理系统，实现了“业务量向价值量”的科学转化，从而持续提升了集团公司的经营管控能力。

案例单位在预算管理体系建设、信息化工具应用、业财融合等方面的成功经验，展示了全面预算管理在提升企业经营管控能力中的重要作用，为能源行业的企业提供了宝贵的借鉴。

“双碳”背景下嵌入碳预算的全面预算体系的优化与应用

——以赣能股份为例

摘要

党的二十大报告指出，实现碳达峰碳中和是一场广泛而深刻的经济社会系统性变革，要立足我国能源资源禀赋，有计划分步骤实施碳达峰行动。[①] 电力行业作为我国重点排放行业，其碳交易、碳减排和碳排放管理的有效性将直接影响我国绿色低碳产业转型的质量和速度，而构建科学碳预算体系为实现高效的减排管理提供了全新思路。

本案例以江西赣能股份有限公司（以下简称“赣能股份”）为例，探索“双碳”时代背景下嵌入碳预算的全面预算体系的优化与应用。考虑到公司原有传统预算体系存在战略导向性不强、碳指标设置不完善等不足之处，赣能股份基于“双碳”视角，将碳排放子预算、碳减排量及成本子预算、碳排放权交易子预算、碳减排收益子预算四项子预算表嵌入原有全面预算报表体系中，构建起涵盖碳预算、经营预算、资本预算、财务预算四大预算报表的“低碳化”全面预算管理体系，极大优化了传统全面预算管理体系。借助嵌入碳预算的全面预算体系管理工具对碳减排决策的环保效果和经济效益进行分析，科学规划企业的碳排放、碳减排和碳排放权交易活动，助力企业向低碳化经营模式转型。

在嵌入碳预算的全面预算体系助力之下，赣能股份积极响应“双碳”时代号召，推进丰城三期煤电机组投产，加大丰电二期煤电机组各项节能技术改造预算投入，公司整体碳排放强度稳中有降，有效发挥了管理会计的“软减排”效力，有力推动了业、财、碳三者深度融合，同时驱动企业从传统的全面预算转型升级为低碳化全面预算体系。最后，本案例在最后就如何进一步完善与应用嵌入碳预算的全面预算管理体系总结经验与启示，提出展望与建议。

① 习近平：高举中国特色社会主义伟大旗帜 为全面建设社会主义现代化国家而团结奋斗——在中国共产党第二十次全国代表大会上的报告［EB/OL］. 求是网，2022－10－16.

一、背景描述

（一）单位基本情况

江西赣能股份有限公司是江西省省属重点电力上市企业，深耕电力生产业务多年，主营业务包括火力、水力及新能源发电，在推进传统能源和新能源协同发展的同时，打造发电售电、综合能源服务多轮驱动的综合型电力企业，呈现出水火并举、新能源加速推进、发配售全产业链运营、综合能源服务全面铺开的产业发展局面。

截至 2023 年上半年，赣能股份总装机规模 364. 10 万千瓦，其中：火力发电已投运装机规模 340 万千瓦，电站均位于江西省丰城市，上半年火力发电 78. 76 亿千瓦时，同比增加 159. 05%；水力发电总装机规模 10 万千瓦，电站分别位于江西省赣州市和江西省九江市修水县，上半年水力发电 1. 51 亿千瓦时，同比减少 22. 82%；光伏发电已投运装机容量 141. 03MW。

（二）管理会计应用基础

1. 完备的内控及风险管理体系

赣能股份高度重视内控体系建设工作，通过编制内控手册，形成以制度、流程、风险控制矩阵为核心的内控体系。同时围绕总体经营目标，建立健全全面风险管理体系，为实现风险管理的总体目标提供合理保证。

2. 专业的碳预算管理人才队伍基础

公司高度注重财务人才梯队建设，全面深化财务管理人员竞聘上岗，为管理会计的应用提供坚实人才基础。同时，通过设立子公司积极引进碳管理等领域高端人才，成立高效燃烧、碳排双控、智慧能源、机组灵活运行 4 支科技攻关团队，为公司的低碳绿色发展提供高质量人才保障。

3. 全面预算及碳预算相关理论阐释

（1）全面预算相关理论。

在国内，预算管理模式首先由学者王斌（1999）提出，他把预算管理模式按照产品生命周期理论进行了分类。谢建英（2008）得出企业的预算管理模式会随生命周期阶段不同而变化。全面预算管理开始在大型企业得到广泛应用。朱浩宇（2023）指出，全面预算管理是现代企业围绕发展战略，优化资源配置、改善经营效益、强化风险管理的有效手段。

（2）碳预算相关理论。

涂建明等（2014）以政策驱动的企业碳排放管理需求为切入点，重新审视企业全面预算体系，寻求其中嵌入碳预算的发展空间。闫华红和赵爱英（2018）将碳预算体系类比传统全面预算体系，首先构建出碳排放权交易预算，其次根据平衡关系，依次构建出碳排放量，碳减排收益、成本、净收益预算，并举例说明碳预算的编制过程。

（三）构建嵌入碳预算的全面预算体系的主要原因

1. “双碳”时代背景要求

“双碳”时代背景下，需要借助一定的工具来管理碳减排过程以实现减排目标。赣能股份原有的全面预算体系未考虑企业的碳排放和碳减排活动，无法满足“双碳”时代背景下碳管控的要求。

2. 具有创新性和效益性

国内对碳预算的研究处于讨论制定总体框架的初期阶段，对碳预算具体实施仍在摸索中。因此，以管理会计的视角设计碳预算体系，具有创新性。

在“双碳”背景下，后续年度煤电企业配额发放逐渐收紧，碳价逐年上升，履约成本也将持续上升，企业积极推行碳预算体系的建立，一定会据此获得长期效益。

3. 原有预算战略导向性不强

赣能股份原有全面预算编制以持续经营为基础，结合未来年度生产经营计划进行编制，与以企业战略为导向的全面预算管理要求相比较为传统，仅能反映经营的短期愿望，造成预算在一定程度上与发展战略脱节。

二、赣能股份嵌入碳预算的全面预算体系总体设计

（一）嵌入碳预算的全面预算体系的总体目标及思路

1. 总体目标

碳预算是碳减排的重要管理会计工具，嵌入碳预算的全面预算体系引入“双碳”减排视角，设计出一套适用的碳预算报表，嵌入原有传统预算报表体系中，构建起涵盖碳预算、经营预算、资本预算、财务预算四大预算报表的全面预算体系，旨在衡量碳减排带来的经济效益和环保效果，以科学作出碳减排决策，助力企业向低碳化经营模式转型。

2. 总体思路

嵌入碳预算的全面预算体系以企业自身经营目标为起点，以政府碳管控要求为约

束条件，综合考量碳排放权配额压力和碳排放权交易市场活动，确定各项碳预算指标，形成碳预算报表；与经营、资本、财务三大报表有机结合，各报表之间数据互相影响，形成完整的嵌入碳预算的全面预算体系。

（二）嵌入碳预算的全面预算体系的内容

1. 嵌入碳预算的全面预算体系主要内容

（1）碳预算：由碳排放子预算、碳减排量及成本子预算、碳排放权交易子预算、碳减排收益子预算四项子预算组成。以企业碳排放活动、碳减排活动、碳交易活动为预算对象，根据企业预算年度生产经营业务发展的碳排放需求，综合考量碳排放权配额压力和碳排放权交易市场活动，确定碳预算目标，发起碳减排方案，编制碳预算。

（2）经营预算：主要由销售、生产、采购、费用预算等子预算组成，在满足碳预算目标的基础上，确定企业经营目标，制定经营预算。

（3）资本预算：主要包括投资、融资预算。为保障碳减排目标和经营目标达成，制定相适配的投资、融资预算等资本预算。

（4）财务预算：最终根据碳预算、经营预算、资本预算完成资金收支预算、财务状况预算、经营成果预算等财务预算。

2. 碳预算的主要内容

由于本企业传统预算与同行业并无二致，碳预算的构建与应用系本案例的创新点，故着重介绍碳预算的设计内容，碳预算体系的设计思路如图 1 所示。

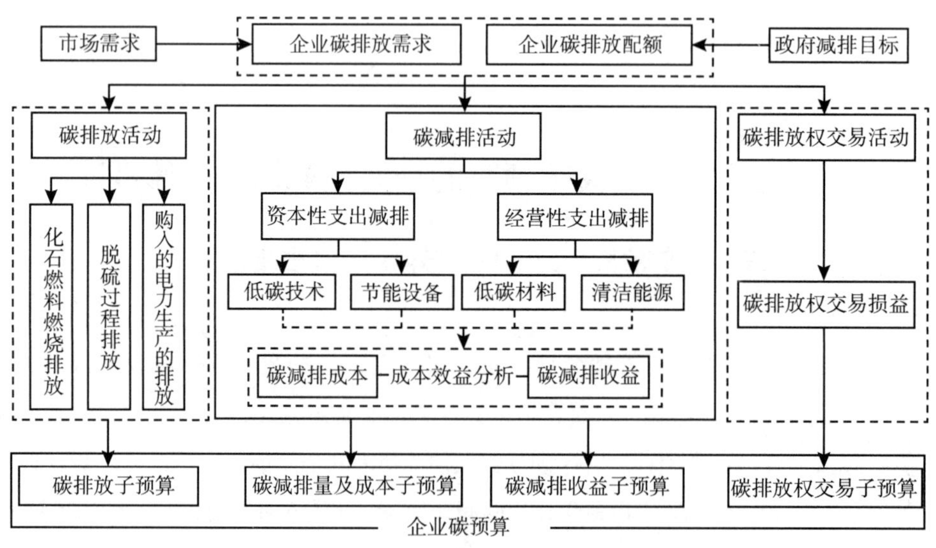

图 1　赣能股份碳预算总体设计

（1）碳排放子预算。

$$\text{企业预计碳排放需求量} - \text{碳减排预算量} = \text{碳排放预算量} \qquad (\text{平衡式 }1)$$

预计碳排放需求量是在不考虑减排的情况下，根据企业计划生产规模测算得出的碳排放需求指标；碳减排预算量是企业在预算周期内实行减排能够实现的碳减排量，二者决定了企业的碳排放预算量。上式揭示了企业碳减排活动对碳排放预算量的影响，可用以衡量碳减排决策的环保效益。

（2）碳减排量及成本子预算。

管理减排的关键是借助管理工具和制度，经济性地规划碳减排活动，以平衡减排成本与收益。企业的碳减排方式分为经营性支出减排和资本性支出减排①，相应的碳排放量核算如下：

$$ECO_{2\text{减排}} = ECO_{2\text{经营性支出减排}} + ECO_{2\text{资本性支出减排}} \tag{1}$$

$$ECO_{2\text{经营性支出减排}} = ECO_{2\text{使用原有资源}} - ECO_{2\text{使用低碳资源}} \tag{2}$$

$$ECO_{2\text{资本性支出减排}} = ECO_{2\text{采用原设备、技术}} - ECO_{2\text{采用低碳设备、技术}} \tag{3}$$

其中，式（2）表示，在同等设备和技术水平下，使用低碳材料或清洁能源的碳排放量（$ECO_{2\text{使用低碳资源}}$）会低于使用原有高碳资源带来的碳排放量（$ECO_{2\text{使用原有资源}}$），形成经营性支出减排量（$ECO_{2\text{经营性支出减排}}$）。式（3）表示，在同等资源消耗水平下，采用节能减排设备和技术带来的碳排放量（$ECO_{2\text{采用低碳设备、技术}}$）将低于采用原有设备和技术带来的碳排放量（$ECO_{2\text{采用原有设备、技术}}$），从而形成资本性支出减排量（$ECO_{2\text{资本性支出减排}}$）。

碳减排活动会带来增量成本，包括经营性减排支出和年资本减排支出。核算如下：

$$\text{本期碳减排成本预算额} = COST_{\text{经营性减排}} + COST_{\text{年资本性减排}} \qquad (\text{平衡式 }2)$$

分项来看，企业购买节能减排设备的资本性减排支出是一项增量成本，即更新设备的资本支出超出原有设备重置成本的部分，一般数额较大、减排受益期也较长。为与减排收益相匹配，我们将资本性减排支出按照减排受益期进行分摊，得到年资本性减排支出（$COST_{\text{年资本性减排}}$），即：

$$COST_{\text{年资本性减排}} = (COST_{\text{采用低碳设备、技术}} - COST_{\text{采用原有设备、技术}}) / N_{\text{减排受益期}} \tag{4}$$

而企业因选择低碳资源替换原有高碳资源而多支付的成本（$COST_{\text{经营性减排}}$）核算如下：

$$COST_{\text{经营性减排}} = COST_{\text{使用低碳资源}} - COST_{\text{使用原有资源}} \tag{5}$$

（3）碳排放权交易子预算。

$$\text{企业预计碳排放需求量} - \text{碳减排预算量} - \text{企业碳排放权配额} = \text{碳排放权交易预算量} \qquad (\text{平衡式 }3)$$

企业经营规模和设备水平决定了企业预计碳排放需求量（ECO_2）；而碳排放权配

① 企业碳预算的管理设计与制度安排——以发电企业为例。

额是当地政府核准的碳排放指标（$QCO_{2排放权}$），二者差额决定企业需要买卖的碳排放额度（$TCO_{2排放权}$）和碳排放权交易损益。具体核算如下：

$$TCO_{2排放权} = ECO_2 - QCO_{2排放权} \tag{6}$$

由此可见，碳减排量和碳排放权交易量二者之间此消彼长，而企业碳减排决策实质上是合理安排碳减排量和碳排放权交易量的决策。

碳排放权交易活动会带来购买成本或出售收益，碳排放权交易损益（$RCO_{2排放权交易}$）核算如下：

$$RCO_{2排放权交易} = TCO_{2排放权} \times PCO_{2排放权} \tag{7}$$

其中，PCO_2 排放权指一定时期、特定碳排放权交易市场上，单位碳排放权份额的市场价格。

（4）碳减排收益子预算。

本期碳减排收益预算额 - 本期碳减排成本预算额 = 本期碳减排净收益预算额

（平衡式 4）

碳减排净收益是碳减排决策的关键考虑因素，企业的碳减排收益主要有两类：一是企业节余的碳排放权配额在市场上的交易所得，即碳排放权交易净收益；二是政府给予的减排补贴。企业的碳减排收益扣除碳减排总成本，即可得碳减排净收益。通过财务成本收益分析，碳减排收益子预算可直观衡量碳减排活动的经济效益，用于确定最优减排方案。

（三）嵌入碳预算的全面预算体系的创新之处

一是发挥“管理减排”效力，将碳预算嵌入全面预算体系，借助碳预算管理工具，挖掘企业减排潜力，合理规划企业的碳减排和碳排放权交易活动，驱动企业践行低碳发展理念。

二是推动业财深度融合，以业务端碳排放数据源为起点，通过模型化的碳预算指标，联动形成碳预算报表数据。同时借助财务分析工具，权衡不同减排方式及其组合带来的成本与收益，从而确定最优减排方案。

三是完善全面预算管理体系，以“双碳”目标为导向，引入碳预算管理模块，在低碳化的维度上发展全面预算，有助于完善公司全面预算管理体系，实现企业碳资产精细化管理，助推传统会计向管理会计转型。

三、赣能股份嵌入碳预算的全面预算体系应用过程

（一）组织与分工

公司引入碳预算管理体系之后，将碳预算管理工作落实至各部门，构建起碳预算

管理组织架构。为加强“业财协同”，各部门间互设联络员，加强信息沟通，协作配合，对公司全年碳预算实施组织管理，如表 1 所示。

表 1　　碳预算管理体系组织结构

序号	参与部门	主管预算项目
1	财务部	碳减排量及成本子预算、碳排放权交易子预算及碳减排收益子预算
2	能源研究院	预计碳排放需求量表、碳排放子预算
3	工程与生产技术部	预计碳排放需求量表、碳排放子预算
4	证券管理部	碳排放权交易子预算
5	计划经营部	碳减排预算目标考核

财务部：负责节能、减排方案成本效益分析，碳资产交易损益核算，编制碳减排量成本预算、碳排放权交易净收益预算以及碳减排净收益预算，并对整体碳预算方案的成本效益提出财务意见。

能源研究院：根据各电厂下一年度经营目标，计量全年碳排放需求数据，协同工程与生产技术部形成预计碳排放需求量表；根据工程与生产技术部发起的节能减排方案，核算减碳量，形成碳排放子预算。

工程与生产技术部：根据各电厂下一年度经营目标，协同能源研究院统计全年碳排放需求数据；制定公司节能、减排相关工作方案，审核板块内发电单位节能降耗资本性投资项目。

证券管理部：负责研究碳交易市场运行趋势，预估公司可获碳排放配额，预判碳排放履约盈缺情况，规划预算年度碳排放权交易活动安排。

计划经营部：制定全面预算管理考核实施细则，牵头组织对所属单位的预算管理工作进行考核评价，并指导所属单位预算管理改进提高。

（二）嵌入碳预算的全面预算体系应用部署要求

1. 国家宏观战略部署

“双碳”作为一项国家战略，为新型电力系统、参与火电机组深度调峰、煤炭清洁高效利用等方面提供了目标指引，也为企业的管理转型与管理会计应用带来了实践平台，意味着赣能股份在实现绿色低碳转型以及管理会计工具方法实务应用上面临着更大压力与挑战。

2. 稳固的碳管理内控体系建设

赣能股份已制定《碳资产管理制度（试行）》《碳资产交易管理办法（试行）》两项碳管理相关内控制度，帮助公司提升企业碳管理水平，实现碳资产价值最大化目标。

此外，赣能股份发布《关于成立江西赣能股份有限公司碳资产管理领导小组及工作小组的通知》（赣能证券字〔2021〕2 号），设立碳资产管理工作领导小组，统筹协调公司碳资产管理工作的开展，在践行“碳达峰、碳中和”工作中提升公司核心竞争力。

3. 高效节能的燃煤发电机组

赣能股份丰电燃煤发电机组发电效率等指标处于省内同类型机组前列，在节能环保能力方面具有显著优势。公司所属电厂积极参与省内辅助服务市场、深度调峰等相关领域，对构建安全、高效、清洁、低碳的新型电力系统具有重要作用。

4. 稳步提升的科技创新水平

赣能股份坚持科技创新驱动，紧紧围绕清洁煤电、双碳目标等企业转型升级方向，成立全资子公司江投能源研究院，大力推进公司生产运营指挥中心及江投集团能源碳平台等综合智能网络平台建设，以科技软实力和科研硬核力“双轮驱动”全面激发公司创新活力。

（三）嵌入碳预算的全面预算体系应用过程

1. 全面预算应用流程

嵌入碳预算的全面预算体系的编制采用“上下结合、分级编制、逐级汇总”的程序，原则上在每年第四季度启动，次年第一季度完成。

（1）每年第四季度，公司本部根据年度战略任务，下达预算编制通知至各分子公司。

（2）各分子公司提出下一年度预算目标、各项经营计划安排，上报初版经营计划和年度预算目标至公司本部。

（3）公司本部对各分子公司上报的预算方案进行汇总审核，一方面依据年度碳管控目标，制定碳减排方案；另一方面对超过碳管控标准的经营活动，提出碳排放管控目标建议及年度预算编制指导意见，与分子公司充分沟通调整，形成预算最终定稿。

（4）经审批决策后，公司本部将年度全面预算定稿方案下达至各分子公司。

2. 预算报表编制过程

预算报表的编制是预算管理的基石。本案例以 2022 年为预算年度，重点阐述全面预算中嵌入的碳预算体系的编制过程和具体应用场景。

（1）碳预算编制流程。

①研讨生产经营计划数，汇总年度碳排放需求量。

碳预算以汇总碳排放需求量为起点，依据各分子公司上报的初版经营计划和年度预算目标，能源研究院配合公司工程与生产技术部统计全年碳排放总需求量，形成预计碳排放需求量表，如表2所示。

表2　　预计碳排放需求量

流程	资源种类	预计资源消耗量（t，MWh）	低位发热量（GJ/t）	单位热值含碳量（tC/GJ）	燃料碳氧化率（%）	二氧化碳排放因子（tCO_2/t，tCO_2/MWh）	预计碳排放需求量（tCO_2）
化石燃料燃烧	标准煤	2745600	—	—	—	2.4567	6745115.52
	辅助燃油	53.02	42.652	0.0202	0.98	3.0959	164.15
小计		2745653.02	—	—	—	—	6745279.67
购入使用的电力	火电	9675.60	—	—	—	0.5810	5621.52
小计		9675.60	—	—	—	0.5810	5621.52
总计		2755328.62	—	—	—	—	6750901.19

注：①二氧化碳排放因子参考国家发改委能源研究所推荐值，出于谨慎性原则上浮一定比例作为储备。
②化石燃料消耗量和外购电力使用量通过历史年份消耗趋势进行预测获得排放因子均使用缺省值或推荐值。

根据2022年度初版经营计划，赣能火电供电量目标值为880万兆瓦时，以现有丰城电厂二期（以下简称“丰二”）机组供电煤耗水平312千克标准煤/兆瓦时编制预算，预计资源消耗量为2745600吨标准煤，燃煤预计产生碳排放量为6745115.52吨；此外，辅助燃油和外购电力预计产生碳排放量为5785.67吨。在采取碳减排方案前，预计碳排放需求量为6750901.19吨。

②预计政府碳排放配额，确定碳排放需求缺口。

证券管理部门对预算年度可获取政府碳配额量进行测算。具体过程为：根据供电基准值2021年从0.877吨二氧化碳/兆瓦时降为0.8218吨二氧化碳/兆瓦时，估算年均降幅约为6%，合理预计后续年度煤电企业配额发放将进一步收紧，保守预计2022年降幅为10%，即2022年供电基准值为$0.8218\times(1-10\%)=0.7396$吨二氧化碳/兆瓦时，根据2022年火电供电目标，计算得出2022年预计碳排放配额为6704847.60吨（见表3）。计算公式如下：

$$\text{预计碳配额发放量}=\text{预计供电基准值}\times\text{预计供电量}\times\text{预计修正系数} \tag{8}$$

表 3　　2022 年预算供电量二氧化碳排放配额分配测算

基本信息				分配方案
燃料类型	预算供电量（MWh）	负荷率修正系数	供电基准值（tCO_2/MWh）	供电配额（tCO_2）
燃煤	4700000.00	1.0280	0.7396	3573547.99
燃煤	4100000.00	1.0326	0.7396	3131299.61
	8800000.00	—	—	6704847.60

注：①此表根据初版经营目标计量碳排放需求量，即在实施减排方案前，以丰城二期 300MW 等级以上常规燃煤机组参数进行测算。

②丰城二期供电量与负荷率通过历史年份数据趋势进行预测，丰城三期供电量与负荷率综合项目可行性研究报告的设计理论值和江西省内同类型机组的实际运行值进行预测，负荷率修正系数按照负荷率及电力行业配额分配方案计算得出。

因此在未考虑减排的情况下，赣能股份预计碳排放需求量高于政府配额，公司需在交易市场买入 69605.90（=6774453.50 - 6704847.60）吨碳排放权。

③发起碳减排方案，计量成本效益。

为实现年度供电目标，缓解碳排放压力，赣能股份管理层充分考虑企业减排潜力，采取两项减排方式：一是丰二项目技术性改造方案，二是江西丰城电厂三期扩建工程（以下简称“丰三工程”）投产。下面借助碳预算工具分别从减碳效果和经济效益对该减排方案进行分析。

在减碳效果方面，方案一通过减少燃煤、节省电力预计达到碳减排量 3555.89 吨；方案二加快推动丰三工程投产，通过 100 万千瓦超超临界、二次中间再热发电机组实现 300 兆瓦时供电目标，预计达到减排量 -292850.92 吨，预算过程为：丰三工程可研报告中供电煤耗为 272.265 千克标准煤/兆瓦时，丰二预计供电煤耗 312 千克标准煤/兆瓦时，碳排放因子参考国家发改委能源研究所推荐值 2.4567 吨二氧化碳/吨标准煤，（272.265 - 312）千克标准煤/兆瓦时/1000 × 300 万兆瓦时 × 2.4567 吨二氧化碳/吨标准煤 = -292850.92 吨。两项减排方案共计减少碳排放量 296406.81 吨，表 4“碳减排预算量”直观量化了减排方案的环保效益。

表 4　　碳排放子预算

流程	资源种类	预计碳排放需求量（tCO_2）	碳排放量变化数（+/-）（tCO_2）	碳减排预算量（tCO_2）	碳排放预算量（tCO_2）
化石燃料燃烧	燃煤	6745115.52	-295033.68	295033.68	6450081.84
	辅助燃油	164.15	0.00	0.00	164.15
小计		6745279.67	-295033.68	295033.68	6450245.99

续表

流程	资源种类	预计碳排放需求量（tCO_2）	碳排放量变化数（+/-）（tCO_2）	碳减排预算量（tCO_2）	碳排放预算量（tCO_2）
购入使用的电力	火电	5621.52	-1373.13	1373.13	4248.39
小计		5621.52	-1373.13	1373.13	4248.39
总计		6750901.19	-296406.81	296406.81	6454494.38

资料来源：数据通过理论计算获得，丰城二期电厂计算所需数据根据历年运行实际值趋势进行预测获得；丰城三期电厂计算所需数据根据项目可行性研究报告设计理论值和江西省内同类型机组的实际运行值进行预测获得。

在经济效益方面，方案一，丰二技术改造项目预算总投资额合计3760万元，预计使用年限均为20年。依照式（4）的核算方法，按各减排项目完工投入使用月份进行折算，2022年该减排方案应摊销成本合计71.0275万元；方案二，企业资本性减排支出即更新设备的资本支出超出原有设备重置成本的部分，丰二项目建设规模为2台70万千瓦超临界燃煤发电机组，因丰二同等级燃煤发电机组现已退出市场，无法获取预算年度的重置成本，对比丰二历史投资成本和丰三预算投资成本，丰三工程项目单瓦造价低于丰二，故增量成本为负值。出于谨慎性原则，丰三工程项目碳预算减排成本以0计量，具体如表5所示。

表5　　碳减排方案成本效益测算

减排方案	减排方式	减排项目名称	资本性支出减排量（tCO_2）	减排项目预计完工投产时间	预算年度减排支出/元（按投入使用月份折算）	减排途径说明
方案一	技术改造	#5机循环水增设二次滤网改造	292.94	2022年10月底	12500.00	通过减少燃煤减少CO_2排放
		#5炉省煤器及电除尘气力输灰系统先导式低压节能改造	534.66	2022年10月底	34583.33	通过节省电力减少CO_2排放
		#6炉省煤器及电除尘气力输灰系统先导式低压节能改造	106.93	2022年1月底	190208.33	
		#5机组脱硫系统优化	691.62	2022年10月底	64216.67	通过节省电力造成的CO_2减排
		#5锅炉A、B空预器传热元件换型	1324.43	2022年10月底	53934.43	此处为通过减少燃煤减少CO_2排放，同时将节省电力的减排归入净购入电中
		#6锅炉A、B空预器传热元件换型	220.74	2022年1月初	281381.41	

续表

减排方案	减排方式	减排项目名称	资本性支出减排量（tCO_2）	减排项目预计完工投产时间	预算年度减排支出/元（按投入使用月份折算）	减排途径说明
方案一	技术改造	#6 锅炉 A、B 空预器传热元件换型	220.74	2022 年 1 月初	281381.41	通过减少燃煤减少 CO_2 排放
	小计 1		3515.97		666424.17	
	技术改造	#5 锅炉 A、B 空预器传热元件换型	5.70	2022 年 10 月底	232.24	通过节省电力造成的 CO_2 减排
		#6 锅炉 A、B 空预器传热元件换型	34.22	2022 年 1 月初	43618.59	
	小计 2		39.92		43850.83	
	方案一小计		3555.89		710275.00	
方案二	三期机组扩建	江西丰城电厂三期扩建工程	292850.92	7#机组 2022 年 6 月；8#机组 2022 年 11 月	0.00	通过减少燃煤减少 CO_2 排放
	方案二小计		292850.92		0.00	
合计			296406.81		710275.00	

资料来源：资本性支出减排量通过丰城二期电厂节能减排项目的可行性研究报告节能效果测算得出。

综上所述，通过对减排效果和成本支出分析，形成碳减排量及成本子预算，表 6 详细列示了减排方案的碳减排量及相应成本，具体如下所示。

表 6　　碳减排量及成本子预算

流程	资源种类	预计资源消耗量（t，MWh）	经营性支出减排量（tCO_2）	资本性支出减排量（tCO_2）	经营性减排支出（元）	年资本性减排支出（元）
化石燃料燃烧	燃煤	6745115.52	0.00	295033.68	0.00	377415.84
	辅助燃油	164.15	0.00	0.00	0.00	0.00
小计		6745279.67	0.00	295033.68	0.00	377415.84
购入使用的电力	火电	5621.52	0.00	1373.13	0.00	332859.16
小计		5621.52	0.00	1373.13	0.00	332859.16
总计		6750901.19	0.00	296406.81	0.00	710275.00

④碳减排收益计量。

2022 年技改方案的项目收益预计主要来源于碳排放权交易净收益。在公司总体减排 296406. 81 吨 CO_2 的情况下，赣能股份 2022 年可在交易市场上出售 250353. 22（ =6704847. 60 －6454494. 38）吨碳排放权。依据式（7），按 2021 年全国碳交易市场收盘平均价格 42. 85 元/吨估算，可得碳排放权交易收益预算额为 10727635. 48（ =250353. 22 ×42. 85）元。目前碳排放权交易不收取交易费用，故碳排放权交易净收益为 10727635. 48 元，如表 7 所示。

表 7　　碳排放权交易子预算

碳排放配额	碳排放量预算（tCO_2）	碳排放权交易量（tCO_2）	碳排放权交易收益（元）	碳排放权交易费用（元）	碳排放权交易净收益（元）
6704847. 60	6454494. 38	250353. 22	10727635. 48	—	10727635. 48

⑤碳减排净收益分析。

通过核算，碳减排方案总收益为 10727635. 48 元，扣除碳减排总成本 710275. 00 元（见表 8），可得到碳减排净收益为 10017360. 48 元。

表 8　　碳减排收益子预算　　单位：元

<table>
<tr><td colspan="3">碳减排总收益</td><td colspan="2">碳减排总成本</td><td>碳减排净收益</td></tr>
<tr><td rowspan="2">碳排放权交易净收益</td><td colspan="2">政府补贴</td><td rowspan="2">经营性减排支出</td><td rowspan="2">年资本性减排支出</td><td rowspan="5">10017360. 48</td></tr>
<tr><td>经营性支出减排补贴</td><td>资本性支出减排补贴</td></tr>
<tr><td rowspan="2">10727635. 48</td><td>0. 00</td><td>0. 00</td><td rowspan="2">0. 00</td><td rowspan="2">710275. 00</td></tr>
<tr><td colspan="2">0. 00</td></tr>
<tr><td colspan="3">10727635. 48</td><td colspan="2">710275. 00</td></tr>
</table>

由碳减排收益子预算可知，赣能股份拟采取的碳减排活动具有经济性。此外，碳减排决策还需考虑机会成本的影响，即在不采取减排措施的情况下，企业需从交易市场买入碳排放权份额的潜在成本。由碳减排决策可知，若不考虑减排措施，公司 2022 年预计需在交易市场买入 46053. 59（ =6750901. 19 －6704847. 60）吨 CO_2，机会成本为 1973396. 33（ =46053. 59 ×42. 85）元。因此，从管理会计的角度看，公司该项碳减排决策方案的净收益应为 11990756. 81（ =10017360. 48 +1973396. 33）元。

（2）碳预算约束下传统预算编制流程。

嵌入碳预算后，在编制全面预算时，需考虑碳预算与经营、投资、财务预算之间的相互制约，减排收益与成本之间的平衡，此处主要阐述两项碳减排措施对编制传统预算的影响。

①经营预算：嵌入碳预算后，企业生产预算等经营预算受到碳排放预算的制约。一方面，加快丰三机组投产进程，使用更为清洁的机组发电，可降低单位度电成本，扩大企业盈利空间；另一方面，碳减排方案降低了碳排放量，碳排放预算调剂的碳排放权交易又会影响利润等经营成果预算。

②资本预算：本案例中采取的两项减排方案皆属于资本性减排项目，碳排放预算达成需要改进生产技术、更新减排设备等投资预算作为保障，按投资规模及进度编制投资预算表，据此计算资金缺口，并按利率估算财务费用。

③财务预算：综合上述内容，由碳预算、经营预算和资本预算，汇总编制财务预算。

四、赣能股份嵌入碳预算的全面预算体系取得成效

（一）发挥管理会计“软减排”效力

嵌入碳预算的全面预算体系将低碳发展理念纳入企业经营决策中，能够有效发挥管理会计“软减排”效力，实现经济效益和环保效果的双赢。

通过构建碳预算管理体系，一是助推公司实现碳资产精细化管理，积极参与碳市场交易，以提升经济效益，如 2021 年公司出资购买 CCER 并出售碳排放权配额，获利 90.56 万元；二是促使公司挖掘自身减排潜力，以更新设备、推进降碳技术研究等方式实现碳减排。通过数据分析，公司整体碳排放由 2021 年的 0.789 吨二氧化碳/兆瓦时降至 2022 年的 0.782 吨二氧化碳/兆瓦时。随着火电机组节能改造、大型清洁高效煤电机组的投产，公司碳排放强度将持续稳定下降。

（二）推动业、财、碳三者深度融合

碳预算在传统预算模式基础上引入了生产过程中的碳排放因子这一嵌入量，将环境因素纳入企业预算范围之内，实现了业、财、碳三重融合。同时，促使财务人员持续加强碳资产领域的学习，主动向管理会计方向转变。

（三）补充完善企业全面预算管理体系

赣能股份以“双碳”目标为导向，嵌入碳预算管理模块，驱动企业从传统全面

预算转型升级为低碳化的全面预算体系，实现对碳排放管理与降碳减排活动的合理规划，为企业直面减排压力、深挖减排潜力进而开展碳减排活动打下良好基础。

五、赣能股份嵌入碳预算的全面预算体系经验总结

（一）应用的基本条件和成功关键

一是顺应国家“双碳”战略目标，大力推进低碳清洁能源项目建设，为碳预算体系的应用打下扎实基础；二是制定碳管理相关制度，成立工作小组，为碳预算实务操作提供制度和团队保障；三是发挥科技创新的支撑引领作用，促进产学研深度融合，为碳预算的落地注入科技活力。

（二）应用中存在的不足

编制碳预算，数据是基础，然而国家尚未制定统一的碳会计制度，这对企业嵌入碳预算的全面预算体系的建设带来了阻碍。

公司现有碳预算体系侧重对碳排放、减排、交易等数据的预测，缺少执行过程中的监控、调整及考核等内容。并且，赣能股份在设计碳预算时，仅考虑火电，未将水电及新能源纳入预算体系范畴，不利于碳预算体系的完整性。

（三）完善和推广嵌入碳预算的全面预算体系的建议

一是国家加大政策扶持力度。除了企业低碳战略，政府部门应在税收优惠、专项补贴基金等方面同时加大扶持力度。二是持续优化嵌入碳预算的全面预算体系。公司现有碳预算体系仅考虑预计数据，缺少预算执行、调整和考评等内容，可增加碳绩效评价指标，从而补充完善碳预算体系。三是建立健全我国企业碳会计制度，目前有关碳会计的确认与计量尚未统一标准，因此建立健全我国企业碳会计制度迫在眉睫。

（四）结论和启示

需要指出的是，赣能股份的嵌入碳预算的全面预算体系具有应用性和推广性。其他类型的高排放行业企业可结合自身业务特点和减排管理需要，编制和应用企业碳预算，对其碳有关活动实现高效规划。

我们建议，可由财政部会同发改委、环保部等相关部委，制定企业碳预算指南及

碳减排绩效评价体系，并通过高排放企业试点、高排放行业推行及全面推广等步骤在我国落实企业碳预算制度，共同助力我国“双碳”战略目标的实现。

（江西赣能股份有限公司：许　扬　王润联　崔　希　刘诗雯　罗　旭
罗琴琴　徐立强　吴　祺　张浩文）

案例评语：

江西赣能股份有限公司之前的全面预算体系战略导向不强、碳指标设置不完善。按照国家要求，对碳排放进行有效控制，为此构建了碳排放、碳减排量及成本、碳排放权交易、碳减排收益四项子预算，形成相应的预算表格。在此基础上将这四个子预算嵌入已有的全面预算报表体系中，形成碳预算、经营预算、资本预算和财务预算四大预算及报表体系。借助这一体系对碳业务实施有效的过程控制评价考核，助力公司向低碳化模式转型。将预算体系运用到丰城三期煤电机组项目，有力推动了业、财、碳三者深度融合，公司整体碳排放强度稳中有降。案例还进行了经验总结，形成了相关启示，对未来的发展进行了展望，提出了建议。对同类型企业具有一定的可复制性和可推广性，有较好的实践价值。

基于数字化应用的预算管理重构

摘要

国资委于2022年3月2日发布了《关于中央企业加快建设世界一流财务管理体系的指导意见》，要求中央企业持续完善预算管理体系、财务数智体系等五大体系，要完善预算编制模型，优化预算指标体系，科学测算资本性支出预算，持续优化经营性支出预算，搭建匹配企业战略的中长期财务预测模型；财务数智体系要统一底层架构、流程体系、数据规范，横向整合各财务系统、连接各业务系统，纵向贯通各级子企业，层层穿透到各级子企业业务，推进系统高度集成，避免数据孤岛，实现全集团“一张网、一个库、一朵云”。本案例运用数字化工具，统一预算管理流程体系，创新预算编制流程，打通业务数据，推进东风汽车零部件（集团）有限公司（以下简称“东风零部件”）产品收益精细化管理以及预算项目重构，全面梳理产品收益结构，推进网格化分层管理；确定东风零部件产品收益基盘，明确未来产品发展方向。

本案例建立东风零部件产品收益管理体系，根据不同产品定位，拟定不同的改善策略，支持年度预算目标达成，保证未来事业的延续性。通过构建多场景的可视化分析，挖掘改善清单，做闭环管理，并将高效的数字化工具在东风零部件各单位进行应用实践，常态化对经营关键指标进行监控预警，对客户结构进行分层管理，保障未来的产品收益可见性。本案例完成了400多项产品的改善课题，改善收益超5800万元；覆盖到东风零部件下属23家二级单位，72家分子公司，穿透57152个产品，2144道工序；从损益轴、分子公司轴、产品轴、时间轴、工序轴等角度构建了270多个分析视角与应用场景；提出预算以产品收益为编制基础，推动实际经营按产品价格形成逻辑管控，实现了业务线从营销到制造全线打通，切实解决了产品价格形成与实际管理逻辑分裂的问题，实现闭环跟踪评价，做到分产品、分工序全线打通，价格、成本、费用与收益透明可视化。探索出一条可复制的基于数字化应用的预算编制模式，革新了数字化理念，以业财融合为基础，实现对总部、对分子公司管理的有效赋能。

一、背　　景

（一）单位基本情况

东风汽车有限公司是东风汽车集团有限公司和日产自动车株式会社出资成立的合资公司，主要业务范围包括：乘用车业务和零部件（含汽车装备）。主要产品包括日产品牌、启辰品牌、英菲尼迪品牌乘用车，东风品牌及日产品牌皮卡，汽车零部件与汽车装备业务等，汽车产销规模 150 万台，销售收入 1500 亿元。下辖东风日产乘用车有限公司、郑州日产汽车有限公司、东风汽车零部件（集团）有限公司三家分子公司。

东风零部件是生产销售汽车零件与装备的企业，产品涵盖智能座舱系统、智能底盘系统、新能源电驱动系统、热管理系统、动力技术系统、轻量化技术系统、智能装备系统 7 大系统，主要产品包括电机及电机控制器、汽车空调、空气滤清器、齿轮、传动轴、汽车悬架、车轮、冲压件、模具、焊装设备、机床等，年销售收入 200 亿元，客户覆盖国内主流的乘用车、商用车客户，以及出口至美国、日本、韩国、德国、俄罗斯、瑞士等国家。2023 年在国内零部件企业排名中排第 15 位（中国汽车报排名）。

东风零部件下属各级分子公司 72 家，分布在十堰、武汉、襄阳、上海、广州、成都等 16 地；二级单位 14 家、三级单位 37 家、四级单位 17 家；法人单位 50 家，其中控股公司 38 家、参股公司 12 家，非法人分公司/工厂 22 家；上市公司 1 家，合资公司 13 家（见图 1）。

东风零部件总部设在十堰，有 11 个职能部门，对下属分子公司按照财务管控型和战略管控型管理。

（二）管理会计应用基础

由于东风零部件对数字化认识不足，信息投资长期较少，以至于东风零部件没有统一的信息平台，各分子公司数据信息无法打通，成为信息孤岛。

东风零部件的预算体系分为损益预算和资金预算，有统一的编制模板，案例实施前使用 Excel 表编制。

损益预算按分职能体系展开，模板如表 1 所示。

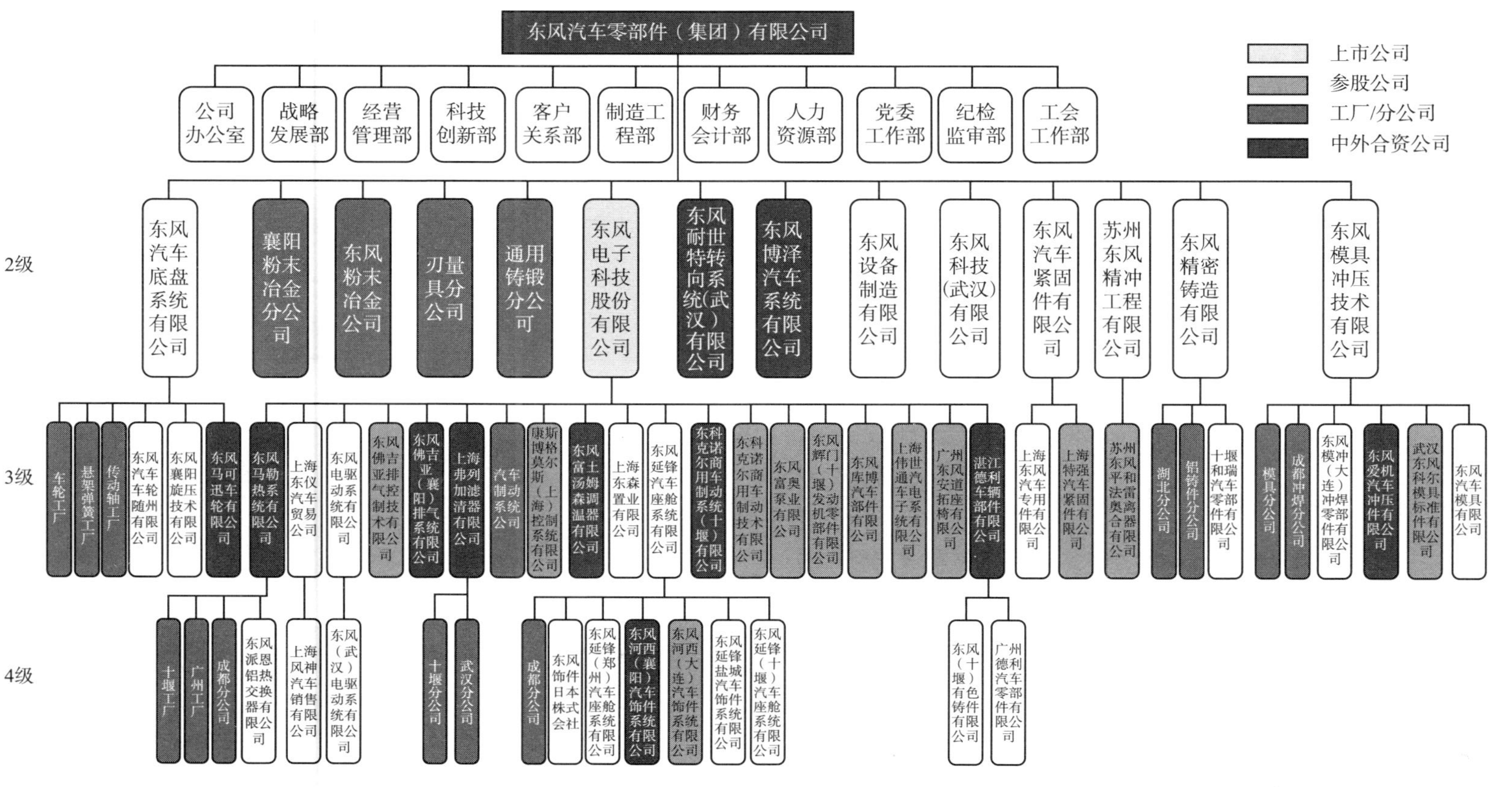

图1　东风汽车零部件（集团）有限公司组织架构

表 1　　　　　　　　　　　　管理报表

序号	项目		金额	序号	项目		金额
1	营业收入			46	研发费用		
2		主营业务收入		47		应付职工薪酬－工资	
3	其他业务收入	其他业务收入		48		应付职工薪酬－劳务工劳务费	
4	现金折扣			49		应付职工薪酬－其他	
5	销售折让			50		折旧	
6	营业净收入			51		党团经费	
7	销售税金及附加			52		其他间接费用	
8	实物成本			53		研发项目直接成本	
9		原材料		54		资本化的开发支出转出	
10		国产件		55		资本化摊销	
11		进口件		56	销售费用		
12		内部半成品		57		经销商奖励	
13		辅助材料		58		佣金	
14		售后备件		59		广告	
15	制造费用			60		市场开拓	
16		应付职工薪酬－直接工资		61		经销商/服务站支持	
17		应付职工薪酬－劳务工劳务费		62		应付职工薪酬－工资	
18		应付职工薪酬－直接其他		63		应付职工薪酬－劳务费	
19		应付职工薪酬－准直接工资		64		应付职工薪酬－其他	
20		应付职工薪酬－准直接劳务费		65		折旧	
21		应付职工薪酬－准直其他		66		净追索赔偿	
22		内废损失		67		党团经费	
23		质量保障费		68		销售部门其他费用	
24		折旧		69	管理费用		
25		其他变动成本		70		应付职工薪酬－工资	

续表

序号	项目		金额	序号	项目		金额
26		其他固定成本		71		应付职工薪酬－劳务费	
27	其他销售成本			72		应付职工薪酬－其他	
28	其他业务成本			73		折旧	
29	流通成本			74		党团经费	
30	积分成本/收益			75		其他管理费用	
31	库存调整			76	资产减值损失		
32	物流费用			77	信用减值损失		
33		应付职工薪酬－工资		78	公允价值变动损益		
34		应付职工薪酬－劳务工劳务费		79	投资收益		
35		应付职工薪酬－其他		80	利息收入		
36		折旧		81	财务费用支出		
37		其他固定物流费用		82	资产处置收益		
38		其他变动物流费用		83	其他收益		
39	信息费用			84	营业利润		
40		咨询费		85	营业外收入		
41		应付职工薪酬－工资		86	营业外支出		
42		应付职工薪酬－劳务工劳务费		87	利润总额		
43		应付职工薪酬－其他		88	所得税		
44		折旧		89	净利润		
45		其他信息费用		90		归母净利润	

营业收入：由各子公司市场营销部门根据行业 TIV，再结合历史的份额、装车件数、降价率等数据测算，最终按管理层要求确定。没有考虑产品竞争能力、市场开发、新品贡献等影响，由于没有收益作为指导，不能指导公司的市场开拓，以及收益较差的产品收益提升。

成本：各业务部门根据产品历史成本数据及未来降成本目标测算。成本预算不是基于业务需要采用“零基预算”的方法，不能体现极致降成本理念。由于成本数据与业务缺乏关联，导致成本编制缺少合理性，因而改善措施也不能做到有的放矢。

损益预算存在的问题：数据颗粒度仅能细分到会计科目，无法穿透业务，无法判断数据的合理性。改善目标体现各级管理层的目标要求，不能基于业务逻辑输出可挑战目标，更不能通过数据洞察析出改善课题。且对业务析出的改善课题，无法闭环验证其改善效果。总之，损益预算不是基于业务的判断，更多是管理的目标，是 KPI 考核的需要，导致预算与实际偏差较大。

现金流预算按直接法与间接法两种方法展开。其中间接法以本期营业利润为起算点，加（减）存货资金、往来资金占用，减去投资支付，形成自由现金流。自由现金流加上长期投资及筹资，形成现金流。其中存货资金占用、往来影响按目标的周转天数测算。

现金流预算存在的问题：存货资金及往来资金占用不是基于客户、供应商的收付款政策与最经济的采购批量或库存储存量。实际运行中如实际的周转天数达不到目标的周转天数，往往形成较大偏差，造成现金流短缺或富余，增加财务成本。同时当出现偏差时也不能快速找到影响现金流的原因，无法及时提出有针对性的改善措施。数据颗粒度也不能细化到二级单位、客户、供应商、存货类型等维度。

现金流模板如表 2 所示。

表 2　　现金流模板

序号	项目				金额
1		经营活动小计			
2			营业利润		
3			折旧		
4			营运资金		
5				存货差异	
6				整车	
7				原材料	
8				零部件	
9				其他	
10				应收差异	
11				应收账款	
12				预付款项	
13				应收股利	
14				应收利息	
15				其他应收款	
16				应付差异	
17				应付账款	

续表

序号	项目				金额
18				预收款项	
19				应付职工薪酬	
20				应交税费	
21				应付利息	
22				其他应付款	
23				预计负债	
24			票据差异		
25				应付票据差异	
26				应收票据差异	
27			公司所得税		
28			其他		
29		投资活动小计			
30			固定资产投资		
31			权益性投资		
32			短期投资		
33			其他投资		
34	自由现金流				
35		长期投资、筹资小计			
36			分配股利		
37			资本金注入		
38			融资活动小计		
39			上划总部资金		
40	现金流				

由于东风零部件集团公司层级（4级）及分子公司较多，预算需要每一级手工汇总合并，完成一次预算周期至少要10天，耗费大量的人力物力。同时预算基于Excel表，可分析的维度非常有限，预算作用发挥不明显，不能更好地指导各单位的生产经营，运行过程中偏差也非常大。预算的提供决策支持、优化资源配置、提高企业运营效率、加强企业内部管理的作用没有得到有效发挥。

基于东风零部件的现状，迫切需要运用数字化工具，创新预算编制流程，统一预算平台，建立一套高度快捷的预算流程体系，打通业务数据，发挥数据的价值，帮助企业利用数据进行管理，实现数字化赋能。同时东风零部件财务也急需由核算型向决策支持型财务转型，财务要进一步融入业务，实现业财融合。发挥财务支撑战略、支持决策、服务业务、创造价值、风险预警等作用（见图 2）。

图 2　业务与财务关系

为解决东风零部件预算的痛点，同时帮助财团队更好地发挥财务职能，实现财务转型。需要运用数字化手段重构预算，统一编制流程，统一预算模板。

（三）预算重构建模工具选择原因

用 Tableau 作为我们的工具基础，基于该工具能快捷地完成数据的连接和可视化，能轻松实现数据层层钻取、数据自动更新，且简单易学，不需要大量的投入。通过该工具的智能仪表板，能集合多个数据视图，借助于图形化手段，能清晰、直观地传达关键的信息与特征，从而实现不同层级、不同数据维度的深入洞察，并能实现共享。该工具能够有效解决目前面临的层级多、需要层层汇总导致的预算周期长、数据检核任务重、数据无法穿透，以及无法直观呈现多维度视角等问题。

二、总体设计

从财务与业务结合层面出发，收入、成本分级分层打开，其中：间接成本打开至分子公司层，颗粒度到单位；收入与其他直接成本打开至二层，颗粒度到产品层；直接制造与材料成本打开至三层，颗粒度到工序层。

预算编制总体思想如图 3 所示。

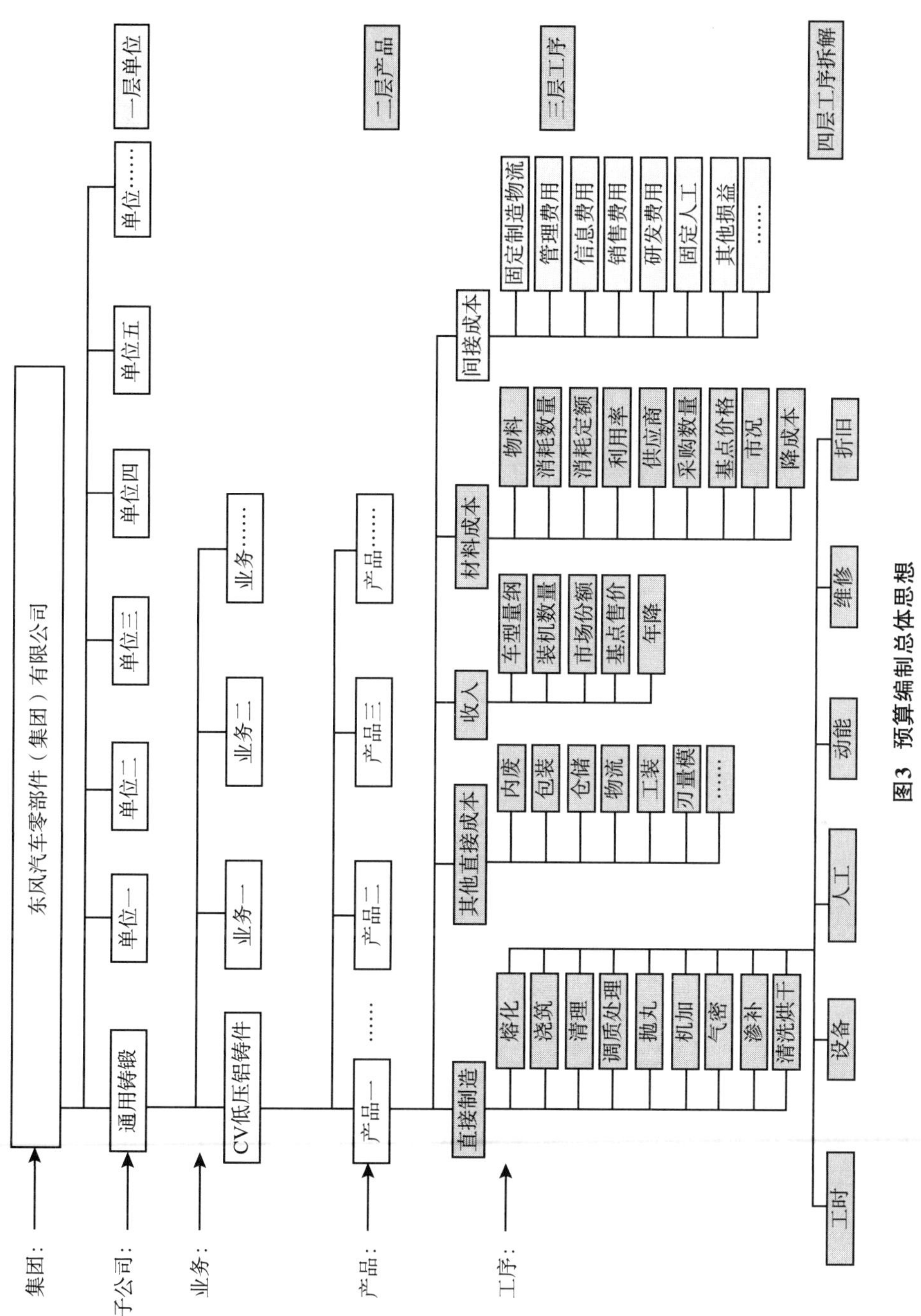
集团：
分子公司：
业务：
产品：
工序：
东风汽车零部件（集团）有限公司
通用铸锻
单位一
单位二
单位三
单位四
单位五
单位……
一层单位
CV低压铝铸件
业务一
业务二
业务……
二层产品
产品一
……
产品二
产品三
产品……
三层工序
直接制造
熔化
浇筑
清理
调质处理
抛丸
机加
气密
渗补
清洗烘干
其他直接成本
内废
包装
仓储
物流
工装
刃量模
……
收入
车型量钢
装机数量
市场份额
基点售价
年降
材料成本
物料
消耗数量
消耗定额
利用率
供应商
采购数量
基点价格
市况
降成本
间接成本
固定制造物流
管理费用
信息费用
销售费用
研发费用
固定人工
其他损益
……
四层工序拆解
工时
设备
人工
动能
维修
折旧

图3 预算编制总体思想

收入预算要体现客户、客户量纲、市场份额、降价等维度，如表 3 和图 4 所示。

表 3　　　　　　　　　　　　　　收入预算结构

序号	客户名称	客户分类	车机型名称/代号	市场明细	业务分类	零件编号	零件名称	装车件数	预算量纲	销售基点价格	降价	市场份额	收入
								A	B	C	D	E	F = A × B × (C + D) × E
1	客户 A												
2	客户 B												
3	客户 C												
4	……												
5	合计												

数字工具构建—客户量纲→份额→装车件数→ 零件销售数量、零件基点价、年降→零件销售价格

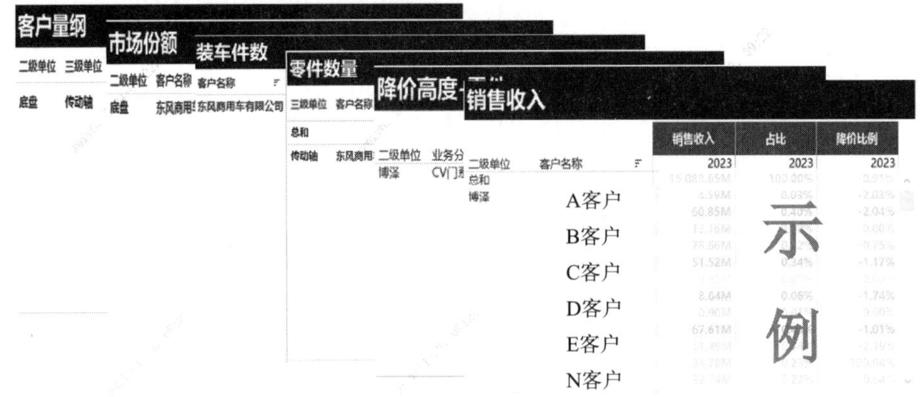

图 4　收入预算重构

实物成本预算要体现材料供应商、产品消耗定额、采购价、采购降成本、市况等，从零件到分子公司再东风零部件，层层卷积到实物成本，如表 4 和图 5 所示。

表 4　　　　　　　　　　　　　　材料成本预算结构

序号	零件编码	零件名称	业务分类	原材料名称	原材料牌号	原材料单位	消耗定额（千克/件）	产品净重（千克/件）	零件销量	消耗数量	废料基准价	采购基准价	市况（元/千克）	商务降成本（元/千克）	原材料金额
							A	B	C	D = A × C	E	F	G	H	I = D × (F + G + H) − (A − B) × E
1	A														
2	B														
3	C														
4	……														
5	合计														

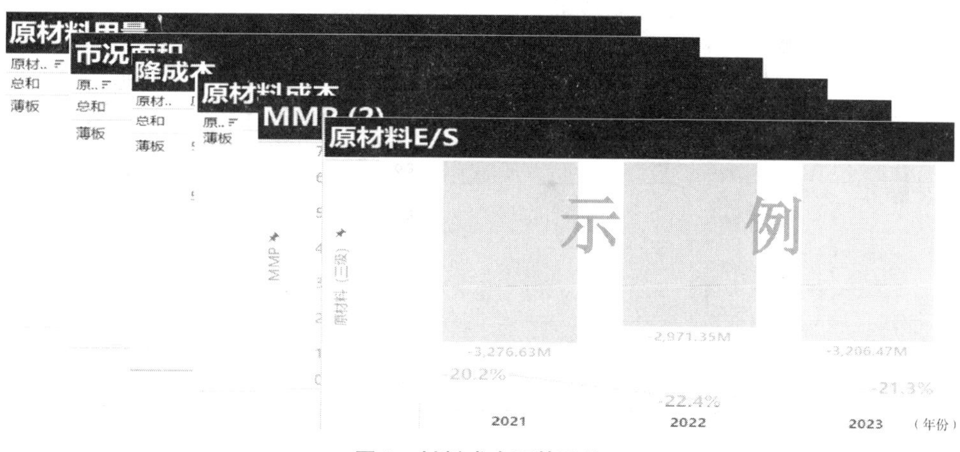

图 5　材料成本预算重构

各项成本预算编制以工序消耗为基础，要体现成本驱动因素。如人工成本核算通过每个工序工时定额、操作人数、工时费率等计算，如表 5 和图 6 所示。

表 5　　制造费用构成

序号	产品编码	产品名称	业务分类	工序清单	设备名称	人员类型	工时定额	设备操作人数	人工工时费率	销量	人工成本	设备开动功率	动能类别	动能价格	直接动能	工序外委单位	工序外委费用
							A	B	C	D	E = A × B × C × D	F		G	H = A × D × F × G	I	J = D × I
1	产品A	重卡车轮	CV类	工序 1													
2				工序 2													
3				……													
4				工序 N													
9	……																
10	合计																

图 6　制造费用重构

研发费用预算展开到研发项目及项目成本构成，如表 6 所示。

表 6　　研发费用重构

序号	项目编码	研发项目名称	费用类别	费用金额
1	A	空气弹簧	人工	
			试制费	
			……	
2	B			
3	C			
4	……			
5	合计			

其他费用细分到费用类型、成本中心、费用标准、费用项目，如表 7 所示。

表 7　　管理费用重构

序号	财务分类	费用成本中心	费用项目	费用标准	费用科目	费用金额
1	信息类					
2	销售类					
3	管理类					
4	……					
5	合计					

预算模型通过将产品价格构成对应到实际生产成本，开展预算、预测、盈利分析，通过归集分产品、分各工序成本预算，输出分产品、分工序的预算，最后输出财务指标结果。该预算能精细化运营，精准预判风险，提升盈利能力体系，赋能业务；打通预算和业务的关系，做到23家单位差异化管理。

推进过程中，从实际业务经营管理水平出发，选取三家为代表，重构预算编制底表，逐步细化编制颗粒度和维度，最后在东风零部件全集团推开。

基于对Tableau工具应用的预算升级重构目标：

（1）产品收益以成本实力线为基础，实现了从市场到制造全价值链的打通，聚焦问题，找到改善点，做到闭环管理；

（2）解决粗放的管理模式下无法找到问题真因、凭经验管理；通过数字化模型输出课题，进行改善，实现闭环跟踪落实与评价；

（3）分析维度中纳入对比预算、对比预测、对比同期，实现分月滚动预测，找出偏差，进一步挖掘机会；

（4）输出课题的改善清单，并定向施策，财务通过数据洞察，驱动业务提升；

（5）跟进课题进展与实施落地，通过数据检验课题落地情况；

（6）实现历史数据积累，通过横向、纵向分析，全面把握企业。

预算重构基于业务数据，摆脱过去用数据讲数据，脱离业务逻辑，用数据分析背后的本质，指导业务落地，穿透数据到业务、产品、客户，做到全过程管理。

三、应用过程

（一）组织架构

本案例成立项目领导小组，东风汽车有限公司副总裁、东风零部件总经理挂帅，组员包括东风零部件财务会计部、经营管理部、客户关系部、制造工程部、人力资源部、各分子公司等，推进办公室在东风零部件财务会计部、东风汽车有限公司财务会计总部提供数字化方法论、实践落地支持。各分子公司营销、采购、人力、制造、信息部等部门也都深度参与本项目。组织结构如图7所示。

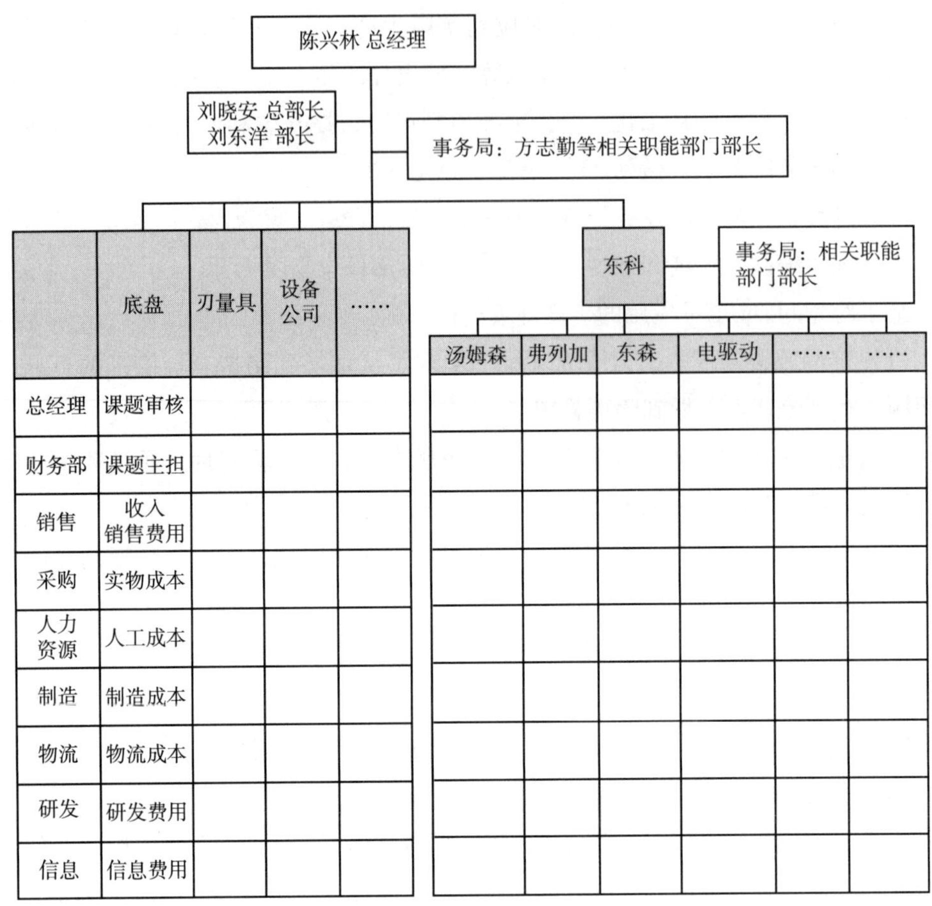

图7　项目推进组织框架

（二）案例实施与应用

第一步，制订预算重构主计划，如表8所示。

说明：DFL是指东风汽车有限公司；DFPC是指东风零部件。

表8　项目实施主计划

序号	阶段	分解项目	最终目标	主担小组	完成	2022年 7月	8月	9月	10月	11月	12月	1月
主日程												
1	定策略											
	1.1	确认项目人员构成		DFL	☺							
	1.2	收集现有数据		DFL	☺							
2	看数据											
	1.1	财务损益表		DFL&DFPC	☺							
	1.2	对应的业务损益报表	输入底层数据构成和逻辑	DFL&DFPC	☺							
	1.3	确认系统依靠程度	找到可以模拟预算的单位	DFL&DFPC	☺							
	1.4	确认打开层级	输入产品、客户结构	DFL&DFPC	☺							
	1.5	确认预算预测逻辑	输入模型构建逻辑	DFL&DFPC	☺							

续表

3	观现场			
1.1	制订地图日程计划		DFL&DFPC	☹
1.2	现场理解业务逻辑	输入模型构建逻辑	DFL&DFPC	☹
4	定模板			
1.1	构建底层数据模板	完整性、准确性、及时性	DFL	☹
1.2	收集业务数据	完整性、准确性、及时性	DFPC	☹
1.3	清洗数据	数据格式标准	DFPC	☹
5	建模型			
1.1	确认分析维度	输出结果	DFL	☹
1.2	整合展示思路	遵循报告逻辑	DFL	☹
1.3	单点复制到面	覆盖到DFPC所有单位	DFL&DFPC	
6	作分析			
1.1	数据资产化 自动更新	效率提升	DFPC	☹
1.2	新增分析维度和层次		DFPC	☹

第二步，模型搭建与预算重构。

完成了损益重构以及输出2023年损益预算分析模型，实现了23家二级单位以及下属的控股72家分子公司全覆盖。实现了产品价格、成本、费用、收益等全流程透明化。

（1）实现分产品收益预实、同比分析、产品盈亏情况可视化（见图8和图9）。

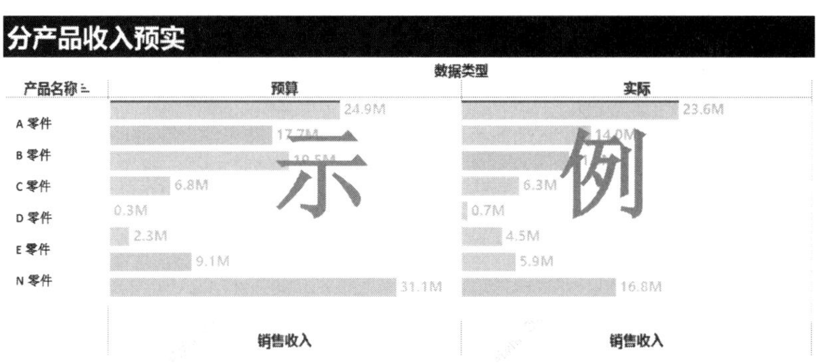

图8　收入分产品

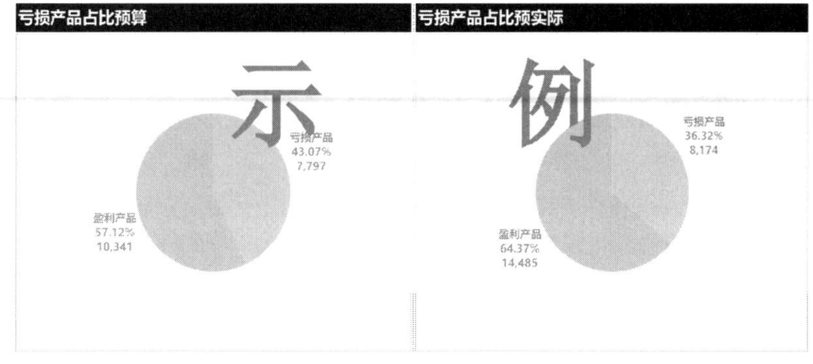

图9　利润分产品

（2）实现客户边际收益预实分析、产品 MMP（材料边际贡献）可视化（见图 10 和图 11）。

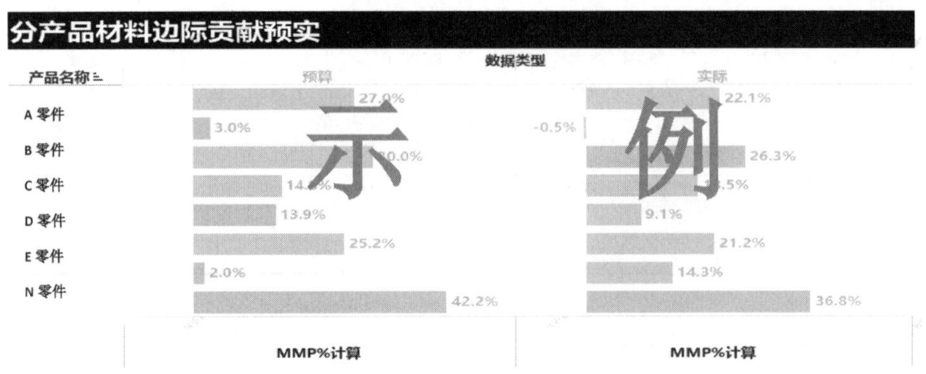

图 10　材料边际贡献分产品

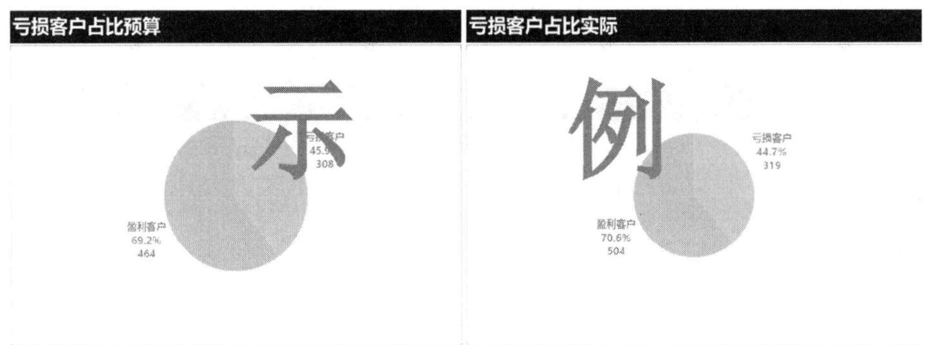

图 11　利润分客户

第三步，输出改善清单。

（1）首先要完成分产品收益性分析，如图 12 所示。

分产品收益预算

数据类型	产品名称	销售收入	MMP 总和	MMP率	MP 总和	MP率	OP	OP率
预算		24.9M	6.7M	27.0%	4.6M	18.6%	-2.8M	-11.3%
	A 零件	19.5M	[illegible]	30.0%	4.2M	[illegible]	-2.2M	-11.3%
	B 零件	2.3M	[illegible]	25.2%	0.4M	[illegible]	-0.1M	-4.8%
	C 零件	6.8M	[illegible]	14.8%	0.7M	[illegible]	0.0M	-0.5%
	D 零件	9.1M	0.2M	2.0%	0.2M	2.0%	0.2M	2.0%
	E 零件	17.7M	0.5M	3.0%	0.5M	2.9%	0.5M	2.9%
	N 零件	0.3M	0.0M	13.9%	0.0M	11.9%	0.0M	11.9%
		31.1M	13.1M	42.2%	11.5M	36.9%	4.7M	15.1%

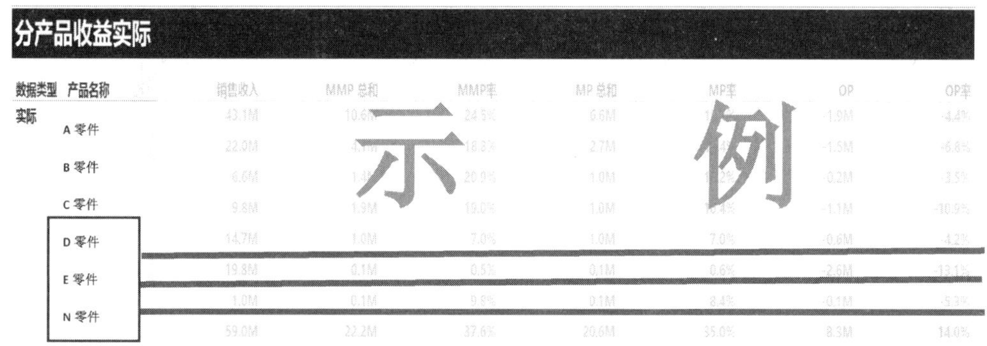

图 12　利润分产品预实对比

（2）输出定向改善零件清单，如图 13 所示。

序号	零件名称	成品单重	工艺	1月			2月			3月		
				销售收入	MMP%	MP%	销售收入	MMP%	MP%	销售收入	MMP%	MP%
1	D零件	50g	覆膜砂	200	42%	22%	150	42%	18%	100	42%	18%
2	E零件	33g	熔模	190	41%	21%	100	41%	[illegible]	90	41%	17%
3	N零件	20g	碳钢	180	[illegible]	18%	90	38%	18%	80	38%	17%
合计												

图 13　改善清单

案例最终实现 100% 覆盖 23 家二级单位，72 家分子公司；分析维度体现损益轴、公司轴、产品轴、时间轴、工序轴；数据按总→分结构层层下钻，从零部件整体→二级单位→产品大类→产品→工序，穿透 57152 个产品；2144 道工序，构建 270 多个分析视角与应用场景；实现了多维度的数据洞察。

（三）实施过程中的问题及解决方法

一是应用场景复杂。由于东风零部件层级较多，产品品类复杂，所属子公司按股权关系有全资公司、合资公司、参股公司，导致东风零部件对各分子公司管控有很大差异；且各公司管理基础不尽相同；各公司对预算重构接受度也有很大差异。案例在实施过程中，方案首先考虑绝大多数子公司的诉求，对个性化问题单独解决；其次制订时间计划表和实施路径，由易到难。基础好的公司、管理精细化高的公司优先实施。

实施过程中，对东风零部件下属的 23 家分子公司按照所处行业进行分类，从管理精细度、业务相似度、管理透明度、东风零部件对分子公司的管控力度等维度，对产品竞争能力较强的单位，采取维持现有水平策略；对产品竞争力较弱的单位，采取深入研究，提升竞争力策略；对产品在起步阶段的单位，采取寻找突破点策略（见图 14）。

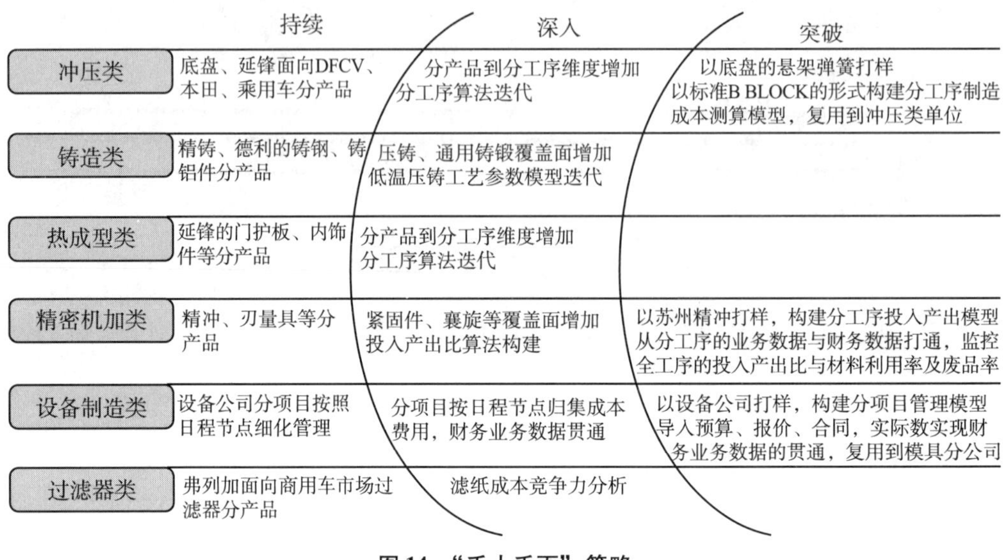

图 14 “千人千面”策略

二是各分子公司信息系统及数字化水平差异。案例实施前，对所有子公司信息系统情况进行了全面摸排。实施时找到各分子公司数据维度与颗粒度的最大公约数，然后逐步丰富数据维度与颗粒度；同时提升部分分子公司的信息系统及数字化水平，满足案例需要的数据维度与颗粒度（见图 15）。

图 15 步骤差异化策略

三是观念问题，案例开始时，各分公司普遍存在观望态度，主观推进意愿不强，对项目组信任程度不高。案例组首先转变子公司总经理观念，通过培训、实地参观，让总经理们知道数字化转型能提高生产效率、创新商业模式、改善内部流程、促进业务创新、优化管理决策，企业数字化转型已经成为企业持续发展的必经之路，数字化能力已成为企业一项重要的竞争能力。其次是样板展示，项目组先期以一个子公司为样板，通过落地样板子公司的实际改善效果展现，以及以此为起点的二阶段目标落地路径解读，让各分子公司明白模型的好处。最后是加强沟通，分子公司共同参与、共识合心，项目组与东风零部件所属 72 家分子公司财务、采购、营销等职能部门逐一沟通，听取他们的意见。

四、取得的成效

案例创新了预算编制的方法，基于数字化工具和产品收益管理，真正做到全方位、全过程、全员参与编制、实施的全面预算管理，极大发挥预算有效控制成本、全程管理、流程透明、实时监控、收益提升的作用。确保了预算目标的可见性，并保证各子公司经营活动的有效运行。

案例探索了出一条东风零部件（总部）对下属分子公司的有效赋能的管理模式。总部定位为子公司赋能、战略引领、管控风险，以总部战略引领与业务指导，统一规划，提供支持；分子公司与东风零部件价值共创，结合实际制定落地方案，负责项目推进，解决具体问题，体现案例效果。

案例统一模板编制模型，极大提高效率效能。通过数据快速迭代、实时增加分析、管控的维度。实现业务线从营销到制造全线打通；解决了产品价格构成与实际成本管理逻辑分裂的问题，实现闭环跟踪评价；分产品、分工序全线打通，价格、成本、费用、收益全透明化。在实际模型应用阶段，通过模型迭代，丰富应用场景；挖掘收入、成本、费用的改善机会，PDCA 闭环管理改善课题；闭环跟进改善效果要体现在损益数据上。

持续将方法论与各单位的实际经营相结合，逐步扩大案例使用范围，定制化地输出每家公司的改善清单，绘制客户画像等；实现针对不同的客户，不同的公司采取不同的管理策略；持续推动前端客户价格与实际经营逻辑拟合，精准量化析出各子公司经营的优势与不足，不断丰富历史数据库。从时间维度分析市场、客户需求的变化，快速分析出应对策略。

改善效果展示如图 16 所示。

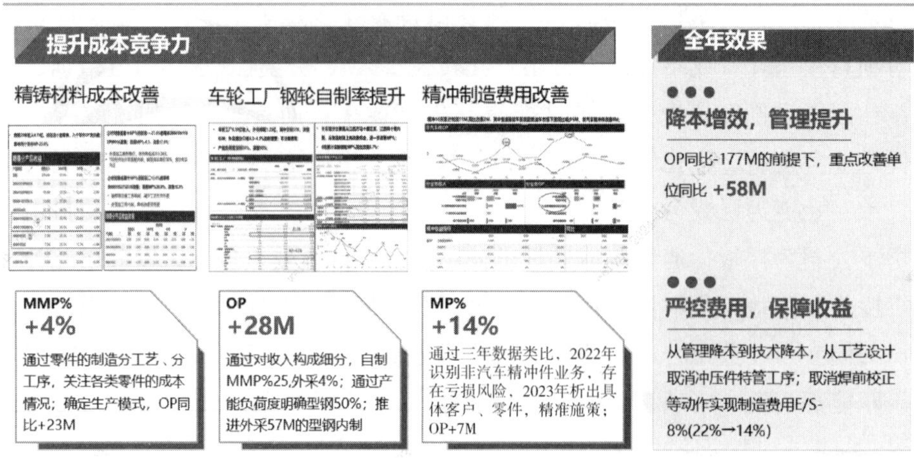

图 16　改善效果展示

案例推进了业财融合。案例基于对 Tableau 工具应用的预算升级重构项目实施，深层剖析财务与业务的关系，财务与业务关系的理想姿态是“双螺旋结构”：有个共同的目标做牵引，财务（数据和洞察）与业务（逻辑和行动）深度融合、互为支撑、相辅相成（见图 17）。

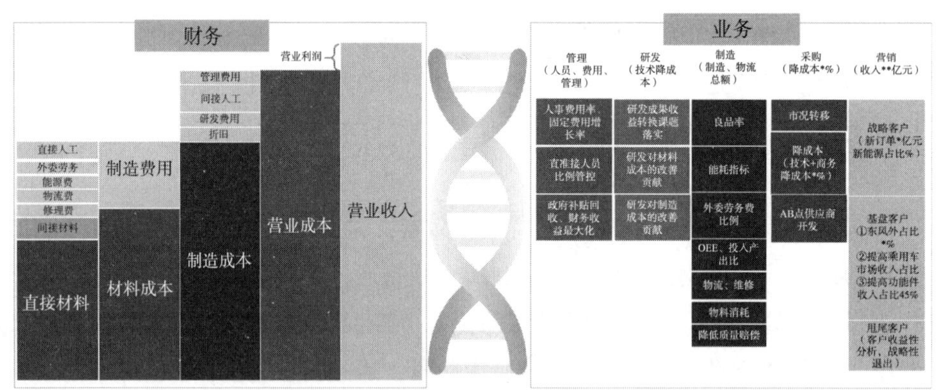

图 17　业务与财务关系

案例实现了可视化的分析场景、输出可落地的改善清单、构建闭环管理的流程和机制。案例立足产品全生涯周期管理，向多轴线延伸，与多领域形成深度的协同和价值整合，共同打造体系化能力的抓手。将损益分析从公司轴向产品轴，到工序轴的逐步深入，将驱动成本变动的因子打散重构，构建场景化的分析洞察视角（见图 18）。

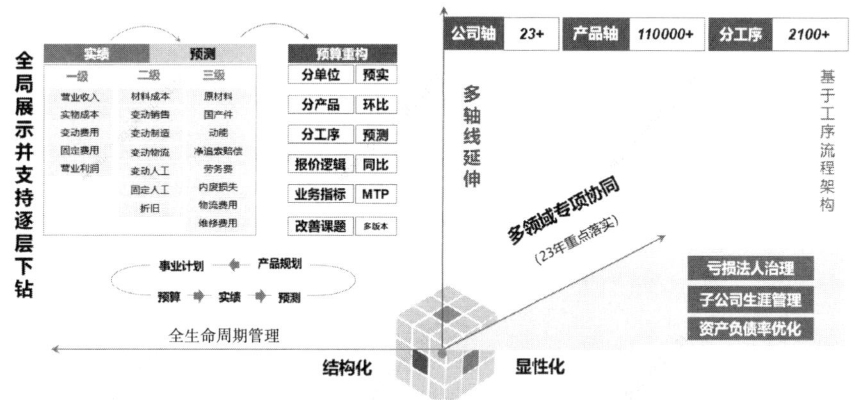

图 18　损益预算重构全局图

案例实现了复杂多变环境下的快速应对，从财务数据洞察的单轮驱动，向“财务洞察 + 业务行动”相结合的双轮驱动模式演进。通过构建“2 个循环”（财务分析洞察循环 + 业务改善行动循环），保障“1 个闭环”，做实收益改善的价值闭环（即从损益表单分析出发，到业务改善清单的拟定，到改善行动的落实回归到损益表的闭环）（见图 19）。

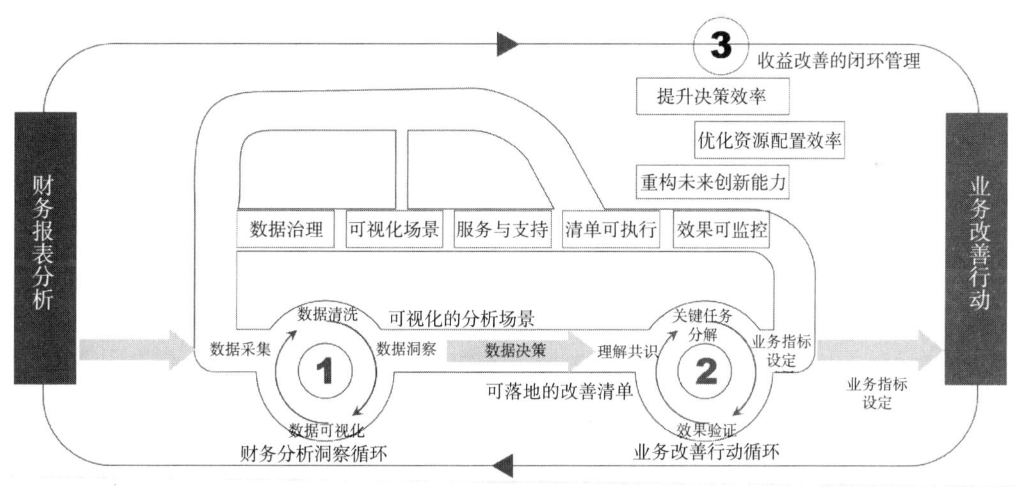

图 19　变现验证逻辑图

案例发挥了数据资产的价值。案例从财务角度出发，通过数字化理念的融入、数字化工具的运用，以重构模型为载体，将经营部门、采购部门、人事部门、市场部门等的业务数据纳入了模型，通过分析、运用这些数据，多维透视分析企业经营，发挥数据资产的商业价值和提升企业的竞争优势。

图 20 为财务观念革新路线图。

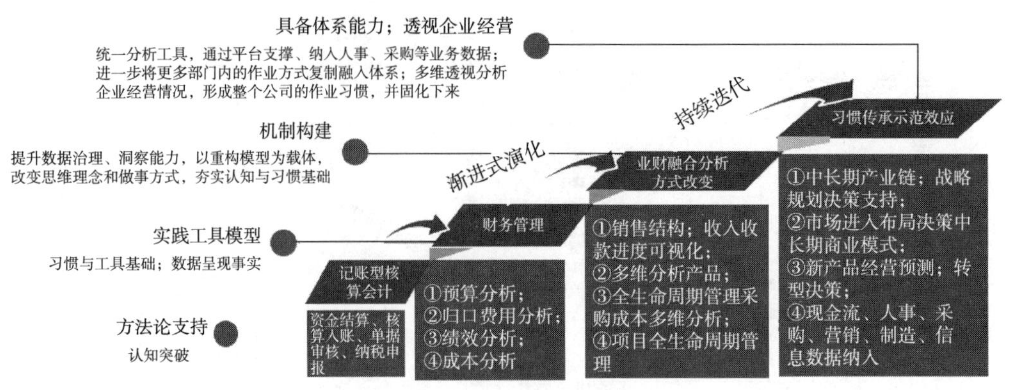

图 20　财务观念革新路线

案例提升了预算编制效率，提升了东风零部件的盈利能力。案例实施后，由于统一了平台及模板，完成一次预算或预测，各子公司三天即可完成编制，一键即可完成东风零部件的汇总合并，大幅提升了编制效率，同时错误率也大幅度降低。同时通过案例中的成本对标、采购对标、亏损产品与亏损客户分析等功能，析出产品改善清单400 多项，实现成本改善超 5800 万元，减少亏损产品 410 个，减少亏损市场 23 个。

五、经验总结

预算管理对企业未来一定期间内的经营活动和相应的财务结果进行全面预测和筹划，科学、合理配置企业各项资源，指导经营活动的改善和调整，进而实现年度或战略目标。预算落地关键在于企业建立和完善预算编制的工作制度，明确的预算编制依据、编制内容、编制程序和编制方法，预算编制依据合理、内容全面、程序规范、方法科学，预算目标是符合业务假设的、可实现的目标。其中对业务的把握，是否真正以业务为先导、将预算管理嵌入企业经营管理活动的各个领域、层次、环节尤其关键。预算管理的核心在预算控制，要将预算目标层层分解到预算责任中心。要强化预算执行结果考核评价，增强刚性约束，实现闭环管理。企业信息系统要及时监督、分析预算执行情况，分析预算执行差异的原因，提出对策和改善方案。

产品收益要动态管理，真正做到改善无止境。随着汽车行业向“轻量化、电动化、智能化、网联化、共享化”转型，随着越来越多的汽车新势力加入，竞争逻辑发生了根本变化，价格竞争非常残酷，整车的价格竞争势必向零部件企业传导。零部件企业唯有不断地调整竞争策略，持续不断地改善，极致的成本管理，才能在激烈的竞争中立于不败之地。

业财融合是提高企业竞争力、促进企业可持续发展的有效途径。通过业财融合，能提高企业的效率、能优化企业决策，提高企业的竞争力、盈利能力。业财融合的核心是事前规划、事中控制、事后评估，形成一个管理的闭环，关键在于把握业务流程的关键控制点。案例促进了财务人员改变传统的思维模式，财务人员要熟悉业务、深入业务、抓住关键控制点，要用数据说话，建立和运用量化的指标体系。

企业要促进财务数字化转型，国资委发布的《关于中央企业加快建设世界一流财务管理体系的指导意见》也有明确要求。财务数字化转型是“一把手”工程，要统筹制定财务数字化转型规划，充分挖掘数据资产价值。洞察数据，用数字化理念构建全员精细化的管理模式。

案例基于数字化的预算重构，将数字化转型、预算、收益、业财融合等统筹在一起，促进企业管理转型升级，提升了企业成本竞争力及盈利能力。但仍存在一些问题，需要进一步加强数字化投入，加强数字化人员培养，要进一步细化数据颗粒，要建立基于业务与财务改善的KPI考核体系。

（东风汽车有限公司：魏彦红　石宝玲　刘东洋　方志勤　刘晓安）

案例评语：

该案例充分展现了东风零部件在预算管理领域的深刻变革和创新精神。借助Tableau工具，东风零部件成功实现了预算体系的数字化重构，细化了预算编制维度，统一了编制流程与模板，有力推动了业财融合，实现数据驱动的业务提升和多维度数据洞察，从而探索出了总部赋能的全新模式。

案例中提出的创新预算编制方法，使业务线全线打通，价格、成本、费用、收益等关键信息得以全透明化。预算维度细分到产品，各项成本预算编制以工序消耗为基础，体现成本驱动因素，这种定制化输出的方式，能够精准量化各产品经营情况。

这一成功案例不仅展示了东风零部件在预算管理方面的卓越能力和实践成果，更为同行业企业预算精细化管理提供了宝贵的经验和启示。

全面预算管理 +“事业合伙人”绩效管控共赢共享助力新冠疫情期间企业稳健发展*

摘要

预算管理与绩效管理是相互独立又相辅相成的两种管理工具，两者必须有机结合才能充分发挥对企业战略和经营活动的有效管控与促进作用。作为科技型中小企业，针对新冠疫情期间开源受阻、节流有限以及固有的经营现金流严重错配等内外部多重因素相互叠加带来的资金链断裂风险，迪博公司以预算绩效管理机制改革为突破点，积极运用预算和绩效两种管理会计工具方法，创新性提出并构建了“事前算赢、事中帮赢、事后双赢”的全面预算管理思路和全员共创、共享、共担、共赢的“事业合伙人”制绩效考核体系有机结合的预算绩效管理体系，充分发挥其对公司业务活动和经营目标实现的指引作用和激励约束作用，通过强化预算执行全过程精细化监督管控，提升全体员工的“主人翁”意识，使其从以往“花别人的钱给别人办事”转变为“花自己的钱给自己办事”，确保员工利益与企业利益高度一致、紧密相连，最大限度激发员工的积极性和主观能动性，助力新冠疫情期间企业改善经营指标、降本增效，最终推动企业盈利指标显著改善，并为企业经营决策提供有力支撑，形成长效管理机制，助力企业稳步健康发展。

一、背景描述

（一）单位基本情况

深圳市迪博企业风险管理技术有限公司（以下简称“迪博”）是一家专注于监管科技领域的人工智能企业，是国家级专精特新重点“小巨人”企业、广东省制造业单项冠军示范企业暨广东省智能制造生态合作伙伴。迪博坚持以“推进国家治理体系和治理能力现代化贡献迪博智慧”为愿景，创新性为客户提供“人工智能 +”的

* 资料来源：本案例中的数据均来源于案例单位实际经营管理数据。

一体化服务解决方案。拥有博士后工作站、风险管理智能控制工程技术研究中心、大数据智能风控专精特新产业学院等新型研发平台，自主研发掌握百余项核心技术和知识产权，获国际软件 CMMI5 级认证。核心智能产品连续 3 年入选工信部大数据产业发展试点示范项目。已服务中纪委、证监会、中石化、国家能源、建设银行、深圳法院等重要客户。

（二）管理会计应用基础

迪博自 2018 年起引入管理会计方法进行预算绩效管理，初步构建了预算绩效管理相关组织机构，建立完善相应的管理制度和管理会计人才储备机构，设立专职管理会计岗，并实现财务数字化应用体系，形成了较好的管理会计应用基础，如图 1 所示。

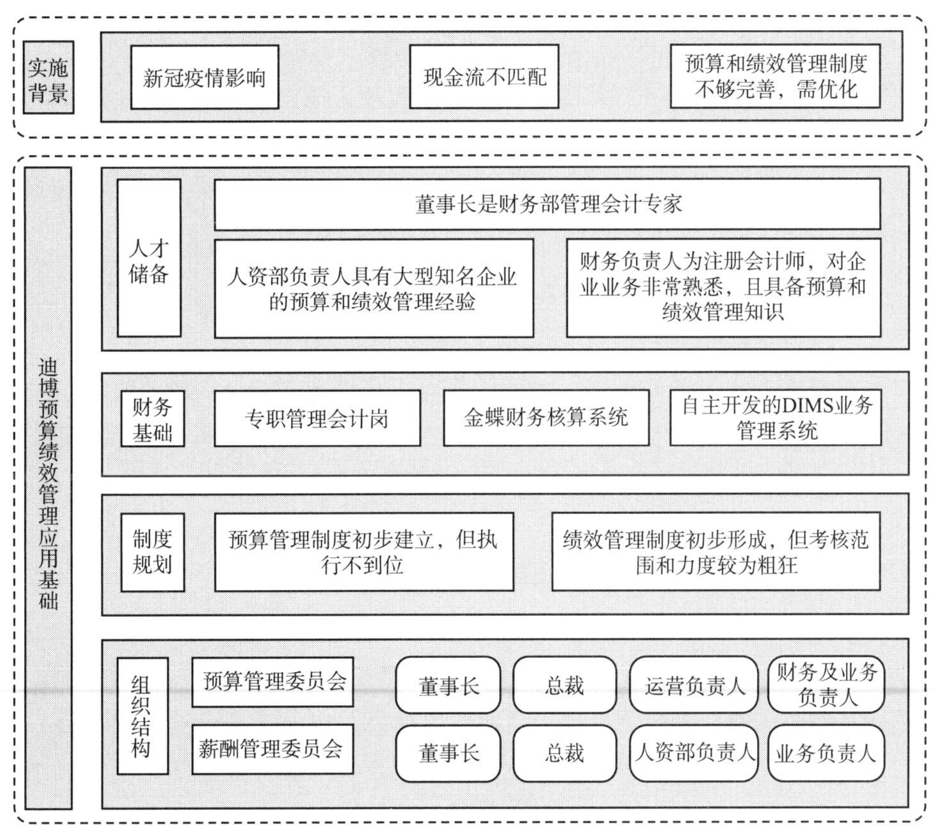

图 1　迪博预算绩效管理应用基础

（三）选择相关管理会计工具方法的主要原因

受业务特点影响，迪博经营管理面临固定成本高企、经营现金流错配等不利因素，加之新冠疫情突发导致企业开源受阻，而节流空间相对有限，资金风险陡增。为此，有必要从全面预算管理和绩效管理两个方面进行改革创新，通过进一步优化完善公司预算和绩效管理相关机制措施等，充分发挥其对公司业务活动和经营目标实现的指引作用和激励约束作用。

二、总体设计

（一）总体目标

迪博实施预算绩效管理的总体目标是希望通过运用管理会计工具方法，及时调整新冠疫情形势下公司整体经营策略及管理机制，以预算绩效管理机制改革为突破点，将预算和绩效管理进行有机融合，进一步优化和完善公司预算和绩效管理相关机制措施，充分发挥其对公司业务活动和经营目标实现的指引作用和激励约束作用，形成“事前算赢、事中帮赢、事后双赢”的全面预算绩效管理机制，强化预算执行全过程监督管控，并建立与之相匹配的全员共创、共享、共担、共赢的“事业合伙人”制绩效考核体系，通过上下合力，顺利化解新冠疫情危机，实现战略落地、业绩逆境增长、降本增效、提升经营效率、提高员工获得感，最终实现公司稳步健康发展，如图 2 所示。

（二）改革方案及创新思路

针对经营管理中存在的问题，迪博领导层在经过深入讨论和研究后提出，参照《管理会计应用指引第 200 号——预算管理》和《管理会计应用指引第 600 号——绩效管理》要求，从预算和绩效管理两个方面进行改革创新，总体方案如图 2 所示。

具体来说，迪博预算绩效管理改革创新重点关注以下三个方面。

1. 建立“事前算赢、事中帮赢、事后双赢”的全过程预算管理体系

迪博预算绩效管理创新以预算管理目标为导向，将预算管理贯穿预算编制、预算控制、预算调整、预算考评全过程，创新性地提出并构建了一套“事前算赢、事中帮赢、事后双赢”的全过程预算管理体系，切实发挥预算对业务活动运行成本的硬约束作用，使预算管理更加科学、精准和有效。其中：

事前算赢。即在预算编制阶段，通过科学的预算编制方法，确保预算的科学性和可行性以及预算目标的达成，其目的是在预算编制的过程中就规避风险，做到“事前算赢”。

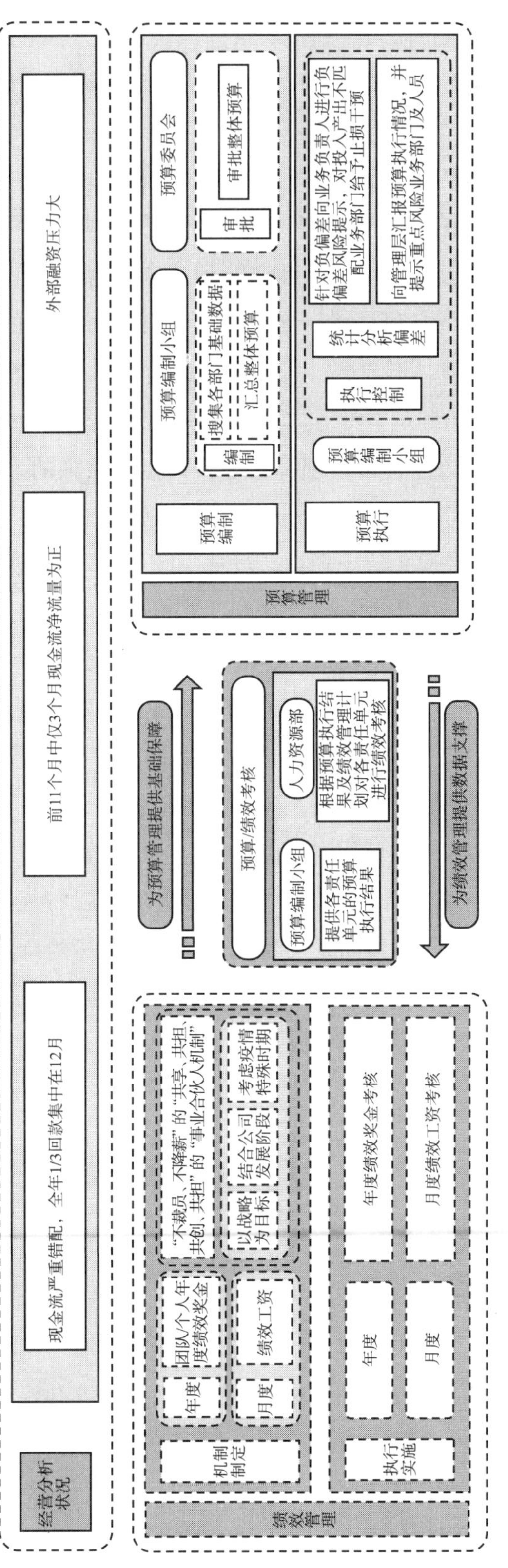

图2　迪博预算绩效管理改革创新总体方案

事中帮赢。即在预算执行阶段，通过对预算执行过程进行常态化监督和控制，及时发现和解决问题，对预算执行情况进行动态分析与滚动调整，确保预算的有效执行和预算目标的实现，实现“事中帮赢”。

事后双赢。即在预算评价阶段，通过对预算执行情况进行评价和总结，不断完善预算管理机制，提高预算编制和执行的科学性和有效性，实现“事后双赢”。

2. 建立全员“共创、共享、共担、共情”的“事业合伙人”绩效激励体系

迪博坚持“战略导向、客观公正、规范统一、科学有效”的原则，同时充分考虑员工的可接受性，在承诺“不裁员、不降薪”的前提下，围绕绩效指标体系构建、指标权重分配、绩效目标值确定、计分方法与评价周期选择、绩效责任书拟定等一系列绩效和激励计划活动，构建全员共创、共享、共担、共赢的“事业合伙人”制绩效考核体系，进一步扩大考核范围，充分放权，重点强调全员参与共渡难关，最大限度激发员工的积极性，有效避免传统降薪、裁员手段可能带来的负面影响，通过全员参与绩效管理，让员工与公司实现共创、共享、共担、共情，加快业务回款速度并延缓成本支出，通过上下合力、降本增效，实现公司经营的稳健增长。

3. 整合预算与绩效管理工具方法，强化预算对战略目标的标杆引导

（1）将预算管理与绩效管理工具相互整合，将预算考核结果纳入绩效考核体系，实现预算绩效管理全过程的监督和控制。同时，将绩效评价结果与预算安排和政策调整相挂钩，突出绩效激励约束作用的同时也督促企业预算管理更加完善。

（2）强化预算的标杆引导作用，即在预算编制阶段就将战略目标融入预算中，通过设定合理的预算目标和经营策略，实现预算对战略目标的有效引导，使各预算责任主体聚焦战略、专注执行、达成绩效，实现对企业绩效的全方位管理和优化，从而提高企业的运营效率和经济效益。

三、应用过程

（一）全面预算管理

预算管理围绕企业的战略目标和业务计划有序开展，通过及时监控、分析等把握预算目标的实现进度并实施有效评价，对企业经营决策提供有效支撑，贯穿预算编审到预算执行、预算考评等全过程，对于实现企业战略落地、资源合理配置、提升内部活力、降本增效方面发挥着重要作用。

迪博自 2018 年推行预算管理以来，已取得显著效果，但仍存在预算执行不严、控制力度不够等问题，绩效团队业绩不达标但成本超支情况时有发生。在分析总结前期管理实施存在的经验与不足的基础上，公司管理层按照“事前算赢、事中帮赢、事后双赢”的全面预算管理思路，讨论确定新冠疫情背景下公司的战略方案、各事业部当年度绩效目标、资源投入、业务开展方案及绩效管理等策略，最终决定调整2020年度公司整体业绩目标，并重新匹配资源投入。一方面，充分利用各种信息化的工具和手段，克服不能到达项目现场等不利因素，启动远程办公交付实施，稳步推进已签约项目交付，收回历史款项；另一方面，加大预算执行过程监督控制，最大限度地控制成本，双管齐下，确保新冠疫情下“不裁员、不降薪”，保证现金流，顺利度过特殊期。

1. 预算编制

在确定新冠疫情背景下公司的战略目标和经营策略后，预算管理委员会着手新一轮的预算编制。在此阶段，充分运用“事前算赢”的思路，提前预测和评估各种因素的影响，制定相应的对策和措施，确保预算计划的实施效果最大化，具体过程如下所示。

（1）确定企业目标和战略。及时、全面、准确地传达公司整体策略，明确企业的战略目标和业务方向，达成上下目标一致的共识，为预算编制提供指导。

（2）制订预算计划。确定预算编制的计划和时间表，明确预算编制的工作任务、进度，确立预算编制的标准和指标，保证预算编制工作的顺利进行。

（3）收集和分析预算编制的基础数据。对公司经营情况、市场环境、行业趋势等因素进行调研和分析，并收集和整理各二级事业部的签约、回款目标及各类成本预算数据，为预算编制提供基础和依据。

（4）分级编制和逐级汇总预算。按照分级编制、逐级汇总的方式，保证预算编制的全面性和准确性，汇总形成整体预算。

（5）审核批准并下发执行预算计划。预算编制完成后，按照迪博预算管理相关制度办法规定，报送预算管理委员会审批。预算管理委员会对预算编制合理性提出建议，通过与各事业部进行自上而下、自下而上的多轮沟通、反馈与修改后，形成最终经审议通过确定的各项业务及财务预算目标，并由预算执行小组向各责任部门下发，据此为公司各项业务活动的实施提供预算支持和管理控制。

2. 预算执行

预算执行的目的是确保公司能够按照预算计划的要求进行经营活动，实现预算目标的达成，是预算管理的关键环节，一般按照预算执行过程控制、预算调整等程序进行。

迪博预算执行控制以预算为标准，通过预算分解、过程监督、差异分析等方法促使日常经营不偏离预算标准。在预算执行过程中，预算执行小组根据公司整体战略规划和预算计划，充分运用“事中帮赢”的思路，设置预算预警指标，对各责任单元的预算目标进行实时动态监测，并于每月 10 日前汇总当期及累计预算指标执行完成情况，对预算执行结果及偏差原因进行定期跟踪分析汇总，向管理层汇报，对存在负偏差的各责任单元相关负责人给予重点提示，并找寻和发现预算执行中存在的问题，提出对策建议，及时进行整改。

上述预算执行管理实施半年后，通过预算执行差异分析发现，2020 年上半年公司企业事业部企业 3 部、企业 6 部和南方事业部 3 个部门由于新冠疫情使需求侧发生较大变化，导致预算执行存在较大负偏离，实际执行率远低于目标执行率，且持续亏损。基于此，预算管理委员会经与责任单元负责人和核心骨干沟通，并经会议审议评估，决定根据新冠疫情等因素导致的市场变化，及时调整预算计划，适时调整优化业务结构，以适应市场变化，保证公司经营的正常进行。最终决定将亏损部门给予撤并。撤并后，原绩效不达标部门的人员补充至预算执行较好的部门，使资源得到最大化整合利用。

3. 预算考核

预算考核是预算管理的重要环节之一，以预算完成情况为考核核心，根据公司的绩效管理体系和激励制度进行设计和实施。通过对预算完成情况进行考核，评价各责任单元的业绩表现，按月度和年度进行预算绩效完成情况评价与奖励，促进责任单元与预算目标相一致，实现“事后双赢”，推动企业实现业务目标，在企业预算管理中起着承上启下的作用。

迪博将各责任单元的预算考核结果纳入公司总体的绩效考核体系中，由预算执行小组在每月 8 日前，将各责任单元上月及累计预算指标执行情况发送至人力资源部，人力资源部基于各责任单元的绩效激励计划给予绩效考核，以保证预算考核结果的及时性和准确性，并将结果体现在上月的绩效工资中，以激励各责任单元的积极性和创造性。同时，人力资源部依据各责任单元上年度全年预算目标的整体执行结果，进行年度绩效激励考核，以促进企业的长期发展。

（二）全员绩效管理

绩效管理是企业与所属单位（部门）、员工之间就绩效目标及如何实现绩效目标达成共识，并帮助和激励员工取得优异绩效，从而实现企业目标的管理过程，其核心是绩效评价和激励管理。其中，绩效评价通过对一定时期内企业运营效率与效果进行综合评判，是企业实施激励管理的重要依据；激励管理目标在于调动企业员工的积极性、主动性和创造性，激发企业员工的工作动力，是促进企业绩效提升的重要手段。[①]

1. 绩效激励机制的制定

绩效激励计划是一种能够有效促进企业员工激情工作、创造价值的管理工具。本着“战略导向、客观公正、规范统一、科学有效”的原则，在充分考虑新冠疫情环境下业务的可实现程度的基础上，迪博以公司整体发展战略为目标，经公司薪酬管理委员会和人力资源部反复分析、调研与讨论，最终确定建立一套让所有业务团队成为“事业合伙人”的绩效管理制度，并承诺“不裁员、不降薪”，让员工与公司实现共创、共享、共担、共情，通过“四共”确立绩效评价和激励的基本基调。

“四共”机制的确定，是紧密围绕绩效指标体系构建、指标权重分配、绩效目标值确定、计分方法与评价周期选择、绩效责任书拟定等一系列绩效和激励计划活动展开。[②] 其中，公司整体绩效激励计划主要分为年度绩效激励计划和月度绩效激励计划。

首先，在绩效评价对象选取上，设定了团队和个人两大维度的绩效考核指标，确保绩效计划考核的全面性。

其次，在绩效评价指标设定上，采用了权重分配的方法，对不同指标进行了量化和分配，符合绩效管理的公正性原则。

再次，该激励计划采用了长期和短期相结合的方式，既有月度绩效激励计划，也有年度绩效激励计划，符合绩效管理的长期性原则。

最后，该激励计划采用了自上而下和自下而上相结合的方式，既有企业和政府各二级事业部的总监制定年度预算目标，也有团队负责人与人力资源部签订绩效责任书，符合绩效管理的整合性原则。

除此之外，考虑绩效改革影响的重大性，设立百万员工关爱基金实施计划，使员工感受到公司的人文关怀。具体的绩效计划制订如下所示。

（1）年度绩效激励计划。

年度绩效激励计划以年为周期展开，从团队和个人两大维度分别进行考核，其中：

①团队绩效激励。

设定“团队净回款”“团队成本”两项关键绩效评价指标，其中净回款代表着团队的销售业绩，成本则代表着团队的运营效率和管理水平。通过对团队绩效的考核，可以激励团队成员努力提升销售业绩、控制业务成本，进而促进团队的运营效率和管

---

① 《管理会计应用指引》第600、601号［G］. 北京：中华人民共和国财政部，2017年.

② 本案例讨论的核心是新冠疫情期间如何进行绩效管理，故激励计划主要是解决短期问题，因此本案例仅讨论薪酬激励计划，其他激励计划不在本案例的讨论范围。

理水平的提高。具体的量化考核方式如下：

团队激励＝团队净回款× ××%－团队成本

其中，“团队”：即指企业和政府各二级事业部；

“团队净回款”：即各二级事业部全年度的回款额扣除代理费、代采购等非公司售卖产品、税费后的回款；

“团队成本”：指各二级事业部成员的人工成本以及为项目交付发生的差旅、市场、行政办公等各类费用。

从指标权重来看，团队创造收入的××%归属团队，××%归属公司。团队的绩效目标值根据各二级部门总监年初的预算目标来确定，评价周期按年执行。在预算目标确定后，结合激励和绩效计划，人力资源部与每位团队负责人签订绩效责任书，对绩效指标、目标值及权重、评价计分方法、特别约定事项、有效期限、签订日期等进行约定，作为绩效评价与激励管理的依据。

②个人绩效激励。

采用了以团队为基础的激励机制，只有当团队表现良好时，团队中的每个成员才有相应激励。在团队绩效激励的基础上，通过“个人年度工时投入”“个人参与项目回款占比”“个人在不同项目中承担的角色”三项关键绩效指标对团队成员个人绩效进行考量。

在此模式下，个人年度激励依赖于团队激励包，只有当团队激励结果为正时，团队中的每个成员才有相应激励，否则无激励。当团队创造的利润越高，则团队成员的共享激励包也越大。与此同时，团队通过提高交付效率或降低团队成本所获得的收益大部分也归属于团队，以此来激励团队成员发挥才智、努力提高项目交付效率，共享创造的价值，使团队变成为自己做事。在此激励机制下，每个团队都有明确的目标，可以促进团队成员之间的协作和合作，并能自发地竭尽全力激励团队成员提高团队的投入产出效率。

此外，个人年度工时投入、个人参与项目回款占比和个人在不同项目中承担的角色等关键指标的选择也是非常重要的，这些指标可以帮助企业识别出高绩效的员工，实现优质优酬，从而进行有针对性的激励和培养，提高员工的工作效率和工作质量。

（2）月度绩效激励计划。

月度绩效激励计划是本次优化调整的重点，在此之前，公司月度绩效激励对象仅限于各二级事业部的负责人，未面向业务团队全员。新冠疫情加剧了现金流风险，也为公司绩效机制改革调整提供了有利契机。本次优化调整的核心目的在于维持新冠疫情期间现金流的稳健性，同时加快回款和延缓成本支付。为此，迪博提出了月度绩效

"共担"机制，旨在让员工与公司共同分享利益、共同承担风险和成本。具体的月度绩效实施方案如下所示。

首先，扩大月度绩效激励对象范围，从原来的二级事业部负责人扩大至核心业务团队全员，旨在更好地适应管理目标需要。

其次，对于事业合伙人团队的核心成员，根据各业务团队设定的月度"签约额""回款额"和"现金净流量"指标，按照岗位职级不同，分别按月度工资的20%～50%进行绩效工资考核，具体执行过程如下所示。

①当团队当月累计签约额、回款额完成年度预算目标的60%～80%，且当月累计现金净流量为正时，团队负责人和参与绩效考核人员方可获得当月绩效工资。

②若未达成上述条件，则绩效工资部分将被暂扣，直至团队达成签约额、回款额的目标比例，且累计现金净流量为正的当月，才予以发放以往月份累计暂扣的绩效工资部分。

③若截至当年度12月31日，以上三项考核指标均未达成，则本年度团队成员暂扣的绩效工资将不再发放。

通过上述调整和完善，能够更好地适应当前新冠疫情形势下企业的经营需求，促进员工的工作积极性和创造性，实现让"事业合伙人"团队核心成员风险共担、利益共享的目标，提高企业的绩效和竞争力。

（3）关爱计划。

考虑本次绩效管理机制改革调整涉及范围广泛，可能会对部分员工的日常生活产生一定影响。为更好地关心和支持员工，在年度和月度绩效评价基础上，迪博额外成立了百万员工关爱基金，用于帮助那些确实遇到困难的员工。

该基金即从公司存量资金中拨出100万元资金，用于帮助员工解决新冠疫情期间面临的各种困难，例如，支付医疗费用、购买生活用品、缓解资金压力等。员工可以通过向人力资源部门申请资金来获得帮助。申请过程将完全保密，并且所有申请人员的个人信息将受到严格保护。

同时，公司也会加强对员工的日常关怀和关注，包括提供更多的健康保障、心理支持等服务。通过这些努力，让员工感受到公司的人文关怀和支持，使员工更加愿意与公司共渡新冠疫情难关，实现公司与员工的共情，共创美好未来。

2. 绩效激励计划的执行与实施

绩效激励计划下达后，各执行部门认真组织实施，从横向和纵向两个方面落实到各所属部门、各岗位员工，形成全方位的绩效激励计划执行责任体系。其中，公司人力资源部是绩效激励计划实施的责任部门，也是计划执行的监督部门。"事业合伙人"的"四共"绩效激励机制经内部审批后，人力资源部以邮件形式向相关被评价对象下发绩效激励计划文件，督促各责任部门按计划执行，并定期组织考核评价，及时记录执行情况，进行差异分析与纠偏，持续优化业务流程，确保绩效激励计划的有效执行。

（1）月度绩效激励计划的执行与实施。

薪酬专员每月定期根据各团队当月累计签约、回款及团队现金净流量情况，考核各团队及成员的月度绩效目标达成率，根据月度绩效计划进行绩效工资考核评价及激励。对参与绩效考核人员，在考核月工资发放完后，以电子邮件形式自动逐个发送绩效考核指标完成情况，并重点提醒未达标人员及其直属领导。

首先，在每月 8 日前，公司薪酬专员会通过自研的 DIMS 系统并结合金蝶财务核算系统，快速准确获取各业务团队的签约、回款和现金净流量等情况，对各团队及成员的月度绩效目标达成率进行考核，并根据绩效目标达成率情况进行绩效工资考核评价及激励。通过信息化手段，实现对这些数据及时准确地收集、整理和分析，有效确保绩效考核的公正性和科学性。

其次，在考核月工资发放完后，薪酬专员会以电子邮件的形式自动逐个发送绩效考核指标完成情况，并重点提醒未达标人员及其直属领导。这样可以帮助员工及时了解自己的绩效表现，发现问题和不足，并及时采取措施加以改进和提高。同时，重点提醒未达标人员及其直属领导也能够促进绩效管理的公正性和透明度，防止出现任人唯亲或人为干扰的情况。

此外，公司会定期评估和反思绩效管理的效果和成效，总结经验和教训，为绩效管理的持续改进提供支持和保障，不断提高企业的绩效和竞争力，也可以为员工提供更好的发展和成长机会，实现企业和员工的共赢。

（2）年度绩效激励计划的执行与实施。

除月度绩效工资外，公司还会实施年度绩效激励。与月度绩效激励不同，年度绩效激励是以团队为单位进行考核和激励的，旨在鼓励团队协作、促进业务发展。

每年的年度绩效考核工作于次年 3 月开展，薪酬专员会根据各业务部门本年度的经营情况核算各业务团队的绩效结果。只有当团队绩效激励为正时，才能进行个人年度绩效激励。这样可以保证团队的绩效表现得到充分肯定和激励，同时也能鼓励员工积极参与团队工作，促进团队的协作和凝聚力。

对于绩效激励为正的团队，由各业务团队负责人对团队成员个人绩效进行核算，并将结果提交人力资源部。人力资源部需要对所有团队及团队成员绩效激励结果进行汇总核算，并报薪酬管理委员会审批，以确保绩效考核的公正性和客观性，避免出现不合理或不公平的情况。

绩效薪酬管理委员会最终审核确定年度绩效激励结果，据此人力资源部将于次年

4 月实施和发放年度绩效工资。

四、取得成效

（一）经营现金流逆境增长

从预算绩效执行结果来看，2020 年度公司整体经营性现金流非但没有因新冠疫情等不利因素影响而缩减，反而呈现出较强韧性，现金流质量逆境攀升，除 1 月外，其余各月经营性现金净流量均较 2019 年有所改善，全年上升了 15%，绝对值增加 700 多万元，经营性净现金流为正的月份从 2019 年的 4 个增加到 6 个，经营现金流错配压力得到有效缓解，具体如图 3 所示。

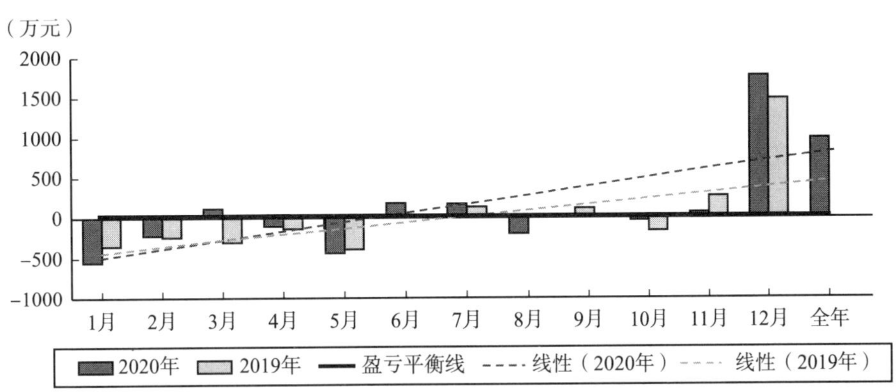

图 3　2019～2020 年度经营性净现金流同期对比

（二）降本增效效果显著

预算绩效管理机制的优化，让公司所有业务团队成员都成为“事业合伙人”，“主人翁”意识大幅提升，最大限度地激发了全员降本增效的积极能动性。以项目回款为例，新冠疫情期间迪博主营业务回款不降反升，回款速度较 2019 年明显加快。成本控制方面，2020 年迪博全年业绩收入同比上升 4%，成本同比下降 11%，整体效率提升 15%，如图 4 和图 5 所示。

（三）员工获得感大幅提升

迪博秉承“经营成果全员共享”的经营理念，新冠疫情期间不降薪不裁员，通过管理方式的改革优化，实现员工综合收入不减反增。2020 年迪博全员人均薪酬较 2019 年同期上升 7%，实现公司和员工共赢，员工获得感大幅提升，具体如图 6 所示。

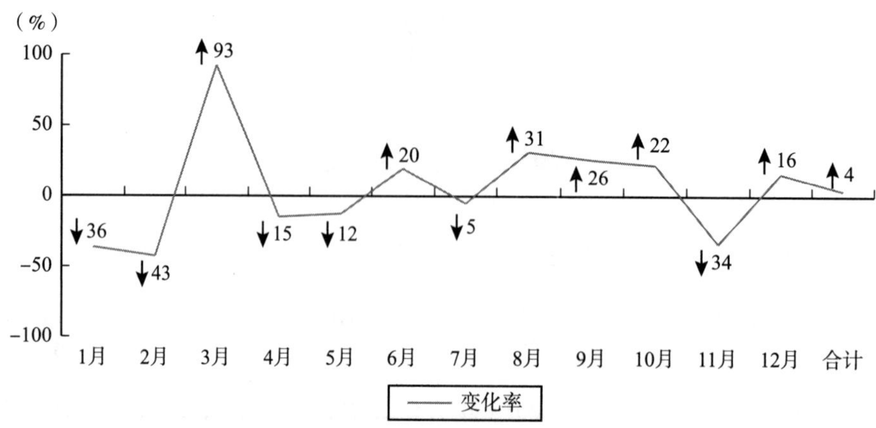

图 4　2019～2020 年度业务回款同期对比

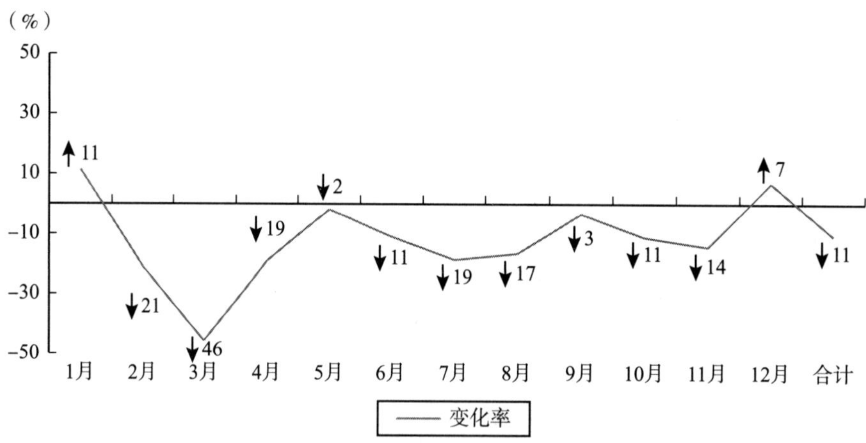

图 5　2019～2020 年度成本同期对比

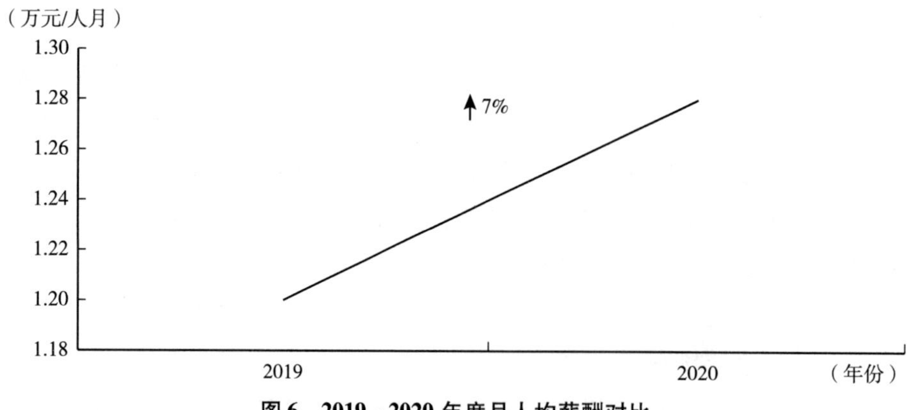

图 6　2019～2020 年度月人均薪酬对比

注：因新冠疫情期间国家对社保公积金进行减免优惠，为了保证同期数据可比，故以上数据仅为工资和奖金，不包含社保公积金部分。

（四）管理效果持续显现

自2020年迪博实施全面预算绩效管理改革创新以来，新冠疫情3年期间，公司业务回款每年持续上升，平均增幅达12%。2021年度公司取得订单和回款双双超预算的优秀业绩，因产品转型、成本略有增加，当年净现金流下浮，但产品转型与预算绩效改革在下一年度取得了叠加效果，当年净现金流再创新高，如图7和图8所示。

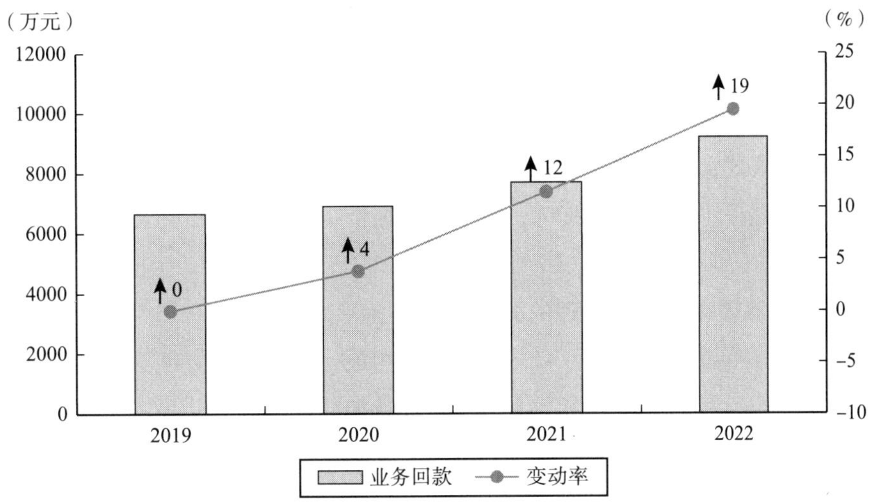

图7　2019年至改革后3年的业务回款情况

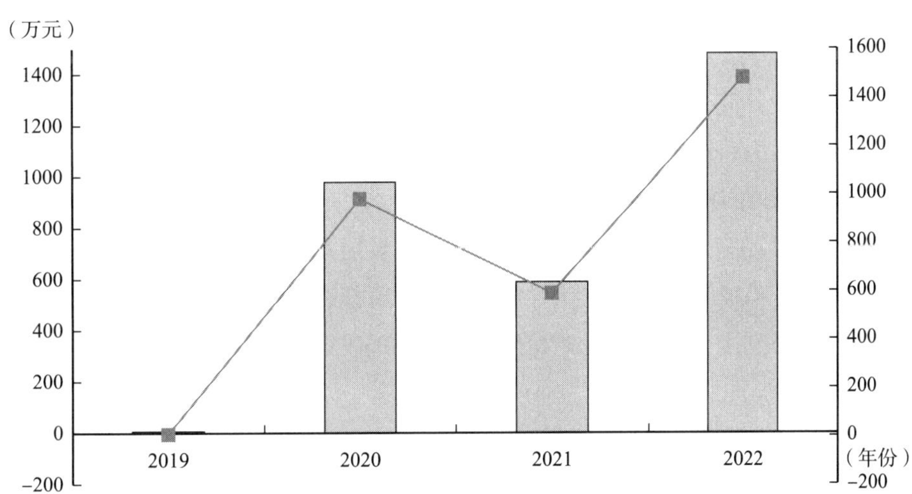

图8　2019年至改革后3年的净现金流情况

五、经验总结

（一）主要做法与经验

1. 领导层的重视和支持

在迪博预算绩效管理改革创新全过程中，领导层始终将其作为“一把手”工程，由董事长亲自挂帅，在方案制定、部门协调及其他重大问题的及时解决等方面都给予了积极支持，为改革的顺利实施和取得实效奠定良好的组织基调。

2. 业财信息的融合共享

在迪博预算绩效管理改革创新过程中，公司采用自研 DIMS 系统 + 金蝶财务核算系统相结合的模式，实现了业财信息的高效融合共享，为预算的编制、执行、分析与绩效考核的开展提供了全面、及时、精准的数据依据和支撑，也为管理层科学决策提供了有力支持。

3. 厘清预算管理与绩效管理的关系

预算管理与绩效管理密不可分，二者相辅相成、相互合力方能达到最佳成效。若没有预算管理作为激励考核的依据，绩效管理就如同无源之水、无本之木，将失去其应有价值；若没有绩效管理为预算执行结果提供激励和约束支撑，预算管理将失去活力，徒留形式。

4. 方案设计兼顾科学性和适用性

迪博灵活创新地提出“事前算赢、事中帮赢、事后双赢”的全面预算管理思路和全员共创、共享、共担、共赢的“事业合伙人”制绩效考核体系，同时充分考虑员工的可接受性，重点强调全员参与共渡难关，有效避免传统降薪、裁员手段的负面影响，确保方案的顺利实施。

5. 注重方案的沟通和宣贯

在预算绩效管理方案实施的过程中，公司领导层非常重视与业务部门负责人及核心人员的沟通，积极听取一线实际需求及实施中可能存在的难点问题，同时高度重视对全员的宣贯和交流，使全体员工对预算绩效管理改革创新的必要性和具体内容有清晰、正确的理解。

（二）下一步展望

未来，迪博将进一步利用自身在数智领域的优势，积极运用大数据分析和智能化技术手段，深耕细作全面预算绩效管理，不断细化信息颗粒度，深挖数据价值，丰富财务分析工具，提升财务分析能力，为提升管理决策、推动公司高质量发展提供更好的量化支撑。

（深圳市迪博企业风险管理技术有限公司：胡为民　黄婵娟　陈赛霞）

案例评语：

该案例聚焦科技投资公司预算管理及绩效管理，结合公司经营特点，进行因地制宜的方案设计，制定了详细的具体管理方法，建立了“事前算赢、事中帮赢、事后双赢”的全面预算管理体系与匹配的“共创、共享、共担、共赢”的事业合伙人绩效考核体系。通过上下合力，实现战略落地、业绩逆势增长、风险持续可控，既确保了公司与员工利益的高度一致，又建立了相应的长效激励约束机制，公司运行质量不断提高。

深圳迪博巧用预算管理与绩效管理的探索过程、经验总结对同类行业企业具有很好的实践参考价值。

预算为纲、价值为本、现金为王

——构建全员、全过程、全方位、全产业链、全要素和全业务领域的“六全”全面预算管理体系

摘要

中建四局第五建筑工程有限公司成立于1982年，是世界500强第9强、中国500强第3强、全球建筑行业最高信用评级的中国建筑集团有限公司旗下三级法人国有独资施工企业，拥有公路工程施工总承包特级、公路行业设计甲级资质、国家建筑工程施工总承包壹级等16项资质，具备勘察设计、投资开发、建筑施工、运营管理“全产业链”一体化运作能力，是国家高新技术企业、深圳市总部企业。目前建筑工程建设思维模式已全面创新，也强化了工作快捷性，然而仍出现一些重要问题。一是预算管理数据支撑力度不够，市场经营预算、施工产值预算、商务结算预算、财务资金收支预算等未有效贯通，过程未进行有效监控，无法确保方案执行落地；二是管理责任未下沉到业务端，未进行责任落实；三是预算刚性控制不够，未严格落实预算刚性管控；四是预算执行未充分发挥考核导向作用。为加强全面预算管理，公司紧紧围绕发挥全面预算“压实全员责任、落实战略目标、优化资源配置、提高运营质量、支撑简政放权、强化刚性管理、防控运营风险”作用，把宝贵有限的生产资源投入高质量发展的分公司和项目，保证优质资源必须能够发挥最大效益；以全面预算为引领，价值创造为根本，正现金流常态化为核心，着力构建全员、全过程、全方位、全产业链、全要素和全业务领域的预算管控措施，公司新签合同额、营业收入、利润总额等各项经营指标得到较大提升。

一、公司基本情况

（一）预算机构设置

公司成立全面预算管理委员会，预算管理委员会主任由公司总经理担任预算管理委员会主任，总会计师担任预算管理委员会副主任。委员会成员由综合办公室、企划部、人力资源部、财务资金部、市场部、工程管理部、商务管理部、合约法务部部门负责人担任。委员会办公室设在财务资金部，具体负责委员会日常业务，包括会议资料收集、组织召集以及相关决议的落实与督办等，财务资金部经理任办公室主任。

分公司不设置预算管理委员会，由分公司班子会代行预算管理委员会职能。

预算管理委员会的职责主要是：

（1）组织制定和修订公司财务资金政策、规定和制度，是公司财务资金业务的监督管理平台，对“三重一大”资金运作及重大财务资金决策提出意见和建议。

（2）组织研究公司包括但不限于预算、利润分配、财务合规性等重大财务资金事项，引领协调跨部门协作事宜。

（3）根据公司发展战略及规划，审议公司及所属单位年度综合预算及固定资产投资预算、资金预算、融资预算、现金流量预算、费用预算、工资预算等专项预算，讨论并提出修订建议。

（4）监督公司及所属单位综合预算执行情况，结合公司运营情况，组织分、子企业财务负责人定期或不定期进行专题情况汇报，提出管理意见和建议，对预算指标适时提出调整或修正建议。

（5）监督公司及所属单位重大固定资产投资预算的执行，提出意见和建议。

（6）监督公司及所属单位融资、授信、担保、保理和资产证券化等筹资预算的执行，提出意见和建议。

（7）监督公司总部费用预算执行，按照批预算、批事项、批资金的原则对总部大额资金和费用支出提出意见和建议，定期对总部费用预算执行情况进行评价。

（8）向董事会提交公司年度综合预算及专项预算草案。

（9）研究制定实现预算目标的重要措施并安排落实。

（10）协调和裁定预算管理中的冲突和纠纷。

（11）定期向董事会汇报预算执行情况。

（12）向董事会提交预算调整建议。

（13）承担董事会授予的其他职责。

（二）公司 2022 年预算完成情况

2022 年公司全年，完成新签合同额 ** 亿元，完成预算 63.63%，同比上一年下降 18.54%；其中房建业务完成合同额 ** 亿元，同比下降 15.7%。基础设施业务完成合同额 ** 亿元，同比下降 14.7%。四大细项指标中，公投公建项目合同额 ** 亿元，占比已签的 34.8%，同比上一年增长 11.3%。有预付款项目 ** 亿元，占比已签的 47.8%，同比增长 43.7%。月进度付款比例大于等于 80% 项目 ** 亿元，占比已签的 71.3%，同比增长 18.4%。

施工产值 ** 亿元，完成全年预算目标的 89.54%，同比增加 5.20%；在建项目受新冠疫情及资金影响，存量产值转化不足，已中标项目未按计划开工，增量产能不足，导致全司产值完成不如预期。

业主结算 ** 亿元，完成全年预算目标的 107.51%，同比增加 26.62%；项目自施结算利润 8.83%，超局平均结算效益 5.43%，工程局排名第二。其中盈利 5000 万元以上的项目 ** 个；结算利润率 10% 以上的项目 ** 个，结算利润率 15% 以上的项目 ** 个。

营业收入 ** 亿元，完成全年预算目标的 87.27%，同比增加 12.97%；实现利润总额 ** 亿元，完成全年预算目标的 115.19%，同比增加 170.43%。

（三）公司预算管理存在的问题

（1）预算管理数据支撑力度不够，市场经营预算、施工产值预算、商务结算预算、财务资金收支预算等未有效贯通，不能相互支撑，预算方案“假、大、空”，过程中对方案执行情况未进行有效监控，无法确保方案执行落地；新签合同好、生产履约好、科技创效好、竣工结算好，财务指标结果却不好。

（2）预算未做实做细，精细颗粒度不够，预算数据纵向未下沉到项目，管理责任未下沉到业务端，未进行责任落实；科技在创新、履约在创优、商务在创效，项目却亏损。

（3）预算刚性控制不够，有施工策划、有商务策划、有招采策划、有资金策划，项目却依然打乱仗，业主资信调查好、过程产值确权好、合同约定付款好、分包分供履约评价好、过程风险评价好，项目却是负现金流，项目全周期现金流预算管控未严格落实预算刚性管控。

（4）预算执行未充分发挥考核导向作用，一次经营利润率平均 5%、招采创效率平均2%、过程成本确权率平均115%、竣工结算利润率平均8%，公司却亏损。

二、预算管理体系总体设计及设计思路

（一）提高思想认识，进一步做实做细运营预算

2022年，国资委印发《关于中央企业加快建设世界一流财务管理体系的指导意见》，提出"1455"财务管理体系总体框架（见图1）。

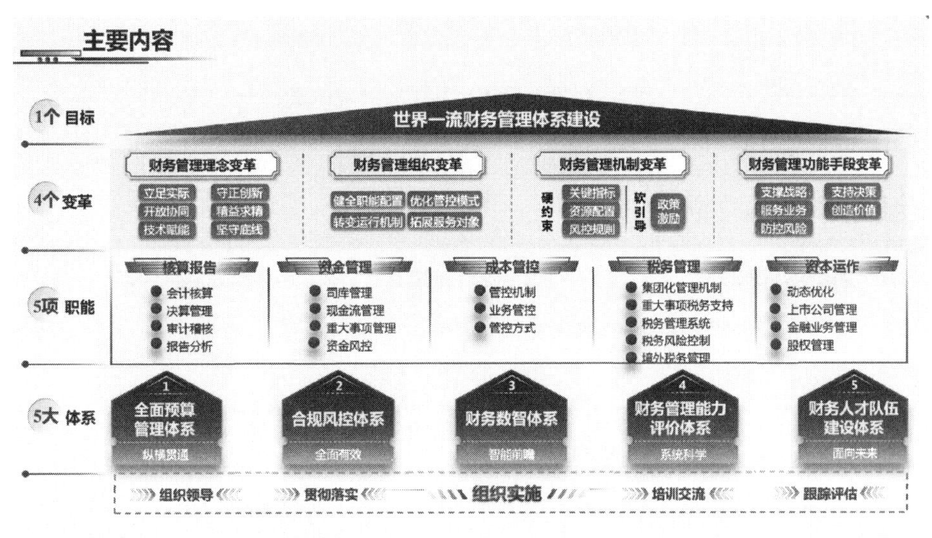

图1 "1455"财务管理体系总体框架

关于预算，指导意见指出：要完善纵横贯通的全面预算管理体系。主要包括完善预算管理机制、完善预算编制方法、加强预算执行监测、加强预算考核衔接（见图2）。

深刻认识全面预算管理对于企业高质量发展的重大意义，通过全面预算管理盘清家底、改进管理，真正实现"落实战略目标、优化资源配置、提高运营质量、支撑简政放权、防控运营风险"的作用，切实执行市场营销、生产履约、结算创效和资金支付挂表作战，做好清单销项、专班推进，将工作任务层层落实，推进全面预算管理走深走实（见图3）。

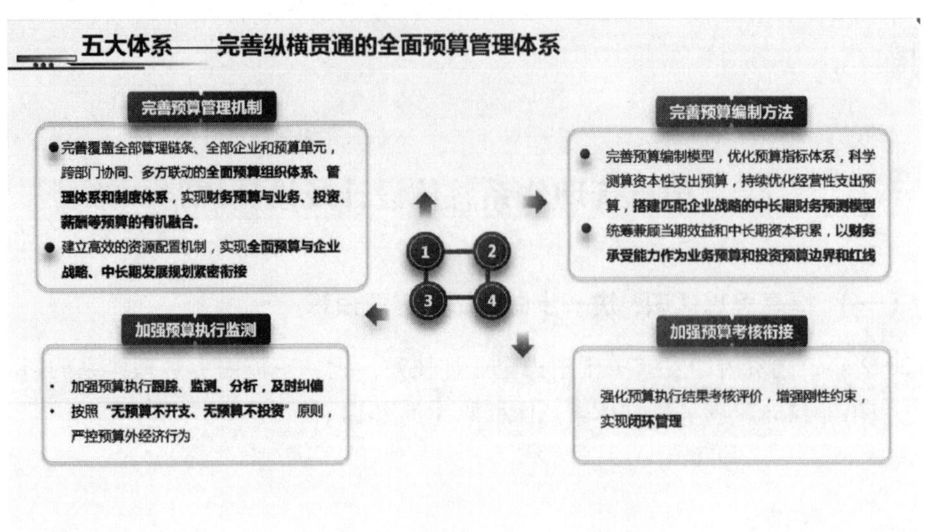

图2　纵横贯通的全面预算管理体系

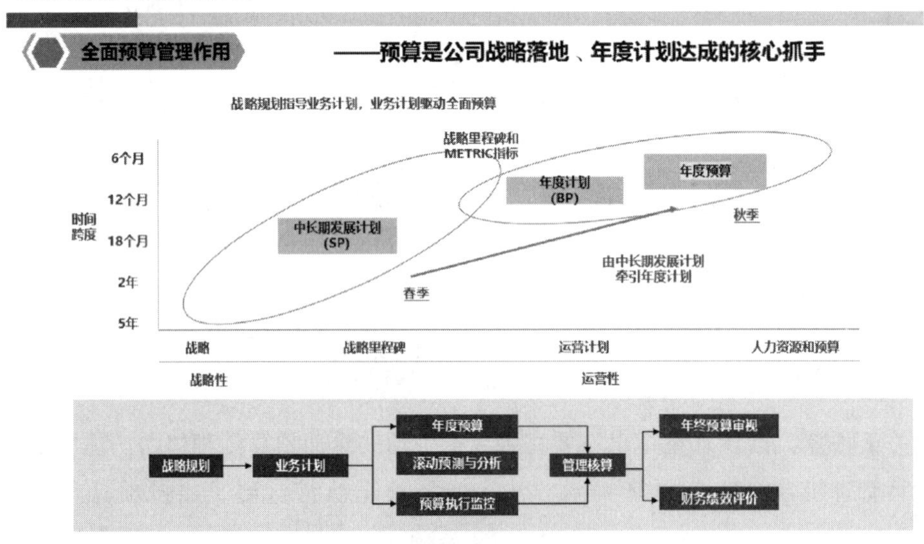

图3　全面预算管理介绍

（二）面临各方挑战，要把压力转化为动力

做好营销预算目标，形成体系化营销，做好区域深耕工作；杜绝“等靠要”思想，面对现实，与时俱进；从领导班子开始进行营销分工，设立领导联系点，构建命运共同体；瞄准目标客户及目标项目，梳理清楚营销路径和关键环节，与关键人物建

立良好合作关系。在充分考虑转化率的基础上，做好年度营销指标的分解，夯实营销人员责任，明确营销工作路径（见图4）。

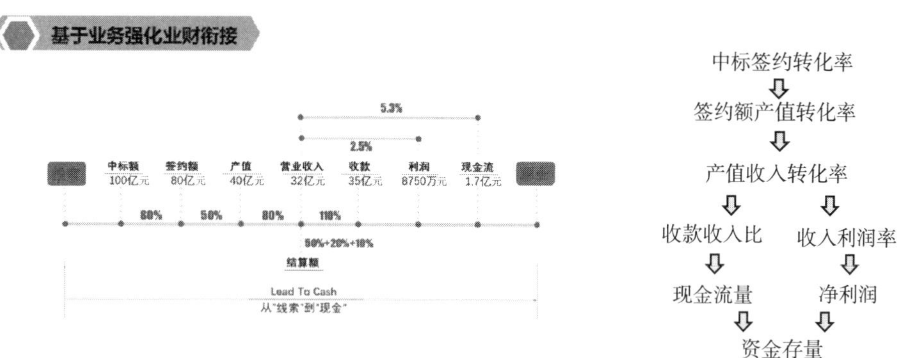

沿着“LTC”流程理念编制预算，财务预算基于业务预算，由业务预算产生财务预算。

图4 “现金流为王、收款为中心”的预算指标分解模型

（三）抓好生产履约，策划工作前置

做到提前一个月开展竣工策划、验收策划，避免因结算等问题延误工期，加强停缓建项目管理，合理利用公司资源，避免盲目投入；招采方面，必须严格落实“三消灭四提高”①，杜绝使用小班组情况发生，项目人均产值仍需提高，重点强调安全生产。

（四）大财商体系严管严控

商务方面，要落实公司“6116”② 要求，年度结算按时办完，新的一年有新的开始，必须继续加强成本管控，做好项目经营复盘工作，挑选有代表性的项目，联合公司内外部专家进行复盘，深入分析项目亏损原因，找出问题根源，制作结算创效挂表作战地图（结算、扭亏、创效）。财务方面，要控增量，减存量，严控两金，做到对内更清晰、对外更自信，制作资金收付挂表作战地图（收款、付款、闲置资产盘活、受限资金压降、负现金流治理），按月分解责任目标，明确各业务责任人，挂图作战。

---

① 三消灭四提高：消灭大项目亏损和线性工程亏损；消灭亏损分公司；消灭小班组与杂工。全面提高项目的目标效益率；在全面提高业主满意度的基础上提高确权率；提高竣工项目的结算利润率；提高项目的经营性净现金流水平与资金集中度。

② 6116：在工程竣工前6个月启动结算策划，竣工前1个月内锁定项目成本，确保在工程竣工后1个月内报出结算书，报送后力争6个月内完成定案。

三、预算管理体系运营的过程及成效

（一）以体系建设为根本，提升全面预算编制质量

1. 建立业财全方位贯通的预算制度体系

为坚决落实工程局党委“四全一化”① 工作部署，全面提升公司全面预算管理水平，公司组织市场、履约、商务、财务多名“业务专家”编写完成《全面预算管理实战指南》《项目全周期现金流预算管理实战指南》，研发了“业务全面覆盖、业财全面贯通的——‘1 + N’运营（业务）预算编制模型”，初步建立全部业务、全部级次和全体人员全面覆盖的全面预算管理制度体系。

（1）市场营销挂表作战地图。

（2）生产履约挂表作战地图。（产值、工期、验收、生产物资采购、停工缓建）

（3）结算创效挂表作战地图。（招采、结算、扭亏、创效、项目目标管理、兑现）

（4）资金收付挂表作战地图。（资金收付、两级十大攻坚、闲置资产盘活、受限资金压降、负现金流治理、建造合同销项）

2. 建立业财全员参与的预算组织体系

为夯实预算编制质量，公司董事长和总经理亲自挂帅出征，一把手带领公司预算委员会全体成员下沉六家分公司，亲临生产一线，“面对面”开展 2023 年运营预算“一对一”座谈。从“2023 年预算一对一沟通会”发现企业存在以下两个比较突出的问题。

一是八大体系②之间，各个部门之间，各自为战（例如，管财务的只做账房先生，不主动靠前服务。接项目的不管项目效益、是否垫资，管生产的只管干、不管算，只管付、不管收，只管投入、不管产出等），没有系统观念。

二是现代企业管理理念缺乏，知识结构单一，谈管理更多的还是动嘴巴，凭经验，靠感觉，拍脑袋。

3. 建立业财全过程贯通的预算管控体系

一是全力做好三个有效衔接。第一有效衔接战略规划。做好战略解码，运用平衡计分卡以及对标管理等管理工具，将战略分解与全面预算、绩效管理进行有机衔接与融合，促进战略落地。第二有效衔接任期考核。每年年初，联动公司审计部门，依托

---

① 四全一化：全面预算管理、全面质量管理、全面风险管理、全面绩效管理、标准化体系管理。

② 八大体系：大党建体系、大营销体系、大生产体系、大科创体系、大财商体系、大人字体系、大风控体系、大监督体系。

绩效审计，开展家底盘点，盘点公司真实的收入、成本、损益、债权、债务，夯实“零基预算”编制基础。第三有效衔接年度重点工作计划。二是全力构建全面预算管“总体”，大财商体系管“实际”，大监督体系管“问责”，全面绩效管“考核”的闭环经济管理体系。

4. 建立精干高效的预算组织管理体系

鼓励各单位尝试按照“七大军团”采取大部制方式设置部门：

市场营销管理军团（市场、投资、基础、海外）

生产资源管理军团（工程、招采、安全）

科技创新管理军团（科技、设计、咨询）

财商法管理军团（财务、商务、合约法务）

大监督管理军团（纪委、审计）

大人资管理军团（人力、企划）

联勤保障军团（综合办、宣传、党办、工会、信息化）

（1）越是艰难，越向前。不相信有完不成的任务，不相信有克服不了的困难，不相信有带不好的队伍，不相信有战胜不了的敌人！困难前所未有，挑战前所未有，机遇也会前所未有，取得的成绩也会前所未有。

（2）推行预算，科学管理，坚持创新发展。全面预算旨在打造“家长负责制”“项目经理负责制”，具有“管总”的作用和意义，要深刻认识、全面理解其重要性，做到总揽全局、协调各方。公司上下“精”字当头，“诚”字托底，“实”字贯穿全过程。

（3）牢固树立一盘棋思想，全面推行预算管理。做实做细岗位分工，做深做透目标分解，一切的管理不要靠“动嘴巴，拍脑袋，凭经验，靠感觉！”各级领导一定要有“明确的工作目标，清晰的工作思路，详细的工作计划”，不要被问题推动着走，不要被同事追问着走，不要被上级催赶着走。

（4）充分发挥全面预算落实战略目标、压实全员责任、优化资源配置、提高运营质量、支撑简政放权、强化刚性管理、防控运营风险！确保全司上下，全司各系统、各部门统一思想，统一目标，统一行动。

①坚持系统观念、坚持统筹谋划、坚持协同推进、坚持体系作战！管理制度化→制度流程化→流程岗位化→岗位职责化→职责表单化→表单信息化→信息数据化→数据智能化。

②建立“1234N”财务系统作战管理体系清单。

一套财务资金制度清单。

二级财务部门职责清单（公司—分公司）。

三级组织预算目标分解清单（公司—分公司—项目）。

四大系统预算挂表作战清单；四大系统：大营销（市场）、大生产（履约）、大财商（商务、财务）、大监督（法务）。

N 个岗位履职清单和量化业绩考核清单；N 个岗位：报表汇编岗、体系建设管理岗，或者改为报表汇编、体系建设。

（二）以项目策划为起点，夯实全面预算编制基础

1. 建立“付款经验数据库”，夯实项目资金策划编制基础

公司财务资金部联合招采部对深耕区域 385 家核心供应商做了付款条件专题调查，综合本单位资源组织能力和深耕区域市场行情，制定了《资金支付比例指导意见》，科学平衡项目资金收付款方式和收付款周期不平衡性问题，为项目编制“招采策划”和“资金策划”提供根本遵循，有效确保项目竣工结算前资金收支动态平衡，有效解决“竣工项目必然负现金流”的问题。

2. 建立“财商共享中心”，提升项目资金策划编制质量

第一，做好项目策划顶层设计。联合工程管理部、招采管理部、商务管理部进一步融合施工策划、招采策划、商务策划、现金流预算四项项目策划管理制度，统一施工策划、招采策划、商务策划、全周期现金流预算编制模板，做好不同策划方案之间内容衔接、数据贯通，确保各项策划形成一个有机整体。第二，组建项目策划管理专家库。针对当前策划编制质量不高的现状，工程部牵头，招采、商务、财务等系统联动，组建不同类别项目策划编制专家库，提高策划编制的针对性、实用性和合理性。

3. 建立“三算对比机制”，强化项目资金策划刚性约束

建立项目全周期现金流预算“三算”对比机制，即项目投标测算、项目全周期现金流目标策划预算和项目全周期现金流滚动预算对比，从项目承接、项目策划到项目执行全阶段落实项目现金流监控。

4. 建立“五阶段管控模型”，夯实项目现金流过程管控

财务资金部坚持“现金为王、收款为中心”的理财思路，按月组织“结算·清欠·诉讼·攻坚”联席例会，打通最后一公里影响财务收款的堵点难点问题。研发项目现金流“五阶段管控模型”，印发《项目财务现金流管理主动作为清单》，系统总结提炼了项目从“施工准备→过程管理→竣工验收→竣工结算→尾款清欠”五个阶段 160 条现金流管控要点和举措，把现金流管控前置到业务管理流程。

5. 建立“费用预算管控”，以预算为上限，压实管理费用

以项目营收（产值）为基准，费用占比系数，一线城市（北上广深）系数为 1，二、三线城市为 0.95，其他城市为 0.9；办公费、差旅费、招待费、车辆使用费等设

定费用预算上限，房租费、物业费特殊事项一事一议。

（三）以量化业绩论英雄，夯实全面预算目标分解

在年度预算的基础上，以“以客户满意为中心、价值创造为根本、正现金流常态化为核心”的预算指标横向分解模型为依据，突出“以量化业绩论英雄”考核导向，向精细化发力，预算分解“时间到月，纵向到底（公司—分公司—项目），横向到边（分管领导—各部门经理—所有岗位）”。

1. 做实做细预算纵向分解

推动预算下沉分公司，重点盘清二级机构的经营状况和发展潜力。三级单位重点抓好运营预算（业务预算），深入业务前端，确保预算数据从业务中来，管理责任下沉到业务中去。

2. 做深做透预算横向分解

预算指标设置上，各级总部部门年度目标责任书与各级领导班子成员经营业绩考核指标要有效衔接。预算指标分解上，压实市场、工程、商务、法务等前端业务部门合同转化率、总资产周转率、收入收现率、净现金收支比、利润结构、盈利保障倍数、竣工结算项目利润占比、价值创造、现金流管理、降杠杆减负债、“两金”压降、闲置资产盘活、受限资金压降、建造合同销项责任，要避免部门考核都是“优”，领导业绩考核都是“忧”的奇怪现象。

3. 真抓实干开新局，推动深改走深走实

在困境面前，要有不畏难的攻坚精神、弘扬“众人拾柴火焰高”的合作精神，认真分析实际情况，推动全面深化改革走深走实，为企业发展疏通堵点、化解痛点、消除难点、寻找新突破，开拓新局面。

（四）以四会一体为机制，夯实全面预算过程管控

我们要防微杜渐，总量管控，每个项目如果支大于收，量变引起质变，会给公司带来灾难性后果，争取把计划外的事情控制在5%以内。

1. 强化预算过程管控

加大预算执行过程中关键指标的管控力度，建立项目成本分析会、月度总经理办公例会、党建双月会、季度运营分析“四会一体”的预算管控机制，建立月度经营简报分析、季度运营分析、财务专项分析以及财商一体化综合分析“四位一体”的预算预警机制。加大预算执行管控力度，坚持目标导向、问题导向，按月检索主要预算指标完成情况，按季开展预实对比分析，客观反映企业财务状况和经营成果，及时预警潜在风险，补齐管理短板（见图5）。

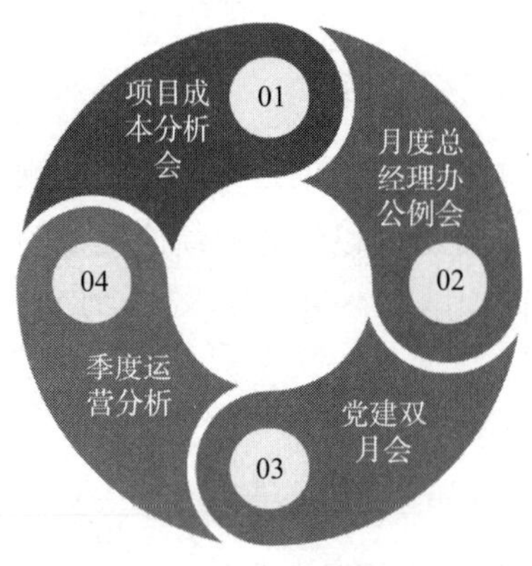

“四会一体”的预算管控机制

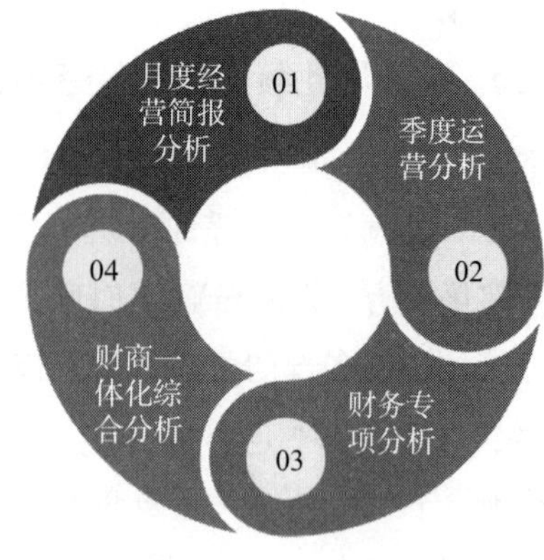

“四位一体”的预算预警机制

图 5 “四会一体”的预算管控机制和“四位一体”的预算预警机制

2. 强化预算过程辅导

每季度利用 3 ~4 周时间，深入每家分公司开展“深入一线、服务基层”主题活动。主题活动主要采用“送培训下基层 + 委派负责人专项考核 + 季度财务综合检查 + 财务人员座谈 +2023 年重点财务工作督办”五种形式开展。通过“一对一”方式帮扶基层查找财务管理短板弱项，进一步夯实财务基础管理工作，稳步有序推进年初安排的各项重点工作。

3. 深化预算管理分析

加大预算执行过程中关键指标的管控力度，及时预警潜在风险，坚持问题导向、风险导向，深入剖析生产经营各环节收入、成本管控改善优化空间，找准企业价值创造、降本节支的着力点；研究项目全生命周期现金流管控的关键影响因素，找准提高成本确权率、收入收现率、盈余现金保障倍数的切入点；研究市场合同快速结转、项目快速建造、商务快速结算、财务快速收款存在的突出短板，找准提高总资产周转率、应收账款周转率、存货周转率的发力点；研究企业财务风险防控、资金动态收支平衡管控存在的不足，找到精准管控信贷资源、减少资金沉淀、提高资金周转效率的关键点。

4. 强化预算刚性约束

牢牢树立“预算即法”的观念，业务开展凡事要问有没有预算，坚决做到“无预算不开支、无预算不立项”，强化预算执行的刚性约束，年度内主要预算指标原则上不得调整。规模增长的压力下尤其要警惕底线失守，各单位财务负责人一定要找准定位、严守底线，对预计亏损大、垫资总额高等违反营销底线的项目要敢于示警、敢于否决。要围绕“一利五率”[①] 指标和“一增一稳四提升”[②] 的要求，做好目标任务分解，持续压降杠杆水平，筑牢企业高质量发展根基。

（五）以价值创造为根本，夯实全面预算绩效考核

两项基本原则：基本薪酬有保障、专项奖励做补充、绩效薪酬强激励！奖金要与业绩匹配，与贡献匹配，与高质量发展匹配。

营销奖发放要结合合同额转化情况，产值奖要结合项目回款情况，结算奖要结合项目效益实现情况。

（1）充分发挥预算考核导向作用，加大反映运营质量指标考核权重，聚焦重点，精准发力，充分发挥预算考核导向作用，进一步加大合同转化率、总资产周转率、营业收入利润率、收入收现率、盈余现金保障倍数等反映运营质量指标考核权重，新签合同额要从合同转化率、非现金收款合同占比、垫资项目占比等维度强化合同质量考核；竣工结算要从结算完成时效、结算效益审定等方面强化结算质量考核；施工产值要从项目竣工验收及时性、项目产值现金流入覆盖比率等方面强化施工产值质量考核。

（2）加大专项工作过程考核频次，确保年度目标实现。要充分发挥考核指挥棒的作用，加大纵向压力传导力度，强调高标准完成工作节点目标。低效无效资产治理、负现金流治理、“两金”压降等重点专项工作考核，要从单一“年度考核”向“季度过程考核+年度考核”转变，加快专项工作推进，通过节点目标实现保证全年目标任务完成。

（3）年度经营业绩责任书设置加分项和扣分项，高盈利项目个数，且总包类项目结算利润率超过10%（专业类项目结算利润率超过12%），按个数分别给予一定加分；日均资金存量占营业收入比每超基准值（10%）一个百分点给予加分。违反营销、财经、投资纪律的，存在重大违规违纪行为、重大失密泄密事故、落实中央巡视不力、发生海外重大负面影响事件的，落实新冠疫情防控工作不到位的，视情节轻重扣0~30分。

（六）以财商体系为抓手，塑强全面预算管理根基

1. 扎实推进大财商体系数据治理

以股份公司主数据管理标准为指引，围绕数据标准、数据质量、数据安全科学开

---

① 一利五率：“一利”是指利润总额，“五率”是指净资产收益率、营业现金比率、资产负债率、研发经费投入强度、全员劳动生产率。

② 一增一稳四提升：“一增”是指利润总额增速要高于国民经济增速；“一稳”是指资产负债率要稳中有降；“四提升”是指净资产收益率、研发经费投入强度、全员劳动生产率、营业现金比率要实现进一步提升。

展数据治理，完成全司460多个未销项建造合同项目名称、项目状态、项目个数财商数据核对，针对当前财务商务项目名称不统一、项目个数一对多、多对一等情况，制定统一整改方案，规范新开工项目—项目立项标准、审批流程，横向统一各部门项目基本信息，为搭建财商一体化平台树型架构奠定基础。完成财务商务成本科目对照，统一全司经济数据“指标定义、数据源头、计算规则、填报口径”（数据标准四统一）。

2. 初步构建业财融合的财商报表体系

为有效解决公司“数据多头、重复报送、质量不高”等突出问题，历时30多天，对全司三个层级（公司—分公司—项目）、七大业务线条（市场、工程、商务、财务、企划、审计、巡视）450多张（套）表单、台账、报表进行全面系统梳理，按照“基础数据线上审批→管理台账自动获取→分析报表一键输出”+“静态信息一次填报，动态信息定期更新”原则，对现有财商报表进行全新设计，统一全司经济业务“审批表单、审批流程、管理台账、输出报表”（报表体系四统一），贯通从项目到公司、从商务到财务的经济数据链条，真实、全面呈现各项目、各机构的收入成本、盈亏情况、债权债务、资金状况和潜在风险。

3. 全力统筹各项工作

各级领导干部勇于担责，敢于亮剑，层层压实责任，充分发挥地理优势，把压力转化为动力。一是加速复工复产，抓好生产履约。二是月清月结，加强成本管控。三是控增量减存量，做到应收尽收、应诉尽诉、应抵尽抵、应保尽保，为公司高质量发展提供强有力的支撑。四是为加强公司资金管理，提高资金使用效能，根据建筑市场分供商资源及供需状况，结合公司生产经营实际情况，统一修订调整了各类分供商的付款比例，印发《工程局五公司资金支付比例指导意见》作为招投标采购、分供合同签订的依据。五是为做好财务资源的优化配置，提升资金精细化管理水平，印发《关于严肃资金支付纪律的通知》，严肃资金下拨纪律和严肃资金支付周期。六是为合理安排资金，分公司向公司总部申请下拨资金时，需要提供《项目、分公司资金申请说明书》，对项目投标现金流测算、全周期现金流预算与季度现金流滚动预算“三算对比”机制，检查是否存在超越权限、突破上限、违反程序垫资情况，再酌情考虑资金安排。

四、总　　结

2023年上半年，通过以“价值为纲，现金为王——构建全员、全过程、全方位、全产业链、全要素和全业务领域的‘六全’全面预算管理体系”的管控措施，各项经营指标得到较大提升。

（一）主要指标高位增长

实现中标额 ** 亿元、合同额 ** 亿元、营业收入 ** 亿元、利润总额 ** 亿元，分别同比增长 10%、20%、12%、8%，积极应对严峻的收款形势，持续深化“走出去清欠”，2023 年上半年收款 ** 亿元，同比增长 6.8%。

（二）团队状态昂扬向上

面对极具挑战的外部形势，公司上下团结一致、拼闯争先，获评先进单位，公司党委获先进基层党组织称号，4 个项目获卓越项目奖，入选工程局“两优一先”，广东省五一劳动奖状，连续两届入围争先楷模，获得广东省管理会计师协会十佳管理会计实践案例，获得的荣誉“含金量”和总数均为局属二级单位第一，进一步提振了公司跨越发展信心。

案例：某项目，合同额 2.5 亿元，合同月进度收款 80%，完工收款 90%。根据合同约定投标垫资 2600 万元，垫资至地下室封顶。实际履约过程中，项目部加速进场，现场履约执行情况优越，获得业主高度好评，同时结合全周期预算管控，设定目标预算，商务部提前报量，最终项目提前一个月顺利收款。2023 年 12 月累计产值 9800 万元，业主确权 1.27 亿元，业主确权率至 130%，财务资金部组织招采，商务等部门开展资金策划评审，通过策划将下游综合支付比例降至 69%，最终实现超原策划结余 1400 万元。2024 年春节前，项目前置收款流程，向业主预支部分进度款，突破合同提前收款 1200 万元，超资金策划结余超 2500 万元。

在市场经济环境中，竞争如此激烈的时代，工程项目建设的要求越来越高，全面预算管理也越来越重要，要由事后纠偏向事前防范、事中控制转变。一是项目要全方位了解业主特点、背景、关键人员、存在风险和机会等详细情况，对各种变化能做到心中有数，真正做到全局性把控项目风险。二是项目要全方位监控项目履约、安全、工期、成本、收款、信用中国事件等重大问题，将问题扼杀在摇篮里，坚决杜绝重大风险事件发生。

推行预算管理是一项复杂的系统工程，从实施到趋于完善需要一个循序渐进的过程，不可能一蹴而就、一步到位；相信只要我们善于学习、勇于探索，全面预算管理一定能取得更大成效，为公司战略目标的实现发挥更大的作用。

（中建四局第五建筑工程有限公司：黎云付　吴安富）

案例评语：

该案例以预算管理体系的创新实践为核心，提供了一套具有社会推广价值的借鉴体系。该案例针对预算管理数据支撑力度不够等问题，围绕发挥全面预算“压实全员责任、落实战略目标、优化资源配置、提高运营质量、支撑简政放权、强化刚性管理、防控运营风险”作用，把生产资源投入高质量发展的分公司和项目，实现以全面预算为引领，价值创造为根本，正现金流常态化为核心，着力构建全员、全过程、全方位、全产业链、全要素和全业务领域的预算管控措施。案例单位在预算管理领域的探索，以及其创新思路和实践经验对同类行业企业具有重要的参考价值。

"M +2 +9"滚动预算模式在总承包项目群资金收支计划管理中的实践与应用

摘要

A公司为响应国家新能源电力转型号召，满足公司高质量发展的需要，2016年正式进入"监理+总承包"业务融合的转型发展期，实行"多对一对多"的总承包项目群管理模式，其中"多"指甲方，"一"指A公司，另一个"多"则指各子承包商。但随着业务量不断攀升、业务板块不断丰富、资金规模不断扩大，多主体参与总承包项目群势必存在资金管控失衡、资金风险日益加剧的情况。

因此，A公司推出"M +2 +9"资金滚动预算模式，引入管理会计理念，以PDCA管理循环方法为核心，将总承包项目群资金收支计划管理流程划分为"M""M +2"和"M +2 +9"三层次。"M +2 +9"资金滚动预算模式按"项目—职能—公司—考核"的闭环逻辑实施操作，利用"PM项目管理系统+GS财务共享系统"双系统技术并行手段，通过GS系统严格管控公司层级资金的流入流出，借助PM系统对项目第"M"月资金收支执行偏差进行考核，优化项目实施的管理流程，实现总承包项目群资金收支计划管理的健康可持续发展，确保总承包项目群资金收支计划管理的规范化、标准化与流程化。

"M +2 +9"滚动预算模式秉承"精准预判、提前预警"的理念，通过专业化项目团队的高效统筹分工、信息化赋能手段，有效克服因融资周期长等因素所导致的资金链断裂等问题，有效推动资金管理，对多主体、多职能部门参与的工程项目承包单位开展资金收支计划管理具有普适性与推广性。

一、背景描述

（一）案例单位基本情况

A公司自成立以来，共计参与30余条河流的水利水电开发项目，承担260

项监理项目工程、39 项总承包项目工程。随着新能源电力总承包项目市场份额与日俱增，为了增强企业核心竞争力，A 公司以“监理 + 总承包”双轮驱动的业务模式，总承包项目群业务范围逐渐成为 A 公司的业务常态。其中总承包项目群是指 A 公司同期所承担的所有总承包项目，其具有业务量攀升、业务板块丰富、资金规模庞大、流向复杂、资金链脆弱以及资金集中管控五个特征，导致目前存在资金管理容错率较低、资金管理体系复杂以及精准决策参考价值不高三个主要问题。

（二）管理会计工具应用基础

1. 组织基础

鉴于 A 公司总承包项目群业务量大、资金链复杂，选用滚动预算管理会计工具，预警资金风险，然而健全完备的组织架构和明确清晰的责任分工是高效开展预算工作的重要前提。因此，A 公司根据企业资源状况，按业务需求和专业分工明确出主体责任，紧密连接业务部门和财务部门。

2. 大数据赋能

加快促进业财融合、推动管理会计的数字化转型，离不开数据要素的支撑。A 公司总承包项目群事务多样、关联复杂。因此，将 WBS 任务分解法、瀑布管理法等管理会计工具与业务系统相结合，实现项目群数据的整合、实时更新、质量控制，提升了项目管理的效率和效果。

3. 健全灵活的制度标准

具有高度适应性且能有效推动企业发展的制度标准，能够为企业的长远发展提供坚实的内部管理支持。A 公司资金管理制度标准的制定充分考虑到可能遇到的业务层面的困境与壁垒，必要的情况下为经营模式的创新“开绿灯”，并基于实际情况不断改进、优化已出台的制度标准。

4. 人性化的考核体系

设置鼓励式的考核指标在一定程度上可以提高员工的参与积极性。A 公司构建了相对人性化、透明化和激励性的考核体系，建立公正的考核环境、清晰的考核制度和畅通的反馈机制。

（三）选择相关管理会计工具方法的主要原因

总承包项目群执行周期中资金收支计划管理涉及众多职能部门，包括项目部门、生产管理部门、财务部门，其中项目部门下辖合同管理部、工程部、设计及采购管理部，多部门间职能范围存在一定的重叠度，职能关系也更复杂，不利于资金收支计划的高效管理。

针对 A 公司总承包项目群的特征及主要存在的问题，亟须实行一套适用于 A 公司的资金滚动预算模式，对完善资金管控流程、加强资金管控保障、避免现金流断裂进而诱发企业生存危机尤为重要，具体原因包括：

（1）管理会计工具提供准确数据，辅助高层做出明智决策。

（2）管理会计工具有助于及时评估业绩和制定策略。

（3）通过记录和分析成本数据，管理会计工具能帮助企业有效控制成本。

（4）管理会计工具通过数据支持创新项目和评估项目风险。

（5）管理会计工具有助于提升企业运营效率、成本竞争力和市场份额。

二、总体设计

（一）“M +2 +9”滚动预算模式的设计目标

1. 精确预判、提前预警

“M +2 +9”滚动预算模式以精准预判总承包项目群长期资金流情况、提前预警可能出现资金缺口或经营活动净现金流为负的项目为目标，管控项目收支平衡。

2. 提高资金周转率

“M +2 +9”滚动预算模式以合理的资金水平盘活整体项目为目标，提高资金周转率并使其更动态地适应市场和环境的变化，及时反映企业经营情况。

3. 实现“业财融合”

“M +2 +9”滚动预算模式以“业财融合”为目标，拉通项目进度、合同结算、资金收付款，提高项目进度管理，实现公司考核和决策效率的双向提高。

（二）“M +2 +9”滚动预算模式的总体设计思路

在总承包项目群并行的业务环境下，复杂的预算数据、重复的填报工作、烦琐的审批流程和存在偏差的资金计划阻碍着 A 公司的良性发展。因此，A 公司立足实际问题，坚持“现金为王”，将资金计划管控要素通过 PDCA 循环理念，渗透至公司项目资金收支计划管理流程，在原有计划（Plan）、执行（Do）、检查（Check）、改进（Act）内容的基础之上，纳入考核，如图 1 所示。

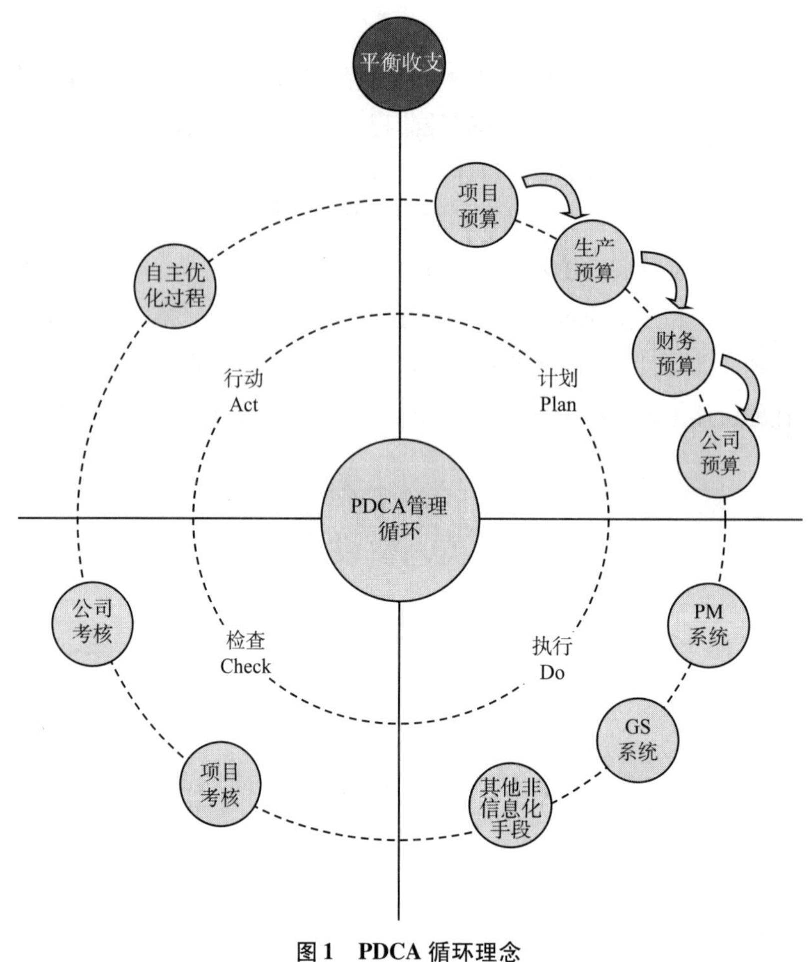

图 1　PDCA 循环理念

秉承“资金安全、预算准确、资金高效、融资及时”原则，以资金收支计划管理为出发点，按照“顶层设计、统一规划、分层推进、业财融合”的实施思路，基于“PM + GS”双系统平台，实现业务、财务数据协同共享，构建了融合管理和业务流程的“M +2 +9”资金滚动预算管理模式总体框架，形成了以财务部门为主导、以项目部门为基础、以总包项目群资金流为管控对象、各职能部门协同的“项目—职能—公司—考核”的全过程资金收支计划管控链，响应了管理会计中“以业务流程为基础、将财务和业务有机融合”的融合性原则。

（三）“M +2 +9”滚动预算模式

“M +2 +9”滚动预算模式基于 PDCA 循环理念设计，降低了总承包项目群中职能部门间的耦合性，由 A 公司财务部门为主导，其他的职能部门协助共同规划“M +

2 +9”滚动预算模式应用过程中所需报送的数据信息，有利于促进在总承包项目群背景下资金收支计划的高效、标准化、高质量。基于此，A 公司提出“M +2 +9”滚动预算模式如图 2 所示。

将该模式划分为 3 个层次，具体内容如下：

“M”层次：为了帮助 A 公司提前掌握总承包项目群资金收支计划，预知 A 公司整体运营情况。

“M +2”层次：为了满足上级单位对 A 公司及其他子公司的资金收支计划集中管控需求，预防上级单位总体资金出现断裂问题。

“M +2 +9”层次：A 公司考虑到融资速度慢、流程复杂、资金回款周期长、因总包项目异质性而导致的资金回笼时间差异等问题，设置“M +2 +9”层次实现对 A 公司资金情况的未来长期预测，满足资金需求，避免因融资不及时而导致的资金风险。

（四）“M +2 +9”滚动预算模式的创新之处

（1）赋予总承包项目群资金收支计划长时序的预测前瞻性。

（2）将理论嵌入实际，给予总承包项目群资金收支计划管理一定的计划性。

（3）促进总承包项目群的有序管理、保证资金链的健康运行。

三、应用过程

（一）参与部门和人员

“M +2 +9”滚动预算模式的应用实施涉及较多的职能部门人员配合，其中包含项目部门（合同管理部、工程部、设计及采购管理部至少 3 人）、生产管理部门（结算岗人员 1 人）、市场开发部门（保证金收支管理岗 1 人）、人力资源部门（工资管理岗 1 人）、财务部门（BP 组至少 6 人、财务资金岗 2 人）和上级单位资金收支计划管理岗 1 人。“M +2 +9”滚动预算模式的实施由 A 公司上级单位监管把控，A 公司总会计师统筹，财务部门执行，生产管理部门、市场开发部门和人力资源部门配合，各配合部门数据由项目部门下辖总承包项目群提供。

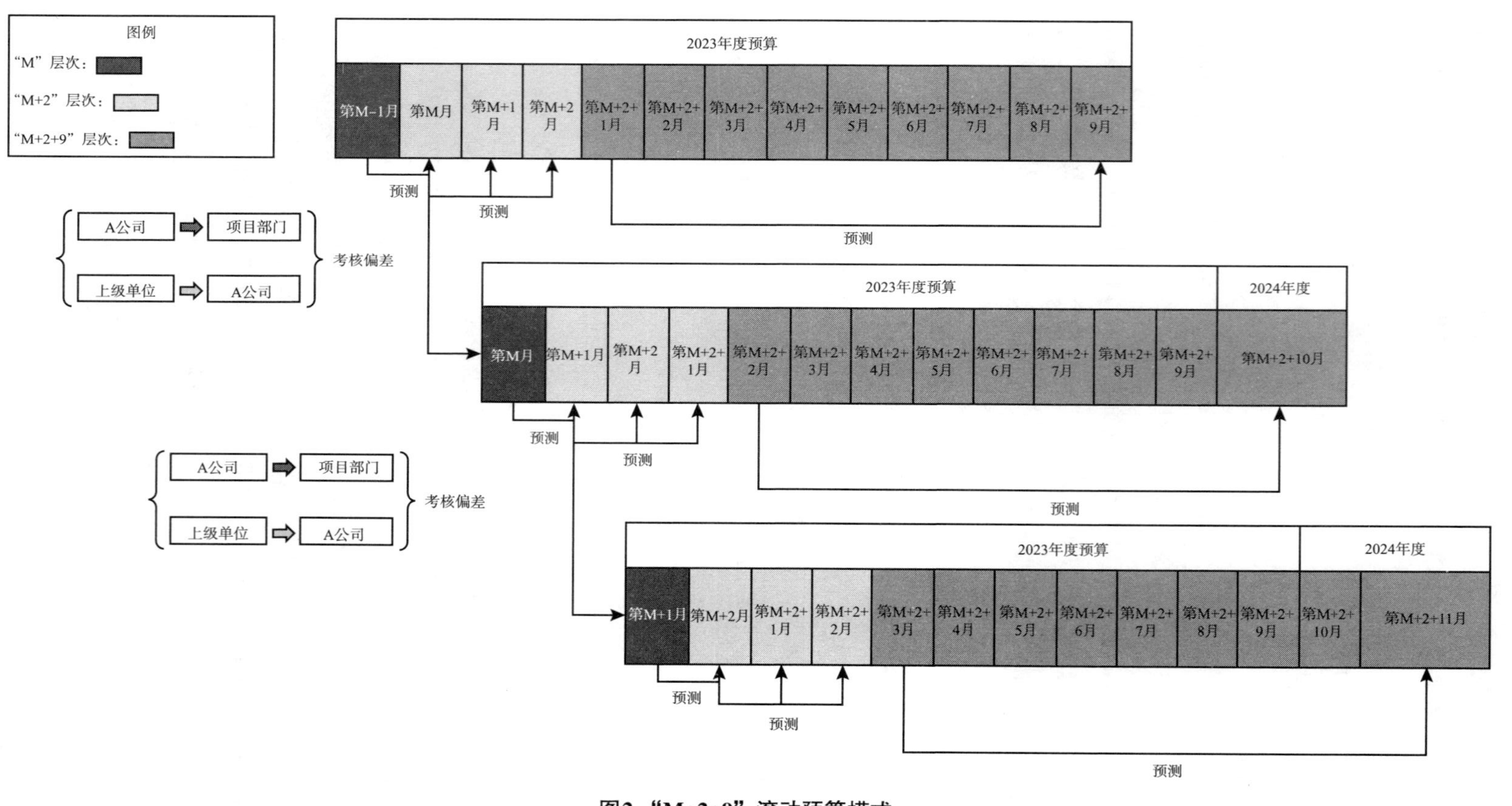

图2 “M+2+9”滚动预算模式

（二）信息化部署要求

“M +2 +9”滚动预算模式的应用需要具有大规模数据、信息化系统所需的硬件设施或者信息化管理软件（PM 系统与 GS 系统），具有健全的备灾机制保障数据的安全性，同时能根据“M +2 +9”滚动预算模式的实施成效优化系统功能设计。

（三）实施与应用过程

“M +2 +9”滚动预算模式基于 PDCA，按“项目—职能—公司—考核”的闭环逻辑实施操作，以确保总承包项目群资金收支计划管理的精准预测和提前预警。实施与应用过程描述将从基础层（项目部门 + 职能部门）、中间层（A 公司向基础层级派驻各 BP 组，即 Business Partner）、公司层、考核层 4 个层级展开，过程如图 3 所示。

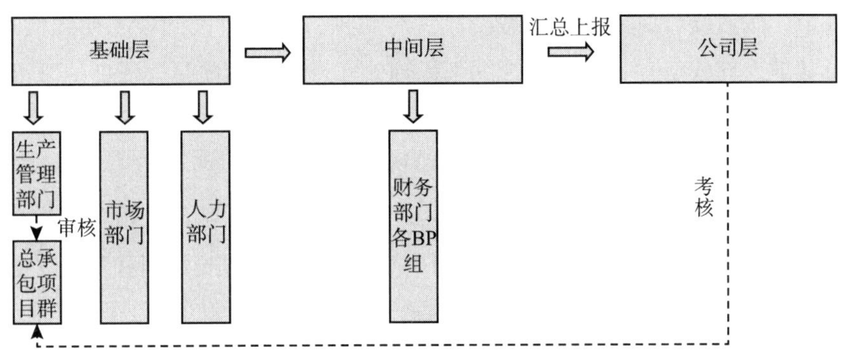

图 3　实施与应用过程

A 公司的资金流主要来源于总承包项目群。基础层包含以总承包项目群为主的资金收支计划数据，将资金收支计划数据输送至生产管理部，生产管理部审核后将其报送至中间层，中间层复核及汇总资金收支计划明细并上报 A 公司，A 公司汇总资金收支情况并将其上报给上级单位。A 公司对项目第“M”个月资金实际发生数和资金收支计划偏差进行考核，实现总承包项目群资金收支计划管理的健康可持续。

本案例将详细的实施过程与应用成果展示如下：

1. 基础层资金收支计划管理

基础层主要涉及项目部门和职能部门，其中项目部门和职能部门利用 PM 系统向中间层上报总承包项目群资金收支计划和日常管理支出计划。前者资金收支占比偏大，对整体资金波动影响较大，因此，项目部门在“M +2 +9”滚动预算的实施过程中十分重要。

考虑到 A 公司总承包项目群并行的业务常态，项目数量多、规模大且周期不定，针对资金收支计划管理提出三个目标：一是按照 A 公司资金收支计划管理办法，资金上报记录要精确、过程要详细、管理要精细；二是设置详细的台账记录表，以月为单位向 A 公司财务部门报送当月各总承包项目群资金的收入、支出、调整等情况，报送媒介为信息化系统；三是降低资金收支计划预测与实际的偏差率，为上级单位提供可靠的基础数据用于公司的精确决策，预防总承包项目群可能出现的资金链断裂。

以下重点描述总承包项目群资金收支计划上报流程，如图 4 所示。

（1）总承包项目群资金收支计划上报方法选取。

瀑布管理法是项目管理的主要方法，适用于以特定顺序执行的多个静态阶段、需求清楚、过程明确、环节固定、随机性较小的项目。

A 公司总承包项目群并行，是“多对一对多”的模式，其中“多”是甲方，“一”是 A 公司，另一个“多”则指代各子承包商。A 公司并行的总承包项目群执行路线是按照合同约定，一般不会发生更改。故将该方法引入总承包项目群资金收支计划上报环节，为收支计划明细提供按阶段的时间轴，使各阶段的收支明细清晰可见，将设计及其他、建安等项目类型作为纵坐标轴，实现总承包项目群资金的阶段性、精细化管理。

（2）建立总承包项目的月度收支计划明细表。

基础层采用自下而上法，各个项目组在 PM 系统中向项目部门上报月度收支计划明细，由生产管理部进行审核，审核通过后向中间层上报月度收支计划和年度收支计划。

总承包项目群的月度收支计划明细表基于瀑布管理法构建项目的时间轴线，通过综合上年累计结算收款数和当年 12 个月的收支计划明细等数据，提供一个清晰的进展追踪平台。

项目部门根据工程项目进度、合同履约进度，合理预测总承包项目群中设计及其他、设备和建安三个板块中的各实际分包商的当月履约进度、结算金额及付款额，分三个板块合计得出当年累计发生数（累计进度、累计结算及累计付款金额）和开工至当年累计发生数（累计进度、累计结算及累计付款金额）。

（3）上报总承包项目的资金月度收付款明细。

总承包项目群资金月度收支计划的汇总直接影响总承包项目群的整体运营效率，体现了“业财融合”理念，是形成 PDCA 循环管理流程的开端，促使业务数据合理地转化为财务数据。

其上报流程包含以下 3 步：

①根据项目当月施工进度，整理结算金额、收款金额及累计金额。

②按项目明细，将其拆分为设计及其他、设备、建安三列，分别核算年初数、本年发生数、本月预计数，根据计划数和实际数计算得出税金差异。

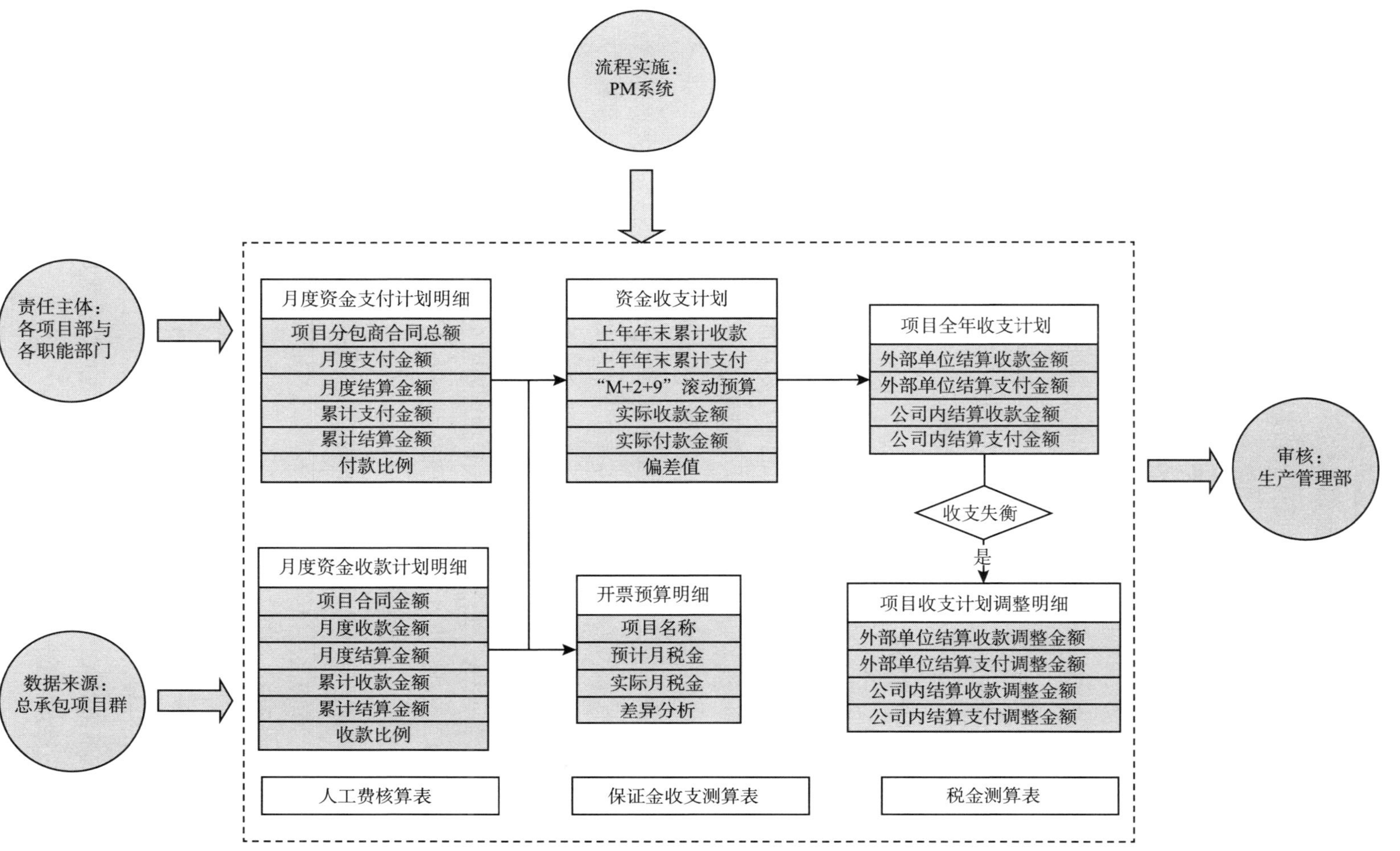

图4　总承包项目群资金收支计划上报流程

③对比项目部提交的各总承包项目滚动执行全年数，超过年初预算数时及时对总承包项目月度收支计划明细表做出详细调整。

项目部门依据业主结算到款情况分析当月资金预算数、实际执行数，得到差异额，按 A 公司考核要求预测后 3 个月的资金收支计划，旨在为 A 公司及上级单位把控资金动态提供数据基础，及时回应总承包项目群的资金需求。

（4）上报总承包项目群的全年收支计划。

A 公司总承包项目群的特征导致预测的不确定性较大，财务部门需要及时采取措施确保总承包项目群资金收支计划预测数据的准确性和及时性。

项目部门梳理和上报全年收支计划表，先后交由生产管理部和财务部门 BP 组审核，最后汇总至公司层，不仅降低了财务部门的工作压力，还为“M +2 +9”滚动预算模式的稳定运行提供了有力支持。

2. 中间层资金计划管理

中间层的核心部门为财务部门，责任主体为合同结算组、财务 BP 组、市场 BP 组、人力 BP 组及税务 BP 组等，其中合同结算组跟进并向基础层的责任主体反馈项目进度；财务 BP 组负责监理项目、总承包项目和日常报销成本的审核；市场 BP 组负责保证金收支审核；人力 BP 组负责人工费审核；税务 BP 组负责税金收支审核。所有 BP 组审核通过后，将数据由 PM 系统汇总上报至财务部门。

A 公司财务 BP 组是“M +2 +9”滚动预算的核心责任主体，是财务部门专为总承包项目群设置的专有职能岗位，以保证预算决策的高效率、高精度、低偏差。在上级单位对“M +2”月考核标准的基础上，以“ +9”的模式做出滚动 12 个月的资金收支预测。通过长期的资金预测管控，实现总承包项目群的资金稳定流转和公司总体的资金收支平衡，中间层资金计划管理流程描述如图 5 所示。

“M +2 +9”滚动预算模式将远期规划和近期考核相结合，图表化呈现账户余额信息，及时监控 A 公司净现金流，充分发挥财务 BP 组的“枢纽”作用，旨在实现两个目标：一是为决策部门提供清晰透明的资金收支数据和流转记录，确保公司层资金的合理分配；二是对总承包项目群资金的应用进程定期审计和监测，降低总承包项目群资金链断裂的风险。以下是详细描述：

（1）财务 BP 组总承包项目对接机制。

A 公司财务 BP 组负责的总承包项目群数量与类型较多，不同类型项目的资金核算方式可能存在差异，若财务部门反复对接不同类型项目会徒增工作量，降低工作效率，因此一套有效的关于财务 BP 组与项目部门的对接机制对准确汇总总承包项目资金收支计划显得尤为重要。

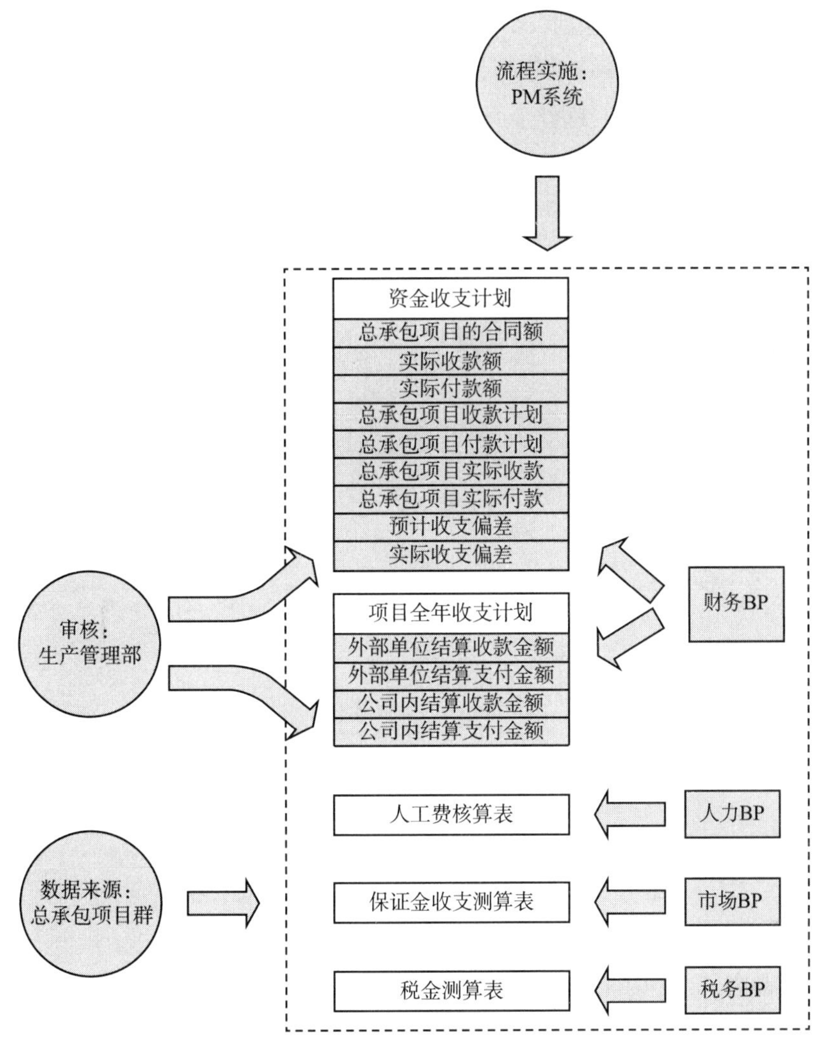

图5　中间层资金计划管理流程

A公司立足业务板块，对项目类型进行分类，选派财务BP组人员长期跟进某类或某几类业务板块总承包项目的资金状况，形成一套经验性的总承包项目对接模式。在该模式下，财务BP组开启执行“项目部—生产管理部—财务BP组”管理流程的第二步骤，逐步形成“多对一对一”的对接链条。

总承包项目的资金收支计划管理由财务BP组直接对接生产管理部中的合同管理组，将项目结算信息转化为资金信息，有效提高资金管理效率，减少责任主体工作量。

（2）审核总承包项目群资金收支明细。

总承包项目群资金收支明细是A公司了解总承包项目群资金动态的有效方法，是实施“M+2+9”滚动预算的基础数据来源。财务BP组将合同管理组审核后的各总承包项目“M+2+9”资金收支计划进行梳理，最终形成总承包项目群整体的资金收支明细。财务 BP 组对各总承包项目收支明细与对应业务板块对接，核实不同类型项目的资金来源和去向，汇总资金明细。以此方式横向展示资金的详细情况，纵向统计总资金的收支明细。

A 公司为防止融资不及时导致的资金缺口，基于“M+2+9”滚动预算模式，预测全年的资金收支计划，并将资金收付款偏差纳入表单，以便改进优化资金收支计划管理工作，信息化办公界面展示如图 6 所示。

资金滚动收支汇总表

			XX项目		合同额	截止2022年累计收支	2023年 1月	2月	3月	4月	5月	6月	7月	8月	9月（计划）	10月（计划	
1					1	16	17	18	19	20	21	22	23	24	25	26	
2		1	收款合计			64,765.17	6,664.50	420.87	8,259.06	11,309.32	19,129.99	3,688.24	11,043.55	7,131.94	13,330.61	21,840.04	3
3	滚动计划与实际	1	外部单位收款	其中：银行承兑汇票		948.55	-	-	-	-	-	-	-	-	-	3,314.55	1
4				其中：银行存款		63,816.62	6,664.50	420.87	8,259.06	11,309.32	19,129.99	3,688.24	11,043.55	7,131.94	13,330.61	18,525.49	1
5				小计		64,765.17	6,664.50	420.87	8,259.06	11,309.32	19,129.99	3,688.24	11,043.55	7,131.94	13,330.61	21,840.04	3
6		1	公司内收款	其中：银行承兑汇票		-	-	-	-	-	-	-	-	-	-	-	
7				其中：银行存款		-	-	-	-	-	-	-	-	-	-	-	
8				小计		-	-	-	-	-	-	-	-	-	-	-	
9		1	收款类型小计	银行承兑汇票收款		948.55	-	-	-	-	-	-	-	-	-	3,314.55	1
10				银行存款收款		63,816.62	6,664.50	420.87	8,259.06	11,309.32	19,129.99	3,688.24	11,043.55	7,131.94	13,330.61	18,525.49	1
11		2	付款合计			54,690.97	4,925.93	347.63	2,108.09	22,789.45	18,505.85	7,212.89	148.59	12,903.92	19,855.99	15,991.09	3
12		2	外部单位付款	其中：银行承兑汇票		18,520.63	-	-	-	15,728.00	9,928.25	4,671.31	-	7,132.27	7,101.11	7,013.31	1
13				其中：银行存款		36,170.34	4,925.93	347.63	2,108.09	6,488.99	8,536.52	2,541.58	93.40	5,696.18	12,748.75	8,940.05	1
14				小计		54,690.97	4,925.93	347.63	2,108.09	22,216.99	18,464.77	7,212.89	93.40	12,828.45	19,849.86	15,953.36	2
15		2	公司内付款	其中：银行承兑汇票		-	-	-	-	-	41.08	-	-	-	-	-	
16				其中：银行存款		-	-	-	-	572.46	-	-	55.19	75.47	6.13	37.73	

图 6　总承包项目群收支明细汇总信息化办公界面

（3）汇总各总承包项目资金计划。

各总承包项目资金计划表直观地展示了各总承包项目群各月收付款的实际数和计划数，可以协助管理层对总承包项目资金流动进行动态化、透明化管控。

财务 BP 组完善各总承包项目各月实际执行情况，得出年收支差和各总承包项目群预计年末累计收支差，考虑各总承包项目收付款、金融票据付款及银行存款后，判定其是否符合合同约定的支付条款、是否满足“以收定支”，再将资金收支计划表上报到公司层级汇总表，形成全年资金计划表。

在此阶段，中间层与公司层进行衔接，由公司财务资金组对接财务 BP 组，进一步复核和汇总上报的资金收支计划数据，得出未来月份项目群收款和付款的合计数，并结合资金整体状态，坚守“以收定支”的原则，合理配置现金与非现金形式收付的资金。同时，采用“自上而下”的方式反馈复核结果，保证公司资金正常运转。该表单的应用是建立“PM+GS”双系统技术并行的唯一桥梁，基本实现了“业财融合”的信息化，信息化办公界面如图 7 所示。

项目2023年资金计划表

序号	项目	分管部门	合同额	截止2022年12月31日已收付款	1月实际	2月实际	3月实际	4月实际	5月实际	6月实际	7月实际	8月实际	9月计划	10月计划	11月计划	12月计
			1		17	18	19	20	21	22	23	24	25	26	27	28
1	各项目收款			420,149.47	16,401.93	8,391.85	16,664.58	7,040.31	22,605.91	4,109.88	7,923.10	6,701.22	4,156.00	8,088.58	7,532.52	16,273
1.1				50,714.99	1,000.00	-	-	-	-	-	1,232.44	-	-	-	-	-
1.2				66,092.45	-	-	-	-	-	-	-	-	3,406.00	-	-	-
1.3				45,326.70	-	-	-	-	-	-	1,123.96	1,988.69	-	1,500.00	-	4,072.
1.4				68,367.32	5,706.88	-	-	-	-	-	-	-	-	501.60	3,854.33	2,425.
1.5				11,325.00	-	4,800.00	-	-	-	-	-	-	-	-	-	-
1.6				1,830.90	-	-	500.00	-	-	-	-	-	-	-	-	982.
1.7				3,783.78	-	-	-	-	-	-	-	-	-	-	-	833.
1.8				64,345.73	-	-	-	-	-	-	-	-	-	-	-	-
1.9				41,462.96	-	-	-	-	-	-	-	-	-	-	1,267.00	-
1.10				2,944.00	-	-	-	-	-	-	-	-	-	-	-	-
1.11				6,498.87	-	-	-	-	-	-	-	-	-	-	201.00	-
1.12				9,867.94	8,000.00	3,500.00	13,774.71	-	18,940.00	-	-	-	-	4,628.72	-	-
1.13				17,775.99	-	-	2,116.03	3,193.01	1,353.64	2,148.30	2,855.26	1,212.53	-	958.26	861.74	-
				29,812.85	1,695.05	91.85	273.84	3,847.30	2,312.27	1,961.58	2,711.44	3,500.00	750.00	500.00	1,348.45	7,960.
2				468,088.11	15,101.78	5,312.76	6,555.94	13,260.41	13,455.16	11,432.24	10,598.37	11,199.65	5,409.31	12,866.22	4,315.40	12,504
2.1				86,250.80	-	-	-	-	720.76	-	-	-	-	-	-	-
2.2				66,071.20	-171.22	-	12.00	-	8.50	-	-	211.45	39.00	3,324.33	-	-
2.3				42,830.77	1,392.77	-	-	-	-	400.00	3.86	2,561.60	-	-	-	5,763.

图7　全年资金计划信息化办公界面

3. 公司层级资金计划管理

公司层主要涉及的责任主体为公司财务资金组。为了实现资金收支计划管理的目标，公司层需要采取以下措施。

首先，统筹和控制总承包项目群的资金周转，确保A公司资金流的整体流动；其次，完善资金收支计划管理制度顶层设计，合理调度总承包项目群的资金，确保A公司资金流的长足发展，上述流程如图8所示。

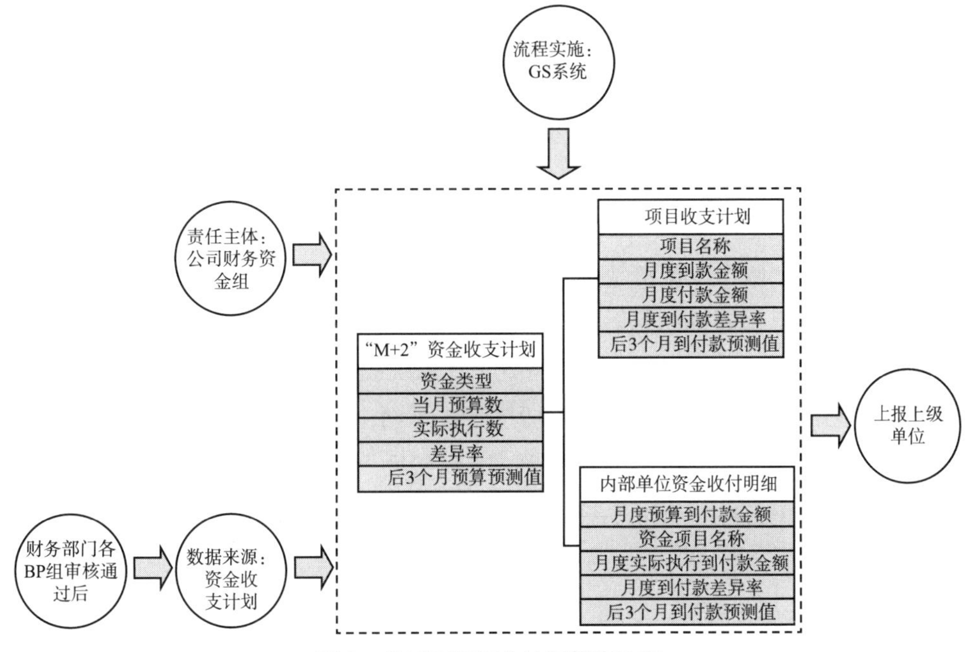

图8　公司层级资金计划管理流程

（1）公司层资金汇总方法选取。

考虑到 A 公司目前总承包项目群资金收支计划管理的实际业务，在编制公司资金计划时基于 WBS 任务分解法，将庞大的公司事务分解为可执行的任务单元；再利用资金偏差率分析法，将关注点集中在各总承包项目上，简化资金汇算程序。

由于上级单位涉及多家分子公司，内部单位往来需要做对冲合并处理，因此根据各总承包项目的款项信息按内外部单位进行划分，将各项目内外部单位资金到款数据逐一整理。通过这种方法，匹配上级单位全面掌握内部往来单位的总承包项目群款项到账情况，进一步对总承包项目群的资金收付款流向及资金偏差情况进行深层次管理，及时发现可能存在的资金问题，确保资金的正常调度。

（2）汇总上报各项目实际到款明细。

A 公司采取“逐层汇总”的方法，整理和汇总各总承包项目的实际到款明细。各项目实际到款明细情况表帮助公司层把控项目资金收支计划，侧面反映项目可执行的施工进度。通过收集、汇总各总承包项目当月计划到款、实际到款、差异率及过程台账信息，掌握总承包项目群计划到款、实际到款整体情况。

（3）汇总上报项目内外部单位资金收支计划。

A 公司对接的各子承包商单位分为内部单位和外部单位，对内部单位的当月资金预算、收付实际情况及偏差率进行详细核算，并预测未来 3 个月的资金收支情况。填报内部单位资金收付明细表，主要为了上级单位能够对各子公司间资金往来情况进行有效监控。

A 公司对接的各子承包商单位主要来源于外部单位，为满足上级单位对 A 公司的资金考核，在“M+2”期滚动的基础上加上考核期，核算出第“M”月经营活动现金净流量和货币资金余额，为上级单位考核提供数据来源。预测第“M+2”期，平衡未来现金净流量，降低资金链断裂的概率。

（4）汇总上报公司整体资金收支计划表。

公司财务资金岗将项目内外部单位资金收支计划汇总至公司层信息化表单中，同时合并汇总已审核的其他职能部门资金收支计划。该表单与中间层的末尾表单之间存在一对一的关系，践行了“PM+GS”双系统技术并行的模式，强调了中间层与公司层之间的紧密衔接关系。这种衔接解决了两个方面的问题：一是满足上级单位对 A 公司的资金集中管控要求，按照“3 期滚动”资金收支计划进行管理；二是实现上级单位、A 公司和项目考核的逐级向下考核管理的无缝对接，信息化办公界面如图 9 所示。

08月至10月资金收支计划

项目	07月拟送资金收支预测及完成情况			08月至10月资金收支预测			
	07月预测数	07月实际执行	07月差异率	08月	09月	10月	08月至10月合计
1.期初货币资金	32,923.54	33,037.56	0.35%	34,975.66	39,341.57	52,925.48	34,975.66
2.现金流入	13,557.28	11,636.78	-14.17%	12,132.17	18,461.52	16,929.06	47,522.75
2.1外部单位结算到款小计	13,457.28	11,043.55	-17.94%	12,032.17	18,361.52	16,829.06	47,222.75
2.1.1勘测设计项目			-100.00%				
2.1.2总承包项目	13,457.28	11,043.55	-17.94%	12,032.17	18,361.52	16,829.06	47,222.75
2.1.3其他项目			-100.00%				
2.2公司内结算到款（含收到投运项目建设款项）			-100.00%				
2.3收到的借款及利息			-100.00%				
2.4收到的投资款			-100.00%				
2.5收到的分红款			-100.00%				
2.6其他收款	100.00	593.23	493.23%	100.00	100.00	100.00	300.00
2.6.1收到的保证金	100.00	240.00	140.00%	100.00	100.00	100.00	300.00
2.6.2收到的税金		353.23	-100.00%				
2.6.3收到存款利息			-100.00%				
2.6.4收到内部借款本息			-100.00%				
2.6.99收到的其他			-100.00%				
3.现金流出	26,631.42	9,698.68	-63.58%	19,946.47	13,995.42	27,144.52	61,086.41
3.1项目对外分包支付	18,262.45	93.40	-99.49%	19,611.00	13,042.21	19,559.94	52,213.15
3.1.1勘测设计项目			-100.00%				

图9　总承包项目群资金收支计划信息化办公界面

A公司在执行“PM+GS”双系统技术并行基础上，坚持导向性原则，实现风险“早发现、早预警、早解决”；坚持系统性原则，对当月期初货币资金、现金流入、现金流出、期末货币资金、当月经营活动现金净流量与后3个月（“M+2”）的各类资金收支预测、当月收支预测的差异率进行测度，以便统筹管理公司内部的资金流动；坚持重要性原则，通过资金差异率及时发现公司财务异常情况或潜在的财务风险。

（5）考核第“M”月资金收支完成情况。

各部门各司其职、分工明确，共同协作完成公司第“M”月资金收支计划完成情况分析。第“M”月经营现金净流量和资金结余情况，为A公司制定明确的考核指标、建立透明的考核流程、保证考核结果的公平性提供了依据。

在GS系统中完成考核工作后，上级单位通报第“M”月A公司考核结果，由公司财务资金组接收考核信息，由项目部门报送、生产管理部门审核、财务BP组复核后的各月度计划到款、实际到款为基础，核算的关键参数包括到款差额和到款偏差率，并按照A公司《总承包项目管理目标考核办法（试行）》考核项目第“M”月资金执行情况，形成资金收付偏差表。

通过对各月度总承包项目群的列示，直观展示各月度总承包项目群的到款偏差情况及原因，帮助公司及时了解各总承包项目的资金收支情况，控制下期滚动周期中的资金收支偏差。

（6）资金风险预警与处理机制。

在预测的某月度中某项目出现资金缺口，进而可能导致面临资金收支失衡、经营活动净现金流为负、项目停工的风险时，公司层会根据当月月度及历史月度的资金计划对各自负责的总承包项目进行资金统筹，并按照“收 > 支”“收 = 支”“收 < 支”的顺序对各项目收支情况进行排列。

同时，公司层会对“收 < 支”项目的后期预测值进行筛选，确定稳定“收 > 支”的项目个数及金额，并“自上而下”逐级预警资金风险信号，各总承包项目部反馈修正信息，公司财务资金组接收修正信息后通过向项目部门、生产管理部门、区域公司领导协调回款，调整资金付款方式等，对确认存在资金风险的项目上报上级单位进行决策，弥补资金缺口，直到项目资金收支计划健康为止。

（四）实施过程中的主要问题和解决方案

“M +2 +9”滚动预算模式应用过程涉及职能部门较多，各部门员工因专业、业务差异、人事变动等导致职责不清、工作衔接不佳，因此，A 公司定期组织“M +2 +9”滚动预算模式培训会，明确工作目标和责任分工，建立跨部门沟通渠道，提高各部门协同效率和整体运作效果。

A 公司将“M +2 +9”滚动预算模式应用于总承包项目群过程中，随着项目种类和数量日益增多，财务部门在总承包项目群对接过程中耗费大量人力与时间成本，管理制度不健全、管理思路混乱等导致工作效率低下。因此，A 公司提出项目对接机制，利用 WBS 任务分解法，将庞大的公司财务事务分解为若干个可执行的任务单元，及时对资金收支计划进行分析、预警、调整与控制。

A 公司将“M +2 +9”滚动预算模式应用于总承包项目群过程中，因财务管理系统门槛较高、专业性过强，系统的实际开发和运营并不理想。因此，A 公司根据职能部门需求划分系统权限，组织财务信息化系统开发与运营、管理会计知识相关培训，克服传统 Excel 表单中数据多、难整合、效率低、应用难等操作限制，从业、财、资、税多维度实现系统协同、信息共享、动态管控。

四、取得成效

（一）降低总承包项目群的资金收支计划风险

按照组织行为优先顺序，每月开展以 12 个月为周期的资金和授信滚动计划编制、应用流程和资源模型配置，通过调动各层级资源决定资金收支计划管理的模式、金额和配置时间，能够提前防范风险，发现资金缺口，及时办理授信和融资，加快资金回笼。

（二）推动资金的扁平化管理

“M+2+9”滚动预算模式显著提升了总承包项目群资金收支计划编制的水平和效率，推动了资金的扁平化管理，促进了流程的标准化，减轻了管理过程中各职能部门的工作压力。通过应用自动化、智能化的管理会计工具，实时跟进，及时预测，提高了信息协同效率、企业经济效益和核心竞争力，使财务管理工作更加灵活化、柔性化。

（三）提高精准决策水平

“M+2+9”滚动预算模式将资金预算进行了细致的划分和滚动，强调前端业务流程的效率，通过定期召开资金专题会，分析历史与预测数据，控制资金偏差，加强资金风险把控，为公司的精准决策奠定了基础，使公司与客户财务目标和期望同频共振，引领公司在未来市场竞争中瞄准有利于公司稳健发展的优质客户。

（四）具有普适的可推广性

总承包项目群涉及多个承包单位间的合作与协调，需要耗费大量的时间和精力来管理和监控。由于结算与收支系统相互独立，资金来源更加复杂，资金使用存在较大差异和冲突，“M+2+9”滚动预算模式确保了资金安全受控，对多主体参与工程项目的承包单位具有高度的普适可推广性。

五、经验总结

（一）“M+2+9”滚动预算模式成功应用的关键因素

1. 高效统筹分工

通过明确“M+2+9”滚动预算模式参与部门和人员的职责范围，及时进行信息共享，避免重复劳动和资源浪费，提高整体工作效率，确保业务与预算的紧密结合。

2. 信息化手段赋能

“M+2+9”滚动预算模式利用信息化手段赋能，及时掌握市场和环境的变化趋势，实现多项目资金收支计划管理的标准化、规范化和自动化，使财务部门更高效地处理大量信息，为决策提供有力支持。

3. 专业高效的项目团队

“M+2+9”滚动预算模式团队成员熟练运用资金收支计划管理会计工具和方法，有效组织和管理总承包项目群，充分发挥自身专长和优势，为模式顺利实施提供强大的人才和智力支撑。

（二）同类型单位的推广建议

A 公司的多资金收支计划管理过程中主要风险节点都受母公司的严格监督和管控。因此，同类型单位可以充分模仿利用“M+2+9”滚动预算模式，在项目实施过程中根据项目需求进行资金调配和管理；同时加强财务管理和监督，配备项目管理系统相关专业人员，确保合规性和稳定性，提高资金收支计划管理的效率和准确性，降低项目风险和成本，促进公司可持续发展。

（中国水利水电建设工程咨询西北有限公司：王　艺　林　芳　刘海晨
赵　婧　刘疆飞　张晓丹）

案例评语：

该案例在资金滚动预算方面探索推出“M+2+9”模式，是预算管理方法的创新型应用。该案例将总承包项目群资金收支计划管理流程划分为“M”“M+2”和“M+2+9”三个层次，按“项目—职能—公司—考核”的闭环逻辑实施操作，利用“PM 项目管理系统+GS 财务共享系统”双系统技术并行手段，通过 GS 系统严格管控公司层级资金的流入流出，借助 PM 系统对项目第“M”月资金收支执行偏差进行考核，优化项目实施的管理流程，实现总承包项目群资金收支计划管理的健康可持续发展，确保总承包项目群资金收支计划管理的规范化、标准化与流程化。案例的实施效果显著，能够实现“精准预判、提前预警”，克服因融资周期长等因素所导致的资金链断裂等问题。该案例在总承包资金预算方面的“M+2+9”模式，具有较为广泛的可复制性，能够为类似行业企业提供实践参考。

知不足而奋进，望山远而力行

——中国能建以数智化手段加快推进全面预算管理一流建设

摘要

中国能源建设集团有限公司（以下简称“中国能建”）是一家在电力改革背景下由多家企业合并组建的综合类特大型建筑企业。近年来，随着内外部市场环境的变化和新冠疫情的影响，中国能建所处行业竞争愈趋激烈，在项目管理、资金管理、成本管理和风险管理等方面面临的挑战日益凸显。为构建世界一流企业，实现高质量发展，中国能建亟须以全面预算管理为抓手，向上衔接公司战略，向下衔接技术与平台，向外延伸业务市场，向内提供纵深决策支持，通过数字化手段，赋能公司战略目标的有效落地和高质量发展。

中国能建按照“先体系、后平台、再精细”的建设策略，由“一把手”挂帅，上下协同、全员参与统建面向战略支持、业务驱动的全流程闭环、矩阵式布局的全面预算管理5S体系，包括预算组织体系、预算制度体系、预算流程体系、预算基础体系和预算指标体系。在具体构建过程中，中国能建充分应用数智化技术，从“点、线、面、体”四个维度全面发力，重“点”推进、三“线”贯通、全“面”覆盖、一“体”化建设，建立起全流程闭环、全业务贯穿、全数据流通的预算管理体系，实现全集团一个系统、一个平台、一个标准，有力支撑全过程穿透式管控、智能决策，促进战略落地、资源优化、提质增效、风险防范，在应用中成效显著。

中国能建全面预算管理体系的落地不仅为公司内部管理创新和财务转型工作树立了标杆，同时也为国内其他综合性企业集团和建筑行业企业的预算管理升级工作提供了可借鉴的经验。

一、中国能建全面预算管理体系建设的背景描述

中国能建是电力体制改革背景下，经国务院批准，多家企业合并组建的一家综合类特大型建筑企业，成立于2011年9月，是一家典型的“老企业、新集团”。主要业务涵盖传统能源、新能源及综合智慧能源、水利、生态环保、综合交通、市政、房建、房地产、建材、民爆、装备制造、资本（金融）等多行业多领域，经营范围遍布140多个国家和地区。

中国能建处于完全竞争的建筑行业，近年来，在内外部市场环境影响下，竞争环境日趋激烈，在生产经营过程中诸多管理难点开始显现。一是管理难度大，业务结构复杂、组织机构众多、异地项目普遍；二是盈利保障难，业务充分市场化、行业竞争激烈、项目毛利率普遍偏低；三是经营周期长，高投资、重资产、建设期长；四是资金压力重，行业压价、垫资、拖欠现象普遍，造成集团经营管理难度日益增加。为尽快突围破局，集团亟须转型发展，加大新兴产业投资，对有限的资源进行科学合理调配，有效降低风险，提升盈利能力，支持战略目标达成。而全面预算管理作为引导企业资源合理配置、统领战略落地的重要工具，理应在此过程中发挥重要作用。在推行“334”① 工程以后，中国能建将全面预算管理作为“三全”管理重要内容，将其提升到了新的战略高度。公司开始大力推行数字化转型，换股吸收合并了葛洲坝，从体制机制上解决了资源分散、条块分割、同业竞争、运转不畅等沉疴顽疾，为系统构建并实施一体化全面预算管理创造了可行条件。

2021年3月，党中央、国务院提出“以数字化转型整体驱动生产方式、生活方式和治理方式变革”，2022年2月，国务院国资委提出建设世界一流财务管理体系，“完善智能前瞻的财务数智体系”和“完善纵横贯通的全面预算管理体系”要求，更为中国能建指明了方向，坚定了利用数智化手段，推行全面预算管理助力公司转型发展，快速突围的必胜信念。

二、中国能建全面预算管理体系建设的总体设计

做好顶层设计，是决定集团全面预算管理体系建设成败的关键因素。中国能建在

① “334”工程是指加强管理“三基”建设，即重基层、强基础、苦练基本功；抓实“三全”管理工作，即全面预算管理、全成本核算管理、全面绩效考核管理；落实管理“四化”要求，即专业化、标准化、数字化、精细化。

全面预算管理体系的框架设计上，遵循如下思路。

一是在建设目标上，要连续跨越，力求用 3 ~ 5 年的时间，在全面预算管理体系建设上实现双联跳，由初始级到闭环级再到卓越级跃升，全面预算管理水平达到或部分超越建筑央企先进水平，形成能建特色的管理模式和特点，彰显世界一流企业财务管理能力。

二是在建设步骤上，要循序而进，以习近平新时代中国特色社会主义思想为指引，重点聚焦“334”工程，加强“三基”建设，抓实“三全”管理，基于战略引领和科学管理，以“预算管理应用指引”为基本指引，按照“先体系、后平台、再精细”建设策略，统建面向战略支持、以业务驱动的全流程闭环、矩阵式布局的全面预算管理 5S 体系，助力公司高质量发展和世界一流企业建设。

三是在具体内容上，要构建一套由顶层架构、主体内容、底层平台相辅相成的全面预算管理体系。中国能建全面预算管理体系架构如图 1 所示。其中，顶层架构由公司“1466”战略、《中国能建对标世界一流企业价值创造行动实施方案（2023—2025 年）》《关于加快推动以创新为引领的绿色化、数智化、融合化转型发展（“一创三转”）的指导意见》《深化全面预算管理建设方案》等一系列文件构成，是系统建设集团全面预算管理体系的根本遵循和顶层引领；底层平台是基于中国能建集团一级部署、统一建设的业财融合的一体化平台，在此平台上搭建全面预算管理应用模块，以数字化手段，支撑综合、专业和业务预算的智能化、精细化应用；在主体内容上，构建一套包括预算组织体系、预算制度体系、预算流程体系、预算基础体系和预算指标体系的纵横贯通的全面预算管理 5S 体系，并从组织安排上保障全面预算管理的有效推进，从制度设计上保障预算管理的规范运行，从流程规范上保障预算编制、监控、分析、评价工作的有序衔接，从基础管理上夯实预算管理建设根基，从指标设置上保障预算目标的具体落地。

总的来看，中国能建全面预算管理体系具有如下鲜明特色：一是全面预算信息系统建立在集团统建的大一统业财一体化平台上，实现全集团一个系统、一个平台、一个标准；二是构建的预算模型具有多业态、多层级、多维度、多用户的特点，有力支撑全过程管控、智能决策；三是数据建设突出“同源互通”，预算管理涉及的组织、人员、项目、合同、客商等信息均由集团统建的主数据推送、更新，预算科目与核算科目和报账经济业务相映射、关联，预算组织由主数据行政组织派生，与核算组织、报账组织、税务组织同根同源，保证了数据的可溯源、可对比、可获取；四是管理运营强化“战略贯穿”，建立了一套源于战略、融于执行、终于战略的全面预算管理运营体系。

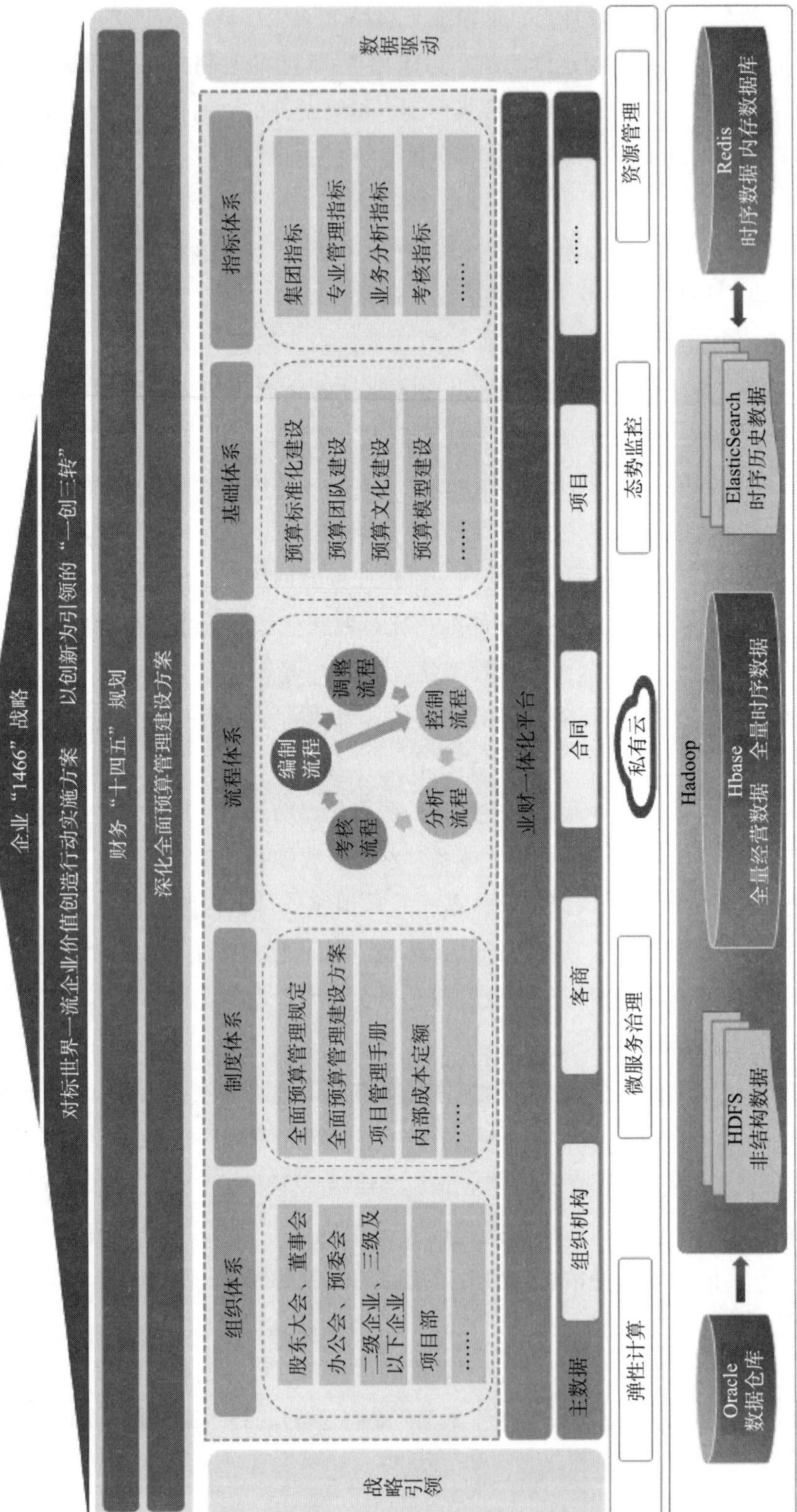

图1 中国能建全面预算管理体系架构

三、中国能建全面预算管理体系建设过程

（一）尽锐出战——“一把手”挂帅、全员推动全面预算管理体系落地

如图2所示，为保障项目建设有力推进，中国能建组建了三层组织保障机制，同时借助咨询机构和软件厂商力量，充分调动内外部资源，统一规划、统一调配、统一建设。

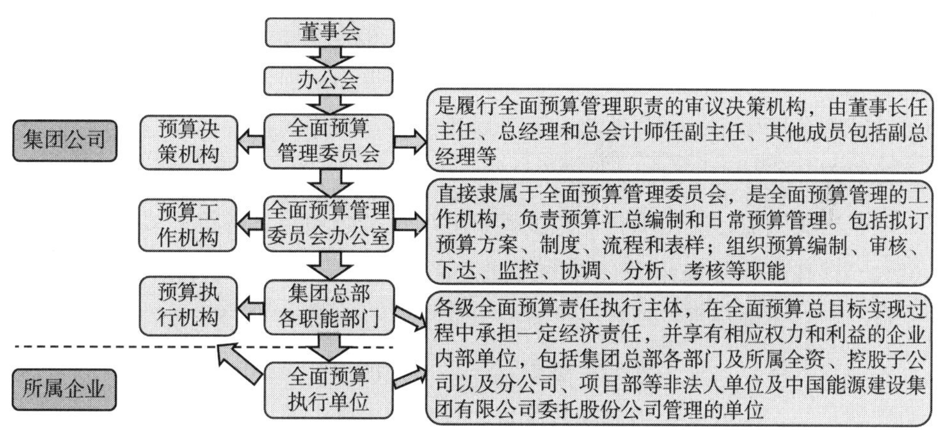

图2　中国能建全面预算管理体系建设组织架构

“一把手”高位推动：集团成立了专项工作领导小组，在公司全面预算管理委员会领导下工作，委员会主任由集团董事长担任，负责审议集团全面预算管理建设方案；各所属企业也均设立了预算管理体系建设工作小组，组长由各企业“一把手”担任。“一把手”靠前指挥牵头部署，有利于统一认知快速行动，压实责任抓实工作，保障了体系建设的高效落地。

专业部门深度参与：集团财务与产权部作为牵头部门全面负责全面预算管理优化建设工作，集团总部投资、金融、人资、科信、合同、市场、项目等专业管理部门深度参与专业预算核心指标的制定，并负责专业预算指标的归口审核和管控，保障了专业预算的科学性和协同性。

业务板块协同联动：基于公司“六全”业务领域、十二大业务板块特点，集团组织所属工程建设、勘察设计、工业制造、投资运营等不同业务板块的各级企业，聚焦板块行业特性，提炼预算核心指标和预算管控重点，多级横向协同、纵向联动，共同推动全面预算管理体系的落地。

（二）立体提升——创新应用“魔方建设法”构建全面预算管理体系

中国能建采用“魔方建设法”，从“点、线、面、体”四个维度全面发力，构建全面预算管理体系。

1. 重“点”推进

一是补强薄弱点，完善制度构建标准。预算管理上建立了《全面预算管理规定》《全面预算系统管理员操作手册》及《全面预算综合业务操作手册》等；定额标准上针对 7 大业务领域和 15 个主要专业发布了《项目管理手册》和《内部成本定额》；核算管理上建立了《工程项目全成本核算管理办法》，通过系统建立全面预算管理制度、成本定额标准、项目成本核算制度等实现一体化统筹联动，对全部经营活动进行有效覆盖和监控，同时组织各级企业以集团管理制度为指引，建立分层级、分业态的全面预算管理制度体系，做到要素全面、标准统一、程序规范，确保全面预算管理的有序高效运行。

二是聚力关键点，突出项目全周期管理。中国能建项目具有数量多、领域广、管理跨度大、存在一定亏损面等特点，因此，重点突出全生命周期管理，按“项目全周期预算—项目年度预算—项目月度资金计划”的预算模型进行连续管控。

三是强控风险点，抓实资金全过程管控。中国能建坚持抓实资金预算，通过建立项目全周期预算、年度资金预算和月度资金计划强关联，量入为出，实现资金预算的全过程控制，执行资金流出常态化监测预警，加强资金预实分析，降低资金风险。

四是稳住支撑点，优化投融资预算。当前，中国能建正处在全力加快绿色低碳化与数字化“两化”转型的关键时期，投资项目多、投资金额大，相应对融资的需求也较为旺盛。加强投融资预算管理对中国能建具有重要意义。对于投资业务，中国能建根据项目投资进度编制投资预算，与集团资金预算数据贯通，实时反映集团现金流情况；按照年度投资支出计划和年度专项计划进行资源优化配置，提高全过程管控能力和精益化运营能力。对于融资业务，融资预算聚焦全业务、全过程管理，与投资性收付款、经营性收付款等资金预算贯通，确定资金盈缺，保障资金安全；按照组织维度、时间维度、业务维度进行融资预算管理，帮助公司合理控制杠杆水平及财务风险。此外，实现投融资预算联动，通过编制投资资金空间测算表，联动投资和融资指标，匹配资源禀赋，测算资金缺口和财务承受能力底线，平衡投资和融资的关系。

2. 三“线”贯通

一是实现全流程闭环。中国能建构建了如图 3 所示的全面预算管理闭环体系。编制上，以年度战略目标分解为起点，采用“三下二上”模式编制业务预算、专业预算和综合预算。执行上，通过事前审批、过程监督、信息反馈，保证预算执行不偏离方向和目标。分析上，建立多维分析模型，多元多维，及时纠偏。考核上，将预算考核结果与全员经济利益直接挂钩，形成责、权、利相统一的责任共同体。调整优化上，既有对关键指标的严格管控，更有对通用指标的灵活调整，并定期开展效果评估，不断优化。

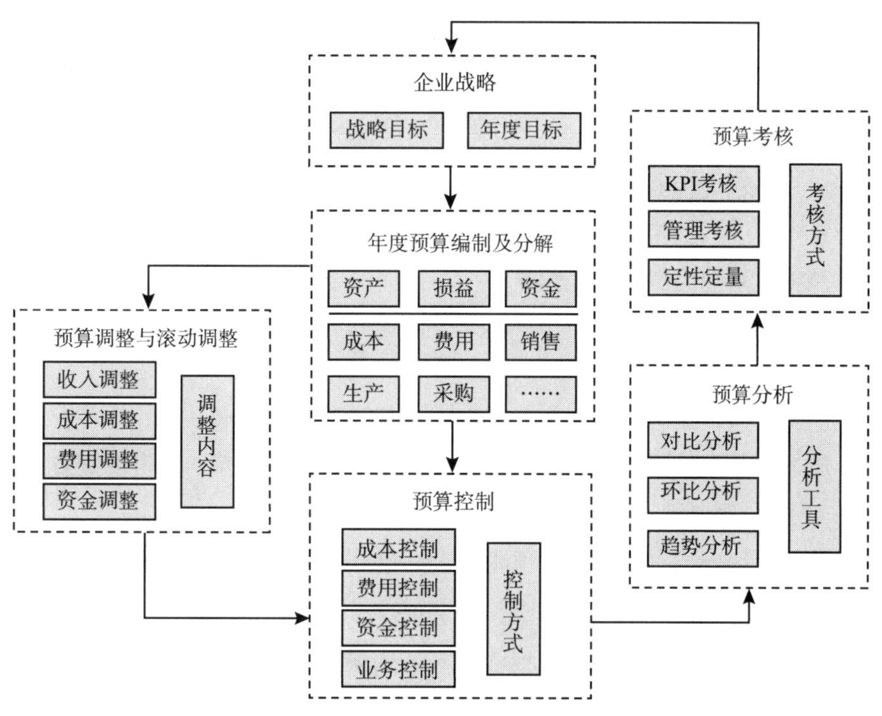

图 3　中国能建全面预算闭环体系

二是实现全业务贯穿。贯通业务流程，充分链接战略、计划、考核，统筹经营、投资、融资、人力、研发信息化等专业预算；充分链接五大主要业务板块、12 大业务领域的收入、成本、资金等业务预算以及资产负债预算、损益预算、现金流量预算等综合预算。贯通资金流，做好资金规划，定期对资金预算执行过程及结果进行监督评价，确保资金投入链、资金运营链、资金回笼链的良性循环。

三是实现全数据流通。通过推进一体化平台建设，打通业务与财务的数据壁垒，促进业财融合，建立预算、核算、报账数据的映射匹配，实现数出同源；通过在一体化平台搭建管理口径组织架构，实现预算系统与核算系统数据口径统一；基于多维数据库，建立多维度预算体系模型，满足多层级、多业务、多元素的数据查询和分析需要；基于统一的一体化平台，实现预算系统与各业务系统的数据集成，保障业务流程的有效衔接和数据信息的准确流转。

3. 全“面”覆盖

一是以全员为基础，全面预算管理横向到各部门、各岗位，纵向到各级企业、项目部，形成矩阵式全员贯通的组织体系。在集团层面，建立“公司统筹、部门归口、企业主责、业务支撑”的全面预算联合会审工作机制，通过组织总部战略、人资、投资、金融等部门，对所属企业上报的专业预算进行逐家审核，提升专业预算人员参与意识；在各级企业层面，通过各组织共同参与预算编制，由全员执行、落实预算目标，向全公司普及“成本、效益与价值创造”的责任意识，保障预算目标达成。

二是以全过程为标准，将公司各项经营活动与管理事项的事前、事中、事后纳入预算管理，坚持事前算赢、过程管精、全生命周期可控，严格考核兑现和刚性约束。建立对经营全过程的考核机制，将其纳入整体业绩考核，落实到各级经营业绩责任书中。通过预算系统的柔性预警和刚性控制功能，满足对经营全过程的个性化管理和刚性化约束需求。

三是以全要素覆盖为内涵，将公司生产经营活动涉及的人、财、物等资源纳入预算管理，通过构建全要素 KPI 指标体系，实现全要素预算覆盖，让资源配置无死角。

4. 一“体”化建设

一是坚持集团化推进，实施一体化建设。基于“统一管理、穿透到底”的原则，满足集团统一组织、统一规则、统一控制、统一考核的强管控思想。从预算组织上满足集团对全级次企业穿透到末级管理的需要，从预算标准上满足全集团同一套预算管理规则提升管控实效的需要，从预算控制上满足集团对全级次企业同时控制无遗漏的需要，从预算考核上满足预算闭环管理增强激励约束的需要。

二是坚持系统化推进，推动业财加速融合。建立预算信息系统与业财平台的一体化建设和一体化应用，集团总部推进与公司司库管理、项目管理、供应链管理等各业务系统的高效协同，各级企业推进各自在使用的合同管理、物资管理、销售管理、生产运营管理等系统与公司一体化平台集成，实现数据的互联互通。

（三）攻坚克难——啃下全面预算体系建设“硬骨头”

如何统一构建管理组织架构、如何准确提炼 KPI 核心指标是建设全面预算管理体系过程中面临的两大难题。

1. 统一管理组织架构，满足预实分析需要

构建业财融合的预实分析体系是中国能建全面预算体系建设的基础，也是难点。预算管理基于业务和财务数据，以提升内部管理为需求，以管理组织架构为基础，以推动企业战略实现为目标；核算管理基于财务数据，以满足信息披露为需求，以产权组织架构为基础，以真实反映经营成果为目标。两者的组织架构不同，造成数据口径、汇总层级存在差异，直接影响预实分析的实现。

中国能建以主数据管理的行政组织为源头，对分发到一体化平台的行政组织打上不同口径标识的方式，通过一体化平台，自动搭建满足预算和核算的组织架构，实现数据口径的统一。同时，通过建立“分层级、一对X”映射规则，解决组织架构不对应的问题。在具体实现时有两大关键步骤：

一是自动搭建组织架构。在一体化平台引入主数据的行政组织后，按照管理口径或产权口径对行政组织进行标识区分，再通过建立抵消、合并汇总的虚拟层级，分别自动生成预算的管理组织架构和产权组织架构，以及核算的管理组织架构和产权组织架构。搭建不同的组织架构，既满足预算内部管控与预实对比分析的需要，也满足国务院国资委预算报送与核算信息披露的需求。

二是建立组织映射逻辑。行政组织、管理组织、产权组织由于出发点不同，对应的组织内容、颗粒度、层级关系也不一致。如表1所示，中国能建第一步先建立行政组织与管理组织的“一对多”或“一对一”映射关系，实现行政组织到管理组织的数据链接。第二步再建立如表2所示的行政组织与预算管理组织的“一对一”映射关系，实现由管理组织填报、生成管理口径预算报表，经严谨的取数逻辑，系统自动获取产权口径预算数据，通过数据汇总，满足生成产权口径预算报表的需要。

表1　　行政组织与预算管理组织的映射关系

<table>
<tr><th colspan="3">行政组织</th><th colspan="3">预算管理组织</th><th rowspan="2">关系</th></tr>
<tr><th>组织编号</th><th>组织名称</th><th>组织类别</th><th>组织编号</th><th>组织名称</th><th>组织类别</th></tr>
<tr><td rowspan="3">0100</td><td rowspan="3">中国能源建设股份有限公司总部</td><td>单位</td><td>Y0100H</td><td>中国能源建设股份有限公司（汇总）</td><td>单位</td><td rowspan="3">一对多</td></tr>
<tr><td>单位</td><td>Y0100D</td><td>中国能源建设股份有限公司（汇总抵销）</td><td>单位</td></tr>
<tr><td>单位</td><td>Y0100</td><td>中国能源建设股份有限公司总部</td><td>单位</td></tr>
<tr><td>0100－0500</td><td>办公室（党委办公室）</td><td>部门</td><td>Y0100－0500</td><td>办公室（党委办公室）</td><td>部门</td><td>一对一</td></tr>
<tr><td>0100－0800</td><td>财务与产权部</td><td>部门</td><td>Y0100－0800</td><td>财务与产权部</td><td>部门</td><td>一对一</td></tr>
<tr><td>……</td><td>……</td><td>……</td><td>……</td><td>……</td><td>……</td><td>……</td></tr>
</table>

表 2　　管理组织与产权组织的映射关系

管理组织		预算产权组织		关系
组织编号	组织名称	组织编号	组织名称	
YCEEC	中国能源建设集团有限公司（合并）	91110000717830650E9	中国能源建设集团有限公司（合并）	一对一
Y0121H	中国葛洲坝集团有限公司（合并）	91420000751025196U9	中国葛洲坝集团有限公司	一对一
Y0122H	中国电力工程顾问集团有限公司（合并）	9111000071093165109	中国电力工程顾问集团有限公司	一对一
……	……	……	……	……

2. 瞄定管理关键点，提炼核心 KPI 指标

如何从多业态、多层级的经营管理内容中找到业务预算管理的关键点，搭建预算核心 KPI 指标体系是全面预算管理体系建设中的另一大难题。

中国能建横向深入，由总会计师亲自主持与集团总部各部门召开专项预算交流会，深入沟通各专业预算管理重点和控制要求，找寻专业预算关键指标。纵向贯穿，由总部财务与产权部牵头组织各层级、各业态典型企业，召开业务指标研讨会，探讨各业务预算管理特点和个性化管理需要。通过把专业流和业务流打开的方式，横向上从不同维度关注经营状况，纵向上从不同层级突出管控重点，构建“五维三层”式全贯通的中国能建特色的全面预算 KPI 指标体系。

一是横向五维看经营。五维指标包括反映盈利水平与资本回报的盈利类，反映资产运营效率与管理能力的效率类，反映债务风险状况与资本安全水平的风险类，反映企业战略意图与未来发展方向的战略引领类，反映企业价值创造和长期发展潜力的高质量发展类。

二是纵向三层看管理。三层即集团层、归口管理层和业务层，集团层主要包括国务院国资委“一利五率”和考核指标，同时突出对新能源业务新签合同额、现汇合同额签约占比等战略引领类，和全员劳动生产率、经济增加值等高质量发展类指标的关注。归口管理层主要包括各专业预算指标，投融资类主要关注债权资本成本率、现金回正周期等指标，人力资源类主要关注工资总额、人均利润等指标，研发信息化类主要关注研发投入、信息化支出、科技创新收入等指标，市场类主要关注新签合同额、合同额转换率等指标，生产与项目管理类主要关注亏损项目、亏损面等指标。业务层主要根据各业态管理要点和个性化特点，提炼核心指标及派生指标。工程建设板块主要关注合同履约进度、勘测设计板块主要关注累计收款率、民爆制造业板块主要关注爆破方量、建材板块主要关注单位生产成本、水利水务板块主要关注吨水可控成本及吨水药剂成本、综合交通板块主要关注控股运营里程及参股运营里程、电站运营板块主要关注每度电消耗成本及装机容量、房地产板块主要关注货值去化率等。KPI指标体系强调“上承下接、逐级分解”，各级企业在承接集团考核指标的同时，根据业务经营管理过程中的盈利创效点和风险管控点，选择设置相应的个性化指标，为预实归因分析奠定基础。

（四）价值创造——全面预算管理应用典型案例

1. 依托全周期预算，提升项目运营效益

工程建设项目是中国能建营业收入的主要来源。中国能建的工程建设项目包含了EPC模式、PPP模式、BOT模式、BT模式等，具有数量多、周期长、规范差、利润低等特点。中国能建主要以EPC模式的工程项目作为项目全生命周期管理试点，通过构建项目全生命周期预算管理体系，致力提升项目管理的运营效益。

如图4所示，中国能建工程项目全生命周期预算主要涵盖项目从中标到完成建设的全过程管理，将项目全生命周期预算分解为年度预算，包括项目收入预算、项目成本预算及项目资金预算，其中，重点突出对项目成本与资金的管控，建立项目预算与执行的动态联动，形成从项目部、分子公司到集团的分级管控模式。中国能建项目全生命周期预算表单示例如图5所示。

下面以项目成本管理为例，阐释中国能建工程项目全周期预算管理的具体做法。

（1）项目成本预算编制：颗粒度细化+多维度数据。

以中国能建某项目为例，如表3所示，中国能建在将成本规范为设计成本、设备成本、建安成本、外委成本的基础上，进一步将建安成本细分为自营成本与分包成本，其中自营成本包含人工成本、材料成本、机械使用成本、施工成本、现场管理费用等。通过细化成本颗粒度，提升了项目成本预算的精细化程度。

（2）项目成本预算控制：事前—事中—事后全过程监控。

项目成本基于系统平台实现全过程动态监控，事前进行成本策划和结算策划，责任落实到人；事中根据责任成本执行情况，按时间或进度节点进行成本分析，制定纠偏措施；事后分析实际成本和计划成本的差距，完善成本定额标准，确保项目成本管理达到预期目标。

（3）项目成本预算分析：穿透分析、及时纠偏。

通过对项目成本预算实行全要素、全周期规范管理，实现对项目成本的预实穿透分析，满足不同层级的分析需要。在集团总部，可以一键穿透至直接所属企业，了解各企业当前3亿元以上重点项目、亏损3000万元以上项目、超目标毛利正负20%的项目、超目标毛利正负1000万元项目的预算管控情况；在各级企业，可以直接穿透

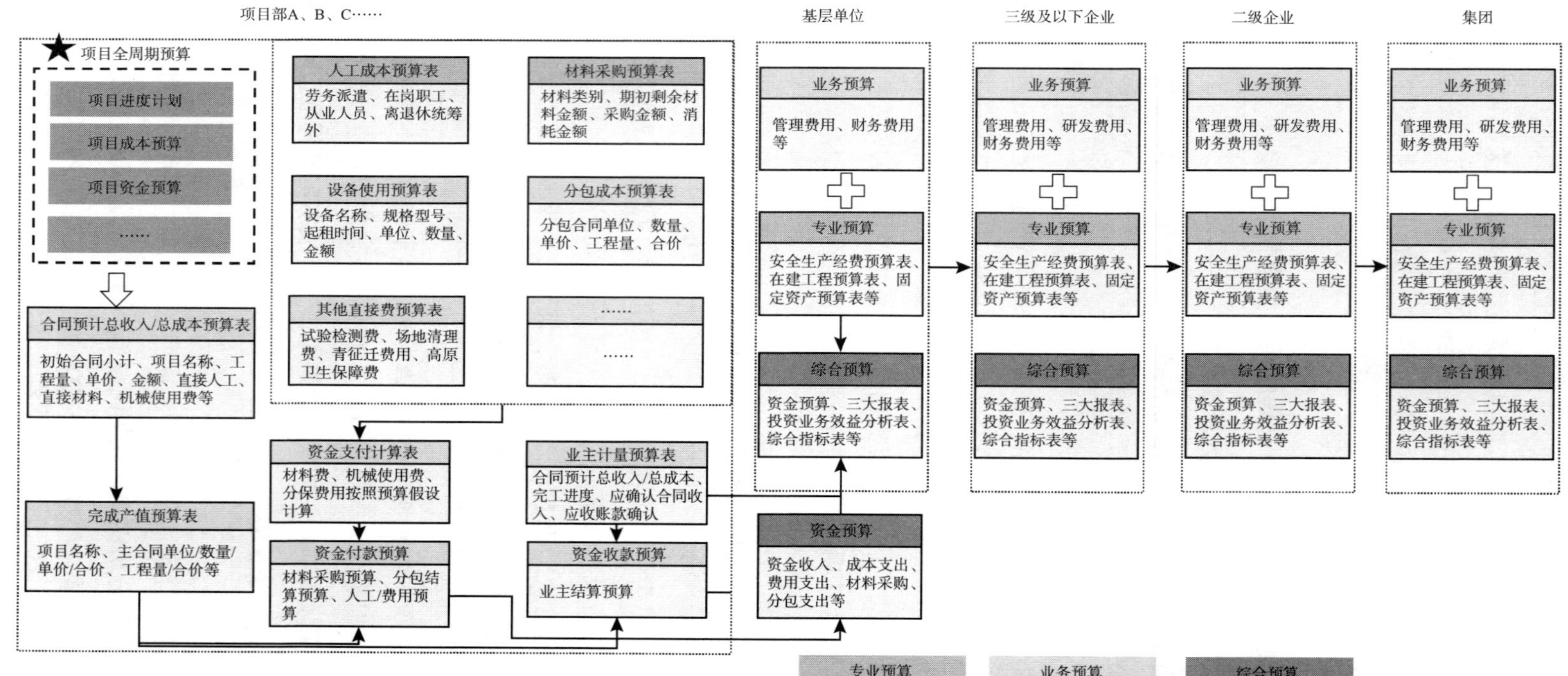

图4　项目全周期预算分解流程

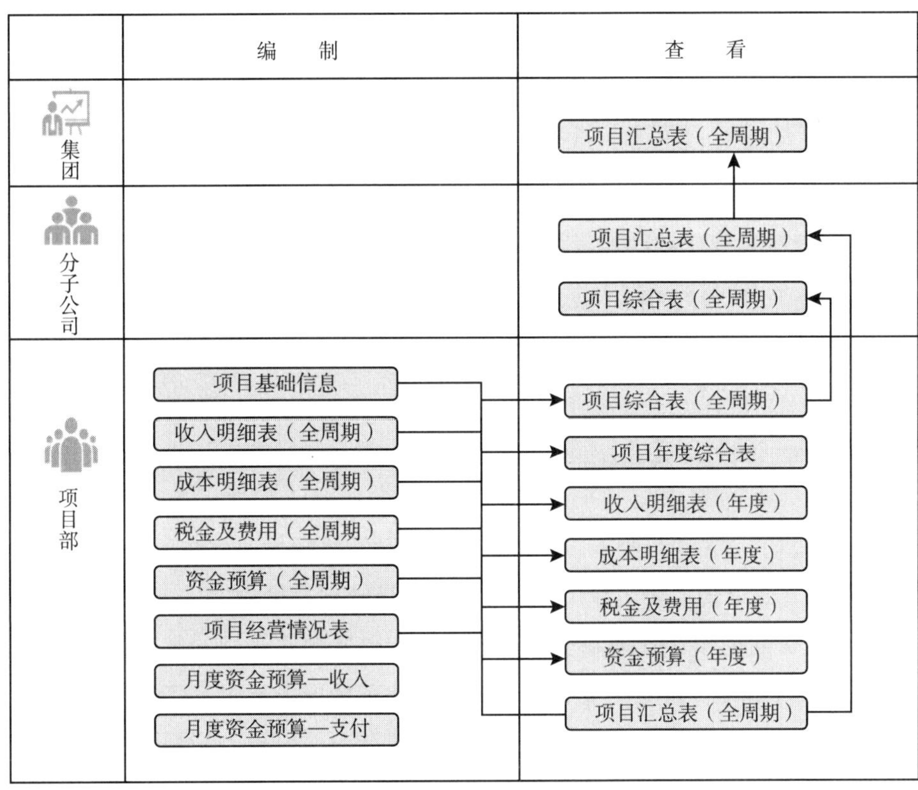

图 5　项目全生命周期预算表单

表 3　　某项目成本全周期预算编制（示例）

项目名称：某项目　　　　单位：千万元

项目成本科目	项目全周期标后预测	完工产值			结算产值			入账成本		
		上年开工累计	上一年	预算当年	上年开工累计	上一年	预算当年	上年开工累计	上一年	预算当年
主营业务成本	120.00	31.17	7.08	7.08	30.73	6.64	6.64	30.15	6.10	6.10
设计成本	10.00	2.61	0.61	0.61	2.60	0.60	0.60	2.50	0.50	0.50
设备成本（乙供）	20.00	5.15	1.15	1.15	5.10	1.10	1.10	5.00	1.00	1.00
建安成本	90.00	23.41	5.32	5.32	23.03	4.94	4.94	22.65	4.60	4.60
自营成本	90.00	23.41	5.32	5.32	23.03	4.94	4.94	22.65	4.60	4.60
人工成本	50.00	13.24	2.77	2.79	13.20	2.73	2.75	13.15	2.68	2.70
材料成本（乙供）	15.00	3.40	0.77	0.75	3.35	0.72	0.70	3.30	0.67	0.65
机械使用成本	5.00	1.36	0.29	0.29	1.30	0.23	0.23	1.25	0.20	0.20
施工成本	10.00	2.56	0.55	0.55	2.50	0.49	0.49	2.45	0.45	0.45

续表

项目成本科目	项目全周期标后预测	完工产值			结算产值			入账成本		
		上年开工累计	上一年	预算当年	上年开工累计	上一年	预算当年	上年开工累计	上一年	预算当年
现场管理费用	5.00	1.59	0.48	0.48	1.55	0.44	0.44	1.50	0.40	0.40
临建成本	1.00	0.37	0.17	0.17	0.31	0.11	0.11	0.25	0.05	0.05
其他直接成本	2.00	0.48	0.16	0.16	0.44	0.12	0.12	0.40	0.08	0.08
其他间接成本	2.00	0.41	0.13	0.13	0.38	0.10	0.10	0.35	0.07	0.07
分包成本	—	—	—	—	—	—	—	—	—	—
外委成本	—	—	—	—	—	—	—	—	—	—

至基层项目部，了解各项目收入、成本、资金等预算执行情况；在项目部，可以对标项目收益管理、资金管理的实际执行情况，及时反映项目风险。

项目全生命周期预算管理基于业财融合，在财务预算管理的基础上，结合项目经营口径的标后测算、完工产值、结算产值等业务情况。通过完工产值与结算产值对比，反映下游结算合理性，防止发生对下游超结超付、寅吃卯粮；结算产值与财务完工百分比进度对比，反映成本归集及时性或项目是否存在高估收入等潜在风险。经过对业务、经营与财务的进度比对和多维分析，发现项目实际执行情况及管控重点。

2. 创建私有预算管控模型库，提升精细化管控能力

中国能建组织架构复杂，下属企业较多，管理基础参差不齐，在费用和资金管控方面形成了标准化和个性化两类需求。一方面对管理基础较好的所属企业，希望通过对预算科目的细化，满足多维度、精细化的预算管控。另一方面对管理基础薄弱的所属企业，执行标准化的预算管控。

中国能建全面预算管理体系深入业务、反映业务，基于一体化平台，创新性建立了公有预算事项和私有预算事项，使系统在满足资金标准化管控需求的同时，还能满足更多企业的个性化管理需要。

公有、私有预算事项的创建遵循“先有业务、后有预算”的原则，以业务为源头和落脚点，力争做到业务到哪里，预算控哪里。具体应用过程可分为三个步骤：

第一步，梳理控制维度。梳理费用预算和资金预算控制维度，建立公有预算事项库，通过建立公有预算事项与报账模块各经济事项的对应关系，实现对报账业务的费用预算控制和资金预算控制。

第二步，梳理业务事项。如图 6 所示，各企业根据对费用预算和资金预算管控的颗粒度，结合业务明细在公有预算事项下建立自用私有预算事项库，通过在会议费预算下维护“××会议费用”，在办公费预算下维护“××型号打印”“××型号签字笔”等，将预算事项进一步细分到具体事项、项目、型号等。

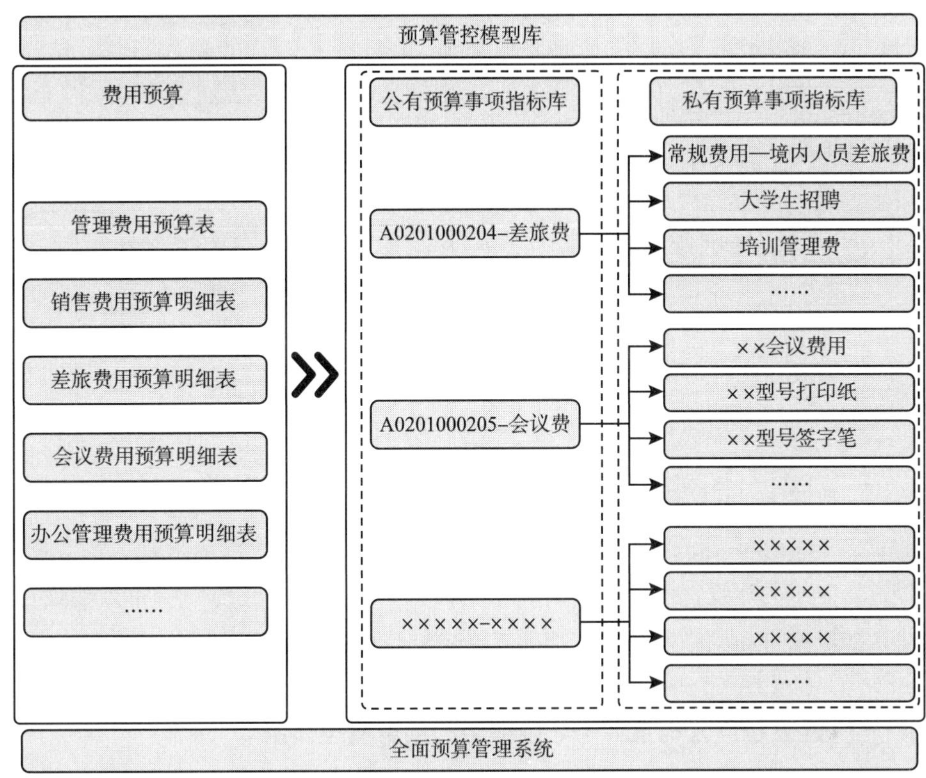

图6　预算管控模型库

第三步，梳理控制逻辑。通过年度预算与公有、私有预算交互，强化预算执行管控。由公有、私有预算事项控制报账单据，月度资金计划控制付款单据。如图7所示，在单据提交时系统先判断是否有预算金额，落实“无预算不支出”；再判断是否在可执行预算金额内，落实“严禁超预算和预算外支出”；然后将实际执行数反写回预算系统，形成对预算数据的占用，及时更新剩余预算金额。

通过以上三步，形成年度预算控公有、私有预算事项，公有、私有预算事项控报账、付款单据的动态管控模式。由预算模块将费用预算和资金预算的年度预算数据和明细预算事项数据，传送到一体化平台的报账模块和资金模块，作为预算执行控制依据，在预算管控上既满足集团统一管控要求，又满足各企业个性化、精细化管控需要。

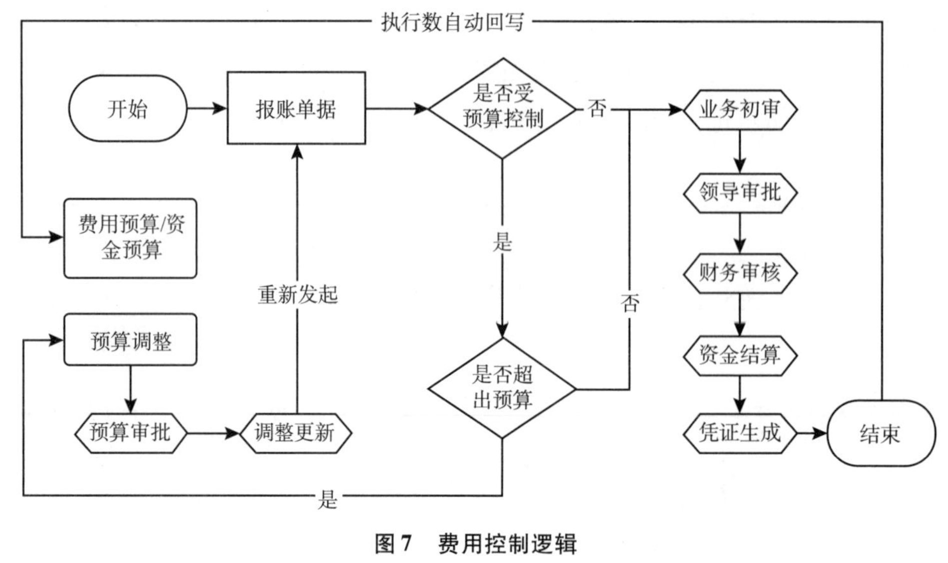

图 7　费用控制逻辑

四、中国能建全面预算管理体系建设的成效

经过一年多的建设，中国能建围绕“一体系、一平台、九统一”重点建设任务，已初步构建纵横贯通的全面预算管理体系，预算管理各项工作成效显著。

（一）建立涵盖公司全业态、全链条的预算管理体系

围绕预算全过程管控，分业务、分板块统一 29 套预算流程，设计 345 张预算表单，控制 11 张报账单，设置超千条勾稽关系，连接业务到专业到综合预算，满足多业态、多场景、多维度的统计、监测和分析需要。

（二）搭建数字化平台，夯实系统基础

通过统建业财一体化平台，并基于平台搭建全面预算数字化应用，从集团到基层单位打破层级、业务障碍，初步实现各业务、各流程、各要素信息数据的及时采集、流动、处理、共享和挖掘，推动了预算管理的数字化转型。

（三）建立费用预算和资金计划控制模式

目前预算管理系统已打通与财务一体化平台的数据通道，满足对费用预算和资金计划的控制需要，费用预算控制上线率达 100%，资金计划控制上线率达 60%，已初步建立以事前预测、事中控制为主，事后分析为辅的费用预算和资金计划控制模式。

（四）实现项目全周期预算管理

组织15家所属企业对45个3亿元以上工程建设类项目和3000万元以上勘测设计类项目，开展重点项目全周期预算管理，实现项目全周期预算控年度、年度预算控月度的项目全生命周期预算管控模式，深化了业财融合。

（五）构建基于预算的管理会计报告体系

基于“呈现现状、分析原因、制定策略”的逐层深入分析思路，已形成揭示关键绩效指标预算及其执行结果、差异分析等的《财务快报报告》，和揭示经营决策执行情况、分析经营目标执行差异及管理措施等的《生产经营情况简报》的管理会计报告。未来将继续丰富基于预算的管理会计报告体系，分别从战略层、经营层和执行层展示预算数据、分析预算执行状况、追溯预实差异原因、提出经营改善建议。

五、中国能建全面预算管理体系建设的经验总结

本案例通过对中国能建如何在基础薄弱的初始局面下，通过构建完善全面预算管理体系，实现弯道超车进行深入分析，探索大型综合性企业集团如何统筹规划、系统推进全面预算管理应用。基于本案例的研究，可以总结出新时代企业构建全面预算管理体系的四大关键点。

（一）体系为先——建立全面预算管理体系“骨架”

全面预算管理的应用，不仅是管理问题、技术问题，同时还是业务问题、文化问题，需要顶层设计、系统谋划、有序推进。中国能建以体系建设为先，通过建设实施，健全预算管理组织、预算管理制度、预算管理流程、预算管理基础和预算管理指标5个体系，建立纵横贯通全面预算管理体系的“骨架”，全方位夯实全面预算管理的构建基础，保障全面预算管理内核稳定，也确保了全面预算管理的持续改善迭代有的放矢。

（二）数据为用——净化全面预算管理体系“血液”

全面预算管理对数据质量的要求非常高。在全面预算管理的推进过程中，中国能建集团面临的关键问题之一就是数据治理。中国能建以提升数据可用性、推动数

据资产化为目标，通过统建业财一体化平台，实现多系统数据集成，建立主数据库，建立多维预算模型，建立智能化管理会计报告等一系列举措，净化全面预算管理体系“血液”，不断提升数据应用价值。系统上线运行后，数据治理又进入了新的阶段。

（三）平台为基——贯通全面预算管理体系“经络”

在数字经济时代，先进管理方法与新技术融合应用已是常态和必然。中国能建运用前沿技术，基于业务场景，连接财务与业务系统，覆盖财务、业务和管理流程，着力打造“广、厚、深、敏”的业财一体化平台，基于平台搭建全面预算管理数字化应用，贯通全面预算管理体系的“经络”，建立资源集成、业财融合、数据共享、安全可控的全面预算管理数字化体系，实现标准化、集中化、全过程和协同化预算管理。

（四）业务为本——强健全面预算管理体系“筋骨”

当前，随着预算管理由“管控”向“管控＋赋能”转变，如何让预算管理深入业务、赋能业务变得日益重要。中国能建以业务为本构建全面预算管理体系，基于集团业务复杂但主业鲜明的特点，有的放矢，在建立覆盖集团全业务类型的全面预算业务体系的同时，突出项目预算、资金预算和投融资预算，赋能核心价值管控点，引导资源向高收益、核心产业、战略业务流动，逐步强健全面预算管理体系“筋骨”。

本案例作为中国能建应用全面预算管理工具的实践总结，同时具备可推广性和可复制性，能够为其他企业优化预算管理、推动财务转型提供可参考的路径。基于本案例的实践，我们建议，企业在推广本案例时应务必关注以下四点：一是做好顶层设计，先细致规划，再有序实现。二是应用数智化技术，先进的技术是全面预算管理获得高效应用的基础和保障。三是坚持上下协同的管理思路，全面预算管理需要自上而下全员协同参与。四是结合企业实际状况，因地制宜地开展全面预算管理工具应用。

（中国能源建设集团有限公司：李丽娜　张亚贤　崔雅丽　张丽丹
余红燕　樊粟颖　张翔峰　王豪森）

案例评语：

该案例以数字化为手段推动预算管理在实践中的创新，能够进行“先体系、后平台、再精细”的整体谋划，动员各方力量，由“一把手”挂帅，全员参与构建对标世界一流的预算管理体系。案例设计并实施面向战略支持、业务驱动的全面流程闭环、矩阵式布局的预算管理体系，具体内容包括预算组织体系、预算制度体系、预算流程体系、预算基础体系和预算指标体系。案例单位建立起全流程闭环、全业务贯穿、全数据流通的预算管理体系，实现全集团一个系统、一个平台、一个标准，有力支撑全过程穿透式管控、智能决策，促进战略落地、资源优化、提质增效、风险防范。案例通过深入分析和阐述预算管理与业务流程的融合，能够更好地体现业财融合的现代企业管理理念，这将有助于提升案例的学术价值和实践意义，还可以为同行所借鉴和复制，促进类似行业企业的价值创造和提升。

甘肃省环境监测中心站预算管理实践

摘要

预算管理是事业单位资金管理的一项核心工作，也是事业单位开展财务活动最基础的依据之一，包含事业单位的业务发展规划、承担的工作任务计划等所列支的年度财务收支计划、财务收支的结构规模以及资金来源等。随着国家财政体制改革的深化以及当前事业单位管理体制改革的逐步推进，对单位内部的财务管理和经济管理等方面的要求越来越高，预算管理方面出现了编制精细程度不足、执行约束不力、预算绩效不高等一系列的问题，迫切要求事业单位不断改进完善预算管理体系，促进整体管理水平的提升。

近年来，随着我国经济的高速发展，环境污染问题日益严重，加强对环境的保护已刻不容缓，国家对生态环境保护工作高度重视，由生态环境部发布的《"十四五"生态环境监测规划》中，为进一步加强生态文明建设，提出巩固环境质量监测、强化污染源监测、拓展生态质量监测，全面推进生态环境监测从数量规模型向质量效能型跨越，提高生态环境监测现代化水平的要求，随着生态环境保护上升到国家战略，生态环境保护支出也将不断增长。

根据财政部《管理会计应用指引第200号——预算管理》文件精神，结合甘肃省环境监测中心站战略规划、业务特点及管理需要，主要运用零基预算法、滚动预算法两种管理会计工具方法，优化甘肃省环境监测中心站预算管理，不断细化预算编制，提升预算管理的准确性、科学性，提高财政资金的使用效益，实现科学发展。

一、背景描述

（一）单位基本情况

甘肃省环境监测中心站成立于1976年，隶属于甘肃省生态环境厅，公益二类事业单位，内设12个机构，编制83个。

（二）管理会计应用基础

本单位财务人员均属财务与资产管理科，目前共有 5 名工作人员。

（三）选择相关管理会计工具方法的主要原因

预算管理质量反映了单位整体财务管理水平和未来发展水平，预算管理作为单位会计活动中的重要组成部分，能够对单位的可持续发展产生一定的影响。单位在预算管理业务中不仅需要开展财务会计活动，也需要开展管理会计工作。财务会计与管理会计有机结合，能够大幅度提高单位预算管理的实效性，进而推动单位开展高质量的预算管理工作。在国家政策大力支持，行业大发展的背景下，加强财务会计与管理会计的深度融合，既能使单位扩大市场竞争优势，又能进一步增加单位的经济效益，为单位实现战略发展目标提供助力。由此，单位有必要对预算管理中财务会计与管理会计的融合发展进行研究。

本案例主要将零基预算法、滚动预算法等管理会计工具运用到单位预算管理中，对预算管理的关键内容进行分析，梳理预算管理中财务会计与管理会计的关联性，同时对预算管理中财务会计与管理会计融合发展的积极效用进行探究，最后重点分析单位预算管理中财务与业务融合的影响因素，提出可行性的应对策略。

二、总体设计

（一）应用相关管理会计工具方法的目标

本案例重点运用零基预算法、滚动预算法等管理会计工具和方法进行分析，以期达到较好的预算编制及执行效果，促进业财融合，更好地支持和促进单位的管理决策和发展。

（二）应用相关管理会计工具方法的总体思路

梳理预算管理的全过程，包括预算的编制、执行、评价等事前、事中、事后三个阶段，通过零基预算法、滚动预算法等管理会计工具和方法，重点应用到预算编制和预算执行两个阶段，通过业务与财务的融合，提升单位预算管理水平，提高资金使用效益。

（三）相关管理会计工具方法的内容

零基预算法：零基预算法是指对任何一个预算期，任何一种费用项目的开支，都不是从原有的基础出发，即根本不考虑基期的费用开支水平，而是一切以零为起点，从根本上研究分析每项预算是否有支出的必要和支出数额的大小，从零开始考虑各费用项目的必要性，确定预算收支，编制预算。这种预算编制方法不以历史为基础作修修补补，在年初重新审查每项活动对实现组织目标的意义和效果，并在成本—效益分析的基础上，重新安排出各项管理活动的优先次序，并据此决定资金和其他资源的分配。

滚动预算法：滚动预算法又称连续预算或永续预算，是指按照“近细远粗”的原则，根据上一期的预算完成情况，调整和具体编制下一期预算，并将编制预算的时期逐期连续滚动向前推移，使预算总是保持一定的时间幅度。简单地说，就是根据上一期的预算指标完成情况，调整和具体编制下一期预算，并将预算期连续滚动向前推移的一种预算编制方法。滚动预算的编制，可采用长计划、短安排的方式进行，即在编制预算时，可先按年度分季，并将其中第一季度按月划分，编制各月的详细预算。其他三个季度的预算可以粗一些，只列各季总数，到第一季度结束前，再将第二季度的预算按月细分，第三、第四季度及下年度第一季度只列各季总数，依次类推，使预算不断地滚动下去。

（四）应用相关管理会计工具方法的创新

甘肃省环境监测中心站属于环境监测行业的公益二类事业单位，相关管理会计工具方法多应用于企业单位，应用于本行业事业单位的情况较少。

三、应用过程

（一）参与部门和人员

本案例应用管理会计中预算管理相关工具和方法，主要牵头部门为财务与资产管理科，配合部门为单位的各业务部门，主要包括：生态环境监测业务管理室、大气环境监测室、水环境监测室、生态监测室、生态环境质量预报预测室、生态环境监测分析测试室、生态环境应急与现场监测室等。人员方面，主要是财务与资产管理科的财务人员与各业务部门的负责同志。

（二）应用相关管理会计工具方法的资源、环境、信息化条件等部署要求

预算管理优化项目的实施与应用应确保一定的经济资源及人力资源的投入。一是在运用零基预算法、滚动预算法编制、执行预算时，需要对财务人员、业务人员进行相应的培训；二是在预算的长期管理过程中，滚动预算管理需要不断修正已有的预算目标，单位需要对内部和外部的信息环境进行客观的评估，加深对行业和内部实际情况的了解，对成本费用等指标进行横向比较，从而更准确地掌握成本管理情况，滚动预算法实施过程中，数据量较大，需要建立数据库；三是要求单位的财务部门能够提供准确的预算执行数据，保证预算目标的准确设定，确保为预算绩效评价提供有效的信息参考和分析。

（三）影响因素及预算模型

运用“零基预算法”编制年度预算，数据来源主要是预算年度的预估工作量，从工作量出发，对应到明细的会计科目，细化费用，从而编制完整的预算。

本案例项目预算涉及的会计科目主要有办公费、印刷费、咨询费等商品和服务支出科目以及办公设备购置费等。

测算各项费用时，从单位价格和数量出发，影响因素主要包括办公人数、印刷品种类（对应不同单价）、印刷数量、当地印刷品价格、合同约定、工作天数、出差天数等；从其他方面出发，影响因素还包括仪器设备成新率、公务用车车辆情况、三公经费限额标准、培训费标准、会议费标准等，各会计科目对应费用的影响因素与预算模型如表 1 所示。

表 1　影响因素及预算模型

序号	会计科目	影响因素	预算模型（公式）
1	办公费	办公人数、工作量、办公用品存量	办公费预算数 = $\sum$ 人均办公经费 × 办公人数 + 各类报刊年订阅费 + 其他费用
2	印刷费	印刷品种类（全年工作概述、生态环境监测杂志、水环境质量月报、大气环境质量月报、劳务合同、土壤环境质量报告书等），各品类报告书印刷数量，当地印刷品价格	印刷费预算数 = $\sum$ 各类报告印刷单价 × 数量
3	咨询费	合同约定、各类咨询服务单价及次数	咨询费预算数 = $\sum$［法律顾问年费］+［财务审计单价 × 次数］+［其他咨询服务单价 × 次数］

续表

序号	会计科目	影响因素	预算模型（公式）
4	水费	用能人数、工作天数、水消费量、驻地区域水单价	水费预算数 = ∑ 办公室及实验室人均月用水量 × 用能人数 × 水费单价 × 12 个月
5	电费	用能人数、工作天数、电消费量、驻地区域电单价	电费预算数 = ∑［办公人均月用电量 × 用能人数 × 电费单价 × 12 个月］+［实验室月均用电量 × 电费单价 × 12 个月］
6	邮电费	电话费：办公电话数量 × 月均话费 × 12 个月；邮寄费：文件邮寄、样品邮寄	邮电费预算数 = ∑［电话费月单价 × 办公电话数量 × 12 个月］+［内网月单价 × 12 个月］+［财政网月单价 × 12 个月］+［文件邮寄单价 × 预计邮寄数量］+［样品邮寄单价 × 预计样品邮寄数量］
7	物业管理费	物业合同约定	物业费预算数 = ∑ 合同约定每月单价 × 12 个月
8	公务接待费	公务接待批次、人次，三公经费限额标准	公务接待费预算数 = ∑ 人均公务接待费 × 批次 ×（接待人次 + 陪同人次）
9	因公出国（境）费	因公出国批次、人次，三公经费限额标准	因公出国（境）费预算数 = ∑ 人均因公出国（境）费 × 批次 × 人次
10	会议费	会议费标准、会议类别、当地会务场所价格水平	会议费预算数 = ∑ 人均会议费标准 × 批次 × 人次 × 天数
11	培训费	培训费标准、培训时长、当地培训场所价格水平、培训专家人数、授课费标准	培训费预算数 = ∑ 人均培训费标准 × 批次 × 人次 × 天数
12	差旅费	各项工作差旅天数、年度工作计划	差旅费预算数 = ∑［省内带车出差天数 ×（补助 100 元/人/天 + 住宿标准 280/310/350 元/人/天）× 人数］+［省内不带车出差天数 ×（补助 140 + 住宿标准 280/310/350 元/人/天）× 人数 + 来回交通费］+［省外出差天数 ×（补助 180/200 元/人/天 + 住宿标准 350/370/380/400/450/500 元/人/天）× 人数 + 来回交通费］
13	取暖费	采暖人数、采暖天数、采暖面积、合同约定	取暖费预算数 = ∑ 月均采暖费用 × 采暖月份数量
14	维修（护）费	合同约定、各类仪器设备维修单价及次数、现有仪器设备成新率及运转情况	维修（护）费预算数 = ∑ 平均单次仪器设备维（护）修费用 × 维修数量
15	租赁费	开展帮扶等工作人员数量、帮扶地点平均房租情况	租赁费预算数 = ∑ 月均租赁费 × 月份 × 数量
16	劳务费	临聘工作人员数量、当地工资情况、发放劳务费次数及金额	劳务费预算数 = ∑ 行政办公临聘人员月工资 × 12 个月 + 劳务费单次发放金额 × 数量

续表

序号	会计科目	影响因素	预算模型（公式）
17	委托业务费	合同约定	委托业务费预算数 = $\sum$ 合同单价 × 数量
18	公务用车运行维护费	公务用车数量、公务用车车辆情况、三公经费限额标准	公务用车运行维护费预算数 = $\sum$ 车辆年运维单价 × 数量
19	其他交通费用	合同约定车辆租赁价格、市内用车次数、差旅用车次数	其他交通费预算数 = $\sum$ 车辆租赁单价 × 数量
20	办公设备购置费	办公人数、拟购置办公设备情况	办公设备购置费预算数 = $\sum$ 拟购置办公用品单价 × 数量

（四）具体应用模式和应用流程

本案例具体应用模式一是零基预算方法运用到预算编制流程，二是滚动预算方法运用到预算执行流程。

1. 零基预算法

预算编制是预算管理工作的起点，是预算收支计划的拟订、确定以及组织过程，要坚持量入为出和实事求是的原则，坚持综合预算的原则，坚持部门预算的原则，坚持零基预算的原则，坚持一般不予调整预算的原则。

传统的预算编制，主要是“基数 + 增长”的预算编制方式，以上年数据为基础，适当地增加一些费用，保证经费的充足，并没有做到真正从实际需要出发。

本案例将零基预算方法运用于预算编制环节，以甘肃省环境监测中心站 20 ×3 年环境监测专项经费预算编制为例，项目用途主要是保障单位日常运转的工作经费，通过运用零基预算的模型和计算公式，测算各项费用。

表 2 为 20 ×2 年基期环境监测专项经费支出情况。

表 2　　20 ×2 年环境监测专项经费明细　　单位：万元

序号	会计科目	金额
	合计	538.00
1	办公费	17.22
2	印刷费	18.01
3	咨询费	10.30
4	水费	2.18
5	电费	40.98

续表

序号	会计科目	金额
6	邮电费	5. 64
7	物业管理费	37. 48
8	差旅费	29. 72
9	取暖费	17. 48
10	维修（护）费	71. 09
11	租赁费	4. 46
12	专用材料费	5. 28
13	劳务费	197. 01
14	委托业务费	23. 30
15	公务用车运行维护费	24. 91
16	其他交通费用	13. 37
17	办公设备购置费	19. 57

按照传统增量预算编制方法，编制预算如表 3 所示。

表 3　　20×3 年环境监测专项经费预算明细（增量预算）　　单位：万元

序号	会计科目	金额
	合计	565. 00
1	办公费	20. 00
2	印刷费	20. 00
3	咨询费	12. 00
4	水费	3. 00
5	电费	42. 00
6	邮电费	6. 00
7	物业管理费	40. 00
8	差旅费	32. 00
9	取暖费	20. 00
10	维修（护）费	73. 00
11	租赁费	6. 00
12	专用材料费	6. 00
13	劳务费	200. 00

续表

序号	会计科目	金额
14	委托业务费	25.00
15	公务用车运行维护费	25.00
16	其他交通费用	15.00
17	办公设备购置费	20.00

按照零基预算编制的步骤，编制20×3年环境监测专项经费预算如下：

根据甘肃省环境监测中心站组织构成，划分确定能够独立编制预算的基层单位为各科室，包括从事管理职能的办公室、财务科、业务室、质管室等，也包括从事业务职能的分析室、现场室、土壤室、生态室、大气室、水室等。

由单位提出总体目标，各内部科室单位根据总目标和自身的责任目标，编制本部门为实现上述目标的费用预算方案，在方案中必须详细说明提出项目的目的、性质、作用，以及需要开支的费用数额。

20×3年环境监测专项经费主要是保障单位日常运转的工作经费，单位总目标一是完成驻地办公及实验区域的水、电供应，二是完成环境科技大厦物业管理的有序推进，三是完成上级安排因公出国（境）的办理，四是完成各项工作中的专家咨询、公务接待、业务培训、办公运行、车辆保障、材料印刷、文件传递、包裹运输、设备维修、人员差旅、会务安排、业务委托等相关工作的保障，五是完成办公运行中设备、材料的购置和其他补充辅助工作的保障等。

根据支出内容和预计工作量，汇总各科室预算后，一是根据已签订的合同，仔细梳理物业费、取暖费等必要支出，做实预算；二是各业务科室根据《“十四五”生态环境监测规划》等文件要求及年度工作计划，针对人员出差、印刷等数量做相应测算，计算过程如表4所示。

表4　20×3年环境监测专项经费零基预算编制情况

序号	会计科目	金额（万元）	预算模型（公式）	预算数计算过程
	合计	500		
1	办公费	40	办公费预算数 = $\sum$ 人均办公经费×办公人数 + 各类报刊年订阅费等	办公费预算数 = 2750元/人×120人 + 70000 = 40万元

续表

序号	会计科目	金额（万元）	预算模型（公式）	预算数计算过程
2	印刷费	15	印刷费预算数 = $\sum$ 各类报告印刷单价×数量	印刷费预算数 =［30 元/本×30 本×12 个月］+［30 元/本×30 本×12 个月］+［40 元/本×20 本×12 个月］+［40 元/本×20 本×12 个月］+［300 元/本×50 本］+［55 元/本×40 本×12 个月］+［55 元/本×40 本×12 个月］+［150 元/本×100 本］+［30 元/本×30 本×12 个月］+［40 元/本×20 本×12 个月］+［200 元/本×30 本］=15（万元）
3	咨询费	8	咨询费预算数 = $\sum$［法律顾问年费］+［财务审计单价×次数］+［其他咨询服务单价×次数］	咨询费预算数 =20000 +10000 元/次×4 次 +5000 元/次×4 次 =8（万元）
4	水费	2	水费预算数 = $\sum$ 办公室及实验室人均月用水量×用能人数×水费单价×12 个月	水费预算数 =3.4 立方米/人×120 人×4.02 元/立方米×12 个月 =19681.92（元），取整2 万元
5	电费	41.6	电费预算数 = $\sum$［办公人均月用电量×用能人数×电费单价×12 个月］+［实验室月均用电量×电费单价×12 个月］	电费预算数 =450 千瓦时/人×120 人×0.64 元/千瓦时×12 个月 =414720（元），取整41.6 万元
6	邮电费	8	邮电费预算数 = $\sum$［电话费月单价×办公电话数量×12 个月］+［内网月单价×12 个月］+［财政网月单价×12 个月］+［文件邮寄单价×预计邮寄数量］+［样品邮寄单价×预计样品邮寄数量］	邮电费预算数 =［50 元/月/个×31 个×12 个月］+［2000 元/月×12 个月］+［500 元/月×12 个月］+［20 元/件×100 件］+［30 元/件×400 件］+［50 元/件×400 件］=82600（元），取整8 万元
7	物业管理费	45	物业费预算数 = $\sum$ 合同约定每月单价×12 个月	物业费预算数 =37500 元/月×12 个月 =45（万元）
8	公务接待费	0.94	公务接待费预算数 = $\sum$ 人均公务接待费×批次×（接待人次+陪同人次）	公务接待费预算数 =100 元/人×4 批次×（16+8）=9600（元），三公经费－公务接待费限额标准0.94 万元，故取0.94 万元
9	因公出国（境）费	8.2	因公出国（境）费预算数 = $\sum$ 人均因公出国（境）费×批次×人次	因公出国（境）费预算数 =3 万元/人×1 批×3 人 =9（万元），三公经费－因公出国（境）费限额标准8.2 万元，故取8.2 万元
10	会议费	5.4	会议费预算数 = $\sum$ 人均会议费标准×批次×人次×天数	会议费预算数 =380 元/人/天×50 人×1 天×3 批次 =57000（元），取5.4 万元

续表

序号	会计科目	金额（万元）	预算模型（公式）	预算数计算过程
11	培训费	3.6	培训费预算数 = $\sum$ 人均培训费标准×批次×人次×天数	培训费预算数 = 380 元/人/天×50 人×2 天×1 批次 = 38000（元），取 3.6 万元
12	差旅费	40.26	差旅费预算数 = $\sum$［省内带车出差天数×（补助 100 元/人/天 + 住宿标准 280/310/350 元/人/天）×人数］+［省内不带车出差天数×（补助 140 + 住宿标准 280/310/350 元/人/天）×人数 + 来回交通费］+［省外出差天数×（补助 180/200 元/人/天 + 住宿标准 350/370/380/400/450/500 元/人/天）×人数 + 来回交通费］	差旅费预算数 =［20 天×（100 + 280）元/人/天×5 人］+［20 天×（100 + 310）元/人/天×5 人］+［10 天×（100 + 350）元/人/天×5 人］+［20 天×（140 + 280）元/人/天×5 人 + 200 元×5 人］+［20 天×（140 + 310）元/人/天×5 人 + 200 元×5 人］+［10 天×（140 + 350）元/人/天×5 人 + 200 元×5 人］
13	取暖费	25	取暖费预算数 = $\sum$ 月均采暖费用×采暖月份数量	取暖费预算数 = 5 万元/月×5 个月 = 25（万元）
14	维修（护）费	57	维修（护）费预算数 = $\sum$ 平均单次仪器设备维（护）修费用×维修数量	维修（护）费预算数 = 5000 元/次×114 次 = 57（万元）
15	租赁费	10	租赁费预算数 = $\sum$ 月均租赁费×月份×数量	租赁费预算数 = 1000 元/月×12 个月×8 人 = 96000（元），取整 10 万元
16	劳务费	122	劳务费预算数 = $\sum$ 行政办公临聘人员月工资×12 个月 + 劳务费单次发放金额×数量	劳务费预算数 = 100000 元/月×12 个月 + 2000 元/次×10 次 = 122（万元）
17	委托业务费	13	委托业务费预算数 = $\sum$ 合同单价×数量	委托业务费预算数 = 20000 元/次×5 次 + 5000 元/次×6 次 = 13（万元）
18	公务用车运行维护费	25	公务用车运行维护费预算数 = $\sum$ 车辆年运维单价×数量	公务用车运行维护费预算数 = 2.5 万元/辆×12 辆 = 30（万元），三公经费－公务用车运行维护费限额标准 25 万元，故取 25 万元
19	其他交通费用	10	其他交通费预算数 = $\sum$ 车辆租赁单价×数量	租车费用 1000 元/天（包干）×100 天 = 10（万元）
20	办公设备购置费	20	办公设备购置费预算数 = $\sum$ 拟购置办公用品单价×数量	文件柜单价 700 元×150 个 = 10.5（万元）；办公台式电脑单价 5000 元×10 台 = 5（万元）；安可电脑单价 5000 元×6 台 = 3（万元）；沙发单价 3000 元×4 个 = 1.2（万元）；值班床单价 3000 元×1 个 = 0.3（万元）

根据零基预算编制，20×3 年环境监测专项经费预算数为 500 万元，较增量预算

方法编制的预算 565 万元减少 65 万元，降低幅度达到 11.5%，零基预算是以“零”为起点观察和分析所有业务活动，并且不考虑过去的支出水平，因此，需要动员单位的全体员工参与预算编制，这样使不合理的因素不能继续保留下去，从投入开始减少浪费，通过成本—效益分析，提高产出水平，从而能使投入产出意识得以增强。

每项业务经过成本—效益分析，对每个业务项目是否应该存在、支出金额若干，都要进行分析计算，精打细算，量力而行，使有限的资金流向业绩成效更好的项目，所分配的资金能更加合理，资金利用率更高。

零基预算的编制过程，单位内部各个部门更易于沟通和协调，单位整体目标更趋明确，多业务项目的轻重缓急容易得到共识，有助于调动基层单位参与预算编制的主动性、积极性和创造性。零基预算极大地增加了预算的透明度，预算会更加切合实际，会更好地起到控制作用，整个预算的编制和执行也能逐步规范，预算管理水平会得以提高。

2. 滚动预算法

本案例将滚动预算法运用到预算执行过程中进行分析，对预算执行过程运用滚动预算法进行调整，以 1 ~4 月为第一个周期，5 ~8 月为第二个周期，9 ~12 月为第三个周期。第一个周期的费用情况如表 5 所示。

表 5　　20 ×3 年环境监测专项经费明细（滚动预算 1 ~4 月）　　单位：万元

序号	会计科目	年初预算金额	实际支出金额	调整预算金额
	合计	500.00	72.37	500.00
1	办公费	40.00	2.61	25.00
2	印刷费	15.00	2.45	20.00
3	咨询费	8.00	0	8.00
4	水费	2.00	0.91	2.50
5	电费	41.60	15.13	60.00
6	邮电费	8.00	0.82	6.00
7	物业管理费	45.00	13.36	42.50
8	公务接待费	0.94	0.17	0.88
9	因公出国（境）费	8.20	0	8.20
10	会议费	5.40	0	5.40
11	培训费	3.60	0	3.60
12	差旅费	40.26	15.01	59.92

续表

序号	会计科目	年初预算金额	实际支出金额	调整预算金额
13	取暖费	25.00	0	25.00
14	维修（护）费	57.00	9.53	35.00
15	租赁费	10.00	0	8.00
16	劳务费	122.00	5.46	122.00
17	委托业务费	13.00	2.91	13.00
18	公务用车运行维护费	25.00	1.08	25.00
19	其他交通费用	10.00	2.93	10.00
20	办公设备购置费	20.00	0	20.00

根据4月底实际支出情况，因年初支出金额较少，数据参考性不强，仅对20×3年环境监测专项经费预算进行了微调，主要一是物业新合同完成了签订，按照实际需求情况，减少了物业费预算；二是根据年初细化的工作任务，20×3年外出监测任务较上年预算时有明显提升，上调了差旅费的预算金额；三是根据上级部门的要求，20×3年需要提供的监测报告数量有所增加，故调高了印刷费；四是根据1～4月电费、水费实际用量，调高了电费、水费预算金额；五是根据仪器设备1～4月维修情况，暂时下调了维修（护）费预算金额。第二个周期的费用情况如表6所示。

表6　20×3年环境监测专项经费明细（滚动预算5～8月）　单位：万元

序号	会计科目	年初预算金额	实际支出金额	调整预算金额
	合计	500.00	215.27	500.00
1	办公费	40.00	9.59	20.00
2	印刷费	15.00	4.66	20.00
3	咨询费	8.00	2.00	6.00
4	水费	2.00	1.48	2.50
5	电费	41.60	30.64	50.00
6	邮电费	8.00	4.46	8.00
7	物业管理费	45.00	27.41	42.50
8	公务接待费	0.94	0.25	0.50
9	因公出国（境）费	8.20	0	0

续表

序号	会计科目	年初预算金额	实际支出金额	调整预算金额
10	会议费	5. 40	0	0
11	培训费	3. 60	0. 92	3. 60
12	差旅费	40. 26	51. 45	85. 90
13	取暖费	25. 00	0	25. 00
14	维修（护）费	57. 00	14. 18	25. 00
15	租赁费	10. 00	0. 74	5. 00
16	劳务费	122. 00	18. 57	101. 00
17	委托业务费	13. 00	34. 34	55. 00
18	公务用车运行维护费	25. 00	2. 56	25. 00
19	其他交通费用	10. 00	8. 74	15. 00
20	办公设备购置费	20. 00	3. 28	10. 00

根据 8 月底实际支出情况，对预算进行调整，一是进一步下调了办公费到 20 万元；二是由于本年承担了很多非常规性的实验分析任务，仪器设备长时间连续运转，根据实际用量情况，上调了电费和水费至 50 万元和 2. 5 万元；三是根据省厅安排，20 ×3 年未安排因公出国事项，故调整因公出国（境）费至 0 万元；四是根据截至 8 月底的实际用量和下一期间工作安排，进一步上调差旅费至 85. 9 万元，其他交通费用上调至 15 万元；五是根据办公设备实际购买量和工作安排，下调办公设备购置费 10 万元；六是根据实际用量和工作安排，对其余预算科目做了相应调整。第三个周期的费用情况如表 7 所示。

表 7　20 ×3 年环境监测专项经费明细（滚动预算 9 ~ 12 月）　单位：万元

序号	会计科目	年初预算金额	实际支出金额	调整预算金额
	合计	500. 00	500. 00	500. 00
1	办公费	40. 00	40. 79	40. 79
2	印刷费	15. 00	10. 46	10. 46
3	咨询费	8. 00	8. 60	8. 60
4	水费	2. 00	2. 20	2. 20
5	电费	41. 60	37. 91	37. 91
6	邮电费	8. 00	4. 92	4. 92

续表

序号	会计科目	年初预算金额	实际支出金额	调整预算金额
7	物业管理费	45.00	44.97	44.97
8	公务接待费	0.94	0.25	0.25
9	因公出国（境）费	8.20	0	0
10	会议费	5.40	2.70	2.70
11	培训费	3.60	0.92	0.92
12	差旅费	40.26	65.25	65.25
13	取暖费	25.00	19.48	19.48
14	维修（护）费	57.00	63.07	63.07
15	专用材料费	—	12.83	12.83
16	租赁费	10.00	0.74	0.74
17	劳务费	122.00	81.36	81.36
18	委托业务费	13.00	47.45	47.45
19	公务用车运行维护费	25.00	24.78	24.78
20	其他交通费用	10.00	13.16	13.16
21	办公设备购置费	20.00	18.16	18.16

根据12月底实际支出情况，对全年预算进行汇总梳理，一是调整因工作安排增加的办公费、维修（护）费、专用材料费等；二是调减印刷费、水费、邮电费、劳务费等实际发生数小于上期预算数的费用。

滚动预算能够保持预算的持续性，有利于考虑未来业务活动，结合单位短期目标和中长期目标，使预算随时间的推进不断加以调整和修订，能使预算与实际情况更相适应，有利于充分发挥预算的指导和控制作用。

（五）预算分析

根据20×3年环境监测专项经费的年初预算、滚动预算和年末实际发生数，分析年初预算编制的准确性、相关性等以及存在的问题和不足。差异较大的原因分析：一是印刷费差额4.54万元，差异率30%，主要原因是20×3年初预计的印刷报告数量较多，而实际印刷数量较少；二是邮电费差额3.08万元，差异率39%，主要原因是年初预估的样品邮寄数量较多，而20×3年增加了差旅费，样品由出差人员自行带回，减少了邮寄费用；三是公务接待费差额0.69万元，差异率73%，主要原因是落实中央八项规定精神，减少了公务接待数量；四是因公出国（境）费差额8.2万元，差异率100%，主要原因是20×3年没有安排因公出国；五是会议费及培训费，差额合计5.38万元，差异率分别为 50%、74%，主要原因是工作安排变动；六是差旅费差额 2.99 万元，差异率 62%，主要原因是 20×3 年工作安排增加了现场工作，以及因以前年度交通管制影响延后的各项监测任务；七是取暖费差额 5.52 万元，差异率 22%，主要原因是根据合同约定调整；八是租赁费差额 9.26 万元，差异率 93%，主要原因是工作安排变动；九是劳务费差额 40.64 万元，差异率 33%，主要原因是计划外用工的减少以及发放劳务费次数较年初预算减少；十是委托业务费差额 34.45 万元，差异率 265%，委托业务费差异较大，差异率超过 200%，主要原因是增加了仪器检定和维修改造可研报告等业务；十一是其他交通费差额 3.16 万元，差异率 32%，其他交通费与差旅费同步增加。年初预算数与实际支出数对比情况如表 8 所示。

表 8　　年初预算数与实际支出数差异情况

序号	会计科目	年初预算数（万元）	实际支出数（万元）	实际支出数 - 年初预算数（万元）	差异比率（%）
	合计	500.00	500.00	0	—
1	办公费	40.00	40.79	0.79	2
2	印刷费	15.00	10.46	-4.54	-30
3	咨询费	8.00	8.60	0.60	8
4	水费	2.00	2.20	0.20	10
5	电费	41.60	37.91	-3.69	-9
6	邮电费	8.00	4.92	-3.08	-39
7	物业管理费	45.00	44.97	-0.03	0
8	公务接待费	0.94	0.25	-0.69	-73
9	因公出国（境）费	8.20	0	-8.20	-100
10	会议费	5.40	2.70	-2.70	-50
11	培训费	3.60	0.92	-2.68	-74
12	差旅费	40.26	65.25	24.99	62
13	取暖费	25.00	19.48	-5.52	-22
14	维修（护）费	57.00	63.07	6.07	11
15	专用材料费	—	12.83	12.83	—
16	租赁费	10.00	0.74	-9.26	-93
17	劳务费	122.00	81.36	-40.64	-33
18	委托业务费	13.00	47.45	34.45	265
19	公务用车运行维护费	25.00	24.78	-0.22	-1
20	其他交通费用	10.00	13.16	3.16	32
21	办公设备购置费	20.00	18.16	-1.84	-9

（六）在实施过程中遇到的主要问题和解决方法

本案例主要是将零基预算法、滚动预算法等管理会计方法运用到单位预算管理的全过程，以期达到更好地编制预算，促进业财融合，更好地支持和促进单位的管理决策和发展等目标。

（1）在实施过程中遇到的问题主要有：一是零基预算法要求编制预算时不参照以前年度的基础数据，这就使预算实施过程中，需要从零开始编制预算，以预算年度的业务实际需求出发，业务部门不能根据基期数据做参考，需要详细、充分考虑下一年度的工作计划，例行工作尚可考虑，但存在很多临时性、不确定性的工作，编制预算时较难把握；二是运用零基预算法，无论是业务部门还是财务部门，工作量都有几何倍数的上升，按照零基预算法要求，所有工作对应的专项资金，其支出内容与金额都要重新测算，对应的工作量较传统的预算编制有极大的增加；三是受传统增量预算编制方式的影响，财务人员与业务人员在预算编制的过程中，由于编制预算时对下一年度可能涉及的各项目工作未能全面、充分考虑，习惯一定程度地夸大预算金额，为保证下一年度单位的正常运作，预算编制缺乏科学、合理性。转变成零基预算编制，思想上的转变较为困难，要制定科学合理的预算，就要掌握国家和上级部门的政策导向，做好长期谋划，从工作实际需要出发，才能确保预算执行与年度预算相符，降低预算调整率，从而提高预算的前瞻性、科学性、准确性及有效性，致使零基预算编制在推广运用和接受程度方面面临一定困难；四是滚动预算法要求单位编制预算要将预算期不断连续地滚动往前推动，在本次案例执行过程中，受制于财务人员的配置情况，财务数据的收集整理工作较为繁杂，按照季度作为一个预算周期，明显体现出上半年前两个季度预算支出较少，下半年两个季度预算支出较多的特点，各项目资金下达时间多集中于年中 5 月、6 月，故滚动预算执行不能完全发挥其作用；五是滚动预算法的运用对现金流的要求较高，在实际执行过程中，容易造成“提前支出未来资金”的现象，滚动预算不仅考虑当期的收入和支出，还考虑了未来的收入和支出，决策可以结合当下和未来的资金，但受制于财政资金的拨付时限，我单位在滚动预算执行过程中，仅能使用当期已经拨付的资金。

（2）解决方法主要有：一是转变预算编制思路。无论是滚动预算法，或是零基预算法，与传统预算编制方法相比，不再是做大预算盘子，保障资金的思路，而是转变为从实际需求出发，根据业务量、任务导向，按照轻重缓急的程度依次安排预算，同时要加强各部门，特别是财务部门与业务部门之间的联系，始终贯彻“下好一盘棋”的思路，把预算编制与业务工作有效地结合起来，不断提升预算编制的科学性、有效性，提升预算管理的精细水平，提升财政资金的使用效益。二是加强培训学习，增强业务素养与专业能力。随着预算编制要求越来越高，运用的预算编制方法越来越专业，要求单位的财务人员以及业务人员要不断提升自身能力素养，特别是零基预算编制方法要求财务人员熟悉本单位各业务类型，以及相对应的支出类型；同时，也要求业务部门人员有一定的财务知识，特别是涉及预算编制的财务知识。只有财务人员懂业务，业务人员懂财务，才能有效地设置绩效目标，科学地编制预算，提升整个单位的预算管理水平。三是建立健全预算执行考核机制。单位的预算管理涉及预算的编制、执行和考核等环节，年初编制预算时设立了绩效目标，执行过程中，也应该结合滚动预算法设立一些资金支付指标，从绩效目标完成程度以及资金支付进度等多维度对预算执行进行考核，不断完善预算执行考核机制，并出台相应的奖惩措施，促使各业务部门不断提高预算编制水平，提升资金使用效益，将资金用在最需求、最迫切的工作中，提高单位预算编制质量，最大限度发挥财政资金效益。四是结合发展迅速的信息技术，构建滚动预算项目库。现阶段，电子信息技术发展迅速，很多新技术都越发完善，应用到预算管理中，主要是运用电子信息系统，建立资料翔实的数据库，将预算执行中的各类数据全部纳入数据库管理，财务人员能够及时将资金支付情况通过数据库传递给业务人员，业务人员也能够及时将工作进展通过数据库转递给财务人员，数据库能够有效地加快单位内部的信息传递速度，从而更好地发挥滚动预算法在预算管理中起到的积极作用。

四、取得成效

（一）应用相关管理会计工具方法前后情况对比

本案例使用的管理会计中的零基预算方法，有效提升了预算编制环节的科学性、合理性，按照预算年度实际的工作目标和工作任务，细化编制预算，运用零基预算编制方法的 20×3 年环境监测专项经费的预算为 500 万元，相较运用传统增量预算编制方法的预算 565 万元减少 65 万元，有显著的经济效应。同时，业务部门和财务部门在零基预算编制过程中，也有了更多的交流，对彼此的工作更加熟悉，对财务部门来说，通过此次预算编制过程，加深了对本单位各业务部门工作的了解，有助于在预算执行过程及未来绩效评价过程中更好的执行，并提供更优质的会计信息；对于业务部门来说，通过此次编制过程，对财务部门及其运作方式都有了更深刻的了解，有助于协助财务人员更好地完成预算执行。

运用滚动预算法，根据实际用量及工作计划，实时调整预算，有助于使预算更加科学、合理，也更加贴近实际情况。本案例中，通过使用滚动预算法调整预算，使

20×3 年环境监测专项经费的各项费用构成发生了较大变化，但其应用有助于单位预算管理的后续发展。

（二）对解决单位管理问题情况的评价

运用零基预算方法和滚动预算方法，使单位整体的预算管理更加科学、合理，特别是业务部门和财务部门在预算编制环节有了很好的交流机会，对彼此的工作内容有了进一步的了解，也有助于后续更好地预算执行。

（三）对支持单位制定和落实战略的评价

本案例仅涉及预算编制和执行环节，对单位整体制定和落实战略的影响甚微，主要是合理地编制和执行预算，能够减少浪费，节约资金成本。

（四）对提升单位管理决策有用性的评价

本案例提升了预算编制的科学性、有效性，给单位管理层提供了更加真实、可靠的会计信息，同时结合滚动预算方法，对预算执行过程中进行动态调整，与未来工作计划紧密相连，有助于管理层更好地决策部署。

（五）对提高单位绩效管理水平的评价

预算管理中，绩效评价作为事后管理的主要环节，有着非常重要的地位，零基预算和滚动预算都能够使预算管理更加合理、更加贴近实际情况，有助于做好后续的绩效分析、评价。

五、经验总结

（一）相关管理会计工具方法的应用场景建议

零基预算方法适用于所有企业单位，也基本适用于事业单位；滚动预算方法有助于提高预算的准确性，但因其工作量大且短时期的滚动预算很难有较大变动，相对更加适用于规模较大、时间较长的大型项目。

（二）相关管理会计工具方法成功应用的关键因素

管理会计工具方法的成功运用离不开财务与业务的融合，如果仅是财务人员单独应用，很难有非常好的效果。

（三）相关管理会计工具方法在应用中的优缺点

优点主要是相较于传统的财务会计，管理会计的工具方法有其科学性和先进性，能够在传统财务会计数据的基础上，进一步整理、分析，提供更高质量的会计信息，帮助管理层更好地决策部署。缺点主要是在运用过程中，管理会计由于缺乏运用基础，产生的工作量较大。

（四）相关管理会计工具方法发展和完善的建议

提高会计人员专业能力及素养，在管理会计理论体系建设过程中，学习吸收西方先进的管理会计理论和方法，同时根据国内具体情况，勇于创新，根据不同行业的特点，紧紧围绕“业财融合”这一核心理念，在管理会计的课程设置中增加一些业务内容，帮助财务人员更好地学习业务知识。

（五）对推广应用相关管理会计工具方法的建议

通过零基预算方法和滚动预算方法在预算管理体制中的应用，证明了事业单位可以根据自身业务特点、管理要求，积极运用管理会计的工具和方法，提高预算管理水平。零基预算方法能够很好地根据预算年度工作计划和安排细化预算，避免浪费资金，提高财政资金使用效益，但其相对于传统的增量预算模式，增加的工作量太大，需要考虑根据预算编制项目的特点，逐步推进零基预算，如延续性项目运用增量预算编制方法，新设项目运用零基预算编制方法等。

（甘肃省环境监测中心站：刘　潇　刘　群）

案例评语：

该案例聚焦预算管理这一核心工作，结合甘肃省环境监测中心站战略规划、业务特点及管理需要，通过将零基预算法、滚动预算法等管理会计工具应用于甘肃省环境监测中心站的预算管理，分析了预算管理的关键内容，并梳理了财务会计与管理会计在预算管理中的关联性。同时，探究了两者融合发展的积极效用，重点分析了预算管理中财务与业务融合的影响因素，并提出了相应的可行性应对策略。这些方法的应用旨在优化预算编制，提升预算管理的准确性和科学性，从而提高财政资金的使用效益，推动单位的科学发展。

案例单位证明了事业单位可以根据自身业务特点、管理要求，积极运用管理会计的工具和方法，为其他单位提高预算管理水平提供有益借鉴。

基于 KPI 的 A 高校预算绩效指标体系建设与应用*

摘要

高等教育院校的发展离不开国家财政支持，国家财政性教育经费支出占国内生产总值比例连续 10 年保持在 4% 以上。据 B 自治区统计年鉴显示，自 2015 年起自治区教育经费同比增加约 10%。然而，也出现了部分财政教育经费闲置、违规支出与高耗低产等现象，以及预算管理重执行轻绩效、业财融合不足、监督不到位等问题。因此，如何高效开展预算管理及评价工作则显得越发重要。

A 高校作为自治区“双一流”建设高校，财政拨款占比较高，也面临以上问题。为了提高其预算管理水平，实现高质量预算绩效评价，A 高校计财处基于财政部《预算指标核算管理办法（试行)》和 B 自治区《全面实施预算绩效管理的工作方案》等指导文件，应用绩效管理领域管理会计工具中的关键指标法，选取出可量化、易测算且能有效评价高校绩效评价的关键性指标，含 3 个一级指标、9 个二级指标、51 个三级指标，构建出一套预算绩效评价指标体系。借助该体系，A 高校连续两年在 B 自治区厅属高校预算执行情况中名列前茅。

本案例描述了 A 高校计财处采用关键指标法构建预算绩效评价体系的全过程。在构建一套较为完善的预算绩效评价体系的同时，也通过该套评价指标对 A 高校 2022 年预算绩效执行情况进行评价，验证了其有效性。

一、背景描述

（一）单位基本情况

A 高校计财处是学校财务活动与管理的职能部门，全面履行学校财务与会计管理工作，实行“统一领导，集中管理，分权限审批”的财务管理制度。其中，财务管理科负责预算管理工作，包括：组织预算编制、预算执行分析、协调相关归口管理部

* 资料来源：本案例数据来源于某高校预、决算公开报告。

门做好预算绩效管理等工作。

（二） 单位管理现状和存在的主要问题

在 A 高校校党委的领导下，计财处紧盯“双一流”建设目标，以提升财务管理水平为宗旨，积极筹措资金，加强预算管理；以初步建立内部控制体系为抓手，做好重大风险防范；以财务信息化建设为载体，构建高效便捷的财务服务体系，较好地完成了各项目标任务。然而，在预算管理的过程中也出现以下问题。

第一，建立全方位、全过程、全覆盖预算绩效管理体系的目标较为困难。首先，建立“三全”预算绩效管理体系涉及范围广，仅某部门推动较为困难。其次，在预算执行过程中缺乏对归口管理部门的利益协调机制。由于各归口管理部门在编制部门二级预算时随意性大，优先考虑自身的利益，导致预算编制过程中需花费大量时间协调沟通。

第二，业财一体化的信息系统还需进一步优化。虽然 A 高校在三个校区间已初步实现业财融合，但仍存在信息化集成程度不高、业财一体化建设深度不够的问题。

第三，A 高校原绩效评价指标体系中存在关键指标不够突出、涉及范围较小等问题。

（三） 选择关键绩效指标法（KPI）的主要原因

关键绩效指标法（KPI）是选取衡量组织在特定领域或战略目标方面表现的指标，监测和评估组织的绩效表现，反映是否达成战略目标和运营效果，具有量化、可度量性和可操作性等特点。在高校预算管理过程中，可以通过选取各个阶段的关键指标，从多个维度进行考核评价，进而对预算整体情况做出评估，系统分析预算资金使用情况，及时控制整个预算过程，充分发挥预算管理全过程的积极性。

二、总体设计

（一） 应用关键绩效指标法（KPI）的目标

本案例基于新公共管理理论、激励理论、关键绩效指标理论，构建案例的理论框架。首先，在指标体系构建前期，基于新公共管理理论的要求，A 高校以绩效为导向构建预算指标评价体系；其次，在指标体系构建的过程中，基于关键绩效指标理论选取绩效评价指标；最后，在指标体系应用上，利用激励理论和相关措施，将激励延伸到涉及预算管理的各个部门，激励其做好预算工作。

由此，A 高校计财处构建了一套具有共性和个性的高校预算绩效指标评价体系，主要目标在于：一方面，解决当前高校预算绩效评价难的困境，为预算绩效评价实施部门提供一套可借鉴、实用性强的绩效评价指标体系，提升高校预算绩效管理水平；另一方面，基于已构建的预算绩效评价体系在实际运用中存在的问题，对指标体系进行再优化，对其他正在摸索如何构建预算绩效评价指标体系的单位提供一定的借鉴，进一步强化预算评价功能。

（二）关键绩效指标法（KPI）的相关内容

《管理会计应用指引第 601 号——关键绩效指标法》《管理会计应用指引第 200 号——预算管理》对本案例预算绩效指标体系构建提供较多启发。关键指标法通过选取对组织绩效和经营结果有关键影响的指标、识别出最能有效驱动单位价值创造的指标，对组织绩效和战略目标实现情况进行分析。由此，A 高校利用关键绩效指标法选用指标时，删除了部分低效指标，如岗位管理、预决算公开、政府采购、债务管理等指标。并严格遵循指标有效性、可量化、易测算等原则，选用能影响单位绩效的关键指标进行构建。

（三）应用关键绩效指标法（KPI）的总体思路

预算绩效管理工作从上至下可分为：顶层驱动、流程设计和具体落实三个层次。基于预算一体化的新要求，预算绩效的评定应当贯穿预算绩效管理的全过程，运用关键指标法构建预算绩效评价指标体系的总体思路如图 1 所示。

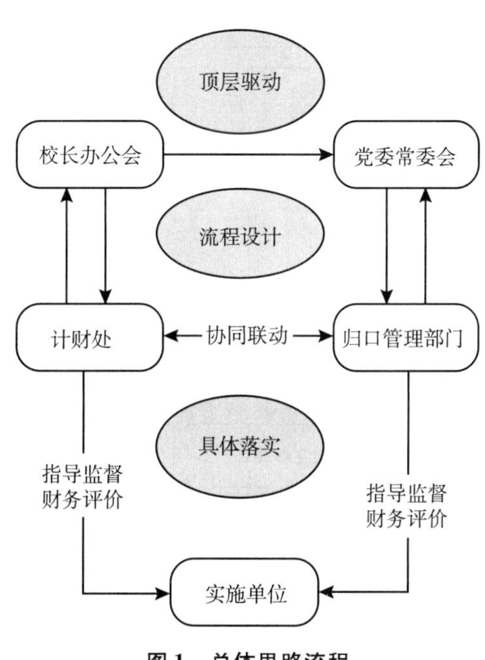

图 1　总体思路流程

（1）顶层驱动。通过校长办公会、党委常委会会议决策，制定合理的预算目标、编制预算安排，明确发展目标、决策过程、资金安排等事项。

（2）流程设计。计财处联动归口管理部门对项目实施单位进行指导、监督，开展财务绩效评价工作。

（3）具体落实。预算实施单位明确具体内容，根据实际情况合理使用资金，按时主动开展自评工作。归口管理部门与计财处对实施单位预算进行考核评价。

（四）应用关键绩效指标法（KPI）的创新

本案例叙述了 A 高校计财处采用关键指标法构建预算绩效评价体系的全过程之旅。在构建形成一套较为完善的预算绩效评价体系的同时也总结出在预算绩效评价方面存在的不足，目标在于能够给高校等事业单位提供一套可借鉴的指标体系，以期完善预算绩效评价，更好地制订预算收支计划。

三、应用过程

（一）参与部门

根据《A 高校预算管理办法》规定的预算管理职责：预算绩效管理参与部门中大学党委会负责领导预算管理工作，计财处负责开展具体工作，参与部门如图 2 所示。

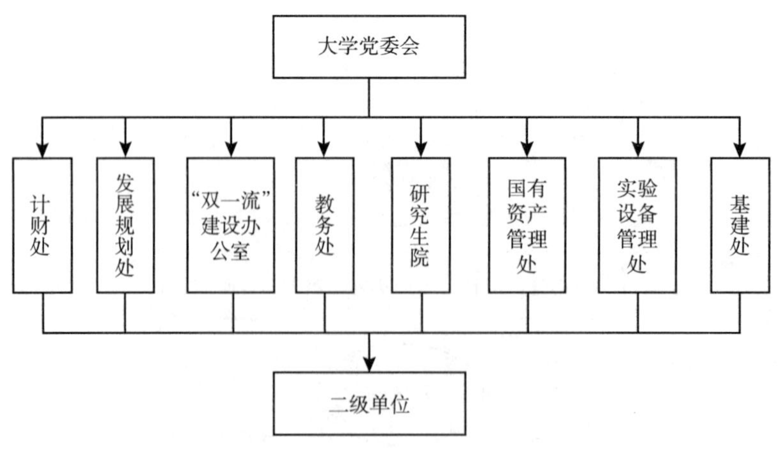

图 2　A 高校预算绩效管理参与部门

计财处具体负责合理编制学校财务预算，对预算执行过程进行控制和管理，并按期编制有关财务报表；负责进行集中会计核算，如实反映学校财务收支和预算执行情况，提高资金的使用效率，及时编制年度财务决算及财务报告；按照有关要求做好部门预算和决算的公开工作。

发展规划处、“双一流”建设办公室、教务处、研究生院、国有资产管理处、实验设备管理处、基建处等归口部门在各自职责范围内，对二级单位预算草案汇总、审核。

二级单位作为预算执行单位，负责本单位预算草案、预算调整草案的编制及具体执行工作。

（二）A高校预算绩效管理流程

A高校计财处在进行预算绩效管理的过程中，关键工作是保证高校教育资金的合理分配，保障项目资金需求并规范预算资金的使用，从而完成高校的教育任务以及长期战略发展目标。对于高校运行中呈现的结构复杂性以及预期运营结果多元化的特点，在高校的预算绩效管理过程中需要一个完备的管理体系，以保证高校可持续的健康发展。

A高校在国家相关预算绩效管理办法的指导下，以预算绩效管理工作规划为纲领，进一步推进相关管理工作的落实。不仅是在高校组织架构以及管理制度方面加强落实，同样在预算管理绩效指标体系的构架方面有一定的成效。对于该体系的基本流程描述如下：

第一步：以问题为导向，在对各部门以及各项目的实际需求展开调研的基础上，制定五年的预算绩效管理目标，建立全方位、全过程、全覆盖预算绩效管理体系。

第二步：完善顶层设计，构建自上而下、内外联动的预算绩效管理机制。通过有效的预算绩效管理机制，对预算执行流程中各环节工作进行规范。加强预算监督，定期对预算执行情况进行考评，及时发现差异原因并采取有针对性的优化措施，真正实现“财随政走、钱随事走、行随规走、奖随效走”。

第三步：出台相关制度，支撑预算绩效管理工作有效实施。制度是保障预算绩效执行效果的重要保障，要建立一套高效的预算管理制度，对预算执行各环节进行引导。

第四步：明确相关流程，构建“项目编制有目标、预算执行有分析、评价结果有应用”的预算绩效实施流程。一方面，以预算绩效评价结果为依据对各部门开展评价，强化绩效管理；另一方面，将预算绩效评价结果运用于次年的预算编制中，促进预算一体化建设。

高校的预算绩效管理机制是一个循环过程，在循环的工作进程中如果能够保证各个环节的准确性以及价值最大化，即预算编制、预算执行、预算控制以及预算监督考核等各个环节的绩效管理动态控制，从而可以实现高校预算绩效管理的效率最大化。

关于预算管理过程，具体如图 3 所示。

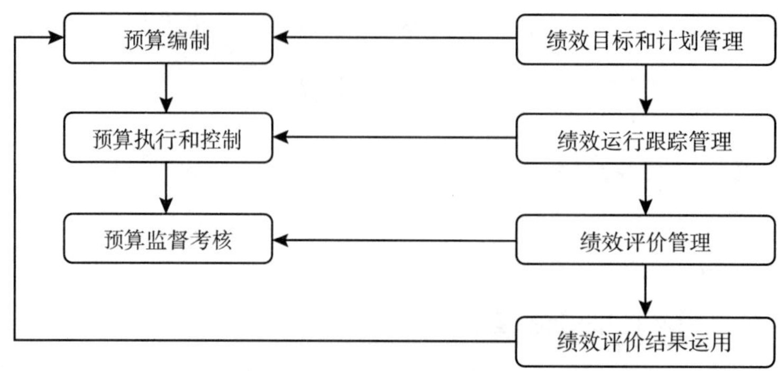

图 3　预算绩效管理流程

（三）A 高校预算绩效评价体系构建的整体思路

根据财政厅对 A 高校预算绩效管理工作的要求，A 高校结合实际，按照以下思路开展预算绩效指标体系构建：

步骤一：根据 A 高校的具体特点构建全方位量化的预算绩效指标体系。

步骤二：采用专业合理科学的方式确定各预算绩效指标权重。

步骤三：确定指标的评价标准，作为对实际数据进行分析评价的依据。

步骤四：把每个指标和已确定的评价标准加以对比，从而测算出预算绩效指标的分数。

步骤五：汇总各项指标数值形成一个全面反映预算绩效的综合评价指标体系。

具体如图 4 所示。

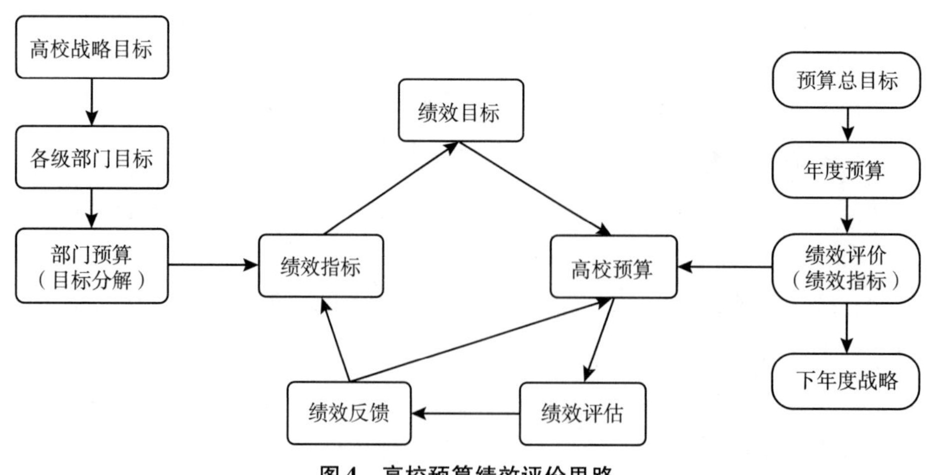

图 4　高校预算绩效评价思路

考虑到绩效目标编制的规范性、完整性、匹配性将影响后续绩效评价的准确性，A 高校从高校所肩负的人才培养、科学研究、社会服务、文化传承创新、国际合作交流五大使命来构建预算绩效目标体系，具体体现为决策指标、过程指标、产出指标、效益指标、满意度指标。目前 A 高校所在自治区的绩效评价工作还处于探索阶段，在全面实施预算绩效管理的背景下，A 高校绩效评价根据其责任关系的不同采取分类评价。

（四）A 高校预算绩效评价关键指标的选取

预算绩效指标的设置以高校主要功能为基础，包括但不限于人才培养、学科建设、科学研究、社会服务、国际交流与合作、文化传承创新等，其指标体系涵盖面广，同时各高校的侧重点和特有指标各不相同，“指标过多”导致各高校选用指标十分迷茫。过去几年，A 高校在选用预算绩效指标时，把衡量学校发展的重点工作指标设置为“关键指标”，把其他指标设为“关注指标”，但在实际操作中也出现了一些问题，如指标体系中设置的核心考核指标较多，造成“关键指标”不突出，操作者不易把握重点。

为了筛选出符合 A 高校发展需要的绩效评价指标，A 高校计财处多次向其他高校计财处“取经”，聘请了部分高校预算绩效专家开设讲座，并结合高校的预算绩效管理自身的独特性与财务管理之间的共性，在指标设置的过程中将共性特征和独特性相结合进行综合考虑，在此基础上构建科学合理的绩效预算评价指标体系。

1. 重要性原则

高校的预算绩效管理涉及的部门较多，同时工作也呈现出多样化的特点，如果按照相关指标都纳入考虑就会导致出现指标数量过多的现象，因此应根据高校的具体内容及目标进行设置，并结合关键指标法，选取的指标应当具有针对性和导向性。A 高校根据《预算绩效评价共性指标体系框架》中已设置的一级、二级指标，结合《教育部关于全面实施预算绩效管理的意见》（教财〔2019〕6 号）要求、根据学校发展需要，筛选出 51 个关键的三级指标，例如，A 高校注重人才培养，将学士学位授予率以及论文抽检质量作为学校绩效的三级产出指标，并根据每个指标对高校发展影响的重要性进行排序，赋予其不同的权重。

2. 全面性原则

全面性原则也就是在高校预算绩效管理过程中将全面考虑最终预算绩效管理效果的指标都进行考虑，主要包括高校的教学内容、科研内容、资产管理等内容的投入与产出。大致有三个方面的要求：（1）指标设计范围要全面；（2）指标包含内容要全面；（3）指标配置类型要全面。A 高校结合全面性原则以及关键指标法的指标构建原则。首先，指标设计范围囊括了其具体发展目标，例如，A 高校将高校科研计划、实验课达标率以及毕业生毕业去向落实率作为衡量学校绩效的三级指标，不仅考虑资金的投入和支出现金流量情况，也很注重资金投入产生的收益和效果。其次，A 高校设立的指标类型较为全面，涵盖了结构相对数、比例相对数、动态相对数，例如，生师比、支出预算执行率、资产中往来款占比变动率等指标。

3. 可比性原则

可比性原则要求在建立绩效预算评价指标体系时，要考虑其可行性和可比性，在选取指标上定量指标与定性指标结合，尽量实现与其他高校间的横向比较。A 高校遵循可比性的原则，选取指标时较好地将定性和定量指标相结合。例如，一级指标学校管理下的二级指标财务管理与预算执行经过量化分别被赋予了 10 分和 8 分的分值，整体占到了 18% 的权重，这样做可以明确 A 高校学校管理方面当前所处的水平。并且，A 高校选取了学士学位授予率、专任教师规模等指标，在对预算绩效进行评价的同时一定程度上实现了横向可比。

（五）A 高校绩效指标体系构建

基于上述原则选用的关键性指标，A 高校预算绩效指标是根据自治区指引已确定的一级、二级指标，结合实际工作需要，以预算资金管理为主线，从运行成本、管理效率、履职效能、社会效应、可持续发展能力和服务对象满意度等方面，选取了符合 A 高校实际情况的三级指标，建立起一套较为完善的预算绩效评价指标体系。

在单位整体绩效指标中，决策和过程指标主要为各行各业通用的指标，如计划制订、预算管理、预算执行、资产管理等方面。效益、满意度指标的三级指标则可根据不同学院、部门的性质工作自行进行选取确定。由于高校是非营利性的，对于高校来说社会效益和满意度指标中，社会效益指标和满意度指标可能还与高校的工作有一定的相关性，如毕业生对学校的满意度、社会用人单位对毕业生的满意度等，但经济效益、生态效益和可持续发展指标与高校相关性不强、涉及不多。此外，绩效指标根据性质可分为定性指标和定量指标，对于高校来说，定量指标更能直观准确地展示学校的重点工作和事业发展成果，绩效监控与绩效评价时也能直截了当地反映绩效目标是否达到，并且有据可循。因此，在选取绩效指标时，尽量选用定量指标，在定量指标较少、无法完全满足需求或该目标无法用数字定量衡量时，也可用定性指标进行补充完善。

设定好绩效评价的一、二、三级指标，评价维度的基本框架就已搭建完成，下一步就是确定指标权重。指标权重的计算方法有很多，如德尔菲法、层次分析法、主成分分析法、灰色关联度评价法、模糊综合评价法、组合评价法等。A 高校选用比较简明、清晰的层次分析法为权重确定方法，在明确评价标准和评分方法、指标解释和评价资料的基础上，选取了近60个符合A高校实际情况的三级指标，通过德尔菲法筛选出51个三级指标并赋予权重①，整个绩效评价体系就构建完成，共3个一级指标，9个二级指标，51个三级指标，具体见附录B、C。

因高校整体支出绩效评价指标所包含的具体指标较多，下面仅以决策指标和绩效指标为例，对A高校绩效评价应用过程进行描述，并根据评价得分情况进行分析。

（1）决策类指标总计赋分10分，评价得分9分，得分率90%。该类指标主要考核发展目标、决策过程和资金安排，具体情况如表1所示。

表1　A高校决策类指标得分情况

一级指标	权重	二级指标	三级指标	分值（分）	得分（分）	得分率（%）
学校决策	10	发展目标	办学定位和规划	2.5	2.5	100
		决策过程	预算编制程序	1.0	1.0	100
			重大项目大额资金	1.5	1.5	100
		资金安排	重点保障	2.5	2.5	100
			经费投向	2.5	1.5	60

发展目标方面，为明确办学定位和学校发展规划，A高校深入贯彻落实党中央、国务院关于建设世界一流大学和一流学科的重大战略决策，根据《B自治区“十四五”教育事业发展规划》和学校第七次党代会精神，结合学校实际，制定学校发展规划、年度工作计划。本项指标设置分值为2.5分，相关内容完整，本指标得分2.5分。

决策过程方面，校内预算、重大项目安排、大额资金使用结合与学校实际情况相适应，并通过校党委会审议。本项指标设置分值为2.5分，《A高校2022年校内预算草案》在2021年12月第十次常委会会议予以研究通过。学校严格执行刚性预算，坚持重大事项经学校党委会议审议的原则，相关会议纪要完整，本指标得分2.5分。

资金安排方面，政策依据、重点保障、经费投向严格执行国家和自治区各项政策开展工作，预算编制工作中优先保障人员、日常公用支出。支持一流大学重点学科建设，促进重点建设学科向更高层次、更高水平发展。本项指标设置分值为5分，学校紧密围绕国家和自治区重大发展战略需求，按照“建强工科、优化理科、繁荣文科”

① 德尔菲法：又称专家评价法。本案例选取了来自A高校计财处、A高校预算执行部门、第三方评价机构专家，共计18名。其中，对各关键指标的衡量标度分为：（1）绝对重要；（2）十分重要；（3）比较重要；（4）稍微重要；（5）同样重要。

原则，资金重点用于一流学科以及支撑学科建设，重点支持人才培养、科学研究、师资队伍建设，特别是高层次人才引进和培育工作，用于公共服务体系建设。资金投向符合“十四五”和第二轮“双一流”建设方案确定的五大建设任务。较好完成年度预定目标，本指标得分 4 分。

（2）绩效指标包含数量指标、质量指标、效益指标、满意度指标 4 个二级指标，结合“双一流”建设目标特点，对二级指标进行了进一步细分，分为 36 个三级指标，指标总分 72 分，实际得分 70. 5 分，具体情况如表 2 所示。

表 2　　A 高校绩效类指标得分情况

一级指标	二级指标	权重	三级指标	分值（分）	得分（分）	得分率（%）
学校绩效（72）	数量指标	25	专任教师规模	2	2	100
			引进领军人才	2	2	100
			引进博士教师	2	2	100
			学生资助	2	2	100
			大学生创新创业	2	2	100
			教学改革	2	2	100
			高校科研计划	2	2	100
			维修改造	2	2	100
			基础建设	1. 5	1. 5	100
			设备购置	1. 5	1. 2	80
			生均年进书量	2	2	100
			支持专业基础实验室	2	2	100
			支持省部级及以上科研平台	2	2	100
	质量指标	21	验收合格率	2	2	100
			学士学位授予率	2	2	100
			日常运转	2	2	100
			生师比	2	2	100
			专任教师水平	2	2	100
			生均教学科研设备	2	2	100
			生均图书	2	2	100
			实验课达标率	2	2	100
			地方高校基本办学条件	2. 5	2. 3	92
			地方高校办学质量	2. 5	2. 4	96

续表

一级指标	二级指标	权重	三级指标	分值（分）	得分（分）	得分率（%）
学校绩效（72）	效益指标	20	毕业生毕业去向落实率	2	2	100
			优化生源占比	2	2	100
			促进高校持续健康发展时效	2	1.9	95
			地方高校服务社会能力	2	1.9	95
			论文抽检质量	2	1.8	90
			学生资助覆盖率	2	1.5	75
			存量资金变动率	2	2	100
			债务化解	2	2	100
			经营收入比	2	2	100
			资产中往来款占比变动率	2	2	100
	满意度指标	6	学生满意度	2	2	100
			教职工满意度	2	2	100
			社会满意度	2	2	100

①数量指标方面，分为专任教师规模、引进领军人才、引进博士教师、学生资助、大学生创新创业、教学改革、高校科研计划、维修改造、基础建设、设备购置、生均年进书量、支持专业基础实验室、支持省部级及以上科研平台 13 个三级指标，总分 25 分，实际得分 24.7 分。

学校计划专任教师队伍规模为 2000 人以上，根据 A 高校现有的专任教师队伍花名册，截至 2022 年 12 月 31 日，专任教师队伍达到 2025 人，实际完成率为 101.25%，该指标权重分值 2 分，实际得分 2 分。

引进领军人才指标计划为 26 人以上，经对引进领军人才情况进行统计，实际完成引进领军人才 26 人，其中引进学科领军人才 1 人、引进学科带头人 17 人、引进学术骨干 8 人，实际完成率为 100%，该指标权重分值 2 分，实际得分 2 分。

基础建设指标按年度计划完成，完成一个新建项目，该指标权重分值 1.5 分，实际得分 1.5 分。

设备购置指标，实际完成教学实验设备购置金额 11432.05 万元，计划教学实验设备购置金额 14361.29 万元，通过计算得出执行率为 80%，该指标权重分值 1.5 分，实际得分 1.2 分。

支持省部级及以上科研平台数量计划为 24 个以上，经过对支持省部级及以上科研平台情况进行统计，实际完成支持省部级及以上科研平台 4 个，其中支持国家级科研平台 5 个、省部级科研平台 19 个，实际完成率为 100%，该指标权重分值 2 分，实际得分 2 分。

②质量指标方面，分为验收合格率、学士学位授予率、日常运转、生师比、专任教师水平、生均教学科研设备、生均图书、实验课达标率、地方高校基本办学条件、地方高校办学质量 10 个三级指标，总分 21 分，实际得分 20.7 分。

学士学位授予率 94.51%，超过预期的 80%，该指标权重分值分值 2 分，实际得分 2 分。

计划的验收合格率为 100%，经对年度采购验收资料进行审核，采购设备、物品经相关人员验收，均显示合格，验收合格率为 100%，该指标权重分值 2 分，实际得分 2 分。

专任教师水平以研究生学位专任教师占专任教师比例是否达标为考核标准，截至 2022 年，研究生学位专任教师占专任教师比例 92.6%，超过标准，该项指标权重分值 2 分，实际得分 2 分。

生均教学科研设备值为 16343 元/生，达到国家标准，该指标权重分值 2 分，实际得分 2 分。

地方高校基本办学条件指标计划能够达到良好水平，向 A 高校教师及学生发放调查问卷，收回有效问卷 22699 份，其中教师 1173 份、学生 21526 份，根据调查结果显示，99.83% 的教师认为基本办学条件能够达到良好及以上水平，99.34% 的学生认为基本办学条件能够达到良好及以上水平，该指标权重分值 2.5 分，实际得分 2.3 分。

地方高校办学质量指标计划通过不断建设办学质量能够不断提升，向 A 高校教师及学生发放调查问卷，收回有效问卷 22699 份，其中教师 1173 份、学生 21526 份，根据调查结果显示，99.83% 的教师认为办学质量能够不断提升，99.56% 的学生认为办学质量能够不断提升，该指标权重分值 2.5 分，实际得分 2.4 分。

③效益指标方面，分为毕业生毕业去向落实率、优化生源占比、促进高校持续健康发展时效、地方高校服务社会能力、论文抽检质量、学生资助覆盖率、存量资金变动率、债务化解、经营收入比、资产中往来款占比变动率 10 个三级指标，总分 22 分，实际得分 19.1 分。

其中，毕业去向落实率预期目标达到 95%，实际达到 95.06%，该指标权重分值 2 分，实际得分 2 分。

优化生源占比指标计划通过不断完善，不断优化 A 高校生源结构，加快学生结构调整，本科生规模控制在 22000 人左右，内地生源占比达到 50%；不断扩大研究生人才培养规模，在校研究生从 2020 年的 9672 人提升至目前的 14428 人，占在校生比例从 27.3% 提升至 38.05%，优化生源占比得到不断完善，该指标权重分值 2 分，实际得分 2 分。

地方高校服务社会能力指标计划通过不断建设能够明显提升，向 A 高校教师发放调查问卷，收回有效问卷1173份，根据调查结果显示，99.57%的教师认为服务社会能力得到明显提升，该指标权重分值2分，实际得分1.9分。

学生资助覆盖率预期做到全覆盖，实际研究生全覆盖，本科生未全覆盖，该指标权重分值2分，实际得分1.5分。

④满意度指标方面，分为学生满意度、教职工满意度、社会满意度3个三级指标，总分6分，实际得分6分。根据评分标准，学生（含毕业生与在校生）对学习与成长的实际满意度、教师对学校教育教学工作的实际满意度、用人单位的实际满意度三项均大于85%，合计实际得分6分。

（六）A高校预算绩效评价指标体系建设难点

1. 指标值设置格式不统一

指标值的设定直接关系到后续预算绩效评价的结果，在实际操作中，指标值设置格式没有固定的要求，特别是体现数量的指标，一般有开区间和闭区间两种方式。比如，支持省部级及以上科研平台（X）可以设置为固定值或X≥24或X≤24，同一指标值的设置，受个人偏好影响，在指标值填报时，有的填写具体数值，有的填写区间数值，使指标评价质量不高。

2. 指标值正负偏离区间难以界定

一般情况下，大家普遍认为指标完成率越高越好，说明高校各项指标计划完成程度好。但在实际操作中，我们发现并不是指标完成率越高就越好，有可能是当初指标设置松弛，某些部门为了更好地完成预算目标，故意降低目标值，使指标完成率很容易就达到100%，甚至超过100%。因此不能完全依靠指标完成率来直接得出结论，但指标正负的偏离到底是多少为好，是±5%还是±10%？如何设置合理的正负偏离值区间还需要后期在实践中不断的摸索。

3. 指标值调整渠道不畅通

绩效监控是保障预算执行、绩效目标顺利完成的重要手段，可以有效增强预算执行的科学性、合理性、规范性，提高财政资金使用绩效，保障预期目标顺利完成。一般我们通过分析考核指标的半年执行情况，综合考虑各种因素及早纠偏，避免因政策调整等影响绩效评价，但在实际操作中还未建立起科学合理的绩效调整流程，难以发挥绩效监控的作用。

4. 尚未建立完整的信息化系统

预算管理信息化系统主要目的是利用信息化平台对业务活动进行动态化管理与跟踪，提升预算分析预测、动态调整、分析研判的能力。但是在预算管理过程中，往往项目管理部门对业财融合的认知不够充分，对财务人员业务起因和结果等信息缺乏必要的了解，只能局限在一个层次、一个方面、一个发展阶段的相对认识，信息不对称导致财务与业务不能真正实现联动作用，不能真正以业财融合的思维指导实践，导致所确定的预算管理目标与实际执行状况出现偏差。

（七）针对提高 A 高校预算绩效的对策和方法

1. 完善预算绩效相关制度建设

未来 A 高校还应不断加强制度建设，动态跟踪国家预算绩效管理方面的新政策，建立符合高校发展需求的科学预算绩效管理体系，并不断强化《A 高校“双一流”建设专项资金管理暂行办法》《A 高校预算绩效管理办法》《各业务主管部门经费管理办法》等制度建设，引领各部门增强预算绩效管理意识，建立健全包括事前、事中、事后绩效评估、绩效目标管理、绩效运行监控、绩效评价和结果应用等重要环节的全覆盖、全流程预算绩效管理机制，自上而下推动 A 高校预算绩效工作。

2. 实现预算绩效管理标准化与信息化

标准化与信息化是提高管理效率和规范化的重要手段。预算绩效评价是一个长期、复杂且动态的管理过程，评价的过程会产生大量的数据，也需要大量历史数据、当期数据、同行业同期或历年数据等作为评价分析的依据。通过推行标准化和信息化，建立预算绩效目标、绩效指标数据库和绩效评价案例数据库，使绩效评价指标设置及指标值取值更加规范，管理效率更高。

3. 继续优化预算绩效评价指标体系

预算绩效评价指标体系绝不是一成不变的，它随着国家重点项目不同侧重的关键点也不同，同一高校处于不同发展阶段选用的指标也不同。绩效评价体系建立之后，还要不断在实践中检验选取的关键指标的可行性和重要性，不断优化。在构建整体绩效评价指标时，既要坚持定性与定量结合，又要注意选用指标的重要性、可比性，以至于能够有效且高效地开展绩效评价。

4. 加强对预算绩效执行人员培训

目前，我国的高校预算绩效管理几乎都是“摸着石头过河”，A 高校亦是如此。这就要求预算执行专业人员既要具备预算会计、财务会计等财务底蕴，也要对各职能部门业务有所了解。因此要通过讲座、会议等方式，继续加强预算绩效管理人员相关知识的培训，帮助其更好地开展预算工作。

5. 引入第三方机构与外部专家

适时引入第三方机构对高校预算绩效工作进行评价，激励高校继续不断优化预算绩效成果；引入外部预算专家参与预算绩效工作，帮助 A 高校优化预算绩效评价指标体系、加强预算制度建设等方面，多措并举促进 A 高校预算管理水平提高。

四、取得成效

（一）督促预算执行情况，增进资金使用效益

A 高校计财处利用关键指标法构建预算绩效指标评价体系，实施“资金跟随项目走”的项目资金管理模式。内部通过月报表分析、周例会汇报，梳理分析资金支付问题，提出相应的解决措施；外部与“双一流”办、资产处等相关处室定期沟通协调，压实各方责任，紧盯预算执行力度，预算资金执行率在自治区本级高校排名第一，提升了资金使用效益。

（二）增强核心竞争力，提高社会效益

A 高校在构建体系过程中囊括了部分社会效益指标，使评价结果激励着社会效益的提升。学校办学水平和整体实力不断提升，学科专业结构、生源结构全面调整优化，逐年加大向社会输送的高质量人才的数量，使 A 高校的知名度大幅增加。同时，A 高校的科学研究和科技创新能力不断提升，极大增强了核心竞争力。

（三）推进预算综合改革，优化资源配置

建立预算绩效指标评价体系也推进了 A 高校预算管理综合改革。例如，通过对各二级单位实行水、电、房租等资源有偿使用的模式，有效盘活存量资金，实现内部回收资金 1718.61 万元，有效调动了各二级单位节约成本的积极性。持续清理以前年度专项 41 项，盘活学校存量资金 361.44 万元，优化资源配置。

（四）明确预算绩效管理责任，提升绩效管理水平

A 高校通过在预算管理中广泛应用预算绩效评价指标体系，明确了预算绩效管理责任，建立了由大学党委统一领导、归口管理部门分管、建设单位自管的三级管理组织架构，使各个层级承担起绩效评价体系落地过程中的责任，确保预算绩效体系的落地，并根据绩效评价结果将有限的资金投入最需要的领域，真正实现绩效管理的高效，进一步提升绩效管理水平。

五、经验总结

关键指标法评价指标数量相对较少，易于理解和使用，实施成本相对较低，有利

于推广。但是关键指标法运用不当也会导致绩效评价缺陷，与学校预算目标相违背。以下是对推广应用关键指标法的建议：

可量化指标应与绩效评价挂钩。前面在介绍关键指标法应用的基础条件时要求选取的指标应该是可量化的，否则会使绩效评价难度大大增加。例如，跨季度甚至几个年度的工程类项目，比较长的建造周期在利用完工百分比法进行会计核算时是存在可调整空间的，因此，量化指标的设定非常重要。

关键指标法应用时需持续改进。由于绩效评价是一个复杂而动态的过程，需要不断地进行改进和优化。那么在应用关键绩效评价法时同样需要进行改进和优化，具体表现为重要指标的选取上，使用单位可以定期对绩效评价体系进行回顾和总结，以便及时发现问题并进行修正。

对相关工作人员进行绩效评价培训工作。目前，许多财务人员对绩效评价体系构建以及应用仍存在很多疑惑的地方，从而使绩效评价流于形式，相应的关键绩效评价法的原理与应用更是空谈。因此，在建立绩效评价体系前，应开展绩效评价全过程培训，进而增强财务人员的绩效评价意识与重视程度。培训内容包括但不限于关键绩效评价法的基本内容、应用条件等，进而为建立绩效评价体系做好基础准备。

附录

附录 A　相关法律法规及政策

关键指标法使用过程中运用的相关法律法规和政策规定有：

1. 中共中央、国务院印发《关于全面实施预算绩效管理的意见》（中发〔2018〕34 号）；

2. 财政部《关于贯彻落实〈中共中央国务院关于全面实施预算绩效管理的意见〉的通知》（财预〔2018〕167 号）；

3. 教育部印发《关于全面实施预算绩效管理的意见》（教财〔2019〕6 号）；

4. 中共中央、国务院《关于进一步深化预算管理制度改革的意见》（国发〔2021〕5 号）；

5. 财政部《关于委托第三方机构参与预算绩效管理的指导意见》（财预〔2021〕6 号）；

6. 《中华人民共和国预算法实施条例》（中华人民共和国国务院令第 729 号）；

7. 《高校财务制度》；

8. 《政府会计制度》。

附录 B 某高校整体支出绩效评价指标设置、赋值及权重

一级指标	二级指标	三级指标	权重（%）	指标解释	评分标准
学校决策（10 分）	发展目标（2.5 分）	办学定位和规划	2.5	科学编制学校五年发展规划，有明确的办学定位，提出学科专业建设、教师队伍建设、教学及辅助用房建设、教学科研仪器设备配备、图书配备、科研创新、学生就业等方面的具体发展指标，科学谋划一批学校发展重点项目	未编制五年规划的不得分，未明确办学定位的扣 1 分，未明确五年发展具体指标的扣 0.5 分，未谋划一批学校发展重点项目的扣 0.5 分
	决策过程（2.5 分）	预算编制程序	1	校内预算是否通过校党委会议审议	查看会议纪要，有不扣，没有全扣
		重大项目大额资金	1.5	重大项目安排、大额资金使用是否通过校党委会议审议	查看项目安排和重大资金的会议纪要，少上会一项扣 0.2 分，扣完为止
	资金安排（5 分）	重点保障	2.5	基本支出是否优先保障	查看人员工资、日常运转公用经费是否足额安排，未足额保障发现一项扣 0.1 分，扣完为止
		经费投向	2.5	专项资金投入体现学校发展规划和目标	查看专项资金投入情况，有不符合规划和目标的现象，根据资金额度一项扣 0.1 ~ 0.2 分
学校管理（18 分）	预算执行（10 分）	非税收入预决算差异率	2	非税收入：（决算数 - 年初预算数）/年初预算数 × 100%	差异率小于 5%，不扣分，每增加 5%，扣 0.5 分，扣完为止
		支出预算执行率	2	支出预算执行数与财政预算下达数的比率	95% 以上不扣分，以下每少 5% 扣 0.5 分
		基本支出差异率	2	基本支出：（决算数 - 年初预算数）/年初预算数 × 100%	差异率小于 5%，不扣分，每增加 5%，扣 0.5 分，扣完为止
		结转结余变动率	2	结转结余资金：（上年年末数 - 本年年末数）/上年年末数 × 100%	大于 0 小于 5%，不得分，每增加 5%，得 0.5 分，最高 2 分；小于 - 5%，倒扣 0.5 分，以下每低 5%，倒扣 0.5 分，最多倒扣 2 分
		政府采购执行率	2	实际政府采购金额与预算采购金额的比率	差异率小于 5%，不扣分，每增加 5%，扣 0.5 分，扣完为止

续表

一级指标	二级指标	三级指标	权重（%）	指标解释	评分标准
学校管理（18分）	财务管理（8分）	管理制度	1	内控制度是否健全	预算、收支、资产、合同、基建五项制度是否齐全，少一项扣0.4分
		资金使用	2	是否存在挪用、超范围使用资金现象	查看支出项目，发现一起扣0.2分，扣完为止
		资产管理系统	2	是否有质量地按时上报	月报年报按时上报，晚报一次扣0.2分，扣完为止
		项目建设	2	超概算资金/项目概算金额	查看当年完工项目资料，超概算资金比率小于10%不扣分，10%以上每增加5%扣0.3分
		项目库建设	1	是否建设3~5年项目库	有则得1分，无则全扣
学校绩效（72分）	数量指标（25分）	专任教师规模	2	实际产出数与计划产出数的比率，用以反映和考核产出数量目标的实现程度	规模≥2000人的，得满分；规模<2000人的，按照实际人数占目标值的比重乘以指标权重分值得分
		引进领军人才	2	实际产出数与计划产出数的比率，用以反映和考核产出数量目标的实现程度	人数≥26人，得满分；人数<26人的，按照实际数量占目标值的比重乘以指标权重分值得分
		引进博士教师	2	实际产出数与计划产出数的比率，用以反映和考核产出数量目标的实现程度	人数≥100人，得满分；人数<100人的，按照实际数量占目标值的比重乘以指标权重分值得分
		学生资助	2	当年家庭经济困难学生助学金是否100%及时足额发放	对享受助学金学生进行抽查，发现一次未在当年全额发放的扣0.2分。如因上级拨款未到位造成的不扣分
		大学生创新创业	2	大学生创新创业训练计划项目：实际完成数/计划完成数	达到90%以上不扣分，90%以下每减少5%，扣0.3分；获全国“互联网+”大学生创新创业大赛全国赛金奖项目在实际得分基础上增加0.5分，不累计加分
		教学改革	2	自治区高等教育教学改革项目：实际完成数/计划完成数	达到90%以上不扣分，90%以下每减少10%，扣0.5分；获自治区高等教育教学成果奖一等奖在实际得分基础上增加0.5分，不累计加分

续表

一级指标	二级指标	三级指标	权重（%）	指标解释	评分标准
学校绩效（72分）	数量指标（25分）	高校科研计划	2	高校科研计划：实际完成项目数/计划完成项目数	达到90%以上不扣分，90%以下每减少10%，扣0.5分
		维修改造	2	本年度计划完成的基础设施维修改造项目顺利完成	多于3个项目的，少完成1个项目扣0.5分，扣完为止；1～2个项目的，少完成1个不得分
		基础建设	1.5	本年度计划完成的基础设施建设项目顺利完成	多于3个项目的，少完成1个项目扣0.5分，扣完为止；1～2个项目的，少完成1个不得分
		设备购置	1.5	实际完成教学实验设备购置金额/计划教学实验设备购置金额	达到95%以上不扣分，95%以下每减少5%，扣0.1分
		生均年进书量	2	对照《普通高等学校基本办学条件指标（试行）》，生均年进书量不得低于规定标准（生均2～4本，具体见相关文件）	未达到标准的，生均值每少0.5本扣0.5分，扣完为止
		支持专业基础实验室	2	实际产出数与计划产出数的比率，用以反映和考核产出数量目标的实现程度	数量≥29个，得满分；数量<29个的，按照实际数量占目标值的比重乘以指标权重分值得分
		支持省部级及以上科研平台（中心、基地等）	2	实际产出数与计划产出数的比率，用以反映和考核产出数量目标的实现程度	数量≥24个，得满分；数量<24个的，按照实际数量占目标值的比重乘以指标权重分值得分
	质量指标（21分）	验收合格率	2	“双一流”建设项目完成的质量达标产出数与实际产出数的比率，用以反映和考核项目产出质量目标的实现程度	验收合格率为100%的，得满分；否则按照不合格的项目数占总的项目数的比例乘以指标权重分值扣分
		学士学位授予率	2	当年应届生学士学位率（截至当年12月底）：实际授予学位人数/实际毕业生人数	80%以上不扣分，80%以下每减少5%扣0.5分
		日常运转	2	生均年教学日常运行支出是否大于等于1200元	达标得1.5分，不达标扣1.5分
		生师比	2	全校生师比是否达到国家办学条件要求	达到国家标准得2分，未达到但相比上年差距缩小的扣0.5分；未达到且相比上年差距扩大扣2分

续表

一级指标	二级指标	三级指标	权重（%）	指标解释	评分标准
学校绩效（72 分）	质量指标（21 分）	专任教师水平	2	研究生学位专任教师占专任教师比例是否达标	专任教师中具有硕士学位、博士学位的比例≥50%得 1. 5 分，每低 5%，扣 0. 3 分
		生均教学科研设备	2	生均教学科研设备值是否达标	达到国家标准得 2 分，未达到但相比上年差距缩小的扣 1 分；未达到且相比上年差距扩大扣 2 分
		生均图书	2	生均图书册数是否达标	达到国家标准得 2 分，未达到但相比上年差距缩小的扣 0. 5 分；未达到且相比上年差距扩大扣 1. 5 分
		实验课达标率	2	实验开出率是否达到教育大纲要求	达到国家标准得 2 分，未达到但相比上年差距缩小的扣 1 分；未达到且相比上年差距扩大扣 2 分
		地方高校基本办学条件	2. 5	产生的社会效益是否达到预期目标值	根据调查结果，被调查人均认为地方高校基本办学条件达到良好水平的，得满分；否则按照未达到良好水平的数量占全部调查数量的比例乘以指标权重分值扣分
		地方高校办学质量	2. 5	产生的社会效益是否达到预期目标值	根据调查结果，被调查人均认为地方高校办学质量不断提升的，得满分；否则按照未不断提升的数量占全部调查数量的比例乘以指标权重分值扣分
	效益指标（20 分）	毕业生毕业去向落实率	2	截至当年 12 月底已经落实毕业去向的毕业生数/当年毕业生总数	毕业去向落实率达到自治区平均标准的不扣分，低于自治区平均标准 10%以内的扣 1 分，低于自治区平均标准 10%以上的扣 2 分
		优化生源占比	2	产生的社会效益是否达到预期目标值	优化生源占比得到不断完善的，得满分；否则不得分
		促进高校持续健康发展时效	2	产生的社会效益是否达到预期目标值	根据调查结果，被调查人均认为持续有效的，得满分；否则按照未持续有效的数量占全部调查数量的比例乘以指标权重分值扣分

续表

一级指标	二级指标	三级指标	权重（%）	指标解释	评分标准
学校绩效（72分）	效益指标（20分）	地方高校服务社会能力	2	产生的社会效益是否达到预期目标值	根据调查结果，被调查人均认为地方高校服务社会能力明显提升的，得满分；否则按照未明显提升的数量占全部调查数量的比例乘以指标权重分值扣分
		论文抽检质量	2	毕业论文（设计）抽检的不合格数量和优秀数量	抽检一篇不合格扣0.2分，一篇优秀另加0.2分
		学生资助覆盖率	2	享受各类助学政策的学生数/被认定为家庭经济困难的学生数	学生资助覆盖率大于等于100%不扣分，小于100%扣0.5分
		存量资金变动率	2	存量资金：（本年年末数 - 上年年末数）/上年年末数 ×100%	大于0小于5%，不得分，每增加5%，得0.5分，最高2分；小于 -5%，倒扣0.5分，-5%以下每低5%，倒扣0.5分，最多倒扣1.5分
		债务化解	2	学校债务总额减少率：当年减少数/上年年末债务数 -100%（不包括外资贷款和专项债券）	债务数如增加，不得分；债务总额减少率5%以内得0.5分，每增加5%，得0.5分，最多1.5分
		经营收入比	2	经营收入/经营支出 ×100%	大于100%不扣分，小于100%大于95%扣0.2，95%以下每低5%扣0.2分
		资产中往来款占比变动率	2	（其他应收款 + 应收账款）/资产总额：上年比率 - 当年比率	大于0不扣分；小于0大于 -5%，扣0.5分，以下每低5%，扣0.5分，最多倒扣2分
	满意度指标（6分）	学生满意度	2	学生（含毕业生与在校生）对学习与成长的满意度	高于85%不扣分，85%以下每低5%扣0.5分
		教职工满意度	2	教师对学校教育教学工作的满意度	高于85%不扣分，85%以下每低5%扣0.5分
		社会满意度	2	用人单位的满意度	高于85%不扣分，85%以下每低5%扣0.5分

附录 C　层次分析法运用过程

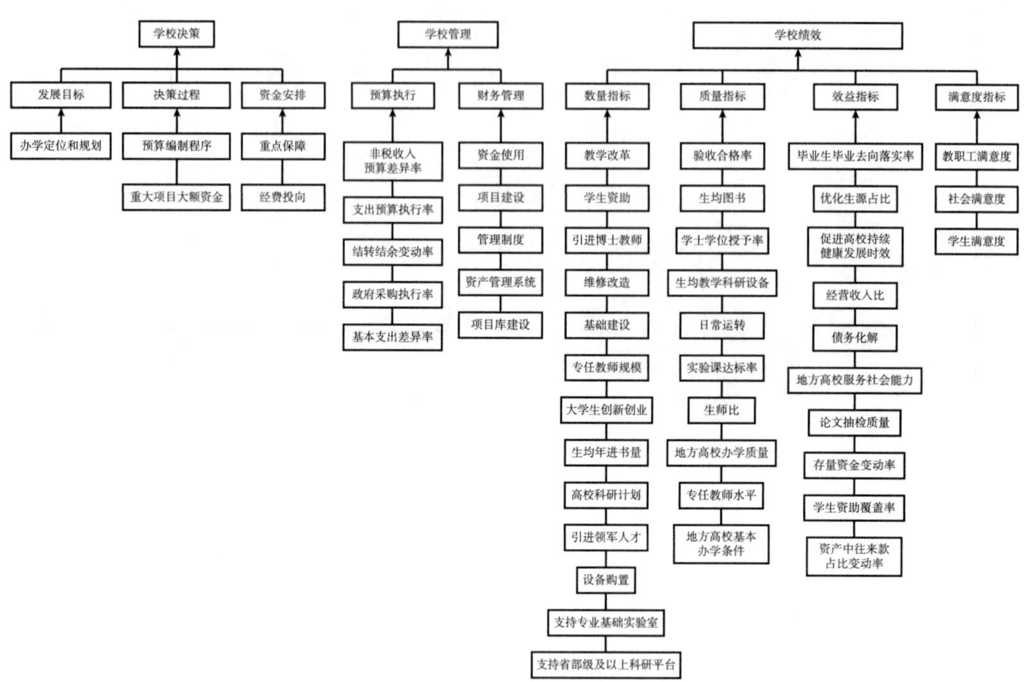

图 C.1　某高校整体支出绩效评价指标分层模型

注：通常情况下，层次分析法标度类型为 1 ~9。因此，在将专家调研结果录入层次分析法软件时，对超过 9 个的三级指标进行了预处理，将其中数量指标下专家无法明确的三级指标合并展开分析。

表 C.1　　方案层中要素对决策目标的排序权重

备选方案	权重
办学定位和规划	0.0254
地方高校基本办学条件	0.0253
重点保障	0.0248
地方高校办学质量	0.0246
经费投向	0.0246
项目建设	0.0205
专任教师规模	0.0204
生均年进书量	0.0204
资金使用	0.0204
毕业生毕业去向落实率	0.0204
支出预算执行率	0.0204
论文抽检质量	0.0204

续表

备选方案	权重
高校科研计划	0.0204
维修改造	0.0203
政府采购执行率	0.0203
债务化解	0.0203
资产中往来款占比变动率	0.0203
非税收入预决算差异率	0.0202
资产管理系统	0.0202
优化生源占比	0.0202
学生资助覆盖率	0.0201
教学改革	0.0201
专任教师水平	0.0201
地方高校服务社会能力	0.0200
生均教学科研设备	0.0200
促进高校持续健康发展时效	0.0200
结转结余变动率	0.0199
基本支出差异率	0.0199
存量资金变动率	0.0199
学生资助	0.0198
日常运转	0.0198
经营收入比	0.0198
生均图书	0.0197
引进领军人才	0.0197
学士学位授予率	0.0196
支持省部级及以上科研平台	0.0197
社会满意度	0.0196
支持专业基础实验室	0.0196
验收合格率	0.0196
学生满意度	0.0195
引进博士教师	0.0195
教职工满意度	0.0195
大学生创新创业	0.0195
生师比	0.0195
实验课达标率	0.0195
重大项目大额资金	0.0154
基础建设	0.0152

续表

备选方案	权重
设备购置	0.0151
预算编制程序	0.0104
项目库建设	0.0103
管理制度	0.0098

表 C.2　　第 1 个中间层中要素对决策目标的排序权重

中间层要素	权重
数量指标	0.2500
质量指标	0.2050
效益指标	0.2004
预算执行	0.1032
发展目标、决策过程及资金安排	0.1001
财务管理	0.0804
满意度指标	0.0603

同时，通过层次分析法软件得出的结果，某高校整体支出绩效评价指标一致性比例为 0.0433，小于 0.1，表示通过一致性检验，可被接受。

（易红梅　王聪颖　邓元元　刘　洋）

案例评语：

该案例聚焦于 A 高校计财处运用关键绩效指标法（以下简称“KPI 法”）进行预算绩效管理的创新实践。通过采用 KPI 法，A 高校计财处能在明确各项目的关键指标的情况下开展资金管理，有效提升了资金使用效益；同时，KPI 明确了各项绩效的管理责任，能确保预算绩效体系落地。

该案例在高校财务管理和预算绩效评价方面具有显著的借鉴意义。首先，A 高校运用 KPI 法解决了绩效评价难量化、难度量和难操作的问题，为其他高校提供了实现管理现代化的可行路径。其次，A 高校展示了如何选取指标，包括要选取可量化指标、要实时对关键指标进行改进等，对于其他高校运用 KPI 法开展预算管理具有启示作用。最后，A 高校注重培养财务人员对绩效评价的重视程度，这一经验可以为其他高校提供有效的参考。

预算绩效管理在中国热带农业科学院橡胶研究所的应用*

摘要

2003 年，党的十六届三中全会首次提出“建立预算绩效评价体系”；2014 年新修订的《中华人民共和国预算法》6 次提及“绩效”；2017 年，党的十九大明确提出“全面实施绩效管理”；2018 年中共中央、国务院《关于全面实施预算绩效管理的意见》是我国预算绩效管理的纲领性文件，为农业科研单位预算绩效管理工作指明了方向。2022 年，党的二十大报告提出“加快实施创新驱动发展战略，提升科技投入效能”。与此同时，我国预算绩效管理制度体系也在持续完善，预算绩效管理更加有章可循，有据可依。经费管理已逐步由重数量和过程监管转向重科研成果质量和产出效益并重，由强化预算刚性约束转向预算绩效一体化推进。

中国热带农业科学院橡胶研究所（以下简称“橡胶所”）通过应用“预算管理、绩效管理、管理会计信息系统”等管理会计工具，引入“业财融合”理念，单位各类资金、资产逐步实现优化配置，各项开支得到合理控制，绩效管理意识、资源有偿使用意识及“过紧日子”意识已深入人心；经费总量稳居中国热科院前二，年度绩效考评连续多年被中国热科院评为优秀单位；职工的获得感、认同感以及幸福感进一步提升，单位凝聚力和向心力进一步增强。预算绩效管理助力橡胶所加快推进“创建世界一流天然橡胶科技中心”战略目标实施落地。

一、背景描述

（一）单位基本情况

橡胶所创建于 1954 年，隶属农业农村部，是我国唯一以天然橡胶为主要研究对象的国家级科研机构。科技整体处于世界领先水平，支撑我国从“非植胶国”发展

* 资料来源：中国热带农业科学院橡胶研究所内部统计数据。

成为世界第四大植胶国。现有科技干部职工 257 人，拥有各类高级专家 30 多人，拥有 9 个国家级和省部级重要科技平台。单位资产总额 37122.74 万元。

（二）管理会计应用基础

一是预算与规划衔接不够，预算绩效目标未能有效聚焦单位主责主业，预算编制缺乏战略指引。

二是预算绩效管理意识不强，预算绩效公开力度不够，预算管理倒逼机制尚未形成。

三是预算绩效管理制度体系不健全，管理工作缺乏抓手。

四是绩效指标设置不够科学，考评结果运用不到位，绩效评价结果的震慑力不足。

（三）选择相关管理会计工具方法的主要原因

一是落实预算绩效管理改革要求，对经费使用情况开展绩效评价，推动经费管理从重数量、重过程向重质量、重结果转变。

二是贯彻落实新时代内外部监督要求。农业科研单位的公益性属性决定了单位要把纳税人的钱用好，提高公共产品质量和服务水平。

三是落实政府会计制度要求，延伸政府会计的深度和广度，促进业财融合，提高管理效能。

四是提升单位内部管理要求，解决单位研究对象单一、经费申报受限的难题，为科研人员营造良好的文化氛围，激发创新活力。

二、总体设计

（一）应用相关管理会计工具方法的目标

以战略为指引，以预算为主线，以资金为核心，以绩效为抓手，以核算为基础，以信息化为支撑，贯彻落实“放管服”改革，确保接得住、管得好、出成效，支撑橡胶所加快推进“创建世界一流天然橡胶科技中心”的战略目标。

（二）应用相关管理会计工具方法的总体思路

在预算编制环节，通过对预算绩效管理改革政策的宣贯培训，让预算编制主体理解、支持、深度参与预算绩效管理工作，从源头提高预算编制质量。

在预算执行环节，借助信息化管理平台，将经济业务审批环节前置到经济事项发生前端，预算控制由“事后”变为“事前”。

在预算调整环节，实施分类管理，对符合“放管服”改革政策的调整事项，优先高效处理；对因主观原因漏报事项，从严从紧控制，强化预算刚性约束。

在预算绩效评价环节，强化评价结果应用，将绩效评价结果与预算安排、资源分配、年度考核、绩效工资等挂钩，充分发挥绩效评价的“指挥棒”作用。

（三）相关管理会计工具方法的内容

根据经济业务特点，有效落实“大钱大方、小钱小气，集中财力办大事”新要求，综合运用零基预算管理等多种管理会计工具。

1. 零基预算管理

一次性安排的专项一般采用零基预算管理，如改善科研条件项目，一次性安排的纵向、横向科研项目。

2. 滚动预算管理

橡胶所现有科研方向主要分为：基础研究、社会公益研究、应用技术开发三类。对长期性、基础性科学研究项目，一般采用滚动预算方式给予支持，编制中期规划。

3. 弹性预算管理

日常运行经费根据“人员增减变动数×定额标准”，结合业务部门工作特点动态调整年度预算。人员经费根据部门和课题组年度绩效考核排名，结合“预算实际执行进度与达标线之差×职工绩效工资”动态调整年度预算。

4. 绩效管理

橡胶所绩效管理包含四个维度：一是部门、课题组年度绩效考核，年初定目标，年终考核，及时兑现激励；二是关键节点月预算执行考核，实行考核结果与评优评先、绩效工资挂钩机制；三是抓好项目绩效自评和现场评价，倒逼项目负责人从源头抓好预算绩效编制工作；四是开展财力保障能力分析，根据综合排名，查找差距，分析原因，共商对策，提升单位综合实力。

（四）应用相关管理会计工具方法的创新

通过实施预算绩效管理，橡胶所预算绩效目标更加聚焦单位主责主业，预算对单位高质量发展的支撑保障作用更加凸显；通过强化预算绩效闭环管理，有利于促进业财融合；通过弹性预算管理，有利于强化预算刚性约束；通过对科研项目的滚动支持，有助于催生更多高水平、高价值成果。

三、应用过程

（一）参与部门和人员

橡胶所预算绩效管理工作是在上级部门和单位预算管理领导小组指导下，在财务处、办公室、科技处、条件保障处、产业发展部及课题组协同联动下共同完成。橡胶所构建了预算审核机制，课题组、职能部门均设置预算编制人员和预算审核人员，组建工作交流群，定期开展业务培训，助力预算绩效管理科学化、精细化、规范化。橡胶所预算审核分工如表 1 所示。

表 1　　橡胶所预算审核机制

预算编制主体	预算审核机制		平台	沟通方式
	编制人员	审核人员		
财务部门	主要职责：负责汇总业务归口管理部门提交的年度预算，并进行综合平衡；负责草拟单位内部预算细化方案；定期编制预算执行分析报告；牵头组织绩效监控、年度自评工作等	主要职责：审核单位年度预算，向预算管理领导小组提交年度预算报告；审核预算细化方案、预算执行分析报告、绩效监控和年度自评报告等	预算管理一体化平台、财务 NC 平台、单位 OA 系统	工作群、电话、微信、面对面沟通
科技部门	主要职责：汇总课题组提交的纵向、横向科研项目年度预算文本、绩效指标和预算编制说明；负责科研项目绩效监控、绩效自评报告的汇总工作等	主要职责：归口审核科研项目预算文本、绩效指标和预算说明；审核科研项目绩效监控、绩效自评报告等		
条件保障部门	主要职责：负责编制单位年度改善科研条件项目、基本建设项目预算文本、绩效指标和预算编制说明；负责编制以上项目绩效监控、绩效自评等	主要职责：归口审核单位年度改善科研条件项目、基本建设项目预算文本、绩效指标和预算编制说明；审核以上项目绩效监控、绩效自评报告等		
成果转化部门	主要职责：负责汇总单位年度成果转化收入预算、支出预算	主要职责：归口审核单位年度成果转化收入预算、支出预算的完整性、合理性和规范性		
课题组	主要职责：负责本部门预算管理工作；主要包含：申报预算、执行预算、分析解决预算执行问题	主要职责：审核本部门年度预算收支计划；审核或审批各项经费支出；对本部门预算收支的真实性、合理性和规范性负责		

（二）应用相关管理会计工具方法的资源、环境、信息化条件等要求

1. 提高认识，重视预算绩效管理

各级预算管理主体应认清形势，顺应改革，理解和掌握预算绩效管理的政策要点，主动参与预算绩效全过程管理工作，对于重大项目，还应提前组织专家开展事前评估论证，从源头提高预算绩效编制质量，为预算执行和绩效考评打下坚实基础。

2. 完善预算绩效管理制度，坚持放管结合

农业科研单位应紧跟“放管服”管理改革步伐，在“放”方面做减法，出台“减负松绑”制度，通过优化经费审批层级、下放预算调剂审批权限、出台符合科研实际的管理制度等措施激发“科研经费更好服务科研人员从事创造性活动”。

在“管”方面做加法。一是强调依法规范管理，在强化法人责任落实、间接费统筹使用、项目绩效评价等方面出台管理制度，确保“接得住，管得好”。二是通过开展廉政谈话、播放反腐宣传片等方式，强化科研人员的规矩意识、底线意识。三是主动聘请会计师事务所参与重大专项经费过程管理，主动接受“体检”，坚持立行立改。

3. 加快业财融合，提升财务服务水平

在“服”方面做乘法。一是主动担当，安排财务骨干担任重大专项助理，主动为项目首席把好预算编制、预算调整、外拨经费监管、项目验收等全过程管理，争取更多经费支持。二是实施“会计一站式服务”。主动在单位内部公开财务人员岗位分工，让职工精准对接财务人员快速办理财务业务。编制简单易懂的财务报销手册和财务管理操作手册，为科研人员提供快捷、便利、高效的财务服务。三是打造一支精干高效的科研财务助理队伍，加强过程培训和指导，提升专业胜任能力，切实为科研专家减负松绑。

4. 以信息平台为技术支撑，营造良好文化氛围

借助信息化平台，单位资金管理和内控管理实现深度融合，对预算执行慢的项目系统会自动预警，对特殊支出科目，系统将实施严格控制，防止预算超支；部门之间实现高效协同管理，克服时间和空间的限制，实现经费“不见面审批”，让数据“多跑路”、职工“少跑路”，为科研人员潜心科研营造良好的文化氛围。

（三）具体应用模式和应用流程

根据预算绩效管理目标，橡胶所从完善制度、拓展预算组织、加强管理会计工具应用、优化预算执行、规范预算调整、强化绩效考评、重视结果运用、搭建信息化平台等方面入手，构建起了“预算编制有目标、预算执行有监控、预算完成有评价、

评价结果有反馈、反馈结果有应用”的闭环管理模式。

1. 完善预算绩效管理制度

橡胶所制定了《科研项目经费财务管理暂行办法》《财政资金预算执行进度管理办法》《项目支出绩效评价办法》等制度，从预算管理组织架构、职责分工、编制内容、编制要求、预算执行、预算调整、预算绩效考核等方面进行了全面规范，并作为单位开展预算绩效管理工作的指导性文件。

2. 拓展预算组织，细化预算编制颗粒度

从纵向来看，橡胶所将原有的二级预算管理体系向下延至课题组、职能部门，构建了“课题组与职能部门、业务归口管理部门、预算管理领导小组三级管理体系”。从横向来看，橡胶所预算绩效编制颗粒度细化到每一个末级项目，预算编制口径与会计核算口径保持一致，极大地提高了预算绩效编制的科学性和精准性。

3. 预算编制

（1）启动预算。

一般在每年的 6 月启动下一年度预算编制，主要开展以下工作：

一是财务部门于每年 6 月初下发次年预算编制预通知，提前开展前期调研，收集分析汇总历史数据，作为下一年度预算编制的基础数据。

二是财务部门牵头组织召开预算编制布置会，向预算编制主体传达单位预算绩效管理体系（见图 1），明确归口管理部门、预算编制主体的职责和任务。

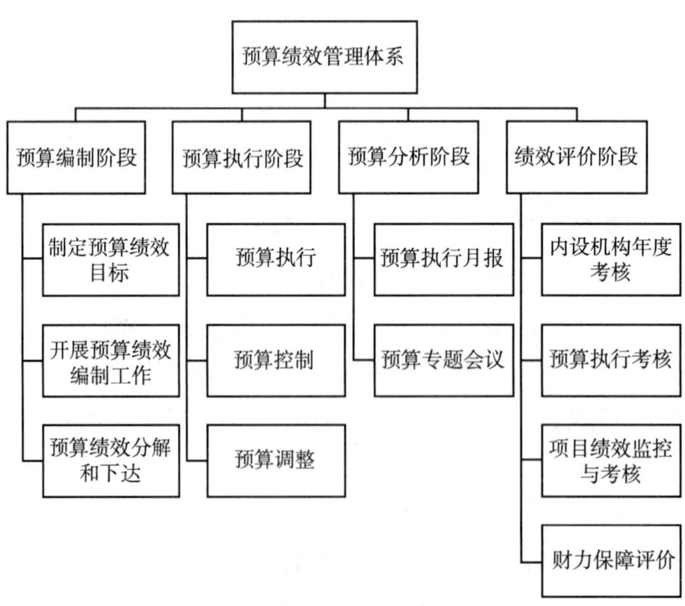

图 1　橡胶所预算绩效管理体系

（2）编制预算。

①预算编制流程。

橡胶所年度预算一般要经历“二上”“二下”（见表2），预算编制依据是单位发展战略目标和年度重点工作任务，强化财务部门和业务归口管理部门审核把关，加强职能部门与课题组之间的协同联动，确保部门目标与单位整体目标一致。

表2　　橡胶所预算编制流程及具体内容

预算阶段	预算编制环节	具体内容
一上	预算编制和审核	各预算编制主体做好人员基础数据、新增资产、公用经费和项目经费等全口径预算
		业务归口管理部门和财务部门联合会审年度预算
		财务部门一般于每年7月前将汇总平衡后的预算报预算管理领导小组（所务会、党委会）审议
	上报预算	财务部门将单位集体审议通过后的预算上报中国热科院审核
一下	控制数下发	财政部下发“一下”控制数
二上	预算编制和审核	财务部门根据上级部门下达的“一下”预算控制数，分解、细化预算至预算编制主体，预算编制主体修改、完善本部门预算
		业务归口管理部门和财务部门联合会审年度预算
		财务部门将汇总平衡后的预算报预算管理领导小组（所务会、党委会）审议
	上报预算	财务部门将单位集体审议通过后的预算上报中国热科院审核
二下	预算批复	上级部门批复部门年度预算
	预算分解	财务部门会同业务部门依据法定程序批复的预算，编制单位预算细化方案，报预算管理领导小组（所务会、党委会）审议
	预算下达	财务部门将单位集体审议后的预算细化方案下达给课题组、职能部门和项目负责人执行

预算编制遵循量力而行、尽力而为、收支平衡、追踪问效原则，充分考虑内外部环境变化，积极争取各渠道经费支持，充分预估可能取得的收入，把控好各项支出，努力做到“大钱大方、小钱小气”，预算绩效目标既要有挑战性、又要能够实现。

②相关管理会计工具方法在预算编制中的应用。

为了有效应对财政收入增长放缓、支出刚性需求加大、财政运行紧平衡等新形势，橡胶所预算绩效管理应用了零基预算、弹性预算、滚动预算等多种管理会计工具（见表3）。

表 3　　　　　　　　相关管理会计工具在橡胶所预算编制中的应用

预算类型	管理会计工具
一、收入预算	
人员经费	一般采用弹性预算，根据单位上年 7 月在编人员工资发放表中的实有人数 ×（上年人员经费财政拨款预算批复数/前年 7 月在编人数）
公用经费	一般采用弹性预算，根据单位上年 7 月在编人员工资发放表中的实有人数 ×（上年公用经费财政拨款预算批复数减去一次性安排专项预算/前年 7 月在编人数）
部门预算稳定支持行政类项目	主要包含基本科研业务费、现代农业产业技术体系建设专项、社会公益类科研机构改革专项等。一般采取滚动预算，根据上级部门下发的年度控制数编制
部门预算竞争性项目	农业技术试验示范与服务支持、农业资源保护修复与利用等。首年一般采取零基预算，根据上级部门下发的中期规划数编制，剩余年度一般采用滚动预算编制相应年度预算
横向、纵向竞争性科研项目	跨年度项目，首年一般采取零基预算，根据项目主管部门批复的项目任务书编制预算，剩余年度一般采用滚动预算编制相应年度预算；一年期项目一般采用零基预算编制年度预算
改善条件项目	跨年度项目，首年一般采取零基预算，根据项目主管部门批复的首年预算填报，剩余年度一般采用滚动预算编制相应年度预算；一年期项目一般采用零基预算编制年度预算
基本建设项目	首年一般采取零基预算，根据项目主管部门批复的首年预算填报，剩余年度一般采用滚动预算编制相应年度预算
成果转化收入	一般采用零基预算和弹性预算相结合的方法编制。有稳定成果转化收入来源的课题组一般采用弹性预算，没有稳定成果转化收入来源的课题组一般采用零基预算
二、支出预算	管理会计工具
人员经费	一般采用弹性预算，遵循增人增资、减人减资；同时充分预估因职务职称晋升带来的人员经费增量因素
公用经费	一般采用弹性预算，按单位制定的人均公用经费支出定额标准 × 部门在编人员实有数，遵循部门增人增公用经费、减人减公用经费；同时充分考虑业务部门的工作性质和对外沟通联系频率，给予对外沟通交流业务较多的部门适当的经费倾斜
部门预算稳定支持行政类项目支出	基本科研业务费在单位内部实行公开竞争，由项目负责人编制年度预算；现代农业产业技术体系建设专项直接由上级部门认定的首席科学家和岗位科学家所在团队编制年度预算
部门预算竞争性项目支出	农业技术试验示范与服务支持、农业资源保护修复与利用等。首年一般采取零基预算，根据上级部门下发的中期规划数编制，剩余年度一般采用滚动预算编制相应年度预算
横向、纵向竞争性科研项目支出	跨年度项目，首年一般采取零基预算，根据项目主管部门批复的项目任务书编制预算，剩余年度一般采用滚动预算编制相应年度预算；一年期项目一般采用零基预算编制年度预算

续表

预算类型	管理会计工具
改善条件项目支出	跨年度项目，首年一般采取零基预算，根据项目主管部门批复的首年预算填报，剩余年度一般采用滚动预算编制相应年度预算；一年期项目一般采用零基预算编制年度预算
基本建设项目支出	首年一般采取零基预算，根据项目主管部门批复的首年预算填报，剩余年度一般采用滚动预算编制相应年度预算
成果转化成本支出	一般由有成果转化收入来源的课题组采用零基预算编制
资源有偿使用支出	一般采用弹性预算。实行“谁占用、使用资源，谁付费”原则，资源有偿使用主要包含：课题组用地、物业支出、实验室用水、用电等。用地支出预算 = 课题组使用试验地面积 × 收费标准；物业支出预算 = 课题组使用实验室面积 × 收费标准 + 课题组人员占比 × 收费标准；用电支出预算 = 课题组实际用电量 × 收费标准 + 课题组人员占比 × 收费标准

通过综合应用多种管理会计工具，橡胶所不仅拓展了经费来源渠道，更是有利于贯彻落实“过紧日子”要求；不仅重点保障科研工作，更是有效落实了民生保障工作；不仅营造了单位和谐向上的文化氛围，更是有利于推动单位各类资源的科学配置。通过实施资源有偿使用，课题组从之前的争资源、多占资源转变为主动整合资源，主动清退非急需、非必要科研用房、用地、试验大棚等资源，单位预算绩效管理质效再上新台阶。

4. 预算审批

财务处会同业务归口管理部门及时分解年度预算，形成预算细化方案报经所务会集体审议后下达给课题组和职能部门执行。经费执行主体根据批复的预算细化方案，提前将项目基础信息和经费预算指标等录入信息化平台，待项目经费到账后可立即开展经费执行工作。

5. 预算执行

2019 年，由橡胶所牵头，联合中国热科院五家单位开发了集多种功能于一体的开放式共享管理平台，该管理平台以财务数据中心为核心，实现“预算—执行—报销—绩效—核算—报表—财务公开”全生命周期信息化管理。通过该平台，预算绩效管理与内部控制管理实现深度融合，满足不同经费管理和使用主体的共性与个性需求，支撑预算主体关心和支持预算管理工作。单位职工可随时了解预算执行总体情况及单个项目执行情况，有利于精准定位报账中的卡点、堵点和难点，有利于精准抓预算；有利于财务人员从事更多有深度、有价值的工作，当好领导的参谋和助手，信息化技术助力财务管理提质增效。

6. 预算执行分析

在预算管理领导小组的指导下，财务处牵头做好预算分析工作，通过采取月报、季报、年报、约谈、督导、一对一面谈、主动帮扶、召开专题会等多种方式又好又快推进预算执行。具体做法是：财务部门年初梳理全年项目构成，分析项目执行特点，分类施策，分管领导做好统筹管理，财务部门和业务归口管理部门形成合力抓好关键节点预算执行，引导经费执行主体科学、有序、规范地推进预算执行工作。

7. 预算调整

在预算调整环节，实施分类管理，对符合“放管服”改革要求的调整事项，优先高效处理；对因主观原因漏报事项，从严从紧控制，强化预算刚性约束作用。

8. 预算绩效考评与评价结果运用

近年来，橡胶所通过实施内设机构年度绩效考核、关键节点预算执行考核、项目绩效自评和现场评价、财力保障能力分析四个维度的绩效考评工作，逐步实现了资金、资源、资产的合理配置，管理部门对科技创新的支撑作用更加凸显，全所上下拧成一股绳，形成强大的工作合力。

（1）年度绩效考核。

内设机构年度绩效考评实行年初定目标，年终开展考核，考核结果与课题组、职能部门和个人评优、评先、绩效工资等挂钩，充分激发职工的积极性和主动性。

单位对课题组、职能部门从定性和定量两个方面考核年度工作目标的完成情况，同时课题组和职能部门之间开展互评。职能部门绩效考评指标主要包含工作作风、工作成效、工作创新、绩效目标完成情况、队伍建设、部门内外协作等多维度指标；课题组考评指标主要包含：科研规划符合度、科研实质性进展、绩效目标完成情况、队伍建设以及对内对外协作情况等多维度指标。

（2）关键节点预算执行考核。

在首个关键节点未达标的，采取逐个点名并在单位内部进行通报；后续关键节点月仍未达标的，将按与达标线之间的百分比差异扣减当月奖励性绩效，项目绩效指标不予调减。各关键节点预算执行进度低于序时进度 10 个百分点的单位可统筹的财政项目，下年度不再安排新增项目并按照与达标线之间的百分比差距进行调减当年预算。对预算执行关键节点不达标的课题组、职能部门、项目负责人，取消评优资格，出现预算被扣减情况的，业务归口管理部门、预算执行牵头部门取消评优资格。通过预算执行挂钩机制，倒逼预算主体从源头重视预算管理工作，科学合理安排工作任务，有力有序推进预算执行。

（3）项目绩效自评和现场评价。

橡胶所高度重视绩效监控、绩效自评以及绩效现场评价工作，安排专人负责对接，规范提供绩效评价材料，及时做好材料补充，强化业务归口管理部门和财务部门对材料的审核把关工作。邀请课题组和项目负责人全程参与现场评价工作，做好现场解释及绩效指标体系的研讨工作。

财务部门会同业务归口管理部门加强对绩效评价工作的总结分析，形成问题清单，提出指导意见和建议，同时邀请绩效管理专家进行专题培训，提升单位预算绩效管理水平。通过绩效自评和现场考评，橡胶所各级经费使用主体更加重视绩效管理工作，设置的绩效指标更加科学、合理、可考核，预算绩效文本质量逐年稳步提升，多次获得上级部门的表扬。

（4）财力保障能力评价。

橡胶所财力保障能力评价指标主要包含：经济实力、筹资能力、资金支付能力三类指标，其中：①经济实力评价指标，主要包含：人均总收入、人均财政资金、人均基本运行经费、人均科研经费等；②筹资能力评价指标，主要包含：人均市场竞争性收入、科研人员人均竞争性科研项目经费、人均总收入增长变动等；③资金支付能力评价指标，主要包含：人均基本运行支出、人均人员支出、人均公用支出、在职人员绩效是基本工资的倍数、日常公用总支出是财政性公用支出的倍数等。近年来，橡胶所综合实力位于中国热科院院属单位前列，财经支撑赋能科技创新的能力和水平不断提升。

（四）在实施过程中遇到的主要问题和解决方法

项目绩效指标缺乏弹性，容错机制尚未建立。绩效指标一经设定，上级部门在开展年度考核评价时严格按照批复的绩效目标和指标开展考核。农业科研项目研究结果具有很大的不确定性，受外部环境如物候、季节等因素影响较大，且部分研究是探索性的，其结果能否完成具有很大的不确定性。

解决方法：对评价结果为优的项目负责人和单位，应在后续项目申报过程给予适当倾斜；对绩效评价不通过的项目，要分析原因，适当给予项目负责人容错机会；如果是科研态度不端正导致的科研失败，则要追究相关人员责任。加快推进项目绩效评价结果对外公开机制。倒逼各级各类经费管理和使用主体重视绩效管理工作，提高经费使用绩效。

四、取得成效

（一）财力保障能力持续提升

橡胶所 2022 年获批的经费总量位于全院首位，财政拨款收入实现 3 年连续增长，科研项目经费实现 5 年连续增长。橡胶所科研项目经费从 2016 年的不足 3000

万元提升到2022年的6400多万元。科技支撑高端制品用胶国产化和天然橡胶全产业链可持续发展。

橡胶所财力保障水平从2020年位于中国热科院排名第四位上升至2022年的第二位。财务队伍年龄、专业结构持续优化，平均年龄31岁，其中高级会计3名（含2名省级优秀会计人才）。

（二）职工满意度稳步提升

橡胶所财务部门注重深入科研一线开展调研工作，收集科研专家的核心需求，紧跟国家“放管服”改革步伐，通过完善制度、优化办事流程、提高信息化水平、保障民生工程落实等方面精准发力，真心为职工办实事、办好事，职工满意度超过90%。

（三）单位绩效管理成效显著

通过实施预算绩效管理，单位领导有更多时间关注全局性、战略性和前瞻性工作和研究，不仅有利于提升单位管理层的洞察力和预判力，更是有助于单位管理决策更加科学、精准、有效。单位凝聚力和向心力进一步提升，连续多年被中国热科院评为优秀单位。

五、经验总结

（一）建立权责清晰、分工明确的预算管理机制

各级预算管理主体应紧密围绕单位发展战略和重点工作，构建起财务部门主责抓、业务归口部门依责抓、职能部门与课题组自觉抓的新的预算绩效管理模式。权责清晰、分工明确的预算管理机制是实施预算绩效管理的基础和前提。

（二）强化协同配合，激发主观能动性

实施预算绩效管理，既需要专业人才做支撑，更需要单位领导的重视和支持，只有大家尽心尽责、团结互助，单位预算绩效管理才能实现高质量目标。充分调动预算绩效管理各层级人员的主观能动性是实施预算绩效管理的关键。

（三）抓好考评结果应用，打通最后一公里

绩效监控和绩效考评能动态反映预算绩效目标的完成情况，支撑单位管理层评估各类资金、资产、资源配置是否科学合理有效。绩效评价结果应用是预算绩效管理发

挥作用的“最后一环”，关系到绩效管理能否长期发挥“指挥棒”作用。

华为《价值为纲》一书提出“财务要懂业务、业务也要懂财务，混凝土结构的作战组织，才能高效、及时、稳健抓住机会点”。实施预算绩效管理，需要财务与业务互相理解和支持。预算绩效管理有助于单位获取更多经费支持、保护科学家潜心持久做科研；有助于单位“分析过去、指导现在、预判未来”，实现“多产粮食”。

（中国热带农业科学院橡胶研究所：刘　林　冉源琪　刘　菁　董　昊
刘丽慧　张逸飘　晏颖馨　叶泽珍）

案例评语：

该案例主要聚焦于中国热带农业科学院橡胶研究所（以下简称“橡胶所”）在预算绩效管理改革方面的实践。橡胶所在战略引导、预算控制、绩效考核等环节运用零基预算、滚动预算和弹性预算管理，建立了全面的预算绩效管理体系，绩效目标聚焦主责主业，确保了资源合理配置和高效利用，有效提升了预算编制质量和执行效率，实现了经费管理从重数量、重过程向重质量、重结果的转变。

橡胶所的预算绩效管理经验对同类单位具有重要的借鉴意义。一方面，橡胶所制定了财务部门主责管理、业务归口部门依责管理、职能部门课题组自觉管理的全方位预算管理机制，能为其他单位构建相关机制提供思路；另一方面，综合运用绩效管理工具的闭环管理体系也能为其他同类单位提升预算管理的科学化、精细化水平提供经验。

零基预算在公立医院的应用

摘要

本案例介绍了零基预算工具方法在公立医院的应用。案例单位是集医疗、教学、科研和预防保健于一体的国家级大型三级甲等中医医院。针对预算管理中科室积极性低、预算管理缺乏定额标准、预算管理未建立考核机制、缺乏预算闭环管理等问题，该医院采用零基预算方法编制预算，以“零”为起点，不考虑历史因素，制定与优化各类标准与成本控制模式。逐步实现在经营规模扩大与支付制度改革双重压力下，医院的精益运营管理，逐步降本增效，提高资源配置效率。

一、背景描述

（一）单位基本情况

中国中医科学院广安门医院（以下简称“医院”）是集医疗、教学、科研和预防保健于一体的国家级大型三级甲等中医医院，共有临床科室35个，医技科室9个，国家临床重点专科6个，国家区域中医（专科）诊疗中心6个。近年医院抢抓“十四五”发展战略机遇，创建4个中心、1个基地，在保定、济南、黑龙江新建院区，内部面临业务高速增长、成本居高不下的运营压力，外部面临医保支付制度改革压力，急需通过管理手段盘活现有资源，降本增效，保障医院的持续良性运营与区域竞争力。

（二）管理会计应用基础

医院已实施预算管理多年，主要采用传统的增量预算，部分业务采用零基预算，无法充分发挥预算管理控制和合理资源配置的作用，具体问题主要表现如下：

（1）忽略成本效益分析。医院预算编制主要根据国家政策、社会环境及医院自身发展，预估下年度业务增长情况，自上而下确定总体收支预算。各临床、医技科室仅参与工作量及医疗设备购置预算的编制，未结合实际业务对各项费用进行评估，忽略了成本效益分析，易造成资源浪费。

（2）定额标准不完善。缺乏有效的信息化工具来汇集、分析、制定各类业务的成本消耗标准，资源配置效率不高、成本控制效果不佳。

（3）业务科室参与度低。医院预算管理过程中参与的科室主要是职能科室，临床、医技等业务科室参与较少，计划制订科室与实际执行科室不一致，各科室对预算的认可度较低。

（三）选择零基预算工具方法的主要原因

为提高医院资源配置效率与业财融合水平，充分发挥全面预算在医院高质量发展时期的引擎与指挥作用，医院从实际业务出发，逐步建立以战略目标为导向、财务数字平台为工具、零基预算为主要编制方法的全面预算管理体系。选择零基预算的主要原因如下：

（1）零基预算以医院实际业务为主线配置资源，不参照历史情况，按事、按实、按标、按效进行资源分配，充分还原业务事实，实现资源优化配置，体现预算的合理性。

（2）零基预算依据大量的业务数据，通过分析各业务的成本结构与资源消耗，依据国家相关规定，制定定额标准，让每项业务的资源配置均有据可依，有据可查。

（3）零基预算强调围绕业务从零开始配置资源，与业务的关联性较强，需要临床、医技、医辅和行政后勤所有科室参与其中，增加预算管理的透明度，为实施全面预算管理与业财融合奠定基础。

二、总体设计

（一）应用零基预算的目标

1. 提高预算管理透明度和合理性

医院临床、医技、医辅、管理科室全部参与到预算编制、预算论证、预算执行、预算分析、预算考核全过程，保障预算的透明度与合理性。

2. 提高资源利用效率

预算论证阶段，从计划到资源投入再到预计产生的效益等多方面开展逐项预算论证，确保每项资源投入的合理性与使用效率。在预算执行阶段，深入分析预算执行情况，辨别资源浪费和低效的预算事项，采取相应的措施优化，进而提高资源利用效率。

3. 促进预算绩效管理

预算编制阶段，对临床、医技、医辅、管理设置不同类型的绩效目标，将绩效评价与资源配置相关联，促进预算绩效激励约束作用。

4. 加强预算控制和风险管理

预算执行阶段，把预算控制嵌入各业务的全过程，事前、事中、事后全面落实内控与风险管理，并及时采取调整措施，确保预算目标的实现。

5. 提高决策效率

通过医院业务、财务数据的融合，高效还原医院的经营事实，为管理决策提供有效、准确的数据支撑。

（二）应用零基预算的总体思路

零基预算将预算编制的焦点从历史数据和增量调整转移到对每个预算项目的重新评估和论证上，以确保预算的合理性。医院应用零基预算的总体思路如下：

（1）梳理医院资源。盘清资源、形成资源池，主要包含配置类资源（人、资产、空间等）、库存类资源（物资、药品等）。

（2）确定业务计划。结合国家政策、患者需求、医院总体战略、科室定位等因素，逐级确定医院、归口科室、预算科室各级业务目标，形成业务计划。

（3）制定定额标准。通过大数据分析与外部因素分析，确定各类费用的定额标准。

（4）确定资源配置模型。根据业务计划，设计资源配置模型，主要包括：工作量、耗材、试剂、药品、资产、人员、空间、维修（护）、能耗等。

（5）确定预算编制层级。编制层级分为医院预算、归口预算、科室预算、专项预算等。

（6）确定预算编制方案。根据确定的业务计划、编制模型、编制层级形成预算编制方案。

（7）预算编制。部门预算编制的过程为两上两下，院内预算依据实际情况可进行多上多下编制，如图 1 所示。

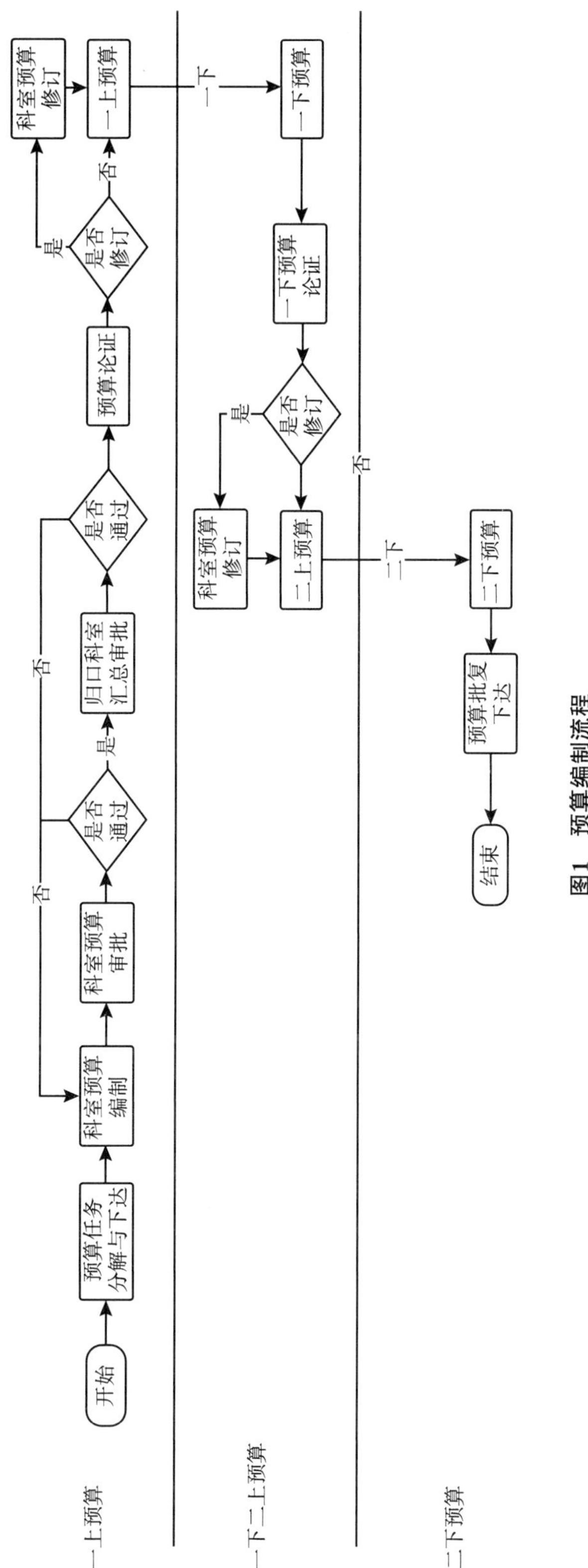
一上预算
一下二上预算
二下预算
开始
预算任务分解与下达
科室预算编制
科室预算审批
是否通过
否
是
归口科室汇总审批
是否通过
否
预算论证
是否修订
是
否
科室预算修订
一上预算
一下
一下预算
一下预算论证
是否修订
是
否
科室预算修订
二上预算
二下
二下预算
预算批复下达
结束

图1 预算编制流程

（8）预算论证。预算归口科室对归口预算数据进行汇总、审核，并对每个预算项目进行详细的评估和论证，包括项目的目标、成本效益、风险和关联性等方面。医疗设备购置、信息设备和软件购置、基本建设等需由各专业委员会进行预论证，评估过程中可以采用多种技术和方法，如成本效益分析、风险评估、决策树分析等。预算委员会组织全院整体预算论证。预算办公室对整体预算进行收支试算平衡，避免出现赤字预算，如形成的预算属于赤字预算或不满足医院的整体目标，需再次组织论证对预算进行合理调整。

（9）预算批复。二上预算上报后，先在院内进行预算预批复，二下预算之后正式批复并下达预算通知书。

（10）预算执行。在预算执行过程中，定期监控和评估实际执行情况，并与预算进行比较和分析。根据实际情况及时调整预算，采取必要的措施来保持预算的有效性和合理性。

（11）预算分析与考核。通过成本效益分析等方法，识别医院执行过程中的问题，分析的结果作为预算调整与考核的依据。

（三）零基预算的建设内容

应用零基预算编制的内容包含八类，分别是资源配置计划类、业务预算类、收入预算类、成本预算类、采购预算类、现金流预算类，详细内容如表 1 所示。

表 1　　零基预算编制内容

类别	编制内容	类型
资源配置计划	科室人员配置计划	编制
	科室床位配置计划	编制
	科室空间配置计划	编制
	科室设备设施配置计划	编制
业务预算	科室医疗工作量	编制
	科室医疗次均费用	编制
	科室科研项目	编制
	科室教学项目	编制
收入预算	医疗收入	计算
	科研收入	编制
	教学收入	编制
	其他收入	编制

续表

类别	编制内容	类型
成本预算	科室物资申报	编制
	科室用药申报	编制
	科室资产折旧	计算
	科室修缮改造申报	编制
	科室日常活动申报	编制
	能耗支出预算	编制
	物业支出预算	编制
	人员支出预算	编制
	其他公用支出预算	编制
采购预算	物资采购预算	计算 + 编制，含资金使用计划
	药品采购预算	编制，含资金使用计划
	资产采购预算	计算 + 编制，含资金使用计划
	工程建设预算	编制，含资金使用计划
	服务采购预算	计算 + 编制，含资金使用计划
现金流预算	现金流预算（收入）	计算
	现金流预算（支出）	计算

（四）应用零基预算的创新点

医院通过应用零基预算实现了：医院资源数字化，贯通医院业、财系统，厘清医院资源要素；业务计划模型化，以业务计划为主线，建设医院业务事项模型；资源配置任务化，资源配置过程以任务形式开展，多级分解、多级汇总；预算调整自动化，成本预算可联动采购预算生成；全面预算管理信息化，从“战略—计划—预算编制—预算论证—预算批复—预算执行”与“控制—预算调整—预算分析—预算考核”，全流程线上开展。

三、应用过程

（一）参与部门和人员

医院预算管理的组织机构包括医院党委会、预算管理委员会、预算管理办公室、预算归口管理部门和预算科室，每个科室均设置至少 1 名预算员，详细如图 2 所示。

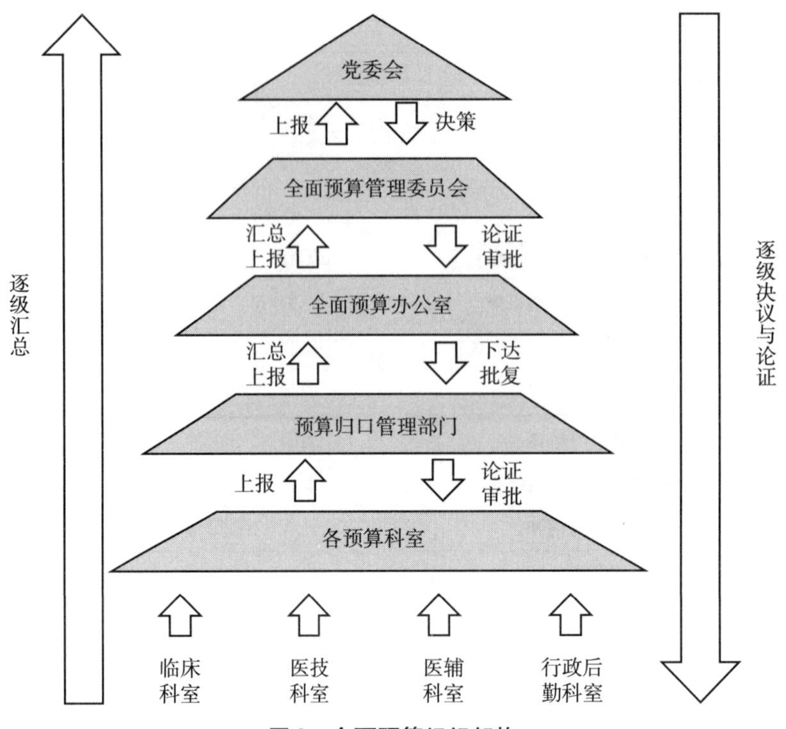

图 2　全面预算组织架构

（1）全面预算管理委员会是预算管理工作的领导机构，主要负责人任主任，总会计师任副主任，相关职能部门负责人任委员，负责审议医院预算管理制度、预算方案和预算调整方案、预算编制和执行中的重大问题、预算执行报告、决算报告等重大事项。

（2）全面预算管理办公室负责预算管理日常工作，设在财务处，负责拟定各项预算管理制度，组织、指导预算归口管理部门和相关预算科室编制预算，对预算草案进行初步审查、协调和平衡，汇总编制医院全面预算方案，检查预算执行情况并编制报告，组织编制医院决算报告，开展预算绩效考核评价及编制报告等。

（3）预算归口管理部门：包括医、教、研、人事、资产、药学、基建、信息等部门，负责汇总审核、牵头论证归口管理的业务、收入、支出预算，并监督预算执行情况。

（4）预算科室：全部预算责任单元，是全面预算管理执行层。

（二）应用零基预算的资源、环境、信息化条件部署要求

1. 资源要求

人力资源：需要财务、业务、数据分析和绩效管理等方面的专业人员。数据资源：需要各类历史资源消耗数据、实时的资源存量数据、运营数据、业务数据。技术

设备：需具备能够支持数据归集、治理、存储、模拟分析的计算机设备和网络设施。

2. 环境要求

需要医院具备开放、合作的精神，以便各部门能够积极参与共同决策。需要具备明确的决策机制和流程，以确保预算编制和执行的透明度和合规性。相关的决策层应参与到预算编制的过程中，对预算方案进行审批和监督。

3. 信息要求

需要建立和维护一个完善的数据管理系统，用于收集、存储和分析预算相关数据。系统需具备与医院的HIS系统、物资系统、资产管理系统、人力资源系统、财务管理系统等系统互联与数据处理能力。需要具备数据分析工具和技术，以支持预算项目的评估和决策，包括数据可视化工具、统计分析软件和预测模型等。需要具备信息安全措施，保护预算相关数据和信息的机密性和完整性。

（三）具体应用模式和应用流程

医院实施的是以零基预算为主的全面预算，所涉业务范围较广，本案例以医院耗材资源配置为例，展开讲述。耗材预算分为三部分：消耗预算、采购预算、付款预算编制。具体步骤如下所示。

1. 确定耗材预算编制内容

应用大数据手段分析医院3年的历史数据，确定医疗业务与管理业务的耗材种类。通过对耗材的使用范围、使用流程分析与专家决策机制，将耗材预算编制内容区分为4大类：医用耗材、总务物资、实验基础材料、化学试剂，其中医用耗材21小类，总务物资10小类。依据耗材种类确定耗材预算的管理科室，具体如表2所示。

表2　　耗材预算编制内容

耗材大类	耗材小类	区分依据
医用耗材	基础卫生耗材、输注及护理耗材、医用敷料及高分子卫生耗材、中医耗材、防护耗材、医用胶片、功能性敷料、止血防粘连耗材、麻醉耗材、重症急救耗材、内镜检查耗材、血液透析耗材、口腔耗材、有源手术器械、吻合器类、介入耗材、人工晶体、骨科手术耗材、大外科手术耗材、消毒/清洗/监测耗材、血费费用	参考国家食品药品监督管理总局《医疗器械分类目录》
总务物资	服装/鞋帽/纺织品、办公用品、卫生用品、五金交电、日杂百货、制剂包材、药品包装/标签、办公耗材、印刷品、旗帜徽章	历史数据分析与耗材管理流程
实验基础材料		历史数据分析与耗材管理流程
化学试剂		历史数据分析与耗材管理流程

2. 确定耗材定额标准

临床、医技科室医用耗材与开展的业务量以及所开展业务成本结构直接关联，通过大数据分析医院过去 2 年的工作量及耗材消耗结构，结合业务科室开展新项目情况、集中带量采购等外界环境因素，经分析与论证确定临床、医技科室卫生材料支出标准，如表 3 所示。通过大数据分析医院过去 2 年的总务物资消耗，确定总务物资定额标准，如表 4 所示。

表 3　科室医用耗材支出标准　单位：元

医用物资类别	内分泌门诊	针灸门诊	针灸五病区	外科病房	儿科门诊	耳鼻喉门诊	CT 室	……
大外科手术耗材	0. 10	—	—	1821. 97	—	—	—	……
防护耗材	0. 20	0. 19	20. 03	17. 25	0. 34	0. 49	0. 19	……
功能性敷料	—	—	7. 08	110. 56	—	—	—	……
骨科手术耗材	—	—	—	22. 98	—	—	—	……
基础卫生耗材	0. 06	0. 01	22. 57	101. 29	0. 01	45. 52	24. 29	……
介入耗材	—	—	16. 42	13942. 85	—	—	—	……
口腔耗材	—	—	—	—	—	—	—	……
麻醉耗材	—	—	0. 03	0. 71	—	—	—	……
内镜检查耗材	—	—	—	10. 42	—	—	—	……
人工晶体	—	—	—	—	—	—	—	……
输注及护理耗材	0. 00	0. 00	791. 14	990. 44	—	—	4. 67	……
吻合器类	—	—	—	548. 07	—	—	—	……
消毒、清洗、监测耗材	—	—	0. 32	0. 16	0. 00	0. 02	0. 02	……
血液透析耗材	—	—	—	0. 35	—	—	—	……
医用敷料及高分子卫生耗材	0. 00	0. 09	32. 32	52. 39	0. 47	1. 20	0. 02	……
医用胶片	—	—	—	—	—	—	98. 49	……
有源手术器械	—	—	—	1189. 85	—	—	—	……
止血防粘连耗材	—	—	—	0. 18	—	—	—	……
中医耗材	0. 29	6. 72	91. 09	45. 48	42. 77	24. 34	—	……
重症急救耗材	—	—	1. 99	15. 48	—	—	0. 00	……
合计	0. 66	7. 00	982. 99	18870. 43	43. 60	71. 57	127. 69	……

表 4　　总务耗材定额标准

总务物资	定额（人/年/元）
办公用品	165
印刷品	65
办公耗材	446
药品包装、标签	未实施定额
卫生用品	171（医辅、行政后勤科室）、475（临床、医技科室）
服装、鞋帽、纺织品	171
制剂包材	未实施定额
日杂百货	293
五金交电	8

注：部分总务耗材与工作量相关性较大，未在所有科室实施人均定额。如办公用品中涉及热敏纸等，未在医技科室及住院处、收费处等科室实施；印刷品中涉及处方纸、工作量相关复印纸等未在临床科室和病案室、收费处等科室实施；办公耗材涉及硒鼓、墨盒等未在临床、医技和病案室、挂号收费处等科室实施。

3. 确定耗材预算目标

预算编制前以医院战略为导向，通过专家论证、数据测算推演、决策机制，确定本年耗材预算的目标：百元医疗收入耗材成本下降 0.35 元，目标制定的依据是集中带量采购带来的成本下降以及医疗业务结构优化。非医疗业务的耗材下降 10%，目标制定依据是集中带量采购带来的成本下降以及优化管理流程减少不合理支出，具体如表 5 所示。

表 5　　耗材预算目标

目标类别	目标	方向	目标制定的依据
医疗业务	0.35 元	减少	集中带量采购与医疗业务收入结构优化
管理业务	10%	减少	集中带量采购与管理业务流程优化

4. 确定耗材资源配置模型

依据每类耗材的消耗影响因素、使用对象、管理流程不同确定耗材预算的配置模型。通过分析历史数据与专家讨论，确定各类耗材的影响因素与资源配置模型。

医用耗材：医用耗材与医疗业务开展的业务量以及所开展业务成本结构直接关联，通过分析临床科室的耗材因素确定耗材的计算公式：某科室医用耗材 = 科室本年业务量预算 × 科室医用耗材定额标准。

实验基础耗材：与每年医院开展的实验量直接关联，实验基础耗材 = 该实验室本年的实验量×单次实验消耗。

化学试剂：与每年医院进行的化验次数直接关联；化学试剂 = 全院医疗业务检查检验业务量×单次检验试剂消耗。

总务物资：该分类下制剂包材、药品包装标签、临床医技科室的办公耗材与业务量直接相关，参考医用耗材配置模型。其余分类按照定额管理。

以上内容如表 6 至表 9 所示。

表 6　　耗材资源配置模型——医用耗材

耗材种类	科室工作量	定额标准	耗材预算	目标值	审批值	批复值	编制依据
基础卫生耗材							
输注及护理耗材							
医用敷料及高分子卫生耗材							
中医耗材							
防护耗材							
医用胶片							
功能性敷料							
止血防粘连耗材							
麻醉耗材							
重症急救耗材							
内镜检查耗材							
血液透析耗材							
口腔耗材							
有源手术器械							
吻合器类							
介入耗材							
人工晶体							
骨科手术耗材							
大外科手术耗材							
消毒、清洗、监测耗材							
血费费用							
合计							

表 7　　耗材资源配置模型——实验基础材料

耗材种类	实验量	单次实验消耗	材料预算	目标值	审批值	批复值	编制依据
实验基础材料							

表 8　　耗材资源配置模型——化学试剂

耗材种类	检验业务量	单次试剂消耗	试剂预算	目标值	审批值	批复值	编制依据
化学试剂							

表 9　　耗材资源配置模型——总务物资

耗材种类	耗材预算	目标值	审批值	批复值	编制依据
服装、鞋帽、纺织品					
办公用品					
卫生用品					
五金交电					
日杂百货					
制剂包材					
药品包装、标签					
办公耗材					
印刷品					
旗帜徽章					
合计					

5. 确定耗材采购预算配置模型

采购预算编制受医院消耗预算的影响，需在消耗预算编制完成后，生成对应的采购预算。经过分析与专家讨论，确定影响采购预算的因素主要有安全库存、库存、耗材消耗预算。确定采购预算的计算公式：采购预算 = 耗材消耗预算 + 库存 - 安全库存，具体如表 10 所示。付款预算基于采购预算的付款比例生成。

表 10　　耗材采购预算配置模型

耗材大类	耗材小类	消耗预算	采购预算	付款预算	目标值	审批值	批复值	编制依据
医用耗材	基础卫生耗材							
	输注及护理耗材							
	医用敷料及高分子卫生耗材							
	中医耗材							
	防护耗材							
	医用胶片							
	功能性敷料							
	止血防粘连耗材							
	麻醉耗材							
	重症急救耗材							
	内镜检查耗材							
	血液透析耗材							
	口腔耗材							
	有源手术器械							
	吻合器类							
	介入耗材							
	人工晶体							
	骨科手术耗材							
	大外科手术耗材							
	消毒、清洗、监测耗材							
	血费费用							
实验基础材料	实验基础材料							
化学试剂	化学试剂							
总务物资	服装、鞋帽、纺织品							
	办公用品							
	卫生用品							
	五金交电							
	日杂百货							
	制剂包材							
	药品包装、标签							
	办公耗材							
	印刷品							
	旗帜徽章							
合计								

6. 耗材预算编制

通过梳理与专家讨论，确定预算各资源配置模型下发的科室。各预算任务由各科室预算员提交，经过科室负责人审批后，汇总至采供部，具体如表11所示。

表11　耗材预算编制情况　单位：个

预算任务类别	任务下发范围	下发科室数量	已编制
医用物资	临床、医技、医辅	120	120
实验基础耗材	临床、医技、医辅	120	100
化学试剂	临床、医技、医辅	120	120
总务物资	全院科室	149	149
采购预算	采供部	1	1
付款预算	采供部、财务处	2	2

7. 耗材预算论证

各科室预算任务均完成后，采供部组织耗材预算论证，以科室为单元，逐项进行。依据各科室的耗材预算目标与编制依据，经过科室每一项的预算陈述与专家讨论，形成包含配置优先级、核定后预算、核定依据的预算论证结果。各科室签字后，依据论证结果修正预算。经预算办公室的试算平衡及预算委员会论证后，预算可能被修改，修改的依据是配置优先级，具体如表12所示。

表12　预算论证情况

科室	耗材类别	耗材预算	配置优先级	核定后预算	核定依据

8. 耗材预算批复

耗材预算院内预批复的时间点是1月1日，批复后各科室即可以在耗材领用、高值扫码出库、采购订单、付款时使用预算。

9. 耗材预算执行

经过批复，耗材预算会生成三套执行数据，分别是耗材消耗、耗材采购、耗材付款。组织专家研讨会，依据耗材预算的管理流程与所编制的预算确定预算的执行监控规则，详细如图3所示。

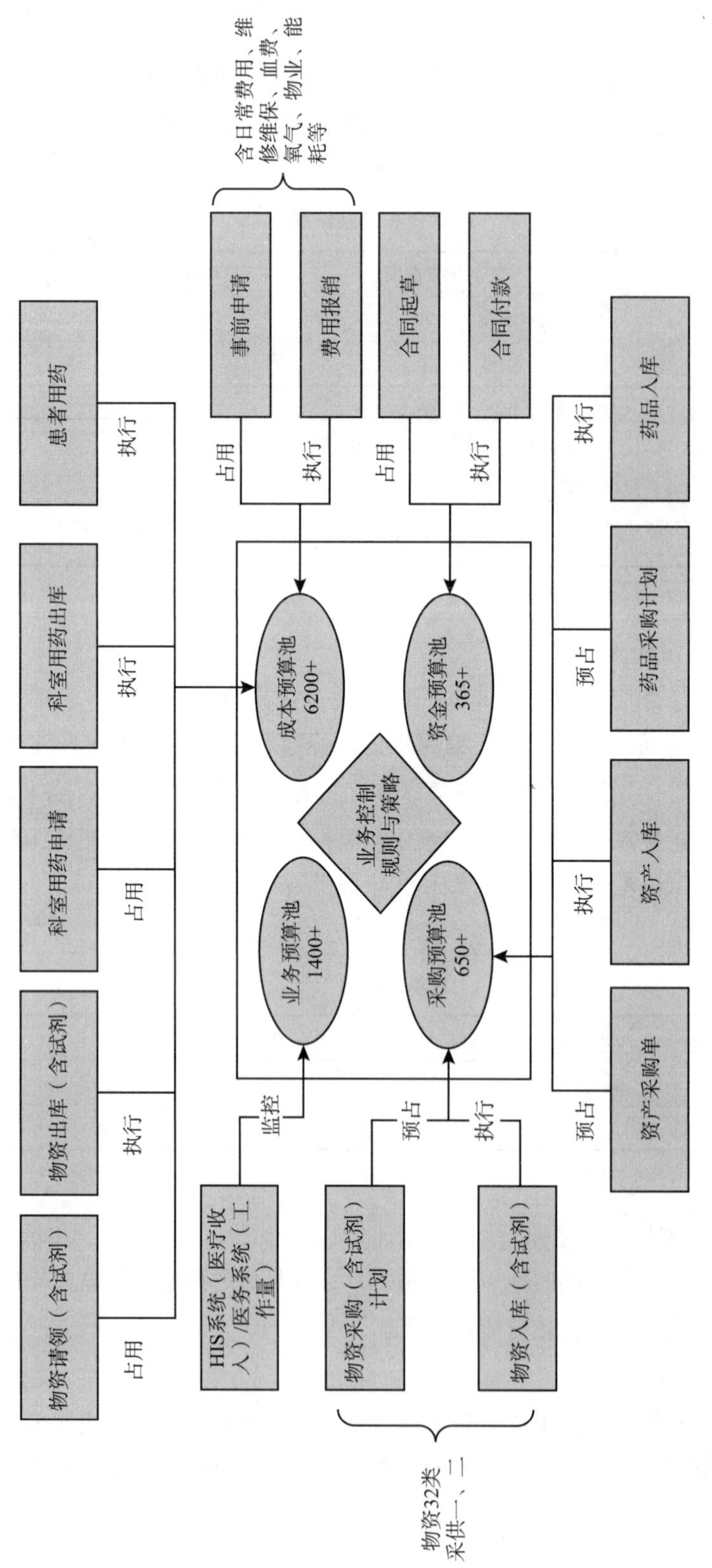
物资请领（含试剂）
占用
物资出库（含试剂）
执行
科室用药申请
占用
科室用药出库
执行
患者用药
执行
事前申请
占用
费用报销
执行
含日常费用、维修维保、血费、氧气、物业、能耗等
合同起草
占用
合同付款
执行
成本预算池
6200+
资金预算池
365+
业务控制规则与策略
业务预算池
1400+
采购预算池
650+
HIS系统（医疗收入）/医务系统（工作量）
监控
物资采购（含试剂）计划
预占
物资入库（含试剂）
执行
物资32类
采供一、二
药品入库
执行
药品采购计划
预占
资产入库
执行
资产采购单
预占

图3　预算控制体系

消耗预算控制过程：耗材预算的控制分为 2 个场景：高值耗材预算控制场景与一般耗材控制场景。高值耗材的预算执行流程：扫码时进行预算检查，如预算不足，无法使用该耗材。需经过调整手续后，方可继续使用。为避免影响医疗业务的开展，同步配有预算预警策略，当高值耗材的预算剩余量不足 30% 时，发布预警通知，提醒各科室提前进行预算调整手续。一般耗材预算通过科室申领时进行预算控制，无预算无法申领。由于业务需要，确需增加该预算的，需走预算调整手续，经过调整论证后，方可使用。同时基于一般医用物资配有预算预警策略，当剩余量不足 20% 时提醒科室是否需走预算调整手续，具体如图 4 所示。

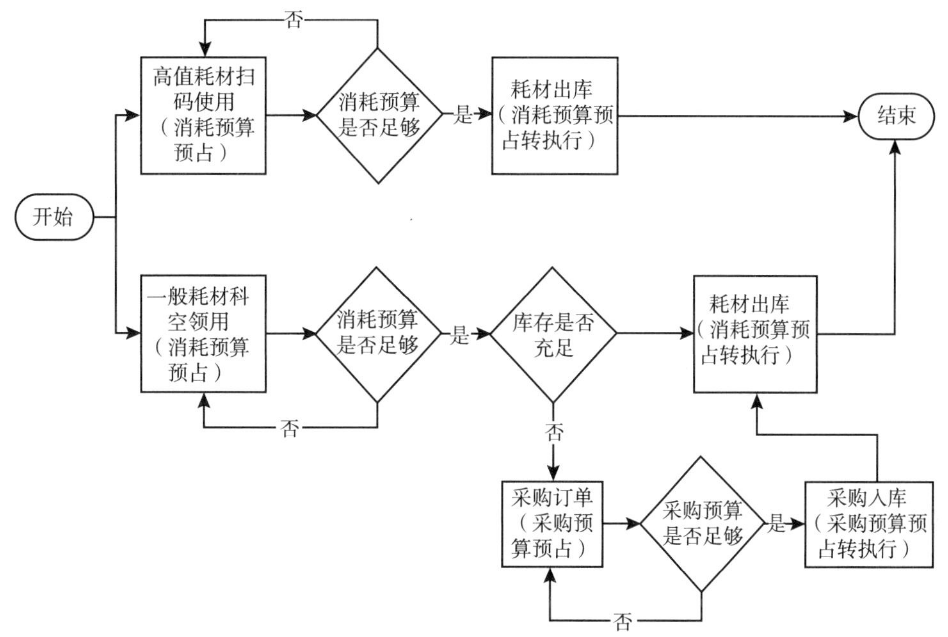

图 4　消耗预算控制过程

采购预算控制过程：采购预算主要用来监控耗材管理部门的采购行为，依据采购管理制度并经过专家讨论，确定耗材采购预算控制流程。采购预算分为两种：第一，已签订采购供货协议耗材，在采购订单环节检查预算，无预算不能下订单。由于业务需要，确需采购的，需走预算调整手续，经过调整论证后，方可使用。第二，未签订采购供货协议的耗材，采购部门先发起采购申请并预算检查，无预算不能发起。由于业务需要，确需采购的，需走预算调整手续，经过调整论证后，方可使用，具体如图 5 所示。

付款预算控制过程：采购行为完成后，需采购部门依据采购的发票、合同、入库信息进行付款。付款发起时进行付款预算检查，如预算不足，无法发起预算付款。由于业务需要，确需付款的，需走预算调整手续，经过调整论证后，方可使用，具体如图 6 所示。

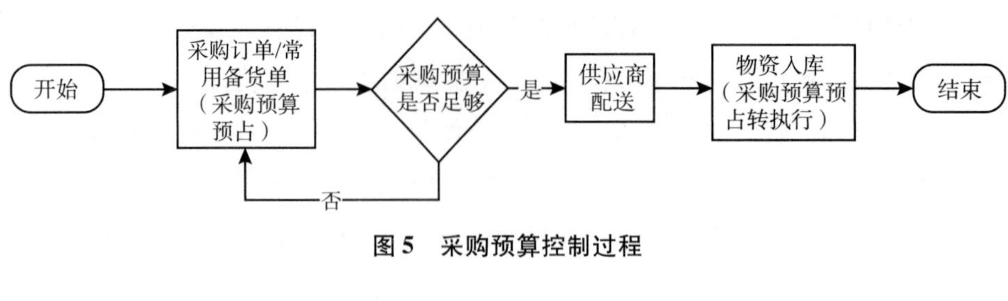

图 5　采购预算控制过程

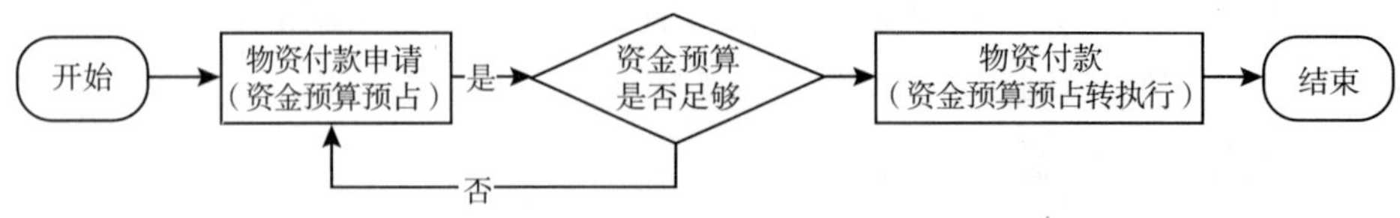

图 6　付款预算控制过程

10. 耗材预算调整

由于甲医院医用耗材实施零库存管理，因此消耗预算的变化，直接决定采购预算的变化。为提高调整效率、减少科室重复工作量，甲医院应用“联动模型”技术，建立采购预算自动调整机制。该“联动模型”通过设置耗材消耗与耗材采购的关联因素实现，当消耗预算调整申请单审批结束时，“联动模型”依据关联因素自动生成采购预算调整单。以医用耗材为例，预算调整单如表 13 所示。

表 13　　预算调整单

耗材种类	预算批复	预算余额	调整金额	调整后余额	调整依据
基础卫生耗材					
输注及护理耗材					
医用敷料及高分子卫生耗材					
中医耗材					
防护耗材					
医用胶片					
功能性敷料					
止血防粘连耗材					
麻醉耗材					
重症急救耗材					
内镜检查耗材					
血液透析耗材					
口腔耗材					

续表

耗材种类	预算批复	预算余额	调整金额	调整后余额	调整依据
有源手术器械					
吻合器类					
介入耗材					
人工晶体					
骨科手术耗材					
大外科手术耗材					
消毒、清洗、监测耗材					
血费费用					
合计					

11. 耗材预算分析

利用信息化系统，对医院的耗材预算进行全面分析和优化，基于分析结果定期组织预算评估与调整。应用趋势分析、成本效益分析法对采购数据进行分析，识别耗材的采购模式、季节性变化、价格趋势等，以此来优化采购预算。根据耗材的重要性、使用频率、成本、质量等与医疗服务的需求和标准进行对比，对各类耗材的使用进行评估和分析。利用可视化分析方法，分析各类科室耗材的使用进度、使用周期、未来使用趋势，提前识别风险。监测医院的耗材使用情况，包括使用量、使用频率、浪费情况等，开展耗材使用的培训和指导。耗材分析示例：

第一步：获取卫生材料实际消耗数据。通过预算执行分析获取医院各临床科室11月卫生材料消耗数据以及各临床科室的医疗收入。数据来源：耗材管理—科室出库明细、HIS收费与挂号数据；数据统计截止时间为2023年11月30日23点59分。

第二步：计算各临床科室百元收入卫生材料消耗。根据百元收入卫生材料消耗＝［卫生材料消耗/医疗收入（不含药品）］×100，计算各科室的指标值，如表14所示。

表14　　百元医疗收入卫生材料消耗

科室	2023年百元医疗收入卫生材料消耗（元）	说明
骨科	33.16	包含门诊与病房
外科	54.76	包含门诊与病房
……		

注：参与分析的有32个科室，其中22个科室百元收入卫生材料消耗均降低，占比68.75%；10个科室指标略有增加。本示例以降低最多的科室以及增加最多的科室为例展开分析。以下示例均以骨科与外科为例。

第三步：计算各临床科室百元收入卫生材料消耗与目标值的差异。将各临床科室的实际百元收入卫生材料消耗与目标值进行比较，获取各科室差异数据，监测指标变化情况，如表 15 所示。

表 15　执行数与目标百元收入卫生材料消耗差异　单位：元

科室	2023 年执行数	目标	实际与目标差异
骨科	33.16	39.36	-6.20
外科	54.76	49.64	5.12
……			

注：负数代表指标值下降，控制效果较好。正数代表指标值增长，控制效果不佳。

第四步：差异原因分析。通过执行数与目标值差异分析，找出影响指标降低与增高的原因，如表 16 所示。

表 16　百元收入卫生材料消耗差异分析

科室	采购成本	治疗项目	其他	主因
骨科	采购成本降低			集中带量采购影响
外科		新开展收费项目		新开展血管外科手术项目影响
……				

第五步：制定改进措施。通过百元收入卫生材料消耗差异分析表，对每个科室的耗材使用制定改进措施，并与各预算科室沟通，形成百元收入卫生材料消耗改进措施，如表 17 所示。

表 17　百元收入卫生材料消耗改进措施

科室	改进措施	执行人	监督人	验证周期
骨科	保持现状，持续观察，根据执行情况调整下一年度目标值	××	××	每月
外科	调整当年目标值	××	××	每月
……				

第六步：跟踪改进的效果。基于百元收入卫生材料消耗改进措施表对科室的医用卫生材料使用改进情况进行跟踪。建立改进效果复核机制，对于改进措施执行不力

的，及时进行调整与改进，改进效果跟踪具体如表 18 所示。

表 18　　百元收入卫生材料消耗改进效果跟踪

科室	执行人	跟踪人	12 月值	验证期
骨科	××	××	22.93	12 月
外科	××	××	51.84	12 月
……				

第七步：定期总结与报告。每月对耗材预算差异分析工作进行总结和报告，并向相关领导和科室汇报分析结果和改进情况。

12. 耗材预算考核

医院耗材预算考核指标分为预算编制准确度、预算执行率、预算调整率、耗占比、耗材费用增长率、耗材使用效率、耗材采购成本节约率、耗材质量问题率，如表 19 所示。

表 19　　预算考核

类别	考核指标	考核方式	目标值	考核说明
预算质量	预算编制效率	定量		是否在规定时间完成
	预算执行率	定量	90～100	
	预算调整率	定量		
业务效率	耗占比			是否合理控制和利用耗材资源
	耗材费用增长率			耗材使用趋势和支出变化情况，及时发现费用增长过快的问题
	耗材使用效率			单位耗材使用量与相应医疗服务量的比值。评估耗材使用过量或浪费的问题，并采取相应的措施进行改进
采购效率	耗材采购成本节约率			通过采购优化和成本控制所实现的耗材采购成本节约比例。评估医院的采购策略和成本管理效果，推动耗材采购成本的降低
	耗材质量问题率			耗材使用过程中出现质量问题的比例。评估供应商提供的耗材质量和医院的耗材管理水平，及时发现和解决质量问题

应用零基预算编制之前，医院仅编制了耗材采购预算且未实现采购预算的线上控制。通过零基预算的编制对医院的财务和业务流程进行了改造。改造内容如下：增加消耗预算编制流程、付款预算编制流程、修改采购预算编制流程；增加一般耗材领用

预算控制流程、科研耗材领用预算控制流程、高值耗材预算控制流程、付款预算控制流程、无协议类采购预算控制、有协议类预算控制；增加耗材预算调整调剂流程、采购预算自动调整流程；增加耗材预算分析流程、采购预算分析流程。增加耗材预算考核流程、采购预算考核流程。

资源投入方面，成立采供部牵头，医务处、经管处、财务处、审计处等各科室参与的耗材预算小组，对耗材的资源配置、预算执行、预算调整、预算分析进行专项管理与评估；建立以预算为核心的预算数据体系，对耗材的相关数据进行管理，主要包含耗材消耗、耗材库存、耗材采购、合同、付款、工作量、收入等数据；需要能够部署数据管理、数据质控、数据分析的硬件设备。

（四）在实施过程中遇到的主要问题和解决方法

1. 数据收集和分析

问题：获取和整理所需耗材消耗、库存、工作量等数据，需对接 HIS、HRP、OA 等不同厂商，数据是否标准、准确、全面直接影响预算编制、执行和分析的准确性。

解决方法：建立以预算为核心的数据管理系统，确保数据的准确性和完整性。使用数据分析工具和技术，帮助处理和分析大量的数据。

2. 部门合作和沟通

问题：不同部门之间的合作和沟通存在障碍，导致预算信息的获取和共享困难。

解决方法：建立跨部门的合作机制和沟通渠道，促进信息的共享和交流。定期组织会议或工作访谈，让各部门的代表共同参与预算编制的过程，以确保他们的意见和需求得到充分考虑。

3. 预算评估与论证

问题：对所有科室的各个耗材类别进行评估和论证难度较大。

解决方法：与相关部门和专业人员合作，共同制定评估标准和方法。同时建立耗材分析方法库，明确成本效益分析、风险评估、专家意见等方法的应用场景与效果。

4. 预算编制和执行

问题：零基预算的实施无形增加了预算编制和执行的复杂性，需要投入更多资源和时间来支撑。

解决方法：进行详细的规划和准备，确保有足够的时间和资源。明确预算管理流程和各部门的责任分工，确保各环节有序衔接。借助信息化系统和工具来简化预算编制和执行过程。

5. 组织文化和变革管理问题

问题：零基预算需要对组织文化和工作方式进行一定的调整和变革，实施过程中遇到一些抵触和阻力。

解决方法：积极与科室和员工进行沟通，开展预算编制执行等相关知识和系统操作培训，帮助员工理解和接受零基预算的目标和方法。

四、取得成效

广安门医院通过零基预算的实施，取得了较好的成效。一是运用零基预算将医院战略目标层层细化和量化并落实到具体的运营工作中，在战略与执行之间建立起了桥梁，基本完成我院收入支出“全口径”、参与范围“全部门”、经济活动“全过程”、医教研防“全方位”的全面预算管理体系，为医院的可持续发展提供有力支持。二是零基预算对医院的人、财、物、技术等核心资源的科学化配置，形成医院资源指标化、业务计划模型化、计划制订业务化、计划过程任务化的资源配置路径。围绕医院的工作计划，结合医、教、研、防、管业务流程，梳理和建立工作量、次均费用、人员、药品、耗材、资产、空间、维修护、能耗等预算编制模型 32 个，从而完成业务预算、收入预算、成本预算、采购预算、资金预算多套预算数据。三是通过零基预算将业务和财务数据进行整合分析与应用，以耗材管理为例，基于零基预算编制的内容，将科室工作量、次均费用、医疗服务项目、出入库信息、采购信息、合同信息、付款信息等全链条业务数据串联成“一条主线（业务），多条分支（采购、库存、收款、付款等）”的业务链，供医院管理者在编制、调整、分析、考核等决策过程中使用，优化资源配置，提升服务质量。四是通过零基预算的实施在业务端建立工作量、次均费用闭环监控体系，推进收入结构调整，2023 年门诊量和出院人数大幅增长；检查化验、卫生材料、成西药占比下降；平均住院日下降 0.9 天，床位周转效率提升。

五、经验总结

零基预算成功应用的关键因素在于：高层管理层愿意为其实施提供必要的资源，在预算编制、执行等环节中发挥积极的领导作用；应该建立有效的信息系统和数据收集机制，能够提供准确、全面的数据支持；有积极的组织文化，鼓励创新和改进，通过沟通、宣传、培训等方式提高员工对零基预算的认知和参与度。

通过零基预算可以提高预算编制的科学性和精确性，对投入产出多的科室分配更多资源，打破传统的“大锅饭”，进而提高科室积极性与资源的配置效率。零基预算强调决策的透明度和问责制度，有助于提高决策的合理性和公正性，增强管理层的问责意识，促进组织的良性发展。但零基预算的实施需要投入大量的时间和人力，增加预算编制的成本；需要较高的信息技术和数据支持；逐个项目的论证，意味着每个项目的投入都可能被缩减，易引起冲突和抵触情绪。

医院需要建立一个全面的信息与数据支持系统，包括项目的成本、收益、优先级等关键信息。通过全面收集业、财数据，确保预算目标、预算编制、执行、分析、考核的科学性和可靠性。零基预算对数据的依赖性较高，可以考虑引入智能技术和数据分析工具，来提高零基预算的效率和准确性。例如，利用人工智能和机器学习技术对大量的数据进行分析和预测，帮助医院更好地评估和论证预算项目。

零基预算并非适用于所有医院和业务场景，其应用需要根据具体情况进行评估和决策。在实施零基预算之前，首先，医院需要充分评估其可行性和适用性，并确保医院内部的理解和支持。其次，需要循序渐进地实施与培训，增强全院职工的预算意识，才能逐步提高预算编制的准确性。最后，医院需要建立全面的信息与数据支持系统，确保预算编制和决策的科学性和可靠性。

（中国中医科学院广安门医院：李彦敏　张　静　师　敏　李　姣
付仁明　张晓溪　于　哲　薛笑尘
林　晶　李鹏飞　李欣芮　于　娜）

案例评语：

该案例聚焦医院运营管理的核心——全面预算，通过全面预算管理工具有效运用实现了医院资源的有效配置，做到对医院耗材成本的有效控制，提升了资源使用效益。在实施过程中创新性地运用了大数据驱动的数据建模技术，构建了资源配置模型，创建了一个可视化、可量化、可跟踪、可改进的全面预算与运营管理深度结合的业务体系，为医院运营管理决策做出有效支撑。

案例单位对零基预算的设计和实施步骤清晰明确，其运用过程易于理解和落地，可操作性强，对同类行业企业复制和推广其经验具有较好的参考价值。

三、成本管理

业财协同　价值导向型全面质量成本管理

摘要

国内汽车行业销量经历连续三年的下滑后，虽然在2022年出现回升，但国内车企之间的竞争并未减弱。随着汽车行业微利时代的来临，成本竞争优势已成为车企最关键的竞争能力之一。近年来，国内汽车行业整车召回、质量事故事件频发，质量问题越来越受到社会的关注，产品质量问题不仅给企业声誉造成重大的影响，也会直接带来巨大的经济损失。与此同时，过度追求整车产品的“质量”而忽视“成本”，势必造成产品成本高居不下，整车企业经营很难持续。如何用最具竞争力的成本达到或超过顾客对产品质量的预期，已成为车企面临的共同课题。为此，本案例重点阐述了质量成本系列管控措施。通过质量部门与财务部门业财协同，充分调动全员参与质量成本管控的积极性，形成质量管理与成本管理共进共赢的良性循环，助力企业高质量发展。

一、背景描述

北京汽车股份有限公司（以下简称“北京汽车”）成立于2010年9月，于2014年12月19日在香港联交所主板挂牌上市（股票代码：1958. HK），是北京汽车集团有限公司乘用车整车资源聚合和业务发展平台。主要业务涵盖乘用车研发、制造、销售与售后服务，乘用车核心零部件生产、汽车金融等业务。乘用车业务目前通过“北京”“北京奔驰”“北京现代”及“福建奔驰”四大整车板块开展，遵循“创新、协调、绿色、开放、共享”的发展理念和追求更高质量、更有效率、更加公平、更可持续、更为安全的发展目标，致力于“成为汽车行业受人尊敬的领跑者”。

（一）全面质量成本管理创新的内外部需求

随着汽车行业微利时代的来临，精细化、系统化的质量成本管理已成为汽车行业降本增效的一片蓝海。据统计，部分欧洲车企的质量成本已达到制造成本的1/4，质量成本竞争已成为行业成本竞争的重点。北汽自主业务已经历十余年发展，如何形成适应业务的质量成本标准，搭建适应我们自身业务的质量成本管理体系，努力达到质量和成本的平衡，既是我们研发、制造、销售业务应该共同关注的内容，也是我们管理业务核算、分析、报告需要讨论的话题。只有大家共同努力，才能真正发挥质量成本管理的重要作用，确保我们的产品具备较强的综合竞争优势。

（二）北京汽车质量和品牌向上发展的需要

在北汽自主成本管理初级阶段，质量成本管理工作较多停留在财务数据层面，对研发、采购阶段的质量过程成本管控不足；数据统计范围和标准较模糊，导致质量成本费用的归集不科学、不规范；分析工具简单、方法单一，分析结果不能很好地为产品质量改进提供支持；质量与成本缺乏平衡管理，质量成本的投入产出效果不清晰；全员质量成本意识不足，质量管理与成本管理未形成合力。为了适应企业发展阶段，迅速提升质量品牌，改革势在必行。

（三）降低显性和隐性损失，增加企业利润的需要

管理初期大量的隐性质量损失，如库存增加、订单流失、管理时间浪费等未被量化，这些成为吃掉企业利润的巨大的“隐形工厂”。这就需要企业全面梳理质量成本控制体系，补全控制缺失点，合理评估控制的有效性，规范成本管理过程和行为。同时，把数字变成一种信号，为分析质量活动是否需要改进或评价改进是否取得效果提供客观依据，使管理及一线人员更好地从价值角度理解质量管理活动，形成质量改善及成本意识，提升质量改进的动力，寻找质量改进的突破口，降低成本，提高利润水平。

（四）动态反映质量水平，强化过程管控，优化成本结构的需要

质量成本揭示的是一种动态的趋势，随着质量水平的变化而变化。通过对质量成本数据的分析，从其变化趋势探求企业的最佳质量水平。

同时，在当前质量水平下，通过解析已有质量成本数据和分析、预测可能或应当发生的活动及其影响，寻找预防、鉴定成本投入与内外部损失变化之间的联动关系，将总质量成本控制在适宜的范围之内，寻求最优质量成本结构。

二、总体设计

北京汽车财务部门联合质量部门，协同研发、制造、采购、生技等相关专业，充分调动全员积极性，“共商共建共享”，建立业财协同工作机制，成立专项攻关小组，明确各方职责，层层推进、逐级拉动，进一步界定质量成本内涵，聚焦建立有效的全员、全过程、全方位的质量成本控制体系，业财协同推进质量成本管理提升。

质量成本是指企业为了确保产品（或服务）满足规定要求而产生的费用以及没有满足规定要求所引起的损失。质量成本由预防成本、鉴定成本、内部损失成本和外部损失成本四部分组成。预防成本指为保证和提高产品质量，对可能出现问题的部分进行改善以防止产品出现问题投入的费用，如质量培训、管理、改进措施费及评审等费用。鉴定成本是评定产品满足规定要求投入的费用，如进货检验、工序检验、成品检验、试验设备及质检人工等费用。内部损失成本是产品交付前不满足质量要求产生的费用，如废品、返工、停工及内部故障处理等费用。外部损失成本指产品交付后不满足质量要求产生的费用，如索赔、退换、折价和保修等费用。

聚焦质量成本全业务流程，分别从产品全生命周期（在研—量产—售后）、全价值链（研、产、供、销）和全成本要素角度（预防、鉴定、内部损失和外部损失）制定管控策略。（1）创建螺旋型质量成本持续改进模式：以成本结果所反映的问题为出发点，运用 DAPDCI 面向成本结果的改善方法，结合 PDCA 的过程持续改善方法，实现顺瓜摸藤和顺藤摸瓜的螺旋型成本改进；（2）全员联动，实现研产供销全过程监控：领导层、管理层和执行层全面参与质量成本的全过程管理，分板块的执行组针对具体问题制定改进措施，实现全面监控，重点突破，不断降低质量成本的投入或降低质量损失；（3）充分量化损失，精益成本管理：通过明确定义质量成本科目、归集内容、计算方式和责任单位，充分量化过程中容易被忽略的质量成本（如产品降级损失、折价损失等），强化管控方式，逐步改善质量水平，降低成本；（4）创新的方法论和管理工具：打通制造、采购、销售、物流、质量管理系统，整合数据资源，构建完整的质量成本数据链，同时通过 Tableau 数据分析软件、Matlab 数据建模工具改善分析方式，深挖成本动因，通过灰色线性回归模型预测成本数据，实现管理前置。

建立价值导向型全面质量成本管理体系，就是要统筹兼顾质量和成本需求，用价值管理的方式推动实现覆盖全员、全过程、全价值链的持续性质量提升和成本改进。通过体系化的价值核算、价值分析和价值评估等手段找出问题，确定责任中心，挖掘质量成本动因，推动质量改善，进而创造价值。通过有效监督和投入产出效果评估，优化资源配置，发挥资源最大效能，实现成本最优。

北京汽车聚焦质量成本全价值链，健全质量成本“五大体系”：方法体系、制度体系、流程体系、指标体系和评估体系，全面制定管控策略，优化设置关键控制点，细化标准，提升控制有效性。在研阶段，分阀点设定质量端和成本端关键控制策略，做好项目质量控制和经济性评估；采购阶段，充分发挥采购委员会职能，做好供应商质量保证能力的考察和评审，保证供应商质量，同时制定各专业设计成本优化方案，推动实现极致成本目标；量产阶段，围绕制造过程四大工艺和整车检验流程设置过程管控要点，保证每阶段产品符合要求，量化不增值活动的浪费，控制损失；售后阶段，建立责任中心式的索赔管理模式，明确索赔与反索赔责任结构，落实内部责任分解机制，实现内部责任承担的闭环管理。

同时，改变传统管理模式，多措并举，提升管理价值：创新方法论和管理工具，将面向结果和面向过程的持续改善方法相结合，推动实现螺旋型质量成本改进；搭建数据分析模型，打破财务与业务之间的界限，构建起从财务数据到业务指标的联系桥梁；树立质量成本预算目标，优化资源配置，挖掘降低质量成本动因，实现管理前置，增强风险应对能力；设立质量成本 TFT 攻关小组，多部门联动，攻坚克难，打通阻滞环节，推动专项问题解决。从体系建设和专项改进两个方面推动整个质量成本管控的全面、向上管理。

三、应用过程

（一）构建覆盖产品全生命周期、全价值链的质量成本体系

根据 ISO 9000 系列国际标准的质量成本定义，结合质量管理专家 A. V. 菲根堡姆提出的质量成本概念，以及质量管理专家 J. M. 朱兰博士的“矿中黄金”理论，充分识别北京汽车整车在研、量产、售后产品全生命周期中，研发、采购、生产、销售链条过程中各个环节的关键点，结合北京汽车战略目标，构建质量成本体系，明确“6 步走”管控策略：（1）加强标准化建设；（2）指标设置及分析优化；（3）编制质量成本预算；（4）核算检查与预算分析；（5）完善质量成本制度体系；（6）出具质量成本分析报告。

1. 推进标准化建设，完善管理过程，统一标准，夯实数据分析基础

针对前期管理工作主要集中在生产端和销售端，欠缺对研发设计阶段和采购阶段的监控管理和数据统计问题，通过拉动研发、生技和采购参与质量成本管理，补全管

控缺失环节，真正实现研发—采购—生产—销售—售后全过程管控。

同时，财务部门与质量部门联合梳理并确定 26 个三级明细科目，规范相应数据口径和统计方式，明确各部门职能职权，保证数据来源一致、标准统一、数据准确（见表 1）。

表 1　　质量成本业务分类及统计标准

区分	序号	业务分类	业务描述
预防成本	1	薪酬及福利	从事质量管理人员（质量管理部门和车间专职质量管理人员）的工资总额及提取的职工福利基金
	2	质量奖励费	为保证或者改进产品质量而支付的各种奖励费用
	3	质量培训费	为达到质量要求或者改进产品质量的目的，对企业员工的质量意识和质量管理技能进行培训所支付的各种费用
	4	质量改进措施费	为保证或者改进产品质量所支付的费用： 提高产品及工作质量、改变产品设计、调整工艺、开展工艺控制、进行技术改造中属于质量成本开支范围的费用
	5	质量办公费	质量管理部门日常的办公费
	6	质量管理活动费	为预防、保证和控制质量而推行质量管理工作所支付的费用
	7	质量评审费	对本企业的产品质量审核和质量体系进行评审所支付的费用以及新产品投产前进行质量评审所发生的费用
	8	供应商评审费	对供应商供货能力及产品质量进行评审所支付的费用
	9	质量认证费	产品质量认证所发生的费用
	10	预防试验检验费	为保证和稳定产品质量，进行预防性试验等发生的费用
鉴定成本	11	薪酬及福利	从事质量检查、测量、检验和试验工作人员的工资及提取的福利基金（含计量、理化检验部门）
	12	鉴定试验检验费	对外购原材料、零部件、元器件、外协件以及生产过程中的在制品、半成品、成品按质量要求进行检查、测量、试验、检验所支付的费用（含库存物品定期或不定期检验所支付的费用）
	13	质量检验部门办公费	质量检验部门为开展日常质量检验工作所支付的费用
	14	检验设备维修费	对产品质量进行检查、测量、检验和试验所用仪器、设备、量具和工具的维修费
	15	检验设备折旧费	对产品质量进行检查、测量、检验和试验所用仪器、设备、量具和工具的折旧费用
内部损失	16	废品损失	销售出厂前的产成品、半成品及在制品达不到质量要求且无法修复或者在经济上不值得修复造成报废所损失的费用
	17	返工损失	为修复不合格品并使之达到质量要求所支付的费用（重大事故以外的）

续表

区分	序号	业务分类	业务描述
内部损失	18	停工损失	因质量问题原因导致停工所发生的损失
	19	产品质量事故处理费	因处理内部产品质量事故所支付的费用 场内批量质量问题处理费用（生管维修人员、零部件等）
	20	产品降级损失	因产品质量达不到规定的质量等级（经评审同意降级）而减价处理所损失的费用
	21	库存品过期失效损失	因设计变更等原因导致的库存品不能继续使用或者过期等带来的损失
外部损失	22	售后索赔费	产品销售后因产品质量未达到标准，对用户提出的申诉进行赔偿、处理所支付的费用
	23	售后服务费	因产品质量而为用户提供服务所发生的费用和提供售后服务人员的工资总额及提取的福利费
	24	折价损失	因产品质量未达到标准折价销售所损失的费用
	25	市场损失费	因质量问题导致的销售和商誉损失
	26	诉讼及赔偿费	因产品质量问题和售后服务质量问题导致的法律诉讼费及相关赔偿

2. 深化质量成本分析，为业务改善提供方向和参考

围绕质量成本总体及四个二级科目（预防成本、鉴定成本、内部损失和外部损失）设置三类（目标指标、结构指标和相关指标）共 26 个量化分析指标。其中，选取 9 个作为重点监控指标，反映价值链关键节点的质量成本管控水平（见表 2）。

表 2　　质量成本重点监控指标

序号	阶段	关键指标	计算公式
1	总体	百元销售收入质量成本	= 当期总质量成本/以百元为单位的销售收入
2	研发	单车设计变更成本	= 设计变更成本/产品产量
3		设计变更成本占比	= 设计变更成本/总设计成本
4	采购	单台废品损失	= 废品损失/产品产量
5	生产	单位产量的质量内部故障成本	= 当期质量内部故障成本/当期总产量
6		单台返工返修损失	= 返工损失/产品产量
7	销售及售后	单车售后费用	= 当年售后费用总额/平均车型在保数量
8		反索赔追偿率	= 已追偿金额/应追偿金额
9		开票率	= 已开票金额/已追偿金额

优化质量成本分析方式，强化指标分析、车型分析、动因分析和数模分析，多方法、多角度反映质量成本问题，逐层深入，重点剖析，深挖成本动因，揭示现状问题并提供处理建议，分析结果由财务部门与质量部门共享，为业务改善提供方向和参考。

3. 充分挖掘质量成本潜力，优化资源配置，满足管理前置

随着北京汽车进入全面质量成本管理阶段，通过强化业务与财务协同，共同分析、研究质量成本因素的变化和各因素与质量成本的依存关系，充分利用历史数据，对一定时期的质量成本水平进行测算、分析和推断，确定年度质量成本预算目标，从事后核算更多地向前端分析预防转变，充分挖掘质量成本潜力，合理评价投入产出关系，全面梳理价值链关键控制点，建立产品投资（质量成本相关）的衡量标准，满足管理前置需求，合理配置资源，不断提升管理精细化水平。

4. 定期收集实际运行数据，建立攻关机制，推动专项问题解决，实现循环改进

明确各单位质量成本工作对接人，通过调研宣贯普及质量成本相关知识和标准要求，定期更新数据统计标准和口径，细化数据颗粒度，建立数据反馈传导机制，保证数据的准确和有效传递。

（1）建立质量成本 TFT 攻关小组、定期组织专题会，及时解决过程问题，形成有效跟踪机制。

北京汽车财务部门联合质量部门共同拉动研发、采购、生技及下属各单位相关专业成立 TFT 攻关小组，工作组织下设领导组、管理组和执行组，其中领导组由财务、质量的主管领导组成，负责工作策略审批及重大事项决策；管理组由各专业部门负责人组成，负责制定工作方案，明确工作计划，推动计划落地与问题协调；执行组由“研产供销”9 个专业组组成，负责具体工作执行。

明确会议推进机制，定期召开质量成本专题会，检索前期任务完成情况，梳理并总结阶段性工作成果，对于过程中新发现的问题，及时组织专业人士进行讨论并形成有效解决方案和工作计划。同时，进一步部署后续工作安排，通过体系建设与重点抓手相结合，质量财务联合发声，激发各责任主体的自发性和主动性，推动实现循环改进。

通过各方协同，深入挖掘费用指标及其背后的动作和成本关系，落实质量改进计划及措施，明确质量成本提升给公司带来的经济效益，推动问题解决和关闭。

（2）搭建数据分析模型，精益成本管理，构筑质量指标与成本指标联系的桥梁。

综合检视全价值链所有关键质量指标和质量成本指标，选取研发—采购—生产—销售及售后各阶段最具代表性的质量指标和成本指标，从历史数据和业务实质出发，搭建数据模型来揭示关系，解决现实问题。

具体通过以下六步来完成数据建模：

第一，制定目标，明确要解决的现实问题。

第二，数据理解与准备。基于要解决的现实问题，理解和准备数据，探索数据中的规律和模式，进而形成假设。

第三，建立模型。在准备好的数据基础上，根据要解决的问题（目标）确定模型，通过模型对比并适当调整参数，使模型效果不断优化。

第四，模型评估。一是评估模型是否解决了需要解决的问题；二是评估模型的精确性。

第五，结果呈现。关注模型解决了哪些问题？解决效果如何？如何解决问题及具体操作步骤是什么？

第六，模型部署。将方案落实下去，通过线上技术环境部署落实，从而为后面不断优化模型、更好地解决问题打下基础。

北京汽车搭建了制造阶段综合合格率与单台返工损失模型、售后阶段重点车型 3CS 与 CPU 关系模型，建立业务指标变化与单台成本关系。由业务和财务同步提供模型底层数据，建立回归分析模型，Significance F（F 的显著性水平）即弃真概率可靠程度达到 99.95%，模型可信；模型系数的 P - value 值均小于 0.01，即样本间的差异由抽样误差所致的概率小于 0.01，参数可信。由此构建起业务指标和财务指标的联系桥梁，为业务决策提供科学支撑。

（3）深化重点课题攻关，采取多种举措，降低外部损失。

通过对质量成本财务数据分析，财务部门与业务部门联合打通财务数据与业务工作，共同着力改善外部损失的 TOP 问题，以降低外部损失。

针对风险供应商和部分模块下级供应商反索赔追偿困难问题，经生产基地上报后由反索赔 TFT 追偿小组主导推进，通过质量谈判（买断/预留质保金）、商务谈判、开票回款等方式提升供应商和模块下级反索赔追偿率，必要时采取法律手段，保证公司利益。

5. 健全质量成本制度和流程体系，规范管理过程和行为，明确关键控制点、控制方法和指标等，形成体系文件

北京汽车以过程及控制方法为基础，通过系统化管理模式及强调按系统思想的管理理论来研究控制质量成本发生的过程，实现对在研—产—供—销及售后、内外部价值链各环节质量成本的全面管控。

北京汽车相关部门及下属各单位联合制订明细的工作计划，明确相关职责，通过分解任务，共同推进全流程体系的梳理，经专业评审，最终形成成果文件。

6. 定期出具质量成本分析报告，为决策与控制提供数据支持

质量成本分析报告是企业生产经营和质量管理控制的联络点，通过有效的质量成本分析，采取预防和改进措施，促进企业的各项管理工作和管理水平螺旋上升，不断提高。

借助质量成本分析报告这个载体，对年度质量成本管理目标完成情况、质量成本数据的深化分析、重点课题攻关进展、质量改进结果、目前面临的突出问题和改善建议、下一步重点工作等多方面进行总结提炼，全面反映公司质量成本管理现状的同时突出重点，使其成为领导层和管理层快速、及时了解公司质量成本管理现状的一个重要手段，也是执行层现有改进成果的展现，并为后续改进提供方向。

（二）创新方法论和管理工具，提升体系设计和管理能力

1. 创建螺旋型质量成本持续改进模式

以成本结果所反映的问题为出发点，运用 DAPDCI 面向成本结果的改善方法，结合 PDCA 的过程持续改善方法，实现顺瓜摸藤和顺藤摸瓜的螺旋型质量成本改进。

D－Define：定义。根据整体成本分析报告，确定要解决的质量成本问题是什么？这些质量成本问题对应什么质量问题？

A－Analyze：分析。运用鱼骨图，分析质量问题产生的因素是什么？是偶然原因还是异常原因？分析并确定问题的主要因素、发生的主要过程、所涉及部门和人员。

P－Plan：计划。确定应改善的质量成本指标和质量指标；确定需要质量改善的部门、过程和对应的质量成本核算模型；确定达到质量成本指标所要采取的措施；确定预算投入的预防成本和鉴定成本是多少？估计减少的损失成本是多少？是否有效果？确定实施措施所需要的技术工具：数学模型、管理方法、计算机软件。形成可执行的计划和确定计划完成期限；确定计划执行者和相应的责任等。

D－Do：执行。配备计划执行所需要的资源；按照计划执行；质量管理部门设计和执行面向过程的 PDCA 控制方案，以完成计划。

C－Check：检查。核算实际的质量成本数据；分析计划与实际的差异及形成差异的主要原因；完成检查报告等。

I－Improve：改进。对所检查的结果进行改进；巩固成绩，把成功的经验和措施纳入标准；把遗留问题转入下一个 DAPDCI 循环去解决。

从财务数据反映出的问题出发，深入挖掘成本动因，推动质量部门按照 PDCA 管理循环进行质量改进，而改进效果最终又会反馈到财务指标上。这样，通过财务部门和质量部门的协同合作，实现管理循环和持续改进。

2. 运用 Matlab 建模工具搭建数据分析模型，建立量化关系

Matlab 语言是基于矩阵/数组的语言，它具有高效的数值计算功能、完备的计算结果和编程可视化功能、接近数学表达式的自然化 m 语言、功能丰富的应用工具箱

与 Help 系统等，是可以仿真构思的高效应用工具。

利用 Matlab 搭建质量指标与质量成本指标关系模型，反映出价值链各个关键管控环节质量改进对财务数据的量化影响。

3. 构建灰色线性回归分析模型，揭示质量水平与质量成本的动态关系

由于质量成本与质量水平间不仅存在指数关系，也存在线性关系，因此，采用灰色线性回归模型来揭示质量水平与质量成本的动态关系，改善线性回归模型中没有指数增长趋势和灰色模型中没有线性因素的不足。表达式为：

$$\hat{X}^{(1)}(Q) = C_1 \exp(vQ) + C_2 Q + C_3$$

其中，Q 为质量水平，v、C_1、C_2 为参数，C_3 为常数。

4. 利用复盘工具，快速厘清问题，高效萃取团队智慧和经验，提升解决问题能力

所谓复盘，就是在头脑中对过去的事情重新“过”一遍，通过对过去的思维和行为做回顾、反思和探究，找出原因，找到规律，从而指导我们解决问题，帮助提升能力。

借助专业复盘工具，对质量成本中的突出问题进行挖掘研讨，提升团队成员能力、促进协同作战，增强凝聚力，激发员工自我反思，不断成长突破。

5. 借助信息系统工具，实现数据无缝衔接，细化数据颗粒度和分析维度，满足精细化和高效管理需求

通过制造质量管理系统（MQMS）连接供应商管理系统（SRM）、物流执行系统（LES）、制造执行系统（MES）、企业资源计划系统（ERP），建立整体的制造过程质量信息库，对信息进行提取、整合及分析，实现迅捷的数据化管理，实时反馈。

打通汽车经销商管理系统（CMS）与市场质量管理系统（FQMS）连接，构建完整售后数据链，开发质量成本分析模块，实现质量管理与成本管理的及时对接和数据共享。

（三）加强质量成本文化建设，提升全员质量成本意识

业财深度协同，聚焦效益、高效服务、科学管控，加强质量成本专业知识推广，营造良好的质量成本文化氛围。调动员工的主观能动性，激发系统活力，形成“文化 + 激励”的良性循环，提升全员的质量成本意识，打造成本文化核心竞争力。

四、取得成效

（一）实现有效地覆盖全员、全过程、全方位的质量成本控制

北京汽车进入全面质量成本管理阶段，创新建立质量成本管理体系，将质量体系

活动转换成数字化语言，通过程序控制、过程控制、产品质量控制、持续改进等手段在提升质量水平的同时优化了成本结构，促进公司利润增长；同时，通过围绕质量管理过程匹配成本管控节点，实现对全员、全过程、全方位的有效控制，从成本效益的角度去评价质量管理体系运行的有效性，通过质量管理与成本管理的有机结合，促进品牌向上发展。

（1）北京汽车将前期管控缺失的研发、采购环节纳入管控范围，打通研发—采购—生产—销售及售后全过程。

（2）充分识别出北京汽车质量成本要素，出具《质量成本业务分类及统计标准》和统计模板，明确《返工返修核算工时的确认方法》等细节，统一数据标准，防止漏报、错报，提高数据的准确性和可比性。

（3）打通数据管理系统，完善质量成本信息库，建立有效迅捷的数据网，保证数据覆盖的全面性，实现数据分析的层级化递进。

（4）编制科学、全面、操作性强的系统化文件，指导和评价从研发、采购、生产到销售及售后各关键环节的控制，总结和传承优秀的管理方法和经验。

（5）完成价值链各环节质量成本关键监控指标设定，搭建起质量指标和财务指标关系模型，如生产阶段综合合格率与单台返工返修损失关系模型、售后阶段3CS和CPU指标关系模型，直观反映质量改进对价值的影响程度。

（6）实施质量成本预算，管理和控制前置，使管控更具有目的性、预防性和有效性，优化资源配置，提升经济效益。

（7）建立“责任中心式”质量成本管理模式，实现全价值链责任承担的闭环管理，强化各责任中心质量成本意识，推动问题解决和质量提升，降低内外部损失。

（二）质量管理与成本管理相互促进，开创业财协同新局面

北京汽车质量管理和成本管理深度协同，在数据方面实现了信息共享，数据分析、动因挖掘和质量改进相辅相成，充分发挥质量和财务的专业优势，联合组织工作，共同推进管理改善。

一方面，成本管理工作通过对数据的归集整合和分析定位异常值，反馈质量部门为质量改进提供方向和参考；另一方面，质量部门通过对质量问题的解决，使产品质量得到提升，降低了质量损失，反映到数据层面，实现质量成本的降低。通过财务与质量工作的配合，形成良性循环，不断优化质量成本结构，逐步实现质量成本优势。

（三）建立全员质量成本意识，立足质量与成本的共进共赢

通过建立价值导向型全面质量成本管理体系，各单位充分认识到质量成本管控工

作的重要性，让员工意识到质量成本管理工作与每个人息息相关。通过系统性的精细化管理，不断发现价值链各环节隐藏的问题，将“隐形工厂”中藏着的利润挖掘出来，从根本上提升企业竞争力，才有能力培育市场、坚守市场，形成长期的市场竞争优势，保持产品生命力，促进自主品牌业务高质量发展。

（四）通过量化管理和前置管理，实现成本指标及质量指标的双向提升

2023 年，质量成本指标提升，质量成本收入比同比降低，综合合格率较年初值提高，单台返工返修损失同比下降，新车售后 3 个月内发生的平均单车索赔额（CPU）同比下降。投入与损失的比例基本达到合理的结构比例。

在供应商反索赔追偿方面，质量、财务和采购部门通力协作，基本实现年度反索赔追偿率稳步提升，保障公司经济利益免受损失。

从数据指标可以看出，质量成本总额和损失下降，在投入方面，预防、鉴定成本增加，质量管理活动由事后改进向事前预防在转变，质量成本的内部结构比例在不断优化。

五、经验总结

通过系列质量成本管理创新和实践，北京汽车将质量体系活动转换成数字化语言，通过程序控制、过程控制、产品质量控制、持续改进等手段在提升质量水平的同时优化了成本结构，促进公司利润增长；同时，通过围绕质量管理过程匹配成本管控节点，实现全面、有效的成本控制，质量管理与成本管理相互促进，形成良性循环，不断优化质量成本结构，逐步实现质量成本优势。

建立业财协同价值导向型全面质量成本管理体系，有助于从成本效益的角度评价质量管理体系运行的有效性，协助、支持和服务相关业务部门，为管理人员决策与控制提供准确的质量成本信息，推动质量改善，进而提升成本管控能力，形成质量管理与成本管理共进共赢的良性循环，推动持续改进。

通过质量成本核算和分析，以货币形式量化质量管理工作，从价值角度更为直观、准确地揭示质量管理活动的效果，便于深入挖掘问题，推动质量水平提升，为品牌向上、公司高质量发展奠定基础。

（北京汽车股份有限公司：李德仁　郭　悦　王子汉　杨　帅　赵金凤）

案例评语：

该案例应用管理会计领域典型的质量成本管理方法，针对汽车企业所面临的客户“高质量与低成本”的双重挤压压力，以创造竞争优势为目的，通过质量部门与财务部门业财协同，充分调动全员参与质量成本管控的积极性，重点阐述了质量成本系列管控措施，形成质量管理与成本管理共进共赢的良性循环，助力企业高质量发展。案例单位创新实用的质量成本管理的具体过程和经验对同类行业企业具有较好的适用性。

朔黄模式下“双线驱动、两化并举”的战略成本管理实践

摘要

朔黄铁路是国能集团发电、煤炭主业协同产业链上的重要一环，是我国西煤东运第二大通道的重要组成部分，是国内领先的铁路运营公司。朔黄铁路创新了一套行之有效的战略成本管理方案，调动企业内部、联合运输单位、需求方等参与主体积极性，推动高效运输生产。

铁路运输行业成本结构规律、稳定，经营效益对运量和运价高度敏感，适宜以本量利模型为核心工具，就本的控制、量的预测、价的确定、利的协商等关键问题，综合运用多种管理会计工具支持战略决策。因此，朔黄铁路以朔黄模式为战略基础，以本量利分析为核心工具整合战略成本动因分析，以决策问题为应用场景，按影响固定成本发生的投资规模为结构性因素以达成精准化目标，以及影响变动成本、业务量、价格确定等策略设计为执行性因素以达成精益化目标两条主线，形成“双线驱动、两化并举”的战略成本管理工具创新。

案例复现了朔黄铁路六个关键战术决策问题：影响结构成本的固定资产问题，即路网建设和机车资产投资的规模和进程问题；影响执行成本的路网问题，即路网运输产品组合和定价问题；影响执行成本的运输问题，即参与运输机车的运量调配和运价定价问题。用历史成本法或账户分析法进行成本性态分析，建立本量利模型，分析保本运量、边际成本、标准成本、运力需求，开展运量调配、协同定价、合约定价、边际定价等战术方案的制定，为联运单位准入、联运单位运价结算、黄大线定价、不同运输产品定价、资产投资情景分析等提供定量化数据支持。

案例通过在战略决策中多尺度应用本量利模型，以及应用所提出的“双线驱动、两化并举”战略成本动因分析工具及其组合工具应用，系统展现管理会计辅助战略决策过程及其灵活性，对提升企业管理水平既具有行业示范效应，也具有一定理论创新意义。

一、背景描述

（一）单位基本情况

国能朔黄铁路发展有限责任公司（以下简称“朔黄铁路”）成立于1998年，是国家能源投资集团有限责任公司（以下简称“国能集团”）的子公司，是国能集团发电、煤炭主业协同产业链上的重要一环，是我国西煤东运第二大通道的重要组成部分，是国内投资规模、运输能力、技术设备水平处于领先地位的铁路运营公司。

（二）管理会计应用基础

朔黄铁路由国能集团所属神华能源股份有限公司、国铁所属大秦铁路股份有限公司、河北建投交通投资有限责任公司出资成立。央企控股、国铁和地方企业参股的股权结构安排，实现了投资主体和产权主体多元化，为股东之间建立有效制衡机制奠定了基础。朔黄铁路结合自身实际与国内外铁路先进管理经验，在管理制度、经营方式、组织机构、运营模式和管理体制等方面不断总结、持续创新，逐步形成了“规范运作、自主经营、网运分离、联合运输、统分贯融、保障综合”的朔黄模式。朔黄铁路实行“121”战略，“1”为创建高质量党建引领下的世界一流专业领军示范企业，“2”为实现重载向智慧重载战略转型和单一煤运通道向多功能、综合性、现代化的综合物流通道战略转型，“1”为推动“朔黄模式”升级，打造现代重载铁路企业运营管理新范式。

（三）选择相关管理会计工具方法的主要原因

本量利分析是管理会计一项经典的分析工具。铁路行业易于建立相对稳定的本量利模型。一是铁路行业各线路成本构成具有相似性。一定相关范围内，固定成本和变动成本参数稳定，模型一旦建立稳定性好。二是铁路货运对于运量、价格敏感。铁路固定资产投资巨大，运量决定单位固定成本；利用铁路进行大宗、长距离运输的企业都具有运输刚性需求，货物种类和数量稳定，对运价较为敏感。

二、总体设计

（一）应用目标

朔黄铁路的战略成本管理，从道、法、术、器的多个层面层层布局、层层深入、层层细化，综合战略前瞻性、战术创新性、执行精准性和精益性，成就独特成本领先优势。在道的层面，有明确的“创建高质量党建引领下的世界一流专业领军示范企业”的定位和使命；在法的层面，综合运用市场机制、组织管理和介于市场和组织之间的内部市场，将市场和计划两种制度的优势综合发挥；在术的层面，“网运分离”“联合运输”等朔黄模式的独有创新形成覆盖全局的有效成本管理战术，在价值链上有效布局生态位，对外服务国能集团价值链，对内以路权为核心调度多种资源，如图 1 所示；在器的层面，灵活运用情景分析、标准成本、运量调度、定价决策等方法，对接全局宏观战略和具体微观执行，进行精准战略结构动因和精益执行动因管控。

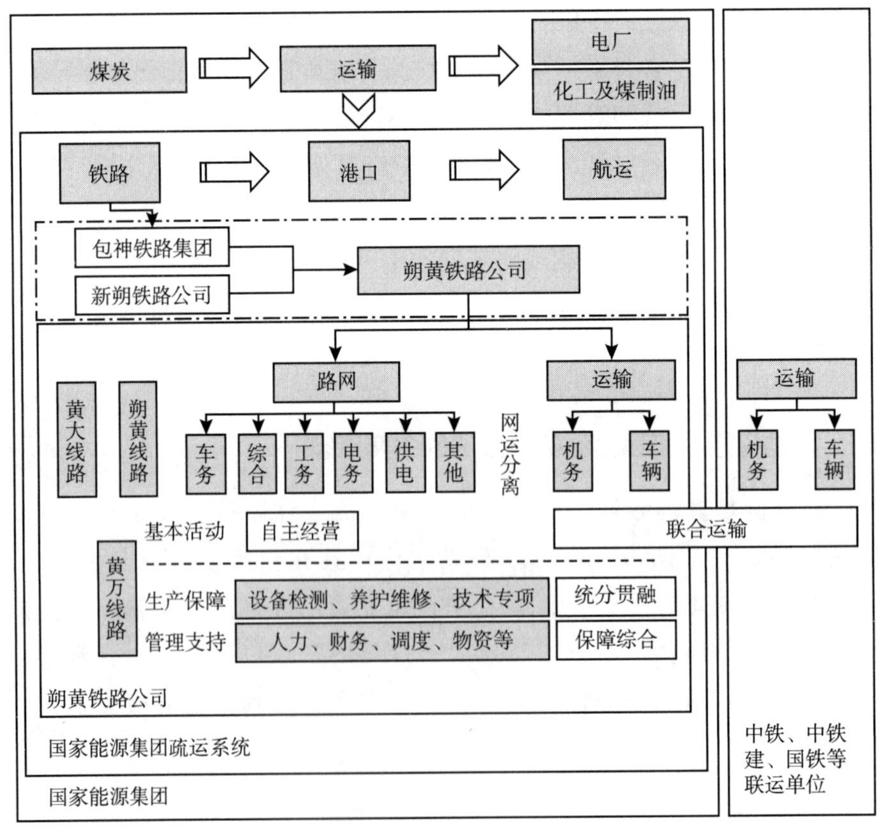

图 1　朔黄铁路的内外部价值链结构

（二）总体思路

桑克模式指出，战略成本管理三要素是价值链分析、战略定位分析和成本动因分析。上述论述已经清楚回答了前两项问题。案例重点关注“成本动因分析”。战略成本动因分为结构性动因和执行性动因。

“以朔黄模式为战略基础，以本量利分析为核心工具整合战略成本动因分析，以决策问题为应用场景”的总体思路，以“战略引领、问题导向、数据驱动”为分析原则，按影响固定成本发生的投资规模为结构性因素以达成精准化目标，影响变动成本、业务量、价格确定等策略设计为执行性因素以达成精益化目标两条主线展开分析，形成“双线驱动、两化并举”的战略成本管理工具创新，如图 2 所示。

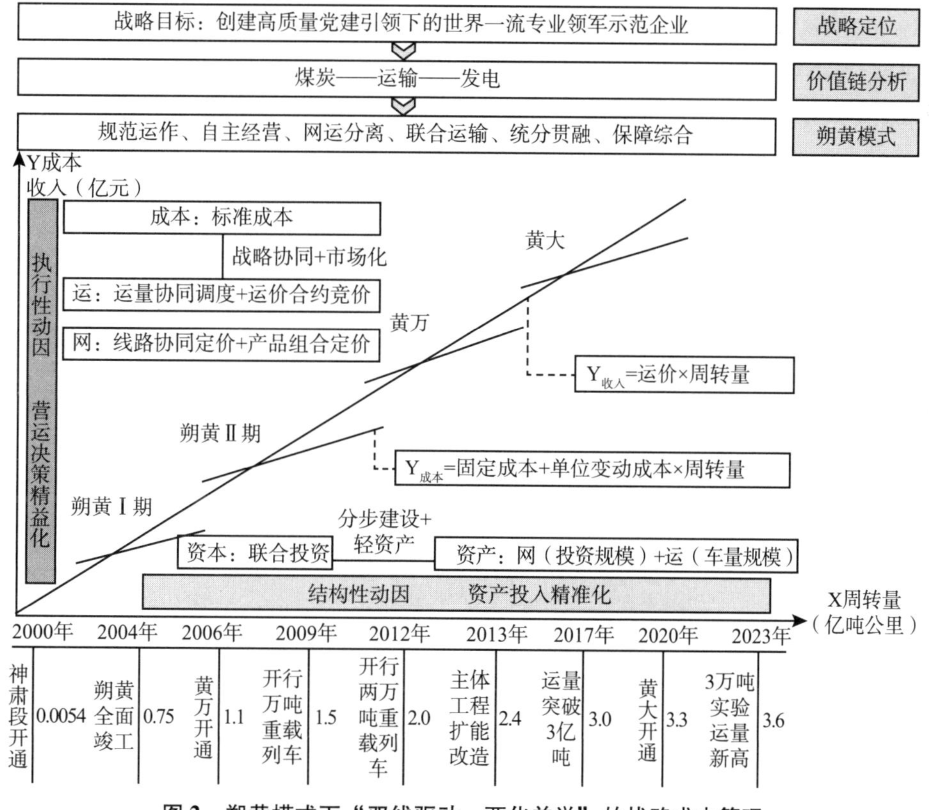

图 2　朔黄模式下“双线驱动、两化并举”的战略成本管理

（三）相关管理会计工具方法的内容

本案例应用的管理会计工具主要包括管理会计应用指引《第 401 号——本量利分析》在战略成本管理活动上的应用。管理会计应用指引《第 100 号——战略管理》

《第 405 号——内部转移定价》《第 303 号——变动成本法》《第 503 号——情景分析》《第 403 号——边际分析》《第 302 号——标准成本法》为战略应用进行了基础层面的准备。

（四）应用相关管理会计工具方法的创新

1. 行业多尺度本量利分析模型构建

在投资决策的大相关范围内，朔黄铁路利用历史数据开展回归分析进行性态划分建立总成本模型，利用本量利关系指导路网建设投资决策情景方案优选和战略定价。在联合运输经营决策的相关范围内，朔黄铁路对机车运行成本利用账户分析法进行性态划分，基于历史标准成本数据建立起本量利模型，用以指导运量和外包服务购买定价决策。具有稳定特征的行业本量利模型着眼战略意图的应用，围绕着其中“本”的控制、“量”的预测、“价”的确定、“利”的协商等关键问题，是对本量利分析进行战略成本管理规模动因分析和行业化应用创新。

2. 服务战略目标的定价策略及测算

朔黄铁路涉及多重的内外部价值链整合。运输板块是国能集团价值链的一环；铁路运输是运输价值链的一环；朔黄铁路是铁路运输价值链上的一环；在朔黄铁路内部价值链上，机车运输环节因部分外包转移为外部价值链。在国能集团、朔黄铁路、联运单位和外部市场供需的协调中，既要服从战略考量，又要服从市场规律，这是战略执行中协调的难点。将定价问题放在战略层面考量，通过价格手段平衡内外部市场以达到战略目标，是对本量利分析进行战略成本管理执行动因分析和行业化应用创新。

三、应用过程

（一）参与部门和人员

朔黄铁路财务组织结构包括战略财务、业务财务、共享财务三个层次。财务部承担战略财务角色，负责预算制定、分解、控制与考评，财务制度的建立、定额成本制定等，以及与国能集团财务系统沟通协调等事宜；会计核算中心为共享财务，负责资金收付和会计核算中制单、审核等工作。业务财务设在分子公司的经济核算部，其职责定位是管理控制和决策支持，工队下设核算员，在各地区范围内实现集中式处理，如属地成本分析、属地成本管控等。案例测算工作主要由财务部开展，由朔黄铁路管理层上报国能集团后确定。

（二）技术环境

在智慧化管理会计建设上，朔黄铁路初步建立了“1＋N”财务信息系统架构，以ERP集中管控系统为核心，包括预算系统、报账系统、智能审核系统、司库系统、项目管理系统、电子档案系统和法务系统等20余个系统。总体而言，财务相关信息系统整体健全。

（三）结构性动因决策的应用流程

朔黄铁路开展战略成本管理的核心结构动因是资产投入决定的固定成本水平。要降低单位固定成本，在运量和固定成本投资之间进行合理规划平衡，这是资产投入精准化的问题。朔黄铁路的固定资产可分为两大类，即路网相关资产和运输相关资产。路网相关资产主要产生于铁路施工建设，表现为铁路建设投资。运输相关资产主要是运输过程中发生的机车、人（人力资本）的安排。朔黄铁路从1997年开始持续建设，逐步形成了朔黄、黄万、黄大三条线路，具体到每一条线路上，又有分段、单复线的分步建设。随着路网的建设，运输机车资产也从无到有到精，构筑了“分步建设＋轻资产运营”的结构成本动因优势。

1. 路网建设投资的规模和进程安排

如何进行路网建设投资的规模和进程安排，以保障盈利性？以线路最长的朔黄线的建设过程为例。朔黄线设计为国家I级双线电气化铁路，全长594公里的正线中，有200多公里分布于需要开凿大量隧道、架设大量桥梁的太行山区，加大了投资成本。若采用外部融资，巨大的资金成本势必对公司经营造成巨大的成本增量。铁路建成之初，由于路基、设备等不稳定，对运输能力也有较大约束，这些都对运营初期的盈利能力造成巨大挑战。

朔黄铁路设计多种建设投资组合，测算各种投资组合下的保本运量。按单复线组合，可分为单线建设和复线建设；按里程可分为全线建设与结合货源和需求情况的分段建设；按技术可分为电气化和非电气化技术。不同的线路，对机车的要求不同。电气化线路可运行电力机车和内燃机车，非电气化线路则只能运行内燃机车，二者的投资和效率差异较大。在不同的投资组合下，线路、机车和建筑物等其他投资，构成不同的固定成本。电力、燃油等变动成本基本一致。

结合上述因素，朔黄铁路设置三种情景。情景1是高投资强度，可一次性按设计建造全线电气化复线；情景2是中投资强度，结合沿线货源和需求情况，分步建设电气化复线；情景3是低投资强度，分步建设且全线单线电气化并预留复线。利用本量利模型，测算不同投资组合的保本运量，与调查得到的线路货源相比较，即可评估该投资组合的可行性。确保投资强度所需的保本运量低于周边市场需求，即投资的盈利性。

基于以上情景分析，制定分段建设、逐步改造的投资方案：线路建设方面，一期建设神（池）肃（宁）段电气化线路，部分区段单线预留复线；二期续建肃（宁）黄（骅港）段电气化和黄（骅南）万（家码头）段非电气化单线；采用边建设边运营的方式，达到通车条件的线路尽快组织货物运输以取得运输收入；机车购置方面，期初全部采用联运单位机车以缓解资金压力并利用联运单位人员、技术优势，如表 1 所示。

表 1　　朔黄铁路建设不同投资组合条件下的本量利分析

序号	投资情景			投资金额	资金缺口	融资成本（万元）	铁路运距（公里）	保本运量	沿线货源
								（万吨）	
1	全额投资	线路投资	复线电气化	** 8000	** 7630	** 043	594	** 777	7000
		机车投资	直流自购	** 000	** 368	** 72			
		其他投资		** 0000	** 008	** 32			
		合计		** 8000	** 8006	** 348			
2	部分投资（神肃）	线路投资	分段复线电气化	** 0000	** 8200	** 01	594	** 27	7000
		机车投资	自购 + 联运	** 000	** 184	** 6			
		其他投资		** 000	** 368	** 72			
		合计		** 0000	** 0752	** 609			
3	部分投资（神肃）	线路投资	部分电气化	** 0000	** 560	** 40	594	** 97	7000
		机车投资	内燃自购	** 000	** 28	** 2			
		其他投资		** 000	** 912	** 48			
		合计		** 0000	** 8200	** 01			

注：表中数据做了脱敏处理，* 代表数字。

基于以上情景分析，制定分段建设、逐步改造的投资方案：线路建设方面，一期建设神（池）肃（宁）段电气化线路，部分区段单线预留复线，二期续建肃（宁）黄（骅港）段电气化和黄（骅南）万（家码头）段非电气化单线；采用边建设边运营的方式，达到通车条件的线路尽快组织货物运输以取得运输收入；机车购置方面，期初全部采用联运单位机车以缓解资金压力并利用联运单位人员、技术优势。

2. 机车资产投资的规模和进程安排

以机车为核心的运输资产要素是另一项固定成本的主要动因。朔黄铁路充分利用联运单位现有的机车开展运输，极大降低了资产购置导致的资金压力，在传统资产密集行业实现了"轻资产"运营。在货源不足时"船小好调头"降低资产闲置风险；极大降低了企业后续成本支出，维护、维修、更新等成本大幅减少；多家联运单位竞争上线运输、赶超技术创新，形成企业技术、管理创新的良好竞争氛围。

（1）根据运输需求，合理确定联运机车数量。

从开通初期为了节约投资、迅速实现运营全部采用联运单位机车，到以朔黄铁路自有机车和联运单位机车平衡参与双向演进，联合运输模式逐步稳定。朔黄铁路自有机车逐年增加，联运单位数量和规模随着朔黄铁路的发展逐步强大。

联运单位主要提供机务运输服务，包括机车牵引运输服务、调车机服务、调度机服务。最初联运单位有中铁 A 局、B 局、C 局、中铁建 D 局和 F 铁路公司 5 家单位。随着黄万线开通以及运量的持续增大又增加了 G 公司、中铁建 H 局 2 家，共 7 家联运单位，如表 2 所示。

表 2　朔黄铁路公司及联运单位机车情况　单位：台

单位名称	电力机车			内燃机车	合计
	直流	交流	合计		
朔黄铁路	*7	*2	*39	*1	*50
A 局	16	6	22	2	24
B 局	14	9	23	7	30
C 局	17	5	22	4	26
D 局	8	6	14	8	22
F 铁路公司	4	31	35	6	41
G 铁路公司	2	2	4	11	15
H 局	0	5	5	0	5
联运单位合计	61	64	125	38	163
总计	*48	*16	*64	*5	*13

注：*代表数字。

人是广义上的资产要素，人随车走，联合运输车务、机务专业人员逐步壮大，由最初的*20 人也增加到*79 人。乘务员是核心人力资源，其数量和质量是运输重大牵制因素。培养一名能够驾驶万吨列车的乘务员至少要 3 年，人工成本较高，包括工资薪金及各项福利待遇等显性成本和培养费用、防止流失费用以及后勤保障负担等隐性成本。联运单位培养超过1200班（每班2人）机车司机，保障朔黄铁路大规模开行万吨及两万吨列车。

（2）控制双方核心资产占比，维持竞争态势。

朔黄铁路持续加强对关键战略资源的平衡控制，维持自有资源和联运单位资源的可竞争占比。适度增加自有机车数量和乘务员，防止各种资源“卡脖子”的问题出现，促进与联运单位间形成良性竞争关系。适度培养自己的两万吨重载列车乘务员队伍，形成统一重载培训体系，培养主控司机＊96名，从控司机＊12名。

（3）重视机车选型，促进效益优化。

在适度增加自有机车资产的过程中，选择何种机车是关键战略问题。成本测算显示，虽然交流电力机车的购车成本和各项维修支出是直流电力机车以及其他机车的数倍，但由于周转量完成较大、机车配置高能效性能好，单位成本最低。但更高配置的交流电力机车相对不足，仅占电力机车的44%。因此，朔黄铁路在自有机车配置中将资源投向交流机车，并重点投向万吨重载铁路这一关键技术区域。

（四）执行性动因决策的应用流程

朔黄铁路开展战略成本管理的核心执行动因是通过成本、业务量和价格的调配所形成的管理压力和市场态势，促进营运管理精益化。朔黄铁路的营运决策问题同样可以分为两大类，即路网相关的市场调配问题和运输相关的市场调配问题。

1. 路网相关的市场调配问题

路网相关的市场调配主要表现为两类问题：第一，如何进行煤、非煤运输、反向运输服务品类协同定价，以确保朔黄铁路在服从国能集团煤炭运输任务前提下，达成由单一煤运通道向多功能、综合性、现代化的综合物流通道战略转型。第二，如何进行朔黄铁路各段的战略协同定价，新开通的黄大段协同定价，以确保在当前的运力供应和周边需求和竞争态势下，朔黄铁路总体的利益最大化。

（1）非煤市场和反向运输定价。

朔黄铁路作为服务于国能集团煤炭运输的专用铁路，按“以销定产、以产定运”的原则将煤炭通过铁路、港口及航运送达集团客户手中。然而，朔黄铁路运能利用面临闲置浪费的挑战。第一，面向港口的“西煤东运”为正向运输，机车返回时反向运能闲置。第二，货源竞争日益激烈。覆盖国能集团核心矿区所在区域的国铁煤炭疏运干线路网结构正在不断优化和完善，煤炭运输市场竞争更加激烈。第三，非煤运输是大物流战略的拓展方向。如铁矿石等非煤货物是国能集团货源的补充，目前路网覆盖范围非煤货物运输需求比较旺盛，有较大的开拓空间为国能集团培养新利润增长极。因此，在保障煤炭运输战略任务的前提下，对非煤运输和反向运输的市场积极拓展，需要利用成本性态分析等管理工具，对新增客户、新增市场、新增产品进行差异化定价。

构建朔黄铁路的本量利模型是开展具体差异化定价决策的基础。通过整理朔黄铁路过去 10 年的货物运量与总成本支出数据，并进行线性回归求解，得出线性方程 Y = ＊＊2737 +0.0＊43X，R^2 =0.8426，与实际基本相符。其中业务量 X 的计量单位为“吨公里”，总成本 Y 的计量单位为“万元”。

基于战略考量确定产品组合定价。一是对核心业务煤炭下行运输产品，在实际运量已远超保本运量的情况下，保持煤炭运价不变是最佳策略，所有固定成本回收均计入该核心业务。二是针对拓展的非煤运输业务，特别是返程上行的业务，按照边际贡献增量思维定价。只要在变动成本 0.0＊43 元/吨公里之上的价格即可被接受。根据测算结果，考虑到非煤运输在装卸等非运输环节上的周转效率差异、货物特点、反向运输的不确定性等因素，在 0.06 ~0.12 元/吨公里的区间进行差异化协商定价，为市场开拓和灵活应对市场竞争提供参考，如图 3 所示。

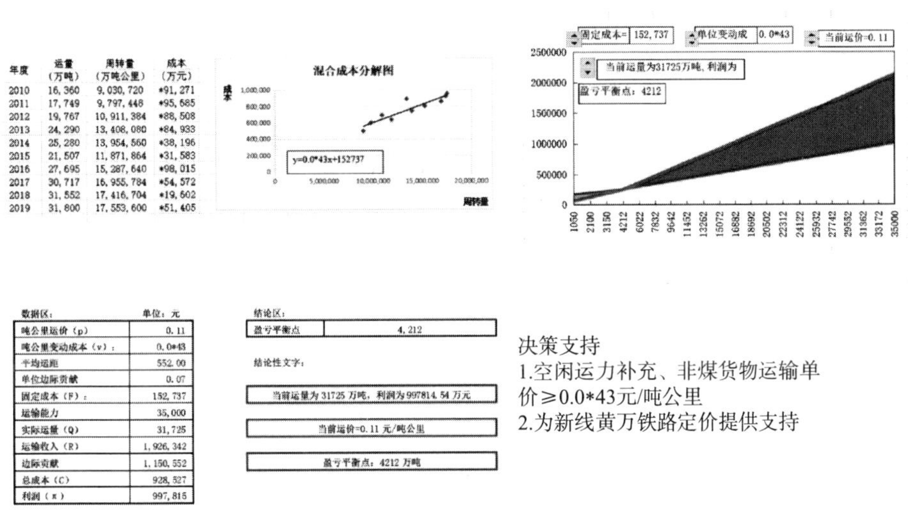

年度	运量（万吨）	周转量（万吨公里）	成本（万元）
2010	16, 360	9, 030, 720	*91, 271
2011	17, 749	9, 797, 448	*95, 685
2012	19, 767	10, 911, 384	*88, 508
2013	24, 290	13, 408, 080	*84, 933
2014	25, 280	13, 954, 560	*38, 196
2015	21, 507	11, 871, 864	*31, 583
2016	27, 695	15, 287, 640	*98, 015
2017	30, 717	16, 955, 784	*54, 572
2018	31, 552	17, 416, 704	*19, 602
2019	31, 800	17, 553, 600	*51, 405

数据区：　　单位：元

吨公里运价（p）	0. 11
吨公里变动成本（v）：	0. 0*43
平均运距	552. 00
单位边际贡献	0. 07
固定成本（F）：	152, 737
运输能力	35, 000
实际运量（Q）	31, 725
运输收入（R）	1, 926, 342
边际贡献	1, 150, 552
总成本（C）	928, 527
利润（π）	997, 815

图 3　朔黄铁路本量利分析下的新业务定价研究

（2）新开通黄大铁路的协同定价。

朔黄线的货物运输能力（3.5 亿吨）已在多年前就超过了港口疏解能力（2.4 亿吨），下游疏解能力不足制约了朔黄线路继续增运的可能。黄大线拓展了煤炭从山东方向疏浚的能力，解决了原先出口“卡脖子”问题。黄大线路开通后，为朔黄线路增加了近期 1500 万吨、远期 4100 万吨的疏解能力。

结合历史成本和增量成本，构建本量利模型。鉴于朔黄线和黄大线在地域分布、线路状况、运输组织、货物构成等方面具有相似性，各自固定成本的组成具有相似性，二者组合的固定成本可近似为二者独立固定成本之和，即 ** 6237 万元；同理，成本构成和运输组织相似组合后的单位变动成本可按朔黄线变动成本计算，即 0.0 * 33 元/吨公里；朔黄线上的原有货物平均运距仍保持 552 公里不变，黄大线路上的货物平均运距保持 170 公里不变；考虑到增运部分货物始发站可能存在差异，假设自朔黄线直通黄大线，货物在朔黄区段的平均运距为 552 公里的 50%，即 276 公里。综上分析，组合后的成本线性方程为 Y = ** 6237 + 0.0 * 33X。

基于战略考量的黄大铁路定价。按照黄大独立定价的思路，在初始运量为 1500 万吨时，保本运价为 0. * 933 元/吨公里。也就是说，为了能够盈利，黄大铁路的货运价格要保持在 0.3 元/吨公里左右，市场竞争力较差。因此，打破两条线路割裂分析的做法，综合考虑两条线路协同定价，能够保障国能集团整体利益最大化。

设黄大线运输增量对朔黄线的单位边际贡献为运价 - 单位变动成本 = 0.0 * 57 元/吨公里。则运输增量增加的边际贡献为 1500 × 276 × 0.0 * 57 = * 7200 万元。为了发挥协同效应，假设朔黄铁路将增量边际贡献的 50% 予以转移支付。在此前提下，黄大线的利润计算公式为：

利润 = 运量 ×（单价 - 单位变动成本）- 固定成本
+ 朔黄线增量边际贡献 × 转移支付比例

利润 = 1500 × 170 ×（P - 0.0 * 43）- * 3500 + * 3600

保持盈亏平衡时，求解得 P = 0.24 元/吨公里。依据该测算，最终黄大线运价以 0.24 元/吨公里为基础结合市场竞争格局确定。该定价下，主要客户从货物始发地神池南经朔黄线和黄大线运输至铁路沿线，对绝大多数客户具有竞争优势。

2. 运输相关的市场调配问题

运输相关的市场调配主要表现为两类问题：第一，谁来运？第二，以什么价格运输？在联合运输的模式下，朔黄铁路自有机车和联运单位机车共同在路网上运输，朔黄和联运单位形成了机车竞争上线的模拟市场。机车运输获利的前提是有机会并以高于成本的价格承运货物。合理的上线机会和合理的运输定价是市场良性运行的条件。

（1）基于战略考量的联运费合约定价问题。

朔黄铁路实施成本定额管理，建立涵盖全成本要素、全作业流程的成本管控体系，推行单元成本管理，分工队、车站，分区段建立成本维修定额，实现公司成本数据与维修工作量统一，健全成本精细化管理体系。以机务运营为例，机务专业成本按属性分为运转成本和检修成本。运转成本按周转量核算机车的运行用油脂等消耗，财务部根据近 3 年的机车运转成本合理确定台车的运转成本定额。检修成本由生产部门按机车维修成本列支科目对各种维修作业成本合理估计，由财务部最终形成年度的台车工作量、年度机务专业台车成本。经成本测算，交流电力机车单位成本为0.00＊7元/吨公里，直流电力机车单位成本为0.00＊8元/吨公里，直流电力机车每吨公里高出约0.00＊2元，如表3所示。

表3 朔黄铁路不同机车单位成本测算比对

序号	直流机车					交流机车			
	项目	单位	数量	单价或比例	金额	项目	数量	单价或比例	金额
一	固定性费用				＊＊805.47	固定性费用			＊＊721.82
1	工资及附加	人	8	＊＊687.04	＊＊046.92	工资及附加	8	＊＊985.6	＊＊385.47
2	劳保费用	人	8	800	6400.00	劳保费用	8	1000.00	8000.00
3	机车折旧费	元	＊＊406.25		＊＊406.25	机车折旧费	＊＊743.75		＊＊743.75
4	管理费			7.00%	＊＊952.3	管理费	＊＊894.25	7.00%	＊＊592.6
二	变动性费用				＊＊751.09	变动性费用			＊＊765.03
1	油脂费	公里	＊＊692	0.2709	＊＊772.83	油脂费	＊＊310	0.001	＊＊29.31
2	机车整备费	总重吨公里	＊＊925	4.45	＊＊016.25	机车整备费	＊＊935.3	1.12	＊＊287.54
3	机车小修	台次	3.65	＊＊150.44	＊＊799.11	机车小修C1	1.825	＊＊774.51	＊＊038.48
						机车小修C2	0.9125	＊＊774.51	＊＊081.74
						机车小修C3	0.4563	＊＊774.51	＊＊546.41
4	机车中修	台次	0.33	＊＊347.63	＊＊680.14	机车中修C4	0.2323	＊＊000	＊＊380
5	机车大修	台次	0.15	＊＊6551.72	＊＊482.76	机车大修C5	0.1161	＊＊500	＊＊677.85
						机车大修C6	0.1161	＊＊7000	＊＊523.7
三	计划利润			10.00%	＊＊755.66	计划利润	＊＊486.85	10.00%	＊＊448.68
四	增值税金及附加			6.60%	＊＊131.03	增值税金及附加	＊＊170.5	6.60%	＊＊413.25
五	机车总费用	载重吨公里		0.00＊8	＊＊443.25	机车总费用	＊＊7753	0.00＊7	＊＊348.78

注：＊代表数字。

朔黄铁路与各联运单位的联运费结算金额为结算单价与列车运输载重吨公里的乘积。结算单价按照机车类型并结合所开展的作业分为四类：调车机、调度机、直流电力机车和交流电力机车。基于朔黄铁路扎实的定额成本管理基础，以上四类机车类型的成本均持续记录分析。在此基础上，采用“标准成本＋协定利润”的方式协商议标确定价格。机车牵引成本、税费和计划利润之和除以365日或载重吨公里即为结算价格定价基础。结算定价和朔黄自营成本之间的差额为让渡给联运单位的利润空间。

以万吨交流牵引为例，合约定价和标准成本差价0.00＊3元/吨公里，预留空间约 30%，有较大的议价空间。即在当前运量下，朔黄铁路自主运输将会有更大的成本节约，联合运输定价有出于战略方面考虑，包括为稳定联运单位队伍的利润让渡、轻资产模式风险保障、联运单位管理能力输出的溢价等。在控制成本支出的同时，综合考虑国铁互赢共利的关系。具体定价根据双方战略合作和成本管理的情况动态演进，也是其实现市场化运营管理的关键，如表 4 所示。

表 4　　朔黄铁路联合运输合约定价

<table>
<tr><th colspan="4">车型/服务</th><th>合约定价</th><th>标准成本</th></tr>
<tr><td rowspan="6">电力机车</td><td rowspan="5">正向</td><td rowspan="2">普列</td><td>直流</td><td>0.00∗22</td><td>0.00∗80</td></tr>
<tr><td>交流</td><td rowspan="3">0.00∗50</td><td rowspan="3">0.00∗67</td></tr>
<tr><td rowspan="3">万吨</td><td>交流</td></tr>
<tr><td>直流、交流组合</td></tr>
<tr><td>直流</td><td>0.00∗22</td><td></td></tr>
<tr><td colspan="3">反向</td><td>0.00∗472</td><td></td></tr>
<tr><td rowspan="2">内燃机车</td><td colspan="3">正向</td><td>0.0∗715</td><td>0.0∗87</td></tr>
<tr><td colspan="3">反向</td><td>0.0∗6872</td><td></td></tr>
<tr><td colspan="3">调车机（元/台日）</td><td colspan="2">∗0960.88 – ∗2814.68</td><td>∗658 – ∗2465</td></tr>
</table>

注：∗代表数字。

（2）联运单位周转量分配问题。

如何进行机车上线量安排，以动态地解决联合运输内部市场运量调度分配？结合标准成本历史数据，运用账户分析法，可以确定出朔黄铁路单台机车运输的总成本模型。其中，周转量是朔黄铁路运输成本驱动的主要“量”因素，以吨公里计量，等于每台机车的走行公里乘以牵引重量。朔黄铁路完成周转量除受 2015 年经济大环境影响有降低外，历年均有大幅度的增长。作为固定资产占比大的行业，周转量的增长有利于规模效应发挥作用，单位成本随之降低，获利越多。为了最大限度发挥自有机车和联运单位机车的效率，实现效益最优，朔黄铁路设计了机车上线需求计算模型。力求在确保运输任务安全、顺利完成的同时，加强对各单位机车上线的管控，实现压降成本，增加企业效益的目标。

设置 3 个变量，分别为交流机车配属台数、直流机车配属台数、月度运输计划，其余为已知参数，定任意两个变量可计算出剩余一个。通过测算实际机车上线运行量和理想模型下的上线运行量，可以获得机车上线率指标。朔黄铁路和联运单位的机车上线率指标从 2018 年左右的不足 60% 提升到 86% 左右，反映各方运能得到了较为充分的应用挖掘，如图 4 所示。

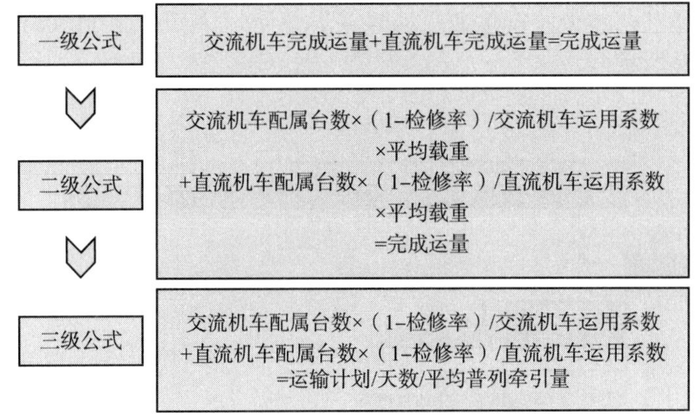

图 4　朔黄铁路机车上线需求计算模型

朔黄铁路实行一个牵引区段多家联运单位机车混跑方式，以自身标准成本管理形成内部标杆，考虑战略平衡的自身和联运单位参与运输机车的数量和种类，以标准成本为基础竞争谈判运输价格，以上线需求计算模型为支持的竞争性调度，建立了以“竞争上线、择优上网”为主要特征的“赛马式”竞争性市场。在社会平均物价不断上涨的背景下，联运单价不升反降。联运单价和联合运输公司实际牵引单位成本间的“单价差异”随着管理进程从 2001 年的 0.02 逐步扩大至 2022 年的 0.007 元/吨公里，促生新利润空间。

四、取得成效

朔黄铁路对标世界一流，选取国内外行业最具实力和代表性的企业和线路作为标杆进行全方位、系统性的比较和分析，形成管理会计报告指导持续改进，为紧盯行业最优水平，不断超越自我、超越标杆，建设世界一流运输企业提供借鉴和参考。

朔黄铁路打破新建铁路运营初期即亏损的定律，自开通运营就开创了“当年开通、当年盈利、当年分红”的良好局面。多年以来净利润稳步增长，净资产收益率良好，总体持续一直处于领先地位。吨公里运营成本不仅最低，且非常稳定，不足大秦铁路的 1/3，具有明显的成本优势，人均运营收入继续增长至近年来历史新高。运价 0.12 元/吨公里是国铁平均运价的 65%，为全国乃至全球最低。

在运输效率方面，朔黄铁路完成货物周转速度快，机车使用效率高，每公里机车保有量和每台机车完成货物周转量均处于领先地位。每公里用人量整体呈现下降的态势，2020 年达到历史新低 11.35 人/公里，公司职工人数稳步缩减；单台机车货物完成周转量不降反升，基本保持在 6.5 亿吨公里/台以上的水平，降本增效举措取得显著效果，如图 5 所示。

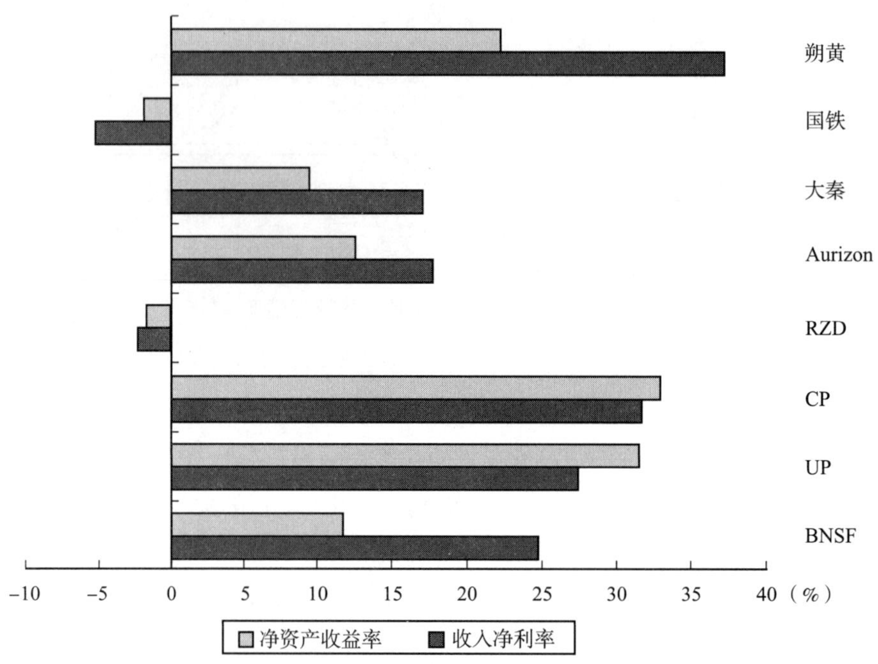

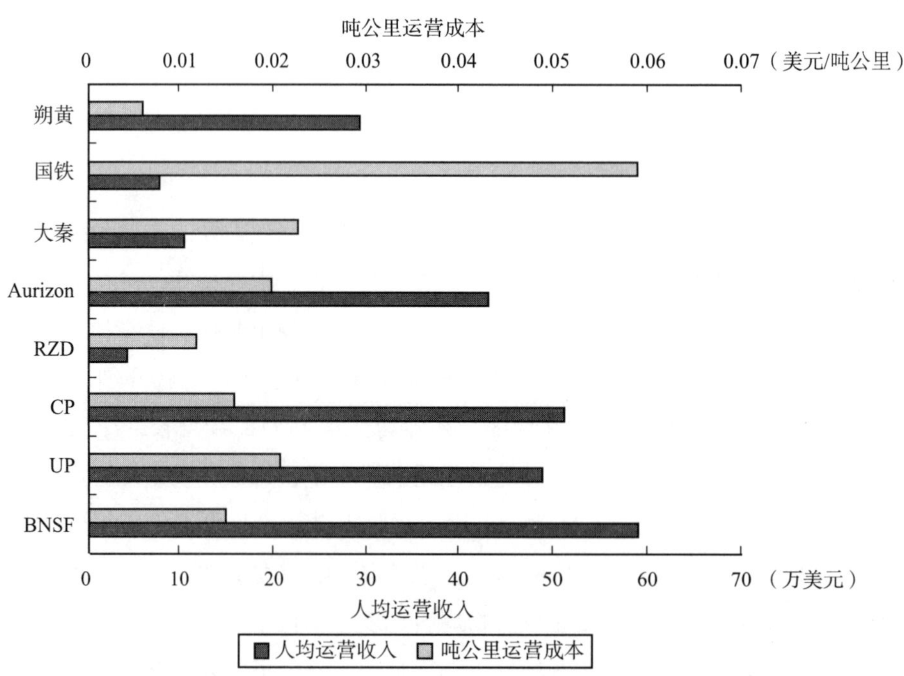

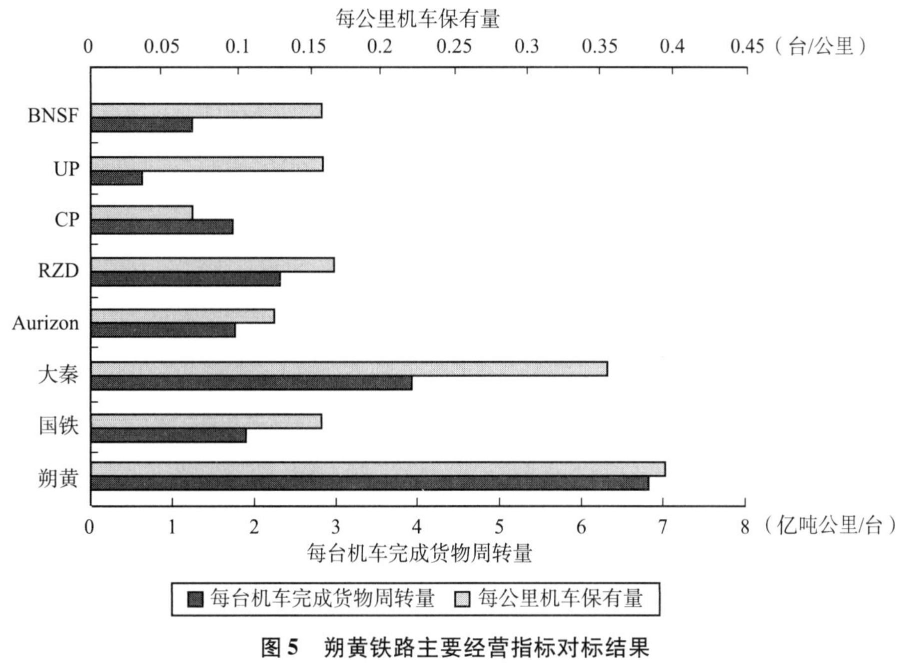

图5　朔黄铁路主要经营指标对标结果

五、经验总结

（一）应用条件

1. 明确战略定位

战略成本管理是构建一套以战略为龙头的系统化价值创造体系。明晰的战略是开展战略成本管理的首要条件。先使用如环境分析、竞争态势分析、价值链分析等工具，开展战略分析并明确战略选择，才能进入战略动因分析。

2. 找准战略动因

战略成本动因从结构动因上看，是能够影响全局的规模、结构、布局因素，从执行成本动因上看，是能够影响运营的质量标准、人员动机、关系因素等，基于客观数据结合战略考量对这些动因进行设计，恰恰是传统成本管理容易忽视的。在战略成本管理中，要避免无视战略动因或着眼于微观动因的谬误。

3. 坚持问题导向

在企业的战略周期中，不同阶段面临不同的问题，需要因时因势持续调整策略。问题决定管理会计应用需求和决策结果。例如，朔黄铁路在不同的阶段、不同的战略态势和目标下，基于本量利分析，灵活使用多种定价方法，在定价中实现战略大目标和市场小目标的统一。

（二）推广应用建议

第一，朔黄模式的成功源于先进的战略设计，将成本管理的环节前移，展现了资本结构设计、资产结构设计、组织结构设计、内部市场竞争机制设计造就的成本领先优势。在当下鼓励混合所有制改革、交叉创新、合作共赢的市场背景下具有很好的示范意义。

第二，在现有的管理会计应用指引中，尚未加入战略动因分析工具应用指引。建议未来在战略管理议题下加入战略动因分析工具，设计符合我国战略环境的战略动因排查清单或矩阵，并就具体战略动因分析提供可供选择的决策支持工具指导，充实管理会计应用指引体系。

第三，我国铁路行业正处在内部提质增效，向外拓展市场的发展阶段。朔黄铁路战略成本管理中的诸多实践，对国内铁路行业提质增效、高铁走出去的合作和运营管理模式设计上都有较好的借鉴意义。

第四，朔黄铁路正面临着重载向智慧重载战略转型的战略变革期。推动管理工具与经营数据的深度融合，形成数据赋能的智慧管理会计，是推动“朔黄模式”升级为“智慧朔黄模式”管理新范式的核心工程。同时，将战略成本管理思路应用到精益运维是未来的应用方向。

（国能朔黄铁路发展有限责任公司：刘红侠　严　智　张艳辉　胡梦泽　白晓鹏）

案例评语：

该案例结合铁路运输行业成本结构规律、经营效益对运量和运价高度敏感的特征，针对“本的控制、量的预测、价的确定、利的协商”等关键问题，以朔黄模式为战略基础，以本量利分析为核心工具整合战略成本动因分析，按影响固定成本发生的投资规模为结构性因素以达成精准化目标，以及影响变动成本、业务量、价格确定等策略设计为执行性因素以达成精益化目标两条主线，形成“双线驱动、两化并举”的战略成本管理工具，为管理决策提供定量化数据支持，支撑单位高质量发展。

案例对本量利模型的运用，以及对所提出的“双线驱动、两化并举”战略成本动因分析工具的运用，具有较好的示范作用。

"三算一考"工程项目成本管理体系构建与实践

摘要

邢台路桥建设集团有限公司为大型国有建筑企业集团，为了应对建筑业"产高利低"的态势，解决工程项目预算编制依赖经验、成本管控标准不固化、绩效评价存在短期行为等问题，集团聚焦于降本增效主线，深化管理会计应用，结合工程项目的不同阶段，在预算管理、目标成本管理、股权激励之间建立起有机的联系，并整合在一个框架内，构成一个组合控制闭环，构建了"三算一考"工程项目成本管理体系。

在新疆阿乌高速新建项目中，集团成立成本管控小组实践该体系，在项目准备阶段，将"三算"即标前成本测算、标后目标成本预算、项目施工成本预算统一纳入信息化系统，逐步精准编制和分解目标责任成本，确保统一性、模块化和准确性。在项目实施阶段，按目标责任成本进行招采限额，实现事前控制；通过对收入核算、目标责任成本统计、实际成本核算进行"三算"对比分析，实时监控预警，动态纠偏；引入模拟股份制度，将成本控制与考核相结合，形成责、权、利相制约的增效机制。在项目竣工决算阶段，按利润目标完成情况，兑现模拟股份奖惩。

实践表明："三算一考"显著提升了成本管理水平，激发了员工内生动力和创造性，降本增效效果明显，项目取得良好经济效益，实现了全过程成本管理。

一、背景描述

（一）单位基本情况

邢台路桥建设集团有限公司（以下简称"邢台路桥"）是集设计建造、咨询规划、投资融资、管理运营于一体的大型国有建筑集团，具有国家公路工程施工总承包特级资质，在建项目遍布全国26个省份，拥有国家专利100余项，主参编标准规范

18 部等，拥有省级企业技术中心。

（二）管理会计应用基础

1. 行业发展态势

建筑业进入门槛低、产品同质化程度高，对上下游议价能力较低，导致“产高利低”，建筑业产值利润偏低的总体态势（见图 1），使建筑业正面临从规模向结构的转变。

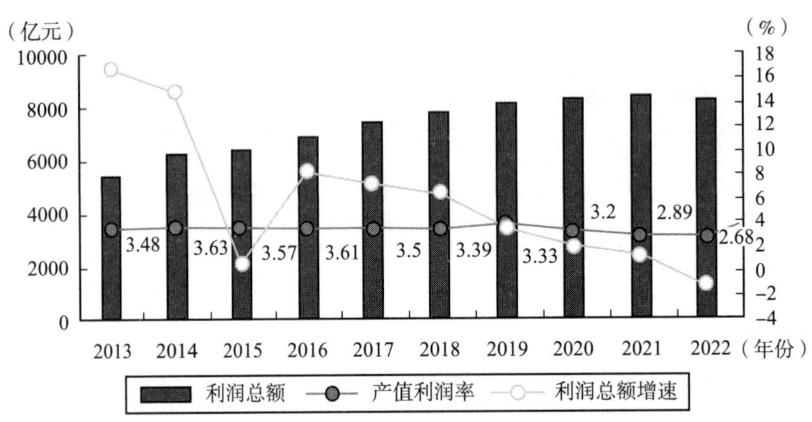

图 1　2013～2022 年全国建筑业产值利润率、利润总额及增速

2. 公司财务管理变革

邢台路桥财务共享、业财融合，为管理会计应用奠定了财务组织、技术、人才基础，正推动管理会计应用进入整合发展阶段。

3. 项目成本管控压力

在传统工程项目管理中，预算编制依赖经验，成本管控标准化程度低，绩效评价存在短期行为，项目管理精细化水平有待提高。

（三）选择“三算一考”管理会计工具的主要原因

1. 以预算闭环落实公司发展规划

加大预算应用、控制和执行考核，以成本预算为核心，改革相应的目标责任成本管理办法与激励、责任追究机制。

2. 以绩效联动统一管理共识

推行模拟股份制，将项目生产经营管理中的权、责、利相结合，实现法人对项目管理的全过程有效监控，实现激励与管理相统一。

3. 以数智化推动管理会计转型升级

根据企业的战略目标，依托业财融合的信息系统，构成管理组合控制闭环，建立自主可控的数智化财务体系。

二、总体设计

（一）应用目标

在项目管理过程中，整合预算管理和项目管理两大体系，运用目标成本管理、责任成本管理、标准成本管理、股权激励等管理会计工具，改变工程项目传统预算与成本管理模式，构建“三算一考”工程项目成本管理体系（见图2），统一目标责任成本管理共识，实现项目目标利润率，落实绩效奖惩，达到降本增效的目标。

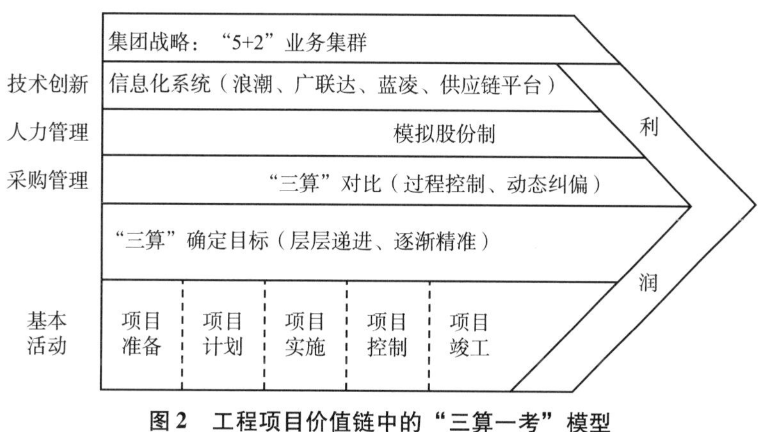

图2 工程项目价值链中的“三算一考”模型

（二）总体思路

1. 项目计划准备阶段“三算”确定目标

标前成本测算代表公司和业主的市场关系，承接公司产值指标，是投标报价的依据，也是标后成本预算、项目施工预算的基础；标后成本预算代表公司和项目部的关系，承接公司利润指标，在满足集团、分公司、项目部利润要求下，确定项目目标责任成本并初步分解；项目施工预算代表项目与所属各责任中心的关系，承接公司成本指标，是目标责任成本的二次分解，也是目标责任成本管控的依据。“三算”都要有集团、分公司、项目部相关人员组成的成本小组参与。通过目标成本的层层递进，逐渐精准，形成集团公司、分公司、项目部等项目团队各层级共同认可并接受的目标责任成本。

2. 项目实施控制阶段“三算”对比分析

项目实施控制阶段“三算”对比分析指对收入核算、目标责任成本统计、实际成本核算进行对比分析。收入核算来源于项目标前成本测算的产值统计，按标前成本测算的预算清单单价和完成工程量计算；目标责任成本统计来源于项目施工预算，按目标成本单价和完成工程量计算；实际成本来源于项目部施工报量，按实际签订合同单价和完成工程量计算。通过“三算”对比分析，实时监控，实际成本核算一旦超出责任成本预算，发出提示预警。同时分析成本、利润、利润率等差异，项目团队及时召开经营分析会，找到影响成本的关键因素及原因，采取精准解决措施，达到责任落实、动态纠偏。

3. 项目全过程整合模拟股份考核激励

“一考”是在项目采用一种考核激励办法——模拟股份，借鉴股份制的概念和做法，在项目实施阶段，设计一个方案或计划，设定模拟股金缴纳金额、比例、管理团队参与人员、服务期限、业绩条件、奖惩时点等。考核指标按关键绩效指标法，包括业绩、质量、安全等指标，将模拟股份制度与提升成本管理能力相辅相成。在项目竣工决算阶段，按项目完成利润目标情况，按约定对有关责任人员进行奖惩。其核心在于通过超额利润分红，提高项目管理骨干的积极性，进而提升工程项目的管理效率和效益。

（三）相关管理会计工具方法内容

本案例应用的管理会计工具方法包括“预算管理”“项目管理”“绩效管理”的整合应用，在具体过程中，结合“目标成本管理”“标准成本管理”的深化应用，解决了项目预算的目标责任成本分解和分析的问题，配以创新运用的“模拟股权激励”方法，形成了预算责任一体的全员全过程成本管理方案，即“三算一考”工程项目成本管理体系。

（四）应用创新

1. 以信息化为依托建立成本管理体系

邢台路桥信息系统的集成使项目预算、财务预算与目标责任成本实现对比整合，为成本管控提供了稳定可靠的数据基础，同时使成本控制环节前移至事前、事中管控。

2. 股权激励在地方建筑业国企的运用

模拟股份是建筑企业在项目管理机制上的改革与创新。邢台路桥股权激励等市场化工具的运用，使激励机制更加科学、有效，从而使国企中长期激励“工具箱”得到不断丰富。

3. 实现了工程项目预算的全过程闭环管理

邢台路桥案例无论是对预算管理还是项目管理，都是全面提升，回答了两者如何组合应用的问题，填补了传统预算管理不适用建筑施工项目和建筑项目难以开展全面预算管理的双向技术难题。

三、应用过程

（一）参与部门和人员

为落实公司战略规划，邢台路桥在实践“三算一考”项目成本管理体系中，成立了由公司“一把手”牵头，各部门相互协调、分工协作的成本管控小组。财务融资部负责财务信息化系统的建设，搭建预算管理、成本管理和绩效考核体系架构，为全流程提供数据支撑、决策支持；工程管理部负责项目管理系统的建设，开展工程项目成本的过程监控、动态纠偏；市场开发部负责编制投标报价预算及标前成本测算；经营管理部负责标后成本预算，确定项目目标成本和目标利润率；人力资源部负责组织管理人员的培训，提升管理人员的素质，落实项目绩效评价；大数据中心负责各信息管理系统的互联互通。项目部作为成本中心，负责项目施工预算，成立由项目经理为目标成本第一责任人，各关键岗位分工负责的成本管理小组。项目团队不断提高成本管理和风险管理水平，落实成本控制思路，做到数据及时、真实，通过信息化管理手段加强项目部的管理水平。

（二）“三算一考”应用的资源、环境、信息化条件

1. 制度保障

为构建工程项目全过程成本管理体系，邢台路桥根据企业内外部环境变化，及时制定完善了《工程项目管理办法》《项目目标责任成本编制办法》《财务预算管理办法》《模拟股份制管理办法》等制度，从组织架构、岗位职责、部室分工、业务流程等方面规范了项目全过程成本管理。

2. 企业文化

邢台路桥高度重视企业文化建设，坚持“管理兴企、人才兴企、科技兴企”的发展理念，在工程项目建设上有筑路铁军的优良传统。全体职工注重项目品质和成本管理，降本增效观念深入人心；注重科技创新，鼓励全员参与到项目研发活动中，从

细微处全面提升公司管理水平；注重人才培养，积极引进人才，开展相关业务培训，为管理会计应用提供了良好的企业文化氛围。

3. 信息系统和技术支持

邢台路桥从战略层级出发，注重信息化建设，发挥大数据价值创造作用。大数据中心对各业务系统进行整合，通过数据挖掘，为管理层决策提供服务。通过提升信息融合共享能力、资源整合优化能力、业务灵活响应能力与变革推动引领能力，以优化业务流程和战略规划落地为核心，以指标数据分析为重点，实现资金流、业务流、数字流的协同管理，为集团管理决策服务。

财务管理系统集合财务共享及资金管理系统，财务共享系统统一科目使用，统一审批流程，统一稽核、结算、制证，实现了公司会计业务的集中处理。资金管理系统统筹资金管理，统一账户管理、统一结算，实现银企直联，企业与银行数据的实时交互，提升了结算效率，加强了对资金的集中统一管控能力，降低了资金结算风险。横向实现了公司财务信息化系统与项目管理系统、银行系统、税务系统互联互通，纵向通过门户网站，贯通了集团公司与各子公司财务系统。

工程项目管理系统实现工程项目全过程管理，从招投标到项目竣工，实现了项目目标成本测算、预算，以目标成本为基础在实施过程中的指导人、材、机管控，并实时分析实际成本与目标成本的差异，及时纠偏，控制项目成本。

财务管理系统与工程项目管理系统通过数据技术接口相互映射，互联互通实现业财一体融合。财务管理系统、项目管理系统、各层级业务系统都整合到集团信息化平台统一管理，构建数智化财务体系（见图 3）相互贯通。财务部门作为财务人才培养中心，在为项目培养了专业财务人员的同时解放出部分财务人员转型从事管理会计工作。

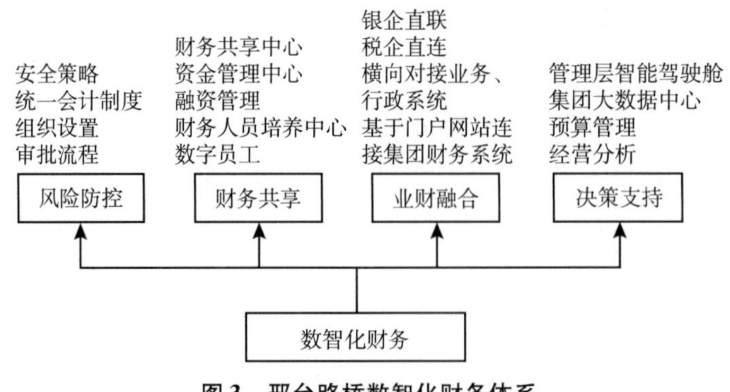

图 3　邢台路桥数智化财务体系

4. 标准体系

在业务方面有完备的工程管理技术标准，形成定额标准基础。在财务方面，依据公司指导价（限价）、费率、历史成本标准、当地市场价格等形成定价标准基础。在信息化系统中统一编制程序和编制方法，确保了预算形成各层级广泛接受的、符合业务假设的、可实现的成本控制目标。

（三）应用流程

1. 项目概况

阿乌高速位于新疆五家渠市、乌鲁木齐市米东区境内，采用双向六车道整体式路基高速公路标准建设，路基宽度 32.5 米，设计时速 120 千米/时，路线全长 11.60 千米。本合同段主要工程内容为路基、路面、防护、安全设施、桥梁、涵洞等，工程中标合同金额 52343 万元（不含 5% 暂列金），总工期为 985 日历天。以阿乌高速为应用对象，围绕降本增效主线，将"三算一考"管理会计工具应用到项目全过程（见图 4）。

2. 项目计划准备阶段的应用

（1）信息系统和技术标准准备。

在项目进场施工前，"三算"共同启用新成本管理系统，统一系统及编码字典，包括专业分包、劳务分包、材料、机械和其他费用项的标准编码，将劳务分包、材料、机械和其他费用项的定额、历史数据、限额等植入系统，保证前后流程引用项目、属性、量的一致性，单价的可比性，以核算标准的统一性保障核算结果的精准性。让项目预算由传统的电子表格凭个人经验能力操作，转为统一的系统表单按预设数据信息操作。

成本科目是进行成本核算和分析的一个最基本维度，通过这个维度能够按成本发生的费用类别进行核算和分析，在应用中侧重以经营成本分析的角度来建立。由主管部门根据公司的核算需要，制定成本科目，后续根据管理需要进行调整和补充。成本科目包括科目编码、名称、数据单位、属性、首页是否显示等（见表 1）。其中属性可选项：材料（量价分析）、专业分包（计算分包产值、量价分析）、劳务分包（量价分析）、安全文明施工（摊销入成本）、临时设施（摊销入成本）。

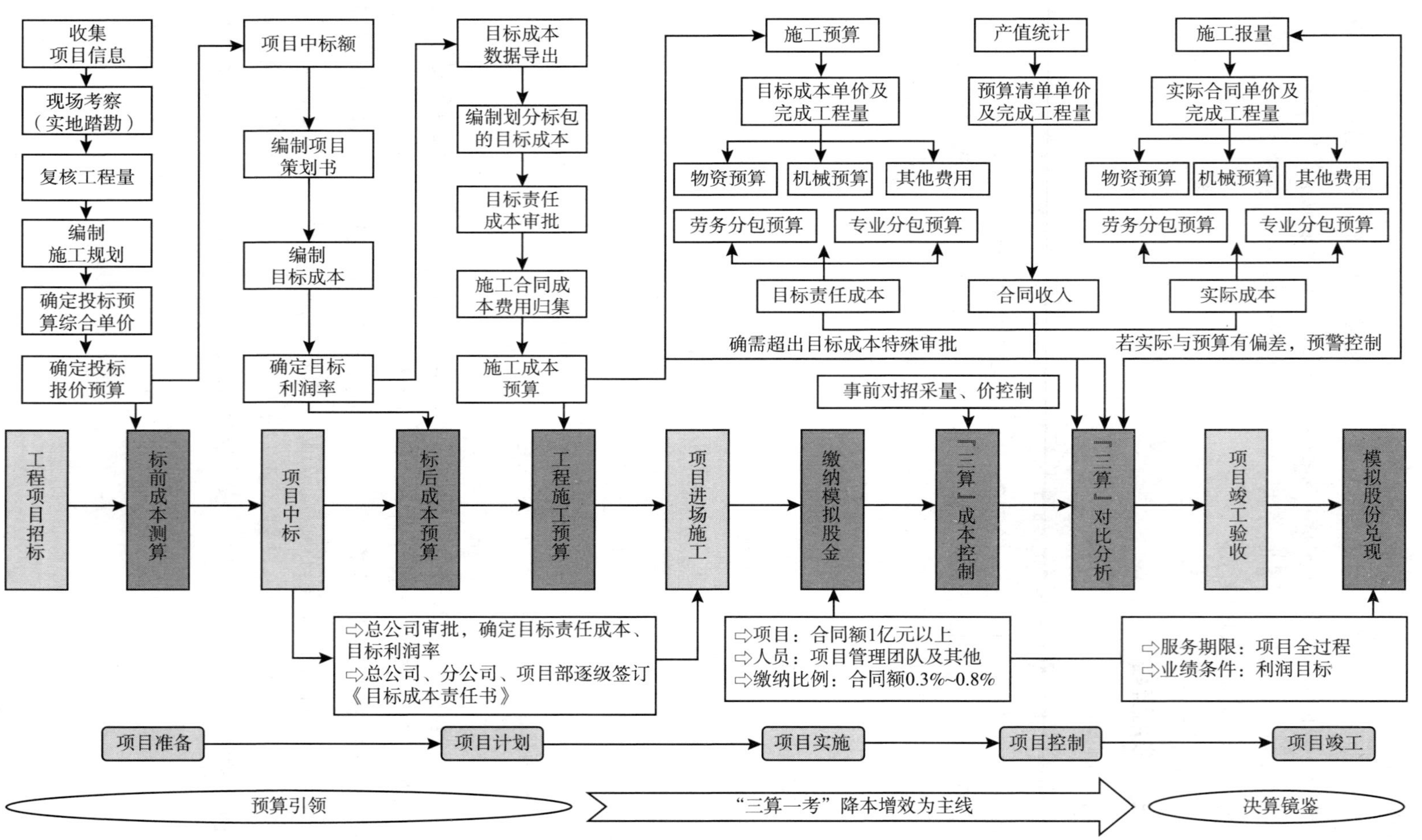

图4 “三算一考”项目成本管理体系应用流程

表 1　　成本科目（部分）

编码	名称	数量单位	属性	首页显示	废弃
C	工程成本	项	—	是	否
01	工程直接费	项	—	是	否
0101	劳务分包费	项	—	是	否
010101	路基劳务分包	项	劳务分包（量价分析）	是	否
010102	桥涵劳务分包	项	劳务分包（量价分析）	是	否
010103	路面劳务分包	项	劳务分包（量价分析）	是	否
010104	隧道劳务分包	项	劳务分包（量价分析）	是	否
010105	其他劳务分包费	—	劳务分包（量价分析）	是	否
0102	专业分包费	项	专业分包（计算分包产值，量价分析）	是	否
010201	自施分包	项	专业分包（计算分包产值，量价分析）	是	否
010202	甲指分包	项	专业分包（计算分包产值，量价分析）	是	否
0103	材料费	项	材料（量价分析）	是	否
010301	主要材料	项	材料（量价分析）	是	否
01030101	钢材	项	材料（量价分析）	是	否
01030102	木材	项	材料（量价分析）	是	否
01030103	水泥	项	材料（量价分析）	是	否
01030104	地材	项	材料（量价分析）	是	否
01030105	掺合料	项	材料（量价分析）	是	否
01030106	外加剂	项	材料（量价分析）	是	否
01030107	结构件	项	材料（量价分析）	是	否
01030108	模板	项	材料（量价分析）	是	否
01030109	燃料、油脂	项	材料（量价分析）	是	否
01030110	成品料	项	材料（量价分析）	是	否
01030111	沥青	项	材料（量价分析）	是	否
01030112	混凝土管	项	材料（量价分析）	是	否

（2）标前成本测算。

市场开发部及计划参与施工的分公司项目管理人员收集、整理工程项目招投标公告、项目动态信息，了解工程项目地理位置和地形、地貌，全面梳理项目的施工图纸、设计文件、技术规范等，对工程量进行初步的估算和分析，对工程实地的材料单价、劳务队伍引进、场站建设等方面做大量细致的调查研究，最终确定该项目投标报价预算金额 52343 万元（不含 5% 暂列金）。经综合分析，阿乌高速标前测算成本：47152 万元，预期利润率：9.92%（按增值税含税金额计算），上述工作为投标报价提供了依据，中标后可以直接在此基础上细化更新和完善，也为项目部的后期正式开展成本管理工作厘清了思路。

（3）标后目标成本预算。

经营管理部会同拟参与项目施工的分公司成立项目策划团队，编制项目策划书，复核工程量清单，根据施工规划方案及项目运行情况，结合人、材、机企业定额对项目成本进行重新核算。本项目施工图纸、工程量清单及施工方案齐全，按照公司确定利润率方式的规定，工程量依据图纸、项目策划、施工方案等计算，成本单价依据公司企业定额、费率、标准、当地市场价格等核算成本，确定目标成本和目标利润率。在新成本管理系统中对该项目多因素分析后，形成阿乌高速成本预算结果（见表 2）：目标成本为：44798.89 万元（不含税金额），目标利润为 3222.21 万元，预期目标利润率为：6.71%。

表 2 **目标责任成本测算** 单位：万元

项目	中标金额	标前测算成本	不含税中标金额	目标成本
第 100 章 总则	2158.00	2093.26	1979.82	1960.02
第 200 章 路基	26978.00	23107.79	24750.46	22400.64
第 300 章 路面	10114.00	9608.30	9278.90	9000.53
第 400 章 桥涵	8306.00	7890.70	7620.18	7239.17
第 600 章 交安	3830.00	3638.50	3513.76	3408.35
第 700 章 绿化	957.00	813.45	877.98	790.18
合计	52343.00	47152.00	48021.10	44798.89
利润	—	5191.00	—	3222.21

注：增值税税率 9%，中标金额、标前测算成本为含税金额，目标成本为不含税金额。

（4）项目施工预算。

工程管理部会同项目团队将目标责任成本进行二次分解，一方面按工程作业或标包分解，形成若干个子项目或标包成本目标，另一方面按部门、岗位分解，使目标成本落实到责任部门、责任人。两种分解均细化为人工、材料、机械、专业分包、其他费用五项费用，同步导入工程项目管理系统平台，生成项目施工预算。

通过“三算”，完成了阿乌高速目标责任成本的制定和分解，该目标成本经过集团公司审批，符合各层级利润目标要求，前后引用项目、属性、工程量一致，项目团队主要人员全程参与制定，从而达成了管理共识。

3. 项目实施控制阶段的应用

（1）签订目标成本责任书。

集团公司与阿乌高速项目部、项目部与各部门及关键岗位逐级签订《目标成本责任书》，明确各岗位承担的项目质量目标、进度目标、安全目标、项目利润目标，并进行承诺。

（2）“三算”对比是邢台路桥成本管理的核心理念，指对收入核算、目标责任成本统计、实际成本核算进行“三算”对比。

收入核算来源于项目产值统计，通过科目挂接对应标前成本测算，按标前成本测算的预算清单单价和完成工程量计算。产值统计是根据工程实际形象进度编制的，对本月发生的费用进行统计，当月产值统计挂接科目完成确认无误后，生成收入核算台账。阿乌高速项目每个月对工程的目标完成情况进行统计，根据工程完成的目标进度情况计算目标完成工程量，单价为目标责任成本单价，计算完成的目标产值。依据对当月完成工程量的统计，按预算清单单价，生成收入核算台账，并与成本科目挂接一致。

对应项目施工预算，项目部依据目标责任成本及标包二次划分，签订相应合同，在项目管理平台的合同清单中进行成本科目挂接，按项目实际签订合同单价和本月实际完成工程量计算，生成物资成本账、机械成本账、分包成本账、结转安全文明施工费用、措施项目费用生成其他费用成本账。全部完毕后，生成实际成本核算台账，依据目标责任成本及标包划分，分别签订相关采购、分包、租赁等合同，在项目管理平台的合同清单中进行成本科目挂接（限价）。阿乌高速依据对当月完成工程量对应目标成本工程量，按目标成本单价，计算完成的目标责任成本；按实际签订合同单价和本月实际完成工程量计算实际成本，该实际成本较财务数据提前反映项目发生成本，起到了关键的成本控制作用与财务信息化系统对接并最终保持一致。

对收入预算成本、目标责任成本、实际成本从数量、单价、金额三个方面来对比、分析。在项目部、分公司、集团公司各层面按各自需求多维度进行分析（见图5）。

（3）过程监控。

集团公司工程管理部要求阿乌高速项目部每月1~5日同期上报项目收入与成本，只有收入、成本统计口径一致才能对项目部当月的经营情况进行分析，每月6~10日通过信息化系统审核项目产值、收入成本、目标责任成本、实际成本是否匹配，对明显存在偏差的项目作为重点监督对象，分析成本归集数据，达到过程动态监控的要求。

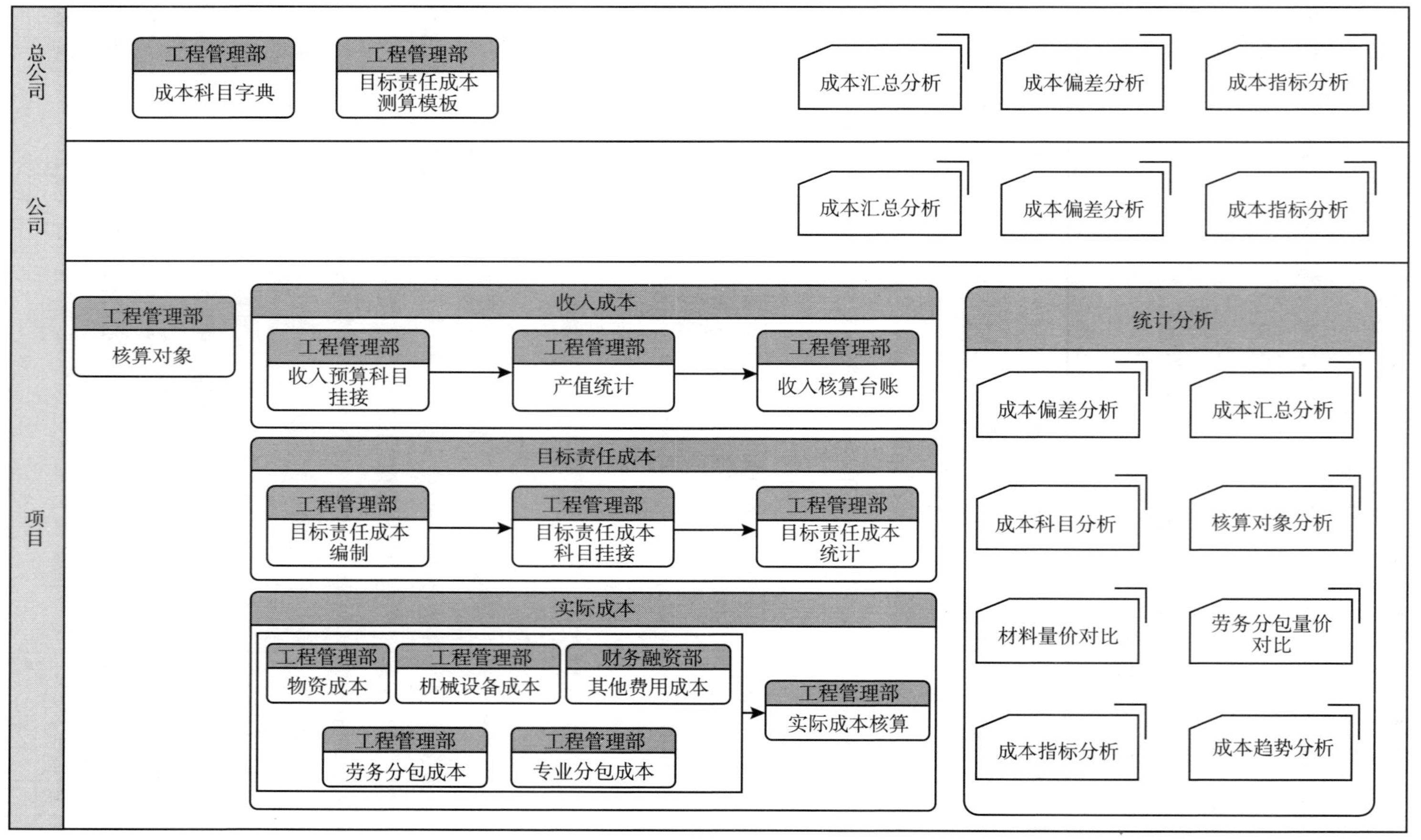
总公司
工程管理部
成本科目字典
工程管理部
目标责任成本测算模板
成本汇总分析
成本偏差分析
成本指标分析
公司
成本汇总分析
成本偏差分析
成本指标分析
项目
工程管理部
核算对象
收入成本
工程管理部
收入预算科目挂接
工程管理部
产值统计
工程管理部
收入核算台账
目标责任成本
工程管理部
目标责任成本编制
工程管理部
目标责任成本科目挂接
工程管理部
目标责任成本统计
实际成本
工程管理部
物资成本
工程管理部
机械设备成本
财务融资部
其他费用成本
工程管理部
劳务分包成本
工程管理部
专业分包成本
工程管理部
实际成本核算
统计分析
成本偏差分析
成本汇总分析
成本科目分析
核算对象分析
材料量价对比
劳务分包量价对比
成本指标分析
成本趋势分析

图5　成本管理业务流程

（4）动态纠偏。

开启目标责任成本管控参数，经营管理部审核阿乌高速的目标责任成本，分人工费（劳务）、材料费、机械费、专业分包、其他五大类进行成本管控。系统设置过程预警，自动控制采购计划的量价不超目标责任成本，超出相应目标责任成本的需要特殊审批才能进行合同登记，同时强化过程审批审核，保证过程中招标采购与合同签订按照项目策划进行。就目标责任成本编制模板持续进行优化完善，使之真正能起到指导施工和控制成本的作用。

4. 项目竣工阶段

“一考”兑现目标责任成本奖惩。按照集团公司经理办公会议精神，以阿乌高速为试点推行模拟股份制度。模拟股份是工程企业在项目管理机制层面上的一种改革与创新，本质上是一种绩效考核激励手段，“一考”遵循自愿参与、风险共担、利益共享的原则，其核心在于通过超额利润分红，提高项目管理团队的积极性和创造性，进而提升工程项目的管理效率和效益。

（1）项目要求：签约合同额为1亿元及以上的项目，本项目合同金额5.2343亿元，配备了完善的项目管理团队，且团队具有较强的成本管控能力。

（2）人员范围：项目经理、项目班子其他成员、项目部室负责人、工长、分公司经理、集团公司认为有必要缴纳模拟股金的其他管理人员。本项目施工期在场人员380多人，其中项目部管理人员73人，包括班子5人，部室长及工长12人等，最终有69人参与了模拟股金缴纳。

（3）缴纳比例：模拟股金总额为R值，项目管理团队缴纳比例根据1亿元（含）合同额对应0.8%，5亿元合同额对应0.5%，15亿元合同额对应0.3%，项目中标金额越大，缴纳比例越低，比例中间值按比例内插计算（见图6）。项目经理和分公司经理累计缴纳模拟股金原则上不超过100万元。模拟股金缴纳比例根据职务、责任等进行分配，按岗位分配原则。

阿乌高速项目经理带头缴纳模拟股金100万元，极大地提高了项目团队参与模拟股份的意愿。项目实施中，项目部总工、副经理（3人）每人缴纳80万元，其他团队成员也按规定缴纳了相应的模拟股金，合计69人缴纳1685万元。

（4）服务期限：项目全过程，实施期间如有人员变动，按照审批程序报批，新调入人员应按所任岗位缴纳模拟股金，缴纳金额与退出金额相等，具体缴纳（退出）金额、责任、奖罚等按完成产值比例分配。阿乌高速管理团队人员在项目过程中无变动。

（5）业绩条件：

①项目完工审计报告出具后：若完成了利润目标（3.8%≤实际利润率－目标利润

率）奖励封顶，金额为 2 倍 R 值。若完成利润目标（0≤实际利润率 - 目标利润率 < 3.8%），奖励金额按照内插计算。暂发放 20% 的应发奖励，退还 80% 的模拟股份。

模拟股金内插查询表　　　单位：万元					
实际合同金额	股金总额	奖励上限	扣罚下限	项目经理个人股金	分公司经理个人股金
10000	80.00	160.00	-80.00	16.00	0.00
20000	122.50	245.00	-122.50	24.50	0.00
30000	165.00	330.00	-165.00	33.00	0.00
40000	207.50	415.00	-207.50	41.50	0.00
50000	270.00	540.00	-270.00	54.00	21.60
60000	291.60	583.20	-291.60	58.32	23.33
70000	313.20	626.40	-313.20	62.64	25.06
80000	334.80	669.60	-334.80	65.86	26.78
90000	356.40	712.80	-350.40	71.28	28.51
100000	378.00	756.00	-378.00	75.60	30.24
110000	399.60	799.20	-399.00	79.92	31.97
120000	421.20	842.40	-421.20	84.24	33.70
130000	422.80	885.60	-442.80	88.56	35.42
140000	464.40	928.80	-464.40	92.88	37.15
150000	486.00	972.00	-486.00	97.20	—

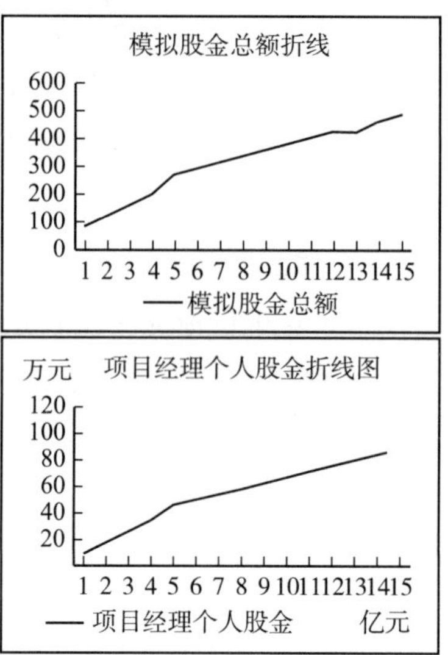

图 6　项目模拟股金内插查询

若未完成利润目标（实际利润率 - 目标利润率≤ -3%）扣罚封顶为 R 值。若未完成利润目标（ -3% < 实际利润率 - 目标利润率 < 0），扣罚金额按照内插计算，剩余模拟股金暂不予退还。

②项目最终完工利润审计报告出具后：

若完成了利润目标（3.8% ≤实际利润率 - 目标利润率）奖励封顶金额为 2 倍 R 值。若完成了利润目标（0≤实际利润率 - 目标利润率 < 3.8%），奖励金额按照内插计算。退还剩余模拟股金并全额发放除项目经理以外人员的奖励，项目经理奖励发放至 80%。

若未完成利润目标（目标利润率 - 实际利润率≤ -3%）扣罚封顶为 R 值。若未完成利润目标（ -3% < 目标利润率 - 实际利润率 < 0），扣罚金额按照内插计算，扣罚相应比例模拟股金。经审计后退还除项目经理以外人员的剩余模拟股金。

工程回款（包含预付款）率达 90% 时，发放项目经理剩余奖励、退还剩余模拟股金。

按不含增值税计算（见表 3），发生实际成本 45321 万元，利润总额 4383 万元（利润率 8.82%），超额完成利润 1160.79 万元，超目标利润率 2.11%，超额完成利润目标，经项目完工审计后按制度规定发放项目奖金。

表 3　　阿乌高速绩效管理报告　　单位：万元

项目	预算数	绩效数	差额
收入	48021.10	49704.00	—
成本	44798.89	45321.00	—
利润	3222.21	4383.00	1160.79
利润率（%）	6.71	8.82	2.11

（四）在实施过程中遇到的主要问题和解决方法

1. 目标责任成本测算准确性差的问题

由于工程项目成本测算受人员素质、施工方案、施工技术等多种不确定因素影响，导致目标成本计算准确性差。为了提高目标成本计算的准确性，在测算时，借助项目管理系统中指导数据、历史数据，考虑项目实际情况、市场数据，可以分别选用 2 种以上不同方法进行计算校验，或由经营管理部、施工项目部分别进行计算，然后对比校验。通过不同方法或不同部门计算的综合运用，提高目标成本计算的准确性。

2. 集团管控目标与项目实际脱节的问题

由于公司审定的目标成本与项目团队测算上报值存在差异，导致项目团队对项目目标利润率、目标成本难以理解或接受。可在工程投标阶段，选择符合条件的 2～3 名项目经理或团队参与标前成本测算和成本决策，并择优确定该项目的项目经理，其中成本指标是择优的最重要的评价指标，这样可以有效地避免因信息不对称造成的投标阶段和施工阶段管理脱节的问题，让项目团队全过程参与项目的成本管理。

3. 项目员工对模拟股份制政策不理解的问题

对项目班子组成人员及职责做出明确的划分与界定，提高项目管理团队的成本管控能力。建立配套的制度流程管理体系，使决策信息公开、透明，有效形成公司和项目内部的民主监督。搭建业财互通的管理系统，及时提供真实的经营数据。对实施模拟股份制度的项目进行跟踪审计，在项目实施的各关键节点对项目进行较为全面细致的审计，按制度按期落实奖惩兑付。

四、取得成效

（一）提高了工程项目的经济效益

阿乌高速项目通过实施“三算一考”，制定了合理的目标责任成本，实现了对责任成本的事前事中控制，各层级责任人员参与模拟股份，对比考核指标，开展项目策划，优化施工方案，努力降本增效。经过完工审计，阿乌高速完成超额利润 1160.79 万元，超目标利润率 2.11%。

（二）构建了工程项目全过程成本管理体系

项目投标前，市场开发、财务、项目管理人员就参与到项目测算，中标后制定目标责任成本，降低无效低效成本，施工中从物资策划、项目招采、合同履约到结算支付等成本行为均纳入信息化管理，定期检查并纠偏，并引入模拟股份制，改革相应的激励及责任追究机制。

（三）夯实了全面预算的开展基础

“三算一考”体系的建立加强了内部基础管理，建立了数据统一标准、口径，提高了预算精准性，积累了全面预算数据，预算执行中全员参与、全面覆盖和全程跟踪控制，通过以用促管的方式实现全面预算落地。

（四）激发了项目团队的内生动力

项目实施模拟股份，集团对生产经营决策的授权实行上下限管理，各层级参与人员荣辱与共，主动加压，千方百计把项目质量做好，把成本管控好。同时薪酬管理体系得到提升，考核坚持结果导向，形成干得越好、报酬越多的正向激励。

（五）提供了管理层决策数据支持

项目标前成本测算确定市场竞争性投标预算报价，标后成本预算确定合理的目标利润率及目标责任成本，实际成本与目标成本的对比、分析，完成绩效评价。“三算一考”体系为管理层招投标、成本管理、绩效评价提供了决策支持。

五、经验总结

（一）基本应用条件

战略引领，强化“一把手”工程。通过战略规划统一理念，由“一把手”牵头，各部门、各层级协调、合作，重视系统性和协同性问题，形成全员参与的控制体系。

依托业财融合信息化建设体系。“三算一考”体系整合财务、项目管理、绩效等信息系统，实现数据共享和集成，融合财务与业务信息，以大数据为基础拓宽管理会计服务空间。

（二）应用的关键因素

预算、控制、考核，三者相辅相成、缺一不可。合理确定项目目标成本及利润，指导和约束项目全过程，通过预算执行、调整、分析，发现问题，及时纠偏，建立有效的预算考核评价体系，结合考评指标进行考核与奖惩措施的落实。

（三）应用效果的思考

合理确定利润目标，把目标成本细化到各个岗位，让各级管理者明确管理责任，让员工觉得有难度的同时，还可以跳起来去实现。

规范模拟股份实施，重点是形成权力、决策、监督分工明确的项目管理组织架构，将管理责任与成本目标、效益、分红挂钩，为项目降低成本和增加二次经营收益提供动力。

（四）应用中的优缺点

“三算一考”体系在地方国有企业的应用，将预算、目标成本、绩效考核有机结合，在工程项目成本管理中贯穿全过程，事前、事中、事后均发挥作用，有效利用管理会计工具的价值创造潜能，实现降本增效。

然而，该体系在应用宽度和深度上需进一步研究，在宽度上，对标前成本测算和标后成本预算的考核纳入集团层面，对项目考核而言，有部分缺失。如何指导项目经理基于项目整体的目标责任成本，对下进行深度分解和制定相应的考核分配方案，是体系深度应用的方向。

（五）发展和完善建议

重视科技创新促进管理会计的应用，如 BIM 技术在工程项目设计、施工等过程中的应用，又如项目开展《严寒地区混凝土护栏抗冻性能提升与工艺技术研究》《3D 打印风积砂混凝土制备与耐久性研究》等课题研究，利用技术措施降低施工成本。

（六）推广应用建议

“三算一考”体系为建筑业正处于信息化和管理变革的企业，提供了在项目全生命周期，如何将各责任主体统一在一套信息标准体系下进行闭环管理及其个人利益、局部利益和总体利益统一齐心的路径和方法示范。

“三算一考”体系对于补充工程项目责任成本法工具指引、预算和项目管理深度整合的工具指引、股权激励绩效考核工具指引等工具箱，或是形成行业化管理会计示范工具，具有一定的借鉴支撑意义。

（邢台路桥建设集团有限公司：赵东尧　张艳辉　李运强　胡梦泽　薛庆志　范智敏　孟京冬　张青涛　赫庆径　张一帆）

案例评语：

该案例针对预算编制依赖经验，成本管控标准不固化，绩效评价存在短期行为等问题，聚焦于降本增效主线，结合工程项目的不同阶段，在预算管理、目标成本管理、股权激励之间建立起有机的联系，构成一个组合控制闭环，构建了“三算一考”工程项目成本管理体系，实现了工程项目的全过程成本管理，为项目管理决策提供定量化数据支持，支撑工程项目的科学管理。

案例设计的“三算一考”成本管理体系，对于加强工程项目成本管理，实施工程项目的全过程管理，提升工程项目综合效益，具有较好的示范作用。

山西焦煤基于作业成本定额体系的煤炭成本控制研究与实践*

摘要

习近平总书记指出，推进“双碳”工作，必须坚持全国统筹、节约优先、双轮驱动、内外畅通、防范风险的原则，更好发挥我国制度优势、资源条件、技术潜力、市场活力，加快形成节约资源和保护环境的产业结构、生产方式、生活方式、空间格局。① 节约优先原则要求煤炭企业对成本管控模式进行变革，坚决遏制高耗能、高排放、低水平项目盲目发展。

针对传统成本管控模式下成本信息反映滞后、缺乏过程控制、管理粗放、效能低下等困局，山西焦煤结合煤炭行业特点，综合运用多项管理会计应用指引，引入作业成本法，创新构建作业成本定额体系，通过动态跟踪、对比分析及时把控要素投入，改善生产流程，优化作业环节，不断消除非增值作业。

从2021年6月开始正式实施，先后33座矿井试点运行，到2022年末，90座生产矿井完成作业成本定额体系建设，覆盖煤炭生产经营全作业链、全价值链、全成本要素的全方位成本管控模型初步构建。企业成本管控重心由“产品”转向“作业”，成本管控能力得到极大提升，为推动山西焦煤高质量发展，加速建设世界一流炼焦煤企业提供重要支撑。

一、背景描述

（一）企业基本情况

山西焦煤组建于2001年10月，下设西山煤电、汾西矿业等22个子公司，拥有焦煤股份、山煤国际、山西焦化3个A股上市公司。集团以焦煤生产、焦炭加工为主业，兼营民爆、化工、金融等产业，现有煤矿151座，年产能2.67亿吨，是具有国

* 资料来源：本案例中相关数据来源于山西焦煤集团有限责任公司。

① 习近平主持中共中央政治局第三十六次集体学习［EB/OL］. 新华网，2022-01-25.

际影响力的炼焦煤生产企业和市场供应商，产销量居于世界前列。2023 年，山西焦煤位居世界 500 强企业名单第 359 位。

（二） 管理会计应用基础

2020 年，山西焦煤吸收合并山煤集团组建新焦煤，以“打造具有全球竞争力的世界一流炼焦煤企业”为奋斗目标，以“三个三步走”战略规划为导向，对标对表丰田公司、国家能源集团等世界先进、国内领先企业，构建“精益化 +”发展模式，主动运用管理会计工具改善企业经营管理，把精益化管理作为高质量发展的必由之路和建设世界一流企业的重要抓手。

（三） 选择作业成本法等管理会计工具的主要原因

随着传统成本管控模式的局限性日益凸显，山西焦煤坚持问题导向，按照国务院国资委关于加快建设世界一流财务管理体系的文件要求，聚焦主业、改革变革、创新发展，综合运用作业成本法、标准成本法、目标成本等多项管理会计应用指引，对传统成本管控模式进行变革。

二、总 体 设 计

（一） 应用作业成本定额体系的目标

重塑与世界一流企业相匹配的成本管控理念，着力打造一套“聚焦集团战略目标，基于作业成本定额体系，以全面预算为引领，突出全过程控制，以数智化为支撑，以价值创造为导向，以精益化管理为抓手，全面强化业绩评价”的全方位成本管控模型（见图 1），推动山西焦煤成本管控创新升级，全面提高企业经济运行质量和效益，为实现“打造具有全球竞争力的世界一流炼焦煤企业”奋斗目标提供重要支撑。

（二） 构建作业成本定额体系的总体思路

山西焦煤构建作业成本定额体系的过程总体分为四个阶段，简称“四部曲”，分别是：第一阶段，继承创新，理论发展；第二阶段，科学规划，分步实施；第三阶段，总结提炼，完善机制；第四阶段，平台赋能，复制推广。

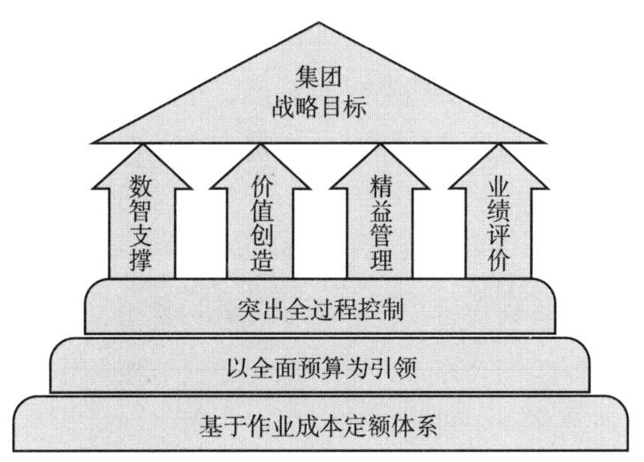

图1　全方位成本管控模型示意

（三）作业成本定额体系的主要内容

山西焦煤推行的作业成本定额体系，综合运用多项管理会计应用指引，对管理会计工具方法的理论发展和实践操作均作出了积极、有益探索。

在理论层面，基于作业成本法的基础理论，结合定额管理的基本思想，以作业成本定额体系为基石，构建全方位成本管控模型，率先从理论层面探索与世界一流炼焦煤企业相匹配的高质量成本管控模式，完成对成本管控模式的理论创新，具有较强的科学内涵与理论价值。

在实践层面，针对煤炭行业特点和企业现状，成立专项工作领导组和工作专班，按照"整体规划、分步实施"的推进思路，所有生产矿井建立作业成本定额体系，完成管控机制的优化升级。同时，在实践过程中，创造和积累了大量在同行业可复制、可推广的经验做法，具有较强的实践应用价值。

（四）作业成本定额体系的创新

主要表现为三个创新：一是理论创新，首次提出作业成本定额管理体系；二是工具创新，率先推出作业成本定额管理系统；三是管理创新，探索推行矿井作业成本对标对表。

三、应用过程

（一）充分调查研究，夯实作业成本运行基础

作业成本法早期更多运用于自动化程度较高、生产多产品的制造行业，为更好地了解作业成本法在煤炭行业的实用性和可行性，由集团财务部牵头，从各煤炭子公司

抽调业务专家，组建由 8 名人员组成的专业小组，深入基层矿井专题调查研究，谋划工作思路。经过近一个月的深入分析和反复论证，小组成员取得一致结论，随着煤炭企业生产技术的不断成熟、经营管理水平及人员素质的逐步提升，作业成本法在煤炭行业的实施具备了基本条件。

1. 原煤生产过程清晰，有利于作业环节划分

煤炭企业产品单一，且生产过程已经非常成熟和稳定，可以分为采煤、掘进、机电、运输、通风、其他等若干个环节，每一个环节又能按照作业工序划分为若干个作业中心。每个环节都要消耗一定量的资源，因此，可以把每一个作业环节确定为一个成本责任中心，先按环节归集作业成本，实现各环节成本的确认和计量，并在此基础上完成各成本责任中心的成本管理与业绩考核。

2. 生产技术日益进步，有利于作业成本法的运用

多年来，煤炭企业持续加大研发投入，不断进行技术升级改造，广泛应用新设备、新技术、新工艺，采煤、掘进等主要作业机械化水平不断提高。特别是近年来，智能化矿山建设不断推进，煤炭生产自动化、标准化水平进一步提升，更有利于成本数据的收集和量化，为作业成本法的运用奠定了良好基础。

3. 信息化系统逐步完善，有利于成本费用归集

为适应现代企业管理需要，目前基本所有煤炭企业都建立了相应的物资管理系统、人力资源管理系统、设备管理系统等，这些系统中对应的管理内容信息齐全，数据准确，提取方便。尤其是近年来，山西焦煤大力推动财务共享建设，强化数据源端治理，提升数据质量，打通数据孤岛，实现数据共享，为各作业环节的成本数据归集和核算创造了良好条件。

4. 人才队伍不断壮大，有利于作业成本法推广

随着我国改革开放的多年积累和社会经济的持续发展，一方面，很多先进管理思想为企业的经营管理提供了更多的选择；另一方面，越来越多的高素质专业人才加入煤炭行业，广大干部职工文化水平不断提升，给企业发展注入了强大活力。管理者愿意主动学习和接受先进的管理理念，能够深刻认识到传统成本管控模式的不足。基层职工也具备了使用先进管理工具的能力和素质，这些为作业成本法的实施提供了良好的内外环境和机遇。

（二）创新成本理论，重塑作业成本管控理念

1. 标准定义

作业成本法是指以“产品消耗作业，作业消耗资源”为原则（王超，2016），按照资源动因将资源费用追溯或分配至各项作业，计算出作业成本，再根据作业动因，

将作业成本追溯或分配至各成本对象，最终完成成本计算的成本核算方法（张五星，2019）。作业成本法能够将复杂、隐蔽、难以计量的成本用科学的方式在各产品之间分配（张利等，2022）。运用作业成本法可以通过作业角度分析企业生产经营管理全过程，有利于企业改善经营流程，优化作业价值链，提升价值（劳梦倩，2019）。

煤炭行业定额是指矿井在一定的地质条件、开采工艺、劳动组织条件下，生产单位煤炭产品或完成单位任务合理消耗的各项成本费用标准。

2. 守正创新

山西焦煤在充分继承吸收作业成本法核心要义的基础上，结合煤炭企业特点及企业成本管控现状，构建了作业成本定额体系（见图2）。该体系将作业成本法和定额管理相结合，通过对煤矿生产经营全过程合理划分，根据不同成本动因，采用科学方法建立各项资源费用的消耗标准。通过实际消耗与定额的比较，分析差异原因、采取有效措施，消除或减少非增值作业，实施绩效考评，实现成本管控闭环。

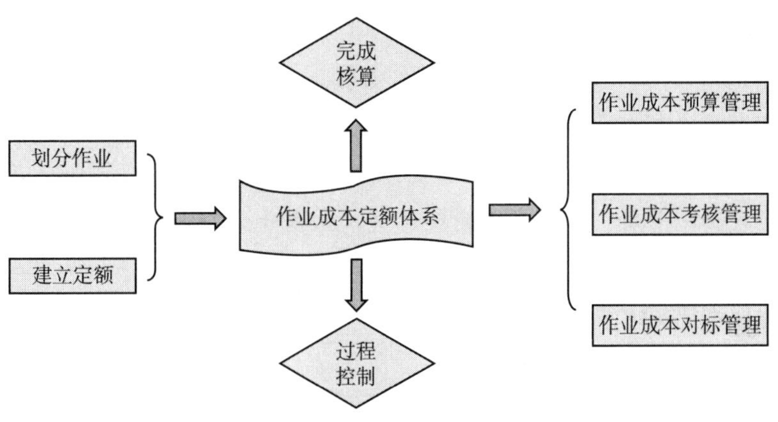

图2　作业成本定额体系示意

山西焦煤从2021年开始实施作业成本定额体系，并制定了体系建设三年规划。2022年，根据实际推进情况，又将三年规划进一步优化调整，明确在两年内实现成本管控模式变革，即2021年选取十座原煤产量300万吨以上的井工矿井试点先行，积累经验；2022年初扩大试点范围，300万吨以上矿井全部推广运用；截至2022年底，所有生产矿井完成作业成本定额体系建设。

（三）健全职能配置，打造作业成本管控模式

坚持不缺位、不越位、不错位，建立健全各级单位职能及岗位设置，确保作业成本定额体系高效运行。

1. 健全岗位，夯实成本管控职能

构建强有力的组织保障是关系到作业成本定额体系建设成败的前提条件，山西焦煤从集团、二级煤炭子公司、基层矿井三级组织分别成立了以一把手为组长的成本管控专项工作领导组，全面领导此项工作，形成了作业成本定额体系建设的坚强领导力量。

2. 专班专组，保障定额体系实施

建立以专业人员为主体的运行机制是确保作业成本定额体系实施成效的关键。各二级煤炭子公司和基层矿井均成立了“采煤、掘进、机电、运输、通风、其他、非生产系统”七个作业中心工作专班。该专班由专业副职领导负责，由各业务部门抽调骨干人员组成。各矿井按作业层级继续向下建立多级专班，由科长、队长负责。工作专班主要负责本作业中心成本数据收集、整理、统计、分析及成本管控等工作。

3. 制度建设，引领定额体系运行

先后制定《山西焦煤原煤成本管控专项工作方案》《山西焦煤集团全方位成本管控模型对标工作方案》《山西焦煤生产矿井作业成本定额体系全部上线工作实施方案》《山西焦煤深化矿井成本管控专项工作方案》，充分发挥制度的引领和规范作用，为作业成本定额体系的顺利推进保驾护航。

按照动态调整和持续优化原则，不断总结梳理、提炼实践过程中的一些成熟经验和做法，形成操作指南，目前已更新迭代至《山西焦煤作业成本定额体系操作指南(2.1)》，包括实施细则、管理系统操作细则、制度汇编三本手册，为各矿厂下一阶段实施作业成本定额体系建立了规范。

（四）立足焦煤实际，构建作业成本定额体系

经过前期的摸索和实践，逐步形成作业成本定额体系建设“五步工作法”（见图3）。借助作业成本定额管理系统建立覆盖矿井整体、作业中心、队组的成本信息网络，对各类成本报表、表单、台账等建立标准和规范。业务人员可根据需要随时调取所需的成本信息，极大地提高了矿井成本管控的决策效率和决策质量。

1. 划分作业中心

作业中心又称成本库，是指构成一个业务过程相互联系的作业集合，用来汇集业务过程及其产出的成本。换言之，按照统一的作业动因，将各种资源耗费项目归结在一起，便形成作业中心。作业中心有助于企业更明晰地分析一组相关的作业，以便进行作业管理与考核。

（1）划分原则。

作业成本定额体系是一套以作业为基础的成本管控体系，通过作业中心界定成本

管控范围。作业中心以生产工艺和作业工序为划分原则，对煤矿生产经营的全过程进行作业划分，不仅包括制造成本环节，还包括期间费用环节。作业中心划分至最小作业单元，结合具体成本动因归集、分配成本费用。

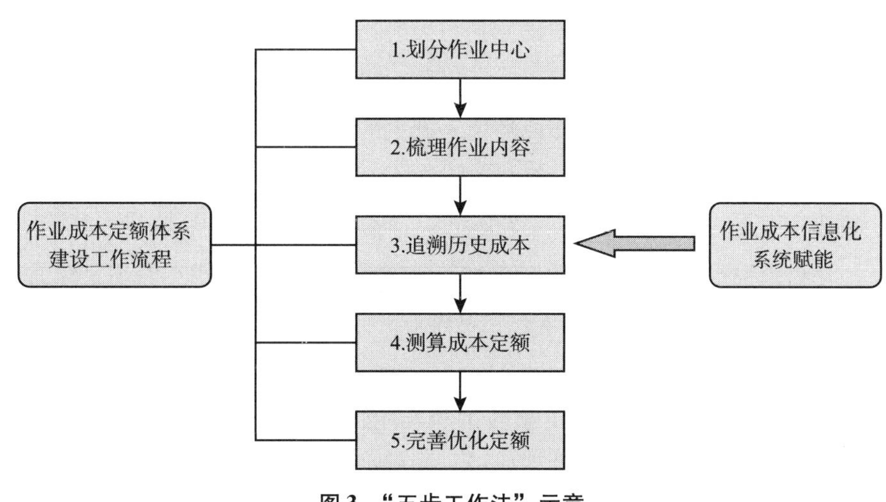

图3 “五步工作法”示意

（2）标准化管理。

将井工矿井统一划分为5级136个作业中心，实施标准化管理，覆盖煤矿生产经营全环节。各矿可结合实际选择适合本矿的作业中心，在具体操作中将最低层级的作业中心统称为末级作业中心。

2. 梳理作业内容

（1）还原作业内容。

由各专班人员对煤矿生产全作业链和全价值链项下的作业进行梳理，将近年度实际成本数据还原至各作业中心，作为测算定额的基础。作业内容梳理区分常规作业环境下和非常规作业环境下的作业内容，分别对其成本动因和成本费用进行分析。

（2）明晰成本动因。

坚持重要性和准确性原则，精准定位作业环境，清晰、规范确定各作业中心的成本动因。

3. 追溯历史成本

（1）根据各矿作业中心划分和梳理出来的作业内容，对近两年的成本进行还原。成本还原严格执行权责发生制原则，保证成本数据真实，口径统一。

（2）对常规作业环境下的作业内容和非常规作业环境下的作业内容的对应成本分别统计。

（3）各作业中心费用归集执行“能归尽归”的原则。对于不能直接归集到某个作业中心的费用项目，以成本动因如作业量、管理口径为依据进行分配或归集，确保各矿井口径一致，具备横向可对比性，并做到费用归集口径与考核口径保持一致。

4. 测算成本定额

作业成本定额以动因理论为基础，是指末级作业中心不同成本动因条件下各项资源费用的消耗标准。测算的基本思路为：以历史成本数据为基础，将作业内容和成本发生情况一一对应，剔除非常规作业环境下产生的成本后，测算各末级作业中心不同成本动因条件下，各项资源费用消耗标准，资源费用项目与财务核算口径保持一致，着重注意以下几点：

（1）材料消耗定额需细化到每一种材料，又分为消耗量定额和费用定额。

（2）涉及过断层、过无炭柱等非常规作业环境下的作业成本，根据具体动因单独测算各项资源费用消耗定额。

（3）正确选择作业量是保证定额质量和实用性的关键。末级作业中心不同成本动因下，选取与作业内容相适合的作业量，如掘进进尺、运输距离、支架数量等作为作业量。

5. 完善优化定额

初步定额形成后，结合当期实际成本消耗对定额持续跟踪优化，提升定额的准确性，然后上报二级煤炭子公司审定后执行。在定额执行期间，遇到下列情况对定额水平有重大影响时，应及时修订和补充，不得继续使用原定额标准：

（1）运行过程中偏差较大，定额标准本身有严重错误的。

（2）自然条件发生重大变化，致使生产条件或生产环境突变的。

（3）生产工艺、操作方法、机械装备、原材料、劳动组织有重大改变的。

（4）推广先进经验、技术革新对定额水平有重大影响的。

（五）创新对标机制，开展作业成本对标管理

以作业中心为基础，将作业环节作为成本管控的关键和重心，由“矿井整体对标”转变为“各作业中心对标”。通过作业成本对标工作，把控生产投入、改善作业流程，提高生产效率、效能和效益水平，加快改革变革和转型升级步伐，提升企业整体盈利能力水平。

在对标过程中坚持五项原则：一是全面对标原则，全部生产矿井、全体作业中心、全成本要素、全员、全价值链开展对标；二是前瞻性原则，将最新的先进管理方法和经验运用于企业成本管控，实现企业长远发展；三是动态性原则，根据外部情况变化和自身能力条件定期调整对标标杆，不断确定最优指标，确保标杆先进性，对标

管理工作没有终点；四是实效性原则，对标方案要有可操作性，对标过程要务实，改进措施要落地，对标提升要见效；五是重点突破原则，将成本水平相对落后的矿井、作业中心作为重点关注对象，集中力量重点突破，带动企业整体管理水平提升。

1. 对标管理工作内容

各作业中心在开展对标过程中，建立了对比标杆找差距，对比表格抓落实，对照标准提问题的“三对”理念（见图4），从宏观目标、过程控制和微观细节全方位地推动各作业中心成本管控能力改进提升。

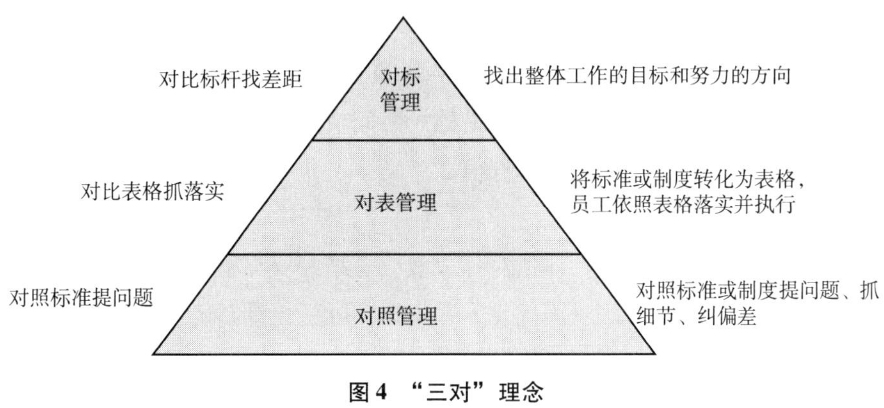

图4 “三对”理念

以作业环节为基础，构建成本指标体系，确定对标具体事项，成本指标体系包括但不限于：原煤单位完全成本（分成本要素）、各作业中心单位成本（分成本要素）、全员劳动生产率、全员效率、回采工作面工人效率、掘进工作面工人效率、平均工资、单产、单进、回采率等。

围绕作业成本定额体系运行情况，对标内容包括各作业中心成本指标体系、作业中心划分、成本动因、定额编制、预算管理、数据共享、作业工艺、作业成果、过程管控、成本考核等，特别是就如何增强定额准确性、制定考核激励制度等重难点方面进行对标。

2. 对标管理工作流程

对标工作秉承“找准问题、找对标杆、找到路径、取得实效”的理念，总结之前对标管理工作的成功经验和失败教训，按照“分析定位、选定标杆、对标学习、对标改进、总结复盘”的五步法实施。

（1）分析定位。

梳理企业现状，与国际、国内、区域同行、集团内部对比，整体分析定位自身所处行业水平和地位，从指标体系、管理效能、手段创新、价值创造等方面诊断分析，找准问题和短板。

（2）选定标杆。

结合企业近期与远期发展目标，精准对标。同时根据发展规划确定对标指标值，设定达标目标，对标指标坚持定性和定量相结合的原则。

（3）对标学习。

按照事前资料研究、现场学习交流、事后总结分析三个阶段进行对标学习。对比标杆企业，查找差距和不足，分析差距产生的原因，学习借鉴标杆企业经验，明确改进方向和提升路径，制定具体改进方案和措施。

（4）对标改进。

层层压实责任，落实改进措施，按照 SMART 原则、5W2H 分析法、“一事一表”等管理工具明确目标、明晰路径、细化措施、时间节点和责任人，严格组织实施，结合精益化管理，确保达到甚至超越标杆值。

（5）总结复盘。

按季度组织复盘对标工作，评估对标成效，总结经验与不足，动态调整工作措施与方法，将有效的措施和方法巩固优化，并根据实际变化重新确立标杆，提炼成功经验和优秀做法，由山西焦煤统一组织推广交流，持续改进，形成“立标—对标—改进—达标—再改进—创标”的良性循环，构建螺旋上升的持续改进机制，不断追求卓越。

（六）搭建数字平台，推进作业成本智能管控

依托作业成本定额体系管理理念，主导开发“作业成本定额管理系统”（见图 5），初步搭建起“数据采集、定额管理、预算管理、看板分析、手机 App”五大主体功能模块，覆盖成本管控全作业链、全价值链、全要素，极大地提升了基层矿井操作人员的工作效率和质量，为作业成本定额体系的推行注入了强大动力。

1. 数据采集模块

数据采集模块包括历史数据采集、实时数据采集、数据采集汇总三部分内容，主要功能包括：通过历史数据采集形成测算资源消耗定额的依据，通过实时数据采集为成本过程控制提供决策依据，通过数据采集汇总实现各级作业中心成本统计。

2. 定额管理模块

定额管理模块包括定额编制和定额查询两部分内容，主要功能包括：通过采集好的历史数据测算形成各末级作业中心不同成本动因下的标准消耗定额，建立起覆盖矿井全部作业环节、全部费用要素的定额体系；实现相同动因条件下不同作业单位或不同矿井的定额对比查询等。

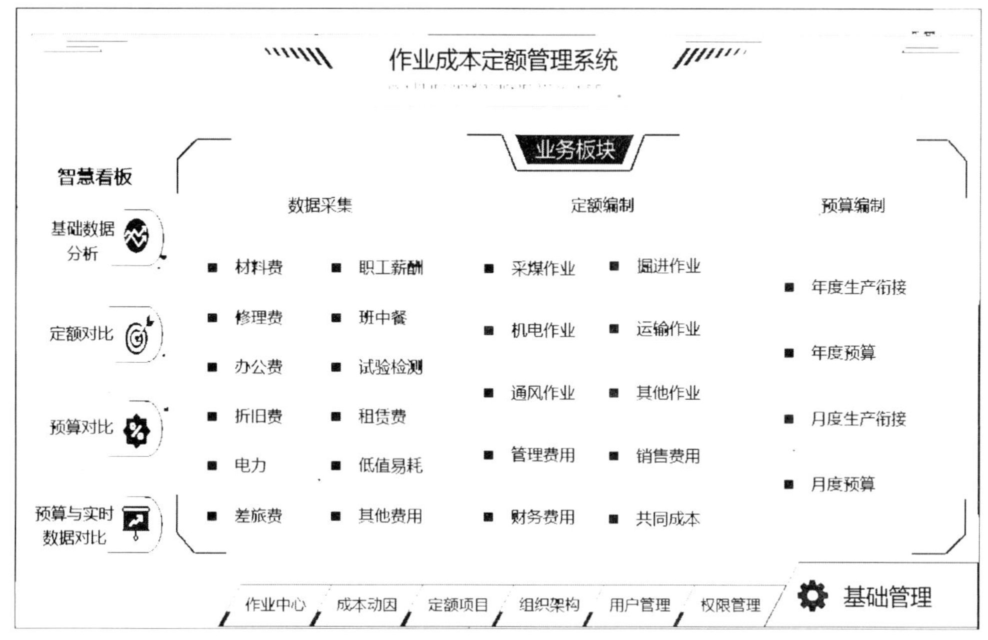

图 5　作业成本定额管理系统架构

3. 预算管理模块

预算管理模块包括年度预算、月度预算、预算查询三部分内容，主要功能包括：实现年度生产计划编制和月度生产计划编制；以定额和生产计划为基础，完成年度作业成本预算和月度作业成本预算编制；实现预算的多层次穿透查询。

预算管理模块通过各作业中心预算与实际成本消耗的实时对比，深入分析各成本要素偏离定额和预算的原因，制定有针对性的成本管控措施，实施有效管控。此外，通过建立各作业中心成本超支动态预警功能，在实施过程中当实际消耗超过定额和预算消耗时，能够及时向管理者提供预警信息，便于及时发现问题，明确成本改进方向，采取措施实现降本增效。

4. 看板分析模块

看板分析模块主要实现作业成本数据的多维度查询，如同一作业中心不同矿井消耗对比、同一作业中心不同队组消耗对比等，为企业管理者优化管控措施提供更加精准的信息支持。

5. 便捷使用模块

便捷使用模块主要是将软件中的各项功能集成到手机 App 中，能够使各级管理者更加及时地了解所需成本信息，掌握成本动态，进一步促进作业成本定额体系的推广应用。

（七）精准差异分析，依托作业成本提升质效

1. 转变分析方式，优化绩效评价

改革前，企业成本分析主要以财务人员为主体，以最终产品为对象，以同期、预算为参照，以材料费、人工费等项目变动为着力点，实施因素分析法，分析中存在成本消耗主体缺位、缺少环节分析、忽略动因等问题。作业成本定额体系建立后，成本分析以业务人员为主体，以各作业中心为对象，以定额和预算为标准，以成本动因为核心，能够更深层次地揭示成本消耗变化原因，有利于实施精准的绩效分析和评价。通过优化作业工序，把控生产投入，不断消除非增值作业。

2. 改进工作例会，形成机制保障

矿井按月召开作业成本分析会，二级煤炭子公司按季度召开作业成本分析会。分析会以作业为核心，综合运用成本动因理论，重点分析消除非增值作业、改进作业方式，以及运用作业成本定额进行考核等方面采取的措施和产生的效益。将传统成本会议由财务人员通报分析转变为以采煤、掘进、机电等作业专班为主体对本作业中心成本情况进行汇报说明，利用这种形式将成本管控模式变革主体由“财务”转向“业务”。借助作业成本法，将成本管控由事后分析向事前谋划和事中控制延伸，加快成本管控关口前移。

同时，矿井各工作专班均建立本专班成本例会制度，按照作业层级层层展开分析，不局限于采煤、掘进、机电、非生产系统等一级、二级作业中心，作业管控层级加快由“顶层”向“末级”延伸，将重心下沉。例如，采煤作业工作专班在召开例会时，至少分析到五级作业中心，包括初采、回采、末采和搬家倒面，根据作业工序回采还可向下分为割煤、拉架、顶溜、端头支护，然后再分解至队组、班组。总之，将管理的颗粒度细化，强化各级责任中心管理与考核。

（八）实施过程中遇到的主要问题和解决方法

1. 主要问题

推行初期阻力大。作业成本定额体系是一套全环节、全要素的管控体系，需要全员参与，特别是在测算定额时，需要对近几年历史成本数据按照各作业中心进行还原，工作量非常大。再加上各矿井均有一套延续多年的固定成本管控模式，尤其是一些老矿井，习惯了循规蹈矩，缺少主动变革的意愿。

2. 解决措施

一方面，强力推行。通过文件、会议等各种渠道，宣贯实施作业成本法的重要意义。尤其是要求各单位主要领导，必须作为“一把手”工程来抓。另一方面，耐心

引导。2021 年 9 月，成本管控小组人员对第一批试点矿井逐矿指导服务、调研督导，与矿井主要领导交流此项工作的背景和意义，与基层操作人员仔细研究操作细节，工作局面逐步打开。

四、取得成效

（一）践行精益理念，成本压降显著

实施作业成本法以来，各矿井依托作业体系，深入推进精益管理，细化成本单元，强化环节管控，将成本管控重心由“产品”转向“作业”。同时，全员成本管控意识得到极大增强，业财深度融合，集团成本管控能力得到有效提升，原煤完全成本连续下降，企业核心竞争力进一步提升。

（二）关注短板差距，优化作业流程

山西焦煤通过开展作业成本对标，细化对标单元，提升对标精度，有力助推成本管控质量提升。

以集团内部 A 矿为例，2022 年 6 月，在与 B 矿对标过程中发现，上半年 A 矿运输作业中心成本较 B 矿超出 6.74 元/吨。经过对比分析，主要原因如下：

A 矿在主运作业环节设备投入金额约为 B 矿的 3.14 倍，导致折旧费较 B 矿超出 3.02 元/吨；A 矿主要采用绞车 + 齿轨车运输，效率较低，人工投入比 B 矿多 2.87 元/吨；A 矿未能有效执行“避峰就谷”用电原则，电费较 B 矿超出 0.75 元/吨。找到问题后，A 矿迅速制定专项整改方案，通过对现有设备升级改造，提升设备使用效率；改善辅助系统运输环境，优化运输作业组织；强化“避峰就谷”，严控电费消耗等措施，截至 2022 年 12 月底，A 矿运输作业中心与 B 矿成本差异缩小为 2.73 元/吨，非增值作业大大减少。

（三）过程动态监控，防范经营风险

“作业成本定额管理系统”的上线使各矿的成本数据得到了极大的规范，特别是便于各作业中心成本数据实时监测，一旦发现异常，能够迅速找出原因，采取措施优化管理，从而达到防范风险、创造价值的目的。

以 C 矿为例，采煤专班人员在监测数据时，发现回采作业中心的皮带滚筒配件消耗数量异常，经调查：供应科为节省采购成本，更换了配件供应厂家，但该批产品损耗率较高，频繁维修占用了正常采煤作业时间，当日班次原煤产量减少约 2000 吨。

在明确数据波动原因后，该矿立即要求供应科继续采购原厂配件，及时消除非增值作业。

五、经验总结

（一）实施作业成本定额体系的关键因素

1. 业务为本，严格履行安全生产与成本管控双重职责全环节闭环管理

建立由各作业专班为主体的运行机制，山西焦煤在实施过程中初步摸索出了以“采煤、掘进、机电、运输、通风、其他、非生产系统”七个作业中心工作专班为基本架构的工作模式，从机构设置和运行机制上清晰定位了成本管控的主体责任。

2. 平台赋能，成本管控模式变革必须依托先进的信息化平台作为支撑

数字化、智能化已经成为企业高质量发展的核心驱动力之一，打造一流的成本管控平台是实现精益成本管控的关键之举。山西焦煤自主研发的“作业成本定额管理系统”是一次大胆尝试和有益实践，致力于实现成本管控的规范化、流程化、移动化、智能化，提高企业运营效率，赋能业务管理创新。

（二）改进建议

作业成本定额体系作为一项全新的成本管控手段和方法，仍处于探索阶段，山西焦煤坚持在实践中持续改进，动态优化，不断提升管控质量。

（1）完善定额体系，实施“量价分离”精准控制，建立资源消耗“定量标准”，不断提升成本定额的指导性。

（2）提升对标水平，重点强化对标闭环管理，做好效能转化，全链条开展精准对标，精准找差、精准改善，实现对标、达标、创标的良性循环。

（3）强化数智赋能，统筹谋划财务共享平台、定额管理、采供平台等各业务系统的开发使用，实现数据互联互通，为成本管控提供多维度的信息支撑。

（4）重塑考核机制，依托作业成本定额体系，建立一套覆盖煤矿生产经营全环节、全要素、全员的考核体系，以考核促管理，以管理促成效。

（山西焦煤集团有限责任公司：赵建泽　王为民　侯毅柱　钟晓强
陈　辰　候志军　李　琦）

案例评语：

山西焦煤针对传统成本管控模式下成本信息反映滞后、缺乏过程控制、管理粗放、效能低下的问题，引入作业成本法，将成本划分到各作业环节，形成作业成本定额体系；进行动态跟踪、对比分析，实时精准控制要素投入，优化作业环节，持续消除非增值作业。将成本管控贯穿煤炭生产经营全作业链、全价值链、全成本要素，通过推行矿井作业成本对标对表并与考核评价相衔接，使成本得到明显降低。该案例在同行业企业具有可复制、可推广的实际应用价值，具有较强的实际应用价值。山西焦煤构建的作业成本定额体系以及以此为基础形成的管理体系是对煤炭行业成本管控的一次有益探索和实践。

沈鼓集团聚焦价值创造的目标成本管理

摘要

沈鼓集团股份有限公司是中国重大技术装备行业的支柱型、战略型、领军型企业，主要从事大型离心压缩机、大型往复式压缩机、大型泵以及工业汽轮机等被誉为“工业心脏”的高端装备研发设计、生产制造和全生命周期服务业务，现有员工5208人，年产值超过百亿元，有下属12家国家高新技术企业。2022年公司完成集团层级的混合所有制改革，并确定了上市目标。

近年来公司经营规模不断扩大，公司对管理创新提出了明确的要求，公司财务完成了从核算到管理的角色转变。公司提出聚焦成本管控，激发价值创造新动能，有效实现了产品全周期成本管控，助力了公司经营运行质量不断提高。

为满足实际经营管理需要，公司基于目标成本理论，结合公司生产经营特点，进行差异化目标成本方案设计。公司建立了目标成本管理体系，设计管理流程，并将其应用于大型离心压缩机、往复式压缩机、泵类产品的成本管理，通过财务部门的组织拉动、目标成本指标制定、产品设计优化、供应链管理、过程控制等手段，进行差异分析、反馈并应用考核结果，实现成本管理的改进和提升。同时向集团内其他生产型子公司全面推广，推动了公司组织机构的变革，催生了基于降本的各类管理创新。目标成本管理成为实施产品成本全过程管控的有力抓手，推动了公司运行质量的提高。

一、背景描述

（一）单位基本情况

沈鼓集团股份有限公司（以下简称“沈鼓集团”）是中国重大技术装备行业的支柱型、战略型、领军型企业，主要从事大型离心压缩机、大型往复式压缩机、大型泵以及工业汽轮机等被誉为“工业心脏”的高端装备研发设计、生产制造和全生命周期服务业务。

（二）管理会计应用基础

1. 单位管理现状分析

基于公司面临的外部环境变化、竞争加剧等多重压力，以及可持续、快速发展的内生动力，公司对管理创新和管理提升提出了明确的要求。

2. 资源支持

近年来，公司的信息化、数字化水平不断提升，不断推动企业知识转化、数字化转型和创新发展。

3. 财务基础

公司财务高度参与经营运行，通过加强制度和流程的管控，推动公司业务合规严谨。财务工作聚焦价值创造，通过管理创新、政策引导，不断提高公司经营运行质量。

（三）选择目标成本管理的主要原因

1. 适应竞争环境，系统考虑成本控制的必然选择

如今，压缩机类产品，用户面临选择多，同质化竞争压力较大，通过技术领先达到产品高质量、高价格，已经不能作为公司持久的竞争优势。因此在产品质量满足用户需求的同时，企业必须贴合市场发展的脉搏，通过目标成本管理，推动企业思考自身特点、发展方向、生产要素等问题，有效降低成本，提高公司在市场上的竞争力。

2. 与公司生产经营模式相适应的必然选择

结合产品所属行业、产品结构配置、领域等特点，系统性地细化目标成本预期，是离散式、订单式制造型企业进行成本管理的有效手段之一。目标成本管理创新性地在产品层面利用例外管理原则，同时也是产品零部件标准化、系列化发展需求。

综上所述，公司选择目标成本管理，拉动从销售端—设计端—生产端—财务端的成本管理全过程。

二、总体设计

（一）应用目标成本管理方法的目标

以价值创造理念为指导，通过科学报价—制定—分解—执行—评价—应用的闭环循环方式，以设计方案优化、供应链管理、费用管控为手段，提升全周期成本管理水平，实现阶段性降本、持续降本、提升企业经营运行质量的目标。

（1）兼顾市场需求与企业经营目标，报价环节与目标成本环节相对应、相联动。

（2）实现范围全覆盖，每个产品均能实现全周期目标成本管理。

（3）通过预期设定、推动技术人员优化设计方案，消除设计冗余，采用模块化设计，提升标准化、系列化水平。

（4）锁定目标成本采购的关键零件，降低采购成本，优化供应链管理。

（5）提升生产制造的过程管控水平，监控制造过程中的成本费用发生，实现事中控制。

（6）充分发挥对比分析的作用，持续、循环式支撑成本管理，为企业生产经营提供决策依据。

（二）应用目标成本管理方法的总体思路

企业目标成本管理的对象为大型离心压缩机、大型往复式压缩机等压缩机整机产品及泵类产品，不含配件，以上范围的选定综合考虑各类产品合同金额占比、产值占比、结构复杂性、生产周期、可操作性等因素。

基于目标成本法理论，结合企业生产经营特点，进行差异化、个性化的目标成本管理方案设计。理论方案指导目标成本的制定及执行，执行过程中适时调整，以保证目标成本管理体系更符合经营发展需要。

结合市场需求及企业现状，科学设计目标，通过牵头部门的组织拉动，各参与部门对照目标成本要求，通过优化产品设计、供应链管理、过程控制等手段、差异分析与反馈应用、责任落实到主体，实现成本管理的改进和提升。

（三）目标成本法的内容

1. 目标成本在报价中的反应用

报价环节，根据细分市场可接受的产品价格、产品成本的预测、内部红线价格，确定预计报价和目标利润，即可以确定初步的目标成本。报价驱动目标成本更加合理，目标成本则在保障利润的同时，使得报价更具效率和弹性。

2. 确定最终目标成本

销售合同签订后，结合报价时目标利润和管理预期，确定产品最终的目标成本（细化到各组成部分），并将每一部分落实到具体的责任主体。

3. 目标成本执行

各相关责任主体，通过优化设计方案、协商议价、效率提升等方式，落实目标成本要求。执行包括过程管控和目标成本的修订。

4. 偏差分析

按产品进行实际成本和目标成本的对比分析，查找偏差原因。

5. 制定应对方案并固化

根据偏差原因总结共性问题，并制定解决问题方案，形成制度和流程，实施并固化，反推前端业务改进，形成闭环管理。

（四）应用目标成本管理方法的创新

（1）建立并应用主机部分组部件的历史成本数据库和外购配套件价格手册。通过数据的不断积累，使报价工作和目标成本制定的准确性和效率得到普遍提高。

（2）建立多维度目标成本、实际成本对比分析的资料库。按用户行业、应用领域、产品机型等维度进行数据对比分析，为营销策略的制定提供支持，同时也促进了目标成本管理的优化。

（3）目标成本的动态应用及滚动更新。随着技术的迭代升级、管理手段优化，目标成本相关数据随之不断积累、修正，此外，目标成本相关数据在公司年度指标、工作业绩评价等方面广泛应用。

三、应用过程

（一）参与部门和人员

集团领导参与目标成本管理方法和提升方向的确定。

集团层面的组织推进部门为集团财务中心，负责目标成本管理工作的整体框架搭建、建立和完善目标成本管理体系、设计目标成本管理标准流程、提高管理方法的可复制度、组织推广应用、对子公司目标成本管理实施的监督考核等工作。

子公司层面牵头部门：各子公司财务部门。

负责组织召开目标成本评审会议，向相关部门下发评审会议核定的产品目标成本明细，负责下发会议纪要并点检，负责各部门反馈的相关资料收集和整理，建立目标成本管理档案，组织开展产品实际成本与目标成本的对比分析，按产品进行目标成本执行情况总结。

配合部门：销售部门、设计部门、采购部门、信息数据部门、工艺部门、人力资源部门、项目管理部门、生产运营部门等。

每个配合部门均有一名部门主管领导和一名员工负责目标成本的专项工作，负责承接目标成本管理相关任务并在本部门内执行落实。

（二）应用目标成本法部署要求

1. 资源

各层级领导的高度重视和支持，各层级财务人员的有力推动，各相关部门的积极配合和指定人员的配备。

2. 环境

外部竞争带来的管理提升的压力，内部集团层面稳定的政策，有利于降本增效的氛围营造、IPO 对管理精细化的要求。

3. 信息化条件

信息数据中心作为集团内的信息化部门，全力配合支持目标成本管理过程中的各种信息化开发、升级、数据维护等工作。

（三）具体应用模式和应用流程

理论上来说，目标成本法的确定过程，是先确定目标销售价格和目标利润，随后倒推计算出目标成本。实际操作中，基于公司单件小批、定制化的生产模式，产品报价时间周期相对较短，需要一种快速、便捷、相对准确的目标成本估算方法支持快速报价。报价环节先进行初步估算产品目标成本，再结合市场情况分析、企业自身情况分析、细分市场营销策略等因素，确定合同报价。同时，公司单件小批的生产模式也导致目标成本制定到实现的过程较为复杂，为保证目标成本管理工作的连贯性、有效性，需要报价环节与目标成本管理上的颗粒度粗细保持一致。集团内各子公司产品及市场情况各异，常规产品和首台首套等全新产品管理模式稍有不同，现以常规压缩机产品为例，目标成本管理实施步骤如下。

1. 对外报价

销售人员将新产品技术资料、技术参数等信息提供给技术部门，技术部门进行产品选型，相关部门根据选型产品的技术参数，采用定量与定性相结合的方法进行初步目标成本测算。

初步目标成本测算根据产品 BOM 结构及成本来源等特征，将估算内容分为主机成本、外购配套件成本和专项费用三个部分。

首先，主机部分的目标成本估算，分为关键零部件选取和非关键零部件测算两部分。在主机数据库中进行选型产品关键零部件数据的选取调用。若数据库无相似型号可以调用，则根据选型产品的参数模拟测算产品成本。非关键零部件测算主要根据新合同产品的技术资料、技术参数，基于历史工时、费率的积累，预估测算成本。

其次，外购配套件的初步目标成本测算分为以下几种情况，若外购配套件在企业框架采购范围内，则按照框架计算采购价格；若外购配套件未在企业框架采购范围内，但历史价格手册中包含，则先进行询价，然后与历史价格进行比价，并根据经验及定价策略进行计算；若外购配套件未在企业框架采购范围内，且历史价格手册中未包含，则先进行询价，并根据经验及定价策略进行计算。

再次，专项费用部分测算。从专项费用数据库中选取相匹配的费用数据，再根据新合同中产品的具体要求进行调整和补充测算。

最后，以初步设计的产品 BOM 为基准，将以上成本费用合并形成初步的产品目标成本，在产品报价阶段作为参考和支撑依据。

2. 销售合同及相关资料下发

销售合同签订后，商务部负责核对最终版本技术协议和报价相关资料的一致性，如技术协议有变更，需重新计价或询价，重新进行目标成本测算。

为保证目标成本制定的完整性和准确性，财务部门在确认销售合同及相关资料［（1）商务合同；（2）技术协议；（3）报价复核表；（4）外购配套件询价单］的完整后办理签收。

3. 目标成本评审会前准备

所有压缩机整机产品（不含配件）均需要经过评审会评审，确定最终目标成本。财务部门在收到销售合同 2 个工作日内完成资料核对、整理、产品成本预测，并将预评审的合同明细下发至相关单位。如产品的初步目标成本低于红线，各部门将相关资料于 2 个工作日内提交至财务部门汇总整理，以备上会评审；如产品的初步目标成本高于红线，技术部门围绕降低成本进行设计方案的优化，提供内配套的各子公司须针对自身产品围绕降低成本进行设计方案的优化，并于 5 个工作日内反馈给财务部门，以备上会评审。

4. 最终目标成本制定分解

财务部门针对所有整机销售合同，在签收相关资料起 15 个工作日内组织相关人员召开合同评审会议，结合公司的管理预期，制定产品的最终目标成本。

目标成本制定过程中，可以将产品作为整体，基于产品 BOM 进行自上而下的分解，将成本分解为组部，再将组部分解为零件或外购件，按成本构成分解为材料费用、资源费用（人工资源和设备资源）、协作费用、制造费用等。一般将压缩机整机目标成本分解为主机各零部件、外购配套件、专项费用三个主要部分，明确各部分的目标成本执行责任主体，并将仪表部分单独形成目标成本分解表，目标成本确定后由专人导入 ERP 系统中。

5. 目标成本执行与落实

各相关责任主体根据分解的子目标，执行过程中，通过分析进一步优化产品设计、工艺工时编排、生产制造流程等，以及配合外购配套件采购降本方案的制定和实施。

（1）产品设计。

产品设计对产品成本有着决定性的影响，设计部门主要通过实施价值工程，优化产品设计结构、减少设计冗余、优化工艺路线编排等方式降低产品成本。价值工程的核心精神，并不在于单纯地降低产品成本，也不是片面追求产品功能的提高，而是要在实现两者之间平衡的基础上，尽可能地提高它们的比值（即产品的价值）。企业定制化的经营模式是先根据产品大致性能要求签订销售合同，因此要在确保用户需求、产品功能的前提下，寻求达到目标成本的降本途径和方法，更多侧重于设计方案优化、流程优化、减少冗余设计等方面。

设计部门为了实现目标成本，会进行方案优化流程，落实执行子目标的分解过程采用的是动态分解、材料分解、工艺分解、动态展示等方法。在分解过程中可以召集相关人员召开“头脑风暴”会议，从分解对比过程中寻找灵感，发掘新创意，改进原有设计（见图 1）。

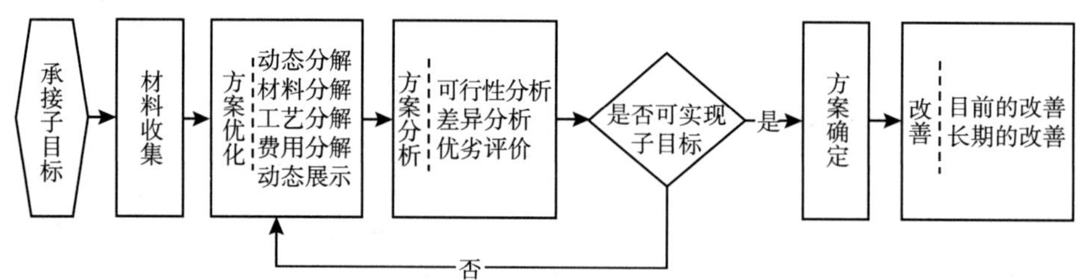

图 1　设计部门为实现目标成本进行方案优化流程

例如，在产品 H30××的目标成本执行过程中，设计部门承担主机降本的任务，该产品的叶轮，以往相似产品的材料均采用 FV520（B），此种材料具有非常好的力学性能，屈服强度较高，但市场价格昂贵。设计部门尝试在保证性能的前提下选用合适的替代材料，通过对叶轮结构优化，降低其应力，经过强度计算分析后，材料 KMN 能够满足应力要求，选用 KMN 代替 FV520（B）（见表 1），同时与工艺部门、生产部门、采购部门进行配合，保证生产过程的顺利进行。经过结构优化、选材调整，每吨材料节约 2.5 万元，考虑材料利用率后，该产品大概节约 54.2 万元，达到目标成本要求。

表 1　H30××叶轮材料对比

材料	屈服极限/MPa	抗拉极限/MPa	材料单价（元/吨）
FV520（B）	1029	931	49000
KMN	833	931	20000

（2）外购配套件子目标执行。

根据设计确定方案，按采购子目标进行物资采购。通过框架协议、集中采购、供应商比价等方式，将目标压力传导至供应商。同时，为持续、固化降低采购成本，采购部门反推设计端规范配套件型谱，以获得产品技术标准化，从而进一步发挥集中采购降本优势，实现降本良性循环。

（3）制造过程费用控制。

生产部门及车间承接子目标后，通过优化工艺路线、标准化作业流程、科学安排生产计划，提高生产加工效率，同时提升车间费用管理水平等方式，后期为打破费用控制瓶颈，成立模拟独立运行中心、推行车间费用承包责任制，从而达到降低制造成本费用的目的，满足目标成本要求。例如，生产部门通过回收废旧刀具，对刀具刃磨涂层再利用，进而延长刀具使用寿命，实现降低车间费用的目标。

6. 目标成本执行过程管控

目标成本执行过程管控是实现目标成本的保证，建立了例外情况审核机制、动态偏差分析机制。例如，外购配套件在实际采购过程中出现执行困难，则由责任部门按照规定进行审批，必要时通过评审会进行评审，若确实因为技术参数调整、供货条件变化等不可协调的客观因素影响，则调整目标成本金额，并重新履行目标成本下发等后续相关手续。相关责任主体协同负责在生产制造全过程中监控目标成本整体执行情况，进行统计分析，保证及时沟通，若偏差超出预定范围，则发起过程管控研讨，动态调整生产制造方案。

此外，定制化产品，特别是首台首套产品，边设计、边生产、边实验的情况普遍存在，合同和执行过程中可能出现原定的技术方案发生变化，销售部门负责与用户协调销售合同内容变更、设计方案调整带来的合同金额的调整，财务部门随之组织产品目标成本动态调整。

7. 目标成本分析

公司实行目标成本管理的最终目的是确保生产经营活动的成本受控，作为受控活动 PDCA 循环（计划—实施—检查—改进）中的一个重要环节（检查），成本分析是审视成本目标实现情况和成本指标完成结果的重要手段，是评价成本管理工作状态的重要措施，产品生产完工后，财务部门负责组织进行实际成本和目标成本的对比分析工作。集团财务中心与信息化中心配合，开发了目标成本与实际成本对比功能（见表 2），实现成本一键对比，差异分析，明细输出。各子公司财务部门组织相关部门针对超支或节约情况，进行偏差分析，总结经验，制定相应解决方案和措施，并持续改进。

表 2

目标成本与实际成本对比

库存组织：

项目号：

目标与实际成本对比——产品

项目号	物料类型	层级	辅助	物料编码	物料描述	主单位	目标数量	发料数量	目标成本	实际成本	差异	实际－原材料	实际－资源	实际－外协	实际－其他制费
H30××	0. 产品	0		000. 0CP0686	项目总表	套	0	0		0	0				

目标与实际成本对比——物料清单

项目号	物料类型	层级	辅助	物料编码	物料描述	主单位	目标数量	发料数量	目标成本	实际成本	差异	实际－原材料	实际－资源	实际－外协	实际－其他制费
H30××	1. 组部	1			3BSM024720 + B + 2N	组	0	0	0	0	0	0	0	0	0
H30××	1. 组部	2			MCL1703（LP1）离心	组	0	0	0	0	0	0	0	0	0
H30××	1. 组部	3			MCL1703 定子（LP1）	组	0	0	0	0	0	0	0	0	0
H30××		4	机壳		机壳		0	0	0	0	0	0	0	0	0
H30××		5	机壳		机壳		0	0	0	0	0	0	0	0	0
H30××		5	端盖		端盖		0	0	0	0	0	0	0	0	0
H30××		5	密封		密封		0	0	0	0	0	0	0	0	0
H30××		4	隔板		隔板		0	0	0	0	0	0	0	0	0
H30××		5	隔板		隔板		0	0	0	0	0	0	0	0	0

续表

目标与实际成本对比——物料清单																
项目号	物料类型	层级	辅助	物料编码	物料描述	主单位	目标数量	发料数量	目标成本	实际成本	差异	实际－原材料	实际－资源	实际－外协	实际－其他制费
H30××		4	密封		密封		0	0	0	0	0	0	0	0	0
H30××	1. 组部	3			MCL1703 转子（LP1）	组	0	0	0	0	0	0	0	0	0
H30××		4	主轴		主轴		0	0	0	0	0	0	0	0	0
H30××		4	叶轮		叶轮		0	0	0	0	0	0	0	0	0
H30××	4. 外购件	3			支撑（径向）轴承	件	0	0	0	0	0	0	0	0	0
H30××	4. 外购件	3			推力轴承，协议号 H3	件	0	0	0	0	0	0	0	0	0
H30××	4. 外购件	3			干气密封驱动端	个	0	0	0	0	0	0	0	0	0
H30××	4. 外购件	3			干气密封非驱动端	个	0	0	0	0	0	0	0	0	0
H30××	1. 组部	2			MCL1703（LP2）离心	组	0	0	0	0	0	0	0	0	0
H30××	1. 组部	3			MCL1703 定子（LP2）	组	0	0	0	0	0	0	0	0	0
……															

集团财务中心定期组织各子公司按用户所在行业、应用领域、产品机型等维度进行分析。各子公司财务部门负责实际成本的统计汇总，及时提供完工产品成本统计数据；技术部门负责完工产品设计成本数据的统计分析；采购部门负责产品外购材料成本的具体明细核算分析；生产部门负责工时费用、外协费用的明细核算分析；财务部门负责对产品总体成本进行汇总核算分析，形成公司产品成本总体分析报告，上报集团财务中心，用于集团层级决策。

8. 目标成本评价考核

集团层级，由集团财务中心承担评价考核职能，负责考核各子公司目标成本管理情况，包括目标成本制定覆盖率、执行偏差率、实际成本与目标成本对比分析等，评价结果与子公司绩效考核相关联。

各子公司分别设立专门部门对目标成本执行情况进行评价考核，评价结果与绩效考核相关联，评价结果作为奖惩依据。相关部门绩效责任书中均有明确的价值工程、物资采购指标，生产部门作为成本中心承担制造费用中可控费用部分的指标考核，结合其他各种专项考核、交叉评价考核等方式，对目标成本的完成情况进行全覆盖式评价考核。

9. 目标成本数据库动态更新应用

产品完工后，具有普遍代表性的实际成本可作为后续产品目标成本制定的参考和依据。通过历史数据的持续积累，既可以提升报价阶段产品初步目标成本测算的效率和准确性，也可以为后续制定目标成本、差异分析、规律分析、推动业务流程优化等活动提供依据。多年来，公司在目标成本管理中，逐步建立、维护了产品主机关键零部件、外购配套件及专项费用的历史数据库。以下是各数据库建立及维护介绍。

（1）主机关键零部件成本数据库建立及维护。

首先，关键零部件选取。综合考虑重要性、代表性、阶段性等原则，作为关键零部件的选取依据，因此选取了机壳、隔板、叶轮、主轴这四种关键零部件进行数据库的建立。

其次，关键零部件模型建立。先将标准机壳按照机座号、压力等级、剖分形式等关键因素分档，将专用介质机壳按照介质、应用环境等分档。利用标准系列叶轮成本拟合曲线计算，调用机壳相似、叶轮相近产品的主轴成本，并根据叶轮数量修正计算。

最后，关键零部件成本赋值。主要采用历史成本和模拟测算两种方式，相互验证，相互结合。随着产品不断生产完工，数据库不断扩大范围，数据不断扩充、更新迭代。

（2）外购配套件价格手册建立及维护。

公司外购配套件主要采用框架采购和招标采购方式，其中框架采购价格固定，招标采购则通过关键外购配套件历史价格手册制定的方式建立价格数据库。

公司在非框架采购范围中选取金额较大、较为重要的配套件，如电机、干气密封、变频器、齿轮箱、油站、轴流止回阀、管道过滤器、旋风分离器等。然后，分解影响采购价格的因素。以电机为例，将价格影响因素分解为主要参数、基础参数、使用要求、配套品牌等。

（3）专项费用数据库建立及维护。

建立了包装费用、工装费用、运输费用、特殊协作费用的基础数据库，并根据市场材料价格波动、费用波动等因素进行动态更新。

（四）在实施过程中遇到的主要问题和解决方法

1. 在实施过程中遇到的主要问题

（1）目标成本管理实施初期，打破了很多部门的工作习惯，工作细致度和工作量陡增，造成组织推动难度较大。

（2）由于公司产品定制化程度高，用户相对固定，用户需求变更、设计方案调整，都会带来成本的变化，造成目标成本执行结果和预期存在差距。

（3）国内首台首套产品，普遍存在边设计、边生产、边实验的情况，造成目标成本制定困难，且过程管控难度大。

（4）部分合同交期短，目标成本的制定压缩了采购周期，加大了采购工作难度。

2. 相应的解决方法

（1）充分发挥牵头部门的组织协调作用，加大考核评价力度，强力拉动相关部门响应。后期随目标成本工作制度流程的完善、目标成本在公司管理中应用的普遍性提高，使目标成本管理工作顺利开展。

（2）逐步完善目标成本管理运行机制，辨识对产品整体目标成本的影响，制定超目标成本或补充目标成本的审批流程，关注产品全生命周期的成本管理。

（3）针对首台首套产品，设置不可预见成本，推行目标成本滚动更新，并定期进行资料和信息汇总，为后期产品的目标成本管理积累经验。

（4）针对较短交货期产品，事先提示，压缩目标成本制定流程，保证采购周期。

四、取得成效

（一）应用目标成本管理方法前后情况对比

（1）集团财务中心不断完善和改进目标成本管理机制和流程，提高可复制度，向集团内其他生产型子公司推广。截至目前，公司下属各生产型子公司全部推行目标成本管理工作，并严格执行过程管控和考核工作。

（2）成本管理从事后控制转化为事前控制加过程控制，目标成本管理成为实施产品成本全过程管控的有力抓手，推动了公司运行质量的提高。

（3）通过目标成本管理，公司上下降本意识深入人心，推动了组织机构的变革，催生了基于降本的各类管理创新，如模拟独立运行中心的成立（目前公司已经成立了金属材料中心、热处理中心、油包中心），打破了车间“可控费用”管理在制造成本降低上的瓶颈。

（4）随着目标成本管理的不断深化，推动的业务前端基础管理的提升，如报价管理细化，采购数据库的建立。

（二）对解决企业管理问题情况的评价

从事后控制转化为事前控制加过程控制。从企业的全局性出发，将完工成本核算转化为研发、营销、产品设计、采购、生产、客户服务全周期成本管控。

（三）对支持企业制定和落实战略的评价

目标成本管理使公司相关战略分解更为明确，通过在绩效管理中的应用，推动年度战略执行重点的有效落地。

（四）对提升企业管理决策有用性的评价

目标成本管理多年来积累了大量目标和实际数据，为全新产品报价、细分市场营销策略的制定，提供了翔实有力的支撑。

目标成本管理，倒推产品研发设计方案的优化与选择，提高了市场竞争力，满足用户需求的同时，助力公司可持续发展。

（五）对提高企业绩效管理水平的评价

目标成本管理使绩效评价目标更为量化、具体化。公司绩效考核中对价值工程、物资采购指标完成情况的评价，均以目标成本作为考核依据。目标成本管理在绩效考核中的有效应用，使绩效管理导向更为清晰，评价更为客观。

五、经验总结

（一）目标成本管理方法的基本应用条件

（1）深入人心的价值创造氛围和理念；

(2) 持续提升的基础核算水平；

(3) 系统完整的制度流程规定；

(4) 充足准确的历史数据积累；

(5) 多维度的评价考核体系；

(6) 先进智能的信息管理系统。

(二) 对改进目标成本管理方法应用效果的思考

围绕目标成本法相关规定，结合市场需求及企业现状，科学设计目标，通过牵头部门的组织拉动，各参与部门对照目标成本要求，通过优化产品设计、供应链管理、费用控制等手段，以及差异分析与反馈应用，实现成本管理的改进和提升。

(三) 对发展和完善目标成本管理方法的建议

应持续提升公司信息化管理水平，从而降低工作量提高工作效率；推动管理会计人员对业务前端的了解和熟悉程度要不断加深；持续细化基础数据提高数据质量；加强各部门之间沟通交流，提高沟通效果；要不断提高目标制定的水平。

(四) 对推广应用目标成本管理方法的建议

应结合企业管理现状、发展阶段以及内外部环境，应用目标成本法时，进行差异化设计；目标成本管理要与营销策略相结合，在进行目标设定时不能一味追求实际成本最低而忽视产品质量和用户需求；要有调动领导和横向部门的能力，要有持之以恒、持续改进的决心。

（沈鼓集团股份有限公司：马　诚　李绍国　徐　晗　张业玲　陈金玲　蔡建飞
刘春新　张云鹤　于　昉　于海娜　杨树鑫　李寅杰
全红飞　杨显东　康建兴）

案例评语：

该案例聚焦公司成本管控，创新性地基于目标成本理论，结合公司生产经营特点，进行差异化、个性化的目标成本方案设计，制定了目标成本管理流程并推行具体管理方法，建立目标成本管理体系，在实施过程中由财务部门组织引领，各参与部门对照目标成本要求，通过目标成本指标制定、产品设计优化、供应链管理、过程控制等手段，将责任落实到行为主体，将成本管理从事后控制转化为事前控制加过程控制，实现成本管理的改进和提升，为实施产品成本全过程管控提供了有力抓手，推动了公司运行质量的提高。案例单位运用目标成本管理的探索过程、经验总结对同类行业企业具有较好的实践参考价值。

中车尚驰“混改”初期战略成本管理体系建设与应用

摘要

浙江中车尚驰电气有限公司（以下简称“中车尚驰”），是一家集专业从事新能源汽车电机研发、生产、销售于一体的高新技术企业，总部位于浙江嘉兴海宁市，是首批国家“混改”试点企业，注册资本2.79亿元，占地面积5万余平方米，2023年年产值约7亿元，员工300余人。

本案例选择战略成本管理主要基于：一是原有国企机制效率与市场需求不匹配，造成产业发展受限；二是新能源汽车产业要求技术和产品快速迭代，及时掌握供需信息；三是新能源汽车市场对成本非常敏感，传统成本管理模式无法打造成本领先产品。

本案例旨在解决企业深层次问题，主要措施包括：一是顶层设计，打通机制壁垒，中车于2020年引入社会资本设立“混改”企业——中车尚驰；二是围绕公司“混改”目标和“十四五”规划，以数字化工厂为载体，运用战略成本管理方法，优化内部价值链，达成一定的成本目标；三是构建战略联盟，与客户、供应商等价值链主体打造联盟关系，促进资源共享，提高产品质量，降低总成本，提升行业整体竞争力。

经过2021～2023年的实施，中车尚驰基本建成战略成本管理体系，通过内外部价值链协同开展价值创造活动，综合成本费用率已控制在行业较优水平，实现了“混改”初期目标。

一、背景描述

（一）企业架构

2020年中车股份一级子公司中车株洲电机有限公司（以下简称“株洲电机”）利

用“混改”契机，作为发起人将新能源汽车电机业务、资产、负债、技术、团队等打包出资，引入 8 家法人投资者，设立中车尚驰，股权结构如图 1 所示。

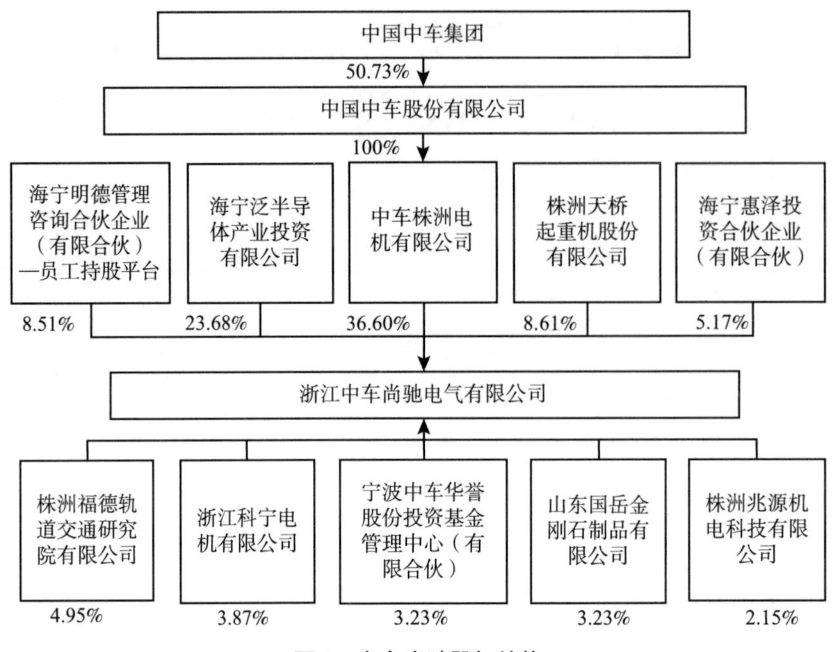

图 1　中车尚驰股权结构

中车尚驰传承了轨道交通装备制造业的百年积淀，引体制、改机制、优管理，设立“混改”规划目标：2023 ~ 2027 年年营业收入复合增长率 180%；落实低成本战略，实现“十四五”末净利润率超行业平均水平，组织架构如图 2 所示。

通过实施“混改”战略性举措，充分发挥央企资源优势与市场机制活力，成本费用占比明显下降。

（二） 原有成本管理存在的问题

中车尚驰尚处于“混改”初级阶段，需克服原有模式思维，如缺乏长期战略规划、缺乏全价值链管理思维、缺乏成本动因分析、会计职能发挥空间受限、难以快速响应市场需求。

（三） 实施战略成本管理的必要性

原有的成本管理模式无法适应汽车市场高价值低成本要求，战略成本管理则是从行业价值链整体出发不断降低价值链总成本，从而适应新能源汽车市场对成本极度敏感的需要，推动实现“混改”战略目标，管理流程和内容如图 3 所示。

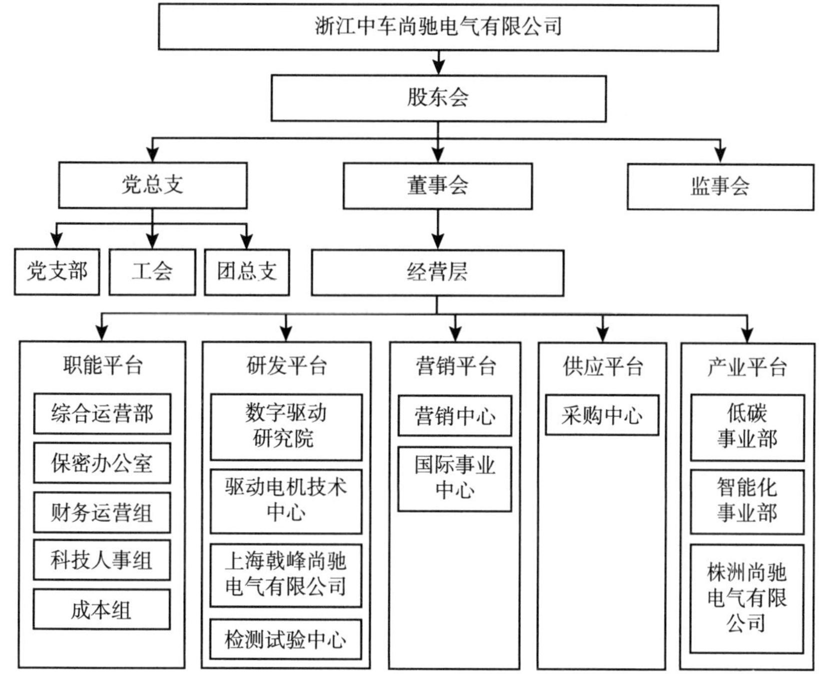

图 2　中车尚驰组织架构

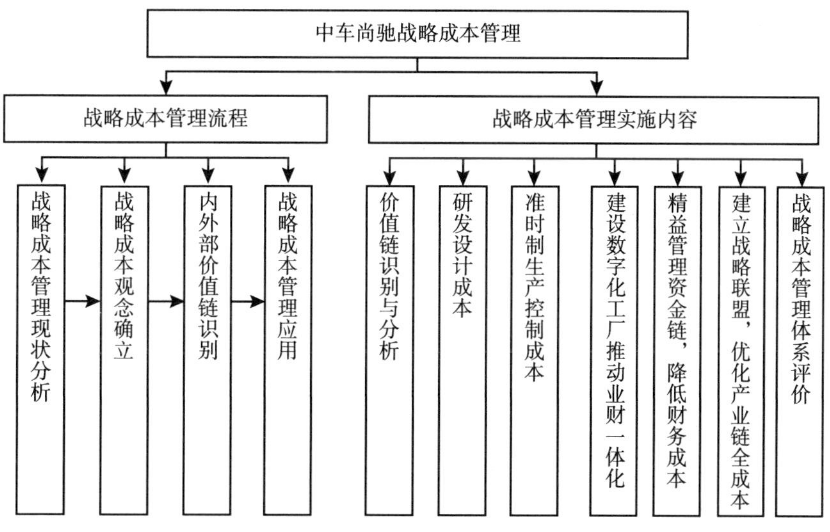

图 3　中车尚驰战略成本管理流程和内容

二、战略成本管理体系整体设计

（一） 建设目标

战略成本管理是指以价值链和战略成本管理理念为先导，以价值链分析和成本动因分析为主要手段，运用战略成本管理方法，达成最佳经济效益目的。

战略成本管理模式是站在战略高度来考虑公司的成本，打造成本竞争优势，中车尚驰主要确定三个方面的重点工作：一是优化制度流程，形成售价由外到内的快速传导机制；二是以目标成本为导向，搭建支撑战略成本的信息共享平台；三是创新管理模式，分阶段落实“混改”价值目标。

（二） 机制改革与创新

在汽车充分竞争的环境下，客户对价格要求日益“苛刻”，迫使企业对价值链降本协作越来越紧密，如何实现整体产品成本最优，中车尚驰做了以下三个方面的构架。

1. 机制改革

从企业组织架构着手，建立横纵向多级成本责任架构。首先，设立战略成本委员会，由高层管理者担任委员，落实公司“十四五”规划，是盈利能力和成本优化的第一责任人；选取战略性、大批量或低于平均毛利率的项目，组建由业务、归口部门、财务组成“扁、平、快”的项目成本管理组，各项目组成本经理是相应成本的具体管控者，负责目标分解、讨论和执行；财务部门参与其中给予专业管理和服务，成本会计担任成本小组组员，从职能和项目两个维度对战略成本进行计量、分析、监督和报告，对处于不同市场周期的产品制定差异化评价指标，引导项目组基于战略发展配置相应资源，协同组织相关环节成本工作，达到分阶段成本目标，如对于成熟产品，财务指标侧重于考核毛利率与回款等；对于新产品，强调单位成本、成本优化、销售收入等。

2. 建设数字化工厂

建设和完善数字化工厂，提升产出效率，达到降低成本的目的。公司经过 2021～2023 年建设，目前基本搭建了全业务、全过程、全员的集成化信息系统，2022 年取得浙江省数字化工厂资质，为树立全员成本思维、动态调整作业等战略成本管理创造了有利环境。

3. 确定产业战略联盟

根据公司战略部署，寻找有长期合作意愿的战略合作者，形成联盟关系。公司利用自身优势，通过技术指导、场地支持等培育有潜力的战略供应商，与上下游产业链签订战略框架协议，共同开拓市场、联合研发、协同优化成本，共享收益，战略成本规划如图 4 所示。

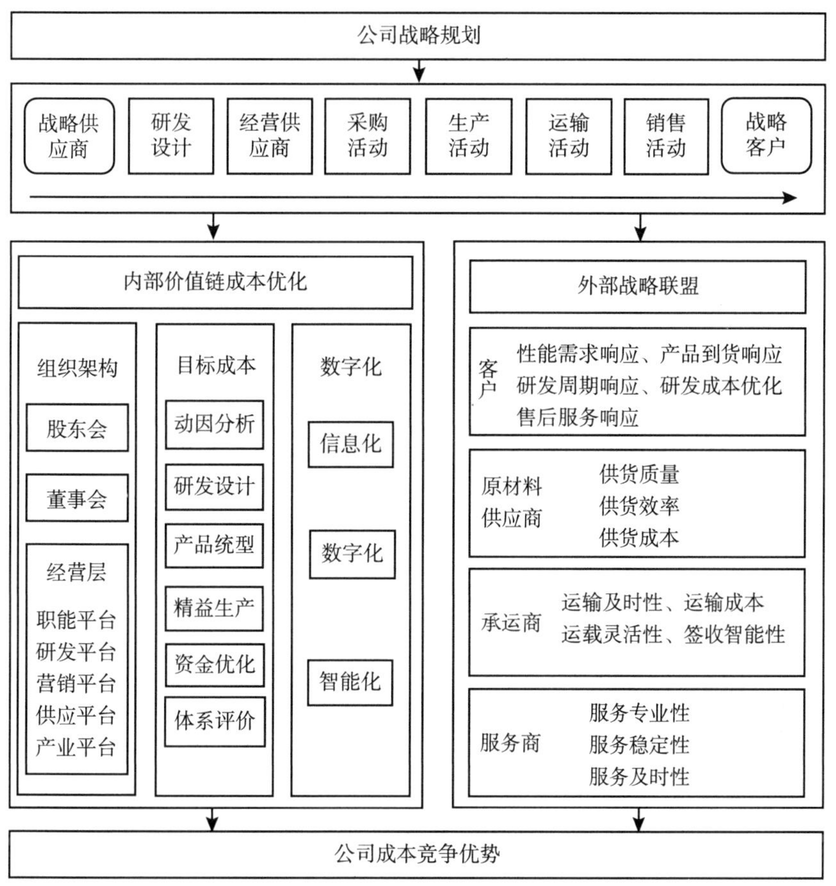

图 4　战略成本管理实施规划

三、战略成本管理体系的建设

（一）成立专门组织

为确保体系落地、目标成本达成，公司成立战略成本管理委员会，由公司董事长、有关高管担任主任及委员，来自产业、研发、营销、职能等平台骨干组成项目组。工作开展方式如下：

1. 明确任务目标，统筹资源配置

从纵向看，公司战略成本委员会负责体系建设、价值链选择、方向平衡和成果评价，高管、中层管理层负责执行与策划、目标分解、过程监控与修正、执行成果总结；从横向看，各部门在项目组协同组织下，事前做好调研规划、落地可行性验证、确立战略方案，事中调整战略执行措施，事后复盘，弥补过程不足，规划下一阶段目标和方案。

2. 确定责任主体，强化责任落实

高管是不同项目目标成本的“保包”责任人，高管深入业务一线，组织项目组的定期例会（如总经理办公会、经营例会、绩效会、指标会），通报、沟通、分析、评价项目工作进展和成本优化成果，从而便于委员会快速掌握战略方向的准确性，解决战略执行痛点，同时培养一支上下联动的市场化程度高、管理能力强的专业化成本管理团队。

3. 选取重点项目，实施项目管理

选取年度批量大、战略性、盈利能力弱的项目为重点，“以点带面”，按“PDCA”循环不断完善优化项目成本管理，探索适合自身发展特点和满足市场要求，支撑战略目标落地的成本管理模式。

（二）树立战略成本管理观念

中车尚驰延续了株洲电机的管理思维和行为定式，原有行业粗放式、事后管理的行为模式成为不少员工的固有认知。公司通过会议宣导、制度制定、晨会引导、钉钉消息发布等多渠道引导员工建立新的成本管理认知，主要从以下六个方面更新员工的观念。

1. 战略导向观念

战略成本管理要求企业以“混改”战略目标为导向，一切经营管理活动服务于战略，各级员工应具备识别战略性成本、经营性成本及其动因的能力，从思想、行动上遵从战略、落实战略。

2. 效益产出观念

评判项目取舍及产品经济效益的标准要从单纯的“产出（效益）”大于“投入（成本）”调整为价值链综合效益。

3. 成本动因控制观念

成本是各项管理结果的晴雨表，必须透过成本数据揭示其根源才能控制成本，应从资源消耗、作业、流程、员工经验等方面分析其动因，基于顾客价值角度评价动因的增值与否，减少冗余环节、多余性能，打造符合客户需求的产品。

4. 研发“优生”观念

设计决定了产品 60% ~80% 的成本，新能源汽车产品生命周期通常为 1 ~3 年，需要在产品设计阶段利用价值工程分析法选择成本最优的方案，锁定产品成本主要部分，同步推行平台化、系列化、模块化来优化成本，满足市场技术领先且成本较低的需求。

5. 节约资金成本观念

"现金为王"，资金是企业的血液，各部门要树立资金是有成本的概念，资金成本包括直接融资成本、预付账款占用、原材料占用等使用成本，企业应将存货盘活、货款回笼、票据冗余等降低资金成本工作纳入财务常态化重点工作之中。

6. 建立业财融合观念

为了更好地实现企业目标，通过信息化手段，财务工作嵌入公司全管理环节活动，为业务提供适用的预算、核算、成本、绩效、投融资、风险管理等财务支持，在价值与业务维度融合基础上，实现业务流、资金流、物资流、信息流和数据流的动态优化。

（三）战略成本管理的实施

1. 基于价值链的战略成本分析

（1）行业价值链分析。

根据战略设计方案，按照"总体部署、分步实施"原则，围绕建立公司内、外部价值链为主线，运用行业价值链分析和优化，以"战略成本分析—战略成本优化—战略成本评价"三个阶段贯穿始终，管理系统如图5所示。

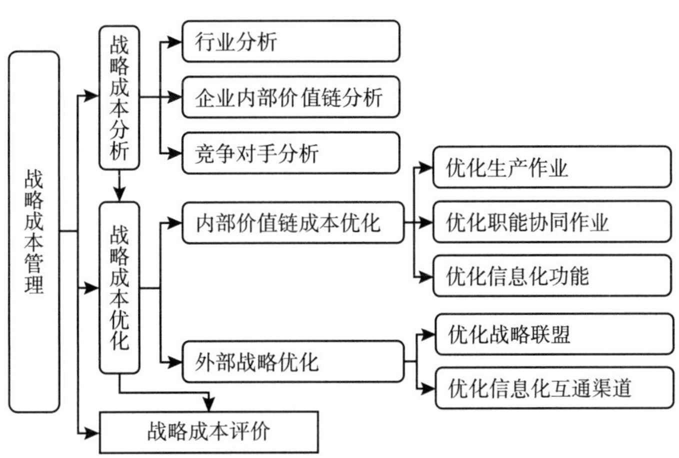

图5　战略成本管理系统

行业价值链概念。行业价值链是将公司作为一个整体考虑，它是指从原材料投入到客户之间的所有价值形成和转移环节所构成的价值活动。

外部价值链分析、选择。行业价值链选择主要目的在于确定战略联盟。首先，公司在了解价值链上利润获取、分配情况及行业相对地位后，作出选择。其次，结合与供应商及客户的垂直联系，测算行业价值链中重耗费环节，帮助公司在考虑是否利用上、下游价值链进一步降低成本或调整公司在行业价值链中的定位，以取得成本最佳优势。

（2）成本动因分析。

根据成本动因的影响程度和可控性，公司将其分为两个层次：第一是战略层次成本动因，如技术多样性、税负、规模等，该部分成本对产品成本的影响约占 85%；第二是经营层次成本动因，体现为微观层次与公司具体市场作业有关的成本动因，如生产数量、批次等，成本动因明细如表 1 所示。

表 1　　成本动因明细

成本动因层次	责任主体	管理报表/指标	运用板块	目的
战略层次动因	纵向整合（营销供应、产业和研发平台）	主材锁定成本对比表、工序委外或自制成本对比表、上下游联动一体化信息互通等	各板块	投入大于产出
	横向整合（延伸产业）	产品边际贡献表等	控制器电气柜	盈利
	各业务平台	劳动生产率、材料利用率等	各板块	成本降低
	产业平台	资产利用率、单位产品成本等	各板块	持续降低成本
	产业平台、研发平台	质量损失、预防及鉴定成本	各板块	提高预防成本 减少质量损失
	产业平台	产量、工时宽裕度等	各板块	降本增效
	各业务平台	产量、生产周期、交货保证率、计划完成率等	各板块	降本增效
	全员	成本费用占收入比、人均产量、劳动生产率等	各板块	降本增效
经营层次动因	产业平台	总制造成本、直接人工成本等	各板块	降本增效
	产业平台	人均工时费率、人均产值等	各板块	降本增效
	产业平台	动能费、单位产品能耗率等	各板块	降本增效
	销售平台	客户需求报表	各板块	降低销售成本
	采购平台	采购计划表、到货状态跟踪表	各板块	降低采购成本
	产业平台	最佳物流测算表（专车/物流车），发货及签收统计分析表	各板块	降低物流成本

基于战略角度分析成本动因进行规划和投资建厂，以深入寻求最优成本的途径。2020年借“混改”契机，选择在产业集群高及政策优的地区注册成立公司，以建立轻资产、低运营成本的中车尚驰管理架构。

在成本动因分析上会计主要是在分析动因变动引起的联动效应，输出综合性分析报告上发挥作用。

（3）战略成本分析。

为获取成本优势、实现战略目标，以行业价值链分析为基础，比较公司与竞争对手的经营活动成本，从而准确地找出成本优势或劣势。

分析过程中必然充斥着各种不同维度及来源的海量信息，需要会计从全局角度识别关键信息，化繁为简，提供准确财务信息供企业决策。

中车尚驰采用“SWOT”分析板块成本优劣后，确定了在“混改”初期针对不同业务板块应采取的战略和措施，如对于新能源商用车电机等快迭代产品，公司以核心技术和适合特定场景性能赢得市场，适用差异化战略；对于市场相对稳定的风力电机产品，适用于成本领先战略，赢得市场竞争优势的关键在于低成本，应通过运用内外部价值链成本管理的各种技术、工具和方法努力实现总成本最优。

2. 战略成本优化

（1）研发“设计”成本。

①主要价值活动。产品开发设计是指公司根据市场需求，制定产品设计方案，并将其具体化为零部件的合理结构、制造及检验标准程序。通常产品开发设计价值链由编制设计任务书、技术设计、工作图设计三个价值活动构成。

②成本控制方法。根据开发设计阶段的价值活动，中车尚驰主要采用“价值工程分析法”“三化”，以及运用计算机模拟计算。

价值工程分析法。研究产品以最低的寿命周期费用，可靠地实现用户要求功能，取得较好的技术经济效益。价值工程的公式为：

V（价值）= F（功能）÷ C（成本）

设计部门分析用户所要求的必要功能，重点选择成本占比较高、优化空间大的部件作为分析对象展开价值分析。避免过高的表现系数、过高的质量要求标准和过剩的功能，造成高的产品成本。

提高“三化程度”。根据用户的需求，基于产品系列化、零部件标准化和通用化，通过研发改善，衍生出一系列相关的产品，既保证了产品研发周期、降低成本、提高产品的可靠性，又能满足客户多样化需求等方面的独特优势。

通过提高“三化”，可以大大减少设计工作量，提高设计质量，减少产品开发风险，缩短产品研制周期，减少物料多品种，如螺栓等紧固件由187种减少到46种，接线座由 35 种减少到 8 种，压板由 35 种减少到 11 种，可满足较多设计需求，集合单品种产品生产批量有助于规模采购，提高质量的稳定性，降低仓储、售后维护管理成本，如螺栓等紧固件由实施前的 187 项降低到 46 项。

设计智能化，缩短设计周期。公司建设的电机计算工具 EMS，支持多种永磁转子拓扑结构，可输出单点、变频特性、效率 Map 等，效率 Map 有限元计算时间缩短 80%，大幅缩短设计周期。

会计核算同步。研发设计通过独立需求进行费用归集，投入即同步到会计核算，验证阶段投入时通过“生产成本”科目核算，完工入库归集到相应项目的费用，通过“研发费用”科目核算，会计可随时跟踪研发成本和研发成果。

（2）制造“精益”成本。

生产价值链由加工制造、搬运、检验和储存四个价值活动构成，是内部成本控制重点。“多品种、少批量”是生产的常态，公司以精益思维为指导，以设备工装的合理布局配置生产流程为抓手，以“缩短内部物流、拉近实物距离”为设计理念，对现场工艺布局进行反复调整，主要控制成本的方法有以下五个方面。

推行工位节拍化。为适应新能源电机小批量多品种与乘用车大部件大批量共存的产品交付需求，公司确定了柔性生产管理模式，目前已建设了 4 条新能源汽车电机生产线，其中批产整条线生产节拍 13 ~20 分钟（见表 2），年产能 2. 5 万台；建成的乘用车手工及自动化生产线年产可达 20 万件部件。

在节拍作业优化上，MES 统计工时，工艺定期实测节拍时长和步骤，成本会计不定期抽查，通过“生产成本—直接人工”科目核算工位工时（精确到“秒”），输出工时波动表，督促工艺优化工时节拍，发挥精益管理会计的职能，改善前后效果如表 2 所示。

表 2　　节拍化生产线与传统生产线的需求对比

生产线	原需求人员（人）	现需求人员（人）	原生产时间（分钟）	现生产时间（分钟）
定子线	33	10	320	13
转子线	9	5	30	10
组装线	12	12	40	13

通过自动化实现柔性和高效生产，为抢占市场提供了时间保证，同时标准化生产能够减少和降低生产过程中由于人的不确定性因素所导致的原料消耗，减少浪费。

核定标准材料定额。通过对定子、转子、组装工区由微及小、“聚沙成塔”的努力，以工艺过程革新降低材料损耗和提高工作效率。通过工单定额下料控制，现场实测校验，会计抽测监督，达到定额管控最优降本，优化效果如表 3 所示。

表 3　　工艺优化示例

序号	优化创新项	成效
1	机器自动嵌线由槽楔优化为槽盖纸	成本降低 11%
2	定子扣片优化为焊缝结构	效率提高 28%
3	优化线圈端部绑扎	效率提高 7%
4	定子中心环优化为利用星点焊接分支路焊接	成本降低 45%，效率提高 16%
5	定子线缆引出优化为本线引出	电磁线成本降低 9%
6	转子磁钢楔紧块优化为注塑	成本降低 99%
7	端盖 O 型圈密封优化为密封胶密封	节省 O 型圈成本
8	塑封非标旋变优化为标准机绕型旋变	成本降低 34%
9	测温元件由 PT100 优化为 NTC	成本降低 76%
10	引接线由单根去漆皮优化为星点焊直接压接	效率提高 99%，减少人员

全面质量管理。中车尚驰将质量融入企业文化中，注重事前预防，加大了检验试验台、产品防护、检测工具等投入，对工具、作业环境等生产要素进行严格控制；开展 QC 小组活动，预防改进质量状况；采用首件评审、全检、设备防呆防错等措施，监视和测量产品的质量特性。与质量相关的费用通过钉钉有成归集，再集成到鼎捷，通过“预计负债”科目做消耗类核算，随时监控公司的质量损失投入总额及合理性。

制造过程数字化。以 MES、WMS、SAP 等多系统集成实现业务流、实物流、信息流同步，自动叫料，使价值链周期更短，有限资源能更好地响应柔性制造需要，同时根据报表数据，定位制约短板，快速解决问题，数据看板如图 6 所示。

培养多技能作业人员。多技能作业人员是指能够操作多种设备的技能工人，在节拍生产单位内，多种设备紧凑布局，生产人员必须熟练操作多种设备，完成多道工序的作业，达到标准作业组合，提高劳动效率，降低单位人工和材料成本。

（3）数字化“建设”成本。

基于现代工业生产需求，以鼎捷系统为主架构，打通业务、财务、管理、供应链数据系统，形成资源信息共享平台，支撑以订单、产品、作业中心等为维度自动生成有关管理数据，为定额标准、定价、产品组合、资产控制、战略成本管理等提供支撑。

经过 2021 ~ 2023 年近三年的建设，一期投入建设资金 1500 余万元，二期建设将向全面智能化发展。目前已经集成了进销存、生产、财务、云采、云仓的透明化数据平台，具备协助计划性、节拍化的功能，能够实时掌控制造进度，让无形的管理可视化。

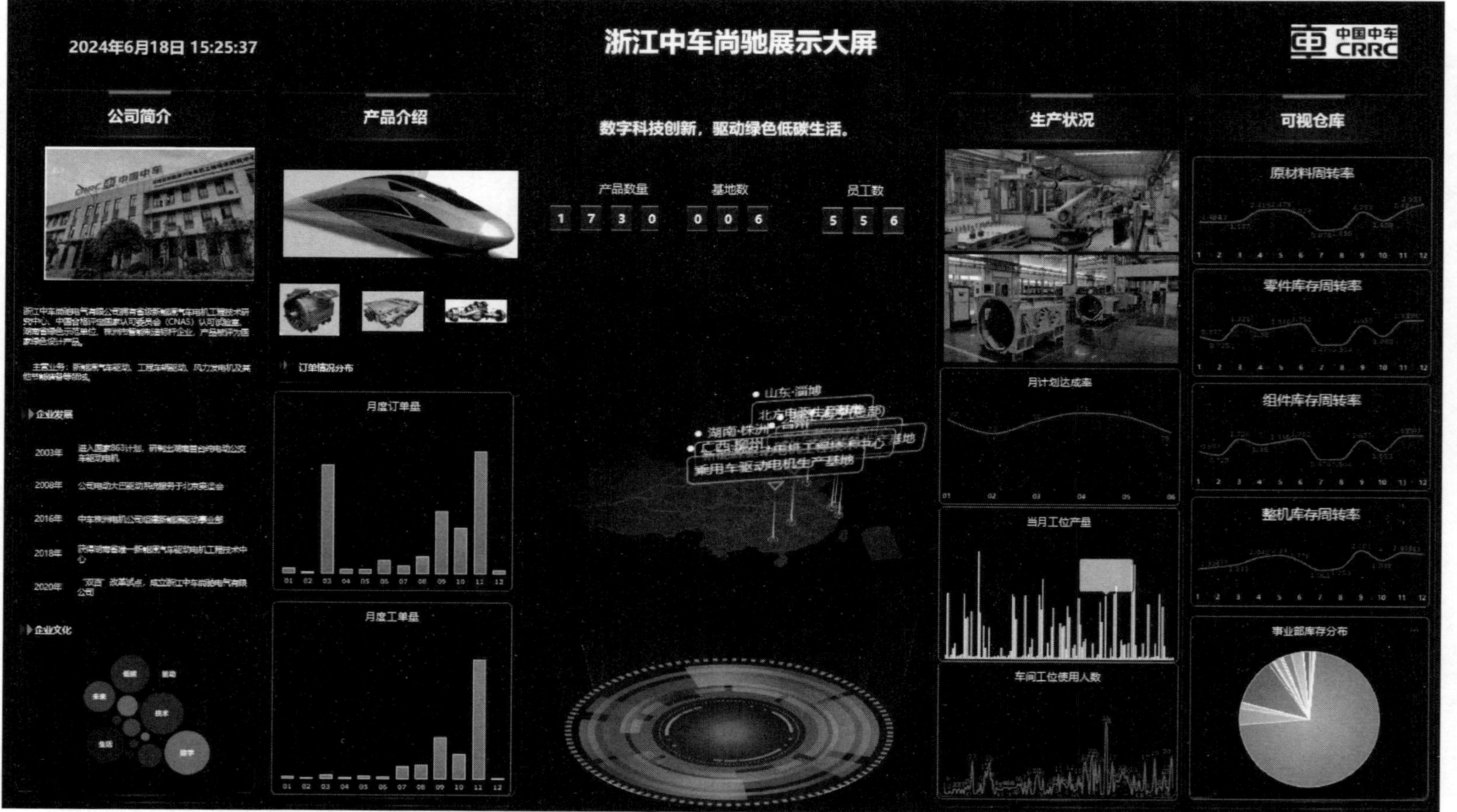

浙江中车尚驰展示大屏
数字科技创新，驱动绿色低碳生活。
2024年6月18日 15:25:37
公司简介
产品介绍
生产状况
可视仓库
产品数量
1 7 3 0
基地数
0 0 0 6
员工数
5 5 6
企业发展
企业文化
订单情况分布
月度订单量
月度工单量
月计划达成率
当月工位产量
车间工位使用人数
原材料周转率
零件库存周转率
组件库存周转率
整机库存周转率
事业部库存分布

图6 中车尚驰数据看板

在信息化建设过程，会计作为系统设计成员的“四驾马车”之一，形成了以高效财务信息为中心，覆盖业务全流程的业财一体化信息系统，如业务审批通过钉钉全部实现移动手机操作，再集成到鼎捷财务系统，实现“业动财联”，审批流时间缩短55%，在收入增长翻番的情况下管理人员人数不增。

（4）财务“精打细算”资金成本。

资金是企业生存发展的保障，新能源电机产品终端回款周期较长，催收难度高，中车尚驰从回款、融资、资产周转等方面创造了行之有效的资金盘活机制，会计在其中起到了关键的调度和执行作用。

在资金收入方面，建立从销售订单到发货单、销售发票、对账，回款全流程的有关制度，对于订金预收、应付、应收核销、收款条件提醒等设置专门流程专人实施控制，每月组织账龄分析，下达目标，2023 年公司应收账款账期将从 6 个月以上逐步缩短至 3 个月左右。

在资金支付方面，分别建立排款付款、预付款流程及计划外付款申请审批流程，并通过信息系统上传关联有关合同等申请依据，杜绝资金支付风险。

在资产周转方面，每季度财务组织相关部门现场盘点后，针对实物逐一确认质量状况和闲置原因；根据生产计划，控制材料到货时间和数量；上线 WMS、云仓系统，设置库位、物料盒以及上料、下料规则，以最大限度利用库房库位有限空间；制定库存预警，建立物料安全库存量，保障物料及时到货；存货月度盘点常态化，区域和物料责任到人，账实不符和库房管理问题采用专人监督、销号关闭制。

在资金筹措方面，拓宽融资渠道，降低财务费用，一方面每月督促到期应收账款回款，日常抓好内源融资，另一方面按融资策略筹划短期贷款、股权资本，尤其在筹划银行借款时，财务充分调研对比近 30 家银行产品方案，寻求政府产业支持性政策，形成基于客户信用、公司信用、合同回款等多形式合作的融资模式，降低了财务费用。

（5）联盟优化产业链成本。

外部价值链是将中车尚驰作为一个整体考虑，成本管理包括投料到最终消费者之间的所有价值形成和转移环节所构成的价值活动。

战略联盟主要体现为外部价值链，从公司的视角来看，纵向追溯到最终顾客和原材料，横向延伸到竞争对手，主要解决战略定位和确定在内部价值链哪些环节建立竞争优势的问题，执行流程如图 7 所示。

①销售价值活动。

通过建立联盟，公司采用大客户管理战略联盟的方法控制营销环节的成本，由简单的契约关系转变为具备价值创造的战略合作伙伴关系，参与客户产品设计，在研发、技术、服务等方面给予大客户支持，同时大客户为公司提供产品的供应情况、价格行情和竞争情况等信息，双方分享规模经济性，实现营销价值链的增值。

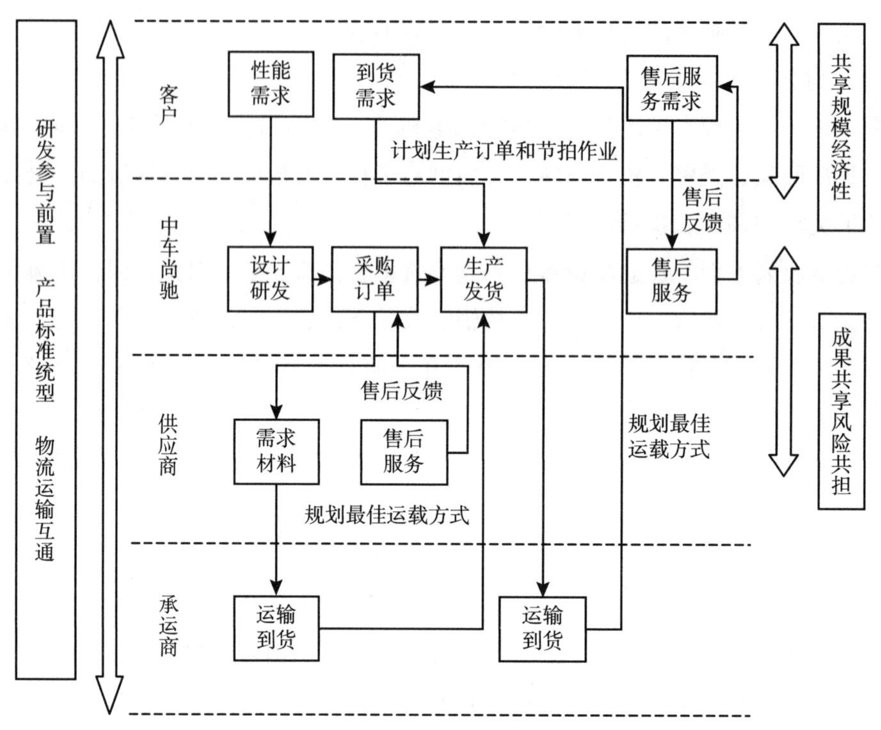

图7　战略联盟一体化协作流程

②采购价值活动。

中车尚驰“另辟蹊径”“另起炉灶”，通过客户推荐等方式快速引入汽车行业合格供应商，并进行技术辅导，在物资采购、运输、储存等方面不断优化其价值构成，满足产业战略发展需求。再通过资源配置、分工合作实现成果共享、风险共担。主要采取以下措施：

与供应商组成战略联盟。企业之间进行战略合作，成为一个利益共同体，实现优化资源配置、分工合作、成果分享、分散风险等目的。中车尚驰以实现最高价值、最佳服务的最低总成本为目标选择供应商，而非仅以最低的购买价格为标准选择供应商。

通过互联网与供应商共享库存数据，实现信息准确传递，针对实际情况制定采购方案，协调项目进度，进而提高双方应对外部市场环境变化的能力，实现接近零库存的水平，降低资金占用，提高周转率。

供应商参与产品设计。在产品设计阶段让供应商参与进来，由此供应商可以在原材料和零部件性能和功能方面提供有关信息，把客户价值需求转化为供应商的原材料和零部件的质量与功能要求，借助供应商的专业能力从源头上降低成本、提升产品质量，提升双方的市场竞争力。

杠杆采购。通过研发物料统型，不同项目对同一种物料的需求量，以集中扩大采购量，增加议价空间，达到降低成本的目的，通过实施杠杆采购，波形弹簧价格降低80%，紧固件价格降低20%，接头价格降低24%。

集中采购。把分散执行的采购需求集中起来形成规模效益，如将键、轴承压板、转子压板等机加工件集中起来在一个厂家制作，集小订单成大订单，在价格谈判方面使供应商做出一种策略上的采购降价。

精益物流方式。优化运输方案，通过对比整车、临搭、快递等多种运输方式，优选合适的运输方式，如对长距离重吨位的产品发运业务，采取租赁包装箱方式，单台产品运输降本10%以上。

会计精细核算。对联盟体系下的供应链采购，从入链即分配属性（如材料商、设备商等），采购入库后通过“原材料”“应付账款”等科目核算，生产领用通过“生产成本”科目，每项物料从采购入库到销售给客户均在纵向绑定物料，横向绑定供应商，会计可随时对比同类物料下不同维度的实际情况，发挥供应链管理会计职能。

③物流价值活动。

与客户、供应商、承运商建立物流系统，从终端客户需求到货时间开始策划，倒轧公司订单排产，确定供应商交货计划，全流程统一规划物流运输和包装方案，实现到货及时、成本最优、方式灵活、签收智能可追溯的综合效益。

3. 战略成本管理体系评价

对标公司战略目标，形成考评机制，是项目落实效果的有力保障，公司建立了考评机制，年初通过财务组织制定全面预算给各部门下达年度目标，月度根据具体进展下达次月目标，每月召开指标通报会，每项指标奖惩到人，逐月落实，推进目标实现，发挥前瞻性会计职能。

四、取得的成效

（一）经济效益

经过2021～2023年近三年的不断深入实施，成本管控效益凸显。2022年末，“混改”前后主要财务指标对比效果如表4所示。

表 4　　2022 年“混改”前后主要财务指标

项目	单位	“混改”前	“混改”后	比较
营业收入	万元	7313	39704	增长 443%
毛利率	%	-24%	5%	增长 29 个百分点
存货周转率	次	0.77	2.13	提升 1.36 次
应收账款周转率	次	0.45	1.57	提升 1.12 次

（1）调整资产管理模式，控制资金成本，主要通过催收积压应收账款，科学确定存货控制目标来优化。

（2）改善设计成本管理，控制制造成本，2022 年通过设计优化降本达到降本总额的 50%，其中永磁材料用量较“混改”前减少 53%，铜用量减少 10%。

（3）强化精益管理模式，控制间接费用，“混改”前工位综合效率提高 30%，如定子线人数降低 23 人，工时压降 307 分钟。

（4）实施三个采购 JIT，控制供应链成本。即 JIT 采购、JIT 原料配送、JIT 成品分拨物流，较“混改”前某款产品成本优化率 5%，运输降本 45%，包装降本 20%。

（二）综合效益

中车尚驰实施战略成本管理在战略实现、销售模式等综合方面效益明显，一是有助于提升技术差异化战略实现；二是销售模式和销售价格决策更为灵活；三是人才培养成效明显；四是形成适应公司初创期产业发展的战略成本管理体系；五是信息技术水平有效提升。

五、经验总结

（一）经验总结及不足

1. 战略成本管理体系实施的经验

（1）设计顶层架构，支持战略落地。

从高管决策层支持策划，获取组织资源，将底层逻辑集成到顶层规划，形成从规划战略、制定方案、落地执行再到决策调整的闭环过程，扁平化架构降低信息偏差，提高内部管理沟通效率。

（2）建立数字化系统，支持战略实施。

一是充分调研，以实现智能化为目的，规划业务逻辑；二是解决管理决策需求，做好系统之间的接口，预留后期拓展的空间，形成多角度、多层次的管理报表；三是总结不足，在实际应用中不断调整。

（3）协同外部联盟，优化战略成本。

联盟各方约定各自从事自己擅长的领域，减少重复投入，实施集中采购、联合开发、价格联动等机制。

2. 战略成本管理体系实施的不足

与传统成本管理相比需要克服的实施困难：一是参与主体众多，协调成本高；二是内外部联盟缺乏约束力、稳定性、持续性；三是可能存在战略目标与中短期经营目标的矛盾。

（二）下一阶段战略成本管理的改善思路

2020年末至今，公司在对标大众、西门子等汽车制造企业，精益化程度还有很大差距，产品设计优化和管理活动的管控仍需要深入。

在战略会计的培养上，会计职能强化全局性作用，仍需再进一步对标如华为等世界一流公司。

下阶段，公司将以精益管理思维分析成本动因，构建以战略目标为引领，价值链成本与预算管理、业绩评价相结合的新型管理体系，实现全价值链最优，助力公司“混改”目标和“十四五”战略目标顺利落地。

（浙江中车尚驰电气有限公司：范庆锋　黄永芳　单红艳　王雪松
肖阳俐　沈　超　尤　磊）

案例评语：

该案例创新性地将战略成本管理的理念、流程与方法应用于“混改”企业战略决策所涉及的成本管理。案例针对“混改”带来的制度建设、市场竞争和成本压力等多维度挑战，用战略成本管理解决企业深层次问题，具体做法是：通过顶层设计，打通机制壁垒，建立现代企业制度；围绕公司“混改”目标和战略，以数字化工厂为载体，综合运用价值链分析、动因分析、目标成本等战略成本管理方法，组织相关成本优化工作，推动企业优化成本目标达成，提高公司竞争力；构建战略联盟，提高产品质量，降低总成本，提升产业整体竞争力。案例单位的经验总结对同类企业具有较好的实践借鉴意义。

浙江宏泰新材料股份有限公司基于数字化情景的订单成本管理创新与实践

摘要

浙江宏泰新材料股份有限公司属于中小型民营企业，致力于PVC刀刮篷盖涂覆涂层材料等产业用新材料产品的生产制造。随着企业经营规模不断扩大和产品市场国际化程度逐渐提高，公司面对的主要“痛点”包括：传统成本核算方法在计量准确度和预测前置性的不足，导致订单投入产出效果不佳、客户订单把控不够精细和市场份额拓展不够迅速等一系列严峻问题。

宏泰公司深入分析企业现状和“痛点”，确定管理会计应用工作重点为数字化情景下订单成本管理体系的构建和优化。公司构建了“成本戴森球体系”指导订单成本管理应用实施，具体内容有：(1) 成本管理工具创新，推行企业数字化转型；(2) 成本管理流程创新，细化成本管理颗粒度，实现全流程、全生态成本管理；(3) 成本管理网络创新，实现系统互通、部门互通和与外界互通；(4) 成本管理场景创新，将订单成本管理贯通于决策支持等其他场景。

宏泰公司通过订单成本管理工具的应用和实施：(1) 实现了业财系统一体化、同平台；(2) 准确并高效计算每一笔订单成本；(3) 较高水平地支持了公司销售和管理决策，提升企业利润率和市场占有率；(4) 重塑并改善了公司业务流程，迈出管理会计应用创新的重要步伐。

一、背景描述

（一）单位基本情况

浙江宏泰新材料股份有限公司（以下简称“宏泰公司”）成立于2014年3月，秉承“品质铸就宏泰，服务赢得市场”这一理念，先后为双向预应力大跨度气膜壳体穹顶仓、北京冬奥会七公里长滑雪赛道等知名项目提供高品质建筑膜材。宏泰公司主要商业模式是根据客户需求进行订单式生产，提供差异化的涂层建筑膜材制造工艺方案及其产品，属于中小型民营企业。

（二）管理会计应用基础

1. 宏泰公司管理现状分析和存在的主要问题

（1）非标的订单需求与盲目的接单决策之间的矛盾；

（2）精细的管理需求与粗放的成本核算之间的冲撞；

（3）薄弱的信息集中与尴尬的数据孤岛之间的鸿沟。

2. 推进管理会计工作的基础

（1）订单管理完善；

（2）组织架构清晰；

（3）财务基础夯实；

（4）资源配备充足。

（三）选择订单成本管理工具的主要原因

近年来世界经济增长的不均衡性越发突出，而中小型民营企业利润空间微薄，精准预测、降本增效和提升利润成为公司的关键性任务。直面“痛点”，宏泰公司将管理会计工具应用最终确定为基于数字化情景的订单成本管理。

二、总体设计

（一）应用订单成本管理工具的目标

（1）细化成本管理，准确制定每一订单、每一规格产品成本；

（2）重塑业务流程，推进业财融合，高效利用企业资源；

（3）支持销售决策，提升企业市场应对能力，实现企业利润增长。

（二）应用订单成本管理工具创新的总体思路

统筹考虑企业需求，在设计应用方案时坚持两个“融合”：一是将成本管理战略与数字化战略相融合；二是将理论构建与运用实践相融合，从总体设计上探索企业降本增效的解决之道。

（三）应用订单成本管理工具的内容

宏泰公司构建了“三层架构”下的管理会计应用总体框架。

1. 金字塔顶层，是从总体层次上寻求问题的解决策略

考虑到项目的复杂性，公司采用敏捷的“小步紧跑”方式，将该项目计划分为三个阶段（见图1）。

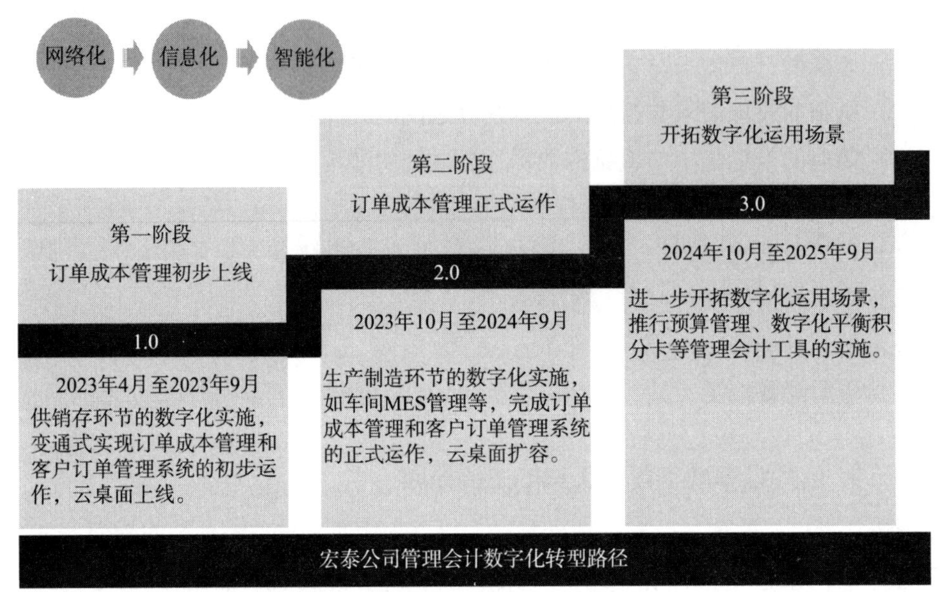

图1　宏泰公司订单成本管理项目的三年计划

2. 金字塔中间层，是对项目实施的中坚规划

具体包括四个“创新”：

（1）成本管理工具创新。推行企业数字化转型，打破数据孤岛，统一数字平台。

（2）成本管理流程创新。细化成本管理颗粒度，实现全流程、全生态成本管理。

（3）成本管理网络创新。实现系统互通、部门互通和与外界互通。

（4）成本管理场景创新。将订单成本管理贯通于决策支持和作业成本等其他场景。

3. 金字塔底层，是项目实施的支持保障

管理会计应用亟须有效的稳定支持和保障机制，要从人员保障、组织架构、支持环境三个关键维度出发，提升服务支持的颗粒度和协同性。

（四）应用订单成本管理工具的创新

1. 理论创新

宏泰公司对管理会计项目与数字化转型进行概念重塑，提出了“成本戴森球”理论。“成本戴森球”是一套基于数字化情景而构建的成本管理体系，理论核心是建立一个环绕企业数据的网状轨道结构，以更好地收集、优化和高效地利用全部成本数据。

2. 应用创新

在实践中，宏泰公司围绕着成本数据这一核心要素，将成本管理必备的“工具、流程、网络、应用场景”四部分形象地整合于“戴森球”体系中。以“成本戴森球”体系来指导订单成本管理工具应用，不仅可以帮助企业更好地管控成本，精准反馈订单成本和盈亏情况；更可以改善业务流程，充分支持公司销售和管理决策，成为价值增值的推动者。

三、管理会计应用过程

（一）参与部门和人员

串珠成链、聚链成群，宏泰公司建立了全组织、全员、全方位的成本管理体系，从项目立项之初就设立了管理会计应用工作三大小组，即领导小组、工作小组、督导小组。公司全组织参与项目，各部门全面履职，切实按照推进项目工作各阶段要求，落实各部门各人员完成各阶段工作，承担各步骤任务。

（二）资源、环境、信息化条件等方面支持

1. 领导重视，资源保障

宏泰公司总经理高度重视，同时以党建引领项目落地，得到各级管理人员的支持。此外，宏泰公司提供必要的时间和物资资源，确保本次应用项目顺利实施。

2. 信息系统，全面规划

宏泰公司全面更新了 ERP 信息化系统，提供了系统的数字化支持。

3. 团队智慧，内容共创

项目团队由多名嘉兴市高端会计人才培养项目学员参与，并邀请了咨询专家，对实施成员进行系统性的数字化和管理会计知识培训，提升公司的整体认知和文化支持。

（三）订单管理具体应用模式和应用流程

管理会计应用必须将理论指导和运用实践有机进行结合，推动项目实现思维创新、扎实行动并具有经验的可推广性。

1. “成本戴森球”理论构建

公司借鉴了“戴森球”理论（弗里曼·戴森，1960）。“戴森球”本身是物理学概念，指的是围绕恒星、由无数的太空建筑形成的网状结构人造天体，完整包裹恒星

并开采恒星能源，以最大效率利用好能源。而从成本管理视角来看，企业面对来自商业环境的各类成本数据，如果能够将这些成本数据有序进行规划、设定、储存和应用，就能更好地利用和发挥成本数据的价值，帮助企业不断推进经营效益和决策效率的提升。

（1）理论假设。

随着“数智化”场景的到来，数据成为企业最核心的资产，凝聚了企业价值所在，每个企业都面对商业环境中产生的海量数据。如果对数据没有建立系统优化的采集归纳体系，不断增长膨胀的数据必然会使企业不堪重负，也无法聚焦重点数据。故此，企业有必要建立类似“戴森球”概念的环绕企业数据的网状轨道结构，以便锚定、优化和高效地用来收集全部成本数据，更好地助力企业经营与决策。

（2）“成本戴森球”含义。

“成本戴森球”（见图 2）本质上是一套基于数字化情景而构建的成本管理体系，围绕着成本数据（恒星）这一核心要素，将成本管理必备的“工具、流程、网络、应用场景”四部分形象地整合于戴森球模型中，其关键在于管理理念和流程机制创新。

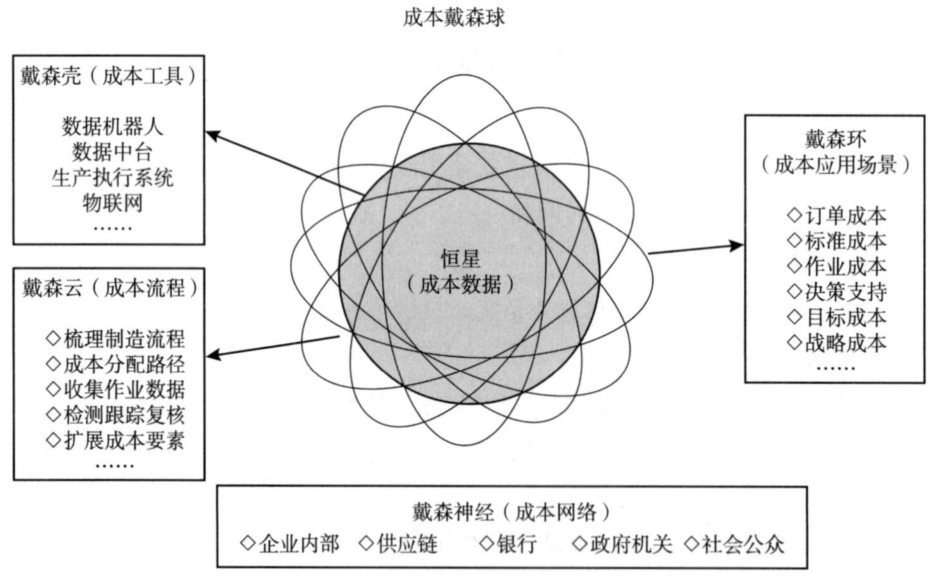

图 2 “成本戴森球”体系

（3）“成本戴森球”结构。

“成本戴森球”体系由戴森壳、戴森云、戴森神经和戴森环四个模块所组成，分别对应了成本工具、成本流程、成本网络、成本应用场景四大模块。

2. 维度一：订单成本工具创新——成本戴森壳

（1）成本戴森壳定义。

成本戴森壳是指基于数据层面，帮助企业构建订单成本管理的结构化策略、程序和协议的数据应用工具，能够挖掘100%的成本数据并实现存储、使用和管理过程的控制，是数据资产的规划和治理中不可或缺的一环，也是企业真正实现订单成本管理必备的基础组件（见图3）。

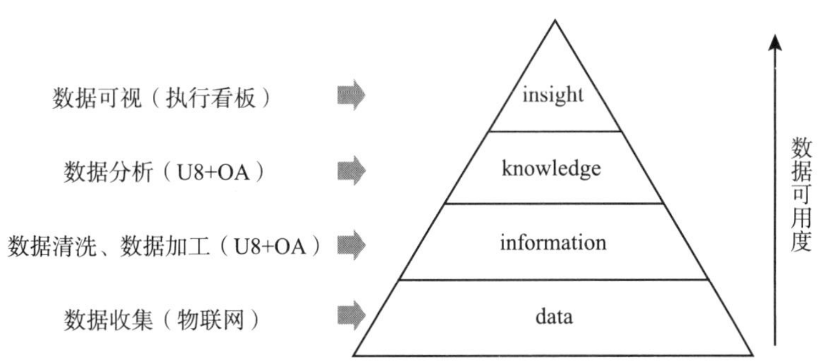

data：未处理、原始的数据；
information：已处理的结构化数据；
kownledge：有价值、有联系的信息；
insight：图形化，清晰有效地传达与沟通信息。

图3　成本戴森壳应用的五个步骤

（2）具体实践。

以人工来收集并编制订单成本报表面临着工作量大、数据易错、价值难现等难题，订单成本管理唯有与数字化工具融合，才能真正落地。

①硬件支撑：云桌面。宏泰公司将电脑全部更新为锐捷云桌面终端，即所有操作均通过服务器分配云终端，统一了电脑软件和硬件配置，同时配备了VDN、MES系统、扫描枪、物联网等必备数字化硬件。

②软件规划：用友软件平台。宏泰公司将全公司的信息化系统统一为用友U8软件作为数字化核心，办公OA系统、条码管理、执行看板、客户订单管理、用友报表和车间生产工单执行看板等软件作为数字化支撑，华为云作为云计算工具和云储存的数字化软件体系。

③二次开发：标准化的用友成本模块相对固化，公司通过长时间的调研和规划，在原系统的基础上做了较大的二次开发，个性化完善订单成本核算模型。

3. 维度二：订单成本流程创新——成本戴森云

（1）成本戴森云定义。

成本戴森云是指成本管理体系中的环绕成本数据管理的流程策略，其职能是如何用好数据，具体实践中有细化成本管理颗粒度、全生态成本管理等运用。

（2）具体实践一：细化成本管理颗粒度。

①梳理制造流程，定义作业中心。宏泰公司生产设备为全套进口的刀刮涂层生产线，原材料基布进入涂层生产线主机后，经过放卷、预热、一涂、一烘、二涂、二烘、三涂、三烘、压花、表处、表处烘箱、收卷等工艺流程，经打卷最终成品入库。宏泰公司根据生产制造流程，定义了 13 个作业成本中心，如图 4 所示。

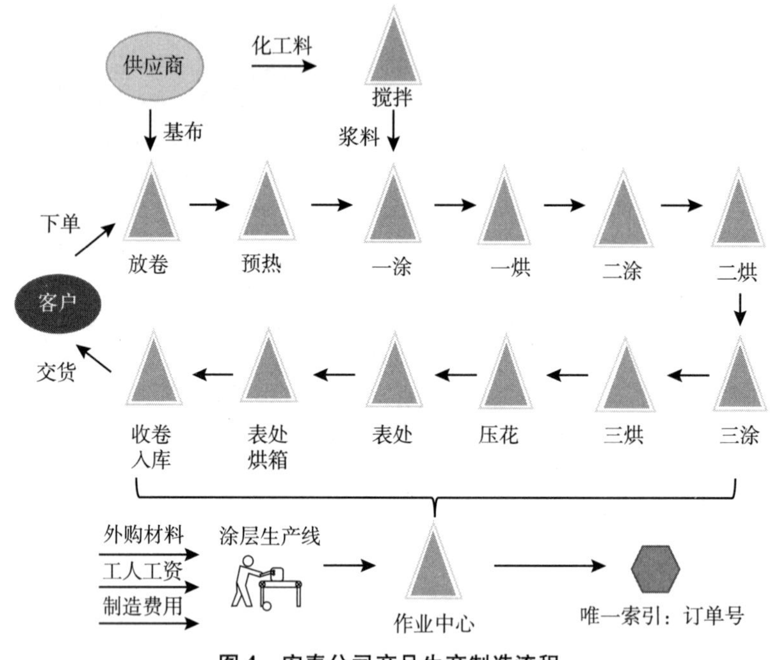

图 4　宏泰公司产品生产制造流程

②判定因果逻辑，选择分配路径。成本中心是成本管理的最基本单元，考虑规模和成本效益原则，宏泰公司采用部分作业成本法，发掘海量数据勾连逻辑，判定成本数据因果关系。沿着整个产品的作业流程（见图 5），分析各个成本中心中哪些成本费用需要分摊以及分摊比例多少，根据成本动因确定各成本分摊的规则，监控机器设备的生产率发挥，编辑数据模型，核算订单产品成本。

③收集料费数据，把控智能物联。通过条码标签扫码、生产刷卡和物联网相结合，收集每一个环节的原材料耗用成本；利用打卡软件，计算工人工资在每一个环节的发生；利用 MES 等系统，抓取每一个环节的机器工时耗费，分摊机器折旧费用；利用智能电表及其他智能采集器，远程获取每一个环节的电度、能源消耗；最终通过数据中台计算并分析每笔订单的实际成本（见图 6）。

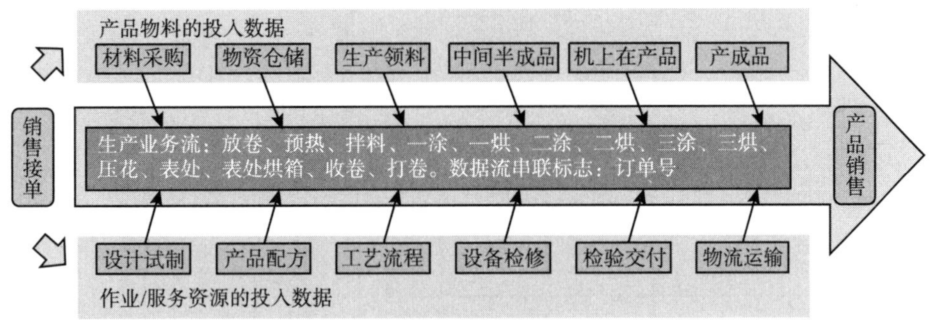

图5　产品生产物料和作业/服务资源投入流程

④强化检测跟踪，实时分析对比。在数字化工具自动采集的同时，安排生产跟单员对重点订单产品进行检测跟踪，在测量克重、拉伸、长度、色度等数据的同时，收集材料消耗、人工费用、水电耗用等实际数据，与自动化采集数据进行对比分析。

⑤扩展核算要素，细化成本颗粒。中小企业不能全搬作业成本法，应选择适合引用作业成本法的要素，避免“照单全收”。根据价值链分析，除了传统的料、工、折旧外还有作业/服务资源投入的间接费用，如设备检测、检验交付、包装费用、物流运输等，公司将这些实现产品价值增值的服务，同样作为产品成本要素参与运算。

（3）具体实践二：全流程、全生态成本管理。

①夯实基础信息。BOM（物料清单）和PLM（产品生命周期管理）数据是产品成本管理的基础，宏泰公司优化BOM标准成本管理模式，结合实际用料消耗，对成本数据进行定期和不定期整理分析，夯实基础数据信息标准化、规范化和统一化要求。

②定制数字营销。宏泰公司定制了基于客户需求开发的数字营销管理系统，可将销售意向书直接通过手机发给现有或潜在的客户，或是在展会等场景中通过客户扫码样品等方式，使客户能在手机上便捷下单。数据中台基于订单关键数据，分析并预测订单成本相关数据，为营销人员与公司管理层提供决策信息。此外，客户与营销人员能随时查询销售订单状态，极大地提升了客户满意度和工作协同效率。

③优化销售订单。建立以订单为核心的进度控制机制，有效跟踪销售业务进度状况；加强订单相关的发货、开票、应收、收款的一体化管理，执行情况统计预警等管理；实现以订单为统计口径的执行情况统计汇总表，达成对订单的产品成本、服务成本和资金成本的全周期成本管控。

④加强采购管理。严格控制物料采购成本，提高采购质量，有效控制采购/外协进度，为生产提供可靠的保证。优化供应商管理体系，加强供应商分析，对采购请购、到货、质量、入库、发票结算、付款管理等方面进行一体化管控，以提升订单的快速反应能力、强化订单实施进度控制和保障订单产品质量水平。

订单号： HTSC202308230012　　　　产品名称： HTA8000L建筑膜材

序号	分类	成本要素项	成本中心×消耗量						单位	数量	单价	成本额	
			放卷	预热	一涂	一烘	…	收卷入库					
1	直接材料	基布BOM展开 .1阶：基布 ..2阶：机织布 ...3阶：1000D×1000D 18×18	3000	×	×	×	×	×	平方米	3000	10	30,000.00	
2	直接材料	化工料BOM展开 .1阶：化工料 ..2阶：糊树脂 ...3阶：PSM-31	×	×	500	×	500	×	千克	1000	40	40,000.00	标签扫码
3	直接材料	包装材料BOM展开 .1阶：包装材料 ..2阶：纸管 ...3阶：印花透明牛皮纸 65CM	×	×	×	×	×	400	千克	400	12	4,800.00	
4	直接费用	人工	1	1	3	3	12	1.5	小时	21.5	20	430.00	工人打卡
5	直接费用	折旧	0.25	0.25	0.5	0.5	1.25	0.25	小时	3	2000	6,000.00	MES读数
6	直接费用	动力	14	43	15	31	350	20	度	473	1.1	520.30	智能电表
7	直接费用	天然气	×	220	×	220	650	×	立方米	1090	4.3	4,687.00	智能采集器
8	间接费用	设计试制										1,200.00	
9	间接费用	产品配方										1,325.00	
10	间接费用	工艺流程										1,500.00	
11	间接费用	设备检测										1,845.00	
12	间接费用	检验交付										554.00	
13	间接费用	物流运输										1,500.00	
	间接费用	……										14,356.00	
		总计										108,717.30	

图6　宏泰公司订单成本计算明细

⑤完善数据采集。实现供应商采购入库、生产入库、生产领料、销售发货全流程条码扫码管理，通过物联网工具来收集、传递数据，极大优化了成本数据采集方式，提升了成本数据收集效率。

⑥强化仓库品控。结合计划管理、生产管理以及整体管理要求，加强仓库管理，对仓库进行货位和条码管理，实现对原辅材料、半成品、成品以及其他消耗品类的全面数据化管理。加强物料（特别是涂层前浆料）的检验检测，并对材料、成品的质量管理进行跟踪记录，落实首件试制及首批试产，准确追踪物料成本发生和产品质量保证之间的逻辑关系。

⑦管控生产成本。通过数字化信息系统，有效安排生产计划；控制材料消耗；掌控生产进度，严格按订单分阶段实施配料、领料、补退料、生产，生产跟单员实时监控检查。重点优化、降低和消除生产成本相关的不增值行为，如材料领用无序、过早取用、过度消耗和逆向库存等问题。

⑧完善作业流程。梳理和规范流程，标准化作业流程，真正实现各部门协同高效的运作。实现销售财务、采购财务和财务成本的一体化管理，强化企业业财融合深度。

⑨提升报表支持。以订单号作为关键索引号清洗、加工和分析数据，并通过用友U8软件财务报表模块和执行看板使成本数据最终可视化（见图7）。加强业务中的各类分析，特别是产品成本业绩评价，以目标成本控制标准为基础，分析每笔订单的售价、成本和利润，测定对成本控制的效果。

⑩持续循环改进。改变员工及管理人员的传统观念，消除部门及岗位的本位观，学会了利用系统化和动态化的成本眼光来看待问题、寻求解决方案，并持续改进、循环控制。

4. 维度三：订单成本网络创新——成本戴森神经

（1）成本戴森神经定义。

成本戴森神经，是通过现代化通信技术，按照一定的网络协议使企业不同部门和不同单位之间实现相互成本数据通信，以达到不同组群用户共享数据资源、分析数据信息和推进数据治理的目的，即建立企业成本管理体系中的成本网络。

（2）具体实践。

①内部神经互通。一是系统互通，实现成本数据集中化。打破数据孤岛，将用友软件、办公系统、条码管理、执行看板、客户销售管理、二次开发软件、物联网等各个不同的软硬件系统打通，并通过成本戴森神经统一集中至数据中台（用友软件）使用，将订单成本报表最终集成并可视化。

订单执行统计表

查询方案：移动方案

查询条件：订单日期 ____ 到 ____ 订单号 ____ 存货编码 ____ 客户 ____ 到 ____

	订单号	订单日期	客户简称	业务员	存货编码	存货名称	规格型号	数量	含税单价	价税合计	累计发货数量	未发货数量	累计开票数量	累计开票金额	累计收款	成本单价	成本金额	毛利率%
1	YS323050227	2023…			319-DFK1460	建筑膜材	S8005VL-2	5.000	100.000000	500.00		5.000						
2	YS123060199	2023…			309-DFH5635E	建筑膜材	S8000VL-3	2,018.484	66.000000	133,219.94	2,035.500		2,035.500	134,343.00		46.183041	94,005.58	20.93
3	YS123060199	2023…			309-DFH5635E	建筑膜材	S8000VL-3	88.450	66.000000	5,837.70	89.300		89.300	5,893.80		46.183202	4,124.16	20.93
4	YS123060199	2023…			309-DFH5635E	建筑膜材	S8000VL-3	13.608	66.000000	898.13	13.800		13.800	910.80		46.182608	637.32	20.93
5	YS123060199	2023…			309-DFH5635E	建筑膜材	S8000VL-3	272.155	66.000000	17,962.23	275.100		275.100	18,156.60		46.183060	12,704.96	20.93
6	YS323060408	2023…			309-DFH5635E	建筑膜材	S8000VL-3	4.536	66.800000	303.00	4.500	0.036						
7	YS323060408	2023…			309-DFH5635E	建筑膜材	S8000VL-3	4.536	66.800000	303.00	4.400	0.136						
8	YS123050626	2023…			309-DFH5635E	建筑膜材	S8000VL-3	0.001	68.600000	0.07		0.001						
9	YS123050478	2023…			328-DFK1486	建筑膜材	S2018VL-5	163.000	297.000000	48,411.00	165.700		165.700	49,212.90	49,212.90	138.911104	23,017.57	47.15
10	YS123050478	2023…			328-DFK1486	建筑膜材	S2018VL-5	3,840.000	297.000000	1,140,48…	3,837.900	2.100	3,837.900	1,139,856…	1,139,8…	138.911086	533,126…	47.15
11	YS123050478	2023…			328-DFK1486	建筑膜材	S2018VL-5	552.000	297.000000	163,944.00	537.400	14.600	537.400	159,607.80	159,607…	138.911053	74,650.80	47.15
12	YS123050478	2023…			328-DFK1486	建筑膜材	S2018VL-5	1,585.000	297.000000	470,745.00	1,539.800	45.200	1,539.800	457,320.60	457,320…	138.911105	213,895…	47.15
13	YS123050478	2023…			328-DFK1486	建筑膜材	S2018VL-5	85.000	297.000000	25,245.00	85.700		85.700	25,452.90	25,452.90	131.889264	11,302.91	49.82
14	YS123050478	2023…			328-DFK1486	建筑膜材	S2018VL-5	23.000	297.000000	6,831.00	22.500	0.500	22.500	6,682.50	6,682.50	90.650666	2,039.64	65.51
15	YS123050478	2023…			328-DFK1486	建筑膜材	S2018VL-5	25.000	297.000000	7,425.00	25.500		25.500	7,573.50	7,573.50	112.147450	2,859.76	57.33
16	YS123050478	2023…			328-DFK1486	建筑膜材	S2018VL-5	402.000	297.000000	119,394.00	386.800	15.200	386.800	114,879.60	114,879…	138.911091	53,730.81	47.15
17	YS323060582	2023…			324-DFM1008A	建筑膜材	S2012VL-1	10.000	100.000000	1,000.00		10.000						
18	YS323050551	2023…			324-DFM1008A	建筑膜材	S2012VL-1	10.000	100.000000	1,000.00		10.000						
19	YS123050494	2023…			324-DFK1541	涂层布	JHT1210-2	32.000	279.000000	8,928.00	31.000	1.000	31.000	8,649.00	8,649.00	151.136774	4,685.24	38.79
20	YS323050133	2023…			319-DFP1005	涂层布	JHT1020-1	1.400	360.000000	504.00	1.400		1.400	504.00	504.00	163.892857	229.45	48.56
21	YS323050305	2023…			319-DFP1005	涂层布	JHT1020-1	5.000	330.000000	1,650.00	5.000							
22	YS623060104	2023…			319-DFP1005	涂层布	JHT1020-1	1.200	1.000000	1.20		1.200						
23	YS323060128	2023…			319-DFP1005	涂层布	JHT1020-1	1.100	295.000000	324.50	1.100		1.100	324.50	324.50	168.863636	185.75	35.32
24	YS323060249	2023…			319-DFP1005	涂层布	JHT1020-1	1.000	260.000000	260.00	1.200							
25	YS323050262	2023…			319-DFP1005	涂层布	JHT1020-1	0.500	295.000000	147.50	0.500							
26	YS623060104	2023…			319-DFP1005	涂层布	JHT1020-1	0.900	1.000000	0.90		0.900						

图7　订单执行成本统计

二是部门互通，实现成本数据及时化。通过数字平台构建横跨“采购—生产—技术—财务—销售”等部门的成本数据快捷流通机制，使公司管理层实时了解最新订单数据，并根据订单接单情况、原料市场波动、生产排单情况、制造富余能力等信息，及时调整订单管理策略。

②外部神经互通，实现成本数据链条化。宏泰公司通过银企互联工具、税企管理模块、销售支持管理工具、供应链管理模块实现了与银行、税务、客户、供应商互通。

③矩阵制组织搭建，实现成本数据破壁化。宏泰公司创新管理会计组织结构，建立了由以业务为主线和以职能为主线展开的新型矩阵制管理会计组织架构模式（见图8），便于破壁垒及跨部门协作，使宏泰公司财会人力、物力等资源在不同的业务/事业部之间灵活分配，更好地适应环境的变化。

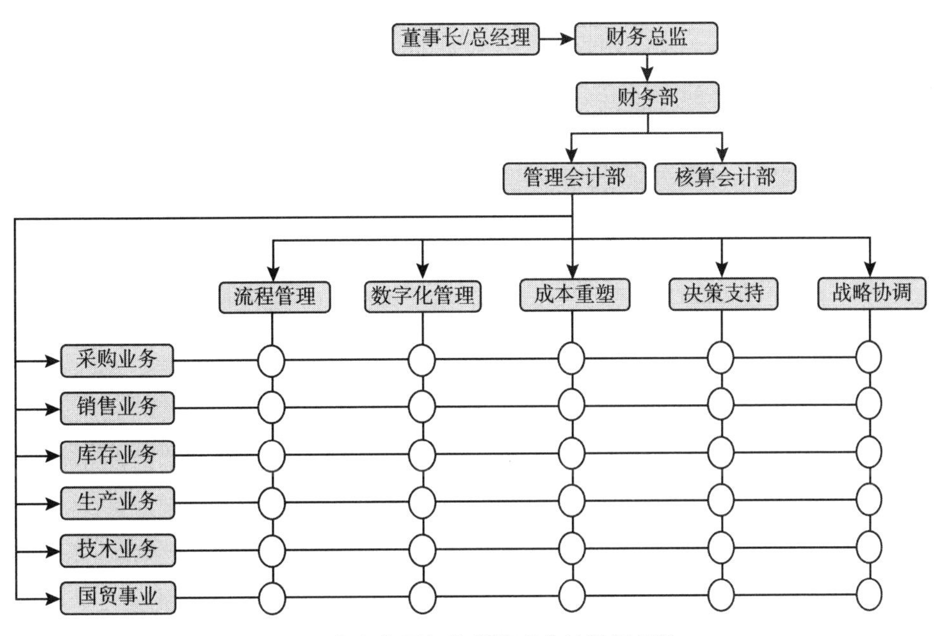

图8　宏泰公司矩阵制管理会计组织架构

5. 维度四：订单成本场景创新——成本戴森环

（1）成本戴森环定义。

成本戴森环由不同的成本数据应用场景组成，比如，订单成本管理、作业成本归集、成本支持决策等，这些场景之间彼此独立而又互相关联，环绕着成本数据（戴森恒星）不间断分析并应用于不同的成本场景。数字经济的高速发展，在错综复杂的海量数据中，不同的成本应用场景呈现碎片化、个性化、数字化趋势，成本戴森环通过智能学习不断完善和改进，动态赋予其新的运作模式，构建全生命周期、全流程的成本管理体系。

（2）具体实践。

销售支持这一应用场景的贯通（见图 9），鲜明地展现了成本核算管理的作用不仅是管控成本，更重要的是参与管理和创造价值。订单成本管理工具和销售支持管理工具系统结合在一起，能够在合同订立前就能测算出相应的订单成本，决定报价金额或决策是否接单，“先行”测算出订单利润，充分发挥了管理会计在事前的决策支持作用，这一“进”一“出”两大场景，在不同或交叉的场景为企业的可持续发展作出相应的贡献，赋能企业实现最佳经济效益。

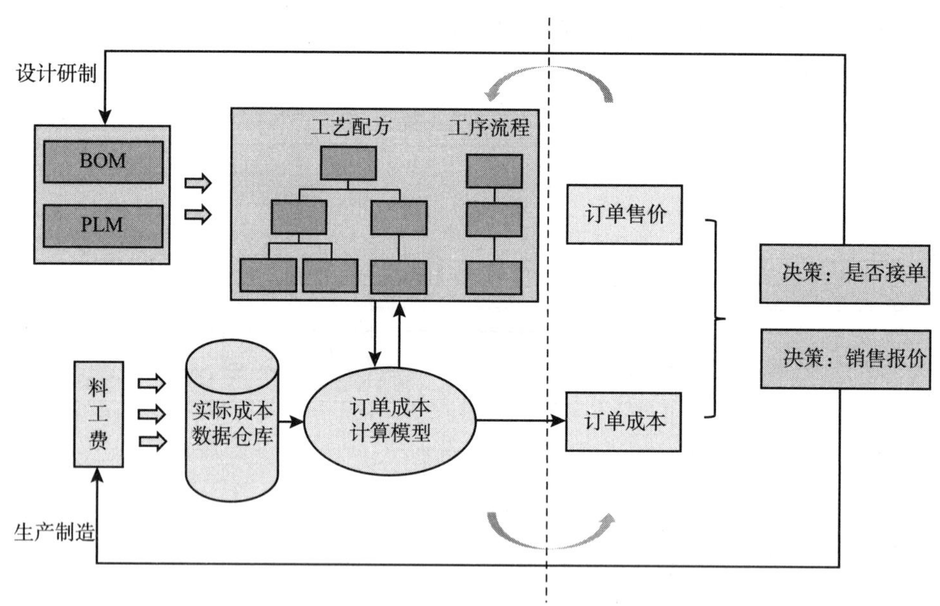

图 9　成本管理与销售决策支持的场景贯通

（四）实施过程的主要问题和解决方法

探赜索隐，钩深致远，在宏泰公司以及众多中小型制造企业的管理会计实践中，普遍面临五大维度的“痛点”与挑战，值得我们深入关注。

1. 内部环境

（1）组织架构。

实施问题：传统的组织架构会使订单成本管理工作受到各种因素的制约，无法真正融于企业业务管理，无法实现“业财融合”目标，且大多数管理会计的地位和权威都略微偏低。

解决措施：公司革新管理会计组织，构建了由以业务为主线和以职能为主线展开的双闭环组织构架体系，成立订单成本管理工具应用三大实施小组，加强各职能部门之间的协作和配合，将权责分配进一步细化和标准化。同时充分发挥关键个体作用，推进敏捷组织建设和打造全员化的管理会计人才队伍。

（2）人才支撑。

实施问题：众多中小型企业，特别是占企业总数八成以上的中小民营企业，难以吸引到高素养人才，尤其是管理会计实践创新型人才，而内部培养高素养人才代价大、成本高，造成企业订单成本管理工作停滞不前。

解决措施：公司聘请专家多次组织自上而下的全员培养与全组织系统学习，健全人才队伍的管理学和会计学知识，加强关键个体的培训和人才队伍的建设。同时，积极创造业财融合管理会计应用于合作场景，充分重视和实现内部人才挖潜和提升。

（3）企业文化。

实施问题：宏泰及大多数企业的中高层在决策上依然沿袭传统的企业文化倾向，没有充分意识到管理会计在企业战略中的重要性，普遍存在“重核算、轻管理”“重流程、轻管控”“重绩效、轻风险”等理念，没有将管理会计工具看作企业应对风险和挑战风险的关键引擎，这已成为高质量发展最主要的阻碍。

解决措施：坚持“一把手工程”，充分发挥党建引领的作用，树立发展型的企业文化和管理会计不可或缺的理念，自上而下向公司全员灌输订单成本管理的核心理念和业财融合优点，分享实施订单成本管理为企业所带来的积极影响和结果，让大家能够充分认识订单成本管理、积极接受订单成本管理和有效实施订单成本管理。

2. 风险评估

实施问题：中小型企业普遍缺乏风险评估意识，没有配置专职的 IT 人员和风险防控人员，风险评估制度不健全，这也是诸多中小型企业的“通病”。初期订单成本管理工作一些固有的风险尤显严峻，具体有数据来源缺乏、定位不够准确、格式匹配非标、“数据信息孤岛”和安全防范薄弱等问题，其框架体系也需要和企业运营进行更充分的磨合。

解决措施：对于中小企业而言，聘请外部 IT 维护专家和风险防控专家是一种较好的选择，同时建议采用云存储与本地服务器存储相结合的方式。在成本管理内部控制制度的同时，成立跨部门的风险管理委员会，定期开展全公司风险评估，做好核心人员的专业技术培训，增强全员风险防范意识。

3. 控制活动

实施问题：在新环境的风险和挑战下，贯通企业全流程的订单成本管控重点、核算范围、数字工具、计算时点、分布网络、管理角色都经历了重大变革，这导致企业订单成本管理工具的应用面临控制活动滞后的难题。

解决措施：积极推行成本控制模式转型，包括重点、范围、工具、时点、网络和角色六大方面变革。重视对工具应用过程的直接控制，收集实施过程中出现的新问题新难题，深入思考解决方案、积极展开改善行动，通过不断迭代和升级控制活动工具和方法，持续优化成本控制模式。

4. 信息与沟通

实施问题：随着数字工具的升级蝶变，宏泰公司成本管理模式滞后于数字转型现状，采用传统方式收集、整理和分析数据已经难以满足新形势和新需求，这导致了信息的实时传递和有效沟通受到阻碍，新技术、新手段的推广需要较长时间结合企业的生产经营实际来磨合并应用。

解决措施：利用现代化通信技术和软硬件的支持，确保成本信息的及时、准确收集与传递，实现高效沟通。主动与政府部门建立沟通机制，积极向管理会计实施示范单位学习和调研，深入研究财政部会计司管理会计案例库，不断丰富管理会计知识构架，打破管理会计思维定式，开展管理会计创新实践。

5. 内部监督

实施问题：在数字化情景下，订单成本管理体系构建的关键在于内部监督，内部监督又依赖于思维方式。管理会计要实现工作价值，需要创新思维方式。以宏泰公司刚开始的订单成本管理监督为例，开始一味地专注在如何“算成本”，想方设法“降成本”，走了一段弯路。

解决措施：宏泰公司及时改变内部监督思维，认识到订单成本管理是一个系统性工程，跳出“成本”看“成本”。一方面，将内部监督模式从单维度“算成本”转换到多维度“塑流程”上来；另一方面，通过业绩评价实施间接控制，客观评估推进结果，固化创新机制成果。

四、管理会计工具应用成效

（一）对比前后绩效，达成应用目标

在项目实施过程中，企业支出的一次性投入费用约 80 万元，每年的运维费用约为 8 万元。然而，这些成本为企业带来了更高的效益和竞争力。经过半年管理会计应用项目的实施，宏泰公司实现了高效、准确核算订单成本的战略目标，具体如表 1 所示。

表 1　　宏泰公司订单成本管理工具应用绩效

序号	应用/指标	宏泰实施前 2022 年 9 月	行业平均绩效水平	宏泰实施后 2023 年 9 月	宏泰实施效果成效/增长率（百分点）
1	按订单管控成本	否	—	是	差异化
2	细化成本中心管理颗粒度	否	—	是	精细化
3	全流程、全生态成本管理	否	—	是	流程化
4	统一数字平台	否	—	是	集约化
5	支持销售决策	否	—	是	增值化
6	公司业务上线率（%）	63.50	61.50	96.42	↗32.92
7	业务操作及审批效率（%）	67.50	60.25	91.64	↗24.14
8	毛利率（%）	17.25	17.17	23.74	↗6.49
9	报表上报日（每月）	12 日前	12 日前	6 日前	↘6 天

（二）改善业务流程，化解成本堵点

宏泰公司实现了业财系统一体化、同平台，构建了集精细化、智能化、自动化、信息化管理于一体的订单成本管理模式。

（三）扩大市场占有，落实发展战略

项目的实施与开展，有效地提升了宏泰公司的运营效率，提升企业国内和国际市场占有率，实现企业订单流程标准可视化管理。

（四）强化风险防控，支持管理决策

宏泰公司实现了在销售订单接单前就能核算出订单成本、订单利润等数据，强化了潜在订单财务风险和实施风险管控，提升公司管理决策有效性。

（五）高效评价考核，激发内生动力

通过工具的应用实施，宏泰公司将企业战略目标融入绩效管理，智能且高效地计算管理会计各项业绩评价指标，提升公司绩效管理水平。

五、经验总结

（一）订单成本管理工具基本应用条件

（1）观念上，加强顶层设计。

（2）管理上，坚持业财融合。
（3）技术上，构建共享平台。
（4）资源上，营造良好氛围。

（二）订单成本管理工具成功应用的关键因素

（1）项目要从“小”。
（2）调研要从“详”。
（3）理论要从“实”。
（4）成本要从“数”，成本管理应当构建数字化成本平台。

（三）对改进订单成本管理工具应用效果的思考

考虑将订单成本管理与其他管理会计工具方法进行有机结合与深度融合，推动公司向更高水平的管理会计应用迈进。

（四）订单成本管理工具在应用中的优缺点

1. 优点

（1）助力降本增效，全面加强企业成本控制。
（2）创新管控模式，提高企业的整体成本管理水平。
（3）推动价值增值，激发企业内生动力。

2. 缺点

（1）难以脱离数字工具。
（2）设计维护难度较大。

（五）对发展和完善订单成本管理工具的建议

订单成本管理工具的发展和完善需要与时俱进，关注最新的数字化成果、思维和技术，并且能够逐渐摸索出成型的针对不同企业规模的订单成本管理工具。

（六）对推广订单成本管理工具的建议

（1）关注“两性”——案例借鉴性与实际适应性。
（2）重视“两点”——企业需求点与工具支撑点。
（3）聚焦“两化”——行业数字化与中小企业数字化。

管理会计数字化变革的未来，必将聚焦于行业数字化和产业数字化。有必要布局“行业成本戴森球”和“中小企业成本戴森球”体系，助力中小企业加

“数”前行。

（浙江宏泰新材料股份有限公司：陈安石　杨　晔　王雪松　浦逸锋　宋晓雯
王　娇　钮利根　田巧珍　徐鼎一）

案例评语：

该案例深入探讨了数字化订单成本管理体系的构建与应用。案例单位针对其经营管理现状及“痛点”，以“成本戴森球理论”为指导，通过创新成本管理的工具、流程、网络和场景，成功构建了基于数字化情景的订单成本管理体系。这一体系不仅推动了数字化转型，还细化了成本管理的颗粒度，并将订单成本管理有效融入决策支持等其他关键场景。在应用层面，案例单位通过该体系的实施，实现了业财系统的一体化和同平台运作；能够准确且高效地计算每一笔订单成本；较高水平地支持了公司销售和管理决策，提升了企业利润率和市场占有率。

案例单位数字化订单成本管理体系构建与应用的实践经验，为同行业中小型企业在数字化转型和成本管理方面提供了宝贵的借鉴。

农机制造企业全价值链成本管理案例

摘要

在经历了农机行业发展的黄金十年后，从2014年起，受农机保有量大、农机作业收益低、低端产品产能过剩、国三切换和购机补贴边际效应减弱等多重因素影响，农机行业步入深度调整期，农机销量呈现快速下滑态势。受此影响，甲公司经营业绩持续下滑，2018年发生严重亏损，成本居高不下、竞争优势衰减，是公司迫切需要解决的最大问题。

面临着复杂市场形势，在系统分析和充分论证自身经营模式、生产管理特点、内部控制手段和信息化建设水平的基础上，甲公司深刻认识到，成本是企业的生命线，成本管理是企业管理的永恒主题，必须实施管理创新。要基于价值管理的视角创建全价值链成本分析框架，研究驱动因素，优化管理工具，使成本管理工作在体制上寻求新突破，在机制上尝试新举措，以实现企业价值最大化。

甲公司始终坚持一切成本皆可控思想，牢固树立省一分钱比挣一分钱容易的成本效益理念。通过外拓市场、内抓现场，切实提高成本管控能力。坚守成本领先战略，以全价值链成本管理为抓手，通过识别、分析和拓展价值链条，不断拓展成本管理的外延和内涵，从产品链成本管控到产业链成本分析，围绕从研发、采购、生产到销售，从企业、供应商、经销商到用户的价值链，深入推进全价值链成本管理工作，2020～2022年全价值链成本各环节累计降本增效4.91亿元，推动企业走出困境，为企业高质量发展提供了重要支撑。

一、背景介绍

（一）公司基本情况及行业发展

甲公司是某中央企业所属的农业装备制造企业，始建于1955年，是我国“一五”时期156个重点建设项目之一。经过66年发展，已经建成以农业装备为核心，创新发展特专车辆、制造服务业务的大型装备制造企业，拥有农机装备产品，以及柴油机、动力传动系统等核心零部件构成的农业装备完整产业链体系。

（二）全价值链成本管理的应用基础

甲公司建立了SAP业财一体化系统、NCC财务核算系统、久其报表系统、司库系统，构建了一套完整的财务核算和分析信息体系，为全价值链成本管理的开展提供了基础。推行全价值链成本管理工作，目的不仅局限于传统意义上成本降低，更多是关注价值增值，是基于价值管理的视角创建全价值链成本分析框架，研究驱动因素，优化管理工具，以实现企业价值最大化。

（三）开展全价值链成本管理的原因

2018年农机行业步入深度调整期，行业销量快速下降，叠加各项成本上涨等不利因素，甲公司经营业绩持续下滑，出现严重亏损，公司成本居高不下，竞争优势衰减已成为迫切需要解决的最大问题。通过外拓市场、内抓现场，切实提高成本管控能力。

二、总体设计

（一）全价值链成本管理的应用目标

价值链成本管理，一是拓宽了成本管理的时间范围，向前扩展到产品研发设计阶段，向后扩展至产品销售、售后服务和客户使用环节。二是延展了成本管理空间范围，从企业内部到整个价值链，关注供应商、经销商、用户和竞争对手情况，从而制定更有针对性的成本管理策略，使企业在价值链中占据优势地位。三是价值链成本管理既站在战略高度考虑企业成本，又深入作业层次，开展动因分析，消除不增值作业，从而保持市场优势。

（二）全价值链成本管理的总体思路

甲公司对全价值链成本管理主要是基于五种观念建立。一是战略导向观念。即根据企业战略不同发展阶段，采取相应的成本管理模式。二是成本效益观念。即从投入与产出的对比分析来考察投入的必要性和合理性。三是成本动因控制观念。即从成本出发，追溯成本发生和变动的原因，通过成本动因分析、控制和管理，实现成本管理目标。四是全产品生命周期成本管理观念。即衡量产品价值时，建立全生命周期成本管理观念。五是全价值链成本管理观念。既要关注企业生产全过程，还应关注企业价值链全过程，关注行业上下游价值链和竞争对手价值链，实现企业总成本最优。

（三）全价值链成本管理的主要内容

1. 识别价值链

识别价值链就是在对公司组织架构、生产经营特点和内部职能分工全面分析的基础上，把价值链成本管理的范围从时间维度到空间维度加以拓展。

2. 分析价值链

甲公司价值链的特点：一是重资产。有形实物资产比重大、组织架构链条长。以较大资金投入和规模化生产才能取得利润回报，实现规模效应。二是深自制。内部深度自制最大的好处是产品质量可控。拥有核心零部件的制造能力，包括发动机、齿轮、负压驾驶室等，能保证市场响应速度更快、产品设计和生产制造同步进行。三是生产型。采购成本和生产成本在甲公司价值活动中占有较大比例，生产能力利用率、价值链组织间的成本协同管理能力、全面质量管理和学习能力是主要的执行性成本动因。四是季节性。用户需求的动态变化影响着市场需求变化，行业季节性峰谷特点考验着产销协同能力和资金管控水平（见图 1）。

（四）全价值链成本管理的方法创新

2019 年甲公司在《全面深化改革指导意见》中明确指出，要构建全价值链成本管理体系，实施成本优化工程，树立全员成本管理理念，向管理要效益。在成本管理理念、方法和体系上，解决了“有”的问题，形成了全价值链成本管理的“基础版”。2020 年，把成本管控思想转化为提质增效的主要手段，成本管理方法在解决“有”的问题基础上，进而解决“好”的问题。2021 年，围绕“十四五”规划落地，进一步拓展成本管理的外延和内涵，深入推进全价值链成本管理工作，翻开了全价值链成本管理的“升级版”。

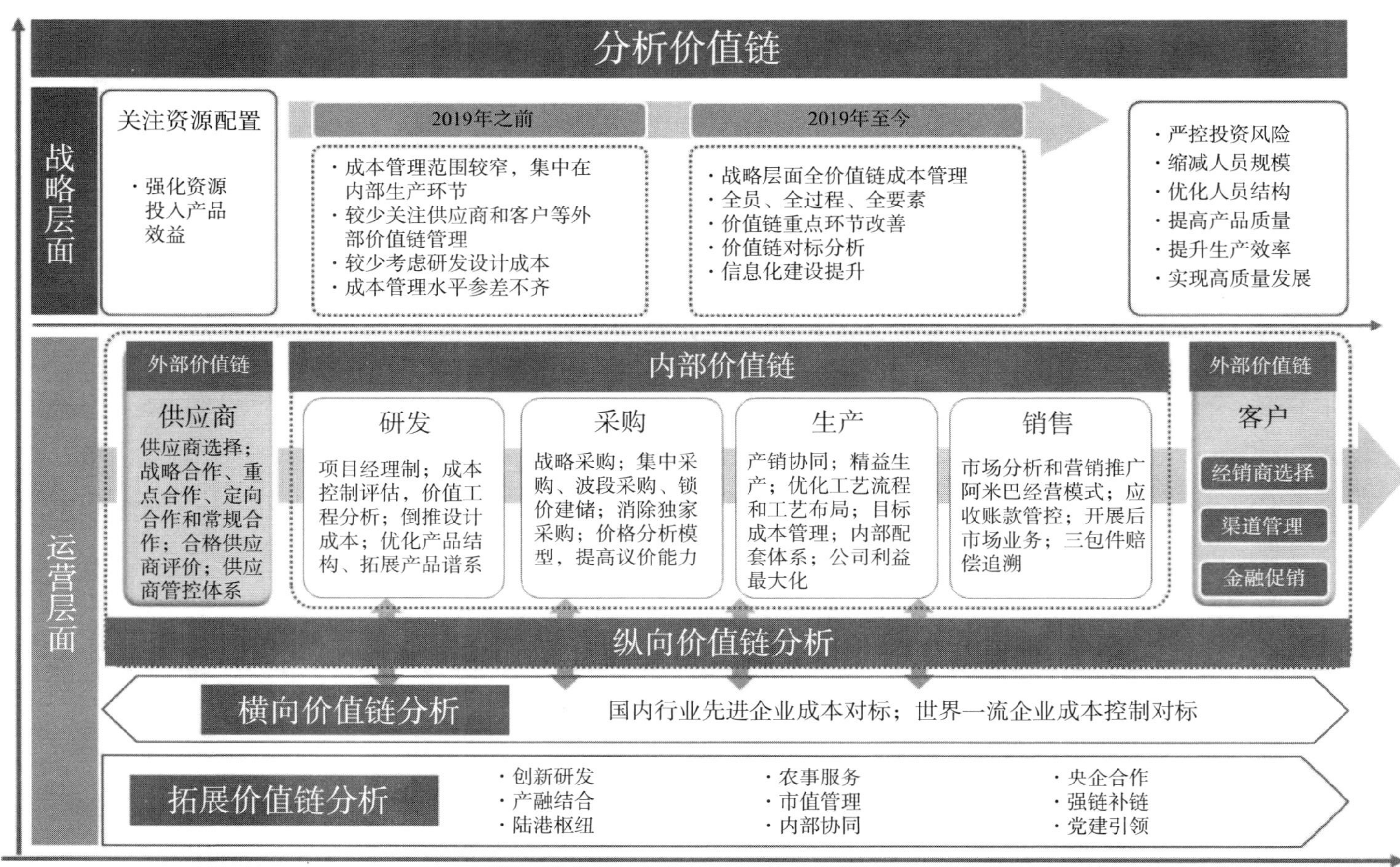

图1 公司价值链分析过程示意

三、应用过程

（一）全价值链成本管理参与部门和人员

全价值链成本管理工作实行公司总部、业务单位二级管理体系，各单位“一把手”为全价值链成本管理工作主要负责人。

公司总部成立全价值链成本管理推进项目组（以下简称“项目组”），负责督导各单位按要求开展全价值链成本管理专项工作。项目组由财务部、技术质量部、生产经营部、人力资源部等部门组成。项目组办公室设在财务部。

项目组主要工作职责包括：分项目审核并确认各单位年度全价值链成本管理工作目标；定期召开专题分析会，确认各项目阶段目标完成情况，对未完成目标进度的项目进行考核；定期对项目完成情况进行抽查，查找项目推进中存在的问题，指导各单位制定下一步工作计划和措施，促使成本管理不断优化提升。

（二）全价值链成本管理工具的部署要求

成本是企业的生命线，成本管理是企业管理的永恒主题。公司坚守成本领先战略，以全价值链成本管理为抓手，以“一优两高三强”为主线，围绕从研发、采购、生产到销售，从企业、供应商、经销商到用户的价值链，开展全员、全过程和全要素的成本管控，增强了企业内生动力，创造出3年扭亏脱困和振兴发展的优良业绩，走出了一条市场与现场并重、开源与节流共抓、效率与效益双赢的高质量发展之路。以“一优两高三强”为主线的全价值链成本管理包括三层意义：一优是指成本管理能力优，持续改善成本管控指标，引领行业优良水平。两高是指员工队伍素质高、成本信息化水平高。即发扬斗争精神，培育进取型的团队成本文化，打造高水平员工队伍；拓展成本信息系统应用，深化业财融合进程，对标业内标杆。三强是指管控保障能力强、价值创造能力强、风险防控能力强。

（三）全价值链成本管理应用模式和流程

2022年，公司营业收入和经营利润均创近年新高，2020～2022年成本费用增幅始终保持低于收入增幅，边利率和毛利率稳步提升，全员劳动生产率年均增幅达9.86%，3年累计实现价值链降本效益4.9亿元，全价值链成本管理工作取得显著成效。

1. 推动研发环节降本，增强创新驱动能力

创新是引领发展的第一动力。作为传统的农机制造企业，面对我国农机产业已进入从规模增长向高质量发展的重要窗口期，农机装备自动化、信息化和智能化程度日益加快，产品创新已成为增强企业核心竞争力的重要手段，也是抢占未来战略制高点的根本要求。研发成本由技术方案、材料选型、工艺选择等产品设计方案决定，涵盖产品成本和设计阶段所支出的各种研发费用的总和。研发环节是全价值链成本管理工作的起点，产品研发设计决定了总成本的70%，以产品性价比最优为目标，应用目标成本法和价值工程分析工具，采用设计优化、工艺改进、国产化替代等措施，落实产品生命周期成本管控。公司产品技术越先进，研发设计能力越强，产品的市场竞争优势越显著，其关键因素是做好产品研发环节的降本增效。2020～2022年共开展研发降本立项百余项，实现降本效益0.99亿元。

（1）打造技术创新平台。

依托国家重点实验室等创新平台，通过高水平课题研究和重大产品集成研制，重点突破农机行业关键共性技术，创制行业急需的重要产品，实现成果转化并形成产业规模，引领农机行业技术发展，促进技术进步和产业升级。

（2）精准投入研发资源。

2020～2022年，公司围绕产品升级和性能提升，加大战略性新产品研发和市场需求型产品优化升级工作，先后实施重点研发项目306项，全部保质保量按期完成。加大研发投入力度，强化项目费用管理，确保研发项目顺利推进。

（3）推动创新体制改革。

一是加强研发立项改革，聚焦产品研发与市场需求接轨，研发资源向市场需求倾斜，推动研发成果向商品转化。二是推动两级研发体系融合，技术中心研发人员深入专业厂、子公司，与一线技术人员共同组建项目团队，提高研发能力和解决现场问题效率，加快产品改进和新产品研发速度。三是实施项目制，推进技术、营销、采购多方跨部门和跨单位合作，初步实现了研发项目输入准确、目标清晰、可考核可激励等目标，技术骨干和一线单位对研发体制改革积极响应。四是深化产品经理制度，技术人员深入市场一线，了解用户痛点和掌握用户需求，在产品设计与市场实践的结合中提升自身能力，有效贯通价值链各个环节，市场响应速度明显提升。

（4）落实全周期成本管控。

研发降本核心在于强化市场导向的产品开发管理，从产品开发设计阶段和产品整个生命周期着眼，以全价值链成本管理为导向，积极推进新产品研发改进、品质提升和设计降本工作，即从设计源头控制产品成本，从最具市场竞争力的市场价格和成本源头入手，应用价值工程分析法，设计出性价比较高、满足客户需求的产品。从产品结构优化、零部件国产化替代、模块化设计等方面入手，梳理现有产品的结构、材料使用、制造工艺等，寻找降本切入点。

2. 狠抓采购环节降本，实施价值优化工程

以价格最优为目标，采用物料成本分析模型，适时开展锁价建储、强化集中采购、价量组合降价、消除独家供货等工作找出不必要的成本消耗；利用经济订货批量模型，合理控制库存水平，减少存货资金占用。2020～2022 年多措并举累计实现采购降本效益 2.85 亿元。

（1）深化集采机制保障。

积极践行战略采购理念，优化内部组织机构，成立采购管理委员会和采购管理办公室，形成了统一领导、分线负责、分级管理采购管理工作机制，搭建了完善的采购管理体系，建立相关制度 28 项，逐步确立了集采集购、集采分购和自采自购三种模式。对于生产过程中需求量较大、通用性较强的主要材料和零部件实施集采集购，充分发挥集采规模化优势；对于各公司差异化的原材料和零部件则根据需要集采分购；从严控制临时采购行为，努力实现采购成本管理全覆盖，有力支撑了采购业务开展。

（2）完善市场信息平台。

树立总成本优化理念，搭建市场信息平台，实时监控农机相关原材料价格动态，定期收集宏观经济数据、国家行业政策和供需信息，重点跟踪 48 种原材料价格走势，研判市场供求关系，开展精准价格波动分析，及时发布价格周报和市场预测月刊，定期召开分析研讨会，及时确定最佳采购策略。在此基础上，组织实施波段采购和锁价建储。

（3）创新价格评价方式。

采取科学合理的价格确定机制，结合实际情况总结归纳出成本分析定价、综合比价定价、招标采购定价、行业指导定价和供应商定价 5 种定价方法，通过严把定价环节有效控制采购成本。建立完善了采购价格指数评价机制，通过每月跟踪采集和统计，监控采购价格、市场价格指数走势情况，评价采购价格控制合理性，针对发现的异常情形，及时发布预警信息，组织实施整改，优化采购价格。

（4）推进采购信息化建设。

上线物资电商采购平台、信息公开平台和电子招标平台，打破了数据壁垒，实现了信息共享，消除了相应价格差异问题。

（5）提升供应商管理力度。

一是实施差异化管理。按照战略型、瓶颈型、杠杆型、次要型对供应商分类排队，持续提升整体保障能力，已从 2013 年的 1000 余家逐步优化到 2022 年末近 600 家，累计供应商淘汰率 40%。二是消除独家供货。针对贸易摩擦、环保管控等暴露出的保供问题，强力推进消除不合理独家供货和进口件采购保供工作，累计消除独家供货品种 4692 个，实施进口件国产化替代和建储 388 个品种，依据生产计划累计滚动建储金额 3.23 亿元。

（6）实施价值优化工程。

一是推进类别整合优化。应用战略采购技术与方法，科学定位采购类别，制定组合策略。发挥集采平台优势，通过类别整合进一步细分小类，横向对比零部件结构，纵向分析零部件主要原料构成，依据类别特点分类建立 226 种零件成本分析模型，持续消除不合理价差 1130 种，着力解决价格虚高问题，实现降本效益 1410 万元。二是新技术新方法应用。通过技术优化、标准优化、工艺优化、国产化替代等方式，重点从产品设计优化角度，研究更加经济的设计方案，特别是轻量化设计，新技术、新材料、新工艺应用，减少品种规格，标准通用化、设计精准化改进和设计方案工艺性改善，在保持产品品质前提下实现采购降本，2021～2023 年已累计立项 441 个，实现降本效益 2.14 亿元。

3. 深化精益生产降本，实现均衡高效运转

以持续改善和消除浪费为目标，运用均衡生产、拉动式生产、准时化生产、目视化管理、作业标准化等方法，推行精益生产模式；深化目标成本管理要求，管理单元下沉至车间、班组、岗位，建设自主改善的精益文化体系，强化节约意识，消除无效劳动，实现价值增值。公司在生产制造环节实施全员全过程全要素成本管理，通过强化产销协同实现降本，通过推动精益生产提升效率，通过加强费用管控消除浪费，为全价值链成本管理深入开展奠定基础和创造条件。2020～2022 年生产环节多措并举累计实现降本效益 0.42 亿元（见图 2）。

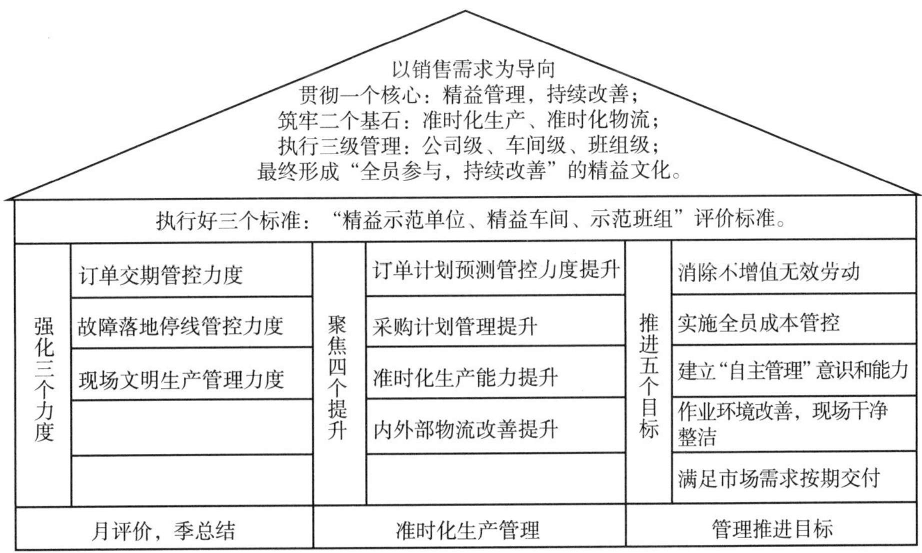

图 2　甲公司精益生产管理目标架构

4. 践行营销领先战略，保持行业第一位势

以提升市场占有率为目标，优化产品组合、完善定价策略、加强渠道建设、防范信用风险、践行服务承诺；积极拓展后市场业务，挖掘新的价值增长点。3 年来，坚持市场导向和客户导向，以营销创新为牵引，不断强化和提升整体营销竞争能力，致力于打造有特色的营销管理体系，建设农机行业领先的营销管控模式。国内市场，坚决落实党中央、国务院关于不误农时抓好春耕备耕，确保小康之年粮食和农业丰收的要求，科学有序复工复产，高效服务各地春耕备耕，用实际行动践行了央企责任担当。综合运用产品、价格、渠道和促销策略，通过加快新产品和改进型产品推广、丰富产品组合、优化经销网络和服务网络布局、推进薄弱区域和空白市场改善、提升服务保障能力、扩展金融业务等一系列措施，促进主导产品销量保持稳步增长，行业位势得到巩固和提升。国际市场，通过加大对产品结构和业务方式的调整，加快重点区域、国别渠道拓展和产品研发、认证，国际市场拓展取得了阶段性成果。2022 年，面对人民币对美元大幅升值、国际运费高涨等诸多不利因素，通过采取差异化营销举措，实现国际市场较快增长，实现出口额 10682 万美元，同比增长 71.49%，2020～2022 年营销环节多措并举累计实现降本效益 0.2 亿元。

5. 推行全面质量管理，降低废品损失成本

持续推动技术和质量标准升级，通过自主开发、引进技术、消化吸收和再创新等途径，追求行业质量领先，提高产品可靠性和市场竞争力，提升品牌价值和客户满意度。3 年来，致力于推行全面质量管理，建立以顾客满意为目标的质量体系，持续完善管理流程和质量标准，在价值链各个环节着手提高产品质量，降低产品成本。一方面，强化质量意识提升和责任考核，严格执行质量挂旗方案，以不合格品管理为抓手，加大质量过程控制，确保了不合格品整改实物质量验证率达 100%；另一方面，以质量指标控制为牵引，加大主导产品故障数、产品质量损失、零部件 Q－PPM 及实物质量符合性动态检查和考评，主导产品可靠性 MTBF 均达到指标要求，不合格品数量、废品损失率、产品质量三包费用等指标稳定向好，产品质量稳步提升，用户对产品的质量满意度和认可度不断提高。通过全面质量管理工作持续推进和体系运行，先后荣获中国质量奖提名奖、质量 30 年卓越贡献企业、中国质量管理先进企业和全国质量检验稳定合格产品等荣誉称号。2020～2022 年质量环节多措并举累计实现降本效益 0.4 亿元。

6. 强化人工成本控制，夯实人才队伍根基

以促进业务发展为核心，以激活人才资源为重点，以促进劳动经济指标持续优化为目标，通过管控模式和组织架构调整、人员结构和用工总量优化、激励机制和约束体系建设，三个维度多点发力，保障了全价值链成本管理取得积极成效。

（1）推进组织机构优化整合。

一是按照组织架构与发展战略相匹配，内部管理与经营业务相分离，组织结构与人员规模相适应的总体思路，以业务发展需要为出发点，以组织机构调整为抓手，通过优化机构、整合业务和优化流程三大措施，实现组织效率明显提升。二是推进子公司机构重组和业务整合，同步降低管理人员比例，优化人工成本。三是解决历史遗留问题，止住成本出血点。

（2）强化管控总量结构优化。

按照控总量和调结构的总体思路，通过把进口、控后方、挖潜力等系列措施，实现人员总量有效控制，人才结构和素质结构持续优化，用工效率稳步提升。严格人员总量控制和结构优化，促进人工成本与劳动经济指标优化，确保工资总额、人工成本总额与企业效益相匹配。

（3）完善工资总额决定机制。

一是健全工资与效益联动机制，确保工资总额、人工成本总额与企业效益相匹配，提升价值创造在价值分配中的主导作用。二是全面实施工资总额预算管理，按照控总额、提效率原则，严格控制无效人工成本投入，确保工资总额、人工成本总额与企业效益相匹配。三是深化企业内部分配制度改革，建立健全以岗位工资为主的基本工资制度，以岗位价值为依据，以业绩为导向，参照劳动力市场工资价位并结合企业经济效益确定不同岗位工资水平，向关键岗位、生产一线岗位、紧缺急需的高层次、高技能人才倾斜，合理拉开工资分配差距，使职工工资收入与其工作业绩和实际贡献紧密挂钩。

2020～2022年人力资源环节多措并举累计实现降本0.4亿元。

7. 信息平台支撑体系，数智管控提质增效

围绕业财一体化、供应链平台、数字管控平台、电子商务平台和工业互联网平台建设开展信息化工作，两化融合管理机制日趋完善，信息化体系保障企业经营发展的作用逐步显现。

（1）业务协同提高效率。

一是研发协同。一方面，设计过程实现协同。应用PDM系统开展产品协同设计，新产品设计项目从概念方案设计、图样发布到产品试制过程追踪、技术状态转变与冻结、产品明细生成与管理等活动，均通过该平台完成，实现了对产品设计过程的高效控制。围绕数字化设计平台，形成了较为完善的数字化设计流程和规范。另一方面，产品试制实现协同。通过应用产品生命周期管理（PLM）、三维数字建模和模拟仿真技术支持的数字化系统，实现产品和工艺的全数字化设计和仿真优化，从而提升产品从设计到批量生产的效率。二是制造协同。一方面，订单信息实现协同。SAP、ERP

信息系统和 SCM 供应链系统共享，并将相关需求信息推送至供应商页面，协同实现配送、质检和收货，实现从采购合同→采购订单→收货→发票挂账→结算之间的业务协同。另一方面，实现生产信息协同。通过 MES 系统打造一个全面可行的制造协同管理平台。在装配生产现场，通过 ERP 系统和现场执行系统 MES 的实时连接，实施工位装配的精准化，解决了多品种小批次生产制造工艺的切换问题，提升车间生产效率，达到了敏捷生产的目的。三是销售协同。一方面与经销商和服务商实现在线业务协同。通过 CRM 系统收集市场需求，实现在线订单申请、订单跟踪、发运管理、渠道管理、客户档案和渠道调拨，并与服务管理系统、客户档案系统、信用管控、网上对账、驻外配件库管理等实现集成，在线订单提高了订单申报的准确性和有效性，对经销商的社会实销、库存进行有效管理。另一方面社会实销和库存业务协同。通过 CS/BS 服务系统，对服务站的配件库存进行有效管理。根据系统中产品质量报表、服务报表、零配件管理报表情况的统计，对产品改进、配件投放、服务预警等提供有效支撑（见图 3）。

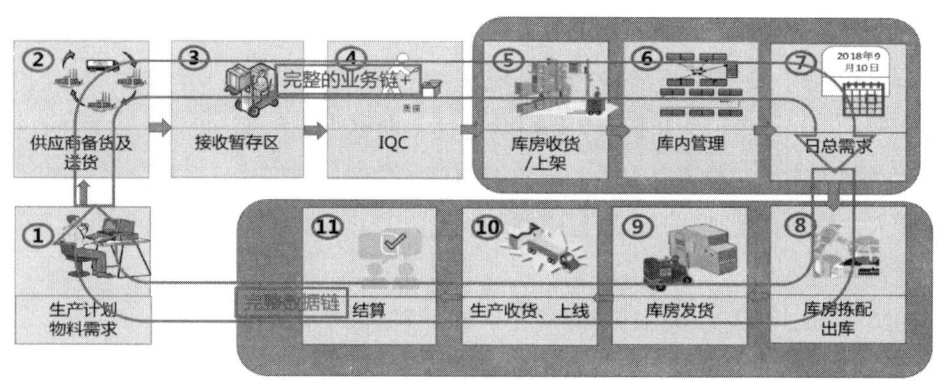

图 3 甲公司制造信息协同示意

（2）数据协同支撑决策。

一是数据治理，建立数据仓库平台。制定统一数据标准和规范体系，明确基础信息内容、主题数据内容、信息资源分类编码方法与原则、公用基础信息数据元目录、数据交换方式和更新机制。搭建企业级数据仓，并基于数据治理及优化的监控、观察和数据评估来实现数据的完整性、准确性和可用性。搭建企业级数据报表展示平台，通过数据仓获取数据，形成多种主题的报表体系。搭建 BI 数据展示平台，形成多种主题的数据图形展示平台。二是数据集成，建设大数据平台。已实现信息同步传输至数据分析平台，提升自动化成本核算和成本控制分析水平，通过信息的有机集成、高效统一，使成本核算从事后反映为主转为事前成本预算和事中成本监督相结合，为科学决策和规范管理奠定了坚实基础。三是分步策划，实施财务共享平台。有序推进财务共享中心建设，推动财务数字化转型，明确建设范围、建设思路、建设模式、数据标准等内容，逐步实施财务共享服务中心建设工作。四是加强分析，提升决策支持能力（见图4）。

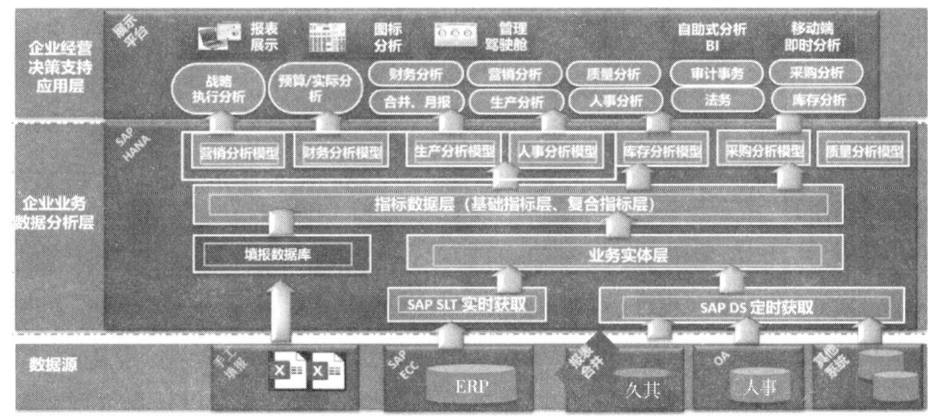

图4　甲公司数据共享平台架构

四、取得成效

（一）应用全价值链成本管理前后对比

2020～2022年通过开展全价值链成本管理工作，各环节累计降本增效4.91亿元，成本费用总额占营业收入比重分别为98.5%（同比下降8.4个百分点）、96.8%（同比下降1.7个百分点）和94.59%（同比下降2.21个百分点），盈利能力持续提升。

（二）对解决单位管理问题情况的评价

在系统分析和充分论证自身经营模式、生产管理特点、内部控制手段和信息化建设水平的基础上，领导层高度重视、达成共识，全体员工统一思想、提高认知，全价值链成本管理体系在公司全面推行。

（三）对支持单位制定和落实战略评价

通过加强成本管控和全价值链成本体系的有效落地，构建了一系列成本管理制度，完善考核机制，有效地保障了公司的战略目标的实现。

（四）对提升单位管理决策有用性评价

完善考核指标与重点工作联动机制，加强内部协作，规范激励机制，让一线从“接”指标到“争”指标，变被动承担为主动工作。牢固树立可持续发展理念，不仅追求当期收益最大化，还要实现长期价值最优化。在成本管理中引入新思路和新方法，挖掘成本管控潜力，开辟成本控制新途径，为管理决策提供有力支撑。

（五）对提高单位绩效管理水平的评价

2020～2022 年分别实现营业收入 94.72 亿元、106.59 亿元和 139.07 亿元；分别完成利润总额 1.26 亿元、2.80 亿元和 3.39 亿元；经济增加值（EVA）分别完成 0.83 亿元、2.81 亿元和 4.63 亿元，企业绩效指标稳步向好。

五、经验总结

（一）全价值链成本管理的基本应用条件

全价值链成本是“一把手”工程，是成本管理的核心，“一把手”的重视程度、能力水平和领导艺术在很大程度上决定着全价值链成本管理成效。要建立健全“一把手”挂帅、相关部门负责人和专业人员参与的组织机构，形成分级负责分工的工作格局，提供组织保障。

（二）全价值链成本管理应用的关键因素

企业竞争战略是价值链成本管理的起点和首要环节，成本管理行为要围绕竞争战略来开展，而不是以追求成本降低为唯一目标。只有明确了目标市场和竞争战略，才能有针对性地采取成本领先战略、差异化战略或目标聚集战略，使企业成本管理方法、管理重点与企业的战略管理相配合，以获得和保持企业的竞争优势和战略地位。

（三）对发展和完善全价值链管理的建议

全价值链成本管理离不开每个企业成员的参与和共同努力，全员参与成本管理，才能取得好的效果。要建立横向到边、纵向到底、责任到人、全面覆盖的成本管理体系，形成人人头上有指标、个个心中有目标的绩效评价体系。同时建立内部监督、分析、改进的流程和机制，实现 PDCA 闭环管理。各个环节紧密衔接、连成一体，促进公司价值创造常态化、成本最低化和效益最大化。

（四）对推广和应用全价值链管理的建议

全价值链成本管理必须在理论和实践中持续优化，不断改善。通过深化目标导向、问题导向和结果导向，用绩效与激励为载体引领员工行为。要以清晰的愿景、共同的使命、高度一致的核心价值观，打造深入人心、特色鲜明的企业文化体系，形成一个以企业员工为自豪的组织氛围，以功成不必在我的精神境界和功成必定有我的历史担当，努力践行企业高质量发展。

（刘继国　苏　晔　蒋静媛　满孝勇　张　磊
王　珊　朱　婧　董佩蕾　张天友）

案例评语：

该案例为解决公司经营业绩持续下滑、成本居高不下、竞争优势衰减的问题，坚持一切成本皆可控思想，树立省一分钱比挣一分钱容易的成本效益理念，提出基于价值管理的视角创建全价值链成本分析框架，以成本驱动因素为切入点，通过识别、分析和拓展价值链条，从产品链成本管控到产业链成本分析，围绕从研发、采购、生产到销售，从企业、供应商、经销商到用户的价值链，深入推进全价值链成本管理工作，推动企业走出困境，为企业高质量发展提供了重要支撑。该案例较好地分析了企业在复杂的市场环境下，实施低成本战略的成本管理方法和流程，对同行企业具有较好的借鉴意义。

汽车研发项目“4321”成本管理体系建设与实践

摘要

2019年以来，宏观经济增速回落，汽车市场需求放缓。面对严峻的外部市场环境，广汽集团开展“开源节流、降本增效”活动，推动企业可持续发展。广汽研究院作为广汽集团的技术管理部门和研发体系枢纽，运用责任成本管理、作业成本法、投入产出分析等管理会计工具，建设并实践了汽车研发项目“4321”成本管理体系，即通过运用项目四算成本管理方法，对项目全流程进行成本管理；构建“WBS + OBS + CBS”三位一体的成本基准库与项目预算明细表，深化项目研发成本精细化管理；推行矩阵式架构下的二维成本责任制，发挥全员成本管理的积极性与主观能动性；开发一套投资与成本管理信息系统，支撑项目全流程成本管理。广汽研究院汽车研发项目“4321”成本管理体系，为提高企业竞争力、实现稳定可持续发展发挥着重要作用。

成本管理是汽车行业乃至各行各业的“立身之本”和“看家本领”，因此成本管理的好坏更是决定着一个企业的成败和未来。众所周知，当今我国已经成为汽车产销量第一大国，用户需求的不断升级、法规油耗的日趋严格、造车新势力的不断加入给汽车行业带来了新的挑战，价格竞争已成为市场竞争的主要手段，因此成本管理将成为决胜市场的关键要素。在此背景下，广汽研究院在汽车研发成本管理方面，构建了一套基于项目全流程的汽车研发成本管理体系，培养了一批优秀的成本管理人才，营造了全员参与的成本责任意识与文化氛围，积累了丰富的成本管理经验，助推企业管理效益、经济效益双提升，使企业在激烈的竞争环境中能够“活下去”“活得久”“活得好”。

一、汽车研发成本管理背景

（一）汽车行业现状

根据中国汽车工业协会对外发布的数据，自2017年以来，我国汽车产销量持续走低；近年来逐步回暖，2023年汽车产销量分别为3016万辆和3009万辆，同比分别增长11.6%和12%，如图1所示。在波动的市场环境中，做好成本管理是各汽车企业获得竞争优势的重要手段之一。

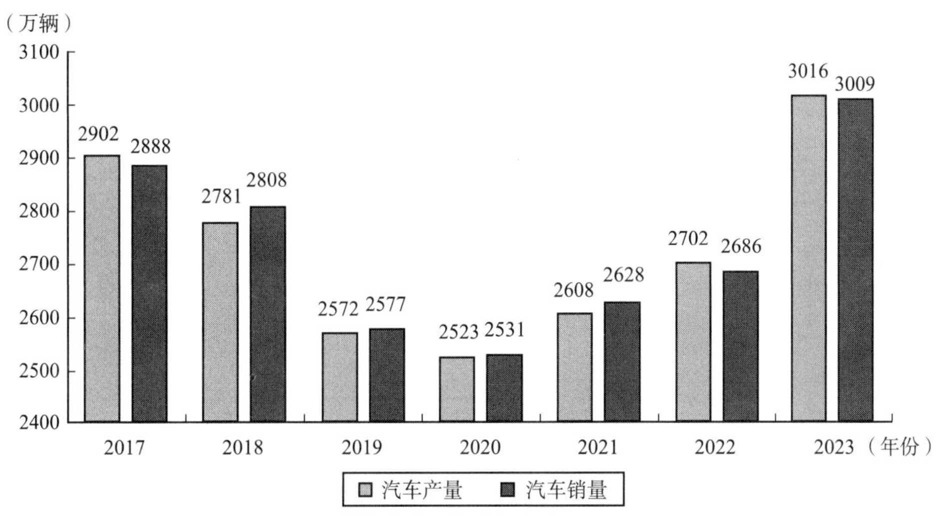

图1　2017～2023年中国汽车产销量

（二）广汽集团简介

广州汽车集团股份有限公司（以下简称“广汽集团”）是一家A+H股上市的国有控股股份制企业集团，主营业务包括汽车研发、整车（汽车、摩托车）、零部件、商贸与出行、能源及生态、国际化、投资与金融七大板块，构成了完整的汽车产业链闭环，致力成为移动生活价值创造者。2022年广汽集团发布“万亿广汽1578发展纲要”，力争2030年实现产销超475万辆、营收1万亿元、利税1000亿元的目标，成为产品卓越、品牌卓著、创新领先、治理现代的世界一流科技企业。

广汽研究院作为广汽集团的技术管理部门和研发体系枢纽，负责新产品、新技术的规划和重大研发工作具体实施，打造了GS4、GS8、GM8、AION S、AION Y等广受消费者欢迎的明星产品。

（三）汽车研发项目情况介绍

1. 汽车研发项目管理对象

广汽集团自主品牌汽车由广汽研究院负责自行研发，由生产销售公司负责生产制造及销售，各分子公司分工合作，共同推进汽车项目的开展。

广汽研究院成本管理对象主要为研发成本（见图 2），相较于生产制造行业，研发行业具有投资规模大、开发内容多、产品迭代快、灵活性强等特点，存在较强的复杂性、创新性、多变性，需要运用创新型的方法进行研发成本管理。

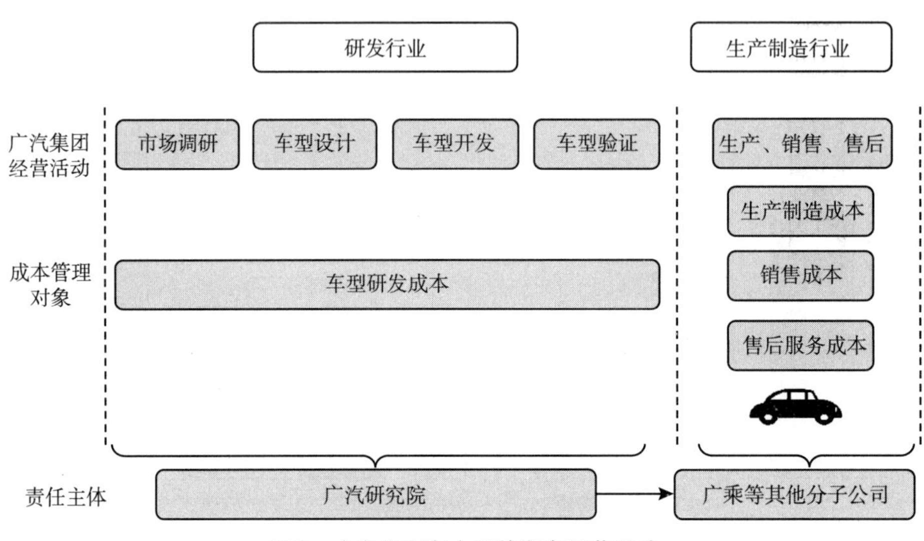

图 2　广汽集团自主品牌汽车经营活动

2. 汽车研发项目管理架构

广汽研究院汽车研发项目采用矩阵式的组织架构，参与项目研发的人员由各部门负责人安排；项目成员工作内容由项目组统一安排，直接向项目经理和项目总监汇报工作。

矩阵式组织架构有利于人力、设备等资源在不同的项目组之间灵活分配，提高了组织对不断变化的外界环境的适应性，同时建立起项目管理者和部门管理者责任共担的协调机制。

（四）汽车研发项目研发流程

汽车研发项目的研发流程一般分为项目立项、项目可研审批、概念设计、详细设计、设计验证、产品认证与生产准备、量产支持与总结七个阶段，如图 3 所示。

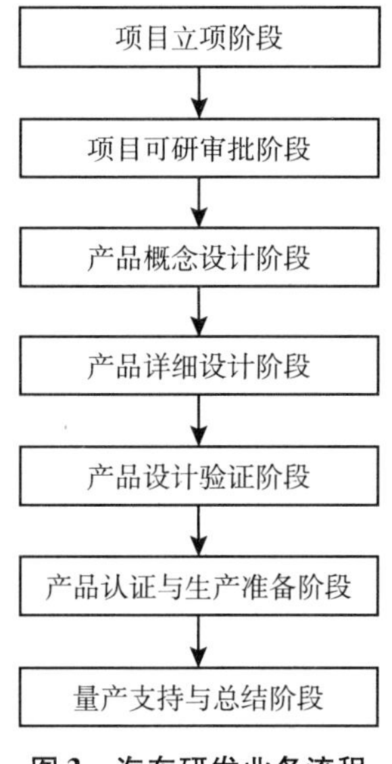

图 3　汽车研发业务流程

二、"4321"成本管理体系建设

《管理会计应用指引》第 300 号中提到，项目成本管理贯穿在项目实施各个过程中，具体过程包括：成本预测、成本决策、成本计划、成本控制、成本核算、成本分析和成本考核七个主要环节。

"4321"成本管理体系是基于广汽研究院的业务特点，结合成本管理流程，探索出来的一套适用于汽车研发项目的成本管理体系，主要由以下内容组成：运用项目四算成本管理方法，对项目全流程进行成本管理；构建"WBS + OBS + CBS"三位一体的成本基准库与项目预算明细表，深化项目研发成本精细化管理；推行矩阵式架构下的二维成本责任制，发挥员工成本管理的积极性与主观能动性；建设一套投资与成本管理信息系统，通过线上作业管理与项目数据标准化管理，实现系统化、可量化的成本分析与控制，支撑项目全流程成本管理。

（一）成本管理机构

为了进一步加强企业管理，增强员工的成本意识，促进降本增效，广汽研究院成立成本管理组织机构，如图 4 所示。

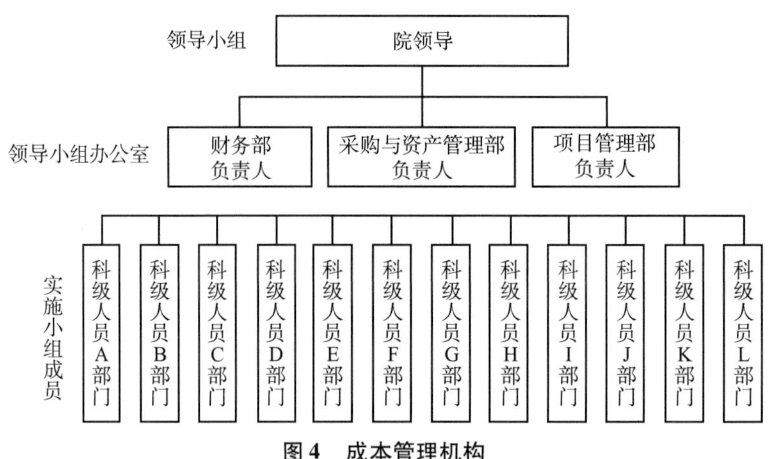

图 4　成本管理机构

（二）项目“四算”成本管理方法

广汽研究院根据项目研发流程（项目立项、项目可研审批、概念设计、详细设计、设计验证、产品认证与生产准备、量产支持与总结七个阶段）运用项目四算的管理方法，即项目概算、预算、核算、决算的管理方法开展成本管理工作。项目概算是根据项目的规划与历史数据估算项目生命周期内的成本支出；项目预算一般是根据项目明确的开发内容制定项目的各项业务成本支出，用于成本控制；项目核算即根据会计准则的要求进行会计处理，反映项目的实时费用支出情况与预算执行情况；项目决算即在项目结束后对项目进行总结与分析，用来总结项目管理经验和绩效考评。

1. 项目概算

项目概算是根据项目的目标和交付成果对成本进行的初步估算，同时也是控制项目前期研究阶段投入（概算 ×5%）的基础。

根据广汽研究院汽车研发项目的研发流程，项目研发开始的起点为项目立项，项目立项必须编制项目概算。项目概算由相关部门根据项目基本开发内容并参考基准模型，运用专家判断法或者头脑风暴法进行编制。

2. 项目预算

在前期研究阶段确定项目的开发范围、开发内容、开发策略、开发计划以及产品定位等内容后，由各专业领域在概算的基础上，根据成本基准库重新评估项目整个研发周期所需要的预算，同时编制预算明细表，经公司层层审核后，作为项目预算进行执行和控制。

概算和预算既有联系又有区别，概算是预算的基础，预算比概算更加详细。概算金额较预算金额一般有一定程度的偏差，他们之间可用概预算偏差率来进行衡量。一般来讲，概预算偏差率越低，管理水平越高。

3. 项目核算

项目核算是根据企业会计准则的要求，把一定时期内企业生产经营过程中所发生的费用，按其性质分类归集、汇总、核算，计算出该时期内项目研发费用发生总额。其基本任务是及时、准确地核算研发项目成本，提供正确的成本数据；项目核算数据与项目预算数据进行对比分析，则可对项目进行相应的成本控制工作。

4. 项目决算

项目决算指项目研发活动全部结束、技术成果全部发布（交付），或者由于其他因素导致项目终止后编制的反映项目投资情况的总结性文件，以全面地反映项目自立项到研发结束的投资情况和财务状况。项目决算是项目“四算”的最后一个环节，其决算成本数据可作为其他项目预算编制的参考以及成本控制的依据。因此，根据项目的决算数据对成本基准库进行维护、修正，也是项目决算的重要内容。此外，项目决算也是对项目组进行考核评价的重要依据。

综上所述，项目概算、预算、核算、决算是广汽研究院汽车研发项目成本管理全流程中的关键活动，运用项目“四算”对汽车研发进行全过程的成本管理，有利于清晰地了解各阶段的成本费用数据情况，有利于通过数据分析作出相应的成本控制与决策，有利于在各个项目之间进行对比从而更好地分配资源，有利于总结项目成本数据进行经验传承。

（三）三位一体的成本基准库与项目预算明细表

1. 成本基准库

成本基准库是建立在汽车研发项目矩阵式管理架构下的基准数据库，包括工作分解结构（work breakdown structure，WBS）、组织分解结构（organization breakdown structure，OBS）、成本分解结构（cost breakdown structure，CBS），如图5所示。主要是基于项目开发流程和开发控制程序，制定标准化的业务事项（WBS）和基准单价（CBS），并将其分解到各专业领域与责任单位（OBS），形成成本基准库，目的是用于研发项目预算明细表的编制。

（1）制定WBS。

WBS的编制是根据整车项目开发流程和各领域开发控制程序，将各专业领域的开发内容进行细分，并将开发活动与预算科目相结合，形成适用于各类汽车研发项目的标准WBS，如图6所示。

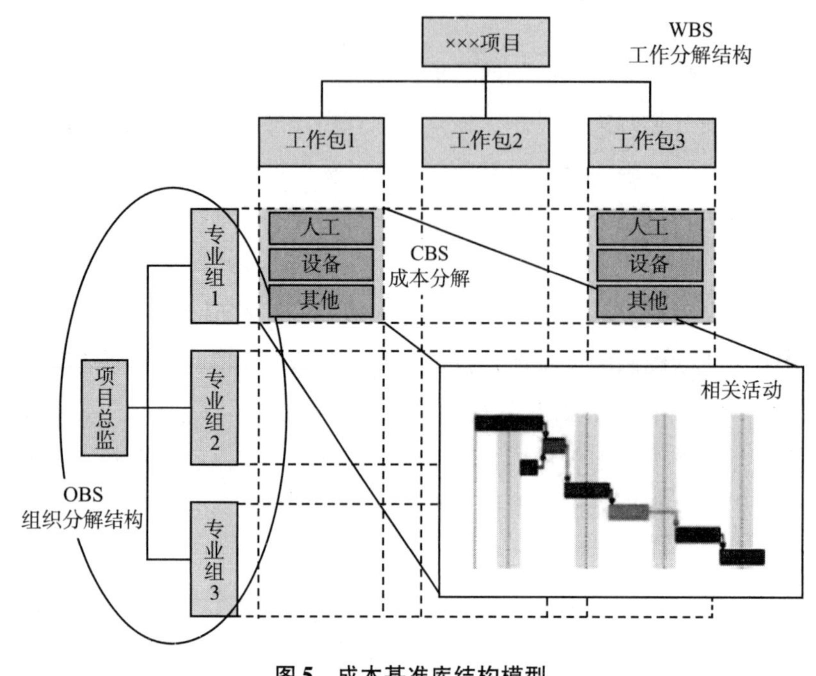

图 5 成本基准库结构模型

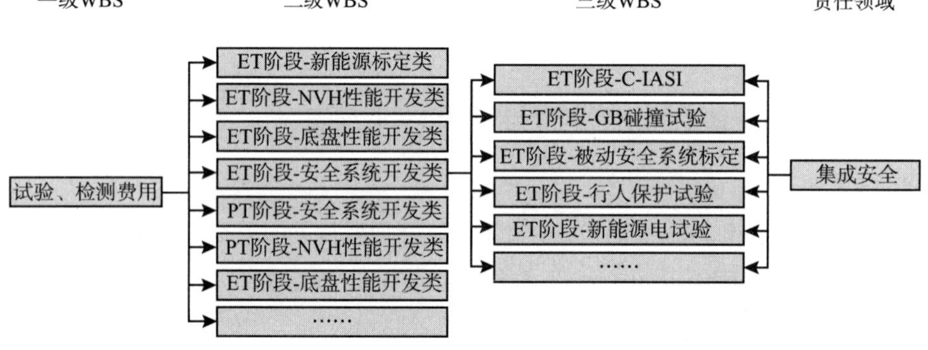

图 6 WBS 示意

（2）确定 OBS。

OBS 是指工作被分配到的组织单元。各专业领域根据其自身的开发控制程序划分的工作职责，将基准 WBS 分解到各专业领域，OBS 就是参与项目研发的专业领域，如图 7 所示。

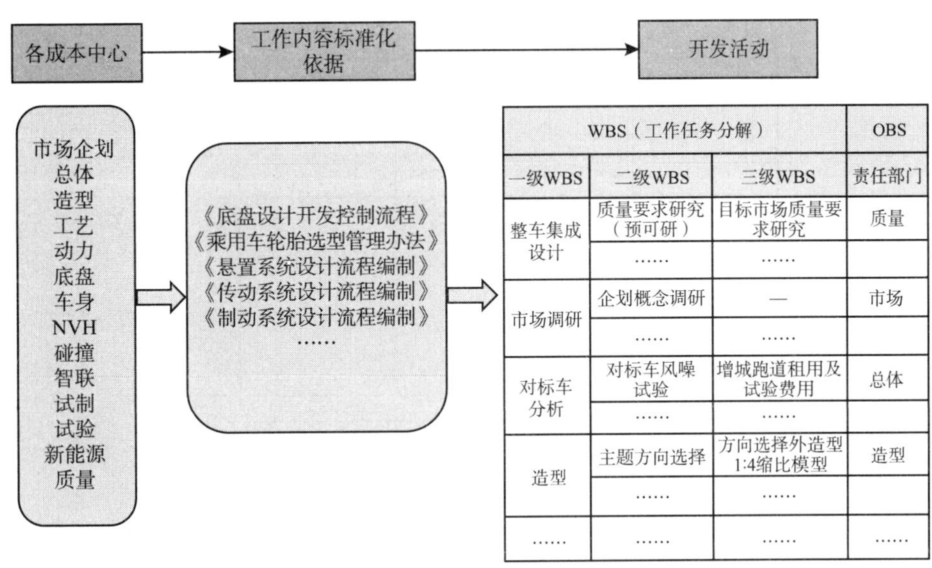

WBS（工作任务分解）			OBS
一级WBS	二级WBS	三级WBS	责任部门
整车集成设计	质量要求研究（预可研）	目标市场质量要求研究	质量
	……	……	
市场调研	企划概念调研	—	市场
	……	……	
对标车分析	对标车风噪试验	增城跑道租用及试验费用	总体
	……	……	
造型	主题方向选择	方向选择外造型1:4缩比模型	造型
	……	……	
……	……	……	……

图7　OBS 示意

（3）确定 CBS。

CBS 是指 WBS 对应的基准价格，由各责任领域参考历史成本数据编制，财务部和项目归口管理部门依据一定的方法和原则（原则上不得超过最高历史成本，无历史成本的需要有市场报价）进行评审后确定。

2. 项目预算明细表

项目预算明细表主要由项目组根据已确定的开发范围、技术方案等内容，运用成本基准库等工具，采用自下而上、上下结合的方式，编制形成的项目整个研发周期的预算明细表，将成本预算与产品开发各阶段的工作任务相关联。项目预算明细表既是研发项目成本管理的起点和载体，又是落实成本责任制的工具。

（四）矩阵式架构下的二维成本责任制

1. 成本责任制的作用

在项目组和部门矩阵式架构下，构建二维成本责任制（见图8），对汽车研发项目推行成本精细化管理具有重要意义。

（1）衡量企业经营管理水平的标尺，能提高企业经济效益和财务管理水平，对实施经济核算、提高决策水平、协调项目内外部关系都有重要的作用。

（2）将企业成本目标落实到项目与部门，使企业、项目、部门、员工目标紧密相连，增强全员经营意识，有利于发挥降低成本的积极性和创造性。

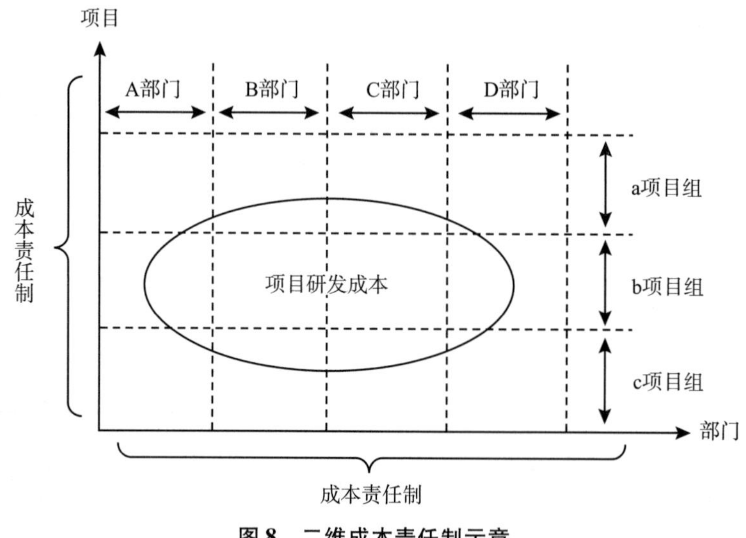

图8　二维成本责任制示意

（3）提供了项目与部门成本管理水平绩效考评的依据，将责、权、利有机统一，起到鼓励先进，激励后进，提高工作效率的作用。

（4）有利于促进项目管理人员深入业务场景，有利于企业推动复合型企业管理人才的培养和锻炼。

（5）有利于促进业务与财务融合正向循环，推进项目开发与成本管理正向发展。

2. 成本责任制的落实

在《成本基准库》《项目预算明细表》等管理工具建立和应用的基础上，根据业务事项（WBS）分解项目成本，将项目预算与部门预算两个维度打通，成本责任下沉至部门；利用研发部门的专业优势及资源协调能力，统筹推进该领域的成本精细化管理，发挥全体员工成本管理的积极性和主观能动性。

同时，建立成本责任制PDCA的管理循环程序，通过分解院级目标制定部门年度降本增效指标（纳入部门年度绩效考评指标体系）、部门编制推进方案、定期过程跟踪、年度总结评价与考核激励等管理程序，充分发挥全体员工降本增效的积极性和主观能动性，确保达成年度经营计划目标，具体方法如下所示。

（1）制定降本指标：通过对院级目标分解，在研发成本领域制定年度降本增效指标。

（2）落实成本责任：基于广汽研究院矩阵式组织管理架构下，项目研发成本的控制责任主体为项目与部门；项目研发过程中的成本费用支出由相应的部门承担。

（3）明确降本对象：根据研发项目进度、具体的开发内容和验收节点，汇总形成年度工作量。

（4）过程跟踪与反馈：项目执行过程中按月度跟踪反馈费用申请、执行及降本情况；对过程中存在的偏离事项及时进行预警。

（5）总结评价与考核激励：通过运用成本目标对比分析，计算成本目标偏差数据，由相应的责任主体承担责任。根据研究院部门绩效考评制度，对责任主体进行奖励与惩罚，确保责权利对等。

在二维成本责任制下，建立二维成本中心（项目/专业领域）的成本管理评价指标，将成本评价指标纳入项目组、部门绩效考核体系；通过项目成本执行情况分析，对成本计划及其有关指标实际完成情况进行定期总结和评价，并根据考核结果和责任制落实情况，进行相关奖励和惩罚，以监督和促进企业加强成本管理责任制，提高成本管理水平。

（五）投资与成本管理信息系统

1. 信息系统实现的功能

信息系统功能包括项目基础资料、成本基准库、项目概算编制、项目预算编制、投资全成本模型、经济性评价模型、成本控制、成本核算、成本分析、变更管理、结题决算、投资后评价、文档管理等内容。通过线上作业管理与项目数据标准化管理，实现系统化、可量化的成本分析与控制，支撑汽车研发项目全流程的精细化成本管理工作，如图9所示。

2. 信息系统实现的效果

广汽研究院投资与成本管理信息系统可以实现从“项目预算明细表”到“报表”的“端到端”系统化管理，即从预算明细表→费用申请→合同签订→请款和支付→生成凭证→生成财务报表，全过程线上化开展成本核算与控制；构建结合矩阵式管理的责任体系，推动当前“总投余额管理”向“WBS + CBS + OBS”管理模式转变；实现分级下沉成本管理责任到专业领域，提升业务事项的权责利匹配，并对专业领域内的研发任务和预算进行授权，由各自专业领域负责自身的成本管理，包括预算编制、预算控制、预算调整等。投资与成本管理信息系统的应用，提升业务效率30%以上。

三、“4321”成本管理体系实践

下面以P1项目为例，论述“4321”成本管理体系在汽车研发项目中的实践与应用。

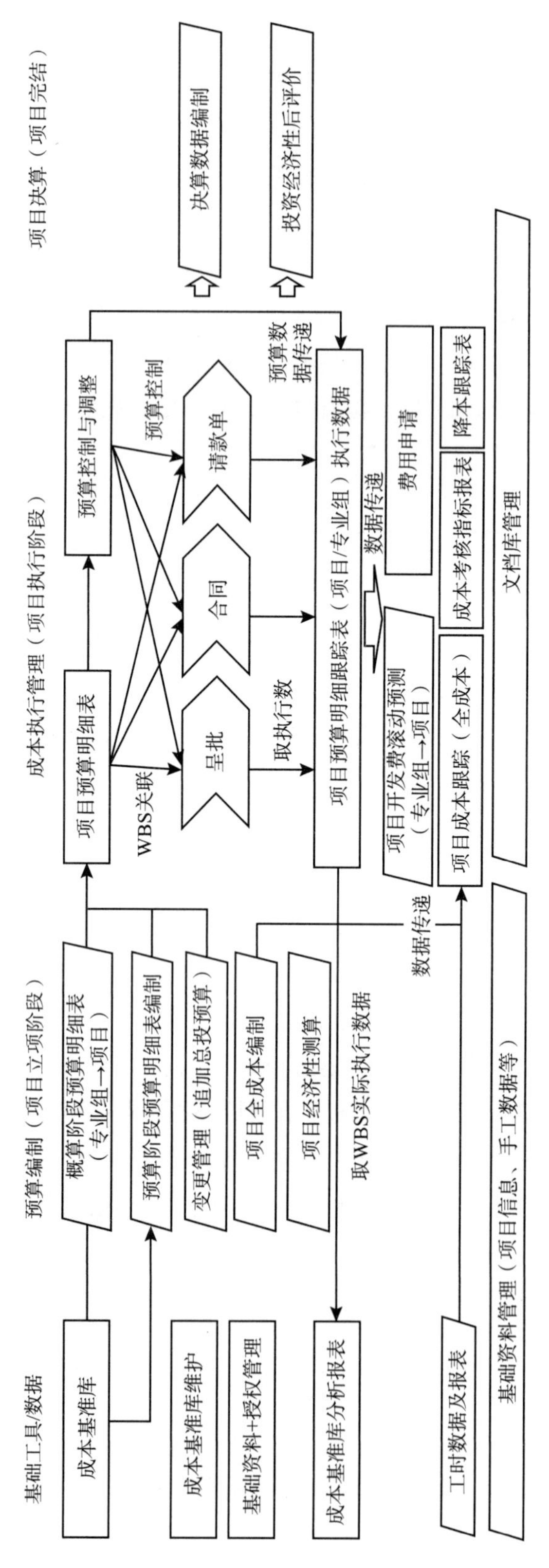
基础工具/数据
成本基准库
成本基准库维护
基础资料+授权管理
成本基准库分析报表
工时数据及报表
基础资料管理（项目信息、手工数据等）
预算编制（项目立项阶段）
概算阶段预算明细表（专业组→项目）
预算阶段预算明细表编制
变更管理（追加总投预算）
项目全成本编制
项目经济性测算
取WBS实际执行数据
数据传递
成本执行管理（项目执行阶段）
项目预算明细表
预算控制与调整
WBS关联
预算控制
呈批
合同
请款单
取执行数
预算数据传递
项目预算明细跟踪表（项目/专业组）执行数据
数据传递
项目开发费滚动预测（专业组→项目）
费用申请
项目成本跟踪（全成本）
成本考核指标报表
降本跟踪表
文档库管理
项目决算（项目完结）
决算数据编制
投资经济性后评价

图9 信息系统功能

（一）P1 项目情况介绍

P1 项目是全新开发的 A 级纯电动车型，遵循以 EV + ICV 为核心的开发思路，基于纯电平台进行开发，打造简洁流畅、外观惊艳、性能先进、新潮好玩的纯电智能轿跑。

造型：外观方面，打造简洁流畅轿跑的惊艳外观；内饰方面，打造简约科技、新潮、好玩的内饰造型。

ICV：高阶 AVP 代客泊车、L2 ++ 自动驾驶、限定场景 100% 无须人工接管，搭载 AR – HUD。硬件系统，叠加情感交互软件算法，并可 OTA 升级，实现常用常新、软件定义汽车的用户体验。

（二）P1 项目成本目标制定

项目成本目标是指项目的概算/预算，载体就是项目概算/预算明细表。

1. 编制 P1 项目概算明细表

汽研院根据主机厂的委托开发需求，发布项目代号 P1，项目正式启动。同时，完成项目总监任命，并从各研发部门抽调专业经理及专业人员组成研发团队，成立 P1 项目组。根据 P1 项目的定位，参考成本基准模型，初步确定 P1 项目的概算总额为 M 万元。

各专业领域（即专业组）根据成本基准库以及前期研究阶段所要开展的工作内容（市场研究、消费者调研、产品定位研究、技术动态与新技术采用可行性研究、政策法规可行性分析、造型方向研究、制造可行性分析、供应商初步分析等内容），在信息系统的成本基准库中选择对应的业务事项，填写预计的数量和单价，形成专业组开发费概算明细表，经项目经理汇总生成项目开发费概算明细表。

基于 P1 项目的立项目的、项目定位、推进组织、费用概算（含明细）等内容编制立项报告，经公司相应层级的决策机构审批之后，即可启用项目概算。项目概算总额的一定比例（如 5%）主要用于前期研究阶段研发工作的开展，主要包括市场调研、对标车分析、造型等费用。

2. 编制 P1 项目预算明细表

项目组根据前期研究阶段工作的成果，明确 P1 项目开发范围、开发策略、开发计划、关键系统技术方案。各专业组根据各自领域需要开展的研发任务，编制 P1 项目整个研发阶段的预算明细表，如表 1 所示。

首先，各专业领域在信息系统中获取前期研究阶段已执行的预算数据。

其次，在信息系统的成本基准库中选择新的需要开展的业务事项，参考该类事项的过往项目实际费用，编制本专业领域的项目预算明细表，然后将前期研究阶段的预算与新业务事项的预算进行汇总形成本领域的整个研发阶段预算明细表。

最后，完成项目组汇总、评估及项目总监确认（总额为 N 万元）。

表 1　　　　P1 项目预算明细

项目	（1 级）项目 WBS	（2 级）项目 WBS	（3 级）项目 WBS	专业组	目标预算
P1	对标车分析	实物对标	对标车租赁	总体组	***
P1	对标车分析	实物对标	对标车保养及维修	总体组	***
P1	对标车分析	实物对标	对标车购买（A 线）	总体组	***
P1	对标车分析	实物对标	对标车租赁	NVH 组	***
P1	对标车分析	实物对标	对标车租赁	产品线组	***
P1	造型	主题批准_样件制作	外内造型加工耗材/样件	造型组	***
P1	造型	A 面阶段_样件制作	设变造型评审样件	造型组	***
P1	造型	色彩开发_模型制作	内造型色彩主题批准模型	造型组	***
P1	造型	交互设计_委外设计	UI 设计委外	造型组	***
P1	零部件同步开发费	底盘电控系统	电子稳定系统 ESP（含标定试验费用）	底盘组	***
P1	零部件同步开发费	主动安全/自动驾驶系统	ADAS_前向雷达及智能前视摄像头（1R1V）	智能网联组	***
P1	样车制作	ET 阶段_非装车样件	ET 阶段_整车试验需求样件	NVH 组	***
P1	样车制作	ET 阶段_辅料耗材	标准件	试制组	***
P1	样车制作	ET 阶段_辅料耗材	ET 阶段_辅料耗材	试制组	***
P1	样车制作	ET 阶段_装车样件	ET 阶段_智能网联领域	智能网联组	***
P1	样车制作	ET 阶段_装车样件	ET 阶段_底盘领域	底盘组	***
P1	样车制作	ET 阶段_装车样件	ET 阶段_集成安全领域	集成安全组	***
P1	样车制作	ET 阶段_装车样件	ET 阶段_车身领域	车身组	***
P1	样车制作	ET 阶段_装车样件	ET 阶段_内外饰领域	内外饰组	***
P1	样车制作	PT 阶段_非装车样件	PT 阶段_整车试验需求样件	NVH 组	***
P1	样车制作	PT 阶段_非装车样件	PT 阶段_台架样件	底盘组	***
P1	试验、检测费用	ET0 阶段_整车_性能试验类	ET0 阶段_底盘调教	试验组	***
P1	试验、检测费用	ET 阶段_台架_零部件及系统试验类	ET 阶段_底盘弹性元件性能试验	试验组	***
P1	试验、检测费用	ET 阶段_整车_NVH 性能开发类	ET 阶段_风噪调校试验	NVH 组	***

续表

项目	（1级）项目WBS	（2级）项目WBS	（3级）项目WBS	专业组	目标预算
P1	试验、检测费用	ET阶段_整车_底盘性能开发类	ET阶段_轮胎选型及主客观性能验证	底盘组	***
P1	试验、检测费用	ET阶段_整车_法规与公告验证类	ET阶段_滑行曲线	总体组	***
P1	试验、检测费用	ET阶段_整车_环境与热管理试验类	ET阶段_高温环境适应性试验	试验组	***
P1	试验、检测费用	ET阶段_整车_环境与热管理试验类	ET阶段_夏季高原性能试验（进藏）	试验组	***
P1	试验、检测费用	ET阶段_整车_环境与热管理试验类	ET阶段_空调性能试验	试验组	***
P1	试验、检测费用	ET阶段_整车_环境与热管理试验类	ET阶段_环境模拟实验	试验组	***
……	……	……	……	……	……

（三）项目成本评审及决策

项目归口部门对项目组编制的预算合理性进行审核，财务部测算项目经济性指标情况，最终由项目组编制项目可行性研究报告报公司层面进行审批，做到项目预算编制科学、合理、准确。

1. 归口部门评审

项目归口部门根据事先确定的项目成本基准模型和模块化预算基准（平台、动力配置、科技配置、内外饰开发等基准），结合P1项目开发内容、科技配置、商务谈判等内容，评价项目预算的合理性并提出意见与建议，预算总额调整为K[N×(1－7.5%)]万元。

2. 项目经济性评价

财务部根据P1项目全生命周期可研销量、销售收入及评审后的成本预算等情况，测算项目内部收益率、财务净现值、动态回收期等经济性评价指标，为项目可研提供决策依据。

3. 项目成本决策

项目组统筹编制可研报告，主要包括政策、标准法规、市场需求和现有基础等分析、产品技术方案、零部件配套方案、工艺技术方案、投资预算与资金筹措、经济性评价等方面的内容，经专家论证后报公司相应层级的决策机构审批。

P1项目通过集团可研审批后，项目正式进入具体实施阶段。

（四）项目成本控制

1. 预算执行

项目成本控制严格坚持“预算先决”的理念。在项目执行过程中，通过信息系统进行控制，实现实时查询、监控项目预算执行情况，做到“无预算不开支，有预算不超支”。

（1）专业组结合预算明细表的内容（WBS&CBS），推进成本精细化管理；同时根据《费用审批管理办法》进行费用申请。

（2）归口部门通过三级 WBS 费用基准、费用构成、历史同类项目费用对比及专题降本等维度论证费用的合理性。

以试验部门道路适应性的费用申请为例，随着广汽研究院研发流程及管控趋于成熟，试验部门对试验模式及道路使用场景进行改革，通过对潜在质量问题进行研究，发现对 5 万公里后的质量问题可通过耐久专项试验进行覆盖，无须实车进行验证。最终，通过优化道路适应性试验，整体验证里程及周期均有大幅下降，相关试验验证费下降 60% 以上。

（3）财务部从“专业领域 + 费用类型”的角度进行预算控制，并在项目的重要阶段（G6→G1 阀门）开展成本实际投入监控。

（4）专业部门费用审批完成后，后续签订的合同以及请款报销金额，均须控制在原费用审批范围内。

2. 预算调整

研发项目预算调整坚持“调整与编制同职责”以及“先调整后实施”的原则。研发项目预算一经批复下达，原则上一般不予以调整，除非发生下列情形：（1）新增项目开发内容；（2）项目开发内容或方案发生变化；（3）市场环境、政策法规等变化导致研发项目预算不满足需求或项目开发内容取消等。当上述因素发生后，由需要调整的专业领域在系统中发起申请，经过相应审批后开始实施。

（五）项目成本核算

基于 P1 项目预算明细表，在财务系统中实现从“项目预算明细表”到“报表”的“端到端”系统化成本核算。每个专业领域均有自身的项目预算明细，从项目预算明细表中可以直接进行费用申请（生成呈批单），在费用申请的基础上根据业务情况进行合同签订、请款和支付，并自动生成凭证和报表。

在项目研发过程中，利用成本核算提供的成本信息及其他有关资料，定期组织项目组和专业领域对项目预算进行滚动预测，编制成本预测报告，及时风险预警；对于成本差异，各专业领域分析成本水平与构成变动情况，查明影响成本变动的各种因素和产生的原因，对成本发生和形成过程以及影响成本的各种因素条件施加主动的影响和干预，把实际成本控制在预算目标内。

（六）项目成本执行情况分析

根据P1项目预算的实际执行情况，从多个维度（包括项目维度和部门维度等）对项目成本情况进行对比分析。主要分析报表有以下内容：

（1）《项目预算汇总跟踪表》：从一级WBS（费用类型）维度实时查询并分析P1项目和其他可比项目开发费预算执行情况。

（2）《项目预算明细分析表》：从三级WBS和OBS维度实时查询并分析P1项目预算明细的执行情况，可联查到具体业务单据查看详细内容。

（3）《项目降本跟踪表》：实时查询并分析P1项目各专业领域的降本情况。

（4）《成本基准库分析表》：根据P1项目的预算实际执行情况，对于预算外事项进行分析，确定是否为常规业务事项，考虑将其纳入成本基准库进行管控，完善业务事项基准（WBS），确定其责任部门（OBS）；通过各业务的成本预实对比分析，优化成本基准库单价（CBS）。进一步推动后续项目预算明细表的准确性、合理性与科学性。

（七）项目成本考核

P1项目完成开发任务后，对其进行决算分析，实际成本投入较预算目标K节约11%，如表2所示。

表2　　P1项目各专业领域预实对比分析

序号	专业领域	预算A	实际B	预计结余 C=A-B	执行率 D=C/A	原因分析
1	NVH	***	***	***	***	***
2	车身	***	***	***	***	***
3	内外饰	***	***	***	***	***
4	底盘	***	***	***	***	***
5	工艺	***	***	***	***	***
6	集成安全	***	***	***	***	***
7	造型	***	***	***	***	***
8	试验	***	***	***	***	***

续表

序号	专业领域	预算 A	实际 B	预计结余 C = A − B	执行率 D = C/A	原因分析
9	动力	***	***	***	***	***
10	智能网联	***	***	***	***	***
11	企划	***	***	***	***	***
12	总体	***	***	***	***	***
13	质量	***	***	***	***	***
14	产品线	***	***	***	***	***
15	试制	***	***	***	***	***
16	项目组	***	***	***	***	***
17	知识产权	***	***	***	***	***
18	采购	***	***	***	***	***
合计		***	***	***	***	***

财务部将决算数据提交给人力资源部，对项目组进行相关奖励和惩罚，以监督和促进企业成本管理责任制的落实，提高全员成本管理水平。

四、“4321”成本管理体系成效

（一）构建创新型成本管理体系

（1）结合项目研发流程运用项目概算、预算、核算、决算的方法开展全流程的成本管理工作，清晰反映各阶段的成本费用数据，通过数据分析做出相应的成本控制与决策。

（2）构建“WBS + OBS + CBS”三位一体的成本基准库与项目预算明细表，深化项目研发成本精细化管理。制定标准化的业务事项（WBS）和基准单价（CBS），并将其分解到各专业领域与责任单位（OBS），形成成本基准库；结合项目开发范围编制项目预算明细表，将成本预算与产品开发各阶段的工作任务相关联，深化项目研发成本精细化管理。

（3）推行矩阵式架构下的二维成本责任制，发挥员工成本管理的积极性与主观能动性。项目成本责任不仅下沉到项目，还根据业务事项（WBS）分解项目成本，将项目成本与研发部门预算打通，将成本责任进一步下沉至部门；利用研发部门的专业优势及资源协调能力，统筹推进该领域下的成本精细化管理，发挥全体员工成本管理的积极性和主观能动性。

（4）建设一套投资与成本管理信息系统，支撑项目全流程成本管理。通过线上作业管理与项目数据标准化管理，实现系统化、可量化的成本分析与控制，支撑项目全流程成本管理。

（二）提升经济效益

通过推行“4321”成本管理体系，广汽研究院2019～2023年项目研发成本共计节约24.6亿元，有效减少浪费，提高资源使用效率，提升企业盈利能力和整体竞争力。

（三）提升管理效率

通过成本管理信息系统，建立系统化成本控制与“端到端”的财务核算方式，提高了成本管理的工作效率。

五、经验总结

汽车研发项目“4321”成本管理体系的建设与实践，节约了项目研发成本、提升了企业经济效益，降低了管理成本、提高了管理效率，为打造企业核心竞争力、实现企业的稳定可持续发展发挥着重要作用，但仍存在较大的改善空间。

（1）成本基准库CBS的合理性有待提升。部分业务的CBS采用历史最高价确定，但是随着平台化、模块化及节流降本的持续深入，以及存在首搭/二搭/三搭等情况，参考最高价进行预算编制，会导致预算目标较实际偏离度较大。

（2）研发工作的复杂性与多变性使成本管理难度加大。随着新能源汽车科技发展日新月异，汽车行业越来越“卷”，新需求、新技术、新配置不断增加，对立项阶段预算目标的预测越发困难，在一定程度上增加了后续执行过程中频繁的预算调整与变更，增加了成本管理的难度。

（3）“4321”成本管理体系暂未对人工成本进行精细化管理。下一步成本的方向是对人工成本进行精细化管理；并且考虑将成本进行分包管理，将项目开发工作任务及对应的成本预算分包给部门，构建项目与部门之间的虚拟结算关系；将研发部门作为独立核算的经营体，真正体现工资和奖金是挣来的理念，促进研发部门人效不断提升。

（广州汽车集团股份有限公司：王　俊　薛雄良　黄益明　朱义晟　胡少雄）

案例评语：

该案例聚焦于数智化成本管理体系的构建与应用。案例单位创新性地运用了责任成本管理、作业成本法、投入产出分析等管理会计工具，构建并实践了“4321”汽车研发项目成本管理体系。该体系包括项目四算成本管理方法、“WBS + OBS + CBS”三位一体的成本基准库、矩阵式架构下的二维成本责任制，以及投资与成本管理信息系统，实现了对汽车研发项目全流程成本管理。通过实施这一体系，案例单位不仅提升了成本管理的精细化水平，还激发了全员参与成本管理的积极性与主观能动性，显著增强了企业的竞争力和可持续发展能力。

案例单位在系统化成本管理流程、精细化成本责任制等成本管理方面的探索与实践，为同行业企业提供了宝贵的经验和启示。

基于业财融合的金钼股份化工产品作业成本应用实践*

摘要

面对日趋激烈的同质化市场竞争和日益严格的环保要求，金钼股份化学分公司大量引入自动化和环保设备，生产工艺流程趋于复杂，产品成本构成更加多样，以往成本核算模式无法提供准确的成本信息。为了更好地落实公司成本领先战略，提升市场竞争力，促进业财融合，化学分公司2021年开始推行作业成本法。化学分公司在实施作业成本法的过程中，以组织变革为先导，凝聚公司骨干力量与核心资源。以实施作业成本核算为重心，建章立制，稳步推进作业成本核算体系的建设。以数据驱动业务流程改进为落脚点，深化作业成本法核算结果应用，推动业财深度融合。

本案例以二钼酸铵的生产过程为例，完整介绍作业成本法的应用过程及效果。首先，识别出11个作业并组建成8大作业中心。其次，通过实地调研，确定了人工、材料费、折旧费、电费、环保费5类资源动因，计算资源动因分配率，将资源分配到作业。再次，按照原料投入和人工费用的特性，确定了2类作业动因，计算作业动因分配率，进而计算出3种产品的总加工成本。最后，为提升作业成本的管理效能，区分增值作业和非增值作业，利用成本数据驱动业务流程改进。通过实施作业成本法，提供了精准的全过程成本数据，使化学分公司产品结构调整更加科学，成本管控更加有力，市场定价更有竞争力，绩效评价更有激励性，企业发展获得新动能。

一、背景描述

（一）单位基本情况

金钼股份（股票代码601958）是一家集钼采矿、选矿、冶炼、加工、科研、贸

* 本案例采用的数据非真实数据，仅用于本案例说明使用。

易于一体的钼专业生产贸易商。化学分公司是金钼股份下设的一家专业从事钼化学产品加工的企业，设置“分公司、车间”两级管理，主要产品包括二钼酸铵、四钼酸铵、七钼酸铵等 7 系列 30 多个品种，广泛应用于冶金、军工、化工、电子、催化剂等领域。

（二） 管理会计应用基础

化学分公司是一家典型的化工企业，其生产过程是对钼原料的化学加工增值过程。钼原料一次性投入，分段进行化学加工，不同工段产出不同的产品，整个生产过程相对封闭、连续作业。公司产品加工成本采用完全成本法核算，各产品制造费用分摊不准确，成本信息和业务信息相互分离，产品的价值流动路径追踪困难，精准管控成本难以深入，制约了企业价值创造力的提升。

（三） 选择作业成本法的主要原因

采用作业成本法，一是有利于强化成本管控。能够深入作业环节，细分作业动因和资源动因，划清核算对象之间的成本界限，提高成本核算的准确性，落实成本责任，加强成本管控。二是有利于落实成本领先战略。钼化工产品同质化严重，价格市场化程度较高。作为市场价格的接受者，化学分公司降本增效压力日益增大，亟须转变以往的成本核算模式。采用作业成本法成为打造持续竞争优势的必然选择。

二、总体设计

（一） 应用作业成本法的目标

为全面落实成本领先战略，化学分公司 2021 年制定了《作业成本法实施方案》，将作业成本法作为重点推进实施的管理会计工具。主要达到以下目标。

1. 精准核算产品加工成本

化学分公司采用原料一次投入，分阶段产出产品的工艺流程，不同阶段产品经过的工艺环节差异较大。应用作业成本法将每一个工艺环节作为作业单元，依据各产品的作业数量进行成本核算，以精准反映产品加工成本构成，还原产品成本的本来面目，进而追根溯源，为降低成本创造条件。

2. 显著降低企业生产成本

实施作业成本法，一方面剔除或减少生产过程中的非增值作业投入，把更多资源转移到增值作业中去，提高投入的有效性。另一方面，聚焦增值作业，发现成本超支、资源浪费环节，找准“滴、漏、跑、冒”病灶，精准施策，靶向发力，降低作业成本和产品成本。

（二）应用作业成本法的总体思路

化学分公司在实施作业成本法的过程中，以组织变革为先导，凝聚公司骨干力量与核心资源；以作业成本法核算体系建设为重心，改变成本管控模式；以数据驱动业务流程改进为落脚点，推动业财融合，不断深化作业成本法核算结果的应用，总体思路如图 1 所示。

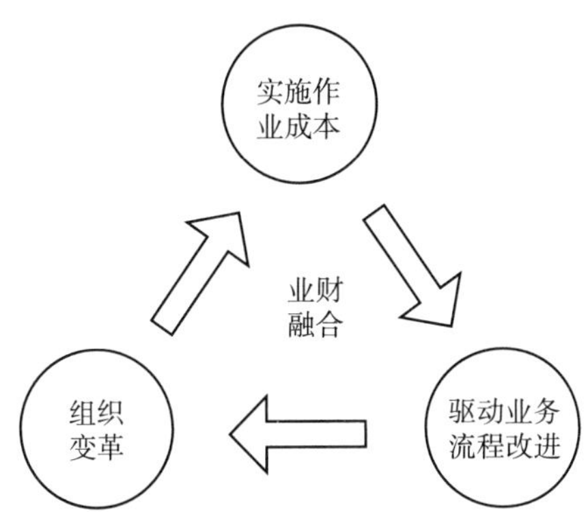

图 1　应用作业成本法的总体思路

1. 组织变革

建立以总经理挂帅，覆盖各职能部门和生产区的“作业成本法推进专班”，在各业务车间设置具有财务 BP 职能的核算员岗位，配备具有业财融合素养的专业人员，将实施作业成本法的知识与能力植入各业务单元，构建起作业成本法运行的基础组织环境。

2. 实施作业成本核算

按照作业成本法四个操作步骤：识别作业及确认作业中心、确认资源动因及分配资源费用、选择作业动因及分配作业成本、计算产品成本，有序推进并实施作业成本核算。

3. 数据驱动业务流程改进

运用作业成本法揭示的成本构成，深入业务场景，追溯成本发生的作业动因和资源动因，进而划分出增值作业和非增值作业，直击存在的问题，靶向施策，优化业务流程，全面提升业务运行效率。

（三）作业成本法的内容

作业成本法的核心思想是“产品消耗作业，作业消耗资源”，其主要步骤包括识别作业、确认作业中心、确认资源动因、分配资源费用、选择作业动因、分配作业成本、计算产品成本。

主要概念包括：

（1）作业。指企业基于特定目的重复执行的任务或活动，是连接资源和成本对象的桥梁，其识别与生产工艺流程紧密相关。

（2）资源动因。指各作业消耗资源的方式和原因，是资源成本分配到作业的基本依据。

（3）作业动因。指作业贡献于最终产品的方式与原因，是表示成本核算对象对于作业需求的强度和频率最恰当的单一数量度量标准。

化学分公司应用作业成本法，依据二钼酸铵的工艺流程识别作业，根据资源性质与使用情况确定资源动因，基于产品特性确定作业动因，计算产品加工成本。

（四）应用作业成本法的创新

1. 创设业财融合支点

以设置车间财务核算岗位为抓手，着力打破财务与业务部门之间的隔膜，协同推进作业成本法实施，促进作业成本法落地生根。

2. 再造成本管控闭环

以成本动因的归集和分配为抓手，着力解决成本核算精确性和可追溯性问题，以精准成本数据为起点，聚焦工艺流程，发掘优化措施，形成成本管控闭环。

3. 重塑业务流程

以划分作业类型、分析作业规程为抓手，着力管控成本源头，重塑化学分公司生产运作流程，剔除或减少非增值作业环节，改进增值作业操作规程，优化产品价值构成。

三、应用过程

（一）参与部门和人员

依据实施方案，总经理挂帅，组建专班推进。财务部牵头，综合部、生产保障部、生产运行部、安全环保部、机动能源部、质量部、各分厂等多部门协同发力，有序实施。具体运行机制如图 2 所示。

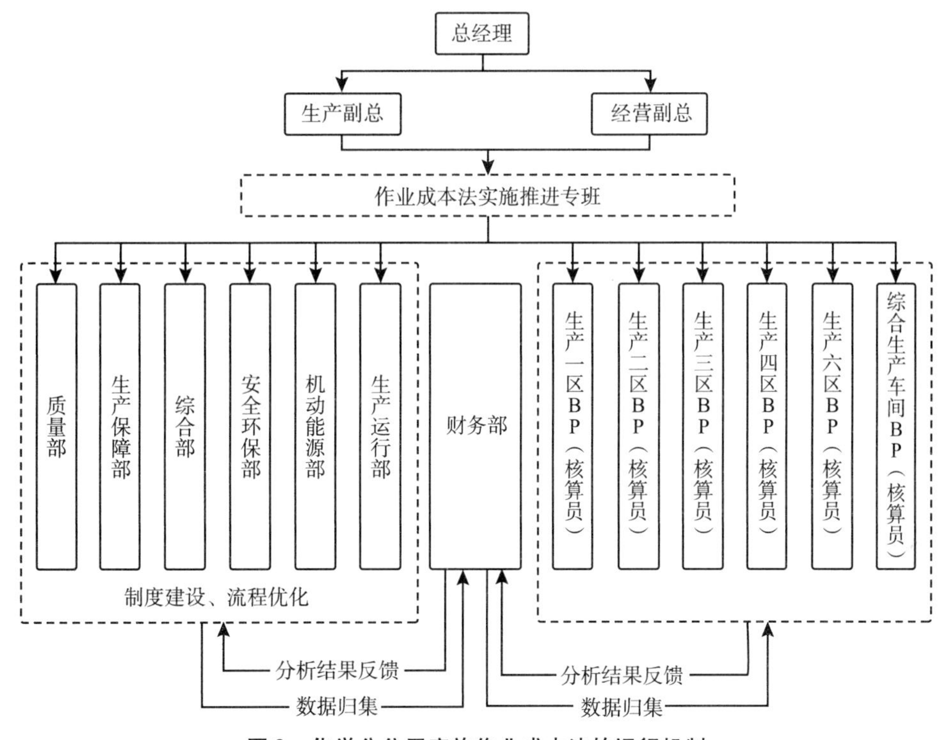

图 2　化学分公司实施作业成本法的运行机制

在实施过程中，专班统筹规划，部门各负其责，相互协作。实施初期，各职能部门根据作业成本法实施环境要求，梳理业务流程，建立规章制度。财务部协同各职能部门指导生产区梳理实施要素，建立数据采集、汇总、分析、反馈机制。运行期间，职能部门和生产区采集、统计相关数据，财务部汇总、分析后反馈至各单位，由各单位分析原因、提出解决方案，自行实施或报专班统筹实施。

（二）应用作业成本法的资源、环境、信息化条件等部署要求

1. 资源条件

化学分公司高度重视作业成本法的实施。人员上，在生产区设置具有财务 BP 职能的核算员岗位，作为业财融合的紧密纽带。知识能力上，组织了一系列作业成本法原理及应用的专题培训，覆盖了财务及主要业务部门的骨干人员。经费上，公司专门进行项目立项，下拨专项经费，保障各项工作的开展与运行。

2. 环境条件

化学分公司长期探索成本领先战略的实施路径，已经深入认识到作业成本法是企

业目前建立成本优势的重要途径。高层管理者高度重视，各部门协同配合，运行机制顺畅，为作业成本法顺利实施提供良好的环境条件。

3. 信息化条件

化学分公司应用金蝶 EAS 财务供应链一体化系统、产成品系统、质量管理系统、报表系统，提供各成本单元物料消耗、能源消耗数据，以及产品各项指标数据，经过采集、汇总、加工后，能够响应作业成本法的数据要求。

（三）作业成本法在化学分公司的具体应用

化学分公司主产品为二钼酸铵，副产品为水洗含钼水和水洗低品钼。整体生产流程复杂，产品种类丰富，采用作业成本法，压缩加工成本有较好的预期。下面运用 2022 年各项经营数据，阐述作业成本法在化学分公司的具体应用过程，包括基本核算应用和管理提升应用两个方面。

1. 作业成本法的基本核算应用

依据财政部《管理会计应用指引第 304 号——作业成本法》，结合化工产品加工特性，化学分公司应用作业成本法分为五个步骤。

（1）识别作业并确认作业中心。

①二钼酸铵的工艺流程。

识别作业是依据二钼酸铵的工艺流程（见图 3）。二钼酸铵的生产首先投入原料高溶氧化钼，该原料一次性投入封闭的生产线，经过连续的化学反应后，在固液分离和板压环节产出水洗含钼水和水洗低品钼两种副产品，再经过过滤、结晶、离心等环节，产出主产品二钼酸铵。

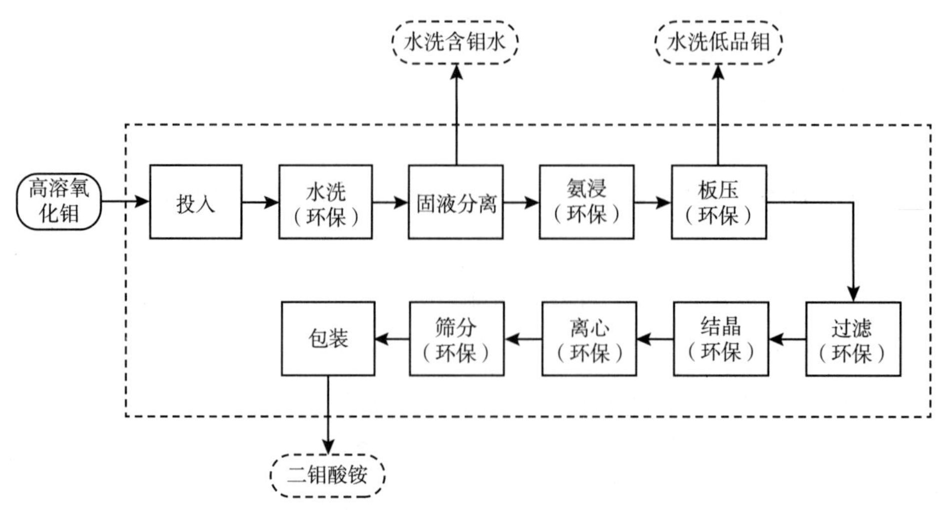

图 3　二钼酸铵的工艺流程

②识别11个作业。

依据二钼酸铵的工艺流程和作业成本核算特点，按照生产线各环节设备物理特性，区分生产线，将功能一致的设备划分为一组，形成11道核心工艺，依据核心工艺划分为11个作业，即投入高溶氧化钼、水洗系统、固液分离系统、氨浸系统、板压系统、过滤系统、结晶系统、离心系统、筛分系统、包装系统、环保系统。

③组建8大作业中心。

在11个作业的基础上，按照作业目的是否相同以及成本效益原则，对部分作业进行了合并，将过滤系统作业、结晶系统作业、离心系统作业合并为提纯作业中心，将筛分系统作业、包装系统作业合并为包装作业中心。最终，将11个作业组建成8大作业中心（见表1），即投入材料作业中心、水洗作业中心、固液分离作业中心、氨浸作业中心、板压作业中心、提纯作业中心、包装作业中心、环保作业中心。通过对作业中心的管理和分析，更有利于员工绩效考核、日常管理和优化。

表1　化学分公司作业与作业中心明细

<table>
<tr><td rowspan="2">作业中心</td><td>①</td><td>②</td><td>③</td><td>④</td><td>⑤</td><td colspan="3">⑥</td><td>⑦</td><td colspan="2">⑧</td></tr>
<tr><td>投入材料作业中心</td><td>水洗作业中心</td><td>固液分离作业中心</td><td>氨浸作业中心</td><td>板压作业中心</td><td colspan="3">提纯作业中心</td><td>包装作业中心</td><td colspan="2">环保作业中心</td></tr>
<tr><td>作业</td><td>投入高溶氧化钼</td><td>水洗系统</td><td>固液分离系统</td><td>氨浸系统</td><td>板压系统</td><td>过滤系统</td><td>结晶系统</td><td>离心系统</td><td>筛分系统</td><td>包装系统</td><td>环保系统</td></tr>
</table>

④编制作业清单。

将已经确定的产品构成中所涉及的所有作业清单化，以便日常对作业进行维护。根据识别的11个作业和8个作业中心，编制作业清单（见表2）。

表2　化学分公司作业清单

序号	作业名称	作业内容	作业类别	作业中心
1	投入高溶氧化钼	将原料库中的原料使用天车投入水洗釜	水洗	投入材料作业中心
2	水洗系统	在水洗釜中，使原料和水进行反应，进行化学除杂	水洗	水洗作业中心
3	固液分离系统	利用带式过滤机将滤饼与废水进行固液分离	氨浸	固液分离作业中心
4	氨浸系统	滤饼与氨水在氨浸釜中进行化学反应	氨浸	氨浸作业中心
5	板压系统	利用板框压滤机将滤渣与物料进行固液分离	氨浸	板压作业中心

续表

序号	作业名称	作业内容	作业类别	作业中心
6	过滤系统	利用纸板过滤器将滤渣与物料进行固液分离	氨浸	提纯作业中心
7	结晶系统	对物料进行蒸发结晶生成产品	结晶	
8	离心系统	利用离心机将物料与母液进行固液分离	烘干包装	
9	筛分系统	利用振动筛对物料的颗粒大小进行分级	烘干包装	包装作业中心
10	包装系统	对产品进行包装	烘干包装	环保作业中心
11	环保系统	工艺线产生的废气，利用环保系统进行处理，达标排放	环保	

（2）确定资源要素及耗费总额。

经过对加工成本的梳理，在与企业高层管理人员、车间管理人员和一线生产工人访谈及现场实地调查后，将加工费用主要分为工资、材料费、折旧费、电费、环保费五类。对少量其他费用，统一归集到材料费。并根据实际耗用情况，按类统计资源耗用总额，具体如表 3 所示。

表 3　　2022 年化学分公司资源要素耗费总额　　单位：元

资源要素	资源耗费总额（A）
工资	39257606.46
材料费	36668960.75
折旧费	13671447.64
电费	5238943.16
环保费	7289112.80
合计	102126070.81

（3）资源动因选择与资源分配。

①资源动因选择。

根据各项资源的性质和使用情况，将五类资源分别匹配不同的资源动因。

——工资采用人工工时确定资源动因。

——材料费采用实际领用确定资源动因。

——折旧费资源动因分为两类，专属设备折旧由使用的作业中心承担，公共设备折旧按占用面积分摊。

——电费通过千瓦时确定资源动因。

——环保费采用各作业产生的废水/废气量确定资源动因。

②资源动因总量确定。

依据各类资源实际的计量方式和选择的资源动因，根据实际消耗，计算各项资源要素耗费的资源动因总量，如表4所示。

表4　　　　2022年化学分公司资源动因耗费总量

资源要素	资源动因	资源动因总量（B）	资源耗费总额（A）（元）	资源动因分配率（A/B＝C）
工资	人工工时	170352.00	39257606.46	230.45
材料费	实际领用	1238686.20	36668960.75	29.60
折旧费	分类归集	1374072.23	13671447.64	9.95
电费	千瓦时	4574265.84	5238943.16	1.15
环保费	废水/废气量	7961.76	7289112.80	915.52
合计		7365338.03	102126070.81	13.87

③资源动因分配率计算。

资源动因分配率是每单位资源所对应的成本金额，其计算公式如下：

资源动因分配率（C）＝资源耗费总额（A）/资源动因总量（B）

资源动因分配率计算结果如表4所示。

④将资源分配到作业。

对各作业耗费资源的计量，首先依据实际发生情况，统计测算各作业消耗的各类资源动因量，再结合资源动因分析率计算出每一个作业对各类资源消耗的金额。

工资资源动因耗费量的确认分为人工介入作业和其他两类，人工介入作业依据人工实际耗用工时计算资源动因量，其他按照运维整条生产线的情况，遵循均分原则计算资源动因量。材料费、电费依据实际领用和公共费用均分的原则计算资源动因量。环保费按照各作业产生的废水、废气量计算资源动因量。折旧费按照作业折旧、公共设备折旧、作业占用总面积、作业占用面积四个参数计算折旧资源动因量计算［折旧资源动因量＝作业折旧/（公共设备折旧/作业占用总面积）＋作业占用面积］。

在统计完成资源动因量后，计算资源动因分配率，具体计算公式为：

作业消耗资源金额（A）＝资源动因量（D）×资源动因分配率（C）

作业消耗资源量计算结果如表5所示。

表5　　2022年化学分公司各作业消耗资源量计算

单位：元

资源类别		投入高溶氧化钼	水洗系统	固液分离系统	氨浸系统	板压系统	过滤系统	结晶系统	离心系统	筛分系统	包装系统	环保系统
工资	资源动因量（D）	48079.44	11124.00	10789.32	10822.80	10623.24	10623.24	10623.24	10623.24	9632.04	27779.40	9632.04
	资源动因分配率（C）	230.45	230.45	230.45	230.45	230.45	230.45	230.45	230.45	230.45	230.45	230.45
	作业消耗资源金额（①=C×D）	11079903.58	2563525.02	2486398.04	2494113.50	2448124.91	2448124.91	2448124.91	2448124.91	2219702.94	6401760.78	2219702.94
材料费	资源动因量（D）	132701.30	119544.38	113438.73	113939.02	112701.30	112701.30	112701.30	112701.30	110148.68	98667.32	99441.57
	资源动因分配率（C）	29.60	29.60	29.60	29.60	29.60	29.60	29.60	29.60	29.60	29.60	29.60
	作业消耗资源金额（②=C×D）	3928370.85	3538885.13	3358138.92	3372949.06	3336308.70	3336308.70	3336308.70	3336308.70	3260743.22	2920859.28	2943779.49
折旧费	资源动因量（D）	93460.68	107129.76	105813.48	142382.88	92576.40	65900.51	65900.51	65900.51	65900.51	105321.72	463785.26
	资源动因分配率（C）	9.95	9.95	9.95	9.95	9.95	9.95	9.95	9.95	9.95	9.95	9.95
	作业消耗资源金额（③=C×D）	929894.92	1065896.59	1052800.15	1416650.48	921096.71	655682.71	655682.71	655682.71	655682.71	1047907.34	4614470.59
电费	资源动因量（D）	1291021.26	298701.08	289714.14	290610.68	285254.73	285254.73	285254.73	285254.73	258638.18	745923.39	258638.18
	资源动因分配率（C）	1.15	1.15	1.15	1.15	1.15	1.15	1.15	1.15	1.15	1.15	1.15
	作业消耗资源金额（④=C×D）	1478616.95	342104.73	331811.91	332838.73	326704.52	326704.52	326704.52	326704.52	296220.37	854312.01	296220.36
环保费	资源动因量（D）	2247.09	519.91	504.26	505.82	496.50	496.50	496.50	496.50	450.17	1298.32	450.17
	资源动因分配率（C）	915.52	915.52	915.52	915.52	915.52	915.52	915.52	915.52	915.52	915.52	915.52
	作业消耗资源金额（⑤=C×D）	2057248.07	475981.49	461660.75	463089.40	454554.68	454554.68	454554.68	454554.68	412141.08	1188632.22	412141.08
作业成本合计（①+②+③+④+⑤）		19474034.37	7986392.96	7690809.77	8079641.17	7486789.52	7221375.53	7221375.53	7221375.53	6844490.32	12413471.64	10486314.46

（4）作业动因选择与分配率计算。

①作业动因选择及作业动因总量确定。

结合二钼酸铵的工艺流程，投入高溶氧化钼作业和包装系统作业与人工投入时间相关，采用人工工时作为作业动因。其他作业均属于对钼原料的加工环节，其成本依赖各作业产出的中间量中钼含量的多少，因此使用金属量（钼）作为作业动因。依据各作业实际运行情况，统计各作业的动因总量，如表6所示。

②计算作业动因分配率。

作业动因分配率指单位作业动因导致的成本费用的数量，由作业成本额除以作业动因总量计算得出，计算公式为：

作业动因分配率（c）= 作业成本（a）/作业动因总量（b）

作业动因分配率计算结果如表6所示。

表6　　2022年化学分公司作业动因分配率

序号	作业名称	作业成本（a）（元）	作业动因总量（b）	作业动因分配率（a/b = c）
1	投入高溶氧化钼	19474034.37	17280.00	1126.97
2	水洗系统	7986392.96	47976.48	166.46
3	固液分离系统	7690809.77	46533.04	165.28
4	氨浸系统	8079641.17	46677.02	173.10
5	板压系统	7486789.52	45816.77	163.41
6	过滤系统	7221375.53	45816.77	157.61
7	结晶系统	7221375.53	45816.77	157.61
8	离心系统	7221375.53	45816.77	157.61
9	筛分系统	6844490.32	41541.70	164.76
10	包装系统	12413471.64	119808.00	103.61
11	环保系统	10486314.46	41541.70	252.43

（5）计算产品总加工成本。

对各产品成本的计量，首先依据实际发生情况，统计测算各产品消耗的各类作业动因总量，再结合作业动因分配率计算出每一个产品消耗的各类作业金额，加总后得出各产品的加工费总额。具体计算公式为：

产品消耗作业金额（c×d）= 作业动因量（d）× 作业动因分配率（c）

产品总加工成本归集计算结果如表7所示。

表 7　　2022 年化学分公司产品加工成本归集　　单位：元

产品		投入高溶氧化钼	水洗系统	固液分离系统	氨浸系统	板压系统	过滤系统	结晶系统	离心系统	筛分系统	包装系统	环保系统	产品加工费用合计
水洗含钼水	作业动因量（d）	720. 67	2000. 89	1940. 69	—	—	—	—	—	—	—	1732. 52	—
	作业动因分配率（c）	1126. 97	166. 46	165. 28	173. 10	163. 41	157. 61	157. 61	157. 61	164. 76	103. 61	252. 43	—
	产品消耗作业金额（c×d）	812175. 73	333077. 08	320749. 61	—	—	—	—	—	—	—	437337. 73	1903340. 15
水洗低品钼	作业动因量（d）	397. 76	1104. 35	1071. 12	1121. 19	1100. 53	—	—	—	—	2877. 82	956. 23	—
	作业动因分配率（c）	1126. 97	166. 46	165. 28	173. 10	163. 41	157. 61	157. 61	157. 61	164. 76	103. 61	252. 43	—
	产品消耗作业金额（c×d）	448262. 41	183834. 52	177030. 65	194074. 96	179834. 52	—	—	—	—	298174. 63	241378. 88	1722590. 56
二钼酸铵	作业动因量（d）	16161. 57	44871. 25	43521. 23	45555. 83	44716. 24	45816. 77	45816. 77	45816. 77	41541. 70	116930. 18	38852. 95	—
	作业动因分配率（c）	1126. 97	166. 46	165. 28	173. 10	163. 41	157. 61	157. 61	157. 61	164. 76	103. 61	252. 43	—
	产品消耗作业金额（c×d）	18213596. 24	7469481. 36	7193029. 51	7885566. 22	7306955. 00	7221375. 53	7221375. 53	7221375. 53	6844490. 32	12115297. 01	9807597. 86	98500140. 09

2. 作业成本法的管理提升应用

（1）识别非增值作业，提高资源管理效率。

化学分公司的非增值作业是支持性活动或间接活动，它们消耗了资源，但不增加产品价值，具体如表 8 所示。所以，它们不会被指定给特定的作业或产品，而是作为间接成本被分配给所有作业。剔除或降低非增值作业，将非增值作业消耗的资源重新分配到增值作业，能够提高资源分配效率，实现降本增效。

表 8　　非增值作业清单

序号	非增值作业名称	非增值作业内容
1	运输	购买的原材料和辅料，从供货厂家拉运到生产车间
2	储存	对原材料、辅料、半成品或成品进行库存管理
3	安环	生产车间的安全环保
4	维修	车间的日常检修、维护
5	绿化	租赁绿植对车间进行美化
6	日常办公	车间人员产生的差旅培训等办公费用

（2）计算产品单位加工成本，为经营决策提供支持。

为了在作业成本法下，将产品和资源联系起来，并计算出单位加工成本，需要对产品成本有更深入的理解和分析。在作业成本法五个基本步骤完成后还需要进一步计算各产品对各类资源的消耗金额，其计算过程是依据产品消耗的作业金额乘以作业某类资源消耗占比计算得出。计算公式为：

$$产品对某类资源的消耗 = \sum 产品消耗某一作业金额(c \times d) \times 该作业对某类资源消耗比例$$

在每个作业中，某一资源的消耗比例由表 9 计算得出。

表 9　　2022 年化学分公司产品资源消耗情况　　单位：元

项目名称	二钼酸铵	水洗含钼水	水洗低品钼
工资	37797465. 180	765277. 61	694863. 67
材料费	35546446. 420	574251. 28	548263. 05
折旧费	13094139. 050	319592. 39	257716. 19
电费	5044086. 740	102126. 68	92729. 74

续表

项目名称	二钼酸铵	水洗含钼水	水洗低品钼
环保费	7018002.70	142092.19	129017.91
合计	98500140.09	1903340.15	1722590.56
产量（吨度）	5704.977	190.166	316.943
单位加工成本	17265.65	1000884.00	5435.02

通过表 9，可以看出每个产品加工成本的成本结构，便于直观分析各类成本的占比情况，通过同比、环比、预算比、标准比、同行业比可以清晰地发现差异，从而有针对性地按照作业成本法归集顺序分析问题，实现成本改进，合理定价、优化生产安排等。

（3）财务数据驱动业务流程改进案例分析。

①环保费说明。

化学分公司生产过程中产生大量的废气、废水、固体废物。贯彻国家环保治理政策要求，环保费属于刚性支出。虽然环保费无法为企业带来任何经济利益，但企业也无法通过消除此项费用来降低成本。化学分公司生产过程中产生的废水、废气须委托有资质的企业进行处理，费用占加工成本很大比例，如何降低环保费支出对于企业来说是一个无法回避的问题。

②环保费支出及成因。

化学分公司 2021 年开始实施作业成本法，将环保作业作为一个独立的作业中心进行管理。当年环保费支出 971.86 万元，占总加工成本的 11.08%，相比行业平均水平，占比较高。2022 年以作业成本法的核算结果，重点对环保费的组成进行了分析，发现环保费主要是废水的直接处理费用。分析废水的处理过程，就成为节约环保费的主要着力点。

③环保工艺改进措施。

化学分公司的废水是氨、水混合物。在处理过程中，处理费用按照废水重量吨进行计量，而与废水的氨含量不相关。因此在技术可行、含氨总量不变的情况下，提高氨水的浓度，可以大幅降低氨水重量，节约环保费支出。

④环保治理工艺改进实施及效果。

化学分公司调整优化生产工艺，在公司层面组建专业团队，联合工艺设计院，共同研究设计改进方案，设备管理部门按照工艺要求，定制配套设备，完成工艺流程的改造。改造后，将部分氨水的浓度由 0.02% 提高到 1.55%，大幅降低氨水重量，使 2022 年环保费降低为 728.9 万元，占总加工费的比例降至 7.14%，降幅达 35.56%，为企业带来了明显的经济效益。

上述实例说明，实施作业成本法后，企业会对产品成本的构成有着更加深刻的认识。透过现象看本质，转变思维方式，对企业经营管理和产品结构优化获得重要启示。

（四）在实施过程中遇到的主要问题和解决方法

1. 作业区分难度大

化学分公司整条生产线在一个密闭环境里运行，生产原料一次性添加，按工艺流程分段反应，持续化学反应不可间断，各作业边界不清晰，区分难度大。

化学分公司按照以下三种情况区分作业：一是将单向不可逆的工段，按照物理容器和功能特点划分为一个作业；二是将可反向流动、功能相同的工段划分为一个作业；三是将分散在各个环节的环保设备统一归为环保作业，以单独区分环保的整体功能。

通过以上措施，能够清晰地区分作业，最大限度细化管控颗粒度，快速发现问题所在，加快作业成本法的落地实施。

2. 个别资源动因较难确定

化学分公司间接费用主要发生在管理和运维方面，与生产工艺缺少强关联性，在确定资源动因和资源动因量的时候，很难确定一个较为科学合理的标准。

在本案例中，我们依据费用发生的因果关系，先确定一个主要资源动因，再根据每项资源发生的对象不同，分别确定资源动因量。例如，生产区发生的人工工时是一个主要的资源动因，根据人工工时发生的对象不同，可以分为直接人工、管理人工和运维人工三种。

直接人工是现场操作人员的人工工时，每个班组都负责二钼酸铵整个生产过程的运行，服务于所有作业中心，因此把操作人员的直接人工平均分配到各作业中心。

管理人工是管理人员的人工工时，管理人员负责整个生产区的运行，为所有作业环节的运行提供管理指导，因此管理人员的管理人工平均分配到各作业中心。

运维人工是运维人员的人工工时，运维人员负责各类设备维修维护工作，保障各作业中心的专属设备正常运行，因此运维人员的运维人工根据各作业中心设备维修耗用工时分配至各作业中心。

四、取得成效

（一）真实还原成本构成，提高利润核算准确性

在以往成本核算时，高估了主产品二钼酸铵的产品成本，低估了两个副产品水洗含钼水、水洗低品钼的产品成本。采用作业成本法，前后对比，主产品单位成本降低

1.4%，两个副产品单位成本分别上升 72.51%、53.45%，还原了真实产品成本（见表 10）。

表 10　　2022 年化学分公司不同成本核算方法结果比较

项目名称（单位成本）	二钼酸铵	水洗含钼水	水洗低品钼
传统成本法（元/吨度）	17511.05	5801.98	3541.93
作业成本法（元/吨度）	17265.65	10008.84	5435.02
差异额（元/吨度）	-245.40	4206.86	1893.09
差异率（%）	-1.4	72.51	53.45

运用以往成本核算数据，会形成副产品盈利能力更强的假象，给管理层传递了错误的决策信息。而运用作业成本法，发现主产品盈利能力大幅上升，副产品盈利能力显著降低，客观体现了产品真实的盈利能力（见表 11）。依据三种产品盈利能力变化的情况，相关部门制定并实施工艺改进计划，降低副产品产量，提高主产品回收率，2022 年较上年利润增加了 290 万元。

表 11　　化学分公司三种产品销售利润率　　单位：%

名称	销量占比	传统成本法销售利润率	作业成本法销售利润率	
		2020 年	2021 年	2022 年
二钼酸铵	90	2.46	4.13	4.58
水洗含钼水	5	4.52	2.13	2.25
水洗低品钼	5	6.60	3.45	3.52

（二）决策信息更加相关，价值创造能力明显提升

一是实施作业成本法，分析资源动因和作业动因，剔除或减少非增值作业，优化资源配置，厘清责任边界，明确责任主体，强化成本全流程控制。二是实施作业成本法，按照消耗金额和工艺难度两个维度，把所有作业划分到四个象限，确定不同的成本改进思路，优化工艺流程，降低产品总成本。三是实施作业成本法，为产品结构和产销量规划、产品定价决策提供了科学合理的基础，实现了利润与竞争力的平衡。

（三）强化价值链管理，有效落实公司成本领先战略

作业成本法以作业为核心，厘清企业内部价值链，明确作业类型及其资源消耗，

优化产品作业链，改进产品生产工艺流程。同时，进一步拓宽价值链分析的视野与维度，把供应商、分销商或客户的外部作业环节纳入企业的价值链中，从产业生态的整体视角打造成本优势，实现成本领先战略。

五、经验总结

1. 组织变革是实施作业成本法的重要保障

实施作业成本法，必然需要对成本分配机制进行调整，进而影响部门和个人利益，推进阻力较大。需要决策层、管理层以战略为导向进行顶层设计，打破利益藩篱，推动组织变革，实现业务和财务的有效衔接和协同，提高作业成本法的效用。

2. 优化业务流程是提升管理效能的关键环节

数据本身不能直接产生经济效益。实施作业成本法，需要重塑成本核算体系，生成反映业务真实运行状况的成本数据，从数据中发现问题，提出并实施业务流程改进计划，促进管理变革的落地生效。

此外，通常认为，制造费用比例高是作业成本法实施的前提条件。化学分公司2020～2022年的作业成本法实践表明，即使产品原料成本占比达90%以上，若企业主要依赖加工过程实现价值创造，作业成本法同样适用并能够发挥显著效益。

（金堆城钼业股份有限公司化学分公司：张建强　张全福　王　鹏）

案例评语：

该案例为了更好地落实公司成本领先战略、提升市场竞争力、促进业财融合，适应生产工艺流程趋于复杂、产品成本构成更加多样的成本管理需要，该案例以二钼酸铵的生产过程为例，完整介绍作业成本法的应用过程及效果。首先，识别出11个作业并组建成8大作业中心。其次，通过实地调研，确定了人工、材料费、折旧费、电费、环保费5类资源动因，计算资源动因分配率，将资源分配到作业。再次，按照原料投入和人工费用的特性，确定了2类作业动因，计算作业动因分配率，进而计算出3种产品的总加工成本。最后，为提升作业成本的管理效能，区分增值作业和非增值作业，利用成本数据驱动业务流程改进。该案例较好地分析了企业在复杂的市场环境下，实施低成本战略的成本管理方法和流程，对同行企业具有较好的借鉴意义。

“三维”标准成本管理体系在城市轨道交通运营企业应用

摘要

作为劳动密集和资产密集行业，青岛地铁自2015年通车运营以来，成本管控压力随着规模扩大而逐年增大。而公益性的票价收入难以覆盖成本，收支缺口巨大亦是城市轨道交通行业面临的普遍问题，为应对这一挑战，青岛地铁创新性地构建了“三维”标准成本管理体系。

该体系综合运用标准成本、作业成本及动因分析的管理会计工具，创新性融入契合城市轨道交通企业特点的价值链理论与资产全生命周期理论，从业务、组织、管理三个维度出发，通过建立多层级成本指标、分解指标落实责任、构建闭环管理机制，实现了对运营成本的全面、精准控制。特别是在维修成本方面，通过逐级渗透至“维修专业—资产设备—维修作业—耗用物资”，深入挖掘成本控制潜力。

经过5年的实践，该体系取得了显著成效。主要成本指标下降了5.4%，人员编制减少了10%，能耗降低了11%，物资采购减少了6000余万元。有效减轻了财政压力，实现了社会效益与经济效益的平衡，为青岛地铁的可持续发展提供了有力保障。

同时，青岛地铁还建立了行业首个成本绩效评价标准，填补了成本指标“零标准”的空白。这一标准的建立，不仅满足了内部控本增效的需求，也满足了外部财政绩效的监管要求，为整个轨道交通行业提供了可复制的“青岛模式”，为城市轨道交通行业的成本管控树立了新的标杆。

一、背景描述

我国城市轨道交通发展迅猛，其具有运量大、用地省、能源清洁的优点，但其票价政策受政府管控，需兼顾社会属性和公益性，票务收入无法覆盖运营后的维护成本。

（一）公司基本情况

青岛地铁集团承担青岛市轨道交通建设、运营、投融资、开发等市场职能和企业主体责任，以及全市保障性安居工程建设职能。青岛地铁运营有限公司（以下简称“运营公司”）承担青岛地铁运行线网的运营战略，是山东省首家轨道交通运营企业，目前有员工约 14000 人，负责运营 8 条地铁线路，全长 348 公里，位列全国第十。

（二）管理会计应用基础

安全运营与服务质量要求的先导性，要求安全投入多、服务质量高，运营管理的高标准与成本控制难以平衡，成本管理难度不断加大，政府对于运营企业考核指标只增不减，线网专业化运作与标准化管理相结合的需求十分迫切，成本管理问题日益突出，精细化、标准化管理势在必行。青岛地铁认识到管理会计在优化资源配置、提升运营效率中的重要性。通过成本数据的积累、完善的管理体系和团队，为管理会计的应用提供了坚实基础。

（三）搭建“三维”标准成本管理体系的原因

搭建“三维”标准成本管理体系满足国家发展改革委关于定价成本核定的规范，确保成本反映正常经营需求并符合行业标准。对于城市轨道交通行业，该体系能减少不确定性，推动管理优化，实现持续、平稳、高效运营。同时，该体系符合青岛地铁成本规制办法要求，与行业内可比企业对标，确保成本核算的准确性。此外，为响应国务院国资委加快建设世界一流财务管理体系的号召，该体系为青岛地铁构建世界一流财务管理体系提供了坚实基础。

二、总体设计

（一）“三维”标准成本管理体系应用目标

深化应用于成本管理各个环节，包括在目标与预算管理、成本执行控制、精细核算和记录、成本对比分析、绩效考核方面的应用和执行，实现青岛地铁科学合理控本增效。

（二）“三维”标准成本管理体系总体思路

“三维”标准成本管理体系通过标准成本理论、价值链理论、作业成本理论、资产全生命周期理论等成本管理理论的研究，结合城市轨道交通行业实际情况，从“业务维度”“组织维度”“管理维度”构建“三维”标准成本管理体系。

（三）“三维”标准成本管理体系的内容

“三维”标准成本管理体系以上述理论为基础，结合管理会计工具将城市轨道交通行业各专业以价值活动为基础分为：前端客运服务、中端维修服务、后端生产管理支持三个环节；以作业为桥梁，将各成本责任分解至各责任单位，制定标准成本单位指标；针对设备维修规律曲线，制定设备维修成本调整系数，建立全生命周期维修模型，构建“业务维度”“组织维度”“管理维度”“三维”标准成本管理体系（见图 1）。

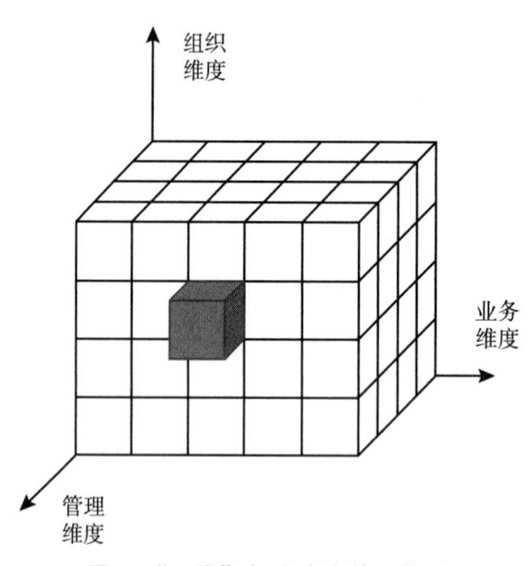

图 1 “三维”标准成本管理体系

“业务维度”建立成本指标体系，实现成本指标纵横可比。搭建成本指标体系，强调指标层层分解，做到成本项目全覆盖、运营业务全覆盖，实现成本在线路间、城市间可比较、可学习。成本指标体系包括公司层级、资产组级、作业层级成本指标以及逐级穿透的业务驱动指标，共设置七级千余项指标（详见附录），涵盖运营管理各项工作。

“组织维度”落实指标责任，确保责任层层分解落实。通过对标差异，从生产一线源头处精准、深入地挖掘成本控制潜力，保证体系的持续运行。建立以预算委员会为最高管理机构，财务部门总牵头，统筹人力、技术、物资等管理部门按职责分工，归口制定、审核、管理相关指标，生产部门、中心日常执行、参与数据整理分析的组织维度（见图2），各部门各司其职，搭建分层级管理机制。

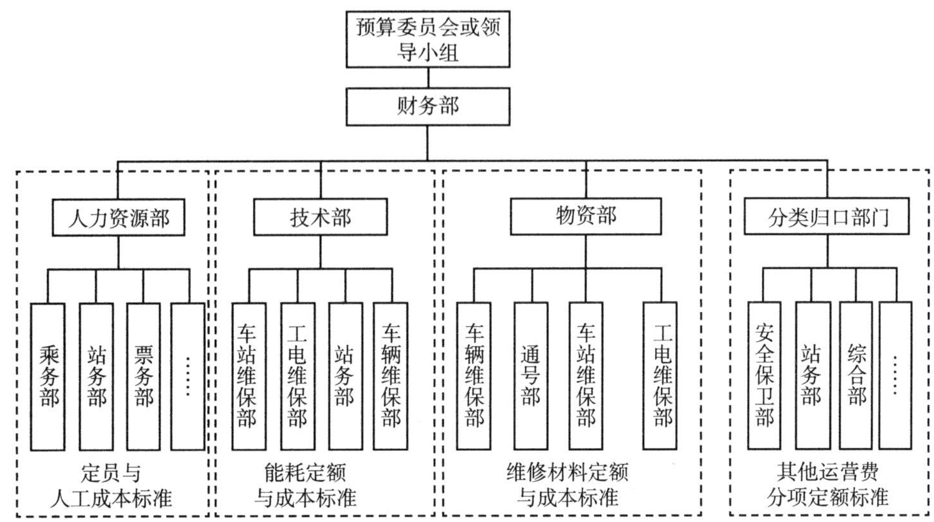

图2 “三维”标准成本管理体系的组织维度

“管理维度”是标准成本管理体系长期、有效应用的保障。通过构建闭环管理机制，全面提升成本管理水平，预算编制阶段，通过标准成本指导年度预算审核，制定成本控制目标，引导成本责任部门制定业务前端成本管控措施；执行与分析阶段，规范、细化工单管理及生产记录要求，真实反映生产作业投入情况，分析执行与计划间的偏差与出现的问题，优化作业要求；考核与激励阶段，通过建立成本奖惩管控机制，对于执行结果进行评价，同时优化标准成本体系，进一步指导次年预算编制，形成闭环的管理机制。

（四）“三维”标准成本管理体系的创新点

“三维”标准成本管理体系将制造业中比较常见的标准成本方法、作业成本方法，结合城市轨道交通行业成本动态变化的特点，融入价值链理论、资产全生命周期理论形成符合行业发展及管理要求的标准成本管理体系理论模型（见图3），同时通过“组织维度”“管理维度”的建立，形成闭环的管理过程，解决城市轨道交通运营企业成本管理理论落地实施问题，促进城市轨道交通行业运营成本精细化管理、提高运营成本管理效率。较好地做到了财务管理与企业现场管理、信息与方法的有效结合。改善了过去财务信息难以被现场人员理解的状况，解决了传统成本管理过程中经常遇到的成本信息不准确、不及时，管理理论过于财务化，动因揭示过于抽象等问题。

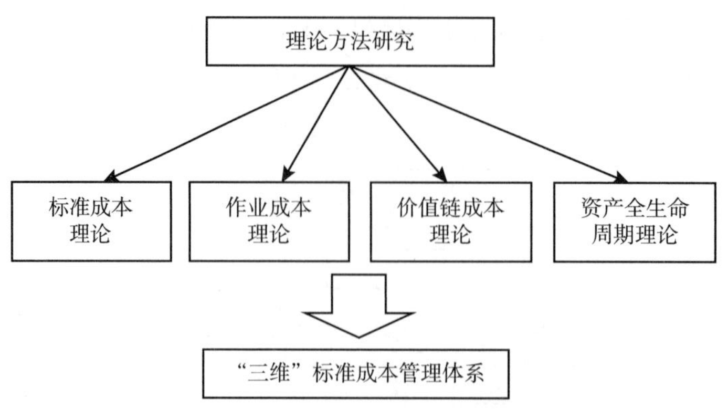

图 3 “三维”标准成本管理体系的理论模型

整体来看，“三维”标准成本管理体系的建立较好地做到了财务管理与企业现场管理、信息与方法的有效结合；改善了过去财务信息难以被现场人员理解的状况，解决了传统成本管理过程中经常遇到的成本信息不准确、不及时，管理理论过于财务化，动因揭示过于抽象等问题。

三、应用过程

（一）组织架构及参与部门情况

运营公司设置 12 个职能部门，1 个生产管理中心、1 个服务保障中心及 3 个生产运作中心的“12 +5 组织架构”；设置 5 个专业委员会，分别为技术委员会、安全管理委员会、薪酬与考核委员会、预算管理委员会、标准化管理委员会，其中预算委员会是“三维”标准成本管理体系的最高管理机构，负责审定标准成本指标编制方案和管理制度，审定各部门标准成本指标，协调解决标准成本管理工作关键问题；财务部门为标准成本管理牵头部门，负责拟定公司标准成本管理制度，牵头组织开展标准成本指标的制定、修订和完善工作，跟踪检查各部门标准成本管理工作进度，协调解决各部门标准成本管理工作中的问题；人力部门、技术部门、物资部门为标准成本管理归口部门，分别负责人工、能耗、物资消耗等成本标准的制定、审核及管理。

（二）“三维”标准成本管理体系应用要求

经过不断的发展与组织架构调整，青岛地铁具备较为完备和成熟的组织架构，各部门分工明确，适应管理与生产需要；建立由预算委员会、预算管理办公室、预算执行单位组成的全面预算管理机构；同时具备一定规模的信息化系统，支持按照任一维度（如资产组、作业、物资分类等维度）提取数据。

（三）“三维”标准成本管理体系应用流程

1. 构建七级指标体系

财务部门作为牵头部门，遵循会计准则，在指标体系搭建过程中力求做到成本项目全覆盖，如人工、能耗、维修、其他成本等。与此同时，为支撑财政规制大指标的制定，综合反映公司级成本管理水平，重点遴选核心成本指标与关键业务驱动指标。具体如下：

（1）业财驱动。

财务部门按照成本对象，将成本指标划分为公司级成本、资产组级标准成本、作业级标准成本与作业级消耗定额。运用因素分析方法、作业成本方法，从顶层的总运营成本开始，按照成本分类逐项分析驱动成本高低的作业动因，线路长度、列车数量、运营里程等规模类指标作为主动因，进而设定企业规模的分项成本指标（如每列车年度日常维修费）；资产生命周期、运行环境（地上或地下）作为次动因，在企业规模成本指标的基础上，运用次动因设定修正系数（如资产全生命周期修正系数）。

（2）分层设定。

财务部门在体系搭建过程中采用多维度多视度分层级的方法，全体系共设七级指标层级，第一至四级指标具有全局性特点，可在一定程度上反映城市轨道交通运营企业的经营情况，划为公司级标准成本指标，第五级指标以各专业为基础分解，反映专业资产组成本情况，划为资产组级标准成本指标，第六级指标细化至各维修作业环节，反映各维修作业成本情况，划为作业级标准成本指标，第七级指标为各作业活动定额。

公司级指标具有全局性特点，反映城市轨道交通运营企业的经营情况，可在行业内、城市间、线路间横向比较经营及管理状况，主要指标涉及轨道交通运营的人工、能耗、维修、运营经费及运营管理费成本，用于支撑财政规制大指标的制定，打通企业内部成本管理和外部财政成本规制之间的壁垒，比较典型的包括反映企业运营效率的车公里成本与人次（客流）成本等指标，以及按照成本性质进一步分解的车公里人工成本、车公里能耗成本、车公里维修成本与车公里日常运营成本等指标。

资产组级指标以各维修专业为基础分解，反映专业资产组的运维成本情况，按照城市轨道交通行业运营特点，维修成本可划分为电客车、车辆设备、AFC、ACC、通信、信号、变电、风水电、接触轨、安全门、电扶梯、工务、房建 13 个大专业，并按照子系统、设备进一步分解细化，是资产全生命周期的成本管理基础，结合成本发生动因，形成同口径、可对比的单位指标，如单列电客车或单台次设备的年度维修成本、每台自动售票机年度维修成本、每公里接触轨年度维修成本等，用于衡量设备可靠性，支持未来建设期筹划及运营参建工作，也为自主维修或委外维修模式的选择提供有效的决策支持。

作业级指标细化至各维修作业修程和环节，反映各维修作业所产生成本情况，按照客运服务流程、设备检修规程等作业活动进一步细化，精益反映基层作业活动的成本影响，是业务源头成本优化的重要支撑，作业成本是指按照精细分解的作业维度，归集每一次检（维）修作业项目的物资消耗成本，如电客车的维修规程可以细分为日检、双周检、三月检与年检。

作业级物资消耗定额为各作业活动产生的物资消耗定额，如电客车每列次三月检作业的物资明细消耗量标准。作业级指标、作业级物资消耗定额用于赋能一线生产，加强计划修的标准化作业管理、探索故障修备件的更换规律和运营成本的持续优化，具体业务维度流程如图 4 所示。

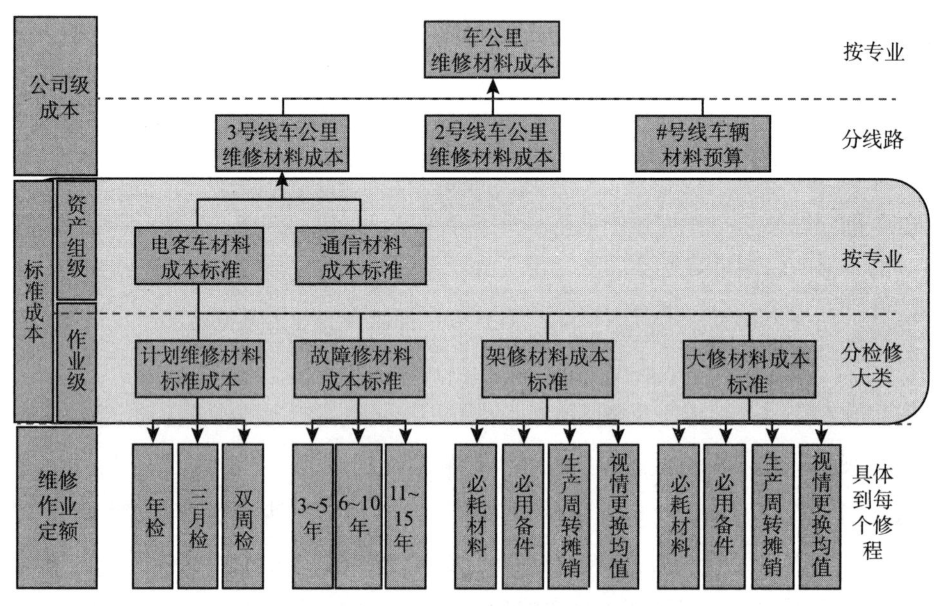

图 4 “三维”标准成本管理体系业务维度

2. 梳理历史指标，分析对标差异

第一步：财务部门将标准成本指标逐项分解至归口部门及责任部门，责任部门将成本指标进一步分解落实到各车间乃至班组。第二步：责任部门根据历史数据分线路梳理各成本项、主要作业动因、动因业务量，并按照指标计算公式测算历史单位成本指标。梳理完成人工成本、能耗、生产维修费、运营安全费、运营经费和运营管理费六大类 187 项成本项目。第三步：归口部门组织责任部门，在公司级核心指标对标的基础上，结合青岛地铁的运营实际，开展细化的业务数据对标，分析对标差异原因，制定成本优化措施。

以车公里人工成本指标及维修成本指标为例：

(1) 车公里人工成本指标对标。

车公里人工成本=[每公里线路长度配员标准×线路公里数×年人均工资×(1+工资附加占工资总额比例)]/年度运营里程

由上述公式可以看出，作为公司级指标的车公里人工成本指标水平（三级）受每公里配员（四级）、人均工资（四级）、工资附加占比（四级）影响，而每公里配员（四级）受各专业配员水平（五级）影响。通过将总体指标按照成本性质、量价分析进行分解，可以找到影响人工成本水平的核心影响因素（配员水平、工资水平、工资附加占比），通过行业对比可以有针对性地找出管理水平的差异点，进而采取措施加以改善。

依据行业对标结果分析，青岛地铁公司级指标车公里人工成本水平高于成熟地铁及相近地铁水平，每公里配员*2.2 人，高于相近城市轨道交通运营企业的平均水平49.7；因配员受站间距、客流强度的直接影响较大，进一步区分城区线、城郊线进行同业对标，发现地下线路平均每公里配员达*1 人，高于行业平均的45 人，郊区线配员也高于均值。进一步分析，每站的站务人员*8 人，高于相近城市行业平均43人，更高于成熟线网的平均配员40 人。地下线平均每公里维修人员*9 人，高于城区线21 人的水平（见表1）。

表1　　人工成本指标行业对标

成本相关项目	青岛地铁202×年实际			城市线网对标			分线路属性对标	
	城区线	城郊线	线网	成熟地铁	港铁	相近地铁	城区线	城郊线
车公里人工成本（万元/车公里）	*2.13	*1.69	*2	10.44	7.75	9.14	7.56	9.75
每公里配员（人/公里）	*1.43	*6.39	*2.22	45.74	47.06	49.68	45.17	28.25
每列车司机配员（人/列）	*.44	*.19	*.35	4.95	6.35	6.61	6.4	6.66
每站站务配员（人/站）	*5.48	*4	*8.23	40.24	41.22	43.89	39.38	25.1
每公里维修人员（人/每公里）	*8.65	*8.65	*9.46	18.99	—	24.7	21.01	25.51
非一线人员占比（%）	*.54	*.7	*.6	2.41	—	1.69	1	2.12

资料来源：青岛地铁数据来源于青岛地铁运营线路收支成本数据统计，对标数据来源于轨道交通行业协会发布的行业数据计算所得。

（2）维修成本指标对标。

$$车公里维修费 = (\sum 各专业标准成本 \times 成本动因参数) \div 运营车公里数$$

以电客车专业为例，成本动因参数是指某条线路的列车数量；对于 AFC 等车站数量为动因的专业，成本动因参数则为车站数量；以线路长度为动因的专业，成本动因参数是公里数；以设备数量为动因的专业，成本动因参数则是设备台数。

物资部门组织维修专业责任部门进行单位成本历史数据测算，测算车公里维修费标准后，组织进行行业对标，实施目标总控和从优核定，确保青岛地铁依据各项标准成本核定的车公里维修服务成本，小于或至少等于总控目标值，反向验证各项标准成本的合理性。对标对象依然分成两个维度：城市线网和线路属性，城市线网选择成熟线网、港铁、相似线网对标，线路属性分成城区线和城郊线对标。

依据对标结果分析，青岛地铁的车公里维修费小于对标对象的车公里维修费，因为很多专业还处在质保期内，由厂家负担一部分维修费用。另外由于设备使用的时间还不是很久，故障率也不高。需要进行对标数据生命周期的调整，以具备和青岛地铁的车公里维修费完全可比的条件（见表 2）。

表 2　　维修成本指标行业对标

成本相关项目	青岛地铁 202×年实际			城市线网对标			分线路属性对标	
	城区线	城郊线	线网	成熟地铁	港铁	相近地铁	城区线	城郊线
车公里维修费（万元/车公里）	1.39	1.39	1.39	3.42	1.17	2.07	1.82	1.78
电客车每列车维修费（万元/列）	5.17	4.21	4.85	84.52	5.37	39.24	6.73	2.71
设备设施每公里维修费（万元/公里）	36.3	14.89	24.48	143.88	57.75	77.42	110.87	46.7
车站设备每站维修费（万元/站）	69.36	46.6	61.28	102.99	59.22	23.39	54.38	56.5

资料来源：青岛地铁数据来源于青岛地铁运营线路收支成本数据统计，对标数据来源于轨道交通行业协会发布的行业数据计算所得。

3. 核定成本指标

（1）制定人员编制定额标准。

通过分析行业对标结果，人力部门在对标行业先进的基础上，规范各岗位与编制管理，合理配置人力资源，优化人员数量、质量及结构比例，制定各生产岗位定岗定编标准，完成生产岗位编制的重新核定。以供电专业为例，供电专业撤销预防性试验工班，缩减预防性试验班组 5 人，将原预防性试验工班职责全部划归变电检修班组。并提高接触轨专业检修技能及优化流程，班组按照人员配置标准运作，每班组减员 1 人。

（2）制定物资消耗定额标准。

物资消耗定额依据各专业的设备特点、维修方式和物资属性，将物资进行归类，分类别核定定额指标。不同类别的物资，定额核定方法不同；相同类别的物资，定额的物资分类应当统一。物资消耗定额包括计划修和故障修定额两大类，细分为计划修必换备件、计划修必用耗材、偶发备件、高频备件等 9 个小类。

在物资归类的基础上，依据设备通用性、修程通用性与周期消耗量大小，具体设置定额项目的三个维度，作为定额指标口径的确定依据，具体定额项目的归类设置要求如表 3 所示。

表 3　　归类设置要求

物资归类	定额项目的维度设置		
	设备系统	修程	统计周期
计划修必换耗材	分设备	分修程	单次修程
计划修必换备件	分设备	分修程	单次修程
计划修必用耗材	分设备	分修程	单次修程
低值易耗物资	不分设备	不分修程	年度
高频更换备件	某类设备	不分修程	年度
偶发备件	某类设备	不分修程	年度
动因更换备件	某类设备	不分修程	年度
周期性更换耗材	某类设备	不分修程	年度
故障修耗材	某类设备	不分修程	年度

各专业按照设备系统，将物资消耗定额作业级成本指标与设备修程匹配。以物资管理系统中的消耗数据为依据，逐一对照工单数据，并与技术、工班检修人员核对，确定每项物资的消耗数量，通过采用统计分析、技术参数以及写实查定方法，得到单次检维修作业对应的消耗数量，最终形成各专业计划修作业级定额成本指标。

4. 推行标准成本闭环管理

标准成本管理体系是城市轨道交通运营企业开展成本管理工作的有效工具，可逐步深化应用于成本管理各个环节，包括在目标与预算管理、成本执行控制、精细核算和记录、成本对比分析、绩效考核方面的应用和执行。通过持续优化成本目标与预算、执行控制、业务记录与核算、成本分析、考核激励，形成标准成本的闭环管理（见图5）。

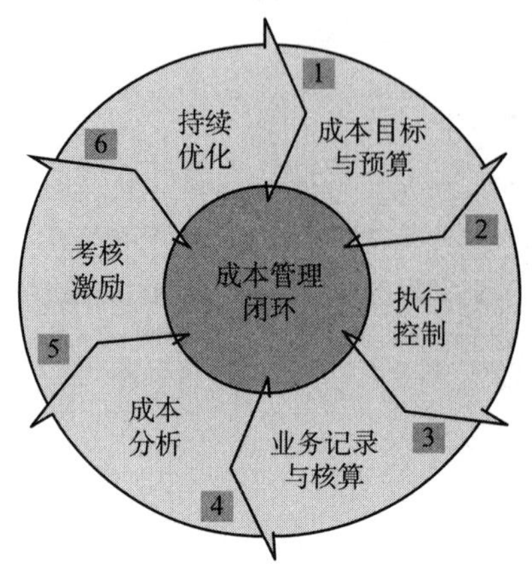

图5 标准成本闭环管理

（1）编制预算。

结合成本目标与预算要求，在推行标准成本前，预算编制是“以上年实际为基础，按当年物价、工作量进行修正”，推行标准成本后将各项经营指标层层落实，强化各级员工参与预算管理意识，能科学、合理地测算下一年度的实际支出，提高预算编制的准确性和可操作性。

标准成本指标提供了成本规律，参考单位标准成本值进行分专业、分项目成本预算的编制，增加了历年与线路间单位成本数据的可比性。同时建立预算系统与标准成本指标、标准作业库的联系，支持运用标准成本测定年度预算值，审核成本预算，以维修、客运服务编制为例，结合维修规程、客运服务标准进行预算编制（见图6）。

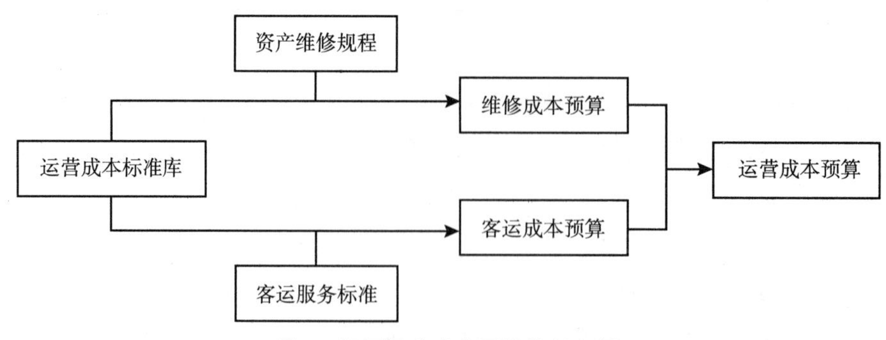

图6 运用标准成本预算编制示例

（2）执行控制。

推行标准成本加强了成本管理的过程控制及差异分析。通过实际成本与标准成本的对比，分析差异原因，对控制不力导致的不利差异，及时提出预警，采取相关措施纠正偏差，消除不利因素的影响；对标准本身科学、合理性的差异，通过例行或及时修订对标准成本予以修正。

结合重点成本项目，分项提出运用标准成本进行业务前端成本控制的具体策略。对人工成本，应用标准成本与核定的编制测算的人工成本相比较，实现配员时点、生产排班时点的成本控制；对委外成本，在立项评审时点进行委外作业量占比、自有人员占比的合理性审核，实现成本控制；对维修的材料成本控制，分检修项目、特别是区分故障修（包括大架修中的故障修与必换物资）进行分析控制；对能耗成本，通过事后分析的策略，重点分析标准值与实际值的差异。

（3）精细核算。

按照业务记录与核算要求，建立标准成本体系后，从精细化和规范化两个方面，加强成本核算与业务信息记录。基于业务、财务一体化要求，设计信息化系统，精细和规范的成本管理数据记录应来源于业务系统、核算系统两部分。应用实施应比照标准成本口径，细化会计核算，并对业务系统记录规则提出优化要求，确保业务前端的信息记录和核算系统记录符合标准成本管理要求，进而对成本分析提供数据支持。

（4）成本分析。

标准成本的制定，使成本分析从原来的预算与实际对比分析，转变为标准值、预算值与实际值的两两对比分析，以发挥标准成本在成本分析过程中深度发掘业务动因的效果。

第一，分析报表优化。设计与标准成本口径及精细度匹配的成本管理报表，报表科目要支持按照作业环节、资产组、作业动因进行成本分析，数据口径与数据来源要明确。

第二，分析内容优化。成本分析的业务深度要加强。重点成本项目要按照作业动因进行成本分析，区别标准作业量与实际作业量差异、标准耗用与实际耗用差异，结合业务前端实际情况变化，深入分析成本异动原因。

（5）成本考核。

在标准成本管理的要求下，各部门、各专业明确所管理成本项目的控制目标，将控制目标按成本项目分解到各部门，部门进一步分解至车间（室）以及责任人，利用如“工时”和“物料消耗”等相结合的方法，与部门成本目标控制挂钩，作为评价业绩的标准，加强对各部门的考核，调动业务部门和一线员工成本控制的积极性，奖惩并举，实现成本科学合理的目的。

（6）持续优化。

加强制度建设，促进标准成本指标体系应用落实，按照设备设施生命周期与其他成本项目发生情况，通过技术评估确定实际成本的合理性，并且作为标准成本修订时的依据，定期进行标准成本修订，以适应企业发展形势。

（四）应用过程中存在的问题及解决措施

青岛地铁运营时间较短，历史成本支出规律性不强，且质保期内的设备更换配件较多，部分支出数据需要手工台账进行补充记录，存在数据记录不完整的情况，建立的成本标准需要在后期进一步验证合理性。解决措施：通过行业对标，考虑设备品牌、运行环境、设备年限方面的诸多差距，参照行业标准、结合青岛地铁设备定标，其他专业在行业完全出质保的基础上，核定生命周期系数，统筹兼顾青岛地铁的作业修程，持续优化成本标准，提高指标体系合理性。

四、取得成效

“三维”标准成本管理体系的建立，是城市轨道交通行业在成本管理领域的突破。从城市轨道交通行业的角度，促进轨交线网生产作业标准化，解决了与业务端“紧密性不强、深入度不足”的行业普遍难题，实现成本项目全覆盖、运营业务全覆盖，形成了行业可复制的“青岛模式”，在轨交行业协会、财政局、交通局等进行经验分享交流，并在天津、苏州、成都、宁波等地铁同行进行成果推广及应用，获得行业专家的一致好评。

从管理会计发展的角度，使业务定额管理与财务专业高度融合，是目前比较适用轨道交通行业的成本管理方法。标准成本的核定与企业成本预测、控制及分析紧密联系，通过对标行业先进，科学合理地分线路、分成本项目核定标准成本，有助于更好地指导企业各项生产经营活动；通过实际成本与标准成本差异分析，可以及时有效确定责任归属，促使责任单位迅速采取成本管控措施，业财融合，从而协助企业提高管理决策能力。

从经济效益方面。对比实施前后，青岛地铁在行业各项成本指标排名稳步提升，其中车公里成本指标下降 5.4%，“三维”标准成本管理体系效果逐步显现。通过加强行业差异性原因分析，不断优化人员配置，推行一岗多能，压缩人员编制 10%，每公里配员达到行业先进水平；通过践行“双碳”战略，动力照明用电指标降低 11%，能耗成本年节省 3500 万元；此外，通过运用消耗定额、库存标准等手段，青岛地铁科学核减冗余物资采购需求 6000 余万元，审核效率提升 25% 以上，节约日常维修成本 1200 万元，实现提质增效降本的管理目标。

五、经验总结

地铁运营行业成本特点、成本结构基本相同，“三维”标准成本管理体系在城市轨道交通企业具有推广价值。“三维”标准成本管理体系的建立及使用的过程，需要重点关注几项关键因素：一是完善的信息化系统。构建、应用标准成本管理体系过程中，需要大量的数据积累、统计和处理分析，有效的信息化系统是标准成本管理体系顺利应用的基础。二是清晰的权责分工。“三维”标准成本管理体系的运行是必须将成本管理职责界定清晰、明确，只有公司内部高度认同成本管理的重要性，才能同心协力、通力配合开展工作。三是配套的管控制度。定额与标准成本的定期修订、合理性评估、对新开线路的适用性等，需要通过公司级、部门级的制度加以规范。

以“三维”标准成本管理体系为参考，行业可设定核心成本指标，统一指标口径，规范成本核算与业务统计，涵盖财政补贴规制惯例的所有可控成本指标，有助于奠定对财政补贴机制的基础。同时，随着公司组织架构变化、各专业修程修制调整、设备更新改造等因素，标准成本管理体系及标准成本应进行同步动态调整，以适应公司发展，利用标准成本反馈设计前端，挖掘节能潜力，通过数据分析和情景模拟，推测未来故障发生的具体时间和位置以提前预防，实现成本管理精益科学。

附录

标准成本指标体系汇总

公司级标准成本指标				资产组级标准成本指标	作业级标准成本指标	作业级定额
Ⅰ级	Ⅱ级	Ⅲ级	Ⅳ级	Ⅴ级	Ⅵ级	Ⅶ级
车公里运营成本	车公里可比成本	车公里人工成本	每公里配员	每列车司机配员		
				每列车乘务配员		
				每站站务配员		
				每公里维修配员		
				管理人员占比		
			年度人均工资			
			工资附加比例			

续表

公司级标准成本指标				资产组级标准成本指标	作业级标准成本指标	作业级定额
Ⅰ级	Ⅱ级	Ⅲ级	Ⅳ级	Ⅴ级	Ⅵ级	Ⅶ级
车公里运营成本	车公里可比成本	车公里能耗成本	车公里电费	车公里牵引电耗		
				动力照明电耗	非车站照明电耗	
					地上站照明电耗	
					地下站照明电耗	
					空调季照明电耗	
					非空调季照明电耗	
				电价		
			车公里水费	每站水耗		
				水价		
			车公里燃气费	每平方米每日燃气消耗		
				燃气价		
		车公里维修成本	单列电客车维修费	单列电客车日常维修费	单列电客车计划修	电客车物资消耗定额
					单列电客车故障修	
					单列电客车委外维修	
				单列电客车架修费		
				单列电客车大修费		
			每公里设备设施维修费	每公里车辆设备维修费	每公里计划修	车辆设备消耗定额
					每公里故障修	
					每公里委外维修	
				每公里线路维修费	每公里计划修	线路物资消耗定额
					每公里故障修	
					每公里委外维修	
				每公里通信维修费	每公里计划修	通信物资消耗定额
					每公里故障修	
					每公里委外维修	
				每公里信号维修费	每公里计划修	信号物资消耗定额
					每公里故障修	
					每公里委外维修	
				每公里变电维修费	每公里计划修	变电物资消耗定额
					每公里故障修	
					每公里委外维修	

续表

公司级标准成本指标				资产组级标准成本指标	作业级标准成本指标	作业级定额
Ⅰ级	Ⅱ级	Ⅲ级	Ⅳ级	Ⅴ级	Ⅵ级	Ⅶ级
车公里运营成本	车公里可比成本	车公里维修成本	每公里设备设施维修费	每公里接触轨维修费	每公里计划修	接触轨物资消耗定额
					每公里故障修	
					每公里委外维修	
			每站设备维修费	每站AFC维修费	每公里计划修	AFC物资消耗定额
					每公里故障修	
					每公里委外维修	
				每站票务维修费	每公里计划修	票务物资
					每公里故障修	
					每公里委外维修	
				每站风水电维修费	每公里计划修	风水电物资消耗定额
					每公里故障修	
					每公里委外维修	
				每站综合自动化维修费	每公里计划修	自动化物资消耗定额
					每公里故障修	
					每公里委外维修	
				每站门梯维修费	每公里计划修	门梯物资消耗定额
					每公里故障修	
					每公里委外维修	
				每站房建维修费	每公里计划修	房建物资消耗定额
					每公里故障修	
					每公里委外维修	
				每站结构维修费	每公里计划修	结构物资消耗定额
					每公里故障修	
					每公里委外维修	
		车公里其他运营费	每站保洁费	每站保洁人员		保洁配员定额
				保洁人均工资		
			每站保安费	每站保安人员		保安配员定额
				保安人均工资		

续表

<table>
<tr><th colspan="4">公司级标准成本指标</th><th>资产组级标准成本指标</th><th>作业级标准成本指标</th><th>作业级定额</th></tr>
<tr><th>Ⅰ级</th><th>Ⅱ级</th><th>Ⅲ级</th><th>Ⅳ级</th><th>Ⅴ级</th><th>Ⅵ级</th><th>Ⅶ级</th></tr>
<tr><td rowspan="16">车公里运营成本</td><td rowspan="12">车公里可比成本</td><td rowspan="5">车公里其他运营费</td><td rowspan="5">每公里其他运营费用</td><td rowspan="5">其他运营费占总成本的比例</td><td>人员动因</td><td rowspan="18">架修物资消耗定额
大修物资消耗定额</td></tr>
<tr><td>行为动因</td></tr>
<tr><td>收入动因</td></tr>
<tr><td>资产动因</td></tr>
<tr><td>政策动因</td></tr>
<tr><td rowspan="7">车公里项目支出</td><td>更新改造</td><td></td><td></td></tr>
<tr><td rowspan="3">架修项目</td><td>架修必换</td><td></td></tr>
<tr><td>架修选换</td><td></td></tr>
<tr><td>架修周转件</td><td></td></tr>
<tr><td rowspan="3">大修项目</td><td>大修必换</td><td></td></tr>
<tr><td>大修选换</td><td></td></tr>
<tr><td>大修周转件</td><td></td></tr>
<tr><td rowspan="4">车公里非可比成本</td><td>车公里安检费</td><td></td><td></td><td></td></tr>
<tr><td>车公里折旧费</td><td></td><td></td><td></td></tr>
<tr><td>车公里财务费</td><td></td><td></td><td></td></tr>
<tr><td>车公里税费及其他</td><td></td><td></td><td></td></tr>
<tr><td>人次成本</td><td></td><td></td><td></td><td></td><td></td></tr>
<tr><td>运营收支比</td><td></td><td></td><td></td><td></td><td></td></tr>
</table>

（青岛地铁集团有限公司、青岛地铁运营有限公司：徐晓红　李家强　邹　珊
毛守飞　王文菁　班　骏）

案例评语：

该案例针对地铁公司票价收入难以覆盖成本、收支缺口巨大的问题，创新性地构建了“三维”标准成本管理体系。该体系融入契合城市轨道交通企业特点的价值链理论与资产全生命周期理论，综合运用标准成本、作业成本及动因分析，从

业务、组织、管理三个维度出发，通过建立多层级成本指标、分解指标落实责任、构建闭环管理机制，实现了对运营成本的全面、精准控制，从而既满足内部控本增效的需求，也满足了外部财政绩效的监管要求，为整个轨道交通行业提供了可复制的“青岛模式”。

该案例在构建地铁公司标准成本管控方面，具有很好的借鉴价值。

双轮驱动成本管理体系

——构建厦航成本管理新体系新机制新优势

摘要

厦门航空有限公司（以下简称“厦航”）身处“高投入、高风险、低回报”的航空运输业，以“大项成本靠机制、小项成本靠文化、一切成本皆可降、成功必定有方法”为思路，从战略经营和日常管理两个方面，综合运用战略管理、预算管理、绩效管理、成本管理等领域的管理会计工具，构建了独具特色并契合企业发展需要的“双轮驱动”成本管理体系与运行机制。

在战略性大项成本管理方面，以大财务管理为依托，借助“战略—资源—绩效”SRP 战略管理体系，既确保战略落地，又将成本管理前移到战略规划阶段，奠定企业战略性、结构性的成本优势；同时明确资源“事前—事中—事后”全过程管理，实现战略性大项成本的动态闭环有效管控。在日常性运行成本管理方面，以精细化财务管理理念为指引，运用“规范—精细—人文”SRP 价值管理体系，确保日常成本管理到岗到位到人，激发全员主观能动性；同时通过“战略—预算—合同—采购—收付—评估”全流程“六环相扣”，借助数字化、智能化等手段实现对日常成本更精准更高效的控制与管理。

厦航双轮驱动成本管理，不仅为厦航保持成本优势奠定了基础，也为厦航持续盈利作出了贡献，并为大财务管理体系建设做出了示范。

一、背景描述

（一）厦航简介

厦航成立于 1984 年，是中国首家按现代企业制度运行的航空公司。截至 2023 年 12 月，机队规模达到 205 架，年旅客运输量约 3700 万人次，运行国内外航线 500 余条，控股2家主业子公司及7家专业子公司，设有7家分公司。2023年12月，拥有总资产565亿元，净资产204亿元，资产负债率64%。

（二）厦航成本管理体系构建基础：精细化、大财务管理

1. 理念根基：精细化财务管理理念

1998年，在亚洲金融危机及民航价格放开大背景下，厦航在原有规范管理基础上，率先提出“精细化财务管理”理念，向精细管理要效益：一是以“细”为起点，要求财务管理做到细致入微，对每一个岗位、每一项具体业务，都要建立一套完善的工作流程和业务规范，实现财务管理“零”死角。二是在“细”的基础上强调“精”，每一项业务都力求做到最好，敢于扬弃前规、推陈出新，在实践中不断改进工作程序和管理方式，追求财务工作的高附加值，如图1所示。

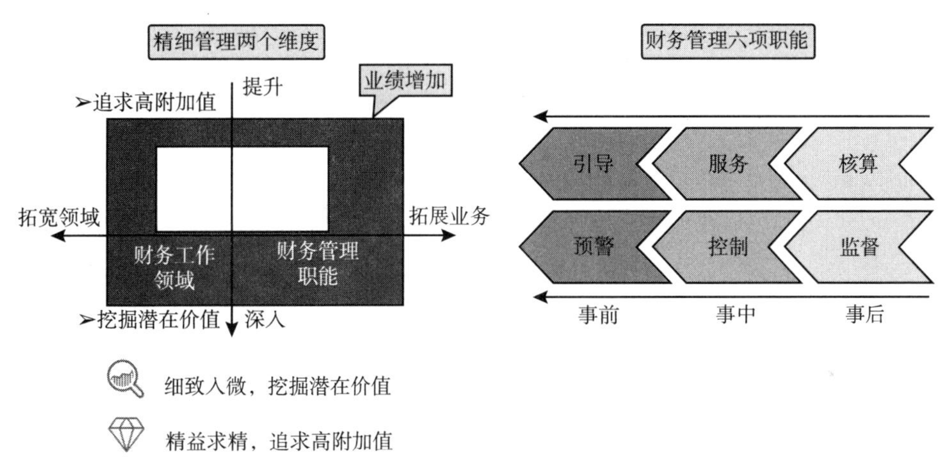

图1　厦航精细化管理理念

2. 模式根基：大财务管理模式

在精细化财务管理实施过程中，厦航财务管理能力逐渐增强，公司将更多企业经营管理的核心职责赋予财务团队，如图2所示。在职能不断丰富拓展的过程中，将各种职能、流程、要素重新组合，形成与组织相配套的管理机制和流程优化体系，构建了独具特色的“大财务管理模式”，如图3所示。

3. 体系构建与综合运用

精细化管理理念、大财务管理模式为厦航大财务管理体系的构建奠定了理念根基和模式根基，在此基础上，厦航逐步构建了战略管理体系、价值管理体系、内控管理体系等，厦航再将这些体系进一步应用到成本管理领域，从而构建了“双轮驱动”

成本管理体系与运行机制①，这是厦航结合理念创新、模式创新反复总结提炼、构建管理体系并综合运用的产物。

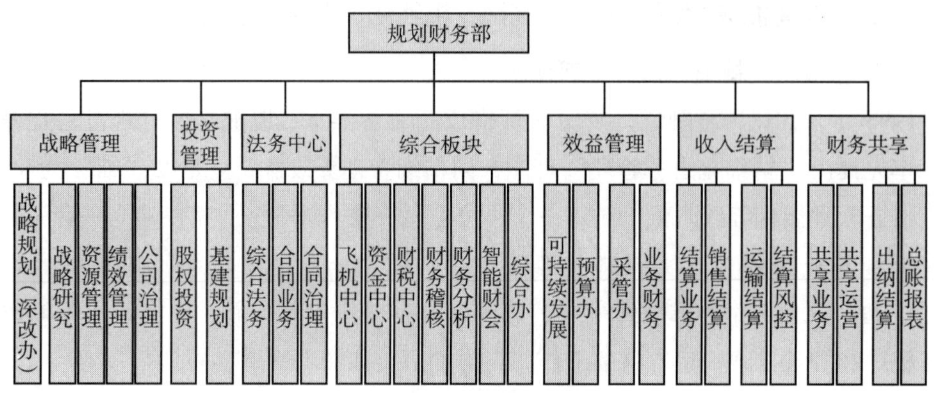

图 2　厦航大财务组织架构

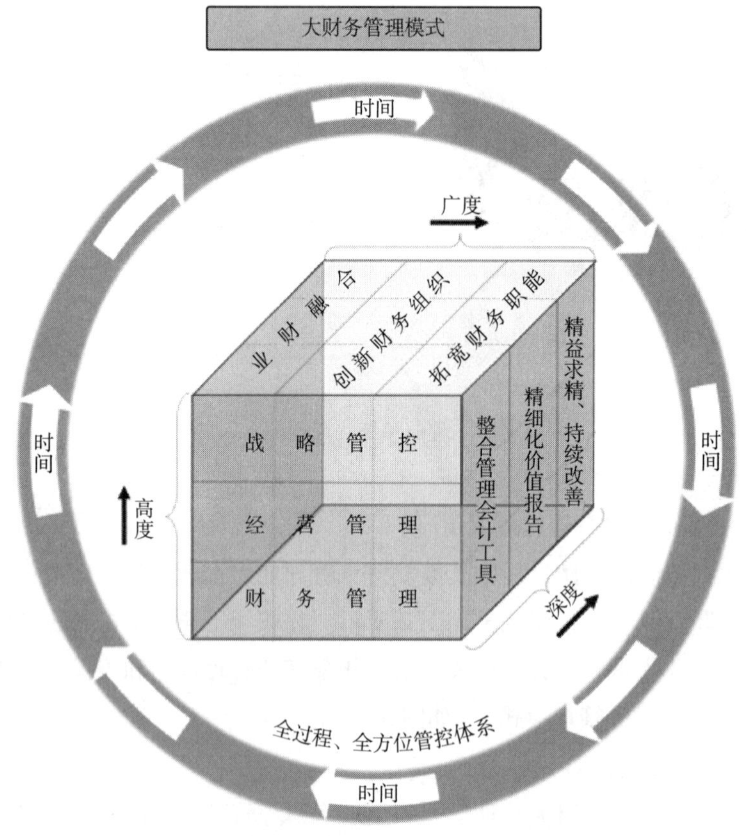

图 3　厦航大财务管理模式

① 黄火灶，王彦尹．厦航双轮驱动的成本管理体系与运行机制构建［J］．财务管理研究，2020（12）：1－6.

二、双轮驱动成本管理体系总体设计

（一）总体目标

厦航构建成本管理体系的目标，一是既要从大处着眼，从源头上动态管好战略成本和大项成本，又要从小处着手，激发全员自主管理动力，精细精准挖掘日常运行成本的可控空间；二是通过构建完善的管理体系，将战略管理、成本管理、风险管理一体化，避免“运动式”“一刀切”“片面化”的成本管理，从根本上、系统性解决管理的痛点难点；三是通过细化成本管理运行机制，确保管理过程始终处于自发、有序的状态，提升成本管理的效率和效果；最终目标是助力厦航保持行业领先的成本竞争优势与持续稳健的盈利能力。

（二）总体框架

双轮驱动成本管理体系如图 4 所示。战略成本管理主要是从经营视角，围绕企业战略与市场拓展要求，依靠核心资源的合理匹配与组织能力的提升作为硬实力驱动，在赢得市场的同时，管控好战略成本，以最小的投入实现最大的产出，保持一定成本领先优势；运行成本管理主要是管理角度，通过管理层次的提升和管理流程的细化作为软实力驱动，挖潜做足企业的成本优势，双轮软硬结合、相融互促、有机衔接、良性互动，既有宏观战略管控，又有微观操作规范，从而保障大项成本管得住，小项成本不放弃，实现从优秀到卓越。

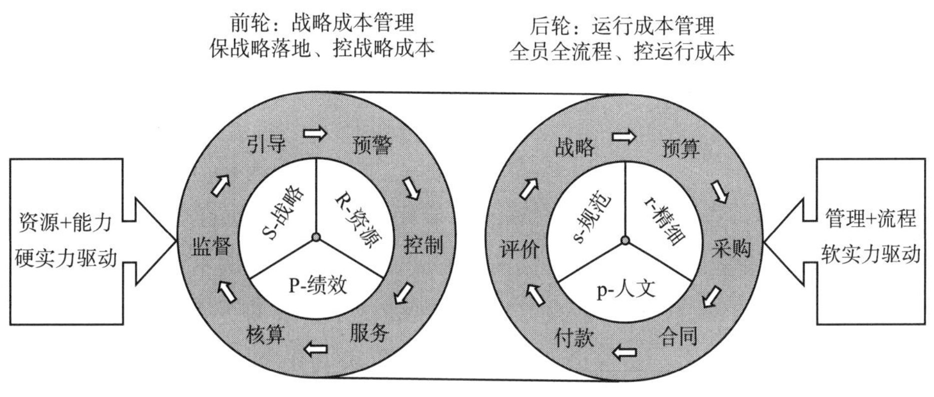

图 4　厦航“双轮驱动”成本管理体系

（三）管理创新

1. 管理理念创新：宏观及微观协同发力

传统的成本管理，通常更多从微观角度、运行层面寻找降本增效空间，厦航双轮驱动成本管理，则强调从宏观、微观两个层面一同发力全面管控。战略成本与运行成本的管理，就像盖房子如何实现建造与使用成本最优一样，先要在“大的方面”确保设计合理成本可控、地基框架基础牢固，即“做正确的事”，再通过“细的方面”优化布局精美装修锦上添花、日常运营维护节省支出，即“正确地做事”，两头抓好才能确保结构既满足需求又能实现全生命周期成本最优。

2. 管理模式创新：构建体系和运行机制

厦航双轮驱动成本管理，有别于一般的成本管理方法，是从成本综合治理高度，从体系构建与运行机制优化入手，搭建成本管理框架，将企业管理原本相对独立的各项职能整合，融入企业成本管理的要求，发挥 1 +1 >2 甚至 2 ×2 >4 的乘法效应，提升科学决策能力，适应多业态集团化发展，将管理能力输出、复用。

3. 管理工具创新：整合工具方法灵活运用

管理会计工具很多，企业在运用时通常专注某个具体项目或具体领域。厦航双轮驱动成本管理体系，将管理会计原本相对单一的各项方法和工具进行了整合，通过系统梳理管理流程，将细小、零散的管理过程和管理工具融合，在不同领域、不同环节、不同场景发挥管理作用，优势互补。

三、双轮驱动成本管理体系应用过程

（一）战略成本管理：大项成本靠机制

双轮驱动成本管理的“前轮”起到把方向、定结构的关键作用，如图 5 所示，其中 SRP 战略管理体系就像前轮的轮毂，内核相对稳定、强劲有力，发挥着重要支撑与指挥作用，确保企业朝着既定目标前行的同时，也构建起成本竞争力的基础；而六项职能就像前轮的轮胎，在保障大方向不变的情况下，起到缓冲和调节作用，既确保企业战略执行贯通有力，又保证企业始终根据市场变化校准战略目标合理配置资源，实现战略落地的同时管控好战略成本。

1. SRP 战略管理体系：实现战略成本协同闭环管理

民航业资源稀缺、监管严格，飞机机位、运行基地、航权时刻等核心资源不仅争取难度大，并且投入高、回收期长、专用性强、变现能力较弱，投入后就带来未来的成本压力。厦航建立了“战略（strategy）—资源（resource）—绩效（performance）”SRP 战略管理体系①，如图 6 所示，并将该体系应用到成本管理领域。SRP 战略管理体系强调以战略规划为导向，以资源配置为依托，以绩效考核为保障，将三项独立的管理职能整合，形成互相支撑、有效联动的管理大闭环，在管理闭环实施过程中，实现战略落地、成本管控、风险控制的一体化管理。

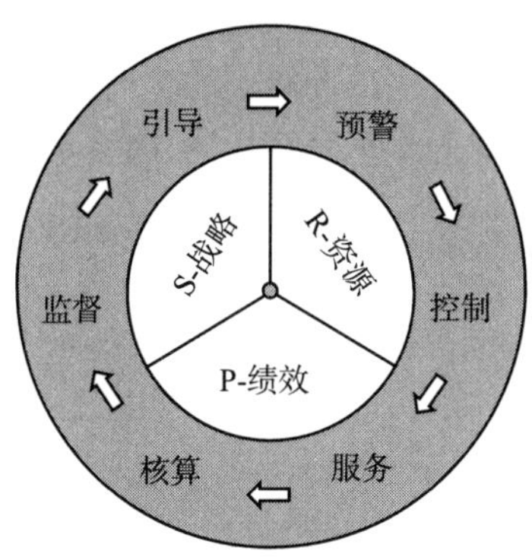

图 5　双轮驱动成本管理体系前轮

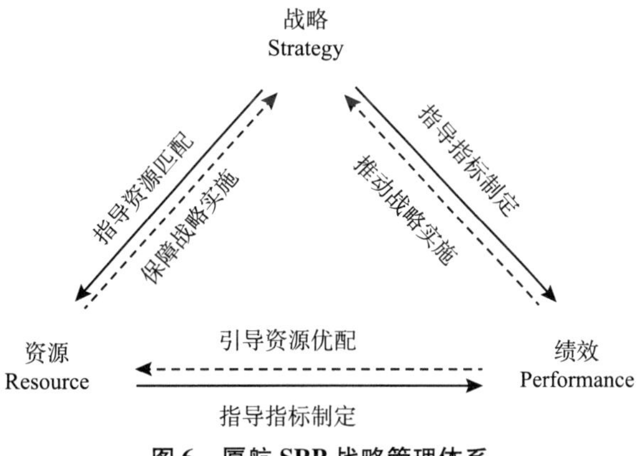

图 6　厦航 SRP 战略管理体系

（1）围绕战略目标投放资源。

在 SRP 战略管理体系框架下，厦航将成本管控要求融入战略解码与资源配置

① 杨军．SRP 战略管理体系引领厦航跨越式发展［J］．财务与会计，2017（8）：26－28.

的过程中。首先要求结合企业发展实际和内外部环境变化，精准制定公司总体的发展规划和目标，然后将其分解为若干中长期专项业务规划，再进一步细化为一系列具体的年度战略任务，通过前瞻性地对各项资源的业务模式、成本控制等原则综合考虑，合理规划、科学设计，以此作为后续具体项目审批、预算审核的重要依据，避免过度超前配置或部分资源不匹配造成项目投产拖延；同时建立了严格的重大项目立项评审流程，预算审批和资源配置紧紧围绕战略目标和任务，对项目进行充分论证、科学评估，不仅考虑年度会计成本，还考虑业务的中长期发展方向和机会成本。

以基建投资为例，厦航围绕航线网络规划、核心基地布局编制中长期基建投资规划，具体立项申请预算时再从战略匹配、设施布局、保障模式、经济效益等多维度深入评审确认，若遇到重大环境变化，围绕公司战略方向和战术策略，评估优化建设与经营模式，如新冠疫情暴发后，民航业受到巨大冲击，厦航立即梳理所有在建和拟建的重大基建投资项目，从保障生产急需、巩固枢纽核心基地、避免成本上涨风险、缓解年度资金压力等几个方面对项目进行评估排序，暂停了几个前期规划项目，对已开工的项目适当放缓，以减轻公司阶段性的资金压力和经营困难。

（2）做好资源间相互协同。

厦航根据民航业的资源特性，按重要性、稀缺性、储配期、投资额，明确了机队运力、运行基地、航权时刻、专业人员、基建、资金六大核心资源，从公司层面统筹规划、科学设计，围绕中长期专项规划，建立各种核心资源的关联关系和匹配模型，既为公司的长期可持续发展储备能量，又从投入产出角度提前控制战略成本。

以机队规划为例，厦航机队规划强调“五个匹配”，即机队发展目标、发展速度与宏观环境、核心资源相匹配，机队结构及构型性能与航线网络相匹配，座舱布局与市场需求相匹配，机型调配与航线排班相匹配，运力分配与基地布局及市场机遇相匹配。在“五个匹配”原则指引下，制定 5 年的飞机进出规划及相应的市场营销、飞行实力、机务维修等配套规划，避免出现瓶颈或过剩。

（3）打通核心管理目标。

厦航将 KPI 与 OKR 管理相结合，建立了符合厦航管理需要的激励体系。在成本管理领域，厦航围绕大项成本，分析成本动因和影响要素，以重要性、科学性、可操作性为原则，将成本层层分解，形成具体的 KPI 考核指标，考核各业务部门。例如，将航油成本分解，考核运行控制和飞行部门“航段油耗变化率”；将人工成本分解，考核人力部门“人座比”等。除了 KPI 指标考核，以战略规划和资源管理目标及实施方案为基础，建立战略推进机制，如图 7 所示，将各部门的年度计划分解成为具体、可衡量的关键任务纳入绩效考核。每季度通过绩效分析、效益讲评，检查战略任务及降本增效工作推进情况，由此实现战略落地、资源配置、降本增效工作的联动。

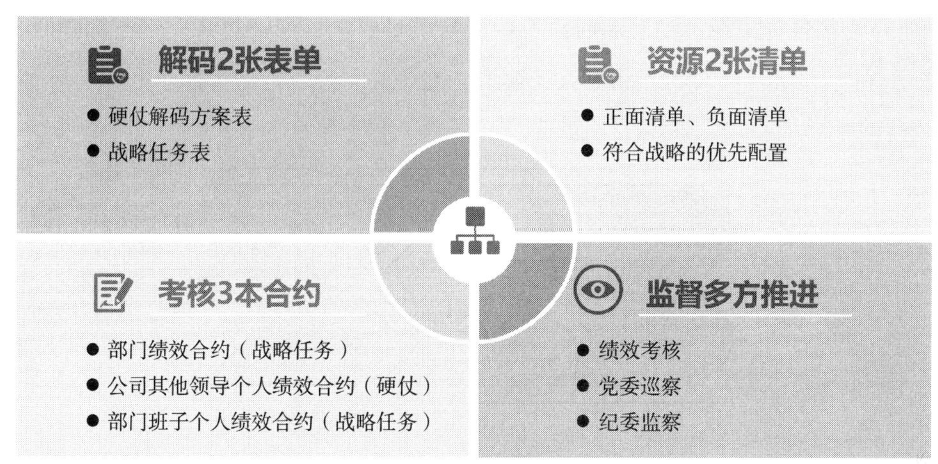

图7　厦航战略推进机制

以机队选型选装设备管理为例，特殊航线比如高原航线的适配飞机，需要配置专用的机上设备，并且对发动机推力、最大起飞全重要求也更高一些，因此每架飞机的采购支出都要额外增加几百万美元。从运行部门的角度来看，保持同一种机型的构型及选装设备相对统一，能够便利航班调配，但如果统一“从高配置”也会相应增加飞机购置、运行及维修等成本。因此，厦航根据航线网络及运行需求，精细测算特殊构型或选装设备的数量，将“优化飞机构型性能”纳入相关部门的战略任务，作为KPI指标的补充，经过细致评估，最终降低了一部分待引进飞机的发动机推力和最大起飞全重，节约支出超亿元。

2. “六项职能”发挥：实现战略成本全过程动态管控

具体到每一项核心资源、核心要素和大项成本的管理，需要从时间上实现全过程即“事前—事中—事后”管理，充分发挥引导和预警、控制和服务、核算和监督六项职能，全面、动态把控战略落地、资源匹配、降本增效及风险管控，如图8所示。

（1）事前：引导与预警。

航空公司核心资源的获取周期通常比较长，而且投资大、影响广，资源的短缺或过剩，不仅影响战略的落地执行，而且也会造成效率低下、成本激增等问题。某一项资源有短板比如飞行实力不足，另一项相关的资源如飞机就会相对过剩，就不可能充分且有效发挥作用，就会出现部分资源间不匹配并产生沉没成本等问题，要善于发现资源不匹配这个矛盾并及时有效破解，才能确保战略落地和成本有效管控。这就需要财务人员提前探究核心资源结构背后的需求本质与供给规律，主动参与公司长期规划设计，先入为主地做好引导，在战略规划环节就充分评估投入产出和对未来成本的影响，还要细化各资源在不同发展阶段的数量与质量要求，通过提炼关键指标随时予以监控。

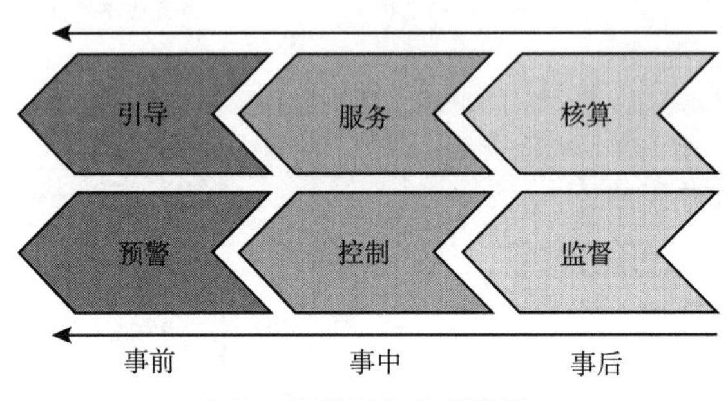

图 8　厦航财务六项职能

（2）事中：服务与控制。

资源投向不是一成不变，而是一个持续动态完善的过程，这就需要做好过程管控。厦航建立资源调整机制，通过数量、结构、效率三个维度落实到管理活动中，确保大项成本动态可控。数量上，基于相关法规、公司战略发展目标，分析和把控各项资源在重要时间节点的数量需求，厘清资源裕度与瓶颈；结构上，根据业务发展规律，科学调控资源之间的配置比例，实现资源相互平衡发展；效率上，在数量和结构既定情况下，通过优化业务模式，充分利用现有资源。

（3）事后：核算与监督。

厦航通过各类专项分析报告，监控资源的争取情况、配置情况、使用效率、预算投入情况和产出效果，并对关键的资源落实情况和效果进行绩效评估和考核，同时根据战略规划、内外环境变化，动态调整资源计划及相关的考核方案。

以飞机座舱布局为例，每一架飞机在引进前，厦航都要确认座椅在客舱内的排列方式，包括头等舱、商务舱、经济舱三种舱位的布局，每一类座位数量的多少，不仅影响飞机引进成本，也会影响运行后的收益。但飞机座舱布局除了在飞机引进前确认，引进后也不是一成不变，可以结合市场运营情况改装调整，通过分析现有飞机座舱布局与市场的匹配性、改装的投入成本与收益、投资的回收期、飞机运行的便利性以及对公司服务品牌的影响等多重因素，提出具体方案，分解细化到责任单位，纳入公司战略或督办考核推动落地。

（二）运行成本管理：小项成本靠文化

双轮驱动成本管理的“后轮”起到强根基提动力的推动作用，如图9所示，其中SRP价值管理体系作为后轮的轮毂，通过管理层次的提升，确保日常运行成本管控有章可循又精细精准管控的同时，又不断激发全员主观能动性，源源不断地提供企业内生发展动力；而“六环相扣”作为后轮的外胎，服务业务发展需要并管控好日常运行成本的同时，又环环相扣确保业务全流程合规安全，保障业务“不爆胎”，实现成本管控与内控安全协同统一。

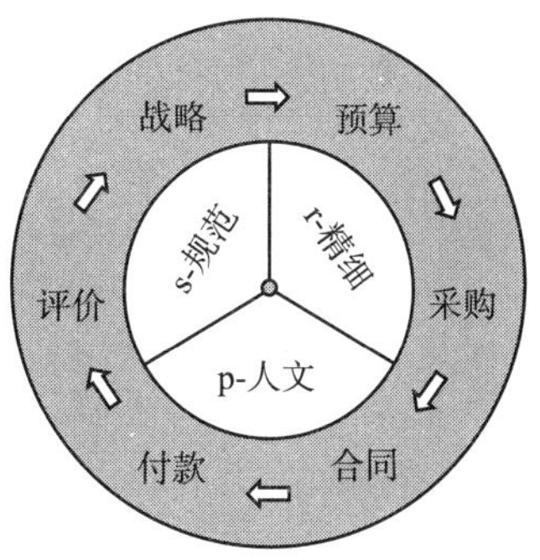

图9　双轮驱动成本管理体系后轮

1. SRP价值管理体系：实现运行成本精细有效管理

虽然管好战略性大项成本能完成80%的成本管控目标，但厦航力求成本管理要从优秀进阶到卓越。针对日常性运行成本，厦航建立了“规范（standards）—精细（refinement）—人文（people）”SRP价值管理体系，提升管理的层次，通过软硬结合、约束与自主并重的管理方式，有效解决运行成本点多、线长、面广的管理难题，如图10所示。

（1）规范管理打基础。

一是制度规范化。厦航自2004年起开始推行全面预算管理，并建立了全面完整的制度体系：通过全面预算管理制度，明确预算管理的组织和实施，“先预算、后开支”的理念已深入人心；通过财务开支审批规定，明确具体的审批流程和审批要求，实现每笔开支都有人盯、有人管，严格执行“财务一支笔”管理制度；为300余项预算项目，逐一编写了预算项目手册，明确具体的管理要求、审核规定等，为日常预算管控提供了细致规范的指引。二是标准规范化。不断细化各类费用额度核定标准和资产配置标准，持续提升标准覆盖率，标准的出台减少了成本费用讨价还价的空间，大幅提升了管理效率。通过持续拓展类别、延伸领域、增加维度，厦航明确了 4 大类 29 小类资产配置标准，覆盖率达到在用资产的 89.6%。

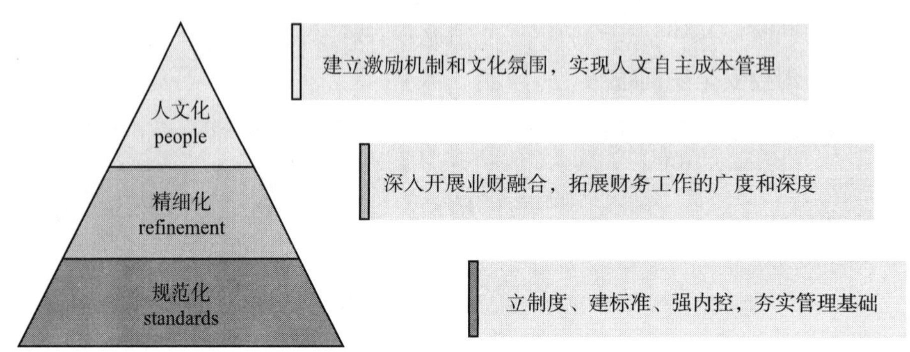

图 10　厦航 SRP 价值管理体系

（2）精细管理促提升。

一是成立专门业财团队。厦航 1998 年开始推行精细化财务管理时，就要求财务人员走出去，深入了解业务，也让业务人员更了解并参与财务管理，实现双向良性互动。在 2018 年成立财务共享中心后，厦航建立了战略财务、业务财务、共享财务、专业财务“四位一体”的财务管理模式，组建了专门的业财团队，向每一个业务部门派出业财 BP（business parter），积极融入业务部门业务和日常管理，引导降本增效工作，协助业务部门开展业务流程优化、业务模式转型、新技术应用。目前 BP 模式在厦航已经被较为广泛的应用，人力、法务、战略、绩效、采购、分析等都已建立 BP 制，通过协同联动，构建 BP 协作生态圈，强化成本管理支撑。

二是开展精细价值核算与投入产出考核。精细价值核算就是划小核算单位，核算投入产出的一种管理模式[①]。根据管理需要灵活选择某个部门、某项业务、某类资产为核算对象，核算结果是这个对象开展业务活动带来的“投入产出”，投入以货币计量，产出则不一定是货币收入，可以是保障的航班数、飞行的小时数、服务的旅客数等。通过精细价值核算，让业务部门清楚地了解自己占用了多少资源、消耗了多少成本，取得了多少回报，培养投入产出意识，推动各级管理者以数据为依据努力在提升业务和控制成本间找到平衡点。以自办头等舱休息室为例，厦航将每一个头等舱休息

① 冯雁凌．“阿米巴经营”在厦航财务管理中的运用［J］．民航管理，2017（1）：30－33.

室作为精细核算对象，将自办休息室服务每个旅客的成本精细核算出来，与机场服务的收费标准进行对比，当客源达不到一定规模时，自办头等舱休息室的成本会远远高于机场收费，在客源达到一定规模后，可以更充分地摊销固定成本，自办休息室才具有经济性，在这些因素被清晰地量化后，航空公司建设头等舱休息室的决策会更加理性，日常管理也会更加精细，推动各基地通过开展对外合作、挖潜成本等方式来提高头等舱休息室利用率和经济效益。

三是建立算法模型。在精细核算的过程中，通过积累数据基础和业务经验，提炼算法模型，固化到系统中，实现更精准的管控。以优化航班餐食备份数为例，为保障机上人员用餐需求，餐食配送份数会比订座人数多出若干份，航班结束后，剩余的备份餐食只能作废，一份餐食从制作、冷藏到配送需要材料、人工、设备，从机上烘烤到地面回收的各环节都需要“人财物”的投入，增加机载重量还会耗费燃油成本。厦航持续关注餐食备份数的问题，借助精细核算，推动业务部门逐年优化改进，现已将前期积累的算法植入配餐系统的备份管理中，进行更为精细的动态备份。

（3）人文管理添动力。

厦航始终认为每一个员工都是成本管控的主角，“全员参与、高度自律”的全员自主管理才是成本管理的最高境界。因此，厦航以柔性的激励机制和广泛的文化引导，营造全员自主管理的氛围，使成本控制成为广大员工内在的、主动的管理需求。

一是柔性的激励机制。厦航设置效益贡献奖、创新项目孵化基金等柔性的激励与扶持机制，鼓励广大员工主动作为、降本增效。效益贡献奖对创收、节支、创新项目分别明确奖励规则，由各部门自主申报，逐项评审。效益贡献奖奖金数额不大，但精准发放到相关人员，每年用几百万元的奖励金额，撬动数亿元的降本增效，起到“花小钱办大事”的作用，取得很好的激励效果。创新项目孵化机制则是给创新项目拨付一定金额“开办费”、授权业务部门在合法合规的前提下自主开支，并从流程审批、项目核算、跟踪评价、激励方式等方面提供全套支持，营造“敢于创新、自主管理、适度容错”的环境和氛围。

二是广泛的文化引导。在日常管控中，注重潜移默化、多平台联动营造成本文化氛围。例如，厦航会邀请成本管理做得好的单位或个人在公司效益提升会做降本增效专题经验分享，将各自领域的经验进行推广，也培养业务部门的自豪感和主人翁意识；在公司自办报刊设置“达产保平”“过紧日子”“节能减排”“提质增效”“管理妙招”“成本优势”等专栏宣传优秀案例，制作微信宣传推文，积极弘扬先进事迹，推广先进典型。

2. “六环相扣”落地：实现运行成本全过程安全管控

厦航根据企业内部控制和风险管理要求，充分利用“大财务管理模式”职能整合的优势，形成了“六环相扣”内控管理，如图 11 所示，即“战略规划—预算管理—采购管理—合同会签—付款审核（收款监控）—执行评估”。全流程“六环相扣”，用规则的确定性来避免出现不合规的问题，是落实各种成本管理要求、内控管理要求、实现管理体系落地执行的有效方式，并借用数字化、智能化手段，通过数据、流程的衔接实现更精准更高效的成本控制。

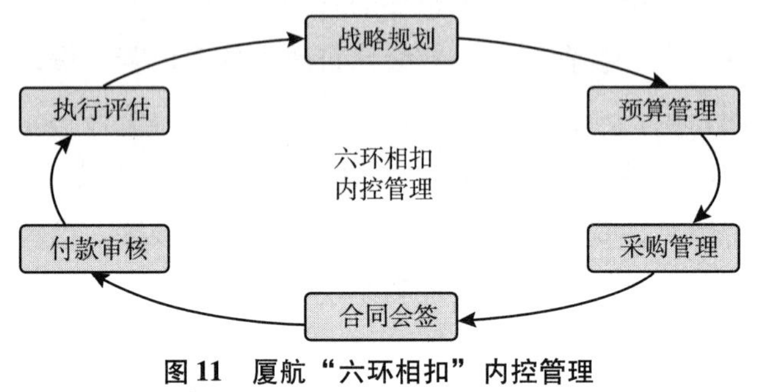

图 11　厦航“六环相扣”内控管理

（1）业务审核分析“一窗通办”。

厦航围绕“六环相扣”全流程审核业务并挖掘价值点，以流程说事情，用数据讲问题。预算和采购环节，是每项成本发起的源头，重点关注成本发生的必要性和经济性，加强源头性控制，评估开展的必要性，再通过采购和合同环节关注采购程序的合规性、合同条款的合理性，确保采购效率和经济性，有效防范合同风险；生产消耗环节，决定了每项成本具体的耗费金额，重点关注消耗过程中的效率性和增值性，财务人员通过参与经营管理、提出增收节支建议等促进生产环节相互监督；结算支付环节，重点关注准确性和资金成本，通过加强审核和提前预警，反馈计费模式、账单信息的有效性；产出评价环节，重点关注执行的有效性和成果，通过建立模型和指标体系，科学衡量投产，管住无效低效投入，并进行科学的评价和考核。

（2）管理嵌入系统智能把关。

厦航以“六环相扣”为架构，把业务和管理串联起来，通过系统自动审核把关，如图 12 所示。在系统的控制下，任何业务必须先申请预算才能采购，经过采购评审才能进入合同审批，付款审批必须关联合同编号和预算额度才能支付，使原本分散的六个环节有效整合，无缝对接，使管理更高效，既管控了成本，也确保在会计核算和廉政方面不会出现问题，减少差错和舞弊。[①]

---

① 傅馨慧，黄火灶．“六环相扣”内控理念在厦航财务共享中心的落实与完善［J］．财务与会计，2021（17）：25－28.

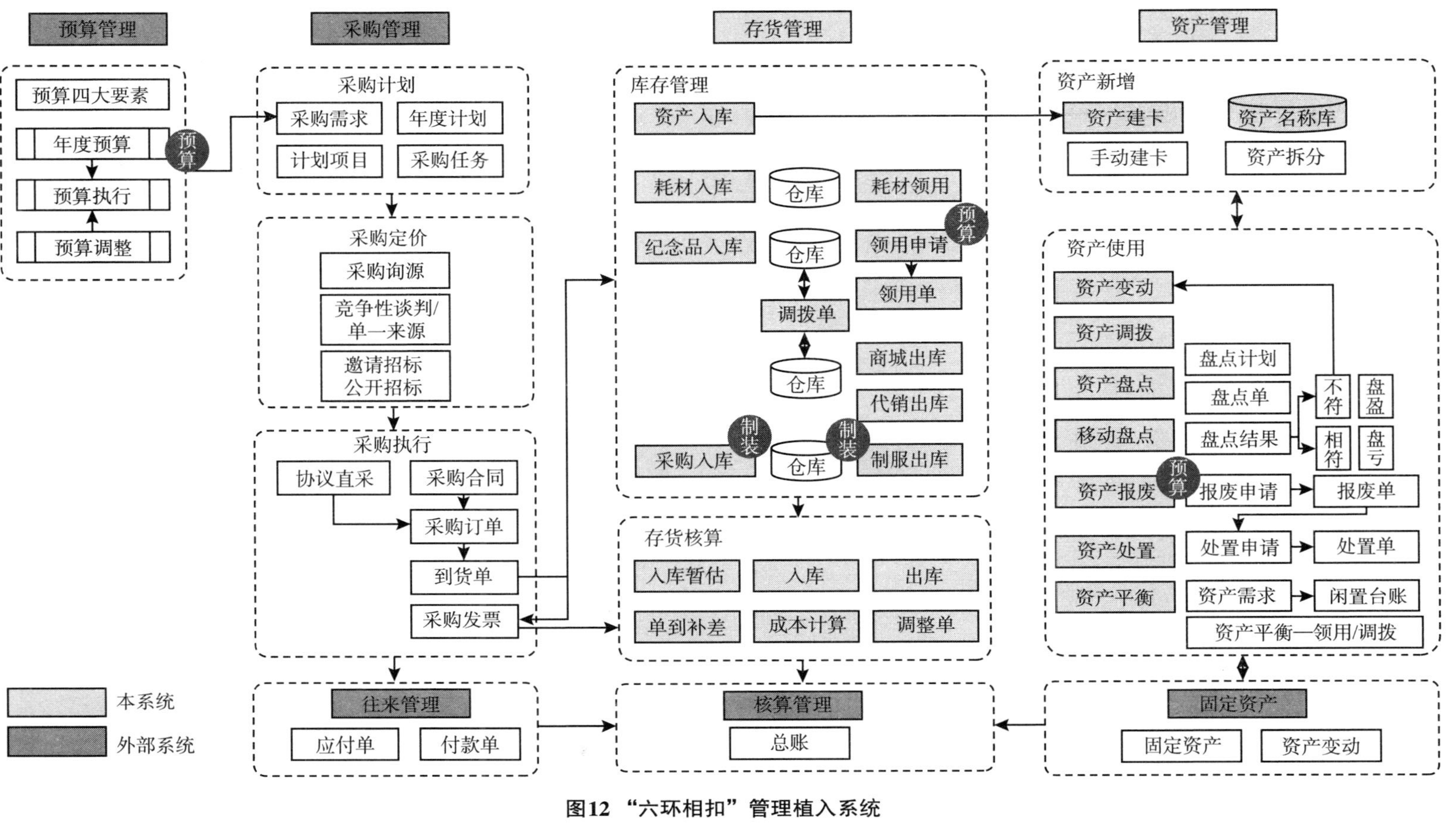

图12 “六环相扣”管理植入系统

四、双轮驱动成本管理体系应用成效

（一）提升管理高度

双轮驱动成本管理体系将成本管理从传统财务管理层面拔高到战略经营层面，避免传统成本重短期轻长期的问题，促进企业站在更高的层面思考成本管理，确保长期发展目标与短期降本增效、经营目标兼顾，从顶层设计上、管理机制上管控好成本，构建长期可持续的成本竞争优势。新冠疫情三年厦航经营优势如图 13 所示。

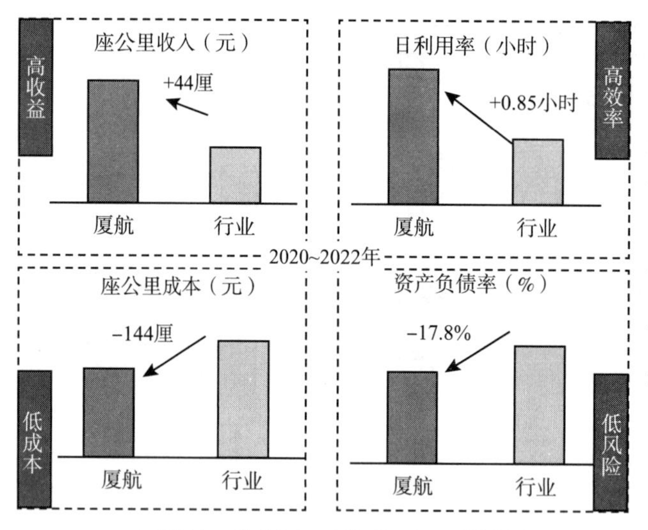

图 13　新冠疫情三年厦航经营优势

（二）提升管理效率

双轮驱动成本管理把原本相对孤立的管理，形成有效的联动体系，化无序为有序，制度规范、业财融合、流程高效、沟通顺畅，带来管理效率的提升。管理效率的提升进一步带动人效的提升，主业人均创收 2023 年比 2019 年增长约 12%。

（三）推动价值创造

厦航的成本管理，不仅是单纯降低成本水平，而是全方位持续推动了公司各部门业务模式优化、技术革新和管理变革。以 2023 年为例，各单位通过降本提效，效益贡献项目可量化金额超 20 亿元。

（四）助力持续盈利

厦航运行基地相比其他大中型航司并没有优势，收益水平也并不是最高，但是收入减成本的利差却能保持领先，正是得益于长久以来良好的成本管理。以 2020 ~ 2022 年新冠疫情三年数据为例，厦航每个座位每日的固定成本比对标公司领先 143 元，如按一天一架飞机飞行 5 个单程班次来算，厦航卖每个座位的成本就可以少 29 元，而厦航服务比较好，在票价上可以略高，这样厦航每一张机票的利差就能比对标航司更高一些，也正是因为成本较低，营销部门在安排航班时，能飞一些别人飞了会亏损的航班，提高飞机日利用率。

五、双轮驱动成本管理体系的经验总结

（一）构建双轮驱动成本管理体系的关键因素

1. 对成本习性的深刻把握

从成本性态角度划分，成本分为变动成本和固定成本，各家航空公司在机型和航线结构差异不大的情况下，运行相关的变动成本差异并不大，差异主要体现在固定成本。而固定成本主要取决于战略成本特别是决策成本，包括基地布局、机型选择与运行模式、用工模式等，以及决策以后具体的结构与状态。厦航构建双轮驱动成本管理体系，旨在先从战略性大项成本角度出发做好成本管控，大的方向先把控住，就解决了 80% 的成本管理难题。

2. 对管理理念的深度理解

厦航化被动的管理为主动的管理，着力强调激发人的主观能动性，通过机制设计和文化引导，让成本管理理念深入人心，形成良性循环，既有自上而下推动转型创新，也发挥群体智慧从业务实际出发自下而上推动降本增效，从大的方面做好，在细的方面也做足。

3. 对管理体系的继承创新

厦航双轮驱动成本管理体系的构建，并不是一时兴起另搭炉灶，是在厦航原有的精细化财务管理、大财务管理模式两大品牌基础上，在已经摸索出的各项管理机制方法的基础上，结合民航业成本管理的特点，灵活组装整合形成新的管理体系应用到成本管理中，既确保管理思路的一脉相承，又精准施策到具体管理领域，实现管理的高效复用。

（二）双轮驱动成本管理体系的不足及完善建议

1. 细化“双轮”运行机制

厦航双轮驱动成本管理体系的总体框架已较为清晰，但运行机制尚需进一步完善。在战略成本管理方面，主要依靠核心资源的匹配与组织能力的提升作为硬实力驱动，资源匹配工作要更细致；考核手段、监督机制也还要进一步细化，各阶段的核心重点任务、具体实施细节都要理清楚；在预警方面除了关注经营指标，还要思考行业、公司层面需要重点关注的地方，随时和市场保持联动，在动态优化的过程中，也要明确何时、何种条件下要重新启动相关资源配置的评估工作。在运行成本管理方面，主要依靠管理层次的提升和管理流程的细化作为软实力驱动，在模型算法的提炼上，还需要进一步做精做细，在不易察觉的隐性成本的挖潜上，还要做好分类、识别与控制。

2. 做好“双轮”之间的衔接

双轮驱动成本管理左轮和右轮各有侧重，但不是孤立的，战略成本与运行成本管理阶段也不能严格区分开，需要相互融合。针对每一项业务，要从空间全流程和时间全过程全面思考，横向要有沟通，要加强外部信息收集、强化内部协作交流，纵向要有连接，运用结构化分析，不断解构分解问题，实现精抓细管、落到实处。

（厦门航空有限公司：黄火灶　杨　军　冯雁凌　蔡进高　王彦尹）

案例评语：

厦航从战略经营和日常管理两个方面进行成本管控，综合运用管理会计工具，形成独具特色的“双轮驱动”成本管理体系和运行机制。首先是在战略性大项成本管理方面，对资源的配置实现“事前—事中—事后”全过程管理，事前引导和预警，事中服务和有效控制，事后核算与监督，实现资源配置的动态优化，战略性大项成本有效管控。其次是针对日常性运行成本管理，通过精细化财务管理理念的引入，激发全员的主观能动性。采用“战略—预算—合同—采购—收付—评估”全流程的数字化、智能化等，实现日常成本的精准管控。双轮驱动的成本管理体系实现了厦航持续的降本增效和利润的持续增长，对同类型企业具有较好的参考借鉴价值。

基于价值创造的航空发动机战略成本管理体系构建与应用

摘要

本案例介绍了基于价值创造的战略成本管理体系在中国航空发动机集团有限公司（以下简称“中国航发”）的构建与应用。中国航发是以研发生产航空动力装备为主的大型军工企业，2016 年正式挂牌成立。针对组建之初存在的成本控制能力不强、装备经济性不足、经济运行质量不高等系列问题，中国航发以价值创造为导向，以全价值链管理为主线，根植精益运营管理系统流程化建设理念，从目标、运营、支撑三个层面，构建高瞻远瞩的战略成本管理蓝图，铺就业务降本路径并落地实施，形成“三维目标、四化路径、六大支撑”的战略成本管理体系，填补了航空发动机行业成本管理体系化的空白，有力支撑了集团经济运行质量改善和战略目标的落地与实施。体系建设过程中许多成本费用估算、成本分解、成本标准建设等工具方法模型在全军装备领域属于“0”到“1”的创新，填补了全军空白。本案例具有较好的理论意义、实践意义和推广价值。

一、背景描述

（一）单位基本情况

中国航发是中央直接管理的军工企业，下辖 27 家直属企事业单位（包含设计、制造、服务 3 类单位），拥有 5 家控股上市公司，总资产 2024 亿元，现有在职员工 7.3 万余人。目前主要致力于航空发动机的自主研发，建有多个国防科技重点实验室、创新中心，具有较强的科研生产能力，以及较为完整的军民用航空发动机、燃气轮机研发制造体系与试验检测能力。

（二）管理会计应用基础

从企业内部环境来看，中国航发经过多年的发展，已形成贯穿产品设计、采购、生产、营销到售后服务全价值链条的业务管理模式。从企业外部环境来看，面对复杂多变的国际形势和全球经济增长放缓，国家对航空发动机经济性提出迫切需求。系统谋划，构建符合中国航发战略需求的航空发动机成本管理体系对支撑集团高质量发展和落实好国家赋予的使命和任务具有重大意义。

（三）选择基于价值创造的战略成本管理的主要原因

为实现集团战略目标落地，中国航发成立之初就作出“大力实施成本工程，作为五大战略工程之一纳入集团战略框架体系”的重大战略部署。成本工程也即战略成本管理，是指站在集团战略视角，基于对全价值链条每个环节的系统分析，通过生成、应用具有战略相关性的成本管理信息，服务于提升企业竞争优势的一系列成本控制方法、体系，是一个强有力的管理会计工具，非常适合中国航发这种以成本管理体系建设为目标的公司。

二、总体设计

（一）应用战略成本管理的目标

（1）实现产品成本从经营性控制向成本的规划性控制转变。在产品制造阶段，大多数成本已固化，成本降低幅度小，需要在产品制造之前对成本进行系统性规划，从源头上控制产品成本。

（2）实现产品制造成本管理向产品总成本管理转变。企业不应仅关注产品的制造成本，更应关注设计、采购、生产、营销、售后服务一系列作业环节所发生的资源消耗，从“总体”上判断产品的盈利性、价值创造性。

（3）实现从静态成本管理向动态成本管理转变。产品成本在不同作业环节所消耗的资源存在此消彼长的“内部联动关系”，企业需要从成本结构的动态关系上，系统分析、控制产品总成本。

（二）应用战略成本管理的总体思路

中国航发以降低装备成本、提升经济运行管理水平、支撑高质量可持续发展为价值创造的出发点和落脚点，以投入产出最大化、资源消耗最小化、装备效费最优化和保障重大任务完成为价值创造评价基准，坚持开源与节流双向加力，管理与技术降本双轮驱动，综合运用系统工程、价值工程理论方法、精益运营管理系统（AEOS）流程化建设理念和成本规划、估算、核算、控制等技术、方法，构建战略成本管理实施的组织、制度、标准、路径和方法。

（三）应用战略成本管理的内容

（1）树立价值创造理念，构建总体目标、实施步骤和工作原则“三维”战略成本管理蓝图。

（2）瞄准集团战略目标，构建了产业链集约化、产品链一体化、价值链精益化、支撑链最优化的业务降本“四化”路径。

（3）强化资源支撑，构建以组织机构、数据智能、成本文化为核心的“三保障”管理运行机制。

（4）依托技术手段，构建分类分级定性定量考核模型、分类分层定性定量工具方法软件模型“两定”工具方法库。

（5）围绕产品研发、生产制造、供应链管理、服务保障等领域，构建“四融合”业财联动流程标准，强化战略成本管理的流程支撑。

通过战略成本管理的系统实施，中国航发形成“三维目标、四化路径、六大支撑”的航空发动机战略成本管理体系（见图1）。通过体系的持续运行和迭代，推动成本管理向深层次、细末节、规范化深化，切实提升企业低成本可持续发展能力。

三、应用过程

（一）构建“三维”战略成本管理蓝图，明确成本管控目标

1. 方向目标维的“三级”总体目标体系

在宏观层面上，面向全集团建立基于全成本要素的投入产出目标评估模型，牵引全集团以追求投入产出最大化（投入C/收入R）为目标推进各项业务模式变革，引领行业由单纯追求短期成本压降规模逐渐向追求全业务流程成本管理水平提升转变。

在中观层面上，面向各单位建立基于当期产出的成本费用评估模型，牵引各单位以追求资源消耗最小化（产出C/收入R）为目标推进各项成本费用支出管控和科学合理核算。

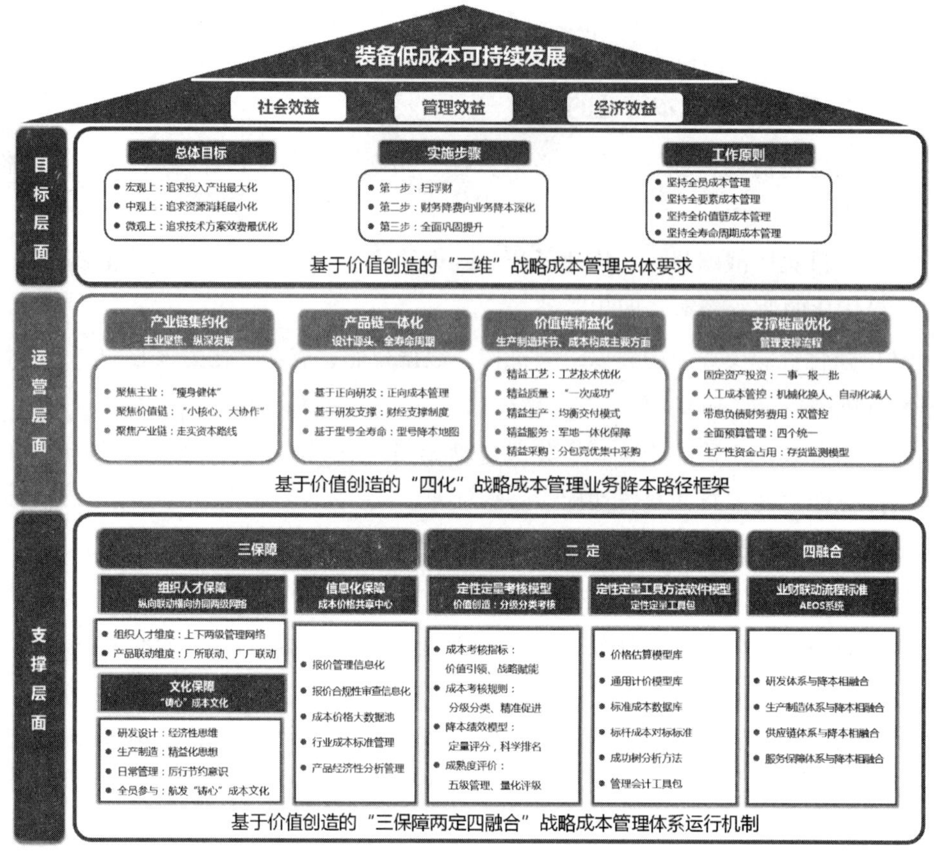

图 1　航空发动机战略成本管理体系架构

在微观层面上，面向各产品建立基于全寿命周期的产品效费权衡管理模型，牵引各产品或项目以追求技术方案效费最优化（效能 E/成本 C）为目标推进低成本设计、降低产品固有成本。

2. 实施步骤维的“三步走”里程碑路径

聚焦集团战略要求，规划设计“三步走”战略成本管理提升路径：

第一步，2016～2017 年，推进成本管理由 1.0 版向 2.0 版迈进，着力于日常费用支出和现场“跑、冒、滴、漏”等浪费环节，实施“扫浮财”行动，一般性支出大幅下降。

第二步，2017～2019 年，推进成本管理由 2.0 版向 3.0 版迈进，着力于设计、采购、生产、技术、质量、售后服务等关键业务环节，推动财务降费向业务降本深化，初步形成基于价值创造的战略成本管理体系。

第三步，2019～2022 年，推进成本管理由 3.0 版向 4.0 版迈进，着力于设计、制造单位在降本方面的深度协同，促进战略成本管理体系和降本能力更加现代化，全员参与降本由规范约束逐步向文化自觉转变。

3. 实施原则维的“四全”工作基本原则

一是坚持全员成本管理。压实“业务谁主管、成本谁负责”责任制，开展丰富多彩的降本活动，打造航发特色成本文化，推动全员参与全员降本由规范约束向文化自觉转变。

二是坚持全要素成本管理。从直接材料费、低值易耗品、人工成本、制造费用、废品损失、期间费用等全成本要素入手设置目标指标，引领精益降本向深层次、细末节、规范化深化。

三是坚持全价值链成本管理。围绕研发设计、生产制造、采购供应、售后服务，以及质量、试验、管理支撑等内外部全价值链关键领域，开展限价设计、经营改善和成本费用压控，将成本管理贯穿企业活动始终，着力提升装备经费使用效益。

四是坚持全寿命周期成本管理。聚焦方案论证、详细设计、试验验证、工程研制，以及生产交付、使用维护、退役处置等产品全寿命周期，以单个项目效费最优、全寿命周期成本最小为目标推进低成本设计，解决装备成本经济性问题，做研得起、造得起、买得起、用得起的发动机。

（二）构建“四化”业务降本增效路径，深化提质增效管理转型

1. 推进产业链集约化，向主业集聚和纵深发展要效益

聚焦主业价值创造实施“瘦身健体”工程。针对历史包袱重、价值创造能力差的非主营业务，坚定推动非主业剥离、对外投资清理、管理层级压缩、亏损企业治理等专项行动。五年来，退出非主业行业 20 余个，主业收入占比由 58% 提高至 93%，主业更加突出、资产更加优良，提质增效成效显著。

聚焦供应链价值创造建立小核心大协作格局。坚持“转移任务必须转移成本”的小核心大协作降本理念，发挥产业链“链长”作用。打造多元化的择优竞价生产供应链，利用社会化资源提高外委效率和合同履约率，畅通国内大循环，带动全国配套企业发展，外部配套率由 2016 年的 12. 7% 提升至 2022 年的 30. 5% 。

聚焦产业能力集聚，走实资本增值路线图。构建了“产融结合、以融促产、正向循环”的资本增值经营路线图，撬动社会资本支持主业发展。设立专业投资公司作为投融资平台、资本运作平台和资产整合管理平台；设立产业投资基金中心，吸引外部大量融资；发挥资金杠杆作用，投资航空发动机产业链延伸端，实现资本大量增值。

2. 推动产品链一体化，向设计源头和全寿命要效益

开发正向成本管理地图，推动正向研发全阶段降本。以正向研发为依托，聚焦产品固有成本和经济可承受性，着眼于全寿命周期，强化产品低成本设计管理。从基于研制全流程的阶段维、WBS 分解的层次维和成本迭代的逻辑维三个维度，建立了以

正向成本管理地图为指引、以 DFX 低成本设计方法为支撑的“三化四代”+“四对接九权衡”正向成本管理框架，推动正向成本管理与正向研发有机融合。

开发研发体系财经支撑模块，支撑正向研发全阶段降本。在集团 AEOS 研发体系框架下，开发融入项目的“盈利能力、经费管理、成本管理”三大模块财经支撑作业指导书和管理模板 12 份，基于 IPT 团队定义了设计、制造、成本、财经等各领域代表角色职责，有力保障了 IPT 项目财经要求的落实。建立厂所联合技术攻关降本利益共享新机制，推进厂所共担降本责任、共解降本难题、共享降本成果，激发设计系统降本内生动力。

开发 360 度型号降本地图，推动产品全寿命周期降本。聚焦新研已定目标价型号、阶梯降价型号、已定调价型号、售后维修型号、军民两用或民用等竞争型号，将降本目标分解落实到最小成本单元，建立以“降本目标指标、工具方法、措施路径、资源保障”为核心的 360 度型号降本地图，实施全寿命周期成本管控。截至目前，一批重点型号实现大幅降本。

3. 推动价值链精益化，向制造关键环节、成本构成主要方面要效益

聚焦精益工艺降本，推进面向制造的工艺技术优化。一是实施工艺降本专项行动。每年聚焦工序复杂、超差多、加工周期长、加工效率低、加工成本高等工艺不稳定环节，持续开展工艺攻关专项降本行动。二是实施工艺课题研究计划。开展难切削金属加工技术专项研究；优化装配、试车等工艺，降低重复装配和试车成本；识别工序冗余、工艺方法选择不当等问题，实施工艺规程优化。三是实施工艺标准优化计划。推进典型工艺规程及指导书的精益化、标准化应用迭代；推广应用典型工装模块设计库；实施材料定额优化，解决材料消耗不合理、定额缺失及试车油料消耗不合理问题。

聚焦精益质量降本，实施“一次成功”战略工程。一是推行“一次把事情做对”。深入推进“一次把事情做对”的质量行为准则和“三个一次”（一次设计到位、一次试验满足、一次试车成功）的工作理念，着力降低质量成本、试验成本。二是开展质量降本专项行动。围绕废品率高、废品损失过大、返厂返修过多、外场故障频发的关键工序和零部件，制订废品损失压降专项计划并取得良好成效。三是建立质量“一本账”。深入践行“质量制胜”战略，建立质量“一本账”，发布“质量管理 50 条”，明确“六个 100%”要求，持续强化过程质量管控。

聚焦精益生产降本，推进面向用户的均衡交付模式。一是用精益改善行动提升生产。针对装试周期长、材料浪费多、生产停滞多等重难点工序环节，开展全员精益改善。二是用生产期量标准约束生产。发布批生产产品期量标准管理指南，指导行业建立完善投入产出、安全库存、生产周期、经济批量等生产成本控制标准。三是用数字化赋能生产。运用 ERP、MES 等信息化手段改善生产管理模式，采用智能技术推进数字化生产线和精益生产单元建设，探索业务降本增效新途径。

聚焦精益服务降本，推行军地一体化联合保障模式。一是改进备件管理。与用户共享备件资源，大力推动军企共建、产备一体虚拟库建设，以降低储备成本、提高备件利用率。二是加强预防性保障。全面推广使用数字化飞参数据自动判读软件进行部队飞参数据监控与分析，利用在线诊断技术，预判故障发生趋势，提前做好预防措施，减少外场质量成本。三是开展深度维修研究。深入研究国外发动机保障体系，转型服务保障模式。向军修厂学习，开展深度修理工艺技术和柔性维修线建设研究，降低换件率，减少返厂排故成本。

聚焦精益供应降本，推行“分包竞优”集中采购模式。一是强化集中采购。建立了“统谈分签”“一揽子长期采购”“阳光商城”等“分包竞优”集中采购新模式，形成集团战略采购专区。二是实施统谈分签。选用成熟的供应链渠道开展“代购代储”；运用集团战略采购专区，推进专业、优质供应商共享，降低各单位采购寻源、管理成本。三是推进采购目标价建设。建立各单位外委、外协、外购涉及产品、工序目标价格标准数据库，切实做到采购价格谈判有标可依。

4. 推动支撑链最优化，向管理支撑价值创造要效益

建立“一事一报一批”固定资产投资制度，强化非主业投资刚性约束。严控技改自筹投资，强化固定资产投资效益管理；审慎决策生产能力扩充和固定资产投资，增加投资收益分析；建立投资项目后评价机制，提升固定资产投资效益。

建立“机械化换人、自动化减人”人事制度，强化人工总量、人工成本双管控。以“提升劳动效率和经济效益”为核心目标，构建了降总量、调结构、增效能的人工成本控制机制，实现人工成本投入产出效率持续提升。

建立“双管控”的带息负债与财务费用管控制度，强化资金集中和资金增值管理。发挥好集团财务公司平台作用，提升集团全口径资金集中度，最大化提升资金运作效益。战略成本管理实施以来，带息负债规模大幅减少，累计压降带息负债276亿元，较成立之初下降76.9%。

建立“四个统一”全面预算管理机制，强化各项费用支出的全过程管理。聚焦预算组织、预算标准、预算监控、预算评价“四个统一”，建立了具有航空发动机特色的全面预算管理机制，提高预算刚性约束，各项支出连年实现绝对值下降。

（三）构建“三保障”管理运行机制，强化战略成本管理实施的资源支撑

1. 基于纵向联动横向协同的两级组织与人才保障

纵向联动链接上下的组织保障维度。构建集团总部、基层单位两级上下联动的战略成本管理组织管理网络。集团层面成立战略成本管理领导小组，下设战略成本管理办公

室及审核专家组，设立各单位层面领导小组和专业工作组，建设一支以成本管理分管领导、型号总会计师、专兼职成本工程师、成本核算员、成本管理标兵为主体的战略成本管理实施人才队伍，组织和人才实现总部 12 部门、27 家二级单位全覆盖（见图 2）。

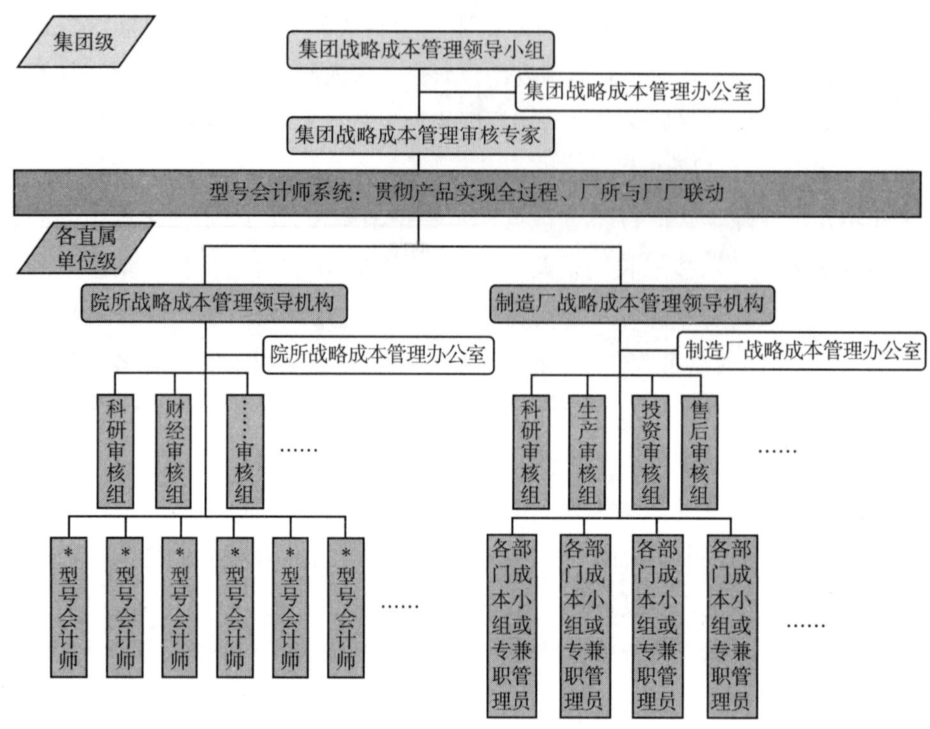

图 2　上下联动的战略成本管理网络

横向协同贯穿产品的厂所协同降本维度。由型号总会计师牵头，贯穿整机设计所、主承制厂、配套承制厂，一体化推进产品目标成本测算、目标成本分解和成本控制，压实“业务谁主管、成本谁负责，成本谁产生、降本谁负责”责任，推动产品降本厂所联动、厂厂联动。

2. 基于全流程报价审价的成本价格数据共享中心保障

打造“柔性共享、服务增值、精细管控”成本管理新模式，开发成本价格数据管理信息系统平台，实现行业成本价格数据管理数智化、规范化、集约化、共享化（见图 3）。

协同推动行业成本价格“大协作”管理。推动成本价格数据由线下存储、分散管理向统一存储、集中共享转变，解决成本数据不共享、平台不联通、业务不协同等突出问题，满足成本数据显性化、可视化管理需求，为全寿命周期、全方位、立体式成本管控提供有力支撑，形成集团抓总、主机主办、配套协同的管理格局。

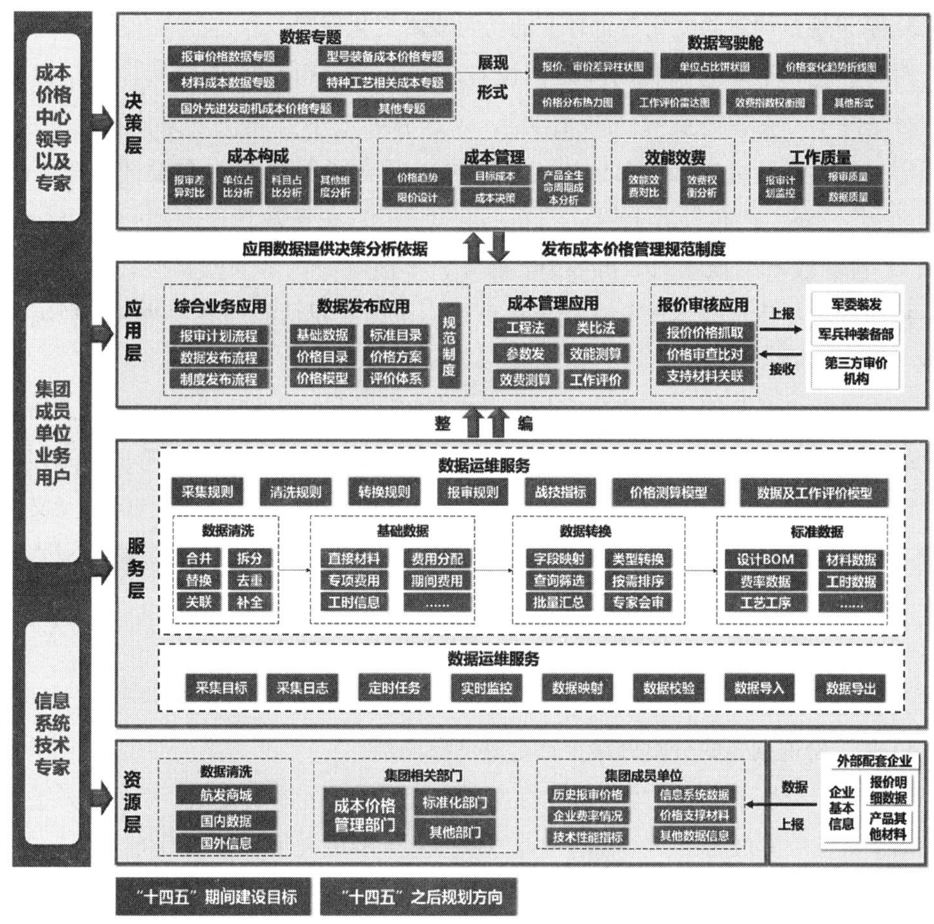

图3　成本价格数据管理信息系统平台

不断完善成本价格数据“驾驶舱”管理。深度挖掘大数据价值，累计完成14.19万条数据收集，形成50个产品报审价格数据，为各单位建立各项成本标准、报价标准，开展型号经济性分析和成本估算建模提供数据支撑，形成“大家用，大家建”“大家用，大家试”“大家用，大家管”的工作机制。

一体推进成本价格数据“数智化”管理。对系统中的成本价格数据进行深度挖掘，为型号经济性分析提供数据和标准等支撑。一是开展成本要素分析，分析各成本要素与总成本间的比例关系，以及成本要素中各项费用的相互关系，分析产品成本高点和改进方向。二是开展类比分析，对国外、国内相同或相近产品成本水平比较分析，掌握国内同类产品成本状况，分析产品的成本优势和存在问题。三是开展技术及其他要素分析，从单元体/关重件占比、单元体/关重件型号间横向对比、同型号双流水之间对比等不同维度分析成本合理性。

3. 基于规范约束向文化自觉转变的特色成本文化保障

树立正确成本理念。利用多媒体设置成本专题、组织虚拟论坛、发布标杆案例、分享降本心得，开展“五小活动”，评选表彰成本管理先进集体和先进个人、优秀型号降本党员突击队，引导职工树立过“紧日子”思想，在设计上树立“经济性理念”，在生产和售后上树立“精益化思想”，在日常管理上增强“厉行节约意识”，自觉践行“该花的钱再多也要保障，不该花的钱再少也要控制”的行为标准，推动各单位用全成本概念、全流程思维、全产品视角开展各项改进，杜绝无效改进、表面提升。

打造特色成本文化。开展全员参与、全员降本的“铸心”成本文化建设，通过文化的引领、辐射作用，推动成本理念渗透到科研生产各环节，推动形成形式多样的文化产品：提炼了一套具有航发特色的成本文化警句，打造了一批具有标杆意义的示范班组和项目，形成了一批具有推广价值的成本实践案例等，切实推动战略成本管理由规范约束向文化自觉转变。

（四）构建“两定”工具方法库，强化战略成本管理的技术支撑

1. 基于价值创造的分类分级定性定量考核模型

建立基于价值引领的成本考核指标库。以降低装备成本、提高经费使用效益、支撑高质量可持续发展为出发点和落脚点，以投入产出最大化（投入C/收入R）、资源消耗最小化（产出C/收入R）、装备效费最优化（效能E/成本C）和保障重大任务完成为价值创造评价基准，采取定量和定性、业务和财务、技术和管理指标相结合，围绕全员、全要素、全价值链分类建立40余项的考核指标库，通过财务指标的引领来牵引业务模式的改变。

设置基于精准促进的分级分类考核规则。结合实际，因地制宜设置考核规则及其权重分值。分级考核方面，搭建基于行业的总量指标（抓总部门承担）、基于成本要素的分项指标（总部各业务部门承担）、基于各实体的具体指标（各直属单位承接）3层级指标分解体系。分类考核方面，区分设计、制造、服务3类单位，精准考核，针对行业特点，突出设计源头降本考核，将推进正向成本管理、设计成本改进、科研预算收入完成率、科研产品鉴定试验一次通过率、厂所协同降本攻关计划等指标作为研发设计单位的关键指标，增加考核权重占比；区分直属单位整体绩效（与单位工资总额挂钩）、直属单位领导班子履职（主要领导、科研生产业务领导、战略成本管理抓总领导共担指标，与个人年薪挂钩）和型号“两总”系统履职（型号总指挥、总师、总会计师共担指标，与项目绩效奖励挂钩）3个方面，定向考核，着力解决领导层和业务系统降本驱动力不足的问题。

构建基于定量评分的降本绩效排名标准。基于各单位指标数量不同、赋分权重不同，按100分制计算指标得分；以激励+约束为导向，在各单位整体经营绩效评分基础上实施-2~1分的加减分制度，核算最终得分；考虑降本增效属于经营必需的活动，运用正态分布函数测算得出80分概率最高，据此设计折算公式：

$$X=\text{各项指标得分合计}/\text{指标总分合计}\times 100$$

$$Y=0.05X-4(\text{考核分值范围为}-2\sim 1\text{分})$$

式中：

X——各单位指标得分；

Y——各单位最终得分。

构建基于全流程的成本管理成熟度评价标准。立足战略类、运营类和管理与支持类全价值链设置16个一级业务域和40个二级业务域，设置成本管理水平评价指标和等级分值，建立符合行业特点的“五级”成本管理成熟度模型（一级为初始级，二级为已管理级，三级为已定义级，四级为已量化管理级，五级为卓越运营级）。定期组织自评，推动全价值链成本管理质量水平系统化提升。

2. 基于成本管控的分类分层定性定量工具方法软件模型

从成本目标、成本标准、成本控制三个方面，创新构建了一套适合航空发动机成本管理实践的工具包，积极推进目标成本管理，优化成本控制标准，有效运用作业成本法、标准成本法、量本利分析、价值工程等管理会计工具，着力解决业务降本向深层次推进的工具方法问题，破解制约深入推进降本的难点与问题（见图4）。

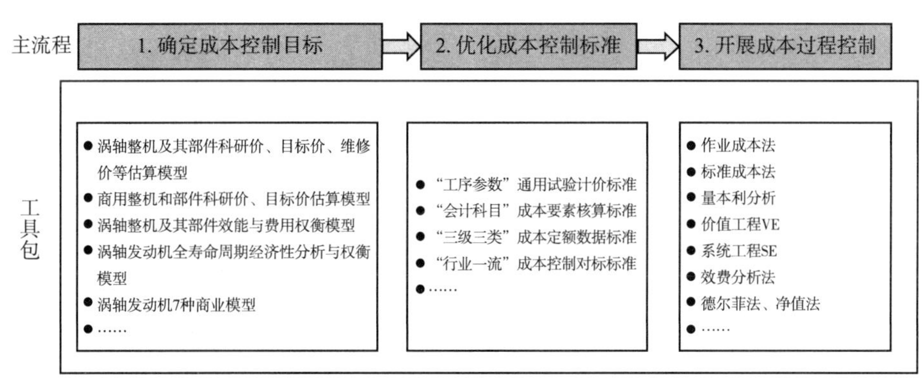

图4　航空发动机成本管理工具、方法、模型和软件示意

建立基于“性能参数”的价格估算模型库。借鉴美国price参数法估算原理，建立了基于参数法的涡轴系列发动机整机及其部件的科研价格、批产目标价格、维修价格等估算模型，商用发动机整机及其部件的科研价格、批产目标价格估算模型；借鉴美国

ADC 效能模型和商业画布模型分析原理，建立了涡轴发动机效能与费用权衡模型、全寿命周期经济性分析与权衡模型，并根据全寿命周期不同收入定位建立了 7 种商业模式，并形成相应软件，初步解决了航空发动机成本精准估算的问题，填补了全军的空白。

建立基于“工序参数”的通用试验计价模型库。针对航空发动机是试验出来的特点，分层分级构建通用试验计价标准模型，形成高空试验台、控制系统等 900 余项行业成本控制标准，为科研精准预算、目标成本确定以及外委定价提供支撑。成果填补行业空白、全军空白，得到军方认可，被建议列入军标。

建立基于“会计科目”的成本要素核算标准。制定《会计核算标准手册》企业版和事业版，形成企业类 99 个、事业类 63 个一级会计科目核算标准，规范统一了核算内容和口径，解决了经济业务计入会计科目不一致、横向可比性不强等问题，为成本标准建设、精准估算等提供了有效支撑。

建立基于“三级三类”定额的标准成本数据库。以“三级三类”定额为基础，建立集团标准成本管理机制，将消耗定额作为标准成本的编制基础，准确识别资源消耗影响动因，并将实耗与定额进行差异量化分析，最终将定额修订为成本耗费标准，使工艺技术、生产制造、财务管控三者有机结合。

建立基于“行业一流”的成本控制对标标准。考虑成本管理标杆不易获取的现状，分类建立了研究院所、主机厂、专业配套厂、经营类单位、生产服务业单位成本数据对标指标模型，对外同各军工集团对比，对内单位之间分类对比，每季度晾晒对标指标值和排名，为各单位对标先进找差距提供支撑（见图 5）。

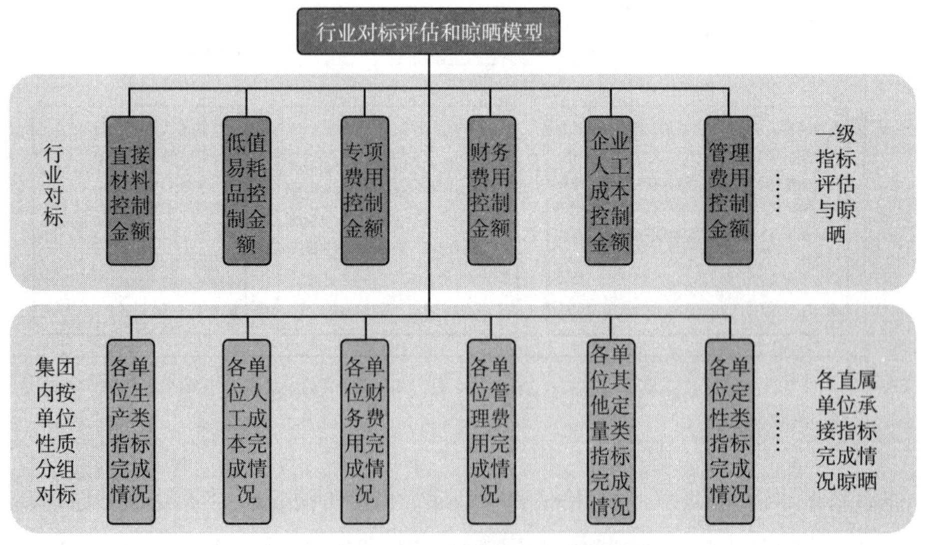

图 5　航空发动机行业对标评估和晾晒模型

建立基于“成功树”的降本驱动因素识别方法。应用“顶事件”分析思维，按照PDCA思想，从计划、实施、检查评价等环节，定位影响目标实现的成本驱动因素和关键过程控制点，开展原因分析、措施制定和影响评估，识别薄弱环节并精准施策，实现闭环管理（见图6）。

图6　战略成本管理目标指标及驱动因素“成功树”分析流程

建立基于“管理会计”的成本管理应用工具包。根据研发设计、生产制造、售后服务、采购供应等不同阶段以及经营管理、实体车间不同需要，引入诸如作业成本法、标准成本法、量本利分析、价值工程等管理会计、经济性分析、低成本设计相关的成熟工具、方法，助力战略成本管理科学推进（见图7）。

（五）构建“四融合”业财联动流程标准，强化战略成本管理的流程支撑

按照集团运营管理系统（以下简称“AEOS”）体系化建设思路，围绕产品研发、生产制造、供应链管理、服务保障等领域，全面推进流程标准化管理，将战略成本管理要求融入主价值链，减少重复非增值的作业量，消除低效、无效的作业环节，降低运营管控成本。

1. 融合经济性理念的产品研发流程标准构建

打造集团统一的产品研发流程架构，横向贯穿产品研发全生命期各个阶段，纵向打通设计试验、制造工艺、服务保障等各业务域，解决分散割裂、各自行动、不考虑成本的问题；通过梳理、固化、优化，建立端到端流程，促进显性化管理，实现流程建设科

学化和规范化；将研发体系财经支撑模块的成本管控要点贯穿产品研发各阶段，真正地将财经支撑融入业务中，“串行”变“并行”，充分发挥财经代表和成本管理工程师在型号研发费用管理、目标成本管理、业务盈利分析等方面的管理职责。发布近百份 AEOS 产品研发体系文件，实现缩短研发周期、降低型号全寿命周期成本的目标。

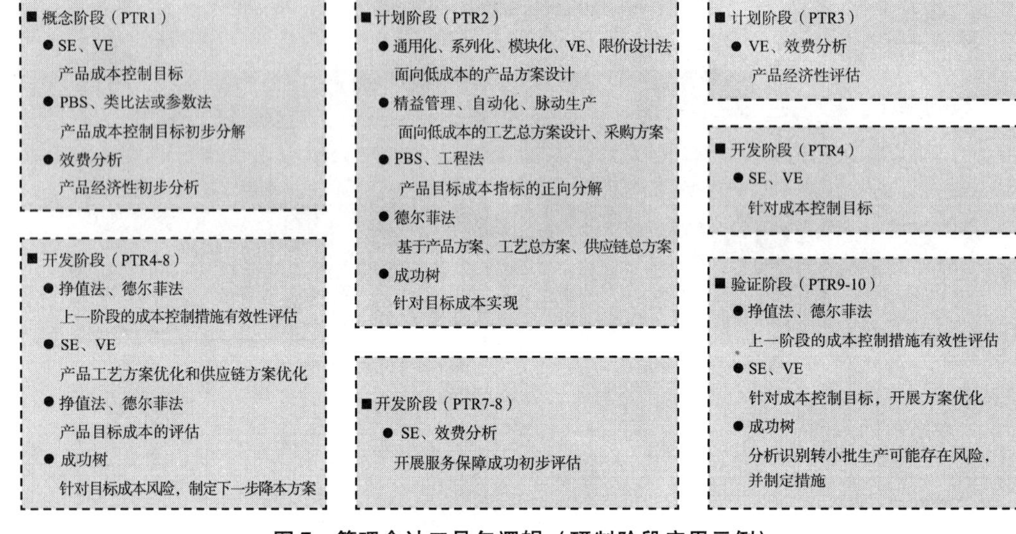

图 7　管理会计工具包逻辑（研制阶段应用示例）

2. 融合精益化思想的生产制造流程标准构建

搭建集团生产管控平台，全面展示集团各单位批生产产品计划、交付、进展、物料资源、配套等信息资源，实现了集团内生产管控数据共享，支撑科学指挥调度，监控生产过程异常问题，识别风险、提前预警，促进均衡生产和准时交付，降低库存和产品制造成本；系统梳理和设计生产制造流程，优化从订单到交付全过程的生产制造管理业务流程，以拉动为原理，以流动创造最大化价值为原则，消除停滞产生的浪费；通过应用物料自动识别、数字装配工艺、现场工业网络、优选优配等关键技术，形成精益单元、脉动装配线，降低产品质量成本和人工成本；重构工艺标准体系，优化工艺流程与标准，从源头降低制造成本。发布 49 份 AEOS 生产制造体系文件，实现用最低的消耗创造更高的价值。

3. 融合小核心大协作的供应链管理流程标准构建

建立供应商管理流程和规范，覆盖寻源、准入、过程控制、评价、培育到退出的管理全流程；建立集团供应商资源库，各单位共享优良资源，制定管理标准和规范，考查、审核、评价结果共享；对供应商过程实施管控，推动供应商持续改进，提升绩效；建立集团供应商管理信息系统，逐步实现物流、信息流、资金流集成管理。发布

37 份 AEOS 供应链管理体系文件，形成完整、规范、协调、高效的供应商一体化管理机制，实现最小化供应链成本、最大化客户价值。

4. 融合军地一体化的售后服务保障流程标准构建

以用户为中心，建设实操与虚拟仿真结合的培训环境，推动技术出版物和用户培训变革；建立配套的储备计划、调用程序、周转流程、物流配送等管理机制，推动备件管理变革；推动工程技术服务从问题牵引的被动保障转变为以完好率、响应时间等效能指标牵引的主动服务，由经验主义向流程化、标准化转变；着眼用户能力短板和装备保障需求，开发巡检巡修、加装贯改、伴随保障等多种类型增值服务包；分析使用需求，形成对应到具体维护情景、分类清晰、便携易用的通用工具箱和专用工具包，推动客户支援变革。发布 88 份 AEOS 服务保障体系文件，降低售后质量成本，提升服务保障业务的价值创造能力。

四、取得成效

（一）形成降本增效长效机制，填补了航空发动机行业成本管理体系化空白

通过体系搭建、运行和持续改进，形成了“集团引领、主机主办、配套联动”的战略成本管理新格局，推动了行业提质增效由短期表面式、单点运动式向长期体系化降本转变，实现了由财务降费向业务降本的模式转型，填补了航空动力装备行业成本管理体系化的空白，有力支撑了集团经济运行质量的改善，为其他装备行业成本管理体系建设提供了参考。成果得到了财政部、国务院国资委、中央军委装备发展部的认可，国资委将其作为提质增效典型案例向全国推广。具有较好的理论意义、实践意义和推广价值。

（二）大幅降低了全要素成本，持续提升经济效益和经济运行质量

自战略成本管理实施以来，各项经济指标持续向好。从产品成本角度看，主要产品平均成本由国外同类产品的 1.6 ~ 3 倍下降为 1.2 ~ 2.6 倍，2021 年某军航材备件 82% 实现价格下降，单台产品成本明显下降；从企业费用管控角度看，在收入大幅增长的前提下，累计压降成本费用近 50 亿元，其中财务费用累计压降 13.47 亿元，2021 年首次实现集团负值目标，管理费用同比下降 40.18%，业务招待费、会议费等一般性支出同比下降 50.8%，连续 5 年绝对下降；从企业发展效率角度看，投入产出效率明显改善，如营业收入利润率提高 2.25%，投入性全成本占营业收入比下降 11.58%，成本费用占营业收入比降低 1.6%，净资产收益率提高 1.08%，全员劳动

生产率同比提高 73. 25%；从企业规模效益角度看，利润总额年均增长 16. 51%，净利润年均增长 19. 67%。

（三）最大效用使用国家经费，带动了全产业链供应链可持续发展

一是最大效用使用国家经费。以“当好国家账房先生”为己任，将有限的经费投入“为先进性抢时间、为装备量抢进度、为战斗力抢周期、为高效益抢质量”等方面上来，保障了重大任务的完成，切实提升了装备经费使用效益。二是降低了备战打仗成本。通过成本约束倒逼，牵引了行业整体运营管理水平和外部供应链成本能力提升，提高了产品成本经济性，为部队节约了采购和使用费用，提升了备战打仗的保障能力。三是带动了相关产业发展。通过非核心业务对外转移，加速引导社会优质资源进入发动机产业链体系，拉动相关产业发展，发挥了“链长”的引领作用。

五、经验总结

战略成本管理作为一项重要的管理会计工具，非常适合中国航发这种以设计、制造相分离为主要业务模式的单位，从集团层面，以战略的视角，对全价值链条成本进行全局性规划和控制，支撑集团战略目标落地。其成功应用的关键因素在于集团领导的高度重视和对相关资源的有力保障。在集团组建之初就作出“大力实施成本工程，作为五大战略工程之一纳入集团战略框架体系”的重大战略部署，2021 年将成本工程作为五大战略工程继续列入“十四五”规划。在集团层面组建战略成本管理领导小组和战略成本管理办公室，单独成立成本价格处，统一筹划、推进战略成本管理实施和应用。经过这几年的持续运行和迭代，战略成本管理实施的组织、制度、标准、路径和方法日趋完善，构建形成了一个适用航发实践且能长期推广的成本管理体系。在后续工作中，持续迭代和完善集团层面战略成本管理体系的同时，加速推进基层单位成本体系和能力建设，不断形成适应新形势新要求的全员、全要素、全价值链、全寿命周期成本管控能力，推动航空动力装备高质量、高效益、低成本、可持续发展。

（中国航空发动机集团有限公司：孙洪伟　张西彩　何立强　闫　磊
付加伟　赵伟斌　赵　丹　安云鹏）

案例评语：

该案例充分考虑了军工企业成本控制的特点，结合企业的实际情况，通过管理会计的一系列有效的成本控制方法，形成了“三维目标、四化路径、六大支撑”的战略成本管理体系，既符合企业的实际经营需求，又具有一定的前瞻性和挑战性。帮助企业实现成本优化和效益提升，体现了管理会计在特定行业中的灵活应用与深度融合。

该案例将企业成本控制与生产经营活动紧密结合，运用成本费用估算、成本分解、成本标准建设等工具方法模型，通过成本管理的系统实施，形成了降本增效长效机制，持续提升经济效益和经济运行质量，带动了全产业链供应链可持续发展。

该案例能为其他军工企业提供有益的借鉴和参考。

供应链成本精益管理体系建设*

摘要

当前，我国经济已由高速增长阶段转向高质量发展阶段，“过紧日子”已连续多年写入政府工作报告。中国南方电网有限责任公司（以下简称“南方电网公司”）坚决贯彻习近平经济思想，积极将新发展理念落实到供应链管理全链条各环节，全面落实节约战略，持续完善成本管理制度，大力培育成本精益管理文化。南方电网供应链集团有限公司（以下简称“南网供应链集团”）积极推进供应链创新与应用，聚焦“赋能”“增效”两条主线，探索实践“业务+财务”双向联动机制，创新应用“差异化优化业务模式+标准化应用成本定额”，高质量构建“12345”供应链成本精益管理体系。实施以来，先后荣获中国电力联合会、南方电网公司多项管理创新成果奖，逐步形成具有行业示范引领作用的供应链成本管理模式，打造了国有企业供应链价值创造典范和标杆，获得内外部高度认可。对内支撑业务高效运营，助力公司系统供应链降本增效超71.14亿元；对外充分发挥中央企业“稳定器”作用，有效引导资源服务社会发展，累计为社会广大客户节约用电成本和向中小企业让利近80亿元。工作成效先后被新华财经、中国财经报、中国电力报等国家级媒体广泛报道，被新华社纳入《经济分析报告》企业降本增效专题，获国家有关部委肯定。

一、背景描述

（一）单位基本情况

南网供应链集团成立于2017年9月30日，注册资本为人民币3亿元，属南方电网公司全资子公司，共7家全资子公司，分布在广东、广西、云南、贵州及海南5省。

* 资料来源：本案例数据均来源于公司实际情况，根据财务数据及相关业务数据统计测算得出。

（二）管理会计应用基础

1. 集团化管控提供组织保障

立足共享服务平台定位，分阶段全面整合南方电网公司五省物资公司，以集团化模式推进供应链业务运营；落实国资委对标世界一流管理提升行动要求，集团党委全面部署，抽调计财部门、业务部门和基层单位骨干，组建供应链成本精益管理专班，系统性集团化推进专项工作，确保取得实效。

2. 标准化运营夯实业务基础

服务标准全统一，规范采购服务作业标准，形成“1 +7”（1 份指导书 +7 份作业指引）采购服务全流程作业指引；首创评标基地运营规范，承担制定 2 份行业标准、6 份团体标准。制度流程全覆盖，制定覆盖采购、合约、品控、仓储、应急等供应链全链条业务制度流程体系、风险管理体系、指标考核体系。

3. 精益化管理注入创新基因

规范标准上，修编印发成本规范管理系列文件，制定供应链成本词典和成本定额，将成本精益管理融入预算、资金、核算及供应链业务等相关制度；执行管控上，系统构建覆盖“三大管控层级、四项管理纬度、十一类业务”的经营指标体系，依托运营管控平台，穿透式监测成本支出情况；评价考核上，将“成本占营收比”“成本费用利润率”等成本指标列入经营业绩考核方案，全面评价成本投入产出效益，推动分类优化业务模式、完善成本定额；系统支撑上，探索制定“三算合一”业财融合标准，贯通“业务活动—成本科目—财务报表”，推动业务系统与财务系统集成建设。

（三）选择相关管理会计工具方法的主要原因

1. 落实国家“过紧日子”政策

中央经济工作会议指出，我国经济发展方式由规模速度型向质量效益型转变。政府工作报告连续多年强调“过紧日子”，要求推进提质增效，提高资源投入效率。

2. 加快建设一流财务管理体系

国资委发布《关于中央企业加快建设世界一流财务管理体系的指导意见》，提出中央企业加快构建“1455”世界一流的财务管理体系，更好统筹发展和安全，更加注重质量和效率。

3. 全面提升供应链价值创造能力

南方电网公司供应链管理改革方案中明确提出，将价值创造列为供应链管理战略核心职能，助力打造具有全球竞争力的世界一流企业。南网供应链集团主动承担供应链价值创造的经营主体责任，聚焦业财融合，深入应用管理会计方法理念，全面挖掘供应链采购服务、合约品控、仓储管理、物资配送业务线条信息，动态优化整合价值信息，系统推进供应链成本精益管理体系建设，全力推动供应链降本增效。

4. 探索创新供应链管理会计实践应用

供应链成本精益管理遵循《管理会计基本指引》，创新应用管理会计方法，实施供应链成本全生命周期管理（第 300 号——成本管理）；成本总额以业绩考核为导向，采用目标成本管理（第 301 号——目标成本法），力争降本；成本分项聚焦投入产出，综合运用作业成本和定额成本管理（第 302 号——标准成本法、第 304 号——作业成本法），实现增效。

二、总体设计

（一）总体目标及思路

完整准确全面贯彻新发展理念，落实国家“过紧日子”政策，维护产业链供应链稳定，提升公司核心竞争力。全面梳理供应链业务特点和规律，聚焦“赋能”“增效”两条主线，注重业务源头管控，探索实践“业务 + 财务”双向联动机制，创新应用“差异化优化业务模式 + 标准化应用成本定额”，将精益管理运用到供应链全链条，以最小资源投入创造更多更大价值，探索走出一条“以业务规范高效促进成本精益管理、以成本效能评价推动业务优化增效”的特色之路，实践形成“12345”供应链成本精益管理体系。

（二）具体内容及创新

南网供应链集团积极推进“12345”供应链成本精益管理体系建设，不断提升成本管控效能，提升供应链价值创造能力，助力公司高质量发展（见图 1）。

“一个目标”：即实现供应链降本增效。充分发挥供应链传导功能，努力将供应链成本精益管理体系建设打造成贯彻国家“过紧日子”行业标杆，引导供应链上下游企业降本增效，助力构建节约型社会。

“两项指标”：即聚焦优化成本占营业收入比、全员劳动生产率。成本占营业收入比反映企业收入中成本费用所占比重，衡量企业成本费用控制能力与主营业务盈利能力。全员劳动生产率反映从业者在一定时期内创造的劳动成果与其相对应的劳动消耗量的比值，主要衡量劳动力要素的投入产出效率，是考核企业经济活动、价值创造的重要指标，是企业生产技术水平、经营管理水平、职工技术熟练程度和劳动积极性的综合体现。

“三大要素”：即创新完善成本管理策略、方法、工具。管理策略上，探索实践“业务 + 财务”双向联动机制，创新应用“差异化优化业务模式 + 标准化应用成本定额”。管理方法上，创新应用管理会计方法，成本总额以业绩考核为导向，采用目标成本管理，力争降本；成本分项聚焦投入产出，综合运用作业成本和定额成本管理，实现增效。管理工具上，创新设计“11113”工具箱，保障成本精益管理有效落地。

“四大业务”：即全面应用供应链采购服务、合约品控、仓储管理、物资配送全链条。紧盯提升供应链价值创造能力，全面梳理供应链业务特点和规律，注重业务源头管控，聚焦“赋能”“增效”两条主线，推动成本策略应用供应链全链条（供应链采购服务、合约品控、仓储管理、物资配送全链条），以成本投入产出最优为目标，差异化优化业务运营模式，形成“以业务规范高效促进成本精益管理、以成本效能评价推动业务优化增效”的良性循环，推动供应链降本增效。

“五个环节”：落实最优成本策略，聚焦供应链降本增效，创新应用管理会计方法，综合运用作业成本和定额成本管理，标准化应用成本定额体系，推动成本维度、定额、配置、核算、评价全生命周期管理，形成“成本支出科学设定—投资成本精准配置—运营过程统筹管控—绩效考核闭环评价”的业务成本闭环管理，不断提高成本效能，推动供应链高质量发展。

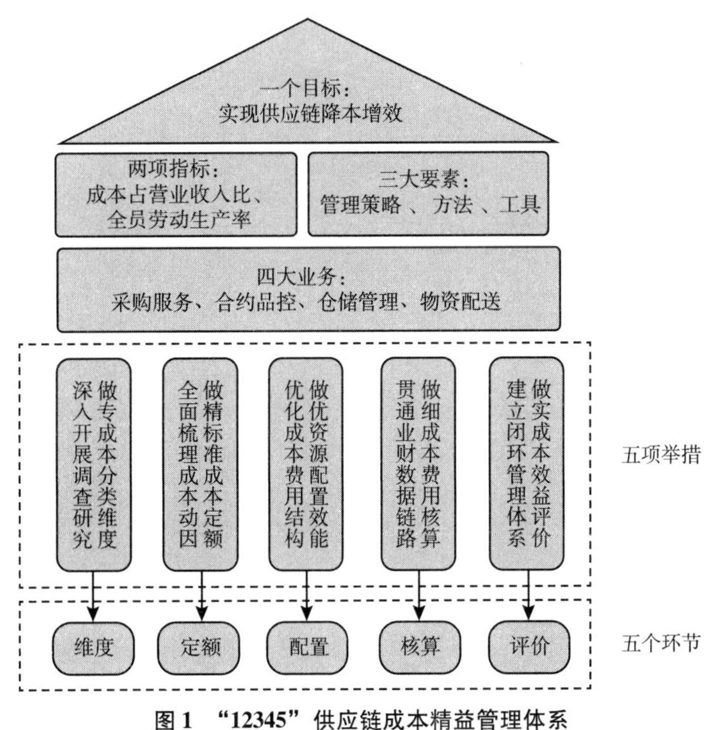

图1 “12345”供应链成本精益管理体系

三、应用过程及典型案例

2018 年，全面梳理供应链业务特点和规律。2019 年，结合公司业务实际探索构建供应链成本精益管理体系，应用于采购服务和合约品控业务。2020 年，落实南方电网公司供应链创新与应用工作要求，进一步深入研究全网供应链运营成本分析模型。2021 年，研究成果纳入南方电网公司《供应链管理改革方案》，同步在广东电网公司和南网供应链集团推广应用，全面覆盖供应链采购服务、合约品控、仓储管理、物资配送四大业务。2022 年，南方电网公司选取南网供应链集团作为成本费用规范化和标准化管理水平提升专项行动试点示范单位，建立全网供应链运营成本标准定额体系。目前全面应用于供应链全链条业务。

（一） 应用模式及主要做法

1. 创新完善成本管理三大要素

管理策略上，基于价值链分析法，全面梳理供应链业务特点和规律，聚焦“赋能”“增效”两条主线，探索实践“业务＋财务”双向联动机制，创新应用“差异化优化业务模式＋标准化应用成本定额”，形成“以业务规范高效促进成本精益管理、以成本效能评价推动业务优化增效”的良性循环。管理方法上，创新应用管理会计方法，实施供应链成本全生命周期管理。成本总额以业绩考核为导向，采用目标成本管理，力争降本；成本分项聚焦投入产出，综合运用作业成本和定额成本管理，实现增效。推动成本策略应用供应链全链条，实现成本投入产出最优业务运营模式，优化公司成本占营收比、全员劳动生产率。管理工具上，创新设计“11113”工具箱，保障成本精益管理有效落地。即制定“一本词典”（成本词典），细化成本支出与业务活动的衔接标准；应用“一套定额”（成本定额），明确业务活动支出的预算标准；通报“一张表格”（运营管控指标监测表），定期分析各业务成本执行进度；运行“一个平台”（战略运行管控平台），穿透式监控各业务成本执行效果；执行“三项制度”（计划预算管理规定、成本税务管理办法、绩效考核管理办法），系统完整将成本管理策略、方法和工具应用到供应链全链条各业务。

2. 全面应用供应链运营四大业务

紧盯提升供应链价值创造能力，全面梳理供应链业务特点和规律，注重业务源头管控，聚焦“赋能”“增效”两条主线，推动成本策略应用供应链全链条，以成本投入产出最优为目标，差异化优化业务运营模式，形成“以业务规范高效促进成本精益管理、以成本效能评价推动业务优化增效”的良性循环，推动供应链降本增效。采购服务业务：一是采购策略上加强采购集约管理，稳步推进规范采购管理、加大网省采购集中度等措施，提升全网采购效益和效率，有效降低采购成本；二是采购需求上实施整合“四步法”，即“精简计划、合并需求、整合项目、复用专家”，提升采购规模、减少采购批次，有效降低招标代理成本；三是采购实施上实行“班车制”，依据采购需求和项目特点，合理选择框架、批次，科学安排采购批次数量、时间，高效统筹同类项目到同一批次采购，采用全流程电子化采购服务模式、结构化计算机辅助评标、智能评标场景应用，有效降低相关费用。合约品控业务：一是合同签订环节采用电子签章替代传统纸质签约，依托数字化工具将现场签约升级为全程线上电子化签约，压减合同签订费用；二是合同执行环节采用远程履约替代传统高强度现场催货机制，选取生产、配送等关键节点，采取“不打招呼、直联供应商”的视频会议形式，在线开展跟踪、协调、催货工作，节省合同履约费用；三是设备监造环节稳步推进差异化抽检和一厂一监造，替代传统资源重复投入的“一厂多监造”模式，降低检测和监造费用；四是供应商管理环节采用线上资格预审替代现场资格预审，降低差旅费用。仓储管理业务：一是优化仓网布局，推进“区域仓＋周转仓”运作模式，加大仓储资源共享共建，逐步缩减实体仓库数量，取消全部租赁仓库，提升仓库使用效率，减少仓库租赁和运营支出；二是试行寄售储备、协议储备以及联储联备等先进物资运作模式，减少物资库存，助力压降“两金”；三是实行物资大储备模式，将“跨地区、跨专业、跨项目”中重叠的物资实行融合储备，以“大储备”形式提升单个储备项目“蓄水池”容量，节省仓储费用。物资配送业务：一是探索应用全国同行业领先的“多对多装车＋路径优化混合规划算法”，实现3D视觉模型辅助班组装车作业和多对多大规划运输任务智能测算，依托物流中台，智能生成最优配送路线，降低物资配送成本；二是实施物资配送“三库一表”（收发货站点数据库、物流参数数据库、运输车型数据库和梯度运价表）管理，动态收集和分析物资运输业务数据，促进优化配送路线，助力最大化节约物资配送成本。

3. 推动成本全生命周期五个环节管理

落实南方电网公司最优成本策略，聚焦供应链降木增效，创新应用管理会计方法，综合运用作业成本和定额成本管理，标准化应用成本定额体系，推动成本“维度、定额、配置、核算、评价”全生命周期管理，形成“成本支出科学设定—投资成本精准配置—运营过程统筹管控—绩效考核闭环评价”的业务成本闭环管理，不断提高成本效能，推动供应链高质量发展。

深入开展调查研究，做专成本分类维度。聚焦业务源头管控，积极探索研究供应链运营成本分析模型，结合区域特色、管理层级和业务特性，实地调研覆盖省、市、县 12 家单位，整理分析全网 2017 ~ 2019 年供应链业务和成本数据，基本摸清供应链全域业务活动和成本结构。一是梳理统一供应链全域经济活动事项、定义及作业标准；二是基本摸清供应链全域成本规模及结构，建立了供应链四大业务 37 项供应链运营成本和业务事项的对应关系；三是搭建起供应链“业务—成本”管理模型，以业务工单为载体，链接经济活动事项和成本科目，形成全网统一的供应链“业务活动—成本科目”库，固化到南网供应链集团《成本词典》，应用于南方电网公司“三算合一”业务标准体系和电网管理平台（计财域、供应链域）建设。

全面梳理成本动因，做精标准成本定额。基于供应链运营成本分析模型，瞄准以最小资源投入创造更多更大价值，积极探索供应链全域成本标准，创新建立供应链全域经济活动全套成本定额。一是全面梳理成本费用驱动因素。按照相关性、成本效益、重要性和充分性原则，结合敏感性分析，研究确定成本驱动因素。二是分类开展标准成本定额分析。依据历史数据测算，结合行业先进经验，对照成本投入产出最优业务运营模式标准，科学制定采购服务、合约品控、仓储管理、物资配送及综合管理等供应链全链条成本定额。三是持续运用滚动修订成本定额。将成本定额全过程应用于预算制定、业务核算、业绩评价，全面分析实际支出与成本定额偏差，分类推动业务运营优化和成本定额修订。

优化成本费用结构，做优资源配置效能。聚焦年度经营业绩考核目标，成本总额实施目标成本管理，成本分项以成本定额为基础，综合运用作业成本和定额成本管理，有序引导预算配置向资源投入少、产出效益好的供应链业务倾斜，不断提高单元投入产出效能。一是升级业务模式改善成本结构。如推行电子化签约，将现场合同签订相关费用压减调整为线上信息维护费。二是通过业务增效提升成本效能。如实施采购整合“四步法”，有效提升采购规模和效益。三是优化业务管理赋能成本节约。如探索应用“多对多装车 + 路径优化混合规划算法”，智能生成最优配送路线，降低物资配送成本。

贯通业财数据链路，做细成本费用核算。以成本词典和“三算合一”业务标准体系为抓手，贯通“业务活动—成本科目—财务报表”，实现成本多维精益核算，动态准确反映成本进度、结构和规模。一是编制全网供应链成本词典。基于《成本核算手册》，吸收供应链运营成本分析模型成果，优化完善业务活动、成本科目、会计核算等，编制形成全网首份供应链成本词典。二是构建“三算合一”业务标准体系。梳理供应链业务活动与预算、资金、核算的对应关系，推动价值度量信息标准延伸至业务前端，做好成本词典与“三算合一”业务标准体系衔接，贯通业财数据链路。三是加快财务数字化转型。以供应链业务资金流为主线，推动财务数字化建设，实现在线自动取数生成财务统计报表，初步形成财务结构化分析报告。

建立闭环管理体系，做实成本效益评价。依托运营管控指标监测表、战略运行管控平台，全面评价成本投入产出效益，刚性兑现业绩考核，推动评价结果因情施策，分类优化业务模式或完善成本定额，形成“以业务规范高效促进成本精益管理、以成本效能评价推动业务优化增效”的良性循环。一是加强成本执行管控。定期通报运营管控指标监测表，上线应用网级战略运行管控平台，动态监测成本占营收比、全员劳动生产率等关键指标。二是强化成本效能评价。对比分析年度成本实际数据与预算目标、成本定额、历史数据差异，积极将评价结果纳入业绩考核，对成本效能好的业务线条、超额完成业绩目标的成本中心予以资源倾斜和考核加分，推动“差异化优化业务模式＋标准化应用成本定额”广泛应用，实现供应链降本增效。

（二）具体实施案例

1. 案例一：采购管理“四步法”提高采购效益效率

梳理细化采购作业环节，研究实施采购管理“四步法”，即在采购需求、计划和实施阶段，按照“精简计划、合并需求、整合项目、复用专家”四个步骤，提升采购规模效应，减少采购批次，充分利用优质专家资源，提高评标质量和效率（见图2）。

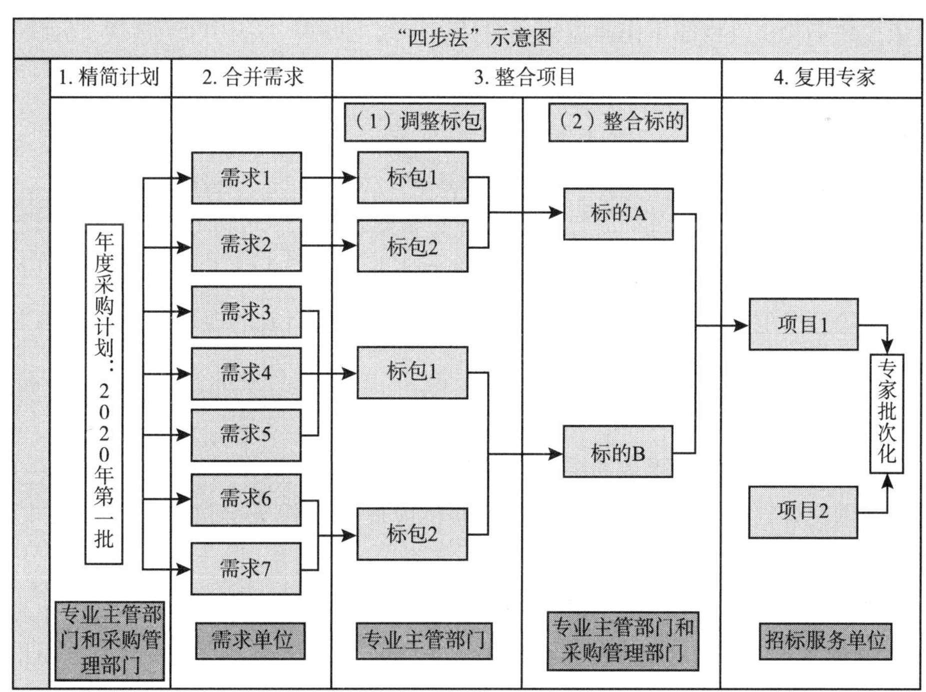

图2 采购管理“四步法”

（1）精简计划。

优化年度采购计划安排，减少采购批次，将同类或类似项目集中合并开展采购，实现批次化和集约化采购管理效果。精简采购计划是统筹全年采购需求、合理安排采购资源、实现供应链内部集成的必要环节，为合并需求、整合项目以及复用专家奠定基础。

（2）合并需求。

将同品类多个采购需求合并为一个标包，提高单次采购量，实现采购规模效应，提升供应商响应的积极性，降低采购成本。

（3）整合项目。

一是调整标包，将不宜合并的同类项目需求，按管理需要设置为不同标包，归类纳入同一个标的，整合采用同组专家，节省专家资源，提高评标质量；二是整合标的，将需求类型相似标的纳入同一采购项目，统一编写采购方案和采购文件，有效压缩方案编写审核、招标评审工作量，提高采购效率。

（4）复用专家。

采取项目群方式管理评标专家重合的同期评标项目，优化整合专家需求，复用专家资源，实现交叉评标，提升专家使用效率。

2. 案例二：合同全流程线上交互办理提升履约效率

依托数字化工具将线下作业流程全面升级为线上办理，采用电子签章、区块链加密等技术推进合同管理电子化，实现全流程线上交互办理，大幅降低合同签订、履约成本，提高履约效率。

（1）合同签订环节。

采用电子签章替代传统纸质签约，推进文本自动生成、实物 ID 自动生成和赋码、订单自动分配、区块链加密和智能辅助结算等创新应用，实现合同签订、合同变更、合同终止等环节的全电子化流转、全链路数据上链；全面取消现场纸面签订和寄送，提升合同签订效率。

（2）合同执行环节。

采用远程履约替代传统高强度现场催货机制，选取生产、配送等关键节点，科学制订远程催交计划，采取“不打招呼、直联供应商”的视频会议形式，对供应商开展跟踪、协调、催货工作，实现排产计划、产成入库、物流运输互通协同；大幅降低现场催货机制的时间成本，提升履约工作效率。

3. 案例三：仓储区域化管理推动提质降本增效

按照“区域仓 + 周转仓 + 急救包”运作模式，优化仓网布局，构建“集约规范、高效协同、绿色经济、安全可靠、智慧运营”的仓储区域化运营服务体系，提升物资储备集约化水平，全面保障电网工程建设物资供应。

（1）优化仓库网络布点。

以供应管理模型（M4SC）和需求驱动价值网络模型（DDVN）为指导，以满足服务时效为原则，以最小化成本为目标，基于现有仓库分布，运用重力重心、线性整数规划和多阶安全库存优化等大数据算法，搭建仓网及库存优化模型，应用全网2021～2023年仓库领料数据，规划最优的“区域仓＋周转仓＋急救包”仓网布点。

（2）优化物资品类库存。

依据电源、主配网基建、应急抢修等项目特点及电力物资特性，统计分析2021～2023年仓库领料数据，充分考虑成本、服务和风险等因素，制定物资供应策略，明确仓库储备供应物资品类。按照现有仓网结构，考虑运输时间、补货周期、入库时间、各物资品类的需求订单及库存服务水平等因素，通过数据清洗、需求分析、需求分类、风险覆盖期和全网库存平衡进行多级库存优化建模，制定每个网络节点中每种物资品类库存策略及合理库存水平。

（3）开展储备物资融合管理。

创新运用“只见物资、不见项目”的区域集中储备物资融合管理理念，融合储备业扩配网储备项目及防灾应急储备项目中重叠的物资，实现物资使用“三融合”（跨地区、跨专业、跨项目融合），以“大储备”形式提升单个储备项目“蓄水池”容量，确保可靠供应，降低总体库存水平。

4. 案例四：数字物流提升物资供应保障能力

立足“物流价值链整合、数智物流运营、物流生态系统服务”发展定位，遵循“集约化、数字化、生态化”的实施路径，切实提高物流系统感知、分析、决策和执行能力，保障物资供应，加强资源整合，提升客户服务体验，提高物流管理效益，支撑物流链降本增效。

（1）灵活应用供需“节拍管理”工具。

实现上游管控、下游统筹，减少“牛鞭效应”，有效压降集中储备库存，保障物资及时供应。第一道防线：领用需求预测。坚持需求驱动理念，通过“季预测＋月计划＋周领料”逐层精细化管控领用需求，实现供需信息有效协同，确保物资供需在时间维度和数量维度上的精准匹配。第二道防线：库存计划。结合公司实际生产要求，通过科学模型实现安全库存水平按月动态调整，以应对第一道防线需求预测不准确导致的需求供应压力。第三道防线：供应链执行。通过“大合同＋分批到货”供货策略、“仓库供应＋供应商直送”协同配送模式、协议储备模式和储备融合，确保物资供应及时、可靠、高效。

（2）创新应用电力物资运输规划大数据。

建设物资配送“三库一表”（收发货站点数据库、物流参数数据库、运输车型数据库和梯度运价表），动态收集和分析物资运输业务数据，促进优化配送路线，助力最大化节约物资配送成本。建成全国同行业领先水平的“多对多装车 + 路径优化混合规划算法”，实现 3D 视觉模型辅助班组装车作业和多需求单位、多发货仓库、多供应商发货计划一键智能规划，规划算法效率提升 29 倍。

四、取得成效

（一）社会效益

一是节约社会成本。2019～2022 年累计节约电网建设投资 71.14 亿元、减少输配电核价有效资产规模 71.14 亿元，有效降低南方五省区社会用电成本；2023 年主动下调采购代理业务收费标准 7.3%，每年降低社会采购交易成本 1 亿元。

二是打造行业标杆。提炼总结成本精益管理经验做法，多次提供社会同类企业交流学习，工作成效先后在新华财经、中国财经报、中国电力报等国家媒体广泛报道；多次荣获中国电力联合会、南方电网公司管理创新成果奖。

（二）经济效益

一是推动全网供应链降本增效。2019～2022 年供应链全域累计降本 71.14 亿元。其中，采购服务业务节约 45.83 亿元，合约品控业务节约 2.71 亿元，仓储管理业务节约 22.04 亿元，物资配送业务累计节约 0.56 亿元。

二是提高经营效益。2020～2022 年，利润总额年均增长 51%；成本费用占营业收入比从 44.91% 下降至 42.69%，全员劳动生产率从 271.26 万元/人 · 年提升至 329.25 万元/人 · 年，连续 6 年超额完成南方电网公司经营业绩考核摸高值；连续两年同业对标综合排名第一。

（三）管理效益

一是提升业务运营效率。采购服务业务，网级物资采购集中度提升至 90%，采购项目数量压减 70%，评审专家人次下降 55%，采购成功率提升 15.28%。合约品控业务，物资合同签订效率提升 53%，成功申报 2 项专利，形成 12 项国家及团体标准。仓储管理业务，物资周转率提升 82.67%，供应时间压缩 81%，储备集中度达到 60%，平均库存下降 8%，荣获中国物流与采购联合会科技进步一等奖。物资配送业务，物资供应效率提升 82. 67%；万元物资配送成本下降 16. 9%；牵头编制 2 项团体标准，经中电联评审达国际先进水平。

二是拓展业财融合深度。价值管控上，探索实践“业务 + 财务”双向联动机制，创新应用“差异化优化业务模式 + 标准化应用成本定额”，形成“以业务规范高效促进成本精益管理、以成本效能评价推动业务优化增效”的良性循环。业务运作上，贯通“业务活动—成本科目—财务报表”，推动业财数据高效衔接，实现预算编制更加精准、资源配置更有效益、财务核算更有效率。2019 ~ 2022 年，预算执行率提升 12 个百分点，成本均衡性提升 18 个百分点，成本投入产出率提升 14 个百分点，报表编制效率提升 40%。

五、经验总结

（一）相关管理会计工具方法成功应用的关键因素

1. 优化管理策略

基于价值链分析法，全面梳理供应链业务特点和规律，聚焦“赋能”“增效”两条主线，探索实践“业务 + 财务”双向联动机制，创新应用“差异化优化业务模式 + 标准化应用成本定额”，形成“以业务规范高效促进成本精益管理、以成本效能评价推动业务优化增效”的良性循环。

2. 创新管理方法

创新应用管理会计方法，实施供应链成本全生命周期管理。成本总额以业绩考核为导向，采用目标成本管理，力争降本；成本分项聚焦投入产出，综合运用作业成本和定额成本管理，实现增效。推动成本策略应用供应链全链条，实现成本投入产出最优业务运营模式。

3. 设计管理工具

创新设计“11113”工具箱，制定“一本词典”（成本词典），细化成本支出与业务活动的衔接标准；应用“一套定额”（成本定额），明确业务活动支出的预算标准；通报“一张表格”（运营管控指标监测表），定期分析各业务成本执行进度；运行“一个平台”（战略运行管控平台），穿透式监控各业务成本执行效果；执行“三项制度”（计划预算管理规定、成本税务管理办法、绩效考核管理办法），将成本管理策略、方法和工具应用到供应链全链条；系统保障成本精益管理有效落地。

（二）应用成效及完善建议

全面梳理供应链业务特点和规律，通过优化管理策略、创新管理方法、设计管理工具，基本形成供应链成本精益管理体系，拓展了供应链降本增效路径及方法。一是成本管控主体由财务单侧管控升级为“业务＋财务”双向联动，形成“以业务科学运营促进成本精益管理、以成本效能评价推动业务优化增效”的良性循环，同步提高业务运营效率和成本使用效益，实现业财互动、协同增效；二是成本管控周期由碎片化管理升级为全生命周期管理，全过程动态分析成本效益，推动成本由单一规模压降向效能和规模双控转型升级，实现成本动态最优；三是成本管控边界由独立经营主体升级为集团化跨主体管控，畅通集团内部市场，统一调配人财物资源，提高全要素生产率，实现集团成本综合最优；四是成本管控链条由单一业务局部最优升级为全链条业务整体最优，统筹平衡供应链全链条业务成本关联关系，推动全域成本效能综合最优，发挥共享平台专业优势和规模效益，实现全网供应链降本增效。

下一步南网供应链集团将着力提升业财融合一体化，持续推动财务数智化转型升级，推动业财数据高效联动，业财信息融合共享，提高供应链成本精益管理体系应用效能。

（南方电网供应链集团有限公司：匡少攀　樊　莉　罗　鸣　鲁　毅
陈婧延　叶心媚　熊笑笑　张月馨）

案例评语：

该案例聚焦“赋能”“增效”两条主线，探索实践“业务＋财务”双向联动机制，创新应用“差异化优化业务模式＋标准化应用成本定额”，高质量构建“12345”供应链成本精益管理体系。该体系对内支撑业务高效运营，助力公司系统供应链降本增效；对外充分发挥中央企业“稳定器”作用，有效引导资源服务社会发展，以实现经济效益与社会效益双赢。

南方电网基于供应链成本管控体系的实践探索、经验总结对同类行业企业具有一定的实践参考价值。

创新构建分产品核算体系，助力通信企业高质量发展

摘要

随着我国进入新发展阶段，通信市场用户规模趋于饱和，支撑行业高速发展的人口红利消失，传统通信业务发展进入慢车道，通信运营商之间的同质化竞争激烈，成本管控压力增大。同时，数字经济的蓬勃发展给运营商带来了新的宝贵机遇。“十四五”期间，中国移动通信集团有限公司（以下简称“中国移动”）面对新的机遇与挑战，以习近平新时代中国特色社会主义思想为指导，全面贯彻落实党的二十大精神，坚持和加强党的全面领导，立足新发展阶段，完整、准确、全面贯彻新发展理念，服务构建新发展格局，坚持以人民为中心，制定了创世界一流“力量大厦”的发展战略，明晰“创建世界一流信息服务科技创新公司”的发展定位。“产品卓越”是世界一流企业的重要标准，产品是落实公司战略部署、扎实推进转型的核心动力，是中国移动实现从通信服务向信息服务转变、基于规模的价值经营的重要载体。

为了建设世界一流财务管理体系，加强产品精益管理，迫切需要分产品收入、成本、利润等核算数据支撑各项管理决策。通信企业提供无形的通信服务，与传统制造企业不同，具有全程全网①的特点，最大的成本是与网络相关的公用成本，这类成本如何在语音、流量、短信等不同形态的产品进行分配，业内没有成熟、通用、公认的方法，制定科学合理的核算规则存在较大难度。中国移动迎难而上、大胆突破、守正创新，创新应用作业成本法、网络层次法、等效流量法等工具方法，攻克通信业全程全网、公用网络成本难以向不同形态产品分摊的难题，创新构建了通信企业分产品核算体系，支撑产品全生命周期管理，深化价值经营，促进高质量发展。

① 从发送端的终端出发，经过无线网络、核心网络、传输设备、传输管线等复杂的处理和传送过程，再送入接收端的传输设备、交换网络、无线网络，最后到接收端的终端，整个过程体现全网全程的特点。

一、背景描述

（一）单位基本情况

中国移动通信集团有限公司（以下简称“中国移动”）于 2000 年成立，目前已发展成为全球网络规模最大、用户数最多、品牌价值和市值排名位居前列的电信运营企业。公司连续 19 年获得央企经营业绩考核 A 级，在 2023 年《财富》世界 500 强排名中位列第 62 位。中国移动在内地 31 个省、自治区、直辖市设有运营电信业务的区域公司，下属 27 家专业机构进行专业化运营，其中，中国香港公司、辛姆巴科公司、国际公司在境外运营电信业务。成立 20 多年来，中国移动保持了业绩的稳健增长，营业收入从成立之初的 756 亿元提升至 2023 年的 10093 亿元，增长约 12 倍；净利润从 93 亿元提升至 2023 年的 1318 亿元，增长 13 倍。截至 2023 年末，中国移动资产总额达 1.9 万亿元，移动用户数 9.9 亿户，家庭宽带用户数 2.6 亿户。

（二）管理会计应用基础

1. 国家政策要求

2022 年国资委印发《关于中央企业加快建设世界一流财务管理体系的指导意见》（以下简称《指导意见》），要求中央企业进一步提升财务管理能力水平，加快建设与世界一流企业相适应的世界一流财务管理体系。《指导意见》明确提出，要利用报表、数据、模型、管理会计工具，建立纵贯企业全部经营管理链条，覆盖各个产品、市场、项目的多维度指标体系，开展价值跟踪分析，准确反映价值结果，深入揭示价值成因。中国移动作为国资委确定的十家“创建世界一流示范企业”之一，争做建设世界一流财务管理体系的排头兵。

2. 公司转型需要

随着我国进入新发展阶段，通信市场用户规模趋于饱和，支撑行业高速发展的人口红利消失，传统通信业务发展进入慢车道，运营商之间的同质化竞争激烈，互联网公司、设备厂商的异质替代压力增加，整个行业迫切需要寻找新的增长点。产品是落实公司战略部署、扎实推进转型的核心动力，是中国移动实现从通信服务向信息服务转变、基于规模的价值经营的重要载体。分产品核算是产品管理体系的重要组成部分，要做好产品管理，首先要核算清楚产品的收入、成本、利润，如果没有这些数据，就难以对产品开展精益管理。

二、总体设计

（一）总体目标

基于以上背景，中国移动全面开展分产品核算，在全集团范围内构建了分产品核算体系（见图1）。

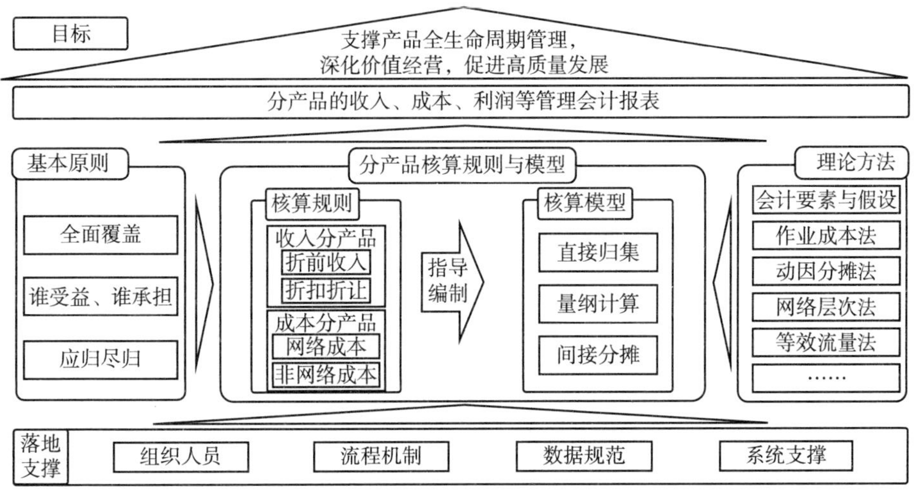

图1　中国移动分产品核算体系架构

分产品核算的总体目标是：通过制定合理清晰、各方认可的核算规则，开展各产品收入、成本核算，构建分产品核算体系，定期产出各产品收入、成本、利润数据，支撑产品价值经营和全生命周期管理。

（二）难点分析

相较于传统制造业，通信行业具有全程全网的特点，固定成本比重高，因此开展产品成本核算的难度更大、规则更加复杂。主要体现为：

1. 固定成本比重高

通信行业是资本与技术密集型行业，通信网络结构复杂、资产体系庞大，每年需要投入大量资源用于扩大网络规模、维护网络质量、实现网络迭代升级。2023 年中国移动网络折旧及运营支撑成本占主营业务成本比重约 80%。通信行业的固定成本比重高，增加了产品成本核算的难度。

2. 具有全程全网的复杂性

通信行业具有全程全网的特点，信息从传输的发送终端到接收终端的整个路径涵盖了无线及接入网、核心网、数据网、传输网、支撑网等不同网络专业，每个网络专业由大量的网络设备组成。各类网络分别为不同的产品、业务提供支撑，每个通信子系统的业务处理流程、资源耗用情况均不相同，难以按照统一标准进行成本归集与分摊。

（三）总体思路

开展分产品核算，既要遵循会计的基本原则与假设，充分运用已有的管理会计工具方法，也要结合行业特点灵活创新，探索新的工具方法解决通信行业产品成本核算难题。

1. 工具选择

2013 年，财政部制定《企业产品成本核算制度（试行）》，对于信息传输行业的成本核算给出了原则性指导："信息传输、软件及信息技术服务等企业，可以根据经营特点和条件，利用现代信息技术，采用作业成本法等对产品成本进行归集和分配"。通信企业开展分产品核算，首先要充分运用直接归集法、作业成本法。要科学合理分析产品的价值贡献，不仅要看产品的全成本利润，还要看产品的"边际贡献"，因此需要引入变动成本管理工具。

2. 方法创新

在直接归集法、作业成本法、变动成本法的基础上，中国移动结合通信网络与产品的特点，开展创新应用，具体如下所示。

（1）创新应用作业成本法。

作业成本法以"作业"为桥梁将成本核算至不同产品，即第一步将成本资源通过资源动因分摊至作业，第二步通过作业动因分摊至产品。通信企业具有全程全网、公用网络成本占比高的特点，传统制造业常用的"作业"和"动因"不再适用。因此，需要结合行业特点创新应用作业成本法，按照"资产—网络元素—基础通信服务—产品"路径分三步将网络成本核算至产品，即将"网络元素"和"基础通信服务"作为双桥梁，实现网络资产向最终产品的映射。

（2）网络层次法。

庞大的通信网络可以拆解成一个个不同功能的逻辑"网络元素"，各网络元素有序运转，共同保障整个通信网络运行。通过梳理网络架构及其业务承载，厘清网络层次，确定逻辑网络元素清单；分析不同产品对逻辑网络元素的耗用路径，明确各网络元素的产品核算规则及成本分配动因。

（3）等效流量法。

根据等效无线信道资源模型原理，中国移动提出等效流量法，对语音、短信、彩信、流量等基础通信业务的业务量进行归一化处理，将语音业务量的单位“分钟”、短彩信业务量的单位“条”、流量业务量的单位“KB”转化为等效的基础业务量“bit”，从而科学评估网络中不同业务对网络资源的占用情况。例如，短信按照一条信息中“必选字段字节 + 可选字段字节 + 用户发送内容字段的长度字节”进行估算，1 条短信约等于 2264bit，以便更好地评估业务对网络资源的消耗。

（4）增值产品成本耗用法。

语音通话、短彩信、移动数据流量等是中国移动最基础的通信服务业务。增值电信产品在基础通信服务上进行拓展，以基础通信服务为依托，对基础网络设施资源形成间接耗用。例如，教育是依托平台短彩信开发的增值产品，彩铃是依托语音业务开发的增值产品等。因此，若某个增值产品对基础通信服务形成耗用，收入计入该增值产品，对应的网络成本也要计入该产品，确保收支匹配。

三、应用过程

（一）公司领导亲自挂帅，组建专项工作团队

分产品核算涉及的不仅是财务领域，而是产品运营的各个业务条线，需要财务部门与产品管理部门、计划建设部门、人力部门、网络部门、研发管理部门、采购部门、IT 管理部门等协同推进，建立有效的业财融合机制。

在集团公司层面，中国移动组建“分产品核算专项工作领导小组”，由党组成员、总会计师任组长，各部门主要负责人任副组长，清晰明确职责分工，统筹指导、全面推进分产品核算工作。

集团公司各下属单位组建跨部门联合工作团队，由主要负责人亲自把关，分管财务工作负责人牵头指挥，各部门选调骨干人员参与，保障核算体系有效落地、常态化运转。

组建省专协同的“专项任务团队”，由集团公司牵头，各省公司、专业公司结合各自在产品运营管理中的职责分工，对各项成本的分产品核算规则开展专题研究。

成立党员突击队，凝心聚力、攻坚克难，党业融合促进分产品核算落地。

（二）汇聚各方基本共识，确定分产品核算原则

经过内部充分调研，汇聚各方基本共识，确定了“全面覆盖”“谁受益、谁承担”“应归尽归”三大原则，指导构建分产品核算体系。

1. 全面覆盖

分产品核算要覆盖公司的全产品、全收入、全成本，从而确保各产品收入、成本、利润之和与财务账面收入、成本、利润数据相等，避免不同产品之间重复核算、相互争利。

分产品核算覆盖中国移动集团下属各省公司、各专业机构，建立从下属单位到合并层面的核算数据获取、传输、稽核、运算、汇总等标准化核算流程。

2. 谁受益、谁承担

对于产品收入，要以计费账单、收入合同、结算单等原始凭证为依据，准确核算至每个产品；对于产品使用的折扣折让、各项成本资源，以业务实质为基础，根据资源投向核算至受益产品。要确保产品的收入与成本费用相互匹配。

3. 应归尽归

梳理各类资源与产品的映射关系，可以分为“单一产品使用”“多个产品共用”“全部产品共用”三类。对于单一产品耗用的折扣折让与成本资源（单一产品使用），直接归集至该产品；对于多个产品共用的资源（多个产品共用），选取合理动因量纲计算归集至产品；对于与产品不直接相关的资源（全部产品共用），通过综合权重分摊至产品。

（三）重构核算流程与 COA，设置产品核算科目

1. 重构核算流程与 COA

在中国移动管理会计体系架构下，分产品核算本质上是多维度管理会计核算在产品维度的拓展延伸。为了有效落地多维度管理会计核算，中国移动对原来的财务会计核算流程进行了重构，梳理形成与财务会计 COA 互为补充的、多维度的管理会计 COA，根据管理需求拓展细化数据颗粒，在全集团范围内规范口径标准，建立从业务明细标签到管理会计 COA，再到财务会计 COA 的数据流程，保障管理会计核算落地（见图 2）。

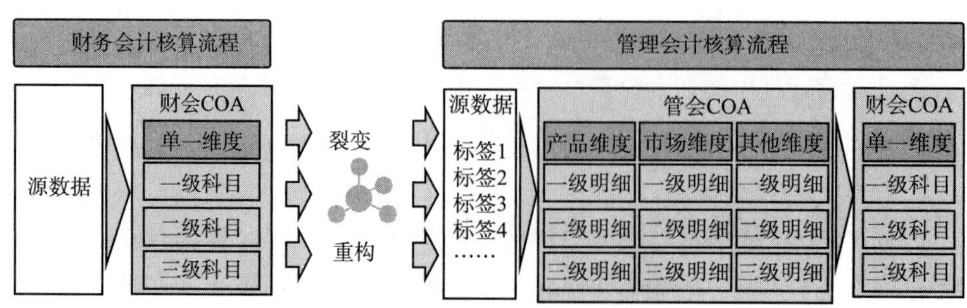

图 2　管理会计核算流程与科目

2. 梳理全量产品清单

中国移动持续推动业务从 ToC 为主向 CHBN（个人、家庭、政企、新兴）全向发力、融合发展转变，产品布局覆盖 CHBN 四个市场。在个人市场，向客户提供语音、短彩信、无线上网、增值服务等产品，这是稳增长的基础，是收入的“压舱石”；在家庭市场，向客户提供家庭宽带、互联网电视、家庭安防、智能组网等产品，这是促进融合发展的关键领域；在政企市场，向客户提供集团短彩信、专线、电路网元租赁、IDC、云、大数据、物联网、ICT 项目等产品，这是收入增长的新动能，转型升级的主力军；在新兴市场，向客户提供国际漫游通话与流量等国际产品，视频、阅读、游戏、音乐等内容媒体产品以及金融科技产品等，这是规模突破、创新发展的新赛道。根据“全面覆盖”原则，分产品核算应覆盖公司全量产品，确保所有产品收入、成本、利润之和与财务账面一致。中国移动产品管理部门牵头，梳理形成了全网类产品清单，包括一级产品超百个，二级产品两百多个，为分产品核算奠定基础。

3. 建立产品核算科目

参照产品清单，结合管理需求与可落地性，分别设置收入与成本核算的产品科目。对于收入核算的产品科目，考虑到日常经营管理对收入来源分析的颗粒度较细，因此收入核算产品科目普遍在二级产品基础上进一步细化，如将二级产品“上网类专线”进一步细分为“互联网专线”与“企业宽带”两个核算科目。对于成本核算的产品科目，主要参照二级产品设置，若二级产品核算难度大且当前暂无明确管理需求，则参照一级产品设置。

（四）源头嵌入产品标签，开展收入精细核算

根据账务处理的不同，中国移动收入可以分为两部分，包括折前收入和折扣折让。

1. 折前收入核算方案

折前收入按照出账来源不同，分为计费收入与非计费收入。中国移动拥有 9.8 亿户移动客户，每时每刻都会产生海量的业务用量信息，公司建立了强大的计费系统（BOSS），根据用户对业务的使用量以及订购的资费、折扣等信息，及时产出明细账单，是收入的主要数据来源。由计费系统出账，通过系统接口将账务信息传递至 ERP 系统进行核算入账的收入为“计费收入”。另有少量收入不通过计费系统出账，而是通过报账平台进行收入报账，再传递至集中化 ERP 系统核算入账，这部分为“非计费收入”（见图 3）。

对于计费收入，以计费流程中的收入最细颗粒度“账单科目”为抓手，嵌入产

品标签，记录产品信息，按照统一规则编制数据传输代码，将产品科目信息传递至 ERP 系统。连接 BOSS 与 ERP 系统的数据传输代码称为“收入预存代码”，其为业务与财务数据之间的映射转化桥梁。收入预存代码由 15 位的字母和数字组成，以“互联网专线”产品的某个收入预存代码 A03001202003368 为例，第 1 位字母编码标识接口类型，A 代表话费出账；第 2 ~ 5 位数字编码标识市场归属，0300 代表政企市场；第 6 ~ 11 位数字编码标识产品信息，120200 代表“互联网专线”产品；第 12 ~ 15 位数字标识财务会计 COA 借贷方科目组合，3368 代表借方科目为“应收账款—用户欠费”，贷方科目“通服收入—宽带及专线”。

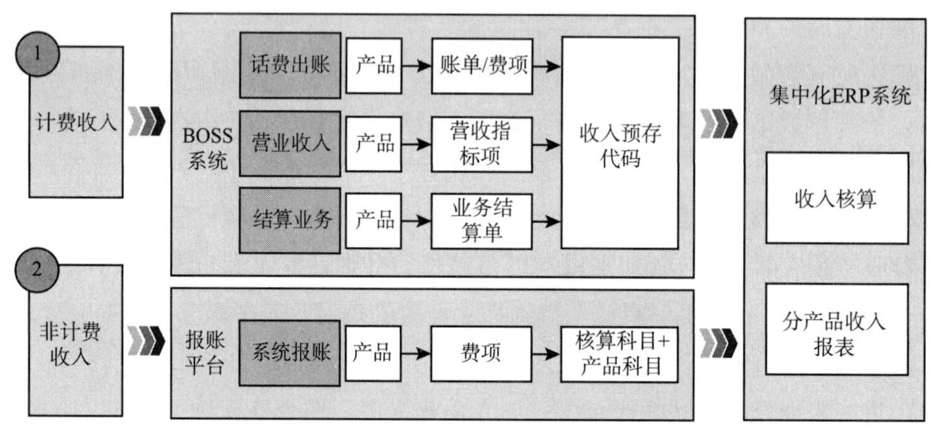

图 3　折前收入分产品核算路径

对于少量的非计费收入，在报账平台设置“产品科目”段，由业务人员在收入报账环节根据业务实质准确选择产品科目段值，实现分产品核算。

2. 折扣折让核算方案

基于“谁受益、谁承担”原则，根据折扣折让资源投向判定对应的受益产品。对于折扣折让相关营销案，在营销资源管理系统区分“专项赠送”和“非专项赠送”两类，专项赠送营销案需标识对应的产品信息。

对于向单一产品专项赠送的折扣折让（单一产品使用），直接归集至营销案标识的产品；对于向多个产品专项赠送的折扣折让（多个产品共用），根据每位客户月度账单中标识产品的折前收入占比，分摊到营销案标识的相关产品；对于非专项赠送的折扣折让（全部产品共用），根据每位客户月度账单内各产品折前收入占比，分摊到账单内各产品。由 BOSS 计费系统按月度记录用户折扣折让资源实际使用情况和账单消费结构，自动完成多个产品或全部产品共用情况下的分摊处理后，通过收入预存代码将产品科目等核算信息传递至 ERP 系统。

（五）创新运用工具方法，攻克成本核算难题

1. 区分直接与间接，基于业务活动搭建分产品核算规则

中国移动的成本主要包括主营业务成本、销售费用、管理费用、研发费用等63项成本项目，对应近2000个成本费用业务活动。业务活动是根据公司的管理维度、业务及费用特点，对成本费用核算科目的进一步细化，满足公司对成本费用的精细化管理需求，已在ERP系统中承载，每笔成本费用报账时必须选择业务活动字段。例如，“通用营业成本—能源使用费—电费”一个核算科目细分成24个业务活动，对电费的使用部门（营销部门、生产部门）、网络用途（基站、机楼、IDC机房等）、供电类型（直供、转供）等进行了细分记录。从业务前端的记录、稽核，一直到报账入账，均按照业务活动的颗粒度一以贯之，实现成本精细核算。

梳理每项成本费用业务活动与产品的相关性，可以区分为“直接成本”与“间接成本”两大类。其中，“直接成本”又分为“单一产品使用”和“多个产品共用”两类。对于“单一产品使用”的直接成本，采用直接归集的方式核算至该产品；对于“多个产品共用”的直接成本，以“成本费用—业务活动—动因—量纲计算规则—产品”为思路，梳理业务活动与产品的关系，选取合适动因，将成本通过量纲计算的方式核算至相关产品；对于“所有产品共用”的间接成本，通过综合权重分摊至各产品（见图4）。

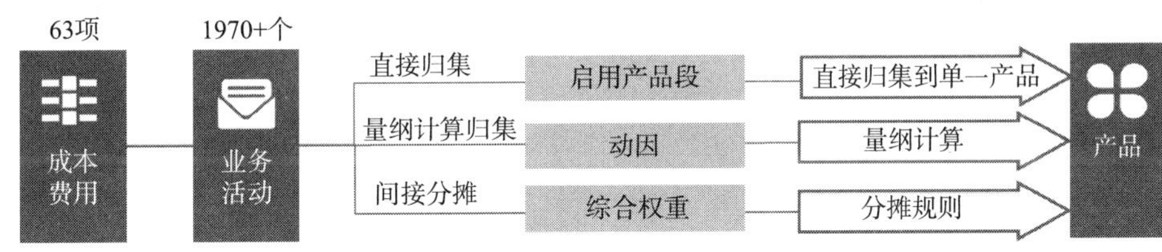

图4 成本费用分产品核算总体思路

2. 直接归集成本核算方案

对于单一产品使用的成本费用，在预算申请、投资立项、营销方案设计、资源领用等关键环节，设置产品标签、记录受益产品信息。在成本核算时，根据成本费用合同、投资项目、研发项目、预算项目、成本中心等管理字段与产品科目的映射关系，将成本直接归集至特定产品。例如，在开展成本报账时，合同名称包含“某市5G专网项目”信息，则合同成本直接归集至“ICT－5G专网”产品。操作层面，通过在报账系统启用产品科目段，成本报账时直接选择产品信息或通过前端系统打标签后接口推送报账，实现核算落地。

3. 量纲计算归集成本核算方案

对于多个产品共用的成本费用，通过量纲计算归集至产品，即从成本费用业务活动出发，梳理业务活动发生路由，寻找合理动因建立业务活动与产品的关系，制定量纲计算规则。通过对量纲计算规则进行整理，共形成6大类、30小类规则（见表1），用到了5大类近200个量纲计算动因。通过对上述规则、动因的合理组合应用，将各项成本费用量纲计算归集至相关产品。例如，对于计费侧（B域）的资产折旧，使用“B域成本规则”，以各产品的业务订购量占比为动因，计算产品耗用的B域资产折旧摊销成本；对于营业厅发生的成本，使用“组织成本规则”中的“营业厅”核算规则，以营业厅的业务办理量占比为动因，计算产品耗用的营业厅成本。

表1　　量纲计算归集规则概览

规则大类	规则小类	规则大类	规则小类
核心网成本规则	电路域设备	组织成本规则	政企线
	分组域设备		个人市场线
	IMS域		家庭市场线
	信令域设备		市场线
	核心网共享		综合线
无线网成本规则	2G无线设备		网格
	3G无线设备		网格（个人）
	4G无线设备		网格（家庭）
	5G无线设备		网格（政企）
	WLAN设备		自营厅
传输网成本规则	光传输设备（非OTN）		营业厅
	OLT/PON		在线公司服务请求业务
	PBX		在线公司融合业务
数据网成本规则	CMNET		在线公司呼入咨询服务
B域成本规则	B域		在线公司投诉咨询服务

操作层面，对各项量纲计算规则和动因进行整合、固化，形成“分产品核算量纲计算模型”，依托集中化成本管理系统进行承载。通过打通系统结构，成本管理系统定期从ERP系统获取的成本金额数据、从前端业务系统获取的动因数据，输入模型后自动运算产出分产品核算结果。

按照量纲计算归集方式开展分产品核算的成本中，通信网络资产设备的折旧与运维成本是规模最大、核算难度最高、规则最复杂的成本项目，以下予以重点说明：

（1）网络资产折旧。

通信网络的资产设备无法单独用于构建产品能力，必须由所有设备共同组成一张完整的网络后，才能向用户提供服务，因此难以直接建立通信资产设备与产品的映射关系，需要借鉴作业成本法思路，以成本作业为中间媒介建立两者联系。

第一步，建立“资产—网络元素”映射关系。通过分析通信网络架构及业务承载功能，厘清网络层次，可以将通信网络分成核心网、无线及接入网、数据网、传输网、支撑网等不同“网络专业”，每个网络专业进一步细分成不同的“网络元素”，如核心网细分成电路域设备、分组域设备、IMS域设备等，不同网络元素在整张通信网络运行过程中发挥了不同的功能。中国移动在资产转资环节，根据项目用途对每项资产进行统一编码，明确了资产对应的网络元素。

第二步，建立“资产—网络元素—基础通信服务”映射关系。基础通信服务是指2G/4G/5G的语音、短信、彩信及流量，是通信网络承载的基本服务内容。为了便于分析比较不同基础通信服务对网络的消耗情况，可以采用“等效流量法”，根据等效无线信道资源模型，将语音、短彩信、流量的业务量单位统一转化为流量单位bit。例如，短信按照一条信息中“必选字段字节+可选字段字节+用户发送内容字段的长度字节”进行估算，1条短信约等于2264bit。根据网络元素的工作原理，建立与基础通信服务的映射关系，根据基础通信服务的实际等效业务量计算对网络元素的消耗占比，最后将网络元素相关设备折旧分摊至基础通信服务（见表2）。

表2　网络资产与基础通信服务的映射关系示例

网络资产	2G－GPRS	4G－PS域流量	5G－PS域流量	2G－彩信	4G－彩信	5G－彩信	2G－短信	4G－短信	5G－短信	2G－语音	4G－语音	5G－语音
—	各网络资产与基础通信服务的映射关系，“1”为相关，空为无关											
电路域设备							1			1		
2G无线及配套设备	1			1			1			1		
4G无线及配套设备		1			1			1			1	
5G无线及配套设备			1			1			1			1
……	……	……	……	……	……	……	……	……	……	……	……	……

第三步，建立“资产—网络元素—基础通信服务—产品”的映射关系。中国移动作为通信企业，一部分产品是基于基础通信服务整合打造，另一部分产品与基础通

信服务深度融合推广，对基础通信服务形成耗用，收入计入对应产品，对应的网络成本也要计入该产品。根据各个产品对基础通信服务的实际耗用量，以及每 bit 基础通信服务消耗的网络资产折旧，计算得出各产品应承担的网络资产折旧金额。

（2）网络运维成本。

网络运维成本主要包括网络维护支撑费、能源使用费、铁塔租赁与服务费等保障通信网络日常运营的成本支出，第一步通过选择合适动因，建立成本费用业务活动与网络元素的映射关系，如网络电费按照不同设备的额定功率分摊至各网络元素。第二、第三步与“网络资产折旧”核算处理一致，按照同样方法打通网络元素至产品的核算路径，最终建立“成本费用业务活动—网络元素—基础通信服务—产品”的映射关系，实现分产品核算（见图 5）。

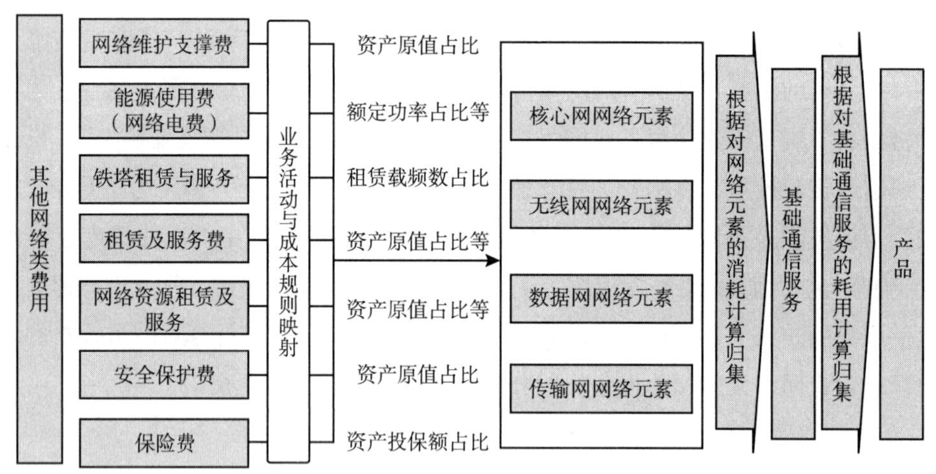

图 5　网络运维成本分产品核算规则

网络资产折旧与运维成本的核算过程充分借鉴了作业成本法的思路，相对于一般制造企业通过一层作业即可实现成本分产品核算，通信企业需要通过“网络元素”和“基础通信服务”两层作业完成网络成本向最终产品的核算。同时，灵活用网络层次法对网络结构进行分解，应用等效流量法对不同服务进行归一转化，从而解决通信行业成本全程全网的难题，实现创新突破。

4. 间接分摊成本核算方案

对于所有产品共用的成本费用，与特定产品不直接相关，按照产品收入占比分摊至各产品。主要是指企业形象宣传、品牌宣传等广宣费用，以及管理人员的人工成本、办公费、会议费等综合管理费用。

操作层面，编制“间接成本分摊模型”，依托集中化成本管理系统进行承载，通过 ERP 系统定期获取产品收入数据，输入间接成本分摊模型自动运算产出结果。

通过开展分产品核算，按月产出两百多明细产品的收入、成本、利润数据，同时根据产品与市场的映射关系，计算得到各个市场的整体效益情况。

（六）大中小屏分级联动，产品价值可视感知

通过开展分产品核算，按月产出两百多明细产品的收入、成本、利润数据，同时根据产品与市场的映射关系，计算得到各个市场的整体效益情况，为精益管理打开了新的空间。

为了支撑管理人员便捷查看各市场与产品的效益情况，通过大屏、中屏、小屏同步展示多维度产品价值分析结果，打造可视化监管体系。面向管理层建立大屏展示能力，从集团视角对重点产品及下属单位产品效益情况进行展示，通过汇聚、趋势、对标，进行全景监控和风险预警，帮助管理人员高效决策；面向生产分析人员及产品负责人建立中屏（电脑端）展示能力，基于全量数据提供个性化分析能力，助力分析人员进行日常监控和精准数据分析；面向各级管理层和生产人员建立小屏（手机端）展示系统，提供简洁摘要信息和各层级所需重点关注信息，提高数据传递的时效性与互动性。

（七）固化创新实践成果，动态优化核算体系

为固化分产品核算项目创新研究成果，沉淀实践经验，中国移动制定了《分产品核算办法》，明确了分产品核算原则、核算范围、集省专各部门职责分工、收入与成本核算规则、系统支撑方案、核算模型设计、动因取数规范、管会报表样式及产出流程等，随着产品迭代以及管理需求的变化，对办法不断更新与优化，持续巩固、完善分产品核算体系。

四、实施效果

中国移动通过构建分产品核算体系，数据能力已成规模、业财融合持续深化、管理应用不断拓展，“算为管用、管算结合”，有效支撑公司战略落地、辅助制定产品策略、优化产品资源配置、助力产品提质增效，实施效果显著。

（一）支撑公司战略落地

中国移动确立了创世界一流“力量大厦”发展战略。在该战略下，统筹推进

CHBN全向发力、融合发展是战略基石，是保障创世界一流“力量大厦”整体稳固的关键承载（见图6），要求公司推动业务市场从ToC为主向CHBN全向发力、融合发展转变，推动业务发展从通信服务向信息服务拓展延伸。在战略制定之初，个人、家庭、政企、新兴不同市场的业务边界并不明确，对传统通信服务与信息服务新业务也没有清晰的划分，更缺少分产品、分市场核算的支撑，难以有效对战略目标进行分解、落实责任。

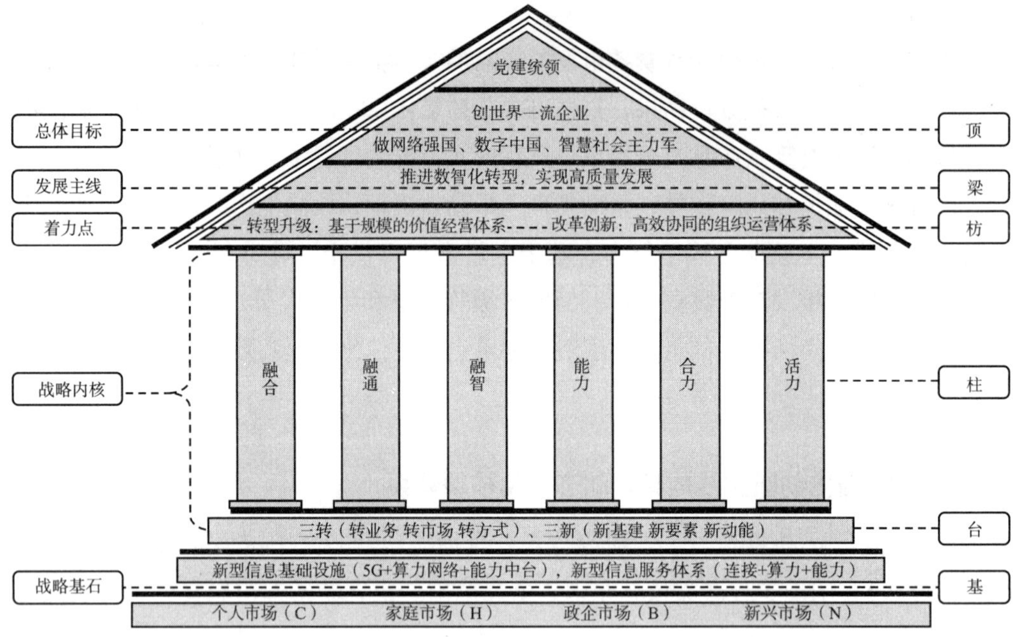

图6　中国移动创世界一流“力量大厦”

中国移动管理会计团队紧跟战略需求，主动研究CHBN不同市场、各市场数字化转型业务等关键收入口径，制定了基于“产品”的收入分市场方案，并且通过构建分产品核算体系建立了CHBN四轮驱动管理会计报表，稳定产出四个市场的收入、成本、效益信息，准确量化评价各市场的发展情况。目前，CHBN四轮驱动管理会计报表已经成为公司经营管理的重要决策依据，有效支撑统筹推进CHBN全向发力、融合发展的战略落地。

2019~2023年，家庭、政企、新兴市场收入合计占比从27.2%增长到43.2%，CHBN收入结构逐步优化。各市场数字化转型业务增长势头强劲，从2020~2023年，数字化转型收入占主营业务收入的比重从18.1%增长到29.4%①，第二条增长曲线不

① 资料来源：中国移动历年业绩披露材料。

断攀升。

（二）辅助制定产品策略

应用产品效益分析矩阵，直观分析产品盈利能力、收入规模与增长趋势，根据产品所处象限位置，支撑制定产品经营策略。例如，某下属单位编制了产品效益分析矩阵图（见图7），对于E、F、I、J、K、L等产品，收入增幅与利润率均为正，要保持资源投入，不断做大规模。对G、H、M、N等产品，虽然利润率为正、具备盈利能力，但是收入增长乏力甚至负增长。如果市场对产品价格敏感，可以适当降价以扩大产品销量和市场份额，实现薄利多销；如果产品呈现萎缩状态，则应减少资源投入，回收“利润”，反哺其他更具发展潜力的产品。对于B、C、D等产品，收入增长强劲，但是利润率低，应通过优化成本结构、提升资源利用率、审视定价策略等举措，加快产品扭亏为盈。对于A产品，亏损严重且收入增长乏力，要进一步分析产品发展前景与定位，评估是否退出。

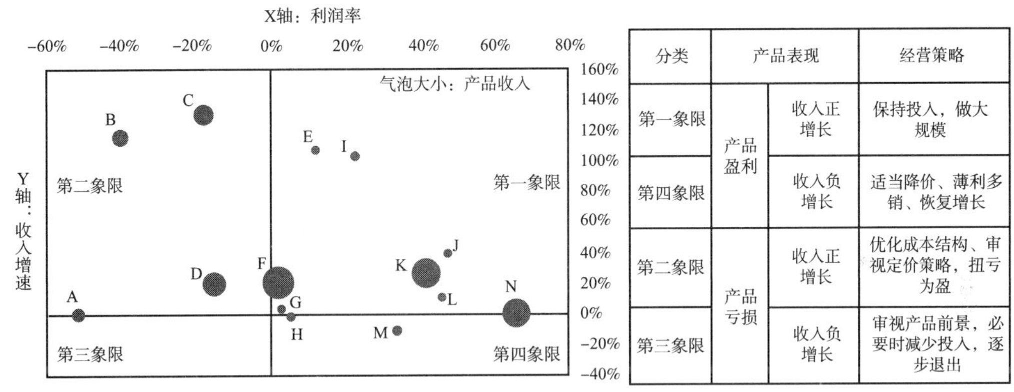

分类	产品表现		经营策略
第一象限	产品盈利	收入正增长	保持投入，做大规模
第四象限		收入负增长	适当降价、薄利多销、恢复增长
第二象限	产品亏损	收入正增长	优化成本结构、审视定价策略，扭亏为盈
第三象限		收入负增长	审视产品前景，必要时减少投入，逐步退出

图7 产品效益分析矩阵

（三）优化产品资源配置

中国移动下属专业机构通常支撑运营多条产品线，既包括集团统管的全网类产品，也包括各单位自行拓展的个性化产品。开展分产品核算以前，中国移动主要按照“公司”或者“成本中心”等组织维度对下属专业机构进行预算资源的审核、配置、监控及闭环管理，各专业机构自行对不同产品条线进行资源调配。该模式下，专业机构对不同产品条线进行资源分配时偏“平均化”，难以充分保证全网类战略或重点产品的资源投入，导致战略或重点产品在市场竞争中无法形成资源优势。

开展成本分产品核算后，对专业机构的资源配置从组织维度细化至产品维度，解决产品资源投入的“平均化”问题。基于分产品核算产出的当年各产品成本情况，按照不同产品线开展下一年度预算审核与配置。对于战略或重点产品，充分保障资源投入，给予更高的预算增幅；预算执行过程中，根据每月产出的成本分产品核算数据，跟踪各产品的预算完成进度，避免战略或重点产品的资源被挪用。

通过定期分析各产品的效益数据，对产品资源的使用成效开展闭环评估。对于低效、无效产品以及长期未达成预期目标的产品，及时清理退出。2022 年，公司下线 17 项低效益产品，进一步释放了资源。

（四）助力产品提质增效

基于产品成本管理会计报表，全面分析产品的成本结构，定位产品负效益或者低效益的关键原因，精准开展提质增效。

以部分低效益产品为例（见图 8），产品 A 和产品 B 的业务成本占比高达 80%，是影响产品效益的主要原因。业务成本是与产品销售直接相关的增量投入，与产品销量挂钩，属于“变动成本”。业务成本占比过高，直接降低了产品的边际贡献，分摊固定成本后可能出现亏损。因此，要加强产品业务成本的精细化管理，通过技术升级、原材料替换等方式，逐步降低业务成本，提高产品利润空间。

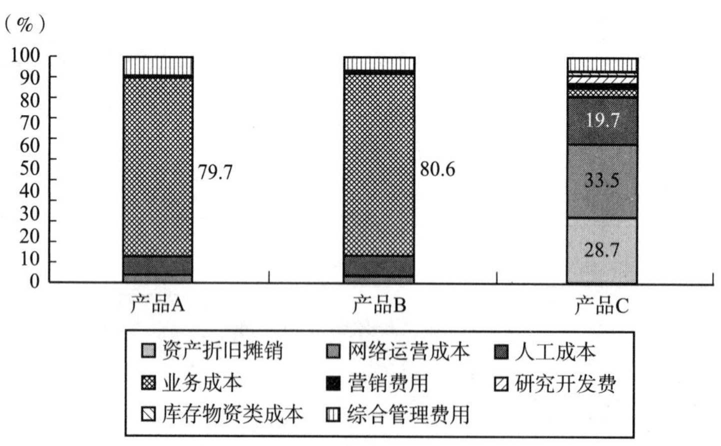

图 8　部分低效益产品成本结构

对于产品 C，最主要的成本构成是网络折旧摊销与运维成本。网络成本属于典型的“固定成本”，不与产品销量直接挂钩。网络建成以后，就会持续产生折旧与运维成本，在制定产品营销策略时，已经以“沉没成本”的形式存在。通过对产品 C 相关网络设备的使用情况分析发现，网络利用率仍有提升空间，网络效益尚未充分开发。因此，下一步要提高产品销量和网络利用率，摊薄单位产品的网络相关成本，提高产品效益。

五、经验总结

（一）数据是基础

多维度、精细化的业财数据，是落地管理会计的基础，是开展管理会计分析应用的“原材料”，没有数据谈管理会计如同“无米下炊”；有了丰富的数据，才有可能做成“满汉全席”。同时，管理会计数据需求随着公司经营环境、战略重心的变化而不断变化，因此要以“超细分”的颗粒度为基础收集、管理数据，形成巨大的数据仓库，在必要时能够进行任意组合，满足不断变化的管理需求。分产品核算是对管理会计数据的细化，夯实了公司精益管理的基础。

下一步，数据的“精度”要进一步提升，加强规范管理，提高数据产出的效率与质量。

（二）融合是核心

开展分产品核算不仅是财务部门的事情，而是整个公司的事情。因此，要在企业培育出一片适宜其落地生根的“土壤”，将战略、业务与财务有机地融合在一起，不能仅依靠财务推进，更要依靠业务部门的内生动力破解关键问题，通过“完善制度安排、突出主体责任、打破条块分割”，保障分产品核算落地。

下一步，融合的“力度”要进一步加强，推动组织升级，提升团队能力，分专业线条加强业务与财务的协同，深化业财融合。

（三）应用是关键

分产品核算产出多维度、精细化的管理会计数据，必须有效支撑管理应用，切实解决公司战略落地、转型发展遇到的具体问题，才能真正体现其价值。只有价值得到显现，公司管理层、业务部门才会越来越理解、重视并且将更多资源投入该项工作，进而发挥分产品核算更大的价值，实现“良性循环”。

下一步，应用的“深度”要进一步拓展，结合管理痛点，引入“智能化”工具方法，加强更深层次、更广泛领域的应用。

六、推广价值

中国移动在财政部制定的产品成本核算制度框架下，结合通信企业的成本结构及业务特点，按照管理会计的基本原理，创新应用作业成本法、网络层次法、等效流量法、增值产品成本耗用法等工具方法，攻克通信业全程全网、公用网络成本难以向不同形态产品分配的难题，创新构建了通信企业分产品核算体系，对通信企业加强成本控制、提高精细化管理水平、促进企业高质量可持续发展具有重要意义。

本案例阐述了中国移动构建分产品核算体系的一套系统理论方法，总结了项目实施落地的关键步骤及系统支撑方案，形成了落地分产品核算以及基于核算结果加强产品管理的若干工具模型，具有较强的推广价值。

（中国移动通信集团有限公司：李荣华　黄　杰　冯晓波
李　鹏　丛　鑫　肖　莉）

案例评语：

中国移动针对产品精益管理这一核心主题，结合通信企业产品及成本结构特点，深入应用作业成本法，并综合应用网络层次法、等效流量法、增值产品成本耗用法等多种管理会计工具，构建通信企业分产品核算体系，有效解决通信企业成本按产品分摊难题，行业特色明显，创新成果突出。

中国移动在通过创新构建分产品核算体系、助力通信企业高质量发展的实践过程中，创新应用管理会计工具方法及模型，符合当前最新政策和技术驱动下财务管理最新发展趋势，对于通信行业企业高质量发展具有较好的实践参考价值。

价值链视角下的建筑施工企业成本控制研究

摘要

目前，我国经济发展处于快速发展的关键时期，各行各业竞争激烈，施工行业面临着巨大的竞争压力，利润空间紧缩，生存与发展艰难。为了全方位提升施工企业发展质量和经济效益，建立健全科学合理的成本管理体系至关重要。将价值链理论应用于施工企业成本管理，有助于提升企业竞争力，实现经济效益最大化的目标。价值链成本管理理论打破了传统成本管理在时空上的限制，内容更全面、范畴更广；通过精准定位、分类、收集和评价价值链中的信息资料，优化成本管理环节，降低支出成本，形成企业核心竞争力。

本案例立足于价值链理论的维度，探究分析A企业成本管理现存问题：A施工企业目前存在管理制度的统筹性较弱、外部价值链管理缺失、工作管理较粗犷的问题。通过理论与实践有机结合，将价值链理论应用于A企业的成本管理过程中，围绕施工企业的内外部价值链的特点提出优化思路，包括实行标杆管理法、控制交易成本、简化价值链运行程序、减少资源浪费。通过对A企业项目价值链的深入剖析，结合作业成本法和作业动因法，整理和分配工程项目作业成本，确保项目成本计算的合理性和科学性，为企业的投标报价决策提供参考依据。最终，案例基于公司层面和作业层面的成本角度，提出了包括作业确定、资源归集、控制作业、成本优化等一系列价值链成本管理的可行措施，旨在推动施工企业的可持续发展。

一、背景描述

A企业是某大型央企，实力雄厚、知名度高，涉及的行业众多，资源类型也较为丰富，有铁路、公路、市政、建筑工程施工总承包等多项资质。工程项目是A企业的业务核心，其开展流程大致分为投标中标、工程施工、竣工验收三个阶段。具体项目施工流程如图 1 所示。

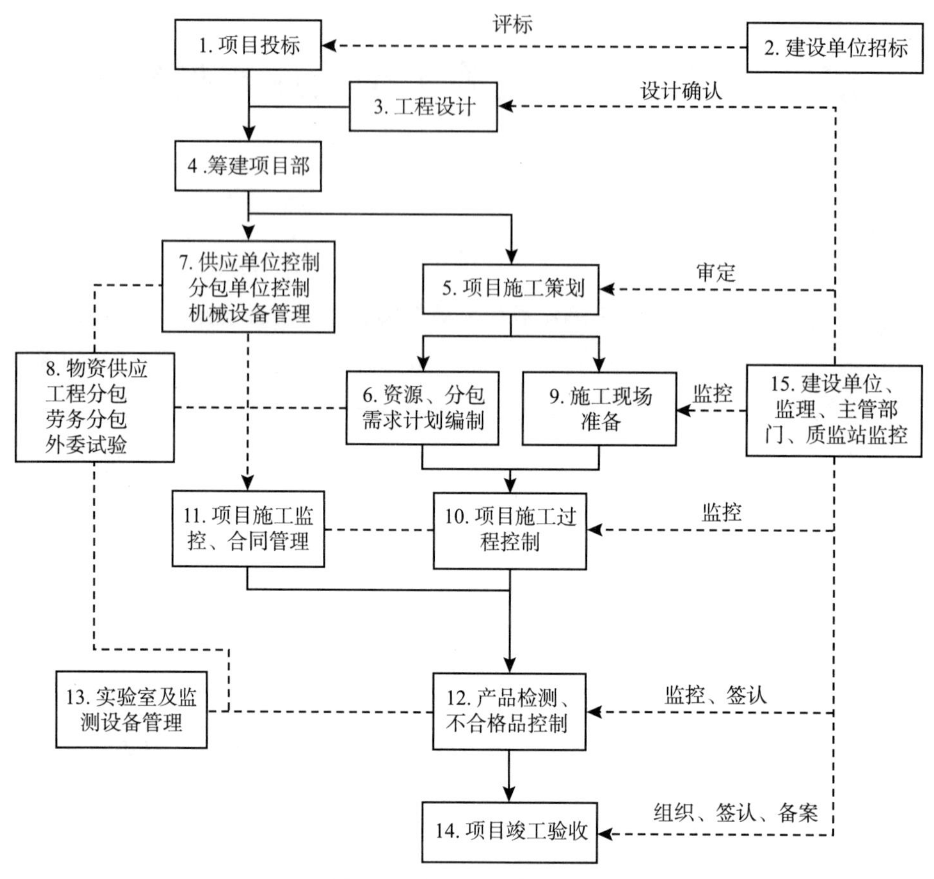

图 1　A 企业项目施工流程

A 企业成本涉及的层面较多，包括工程劳务费、设备费用、租赁费用、生产费用、材料费用及间接费用等。近年来，A 企业成本呈显著上升趋势，具体特点如下：（1）公司业务量增长迅速；（2）公司的主营业务成本增加明显，如原材料价格上涨，导致公司盈利空间缩窄。目前，A 企业在成本管理方面，主要采用传统方式，重点关注成本核算的数据。A 企业也尝试过通过多种方式进行降本增效，但效果不显著；A 企业在企业成本管理方面仍然存在资源浪费、管理制度统筹性较弱、工程造价管理粗放等问题。总之，传统的成本管理方式已经不能科学全面反映成本核算情况并指导进行科学决策，无法应对白热化的市场竞争挑战。

价值链理论作为一种先进的管理工具，已经在生产制造领域得到了广泛的应用。价值链成本管理理论打破了传统成本管理在时空上的限制，内容更全面、范畴更广。基于上述背景，将价值链理论与成本管理理论相结合，深入分析建筑施工企业价值链中的各个环节，以形成一个完整的、低成本的企业成本管理体系，从而最大化成本竞争优势，为企业提供可持续发展和永续竞争的有效路径。

二、总体设计

（一）研究目标

基于价值链理论的成本管理方法，为建筑施工企业的成本管理提供了全新的视角和工具。这种方法的引入，不仅扩大了成本管理的范围，也促使学者们摆脱传统思维的束缚，采用“价值链+作业成本法”相结合的一种新型成本管理方法，采用更为开放、多元和创新的视角来探究施工企业的发展竞争途径，克服传统成本管理方法的缺陷与弊端。价值链思想的核心在于对企业内部活动的深入分析和精准把握，旨在解决现存问题并寻求持续改进。作业成本法克服了传统成本管理方法中间接费用分配不合理的缺陷，作业成本法可以科学合理地分配项目层面作业，保证项目成本核算结果的科学合理性。

（二）研究思路及方法

本案例采用案例研究法，紧密结合案例公司的实际发展情况，围绕建筑施工企业成本管理展开全面论述与分析。第一部分内容包括：研究背景、A 企业成本管理现状及问题。第二部分为总体设计，内容包括研究目标、思路及理论介绍。第三部分是基于对 A 企业内外部价值链的研究分析，应用建立健全一套科学合理的价值链 A 企业成本管理体系。第四部分为应用价值链体系的建筑施工企业成本管理应用及成效。第五部分为案例总结与展望。

（三）研究理论与概念

价值链这一概念最早由迈克尔·波特提出，其主要理论如图 2 所示。学者们通过对价值链体系的不断探索和完善，逐渐形成了现有的完整的价值链体系。

在价值链体系中，企业价值链包括内部和外部价值链。企业内部价值链是由产品生产的各个环节组成的，包括产品的研发设计、原材料物资的采购、生产制造、产品销售以及售后服务。企业外部价值链与内部生产环节环环相扣，企业与下游顾客在营销、服务等方面的关系与上游供应商相关的采购成本等，与竞争对手间的关系，都是企业外部价值链的组成部分。基于内外部价值链的内容，进一步地，将价值链体系与企业成本管理相融合，将企业创造价值过程中的各环节分解；分解后的每一部分都被更进一步地进行定性和定量分析，并进行最终的战略成本控制管理，能在相互关联的各环节中找到联系，使企业内部多环节共同作用，为企业带来竞争优势。

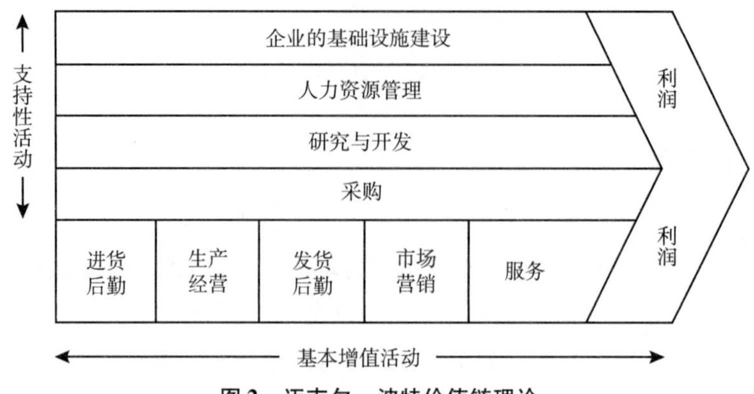

图 2　迈克尔 · 波特价值链理论

本案例通过对施工企业内外部价值链的研究分析，致力于营造良好的成本控制环境，探索更多有效的成本管控措施，旨在降低施工企业内外管理成本，不断向标杆企业看齐，提高整体盈利能力，从而构建施工企业的核心竞争力。

三、应用过程

（一）基于价值链的成本管理组织机构

在价值链模型中建筑类企业的主要业务围绕建筑施工项目开展，工程项目的成本管理在企业成本管理体系中至关重要。在建筑行业快速发展的背景下，施工单位往往需要在同一时间内开展不同项目的建设，这些项目涉及众多参与者，且各相关方之间存在紧密的联系。每个项目对应的项目部在项目建设过程中充当了成本管理的主体角色。鉴于企业所开展的项目具备生产与经营性质，其项目管理过程通常较为复杂，具备较强的独立性，因此所有的工程项目都可以被视为一个独立的组织个体。基于图 3 项目价值链所示的基本活动和辅助活动，我们可以横向识别各部门的职能范围，包括工程管理施工、安全监督、测量实验、采购管理、计划管理、人力保障、财务管理、综合管理等多部门职能分工。此外，公司总部与各项目存在垂直与横向的双重管理机制，构成了整个企业价值链的人员架构。

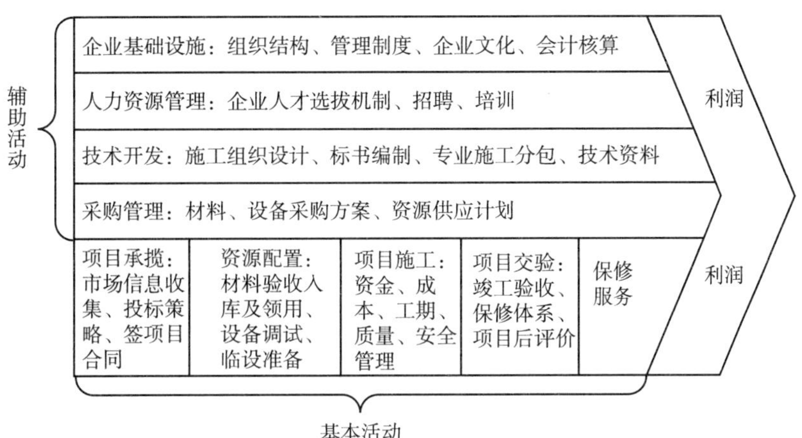

图 3　A 建筑施工企业项目价值链

（二）A 企业内外部价值链分析

1. A 企业的外部价值链分析

（1）行业价值链。

行业价值链涉及项目建设的全部资源类型，涵盖物料、器械、人员、供应方、设计方、政府机关和客户群体等，囊括了原料投入、施工建设、产品验收等环节，形成了完整的产业形态。围绕垂直价值链开展研究的意义在于明确企业在行业价值链中的位置和优势，帮助企业制定合适的发展战略规划，增强其核心竞争力，这里面涉及成本领先、差异化和集中战略等方面的内容。与普通企业相比，建筑类企业具备独特的属性，其生产主要围绕建筑项目进行，通过协议的方式确定项目建设的流程、规定验收的方式，项目款项由项目招标方负责向项目承包单位提供，其中涉及的不同建筑单位均存在上下游关系，所以施工单位不存在存储产品的行为，在完成项目建设并交付之后，生产活动即结束，需要指出的是，其中会牵扯产品售后的问题，具体流程关系如图 3 所示。

（2）竞争对手价值链。

竞争对手价值链分析的作用和初衷在于围绕企业的发展定位，分析竞争对手的情况，了解其市场份额，研究其成本管理的现状，从客观角度评估其业务绩效，形成比竞争对手更强的竞争优势，为制定自己的发展战略提供依据，帮助企业完善价值链，设置合理的战略目标，并形成与竞争对手不同的优势特点。通过对竞争对手价值链的分析，企业能够确定更为合理的指标，借此确立基准，用以评估自身的行为活动，并达到提升自己的目的。然而，部分竞争对手会隐藏自己的真实信息，导致企业无法获悉其全部的真实情况，为此，企业应该借助不同的途径采集竞争对手价值链的有关信息，从中提炼出有用的信息内容，使其成为企业制定决策的重要依据，帮助企业保持优势竞争地位。在分析竞争对手价值链的过程中，主要涉及竞争对手自我评估、未来发展规划、当前发展策略以及发展潜力等方面的内容，具体如图 4 所示。

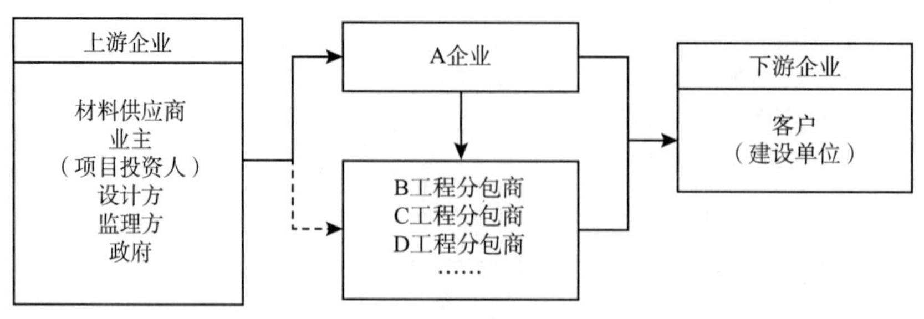

图 4　A 企业的行业价值链

2. A 企业的内部价值链分析

波特指出，企业价值链分析能够深入解析企业的成本关系，有助于企业更顺利地实现战略目标。企业价值链分析主要包含以下几个步骤：一是确定价值链，识别企业中各环节的价值活动及其相互关系；二是活动成本分析，分析各项价值活动中成本的产生原因及影响；三是提升客户价值与降低成本，确定提高客户价值并降低成本的方法和手段。对于建筑类企业，其价值链主要取决于业务流程，且具体分布在各个项目中。在分析这类企业的价值链时，应重点关注项目管理。基于科学的分析，明确企业在价值链中的位置，减少非增值环节和部分，优化企业的项目管理工作。

为了实现项目建设的目标，需要协调好价值链、客户需求和政府部门之间的关系，充分考虑和分析不同环境因素，持续推进项目价值链目标的实现进程。首先，价值链是项目建设中非常重要的一个环节。价值链涵盖了项目从策划、设计、施工到交付的整个过程，每个环节都对项目的整体价值产生影响。因此，对价值链进行分析和管理是实现项目目标的关键。其次，客户需求也是项目建设中的重要因素。客户的需求决定了项目的功能和特点，是项目价值的体现。在项目建设中，需要充分了解和满足客户的需求，以确保项目能够创造出应有的客户价值。最后，政府部门在项目中扮演着重要的角色。政府部门负责监管和审批项目的各项手续，同时也对项目的环境、安全等方面进行监管。因此，与政府部门的良好沟通与合作对于项目的顺利实施至关重要。

（三）基于价值链的成本管理体系应用

就项目的类型与特征而言，建筑施工单位的成本管理分析主要涉及项目本身和企业自身两个方面。建筑企业主要是依据价值链的理论制定成本管理制度，基于价值链的不同层面和角度，确定提升价值和减少成本的方法和途径。因此，施工单位成本管理不仅关系到企业自身，还涉及很多利益相关方，利益关系复杂。在商业背景下的工程造价管理具有开放特点，可能在不同情况下进行调整和变化，受外部环境因素影响较大。

作为价值链体系中的关键角色，施工单位在项目实施过程中管理着与不同利益相关方的利益联系，并调节包括材料、施工设备和施工人员等在内的资源配置，在这个过程中，政府部门发挥着对项目运行全过程的监管与指导作用。此外，外部环境因素会对施工单位的战略决策产生不小的干扰。在环境因素的作用下，围绕企业价值链开展工程造价业务分析变得尤为重要。在分析过程中，应该对企业成本管理的范畴进行相应的考量，而企业的价值链成本管理应该成为其中重点考虑的内容。基于价值链理论，笔者构建了建筑公司的成本管理体系，具体如图5所示。

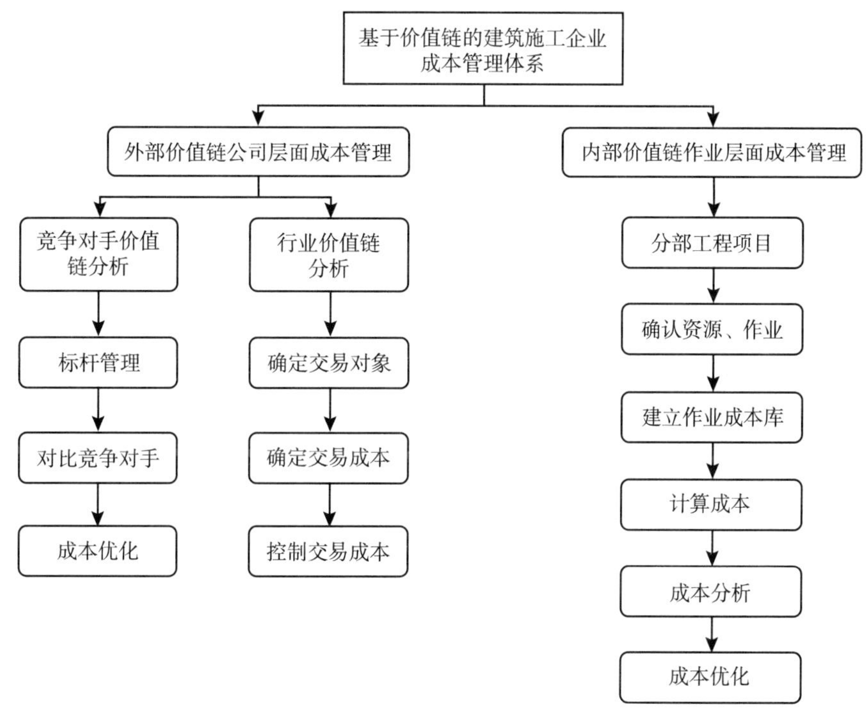

图5　基于价值链的建筑施工企业成本管理体系

企业在开展价值链成本管理的过程中，重点围绕企业和外部的关系进行分析，首先进行基准测试，对竞争对手的数据信息进行对比，确定最佳的成本管理策略；其次，在明确自身竞争策略的基础上确定交易成本，对交易成本进行控制，减少价值链运行过程中产生的交易成本，从而改善企业的成本管理状况，增强企业的竞争实力，凸显企业在成本方面的优势地位。

1. 外部价值链成本管理应用内容

从企业角度出发，成本管理是为了实现企业的长远发展目标。在分析企业成本管理情况时，需要重点考虑其外部环境因素的影响。对于企业而言，与供应方、顾客等交流环节的成本支出也是不容忽视的重要因素。

本案例将使用“标杆管理法”实行标杆管理法对建筑施工企业进行探讨。所谓标杆管理法，即将主要的注意力放在增强企业能力、推动企业战略目标实现上，通过和高标准之间的对比，促进企业自身水平的提升，帮助企业改善业务行为和活动。具体流程为：其一，明确标杆和基准；其二，了解标杆企业的先进管理模式，比较自身与它们的差距；其三，树立发展战略和目标。本案例以“中国建筑”为标杆，比较分析与 A 企业的财务数据，以发现潜在的问题和不足之处，并针对这些问题提出有效的解决策略。

（1）产业结构优化。

如表 1 所示，A 企业营业收入 85% 来源于基建建设和房地产开发等传统行业，产业结构严重失衡，在某种程度上限制了企业健康稳定的发展。所以，A 企业通过对行业的逐步调整，使企业从单一走向多元化，在各个行业和谐发展继而形成规模效益。此外还需要对其产业结构、资源配置和内部管理进行全面的优化和改进，从而维持其核心竞争力，并最终实现推动企业持续稳定发展。

表 1　　中国建筑和 A 企业主要业务行业情况

中国建筑				
项目	新签合同额（亿元）	同比增长（%）	营业收入（亿元）	同比增长（%）
房建业务	16801	13.90	7242	15.90
基建业务	6355	-13.80	2767	19.80
地产业务	2986	30.60	1841	2.70
其他业务	129	-0.66	143	-0.24
A 公司				
基建建设	7709.94	-1.54	4304.88	5.34
基建设计	490.87	30.80	315.57	17.03
疏浚业务	569.83	17.50	164.01	-3.85
其他业务	138.09	15.66	124.26	66.14

（2）管控交易成本。

本案例选择了企业经营性现金流净流入、毛利率和资产负债率三个关键财务指标，对两家企业的发展状况进行了深入的对比分析。如表2所示，这两家企业成长性较好，成长速度也在不断加快，资产负债率虽都超过75%，但是一直低于行业平均水平并稳步下降。由此可见，这两家企业财务状况健康稳定，未出现严重问题，同时也说明两家企业偿债能力及营运能力都较强。

表2　　中国建筑和A企业部分财务数据

公司名称	公司经营性现金流净流入（亿元）	毛利率（%）	同比增长（%）	资产负债率（%）	同比上升（%）
中国建筑	103.11	11.90	1.40	76.90	-1.10
A企业	90.98	13.49	-0.31	75.04	-0.97

此外，在企业交易成本的管理过程中，应该高度关注供应方以及客户方面的内容，对客户间的关联进行分析，确保工程项目能够为企业带来价值上的提升。同供应方建立稳定的合作联系，确保货源的稳定，在材料供应方面占据优势，从而对成本管理工作带来积极影响。其一，对供应方的数目进行把控。建筑企业需要购买的商品数量较多，材料价格往往不会出现太大的波动和变化，如果和太多的供应方保持联系，那么企业的交易成本将大大提高。其二，为供应方与业主方建立稳定融洽的联系创造环境条件。为了让交易双方都能够全面掌握所有的信息内容，应该维持供应方与业主方的长期合作关系，消除机会主义倾向，避免出现造假和欺骗行为。A企业应该强化供应方与业主方的关联，借此改进自身的成本管理工作，缩减交易费用，同时推动工程项目的顺利竣工，为企业带来更多的利益。其三，采取供应链管理模式。具体而言，根据企业自身的特点，围绕交易成本的来源，从源头削减交易成本，借助外部资源实现供应链管理。

（3）拓展境外业务。

在市场持续开放的大背景下，开拓海外市场是我国众多建筑企业增强竞争实力、加快转型升级的必然选择。对于A企业而言，拓展境外业务既是企业经营战略转变之需，也是新常态下求发展之必然趋向。在中国“一带一路”建设背景下，A企业通过联合其他大型建筑企业成立跨国集团，对外承包工程以及其他各种形式合作开拓海外市场，提升企业的资本实力和核心竞争能力，降低企业的风险，增加企业的收益，达到优势互补；也能使A企业获得并保持技术优势从而提升国际地位，进而促进自身可持续健康的发展。

2. 内部价值链成本管理应用内容

企业价值链根植于项目施工的全过程，在不同环节和阶段项目的资源都会有不同程度的消耗和损失。在成本管理理论中，作业成本管理法一方面避免了间接成本分配的难题，另一方面对成本管理工作进行分解。按照作业模块进行管理，根据战略决策对不同作业环节的成本实行有效的控制。

本案例以 A 企业建设的高速公路为例，探讨施工企业如何利用价值链理论在项目管理中进行综合控制。该高速公路为广东省中部地区和南部沿海经济区的交通要道，正线长 213.648 千米，其工程结构物以区间路基为主，路面和路侧防护为辅，预估造价 360 亿元，建设期为 4 年，运营期为 30 年。

（1）工程项目作业成本计算。

①确定作业，进行作业整合。

工程的建设过程包括材料采购、机械运输和其他系列不同类型的生产活动。为确保这些生产活动能正常、有序地进行，需要有统一的组织机构对各项活动进行协调、安排和控制。针对本案例高速公路项目，先将工程 WBS 分解形成各子任务相对应的责任中心，有助于工程精准计算和资源合理配置。具体任务活动说明如表 3 所示。

表 3　某高速公路的作业活动

序号	工程名称	单位	数量
一	路基工程	千米	10.49
1	路基挖方	万方	441.30
2	路基填方	万方	427.90
二	桥路涵洞	千米	2.23
1	涵洞通道	座	57.00
2	大中桥	座	12.00
3	预制梁板	片	1547.00
4	桩基数量	根	467.00
5	圆柱墩数量	个	298.00
三	隧道工程	千米	1.44
1	Ⅴ级围岩	米	632.50
2	Ⅳ级围岩	米	649.80
3	Ⅲ级围岩	米	112.70

②资源耗费与归集。

该项目的建设前期资源准备工作是根据标书要求来设计确定的，本案例资源整合相关数据主要来源于：（a）基于投标报价的计量；（b）过去类似可比数据；（c）现场实际调查资料。项目直接人工费及材料费如表 4 及表 5 所示，共计 64868. 21 万元；此外还包括施工机械费 1008. 5 万元，其他管理和现场费用共计 1150. 03 万元。

表 4　　直接人工费

序号	作业成本库	工作内容	成本（万元）
1	路基涵洞工程作业	路基开挖施工、填方路基施工、高填路堤施工、陡坡路堤施工、填挖交界路堤施工、路基防护、路基排水、盖板涵施工、钢波纹管施工、台背回填	521. 520
2	桥梁桩基础作业	冲孔灌注桩施工、钢筋笼的制作及下放、碓灌注、桩基检测	40. 406
3	桥梁下部结构作业	承台施工、桥台台身施工、台前、台背回填及锥坡施工、方墩施工、盖梁施工、圆柱墩施工	95. 364
4	预制场作业	预制场布置、预制施工、预制梁的转堆和出运、预制梁安装	74. 145
5	桥梁架设作业	桥梁架设	42. 637
6	桥面系及附属作业	防撞栏施工、桥面现浇整体化层施工及防水层施工、桥面防水层施工、桥台搭板施工、桥面排水施工、伸缩缝安装施工	158. 058
7	隧道工程作业	洞口工程、洞身开挖工程、洞身初期支护、洞身衬砌	472. 035
8	搅拌站相关作业	混凝土生产及运送	191. 027
9	碎石场作业	提供建筑碎石	79. 019
合计			1674. 211

表 5　　主要材料费

序号	材料名称	规格	单位	总数量	单价	成本（万元）
1	混凝土	小计	立方米	509310. 00	—	21304. 00
2		C50 混凝土	立方米	77056. 00	1000. 00	7705. 00
3		C40 混凝土	立方米	35592. 00	365. 00	1314. 00
4		C35 混凝土	立方米	31860. 00	340. 00	1020. 00
5		C30 混凝土	立方米	157009. 00	335. 00	5025. 00
6		C25 混凝土	立方米	9791. 00	310. 00	300. 00
7		C20 混凝土	立方米	198002. 00	300. 00	5940. 00
8	钢绞线	φs15. 2 钢绞线	吨	1975. 00	3850. 00	731. 00
9	HPB300 光圆钢筋	φ10	吨	4231. 00	4250. 00	1700. 00

续表

序号	材料名称	规格	单位	总数量	单价	成本（万元）
10	HRB400 带肋钢筋	ф20	吨	18881.00	2100.00	37800.00
11	工字钢	12、18、22	吨	3141.00	3000.00	900.00
12	钢板		吨	242.00	3850.00	72.00
13	支座		个	4820.00	65.00	31.00
14	桩基检测管		米	56759.00	5.00	28.00
15	伸缩缝	80 型	米	1100.00	150.00	16.00
16	土工格栅		平方米	333517.00	3.30	108.00
17	小导管	42×3.5mm	米	151172.00	5.00	75.00
18	下构模板		吨	670.00	3590.00	234.00
19	预制模板	30/25m	套	13.00	150000.00	195.00
合计						63194.00

③作业动因确定和作业库汇总。

对于高速公路工程这类大规模、长期项目，工程财务管理的难度尤其大，因为涉及的作业动因确定和成本控制等因素相当复杂。财务人员的主要信息来源是项目前期的立项报告和可行性研究报告，通过与施工人员的实际工作经验相结合，运用财务分析方法，可以为施工单位提供更有价值的决策依据。

资源分配在项目实施中起着至关重要的作用，它决定了主要项目库的类别以及每个部件的数量，也可以决定向每个作业库分配人力和物力资源的比例。通过优化资源分配，可以降低每个项目部分的材料成本，并减少因不确定性因素产生的额外费用。对于劳动力成本，采用不同的计费策略可以确保作业库内的各项成本得到有效的控制和管理。

④项目作业成本计算。

第一步是作业动因分配率的确定，第二步是实际作业量的确定，由于作业动因的分配率和实际作业量直接相关，非专业技术人员难以对实际作业量作出正确的评估。第三步是作业实耗成本与非增值作业的测算，具体如表 6 所示。

通过成本作业法计算得到高速公路项目中非增值作业成本为 1207.33 万元。该笔开支数量较大，必须对整个工程成本投入与产出情况进行把控。在实践中，A 企业成本管理对于成本管控取得了一定效果。但从作业分析法分析数据来看，仍需优化内部价值链各环节，对成本加以有效管控，从而推动企业良性发展。

表 6 **作业成本分配**

序号	作业成本库	作业动因	作业库成本（万元）	测定作业量	作业动因分配率	实际作业量	作业实耗成本（万元）	非增值作业（万元）
1	场地清理、施工测量	面积（平方米）	54.10	65.00	0.83	60.08	50.01	4.10
2	土方、石方分级开挖、调运	体积（万立方米）	121.50	152.00	0.80	142.53	113.93	7.57
3	边坡整修、防护	面积（平方米）	214.90	91.00	2.36	85.27	201.37	13.53
4	路槽找平、路槽压实	面积（平方米）	195.50	129.00	1.52	124.35	188.45	7.05
5	前期养护	养护时间（天）	135.90	65.00	2.09	60.08	125.61	10.29
6	浇筑基础碓、碓灌注	浇筑方量（方）	3138.00	1127.00	2.78	1113.97	3101.72	36.28
7	墙身、盖板、翼墙施工	面积（平方米）	3480.40	180.00	19.34	157.95	3054.05	426.35
8	边坡及仰坡放样	面积（平方米）	202.00	35.00	5.77	32.70	188.73	13.27
9	排水防护、开挖排水系统基坑	面积（平方米）	388.90	102.00	3.81	100.92	384.78	4.12
10	砌筑截水沟、排水沟、边仰坡清表	面积（平方米）	606.70	69.00	8.79	62.78	552.01	54.69
11	钻孔、安装系统锚杆、钢护筒制作与埋设、成孔施工	个数（个）	7918.70	375.00	21.12	375.00	7918.70	—
12	钢筋笼制作与安装	个数（个）	30157.60	72.00	418.86	72.00	30157.60	—
13	桩基检测	面积（平方米）	113.60	105.00	1.08	102.57	110.97	2.63
14	支架搭设、底模安装	个数（个）	2032.80	72.00	28.23	69.00	1948.10	84.70
15	清理主梁顶面	面积（平方米）	43.50	42.00	1.04	40.89	42.35	1.15
16	钢筋绑扎、模板安装	构件绑扎个数（个）	10415.50	598.00	17.42	587.00	10223.91	191.59
17	混凝土浇筑	浇筑方量（方）	5563.50	475.00	11.71	462.50	5417.09	146.41
18	测量放样	面积（平方米）	181.90	36.00	5.05	36.00	181.90	—
19	胀缝设置	面积（平方米）	102.63	30.00	3.42	27.75	94.93	7.70
20	桥面排水	面积（平方米）	301.79	42.00	7.19	40.34	289.86	11.93
21	伸缩缝安装	面积（平方米）	76.03	35.00	2.17	31.27	67.93	8.10
22	预制场布置	预制梁片、预制底座个数（个）	444.64	480.00	0.93	480.00	444.64	—
23	现场管理作业库		93.30				11.08	82.22
24	企业管理作业库		117.40				23.75	93.65
合计			66100.79	4377.00	566.31	4264.95	64893.47	1207.33

（2）工程项目作业成本管理优化。

从以上内容可以看出，该项目整体成本损耗较高，造成这种状况的原因是项目成本管控在实际应用过程中存在问题。因此，为提高操作效率、减少消耗、增加项目效益，项目根据上述作业成本法分析结果，实施了以下优化举措。

①控制作业。

对于墙身、翼墙等的施工作业。本案例对涵洞与隧道工程在施工作业过程中涉及的费用进行了详细的分析与总结，其中非增值作业费用高达 426.35 万元。由于地质条件复杂、外界因素干扰大等原因，该项目的施工周期长且利润微薄。为确保工程质量达到设计要求，A 企业采取了以下措施：首先，进行充分的地质调查，了解工程区域的地质条件和潜在风险；其次，结合实际情况制定合理高效的施工方案，确保工程质量和进度；最后，强化质量控制，对每个环节进行严格把关，确保最终产品符合设计要求。通过这些措施的实施，A 企业成功地提高了施工效率，降低了不必要的消耗，从而实现了经济效益的最大化。

对于钢筋绑扎和模板的安装操作。钢筋作业量较大，工序较多，需投入劳动力较多，且对安全造成一定的影响，钢筋作业库非增值作业费用为 191.59 万元。A 企业众多工程项目中钢筋绑扎和模板安装已成为施工的主要环节，其首要问题是确保工程工期和工程质量，而且对这些作业，钢筋的绑扎以及模板的安装也有较大的效果。施工时，很多工作人员都会选择依靠自身现有经验手动操作，这不仅易产生质量问题而且难以保证施工效率。所以每个工程项目一定要着重强调有关技术规定，在实际工程施工中加以运用，并且要制定出详尽的作业指导书，对各个工序进行规范，保证能够有序执行。

②成本优化。

企业应全面管理工程项目的成本，确保项目建设目标的顺利实现。企业要结合实际情况采取系列措施加强对工程造价的管理，从而实现降低工程投资风险和提升经济效益的目标。首先，在招投标阶段，造价管理人员要充分了解投标报价中涉及的各种因素及其影响，为合理定价打下基础。其次，合同应明确规定工程的具体要求、质量标准、验收方式等，确保双方对合同内容有清晰的认识；明确约定工程的价格、付款方式、支付时间等，以避免后期出现价格争议；明确规定工期的起止时间和进度要求，确保工程按时完成；明确工程变更的处理方式，避免后期出现纠纷。最后是项目的实施阶段，要重点关注进度、质量和安全控制方面的工作，以实现更好的经济效益。

四、取得成效

价值链理论下的财务管理工作，在建筑施工企业中的运用不仅针对某个单独项目的财务活动，更是一种针对企业整体战略布局的管理模式。作为控制企业财务命脉的管理活动，财务管理必须制定出具有针对性的战略决策，从而打造出契合企业的。由上述案例分析可知，将价值链理论分析法运用到建筑施工企业成本管理中，在以下三个方面具有明显成效。

首先，基于价值链理论的成本管理模式有助于 A 企业优化资源配置，有效减少资源浪费，控制成本。基于价值链理论，对于 A 企业基础活动和辅助活动进行深入分析，重点关注施工生产的关键环节，控制交易成本，做好风险预防工作，使 A 企业成本总体处在可控状态，保持良好营运能力和盈利水平。

其次，价值链理论为 A 企业完善成本信息管理系统、改善企业内部信息成本管理提供了一定思路。基于价值链理论的成本管理体系的前提，是需要企业全面掌握价值链上包括客户、供应商、竞争者、行业环境等信息，及时了解市场变化。这就要求 A 企业结合自身经营模式和生产需求，利用信息技术共享构建自身数据库。

创新对于推动企业高质量发展具有重要意义，基于价值链理论的成本体系构建促使 A 企业不断拓展价值链，增加业务附加值，以高标准的现场管理水平、科学的信息化手段，提高工作效率，取得创新成果，提高市场竞争力，并最终实现推动企业持续稳定发展。

五、经验总结

（一）案例总结

本案例以 A 企业成本管理现状作为研究对象，并对其进行了深入剖析，旨在理清当前该建筑企业所面临的主要问题，并在此基础上针对问题提出相关改善措施与建议，建立了一套新型管理体系，并对该体系在 A 企业应用中的效果进行了测试和总结。结果发现利用价值链开展成本管理较传统成本管理模式更加有利于企业管理水平的提升，基于价值链开展成本管理既适合施工类企业又可向其他产业延伸。通过这种方法，可以使企业内各个部门间和企业外部相关机构间均紧密地联系在一起，可以有效地减少企业运营的成本，有助于提升企业整体竞争能力。

本案例研究成果如下：（1）系统地梳理并回顾了价值链与成本管理方面的理论研究成果，发现当前建筑施工企业缺失相关理论的应用。（2）本案例在分析了企业成本管理的现状及影响因素的基础上，构建了适用 A 企业的基于价值链的成本管理模式；并以 A 企业某高速项目为例，使用作业成本法进行成本管理分析，对各价值链环节进行了优化。（3）实践证明，价值链体系对 A 企业降低生产成本效果显著；A

企业的价值增值主要来源于内部和外部价值链的拓展。

（二）展望

综合有关文献可以得知，价值链管理作为一种前沿的成本管理模式，能够有效地协调和融合不同环节之间的关系，形成有机的整体。这种管理模式具有很强的可操作性和实用性，有助于建筑单位降低成本。基于价值链的成本管理是一个持续优化的过程。企业应不断收集反馈，改进工具，使其更符合实际需求。同时，也要不断关注行业发展和技术进步，及时调整策略。企业间应加强合作，共同开发和推广基于价值链的成本管理工具。这种合作可以降低开发成本，同时也有助于建立行业标准。

（中铁建大桥工程局集团第五工程有限公司：暴海龙　陈培荣　罗荣华　梁世文
颜青海　胡　飞）

案例评语：

该案例针对A企业存在的管理制度统筹性弱、外部价值链管理缺失、工作管理较粗犷等问题，提出施工内外部价值链优化思路，具体包括实行标杆管理法、控制交易成本、简化价值链运行程序、减少资源浪费等。通过对案例单位项目价值链的剖析，案例结合作业成本核算和作业成本管理，科学分配工程项目作业成本，为投标报价等决策提供依据。案例基于公司层面和作业层面成本角度的分析，提出包括作业确定、资源归集、控制作业、成本优化等优化措施。案例以其翔实的操作过程和可复制性，展现了其在预算管理领域的创新实践。

敏感性分析在中药配方颗粒企业成本管控中的应用*

摘要

在当今这个充满挑战与机遇的商业环境中，企业的稳健发展离不开对成本管理的精细把控。成本管理，作为管理会计领域的重要议题，其重要性不言而喻。它涉及企业的生产、采购、人员等多个层面的复杂因素，每一项成本的微小变化都可能对企业整体的利润产生显著影响。

随着科技的飞速进步，信息技术在企业管理中的应用越发广泛。大数据和人工智能的兴起，为成本管理提供了前所未有的机遇。它们不仅能够处理海量的数据，还能通过智能算法分析出数据背后的规律，为企业的决策提供有力支持。

在这个背景下，敏感性分析工具的应用显得尤为重要。通过对公司成本数据的深入分析，我们能够准确地找出生产过程中存在的问题，以及这些问题背后的影响因素。这种分析方法能够帮助企业确定哪些因素对成本的影响最大，从而制定有针对性的改进措施。

具体而言，敏感性分析能够揭示各因素之间的敏感程度，使企业能够更加精准地掌握成本变化的规律。当企业面临成本压力时，它可以根据分析结果，有针对性地调整生产流程、优化采购策略、提高人员效率等，从而降低浪费，提高生产效率，最终增强企业的竞争力。因此，将敏感性分析与成本精细化管理相结合，对于企业的长远发展具有深远的意义。

一、背景描述

（一）企业基本情况

广东一方制药有限公司（以下简称“广东一方”）于1992年由广东省中医药工

* 资料来源：本案例涉及数据均取自公司生产经营数据。

程技术研究院创办，总部位于广东省佛山市南海区里水镇，是国家食品药品监督管理总局首批“中药配方颗粒试点生产企业”和国家中医药管理局“中药饮片剂型改革生产基地”。公司注册资本 3.64 亿元，股东为江阴一方制药有限公司，隶属于国药集团中国中药控股有限公司。公司主要经营范围为中药配方颗粒的生产和销售，产品品种约 700 种，年处理药材投料量约 30000 吨（含子公司），年生产小包配方颗粒约 20.4 亿包、调配机配方颗粒 2400 万袋。公司产能情况如表 1 所示。

表 1　　产能结构情况

厂区	生产线	产能	备注
旗峰厂区	前处理及提取	2700 吨	药材投放量
	小包颗粒	7.4 亿包	—
	调配机颗粒	800 万袋	—
和顺厂区	前处理及提取	4300 吨	药材投放量
	小包颗粒	13 亿包	—
	调配机颗粒	1600 万袋	—

（二）配方颗粒业务介绍

2015 年 12 月，国家食品药品监督管理总局下发《中药配方颗粒管理办法（征求意见稿）》，各省市开始批准省级中药配方颗粒生产试点。2021 年 2 月，《国家药监局　国家中医药局　国家卫生健康委　国家医保局关于结束中药配方颗粒试点工作的公告》（2021 年第 22 号）的发布，正式宣告长达 20 多年的中药配方颗粒试点彻底结束，所有符合条件的中药企业只需备案即可生产中药配方颗粒，不再需要申请批准。

中药配方颗粒试点的结束，意味着中药配方颗粒进入“国标”时代，配方颗粒行业正在发生着重大变革。各省份出台不同的标准，对药材、工艺都有不同要求。对处于配方颗粒行业的每一家企业而言，既是机遇，也是挑战。

随着中药配方颗粒“国标”的实施，配方颗粒的生产和质量控制将面临更高的标准，敏感性分析工具的应用将有助于企业适应新标准，优化生产工艺和配方，成本精细化管理对公司经营决策有重要影响，合理控制成本将会有效提高企业的核心竞争力，增加企业效益。公司通过应用敏感性分析工具进一步加深成本精细化管理，敏感性分析工具的应用是中药配方颗粒行业企业适应变革、实现可持续发展的重要途径。

二、敏感性分析总体设计及应用

（一）应用敏感性分析工具方法的目标

在应用敏感性分析工具于配方颗粒企业的成本管理中时，我们的首要目标是精准地把握成本变化的脉搏，以便做出更为明智的决策。具体而言，我们的目标包括：

精准识别成本敏感因素：配方颗粒的生产过程中，涉及原材料、生产设备、人工成本等多个方面的成本。敏感性分析工具能够帮助我们识别出哪些因素对成本的影响最为显著，从而让我们能够集中精力去优化这些关键领域。

优化成本控制策略：一旦识别出敏感因素，我们就可以根据这些因素的特性，制定相应的成本控制策略。比如，如果原材料价格的波动对成本影响较大，我们就可以考虑与供应商建立长期合作关系，锁定价格；或者通过优化采购计划，降低库存成本。

提高决策效率：敏感性分析工具能够快速、准确地提供数据支持，帮助我们做出更为明智的决策。这不仅能够提高我们的工作效率，还能够降低决策失误的风险，确保企业的稳健发展。

（二）应用敏感性分析工具方法的总体思路

在总体思路上，我们将按照以下步骤来应用敏感性分析工具：

数据收集与整合：首先，我们需要收集配方颗粒生产过程中的各类成本数据，包括原材料成本、人工成本、设备折旧等。其次，我们需要对这些数据进行整合和清洗，确保数据的质量和准确性。

建立敏感性分析模型：在数据准备完毕后，我们将使用 Python 代码 + NC 账务数据，构建敏感性分析模型。这个模型将能够模拟不同因素对成本的影响，并输出分析结果。

识别敏感因素：通过运行敏感性分析模型，我们可以得到各个因素对成本的影响程度。我们将根据这些结果，识别出对总成本影响较大的敏感因素。

制定优化策略：我们将结合企业实际情况，针对敏感因素制定具体的成本控制和优化策略。这些策略将包括调整生产流程、优化采购计划、提高人员效率等多个方面。

（三）敏感性分析工具方法的内容

敏感性分析，是指对影响目标实现的因素变化进行量化分析，以确定各因素变化对实现目标的影响及其敏感程度。敏感性分析是营运管理领域应用的管理会计工具之一，它从定量角度分析各有关因素发生某一程度的变化对于某个或某组关键指标的影响程度，利用逐一改变相关变量数据的方式来解释关键指标受该因素变动影响的规律。

敏感性分析具有广泛适用性，可用于营运计划的制订、调整以及营运监控分析等程序，也可用于长期投资决策，有助于识别、控制和防范营运决策、投资决策等相关风险。通过对每一种敏感性因素在同一变化幅度下引起的某关键指标的变化进行比较，并按照敏感系数绝对值的大小进行排序，可以得到对这一关键指标的最敏感因素和最不敏感因素，进而针对影响关键指标的最敏感因素做出相应决策，从而改善企业的经营管理。在进行敏感性分析时，通常选取对目标值影响较大的因素进行分析。

（四）应用敏感性分析工具方法的创新

在应用敏感性分析工具时，我们将注重以下几个方面的创新：

技术创新：我们将使用 Python 代码 + NC 账务数据，开发高效的敏感性分析工具。这些工具将能够处理海量的数据，通过分析数据找出背后的规律，为我们提供更为准确的分析提供依据。

应用创新：我们将把敏感性分析工具应用于配方颗粒企业的各个环节，包括生产、采购、销售等。通过全方位的成本分析和优化，我们将实现企业的整体成本控制和效率提升。

决策支持创新：我们将利用敏感性分析工具提供的数据支持，为企业的战略决策和日常运营提供更加精准、科学的依据。这将有助于我们更好地把握市场机遇，应对各种挑战，确保企业的稳健发展。

三、中药配方颗粒企业产品成本的敏感性分析应用过程

（一）参与部门和人员

在应用敏感性分析工具方法时，需要多个部门的协同合作。财务部门是主导部门，负责 Python 代码的编写、数据收集、成本分析和敏感性分析的主要工作。此外，生产部门、采购部门、人力资源部门等也需要参与进来，提供各自领域的专业意见和数据支持。参与人员应包括财务总监、财务主管、生产经理、采购经理以及业务经理等。

（二）部署要求

资源要求：敏感性分析需要强大的数据处理能力，因此企业需要拥有高性能的计算机和 PyCharm 开发软件。此外，还需要有爱数云等专门的成本数据库来存储和管理

成本数据。

环境要求：为了确保数据的准确性和安全性，企业应建立严格的数据管理制度，并定期对数据进行备份和检查。

信息化条件：企业应建立完善的信息系统，实现各部门之间的数据共享和实时更新。通过信息系统，可以更加便捷地收集、整理和分析数据，提高分析的效率和准确性。

（三）产品生产成本构成介绍

中药配方颗粒生产工艺包含挥发性/脂溶性成分配方颗粒制备工艺、常规提取类中药配方颗粒以及打粉的品种工艺。常规提取类中药配方颗粒的生产流程如图1所示。

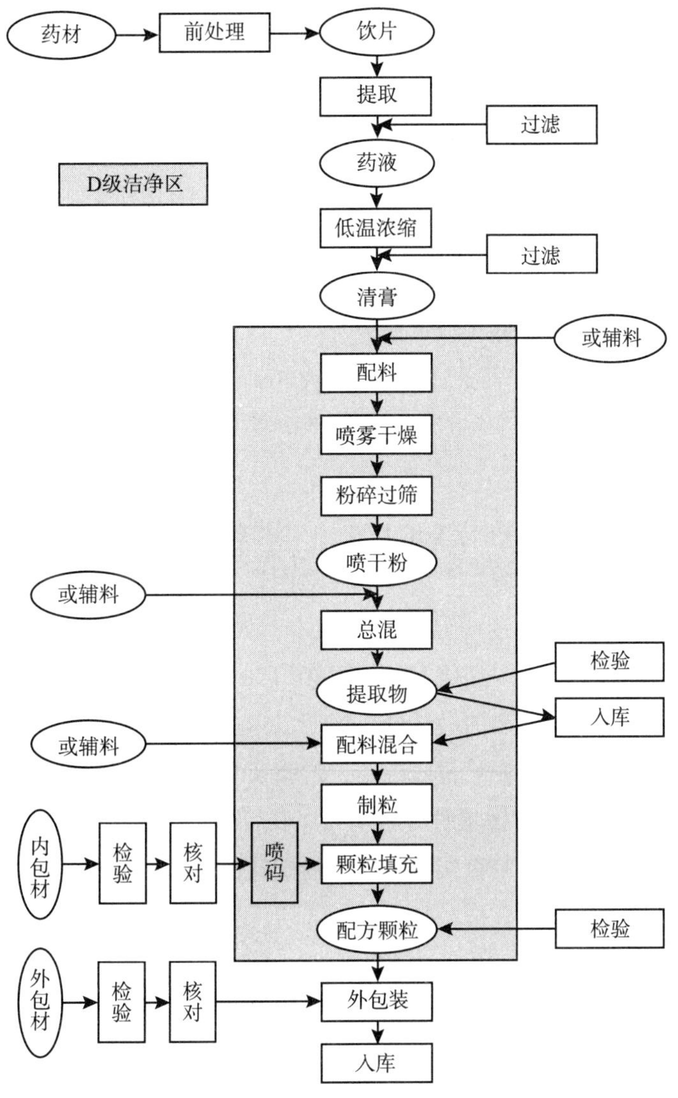

图1　常规提取类中药配方颗粒生产流程

原药材在前处理车间经前处理工序制成饮片，饮片入库后在提取车间经过提取浓缩、喷雾干燥、总混等工序后制成提取物，提取物在制粒车间进行干压后制成颗粒，颗粒最后进入包装车间进行颗粒填充、喷码、包装后入库。

公司大部分配方颗粒均为常规提取类中药配方颗粒，配方颗粒成本构成 = 颗粒的成本 + 包装环节的人工制费 + 包装材料的成本，而颗粒的成本构成则由生产颗粒的提取物或混合物的成本以及制粒环节的人工制费决定。将配方颗粒的成本还原到最原始的材料项目上，那么配方颗粒的成本构成仅为材料成本、直接人工及制造费用，利用管理会计工具中的敏感性分析工具可以分析得出各因素对成本的影响程度。

广东一方生产成本中直接材料占比为 60% ~80%，人工制费占比为 20% ~40%。各因素的敏感性与材料的价格及特质密切相关。如油性品种，经过前述配料混合工序后，在进行制粒之前需增加粉碎工序；部分黏性品种在生产过程中黏性较大，在提取工序中需要对整条提取生产线进行清洗；部分带核品种在干燥过程中无法使用效率更高的喷干塔而只能使用效率较低的带式干燥机。由于实际生产中的工序不同，各品种的要素占比也不尽相同。

（四） 产品成本敏感性分析

产品成本敏感系数计算公式如下：

$$E = \frac{\frac{\Delta X}{X}}{\frac{\Delta A}{A}}$$

其中，X 为产品成本，A 为构成 X 的其中一个因素，ΔA 表示该因素的变动值，ΔX 表示产品成本的变动值，E 则为产品成本 X 对因素 A 的敏感系数。

公司采取分步法按品种逐步结转生产成本，大部分产品经过前处理、提取、总混、制粒、包装 5 道工序，产品成本核算要素约 50 个。加上提取物来自不同子公司，为准确分析产品成本对各因素的敏感性，需用成本还原后的数据。故下文中的料工费在产品成本中的敏感系数，如无特殊说明，均指成本还原后的情况。

1. 产品成本构成各因素敏感性分析

对公司大部分产品而言，直接材料成本的敏感性较高，故首先对各配方颗粒的直接材料成本敏感性分布进行分析，具体如图 2 所示，纵轴表示直接材料的敏感性。图 2 可直观得出直接材料敏感性的主要分布区域：上限为 130.48%，两个四分位点分别为 79.14%、43.11%，中位数为 61.92%，平均值为 60.14%，下限为 0%。由于存在敏感性大于 100% 和接近 0% 的异常数据，在进行后续分析前，需要先判断数据是否可用。

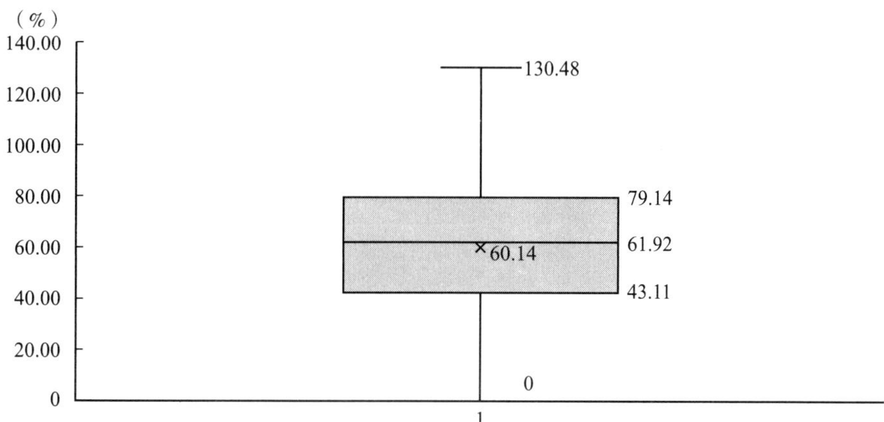

图 2　配方颗粒直接材料敏感性分布

针对材料敏感性为 130. 48% 的异常数据品种进行单独分析，表 2 是异常品种配方颗粒在包装环节的各核算要素实际数据。表 2 中可以看出，低值易耗品敏感系数为负数，经分析主要系车间对于公耗物料的领用没有进行规范，实际不属于领用的部分在以前月份计入了制费，以后月份盘点发现实物做冲回处理，造成车间制费大幅波动，导致物料敏感性大于 100% 。为解决此问题，及时与车间主管沟通确定领用物料的出账时限，并将领用物料清单明细反馈车间主管及生产负责人进行复核，提高成本数据的准确性。

表 2　异常品种核算要素敏感性情况

要素大类	核算要素	敏感性（%）	备注
材料	包装材料	9. 52	—
	半成品	120. 96	新系统上线，因冲减低值易耗品引起的数据异常
小计		130. 48	—
人工	工资（人工）	51. 90	—
	非货币性福利（人工）	4. 26	—
	工资（制费）	5. 87	—
	非货币性福利（制费）	0. 31	—
小计		62. 34	—
制造费用	固定资产折旧费（制费）	11. 74	—
	水费	0. 23	—
	电费	16. 30	—

续表

要素大类	核算要素	敏感性（%）	备注
制造费用	气费	2.77	—
	修理保养费	0.83	—
		-125.29	新系统上线，因冲减系统上线多计提的低值易耗品费用引起的数据异常
	辐照费	0.56	—
	租赁费	0.04	—
小计		-92.82	—
合计		100.00	—

从直接人工敏感性分布图可以看出，大部分产品的人工敏感性在 20% 以下，箱型图上限约在 40%。制造费用的敏感性分布图与直接人工相仿，可见直接材料是产品成本的关键因素，后续分析以材料成本作为敏感因素展开（见图 3）。

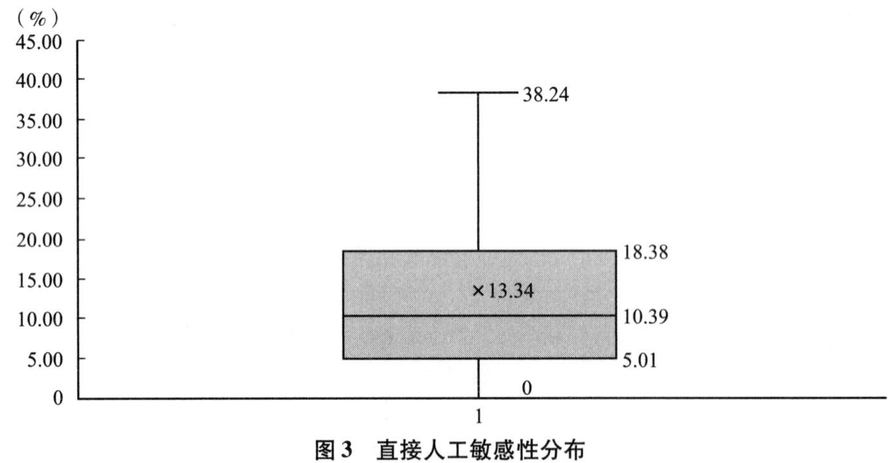

图 3　直接人工敏感性分布

2. 产品物料类型敏感性分析——受托加工物资及大健康产品

公司第一大业态为中药配方颗粒，除配方颗粒外，也有保健品、食品类的销售业务。其中，保健品、食品类的材料分布与配方颗粒之间不存在显著差异，但直接材料敏感性更为离散，如表 3 所示。

表 3　　不同物料大类敏感系数方差

物料分类/要素分类	直接材料	直接人工	制造费用
配方颗粒	0.0548	0.0139	0.0285
受托加工	0.0858	0.0202	0.0385

根据对实际数据的观察，发现受托加工物资的部分物料材料成本为0，为替其他单位代管的物料，导致数据较为离散。通过分析找出对直接材料敏感性偏低的代管物料，与公司自有物料区分管理，确保自有物料库存数量准确，周转情况正常。

大健康产品主要是保健品及食品，由于保健品数据量较小，故后文主要分析食品类健康产品。从对直接材料的敏感性离散情况来看，食品类较受托加工物资更稳定，实际数据如表 4 所示。

表 4　　不同物料大类敏感系数方差

物料分类/要素分类	直接材料	直接人工	制造费用
食品类	0.0608	0.0130	0.0303
受托加工	0.0858	0.0202	0.0385

虽然整体上食品类对材料的敏感性相近，但是同种物料的直接材料敏感性在不同月份波动较为明显。将同一产品不同月份对直接材料的敏感性做方差计算，发现食品类对材料的敏感性方差之上限、四分位点、中位数、均值都明显高于配方颗粒产品（见图 4），针对这一情况需要进一步分析。

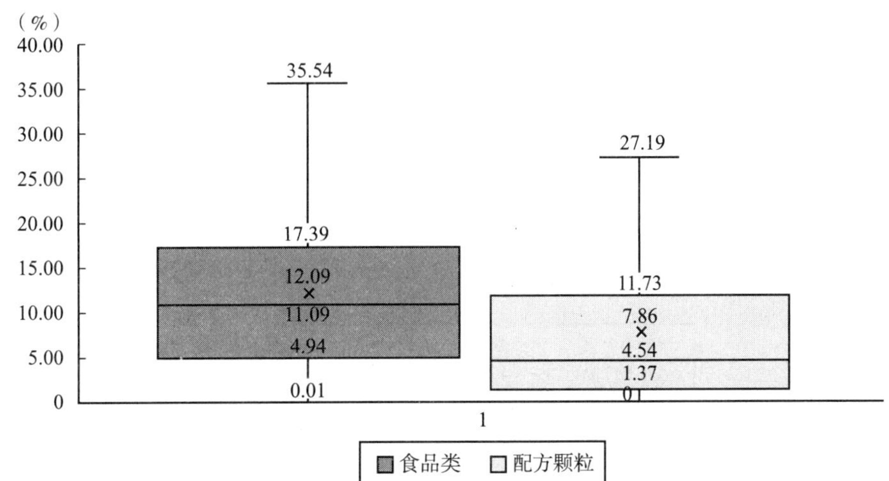

图 4　各产品各月材料敏感性方差

将同一种物料最初对于直接材料的敏感性与最后一期对于材料的敏感性作差，首先进行纵向的趋势分析（见图5）。可以看出，图5的点在-0.6~0密集分布，代表大部分食品类产品对直接材料的敏感性逐步下降。针对这种情况，可以提出三种不同假设：一是原材料成本下降，导致最终产品对直接材料的敏感性降低；二是原材料价格不变，产品所分摊的直接人工与制造费用上升；三是产成品不合标准，存在大量返工。

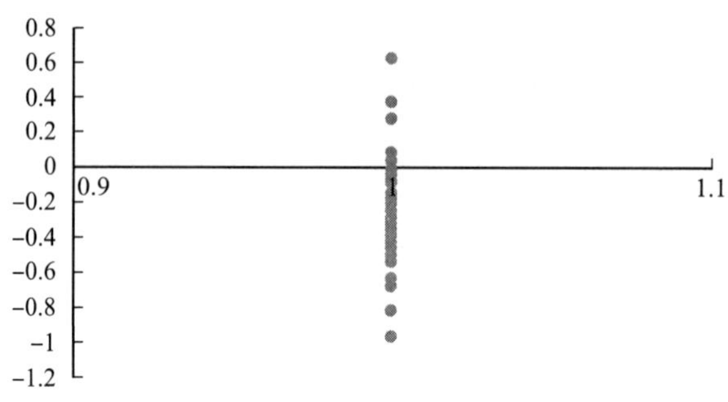

图5　材料敏感性变化分布

随机抽取部分对直接材料敏感性降低的产品，对其历史成本数据进行分析，发现大部分产品成本呈上升趋势（见图6），初步判断上述第一种假设不成立。分析历史生产信息，发现食品类生产的批次较少，大部分是因为对同类材料频繁进行返工。在控制物料损耗的情况下，返工会加长生产占用的人工及设备，分摊更多人工制费，导致返工物料对材料的敏感性逐步降低，对直接人工及制造费用的敏感性逐步提高。

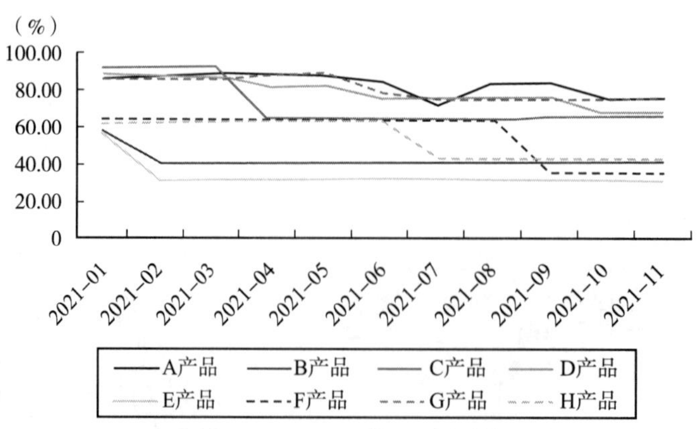

图6　部分食品类产品材料敏感性趋势

经与车间主管沟通确认，得知预包装食品生产有如下特点：食品容易滋生微生物，管控措施和要求比药品严格；食品包装前工序的微生物等超标，导致在食品车间反复返工；订单量小，无法形成规模效益；食品增项清洁耗时长。公司针对以上原因分别采取不同的方法降低返工次数，控制成本。

3. 产品物料类型敏感性分析——配方颗粒产品

根据图 2 的配方颗粒材料成本敏感性分布，将配方颗粒划分三类：对材料敏感性大于 79. 14% 的物料为对材料高敏感性产品；处于 43. 11% ~79. 14% 的材料为一般物料；低于 43. 11% 的产品为对材料低敏感性产品。

对高敏感性产品进行分析。大部分此类产品不同月份的敏感性变化不明显，高敏感性主要是因为生产批次较少。

根据各月的敏感性方差分析，部分产品对材料的敏感性存在剧烈波动。图 7 是标准差前十的产品变化趋势，包括企标配方颗粒和国标配方颗粒。

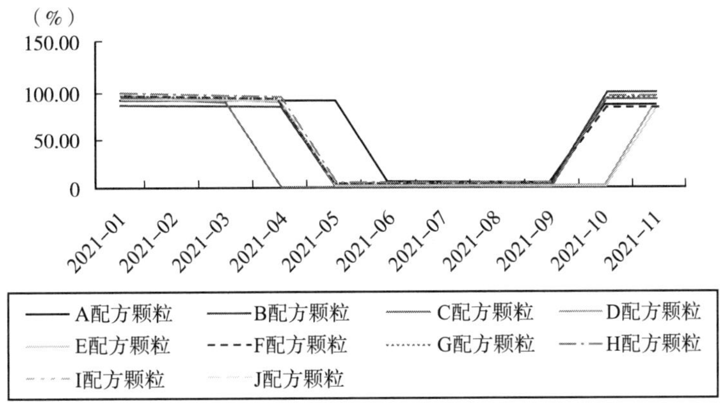

图 7　部分配方颗粒材料敏感性变动趋势

对图 7 中产品的生产情况进行调查，发现均存在返工流程。生产过程中出现返工属于正常情况，但是此类物料对直接材料具有高敏感性，因此需要格外重视。对材料具有高敏感性的产品，主要是由贵重原材料制成的价格较高的贵细药材饮片，需要对历史数据进行深入分析，严格控制采购量；生产过程中，应根据实际市场需求安排生产计划，避免库存积压；车间操作员应与现场质检、工艺人员及时沟通，尽可能减少损耗，正确生成单据，确保实物管理有序。

除上述敏感性分布离散的情况外，还存在以下情况。根据公司实际单位成本数据，某配方颗粒的单位成本呈现大幅度波动，但是从敏感性角度出发，各月份纵向敏感性具有稳定性，标准差仅为 0. 0180，大幅小于配方颗粒的整体标准差，具体情况如图 8 所示。

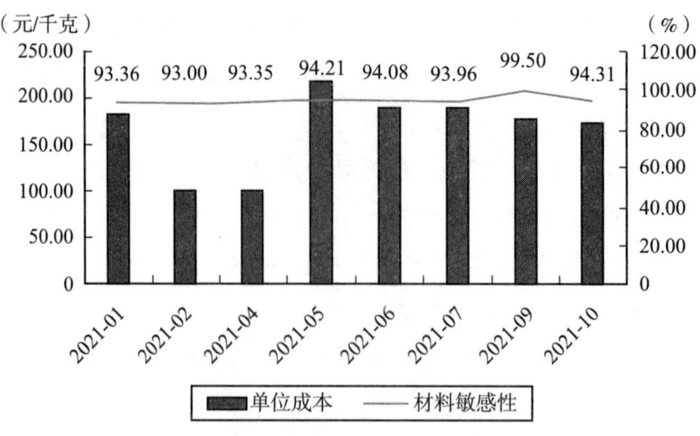

图 8　某配方颗粒材料敏感性及单价

结合实际情况，得知一方系下主要有两家子公司生产该品种提取物：陇西一方制药有限公司（以下简称“陇西一方”）、陕西一方制药有限公司旬邑分公司（以下简称“陕西一方”）。其中陕西一方于 2021 年投产，当年成本数据还未稳定，故未参与一方系的成本还原。

该配方颗粒的单位成本呈现重大波动，主要系陇西一方与陕西一方销售单价存在差异。陇西一方的提取物销售单价显著低于陕西一方，导致 2021 年 2 月、4 月配方颗粒单位成本出现下滑（陇西一方及陕西一方生产提取物均销售至广东一方，由广东一方加工成成品配方颗粒），且因为陕西一方未参与成本还原，导致该配方颗粒的敏感性未发生明显波动。因此，子公司核算不健全对工具应用会产生影响。

对两家子公司提取物的生产数据进行分析，如表 5 所示，陕西一方的直接人工及制造费用占比均远高于陇西一方，在固定资产折旧方面尤为明显。结合该品种药材、饮片的价格得出，陇西一方与陕西一方的原材料并不存在重大差异，该配方颗粒的理想敏感性应与陇西一方的生产数据相似，与直接材料呈现高敏感性。

表 5　　陇西一方、陕西一方生产数据对比　　单位：%

项目	陇西一方	陕西一方
直接材料	A	0.77 × A
直接人工	B	11.81 × B
制造费用	C	4.09 × C
其中：固定资产折旧费	D	10.80 × D

根据敏感性计算结果，陇西一方与陕西一方前处理工序的人工、制造费用接近，主要差异体现在提取环节。提取环节的制费敏感性差异主要是人工、能耗及折旧，其中折旧差异最为明显。

对于陕西一方而言，该提取物对制造费用的敏感性过高，需要通过增加产量、减少清场次数等方式降低其敏感性。根据敏感性分析，结合实际车间统计的能耗数据，还原出各厂区各工序所耗用的工时及能源用量，横向比较各提取物在不同厂区的敏感性结构，以最优化的结构作为生产的目标值。

对直接材料的敏感度处于四分位点之间的产品，侧重于分析敏感性变动的频率以及变动的趋势。如图 9 所示，在 2021 年 11 月的生产过程中，有 31% 的产品对材料的敏感性的降幅达到了 10% 。

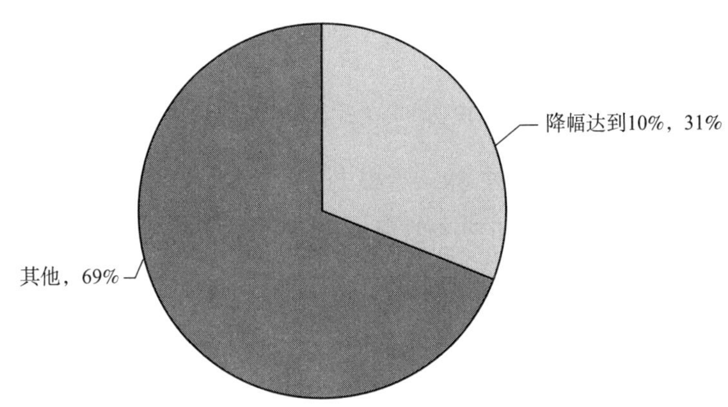

图 9　敏感性变动幅度

结合产品成本数据判断，主要是 2021 年 10 月的直接人工成本较以前月份有大幅增长（受政策影响加大企标配方颗粒生产导致加班费用增加），而账务处理将 10 月的直接人工计入 11 月的产品成本，由于 11 月产量较 10 月有明显下降，导致产品成本对直接人工的敏感性大幅度上升。在实际管理过程中，需要持续跟进此类产品的直接人工敏感性的回落变化。

与高敏感性产品不同，对直接材料敏感性偏低的产品则可以适当延长物料的周转天数。对直接材料敏感性低的主要原因有原材料单价低，采购入库的药材在前处理环节多次返工，加工难度大、耗用人工及设备工时长等。对直接材料低敏感性的物料，可以通过增加单批投料量、大批生产来降低其单位人工制费，提高对材料的敏感性，从而降低产品成本。

四、产品成本敏感性分析应用效果

（一）分析结论

由于公司产品成本对直接材料敏感性较高，本案例围绕产品对直接材料的敏感性，从各因素敏感性、物料分类两个角度对产成品成本构成进行敏感性分析，并进一步分析同类物料的敏感性分布以及同一产品不同会计期间的敏感性变化，得出以下结论：

（1）受托加工类产品对材料的敏感性分布较为离散。

（2）食品类、非常见品种返工频繁，导致其对材料的敏感性降低。

（3）不同厂区生产的同一提取物之间敏感性差异较大。

（4）在产量波动较大的期间，直接人工的计提对产品敏感性影响增大。

（二）管理举措

利用上述敏感性分析结论，广东一方提出下列举措加强成本管控：

（1）加强对受托加工类产品的实物管理，准确区分代管物料与自有物料的物权关系。

（2）加强生产过程中的监控，将频繁返工的物料向生产部门反馈，加大对该类物料的关注度，减少物料返工。

（3）规范成本核算流程，加强对子公司成本核算人员及与成本相关业务人员的业务培训，提高成本核算的准确性。

（4）根据生产领料情况结合技术中心提供的工艺标准，制作提取异常数据分析汇总表，提高对提取环节的成本管控；根据实际的领料产出情况，及时监控各物料损耗，加强对材料损耗的管控。

（5）按月整理当月各项人工制费明细并发给生产中心，对存在异议的费用项目及时提出反馈，避免制费异常波动影响产品成本。

（三）实施成果

通过实施上述举措，广东一方取得管理改善成果如下：

（1）完善库存现场管理，划分单独区域，代管物料存放规范合理。

（2）食品类生产部门根据成本核算人员反馈的物料返工情况，提出食品类加工微创新方案，提高清膏含固量，减少返工。

（3）举办一方系成本核算流程培训会议，形成存货成本计算流程文档，完善并发布产品成本核算制度。

（4）技术中心根据提取异常的物料，结合生产现场反馈，给出各批次异常原因，为车间生产管理提供理论依据。

（5）生产中心通过物料损耗情况，结合实际生产使用的两种包装机器对物料损耗显著不同的情况，综合考虑效率以及对主材的损耗后合理排产，降低贵重药材损耗，实现降本增效。

（6）打通敏感性分析与实际案例的应用。通过对历史生产数据的敏感性分析，发现部分生产批次少的食品成本存在异常波动，如图10所示，某固体饮料2021年1月单位成本为0.77元/袋，2021年7月单位成本为1.29元/袋，产品成本呈上升趋势且差异较大，原材料为同一批次排除材料波动的影响因素，查询历史生产数据，某固体饮料在2021年7月生产时因为清膏含固率（反映了清膏中有效成分的浓度，进而影响产品的质量和性能）偏低，进行频繁返工操作。在控制物料损耗的情况下，返工分摊更多人工制费，导致返工物料对材料的敏感性逐步降低，而直接人工及制造费用的敏感性逐步提高。

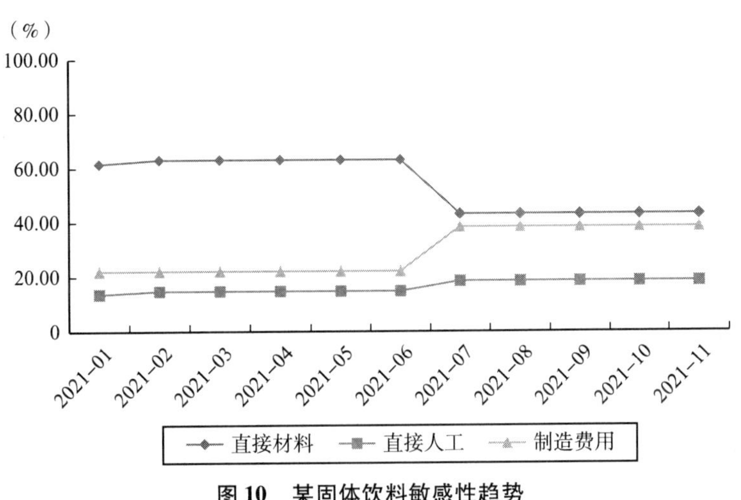

图10　某固体饮料敏感性趋势

通过排查同类产品，因清膏含固率低而频繁返工的问题，为响应公司全面推行提质降本增效的号召，以微创新、自主立项方式开展全员提质增效行动。生产部门经过不断试验创新，清膏含固率达到工艺要求，降低成本，提高产品合格率，示例如表6所示。

表6　微创新改善情况示例

微创新案例名称	解决某固体饮料湿法制粒困难而频繁返工的问题
编号	S52019004
所在部门	制剂车间

续表

微创新案例名称	解决某固体饮料湿法制粒困难而频繁返工的问题
问题描述	对历史生产数据的敏感性分析，发现部分食品成本存在异常波动，在排除材料波动的影响后，从人工与制费方面着手发现人工与设备用时过长，查询生产数据，发现某固体饮料存在频繁返工且生产周期长的问题
原因查找	清膏含固率偏低时需要进行返工，浓缩到生产工艺规定的范围才能进行湿法制粒，清膏返工导致物料损耗，生产成本增加，产品质量会受影响
解决措施	当清膏含固率范围在 70% ~73%，进行糖粉混合时加入 95% 乙醇混匀，提取浓缩工序顺利出膏，不再进行返工操作
成果	湿法制粒生产顺畅，人均效率比按原工艺最高效率提升 27.4%，年平均返工率由 8% 降低至 3%

五、经验总结及建议

（一）提高成本核算准确性

目前，广东一方返工物料核算流程不够完善，成本核算人员应积极与系统维护人员沟通，进一步了解成本核算系统逻辑，从而提高特殊业务核算的准确性，为之后利用敏感性分析工具提供准确数据支持。企业也应加强对子公司成本核算人员的素质培养，不断提高其专业能力，进而更好应用管理会计工具。

（二）加强物料平衡监控

针对日常单据处理不合适导致的成本核算不准确及管理会计工具不适用的问题，公司应加强日常物料平衡监控。业务部门人员需严格遵守物料平衡监控标准，根据成本核算系统做单规则，准确处理日常单据；成本核算人员需利用各工序生产领料、完工入库相关数据的角度判断生产损耗、单据处理是否恰当，加强对业务部门物料平衡的监控。

（三）加强各厂区能耗比较

通过建立各品种标准成本模型，对各厂区之间的能耗情况进行精细化分析，通过横向比较判断能耗偏高的原因，并将其生产情况发送给生产中心，对排产计划提供建议。

（四）加强成本预测

针对材料成本波动存在滞后性的问题，要求企业不仅需对产成品进行敏感性分析，对提取物、颗粒、混合物也应进行敏感性分析。换言之，任何不属于原材料的半成品或产品均应进行成本还原，继而对各要素的敏感性进行分析，增强成本分析的预测功能。

六、研究不足

（一）敏感性分析工具实际使用的局限性

1. 无法满足特殊业务数据分析

在实际生产配方颗粒的过程中，由于工艺需要或者质量检测不合格等原因会出现返工。目前公司核算系统计算返工物料完工时会使原本配方颗粒的材料成本构成出现偏差，进而影响各个要素的敏感性。

2. 对系统单据准确性要求高

敏感性分析工具要求生产领料完工等数据必须准确，而在实际生产过程中，车间等业务部门对系统单据处理不当可能出现跨月领料或跨月入库的情况，导致敏感性分析工具计算结果出现偏差，需要人为对产生特殊情况的数据进行分析和调整。

（二）材料成本波动存在滞后性

由于配方颗粒生产工序复杂，受工艺条件、生产排产、质量检验等因素影响，从药材到配方颗粒生产完成时间超过一个月，有的品种甚至长达半年。因此，采购的原材料单价变动对于最终配方颗粒产成品的变动就存在时间差，配方颗粒材料成本构成比例的变动需在产成品完工后才能得以体现。

（广东一方制药有限公司：吴佳容　周伟滔　李应昊）

案例评语：

该案例聚焦公司成本管控，创新地使用 Python 代码 + NC 账务数据，开发高效的敏感性分析工具，通过分析数据找出成本变动的规律，并把敏感性分析工具应用于配方颗粒企业的各个环节，包括生产、采购、销售等。基于敏感性分析结果，并采取改善措施，案例单位在完善库存现场管理、提出食品类加工微创新方案、完善产品成本核算制度、降低损耗等方面，均取得了不错成果，拓展了敏感性分析在实际中的应用。

案例单位运用敏感性分析，可以更好地了解各种因素对关键指标的影响程度，为制定有效的战略决策提供有力支持，在同行业乃至跨行业均具备一定的借鉴和推广价值。

价值链视角下的精益成本管理实践

——以风电叶片制造行业为例

摘要

风电叶片是风力发电整机价值最大的部件，风电叶片研发生产具有行业壁垒高、模具更新快、生产周期长、产品定制化的特点，投资大、人力资源需求多、市场竞争激烈。自2020年开始，风电行业进入“平价时代”，整机中标价格一路下滑，风电叶片量价齐跌，叶型迭代加剧，叠加大宗原材料价格大幅度上涨，风电叶片行业企业受到双重挤压，盈利水平出现较大幅度下降。

时代新材以价值链为主线，以全员参与和精益文化为依托，通过将预算管理、目标管理、对标管理、责任中心等管理方法与成本管理进行创新性融合，并以标准化和本量利等管理会计工具为支撑，统筹规划、统一思想、统一规则、统一步伐，构建了适合时代新材风电叶片板块的全价值链精益成本管控体系。该全价值链精益成本管控体系创新性实施全生命周期和全价值链成本管理，实现管理机制的有机协同和多项管理会计工具的整合应用。突破传统制造成本思维，将目标成本管理从制造阶段延伸到产品研发设计、采购、营销和售后全价值链阶段，通过管理创新协同、精益运营、统一标准、搭建过程保障机制等方式，全年实现降本超1亿元，单片营运成本较上年下降超过10%，较行业龙头毛利率水平差距大幅缩小，有力提升产品市场竞争力。

一、背景描述

（一）单位基本情况

株洲时代新材料科技股份有限公司（以下简称“时代新材”）是中国中车旗下一家跨行业发展、国际化经营的高科技企业，2002年在A股上市。时代新材以高分子材料的研究及工程化应用为核心，产品延伸到橡胶、塑料、复合材料、功能材料等多个领域，在轨道交通、风电、汽车、高性能高分子材料等多个产业领域实现大规模工程化应用。依托公司多年来的研发投入和市场积累，已形成了“多元化、国际化、高科技”的产业格局。

（二）价值链精益成本管理的概念及内涵

1. 价值链精益成本管理的概念

价值链精益成本管理是以价值链联盟核心企业竞争战略为先导，以价值链管理和成本管理等理念为基础，以价值链分析和成本动因分析为手段，全面收集、分析和利用价值链上各环节的成本信息，通过目标成本法和作业成本法等价值链成本管理工具和方法，优化企业价值链，降低企业价值链各环节成本，以实现整体价值链价值增值的最大化，建立并保持企业的长期竞争优势（见图1）。

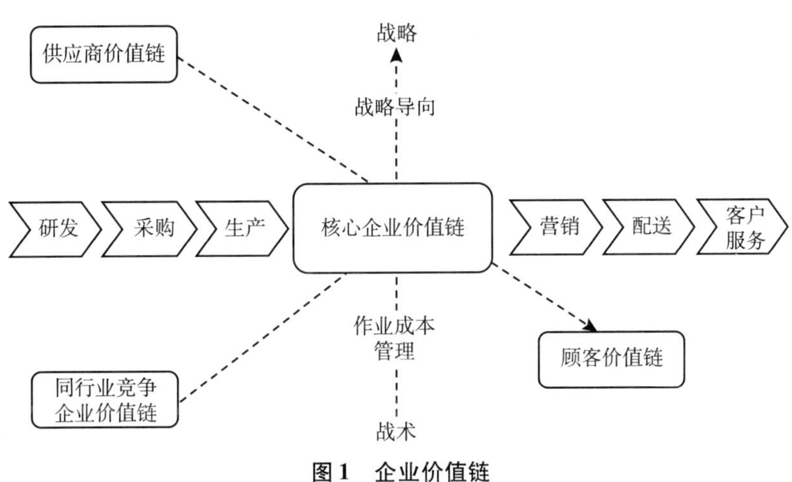

图1　企业价值链

价值链成本管理包括对企业内部价值链和企业外部价值链的成本管理。企业内部价值链成本管理以“研发—采购—生产—销售”业务环节为核心，形成包括研发成本管理、采购成本管理、生产成本管理和销售成本管理为主的成本管理。企业外部价值链成本管理包括横向价值链成本管理和纵向价值链成本管理；横向价值链成本管理关注竞争对手的成本水平和产品竞争力，主要通过实施标杆价值链管理提升企业自身的成本优势和产品竞争力；纵向价值链成本管理则将成本管理的范围对外延伸到供应商、经销商和顾客，重点实施供应商管理、客户应收账款管理、客户盈利能力管理等成本管理工具和方法。

2. 价值链精益成本管理的内涵

价值链成本管理是一种基于战略战术维度、时间维度和空间维度的三维成本管理模式，具有以下三层内涵：第一，企业的成本管理要以企业的竞争战略为核心，从战略的高度考虑企业的成本，深入战略层面探究影响企业成本高低的深层次原因，对战略成本动因进行分析、管理和控制，在战术上深入作业层次，对增值作业与不增值作业进行分析，找到降低成本的突破口，形成企业成本的长期竞争优势；第二，企业的成本管理要关注产品生命周期的全过程，对产品研发、设计、生产、销售、售后服务和报废处置等各个环节进行成本管理；第三，企业的成本管理要有利于价值链的构建和优化，不仅要考虑企业自身的内部价值链，还要考虑价值链上与企业相关联的供应商、销售商、客户、最终客户以及竞争对手的情况，并以此为依据制定相应的成本管理战略和竞争战略，通过建立企业间的价值链联盟实现彼此的互利共赢。

（三）运用价值链精益成本管理的必要性

1. 风电叶片行业面临激烈的市场竞争

风电叶片具有行业壁垒高、模具更新快、生产周期长、产品定制化的特点，是风电机组成本最高的零部件，约占风机成本的 23%，同时也是影响风机发电量最关键的部件。风电叶片市场跟随风电市场呈现周期性变化，受政策驱动因素影响大。经历长期发展，目前国内风电叶片行业竞争激烈，但集中度较高。

2. 公司风电叶片盈利能力不足

近年来，时代新材风电叶片板块的盈利能力大幅下滑。以 2021 年为例，将时代新材与风电叶片行业龙头企业中材科技股份有限公司（以下简称“中材科技”）的风电叶片板块经营情况进行对比分析，时代新材风电叶片板块盈利能力低于中材科技，其主要原因为产品毛利率较中材科技低 7. 19 个百分点。2021 年时代新材与中材科技主要盈利指标对比如表 1 所示。

表 1　　2021 年度风电叶片业务主要盈利指标

项目	时代新材	中材科技
风电叶片板块总收入（万元）	509796	705395
其中：风机叶片收入（万元）	499056	697613
风机叶片销售毛利率（%）	8. 57	15. 76
费用和其他损益占收入比（%）	5. 29	8. 55
销售净利率（%）	3. 28	7. 21
总资产收益率（%）	2. 38	5. 64

2021 年，风电整机价格持续走低，降本压力加速向上游传递，且风电叶片行业面临激烈的市场竞争，同类叶型叶片市场售价并无较大差异，成本是造成各叶片厂商盈利能力差异的主要原因。因此，多举措降低成本是提升风电叶片盈利能力的关键。

3. 公司价值链管理中存在亟待解决的问题

叶片量价齐跌，叶型迭代加剧。2021 年起中国风电正式步入“平价元年”，风电整机价格持续走低；客户需求转向 180X、190X 等大叶型，小叶型订单骤减；此外，由于风电叶片是风电机组成本最高的零部件，客户出于整合供应链和降本增效目的，开始积极布局扶持自有叶片厂，风电叶片行业量价齐跌、订单变更频繁。

原材料价高难控，供应链存在不确定性。风电叶片主要原材料芯材、树脂、结构胶、纤维布、油漆及紧固件等主要原材料占总成本的比例超过 60%，价格与供应受上游大宗材料、全球供应链等多重因素影响显著，不仅导致时代新材原材料成本大幅上升，甚至影响正常的生产节奏与产品交付。

基础研究积累不足，工艺转换推广慢。压缩材料用量、应用新的低成本替代材料是降本的重要举措，但公司目前对材料性能和缺陷判定的研究不够深入，且缺少激励机制、工艺创新不足、材料回收利用率低等不利因素，材料降本方案推广慢，各项材料降本措施不及预期。

工厂成本管控参差不齐，单片成本差距大。公司目前拥有六家自主工厂，由于工厂所在地的固有局限、排产的不均衡以及成本管理水平的参差不齐，各工厂的单个叶片成本差距较大。亟须提高工厂管理能力，提升工厂运营水平，实现成本管控的不断改善和优化。

产品质量风险管控成本高。近年来风电机组大型化进程加快，叶片长度快速迭代，对产品的设计、安装和运维都提出挑战，产品质量对企业的声誉和业绩影响至关重要。而时代新材在应对质量风险方面手段单一，仅通过计提产品三包服务费的方式主动承担产品质量风险。

因此，身处竞争异常激烈、单个叶片制造商对产品价格的影响力较小的国内风电叶片行业中，时代新材要想争夺叶片市场份额、提高叶片盈利能力，建立并保持长期竞争优势，必须实行低成本竞争战略，对外对标标杆企业、联动上下游企业，对内优化产品研发、设计、生产、销售、售后服务等各个环节的成本管控。

二、应用价值链精益成本管理的总体设计

（一）应用价值链精益成本管理工具的目标

凝聚全员共识、推动全要素提质增效，全价值链、全生命周期协同共进，提高产

品竞争力，助力和保障公司风电叶片“双海战略”。

（二）应用价值链精益成本管理的总体思路

面对当前不确定、易变、高度复杂的经营环境，为实现长期战略目标，时代新材风电产业板块价值链精益成本管理的总体思路是：以战略为原点，以提升产品竞争力为目标，以全员参与和精益管理为依托，通过事前预算分解、明确目标成本，事中成本控制、对标改善，事后绩效闭环，落实经营责任的管理闭环和研发设计、采购、制造、销售、售后全价值链闭环，以组织、人才、系统、标准、文化为支撑，有效促进公司系统性成本竞争优势的构建和健康持续发展。时代新材价值链精益成本管理总框架如图 2 所示。

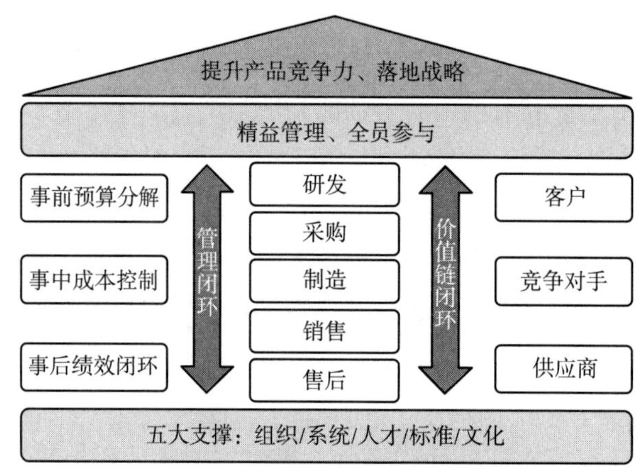

图 2　价值链精益成本管理总框架

（三）应用价值链精益成本管理的创新点

1. 时间上，实施全生命周期成本管理

通过从产品经济有效使用期间发生的包括开发、生产，以及销售和售后全生命周期维度实施成本控制，更全面地反映产品在整个生命周期内的成本情况，从而进行成本控制和决策。本案例从研发、采购、生产、销售、售后维度制定了具体的成本控制策略，强调从产品源头的研发环节进行成本控制的重要性，在产品研发阶段就从性能和成本维度考虑整体总成本最优的方案，是企业构建竞争优势的关键一环。

2. 空间上，实践全价值链成本管理

价值链成本管理工具是在价值链管理、成本管理、战略管理的基础上形成的，它的全面性和前瞻性也突破了传统成本管理在管理范围和方法上滞后的缺点，通过正确处理作业与作业之间、业务流程与业务流程之间、本企业价值链与供应商、客户之间

的关系，追求整个价值链效益的优化。本案例创新性地将价值链成本管理应用于风电叶片制造业，通过从内外部价值链维度进行更加全面多维的成本控制策略的制定，通过此方法，变革成本管理方式，取得优势，赢得市场竞争。

3. 机制上，形成管理机制有机协同

通过将预算管理、目标管理、责任中心、对标管理等管理机制与成本管理有机协同，以事前、事中、事后为管理闭环，在事前面向市场进行目标设置并进行预算分解，事中结合对标管理倒逼持续改善，在事后落地责任中心进行绩效闭环，保障了成本管理机制融合到企业经营体系中有效运转并形成闭环迭代。

4. 工具上，打造多项管理会计工具整合应用

将不同的管理会计工具方法进行整合，以更好地服务企业战略。运用预算管理工具推进成本目标的分解与过程管控；运用作业成本法工具，进行成本动因分析并搭建费用模型，科学成本管控；运用价值流分析工具，识别瓶颈，精准资源配置；管理会计工具整合应用，精准施策又相互补充，构成了成本管理机制有效运转的基础保障。

三、应用价值链精益成本管理的实践

（一）管理机制融合，拉通成本的全价值链精益管理流程

全价值链的成本管理涉及企业经营的方方面面，需要各项管理理念工具融合的探索才能保障成本管理向全价值链的拉通。

1. 以预算管理为主线，顶层设计，层层落实

将成本管理方法、标准融入预算管理过程中，成本管理目标层层分解、层层落实，确保预算管理深度融入经营活动，“事前算赢”。建立六级预算科目体系，将财务预算目标层层分解到班组、叶型、工序，将总成本逐级逐项拆分至最末颗粒度的成本构架，使成本管控颗粒度适配精益管理要求。协同预算管理和成本管理流程，将成本管理中的目标设定、过程跟踪、差异反馈与调整等流程与年度预算、月度滚动预算流程相融合，统一工作平台，形成有效合力，强化成本的事前规划，保障成本目标与组织目标的有效协同。搭建滚动预测模型，动态预测主要经营指标，快速响应最新运营形势，更新各项滚动降本目标值，在高效协作的事业部降本增效团队基础上，科学进行降本增效的资源配置，实现财务业务一体化和事业部整体价值创造，保证事业部年度指标的可达成性。

2. 以目标管理为牵引，内外联动，追求卓越

公司通过建立“外部 + 内部”的双向驱动目标机制，多视角评估目标成本，选

取最具挑战的值作为成本目标，在目标的基础上确定具体指标和关键活动，牵引业务计划，把各项降本增效目标以项目管理形式落地。外部：建立以客户维度和对标维度的目标成本确定机制。将成本管控工作前移：一方面成立市场、技术联系小组参与到客户产品设计中，在客户订单下达前启动新技术、新产品、新工艺、新供应链的开发与验证考核，在实现客户产品具有竞争力的同时，也确保公司能够有一定的盈利空间。另一方面通过对标竞争对手，找差距和短板，有针对性地推动系列降本增效项目来缩小与竞争对手的差距。内部：以目标利润为驱动力，将原来的“利润 = 收入 - 成本”的思路转变为“成本 = 收入 - 利润”，以此设定目标成本，通过预算统筹，统一技术、工艺、采购、工厂等部门降本目标和方向，联动降本。建立动态目标调整机制，在面临原材料价格持续上涨、海上叶片项目订单减少等重大外部环境变化时，及时响应内外部环境变化，及时调整各级预算目标。

3. 以对标管理为驱动，寻找标杆，比学赶超

眼睛向外，对标行业一流。哪家企业有好的经营管理方法，我们就主动交流学习，并坚持与国内风电叶片行业龙头中材叶片对标，找准差距，推进战略成本管控，倒逼最优成本目标的持续挑战。比学赶超，对内优化。在内部众多工厂中优中选优，不断发现并推广优秀的管理经验与方法，并迅速在公司内推广复制，通过工厂间的“比、赶、超”，促进成本目标的持续改善，从而实现公司整体的不断改善和优化。例如，哪家企业有节支降耗的好做法，其他成员企业就会快速借鉴并复制，哪家企业做得不好，就会成为“帮扶对象”。

4. 以责任中心为载体，明确责任，激活组织

为更好地激活组织动力，公司通过打破组织壁垒，调整内部激励模式，将营销、采购、制造等部门由原来的收入中心、成本中心转变为利润中心，将边际利润作为关键考核指标，引导和驱动责任中心由关注单一成本向关注全价值链成本的转变，使职能部门捆绑在一起，力出一孔，提升公司的盈利能力。同时，通过责任中心的调整，各单元自主经营意识增强，责任落实到个人，与薪酬绩效挂钩，员工能切身感受到经营压力，从而增强员工动力。

（二）多措并举，全价值链精益成本管理实践

1. 研发端：成本企划，全价值链设计降本

产品设计阶段已经决定了 80% 的产品成本，而风电叶片的材料成本通常占到了总成本的七成左右，对产品结构的精益设计对成本管理显得尤为重要。

成本策划先行，产品设计开发阶段进行成本控制和成本改善。一方面，设计人员在满足客户需求、保障产品的性能和质量的前提下，合理确定设计余量，对各项成本

因素进行目标设定。另一方面，通过研究风电叶片增强材料、基体材料、芯材和胶粘剂四类主要材料特性的关联，根据既往经验的最佳实践，识别影响因子和材料成本对人工、投入等其他成本因素的关联分析，对目标成本进行联动管理，选取综合最优方案。

降本矩阵闭环管理。设计方案确定后会交由工艺部门进行工艺转换，如果转换后的材料成本不能满足设定的目标成本，则需要再考虑新的降本方案，最终形成降本矩阵。并基于降本矩阵分解出各个专项降本项目，纳入全流程降本机制中，实现管理闭环。以 2022 年度技术降本为例，技术降本矩阵如表 2 所示。

表 2　　2022 年度技术降本矩阵

降本措施/单支降本目标		叶型 1	叶型 2	叶型 3
用量降本	灌注树脂	材料重量 公斤单价	材料重量 公斤单价	材料重量 公斤单价
	增强材料	材料重量 公斤单价	材料重量 公斤单价	材料重量 公斤单价
	2 类辅材（金额）	*	*	*
技术降本	不同材料替代（金额）	*	*	*
	同一材料不同型号替代（金额）	*	*	*
	单只降本目标（万元）	4. 60	4. 33	4. 42

2. 制造端：价值驱动，精益运营管理

公司推进精益运营体系的搭建，将成本管控与精益运营深度融合，以组织流程机制和精益管理工具为抓手，渗入制造工厂的全价值链。

工厂价值流分析，识别瓶颈，加速流动。按照从顾客到供应商的顺序，跟踪一个产品从开始到结束的全过程，用图形化的方法仔细地画出表达物流和信息流的每一个步骤。从满足客户需求、企业盈利提升、不断改进三个方面分析现状并设计将来状态。使用生产线平衡分析，识别出壳体成型及后处理为瓶颈工序，输出提速等相关改善措施。

根据全员头脑风暴设置理想状态，按照现状图绘制方法绘制未来图。以某风电叶片生产工厂为例，通过对生产过程中每个工序步骤的人、机、料、法、环、测六大因素进行现状分析，识别瓶颈资源，并进行专项管理改善计划与跟踪，按节拍生产，尽可能实现连续流动。

搭模型、找标杆，精细费用管控。费用目标成本主要是从“搭模型”和“找标杆”两个方面来确定。

通过对各项制造费用的成本动因进行识别，找到主要的作业活动，通过对各生产工厂自身纵向对比、内部工厂间横向对比以及同业竞争者行业对比三个维度进行分析，根据最佳实践，由费用归口管理部门制定相关的作业活动标准和单位产品作业量标准，搭建费用测算模型，根据行业标杆、内部标杆和自我超越三个维度确定各项制造费用的目标成本。目前已完成对九大变动费用模型的搭建。

以运输费为例，提取出关键作业动因为转运系数和运输距离，根据历年数据分析后，得出运输费测算公式为：生产数量 × 转运系数 × 运输距离 × 运输单价。运输费动因分析模型如图 3 所示。

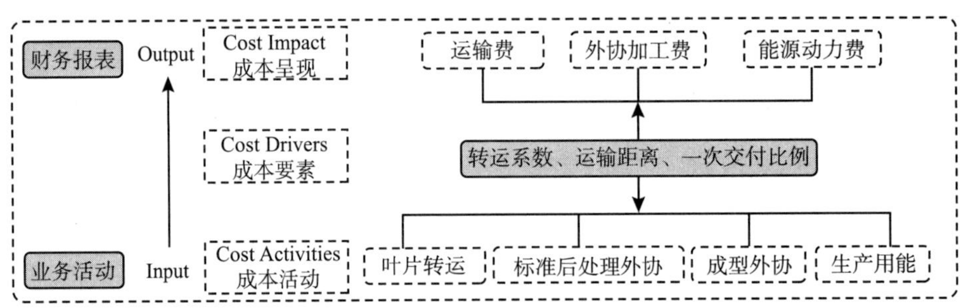

图 3　运输费动因分析模型

3. 采购端：价值延伸，内外协同共赢

建立跨部门联合谈判小组，精心策划谈判细节及谈判过程。灵活运用以量换价、以低谈高等博弈手段，以技术、工艺、质量为突破点，占据谈判优势。

向上游延伸，搭建成本模型，科学采购定价。一方面，搭建关键物料成本模型，科学指导采购定价，通过技术、采购、财务等多方面获取信息对关键物料进行成本拆解和价值流分析，搭建关键物料成本模型，充分挖掘降本点，指导采购定价。另一方面，对受大宗材料影响较大的物料，实时监控包括市场主要供方的产线产能等前端市场信息，预测未来 3 个月的价格趋势，合理制定采购策略，选择合适的招标时点，提前与供应商进行锁货或锁价，减少采购的不确定性。横向延伸，联合集采。对部分物料的采购需求由其他内部向关联方延伸，扩大集采总额，获得谈价优势。例如，公司紧固件年度采购金额约为 2 亿元，联合关联企业成立紧固件集采项目团队，合计采购标的金额合计超 6 亿元，获得较大价格优势。

4. 销售端：职能联合，销售模式创新

财务、销售、研发、工艺、运营等跨部门成立联合报价小组，针对每个项目进行详细的项目成本测算，进行联合评审。报价小组通过成本分析测算支持市场报价，同时根据预估市场价格减去目标利润得到目标成本水平，对比目标成本与项目成本测算的结果，得到降本目标；加强对项目成本的测算与管理，引导市场销售部门关注项目成本，共同识别项目的隐性成本。

结合竞争状态和竞争对手的反应制定报价策略、接单策略和合作模式，创新开展模具投资模式，通过模具代投及共投，锁定客户订单，从而降低投资风险，加深与客户的战略合作关系，有助于提升市场项目的盈利能力。

5. 售后端：质量先行，全生命周期管控

实施全生命周期质量成本管控，按照产品全生命周期维度梳理关键质量控制点，强化对业务前端的管控来降低质量成本。例如，通过工时差异分析，发现成型加热固化时间是后端质量成本的关键影响因素，针对性调整工艺时间标准，质量成本管控由事后的质量检验向事前工艺流程延伸。全生命周期质量管理关键控制点如表 3 所示。

表 3　　全生命周期质量管理关键控制点

1	2	3	4	5
* 设计雷区管控 * D/PFMEA& 防错 * 静载/疲劳实验 * 切片验证 * 技术标准	* 模具/工装设备 FMEA * 风险确认 * 模具/工装/设备能力	* 原材料实验验证 * 原材料工艺验证 * 供方准入准出 * 原材料 CTQ 管控 * 外包管理	* 安全 * 可制造性 * 产线认证 * 关键工序审核，UT/Tg * CTQ/CTP 能力 * 三新风险管控	* 质量体系 * 自检/专检 * CP * CTQ/CTP 能力 * 检测能力研究
6	**7**	**8**	**9**	**10**
* 质量体系 * 自检/专检 * CP * CTQ/CTP 能力 * 检测能力研究	* 包装防护 * 储存管理 * 吊装管理 * OQC 专检 * 监造验收 * 装车叶片再确认	* 客户自提叶片防护 * 客户主导运输和转运时叶片的防护	* 客户吊装过程 * TMT 指导吊装过程	* 售后定期巡检 * 易损易耗件“三包”管理

公司应对产品质量风险的措施包括：风险承担，计提产品三包服务费，应对普通产品质量风险；风险转移，引入保险产品应对重大产品质量风险。一是引入专业保险经纪机构，从保险范围、费率、购买节奏等因素制定和购买产品质量保险方案；二是充分利用政策性保险制度，对符合条件的产品确保应保尽保；三是建立内部保险理赔流程，确保对承保产品的定期跟踪、问题的及时反馈和保险理赔方案的及时沟通。

（三）多重机制构建，保障价值链精益成本管理落地实施

价值链精益成本管理的落地实施离不开各项基础管理的保障：

1. 组织保障：厘清组织层级结构和责任边界

一是在成本目标分解上，结合精益生产中的 X 管理矩阵，将一级降本指标科学

分配至关键降本活动和跨部门的降本责任主体，使各层级的成本主体能够清晰了解自己的经营任务、衡量标准。二是落实各部门的预算管理职责，以业务领域归口管理和分级归口管理为原则，将 89 个费用科目分解到 13 个职能部门归口管理。通过明确各项费用的责任部门和责任范围，清晰界定各成本管理职能、责任主体和责任边界，全面扫除流程断点、管理盲点。

2. 机制保障：建立业务与财务降本双向沟通机制

建立成本管控会议机制：公司实行生产工厂 T1 ~ T4 站立式会议制度，事业部实行 T5 ~ T6 会议制度，加强团队成员相互交流，跟踪工作完成进度，有效地监督与解决工作中的难点。让管理者了解团队的工作状态，及时识别出存在的问题与风险，提高工作效率。建立材料用量降本工作机制，通过流程梳理和再造，搭建了“材料用量降本工作实施框架”，主要从立规矩、定标准、重视执行、加强反馈四个方面来确保降本工作高效推进；该框架规范了财务、运营、工程和工厂间的协同关系，规定了日反馈、周例会、月对标的运行机制，以确保降本目标快速达成。

3. 标准保障：统一业务与财务成本管理基准

标准化工厂管控：创建标准化可复制的工厂组织体系，实施“1 + X”扁平化管控，即“1”个事业部管理“X”个工厂，“1”个中心复制到“X”个工厂，“1”个工厂的优秀做法推广到“X”个工厂，实现从部门设置、人员配备，到运营体系、工艺技术体系、质量管控体系，再到人才培养体系和企业文化建设的标准化复制和预算垂直化管理。

标准化管理报表：通过对 5 个工厂、20 多个叶型、40 个工厂降本项目效益进行数据输出，建立法定报表和管理报表科目的映射关系，形成标准分析对标模板和经营效益滚动预测模板，实现了预算编制和对标体系的固化。

标准化科目体系：建立六级预算科目体系，将财务预算目标层层分解到班组、叶型、工序，将总成本逐级逐项拆分至最末颗粒度的成本构架，使成本管控颗粒度适配精益管理要求。六级成本分解如表 4 所示。

表 4　　六级成本分解

<table>
<tr><td rowspan="6">六级成本分解</td><td rowspan="3">财务部门分解</td><td>一级</td><td>总成本</td></tr>
<tr><td>二级</td><td>成本费用大类</td></tr>
<tr><td>三级</td><td>成本费用按会计科目细分</td></tr>
<tr><td rowspan="3">使用部门分解</td><td>四级</td><td>会计科目按成本中心细分</td></tr>
<tr><td>五级</td><td>成本中心成本费用按规则细分</td></tr>
<tr><td>六级</td><td>用量按发生事件细分</td></tr>
</table>

4. 系统保障："看得见"的精细过程管理

建立数字化工厂。通过智能制造手段提升大型风力发电叶片开发效率，降低叶片制造成型周期，改善产品质量，降低综合成本，实现大型风力发电叶片制造的设备自动化、生产透明化、业务标准化、决策数据化和系统平台化的运营模式。例如，通过建设风电叶片智慧运营中心，实现从研发到运维的全流程运营指标数据展示，支撑质量分析、工艺优化、运营管控、能耗分析等业务改善活动，为公司运营管理决策提供数据支持。时代新材数字化工厂总体概览如图 4 所示。

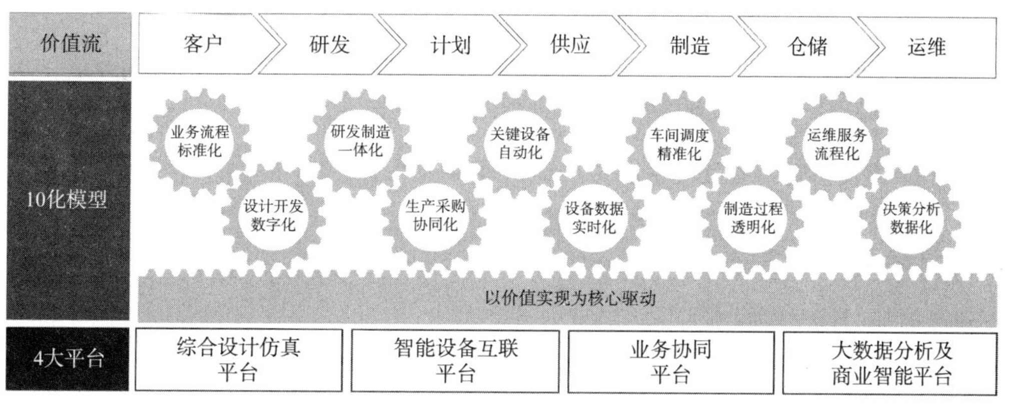

图 4　数字化工厂总体概览

全链条的信息系统推进。搭建 CRM 平台，大数据预测客户订单需求的数量和时间，并监控企业内部的生产和库存，及时依据市场动态调整经营方案，优化市场营销，实现智能售后服务。设计端，进行虚拟分析、测试与优化，大大降低搭建实物新测试平台的成本。搭建供应链数字化平台，在资源规划、订单管理、采购决策、物料跟踪、库存查询、统计分析等关键环节的业务协同提供应用支撑，提高采购效率，降低采购成本。

重构 ERP 系统业务蓝图，打通全业务链，支撑成本精细化管理。通过 SAP 标准的物料分类账功能开发，使产品差异的产生与分摊可追溯、可观；对明确差异责任中心及后续的成本改进提供了系统支撑；通过研发、试制 BOM 及订单的新建，对产品迭代改进分析、生产精细化分析、成本分析提供数据支撑；开发月结驾驶舱功能，建立统一的月结监控平台，为事业部通过系统监控各地月结进度及月结问题提供了集团化管控路径。

5. 人员保障：创建技能人才 T7 认证体系

风电叶片工厂人力资源需求大，生产过程对员工技能要求高，培养与留住多技能人才异常重要。公司在行业内首创 T7 认证体系，在生产岗位培训体系持证上岗的基础上，对员工技能进行分级（T1 ~ T7），并根据不同技能等级提供有针对性的培养方案；技能与晋升、薪酬挂钩，鼓励员工提升技能，从同岗位技能提升到多岗位、全工段掌握再到跨通道能力提升，打通技能员工晋升通道；为缩短员工的培养周期，搭建技能员工快速培养机制，建立了生产岗位培训体系、实训道场，推行 SOJT 五步教学法，建立了 44 个生产岗位学习地图，实现了各异地工厂的岗位统一、作业标准化统一，缩短新员工上岗周期 18 天；通过建立班组长学习地图，采用团队共创的形式，将培训结果与业务指标相结合，定期开展班组长训练营，打造一支政治过硬、作风过硬、本领过硬、能打胜仗的班组长桥头堡。

6. 文化保障：多措并举传递成本文化

多措并举的成本文化活动是成本管控举措落地和主动持续改善的有力保障。党建与经营高度融合，创造性积累了党员挂点班组、党员突击队、党员攻坚行动、多工厂支援“大会战”等发挥基层党组织战斗堡垒作用的具体举措与方法，在凝聚员工队伍、攻坚成本项目、成本文化传播上发挥出显著的党建效能；全方位、全员宣扬成本文化，开展多种形式的宣传与专项活动，如定期发布季度优秀改善案例，宣传不同部门或工厂降本上的改善成效或典型事迹；设立员工改善奖励机制，将改善能力和改善业绩纳入职级晋升评价，为员工的改善提供展示的舞台，营造全员改善氛围。

四、取得成效

通过全价值链成本管理的实践，建立适合时代新材风电叶片板块的全价值链精益成本管控体系。

（一）提升产品竞争力，支撑公司经营目标的达成

在对经营形势预判的基础上，通过预算和经营计划的有效衔接，以及对财务状况的模拟，公司通过实施有效的市场竞争策略，外抢订单，内降成本，进一步稳固市场地位，全年市场份额与行业第一差距进一步缩小，并拉大与行业第三的差距。

2022 年，在材料价格大幅上涨、终端销售价格大幅下降、海上和海外订单大幅减量的不利因素下，通过预算指标牵引、有效的过程控制和动态的降本超 1 亿元，单片营运成本较上年下降超过 10%。公司风电叶片板块盈利能力得到大幅度提升，与行业龙头中材科技的毛利率差异由 7.19 个百分点下降到 2.7 个百分点。构建了低成本竞争优势，有力支撑公司年度经营目标的实现。

（二）深度推广精益成本文化，助力持续改善

通过将成本管理与各项管理机制深度融合，通过精益成本管理向全价值链的延伸，精益成本文化逐步向全员、全领域推广。成本目标的动态挑战传递经营压力到每个责任单位、每个员工，归口费用预算管理提升员工的降本增效主人翁意识，跨部门组合的降本增效项目机制为风电叶片产业的持续改善奠定了人员基石。

（三）业财深度融合，加速推动财务转型

基于价值链的精益成本管理机制的构建实施，拓展财务人员业财融合的深度与广度，由幕后走到了前端，由事后向事前，突出了财务人员价值创造的能力和作用，锻炼出一批懂管理、熟业务、会经营的财务人才队伍。

五、经验总结

价值链视角下的目标成本管理不仅是一个规划、管理和降低成本的过程，而是一种重要的经营理念。它强调理解市场和竞争；它聚焦于客户对质量、功能、配送及价格的需求；它认识到平衡组织职能、建立团队在产品开发周期初期予以考虑的必要性；它的核心是盈利、再投资、发展和创造价值。

价值链成本管理工具适用于需要培育和发展价值链核心竞争力、获得持久低成本竞争优势的绝大部分企业。它要求企业不仅从内部生产制造环节加强成本控制，更需要从价值链的视角，梳理端到端的成本设计和管理流程，形成整体最优的成本控制体系。因此，价值链成本管理工具的成功应用紧密依托于先进的信息系统及全员、全领域的成本管理文化。

本案例构建的基于价值链视角下的精益成本管理实践，是以制造企业为例，未能涵盖各个行业、各种类型的企业，且各个企业所处的行业、规模、发展阶段、面临的经营环境可能存在较大差异，适用价值链成本管理需在战略、合作方式、资源调整等方面进行调整，对其价值活动进行优化整合，才能培养和保持价值链创新能力，增强市场竞争优势，故下一步可以结合产业环境变化下的成本管控策略进行课题研究，使其既具有普遍性，又具备特殊性，更好地满足各种类型的企业管理需要。

（株洲时代新材料科技股份有限公司：黄蕴洁　蒋灿霞　麻帅杰　杨雨强
潘慧续　刘思文　邱小东）

案例评语：

该案例是一份兼具理论与实践意义的优质案例，展示了在市场竞争激烈、效益与内部管理问题突出背景下的精益成本管理实践经验。该案例基于全生命周期、全价值链成本管理思路，应用协同机制与管理会计工具，围绕研发、销售、采购、售后服务等全价值链环节开展预算、目标、对标及责任中心管理，构建了适合时代新材风电叶片板块的全价值链精益成本管控体系，在发挥财务价值创造能力方面产生了实效，有效提升了产品竞争力。

时代新材聚焦新能源行业，结合企业与行业所面临的实际成本管理痛点，研究掣肘风电行业主要部件供应企业发展的成本与毛利问题，在成本管理模式、管理工具融合及管理机制设置等方面的创新具有行业推广价值，意义重大。

DRG 成本管理工具助力专科医院运营

——以 T 医院为例

摘要

随着医改的不断深化，公立医院面临着越来越大的挑战。在解决患者“看病难、看病贵”的同时优化内部资源配置，提高运营效率，控制成本增长是医院急需破解的难题。

近年来，T 医院锚定高质量发展目标，加强管理会计方法和工具的创新应用，发挥信息系统的重要作用，建立起扎实的管理会计应用基础。

医院以国家卫健委发布的《公立医院成本核算规范》为依据，结合国内外相关研究现状和医院科室成本核算基础，采用资源参数成本法核算医疗服务项目成本，累加项目成本核算病种和 DRG 成本。

医院创新 DRG 成本数据分析方法，对医院 DRG 成本、科室病种成本、患者成本数据、项目作业流程进行多维度的分析，并制定了相应的控制成本策略。推动医院制定“成本领先”战略，实现少花钱，多办事，提高资源利用效率。

通过应用 DRG 成本管理工具，医院建立起完善的成本制度体系和操作方案。医院运营效率进一步提高，日间手术占比大幅上升，平均住院床日明显缩短，患者次均费用持续降低，医院 DRG 入组率提升至 100%，医院总成本费用得到有效控制。

医院在实践过程中也发现 DRG 成本管理工具存在成本数据滞后、核算系统功能有待升级等缺点，仍需医院在今后的工作中进一步完善。案例提出医院需建立包含预算管理、成本管理、疾病严重程度、患者满意度等多维度的绩效考核指标体系，从而进一步提升综合管理水平的建议。

一、背景描述

（一）医院基本情况

T 医院是天津市一所集眼科医疗、教学、科研、社区服务、防盲治盲于一体的三级甲等专科医院，为我国知名的眼科医学中心之一。

（二）医院管理会计应用基础

近年来，医院面临着来自内部和外部的挑战，一方面国家发布的一系列医改政策以及医保 DRG 支付制度改革对医院的发展产生了深远的影响，另一方面医院原有核算方式和方法已无法为运营决策提供支持。为了应对挑战，医院必须探索管理会计方法和工具的创新和应用，加强信息化建设，提高医院整体临床诊疗水准、学科水平以及运营管理效率。

2021 年国家卫健委发布《关于印发公立医院成本核算规范的通知》，为公立医院实施成本核算提供了理论依据。T 医院已经建立起 HRP 运营管理信息平台并升级了成本核算系统功能，可以在科室成本基础上结合临床操作诊疗路径准确计算出医疗服务项目成本，叠加服务项目成本即可计算病种及 DRG 成本。

（三）选择 DRG 成本管理工具方法的主要原因

（1）以 DRG 成本管理为核心，完善医院成本管控体系建设。通过 DRG 成本管理工具，可以补齐成本核算和管理短板，建设完善的成本管控体系。

（2）运用 DRG 成本管理工具为制定管理决策提供有力支持。成本数据分析不仅能够为制定决策提供可靠的数据支撑，也能够帮助医院规范诊疗路径，提高诊疗质量，降低患者次均费用，提升患者满意度，为医院实现高质量发展目标赋能。

二、总体设计

（一）应用 DRG 成本管理工具的目标

（1）确保核算精度，兼顾核算效率。规范数据输入和输出，采用符合专科特色的核算方法，确保成本核算数据可靠及时，构建科室、项目、病种、DRG 组成本管控体系。

（2）加强业财融合，规范临床诊疗路径。帮助科室管控成本，有效提高科室资源利用效率。

（3）深化成本数据应用，加强成本管控，降低患者的诊疗费用。为医院决策者提供真实、全面、准确的成本数据，控制成本增长，提升患者满意度。

（二）应用 DRG 成本管理工具方法的总体思路

应用 DRG 成本管理工具方法的思路为建立成本核算组织，开展核算、数据分析，制定控制成本的策略、取得管理成效、总结实施经验。

（三）DRG 成本管理工具方法的内容

DRG 分组实质是将住院患者的疾病根据年龄、性别、住院天数、临床诊断、病症、手术、疾病严重程度分成若干组，每组又根据病情轻重程度及其有无合并症、并发症进行不同的 DRG 分组。DRG 付费则是根据不同的 DRG 分组，以组为单位制定医药费用标准，然后给予医院相应补偿的付费方式，是一种以病种为基础的付费方式。DRG 对于医疗服务效率、质量提高具有促进作用，而且能够达到控制医疗成本的效果。

2021 年国家医疗保障局发布《DRG/DIP 支付方式改革三年行动计划》，从 2022 ~ 2024 年，全面完成 DRG/DIP 付费方式改革任务。随着我国 DRG 付费方式的全面实施，学者们主要研究如何通过现代化技术手段将 DRG 成本管理工具融入信息化建设，应对 DRG 付费方式改革，实现医院成本管控精细化，有效降低患者费用。

依据 DRG 理论和相关文献，DRG 成本管理工具是应用信息技术手段，采用适合医院的核算方法计算成本，对相关成本数据进行分析，应用分析结果实现精细化管理，规范临床路径，有效控制成本，降低患者的就医费用，助力医院持续健康发展的一种管理会计工具。

（四）应用 DRG 成本管理工具方法的创新

1. 结合专科医院特点创新项目成本核算方法

T 医院以眼科手术为主要治疗手段，手术时间短，患者周转快，各眼科亚专业之间治疗疾病相似，临床路径基本一致，操作标准化程度高。结合院内业务配合和管理要求，创新性地采用资源参数成本法核算项目成本。资源参数成本法是以“资源归集直接成本，参数分摊间接成本”为核算基础的计算方法。图 1 为资源参数成本法核算过程，图 2 为作业成本法核算过程。资源参数成本法与作业成本法的区别在于核算间接成本的时候不再划分作业，避免了作业的主观划分。该方法可以精细计算直接成本，简化间接成本的分摊计算。

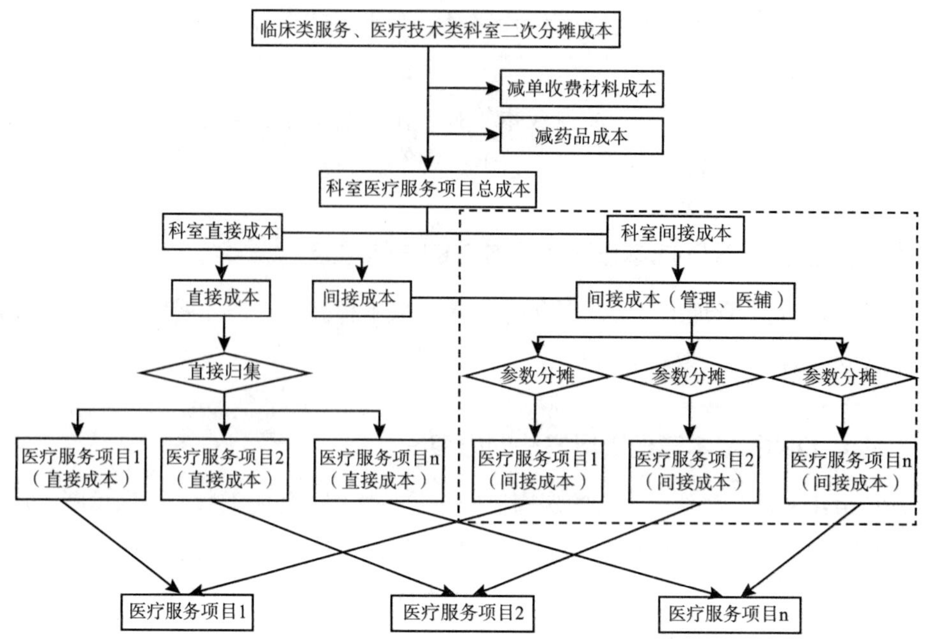

图1　资源参数成本法核算过程

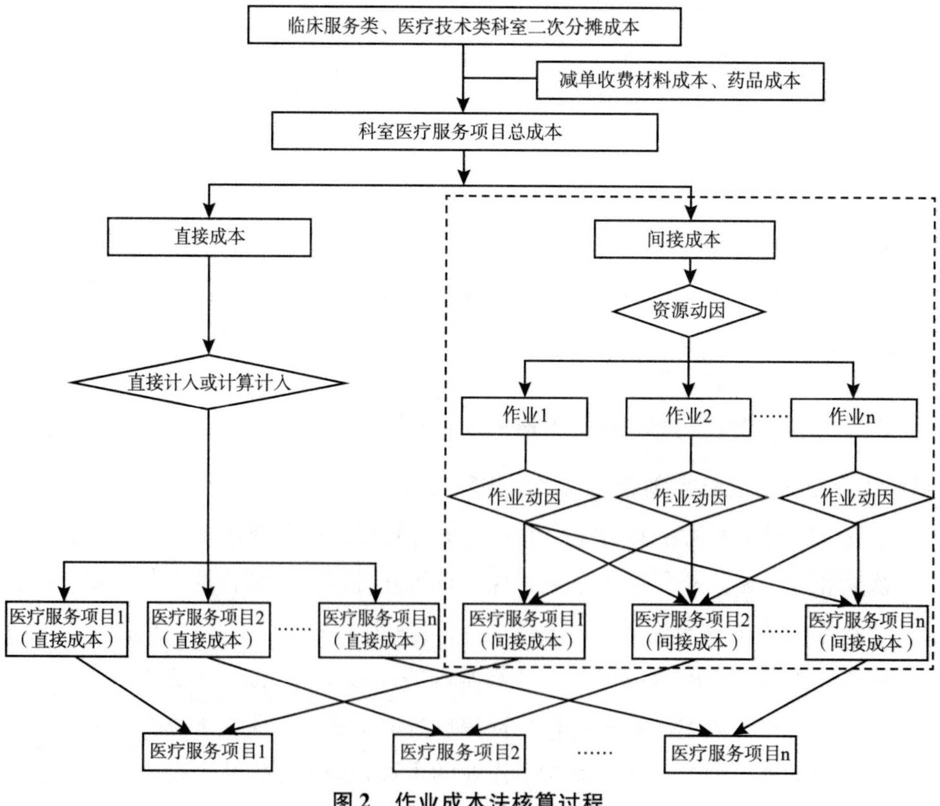

图2　作业成本法核算过程

2. 创新专科医院 DRG 成本数据分析方法

结合专科医院特点，对医院病组成本、科室病种成本、患者诊疗成本等进行多维度分析，找到成本降低突破口，为医院学科发展、控制成本提供有价值的管理策略并在实际应用中取得明显效果。

三、应用过程

（一）成立 DRG 成本核算工作小组

T 医院成立由总会计师任组长，医务科、医保科、财务科、网络科、人事科、物资科、设备科为成员的成本核算工作小组，并在财务科设立专职核算人员。工作小组负责组织协调全院各科室，牵头推进成本核算信息化、临床调研、核算及分析工作。

医院召开全院管理大会，在会上宣传实行成本核算的目的及其重要意义，让医护人员认识到实行 DRG 成本核算是有效地利用现有的人力、物力、财力等资源，提高效益、降低成本，将有限的卫生资源进行合理配置，充分发挥其效益，减轻患者及国家的负担，同时也帮助医院和科室提升竞争力，激励职工提高绩效。

（二）应用 DRG 成本管理工具方法的部署要求

1. 配置核算系统、开展人员培训

在信息层面，配置成本核算数据采集和核算工具，进一步完善细化科室成本核算方案和相关参数及数据。在人员层面，组织财务、信息技术人员进行全成本核算理论学习，对核算人员进行全面培训。对临床医护人员开展科室调研和数据需求的培训，明确调研的要求和计划并下发资料和表格。在时间层面，确定成本核算完成的时间计划表，确保整体项目按照进度顺利完成（见表 1）。

表 1　　DRG 成本核算完成时间

序号	完成事项	工作日
1	组织 T 医院成本核算实施沟通会，公布并沟通此项工作	1
2	微信建立“T 医院项目成本沟通群”，沟通交流相关事项	1
3	下发项目调研文档到各科室成本核算联络员，进行初步资料收集	2
4	根据各科室需求和时间安排进行科室项目调研、资料填写指导、信息收集	60
5	调研资料和数据进行整理，并与各个科室确认	30
6	计算项目成本，产出项目成本数据和报表并对合理性进行验证	45
7	计算病种成本，按照医保 DRG 分组标准计算 DRG 成本	30

2. 优化基础数据确保最终核算结果的准确性

为保证项目成本核算结果的准确性，对成本核算基础数据进行全面优化。在业务收入方面，优化门诊、住院科室中各项业务收入的数据对接和处理过程，确保业务收入与成本核算数据配比的合理性；在科室成本方面，对科室直接成本记入和间接成本分摊方法进行梳理，确保科室成本的准确性。

3. 以检验科室作为试点，总结成本核算方法的优缺点

检验科是 T 医院的医技科室，主要负责门诊和住院患者的血液和体液的检测，出具检验报告辅助医生的诊断。由于检验科开展的医疗服务项目中有一部分委托第三方服务机构完成，外包服务确定的价格可以作为项目成本，因此计算的医疗服务项目相对较少，适合作为试点科室。检验科派出一名业务全面的职工作为成本联络员配合完成调研。

医院在检验科试用不同的成本核算方法，总结方法的优缺点，确定并制定标准核算流程和操作手册，为完成全院项目成本核算奠定基础。

4. 完成全院医疗服务项目成本、病种成本和 DRG 成本核算

完成全院各临床和医技科室 2021 年度开展的医疗服务项目成本核算，分别计算科室级和院级项目成本。通过项目成本计算科室病种成本和 DRG 成本，并在此基础上计算院级病种成本和 DRG 成本。

5. 分析成本核算数据，为医院决策提供依据

建立成本分析模型，对不同科室之间的 DRG 成本、病种成本进行分析对比，分析成本差异，提出改进建议。在模型中引入医保 DRG 支付标准、医院 DRG 平均收费数据，分析医院各科室开展相同病种的实际收益，为医院有效降低成本以及未来学科发展提出规划建议。

（三） DRG 成本核算的详细步骤

DRG 成本核算包含医疗服务项目成本、病种成本及 DRG 成本核算。医疗服务项目成本采用资源参数成本法核算。该方法的主要核算思路为根据医疗服务项目涉及的人员配置需求和人工操作时长、直接耗材、设备使用情况及机器操作时长等归集计算其直接成本；再根据各成本大类的特点，采用合理的分摊参数，如人员工时、设备工时、工作量、医疗服务项目技术难度、医疗收入等进行间接成本的分摊计算，最后直接成本加间接成本得到医疗服务项目的总成本。下面对医疗服务项目成本、病种成本及 DRG 成本的核算步骤进行详细介绍。

1. 采集并将医疗服务项目收费及相关成本数据导入成本核算系统

核算医疗服务项目成本要获取医院在核算期间内执行的所有服务项目的收费及相

关的成本数据。首先在医院 HIS 系统中下载临床和医技科室的收费明细，包含开单科室、执行科室、医疗服务项目、收费单价、收费数量、收费金额及在门诊或住院开具等信息，将收费总额与 HRP 中总账系统进行核对，对有差异的数据进行整理筛选。其次是要获取 HRP 运营管理平台中人事、物资、固定资产系统中的成本明细数据。人员成本明细数据包含科室人员职称、人数、核算期间的薪资总额及总工时数据。物资成本明细数据包含物资编码、物资名称、分类、规格、计量单位、核算期间内的出库数量、耗材单价及金额，耗材成本中要扣除医院使用的单收费材料。固定资产成本明细数据包含设备编码、名称、设备原值及核算期间内的折旧。最后还要获取临床和医技科室成本核算二级分摊后的结果数据。从 HRP 运营管理平台中采集科室直接成本、公共分摊成本及医辅分摊成本数据并将单收费耗材和药品成本从科室成本中扣除。将以上获取到的收费及成本数据导入成本核算系统中作为计算项目成本的基础数据。

2. 对临床及医技科室开展的医疗服务项目进行业务操作调研

核算医疗服务项目成本要调研各医疗项目的操作流程和资源消耗。通过调研准确获取操作服务项目的医务人员、职称、人数、操作时间、使用的不收费材料及设备等临床信息。

以项目“结合胆红素—酶法”为例，该医疗服务项目的临床操作为：由一名技师花费 10 分钟完成，使用不可收费材料含试剂盒、清洗液等 6 项；使用的设备及时间为全自动生化分析仪 15 分钟，离心机 10 分钟，离子交换树脂 15 分钟。将调研获取的所有医疗服务临床操作信息导入成本核算系统作为核算医疗服务项目的模板。

3. 计算医疗服务项目直接成本

直接成本的计算由成本核算系统通过基础数据及医疗服务项目模板计算完成。直接人员成本是系统通过直接人员工资、职称、总工时计算出某职称单位工时下的薪资成本，结合模板中不同医疗服务项目耗用的人员职称、工时核算出医疗服务项目的人员成本。根据科室物资消耗出库单信息，按照不同医疗服务项目固定使用的耗材信息，计算出服务项目不可单独收费的卫生材料成本。根据科室资产折旧清单，按照医疗服务项目固定使用的设备及时长，计算出服务项目折旧成本。

4. 计算医疗服务项目间接成本

通过成本核算系统设置医疗服务项目各成本项目的分摊参数，系统根据相应的分摊关系和参数，将二级分摊后的科室成本（不含单收费药品和耗材）扣减已计入医疗服务项目的直接成本后，计算分摊间接成本。

间接成本分为七大类费用，包括：人员经费、卫生材料费、药品费、固定资产折旧费、无形资产摊销费、提取医疗风险基金和其他费用。以计算“结合胆红素—酶法”

项目的间接人员成本为例，设置分摊参数为“单位工时×工作量”，计算公式如下：

“结合胆红素—酶法”间接人员成本=（检验科人员总成本-所有医疗服务项目直接人员成本）×（该项目单位工时×工作量/$\sum$各项目单位工时×工作量总参数值）

5. 产出科室级项目成本及院级项目成本

科室内某医疗服务项目总成本=核算科室某医疗服务项目直接成本+核算科室某医疗服务项目间接成本。科室内某医疗服务项目单位成本=科室内某医疗服务项目总成本/该核算科室开展该医疗服务项目总工作量。

由于某项医疗项目可以在不同科室内开展，因此在计算科室医疗项目成本以外，还要计算医院开展该医疗项目的平均成本。医院某医疗服务项目单位成本=（$\sum$医院各科室某医疗服务项目总成本）/医院开展该医疗服务项目总工作量。

至此，以检验科医疗服务项目为例，运用资源参数成本法在成本核算系统中完成了医疗服务项目成本核算。

6. 病种成本核算过程

病种成本核算：完成医疗服务项目成本核算后，从医院病案系统中导出 2021 年所有出院患者的病案信息，以患者出院编码和手术编码为依据划分病种，采用项目叠加法，核算出每个科室开展的病种成本。以某临床科室为例，某病种包含 2 名患者，患者的医疗服务项目成本及科室病种成本计算过程如表 2 所示。

表 2　某临床科室中某病种成本计算举例　　单位：元

医疗服务项目	检查项目 A	手术项目 B	收费药品	收费材料	总成本
病人甲	52	2317	257	2900	5526
病人乙	278	3817	308	5300	9703
某病种成本					7614.5

在科室病种成本核算的基础上，计算全院各科室病种的平均成本，形成医院级的病种成本。

7. DRG 成本核算过程

DRG 相比病种更加广泛，根据年龄、疾病诊断、合并症、并发症、治疗方式、病症严重程度及转归和资源消耗等因素将患者分入若干诊断组，因此一个 DRG 包含若干病种，也扩展到更多的病人。每组 DRG 的成本是计算组内包含病种及病人的平均成本。科室 DRG 核算公式为：

$$某科室DRG组成本 = \sum 某科室DRG组内病人成本/某科室DRG组病人总例数$$

$$医院级DRG组成本 = \sum 医院各科室DRG组病人总成本/医院该DRG组病人总例数$$

通过以上计算过程，完成了从项目、病种到 DRG 的全部成本核算。医院取得各类成本数据，能够多角度分析成本构成，制定控制成本的对策。

（四）DRG 成本核算数据分析应用*

1. 病组成本数据分析支持医院制定正确决策

DRG 成本核算实现了数据的三维分析，即 DRG 成本、医保支付标准及医院收费三者之间的分析。以 T 医院应用 DRG 成本前后，对科室未来发展规划制定决策为例。选取 T 医院医保 DRG 组编码 CB35，名称为晶体手术、不伴并发症或合并症组，在应用 DRG 成本管理工具前，对该组进行医保 DRG 支付标准和医院收费分析，结果如表 3 所示。

表 3　CB35 组医保支付与收费对比情况　单位：元

编码	名称	DRG 支付标准 - 医院例均收费
CB35	晶体手术，不伴并发症或合并症	- *483

通过表 3 的分析，CB35 组由于每例患者医保支付标准低于医院例均收费，医院如果收治该组患者，医院每例平均损失为 *483 元，医院应减少对该组患者的诊疗。

应用 DRG 成本管理工具后，再次对该 DRG 组进行分析，结果如表 4 所示。

表 4　CB35 组成本、医保支付及收费对比情况　单位：元

编码	名称	DRG 支付标准 - 例均收费	DRG 支付标准 - DRG 成本
CB35	晶体手术，不伴并发症或合并症	- *483	*81

从表 4 分析，虽然医保支付标准低于医院例均收费，但高于 DRG 成本 *81 元，因此医院可以收治该组患者，诊疗人次增加也会降低固定成本，因此增加患者的收治例数会为医院带来更多的收益。

总结上述数据分析，DRG 成本管理工具的应用为医院制定学科发展规划提供了

* 资料来源：T 医院 2021 年度数据且对部分数据进行了脱密处理。

重要的数据支持，如果没有应用 DRG 成本管理工具，医院很可能会做出错误的决策。

2. 病种成本对比分析帮助科室管控运营成本

T 医院为专科医院，特点是亚专业学科较接近，不同科室可以诊疗相同的病种，如白内障患者，可以被不同的科室收治。将 DRG 成本追溯至病种成本，并在科室之间进行对比分析，可以为科室控制运营成本提供路径。如表 5 所示，以 CB35 组为例，以组中病种“老年核性白内障_白内障超声乳化抽吸术”在不同科室间进行对比。

表 5　　科室之间运用 DRG 成本管理工具分析相同病种成本　　单位：元

科室名称	DRG 支付标准 – 例均收费	DRG 支付标准 – DRG 成本	成本差异（对标白内障中心）		
			药品	单收费材料	医疗服务成本
玻璃体视网膜病科	– *098	– *825	*20	*960	*410
青光眼科	– *246	– *78	*67	*27	*049
眼外伤科	– *413	– *94	*08	*81	*970
白内障中心	– *879	*165	—	—	—

注：* 表示数字。

由表5 可知，例均成本最低的科室为白内障中心，且只有白内障中心的成本低于 DRG 支付标准。对比各科室的成本组成，白内障中心的药品、单收费材料及医疗服务成本均低于其他科室。通过对科室运行情况进行调研分析，原因为：白内障中心日间手术率已达到 73%，患者手术当天即可出院；科室鼓励使用集采晶体，单收费耗材成本低；患者诊疗流程规范，用药少，因此患者的住院收费最低。白内障中心日间手术率高，患者周转快，科室内人员、房屋、设备等资源利用率高于其他科室，平均医疗服务成本低。

通过在科室之间对相同病种的成本进行对比，找到成本差异的原因和降低成本的途径，将控制成本的经验推广应用至其他科室，规范相同病种的诊疗路径，有效降低患者的收费及成本。

3. 患者诊疗成本分析促进临床建立标准化治疗模式

DRG 成本管理工具可以追溯到患者，通过分析病人发生的医疗服务项目成本，找到成本增高的原因并制定解决方案。如表 6 所示，对科室内患者成本进行对比分析。

表 6　　科室内 CB49 组患者成本对比分析　　单位：元

收费明细	患者 A 成本	患者 B 成本	成本差异	成本差异（%）
床位费	1045	348	697	10
放射费	0	40	–40	–1

续表

收费明细	患者 A 成本	患者 B 成本	成本差异	成本差异（%）
护理费	2939	980	1959	29
化验费	45	447	-402	-6
检查费	1820	1068	752	11
手术费	931	1302	-371	-5
输氧费	45	0	45	1
卫生材料费	856	531	325	5
西药费	344	451	-107	-2
诊察费	720	240	480	7
治疗费	5824	2386	3438	51
合计	14569	7793	6776	100

表6中患者A总成本明显高于患者B，其中：患者A手术费、西药费成本低于患者B，但治疗费、护理费、检查费及床位费成本明显高于患者B。通过分析两名患者的收费明细，造成成本增高的原因为患者A住院时间为6天，患者B住院时间为2天。缩短患者A的住院时间，则能够明显降低该患者的住院总成本。基于两名患者的成本对比分析，临床科室需规划好临床诊疗路径，建立标准流程，缩短患者的住院时间，降低患者的住院费用，提高资源使用效率。

4. 项目成本数据分析为作业流程再造提供动力

以资源参数成本法核算得到检验科开展的“结合胆红素—酶法”的项目成本为15.58元，而该项目的收费标准为12元，即每做一例科室亏损3.58元。经过测算，科室内除外包项目以外约58.6%的检验项目存在亏损。在检验项目收费标准不变的前提下，科室必须通过降低成本才能减少亏损。为此，科室制定了再造作业流程等一系列措施。

科室分析了从标本采集、接收、检测、出报告等关键作业流程，清除无效劳动，减少冗余环节，提高了检测效率。通过标准化操作，保证了检测效果的准确性，节省了耗材的使用。加强信息化建设，升级LIS系统，实现信息自动核对和快速查询，减少人为误差，提高工作效率。优化科内布局，一方面更新老旧设备，减少维修成本，另一方面合理摆放设备，缩短操作时间。通过作业流程再造，提升人员工作效率，节约耗材和设备维修费用，有效降低科室项目成本。

5. DRG成本管理工具推动医院制定和执行长期战略

DRG成本管理工具推动医院制定并执行成本领先战略，通过有效途径降低运营成本，以较低的总成本赢得竞争优势。医院加强全面预算管理，强化预算刚性。通过降低耗材和药品进货成本直接降低每组 DRG 成本，在运营过程中少花钱，多办事，坚持勤俭节约，提高医疗资源的利用效率，控制医院总成本的增长，持续降低 DRG 的平均成本。

总之，DRG 成本管理工具的应用让 T 医院真正实现了业财融合，将业务流程转化为财务数据，为医院管理者做决策提供充分的数据支持。DRG 成本辅助 T 医院规划学科发展方向，规范患者诊疗路径，缩短诊疗时间，控制卫生材料和药品成本，再造作业流程，提高服务质量，降低患者的费用负担，控制医院总体费用增长，实现医院健康可持续发展。

（五）在实施过程中遇到的主要问题和解决方法

1. 作业成本法或者资源参数成本法难抉择

作业成本法是公认的精度最高的项目成本核算方法，但该方法实施难度很大，使用作业成本法耗费时间长，投入成本高，很多医院都未能成功完成。因此 T 医院在实施过程中难以确定是否采用作业成本法。

解决方法：以检验科作为实验试点总结经验确定方法。T 医院在检验科首先尝试使用作业成本法。在实施过程中，发现临床工作和步骤很难标准化，且当在不同科室开展同一服务项目时，无法统一项目的作业。医务人员可以同时操作几项服务项目，造成作业划分不准确。作业库建立后，如果科室改变作业流程，也无法立即更新作业。因此即使投入大量精力仍然难以获取准确的结果。

资源参数成本法仍然以资源消耗作为直接成本核算的基础，由于在核算间接成本过程中无须划分作业，操作难度降低，但核算精度仍然很高，因此最终选择资源参数成本法。

2. 如何保证数据准确性

虽然 T 医院已经有了较好的信息化基础，但由于项目成本核算需要较多核算步骤，包括成本多次分摊、归集等，如果参数选择不合理或者系统操作失误都会影响最终结果的准确性。

解决方法：建立校对机制确保数据质量。T 医院在实施过程中建立了几种校对机制确保核算结果的准确性，一是科室成本校对机制，科室成本是项目成本核算的基础，医院进一步提高科室核算精度并选择合适的参数归集和分摊成本数据；二是总成本校对机制，即按照科室成本计算出住院总成本在扣除单收费的材料和药品成本后应等于住院医疗服务项目成本与各相应工作量相乘后汇总的合计值；三是直接成本校对机制，资源参数成本法根据项目消耗的人工工时、设备工时与其标准工时的比率来归集直接成本，如果实际工时与标准工时相近，则能够将全部或大部分直接成本归集完毕。

四、取得成效

T 医院应用 DRG 成本管理工具方法后各方面工作有了明显的改善。表 7 为应用前后的对比情况。

表 7　　应用 DRG 成本管理工具前后情况对比

项目		应用前	应用后
组织架构		无	DRG 成本核算工作小组，与临床建立紧密联系
制度安排		科室成本核算制度	科室、项目、病种、DRG 制度体系和操作手册
核算系统		科室成本	科室、项目、病种、DRG 全部成本数据和报表
医疗盈余		降低	增长
运行效率	日间手术占择期手术比	约 50%	超 75%
	平均住院床日	2 天	1.43 天
费用负担	门诊次均费用	上升	降低
	门诊次均药品费用	上升	降低
	住院次均费用	上升	降低
	住院次均药品费用	上升	降低
DRG 入组率		70%	100%

DRG 成本管理工具的应用突破了 T 医院在 DRG 支付制度改革中无法再通过增加收费提高医疗收入的困境，为医院实现发展提供了新的路径。通过对 DRG 成本数据进行分析和应用，改变粗放的管理方式为成本的精细化管理，实现相同病种的同质化诊疗，删除不合理的收费项目，确定最优诊疗路径。

T 医院运用全面预算管理和绩效考核等管理工具协同配合 DRG 成本管理，提升管理效果。以成本管控作为费用预算编制的前提，在执行中强化预算刚性约束，有效控制总成本的增长。将绩效考核指标细化分解至各临床科室，促进临床改善服务环境和提升服务质量，从根本上提升医院竞争力。患者满意度和医务人员满意度持续提高。医院绩效考核成绩稳步上升，保持并提升了在全国“其他专科手术组”中的排名位次。

五、经验总结

DRG 成本管理工具方法成功应用的关键因素包括：医院领导对成本管理的重视，临床科室的积极配合，较好的信息化核算平台，成本核算方法的选择，成本数据的分析和应用，以及预算、绩效等多种管理会计工具的协同运用。

DRG 管理工具应用的优点是以直观的数据体现医疗服务的项目成本、病种成本和 DRG 成本，将管理决策建立在实实在在的数据基础之上，提高决策的科学性和有效性。它的缺点是成本作为一种事后核算的管理工具在应用过程中具有一定的滞后性，尚无法建立与医院总费用的对应关系，不能测算总费用中如职工薪酬、医院运营费用等提高或降低后对 DRG 成本的影响程度，影响了 DRG 管理工具的使用效果。

T 医院使用的 DRG 成本核算系统仍未能实现全过程自动核算，需要人工进行数据清洗和对非标准数据采用系统外 Excel 表协助处理，且系统在数据分析方面还不完善，需要进一步开发功能。资源参数成本法虽然不再区分作业，避免了主观划分作业等问题，但仍然存在核算方法较复杂，核算时间长，投入成本高等缺陷，因此需研究探索更有效、便捷的核算方法。

DRG 成本管理方法在推广应用过程中需注意要与其他管理工具协同使用，以免造成科室只关注成本而忽略其他管理要求的后果。医院需建立全面预算管理、成本管理、疾病严重程度（CMI）、患者满意度等多维度的绩效考核指标体系，提升综合管理水平，确保医疗质量。

（天津市眼科医院：杜　娟　陈　瑶　齐　晨　贾　露　林　琊
司桥林　夏丽娜　同爱华　张　扬）

案例评语：

该案例聚焦公立医院成本管理，以 DRG 成本管理工具为切入点，参照《公立医院成本核算规范》，结合 T 医院眼科科室成本核算的特色，采用资源参数成本法核算医疗服务项目成本，并累加项目成本核算病种和 DRG 成本；在成本有效核算的基础上，提出了 DRG 成本数据分析方法，对医院 DRG 成本、科室病种成本、患者成本数据、项目作业流程进行多维度的分析，并制定了相应的控制成本策略，提高资源利用效率，具有一定的创新性。同时案例对于DRG成本管理工具应用过程中的难点和不足，也进行了相应的探讨，以进一步地提升完善。案例单位运用DRG成本管理工具的经验总结和探索过程对其他同类医院有一定的参考价值。

J大学教育成本核算的探索与实践

摘要

在《事业单位成本核算基本指引》《事业单位成本核算具体指引——高等学校》（以下简称《基本指引》和《具体指引》）先后出台的背景下，如何强化成本核算，夯实成本管理基础，全面提高内部管理水平和运行效率，已成为当前高校亟须解决的课题。高校成本管理如今正处于探索阶段，尚未形成一套科学可行的核算体系与操作指南，教育成本核算作为成本管理的重要组成部分，其现状应当引起高校的深入探讨并予以改善。

本案例以综合性大学J大学为例，首先通过了解J大学的基本情况，对J大学的教育成本核算现状和实施基础以及成本核算方法的选择展开分析。其次，引入作业成本法构建了教育成本核算体系，并对J大学的数据进行必要的筛选与整理，以代表性学部和学院为例，核算出J大学不同学部、不同学院、不同培养层次的生均教育成本。最后，本案例结合应用结果分析，对取得的成效进行总结，提出有针对性和可操作性的政策建议，为其他同类高校提供具有实践价值的教育成本核算经验，有助于提升高校的成本管理质量，提高财政资金的支出效益，实现对各项资源的精细化管理。

一、背景描述

（一）单位基本情况

J大学是教育部直属的全国重点综合性大学，国家“211工程”“985工程”和首批“双一流”大学建设高校，涵盖13大学科门类，拥有强大的师资与科研实力。学校设有多个重点实验室和研究中心，致力于培养高素质人才，与全球名校合作，努力成为具有中国特色的世界一流大学。

（二）J大学管理会计应用基础

1. J大学教育成本核算现状及成因

J大学正逐步推进成本核算工作，全面实施政府会计制度，树立成本管理意识，并搭建信息化建设平台，利用大数据手段助力成本管理，为实现资源的精细化管理和提升资金使用效益奠定基础。

2. J大学教育成本核算存在的主要问题

J大学的成本核算面临制度缺失、动力不足、体系不规范、实施难度大等问题，导致难以精确分配资源、准确核算成本，需要耗费大量人力物力，且数据处理难度高，影响核算准确性。

3. J大学教育成本核算实施基础分析

目前，J大学已根据新财务和政府会计制度要求，更新财务系统，采用“部门+项目”的管理模式，构建多维度核算体系，并推进数字化校园和财务信息化建设，实现数据共享，为高效、准确的高校教育成本核算提供数据支撑。

（三）J大学教育成本核算方法的选择

根据《具体指引》及J大学的实际需求，可选择作业成本法进行教育成本核算。作业成本法适用于复杂业务流程、间接费用占比较大的项目，能实现成本的准确归集与分配，为高校管理提供有力支持，帮助高校更加科学、合理地进行成本控制和决策，进而优化资源配置，提高教育质量和效益。

二、总体设计

（一）J大学教育成本核算目标

1. 提升财务治理能力和水平

J大学可通过与同类高校的横向对比以及与自身的纵向对比，找出影响成本的问题，科学制订计划，合理配置内部资源，提升财务治理能力。

2. 制定合理的学费标准

J大学学费多年未调整，已不适应当地经济发展，精细开展内部成本核算工作，有利于按学科类型和学历层次制定出更合理的学费标准。

3. 为政府预算拨款提供支撑

高校生均综合定额指标是预算拨款的重要依据，J大学科学地实施成本核算，可为政府投入资金的绩效评价和合理确定预算拨款标准提供成本数据。

（二）基于作业成本法的 J 大学教育成本核算体系的总体思路

以《具体指引》等规范为基础，结合高校教育成本核算的流程和特点，构建适合 J 大学教育成本核算的规范体系；选择作业成本法对成本对象的成本进行准确的核算；核算 J 大学的教育成本，提出进一步的改进和发展建议。

（三）基于作业成本法的 J 大学教育成本核算体系的内容

1. 归集资源，建立资源库

J 大学的资源项目主要是人员经费、日常公用经费和资本性支出等。将直接费用直接归集至确认对应负担的部门，间接费用以合理的分配方法分配至相关部门。

2. 识别作业，确认作业中心

作业是形成作业成本法合理的单元，在识别 J 大学各类作业后，需要把整个运行中的作业进行整合，将有共同特性的作业划分至一个作业中心。

3. 分析资源动因，归集资源费用

识别当期发生的每一种资源消耗，剖析资源耗用和作业中心作业量二者之间的因果关系，选取和统计资源动因，把全部的资源成本直接追溯或按照资源动因分配给各作业中心。

4. 明确作业动因，确认分配率

确定作业动因需要同时满足与消耗作业的方式相符和容易获取两个规则。各作业中心的作业成本按作业动因分配至成本对象。

5. 合理分配作业，计算单位成本

高校将各项教育资源消耗分配到各个作业中心，再将作业中心的成本按照作业动因分配给成本对象，完成成本核算。通过对 J 大学各类作业的归集，再分配到具体某一个成本核算对象上，计算出相应的生均成本。

（四）应用作业成本法的创新之处

一是作业成本法可以细化到各个学院的不同层次，加强高校成本管控；二是生均培养成本是培养一名学业合格学生的最低财力要求，在财政拨款不能全部弥补的情况下，J 大学可从争取更多财政支持、调整学费标准、加强成本管理等方面平衡成本补偿与培养成本之间的差异。作业成本法可以反映不同学院、不同层次学生的生均培养成本，为未来制定新的符合财务管理发展的收费标准、提高教育资金投入的科学性提供保障。

三、应用过程

（一）J大学教育成本核算体系参与部门

牵头部门：财务处。

配合部门：教务处、研究生院、后勤处、资产处、人力资源处及相关学院等。

（二）J大学教育成本核算体系应用过程

1. 确定成本核算对象及成本项目

J大学具有多个学科类别、上百种专业，且存在培养层次的差异，简单平均的传统教育成本核算方法无法满足管理对精细化成本信息的需求。因此，应分学部、分学院、按学生培养层次设置成本核算对象。本案例的数据来源和研究范围为J大学2020年1月1日至12月31日的财务账面数据。

成本项目是指将归集到成本核算对象的成本按照一定标准划分的，不包括与学生培养成本无关的费用。J大学的支出中，教育费用、行政管理费用、后勤保障费用全部为与学生相关的费用，应全部计入；科研费用中基础性研究和对教学有促进作用的科研费用应按一定比例（30%）纳入教育成本，横向科研项目经费等专门用于社会服务的科研费用是不应当计入教育成本的；其余费用如资产处置费用、上缴上级费用、对附属单位补助费用等与教育教学无关，一般不计入成本。

2. 确定资源项目及动因

为了便于向成本对象合理地分配学校资源，现根据资源消耗情况将之分为三类：第一类是“作业终结资源”，可以直接将某项资源消耗确定为培养学生的消耗，资源动因作为作业动因，将其计入成本，如学生的助学款；第二类是“作业专属资源”，当某项资源能够在一开始就确定是在某作业中耗费时，将其直接计入作业或作业中心，如维护费用、特殊材料费用等；第三类是“作业混合资源”，当某项资源在一开始就被多种作业混合消耗时，就应当把相应的资源动因确定下来，然后分配到相应的作业或作业中心，如基本工资和办公费用等。

在J大学全部资源费用里，在职教职工的工资福利费、一些活动尤其是教学活动的公用支出、折旧费用、学生培养的费用等皆应计入教育成本费用中。直接费用包括学生的助学款等，这是终结动因的资源耗费；间接费用包括因培养对象差异产生的费用、工资福利费用、商品和服务费用、折旧费等，在这里，间接费用包括了由多种动因导致的资源耗费，其中由作业专属动因产生的间接费用有维修（护）费、专用材料费、各类交通费、折旧费、科研费用等，由混合资源动因产生的间接费用包括教职工基本工资、绩效工资以及住房公积金等。

通过从 J 大学的财务账面中获得的各项费用的明细，得出资源耗费项目，其中不包括与培养学生无关的费用，如离退休费用、工会经费、非受益于学生的科研经费等费用，各成本费用明细金额及资源动因如表 1 所示。

表 1　　2020 年 J 大学成本费用资源动因分析

<table>
<tr><th colspan="2">项目</th><th>项目明细</th><th>总金额（万元）</th><th>资源动因</th></tr>
<tr><td rowspan="12">人员经费</td><td rowspan="9">工资福利费用</td><td>基本工资</td><td>50225.04</td><td>教职工人数</td></tr>
<tr><td>津贴补贴</td><td>120716.78</td><td>教职工人数</td></tr>
<tr><td>奖金</td><td>217.03</td><td>教职工人数</td></tr>
<tr><td>基本养老保险缴费</td><td>206.13</td><td>教职工人数</td></tr>
<tr><td>职工基本医疗保险缴费</td><td>228.86</td><td>教职工人数</td></tr>
<tr><td>其他社会保障缴费</td><td>11166.63</td><td>教职工人数</td></tr>
<tr><td>住房公积金</td><td>16150.61</td><td>教职工人数</td></tr>
<tr><td>医疗费</td><td>608.93</td><td>教职工人数</td></tr>
<tr><td>其他工资福利支出</td><td>46779.26</td><td>教职工人数</td></tr>
<tr><td rowspan="3">对个人和家庭的补助费用</td><td>生活补助</td><td>11.40</td><td>教职工人数</td></tr>
<tr><td>医疗费补助</td><td>215.20</td><td>教职工人数</td></tr>
<tr><td>助学金</td><td>46625.23</td><td>作业终结资源</td></tr>
<tr><td rowspan="14">公用经费</td><td rowspan="14">商品和服务费用</td><td>办公费</td><td>4673.05</td><td>行政人员人数</td></tr>
<tr><td>印刷费</td><td>6715.19</td><td>教职工人数</td></tr>
<tr><td>咨询费</td><td>425.77</td><td>后勤作业中心专属资源</td></tr>
<tr><td>手续费</td><td>398.53</td><td>科研作业中心专属资源</td></tr>
<tr><td>水电费</td><td>5119.37</td><td>实际测量数</td></tr>
<tr><td>邮电费</td><td>2340.54</td><td>教职工人数</td></tr>
<tr><td>取暖费</td><td>9135.52</td><td>实际测量数</td></tr>
<tr><td>物业管理费</td><td>2298.27</td><td>行政人员人数</td></tr>
<tr><td>差旅费</td><td>6190.93</td><td>出差里程数</td></tr>
<tr><td>维修（护）费</td><td>10946.93</td><td>后勤作业中心专属资源</td></tr>
<tr><td>租赁费</td><td>1428.35</td><td>教辅作业中心专属资源</td></tr>
<tr><td>会议费</td><td>742.00</td><td>教学作业中心专属资源</td></tr>
<tr><td>培训费</td><td>451.82</td><td>教职工人数</td></tr>
<tr><td>专用材料费</td><td>14678.50</td><td>教学作业中心专属资源</td></tr>
</table>

续表

项目		项目明细	总金额（万元）	资源动因
公用经费	商品和服务费用	劳务费	25116.15	劳务派遣人员人数
		委托业务费	20141.86	教辅作业中心专属资源
		其他交通费用	1198.43	后勤作业中心专属资源
		其他商品和服务支出	9325.01	教学管理作业中心专属资源
	资本性支出	折旧费	59518.04	后勤作业中心专属资源
	科研费用（30%）		25015.34	科研作业中心专属资源
总计			499010.70	—

3. 确定作业中心及作业动因

根据对J大学的各个职能部门从事的主要作业进行分析，将J大学的主要作业按照管理的目的进行相应的分类，最终合并为六个作业中心，具体如表2所示。

表2　　J大学的机构组成及作业动因

作业中心	部门	主要作业	作业动因
教学作业中心	各教学单位等	教学活动等	课时量
教学管理作业中心	教务处、学生工作部、学生心理健康指导中心等	教学组织与考评、学籍与成绩管理、学生日常管理、心理辅导等	实际学生人数
教辅作业中心	图书馆、大数据和网络管理中心、团委、档案馆、学生就业创业指导与服务中心等	思想政治教育、图书借阅管理、学生档案管理、上机与网络管理等	标准学生人数
行政作业中心	校长办公室、党委办公室、组织部、科研院、社科院、人力资源处、财务处、发展规划处、实验室管理处、审计处等	党务工作、人事管理、财务管理、风险防控等	实际学生人数
后勤作业中心	资产管理处、后勤处、保卫处等	资产管理、物业管理、安全保卫、基础设施维护等	标准学生人数
科研作业中心	各研究机构等	科研活动等	标准学生人数

4. 计算资源动因分配率

水电取暖费的资源动因为实际测量数，而J大学各项工作所耗水电费并没有分别单独做统计，因此获取资源动因量并不容易。水电暖气费用的消耗不太受学生类别差异的影响，为方便统计，水电暖气费用将直接根据学校中的学生人数平均分配至成本对象，在后文列出，不计入作业分配流程。由于已经将科研作业教职工人数计入其他作业，在此分配流程中，将从科研作业中排除此类作业相关的资源分配，并将科研作业分摊的资源费用按照科研总支出的 30% 计入。差旅费这种经常性支出项目一般可以出差里程数作为资源动因，然而 J 大学同样并未对教职工出差的详细信息做出记录，无法计算出差里程，难以获得此类费用的资源动因量，与之相应的处理办法是从职能部门统计差旅费，所以可将 J 大学各职能部门所耗差旅费直接计入相应的作业成本库。

基于上述分析，资源分配率计算和混合动因资源的分配情况如表 3 和表 4 所示。

表 3　　资源分配率计算

项目明细	总金额（万元）	资源动因量	分配率
基本工资	50225.04	10418	4.82
津贴补贴	120716.78	10418	11.59
奖金	217.03	10418	0.02
基本养老保险缴费	206.13	10418	0.02
职工基本医疗保险缴费	228.86	10418	0.02
其他社会保障缴费	11166.63	10418	1.07
住房公积金	16150.61	10418	1.55
医疗费	608.93	10418	0.06
其他工资福利支出	46779.26	10418	4.49
生活补助	11.40	10418	0.00
医疗费补助	215.20	10418	0.02
办公费	4673.05	3968	1.18
印刷费	6715.19	10418	0.64
水电费	5119.37	—	—
邮电费	2340.54	10418	0.22
取暖费	9135.52	—	—
物业管理费	2298.27	3968	0.58
差旅费	6190.93	—	—
培训费	451.82	10418	0.04
劳务费	25116.15	3810	6.59
总计	308566.71	—	—

表 4

混合动因资源分配情况

项目明细	总金额（万元）	资源动因量	分配率	教学作业		教学管理作业		教辅作业		行政作业		后勤作业	
				动因量	分配金额（万元）	动因量	分配金额（万元）	动因量	分配金额（万元）	动因量	分配金额（万元）	动因量	分配金额（万元）
基本工资	50225. 04	10418	4. 82	6450	31095. 36	129	621. 91	124	597. 80	2451	11816. 24	1264	6093. 73
津贴补贴	120716. 78	10418	11. 59		74738. 26		1494. 77		1436. 83		28400. 54		14646. 38
奖金	217. 03	10418	0. 02		134. 37		2. 69		2. 58		51. 06		26. 33
基本养老保险缴费	206. 13	10418	0. 02		127. 62		2. 55		2. 45		48. 50		25. 01
职工基本医疗保险缴费	228. 86	10418	0. 02		141. 69		2. 83		2. 72		53. 84		27. 77
其他社会保障缴费	11166. 63	10418	1. 07		6913. 49		138. 27		132. 91		2627. 13		1354. 83
住房公积金	16150. 61	10418	1. 55		9999. 18		199. 98		192. 23		3799. 69		1959. 53
医疗费	608. 93	10418	0. 06		377. 00		7. 54		7. 25		143. 26		73. 88
其他工资福利支出	46779. 26	10418	4. 49		28962. 01		579. 24		556. 79		11005. 56		5675. 66
生活补助	11. 40	10418	0. 00		7. 06		0. 14		0. 14		2. 68		1. 38
医疗费补助	215. 20	10418	0. 02		133. 23		2. 66		2. 56		50. 63		26. 11
印刷费	6715. 19	10418	0. 64		4157. 51		83. 15		79. 93		1579. 86		814. 74
邮电费	2340. 54	10418	0. 22		1449. 08		28. 98		27. 86		550. 65		283. 97
培训费	451. 82	10418	0. 04		279. 73		5. 59		5. 38		106. 30		54. 82
办公费	4673. 05	3968	1. 18	0	0		151. 92		146. 03		2886. 50		1488. 59
物业管理费	2298. 27	3968	0. 58				74. 72		71. 82		1419. 62		732. 11
劳务费	25116. 15	3810	6. 59	2360	15557. 51	47	309. 83	45	296. 65	896	5906. 58	462	3045. 58
差旅费	6190. 93				5924. 79		2. 02		12. 08		248. 58		3. 46
总计	294311. 82				179997. 90		3708. 80		3574. 01		70697. 21		36333. 89

5. 归集和计算作业成本

一是归集间接费用。将 J 大学作业专属资源直接归集至成本库中，并将混合动因资源和作业专属资源归集完成后，合并统计到各作业成本库中，其归集情况如表 5 所示。

表 5　　间接费用归集情况　　单位：万元

作业成本库		间接费用	
作业中心	金额	作业专属	混合动因
教学作业中心	195418.40	15420.50	179997.90
教学管理作业中心	13033.81	9325.01	3708.80
教辅作业中心	25144.22	21570.21	3574.01
行政作业中心	70697.21		70697.21
后勤作业中心	108423.06	72089.17	36333.89
科研作业中心	25413.87	25413.87	
合计	438130.57	143818.76	294311.81

二是编制作业成本分配表。根据国家发展改革委印发的《高等学校教育培养成本监审办法（试行）》，各类学生折算为标准学生的权数为：本科、专科、第二学士学位、在职人员攻读博士和硕士学位、高等职业技术教育学生、成人脱产班学生、预科生、进修生为 1，博士生为 2，硕士生为 1.5，来华留学生为 3，函授、网络教育生为 0.1，夜大等其他学生均为 0.3。标准全日制学生数和年均标准全日制学生数计算公式如下：

$$标准全日制学生数 = \sum(在校学生数 \times 各培养类型学生折算系数)$$

$$年均标准全日制学生数 = (年初标准全日制学生数 \times 8 + 年末标准全日制学生数 \times 4)/12$$

参照国家对教育成本监审的要求，对 J 大学全校实际学生人数及标准人数情况进行整理，学生情况如表 6 所示。

表 6　　学生情况统计　　单位：人

学生层次	全校学生人数情况	
	实际学生人数	标准学生人数
博士生	8602	17204
硕士生	20531	30797
普通本科生	42104	42104

续表

学生层次	全校学生人数情况	
	实际学生人数	标准学生人数
普通专科生	565	565
普通预科生	140	140
第二学士学位学生	4	4
成人本专科生	508	127
网络本专科生	113450	11345
在职人员攻读博士硕士学位	581	261
外国留学生	1541	4623
学生总数	188026	107170

学生类型不同，课时安排也有差异，2020 年 J 大学全校课时总量为 617234 课时，其中，本科生为 412492 课时，硕士研究生为 140779 课时，博士研究生为 63963 课时。

基于上述分析，作业成本分配率的计算情况如表 7 所示。

表 7　　作业分配率计算

作业中心	金额（万元）	作业动因	动因量	分配率
教学作业中心	195418.40	课时量	617234	0.31
教学管理作业中心	13033.81	实际学生人数	188026	0.07
教辅作业中心	25144.22	标准学生人数	107170	0.23
行政作业中心	70697.21	实际学生人数	188026	0.38
后勤作业中心	108423.06	标准学生人数	107170	1.01
科研作业中心	25413.87	标准学生人数	107170	0.24

6. 计算总成本和生均培养成本

J 大学学院众多，在本研究中选取人文学部、社会科学学部、理学部、工学部和医学部这五个具有代表性的学部以及其中代表性的学院的不同层次学生的教育成本进行测算和对比分析。

助学金作为直接费用直接计入各学院成本，未分配的水电暖费用按全校实际学生人数进行平均分配，可得生均水电费为 0.076 万元。根据上述数据分析计算出各学部具有代表性学院的总成本和生均培养成本。

（1）人文学部—哲学社会学院总成本和生均培养成本。

人文学部选取哲学社会学院计算总成本和生均培养成本，计算结果如表 8 所示。

表 8　　哲学社会学院总成本和生均培养成本　　单位：万元

费用项目		本科生（622 人）	硕士生（352 人）	博士生（257 人）
直接费用		140. 76	373. 89	456. 12
间接费用	作业成本库	2850. 00	2242. 36	1828. 19
	水电暖费	47. 27	26. 75	19. 53
总成本		3038. 03	2643. 00	2303. 84
生均培养成本		4. 88	7. 51	8. 96

综上所述，哲学社会学院每年本科生生均培养成本为 4. 88 万元，硕士生生均培养成本为 7. 51 万元，博士生生均培养成本为 8. 96 万元。

（2）社会科学学部—法学院总成本和生均培养成本。

社会科学学部选取法学院计算总成本和生均培养成本，计算结果如表 9 所示。

表 9　　法学院总成本和生均培养成本　　单位：万元

费用项目		本科生（1119 人）	硕士生（1046 人）	博士生（334 人）
直接费用		324. 19	999. 06	488. 18
间接费用	作业成本库	4165. 00	4742. 78	1562. 42
	水电暖费	85. 04	79. 50	25. 38
总成本		4574. 23	5821. 34	2075. 98
生均培养成本		4. 09	5. 57	6. 22

综上所述，法学院每年本科生生均培养成本为 4. 09 万元，硕士生生均培养成本为 5. 57 万元，博士生生均培养成本为 6. 22 万元。

（3）理学部—数学学院总成本和生均培养成本。

理学部选取数学学院计算总成本和生均培养成本，计算结果如表 10 所示。

表 10　　数学学院总成本和生均培养成本　　单位：万元

费用项目		本科生（1139 人）	硕士生（335 人）	博士生（170 人）
直接费用		231. 16	374. 94	373. 45
间接费用	作业成本库	5063. 15	2074. 92	1929. 36
	水电暖费	86. 56	25. 46	12. 92
总成本		5380. 87	2475. 32	2315. 73
生均培养成本		4. 72	7. 39	13. 62

综上所述，数学学院每年本科生生均培养成本为4.72万元，硕士生生均培养成本为7.39万元，博士生生均培养成本为13.62万元。

（4）工学部—交通学院总成本和生均培养成本。

工学部选取交通学院计算总成本和生均培养成本，计算结果如表11所示。

表11　　交通学院总成本和生均培养成本　　单位：万元

费用项目		本科生（1288人）	硕士生（232人）	博士生（66人）
直接费用		304.87	265.91	158.73
间接费用	作业成本库	6373.50	1470.05	534.99
	水电暖费	97.89	17.63	5.02
总成本		6776.26	1753.59	698.74
生均培养成本		5.26	7.56	10.59

综上所述，交通学院每年本科生生均培养成本为5.26万元，硕士生生均培养成本为7.56万元，博士生生均培养成本为10.59万元。

（5）医学部—公共卫生学院总成本和生均培养成本。

医学部选取公共卫生学院计算总成本和生均培养成本，计算结果如表12所示。

表12　　公共卫生学院总成本和生均培养成本　　单位：万元

费用项目		本科生（877人）	硕士生（274人）	博士生（90人）
直接费用		225.35	270.80	133.30
间接费用	作业成本库	5627.84	1566.57	951.70
	水电暖费	66.65	20.82	6.84
总成本		5919.84	1858.19	1091.84
生均培养成本		6.75	6.78	12.13

综上所述，公共卫生学院每年本科生生均培养成本为6.75万元，硕士生生均培养成本为6.78万元，博士生生均培养成本为12.13万元。

计算各学部代表性学院及全校的生均培养成本汇总情况如表13所示。

表 13 各学部代表性学院生均培养成本汇总 单位：万元

学部名称	学院名称	本科生	硕士生	博士生
人文学部	哲学社会学院	4.88	7.51	8.96
社会科学学部	法学院	4.09	5.57	6.22
理学部	数学学院	4.72	7.39	13.62
工学部	交通学院	5.26	7.56	10.59
医学部	公共卫生学院	6.75	6.78	12.13
全校		5.35	6.22	7.95

7. 生均成本补偿与培养成本差异对比

根据J大学2020年学费标准、获得财政拨付的定额经费及奖助学金等数据，测算出各学院生均成本补偿结果，并将通过作业成本法计算的生均培养成本与生均补偿结果进行对比，结果如表14所示。

表 14 各学院生均成本补偿与培养成本差异 单位：万元

学院	本科生			硕士生			博士生		
	成本补偿	培养成本	差异	成本补偿	培养成本	差异	成本补偿	培养成本	差异
哲学社会学院	1.71	4.88	-3.17	3.92	7.51	-3.59	6.00	8.96	-2.96
法学院	1.95	4.09	-2.14	4.12	5.57	-1.45	6.00	6.22	-0.22
数学学院	1.86	4.72	-2.86	3.92	7.39	-3.47	6.00	13.62	-7.62
交通学院	1.93	5.26	-3.33	3.92	7.56	-3.64	6.00	10.59	-4.59
公共卫生学院	3.37	6.75	-3.38	4.02	6.78	-2.76	6.00	12.13	-6.13

（三）J大学作业成本核算体系应用结果分析

据上述各类型统计表格中的数据，能够从多个维度对计算结果进行分析。

1. 同一学院的生均培养成本与层次呈正相关

通过对比各学部具有代表性学院的本、硕、博几个层次学生的教育成本的核算数据，可以看出，除个别学院外，学生培养成本与层次呈正相关关系。本质上讲，这是由于学生学习能力和认知水平不断提高，需要投入教育的资源也不断增加造成的。科研经费支出随着学生层次的提高而增加，学校也愈加注重研究生的科研能力的培养。

2. 同一层次自然科学类学院生均培养成本普遍高于社会科学类学院

通过对比各学院中相同层次的学生的教育成本数据可以发现，自然科学类学院生均培养成本普遍高于社会科学类学院，这是由于在自然科学类学院学生的教学过程中，老师和学生都需要更多地使用实验设备和相关器材，大大增加了实践教学的投入。

3. 生均成本补偿均低于生均培养成本

通过对比发现各学院的生均培养成本均高于获取的生均成本补偿，虽然学费标准和财政拨付定额经费会根据学科培养成本有所调整，但仍不足以弥补各学科之间培养成本的差别，且在同一层次内，生均培养成本越高，产生的差异越大，会制约J大学办学能力的提升和学科的建设发展。

从上述的分析和表格中可以看出，与现行的成本计算方法相比，先对作业中心的成本进行归集，随后根据各作业动因进行分配，可以具体核算出J大学各学院的成本，再进一步按照本科生、硕士研究生和博士研究生各层次进行划分，这样的办法更加准确实用，能够较好地分析出不同层次学生耗费资源的不同。

生均培养成本是培养一名质量合格的学生的最低财力要求，在财政拨款不能全部给予弥补的情况下，J大学可从争取更多财政支持、调整学费标准、加强成本管理等方面平衡成本补偿与培养成本之间的差异，提升教育成本分担的调控能力。作业成本法对未来调整学费标准而言是非常有利的，因为这种方法有利于根据不同的学生层次与不同的教育成本来制定符合财务管理发展的新的收费标准，能够提供相当翔实的费用信息，可以反映出不同层次学生所需的培养成本与不同学院学生所需的培养成本，也能令教育资金的投入和未来教育成本分担的测算更具有科学性。

本案例通过测算不同学院各个层次的生均培养成本，认为将成本的作业思想融入具体核算教育成本是可行和科学的。将作业成本法引入高校教育成本核算，能够切实地加强成本管控和成本归集，细致测算各个学院的各类成本支出，为J大学“开源节流”和高等教育成本分担的测算打牢基础。

四、取得成效

（一）有利于健全成本管理制度，实现精细化核算

J大学在管理制度上可参照《基本指引》和《具体指引》，准确、真实地反映全部成本信息，做到精细化核算，可选几个学院试点作业成本法，消除非增值作业，实现流程再造。

（二）有利于建立多部门协同机制，致力全面成本管控

J大学可建立多部门协同机制，在教务、人事等相关部门设成本核算岗，将任务

合理分配，调动部门积极性，注重整体关联性、环节衔接有效性。

（三）有利于推进信息化建设，完善成本核算体系

J 大学正在完善财务一体化系统，为作业成本核算体系的构建提供基础。通过顶层设计，科学统筹，整合对接人事、资产、学生等管理系统，实现信息共享共用，落实成本控制责任。

（四）有利于引入绩效评价机制，做好结果运用

逐步把成本核算指标纳入绩效评价范围，开展成本考核评价。合理运用定量与定性指标，确保绩效评价落到实处。做好结果运用，规范成本管理体系，提高成本核算质量，优化资源配置。

（五）有利于多渠道筹集教育经费，建立有效激励机制

J 大学正在完善“财政投入为主，多元化筹资为辅”的经费管理体制和社会力量投资教育的激励机制，通过联合办学、科技成果转让、科学技术咨询等方式，获得经费支持，改善办学条件。

五、经验总结

（一）作业成本法的基本应用条件和关键因素

作业成本法的基本应用条件包括完善的成本核算制度、确认作业并建立作业中心、合理确定资源项目并分配到作业成本库、合理确定作业动因并分配成本、高素质的成本核算人员以及全校范围内的教育成本意识。其成功应用的关键因素包括确定主要成本因素、成本模型、数据收集、间接成本分配和强大的信息系统。

（二）对推广应用相关管理会计工具方法的建议

推广应用作业成本法可通过建立完善的成本核算制度、确定实施的具体步骤、建立统一信息平台、提高成本核算人员的综合素质、实施绩效考核和监督机制，结合实际情况不断完善作业成本法以及建立奖惩制度，积极推进作业成本法在高校教育成本核算中的应用。

（三）对其他高校教育成本核算的启示及价值

与传统的按费用用途进行分类、归集、分配培养成本方法相比，作业成本法能有

效反映培养学生的每个环节和整体过程，有利于掌握影响成本的因素和降低成本的途径。采用作业成本法对高校的管理精细化提出更高的要求，需要对培养学生的重要环节进行细化、次要环节进行简化，方能更好地实施作业成本法。

从总体上看，本案例对高校教育成本核算进行了有益的探索，为其他高校提供了部分参考和借鉴。

（吉林大学：刘国斌　刘新未　高　岩　刘建飞　印　重）

案例评语：

该案例通过引入作业成本法构建了教育成本核算体系，全方位多维度展现了作业成本法在综合性大学的应用，并结合高校教育成本核算的流程和特点，核算出J大学不同学部、不同学院、不同培养层次的生均教育成本，建立适合J大学教育成本核算的规范体系。基于数据分析的结果，该案例形成了三条有益的研究结论。

案例单位结合应用结果分析，提出有针对性和可操作性的建议，为其他高校提供了有益的经验，有助于提升高校的成本管理质量，促进高校高质量发展。

支付方式改革背景下病种成本管理体系构建及应用

摘要

为解决患者费用不断攀升、公共卫生医疗资源公平性难以保障等问题，国家医保局将“按疾病诊断分组（DRG）付费”作为深化医保支付方式改革的核心内容。但由于我国各区域医疗机构管理基础差异较大，至今仍没有形成真正体现不同疾病间资源消耗、技术劳务价值差异的病种成本管理体系，造成成本同质化测定难度大、管理成本高，对实现定价和补偿平衡、对公立医院进行有效的引导和约束较为困难。

为解决上述问题，项目组基于多种管理会计工具和方法开展了如下研究与探索：一是设计并探索了成本收入比法在公立医院的技术实施路径，填补了DRG病种成本管理体系在管理工具方面的空白；二是完成了DRG病种成本管理模型（标准版）的构建，为全国范围不同级别、不同条件的公立医院大规模实施DRG成本管理扫平了障碍；三是形成了完整的基于DRG的管理策略与实施路径，突出体现了“业财融合”的管理理念。

管理实践成效显著。以成本收入比法为核心的DRG病种成本管理体系，可以作为开展管理活动的出发点和依据，并在规范诊疗行为、提升资源利用效率和衡量技术劳务价值等多个方面得到广泛应用，证明了其良好的拓展性和实操价值，成为“业财融合”思想在公立医院的应用典范，在行业内广受推崇。

一、背景描述

（一）单位基本情况

上海交通大学医学院附属新华医院创建于1958年，是新中国成立以来上海自行设计建设的首家综合性医院，学科门类齐全、业务量常年位居市级医院前茅，是全市唯一一所同时拥有围产和完整儿科亚专业的综合性三甲医院，可为患者提供 0 ~ 100 岁 + 全生命周期服务。

新华医院是上海市级医院中率先运用管理会计工具和方法开展精益化管理尝试的医院，在经济运营管理水平中居于领先地位。医院运营管理始终以业财融合为核心，向着精细化方向稳步推进，临床与管理融合度高，管理成效获多方认可。

（二）管理会计应用基础

医院运营管理始终以业财融合为核心，在 2013 年就已启动了 HRP 系统的建设工作，已成功建设覆盖固定资产、无形资产、库存物资、人力资源、预算管理等一体化的 HRP 业务管理平台，并于 2016 年探索开展了 DRGs 病种成本核算管理模型搭建与应用；医院还同步完成了“以资源配置为核心”的全面预算管理架构建设、运营数据决策中心建设等典型案例，具备丰富的管理会计实践经验。

（三）管理会计工具与方法

实施过程中，医院采用了包括作业成本法、价值链分析等在内的多种管理会计方法，实现了多种成本动因分配路径在公立医院的应用，将核算结果成功转化为管理策略，实现了会计与业务活动的有机融合，加快了会计职能从核算到管理决策的转变。

二、总体设计

（一）目标定位

一是探索适合医保支付方式改革的核心技术手段，填补技术层面的空白，克服传统技术手段的局限性，以高质量反映病种整体的收支效益情况。

二是建立可推广、可复制的病种成本管理应用路径，大幅降低同质化管理成本，为实现我国不同区域、不同管理水平的各级医疗机构实施同质化成本管理创造条件。

三是探索精益化管理模式，提出医院精益管理新思路，为提高公共卫生资源配置水平、规范临床路径和临床诊疗行为提供经验借鉴。

（二）总体思路

一是确定总体技术方案。项目组着力研究病种组“临床特征相似性”和“资源消耗相近性”的核心特征，将所有医疗服务项目按“大类概括、逐层细化”的原则进行大类分组以呈现资源消耗相近的服务单元，并选择对各服务单元采用成本收入比（cost-to-charge ratio）法来开展探索与尝试。

二是探索核心技术方法实施步骤。设计并确定了从分组器选择、成本对象界定与性态划分、成本归集与分摊方式、分摊参数设置、核算结果展示等步骤的具体实施路径。

三是具体管理策略设计。管理应用环节，项目组着手开展了具体实施路径的实证研究工作，并最终确定“运营效率视角”“优化结构视角”“收益费用视角”“资源配置视角”四大实施路径，从而形成了完整的病种成本管理体系。

（三）核心内容

项目组结合医保支付方式改革的具体要求，明确提出了包括“核算方法库”“实施路径”“结果验证”“管理策略”四大核心要素的病种成本管理体系架构，为完善公立医院 DRG 成本核算实施框架、有效提升内部精细化管理水平、建立适合医保支付方式改革导向的病种成本管理规范路径提供了经验借鉴和技术支撑。

（四）应用创新

一是管理技术创新。成本收入比法的成功应用填补了 DRG 病种成本管理体系在管理工具方面的空白，并在行业规范中首次得以明确。2016 年实施至今，医院已完成并储备了百万例的病种组核算结果，为行业内进一步制定 CCR 的具体操作规范奠定了基础。

二是实现了管理应用上的可复制性。医院拟定了覆盖全部服务单元的成本测定标准模型，各级医疗机构可根据自身管理基础，分别选择相对应的实施路径，完成全部病种组成本的计算，为全国范围不同级别、不同条件的公立医院大规模实施 DRG 成本管理扫平了障碍。

三是推动了管理会计在公立医院的深度应用。理论研究与管理举措循环前进，开拓了“业财融合”思想在公立医院新的应用路径。如通过多维度数据对比，可反映临床一线诊疗行为资源利用效率的高低，再结合行为经济学进行分析，就可对一线诊疗行为进行约束；又如基于“医护成本率”可成功量化每个病种组耗费的医护成本，从而衡量医务人员的技术劳务价值。

三、应用过程

（一）参与部门和人员

项目组由总会计师牵头，集结了大数据中心、财务部、医保办公室等核心职能部门和第三方技术支持团队，固定团队成员 15 名。

总会计师领衔财务管理团队牵头开展项目实践，完成项目顶层设计、工作计划拟订、实施路径设计等工作，并负责协调医院及第三方技术团队协作。

大数据中心负责病种组分组器的选择和更新、病案数据的获取，以及病种成本管理信息系统的数据集成与信息化权限管理。

第三方技术团队负责按照实施进度，提供技术解决方案并开展技术研发、客户自定义开发。

（二）管理会计工具方法的资源、环境与信息化部署要求

一是依托专业技术团队，开展各国支付体系建设相关要素的收集比较。医院项目组至少比较了包括英国、澳大利亚等在内的 6 个国家支付模式在核心付费体系、定价范围、付费方式、成本测定方案等要素方面的异同。

二是开展 DRGs 分组器的比较和遴选工作；技术团队对包括上海、深圳等在内的五个省市 DRGs 分组器和自动交叉检测法（AID）决策模型、分类与回归树法（CART）决策树模型等四种算法进行了比较遴选，确定以上海市级医院危重度诊断分组规则总病种组数为 665 组（AR－DRG 5.2 版）作为初始分组器。

三是对主流 DRGs 成本核算方法（自下而上法、自上而下法、成本收入比法）进行管理要求、实施门槛等维度的全方位比较，作为确定最终核心技术方案的论证过程。

四是基于 HRP－G 财务一体化系统及医院 HIS/LIS、病案信息管理系统等信息管理系统，为样本医院提供软件技术支持、数据抓取与分析。

（三）应用模式与流程

1. 管理模型设计

完整的病种成本管理体系应当包括“核算方法库”“实施路径”“结果验证”和“管理策略”四大要素（见图 1）。其中，“核算方法库”主要为该管理体系提供核心技术方案支撑；“实施路径”则需明确该核心技术方案的具体实施步骤；“结果验证”指的是须采取一定的技术手段对数据进行结果验证，以确保该核心技术方案数据的准确性；“管理策略”则可为该管理体系在公立医院的具体应用提供方案选择和实施支撑。

2. 核心技术方案的实施路径

（1）病案首页信息导出。

首先，从新华医院病案信息系统中导出 2019 年全部 112305 例住院病例作为基础

样本。由于病案首页信息系统中导出的 112305 例住院病例是后续病种分组等工作的基础，因此，病案首页信息登记是否规范完整，将直接影响 DRG 分组结果。以主要诊断编码为 C48.000 的病例为例，导出的关键字段应当包括主要诊断码、主要诊断名称、病史首页费用明细等内容（见表 1）。

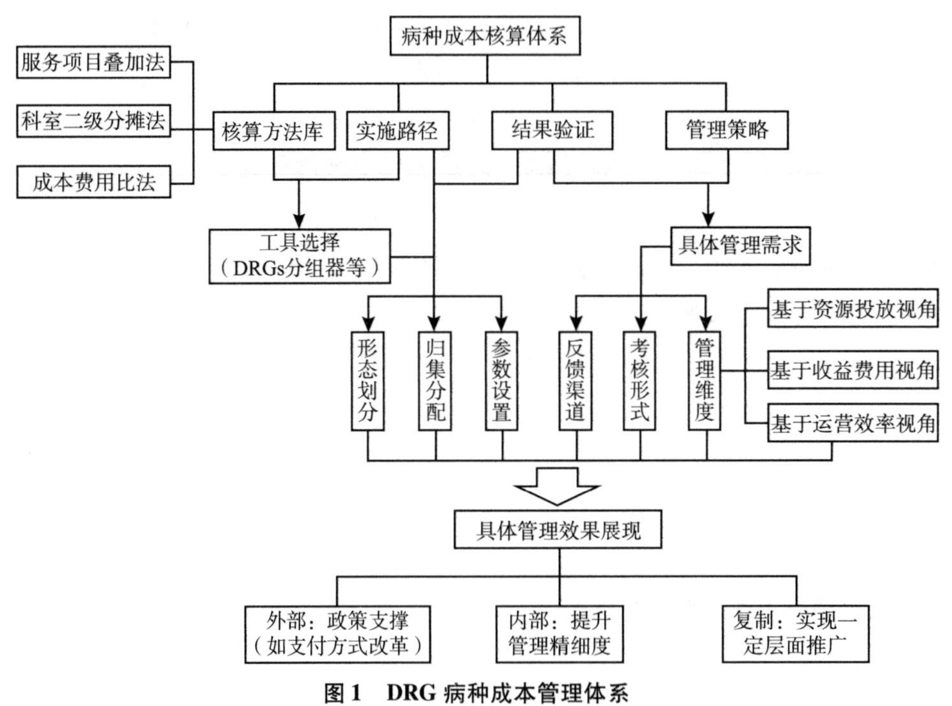

图 1　DRG 病种成本管理体系

表 1　　病案首页信息导出主要关键字段

主要诊断与科别信息				费用明细						
主要诊断编码	主要诊断名称	出院科室	病案号	西药费	CT 费	护理费	化验费	治疗费	诊查费	……
C48.000	腹膜后恶性肿瘤	血液内科	D68467	17534.07	250	1292	3697	9498	612.50	……

（2）病种组分组。

本案例使用上海市级医院基于危重度的疾病诊断分组规则及分组器（2017 版）对病例信息进行分组。结果：2019 年度新华医院全部 112305 例住院病例中，仅有 3369 例住院病例由于各种原因无法入组（见表 2）。未入组的主要原因是病案首页填写不规范（特别是首页信息不完整）、关键信息缺失或关键字段间逻辑错误（比如，新生儿诊断编码与患者实际年龄信息不符等）所造成。无法入组病例占比为 3%，有效入组率 97%，一共分为了 561 个病种组（见表 3）。

表2　　无法入组病例及主要原因一览

分组代码	DRG 名称	例数	无有效分组原因
960Z	无法分组的	828	首页信息不完整
961Z	无效主诊断	336	主诊断编码缺失
963Z	与年龄/体重不符合的新生儿诊断	528	关键字段间逻辑关系错误
965Z	其他	1677	主诊断编码错误

表3　　561 个病种组情况

序号	DRG 分组	DRG 名称	DRG 权重	科室代码	科室名称	例数	收费金额
1	A08B	自体骨髓移植不伴有极重度并发症和伴随症	4.43	10202000	血液内科	6	435132.32
2	A08A	自体骨髓移植伴有极重度并发症和伴随症	7.81	10202000	血液内科	5	579903.91
3	N09Z	锥切，阴道、宫颈和外阴手术	0.33	10401000	妇科	256	1342882.22
4	B70C	中风不伴有极重度或严重的并发症和伴随症	0.99	10302000	神经外科	439	11326981.95
5	G01B	直肠切除术不伴有极重度并发症和伴随症	2.09	10306000	肛肠外科	647	20234976.33
6	O60B	阴道分娩不伴有极重度或严重的并发症和伴随症	0.52	10402000	产科	1414	9182416.38
7	G03A	胃、食管、十二指肠恶性肿瘤手术	3.19	10301000	普外科	274	21508903.73
8	C02Z	眼摘除术和眼窝的手术	0.86	10600000	眼科	107	1531837.46
9	F70B	严重心律失常或心脏骤停不伴有极重度或严重的并发症和伴随症	0.60	10100000	急诊中心	16	191524.37
……							
561	D61Z	（耳源性）平衡失调	0.49	10700000	耳鼻喉颈外科	101	1133374.86

（3）CMI 的匹配。

以划分后的 561 个病种组为基础，将 CMI 重算后进行重新匹配，即按照病例组合指数（CMI）= $\sum$（各 DRG 权重 × 该医院该 DRG 的病例数）/该医院或该学科病例数，得出 561 个病种组相对应的 CMI 指数（见表 4）。

表 4　　**561 个病种组的 CMI 匹配情况**

序号	DRGs 分组	DRGs 名称	CMI	……
1	A07Z	同种异体骨髓移植	13.68	
2	A08A	自体骨髓移植伴有极重度并发症和伴随症	7.81	
3	A08B	自体骨髓移植不伴有极重度并发症和伴随症	4.43	
4	A40Z	体外循环膜氧合器（人工肺）不伴有心脏手术	11.07	
5	A41A	插管（法）年龄<16 伴有并发症和伴随症	6.63	
6	A41B	脑室分流（管）修复术	8.11	
7	B01Z	开颅术伴有极重度并发症和伴随症	2.17	
8	B02A	开颅术不伴有并发症和伴随症	7.09	
9	B04A	颅外血管手术伴有极重度或严重的并发症和伴随症	4.71	
……				
561	A01Z	肝移植	12.84	

（4）病种组单元的细分。

为提供更多的数据展示维度、满足内部管理需要，新华医院以科室为单位，对561 个病种组进行了细分，即按同一病种组在不同科室的开展情况细分为 3071 个病种组单元，如表 5 所示。

表 5　　**3071 个病种组的 CMI 匹配情况**

序号	DRGs 分组	DRGs 名称	科室名称	……
1	B70C	中风不伴有极重度或严重的并发症和伴随症	神经外科	
2			心血管内科	
3			中医科	
4	G02B	小肠和大肠的大手术不伴有极重度并发症和伴随症	消化内科	
5			普外科	
6			肛肠外科	
7	G03C	胃、食管、十二指肠非恶性肿瘤手术不伴有极重度或严重的并发症和伴随症	消化内科	
8			普外科	
9			内镜诊治部	
……				
3071	D61Z	（耳源性）平衡失调	耳鼻喉颈外科	

（5）成本归集与分摊。

本案例基于作业成本法，采用成本追溯、动因分配与公用分摊三种方式。这三种方法在部分公立医院DRG成本核算中得到了一定的应用，并积累了相应经验。对应各服务单元的成本归集与分摊方法可根据涉及的服务内容进行直接成本与间接成本的区分，然后确定相应的归集方式，并进一步明确成本收入比的计算方法（见表6）。其中，采用“成本追溯”方式进行成本归集的服务单元主要包括“CT费、拍片费、透视费”为主的医技科室成本，以及包括“介入器械材料费、手术器械材料费”等为主的可收费耗材成本和氧气供给单元，上述内容均可通过“成本追溯”进行相应成本归集。以氧气供给单元（见表7）和血液制品单元（见表8）的成本收入比计算过程为例，通过关键成本动因或设置计算规则等方法，可相对准确地进行成本收入比的计算。

表6　　成本归集方式与成本收入比计算方法

成本性态	涉及的服务内容	归集方式	成本收入比计算方法
直接成本	手术费 诊查费 治疗费	动因分配	按“劳务性收入越高，则医护成本越高”的原则，计算各科室每单位收入所耗费的医护成本，并按每病种组单元劳务性收入金额占比为标准计入各病种组单元
	护理费 住院费 特需床位费	动因分配	按病床与其附属设备折旧进行成本收入比计算
	CT费、拍片费、透视费	成本追溯	直接以医技科室的科室成本进行成本收入比计算
	输氧费、血费	成本追溯	收费标准按汽化氧计量，采购成本按液氧计量，两者按关键指标进行转换后测算氧气费成本；各类血液制品则按对应占比及使用量确定实际成本并计算成本收入比
	麻醉费	成本追溯	按麻醉与重症医学科的科室成本与科室执行收入的比率确定成本收入比
	介入器械材料费 手术器械材料费 一般医用材料费 植入材料人工器官费 手术特殊设备使用费	成本追溯	按实际领用耗材种类，按零加成计算成本收入比。手术特殊设备费以术中设备使用为主，按手术室使用的专用设备折旧作为成本收入比计算依据
	伙食费	成本追溯	按营养室食堂报表确定成本收入比
	西药费、中成药费 草药饮片费 代煎费	成本追溯	饮片类按25%加成计算成本率，其他药品（包括煎药费）按零加成计算成本收入比
间接成本	公药支出 办公耗材 折旧摊销 维修（护）费、物业费 外聘劳务 邮资电话 内部服务购买	公用分摊	首先按直接领用对象、资产使用对象等归集至相应科室；随后选择按科室内各病种组单元业务量/耗材占比/药占比等作为参数，摊入对应科室的病种组单元

续表

成本性态	涉及的服务内容	归集方式	成本收入比计算方法
间接成本	能源成本 行政后勤人员经费 行政办公经费 科教配套经费 其他公用经费	公用分摊	首先按服务内容统计实际发生金额，对于能够明确费用发生科室的，计入相应科室；对于暂无法明确费用发生科室的，则按面积、人头、出院人数等为参数摊入各科室；随后按各科室病种组单元业务量作为参数，摊入对应科室的病种组单元

表 7　　氧气供给单元成本收入比计算过程

关键指标	具体描述
液氧密度	液氧密度为 900 公斤每立方米、1 立方米液氧≈100 立方米汽化氧
液氧成本	1.25 元/公斤
收费水平	2 元/小时
计算方法：	
1 立方米液氧 =100 立方米汽化氧气 =100000 升汽化氧 =900 公斤 ×1.25 元每公斤 =1125（元） 每升汽化氧成本 =0.01125 元；管道氧气流量 =120（升每小时） 每小时汽化氧气成本 = 管道氧气流量 × 每升汽化氧成本 =1.35（元） 每小时汽化氧气效益情况 =2 −1.35 =0.65 效益率 =0.65/2 ×100% =32.5（%）；成本收入比 =1 −32.5% =67.5（%）	

表 8　　血液制品单元成本收入比计算过程

项目名称	总金额（元）	数量（U）	占比（%）	明细成本率（%）	加权平均值（%）
红细胞悬液（CRCs）	3014380	12341	45.81	85.97	39.39
机器单采浓缩血小板	1633000	1150	24.82	98.59	24.47
病毒灭活新鲜冰冻血浆	1284832	11344	19.53	83.88	16.38
冷沉淀（Cryo）	239400	1995	3.64	83.33	3.03
普通冷冻血浆（FP）	201480	3242	3.06	64.36	1.97
输血	99492	8298	1.51	83.40	1.26
RH 阴性红细胞悬液	34500	75	0.52	91.30	0.47
洗涤红细胞	30500	110	0.46	82.95	0.38
白细胞滤除加收	15160	758	0.23	100.00	0.23
全血	14640	61	0.22	91.67	0.20
合计	6567384	39374	100	—	87.79

（6）确定所采用的动因分类类型。

动因分配是指根据成本动因将成本分配到各成本对象的过程。医院采用了几种常见的动因分配：

一是作业动因分配。主要是医生单元的手术费、诊查费、治疗费成本率，由于无法细化每个医生每个时间节点在每一个患者身上所耗费的具体作业、作业强度以及能级，因此项目组将医生成本视作间接资源，按照手术、诊查、治疗进行作业区分，并采用"病种实际劳务费用越高、则相应的医生投入越高"（即收入越高，耗费的资源越多）的原则作为度量标准，计算每单位劳务医疗费用所耗费的医务人员成本，从而实现对每一个病种组涉及的医生成本的量化目标。

二是资源动因分配。主要对象是病房单元成本率（涉及住院费），而实际耗费主要以病床及其附属设备折旧、维护费用为主，则可将该类资源成本的实际支出（耗用）分配至病房单元（住院费），进行该单元的成本率计算。

三是执行动因分配。比如，护理单元中的护理费成本率，可假定具体护理项目的工作量和成本耗费成正比，将护理人员的人员经费支出采取按工作量占比进行分配的方式，分配到具体护理项目中，完成该单元的成本率计算。

（7）成本收入比的计算。

完成成本归集与分摊后，就可基于服务单元发生的费用与其实际成本进行比较，从而确定对应成本收入比的数值（见表9）。

表9　　新华医院2019年各服务单元成本收入比　　单位：%

成本率	成本率值	成本率	成本率值
CT成本率	43.33	氧气费成本率	67.50
拍片费成本率	43.33	特需成本率	9.75
透视费成本率	43.33	西药费成本率	100.00
化验费成本率	64.71	血费成本率	91.81
检查费成本率	52.08	一般医用材料费成本率	100.00
介入材料费成本率	100.00	医保其他成本率	100.00
麻醉费成本率	106.82	植入材料费成本率	100.00
手术器械材料成本率	100.00	草药费成本率	80.00

3. 业务流程改造场景

（1）基于运营效率视角的管理实践。

该案例覆盖XH、RJ和SC肿瘤三家三级甲等医院，通过前期的成本计算，得出了这三家样本医院“化疗”病种的收支效益情况（见表 10）。以这三家医院“化疗”病种核算结果对比为切入点，经过比较发现，SC 肿瘤医院的“化疗”病种收支情况（见表 11）显著好于另外两家医院，表现为 SC 肿瘤医院不仅例数遥遥领先，其平均住院天数也最低（2.07 天），科室运营成本率较低（2.03%）。肿瘤医院很明显已具备了规模效应，能将人力、设备等资源发挥最大潜能。同时医院检查化验收入占比（25.83%）、操作占比（10.09%）明显高于其他两家医院，说明肿瘤医院对于化疗病种的系统性治疗方案更佳，平台优势明显，作业效率更高。

表 10　　样本医院化疗运营效益情况

科室	DRG 名称	例数	均次住院费用	均次成本额	收支余情况	效益率（%）
SC 肿瘤医院	化疗	26059	7571.40	7249.62	321.78	4.25
RJ 医院	化疗	4850	9238.54	9598.28	-359.74	-3.89
XH 医院	化疗	5530	9056.56	9528.41	-471.85	-5.21

表 11　　“化疗”病种科室收入成本结构情况一览

医院名称	例数	平均住院天	收入结构			成本率		
			药耗占比（%）	检查化验占比（%）	操作类占比（%）	医护成本率（%）	床位成本率（%）	科室运营成本率（%）
SC 肿瘤医院	26059	2.07	59.48	25.83	10.09	53.85	1.02	2.03
RJ 医院	4850	2.33	81.33	11.03	4.65	62.55	0.97	8.35
XH 医院	5530	2.53	85.75	5.85	4.38	65.73	0.93	9.03

XH 医院从 2020 年下半年起，借鉴 SC 肿瘤医院的具体做法，以成立“肿瘤日间化疗中心”为契机，对医院诊治化疗病种的相关资源进行整合，先后完成了重新制定日间化疗临床路径、化疗患者的床位需求调研、局部区域工程改造、设施设备配套等工作。首先，实施后资源的利用率有所提升，肿瘤科每百元固定资产收入同比增长 12%、成本收益率增幅为 5.5%；其次，临床安全得到有效保证，肿瘤科化疗患者的临床入径率显著提升，集约化的平台临床安全质量明显更易管控追踪；最后，患者医疗费用不同程度下降，平均住院天数缩短约 0.4 天，化疗前等待时间同比大幅度减少，相同诊断下患者的住院费用同比下降 3%～8%，关键指标基本达到或接近了 SC 肿瘤医院的水平，取得了良好的管理效果。

（2）基于优化结构视角的管理实践。

SC 肿瘤医院选取关键手术病种，以优化同一科室同一病种组收入结构的方式，开展相应实践。以头颈外科甲状腺手术为例，肿瘤医院的甲状腺手术（见表12）平均天数较长，收入结构中药耗占比和检查化验占比相对较高，但操作类占比较低，其结构不符合头颈外科作为省级重点学科、甲状腺手术作为医院一大病种的管理定位。

表12　　　　“甲状腺手术”病种科室收入成本结构

日期	DRG组	DRG组名	例数	平均住院天数	收入结构			成本率	
					药耗占比（%）	检查化验占比（%）	操作类占比（%）	医护成本率（%）	管理成本率（%）
2018年	K06Z	甲状腺手术	1442	11.72	46.14	15.50	36.73	28.26	22.04
2019年	K06Z	甲状腺手术	1554	10.86	44.28	14.41	38.75	31.12	18.00
2020年	K06Z	甲状腺手术	1862	8.51	44.09	13.27	38.90	32.09	16.78

根据病种成本结构的揭示，医院采取了包括缩短术前等待、加大耗材管理力度等策略（见表13），旨在改善该DRG组的核心指标，并获得了相应成效（见表14）。第一，头颈外科的学科水平得到一定提升，2020年度CMI值同比2018年提高了0.23、四级手术占比提高了11.17个百分点；第二，运营效率得到提升，平均住院日同比缩短27.30%；第三，病种的收入结构得到了有效优化，药耗占比与检查化验占比持续下降、操作类占比上升；第四，患者负担有所减轻，2020年度出院患者平均费用同比2018年下降8.24%，病人满意度也有所增加，获得了良好的社会效益。

表13　　　　优化“甲状腺手术”收入成本结构举措

	采取的管理策略
缩短术前等待日	1. 加强手术指征管理； 2. 加急报告24小时出具制； 3. 强化手术排期； 4. 加大上述三项指标的绩效考核权重
资源投入倾斜	1. 针对新技术、新项目的开展，加大资源投放力度； 2. 协同其他科室资源，配合开展MDT患者快速康复治疗
加大耗材管理力度	1. 试点该病种手术类耗材的二维码管理； 2. 试点该病种不可收费耗材的定额、定包管理； 3. 组织科外专家进行“耗材点评”； 4. 将耗占比纳入头颈外科绩效考核
合理用药指导	1. 依托临床药师，开展处方点评； 2. 对于不合理用药、出径用药进行考核，并与绩效挂钩

表 14　　头颈外科核心指标改善情况

指标名称	2018 年	2019 年	2020 年
出院人数（人次）	4287	4401	4770
CMI 值	1.32	1.39	1.55
平均住院日（天）	12.2	10.91	8.78
出院患者平均费用（元）	25883	25410	23750
手术占比（%）	69.86	76.26	83.01
四级手术占比（%）	64.28	65.19	75.45
药占比（%）	20.70	18.98	16.46
耗占比（%）	26.40	25.78	25.38

（3）基于收益费用视角的管理实践。

XH 医院基于对各科室内部病种结构成本率的测算结果，对部分科室的病种绩效分配方案进行了调整。医院选取 B03B（脊柱手术不伴有极重度或严重的并发症和伴随症）以及 I31B（髋关节修复术不伴有极重度并发症和伴随症）这两种骨科的代表性病种，对其均次效益情况（见表 15）进行了对比分析发现，脊柱类手术（B03B）由于均次较高，骨科通常作为重点手术鼓励开展；但经测算其效益水平却低于科室平均水平。部分髋关节手术虽然均次略低，但效益水平明显较脊柱类手术要高。经过病史首页对比发现，髋关节手术的平均住院天数也同样要略低于脊柱类手术，相应医疗风险也较少。XH 医院经过调研后，通过采取调整相应部分髋关节手术与脊柱类手术的内部绩效分配方案的举措，帮助科室提升业务含金量，从而提升科室的总体效益。

表 15　　骨科部分病种运营效益情况

DRGs 分组	DRGs 名称	例数	CMI 权重	均次住院费用（元）	均次成本额（元）	收支余情况（元）	均次效益率（%）
B03B	脊柱手术不伴有极重度或严重的并发症和伴随症	764	2.77	70435	63130	7304	10.37
I31B	髋关节修复术不伴有极重度并发症和伴随症	292	2.81	62671	52310	10361	16.53

（4）资源配置视角的管理实践。

实际操作中，医务人员技术劳务价值往往难以逐一细化到不同人员不同时间段的具体工作量、工作强度以及工作能级，如手术、诊疗、查房、科研、教学等工作应各投入多少工作强度、赋予多少工作能级，因此如何精准测定其技术劳务价值一直是长期困扰学界的难题。

本案例率先采用按病种实际劳务费用越高，则相应的医生成本投入越高的原则，如医生成本率是每单位医疗费用（剔除药品、耗材等与医护人员劳务无关的收入）所耗费的医生劳务成本，由此将每一个病种组涉及的医务人员成本进行量化，按此原则测定其技术劳务价值，从而为提升定价的精细化程度提供了依据。

从 XH 医院部分典型性科室的医生成本率（见表 16）不难发现，急诊科收入已高于全院平均水平，但流动性仍然较强，原因在于强度过大的工作量使收入与劳务价值不匹配，高水平收入仍不能覆盖高强度工作，反而表现为医生成本率较低；整形外科医生虽然收入低于其他科室，但稳定性却很好，医生成本率较高，说明工作未满负荷；眼科科室的医生成本率与病种结构最优，收入合理，满意度较高，稳定性强。可以看出，该类型成本率在一定程度上合理体现了劳务付出和收入的关系，也体现了劳务强度和病种结构、效益之间的关系，可以在制定发展规划、资源倾斜政策和调整绩效政策时作为有益参考。

表 16　　　　XH 医院相关科室的医生成本率

科室名称	医生收入水平	医生成本率（%）
急诊科	高于全院平均水平	17.12
整形外科	低于全院平均水平	51.57
眼科	高于全院平均水平	32.50

为此，XH 医院从资源利用效率的角度，对医生成本率高但科室运营效益明显较差的科室调整资源投入策略，直至采取“关停并转”；对医生成本明显不合理的科室，适当调整其绩效分配额度。通过多措并举，总体上提高了医院资源利用的效率效果，也为绩效分配的合理性提供了数据支撑。

4. 实践中遇到的主要问题和解决方法

在该项目的建设过程中，遇到的主要问题如下：

一是病案数据收集与整理困难、采用方法缺乏适用性、数据比较缺乏同质性，导致横向医院之间不可比。项目团队基于 HRP 财务业务一体化平台基础上，接入了电子病案信息系统，研发了“病种管理信息系统”，提升了相关病种数据传输的速度和精准度。

二是没有可借鉴用于 DRG 病种成本核算的成熟方法，导致项目实施初期缺少技术手段。项目团队组织开展了相关技术手段的研究，并从自下而上法、自上而下法、成本收入比法中最终选择了成本收入比法开展成本核算。

三是具体实施路径的设计十分复杂。项目组进行了集中攻关，重点讨论和解决成本对象的界定、成本性态的划分、成本的归集与分摊方式、相关分摊参数的设置等核心问题。这也是病种成本核算的实务操作过程中必须予以关注的关键问题，对于建立整个完善的病种成本管理体系具有重要意义。

四、取得成效

（一）技术方法上的创新

项目组首次提出了“成本收入比”作为各 DRG 组内成本测定的技术方案，并验证了其可行性和可复制性，以此方法为核心构建了病种成本管理模型，为完整的病种成本管理路径提供了切实可行的技术方案。

（二）管理体系上的创新

该病种成本管理体系可以完整测算出所有病种组的实际成本、结构组成和收益情况，对医院、科室、病种等多维度管理提供了有效支撑。该管理体系适用于所有运营管理水平、信息化建设水平、临床路径不统一的医疗机构，为实现成本数据同源、成本管理同质提供了完整的管理框架。

（三）管理成效经多方验证

项目实施经验分别在上海、云南、河南等地的部分公立医疗机构以及少量部队医院得到应用，取得了良好的成效，同时也得到了包括上海申康医院发展中心、市卫健委、市医保局等部门的高度重视，并已形成相应管理联动机制。相关管理成果荣获上海市科技进步三等奖、第四届“上海医改十大创新举措”奖、公立医院高质量发展典型案例等奖项，获得专利两项、发表相关论文十余篇。

五、经验总结

（一）完善信息系统建设

深入推进基于 DRG 的病种成本管理信息化管理平台建设可以为提高工作效率提

供有力保障。进一步开展具备普遍适用性的 DRG 病种成本管理信息化平台建设工作，实现其与医院各业务系统的互联互通，从而提高病种成本核算的自动化程度，是实现大样本、大数据核算成为可能的基础条件。

（二）探索建立长效机制

随着信息化建设水平与成本管理水平的不断提升，相关成本的归集精确度也会同步提升，同时由于公立医院成本管理精细化水平的提升，将为持续修正相关服务单元的成本收入比、实现成本的准确归集创造基础，从而为探讨形成病种成本核算的长效机制创造条件。

（三）努力扩大实践范围

从政策层面考虑，相关数据的支撑性和有效性必须以较大样本量、较广层面的实践为基础。因此后续将致力于开展更多层面的实证研究，特别是将计划依托各地区各级各类医院，开展综合性医院及各专科医院，三级医院及各二级、区级医院的试点工作，为医保价格调整提供决策支持。

（上海交通大学医学院附属新华医院：刘雅娟　杨少春　宋　雄　陈　辉　欧　铁）

案例评语：

该案例聚焦病种成本管理体系的构建和应用，设计并探索了成本收入比法在公立医院的技术实施路径，补充了 DRG 病种成本管理体系在管理工具方面的应用；构建了 DRG 病种成本管理模型（标准版），为全国范围不同级别、不同条件的公立医院大规模实施 DRG 成本管理提供了参考；同时总结了基于 DRG 的管理策略与实施路径，能够更好地体现“业财融合”。而以成本收入比法为核心的 DRG 病种成本管理体系，作为开展医院管理活动的出发点和依据，在规范诊疗行为、提升资源利用效率和衡量技术劳务价值等多个方面得到了较为广泛应用，体现了其良好的拓展性和实操价值。案例单位病种成本管理体系的构建和实践过程、经验总结对其他医疗机构具有较好的实践参考价值。

时间驱动作业成本法在高校教育成本核算中的应用

摘要

随着高等教育的改革和发展，教育经费总额持续增加，但政府财政性经费投入不再是我国高等学校经费的单一来源，这对高校教育成本核算提出了更高的要求。《事业单位成本核算基本指引》和《事业单位成本核算具体指引——高等学校》的发布为高校成本核算提供了指南。在此背景下，本案例聚焦N高校的后勤部门，关注其成本核算问题。N高校已初步建立了教育成本核算架构，但间接成本核算亟待推进，尤其是后勤部门的成本管理优化需求迫切。本案例首先探讨了高校教育成本管理的特殊性与现实需求，分析其现状和挑战。其次，提出了高校实施时间驱动作业成本法的方案，明确时间驱动作业成本法的优势并设计将其应用于高校的具体思路。再次，详细介绍了时间驱动作业成本法在N高校后勤部门的实践过程，通过分析后勤部门各项业务活动的时间投入，精确计算每项作业的成本，从而提供更为简便和精准的成本数据，实现对成本的有效控制。最后，本案例验证了时间驱动作业成本法在高校教育成本核算中取得的成效，总结了系统科学推进高校教育成本精细化管理的经验。本案例有助于推动高校贯彻落实成本会计制度，优化资源配置，提升财务治理效能，实现高等教育内涵式、高质量发展。

一、背景描述——高校教育成本管理的特殊性与现实需求

随着我国教育体制的改革和发展，多渠道筹资体制和教育成本分担机制相应建立，要求高等学校节约资源、提高效益的呼声日趋强烈。N高校已基本建成教育成本核算体系，但在很多方面还需要进一步完善，特别是间接成本核算的问题，同时从现实需求来看，后勤部门降本增效需求强烈，成本管理亟待优化。

（一）现实为基——N 高校教育成本核算的初步架构

1. N 高校组织机构

学校的组织机构分为五类，分别是教学机构、学校特色机构、综合管理机构、教辅机构和附属机构，如图 1 所示。

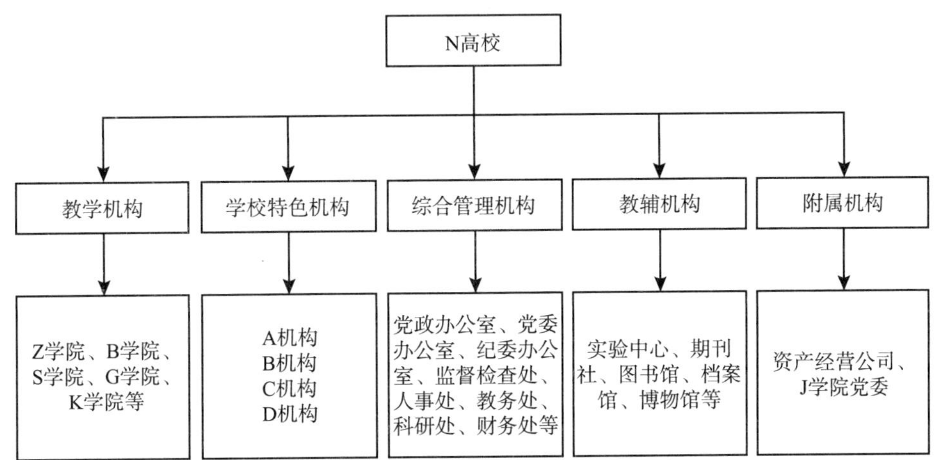

图 1　N 高校各机构设置

2. N 高校成本核算情况

组织架构方面，学校实行“统一领导、集中管理、分级负责”的成本核算体系，由决策层、管理层、执行层和监督反馈层共同协调推进成本核算工作（见图 2）。目前，虽然学校已具备一定的成本管理实施基础，但由于信息壁垒和间接成本分摊困难，全成本核算工作仍难以开展。

（二）问题聚焦——N 高校间接成本核算亟待推进

N 高校的教育成本可分为直接成本和间接成本，直接成本便于计算且无须进行分配，而间接成本主要来源于高校行政部门和后勤部门产生的支出，这部分成本种类庞杂，数目繁多，且成本种类不断变化，难于计算并需要分配。但目前缺乏较为科学合理且便于理解的成本核算方法对学校后勤部门的成本进行核算。

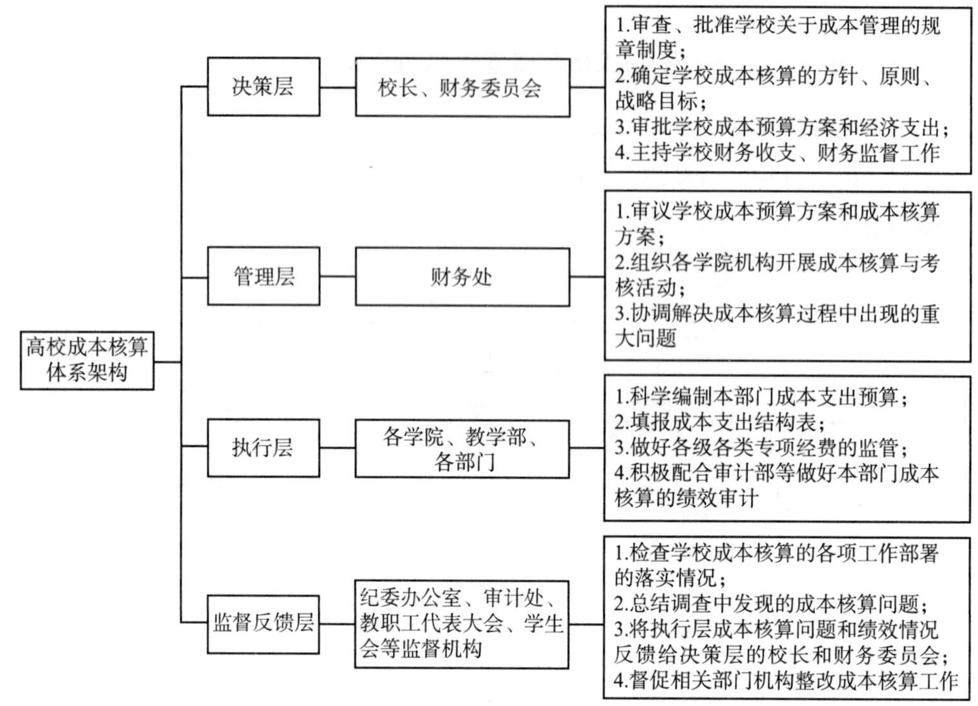

图 2　N 高校成本核算体系架构

（三）需求导向——N 高校后勤部门成本管理优化

1. 真实反映后勤部门的资源消耗情况

学校后勤部门虽然对本部门的成本数据进行了详尽的统计，但部分支持性的间接费用并没有进行合理分配，也没有将闲置成本的情况纳入其中，而这部分闲置的资源却是有潜力、可挖掘的。

2. 满足后勤部门降本增效的内在需求

近年来，高校后勤管理已逐步实现由传统的计划经济向市场化的转变。这一转变虽然调动了员工的工作热情，但一定程度上削弱了后勤部门的公益性，并可能影响后勤部门的良性发展。因此，需要根据成本效益原则和成本核算结果，以及服务对象的方向性，提高后勤保障服务质量。

二、总体设计——高校实施时间驱动作业成本法的整体方案

（一）基于时间驱动作业成本法的高校成本核算方法改进

时间驱动作业成本法是作业成本法的改进方法，二者主要有两点差异：第一，在

费用收集和资源配置方面存在差异。作业成本法以成本动因与作业为会计核算的依据，采用资源动因率与作业动因率进行费用汇总与资源配置，而时间驱动作业成本法则更加重视时间要素对费用计算的影响，引入了时间动因，资源动因率和作业动因率被替代为产能成本率和作业单位时间数。第二，作业时间处理方法有差异。作业成本法通过两种方法来解决不同产品间的时间差异：一是假定在一个作业中心里，每项作业都需要相同的时间来完成；二是根据收益目标的不同，将生产活动分为维护级活动、产品级活动、批量级活动和单位级活动，以降低费用分摊过程中非相关因素的影响。然而前者与现实极度不符，后者实际操作起来有很大难度。在时间驱动作业成本法中，基于时间方程处理各种作业的时间，利用一个运算过程求解全部的工作成本，这样不仅无须对作业进行再划分，还可以考虑到在不同情形下完成相同或类似作业存在的时间差别，在此基础上对时间等式上的系数或变量进行处理，极大降低了时间和人工成本，并能够有效保证计算结果的精度。

（二）时间驱动作业成本法在高校中的应用优势发挥

相较于作业成本法，在高校中应用时间驱动作业成本法降低了成本核算的工作难度和流程复杂度，弥补了作业成本法在核算教育成本中存在的不足，有以下三点应用优势。

1. 减少核算工作量

时间驱动作业成本法，是以时间作为成本动因来对工件资源项目进行配置，并根据各个作业中心在此过程中所消耗的时间来计算其费用，具有更简洁、更可扩展、更易理解和更灵活的特点。

2. 简化数据收集

时间驱动作业成本法采取负责人访谈和观察统计的办法，用更客观精确的方法来测量一项业务活动中具体步骤的所需时间，新方法计算时间分配比传统方法计算时间分配要简单得多。

3. 模型更具灵活性

时间驱动作业成本法中，作业自身的特点决定了其作业时间，通过建立线性时间方程，能直观地反映经营活动的成本构成情况。不仅如此，要对作业和子作业做更改，只需更改时间方程中相应的项。该方法更便于高校在经营过程中根据实际情况适时调整成本计算模型，提升成本核算的灵活性。

（三）高校推进时间驱动作业成本法的思路设计

在N高校后勤部门使用时间驱动作业成本法核算时，以时间作为资源分配的动因，使成本核算流程得以简化。本案例明确时间驱动作业成本法的应用思路如下：（1）明确资源范围和类型，确定成本对象；（2）划分作业中心、主要作业及子作业，完成成本的归集；（3）估计作业成本的有效作业时间；（4）计算单位时间产能成本；（5）估计作业单位时间数量；（6）确定作业成本动因率；（7）计算成本对象的成本，将成本动因率与总作业量相乘即可得到成本对象应分配的间接成本，再加上成本对象所耗用的直接成本，即为成本对象的总成本；（8）分析和报告成本，形成成本报告，提交管理层，用于决策支持，帮助高校在教育成本核算优化中取得较大的成效，如图 3 所示。

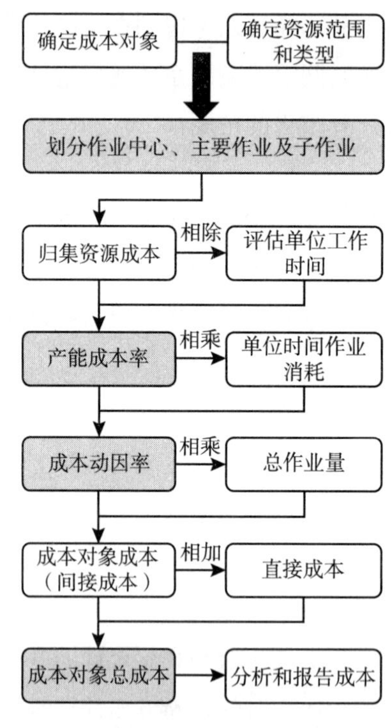

图 3　时间驱动作业成本法的应用思路

三、应用过程——高校后勤部门成本核算与管理实践

（一）高校后勤部门时间驱动作业成本法的核算基础

1. 确定成本核算对象

时间驱动作业成本法的最后一步是将直接成本与间接成本进行汇总。所以，本案例将高校后勤部门的成本按照直接成本与间接成本两种类型进行了分析。本案例

探讨的应用时间驱动作业成本法的高校后勤部门成本核算，主要是针对高校后勤部门的间接成本进行核算，加上直接成本得出后勤部门的总成本。高校后勤部门的首要目标是提供优质公共服务，满足师生的日常需求，其次是获得收益和预算控制。在这一目标下，成本核算与控制需要平衡好服务质量和开支，避免因降低服务质量而引发生活保障问题，服务质量低下既是对学校整体发展的不负责，也会影响师生的生活品质。

2. 确定会计核算期间

关于高校会计核算期间的选取，学术界存在着两种不同的观点：一是以每年 1 月 1 日至当年 12 月 31 日为一个会计核算期间，遵循企业的会计核算期间；二是以每年的 9 月 1 日至来年 8 月 31 日的学年为一个会计核算期间，这是把高校的教育活动限定在教学周期内，以一个学年为周期，进行正常的教学活动。从目前的高校体制来看，因为高校的日常经费主要来自政府拨款，其支出也需要在政府预算中列示，所以高校需要保持与政府预算年度在同水平上的一致性。由于高校一般是以公历年为单位对财政支出进行分类，所以成本计算期也应该与财政预算决算期一致。此外，由于高校的资金投入在不同的年份之间是不平衡的，因此成本的计算周期与各财务年度相吻合是比较合适的。综上所述，本案例将高校的会计核算期间设定为公历年。

3. 确定资源范围和类型

在运用时间驱动作业成本法进行成本核算时，必须将完整的人力、物力、财力等资源集中到一个作业中心，并对各类资源进行分类和归纳。通常来讲，高校财务报表是获得信息的一种方式，它记录着各类财务信息，向信息需求者反映各类资源的消耗情况。然而，由于受到多种因素的影响，如在会计处理方法上存在着不同，部分信息不能通过报告直接获得，需要思考信息获得的其他途径，并进行更深层次的整合和计算。因此在使用时间驱动作业成本法对成本数据进行核算之前，要对所获得的原始数据再一次进行整合和处理。经过上述处理，所得到的资源信息将为后续的成本核算工作提供极大的便利。N 高校的后勤部门成本由直接成本和间接成本构成，直接成本包括餐饮的食材费用，以及维修、物业和环境绿化的耗材成本；间接成本包括人员工资及福利支出、部门的水电费、后勤业务支出等。20×1 年，根据后勤部门财务报告和明细表统计，直接成本和间接成本占后勤部门总成本的比重分别为 70.84% 和 29.16%。本案例基于重要性原则，分析相对于高校后勤部门运行较为重要的作业资源，作业资源的类型和项目金额统计如表 1 所示。

表 1　　N 高校后勤部门 20×1 年作业资源类型及项目金额

分类	资源项目	项目金额（万元）
人员支出	职工工资	2251.655
	员工补贴及福利	370.971
业务支出	办公费	50.434
	水电采暖费	36.850
	通信费	19.215
	差旅费	19.073
	交通汽车费	33.075
	环卫清洁费	53.938
	人事管理费	30.019
	仓储费	23.679
	修理和维护费	20.697
其他费用	折旧费	53.766
	财务费用	27.266
	管理费用	20.585
合计		3011.223

（二）高校后勤部门时间驱动作业成本法核算流程

1. 划分作业中心

后勤部门的成本费用涵盖人工费、水电费、蒸汽费用、燃气费用、设备折旧、房屋折旧、维修费用、管理协调费用、部门日常基本办公开销等，其中人力成本占主要部分。N 高校后勤部门由总务处统领，包括 4 个管理科室和 6 个服务中心，本案例归集到饮食、采供、物业、节能、环境、维修、公寓、医疗、综合服务九大作业中心，具体作业中心和主要作业归集内容如表 2 所示。

表 2　　N 高校后勤部门作业中心和主要作业

作业中心	主要作业	作业解释	成本核算与控制目标
饮食服务中心	饮食服务	保障高校师生餐饮需求	合理范围内降低餐饮低产能支出
采供服务中心	采供服务	建立校内供货渠道，管理采购品类供应商和备选供应商	控制采购费用，降低采购成本
物业服务中心	物业服务	对学校各楼宇物业进行管理、协调、处理；安排调度校内保安值班人员	杜绝铺张浪费，合理定编定员，降低人力资源费用

续表

作业中心	主要作业	作业解释	成本核算与控制目标
节能服务中心	节能服务	负责校内水、电、天然气等资源供应，包括集中供水的开水房、浴室等	节能降耗，节约水、电、天然气等自然资源，加强监督
环境服务中心	环境服务	安排校园绿化、美化和环卫工作	完善制度流程，适当外包给专业公司
维修服务中心	维修服务	负责校内各项物品和系统维修，如修理更换门锁、灯泡，空调清洗等	降低维修材料资源的损耗，尤其是大型高价值机器的损耗
公寓服务中心	公寓管理	负责教职工、学生等住宿公寓出入登记、环境清洁、设施维护等日常事务管理	合理范围内降低公寓管理低效能支出
综合服务中心	综合服务 安全运行 信息管理等	负责校内小公交运营调配、采供绿化招标等校内各项合同归总整理等	调动闲置产能，合理范围内节约各项综合服务支出费用
医疗服务中心	医疗服务	为校内师生提供医疗、基础看诊、医药费报销服务	减少医疗服务的不必要支出

2. 归集资源费用

将表2整理的各类作业资源分配至上述九大作业中心，得到表3。本案例在利用时间驱动作业成本法计算产能成本率时，先将直接成本剔除，在计算成本对象总成本时再加回。以后勤部门职工薪酬和员工补贴福利为例，后勤部门职工分为正式员工和派遣员工，正式员工性质与教职工类似，进入事业编制，非正式派遣员工性质为劳务派遣。基于20×1年1～12月总务处发放的12个月职工薪酬导出数据，可以计算得出各作业中心20×1年作业中心成本费用汇总数据。其中，发放的20×0年绩效等工资不计入其中，20×2年发放的20×1年绩效等工资计入其中。此外，学校部分学生食堂已外包给相关餐饮服务公司，本案例选取N高校自主经营的食堂和饮食服务部门进行分析。下面以学校后勤部门饮食服务中心为例，对各类资源的消耗进行计算和归集。N高校后勤部门饮食服务中心职工工资=1月正式员工薪酬+1月派遣员工薪酬+2月正式员工薪酬+2月派遣员工薪酬+……+12月正式员工薪酬+12月派遣员工薪酬+加班工资，保留三位小数，为291.625万元。N高校后勤部门饮食服务中心职工员工补贴及福利=1～12月正式员工餐补、代缴五险一金、交通补助等+派遣员工社保、劳务费及公积金+防暑降温费+春节、端午等节日福利，保留三位小数，为80.775万元。

表 3　　**N 高校后勤部门 20 ×1 年各作业中心成本费用汇总**　　单位：万元

分类	资源类型	饮食	采供	物业	节能	环境	维修	公寓	医疗	综合
人员支出	职工工资	291. 625	108. 234	320. 913	205. 256	176. 167	158. 397	134. 476	236. 053	59. 898
	员工补贴及福利	80. 775	12. 371	24. 827	52. 845	41. 735	39. 190	34. 549	63. 887	20. 792
业务支出	办公费	19. 198	4. 346	3. 826	4. 329	0. 224	3. 511	1. 495	8. 153	5. 352
	水电采暖费	29. 639	3. 521	1. 327	1. 205	1. 143	1. 425	1. 774	1. 082	1. 707
	通信费	8. 991	3. 086	0. 973	0. 945	0. 740	0. 667	0. 650	2. 541	0. 622
	差旅费	5. 660	1. 298	2. 412	2. 530	3. 322	1. 910	0. 942	0. 201	0. 798
	交通汽车费	8. 543	2. 475	3. 456	1. 564	4. 196	2. 769	1. 232	3. 415	5. 425
	环卫清洁费	21. 989	2. 717	8. 238	1. 581	15. 296	0. 684	1. 561	0. 228	1. 644
	人事管理费	10. 735	1. 433	2. 354	1. 927	4. 810	2. 549	5. 223	0. 336	0. 652
	仓储费	15. 797	2. 091	1. 629	0. 116	0. 668	1. 827	0. 197	1. 286	0. 068
其他费用	修理和维护费	18. 431	1. 307	0. 086	0. 024	0. 246	0. 350	0. 105	0. 093	0. 055
	折旧费	13. 928	7. 725	2. 616	1. 350	9. 208	5. 490	8. 854	1. 894	2. 701
	财务费用	8. 803	4. 561	1. 559	1. 726	2. 318	2. 392	2. 701	1. 991	1. 215
	管理费用	5. 945	3. 890	2. 215	0. 140	1. 985	2. 584	1. 418	0. 934	1. 474
合计		540. 059	159. 055	376. 431	275. 538	262. 058	233. 745	195. 177	322. 094	102. 403

3. 估计有效作业时间

后勤部门各项作业的有效作业时间统计，第一种方法是采访管理人员，根据经验估算，实际工作时间与理论工作时间的比率，通常在 80% ~85% 的区间段内。第二种方法是先统计后勤部门员工一年的有效工作天数（年天数减去节假日和休息日天数），再用 24 小时减去员工休息、培训等占用的时间，得到一天的有效工作小时数，进而计算出每个月或者每年员工的实际工作时间。经调查，高校后勤部门人员排班采用轮岗制，因此后勤服务的提供无工作日和周末之分。且后勤部门人员分为正式员工和劳务派遣人员，劳务派遣人员流动性较大，因此本案例采用半年统计平均数的方法计算，每位员工一周正常工作日为 5 天。以 N 高校后勤部门饮食服务中心为例，该作业中心共有员工 36 人，每人一周上岗时间为 5 天，20 ×1 年法定节假日 31 天，20 ×1 年有效工作日 249 天，每天工作时间为 480 分钟即 8 小时，按理想产能来计算可得的饮食服务中心总有效作业时间约为 430. 272 万分钟（36 ×480 ×249）。而在对职工实际产能计算中，除去每天饮食服务中心人员折合作业准备、开会培训等 80 分钟，其每天有效工作时间为 400 分钟/天，是理论工作时间的 83. 33%。饮食服务中心所有职工一年的有效工作时间约为 358. 560 万分钟（36 ×400 ×249）。

4. 计算产能成本率

产能成本率是后勤部门的待分配资源与后勤部门员工实际工作时间之间的比率。

饮食服务中心的待分配成本除以其一年有效工作时间可以得出饮食服务中心职工的产能成本率为1.406（504.059/358.560）元/分钟。N高校后勤部门各作业中心产能成本率的计算汇总结果如表4所示。

表4　N高校后勤部门各作业中心产能成本率汇总

作业中心	员工数（人）	理论工作时间（分钟）	有效工作时间			待分配成本（万元）	产能成本率（元/分钟）	有效工作时间比率（%）
			日有效工作时间（分钟）	年有效工作时间（万分钟）	总员工年有效工作时间（万分钟）			
饮食服务中心	36	480	400	9.960	358.560	504.059	1.406	83.33
采购服务中心	26	540	459	11.429	297.157	159.055	0.535	85.00
物业服务中心	59	540	432	10.757	634.651	376.431	0.593	80.00
节能服务中心	23	480	384	9.517	219.917	275.538	1.253	80.00
环境服务中心	16	540	448	11.155	178.483	262.058	1.468	82.97
维修服务中心	14	480	403	10.035	140.486	233.745	1.664	83.96
公寓服务中心	14	480	394	9.811	137.348	195.177	1.421	82.08
医疗服务中心	18	540	455	11.330	203.931	322.094	1.579	84.26
综合服务中心	22	540	450	11.205	246.510	102.403	0.415	83.33

5. 估计作业单位时间数量

上文划分出9个作业中心，并通过访谈和观察，统计出各作业中心各项子作业的时间耗费情况，为后勤部门每个作业中心建立时间方程。本案例根据成本动因理论和重要性原则，列出各作业中心的重要作业。以N高校后勤部门的饮食服务中心为例，其主要作业包含：备餐上菜、餐厅桌椅地面的保洁、餐后收残和餐具清洗消毒分类，以及窗口物品整理和叫卖四大项作业，这四大项作业单位时间分别为60分钟、20分钟、40分钟和25分钟。由于学校饮食服务中心提供的餐饮服务对每一位在校生基本是无差别的，因此，基于饮食服务中心建立的时间方程为：备餐上菜时间+餐厅桌椅地面的保洁时间+餐后收残和餐具清洗消毒分类时间+窗口物品整理和叫卖时间。在特殊时间，学校可能会招待外地到访的专家组、考察组等，该情况下饮食服务中心提供特殊餐饮服务所消耗的时间和成本本案例暂不讨论。为了方便计算和理解，本案例对各项作业的单位时间数量逢五逢十取整进行计算。

6. 确定作业成本动因率

成本动因率是产能成本率与单位作业耗时的乘积，其计算公式为：成本动因率=产能成本率×作业单位时间数量。作业单位时间数及成本动因率的汇总如表5所示。

表 5　　后勤部门各项作业中心作业单位时间数及成本动因率计算

作业中心	作业描述	作业单位时间数量（分钟）	成本动因率（元）	作业中心	作业描述	作业单位时间数量（分钟）	成本动因率（元）	作业中心	作业描述	作业单位时间数量（分钟）	成本动因率（元）
饮食服务中心	备餐上菜	60	84.36	采供服务中心	编制采购方案	20	10.71	物业服务中心	校内楼宇卫生保洁	45	23.72
	餐厅桌椅、地面保洁	20	28.12		报批及采购物资	60	35.59		校内楼宇质量安全管理	40	35.58
	餐后收残、餐具清洗消毒分类	40	56.24		维护采购供应商及渠道	45	56.38		站岗保安工作安排	20	17.79
	窗口各类物品整理、窗口吆喝叫卖	25	35.15		市场调研	35	51.39		校内楼宇教学用电铃、电梯间等设备管理	30	11.86
	水电表抄表、统计、扣缴费	30	37.59		校内树草花绿化养护管理	35	51.38		校内报修项目维修	40	66.56
节能服务中心	与供水供电公司沟通联系	25	31.33	环境服务中心	旧区绿化更新和新区绿化施工	40	58.72	维修服务中心	楼宇下水道检查疏通	60	99.84
	供水供电照明设备日常管理	20	25.06		校园道路清理卫生保洁	60	88.08		校内水电管线紧急抢修	30	49.92
	制定组织实施节水节电方案	40	50.12		重大活动、节日的花草摆放	30	44.04		校园网络维护和检修	20	33.28
	报修生活、消防设施	30	42.63		师生门诊治疗、急症抢救	30	47.37		组织管理协调各部门后勤工作	25	10.38
公寓服务中心	安全工作检查	15	21.32	医疗服务中心	身心健康知识宣传	20	31.58	综合服务中心	师生服务事项咨询解答反馈	10	4.15
	学生住宿安排、水电空调服务	10	14.21		师生医疗费用报销服务	10	15.79		整合优化各部门后勤服务	30	12.45
	纪律检查、晚查寝	30	42.63		新冠疫情期间核酸检测、防疫工作	60	94.74		协调校园小公交	25	10.38
	公共设施、设备、家具等登记	40	56.84		入学体检、传染病筛查上报	45	71.06		党建、人力资源管理、工会服务等	35	14.53

7. 计算成本对象的成本

通过确定成本对象所消耗的作业量，即后勤部门九大作业中心对成本对象作业的次数，将间接成本分配到成本对象。成本对象总成本是由成本动因率与作业量的乘积得出的间接成本，再加上直接成本计算得出。成本对象的成本计算公式为：C = r1x1 + r2x2 + r3x3 + … + rnxn + d。其中，C 为某成本对象的总成本，n 为成本对象涉及的作业项数，r 为某项作业成本动因率，x 为该项作业的作业量，d 为可以直接计入成本对象的直接成本。本案例以 N 高校后勤部门饮食和采供服务中心为例展示计算结果（见表6），后勤部门成本对象总成本汇总情况如表 7 所示。

表 6　　N 高校后勤部门饮食和采供服务中心成本计算

作业中心	主要作业	作业量（次）	成本动因率（元）	应分配成本（万元）
饮食服务中心	备餐上菜	55040	84.36	464.317
	餐厅桌椅、地面保洁	4460	28.12	12.542
	餐后收残、餐具清洗消毒分类	6570	56.24	36.950
	窗口物品整理和叫卖	5380	35.15	18.911
合计				532.720
采购服务中心	编制采购方案	9810	10.71	10.507
	报批及采购物资	13050	35.59	46.445
	维护采购供应商及渠道	3720	56.38	20.973
	市场调研	2480	51.39	12.745
合计				90.670
……	……	……	……	……

表 7　　N 高校后勤部门成本对象总成本

作业中心	产能成本率（元/分钟）	应分配间接成本（万元）	直接成本（万元）	总成本（万元）
饮食服务中心	1.406	532.720	2460.994	2993.714
采供服务中心	0.535	90.670	430.038	520.708
物业服务中心	0.593	369.349	967.965	1337.314
节能服务中心	1.253	276.348	674.593	950.941
环境服务中心	1.468	259.467	641.590	901.057
维修服务中心	1.664	235.859	545.405	781.264
公寓服务中心	1.421	189.651	501.884	691.535
医疗服务中心	1.579	478.409	1141.970	1620.379
综合服务中心	0.415	152.403	238.940	391.343
合计		2584.876	7603.379	10188.255

（三）高校后勤部门间接成本的分摊方法确定

在后勤部门成本核算得出结果后，需要计算出生均教育成本。在完全成本法下运用参数分配法，本案例借鉴作业成本法在高校教育成本核算中的应用，以折合学生数作为分配基础，将 N 高校后勤部门的总成本基于学校 20×1 年折合学生数进行分配。20×1 年，学校人力资源数据如表 8 所示。

表 8　　20×1 年 N 高校高等教育学生人数及教职工人数汇总　　单位：人

高等教育学生人数	年平均数	教职工人数	年平均数
（一）研究生	1564	（一）在职人员	1300
1. 博士生	0	1. 教学、科研人员	1019
2. 硕士生	1564	2. 行政管理人员	232
（1）学术学位	567	3. 后勤人员	49
（2）专业学位	997	4. 校办产业人员	0
（二）普通本科生	16361	（四）劳务派遣人员	175
（三）其他学生	11233	（五）其他人员	0
合计	29158	合计	1475
总计			30633

教职工人员中的其他人员包含长期聘用人员、临时聘用人员和离退休人员。其他学生包含普通预科生、第二学士学位学生、成人本专科生等其他学生，由于该大类的学生在校时间较少，接受后勤部门提供的后勤保障服务时间较短、服务量较少，因此该部分学生将不计入生均成本的折合学生数。

在用成本计算系数来计算折合学生系数时，本科生折合系数为 1，硕士研究生折合系数为 2，博士研究生折合系数为 3。如果本科生的自然人数为 α，硕士研究生的自然人数为 β，博士研究生的自然人数为 θ，那么折合后的学生数 $=\alpha\times1+\beta\times2+\theta\times3$。经计算，N 高校折合后学生数为 $16361+1564\times2=19489$ 人。本案例接着将饮食、采供、物业、节能、环境、维修、公寓、医疗、综合服务九大作业中心的总成本费用分摊至学生教育成本中，得到表 9。

之前，N 高校后勤部门的间接费用一直居高不下，这些费用学校没有派专人进行精细化核算与控制，学校成本核算一直是依照谁受益谁承担原则，但是在实际操作中处于粗放状态，对于书本、纸张、文具等低值易耗品的消耗没有实现精细化管理，经常造成浪费。虽然学校一直倡导节约资源，但缺乏相应的监管措施。因此，学校后勤部门应注重全成本管理，不仅要考虑后勤服务质量，也要考虑付出的成本，以尽量少的投入换取更高的后勤服务水平。同时，学校后勤部门全成本管理的实施需要全体职工和学生共同参与，降低成本，减少资源浪费，将有限的资源投入教育活动和科研活动中。

表9　　N高校后勤部门各作业中心成本生均分摊情况　　单位：万元

人员	饮食服务中心	采供服务中心	物业服务中心	节能服务中心	环境服务中心	维修服务中心	公寓服务中心	医疗服务中心	综合服务中心
硕士生	1995.809	347.139	891.543	633.961	600.705	520.843	461.023	1080.253	260.895
本科生	997.905	173.569	445.771	316.980	300.352	260.421	223.512	540.126	130.448

（四）使用时间驱动作业成本法前后成本差异分析

本案例基于时间驱动作业成本法和作业成本法二者在核算生均教育成本中的主要成本动因和分配基础对比（见表10），分析发现时间驱动作业成本法弥补了作业成本法在核算教育成本中存在的不足，以时间因素作为成本对象的分配依据，优化了成本核算流程，使其更具简洁性、易扩展性、易理解性和灵活性，为高校成本管控和成本决策提供更精确的依据。

表10　　时间驱动作业成本法与作业成本法核算生均教育成本对比

<table>
<tr><th colspan="2">时间驱动作业成本法</th><th rowspan="2">资源项目</th><th colspan="2">作业成本法</th></tr>
<tr><th>分配基础</th><th>主要成本动因</th><th>主要成本动因</th><th>分配基础</th></tr>
<tr><td rowspan="11">根据各作业中心在此环节耗费的时间核算出总成本后按折合学生数分配到生均教育成本</td><td rowspan="11">时间</td><td>教职工工资</td><td>在职教职工人数</td><td>总课时数或实际学生数</td></tr>
<tr><td>员工补贴及福利</td><td>在职职工人数</td><td>总课时数或实际学生数</td></tr>
<tr><td>办公费</td><td>办公人数</td><td>总课时数或实际学生数</td></tr>
<tr><td>水电采暖费</td><td>在职职工人数</td><td>用量或总课时数或实际学生数</td></tr>
<tr><td>通信费</td><td>在职职工人数</td><td>总课时数或折合学生数</td></tr>
<tr><td>差旅费</td><td>学生管理作业</td><td>实际学生数</td></tr>
<tr><td>交通汽车费</td><td>折合职工人数</td><td>实际学生数</td></tr>
<tr><td>环卫清洁费</td><td>折合职工人数</td><td>实际学生数</td></tr>
<tr><td>人事管理费</td><td>实际职工人数</td><td>折合学生数</td></tr>
<tr><td>仓储费</td><td>折合职工人数</td><td>折合学生数</td></tr>
<tr><td>修理和维护费</td><td>折合职工人数</td><td>实际学生数</td></tr>
</table>

续表

时间驱动作业成本法		资源项目	作业成本法	
分配基础	主要成本动因		主要成本动因	分配基础
根据各作业中心在此环节耗费的时间核算出总成本后按折合学生数分配到生均教育成本	时间	折旧费	设备数量、设备种类	所用设备数
		财务费用	资产管理作业	折合学生数
		管理费用	折合职工人数	实际学生数
		……	……	……

通过时间驱动作业成本法核算出的学校后勤部门成本数据和从财报中计算得出的学校后勤部门成本数据存在一定的差异，其主要原因在于引入了资源消耗和作业中心的主要作业来改进核算方法，成本差异列示如表 11 所示。

表 11　　N 高校后勤部门成本差异情况　　单位：万元

成本类型	通过财务报告整理	通过成本核算方法核算	成本差异
直接成本	7617. 406	7603. 379	+14. 027
间接成本	3011. 223	2584. 876	+426. 347

四、取得成效——时间驱动作业成本法对高校教育成本核算的优化路径

（一）促进业务流程规范化，增强成本核算精细水平

应用时间驱动作业成本法能够促进业务规范化，完善经费支出控制，并优化内部监督环境，提升数据的精准性。首先，通过成本核算工作的改进，结构上优化高校的内控体系，对潜在的资金风险进行预防，在对包含更精确的成本信息的财务数据进行分析的基础上，融合业务数据，抓住各类高校日常活动中关键的风险控制要点，健全审核责任制，强化材料审核把关的约束性。其次，时间驱动作业成本法细分成本管理单元，能够利用更有效的成本信息为管理者提供更准确的经费支出数据，用更有针对性的方式来强化经费支出控制和提高支出效率，为管理决策提供依据。

（二）利于结合信息化技术，提升核算工作便捷程度

推进时间驱动作业成本法有利于结合信息化技术，进一步推动工作流程科学化和

规范化，从而提升成本核算工作的便捷程度。构建成本虚拟中心、成本数据库，利用成本管理信息化和大数据技术，更科学和有效地提升高校成本分析效率与质量。同时利用数据挖掘技术，能够对每个成本动因进行多维度分析，从而对高校成本要素的动态变化进行定量分析、对关联要素之间的数据信息进行可视化分析。

（三）扩展成本信息的应用，深化高校业财融合实践

成本核算工作的精细化水平以及便捷程度提高后，能够进一步扩展成本信息的应用，如业财数据对接、绩效改进等。时间驱动作业成本法能够加强财务数据与业务数据的整合，加快业财融合的进程，实现闭环管理，增强了数据的融合性，既可以从业务数据的角度对财务数据的真实性进行判断，又可以从财务数据的角度反映业务数据的合理性，确保了财务数据与业务数据的相互支撑。进一步地，建立系统化的成本核算流程，可以为绩效考核提供更准确的成本信息数据，提高业财融合考核评价的质量。

五、经验总结——系统科学推进高校教育成本精细化管理

（一）全方位贯彻成本思维，夯实高校成本核算基础

1. 做好固定资产的统一管理

要想减少高校的教育成本，就必须提高现有设备、房屋等资源的管理效率，对资产进行统一管理与配置，防止重复购买，并对固定资产折旧进行有效的控制。

2. 成本计量方法嵌入日常成本核算

比如，可以对高校的水电用量设定标准，如果超过了标准用量，可以采取自费的方式，也可以采用每天按时按点送水送电的方式，这样不仅可以让学生们养成良好的生活作息，还可以增强节约资源的意识。

3. 以业绩为中心进行成本控制评价

高校将有关指标纳入发展评估系统中，以业绩为导向，强化成本评估。根据各个作业中心的特征制定对应的绩效考核指标，并利用定性和定量两种考核方式来支撑绩效考核工作的开展。

（二）建立健全相应保障机制，发挥高校成本信息效能

1. 制度建设方面，强化高校教育成本核算相关制度建设

建立统一标准，加强水平和垂直比较，以增强计算精度，促进高校之间的互相学

习和借鉴；尽快在全国高校中广泛开展《事业单位成本核算具体指引——高等学校》的实施落地与经验总结工作，为全国其他高校建立一个可供参考的标准。

2. 信息公开方面，建立统一的公开规范，提升公开质量

要保证各高校既能够进行垂直比较，又能够进行水平比较。如相关部门牵头组织构建高校信息披露平台，高校可以将重大事项发布在一个统一的网站上，构建一个统一的信息发布平台，也可由各个层次或者层级的高校单独构建信息披露平台。

3. 监督机制方面，加强审计制度建设，确保成本信息可靠性

制定内部审计与控制制度，监督成本核算的准确性和合规性，定期进行内部审计，确保成本信息的真实性和可靠性。此外，建立独立的外部审计机制，由第三方进行成本信息的审计，提高信息披露的公信力。

（三）结合行政事业单位特征，强化管理会计工具适用性

现有的作业成本法在实际操作方面较为困难，而时间驱动作业成本法在一定程度上会更为便捷且适用于行政事业单位，这可以为行政事业单位的成本核算与管理拓宽思路。行政部门与后勤部门有诸多类似的特点，因此具备拓展应用的动机和条件。而对于开展教学活动和科研活动的院系部门，按照培养计划提供的各类课程、实践活动、论文和毕业设计指导等直接成本占比较高，其他归入间接费用的成本占比较低，也可以尝试使用时间驱动作业成本法优化成本核算程序，为院系成本核算提供更科学合理的成本信息。

（潘　俊　黄　雷　刘　超　申　秦　张菊香
金　玥　文　灿　卞子咏　于昊平　魏　菜）

案例评语：

N 高校基于学校实际和政府有关部门管理要求，进一步深化现有成本核算流程，朝着精细化的方向，创造性地提出了高校时间驱动作业成本法应用模型，总结出构建时间驱动作业成本法模型的核算基础，梳理了时间驱动作业成本法的核算流程，并通过后勤部门的数据分析，验证了模型的有效性。

案例单位不但对传统作业成本法进行了发展，也为同类高校开展精细化成本管理实践提供了有益的借鉴。

医院全面成本管理体系构建与应用实践

摘要

福建省肿瘤医院是福建省最先开展医院成本管理、率先应用管理会计工具方法的公立医院之一，也是国家首批医疗服务价格与成本监测网络成员单位。近几年，随着药品耗材零差率、医保支付方式改革等的推进，医院经济运行承压，发挥成本管理的约束、引导作用，有利于提高医院资源配置效益，推动医院高质量发展。

医院综合运用管理会计工具方法构建全面成本管理体系。首先，在核算科室成本、诊次成本和床日成本的基础上，运用参数分配法、作业成本法、项目叠加法等方法核算医疗服务项目成本、病种成本、DRG成本。其次，医院综合运用本量利分析、趋势分析、结构分析等方法，对医院的保本量、成本变化趋势、成本结构、收益进行分析，找出成本管控的重点。最后，综合运用预算控制等八项控制措施对医院成本实行有效控制。

全成本管理能够为医院管理层提供规划、决策、控制、评价等有用信息，并取得了较好的成效。一方面，提高了医院现代化管理水平，优化医院业务流程，有助于支持医院制定和落实战略；另一方面，医疗收入稳步增长，医疗盈余保持正数，有助于实现提质增效，保障了医院发展的安全与持续。此外，提升了医院的行业影响力，医院获首批全国“公立医疗机构经济管理年”活动优秀单位荣誉。

本案例具有一定的先进性、可操作性和推广性，可供县级以上医院参考借鉴。

一、背景描述

（一）单位基本情况

福建省肿瘤医院是福建省唯一的集预防、医疗、康复、科研、教学和培训于一体的三级甲等肿瘤医院，于2023年7月获批国家肿瘤区域医疗中心项目。医院采取“行政职能MDT管理”，多部门、多学科有效协同，提高运营管理执行力。

（二）管理会计应用基础

针对管理会计应用中出现的问题，本院逐步推进以下工作：

1. 制度规划

2014 年医院率先制定《福建省肿瘤医院管理会计制度》，对在预算管理、成本管理等多领域的管理会计应用作出明确规定。以管理会计指引体系为抓手，2020 年至今修订了 20 多项相关制度，为推进管理会计工作夯实了制度基础。

2. 人才配备

自 2011 年起，率先在省内医院设置管理会计岗位。管理会计队伍以研究生学历为主，有福建省会计咨询专家、福建省会计领军人才、国家卫健委经济管理领军人才。2018～2023 年开展国家卫健委财务司等委托的 10 多项医院经济管理、管理会计相关课题工作。

3. 资源支持

作为福建省唯一入选财政部“电子凭证会计数据标准深化试点接收端”试点的医疗单位，医院推行“互联网＋管理会计”模式，逐步实现全成本智能化控制。

4. 财务基础

作为福建省会计基础工作规范化单位，医院现有财会人员 63 人，其中高级职称 15 人，硕士 9 人。配置经济助理、运营助理岗位，财务与业务双促双融。

（三）选择相关管理会计工具方法的主要原因

通过结合管理会计的思想理念、功能、工具方法，能够不断完善成本精细化管理，推动医院实现战略规划。首先，通过应用参数分配法、作业成本法、项目叠加法等管理会计工具方法，可促进医院业务流程的规范化及标准化。其次，通过应用本量利分析、DRG 收益分析、DRG 结余分析等方法，快速识别运营管理中存在的问题。最后，通过预算控制等控制方法实现精准化成本控制，促进“结果控制”向“过程管控”转变。

二、总体设计

（一）应用管理会计工具方法的目标

通过运用管理会计工具方法，发挥全成本管理在发展规划、战略决策、资源配置、绩效评价中的作用，提升单位内部管理水平和运营效率。

（二）应用管理会计工具方法的总体思路

应用科学的管理会计工具方法，实现成本核算、成本分析、成本控制有效联动。全面成本管理体系总体设计思路如图 1 所示。

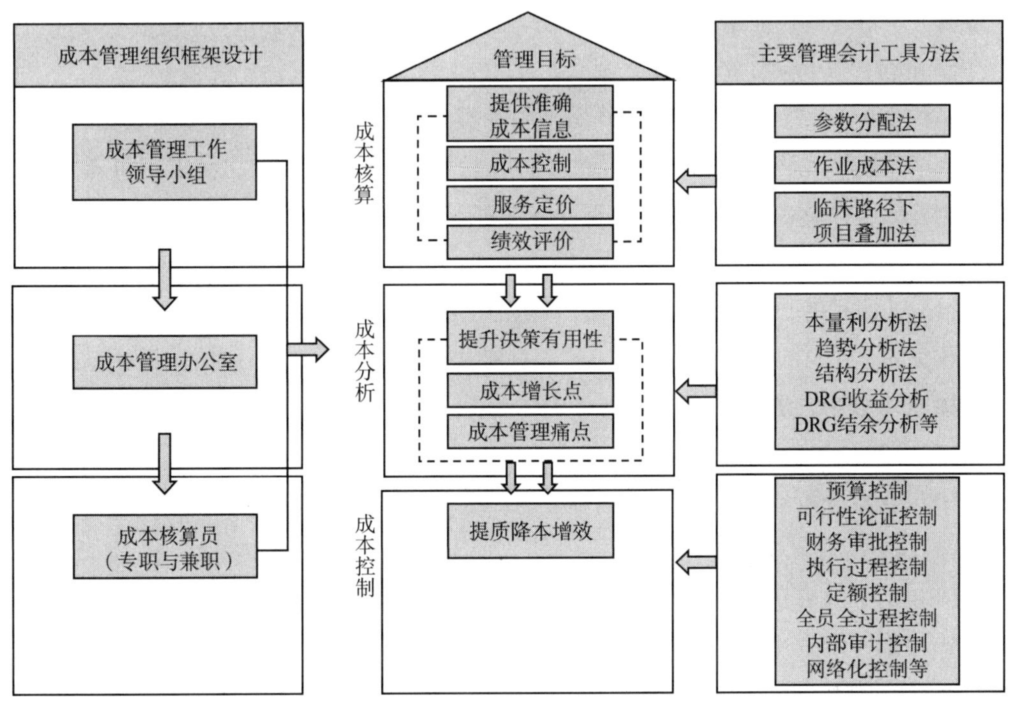

图 1　全面成本管理体系框架

（三）管理会计工具方法的内容

医院在成本管理中应用管理会计工具方法如表 1 所示。

表 1　成本管理领域的管理会计工具方法

成本管理内容	主要管理会计工具方法	
成本核算	项目成本	参数分配法、作业成本法等
	病种/DRG 成本	参数分配法、项目叠加法等
成本分析	本量利分析、趋势分析、结构分析、DRG 收益分析、DRG 结余分析等	
成本控制	预算控制、可行性论证控制、财务审批控制、执行过程控制、定额控制、全员全过程控制、内部审计控制、网络化控制等	

1. 成本核算方法

（1）项目参数分配法。

本案例参数选择医疗服务项目收入作为分配参数核算项目成本。

（2）作业成本法。

以作业为中心，根据作业对资源消耗的情况将资源的成本分配到作业中，再根据医疗服务所消耗的作业量，最终将成本分配到医疗服务项目中。

（3）病种/DRG 参数分配法。

病种/DRG 参数分配法主要指将出院患者实际耗用的药品成本、单独收费的卫生材料成本直接计入该患者成本，将除此之外的科室成本采用参数法分配至患者成本，本案例参数选择患者发生的医疗服务项目收入。

（4）项目叠加法。

根据某病种的出院患者收费明细，将实际耗用的医疗服务项目成本、药品成本、单独收费的卫生材料成本进行加总，将某病种出院患者的成本进行加总、求平均。

2. 成本分析方法

（1）DRG 收益分析。

DRG 收益分析是指 DRG 医保结算额与 DRG 成本之间的差异分析。

（2）DRG 结余分析。

DRG 结余分析是指 DRG 医保结算额与实际医疗服务项目收入的差异分析。

3. 成本控制方法

医院采取预算控制等成本控制方法如表 2 所示。

表 2　　成本控制方法

方法	内涵
预算控制	以成本数据为依据，实施全面预算管理，对各项经济活动进行统筹安排和全面控制
可行性论证控制	医院重大经济行为执行集体决策机制，经过充分的可行性论证，避免决策的主观性和盲目性
定额控制	确定合理的消耗定额，通过下达成本计划对各类成本消耗实施控制
网络化控制	整合与成本核算相关的信息资源，及时归集、处理成本资料，实现信息化管理
……	……

（四）应用管理会计工具方法的创新

第一，管理会计工具方法的综合应用，弥补了单一工具方法应用的局限性，提高了管理会计工具方法在医疗行业成本管理中的实用性和先进性。

第二，管理会计工具方法应用贯穿医院成本管理全过程，具有“闭环性”，并为医院预算管理、绩效管理等领域的管理会计应用打下良好基础。

第三，依托专科医院优势，建立肿瘤相关病种/DRG 成本数据样本库，不断改进病种/DRG 参数分配法的应用，保证数据的准确性、全面性，为医院运营、决策提供可靠支持。

第四，选取检查类典型项目，细分作业，明确资源动因、作业动因，实现以资源消耗计算成本的初步探索。

第五，基于 DRG 成本核算结果开展收益分析和结余分析，有利于客观反映医院各 DRG 组的运营情况，促进加强 DRG 组成本控制，推动政府部门制定更加科学的 DRG 收费标准。

三、应用过程

（一）参与部门和人员

医院成立以一把手为组长，总会计师为副组长的管理会计工作领导小组，下设管理会计职能办公室，负责管理会计工作的日常开展，在医院预算管理、内部控制和风险管理、成本管理以及绩效管理等领域应用管理会计工具方法，为医院战略决策提供参考。

医院成本管理工作实行院长负责制，成立由医院主要负责人为组长，总会计师担任副组长的医院成本管理委员会，成员包括全部职能部门负责人，下设成本管理办公室。成本管理办公室挂靠财务部门，财务部门设置成本管理岗位，负责医院成本核算、分析及编制成本领域的管理会计报告等日常工作。医院职能部门设置成本专管员，在其他相关部门设立兼职成本核算员。

（二）应用管理会计工具方法的资源、环境、信息化条件等部署要求

1. 营造良好的全院成本管控氛围

医院管理层要高度重视，形成从决策层到操作层都重视成本、关心成本的氛围，各部门通力合作。财务部门定期组织开展管理会计相关理论及实务培训，提升小组成员成本管理业务水平。

2. 健全的管理机制与人才队伍

建立健全成本管理相关的制度及实施细则，保障相关管理会计工具方法的应用。梳理临床路径、医疗作业、经费审批等业务流程，各科室严格遵循相关规范化流程。配备综合素质高的复合型人才，不仅能够熟练运用管理会计工具方法，而且还需熟悉

医疗业务流程、医院经济管理。

3. 高效的一体化信息平台

医院根据成本核算要求，升级改进信息系统，具有较强的数据采集处理能力，统一基础数据编码，确保成本信息的及时真实准确。

（三）具体应用模式和应用流程

1. 成本核算工具方法的应用

（1）项目成本核算。

①参数分配法。

某年医院运用参数分配法对医院 1255 项医疗服务项目进行成本核算，以放射诊断科数字化摄影（DR）项目成本计算为例。

【例 1】 数字化摄影（DR）项目医疗收入为 1947760 元，放射诊断科医疗总收入为 57742251.96 元，单独收费卫生材料收入为 1217458.75 元，药品收入为 9184914.71 元，扣除药品成本、卫生材料成本的科室二级分摊成本为 35404348.45 元，数字化摄影（DR）项目工作量为 48694 例。

放射诊断科数字化摄影（DR）项目总成本 = 1947760/(57742251.96 − 1217458.75 − 9184914.71) × 35404348.45 = 1456682.52（元）

数字化摄影（DR）项目单位成本 = 数字化摄影（DR）项目总成本/数字化摄影（DR）项目工作量 = 29.92（元）

②作业成本法。

医院在运用参数分配法的基础上，探索应用作业成本法对医疗服务项目成本进行核算，以医院放诊科的 X 射线、CT、MRI、乳腺钼靶四大类项目为成本对象，运用作业成本法计算出四大类项目成本。具体步骤如下：

第一，划分科室的作业，确定作业链。根据放诊科标准作业流程，将放诊科全部作业划分为四大类作业：登记作业、检查作业、图像处理作业和阅片报告作业，如表 3 所示。

表 3　放诊科作业分类

作业	具体内容
登记作业	核对病人信息、叫号、发放归整报告
检查作业	注射造影剂、检查、设备维护
图像处理作业	采集图像信息、排版、洗片
阅片报告作业	阅片、出具报告

第二，确定科室的资源成本库。采集放诊科的基础资源信息，确定放诊科的资源成本库，如表4所示。

表4　放诊科资源成本库

类型	类别	总成本（元）	比例（%）
直接成本	人员经费	15002791.71	31.35
	卫生材料费	12351296.50	25.81
	固定资产折旧	11238774.70	23.49
	无形资产摊销	4999.56	0.01
	提取医疗风险基金	64704.17	0.14
	其他费用：	3769726.24	7.88
	维修费	1237709.37	2.59
	水费	10936.59	0.02
	电费	893051.24	1.87
	办公费	31548.38	0.07
	印刷费	50433.66	0.11
	专用材料费	1088060.25	2.27
	委托业务费	310351.88	0.65
	其他	147634.87	0.31
间接成本	行政、医辅科室分摊的成本	5421898.49	11.33
	合计	47854191.37	100.00

第三，明确各作业涉及的资源，根据资源动因分配资源至作业。通过业务流程梳理，确认各类型资源的资源动因，如表5所示。

叫号系统产生的无形资产摊销直接计入登记作业，卫生材料中的检查注射专用材料费、专用设备的资产折旧和维修费、提取医疗风险基金直接计入检查作业，卫生材料的胶片材料费直接计入图像处理作业，印刷费直接计入阅片报告作业。其他资源通过资源动因分配归集到各个作业，形成作业成本库，如表6所示。

第四，明确各作业动因，分配作业成本至各项目。首先，了解放诊科各医疗项目的运作流程，明确项目所涉及的作业，确定作业动因，主要选择检查例数、人员比例、工时作为作业动因。其次，根据各类医疗项目消耗的作业动因量制作各作业分配表。最后，汇总各作业成本库的分配情况，以登记作业成本分配为例，如表7所示。

表 5　　放诊科资源动因

类型	类别	资源	资源动因
直接成本	人员经费	人员工资及绩效	实际计入
	卫生材料费	卫生材料费	实际计入
	固定资产折旧	专用设备	实际计入
		一般设备	人员比例
	无形资产摊销	叫号系统	实际计入
	提取医疗风险基金	医疗风险基金	实际计入
	其他费用	维修费	设备实际消耗
		水费	人员比例
		电费	使用时间和设备功率
		办公费	人员比例
		印刷费	实际计入
		专用材料费	设备维修实际消耗、人员比例
		委托业务费	人员比例
		其他	人员比例
间接成本	行政、医辅科室分摊的成本	间接成本	人员比例

表 6　　放诊科各作业成本汇总　　单位：元

类型	类别	总成本	登记作业	检查作业	图像处理作业	阅片报告作业
直接成本	人员经费	15002791. 71	1176656. 61	5360117. 15	1810144. 14	6655873. 81
	卫生材料费	12351296. 50	0. 00	6481796. 50	5869500. 00	0. 00
	固定资产折旧	11238774. 70	12266. 58	11060716. 47	13597. 21	152194. 45
	无形资产摊销	4999. 56	4999. 56	0. 00	0. 00	0. 00
	提取医疗风险基金	64704. 17	0. 00	64704. 17	0. 00	0. 00
	其他费用：	3769726. 24	121089. 41	2795053. 38	179689. 34	673894. 12
	维修费	1237709. 37	3993. 66	1223065. 93	665. 61	9984. 16
	水费	10936. 59	965. 83	4047. 96	1462. 95	4459. 86
	电费	893051. 24	70041. 27	319064. 57	107750. 04	396195. 35
	办公费	31548. 38	2786. 09	11677. 00	4220. 11	12865. 18
	印刷费	50433. 66	0. 00	0. 00	0. 00	50433. 66
	专用材料费	1088060. 25	2856. 97	1067683. 34	4327. 47	13192. 47
	委托业务费	310351. 88	27407. 70	114870. 50	41514. 60	126559. 08
	其他	147634. 87	13037. 88	54644. 08	19748. 56	60204. 35

续表

类型	类别	总成本	登记作业	检查作业	图像处理作业	阅片报告作业
间接成本	行政、医辅科室分摊的成本	5421898.49	478817.01	2006806.58	725266.94	2211007.96
合计		47854191.37	1793829.17	27769194.25	8598197.63	9692970.32

表7　放诊科登记作业成本分配情况　单位：元

类型	类别	总成本	X 射线	CT	MRI	乳腺钼靶
直接成本	人员经费	1176656.61	249696.59	565576.82	346075.47	15307.73
	固定资产折旧	12266.58	2569.69	5820.49	3718.87	157.54
	无形资产摊销	4999.56	1136.43	2574.08	1219.38	69.67
	其他费用：	121089.41	20007.80	62218.92	37164.52	1698.17
	维修费	3993.66	1431.69	2260.56	226.06	75.35
	水费	965.83	204.96	464.24	284.07	12.56
	电费	70041.27	7894.92	35764.86	25413.50	968.00
	办公费	2786.09	633.30	1434.45	679.52	38.82
	专用材料费	2856.97	649.41	1470.94	696.81	39.81
	委托业务费	27407.70	6229.94	14111.16	6684.67	381.93
	其他	13037.88	2963.59	6712.70	3179.91	181.68
间接成本	行政、医辅科室分摊的成本	478817.01	108838.08	246524.37	116782.20	6672.35
合计		1793829.17	382248.58	882714.68	504960.45	23905.45

第五，根据医院成本分析需要，按照作业、资源类别等统计口径分别汇总各类医疗服务项目成本，如表8所示。

表8　放诊科各类医疗服务项目成本汇总（分作业）　单位：元

项目	总成本	登记作业	检查作业	图像处理作业	阅片报告作业
X 射线	5813509.14	382248.58	2380602.87	1572166.85	1478490.84
CT	23250723.61	882714.68	13138724.94	4666598.09	4562685.90
MRI	16957784.02	504960.45	11340004.09	2195439.28	2917380.19
乳腺钼靶	1832174.60	23905.45	909862.34	163993.41	734413.40

第六，根据 CT 类项目各作业动因，计算出 CT 类各医疗服务项目的单位成本，并进行 CT 类各医疗服务项目的成本效益分析。以 CT 类各医疗服务项目检查作业人员经费分配情况为例，如表 9 所示。

表 9　　　　CT 类各医疗服务项目检查作业人员经费分配

项目	检查例数（例）	单次检查时间（分钟）	总时间（分钟）	分配率（%）	人员经费（元）
X 线计算机体层（CT）平扫	23134	5	115670	28. 12	576972. 57
X 线计算机体层（CT）增强扫描	41456	7	290192	70. 54	1447504. 31
X 线计算机体层（CT）成像	126	15	1890	0. 46	9427. 49
临床操作的 CT 引导	121	30	3630	0. 88	18106. 77

汇总 CT 类各医疗服务项目的成本（不含可单独收费的卫生材料费），计算 CT 类各医疗服务项目的单位成本，如表 10 所示。

表 10　　　　CT 类各医疗服务项目单位成本汇总　　　　单位：元

项目	单位成本	人员经费	卫生材料费	固定资产折旧	无形资产摊销	提取医疗风险基金	其他费用	行政、医辅分摊
X 线计算机体层（CT）平扫	270. 84	83. 48	52. 82	57. 77	0. 04	0. 51	33. 10	43. 14
X 线计算机体层（CT）增强扫描	323. 08	111. 04	52. 82	80. 37	0. 04	0. 51	35. 17	43. 14
X 线计算机体层（CT）成像	479. 25	168. 53	52. 82	170. 77	0. 04	0. 51	43. 44	43. 14
临床操作的 CT 引导	173. 00	173. 00	0. 00	0. 00	0. 00	0. 00	0. 00	0. 00

对比分析 CT 类医疗服务项目成本与收费价格，如表 11 所示。

表 11　　　　CT 类各医疗服务项目成本收益分析

项目	总成本（元）	检查例数（例）	项目单位成本（元）	项目单位收费价格（元）	项目单位收益（元）	成本收益率（%）
X 线计算机体层（CT）平扫	6265725. 12	23134	270. 84	230	-40. 84	-15. 08
X 线计算机体层（CT）增强扫描	13393517. 26	41456	323. 08	330	6. 92	2. 14
X 线计算机体层（CT）成像	60385. 06	126	479. 25	860	380. 75	79. 45
临床操作的 CT 引导	20933. 32	121	173. 00	380	207. 00	119. 65

（2）病种成本核算。

医院病种成本计算方法主要有病种参数分配法和项目叠加法等，下面以项目叠加法举例。

【例2】以甲状腺癌根治术的病种成本计算为例，某甲状腺癌根治术患者的费用明细，如表12所示。

表12　　某患者甲状腺癌根治术医疗服务项目成本　　单位：元

序号	项目名称	工作量	单位成本	总成本
1	住院诊查费	8	33.17	265.36
2	普通床位费－A类双人间	7	123.65	865.55
3	Ⅰ级护理	1	46.23	46.23
4	Ⅱ级护理	6	40.76	244.56
……	……	……	……	……
21	浅表器官彩色多普勒超声检查	2	95.85	191.70
22	……	……	……	……
23	……	……	……	……
……	……	……	……	……
108	甲状腺癌扩大根治术	1	6404.55	6404.55
109	抗甲状腺过氧化物酶抗体（TPOAb）测定	1	17.67	17.67
110	麻醉恢复室监护	1	241.74	241.74
合计				16056.48

该患者的药品成本为4794.56元，可单独收费卫生材料成本为3918.31元。

某患者甲状腺癌根治术成本＝16056.48＋4794.56＋3918.31＝24769.35（元）

同理，计算其他患者甲状腺癌根治术成本，求取平均数后，得到甲状腺癌根治术单位成本为24778.46元。

（3）DRG成本核算。

医院DRG成本计算方法主要有参数分配法等。

【例3】以"胃肠道出血，无或有轻微合并症并发症"疾病诊断组的成本核算为例（DRG代码为I305D），共有N例患者，主要涉及六病区、输血科、放诊科、检验科和超声科等服务科室。患者费用情况如表13所示。

表 13 **患者费用明细** 单位：元

患者	六病区	输血科	放诊科	检验科	超声科
A	4261.91	594.16	572.28	1062.22	159.83
……	……	……	……	……	……
……	……	……	……	……	……
N	4289.09	596.79	574.81	1066.92	160.54

A 患者应分配的科室成本 = $\sum$ 该科室从患者取得的收入 × 分配率 = 4261.91 × 0.54 + 594.16 × 0.54 + 572.28 × 0.15 + 1062.22 × 0.18 + 159.83 × 0.67 ≈ 3006.41（元）

A 患者成本 = $\sum$ 该患者某科室成本 + $\sum$ 药品成本 + $\sum$ 单独收费的卫生材料成本 = 3006.41 + 3477.69 + 65.52 = 6549.62（元）

同理，计算所有 N 名患者的成本，I305D 单位成本 =（患者 A + 患者 B + … + 患者 N）÷ N =（6549.62 + 6415.39 + … + 6591.38）÷ N = 6557.65（元）

2. 成本分析工具方法的应用

医院定期对成本进行分析，编制医院全成本分析报告。成本分析报告主要内容包括全成本分析、类别成本分析、科室成本分析、班组成本分析、诊次成本分析、床日成本分析、医疗服务项目成本分析、病种成本分析、DRG 成本分析、成本效益分析、本量利分析等。

（1）本量利分析。

医院运用本量利分析测算医院、门诊、住院、各科室、大型设备项目的保本点工作量、保本收入。以住院的本量利分析为例。

【例 4】某年医院住院总收入 135714.03 万元，住院固定成本 36012.74 万元，变动成本 101049.13 万元，住院工作量 53715 人次。

住院单位收入（p）= 住院总收入（P）/出院人次（x）= 135714.03/53715 ≈ 2.53（万元）

住院单位变动成本（b）= 住院变动成本（B）/出院人次（x）= 101049.13/53715 ≈ 1.88（万元）

住院保本点工作量（X_0）= 住院固定成本（a）/[住院单位收入（p）- 住院单位变动成本（b）] = 55404（人次）

住院保本点收入（P_0）= 住院保本点工作量（X_0）× 住院单位收入（p）= 140172.12（万元）

某年住院保本收入 140172.12 万元，住院实际收入 135714.03 万元，还差 4458.09

万元才达到保本收入。

某年住院保本工作量 55404 人次，住院实际工作量 53715 人次，还差 1689 人次才达到保本工作量。住院盈亏平衡分析如图 2 所示。

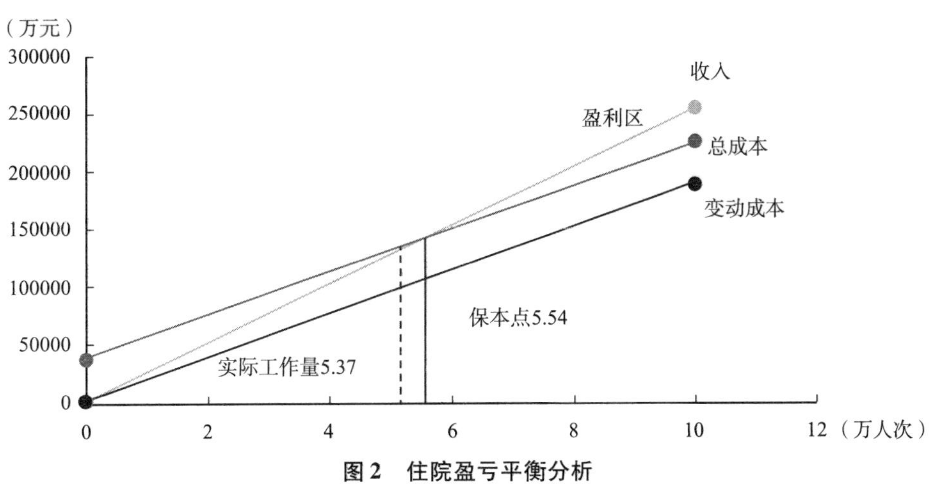

图 2　住院盈亏平衡分析

（2）趋势分析。

医院定期（按年度、季度、月度）对医院各项成本进行趋势分析，确定其增减变动的方向、数额或幅度，以掌握相关数据的变动趋势，分析其变动原因。以临床服务类科室医疗成本收益及病种收益的趋势分析为例。

①聚焦临床服务类科室医疗成本和收益趋势分析，掌握医院逐月成本及收益变动趋势，找出极值点，及时发现成本偏差和问题，并采取相应的成本管控措施。

②医保支付方式改革后，病种收益趋势分析是医院成本分析的重点内容，旨在通过对“病种付费标准”与“病种成本”的差额变动情况进行分析，控制医院各类病种成本，实现病种正收益。自 2017～2021 年，我院病种实现从亏损到盈利的转变，2017 年、2018 年病种收益均为负值，2019 年起扭亏为盈，2021 年病种收益 1203. 51 万元，如图 3 所示。

（3）结构分析。

医院定期对医院、科室、项目、DRG 全成本进行结构分析，分析人员经费等各类成本要素占医疗成本的比重及变动规律，找出影响成本的重要因素及其关键控制点，为成本管控提供依据。以住院病人成本结构分析为例，通过分析住院病人成本结构，促进临床业务流程优化，推动价值医疗。

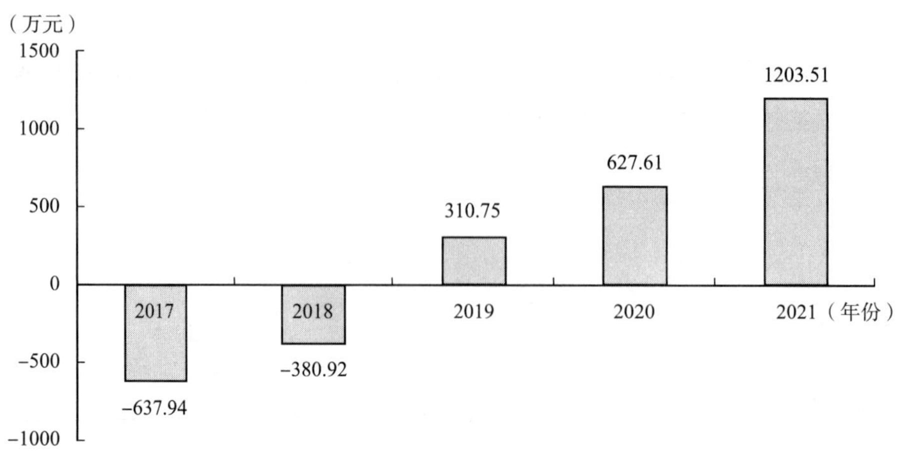

图3　病种收益情况趋势

【**例5**】医院对甲状腺癌根治术病人的住院成本进行结构分析，卫生材料费占比15.82%，药品费占比19.36%，医疗服务费占比64.82%，如表14所示。

表14　甲状腺癌根治术病人住院成本结构分析

项目	金额（元）	比例（%）
合计	24769.35	100.00
卫生材料费	3918.31	15.82
药品费	4794.56	19.36
医疗服务项目费用小计	16056.48	64.82
床位费	919.38	3.71
护理费	906.67	3.66
化验费	650.24	2.63
检查费	1961.71	7.92
手术费	9457.80	38.18
诊察费	265.36	1.07
治疗费	1895.32	7.65

（4）DRG分析。

DRG分析主要包括DRG收益分析和DRG结余分析。医院实行DRG成本精益化管理，提供DRG成本费用分析及预警数据，促进临床诊疗与运营管理深度融合，为医院DRG结构优化提供数据支撑。以DRG结余分析为例（见表15）。

【例6】某年医院共240个DRG组，其中差异正值（节约部分）的有158组，差异负值（超支部分）的有82组。主要DRG（病组）按医保收付费对每例收入影响（超支部分）排序如表15所示。

表15　　主要DRG（病组）按医保收付费对每例收入影响（超支部分）排序

单位：元/人次

排序	DRG编码	DRG名称	平均每例医保结算额	平均每例收入	平均每例超支
1	I306D	消化性溃疡，无或有轻微合并症并发症	6150.00	6153.43	-3.43
2	I116A	肝脏的其他手术，有严重合并症并发症	34588.57	34698.80	-110.23
……	……	……	……	……	……

3. 成本控制工具方法的应用

医院综合运用预算控制、可行性论证控制、财务审批控制、执行过程控制、定额控制、全员全过程控制、内部审计控制、网络化控制八项控制措施，实行医院全成本控制。

（1）医院运行成本控制。

第一，实行全成本管理。科室可控成本与绩效考核挂钩并定期通告，提高全员成本管理重视程度。第二，建立健全定额管理制度。对办公清洁用品、卫生材料实行定额控制，对高值耗材核定备用量，采用以销定领、数量管理的办法。第三，落实招标采购制度，所有招标药品及高值耗材全部纳入集中招标采购。第四，加强经费审批控制。严格按照“分级、归口、定额”原则制定经费审批流程，规范经费审批流程。

（2）医院投资成本控制。

第一，严格执行建设项目招投标管理办法。对建设项目进行全程跟踪管理，定期进行内部审计，控制建设项目造价；第二，严格执行预算管理。医院修缮、维保项目统一纳入预算项目库并设定项目绩效考核目标；第三，严格控制大型设备采购。为合理配置资源，医院医疗设备采购严格执行可行性论证控制管理制度，不断挖掘医疗器械潜能，延长器械使用寿命，做到物尽其用。

医院现有甲乙类大型医用设备共20台，使用时间10年以上并保持良好性能的设备有10台（资产原值共计近20342万元），占到所有甲乙类设备数量的50%。以HD型螺旋断层放射治疗系统（Tomo）的设备效益评估为例，医院对该设备进行全生命周期成本效益管控，通过灵活的排班机制，充分提升设备使用率，年开机天数、治疗人次逐年增长，有效缓解病人看病难的问题。同时执行医疗设备采购论证机制，有效降低设备维保成本，如表16所示。

表 16 **Tomo 效益对比**

效益指标	2019 年	2020 年	2021 年	2022 年
年开机天数	255	255	300	340
年治疗人次	16575	17471	19304	19816
维保费（万元）	500	491	392	392

（四）在实施过程中遇到的主要问题和解决方法

1. 实施过程中遇到的主要问题

一是成本管理系统信息化水平有待提高，各个信息系统间关联度偏低。二是医疗服务流程复杂、涉及环节多，成本归集责任科室不够明确。由于作业成本法对医院内部管理规范化、信息化水平要求较高，使医院作业成本法的应用目前仍处于探索阶段。三是成本核算耗费人工成本较大，核算结果不够及时准确。四是成本管理人员水平有待提高，尤其是临床一线人员尚未形成成本管理的意识。

2. 主要解决办法

首先，设定管理会计工具方法的应用目标和应用范围，明确工作流程、科室分工。组织开展成本管理培训讲座，向医务人员普及成本管理知识。其次，优化改造业务流程，逐步形成标准化流程。厘清医院成本流动过程、成本动因、成本承担科室，便于作业成本法中成本分摊动因、成本对象的选择。再次，加大信息化建设投入，促进各个信息系统之间的数据共享、互联互通。根据管理会计工具方法的应用要求，逐步完善成本核算大数据体系，不断提高数据支撑能力。最后，及时进行分析总结。对比分析主要管理会计工具方法的优缺点（见表 17），反馈管理会计工具方法的应用结果，持续改进，逐步扩大应用范围。

表 17 **管理会计工具方法在应用中的优缺点对比**

管理会计工具方法	优点	缺点
参数分配法	简单易行、计算方便	参数选择不合理会导致项目、病种成本失真
作业成本法	准确性高，有助于促进医疗服务流程优化	医疗服务项目作业划分复杂困难，作业动因的选择具有主观性，计算量大
项目叠加法	清晰易懂，可与临床路径管理结合，科学合理的核算病种/DRG 成本	对项目成本准确性要求较高，要对医院所有医疗服务项目进行全成本核算
本量利分析	方法原理简单、容易掌握，广泛应用于运营决策、投资决策	依赖成本性态分析，缺乏灵活性，仅考虑单因素的影响，侧重分析短期目标、忽略长期目标

四、取得成效

医院2019年起在全面成本管理中逐步应用实践管理会计工具方法，取得以下成效。

（一）优化资源配置

提高资源配置效率，资源配置向临床倾斜，逐步实现药品耗材“低库存”管控，管理费用率、耗占比、患者就医成本逐年下降，如图4所示。

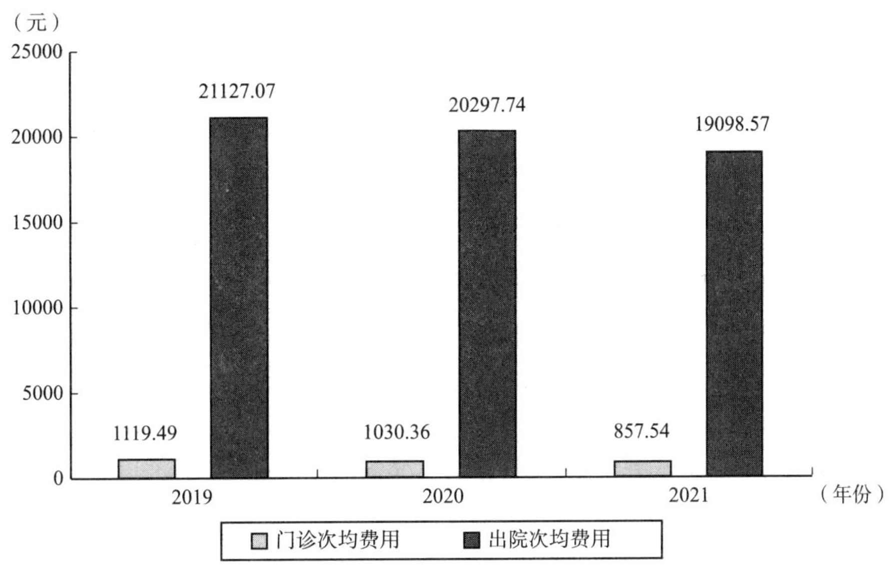

图4　门诊病人和出院病人次均费用水平变动趋势

（二）改善内部治理

建立了“预算—成本—绩效”一体化运营管理体系，形成“纵向到底、横向到边、责任到人”的成本管理组织体系。以“手术室一次性高值耗材精益化成本管理”业财融合为例，实施效果良好，如表18所示。

表18　一次性高值耗材精益化成本管理实施效果对比

成本管理指标	实施前	实施后
一次性高值耗材使用记录出错率	22.40%	5.12%
盘点平均时长	103分钟	26分钟
外科医生满意度（满分100分）	67.5分	92.5分

（三）强化内控运行

通过全成本管理，聚焦重要领域、关键环节，挤出成本水分，降低经济运行风险。成本控制安全有效，非收（计）费耗材节支降耗专项工作实现了质“更优”，价“更廉”。仅 2021 年实施非收（计）费耗材专项管控当年合计降价金额 1344.10 万元，降幅 16.6%，降低了医院运行成本。

（四）实现决策支持

有助于制定和落实医院高质量发展战略目标，取得了医疗服务量持续稳步增长等显著成效。一是加大人才引进投入，2021 年人员支出占业务支出比重较上年增加 3.05 个百分点，固定薪酬占工资性收入比例达 60% 以上；二是加强科研经费投入效益评估，推动科研临床双重驱动。全国三级公立医院绩效考核连续三年获肿瘤专科医院最高等级——A 等级，分列第 8 名、第 8 名、第 9 名，其中运营效率指标得分逐年提升，2021 年得分率达 98%。

（五）助推价值创造

助力医疗收入结构优化，医疗服务效率提升。医疗服务收入占比提高，药品耗材收入占比从 2018 年的 54.41% 下降至 2021 年的 53.85%。DRG 节余、结算率、结算额均呈上升趋势，DRG 结算率从 2021 年的 35.63% 提高至 62.33%，DRG 医保结算额从 2021 年的 2.86 亿元提高至 8.20 亿元。2018 ~ 2021 年门急诊人次年平均增长 21.19%，出院人次年平均增长 6.44%，手术人次年平均增长 14.87%，如图 5 所示。

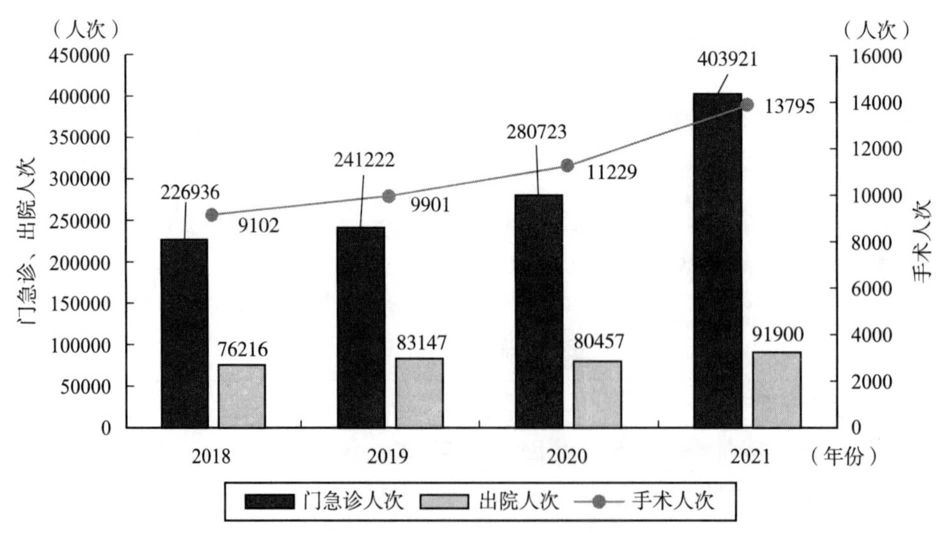

图 5 运行效率指标变动趋势

（六）促进可持续发展

医院逐渐克服新冠疫情等外部环境带来的经济运行压力，近几年医院医疗盈余始终保持正数。CMI 全国排名从 2018 年的 27 名提高至 2021 年的 14 名；2021 年四级手术 7813 人次，较 2018 年增长 42.05%；2021 年四级手术占比 63.64%，达到公立医院高质量发展评价要求，如图 6 所示。

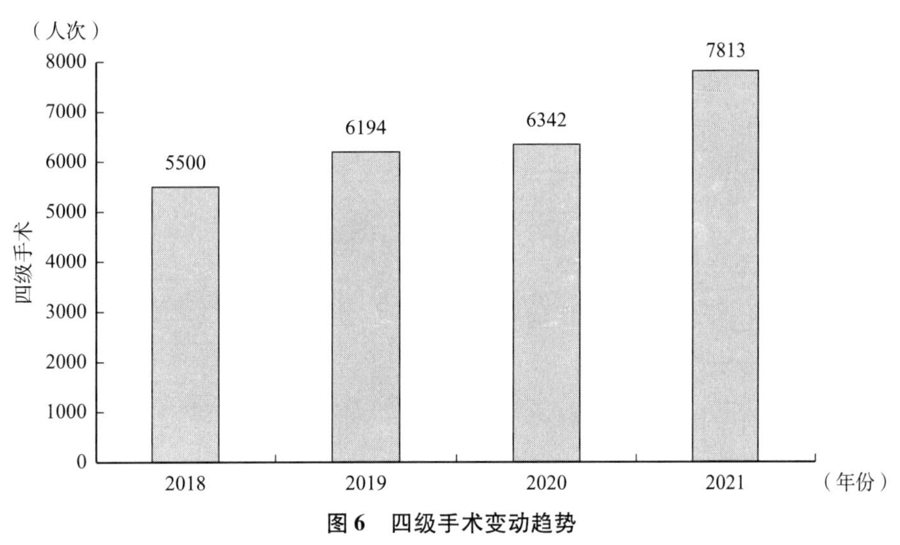

图 6　四级手术变动趋势

五、经验总结

（一）对改进相关管理会计工具方法应用效果的思考

医院管理会计工具方法的应用需综合考虑医院内部运营模式、医疗行业特点和医保支付方式改革等外部环境变化，结合管理会计工具方法的优缺点和适用范围，持续优化修正，保证实施效果。例如，在 DRG/DIP 支付方式下，成本分析的范围、对象均发生变化，就要相应调整成本分析方法、控制措施，如表 19 所示。

表 19　医保支付方式转型前后成本分析与控制对比

项目	医保支付方式调整前	医保支付方式调整后
分析范围	财务数据	财务 + 业务数据
分析对象	成本收益	成本动因

续表

项目	医保支付方式调整前	医保支付方式调整后
分析方法	成本趋势分析、结构分析	目标成本分析
控制措施	定额控制、预算控制	执行过程控制、网络化控制

（二）对发展和完善相关管理会计工具方法的建议

构建“智慧财务 + 管理会计”体系，实现管理会计应用的数智化，促进预算、成本、绩效三大管理会计应用重点领域的协同闭环管理，推动现代医院管理模式创新，如图 7 所示。

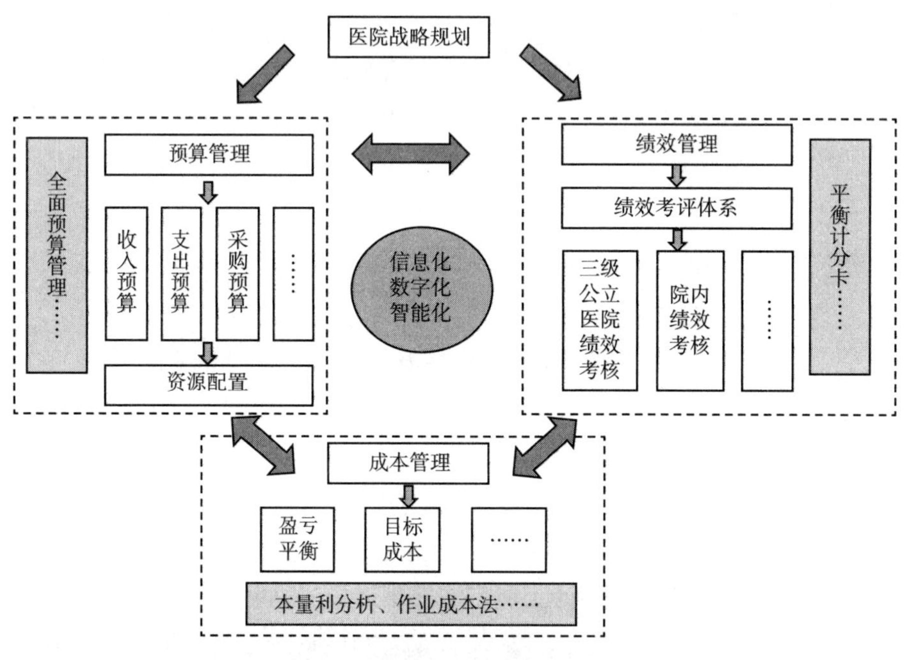

图 7 “智慧财务 + 管理会计”体系

（三）对推广应用相关管理会计工具方法的建议

1. 出台医疗行业管理会计应用指引、建立案例库

目前管理会计工具方法在医疗行业的应用缺乏行业统一标准和相关政策指导，通过建立管理会计案例库等方式，指导医院在成本管理等领域中应用各类管理会计工具方法。

2. 开展管理会计培训，发挥行业学会/协会组织作用

通过定期开展管理会计相关培训、典型案例和经验做法交流等，充分发挥财会学会/协会组织作用，在管理会计推广和规范化等方面赋予其更多的职能。

3. 推广应用嵌入管理会计工具方法的 HRP 系统，配备智能化财务分析模板

医院结合实际情况，可自主调节管理会计工具方法的应用参数。

（福建省肿瘤医院：吴　中　陈新平　郑胜寒　周　武　翁云倩　李　捷
翁菲菲　陈　烨　周　敏　江　霞　陈素珊　高云莺）

案例评语：

该案例聚焦综合运用管理会计工具方法构建全面成本管理体系。一是在核算科室成本、诊次成本和床日成本的基础上，运用参数分配法、作业成本法、项目叠加法等方法核算医疗服务项目成本、病种成本、DRG 成本。二是医院综合运用本量利分析、趋势分析、结构分析等方法，对医院的保本量、成本变化趋势、成本结构、收益进行分析，找出成本管控的重点。三是综合运用预算控制等八项控制措施对医院成本实行有效控制。案例应用提高了医院现代化管理水平，优化医院业务流程，支持医院制定和落实战略；有助于实现提质增效，保障了医院发展的安全与持续。案例单位全面成本管理体系的构建和实践过程、经验总结对其他医疗机构具有较好的实践参考价值。

DRGs付费方式下的公立医院成本数智化管理

摘要

医保支付方式的改革，对现行模式下公立医院医疗流程、财务运营、成本管理等方面均产生了重要影响，传统的运营管理模式已不适合新支付方式下公立医院的可持续发展，要求医院转变现有的经营管理理念，更加重视成本管理。

本案例主要通过对宁波市鄞州区第二医院自医保支付方式改革以来的成本管理现状及存在的问题进行简要的分析，结合DRGs付费方式下成本管理水平提升的内在要求，引入作业成本管理、标准成本管理、关键指标法、因素分析法等管理会计工具方法，运用信息化手段来协助医院进行成本数智化管理。

在作业成本管理和标准成本管理的具体应用过程中，通过对DRGs付费方式改革全过程的描述，厘清此次改革的来龙去脉及带来的影响，按照《事业单位成本核算具体指引——公立医院》（财会〔2021〕26号）等文件规定，建设基于DRGs的成本管理体系，确立各学科主流病组“临床路径”，制定标准化治疗清单，采用作业成本、标准成本等方法，进行医疗服务项目成本和DRG病组成本核算。通过因素分析法，对前期医疗服务项目和DRG病组成本核算进行分析，找出医院、科室、病组等不同层面的成本控制点，运用关键指标法设计成本数智化管理指标分析体系，建设医院智慧管理一体化平台，实现公立医院成本数智化管理。

案例对引入管理会计工具方法以来医院所取得的成效进行了分析，进一步验证管理会计给医院成本管理及运营管理等方面带来的提升。

案例最后对引入的管理会计应用工具方法在DRGs付费方式改革实践过程中获取的经验教训及成效进行分析，希望可以为同类医疗机构提供一定的借鉴。

一、背景描述

（一）单位基本情况

宁波市鄞州区第二医院（以下简称“二院”）是鄞州区委区政府为满足周边群众就医需求而投资兴建的大型三级公立医院，于2006年9月开诊，设置43个临床科室、29个行政后勤科室、14个医技科室及1个其他科室，实际开放床位1150张。2022年度门急诊总量达到113万人次，年出院量超过6.5万人次。

（二）管理会计应用基础

1. 二院管理现状及存在的问题

（1）科学管理思想缺失，成本管理意识略显薄弱。

（2）医院成本管理范围有所局限，忽略了隐性成本对于成本管控的重要性。

（3）其他宏观问题。

市场环境、内部管理、区域内竞争形势、医改政策等因素均对医院产生不小的影响。2021年宁波市开始医保支付方式改革，对住院患者施行DRGs医保支付，二院的竞争力变小，留住病人的难度进一步增大。

2. 案例实施的支撑条件

（1）本案例实施单位是宁波市首批管理会计4家试点单位之一，有丰富的管理会计案例的实施经验。

（2）本案例实施单位信息技术力量强大，有良好的成本数智化管理支持环境。

（3）本案例实施受到了二院领导的高度重视，在人员配备、数据软件及实验操作上给予全方位高度支持。

（三）选择相关管理会计工具方法的主要原因

适应DRGs支付方式改革，提升DRGs付费方式下成本管理水平，优化公立医院成本管控。

（1）医疗服务项目成本核算更为准确。

（2）公立医院成本控制更为有效。

（3）公立医院实现成本数智化管理。

二、总体设计

（一）应用相关管理会计工具方法的目标

随着疾病诊断分组 DRGs 付费模式广泛应用、推广，公立医院需严格控制医疗成本，以便有效维护公立医院的运营效益。DRGs 付费方式重视成本核算，能对病种成本加以认真核算，以此有效延缓国家医保基金支出增长的速度，通过数智化手段加强医院成本管理，促进医院的可持续发展。

（二）应用相关管理会计工具方法的总体思路

1. 确立各学科 DRG 主流病组“临床路径”，制定标准化治疗清单

在案例实施过程中，临床医生按照标准的临床路径进行治疗并对其进行不断的优化。PDCA 闭环管理可应用到临床路径之中，通过 PDCA 管理可以跟踪成本产生的全过程，进而不断提升医院临床路径的管理水平。

2. 构建基于 DRGs 的成本核算体系

按照《事业单位成本核算具体指引——公立医院》（财会〔2021〕26 号）等文件规定，案例实施单位构建了新的基于 DRGs 的成本核算体系，做到精细化核算科室、医疗服务项目以及 DRG 病组成本。

（1）选择作业成本法，在科室成本的基础上核算医疗服务项目成本更为准确。

（2）选择自下而上法，以医疗服务项目成本为基础核算 DRG 病组成本。

（3）运用标准成本法、因素分析法等管理会计工具方法，从不同层面、不同维度进行科室成本、医疗服务项目成本、DRG 病组成本分析。

3. 应用医院智慧管理一体化平台进行成本数智化管理

此项最关键是设计成本数智化管理指标分析体系，运用关键指标法、因素分析法等管理会计工具方法，结合公立医院不同层面成本控制的关键点以及成本的可控性进行设计，建设智慧管理一体化平台，运用信息化手段促使公立医院全员、全过程参与成本管理和控制。

（三）相关管理会计工具方法的内容

（1）运用标准成本管理制定各学科 DRG 主流病组的治疗标准化清单。

（2）运用作业成本法进行医疗服务项目核算。

（3）运用关键指标法设计成本数智化管理指标分析体系。

（4）运用因素分析法进行各项成本分析。

（四）应用相关管理会计工具方法的创新

本案例基于数字化业务平台，将管理会计的工具方法应用于不同的业务场景，从而打造了业财融合的医院成本数智化管理体系。在应用管理会计工具方法时，主要创新点在于：

（1）基于数字化业务平台，实现了医疗服务项目的作业成本核算。

（2）基于标准成本法，实现了 DRG 主流病组费用的标准化管理。

（3）基于因素分析法，实现了医疗服务项目成本、DRG 病组成本以及公立医院成本全流程的跟踪管理。

（4）基于关键指标法，构建了成本分析管理与绩效评价考核体系。

三、应用过程

（一）成立项目组与成本数智化管理小组

为贯彻落实财政部《关于全面推进管理会计体系建设指导意见》的文件精神，推动管理会计在企事业单位的实践应用，结合 DRGs 付费方式改革，医院开展成本数智化管理。

在本案例的实施过程中，医院第一时间建立了在院长、分管院长领导下，运营计核科牵头，医保、医疗、质控、病案、信息、财务、护理等职能部门组成的成本数智化管理组织架构，负责全院成本数智化管理的推进工作。

运营计核科具体负责医院成本数智化管理指标分析体系的设计、构建基于 DRGs 的成本核算体系、成本核算与成本管理数据分析；医务科推动临床路径建设和各学科 DRG 主流病组“临床路径”的确立，规范医疗行为；医保办负责制定各学科 DRG 主流病组标准化治疗清单、医保政策宣教、数据分析、与医保局的沟通协调；病案室负责规范病历首页填写，把关编码质量；质管办负责运行病历内涵质控，监控耗材使用；财务科负责相关绩效考核的实施；信息科负责医院智慧管理一体化平台建设以及解决其他相关信息需求；科主任、护士长负责落实本科室和病区成本的有效控制；科室内的成本专管员负责每月科室各项成本分析及持续改进，负责申诉反馈等。强调全员全过程参与、各司其职，有序推动成本数智化管理的顺利开展。

（二）基于 DRGs 支付方式改革开展

在建立组织架构、分工明确后，通过培训、政策宣教，医疗规范、信息化工具支持等方面为成本数智化管理工作的开展做好前期准备工作。

1. 多维度、多场次宣教 DRGs 支付政策改革和科室成本管理

本案例开始实施后，对全院职工多维度、多场次、全覆盖地进行宣教，合计培训 70 余场次，培训强调学科个体化数据分析、案例分析，使全院职工能够全面了解政策改革对医院带来的影响以及医院成本控制的重要性。

2. 准确填写病案首页，确保合理入组

加强临床医生病案首页填写的质控培训，提升病案编码员阅读病案和编码能力，编码员加强病案首页上传前的审核和质控，积极开展医保 DRGs 申诉反馈工作，确保 DRGs 病历准确入组。

3. 推进主要病组的 DRGs“临床路径”建设

对 DRGs 支付来说，粗放型临床路径的管理模式是不能满足 DRGs 管控需求的。关注重点病种，优化病种结构，根据往期数据反映的问题，遴选部分重点病种作为重点发展，通过病种路径不断优化，撬动病种结构加快转型。

4. 加强信息化建设

运用信息化手段进行病案校验，构建 DRG 分组器引擎进行分组预测预警等，助力医院成本数智化管理的信息化建设。

5. 开展个体化科室 DRGs 数据点评工作

DRGs 支付工作必须全员参与，开展 DRGs 数据现场点评工作就是最理想的方式。

（三）DRGs 付费方式下的公立医院成本数智化管理的实施

1. 确立各学科 DRG 主流病组“临床路径”，制定标准化治疗清单，为成本事前控制做准备

（1）确立各学科 DRG 主流病组“临床路径”共计 130 组，制定 DRG 主流病组的治疗标准化费用清单，设定每类治疗项目的费用标准。

（2）制定了 108 个 DRG 主流病组手术费用、23 个麻醉费用标准套餐。

2. 构建基于 DRGs 的成本核算体系

（1）细化科室成本核算，使科室成本核算结果更加合理准确。

科室成本是医疗服务项目成本和 DRG 病组成本核算的基础，因此科室成本核算结果是否准确直接关系到科室层面的医疗服务项目成本和 DRG 病组成本核算。

①按照规定设置成本核算科室，将护理单元独立于临床科室，归类于医技服务类

科室，使成本核算更加合理。

②规范成本支出列支，各项费用由归口科室梳理并归集上报，归集为临床医技科室的直接成本占总成本比例控制在90%以上，使成本核算结果更加准确。

③间接成本分配标准遵循因果关系和受益原则，将资源耗费根据动因分项目追溯或分配至相关的成本核算对象。

（2）在科室成本基础上进行医疗服务项目成本核算。

①搭建医疗服务项目成本核算模型。

根据医疗服务项目相关成本的数据流、工作流（理论）情况，从人员配备、协作情况、材料消耗、设备配置、其他成本五个方面入手搭建，采用作业成本法等方法进行医疗服务项目成本归集。

人员作业：根据医疗服务项目操作人数、操作时长以及参与操作的医务人员级别和各级别医务人员操作概率等因素将人力成本归集至医疗服务项目。

协作情况：根据协作服务科室进行医疗服务项目时所需的人员配备，将协作人力成本归集至医疗服务项目。

材料消耗：根据消耗的不可收费材料数量，直接将不可收费的材料成本归集至医疗服务项目。

设备作业：根据医疗服务项目所使用设备的操作时长将固定资产折旧成本归集至医疗服务项目。

其他成本：除人力、药品、耗材、固定资产折旧以外的成本，直接能归集的直接计入，无法直接归集的采用收入比例法、工作当量法等方法将成本归集至医疗服务项目。

②进行医疗服务项目成本填报。

组建包括临床医生、医技、护理、信息、财务、仓库等人员组成的医疗服务项目成本核算团队；二院参与填报的临床、护理、医技业务骨干人员达100多位，填报医疗服务项目超过6000项，另有20位财务、信息、仓库员工进行项目填报支持。

③医疗服务项目成本核算程序。

第一步：采集基础数据，成本核算软件通过与其他软件整合对接，可直接进行各系统的基础数据采集。

第二步：确定核算范围，可根据成本管理需求，按需求调取科室成本核算数据。

第三步：划分作业、获取动因参数。

第四步：运用核算系统，进行医疗服务项目成本计算及数据校验。

（3）进行DRG病组成本核算。

根据《事业单位成本核算具体指引——公立医院》和《公立医院成本核算规范》等文件规定，选择自下而上法进行核算，以医疗服务项目成本为基础计算DRG病组成本。

3. 应用医院智慧管理一体化平台进行成本数智化管理，有效地进行成本事中控制

结合医院的实际管理需求，并充分考虑适应多元复合式付费方式改革，通过医院智慧管理一体化平台，构建精准化、智能化、数字化、平台化的现代化管理支持工具，基于医院历史数据和不同层面成本的可控性，结合国家及本地医保政策，设置医院各层面成本数智化管理指标分析体系，使医院实现全员、全过程地对成本进行动态管理。在保障医疗质量的前提下，及时发现成本控制的薄弱环节，不断优化临床路径和成本管理流程，优化资源配置，有效提高临床医生的工作效率，提升医院整体的经济效益。

（1）设计公立医院成本数智化管理指标分析体系。

成本数智化管理指标分析体系设计主要从院级和科室两个层面展开，科室层面的指标设计，从科室延伸至诊疗组和门诊医生个人；设计的关注点是指标运用对成本的可控性，具体指标如表 1 所示。

表 1　成本数智化管理指标

<table>
<tr><th>项目名称</th><th>一级菜单</th><th>二级菜单</th><th colspan="2">显示内容</th><th>备注</th></tr>
<tr><td rowspan="19">成本数智化管理</td><td rowspan="19">院级层面</td><td colspan="3">医院收入结构</td><td>实时指标</td></tr>
<tr><td colspan="3">医院支出结构</td><td>结果指标</td></tr>
<tr><td colspan="3">医院全成本控制</td><td rowspan="2">结果指标</td></tr>
<tr><td colspan="3">医院收支结余</td></tr>
<tr><td rowspan="7">人员经费控制</td><td rowspan="5">效率指标</td><td>门急诊人次</td><td rowspan="5">实时指标</td></tr>
<tr><td>门诊医疗业务收入</td></tr>
<tr><td>出院人次</td></tr>
<tr><td>实际占用床日</td></tr>
<tr><td>住院医疗业务收入</td></tr>
<tr><td rowspan="2">效益指标</td><td>人员经费</td><td rowspan="2">结果指标</td></tr>
<tr><td>人员经费占比</td></tr>
<tr><td rowspan="4">药品成本控制</td><td colspan="2">药品费</td><td>结果指标</td></tr>
<tr><td rowspan="2">均次药品费</td><td>住院均次药品费</td><td rowspan="2">实时指标</td></tr>
<tr><td>门诊均次药品费</td></tr>
<tr><td>药品收支对比</td><td></td><td>结果指标</td></tr>
<tr><td rowspan="4">材料成本费控制</td><td colspan="2">材料支出</td><td>结果指标</td></tr>
<tr><td>均次材料费</td><td>住院均次材料费</td><td>实时指标</td></tr>
<tr><td colspan="2">材料收支对比</td><td rowspan="2">结果指标</td></tr>
<tr><td colspan="2">材料支出占收入比</td></tr>
</table>

续表

项目名称	一级菜单	二级菜单	显示内容			备注
成本数智化管理	院级层面	固定资产成本控制	固定资产折旧费等			结果指标
			效率指标	每床日固定资产折旧费		结果指标
			效益指标	固定资产折旧占收入比		
		其他成本支出控制	其他成本			结果指标
			每床日其他成本			结果指标
			其他成本占收入比			
		医疗服务项目成本				结果指标
		DRG 病组成本				结果指标
	临床服务类科室	药品成本控制	药品均次费用			实时指标
		科室费用控制	住院科室各项费用控制			实时指标
			门诊科室各项费用控制			
		DRGs 费用控制	DRG 病组费用控制			实时指标
			诊疗组 DRG 病组费用控制			
	医疗技术类科室	成本控制相关工作量指标	实际占用床日			实时指标
			病区出院人次			
			执行收入	各项收入		
				均次收入		
		成本控制指标	材料成本控制	卫生材料收入和材料领用对比		实时指标
				剔除药品材料后收入和材料领用对比		
				均次材料成本		
				可收费材料管理		
				不可收费材料管理		
			固定资产成本控制	固定资产周转率		结果指标
				固定资产分布		
	医疗辅助类科室	工作量指标	各医疗辅助科室对应工作量			实时指标
		成本控制指标	材料成本控制	材料领用		
			固定资产成本控制	固定资产分布		结果指标
	行政后勤科室	成本控制指标	材料成本控制	材料领用		实时指标
			固定资产成本控制	固定资产分布		结果指标
			其他成本控制			结果指标

①院级层面指标，主要选择五大类成本项目中成本占比较高的项目。人员经费控制主要关注点为人员效率，因此设计的具体指标主要关注点为工作量；药品和材料属于变动成本，主要通过均次费用进行控制；固定资产控制主要关注点为使用效率和效益；其他费用控制主要关注点是能耗、维修维保、低值易耗品等。

②临床服务类科室控制指标，主要适用于临床科室，包括门诊和住院，控制的主体为临床医生，最主要的成本可控点为药品和手术材料的使用。

③医疗技术类科室控制指标，主要适用于医技科室和护理单元，控制的主体为医技医生和护士。医院 90% 的不可收费材料由此部分科室支出，因此设计的指标与材料支出相关为主，相关工作量指标体现员工的工作效率，进行人员经费的控制。

④医疗辅助类科室控制指标，此类科室成本支出相对比较少，主要控制点除人员经费外，材料的消耗和固定资产相关支出是控制的重点。

⑤行政职能类科室，是医院的管理部门，成本控制的重点在于其他成本支出。

（2）进行医院智慧管理一体化平台建设。

通过与医院 HERP 物流系统、固定资产系统、成本核算系统、HIS 系统、电子病历系统、DRG 系统、病案系统等信息系统对接，建立数据互联互通。根据成本数智化管理指标分析体系要求，及时地采集各系统数据在一体化平台上进行展示，数据展示的要求为从不同维度对不同指标，进行前后期、与标准等对比，用可视化图表形式展示。最后，对数据进行校验与分析，确定数据准确无误。

（3）向全院各科室开放智慧管理一体化平台，全方位进行成本管理和系统使用培训，应用平台进行成本数智化管理。

通过前期的成本管理培训，全院职工成本控制意识明显加强，智慧管理一体化平台上线后，全方位进行成本管理和系统使用培训，使院领导、职能部门、中层干部、各业务科室医生和护理等不同层面能够掌握系统使用，实时掌握各层面的成本动态，发现成本控制中存在的问题，优化相关成本管理流程。

①院领导和成本管理等科室运用智慧管理一体化平台，能够时刻掌握医院整体的实时指标和结果指标，运用信息化手段全面地对医院成本进行动态控制，如图 1 所示。

②临床服务类科室运用智慧管理一体化平台，能够每月掌握本科室员工的工作效率，能够实时动态、有效地进行本科室均次药品费用和均次材料费用的控制，如图 2 所示。

③医疗技术服务类科室，是医院成本控制最关键的部门，人力成本、不可收费材料和低值易耗品消耗、固定资产折旧等支出分别占医院各类成本支出的比重大。因此，对此类科室的成本管理尤其重要。运用智慧管理一体化平台，不仅能够使医技类科室每月都能掌握本科室人力成本相关指标数据并进行控制；实时动态地进行不可收

费材料和低值易耗品消耗控制，如图 3 所示。

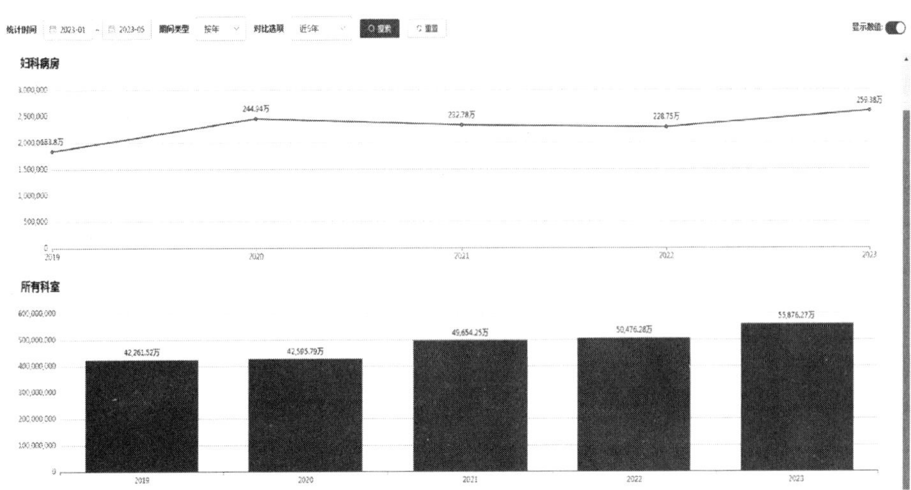

图 1　院级层面成本数智化管理

住院科室

科室名称	医生姓名	费用	人数	均次费
泌尿外科普通门诊	[illegible]	119.28	2	59.64
泌尿外科普通门诊	[illegible]	119.28	9	13.25
泌尿外科普通门诊	[illegible]	526.37	1	526.37
泌尿外科普通门诊	[illegible]	64.82	2	32.41
泌尿外科普通门诊	[illegible]	123.00	4	30.75
泌尿外科普通门诊	[illegible]	61.47	1	61.47
泌尿外科普通门诊	[illegible]	20.78	1	20.78

图 2　临床服务类科室药品使用控制

物资编号	物资名称	规格	单价	期初	本期领用		本期收费		本期调整数	期末结存	状态	操作
				数量	数量	金额	数量	金额		数量		
6866051006232	一次性使用负压引流器	1000ml(1箱48个)	6.00	3	0	-	0	-	-2	1	已保存	修改
6866051000115	[illegible]	F28（1箱150根）	6.60	139	16	106.00	0	-	-151	4	已保存	修改
6866011000017	一次性使用真空采血管（金图VACUETTE）	(带)血沉管 Φ9*120	3.50	186	0	-	0	-	-138	48	已保存	修改
6864021000112	3M透明敷料	1624W/6cm*7cm 100片/盒	3.20	-579	900	2,880.00	601	1,923.00	507	227	已保存	修改
6866071000004	一次性使用胃管（苏云）	Ⅱ-Fr16	2.84	2	0	-	0	-	-1	1	已保存	修改
6866011000061	自粘尿袋延长管	YV-1(1箱480根)	0.75	-59	0	-	1	1.00	60	0	已保存	修改
6864021000158	一次性使用负压引流护创材料(带盖)	SFI-B-2-20×13×1.0	270.00	1	0	-	0	-	-1	0	已保存	修改
汇总		[illegible]		58846	17544	47,379.00	19724	55,329.00	52807	3859		

图 3　医疗技术类科室耗材动态管理

④医疗辅助类科室和行政职能类科室，根据各自成本控制关键点进行成本数智化管理，如图 4 所示。

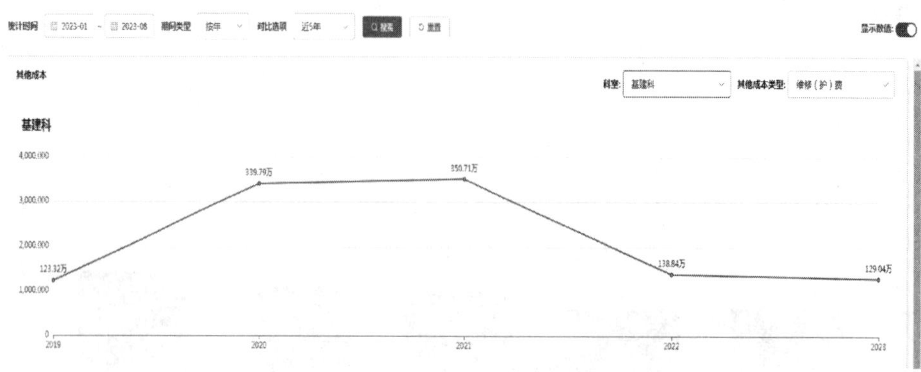

图 4　行政职能类科室其他成本控制

成本控制，需要全医院的职工共同参与。通过每位员工的控制，科主任的重视，职能科室助力，院领导的督办，通过成本数智化管理，有效地控制成本支出，来改善医院的经济运营情况。

4. 加强成本数据监控分析，进行公立医院成本的事后控制

持续不断地进行成本数据价值提炼，发现在 DRGs 付费方式下医院成本管理上存在的问题，不断优化成本管理流程，根据成本资源模型结合数据分析结果进行资源再分配。

（1）通过对各学科 DRG 主流病组治疗费用和手术材料使用情况的监控，不断优化临床路径和标准化治疗清单，有效控制医疗费用的增长。

（2）通过科室成本分析，发现问题及时采取措施，优化相关流程，借助品管圈等工具持续不断地进行完善，有效地控制科室成本。

（3）通过医疗服务项目成本分析，发现不同科室同一项目成本差异原因，找出控制薄弱点并进行管控。如图 5 所示，307 病区和 611 病区“小换药”项目，成本差异的原因主要是操作时间上的不一致，发现此类问题后，第一时间与护理部进行沟通，分析问题所在，通过优化流程并进行持续改进，实现护理治疗操作的同质化和标准化。

（4）通过对 DRG 病组成本进行分析，包括对成本结构、DRG 病组盈亏等分析，可以细分为 DRG 病组、科室、医院等不同层面，针对费用的分类、归集和变化，找出成本控制中的问题并进一步进行数据挖掘，促进 DRG 病组成本的有效管理。如表 2 所示，同一 DRG 病组，因不同科室在医疗、药品、材料等方面发生的成本支出不同，导致同一病组产生的盈亏也不同；通过分析，可以有效直接地进行病组材料和药品使用的控制，也可为政府 DRGs 支付定价提供有力的数据支持。

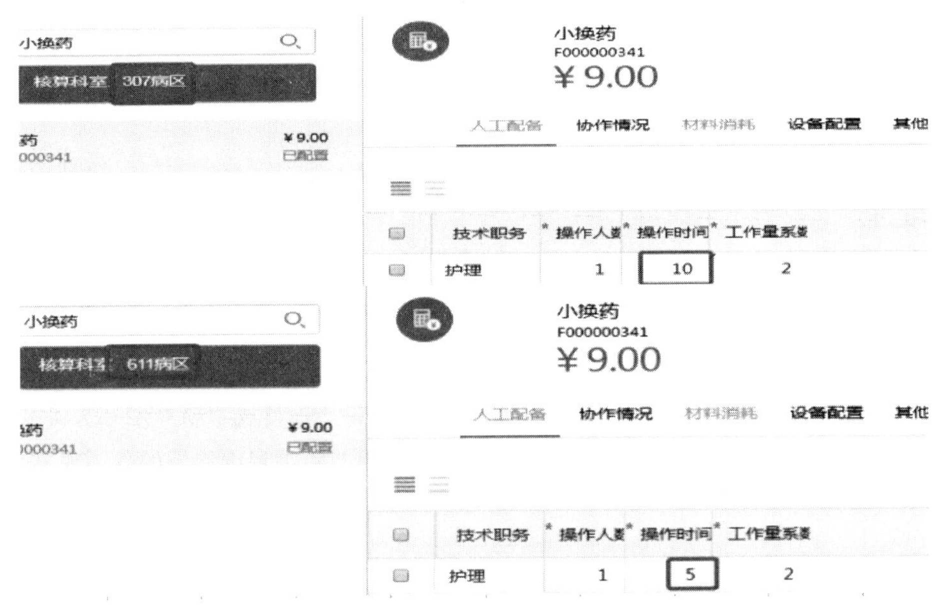

图5　医疗服务项目成本差异分析

表2　　DRG 病组成本差异分析

科室	DRG 编码	病组名称	病例数	医保结算额	例均收费	例均成本	单收费材料	药品	结算－成本
泌尿外科三病房	RU13	与化学和/或靶向、生物治疗有关的恶性增生性疾患，伴有一般并发症与合并症	790	4362	5620	6499	23	4354	－2137
泌尿外科六病房	RU13	与化学和/或靶向、生物治疗有关的恶性增生性疾患，伴有一般并发症与合并症	872	4362	3503	3526	25	2573	836

5. 科学的绩效考核是成本控制的指挥棒，支持成本管理的事后控制

在 DRGs 付费方式下，为更好地进行成本管理，医院需改变现有的绩效考核模式，在多劳多得与优劳优酬的前提下，结合医院考核目标开展成本相关的激励性绩效考核，如进行均次药品费考核、材料消耗控制考核、DRG 病组成本控制考核等，倒逼员工进行成本控制。

（四）在实施过程中遇到的主要问题和解决方法

1. 实施过程中遇到的主要问题

DRGs 支付方式改革才刚刚起步，更不用说将其与成本管理相结合进行数智化管理，并且在案例实施过程中结合作业成本法、关键指标法等这样的管理会计工具方法。因此，相关可借鉴经验的缺失使现有的成本核算实践中仍然存在许多问题，主要可归纳为以下四点。

第一，临床医护人员对 DRGs 概念和成本管理的认知程度有所欠缺，重视程度也有待提升。

第二，部分病例分组不准确，在病例的填写过程中存在不规范的现象。其中，在病例首页中存在的不规范现象主要包括诊断不准确，其他诊断、手术及操作不完整、不规范，主要信息遗漏等，进而导致其 DRG 入组错误。

第三，自下而上法核算的 DRG 病组成本，医疗服务项目成本核算是其关键要点，直接关系到作业成本模型的构建。在构建过程中，需要将项目中涉及的各项成本费用进行归集匹配。目前由于没有统一的标准以及可借鉴的经验，在作业成本的填报过程中不规范、不完整的现象时有发生，因此成本数据的质量还有待提高。

第四，案例实施推进过程中会遇到阻碍。转变原公立医院粗放型成本管理模式，进行医院成本精细化管理，会影响各方面的利益，成本精细化管理会受到临床、医技等科室不同程度的阻力。

2. 解决方法

（1）强化 DRGs 管理工具宣传培训。

针对 DRGs 概念认知程度不足以及 DRGs 管理工具应用不娴熟的问题，可以通过组建专职助理的形式对接临床科室，并在此过程中进行 DRGs 的宣讲活动以及病种分类的图谱，进行 DRG 成本核算理论及方法的宣讲，让临床科室更直观地认知 DRGs 支付方式改革的基本理念以及成本概况，强化成本优化管理。

（2）规范病历首页填写。

患者所处的 DRGs 分组很大程度是由病历首页填写的完整性以及准确性决定的。针对病历首页填写存在的不规范行为，二院通过开设讲座的形式，组织病历首页准确填写的培训，以此减少书写不规范、编码不匹配导致的病种分组有误的情况出现，进一步提升病历首页的质量。而针对项目填报不准确的情况，二院可结合大数据的应用情况，结合后台实时监控，发现错误及时改进。

（3）尝试建立成本核算标准作业库。

为保证项目成本数据的准确性，二院可以尝试建立作业成本库，通过与临床科室的交流沟通，选取作业频次较高的科室，通过不断地探索以及优化，进而建立较为标准的作业成本库，为作业模型提供最新最准确的数据支撑。

（4）加强成本管理宣教，进行成本数智化管理培训。

强化员工成本管理意识，让全体医务人员认识到成本管理的重要性，运用信息化手段，方便员工进行成本管控。

四、取得成效

（一）实现成本数智化管理

运用好管理会计工具方法，应用医院智慧管理一体化平台进行成本数智化管理，从而进行成本动态化、可视化、精细化管控，有效控制公立医院各项成本支出，如图6所示。

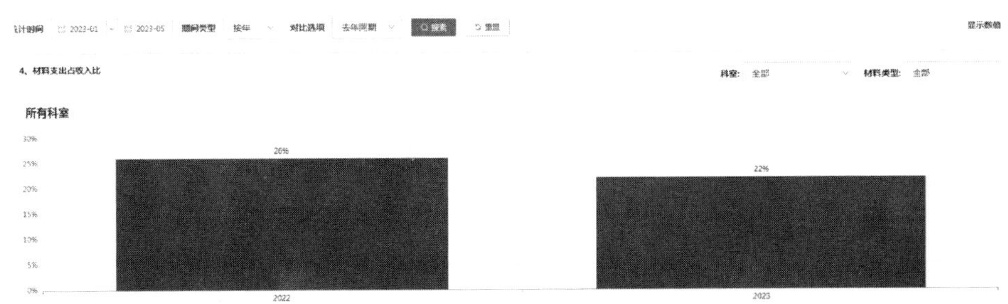

图6　2023年1~5月材料成本控制

（二）医疗服务效率提升

通过成本数智化管理，二院员工工作效率提升明显，2023年1~5月每个职工门诊接诊人次较上年同期增长8.28%；病床周转次数加快，2023年1~5月较去年同期增加1.05次。

（三）医保支付率提升至合理区间

医保支付率的高低，影响医院的整体运营，通过住院病人费用控制，医保支付率逐月递增，如图7所示。

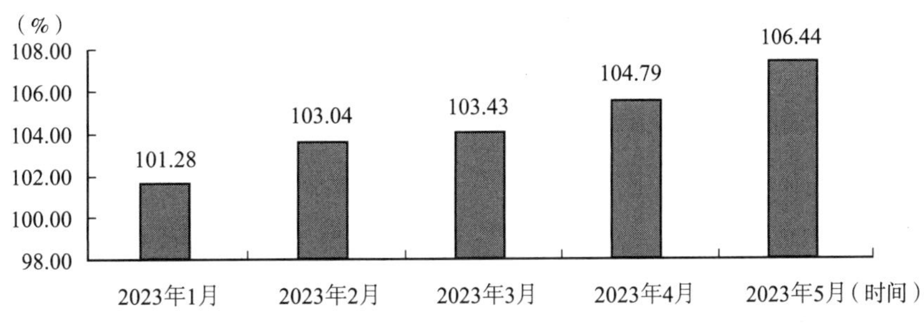

图7　2023年1~5月医保支付率

（四）住院均次费用下降，患者负担减轻

从图 8 可以看出，自实施成本数智化管理以来，住院患者的均次费用下降明显，医院成本管理的改善带动了药品和材料使用控费的有效实施，最终达到均次费用下降的目的。

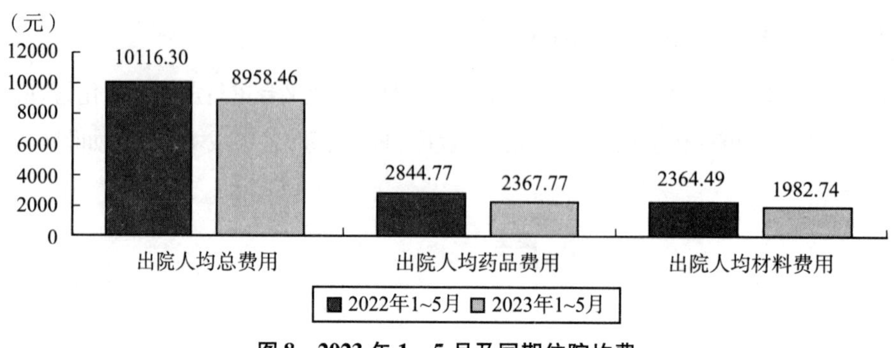

图 8　2023 年 1 ~ 5 月及同期住院均费

（五）精细化管理水平提升

本案例的实施，使财务数据和业务数据成为一种共享，面向业务流程的事前、事中、事后的成本控制，多维度的分析，实现医院成本数智化管理。

（六）信息化管理水平提升

利用智慧管理一体化平台，实现数据的双向读取、实时共享，将成本管控的关口移至业务前段，提高决策的时效性，提升医院的整体经营管理水平。

五、经验总结

（一）相关管理会计工具方法的基本应用条件

公立医院本身就是一个庞大的综合性系统，其开展的医疗项目天然就具有综合性强、数目繁多等特点，符合各种管理会计工具方法的基本应用条件。

（二）相关管理会计工具方法成功应用的关键因素

1. 信息化管理平台的优化

医院智慧管理一体化平台的使用，使医院领导层、中层干部和全体员工能够使用系统实时动态地进行成本控制，缩减时间成本，实现即时的信息共享。医院成本管理是一个持续的过程，根据不同时期医院成本数智化管理需求，不断地进行信息化管理

平台的优化。

2. 医疗流程相对稳定

二院属于综合性医院，其开展的业务较为繁杂，对应的流程也较为烦琐，但其大多数的服务项目操作流程相对来说都是较为固定的。

（三）对改进相关管理会计工具方法应用效果的思考

（1）成本数智化管理需要医院管理层的重视、支持和全员参与。

（2）成本数智化管理需要信息化的支撑、坚持刚柔并进。

（3）DRGs 付费方式下的公立医院成本管控。

①建立医保支付标准管理抓手，提高医疗收入的含金量。

②在医保按 DRGs 付费的模式下，有效地进行成本控制，医院运行机制将从“重收入”转变为“降成本”。

（四）对推广应用相关管理会计工具方法的建议

成本数智化管理已在二院全面开展实施，通过相关管理会计工具方法的应用，医院的成本控制效果明显，取得了良好的经济效益和社会效益；相关管理会计工具方法可在执行《事业单位成本核算具体指引——公立医院》等文件的公立医院进行推广应用。

（宁波市鄞州区第二医院：孙　波　吴利明　胡亚娣　鲍彩茹　邱　妘
王成文　李　英　戴莉莉　林俊杰）

案例评语：

该案例聚焦于结合 DRGs 付费方式下成本管理相关管理会计工具的应用，通过作业成本管理、标准成本管理、关键指标法、因素分析法等管理会计工具方法，运用信息化手段来协助医院进行成本数智化管理。比如，建设基于 DRGs 的成本管理体系，确立各学科主流病组“临床路径”，制定标准化治疗清单，采用作业成本、标准成本等方法，进行医疗服务项目成本和 DRG 病组成本核算。通过因素分析法，对前期医疗服务项目和 DRG 病组成本核算进行分析，找出医院、科室、病组等不同层面的成本控制点，运用关键指标法设计成本数智化管理指标分析体系；建设医院智慧管理一体化平台，实现公立医院成本数智化管理。案例单位基于成本数智化管理的实践过程、经验总结对其他医疗机构具有较好的实践参考价值。

运营模式下的公立医院疾病风险成本管理实践案例

摘要

随着医药卫生体制改革的不断深入，药品耗材零加成、医保支付方式改革等一系列政策的实施推进，公立医院运营模式亟待从粗放管理向精细化管理转变，提高成本精细化管理水平成为公立医院高质量发展的重要命题。应用管理会计工具和方法加强公立医院成本管理，是实现精细化管理的重要途径。

本案例采用分步成本法和分批成本法，将传统医疗成本分摊的四类三级分摊模式调整到五类四级分摊模式，实现个案成本的核算；运用基于疾病风险建模的目标成本法，测定个案成本的目标管理值，将 O/E 值指数作为目标管理评价指标，以目标为导向提高医院成本管控能力；利用波士顿矩阵从医疗服务收益和效率等多个维度对科室/病种进行分类和定位，以 DRG 为抓手提高医疗数据可比性，充分发挥管理会计专业优势，不断创新成本管理模式，实现从成本核算向运营决策支持方向发展，以精细化管理提高医疗服务质量，提升运营效率和效益，助推医院高质量发展。

一、背景描述

（一）单位基本情况

中山大学附属第三医院是国家卫健委直管的综合性三级甲等医院。2018 年 12 月，获批准为广东省高水平医院第二批重点建设医院。拥有天河、萝岗、粤东、肇庆四个院区，实行同质化管理模式。医院始终坚持以病人为中心，聚力三大学科群（肝病、脑病、免疫性疾病）、三大平台（干细胞、纳米、大数据）、一个标准（5G 赋能多院区运营模式），全面推进高质量发展。

（二）管理会计应用基础

目前公立医院成本管控意识普遍较淡薄，信息化水平仍有待提高，实施成本管控过程中缺乏科学的成本考核标准，难以对业务部门成本管控效果进行合理评价，存在业务与财务脱节导致的成本预测不准确等问题。如何设置科学合理的科室成本绩效指标，正确评价科室成本管控效果，提升运营效率和效益，是本案例拟解决的关键问题。

近年来，中山大学附属第三医院逐步建立起多元化成本核算体系，不断提升成本核算精细化水平。在此基础上，本案例进一步通过运营模式下的公立医院疾病风险成本管理实践，为公立医院应用管理会计工具方法实现成本精细化管理提供启示和参考。

（三）选择相关管理会计工具方法的主要原因

分步和分批成本法针对医院科室特点分别采用不同的核算方式，具备理论可解释性；在个案成本分析应用方面具有可操作性，能够较为客观地反映不同类型科室的业务逻辑与特点，利于支撑决策分析。

目标成本法可以通过设计环节和价值环节来降低成本。该方法要求在医疗活动发生前，综合考虑上下游环节的目标成本，优化诊疗流程，明确决策的责任中心以对成本进行控制。

波士顿矩阵将医疗市场和医院运营实力结合，避免了对财务数据的逐利性与短视性。通过考核指标和管理方案结合，将矩阵纵横划分为四象限，对象限内各单元制定差异化发展战略，实现资源运营的良性循环。

二、总体设计

传统成本核算和管理更多注重财务维度的成本数据计算与分析，数据与分析结果难以让其他职能科室和临床一线医护人员理解并使用。如何使成本管理与临床运营结合互动起来，打造业务深入融合的成本管理体系是本次一揽子成本管理会计工具应用实施的重要目的。

（一）应用成本管理会计工具方法的目标

（1）《国家卫生健康委员会 国家中医药管理局关于印发公立医院成本核算规范的通知》相关要求及规范。

（2）为医院高质量发展、业务融合的整体管理体系提供政策依据，推动从成本核算到管理会计转型，从成本核算到运营决策支持方向发展。

（二）应用成本管理会计工具方法的总体思路

为贯彻落实医院成本战略，本案例围绕数据处理、数据分析和数据决策三个层次搭建理论框架，运用管理会计中的分步和分批成本法、目标成本法和波士顿矩阵等工具，进行病人个案成本管理和疾病风险建模分析，并以报表的形式为决策者开展成本管控提供数据支撑（见图 1）。

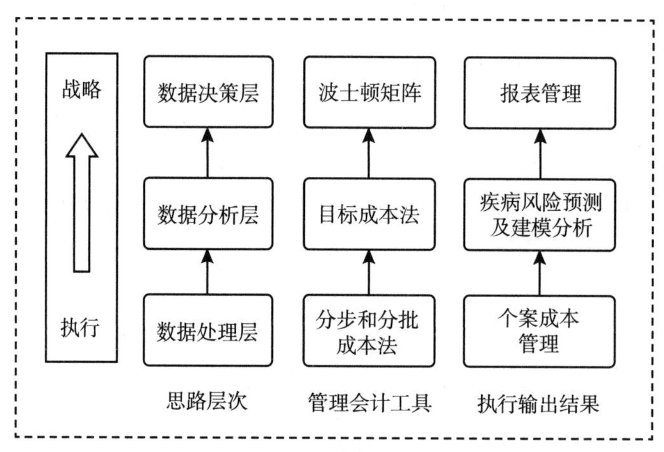

图 1 总体思路

1. 数据处理层

分步和分批成本法：把医院海量的成本数据通过分步和分批成本法的成本分摊方法分配到不同成本属性的科室和不同成本类型。

2. 数据分析层

目标成本法：借用现代新的技术及方法——疾病风险预测及建模分析，结合疾病风险画像分析，建立个案的目标成本。

3. 数据决策层

波士顿矩阵：基于前期的数据处理和分析，通过不同维度的数据分析指标梳理，建立临床专科的波士顿矩阵模型，为医院决策提供参考。

（三）成本管理会计工具方法的内容

第一部分为个案成本管理，应用五层四级的分摊方式，遵循分步成本法（行政后勤科室→医疗辅助科室→医疗技术科室→临床科室）和分批成本法（药品成本、耗材成本、检查检验类医技成本和综合成本）的分摊方式进行成本再细化和分类，实现对不同成本单元、成本结构、成本归集、成本单元的归集、管理、分摊设置及目标工作规划设计等。

第二部分为疾病风险预测及建模分析，借用现代更新的技术及方法，包括数据建模分析，充分寻找疾病风险变化与医疗资源消耗的正向关系，正向的推进及评估学科的发展与资源消耗的关系，脱离单纯的平均值式或是分组式的简单评价，从而更精准分析及评价，并基于疾病风险模型建立每个病例（个案）的目标成本。

第三部分为报表管理，运用波士顿矩阵管理工具，通过多面不同的指标和多项不同维度的归类和总结，建立波士顿矩阵模型，为医院发展决策提供参考。

（四）应用成本管理会计工具方法的创新

（1）本案例中的分步和分批成本法是参考财务管理相关资料，将病历信息与医院传统的成本核算方式对接与关联，将传统医疗成本分摊的四类三级分摊模式增加到第五类：个案类，将分摊模式调整到五类四级分摊模式。

（2）本案例中的目标成本法是基于疾病风险建模，利用计算机的运算能力，结合医学和管理学知识，形成相关的数据分析规则，将医疗数据转化成为有效信息，找出业务中的短板，从而辅助医院管理中的决策博弈；同时在实践过程中通过反馈的信息，利用机器学习、人工智能等技术不断调整和优化分析规则，达到提高决策分析的准确性目的。

（3）以数据推动医疗质量为核心，通过疾病风险建模和分析工具，标化和量化医院管理中的瓶颈和流程障碍问题，结合医疗质量管理、运营管理、财务管理以及沟通和协调技巧，从而综合提升医院管理质量和医疗效率，精益医院核心资源分配；并且标化、量化地进行医院管理，精确评估以引领医院精益管理。

三、应用过程

（一）参与部门和人员

本案例由医院财务部门牵头，医务、运营和信息部门配合。参与人员包括医院总会计师、分管医疗和信息的副院长、各部门业务骨干，多年来从事医院医疗管理、财务管理、经济运营、医疗质量管理和临床专科管理等工作，专业背景涵盖临床医学、公卫、经济管理、统计学等领域。

（二） 应用基础

医院高度重视成本管理顶层设计，充分发挥管理会计技术专业优势，以复合型会计信息化人才梯队为依托，围绕“服务、质量、效率”三个指标，激发创新效能，精耕细作，精细管理，不断创新成本管理模式，实行编制、执行、调整、考核各环节 PDCA 闭环管理，多手段助推医院成本管理水平提升。

1. 建立健全成本管理组织体系

医院领导强有力的实施与行之有效的成本管理制度是管理会计工具方法成功运用的关键和保障。医院成立成本核算工作领导小组，由医院主要负责人担任组长，总会计师担任副组长，成员包括财务、医保、医务、药剂、信息等相关职能科室负责人以及部分临床科室负责人。财务部下设预算与成本管理科，由专职财务人员负责成本核算工作。各相关科室做好基础数据的统计编报工作并进行归口管理，切实承担成本归口管理的主体责任。制定《中山大学附属第三医院成本管理办法》，明确各相关科室职责和成本数据采集要求，规范成本核算、分析、控制、考核与评价，强化成本管理制度保障。

2. 建立跨部门成本管理人才队伍

医院强化人才配备，建立涵盖财务部、职能科室和临床科室人员的成本管理团队，形成多部门协同联动管理机制。各职能科室设立兼职成本核算员，按照成本核算要求报送成本数据，确保数据真实完整，为管理会计应用奠定数据基础。财务部积极探索在成本管理中应用管理会计工具方法，提高成本核算的精细化水平，推动成本管理由核算型向决策支持型发展。建立专科运营助理队伍，辅助协同临床业务科室加强科室内部运营和成本管理工作，将管理会计应用成果落实落地。

3. 加强成本管理信息化建设

医院结合医保支付改革和公立医院高质量发展的要求，构建连通 HIS 系统、病案管理系统以及账务核算系统的成本管理系统，细化成本核算对象，提升成本分析准确性。借助大数据技术构建疾病风险与资源消耗的预测模型，运用 O/E 值指数对成本管控效果进行评价，监控科室、医疗组异常情况，为医院管理提供决策支持。

（三） 具体应用模式和应用流程

第一步：基于个案成本的分步和分批成本法应用。

通过病案首页收入数据与医院传统的成本核算方式对接与关联，将传统医疗成本分摊的四类三级分摊模式增加到第五类：个案类，将分摊模式调整到五类四级分摊模式。

分步成本法是采用人员数量、工作量、面积、收入等分摊因子完成从行政后勤科室到临床科室的分步分摊；分批成本法是采用从药品成本、耗材成本、检查检验成本和综合成本的不同分类方法完成不同成本类型的分批分摊。

1. 一级分摊

将行政后勤科室成本向医辅、医技和临床科室分摊，分摊采用人员比例分摊。如医院职工人数 1600 人，行政后勤科室职工人数 400 人，呼吸科病房职工人数 30 人。则呼吸科病房应当分摊行政后勤科室间接成本为：

呼吸科病房职工人员/(全院职工人数 − 行政后勤科室职工人员) × 当期医院行政后勤科室总成本 = 30/(1600 − 400) × 2747650 = 68691.25（万元）

2. 二级分摊

将完成一级分摊后医疗辅助科室成本向医疗技术科室和临床科室分摊，分摊按照资源动因可采用收入比重、工作量比重、面积比重、人员比例等。

如医院医疗收入 42332691 元，门诊急诊人次 42000 人次，出院人次 3100 人次，消毒量 220000 件；呼吸科病房收入 3030286 元，门诊急诊人次 3000 人次，出院人次 350 人次，消毒量 7000 件。

呼吸科病房应分摊的病案管理科人员经费采用收入比重计算：

呼吸科病房收入/全院医疗收入 × 当期病案管理科待分摊人员经费 = 3030286/42332691 × 26735 ≈ 1913.76（元）

呼吸科病房应分摊住院收费处人员经费采用工作量比重计算：

呼吸科病房出院人次/全院出院人次 × 当期住院收费处待分摊人员经费 = 350/3100 × 30250 ≈ 3415.32（元）

呼吸科病房应分摊消毒供应室人员经费采用工作量比重计算：

呼吸科病房消毒量/全院消毒量 × 当期消毒供应室待分摊人员经费 = 7000/220000 × 8409 ≈ 267.56（元）

3. 三级分摊

医疗技术科室成本分摊，是在完成第一、第二级分摊的医疗技术科室成本分摊，分摊采用收支配比、项目占比或人次分摊等方式。

超声科（医技科室）成本分摊如表 1 所示。

表 1　　超声科（医技科室）成本分摊　　单位：元

科室	成本合计	收入项目	收入金额	其中：分摊到临床科室及个案明细成本如下				
超声科	844735.00	B 超	145654.21	科室	病案号	B 超费用	彩超费用	超声分摊成本
		彩超	952501.29	呼吸科	453267	65		50.00

续表

科室	成本合计	收入项目	收入金额	其中：分摊到临床科室及个案明细成本如下				
		合计	1098155.50	呼吸科	453268		432	332.31
				呼吸科	……			
				消化科	436752	65		50.00
				消化科	453270		233	95.38
				消化科	……			
				合计		145654.21	952504.29	844735.00

超声科成本合计 = 超声科直接成本 + 一级成本分摊 + 二级成本分摊

超声科收入 = 超声科所结算的所有收入总和

个案病例超声成本 = 个案病例超声收入 ×（超声科总成本/超声科总收入）

4. 四级分摊

临床科室成本分摊，是在第一、第二级成本分摊的基础上，将科室成本分摊到床日成本。考虑到个案病例的复杂程度不同，科室所给予的医疗照护的时间频率和成本有差异，使用基于疾病风险校正后的病例疾病复杂度（ACMI）作为修正因子，ACMI 难度越高，所需要的照护越多，分摊成本系数的比例越大。骨科四级成本分摊如表 2 所示。

表 2　　骨科成本分摊

科室	科室成本合计（元）①	收入项目	科室收入金额（元）	科室总床日数合计②		科室平均疾病复杂度③	科室平均床日成本（元）④ = ① ÷ ②	科室成本合计（元）
骨科	199304.03	科室总收入	1265422.43	821		5.2	242.76	199304.03
		药品收入	189813.36	其中：分摊到个案明细成本如下：				
		可收费耗材收入	227776.04	病案号	住院天数（天）⑤	病例疾病复杂度（ACMI）⑥	床日分摊成本（元）⑦ = ④ × ⑥ ÷ ③	个案病例所占科室成本（元）⑧ = ⑦ × ⑤
		医技科室之收入合计	278392.93	342567	15	7.4	345.46	5181.94
		科室其他收入	569440.09	342568	23	2.3	107.37	2469.59
				342569	8	5.6	261.43	2091.45
				342570	9	5.4	252.09	2268.85

续表

科室	科室成本合计（元）①	收入项目	科室收入金额（元）	科室总床日数合计②		科室平均疾病复杂度③	科室平均床日成本（元）④＝①÷②	科室成本合计（元）
				342571	24	5	233.42	5602.1
				342572	3	7.7	359.47	1078.4
				342573	9	5.1	238.09	2152.8
				……				

临床科室成本＝临床科室直接成本（去掉可单独结算的药品、耗材成本和三级分摊的医技科室成本）＋一级成本分摊＋二级成本分摊

个案病例床日成本＝临床科室成本/科室总床日数×(病例疾病复杂度÷平均疾病复杂度)

个案病例所占科室成本＝病例床日成本×病例住院天数

5. 按分批成本法计算每个个案病例的成本效益

前期四级分摊成本形成医疗技术类项目服务成本和临床科室床日分摊成本。按分批成本方法，把个案病例成本结合医疗服务的收费情况和特点，按收入归组模式进行成本归组，分为西药、中草药、中成药、可收费耗材、手术、麻醉、检验、影像、超声、检验成本和科室综合成本。在实现以上大类分批的基础上，再细化最小分批项目，如影像分为CT、MR等，达到分批越细成本分摊越合理的目的。按收入成本效益的逻辑思路，得出各类别收入成本效益，总和即为个案病例的收入成本收益（见表3），为科室和医院精细化管理提供数据支撑。

表3　某病例成本收益示例

收入		成本		成本÷收入占比（%）
项目	金额（元）①	项目	金额（元）②	③＝②÷①
西药费	26083.60	西药房	27387.78	105
中药费	1377.48	中药房	1239.73	90
手术费	4800.00	手术室	3216.00	67
麻醉费	1563.00	麻醉室	844.02	54
耗材费	50321.00	耗材	52837.05	105
实验室检查费	2448.40	实验室	1101.78	45
影像检查费用	2170.00	影像科	1258.60	58

续表

收入		成本		成本÷收入占比（%）
项目	金额（元）①	项目	金额（元）②	③=②÷①
输血费用	0.00	输血科	0.00	0
综合医疗服务费	16536.52	床日成本	10128.11	61.25
总收入合计	105300.00	总成本合计	98013.07	93.08

6. 基于个案成本的分步和分批成本法应用

医院通过成本管理会计工具完成科室、诊次、床日、项目、病种（DRG）和个案成本的核算、分析与应用。使用者可以运用本量利分析、趋势分析、横向纵向比较分析等各种分析方法，深入挖掘成本数据的内涵，发挥更大的管理效益（见表4）。

表4　　应用场景

单位/职能部门	应用场景
院领导	依据个案成本进行经营决策，避免决策的随意性和盲目性
临床科室、科主任	提供诊次、床日、个案、病种等效益分析，依据成本进行科室经营决策，引导科室经营持续改进
财务部门	分析亏损原因，为科室经营提供依据；根据目标成本，控制和审核费用支出；结合成本审核预算编制，使医院预算有据可依，提高预算编制的科学性、合理性
绩效部门	根据科室经营状态进行绩效考核，提高全员成本意识
物价部门	应用项目成本分析论证确定医院新项目的定价；发挥成本指导作用，减少和避免管理决策失误概率
设备采购	采集成本数据进行设备经济效益分析；辅助维修采购决策

上述成本管理大部分基于财务视觉的绝对值分析和应用，临床科室在成本管控过程中会提出疑问：多少成本是合理的？行业平均值是合理的吗？自身历史数据是合理的吗？医院行政管理者能否给个答案？因此，基于疾病风险建模的目标成本法应运而生，是成本管理会计工具的进一步运用。

第二步：基于疾病风险建模的目标成本法应用。

疾病风险调整是一种运用数学统计和人工智能等建模方法对住院病人的疾病转归作出准确的预测和结果对比的方法。疾病风险建模是风险调整中的关键过程，即通过对往年住院病人的人口信息、入院病情程度、入院途径、手术操作、既往合并症和部分临床辅助检查等进行数据分类和分组后建立相关的神经网络模型，利用模型对现有病人风险进行准确预测。

1. 模型分组和大数据建模分析

借助医院3～5年病案首页数据，建立管理分析模型，共涵盖医疗质量（病死率）、医疗效率（住院天数）、医疗效益（医事服务费用）、费用管理（总费用控制）、药品管理（药事模型）、耗材管理（高值耗材）6个维度，每个模型涉及不同变量，涵盖病人特性、疾病特性、入院操作、合并症并发症、手术操作、辅助检查结果等不同方向。

2. 疾病风险调整

在模型分组基础上，通过医疗专业判断、大数据分析，遴选对同一类模型转归有影响的各类相关因素，建立疾病风险调整模型，通过精准判断同类疾病病种、不同风险因素情况下的转归值，从而实现对医疗管理质量、医疗营运效率、医疗费用支付标准、药品管理、耗材管理、成本分析的科学公正判断和管理。

3. 个案病例（病种）目标成本设定（实际值O/目标值E）

通过上述建模和风险调整，对每一例个案病例或每一类病种测算出最优化的费用结构，如病人总费用预期值；分类项包括药品和耗材预测值、医疗服务收入预期值等优化费用结构值；住院效率中住院天数的预期值等，从而找到此个案病例（病种）大数据规律中的目标管理值（见图2）。

以病案首页数据库抽取标杆病例，寻找每个病例的目标值（即预测值），比较实际值与预测值之间的差异，可以实现对个案的住院天数、药品与耗材费使用和总费用等目标管理（见表5）。

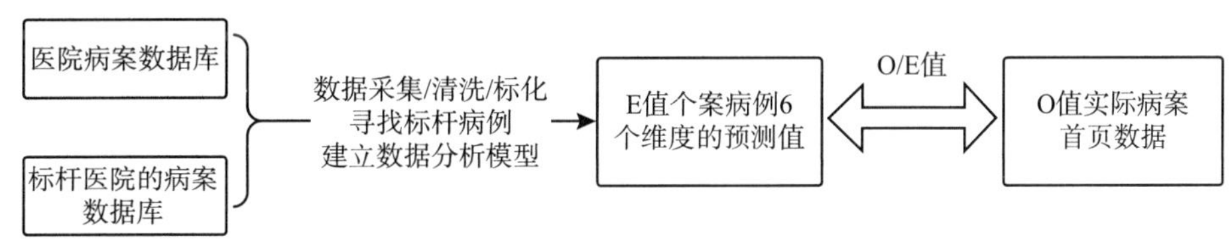

图2　基于疾病风险建模的目标成本法

表5　个案病例目标成本对比　　单位：元

项目	原病案首页数据值	个案病例成本	目标成本费用
西药费	27461.08	28834.13	18403.14
手术费	4800.00	3216.00	3216.00
麻醉费	1563.00	844.02	844.02
材料费	50321.00	52837.05	22645.35

续表

项目	原病案首页数据值	个案病例成本	目标成本费用
实验室检查费	2448.40	1101.78	1101.78
影像检查费用	2170.00	1258.60	1258.60
输血费用	0.00	0.00	0.00
综合医疗服务费	16536.52	10128.11	4284.97
总计	105300.00	98219.69	51753.86
住院天数	26.00		11.00

4. 基于疾病风险建模的目标成本法应用

基于疾病风险建模的目标成本法，通过细化成本分析颗粒度至个案病例，可进行科室、病种、医生、医疗组、个案等不同维度的分析。在费用控制基础上，医院和科室决策与医疗难度、医疗效率、学科建设、药品与耗材管理等相挂钩，选择医院优势和战略科室/病种，优化医院战略选择，调整医院科室/病种/医生管理，从而使资源分配、效率管理和成本管理最优化。

通过建模产生的目标成本，结合 DRG 分组对每个个案病例赋予的 CMI 值，计算出个案病例三个成本费用的相关值：个案原成本费用、标准成本费用和 DRG 成本费用，建立三者与管理决策应用的联系（见图 3）。

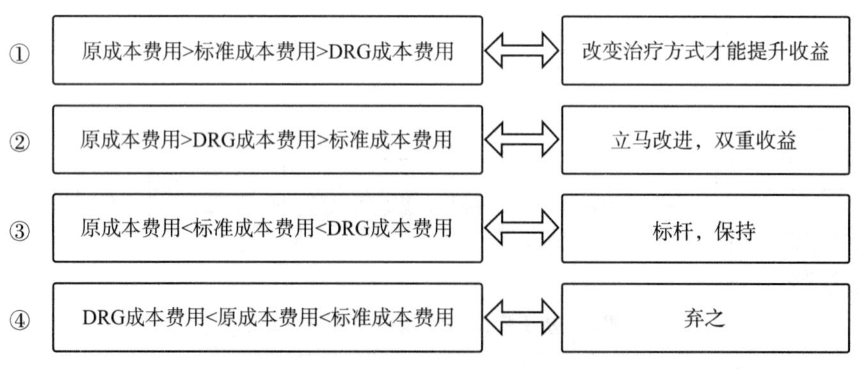

图 3　原成本费用、标准成本费用和 DRG 成本费用的关系

个案原成本费用、标准成本费用和 DRG 成本费用三个结果的关系可实践于医院运营管理应用：

（1）原成本费用 > 标准成本费用 > DRG 成本费用：原成本费用大于标准成本费用方面存在改进空间，但改进的结果仍然大于 DRG 成本费用支付标准，因此此类病例不仅需要调整费用结构，还需要与临床沟通调整治疗方式才能达到 DRG 支付的需求。

（2）原成本费用>DRG成本费用>标准成本费用：个案病例标准成本费用管控非常有效，不仅可以避免支付超额费用导致不能报销，达到病例标准成本后还可以获得更多的奖励回报，因此这是医院立马改进的病种，改进后可以获得双重效益。

（3）原成本费用<标准成本费用<DRG成本费用：原成本费用已低于标准成本费用，且低于DRG成本费用支付标准，说明在DRG支付情况下，现有病种成本管理已达到最优标杆状态，应该继续保持和激励。

（4）DRG成本费用<原成本费用<标准成本费用，原成本费用已低于标准成本费用，说明原病种成本管控效果较好，但仍大于DRG成本费用支付结果，说明不管如何调整，该DRG支付费用值均小于原成本费用值，从运营角度考虑此类病种是否应该调整或者考虑其他治疗方式。

综上所述，通过计算和分析个案病种的标准成本费用和DRG成本费用以及原成本费用，有助于在DRG支付背景下医院病种成本管理的决策，体现基于疾病风险建模的目标成本法应用。

第三步：基于分析决策的波士顿矩阵应用。

波士顿矩阵法能从多维问题中找出成对的影响因素，根据矩阵图象限分析关键问题，是一种通过多因素综合思考和分析决策的方法。利用波士顿矩阵解决医院学科发展和运营问题，相对于上述数据分析方法能在视觉上带来强烈的直观感受，应用两条轴的组合把医院所有科室的某个运营现状清晰定位。

案例一：医疗风险的波士顿矩阵图。

横轴是死亡率O/E，纵轴是ACMI，各科室的医疗风险状况通过散点分布在图中（见图4）。

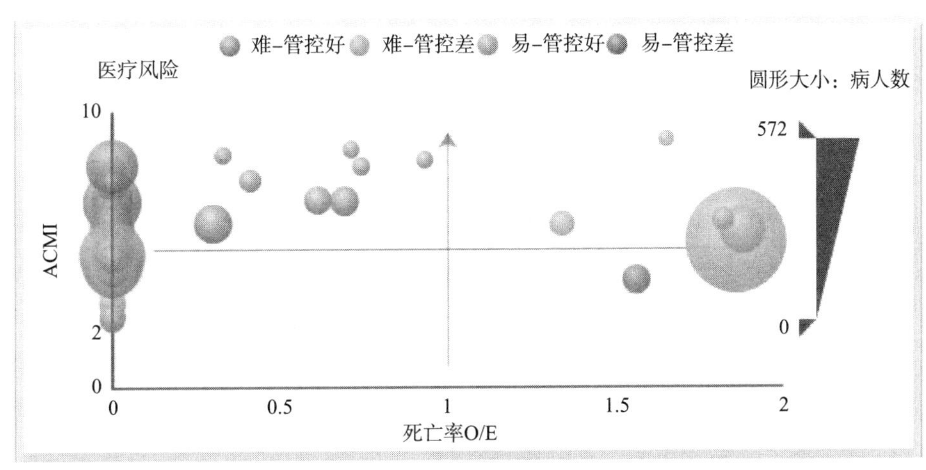

图4 医疗风险波士顿矩阵

第一象限科室/病种 ACMI 高，死亡率 O/E 高，属于医疗难度高，死亡率也高，医疗质量管控有待改进的科室/病种。该象限科室/病种的运营策略是分析医疗难度高的情况下，死亡率也较高的原因，加强死亡病例讨论和分析，强化医疗风险管控，严格执行准入制度和医疗质量奖惩制度，力争使其从该象限跨入第二象限。

第二象限科室/病种 ACMI 高，死亡率 O/E 低，属于医疗难度高，死亡率低，医疗质量管控得好的科室/病种。以科室为分析维度，该象限科室是医院医疗风险质量管理的标杆科室，需号召其他科室学习其医疗风险管理的方式，重点扶持，充分发挥专业特色。以病种为分析维度，该象限病种是科室医疗质量管理的品牌病种，更是科室核心竞争力，未来发展的聚焦点，需重点投入资源和人才。

第三象限科室/病种 ACMI 低，死亡率 O/E 低，属于医疗难度低，死亡率低，医疗质量管控得好的科室/病种。该象限科室/病种日常运营较好，科室日常医疗质量管理处于正轨。从学科发展角度，科室可以尝试新病种、新医疗技术的开展，提高学科医疗技术难度，提升专科影响力，同时保持原较好的医疗质量管理。

第四象限科室/病种 ACMI 低，死亡率 O/E 高，属于医疗难度低，死亡率高，医疗质量管控最差的科室/病种。该象限科室/病种的医疗质量管理是医院和科室的隐患，应重点分析造成此现状的根本原因，推进医疗风险文化内化，构建医院培训、科室及个人学习等多层次医疗风险培训体系，促进医务人员变被动应对为主动作为。

通过波士顿矩阵构建科室/病种的医疗风险二维指标评价体系，建立可视化风险评估矩阵，以期为预防医疗纠纷、提高医疗质量提供参考。

案例二：医疗服务效率的波士顿矩阵图。

横轴是住院天数 O/E，纵轴是医疗服务费 O/E，各科室的医疗服务效率状况通过散点分布在图中（见图 5）。

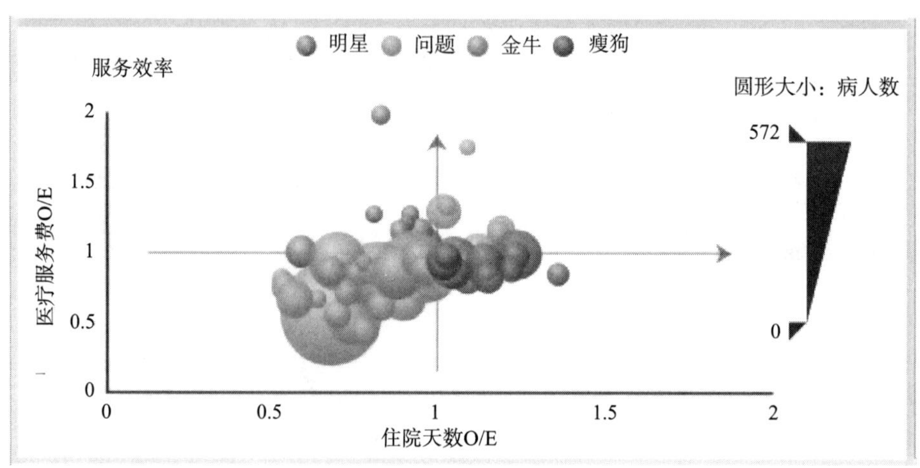

图 5　医疗服务效率波士顿矩阵

第一象限科室/病种医疗服务费 O/E 高，住院天数 O/E 高，属于问题科室/病种。该象限科室/病种应该通过梳理医疗流程、规范临床路径管理等情况，降低平均住院天数，加大对住院天数的考核，提升医疗流程管理的效率紧凑性。

第二象限科室/病种医疗服务费 O/E 高，住院天数 O/E 低，属于明星科室/病种。该象限科室/病种应该保持现有的体量优势和品牌优势，进一步提高医疗服务费和降低住院天数，成为医院的头部科室和病种，引领其他科室靠拢，应给予这些科室人员更高的业绩绩效，充分调动积极性，创造更多的剩余价值，支持医院全面发展，可以作为医院未来战略性申报各级各类重点科室的培育对象。

第三象限科室/病种医疗服务费 O/E 低，住院天数 O/E 低，属于金牛科室/病种。该象限科室/病种应该继续保持该优势。医院通过资源资金支持，拓展临床科研项目，吸引高层次人才，增加收治病例病种范围的广度，增加患者心中的品牌效应。

第四象限科室/病种医疗服务费 O/E 低，住院大数 O/E 高，属于瘦狗科室/病种。该象限科室/病种通常以内科为主，面临患者住院时间较长，服务效率低的现象。由于医院运营的公益性，一般是采取控制成本，对人员、设备等资源不过多投入，维持现状的运行方式。但如果进一步分析科室实际情况，部分瘦狗型科室/病种处于发展的起步阶段，有潜力向问题甚至明星科室/病种转变。

运用波士顿矩阵构建科室/病种的医疗服务效率二维指标评价体系，能帮助管理者对全院各科室医疗服务效率进行横向与纵向相结合的深入比较分析。管理者还可以根据实际需要选择不同的横纵坐标维度分析，实现精细化动态医院运营管理。

（四）在实施过程中遇到的主要问题和解决方法

1. 复杂成本数据和分摊方式的选择

医院成本数据较复杂，数据量大，数据范围广且根据医疗服务行为有不同的特点，因此对数据的来源调研和梳理是成本管理的基础。在医疗活动开展过程中，应按管理需要选择不同的成本分摊参数和分摊方式。比如，水费按科室人数作为分摊因素、电费按科室面积作为分摊因素、行政管理类和医疗辅助类成本按照不同成本动因作为分摊因素。在分摊方式选择上，应结合分布和分批成本法的理念和医院实际情况，找到相对最合理的分摊方式，客观反映科室经营成果，也为管理决策提供理论依据。

2. 成本管理意识的提升和管控措施的推广

根据公立医院高质量发展的要求，成本管理应延伸至业务端和费用端。然而大部分医疗管理者重视医疗临床业务管理，轻视财务和资源管理，成本管理意识淡薄，因此成本管控措施也难以推广。

公立医院应积极加强和引导业财部门在成本管控目标上的一致性，开展成本管理的培训和课程，让全体职工理解成本管理与职工自身利益和医院发展的关系，提高成本管理工作的积极性，促使在医疗服务过程中更加注重成本控制，提高成本管控意识。

四、取得成效

（一）优化组织架构，建立医疗组长负责制，提升运营效率和效益

完善院科两级组织结构，设立医院医疗组考核评审委员会和临床专科医疗组，充分调动医疗组工作积极性，使其根据工作量及医院考评结果合理调配全院床位资源。从 2020～2022 年度数据看，病床使用率总体保持平稳。2023 年上半年落实医疗组长负责制后，全院病床使用率大幅提升，2023 年上半年病床使用率比 2020～2022 年度均值增加 8.24，最大限度解决群众就医难问题（见表 6）。

表 6　　2020～2022 年度病床使用率对比　　单位：%

科室名称	2020～2022 年度均值	2023 年上半年	增幅
全院	80.67	88.91	8.24
天河院区	80.25	88.58	8.33
天河内科	83.95	96.36	12.41
天河外科	77.16	85.61	8.45
萝岗院区	81.98	89.86	7.88
萝岗内科	76.56	93.46	16.90
萝岗外科	83.91	93.59	9.68

（二）运用基于疾病风险建模的目标成本法，细化成本分析颗粒度，提高医院成本管控能力

医院借助信息化手段搭建起基于疾病风险建模的疾病管理智能分析和评估系统。以 DRG 为抓手，根据 DRG 分组后相同疾病的资源消耗、危重程度的相似性应处于同一水平的理论基础，运用 O/E 值作为目标管理评价指标，将医疗质量管理推向数字化、精细化的新台阶。2023 年上半年与去年同期相比，637 个 DRG 病种中，药品费用均值下降有 411 个（占比 62.52%），其中影响病人数量较多的前 10 个 DRG 病种如表 7 所示。

表 7　　　　DRG 组药品费下降情况

序号	DRG（CN）	DRG（CN）描述	病人数（人）	药品费用均值			药品费用 O/E 值		
				本期	同比历史值	同比增长率（%）	本期	同比历史值	同比增长率（%）
1	RU14	恶性增生性疾病的支持性治疗（住院时间 <7 天）	1864	4452.21	4675.46	-4.77	0.81	0.86	-5.81
2	QU19	非特指部位、组织、器官的良性肿瘤	1747	6000.92	7325.24	-18.08	0.75	0.99	-24.24
3	RE19	恶性增生性疾病的化学治疗及（或）其他治疗	1736	4696.56	6627.63	-29.14	0.75	0.87	-13.79
4	HK23	肝胆胰系统的治疗性操作，伴并发症与合并症	1386	8621.28	9607.93	-10.27	0.90	0.97	-7.22
5	HJ13	与肝、胆或胰腺疾患有关的其他手术，伴并发症与合并症	984	8222.75	10701.45	-23.16	0.88	1.00	-12.00
6	ND15	原位癌和非恶性病损（除异位妊娠）附件及子宫内膜手术，不伴并发症与合并症	907	663.31	768.99	-13.74	0.76	0.78	-2.56
7	CB39	晶状体手术	819	247.85	346.97	-28.57	0.81	1.13	-28.32
8	HV15	肝硬化，不伴重要并发症与合并症	741	2819.45	3392.12	-16.88	0.99	1.08	-8.33
9	LK19	膀胱/输尿管镜相关操作	593	1238.26	2014.64	-38.54	0.67	0.99	-32.32
10	NE19	外阴、阴道、宫颈手术	554	443.65	462.75	-4.13	0.77	0.92	-16.30

注：（1）O/E 值等于 1 表示实际值与模型预测值相符，小于 1 表示实际值优于模型预测值。
（2）本期指 2023 年上半年病种费用。

（三）以医院发展战略为导向，设立关键指标监控科室、医疗组异常情况，保障医院战略顺利实施

医院通过构建 6 个维度的 O/E 值雷达图，及时发现科室在落实医院战略中存在的问题。根据 2022 年上半年雷达图发现药品费的 O/E 值为 1.01（见图 6），说明个别科室、医生在落实药占比管控时与预期存在偏差。

根据管控目标设置阀值，找出异常指标分布情况下钻到科室和医生，查看疑似病例并分析，避免再次出现类似情况。比如，通过指标找出 2022 年上半年药品费用 O/E 值异常病人数较多科室（见表 8），下钻血液内科 15 位药品费 O/E 值异常的病人查找收治病人的医生（见表 9）。

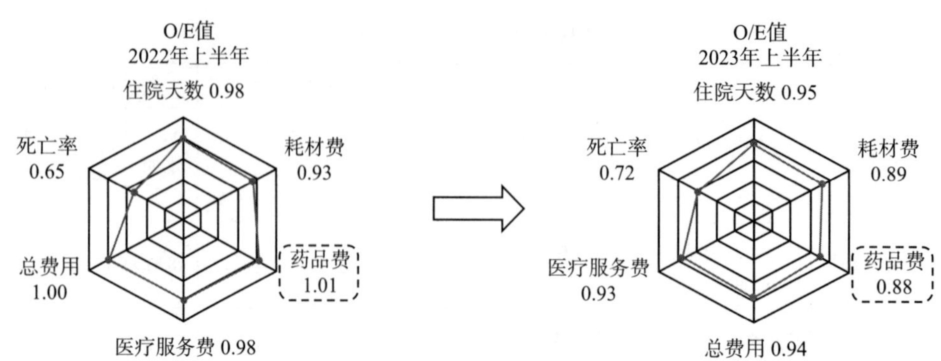

图 6　O/E 值改善情况

表 8　　2022 年上半年药品费 O/E 值异常科室明细

组织名称	异常人数	药品费用 O/E 值
血液内科	15	1.47
全科医学科	10	1.66
肾病内科	10	1.34

表 9　　血液内科药品费 O/E 值异常医生明细

排名	医师名字	异常人数	药品费用 O/E 值
1	张 *	8	1.64
2	方 **	3	1.70
3	张 **	2	1.31
4	刘 **	2	1.25

运用关键指标雷达图及时锁定异常病例进行分析，发现科室、医生在控制药品费用时存在的问题，规范临床路径。运用以上方法，医院药品费 O/E 值从 2022 年上半年的 1.01 下降到 2023 年上半年的 0.88，药占比从 2022 年上半年的 29.20%下降为 2023 年上半年的 25.50%，较好地落实了医院调整收入结构、控制药品费用的发展战略。

五、经验总结

（一）管理会计工具方法的基本应用条件

中山三院运用的三种管理会计工具方法具有相同的基本应用条件：一是具有健全的成本管理制度和规范化的管理流程，能够明确各部门的职责；二是具有较先进的信息系统，能精准、快速地获取相关数据；三是拥有跨部门的团队，实现信息资源共享，为科学分解目标成本、高效完成目标任务提供支持。

（二）管理会计工具方法成功应用的关键因素

分步和分批成本法成功应用的关键因素：分摊因子要根据医院实际情况，制定选取标准和方法，使计算结果体现真实运营情况。

目标成本法成功应用的关键因素：运用成本会计、管理学、医学和大数据建模技术计算医疗项目或者个案病例的目标值，并按照该标准来评价实际的成本费用。

波士顿矩阵成功应用的关键因素：将医疗市场同医院的运营实力相结合，用战略的眼光看待全局，避免仅着眼于现实财务数据的逐利性与短视性。

（三）对改进管理会计工具方法应用效果的思考

一是优化治理体系和完善管理制度。改变过去“重核算，轻管理”的理念，从顶层设计出发，建立健全管理会计制度体系。

二是加强管理会计理论学习和实践指导。向管理人员介绍目标成本法、波士顿矩阵等管理会计工具的概念、原理和应用方法，鼓励财务人员深入各个业务流程中去，促进医院管理会计应用经验交流，将成功经验进行科学系统的归纳总结和提炼，进行推广和应用。

三是加强成本结果分析和应用。在数据输入阶段，提高数据的质量；在数据加工阶段，结合管理会计的方法和原理，提高数据的完整性和针对性。

（中山大学附属第三医院：杨正云　王秀珊　巫媛莹　左相如　梁　毅
曹彩虹　吴越星　阳文云　宋迪安　邱晓新）

案例评语：

该案例聚焦医院疾病风险成本，运用量化管理理论，通过整合医院内部各类数据资源，成功构建了疾病风险成本分析模型，并结合波士顿矩阵，对各业务单元的成本结构和增长潜力进行多维度的比较和分析，该模型穿透到医院、科室、医疗组、医生和病种五级，对成本进行细致的分析，通过追因分析找出成本动因。通过信息化手段创新成本管理模式，实现了业务与财务的深度融合，深化了成本分析的深度和广度。为医院运营管理提供了有力的决策依据，有助于优化资源配置，助推医院高质量发展。

案例单位对疾病风险成本管理和波士顿矩阵的结合运用过程和经验总结为同类行业企业提供了很好的实践参考价值。

资源消耗会计法在消毒供应中心的应用*

摘要

降本增效已经成为医院经营运行的必然要求。2022 年 11 月 18 日，复旦大学附属中山医院（以下简称“中山医院”）国家医学中心建设项目正式启动，是全国首个立项的综合类国家医学中心建设项目。医院将新建上海国际医学科创中心工程、青浦新城院区一期工程，围绕生物医药领域的“卡脖子”和“临门一脚”问题开展技术攻关，铸造卫生健康领域的“国之重器”。

消毒供应中心作为医院重要的医疗辅助部门，为全院科室提供各类医用包，亦是医院耗材消耗较大的科室之一。因此在保证无菌质量，符合院内感控要求的同时，降低医用包成本，减少耗材支出，是医院在消毒供应中心管理中必须关注的问题之一。

为支撑业务发展、提升消毒供应中心运营效能，中山医院由财务处成本核算科牵头，组织相关部门特成立专项小组，对消毒供应中心业务结构、业务流程、成本数据进行深入调研，最终以量化分析结果，助力医院制定医院消毒供应中心运营优化方案。

在成本分析过程中，为更有效支撑外购或外包决策，成本核算科引入资源消耗会计理念对换药包、拆线包、缝线包及敷料包单包成本进行了核算。新核算方法以资源作为核心，通过构建资源与产品、服务之间的关系，避免了闲置产能对成本数据的扰动，核算结果更接近于实际运行情况。

通过成本核算及成本效益分析发现，根据现阶段收集到的外包方案及一次性物品报价信息，发现换药包、拆线包、缝线包可通过采购一次性物品的方式实现降本增效。

经讨论，医院采纳了相关优化方案意见，以一次性换药包替换换药包、拆线包及缝线包，在节约运营成本的同时，将消毒供应中心部分产能释放出来，用于专业程度较高、处理难度较大的专业类手术器械包上，取得了较好的管理效果。

* 资料来源：本案例涉及数据为案例单位业务数据。

一、背景描述

（一）单位基本情况

复旦大学附属中山医院（以下简称“中山医院”）始建于1937年，是中国人创建和管理的最早的大型综合性医院之一。国家卫生健康委员会委属委管事业单位，国家发展改革委首批“辅导类”国家医学中心创建单位，国家卫生健康委公立医院高质量发展试点单位。医院是复旦大学附属综合性教学医院，是教育部、国家卫生健康委与上海市人民政府共建共管医院，也是上海市第一批三级甲等医院。在全国三级公立医院绩效考核中，医院位列2020年度全国第一，2021年度全国第二，连续4年获得最高评级“A++”。在2021年度申康医院绩效考核中，医院位列上海市综合类医院第一名。

（二）管理会计应用基础

根据国家卫健委发布的《关于加强公立医院运营管理的指导意见》，2021年8月，中山医院发布了《复旦大学附属中山医院运营管理规则》，明确了运营管理组织架构、职责分工及运作机制。

医院设运营管理委员会，由院长和党委书记任主任，分管院领导、总审计师、总会计师任副主任，医院其他各专业委员会在其统筹安排下，根据运营目标及计划做好相关协调工作。各职能部门根据职责分工，分头落实各项运营管理工作，不断提升医院整体运营效能。

财务处作为运营管理委员会成员部门之一，在总会计师的领导下，负责根据医院运营管理需求，结合《管理会计基本指引》《国务院办公厅关于加强三级公立医院绩效考核工作的意见》《关于加强公立医院运营管理的指导意见》等有关文件要求，探索管理会计方法在运营管理中的应用，推进业务和财务深度融合。

财务处下设计划财务科、成本核算科及收费管理科三个科室，三个科室分别从预算及费用、成本及运营、收费管理三个方向探索医院业财融合途径，助力医院高质量发展。

制度方面，中山医院财务处已制定并发布了全面预算管理制度、会计核算制度、收入管理制度、支出管理制度、成本核算制度、收费管理制度等30项院科级财务管理制度及流程。系统方面，除用友财务系统外，中山医院财务处以成本核算系统及预算费控建设为突破点，通过提升成本分析、预算管理、费用控制的效果及效率，探索运用管理会计工具为医院运营决策打造科学、准确的数据分析基础。

此外，近年来，医院积极尝试引进具有企业财务管理或财务咨询经验的财务管理人员，希望将企业有益的财务管理经验融入公立医院财务管理中，助力医院运营模式的转变。

（三）项目动因

根据《WS310—2016》要求，中山医院消毒供应中心配置全套供应消毒设备，可完成包括达芬奇器械、软式内镜、腔镜器械等精密器械在内的各类医疗物品的回收、分拣、清洗、包装、灭菌、发放等业务流程。经统计，消毒供应中心主要设备数量如表1所示。

表1　　消毒供应中心主要设备　　单位：台

序号	设备	数量
1	全自动清洗消毒器	6
2	超声清洗机	3
3	硬式内镜工作站	1
4	洗眼器	2
5	器械除锈机	1
6	软式内镜洗消机	3
7	软式内镜工作站	1
8	手工清洗工作站	1
9	高温干燥柜	3
10	预真空脉动蒸汽灭菌器	8
11	环氧乙烷灭菌器	4
12	过氧化氢等离子体灭菌器	6
13	医用热封机	7
14	纯水、软水处理系统	1
15	蛋白残留检测仪	1
16	绝缘检测仪	1

随着医院业务量持续增长，中山医院住院手术人次快速增加。2016～2021年住院手术人次复合增长率达8%。消毒供应中心面临的业务运行压力及成本控制压力与日俱增。

1. 业务量逼近可承载极限

目前消毒供应中心工作量已处于饱和状态，新外科手术室投入使用后恐无法承担后续增加的业务量。如何在保障符合院内感控无菌的质量的前提下，规划消毒供应业务，以便支撑业务量的进一步上升，中山医院需要提前布局。

2. 成本控制压力激增

近年来，因工作量的增加，消毒供应中心材料成本总量及单包材料成本均有所上升。此外，日常管理过程中发现，临床科室因操作失误、管理不当等原因，误丢弃剪刀、针持等器械，造成一定成本浪费。消毒供应中心需要专业部门协助，探索成本管控优化方案。

基于上述原因，2022 年下半年，医院要求财务处成本核算科牵头，协同消毒供应中心与相关职能科室共同推进消毒供应中心运营优化专项工作。

二、总体设计

（一）项目目标

复旦大学附属中山医院自 2004 年起开展消毒供应中心医用包的成本测算，以医用包内部服务价格转移将消毒供应中心成本分摊到医技和临床科室。随着医院业务量的不断增长，医疗技术水平不断提升，消毒供应中心处理的医用包从原来的 30 余个品种增长到现在的 2000 余种。在原有成本核算体系下，消毒供应中心医用包相应的分摊参数较为简单，且不便于与运营分析相结合，难以为运营决策提供直观的数据支撑。

为更好支撑消毒供应中心运营优化决策，成本核算科探索更加细化的成本核算方法，科学、合理地核定各类医用包成本，并通过量化分析的方法为消毒供应中心运营方案制定提供数据支撑。

（二）总体思路

2014 年，财政部颁布了《关于全面推进管理会计体系建设的指导意见（征求意见稿)》，而后又陆续出台了管理会计基本指引和 34 项应用指引，其中《事业单位成本核算具体指引——公立医院》对规范和提升医院成本核算工作提出了更高的要求，为管理会计的研究和实践提供了方向。

在打造高质量公立医院的过程中，越来越多的管理人员关注消毒供应中心成本管理问题，并探索如何运用管理会计工具助力消毒供应中心有效规划业务、控制成本，以提升消毒供应中心的运营效能。

谢晓晶（2020）认为，基层医疗服务资源平台的区域共享将有助于公立医院优化消毒供应成本控制，是未来发展的趋势。而以作业成本法进行消毒供应中心成本核算，既梳理出医疗服务项目的成本构成，也有助于区域消毒供应中心建立精细化管理模式，为医疗服务价格的持续调整提供了参考。

巫敏姬（2017）结合某三甲医院的案例，探讨采用作业成本法对消毒供应服务进行成本核算的适用性及实施路径。此外，巫敏姬结合核算结果说明，外购医院自行消毒成本较高的消毒包，有助于公立医院优化成本控制。

于芹等（2020）认为，消毒供应中心可通过整合人员岗位、深化设备申请评估及后效评价、外购一次性无菌包等方法推进消毒供应中心的精细化管理。

毛宇辉（2021）认为，传统的作业成本法忽略了过剩或闲置的生产能力，难以反映实际情况的复杂性，并提出资源消耗会计更适合消毒供应中心的成本核算。

中山医院业务量大、消毒包品类众多。传统作业成本法虽然能够相对合理地核定各消毒包的成本，但对模型构建及后续更新维护亦日常运营管理有更高的要求，且无法有效评估产能利用情况。相对而言，资源消耗会计在模型构建与核算相对更易操作，且易于评估产能利用情况。故而对结合中山医院运营情况与管理诉求，以及国内学者关于消毒供应中心成本核算及运营优化的相关研究，财务处成本核算科拟定工作方案如下：

（1）深入梳理消毒供应中心业务流程及运营数据，并结合其他医院的管理经验，探索通过外包或外购优化中山医院消毒供应中心成本结构的可选方案。

（2）针对拟外包/外购项目，以资源消耗会计方法核算相应项目洗消成本，并结合直接成本数据，从成本角度评估目标项目外包/外购可行性。

（3）完成消毒供应中心剩余项目的洗消成本，为后续运营分析奠定数据基础。

（三）理论依据

资源消耗会计①是 2002 年开始在美国推出的一种新的成本会计方法，它是把美国的“作业成本法”和德国的“弹性边际成本法”相结合的一种尝试。弹性边际成本法在德国和其他欧盟国家的制造性公司的治理和控制功能中已经使用了多年，而通过把弹性边际成本法的核心即追踪资源的消耗到成本中心与作业成本法的核心即分配资源成本与作业结合起来，从而为成本管理提供更大的益处。

相较于传统的作业成本法，使用资源消耗会计进行成本核算有以下优点：

---

① 资料来源：MBA 智库。

（1）更易于核定成本当量。将多种成本归集为资源集结点，并明确唯一成本动因及资源产出，为深化成本核算及成本分析奠定基础。

（2）减少主观判断的成分。以资源为导向，根据资源消耗情况对成本进行分配，进一步使核算结果更贴近业务运行情况。不仅能够提升成本分析精度，还能够直观展示资源利用率，便于资源管理。

（3）避免由于分摊而改变成本属性。资源消耗会计将成本划分为变动成本与固定成本，并在分配过程中始终保持这种区分，从而为成本分析提供了更加客观准确的依据。

三、应用过程

（一）组织保障

为确保调研工作高效推进，经医院运营管理委员会批准，由医院成本核算科牵头、相关部门共同组织专项调研小组，推进消毒供应中心运营优化专项调研工作。相关部门分工如下：

（1）财务处成本核算科总牵头。负责组织调研，收集各部门关于消毒供应中心运营优化相关建议，并从成本角度评估可行性。

（2）消毒供应中心。作为被调研主体，全面配合项目调研，包括但不限于流程梳理、数据测算、数据整理、相关部门访谈协调安排、讨论数据测算结果、提出运营优化建议等。

（3）信智部网络中心、设备材料处、总务处等部门。负责配合提供数据测算所需数据，包括但不限于工作量数据、物资消耗数据、房屋面积、设备能耗、洗涤工作量、市场消毒包/消毒服务价格数据等。

（4）护理部、院内感染科等。从业务流程设计、院感控制等方面，对消毒供应中心运营优化方案给出专业意见。

工作机制方面，调研小组层面围绕本次调研工作目标，组织访谈及现场调研活动。对于调研过程中发现的重点问题，由成本核算科组织相关部门专家开展专项讨论，共同研讨解决方案。完成阶段任务后，调研小组总结工作进度及成果，向分管领导汇报工作进度。

截至2022年底，调研小组共组织专项调研及讨论近10场，专项汇报2次。得益于院领导支持及各部门配合，项目推进顺利，仅用时2个月，初步完成阶段性的运营优化建议方案的提报，后续将持续对消毒供应中心的运营情况进行跟踪，进一步探索与业务量相适应的运营模式。

（二）实施过程

根据本次项目目标，成本核算科牵头组织消毒供应中心及相关部门推进如下工作：

1. 运营情况分析

鉴于多项外部研究认为，医院可以通过外包或外购部分医用包，优化消毒供应中心运营效率，财务处成本核算科牵头组织消毒供应中心、设备材料处、信智部网络中心等部门，收集整理了 2021 年度中山医院消毒供应中心业务运营数据，并进行量化分析，以评估外包或外购部分消毒包方案在中山医院执行的必要性及可行性。

经统计，2021 年度，中山医院消毒供应中心共发出各类消毒包约 121 万包，其中除手术器械包外，专科医用包、敷料包、换药包等相应业务共消耗人工（仅工勤人员，不含护士）24596 小时。若以每人每日有效工作时长 7 小时计算，消毒供应中心工勤人员的平均加班比例达到 27%。根据医务处预估，随着院区三期建设项目投入使用，新外科手术室启用后，手术量预计增长 40% 以上。假设消毒供应工作量与手术量同比增长，以每人每日有效工作时长 7 小时计算，消毒供应中心将原有的两班制模式调整为三班制模式，另需增加配置人员方可支撑相应业务量。人力资源是医院发展中最宝贵、最稀缺的资源。无论从人员安排或是成本控制角度，医院难以通过增派足够的人员以支撑后续增加的业务量。

将消毒供应中心消毒物品进行分类统计可发现，消毒供应中心处理的物资集中在医用包、敷料包、手术专科器械包。其中，手术器械包占比 20.1%，敷料包占比 34.9%，拆线包、缝线包、换药包、其他医用包占比 43.7%（见图 1）。

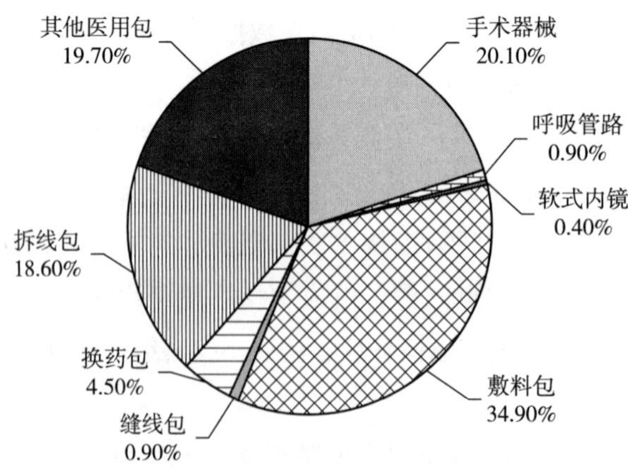

图 1　各类消毒医用包工作量分析

进一步分析各类消毒物品的操作难度及物品价值发现，消毒供应中心人力分配与消毒物品重要性等级存在错配：专业技术含量高、复杂程度高、器械价值高的专业类手术器械和软式内镜仅占全部工作量的21.4%，而敷料包、换药包、拆线包和缝线包等涉及的器械耗材相对单一操作简单、专业技术含量低、复杂程度低的物品，则占到总工作量的78.6%。消毒技术难度及物品价值分析如表2所示。

表2　各类物品工作量、技术难度与物品价值的对比

物品分类	工作量占比（%）	技术难度	物品价值
手术器械	20.1	高	高
软式内镜	0.4	高	高
拆线包	18.6	低	低
换药包	4.5	低	低
缝线包	0.9	低	低
呼吸管路	0.9	低	低
其他医用包	19.7	低	低
敷料包	34.9	低	低

从运营数据分析可知，一方面，根据2021年消毒供应中心人员配置，难以应对后续业务量的增长。另一方面，消毒供应中心超半数的人力资源耗费在专业技术含量低、复杂程度低的物品上。在不增加人员配置的情况下，通过外包或外购部分低价值、低复杂程度的物品，从而释放部分人工转而集中在价值高、技术要求高的业务中，是突破人力资源瓶颈、提升消毒供应中心运营效率的可行途径之一。

2. 成本核算

根据运营数据分析结果，成本核算科决定优先测算年处理量最大、专业技术含量相对较低的敷料包、换药包、拆线包和缝线包四种物品的相关成本，并比较自行处理与外包/外购之间的成本差异，从经济角度评估通过外包灭菌或外购一次性产品方案的可行性。

为更好支撑外包及外购决策，成本核算科将相关成本分为材料成本、损耗类成本、洗消成本，各类成本核算内容及方法如下：

（1）材料成本。主要包括一次性使用物料，包括但不限于无纺布、包内指示卡、包外指示胶带、缝线、纸塑袋等。材料成本由消毒供应中心提供每种消毒包单位耗用物资及耗用量，并结合物资成本计算得出单包材料成本。

（2）损耗类成本。包括多次清洗器械（如不锈钢药碗、不锈钢药杯、止血钳、镊子、弯盘等），以及可重复使用布类（如手术衣、开刀巾、腔镜单、洞巾、车单、治疗巾等）。为准确核算单次使用成本，消毒供应中心根据经验，估算各类物资平均使用寿命，其中器械类 260 次，布类 104 次。根据使用寿命及物资采购价格，测算得出各类器械及布类的单次使用损耗成本。

（3）洗消成本。消毒供应中心洗消工作包括回收、分拣、清洗、包装、灭菌、发放 6 个环节。洗消成本根据资源会计方法进行核定，具体操作流程如下：

①划分集结点。洗消工作由工作人员辅以机器设备完成，因此设置人力资源及设备两大资源集结点。由于清洗、灭菌环节相关设备功能不同，成本亦可清晰区分。故将设备集结点进一步细分为清洗设备及灭菌设备两个子项。另外，由于部分清洗、消毒设备具有一定的专用性，而在清洗设备及灭菌设备下，再设专用设备末级集结点。

②确定资源产出计量单位，并计算单位成本。人力资源集结点以人工工时作为产出计量单位。人力资源集结点成本包括基本工资、社保缴费、劳务费、其他办公费用等成本。以人力资源集结点成本合计除以总人工工时，得到单位人工工时成本。设备资源集结点以量次作为产出计量单位。选择各设备常规洗、消物资为当量，每件物资清洗/消毒一次记为 1 量次，其他物资根据体积或洗消难度与当量物资进行对比，得出相应量次。例如，清洗环节，以“药碗（小）”清洗作为 1 量次，则“药碗（大）”清洗为 2 量次。设备资源集结点成本包括折旧、能源消耗、设备运行相关耗材（包括但不限于清洗剂、消毒剂、监测试剂等）、维护费用等。综合历史运营数据、设备能耗数据，测算得出设备末级集结点单次运行成本。再根据设备单次运行洗、消量次，计算得出单位量次成本。

③测算每类产品资源消耗的内容及数量，建立资源消耗模型。人力资源消耗方面，以 6 个环节为维度，确定每个环节的人员操作时间。设备资源消耗方面，洗涤环节根据消毒包内容物及其数量，以及使用设备，确定洗涤量次；消毒环节则主要根据包类型及所有设备确定消毒量次。

④计算消毒包洗消成本。以每类产品各环节资源消耗内容及数量，乘以对应的单位成本，累加后计算得出其洗消成本。

3. 主要问题和解决思路

虽然消毒项目成本核算思路较为清晰明了，但业务管理精细度不足给数据的收集、清洗及分析造成了一定困难。测算过程中，成本核算科协同消毒供应中心、设备材料处、总务处、信智部网络中心等多部门，群策群力，共同商讨确定数据收集途径、方法，以及部分流程的优化方案。

（1）单位人工工时受多种因素影响。

人工工时是消毒供应中心洗消成本核算最关键的成本分摊参数之一。受操作人员熟练程度、操作难度、单包体积等因素影响，单包人工工时测量结果可能存在较大波动。为使测量结果更接近实际业务，成本核算科与消毒供应中心深度合作，对全业务流程进行梳理，并根据业务执行特点及要求，对各类消毒包的操作时间进行测量。例如，在测量敷料包人工工时的过程中，测算人员将工作人员按熟练程度或者单包体积大小分组，分别测算每组人员每小时完成大、中、小包折叠、打包数量，从而计算得出不同熟练度人员折叠、打包操作所用单位操作时间，而各类敷料包单位人工工时取各组单位操作时间的均值。

（2）能耗数据未按单台设备归集。

虽然医院已对消毒供应中心的能源消耗进行单独核算，但由于设备功能、能效等存在差别，尚无法准确核定各台设备的能耗成本。为解决此问题，成本核算科联合总务处、设备材料处专家共同研讨，根据机器功率、历史能源消耗数据及业务数据，推算出清洗及灭菌设备单批次能源消耗成本，实现了能源成本的归集尽量接近客观情况。

（3）系统间主数据不匹配。

由于前期 CSSD 信息管理系统与院内物资管理系统并未联动，CSSD 系统大量器械、材料名称和编码与物资系统信息不匹配，无法确定相应器械成本。为解决此问题，成本核算科与消毒供应中心、设备材料处共同组成工作组，并邀请两系统工程师共同参与，讨论基础数据匹配及后续系统数据对接方案。经讨论，相关数据治理工作将分两阶段推进：第一阶段，以人工方式建立 CSSD 系统与物流系统间器械及材料数据匹配关系，实现相应成本数据确定；第二阶段，建立系统间数据传输机制，实现 CSSD 系统及物资管理系统数据联动。截至 2022 年末，工作组已根据工作紧迫程度，完成敷料包、换药包、拆线包和缝线包相关器械及物资数据匹配及成本数据收集。

（三）分析结果

得到各类消毒物资材料成本、损耗成本及洗消成本后，成本核算科结合消毒供应中心及设备材料处提供的本市消毒服务外包方案及一次性医用包市场价格，对外包/外购方案进行了成本效益评估。

其中，消毒服务外包由外包方负责洗消并提供所需一次性物资，器械及布类需医院自行采购并提供，故将外包方报价与材料成本及洗消成本进行比较；而一次性消毒包外购后，消毒供应中心无须对此类物资进行管理，则需比较外包价格与院内自制包全成本（包括材料成本、损耗成本、洗消成本）。

经统计，换药包、拆线包和缝线包自行处理成本高于外包/外购成本。

以换药包为例，传统的换药包中包含的物料：可复用器械（止血钳、镊子、药杯、弯盘）、一次性使用耗材（棉球、纱条、安尔碘、包内指示卡）、包装材料（无纺布、包外条码、包外指示胶带）。经过测算，换药包的损耗成本为 0. 4 元，材料成本为 4. 45 元，洗消成本为 6. 64 元，单位成本合计 11. 49 元；市场上采购同类的一次性换药包单价为 3. 80 元，单位成本差异为 7. 69 元，以 2021 年的年处理包量计算，可节约成本近 42 万元。

另外，针对护理部提出的市场上的一次性拆线包、缝线包中剪刀、针持材质偏软，不符合临床使用习惯的问题，成本核算科与护理部、设备材料处及消毒供应中心共同讨论，共同确定采用为一次性换药包与可复消的剪刀、针持相结合的方案，用以替代自行处理的传统拆线包和缝线包。

经进一步测算，拆线包替换为一次性换药包与可复消的剪刀相结合的方式，单位成本可降低至 7. 62 元，而全部自行处理的单位成本为 12. 12 元，新方案单包成本可降低 37%。以 2021 年的年处理包量计算，总成本可以下降超 100 万元。缝线包替换为一次性换药包与可复消的针持相结合的方式，单位成本可降低至 8. 86 元，而全部自行处理的单位成本为 15. 2 元，新方案单包成本可降低 42%。以 2021 年的年处理包量计算，总成本可以下降约 7 万元。

四、取得成效

通过成本核算及成本效益分析发现，根据现阶段收集到的外包方案及一次性物品报价信息，仅换药包、拆线包、缝线包可通过采购一次性物品的方式实现降本增效，而敷料包等其他医用包目前收到的外包方案报价均高于自行灭菌消毒成本。

听取消毒供应中心专项工作汇报后，医院运营管理委员会讨论决定，启动推进一次性换药包、拆线包及缝线包的采购工作，由设备材料处提请医院装备委员会，经装备委员会论证后，采购业务由设备材料处牵头完成，成本核算科负责持续跟踪替代方案实施后的成本监控工作。对于敷料包外包方案，则以本次测算出的相应成本为标准，尝试寻找资质过硬、价格低于自行处理成本的外部供应商。

经采购招标，自 2023 年 2 月起，已开始以一次性医用包逐步替代原有的换药包、拆线包及缝线包。经统计，2023 年 2 ~7 月共使用一次性医用包 11. 4 万包，节约成本近 60 万元。另外，随着一次性医用包的使用，消毒供应中心工作人员将有更多的精力转移到专业程度较高、处理难度较大的专业类手术器械包上，逐步转换消毒供应中心管理模式和传统管理理念。2023 年，消毒供应中心在保障了新外科手术室运行的基础上，进一步承接了部分原有在手术室及内镜中心的洗消任务，进一步提升了医院整体院感控制效率及效果。

后续医院还将深入探索消毒供应中心医用包的成本测算工作，进一步落实医院降本增效的管理举措，同时也不断提高成本管理理念，有效地深化业财融合路径。

五、经验总结

资源消耗会计融合了作业成本法和弹性边际成本法的优点，能适应医院精细化管理的要求，有助于管理会计在医院的实施。运用资源消耗会计进行成本管理，根据资源消耗的因果关系对成本进行核算，降低了产能闲置对某一单项成本结果的干扰，核算结果更贴近实际运营情况。结合中山医院消毒供应中心运营优化工作推进情况，资源消耗会计在公立医院成本管理中的应用经验可总结为以下几个方面。

（一）应用条件

1. 管理层重视管理会计工具应用

《关于推动公立医院高质量发展的意见》颁布后，公立医院均在探索由粗放式运营向精细化运营的转变途径。财务条线工作人员则积极探索引入先进的管理会计工具，助力医院运营提升。任何管理工具的应用都需要相应管理成本的投入，且其提升运营效能的效果需要一定时间方能逐步显现。短期内，新工具的应用甚至可能出现一定程度的效率损失，但在理顺机制后，则很可能会大幅提升整体运行效能。因此在新工具应用过程中，只有医院管理层明确医院的运营发展目标，鼓励、支持新管理工具应用探索，并持续推动相应分析结果运用于日常运营管理中，才有可能真正落地管理会计工具应用，实现运营效能提升的目标。

2. 具备精细化核算的数据基础

资源消耗会计对成本数据提出了更高要求。在此种核算方法中，需要建立“资源—资源”“资源—作业”的关系，将运营中涉及的各项资源进行分类，并收集各种资源的数量、金额等数据。故在传统成本数据基础上，另需对如专用设备等资源集结点的业务量、运营成本等数据进行进一步细化统计。理想状态下，相关数据可以通过细化资产管理系统、HIS 系统、人力资源系统的统计口径得出，而在系统功能尚不完善的情况下，则需要核算人员与业务人员深度协作，通过技术手段及基于合理假设的技术处理，对数据进行清洗加工。

3. 具备有业财融合思维的人员队伍

资源消耗会计理论引入我国的时间较短，相关理论体系尚未建立完善，在公立医院中的应用场景及应用方法仍待探索。在运用资源消耗会计进行成本管理时，医院需要有高素质的会计人员及业务管理人员共同组成工作组，才能根据业务特性有效且准确地进行成本核算。

（二）存在的问题

虽然相较于传统成本计算方法，资源消耗会计更关注资源使用能够为医院制定运营策略提供更加准确翔实的信息，但其在公立医院成本管理中应用的主要困难在于前期管理投入高，且成果转化机制仍待探索。

1. 业务数据颗粒度不足，核算系统支撑度差，应用落地前期投入成本高

利用资源消耗会计核算成本时，需要具备完善的成本数据信息，若数据信息不足，则无法有效开展成本管理。虽然大部分医院在业务、设备、物资、人员、核算等环节已实现系统管理，但由于数据颗粒度不足、信息孤岛等问题，核算人员难以直接获取到可支持资源消耗会计核算的业务及成本数据，相应数据需要经过大量人工清洗加工后方可使用。故如在全院范围内推行以资源消耗会计方法进行成本管理，势必需要投入资源对系统、流程进行改造（包含核算流程的调整）。

2. 核算结果的应用场景及应用途径仍待探索

相较于传统成本核算方法，资源消耗会计核算方法最重要的优势之一，是能够更好地支撑闲置产能的核算及分析。长久以来，公立医院多采用作业成本法或点数法进行成本核算，对闲置产能概念相对陌生。两种不同的核算方法下，各部门的运营结果和运营效率可能出现较大差异。管理层及各部门对新方法下的核算结果的接受程度，以及如何将核算及分析结果运用在资源配置、绩效考核等工作中，仍有待摸索。

（三）推进建议

综合考虑资源消耗会计的优点及其在公立医院落地所面临的问题，建议考虑试点探索，逐步推广的方式推进。

试点选择层面看，可优先考虑消毒供应中心、超声科、放射科等相对较依赖设备、作业相对固定的科室进行试点，在传统核算方法的基础上，逐步尝试采用资源消耗会计进行成本核算。工作推进中，核算人员需与业务人员及管理层深入讨论有效工作时间的计算规则，介绍闲置产能的监控及运营优化思路，逐步传递资源消耗会计管理理念，加强成本管理意识。系统建设层面看，应重点关注数据治理相关工作，相关内容包括但不限于数据颗粒度、系统间数据匹配与校验、数据的自动推送等。考虑成本效益因素，试点工作推进中，建议以线下流程补位系统功能不足。待新核算方法取得一定成效后，再评估并逐步推进系统升级改造工作。

人员配置层面看，充足的人才储备是资源消耗会计得以实行的关键。在人才队伍建设方面：一是应加大财务人员的培训力度，通过不断学习和外部交流，提升专业素养、开拓管理思路。二是促进业务人员与财务人员的多频次、深度交流和相互学习，培养既有业务思维又掌握财务专业知识的复合型人才。

（复旦大学附属中山医院：芦　琦　李晓宇）

案例评语：

该案例以推动公立医院高质量发展为主题，围绕医院运营需求，应用先进的管理会计工具，对消毒供应中心业务的业务结构、流程、成本数据深度调研后，引入资源消耗理念，构建了资源与产品服务之间的关系，对消毒供应中心的业务流程再造，推动了消毒供应中心管理模式转型，释放了部分产能。同时基于资源消耗的核算理念，为消毒供应中心运营效能的监控及评价，提供了更先进的管理思路，使进一步落实医院降本增效的管理举措成为可能。

案例单位对资源消耗会计理念的成本管理方法的运用和具体落地措施对同行业企业开展成本管理实践具有良好的参考价值。

医院精细化全生命周期成本管理体系构建

摘要

近年来，随着公立医院收支规模不断扩大，资金资产管理、人财物配置、业财融合等经济活动愈加复杂，使医院运营压力逐步加大，亟须在坚持公益性前提下，加快补齐短板弱项，向经济管理要效益，推动医院高质量内涵式发展。四川大学华西第二医院以开展“经济管理年”活动为契机，围绕医院战略目标和总体运营思路，不断改进成本管理，挖掘潜力，打造了精细化全生命周期成本管理体系。本案例从背景描述、总体设计、应用过程、取得成效和经验总结5个方面介绍了华西二院精细化全生命周期成本管理体系的构建过程，供业界同仁参考。具体内容如下：

一是创新项目成本和病种成本核算方法，保证核算结果准确的前提下，简化核算流程和资源消耗。

二是重塑成本管理组织框架，出台成本管理制度，成立“精细化成本核算”专项工作组，制定管理流程，明确管理职责。

三是深度推进数据治理工作，统一成本核算单元，建立分层分级预警机制，确保成本数据真实可靠、同质可比。

四是转变角色定位，从“数据核算者”转变为“临床决策助力者”。深入临床开展成本调研和培训，做到业财深度融合，助力临床科室经济管理决策。

五是多点突破开展成本管理专项工作，部门协同推进成本管控活动。

最后，介绍了在实施过程中遇到的主要问题和解决方法、取得成效和经验总结。

一、背景描述

（一）医院基本情况

四川大学华西第二医院（以下简称“华西二院”）源于1896年成立的仁济女医

院，开设妇产科和儿科。1987年原卫生部批准华西妇产科和儿科从原华西医科大学附属医院迁出单独建院，成立华西医科大学附属第二医院，又名华西妇产儿童医院。2001年医院更名为“四川大学华西第二医院/华西妇产儿童医院”，是国家卫生健康委员会预算管理的妇女儿童专科医院。医院为国家儿童区域医疗中心（西南），也是国家区域医疗中心建设项目——四川大学华西第二医院天府医院/四川省儿童医院（眉山）和四川大学华西第二医院西藏医院/西藏自治区妇产儿童医院（拉萨）的输出单位，是集医疗、教学、科研、预防保健和人才培养于一体的大学附属医院。1993年获“爱婴医院”称号，1998年成为国家首批三级甲等妇产儿童专科医院。自2018年全国首次开展三级公立医院绩效考核工作以来，连续五年位列全国妇产医院（含妇幼保健院）专科系列第一名。

（二）应用基础

华西二院党政领导高度重视经济管理工作，将全面预算管理、成本管理、内部控制等工作纳入年度重点工作任务。经王春举总会计师顶层设计和精心布局，系统打造了具有华西二院特色的“H”型经济管理模式。

近年来，医院开展“精细化成本核算”专项工作，重塑组织架构，实行项目管理，整合人力资源，以成本管理为核心，涵盖财务管理、全面预算管理、人力资源管理、绩效考核、物资设备管理等板块，构建了一体化成本管理体系，板块间互联互通、一体联动，助力医院精细化水平提升。

（三）应用原因

国家卫生健康委印发的《关于加强公立医院运营管理的指导意见》（国卫财务发〔2020〕27号）文件指出，全成本管理作为公立医院运营管理的重要工具，随着深化医药卫生体制改革工作的不断推进，粗放型的成本管理已无法满足高质量发展要求，精细化成本管理，是保障医院可持续发展、转型升级的重要举措。

二、总体设计

（一）应用目标

精准化的成本核算数据和精细化的成本管控是医院提质增效的重要手段。医院从精神文化、制度文化、物质文化三个维度构建具有华西二院特色的“H”型经济管理模式，持续打造“经济管理年活动 2.0 版”。围绕医院战略目标和总体运营思路，不断改进成本管理，挖掘潜力，持续完善成本核算制度，细化项目成本核算，探索以病种和 DRG 等为核算对象进行成本管控，实现合理配置资源、降本增效的目标。

（二） 总体思路

按照“算得准、控得住、降得下”的管理思路，构建精细化全生命周期成本管理体系。

（三） 主要内容

一是创新引领，不断提升经济管理水平；二是顶层设计，健全完善成本管理制度；三是夯实基础，全面实现精准成本核算；四是转变角色，支撑医院战略运营决策；五是多措并举，确保专项工作取得实效。通过上述举措，形成了管理科学、运行高效、监督有力的成本管控及运行机制，实现了医院成本管理质量、管理能力、管理水平和管理效益的综合提升。

（四） 创新点

1. 量身定制成本管理信息系统

国内医院大多购买现成的成本核算软件进行系统建设，依托市场现有软件模块进行应用和改进。华西二院与软件公司合作，自主开发软件系统。医院负责成本框架搭建、业务流程设计、核算报表展现、分析结果控制等工作；软件公司负责系统开发、测试和优化，建立了基于科室、项目、病组的全成本核算及管控体系，从科室、床日、项目、DRG/DIP 病种等多个维度进行体系分析，为业务分析提供支撑，为临床路径优化提供依据。

2. 创新项目和病种成本核算方法

成本核算工作，特别是项目成本和病种成本核算工作量大、资源投入高、项目调研成本耗时长、成本分配过程复杂。为此，华西二院对成本核算方法进行了改进和创新。在项目成本核算方面，医院改进了时间驱动作业成本法，在简化核算流程的同时，提高了项目成本核算的准确性；在病种成本核算方面，医院率先应用成本收入比法，这也是 2021 年国家卫生健康委印发的《公立医院成本核算规范》（国卫财务发〔2021〕4 号）中推荐的方法。

3. 转变成本管理团队角色定位

成本管理团队从“数据核算者”转变为“临床决策助力者”。为帮助各科室准确掌握医疗服务的实际成本及构成情况，成本管理团队先后百余次赴全院临床、医技科室，通过对医疗服务项目的操作流程、人员配置、执行时间、材料消耗以及设备使用情况进行调研和分析，厘清了科室之间项目成本的差异，提出成本管控建议。此外，在医院宏观层面，将成本核算结果与医院全面预算管理相结合，为医院医疗资源配置提供支撑。

三、应用过程

（一）参与部门和人员

医院总会计师、财务部、运营管理部、信息管理部、病案管理部、医学装备保障部、后勤管理部、护理部、各临床医技科室部门负责人、软件工程师以及相关经办工作人员。

（二）信息化建设

2017 年，国务院办公厅印发《关于进一步深化基本医疗保险支付方式改革的指导意见》（国办发〔2017〕55 号），医院就随即启动了全面再造一体化运营体系工程，以信息化方式植入医院 HRP 系统。该运营体系顶层设计之初，就明确了要打造智能的一体化运营平台。围绕“发现问题—剖析问题—解决问题—追踪问题”的成本闭环，将医院成本管理系统与全面预算管理、会计核算、资产管理等系统协同衔接，形成集数据共享、精细核算、精准分析、规划执行、考核评价于一体的管理体系。医院成本管理信息化建设分为以下步骤。

一是 2017 年全面了解行业内成本管理信息系统建设情况，统筹谋划，顶层设计，“搭框架、建体系”。以医院现有成本管理信息系统为基础，重塑成本核算体系，进行数据治理，建立标准成本分摊模型，设置合理参数分摊间接成本。

二是 2018 年按照医院顶层设计要求，明确各建设阶段的任务、目标以及主要方向，随着成本管理体系的完善，不断“标准化、体系化”，逐步完善科室成本核算系统功能，进一步开展成本数据治理，逐步建立项目和病种成本标准。

三是 2019 年针对成本管理重难点问题，再造成本管理平台。完善项目成本系统功能、梳理全院作业库，将项目成本核算要求内置于成本核算系统中，提升成本管理精细化水平。

四是 2020 ~ 2023 年根据政策要求和业务情况，不断改进和创新 HRP 系统、HIS 系统，逐步建立了基于科室、项目、病组的全成本核算、报表及管控体系，从科室、床日、医疗项目、DRG/DIP 病种等多个维度进行体系分析，与全面预算管理、运营管理形成合力，探索建立了基于 HRP 的全生命周期精细化成本管控体系。

（三）具体内容

1. 创新引领，不断提升经济管理水平

（1）创新项目成本核算方法（TDABC）。

国内常用的项目成本核算方法有传统作业成本法（activity based costing）和收入比例系数法，前者计算过程复杂、对医院信息系统要求较高，后者计算结果与实际成本有很大差异。时间驱动的作业成本法（time-driven activity based costing）通过计算科室的时间成本率，计算出科室内医疗服务项目成本，能够清晰地了解到实际医疗服务利用情况和有效医疗服务利用情况之间的差异，为医院成本管控提供参考依据。虽然时间驱动的作业成本法核算所需数据获得较为方便，核算流程简单，不过度依靠信息系统支撑，但是存在一定的主观性，并且未能够达到所有成本的 100% 分摊。医院通过方法改进，让核算结果接近作业成本法，达到了推广应用的价值。两种方法的核算原理如表 1 所示。

表 1　两种项目成本核算方法的优缺点对比

项目成本核算方法	优点	缺点
作业成本法（ABC）	可以提供相对准确的成本信息，作业成本具有可追溯性，便于不断改进的医疗服务流程	工作量大、资源投入高、成本分配过程复杂，需要大量的人力和专业信息系统作为支撑，不利于大面积推广与使用
时间驱动的作业成本法（TDABC）	核算所需数据获得较为方便，核算流程简单，不过度依靠信息系统支撑，计算时间周期短	存在一定主观性，并且未能够实现所有成本 100% 分摊

ABC 法和 TDABC 法的直接成本的计算方式相同，不同点在于，ABC 法的间接成本是采用从资源到作业到项目的分摊方式，TDABC 法的间接成本是根据“产能成本率”计算获得。“分摊”和“计算”不同之处在于，ABC 法的间接成本是根据“产品消耗作业、作业消耗资源”的原则逐级分摊下去的，这种自上而下的分摊方式，使核算出来的项目成本总和等于科室成本。而 TDABC 法是根据“产能成本率”乘以产能时间计算出项目成本。

深入临床调研项目成本时发现，临床科室普遍都会虚高工作量和工作时间，数据失真，导致虚增科室成本。为了解决上述问题，对 TDABC 法进行改进，针对每个项

目添加一个校正系数就能消除虚增的科室成本带来的差异，校正系数如下：

$$校正后的项目成本 = 校正前的项目成本 \times \frac{科室成本}{\sum 校正前的科室成本 \times 开展数量}$$

为了验证改进后 TDABC 法的核算结果，医院以超声科为例，分别采用 ABC 法、TDABC 法和改进的 TDABC 法对超声科的医疗服务项目成本进行测算并对比，发现三种项目成本核算方法的结果不全相同（F 值 =5.34，P 值 <0.05)，具体结果如表 2 所示。

表 2　三种项目成本核算方法结果的比较　单位：元

超声项目	ABC 法	TDABC 法	改进的 TDABC 法
输卵管超声造影	100.91	121.13	104.68
彩色多普勒超声常规检查	113.32	142.51	110.40
浅表器官彩色多普勒超声检查	103.22	122.92	93.15
颅内段血管彩色多普勒超声	186.31	270.43	199.55
颈部血管彩色多普勒超声	138.31	199.75	149.69
门静脉系彩色多普勒超声	138.72	199.75	149.69
腹部大血管彩色多普勒超声	151.49	199.75	149.69
四肢血管彩色多普勒超声	151.01	202.30	152.46
双肾及肾血管彩色多普勒超声	176.71	218.35	165.86
腔内彩色多普勒超声检查	131.89	195.47	145.04
临床操作的彩色多普勒超声引导	268.12	324.13	253.86
胎儿颈部透明层及鼻骨彩色多普勒超声检查	65.69	92.93	74.04
心脏彩色多普勒超声	133.02	160.15	120.13
介入治疗的超声心动图监视	165.57	206.29	170.27

注：F 值 =5.34，P 值 <0.05，三种项目成本核算方法结果不全相同。

图 1 展示了三种项目成本核算方法差异的比较，TDABC 法计算出来的结果与 ABC 法相比偏离 45.11 元，改进的 TDABC 法的结果与 ABC 法相比偏离 8.56 元，在价格 100~200 元区间的超声项目里面，偏离在 6% 左右，不到 10%。图 2 展示了三种项目成本核算方法结果折线图，也可以看出改进的 TDABC 法的核算结果更加接近

ABC 法的结果。因此，可以认为改进的 TDABC 法核算过程简单，核算结果准确性高。

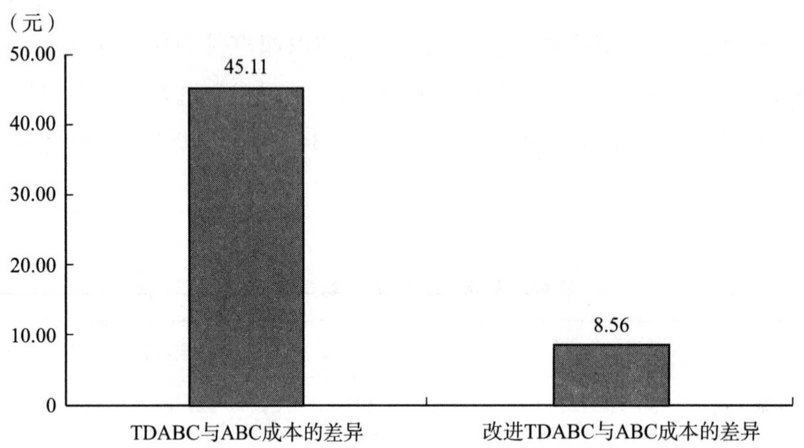

图 1　三种项目成本核算方法差异的比较

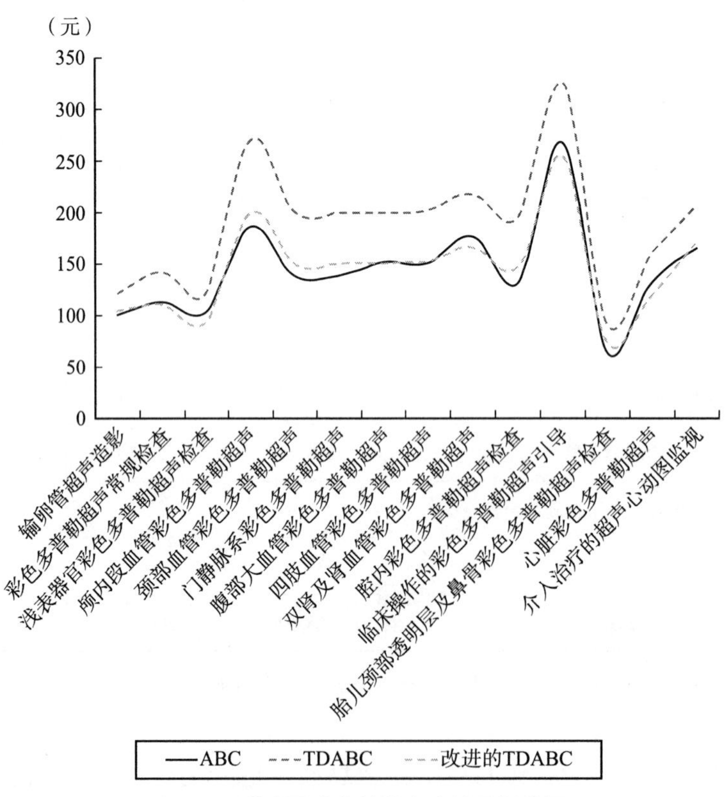

图 2　三种项目成本核算方法结果折线图

（2）创新病种成本核算方法（费用成本转化法）。

近年来，随着医疗费用不合理的增长和患者就医负担不断提高，传统的项目付费越来越不能满足当前医疗支付方式的需要，主管部门发布系列医保支付方式改革文件，明确提出了要进一步扩大按病种收费的病种数量，以医疗服务合理成本为基础，逐步建立收费标准动态调整机制。

目前国内病种成本核算方法计算较为复杂，医院探索和创新基于费用成本转化法的病种成本核算方法，证明了费用成本转换法核算病种成本的可行性。该方法进行病种成本核算需要用到的数据易于获取，计算过程相对较简单。由于该方法能够计算出医院所有住院患者的成本，根据病案首页中患者的疾病信息，可计算出所有的病种成本以及 DRG 成本，为推进病种成本核算工作、调整病种收费价格提供参考依据。

费用成本转化法以成本中心为桥梁，将患者费用结算清单中的收费项目与临床科室、医技科室进行匹配，明确了成本与费用的对应关系，具体内容如表 3 所示。

表 3　　成本中心对应

收费项目	成本中心	临床、医技科室成本
床位费、护理费等项目	病房单元	住院科室（除手术室住院、麻醉住院，并剔除药品费、卫生材料费、其他费用）
病理类项目，如病理检查等	病理单元	病理科成本
实验类项目，如检验、输血等	实验单元	实验类成本，如检验科成本、输血科成本等
影像类项目，如超声、放射等	影像单元	放射科成本、B 超室成本
诊断类项目，如胃镜、肠镜等	诊断单元	诊断类成本，如胃镜室、产前诊断中心等成本
治疗类项目，如高压氧舱治疗、血液透析等	治疗单元	治疗类成本，如血透室、高压氧治疗中心成本
麻醉类项目	麻醉单元	麻醉科住院成本
手术项目	手术单元	手术室住院成本
药品收入	药品单元	住院科室的药品成本
		药剂科成本
卫生材料收入	耗材单元	住院科室的耗材成本

根据成本中心对应表将住院费用和科室成本归集到成本中心，计算出医院各成本中心的总成本与总费用的比值，即医院各成本中心的 CCR。根据计算求得的各成本中心 CCR，可将费用结算清单中各收费项目的费用转化为成本，将每个患者的所有成本相加，即得到病人成本。计算公式：

$$病人成本=\sum 病人费用结算清单各收费项目费用 \times 该收费项目对应成本中心的 CCR$$

按照病种筛选原则，将筛选出的样本病种的所有病人成本求平均值，即可计算得到样本病种的平均成本。计算公式：

$$病种成本=\frac{\sum 该病种病人成本}{该病种病人总例数}$$

2. 顶层设计，健全完善成本管理制度

（1）重塑组织架构。

一是成立医院成本核算工作领导小组，院长为组长，全面负责成本核算的组织、领导和协调工作。二是设立成本核算工作领导小组办公室，负责组织制订医院成本核算工作方案及相关工作制度等；确定成本核算对象和方法，开展成本核算；按照相关政府主管部门的规定定期编制、报送成本报表；开展成本分析，提出成本管控相关建议，为医院决策与运营管理提供参考。三是各部门设立兼职成本核算员，按照成本核算要求，及时完整报送相关数据，做好本部门成本管理和控制。

（2）出台成本管理制度。

印发《四川大学华西第二医院关于成立成本核算工作领导小组的通知》（华西二院规财〔2021〕18 号）、《四川大学华西第二医院成本核算管理办法》（华西二院规财〔2022〕1 号），对医院成本核算目的、组织分工、核算流程、成本分析、成本控制、成本考核与评价等内容进行规范。完善内部服务结算制度：如物资材料、水电动力、消毒、绿化、院感、电话费、往来服务等，强化成本核算与控制，提升成本核算精细化水平。

（3）成立成本专项工作组。

成立“精细化成本核算”专项工作组，采用灵活的矩阵制组织形式，实行项目管理，项目负责人牵头制定实施方案、人员分工、时间表和任务图。在医院 OA 上建立专群，事先列出成本事项的工作计划和完成时间节点，制作任务“看板”，每周汇报工作进展情况，有计划分步骤推进成本重点工作，强化执行力。

3. 夯实基础，全面实现精准成本核算

（1）统筹规划组织架构，统一成本核算单元。

为了夯实成本核算基础，医院由财务部、人力资源部、运营管理部等部门一起对科室设置进行梳理，统一了全院组织架构、科室编码和科室名称，其末级单元就是科室成本核算单元，并且细化到了医疗单元和护理单元。院内各业务系统发生的业务数据均归集在此层级。科室变动须由人力资源系统发起，其他系统定点自动更新，避免业务数据在各系统中传输“一对多”“多对一”或无法对应的情况（见图 3）。

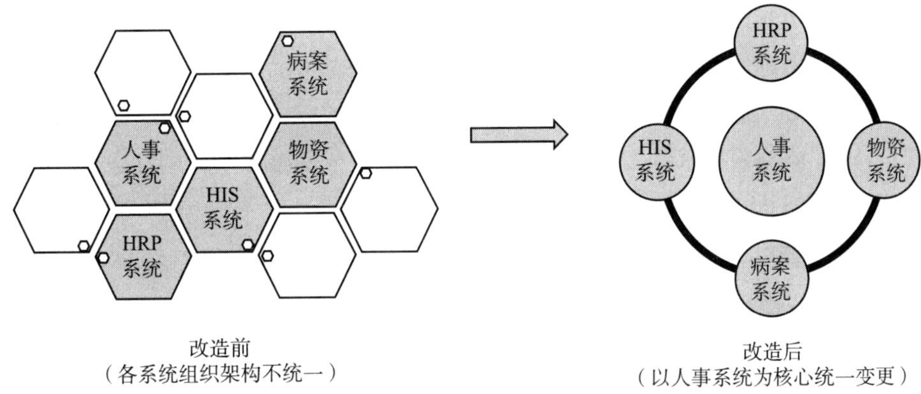

图 3　组织架构统一前后比较

（2）成本核算功能前置，精准计入能耗成本。

水电费等能耗成本，老旧房屋无法直接获取成本数据，通常做法是将其总额通过既定参数（人员比例或使用面积）进行分摊，但由于分摊参数一旦设定就几乎固定，存在脱离科室实际的情况。为此，医院开发了水电费预置计入模块，后勤管理部每月根据科室人员数量、设备数量、设备能耗等情况制定能耗系数，将不可直接计入的能耗成本通过实时能源系数归集到各科室，实现过程规范化、业务流程化、核算自动化，确保直接成本归集的准确性。

（3）人员成本事前调整，解决收支配比问题。

医院对科室进行收支结余分析时发现，门诊科室总是盈利，而住院科室总是亏损，且盈利和亏损金额较大。究其原因，一方面，是门诊占用资源小、周转率高；另一方面，是由于门诊科室和住院科室收支不配比造成的。大部分门诊医生是由住院病房医生轮转出诊，其人员经费支出计入至住院科室，收入计入门诊科室，所以造成了收支不匹配。同理，手术室与住院科室也存在上述情况。为此，医院在成本管理系统设置规则自动调整科室不配比的成本，将住院科室医生在门诊产生的人员成本调整到门诊科室，将住院科室医生在手术过程中产生的人员成本调整到手术科室，解决收支不配比问题，提升核算结果准确性（见图 4）。

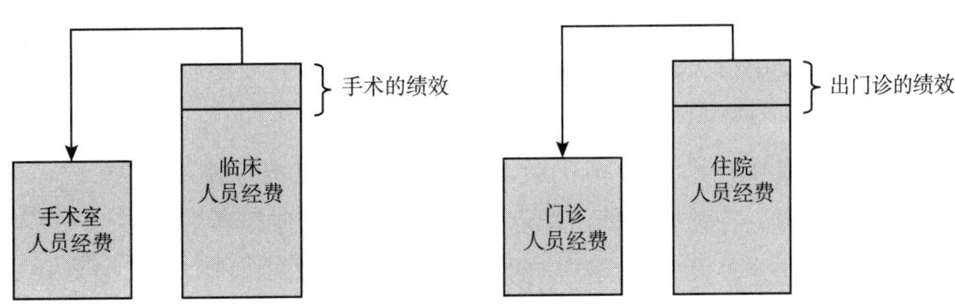

图 4　住院科室与门诊科室人员成本调整过程

（4）建立分层分级提醒，精确预警成本差异。

一是提示预警，定期上报。根据事先约定时间，对未及时上报的部门系统通知提醒；二是校验核算结果，进行刚性、柔性预警。刚性指标，核算结果与校验指标完全一致，否则红色预警提示；柔性指标，采用红、黄两色预警提示，核算结果与校验指标差异在 10% 以内不进行预警，在 10% ~20% 区间显示为“黄色预警”，20% 以上显示为“红色预警”，提醒成本核算员根据实际业务活动情况，核对结果是否真实可靠，扎实做好成本核算工作（见图 5）。

科室成本预警报表

名　　称	科室成本数据	总账数据	差额	差额占比	占比预警
成本单据与总账成本	[illegible]	[illegible]	[illegible]	[illegible]	正常
收入单据与总账收入	[illegible]	[illegible]	[illegible]	[illegible]	正常
制度报表与总账成本	[illegible]	[illegible]	[illegible]	[illegible]	正常

参数单据预警报表

名　　称	当期数据	环比数据	同比数据	环比差额	环比差额占比	环比预警	同比差额	同比差额占比	同比预警
出院人次	[illegible]	[illegible]	[illegible]	[illegible]	[illegible]	正常	[illegible]	[illegible]	黄色预警
华西院区东楼面积	[illegible]	[illegible]	[illegible]	[illegible]	[illegible]	正常	[illegible]	[illegible]	正常
华西院区西区面积	[illegible]	[illegible]	[illegible]	[illegible]	[illegible]	正常	[illegible]	[illegible]	正常
锦江院区电费	[illegible]	[illegible]	[illegible]	[illegible]	[illegible]	黄色预警	[illegible]	[illegible]	黄色预警
锦江院区水费	[illegible]	[illegible]	[illegible]	[illegible]	[illegible]	红色预警	[illegible]	[illegible]	红色预警
门急诊人次	[illegible]	[illegible]	[illegible]	[illegible]	[illegible]	正常	[illegible]	[illegible]	黄色预警
门诊人次	[illegible]	[illegible]	[illegible]	[illegible]	[illegible]	正常	[illegible]	[illegible]	黄色预警
内部工作量或内部价格	[illegible]	[illegible]	[illegible]	[illegible]	[illegible]	黄色预警	[illegible]	[illegible]	黄色预警
人员比例	[illegible]	[illegible]	[illegible]	[illegible]	[illegible]	正常	[illegible]	[illegible]	红色预警
入院人数	[illegible]	[illegible]	[illegible]	[illegible]	[illegible]	正常	[illegible]	[illegible]	黄色预警
医保报销工作量	[illegible]	[illegible]	[illegible]	[illegible]	[illegible]	正常	[illegible]	[illegible]	黄色预警
住院床日	[illegible]	[illegible]	[illegible]	[illegible]	[illegible]	正常	[illegible]	[illegible]	黄色预警

材料与总账预警报表

名称	材料出库金额	总账金额	差额	差额占比	占比预警
材料出库与总账	[illegible]	[illegible]	[illegible]	[illegible]	正常

图 5　成本核算结果预警

4. 角色转变，支撑医院战略运营决策

（1）深入临床一线工作，业务财务深度融合。

为帮助科室准确掌握医疗服务的实际耗费，医院成本管理小组先后百余次赴全院临床、医技科室，通过对医疗服务项目操作流程、人员配置、执行时间、材料消耗以及设备使用情况进行调研，厘清了科室间项目成本差异，提出成本管控建议，切实帮助科室降本增效，形成了价值管控链条。比如，针对超声科消毒耦合剂成本管控流程开展“管理 MDT 会诊”，共同开具成本管控“处方”：消毒耦合剂可分情况使用，特殊患者使用指定规格，其余患者使用普通规格，上述两种规格耦合剂成本差异较大，满足院感前提下分情况使用，超声科卫生材料成本降低约 70%。

（2）强化成本分析，助力运营决策。

结合经济运行情况开展成本分析，重点分析成本构成、成本变动影响因素，找到成本管理中的短板弱项，针对性制定成本控制措施，提出改进建议。一是不断完善医院运营管理机制，建立月度院级、科级运营分析和反馈机制；通过周例会反馈科室运营问题并协调解决；二是实现三级公立医院绩效考核重点指标自动提取、数据分析、偏差预警；三是将 DRG 分析结果用于医院绩效考核，实现绩效考核与医保支付方式改革目标趋同，明确激励导向。

5. 多措并举，确保专项工作取得实效

（1）“节能降耗，从我做起”倡议活动。

医院开展系列成本管理专项活动，如财务数据治理、行政后勤办公费用专项分析、典型 DIP 病种运行情况分析、“节能降耗，从我做起”倡议等活动，为院领导决策及优化资源配置、开源节流提供数据支撑，为建设节约型医院贡献力量（见图 6）。

图 6 “节能降耗，从我做起”倡议活动

（2）“财务共享角”活动。

为响应“节能降耗，从我做起”号召，财务部设立“财务共享角”，将回形针、燕尾夹、文件袋等办公用品回收再利用。共享角使用的矮柜、纸盒、易拉宝均为报废物品再次利用，旨在以“用废利旧”为抓手，强化全院职工节约资源、降低成本的观念。

（四）困难和解决方法

1. 遇到的困难

（1）成本管理意识不强。

医院精细化成本管理是一项浩大的系统工程，任何一方参与者都必须清楚地认识到其重要性，否则精细化成本管理工作无法有效开展。目前普遍存在着“重业务，轻管理”观念，缺乏精细化成本管理知识，成本管控意识相对薄弱。医护人员在药品和耗材申领方面缺乏合理用耗意识，行政人员在办公用品使用上也存在浪费的行为，未完全建立精细化成本管理的观念。

（2）信息管理水平不高。

精细化成本管理工作对基础数据的完整性、准确性、精细性、可获取性要求较高，在管理初期，医院信息化达不到精细化管理的水平，经常会出现数据接口问题导致的数据偏差。特别是成本核算和管理系统通常涉及多个不同的系统，如医院财务系统、物资管理系统、HIS 系统、电子病历系统、人力资源系统等，系统之间没有良好的集成，存在数据不一致、信息丢失或重复等问题，影响成本核算和管理的效率和质量。

（3）基础数据质量不佳。

虽然医疗机构的数据量庞大，但由于其质量不高、结构化和标准化不足，导致虽有海量数据，却无法分析出有决策价值的结果。如物资系统里面的耗材名称不规范，规格、品牌、名称、简称各异，人力资源系统里面数据更新不及时，病案系统数据口径不统一等问题。

（4）专业人才队伍不足。

目前国家发布了系列针对成本核算管理的规范文件，不仅要求财务人员具备专业知识，还需具备与临床人员沟通基本医疗业务的能力。医院推行成本管理改革必然需要有专业的成本管理方面人才，依靠专业人员将成本管理相关措施落实落地。但是实际上医院现有财务人员更多是具有财务、会计等方面的专业知识，而对医学方面的知识了解并不多，信息、医疗、财务人员各说各话，无法对各种药品、耗材使用合理性进行判断，导致成本管控效果不佳。

2. 解决的方法

（1）强化医院成本管理意识。

明确管理责任，确保顺利开展精细化成本管理工作。一是成立成本核算工作领导小组，院长亲自挂帅、总会计师协助负责、各部门协同推进，全面负责成本核算的组织、领导和协调工作。二是分设成本核算员、科室成本联络员，制定成本管理方案，建立全方位运行体系和激励约束机制，健全医院成本管理考核制度和考核指标。三是定期去临床医技科室调研，沟通成本管理工作，提出管控建议，减少不必要的消耗和浪费，“全院一盘棋”从上到下强化成本管控的意识。

（2）加快成本信息平台建设。

对内联动信息管理部，完善、整合现有医院信息管理系统的各个模块，建设符合精细化成本管理要求的信息平台，促进各部门协同配合，保持数据传输过程的精确高效，实现信息共享，为精细化成本管理的实施奠定坚实的技术基础。对外与软件公司联合定制化开发软件系统，合力建设基于 HRP 的全生命周期精细化成本管理体系。

（3）深度推进数据治理工作。

在建立成本管理体系时，各业务体系的数据质量和标准化至关重要，因此医院将数据治理纳入专项工作中的重点内容。一方面，梳理院内数据流、信息流；另一方面，通过规范数据字典将业务流程串联，最终实现所有成本数据的互联互通。通过建立健全成本数据标准制度、成本数据组织体系和成本数据管控流程，对成本数据进行全面、统一、高效的管理，确保成本核算数据真实完整、准确合理。

（4）加强专业人才培养培训。

为培养财务人员适应多个岗位工作的能力，增强团队凝聚力和合作意识，医院开展财务部专项工作，以财务部正式文件形式明确项目名称、项目负责人、工作目标及任务等。专项工作取得成果纳入个人专业工作经历，作为个人绩效考核、职称晋升的重要参考。成本专项组积极培养兼具医疗常识、财务和信息技术知识的经济管理复合型人才，强化对医疗项目的成本结构、成本动因认识，能对信息平台建设提供意见，从而助力医院的精细化管理。

四、取得成效

（一）为科学合理的精细化成本核算奠定基础

为规范成本管理工作，医院构建了基于制度、信息系统、人才队伍三个层级的成本管理生态，树立先进的成本管理理念，全面实现科室成本、项目成本和病种成本的精细化核算，为医院成本管理科学化夯实基础。

（二）为医疗服务项目价格制定提供参考依据

一是依托成本核算结果，2020～2022 年度医院申报的四川省新增/修订医疗服务价格项目获批 19 项，通过率高居全省前列，有效促进了新技术临床运用。二是以精准的成本核算数据为依据，对 15 项院内制剂药品进行了价格调整，弥补了近年来材料、人力上涨的成本。

（三）为医院战略规划及运营决策提供支撑

结合医院成本、科室成本、项目成本对具体数据进行分析，揭示成本消耗现状，建立科室运营能力评价及提升体系，针对不同科室成本结构特点和功能定位采取不同的发展策略，优化资源配置，提升医院核心竞争力。

（四）为国家出台成本及价格相关政策提供智力支持

医院成本管理工作得到国家相关主管部门的高度评价和认可，并委托开展相关课题研究。2020 年医院承担了国家卫生健康委委托的《公立医院成本核算监测项目》《公立医院医疗服务成本与合理调整价格研究》课题 2 项，省级课题 3 项，并配合四川省医保局、四川省卫生健康委完成医疗服务价格动态调整等研究课题，为主管部门进行医疗服务价格改革和出台成本管理相关政策建言献策。此外，医院成本管理工作获得了中国总会计师协会公立医疗机构经济管理年“百家案例”特优案例。

五、经验总结

（一）构建权责清晰的管理组织架构

建设精细化全生命周期成本管理体系是一项系统工程，构建权责清晰的管理组织架构是重要保障。一是明确组织架构和职责范围，避免职责冲突以及边界不清晰。二是明确管理层次和管理流程，确保成本信息畅通流转，数据同源，真实可比。

（二）结合实际开展成本多线程管理

成本管理通常按照“数据治理—成本核算—成本分析—成本控制”流程实施，由于管理链条太长，导致前期、中期成效甚微。施行多线程管理，作为精细化成本管理的延伸，在数据治理、成本核算、成本分析中开展成本管控工作，对成本的影响因素施加管控，多点发力，实现全流程成本管控。

（三）借力信息技术辅助成本管理

一是完善信息化建设，打通“数据孤岛”，实现系统互联互通，数据同源，源头上提升数据质量。二是借助大数据技术，有序采集、计算和分析成本信息，为成本报表分析、成本管理报告提供技术支撑。三是通过借力信息技术，财务人员从繁杂的核算工作中解放，更好地发挥管理会计职能。

（四）部门协同发力推进成本管控

成本管控需要全方面、全过程进行。比如，医院开展 DRG 成本核算时，涉及财务部、病案管理部、医保部、信息管理部、临床医技科室等部门，需充分发挥各部门积极性，部门协同，联动推进。

（五）适应医改政策持续优化成本管理

当前形势下，随着国家区域医疗中心的大力发展、新开学科组织架构频繁变更、医疗设备共享共用以及“全院一张床”政策的施行，均会对成本管理带来较大影响。需在完善现有成本管理体系基础上，未雨绸缪，不断优化，提升成本管理适应性。

（四川大学华西第二医院：王春举　梁　轶　王文群　李奕辰　周莲姿　王　婷
江采芩　谌昭洋　肖喻心　蔡文中　朱柯润）

案例评语：

该案例紧扣公立医院高质量发展主题，围绕医院战略目标和总体运营思路，从顶层设计层面构建了医院精细化全生命周期成本管理体系，创新运用了项目成本核算方法（时间驱动的作业成本法）与病种成本核算方法（费用成本转化法），优化了成本管理的流程，采取了卓有成效的成本管控举措，建立了分层分级的预警机制，做到业财深度融合，实现了从“数据核算者”向“决策助力者”转变。

案例单位在成本管理的创新思路及措施有力的业财融合经验，为同类行业企业提供了良好的借鉴、实践参考价值。

四、营运管理

以本量利分析为基础的企业经营法则

——京东方的管理会计实践

摘要

本案例介绍了以本量利分析为基础的企业经营法则在企业经营中的实践应用。案例单位核心业务为半导体显示业务，半导体显示行业属于高投资、高技术行业，具有较强周期性特征。为应对行业周期波动影响，案例单位以本量利分析为基础，将各要素进一步分拆及重新定义，并结合企业实践，对关键因素进行科学管理，形成了适配半导体显示业务及企业实践的企业经营法则，成为贯彻公司战略、落实目标责任制、推动经营持续改善的基本抓手和工具，并支撑从战略评估、战略规划到目标分解及落实，直至绩效反馈、改善提升的闭环管理落地。案例系统诠释了企业经营法则在企业经营中的具体应用及所取得的应用成效，并从横向客制化拓展、纵向延伸等角度对企业经营法则未来应用进行了展望。

一、背景描述

（一）单位基本情况

京东方科技集团股份有限公司（以下简称“京东方”）创立于1993年4月，发展至今，已成为一家领先的物联网创新企业，为信息交互和人类健康提供智慧端口产品和专业服务。京东方紧密围绕“屏之物联”发展战略，形成了以半导体显示为核心，物联网创新、传感器及解决方案、MLED、智慧医工融合发展的“1+4+N+生态链”业务架构。尤其是半导体显示业务，是京东方所积累沉淀的核心能力与优质资源，是公司转型发展的策源地和原点，在技术力、盈利力等多方面逐步实现全球领先，连续5年在智能手机、平板电脑、笔记本电脑、显示器、电视五大应用领域液晶显示屏出货量全球第一。[①] 同时，京东方始终坚持“尊重技术、持续创新”的理念不动摇，截至 2022 年，累计自主申请专利超 8 万件，2022 年京东方位列 IFI 美国专利授权排行榜全球第 11 位，已连续 5 年位列全球 TOP20，以 1884 件 PCT 专利申请量位列世界知识产权组织 PCT 专利申请量全球第 7 位，连续 7 年进入全球 PCT 专利申请 TOP10。

（二）管理会计应用基础

半导体显示行业属于高投资、高技术行业，具有较强周期性特征，行业过山车式的周期波动对企业生存和发展带来了挑战。为应对行业周期波动影响，亟须运用管理会计工具实现科学决策，适应不断变化的内外部环境，达成经营目标。以本量利分析为基础的企业经营法则应运而生，成为京东方贯彻公司战略、落实目标责任制、推动经营持续改善的基本抓手和工具，支撑从战略评估、战略规划到目标分解及落实，直至绩效反馈、改善提升的闭环管理落地。

二、企业经营法则总体设计

传统本量利分析是成本、销量与利润之间的依存关系，通常表述为：利润（P）=（单价 - 单位变动成本）× 销量 - 固定成本。京东方的企业经营法则以本量利分析为基础，将各要素进一步分拆及重新定义，并结合企业实践，对关键因素进行科学管理，其表现形式最终为：利润（P）=（单价 - 单位材料成本 - 其他单位变动成本）× 销量 - 付现固定成本 - 非付现固定成本 - 其他［即 $P = (ASP - BOM - \alpha) \times X - Bx - Bt - \beta$］，具体变化点如下：

首先，将单位变动成本进一步拆分为单位材料成本和其他单位变动成本。变动成本通常由各种性质不同的项目构成，只有对这些构成项目进一步按照对利润影响的重要性程度分类，才能发现哪些单位变动成本构成项目对成本的控制和节约更为重要。变动成本中需要重点控制的成本控制项目，是在单位变动成本中比重大或可降低程度高的项目。显示器件产品的成本，近一半为材料成本，故将主要的材料成本单独分离出来。材料标准用量是企业可以主观努力的指标，需要从产品开发阶段就重视对材料成本的控制，考虑产品设计的优化以及材料、部件的标准化等。在降低材料标准用量的同时，也要完善材料采购体系，采用议价及二元化等方式不断降低

---

① 资料来源：Omdia。

材料价格。

其次，将固定成本进一步细分为付现固定成本和非付现固定成本。固定成本在一定的经营规模条件下其总量不会发生变化，但通过精细化管理，对不同的成本要素实施不同的管理策略，有助于企业持续降低固定成本。半导体显示行业属资金密集型行业，项目建设投资金额较高，厂房设备等固定资产折旧也是企业运营成本的重要组成部分，故将非付现固定成本单独分离出来。固定资产是由过去的购建行为而发生的，现在的控制决策很难对过去的投入产生根本的改变，但仍然需要保养好机器设备，延长其使用寿命，在折旧年限完成之后，厂房和设备若能继续使用，将会使产品成本大幅降低。同时应在商务技术检讨阶段向多家供应商进行询价议价，争取降低采购价格从而降低后续其折旧费用。

最后，在模型中增加了其他因素，归集营业外收支、汇兑损益、库存影响等非经营性因素。加入其他因素，既把本量利分析和变动成本法的理念融入其中，也与对外报告的信息保持一致，全面充分地反映企业的实际经营效益。这些因素既可能为企业带来收益，也可能为企业带来支出或者损失，同样能够通过一些措施改善企业利润，如加强外汇的监控，时刻关注外汇市场的变动，对汇率变动做出合理预期，并做相应的购汇和付汇，降低汇兑影响；满产满销、降低库存影响产生的业绩波动等。

三、经营法则的应用过程

在实践中，企业经营法则作为利润模型，更多的是与京东方运营管理的相关方法论相结合，不再只是一种管理会计的工具和方法，而是演绎为一种管理的逻辑和体系。

（一）经营法则的具体应用

1. 融入责任中心，推进目标管理

企业经营法则的关键是实现企业的利润目标，将其落实到利润构成的各相关要素上，并根据企业内部各层级、每个层级的各个部门或岗位的业务性质，将相关的指标分解落实到各责任中心、各个岗位上。据此明确各部门或岗位的职责，形成协同机制，对利润目标的实现进行更有针对性的改善。通过持续不断地对这些指标的完成情况进行差异控制和分析，发现有利因素和不利因素，并采取有效措施，放大有利因素，消除不利因素或降低不利因素影响。公司在年度 KPI 设计中对不同的责任中心设定相应的指标，如供应链主要对 BOM 负责，BOM 降幅、材料稳定供应等都是其关键

考核指标，同时，每个指标往往都是多部门协同的结果，如 Loss（制造损耗）不光是制造，其与开发设计、供应链的来料品质及品质部门的现场管控都有关系。具体各指标对应的职责部门和管理要点如表 1 所示。

表 1　　各指标对应的职责部门和管理要点

ASP （销售单价）	BU（销量）、开发、工厂： • 高溢价产品，需要 BU 将市场/客户信息及时反馈给开发部门，开发部门及时完成并交付工厂，工厂及时完成合格样品并送样成功，也就是 TTM。力争成为全球首发，才能获得高溢价的 ASP
BOM （材料成本）	供应链、开发、品质、BU： • 统计表明产品成本的 80% 是在设计阶段确定的。因此，需要供应链提供低价的供应商资源，开发提供具有成本竞争力的产品设计，对品质进行材料及供应商认证，BU 进行客户端认证。 • 量产后的成本优化和稳定供应，也是达成经营目标的重要手段
α （其他变动成本）	工厂、开发、供应链、品质、BU： • Loss 不光是工厂的大敌，其与开发设计、来料品质及品质现场管控也是分不开的。3 正 6S、三现主义、工厂间横向交流等均是重要手段。 • 单位进出口运费虽低，总额却不容小视（供应链）。质保金不光是成本，也是客户端不良的财务体现，更是企业产品形象的重要体现（工厂、品质）
X （销量）	BU、开发、工厂、品质： • 除了 BU，一次送样成功率、客户端品质等也是影响客户订单的重要因素
Bx/Bt （付现/非付现固定成本）	全体部门： • 如何在市场不佳时也能盈利，控制 Bx 就是重要手段； • 严格控制好投资预算

2. 多维度演绎，支持经营决策

在经营法则的应用中，企业除了对整体业绩指标进行分析和研究，还根据公式衍生出了一些其他经营指标。根据这些指标，促使企业对自身经营状况有更为深入的了解，为企业达成目标起到积极作用。

（1）盈亏临界点。

通常意义上的企业盈亏临界点，是利润为零时对应的销售收入或销量，但考虑半导体显示行业受到产能约束，通常接近产销平衡，京东方更多的关注一定产销规模下的单位产品边际贡献（以玻璃基板为基本数量单位），即盈亏临界点：当 $P=0$ 时，单基板 CM（即 $ASP-BOM-\alpha$）的值，简化计算也就是单基板 $CM=(Bx+Bt)/X$。

（2）现金流临界点。

通常意义上的企业现金流临界点，是现金流为零时对应的销售收入或销量，类似于盈亏临界点。京东方更多的关注一定产销规模下的单位产品边际贡献（以玻璃基板为基本数量单位），即现金流临界点：当 $P+Bt=0$ 时，单基板 CM（即 ASP－BOM－α）的值，也就是单基板 CM＝Bx/X。现金流关乎企业持续经营能力，实际经营中以现金流临界点作为经营的底线进行控制。

（3）产品盈利等级。

在持续的经营实践中，京东方又将经营法则的应用做了进一步延伸，在经营法则基本原理的基础上，衍生出了产品盈利等级模型，用以指导工厂生产的排产及产品销售结构，为企业经营管理决策提供支持。产品盈利等级模型主要以产品边效分析及盈亏临界点指标为基础。在既定固定成本下，通过比较不同产品自身的边效水平与企业正常的盈亏临界点，制定按盈利性将不同产品进行分类的标准。不同产品的产能占用、良品率等有所不同，企业正常盈亏临界点是指当企业正常经营下实现盈亏平衡时，标准品有效产出（按标准品产能、工厂平均良品率等前提）的单位 CM 值，该标准值定义的产品盈利等级为 A 类，以 A 类为基本盈利起点，制定出 S、B、C 类产品，将上述产品分类规则概括整理，公式如下：

$$\text{S1 类} \geq \frac{(Bx+Bt)\times 1.05+P1}{\text{有效产出}} \qquad \text{S2 类} \geq \frac{(Bx+Bt)\times 1.05+P2}{\text{有效产出}}$$

$$\text{S3 类} \geq \frac{(Bx+Bt)\times 1.05+P3}{\text{有效产出}} \qquad \text{A 类基板边效} \geq \frac{(Bx+Bt)\times 1.05}{\text{有效产出}}$$

$$\text{B 类基板边效} \geq \frac{Bx\times 1.05}{\text{有效产出}} \qquad \text{C 类基板边效} \geq \frac{\text{动力费}}{\text{有效产出}}$$

注：P1＝资本金×10%收益率；P2＝资本金×15%收益率；P3＝资本金×20%收益率。

从公式中可以看出，当某产品有效产出（考虑该产品产能占用、综合良品率等）的单位 CM 达到 A 类标准时，该产品就达到了盈亏临界点。产品单位边效如果只达到 C 类标准，说明该产品的销售仅能维持水电等动力费的支出。而当产品单位边效达到 S 类，产品的销售就能为企业带来高盈利。根据产品盈利等级，管理层就可以较为直观地将企业现有产品的盈利性做出区分，明确现有产品盈利结构；同时对新产品的盈利性进行测算，了解新产品的市场竞争力，进而科学地进行生产决策。

3. 综合多种方法，助力分析与预测

在目标分解的基础上，各责任中心必须要按照责任指标的要求进行各项经营活动，管理层和责任主体都要对各项责任指标的执行进行过程控制。在公司日常的经营会议及定期报告中经营法则得到了广泛应用，财务部门综合趋势分析、因素分析等多种分析方法，及时向管理层及各部门或者岗位间传导经营实绩和异动信息。即将财务会计报表转化为经营法则报表的形式展开业绩分析，包括边效的增减变化、Bx 的节约情况以及 β 项下的其他因素变化等对业绩的影响，如 BU 别/产品别/客户别趋势分析、因素分析等（见表 2）。

表 2　　经营法则报表模板

项目		目标			实际			上年同期			行业对标	
		事业计划	本年累计	完成	当月实绩	本年累计	完成	当月实绩	本年累计	同比	当月实绩	本年累计
销量												
销售收入												
材料成本												
变动成本												
边效												
付现固定成本												
	人工											
	动力											
	……											
非付现固定成本												
	折旧											
	摊销											
其他												
	营业外收支											
	库存影响											
	……											
利润总额												
经营利润												
净利润												

目标管理、绩效管理都需要建立在科学的预测基础之上，滚动预测可以反映最新的市场趋势、实时了解行业竞争态势，及时主动调整经营策略，保持领先地位和竞争优势。在日常经营过程中，财务部门也会组织应用经营法则进行业绩滚动预测。测算过程中涉及的各项数据按照相应的职责分工由业务部门进行提供，比如，BU 组织提供销售计划（含单价、销量等），供应链组织提供 BOM 情况，人事组织提供人工成本情况等，财务部门负责充分研讨其数据的合理性，并根据经营法则模型汇总各部门数据得出滚动预测结果，并对滚动预测、事业计划目标、滚动目标、上年同期做环比、同比及目标达成情况的对比数据分析，再结合标杆企业对标情况与各业务部门沟

通，明确产生差距的原因，以报告或汇报形式通报给管理层及各业务部门，提醒其及时改善或调整经营策略。

4. 经营案例

集团下属某子公司经营过程中半导体显示行业受到冲击，竞争加剧，各 BU 市场售价及销量均受到不同程度的影响，较期初设定目标差距较大。在此严峻的情形下，目标达成面临压力，主力 BU 产品须确保收益 A 级以上才能保障公司整体业绩达成。

根据滚动经营预测的结果，考虑到本年度未来时间盈利确保及全年利润目标的达成，在经营相关会议和汇报中，财务组织将相关指标进行了细化分解，以直观数据向各业务部门量化反映，如 S 类产品每增加 1%，利润增加 ×%；BOM 每降低 1%，利润增加 ×%；良品率每增加 1%，利润增加 ×% 等。向管理层和各业务部门提出建立闭环机制，采取事前预防、事中监控、事后改善的闭环管理方式，对实绩及预测 A 级以下产品实时预警，强化集团内外部产品对标分析，拉通各业务组织检讨盈利等级提升举措，具体如下：

（1）销售组织贴近客户、积极抢单，稳步提升物量，提高 S/A 类高端产品销售占比，同时加速推动呆滞库存消耗，提升营运资金周转效率；

（2）采购组织加强二元化和供应商议价，保证在 ASP 呈下降趋势时，成本也不断降低，从而维持产品盈利等级；

（3）制造组织推进制程工艺改善，提升产品良率，降低制造过程中的 Loss；

（4）品质端加强品质检验，提升产品质量；

（5）研发组织积极完成新产品开发，特别是高附加值产品，同时强化与产品企划、供应链之间的降本联动；

（6）各组织牢固树立“过紧日子”思想，按照在费用目标基础上降低 20% 的整体原则，减少不必要的费用支出，必要活动就近从简，积极推进落实“极致成本、提升效能”行动方案。

通过长期的低边效监控和对标差异改进，主力产品持续提升 A 级以上高边效占比，最终 A 类及以上产品占比由 53% 提升至 76%，为公司业绩确保提供有力保障。

（二）在实施过程中遇到的主要问题和解决方法

京东方企业经营法则最初设计以半导体显示行业为出发点，但集团现有“1+4+N+生态链”业务架构已呈现多元化，涉及不同行业，商务模式差异大，企业经营法则适配性受到挑战。为了解决上述问题，财务组织提供专业保障，触点前移、赋能业务，协同新业务共同研讨商务模式、梳理核心业务流程，搭建适配创新业务的客制化盈利模型。

四、经营法则的应用成效

通过企业经营法则的推广应用，取得以下成效：一是加强各个部门间高效率的分工合作，积极按照自身对利润的贡献要求或者目标进行努力，推动企业的经营更加有序、更加系统、更加协同；二是有效助力企划、开发、销售、生产等组织，用于指导产品立项决策、销售报价、工厂排产及分析产品盈利性，不断提高 S/A 类产品占比，提升 B/C 类产品盈利性，实现企业利润最大化目标；三是通过经营预测及各类经营分析方法的应用，分析企业经营现状、合理预测并制定经营改善措施，有的放矢，确保企业经营业绩达成，助力企业科学决策。

综上所述，企业经营状况稳步向好，积极克服经济下行和市场波动等外部挑战，经营韧性显著提升，盈利能力及现金流经营指标保持行业领先水平（见表 3）。

表 3　　2022 年行业对标主要经营指标

指标	BOE	L 社	A 社	I 社
营业收入（亿元）	1784	1386	559	506
毛利率（%）	11.7	4.0	0.6	-3.0
归母净利润（亿元）	75.5	-163	-48	-63
EBITDA（亿元）	381	131	30	16
EBITDA 率（%）	21	9	5	3

资料来源：上市公司官网财报披露。

五、经营法则经验总结和未来发展

在保持经营法则现有应用的基础上，随着企业经营主体的不断扩张，经营管理分析需求的不断深入，经营法则将有更多的延伸和更广泛的应用。

首先是更高的客制化程度。集团现有业务已呈现多元化，涉及不同行业，经营特点完全不同，经营管理中需要注意的重要因素也会产生较大差异。比如，对制造业来说，经营法则中的材料成本和其他变动成本是工厂管理中最重要的两个因素，但转换到光伏产业、服务行业、医疗行业等，如何定义边效、变动成本，又成了一个全新的挑战。为了使经营法则模型在企业经营管理中更好地支撑集团战略落地，就必须对经营法则进行横向拓展，做出一定的客制化调整。

其次还体现为纵向延伸，即分析方法深度的延伸，具体表现为因素分析的应用。因素分析，即根据经营法则的主要公式，将影响利润的各项因素，诸如单位材料成本、其他变动成本、非付现固定成本和付现固定成本等进行分析，在特定行业中分析各项因素对利润实现或变动的影响及其敏感性。因素分析的推广和深入有利于在企业经营状况发生变化时，分析造成经营状况变动的具体因素，以及各项具体因素的影响程度，以便根据现有经营情况及市场环境，更具体而及时地调整经营方向和采取有效措施，达成更精细化的管理管控，保证利润目标的达成。未来将以信息化手段为支撑，逐步建立市场洞察、产品规划、研发、量产、EOL全生命周期的闭环管理体系和以产品规划、制造、供应链、研发组织共同输入目标的标准成本管理体系。

在企业经营法则应用的广度和深度不断加强的情况下，企业经营法则将更加完善，成为企业管理中有效的管理工具和分析方法，为经营决策提供更强有力的支持。

（京东方科技集团股份有限公司：杨晓萍　孟　超　张晓菲）

案例评语：

该案例针对半导体显示行业高投资、高技术和较强周期性特征，突破了传统本量利分析是成本、销量与利润之间的依存关系，创新性地提出以本量利分析为基础的企业经营法则，将本量利各要素进一步分拆及重新定义，并结合企业实践，对关键因素进行科学管理，成为贯彻公司战略、落实目标责任制、推动经营持续改善的基本抓手和工具，并支撑从战略评估、战略规划到目标分解及落实，直至绩效反馈、改善提升的闭环管理落地。案例所使用的管理方法是典型的管理会计方法，该案例的探索方式、应用经验对同类行业企业具有较好的借鉴意义。

以价值创造为导向的一日经营核算管理实践

摘要

财务管理是现代企业管理的核心。华能江西分公司落实国资委全面加快建设世界一流企业要求，加快建设“管理作示范，创效勇争先”的一流区域公司，以建设一流财务管理体系为首要目标，以数字技术与财务管理深度融合为抓手，积极探索“规范、精益、集约、稳健、高效、智慧”的现代化财务管理工具，创新打造出发电行业一日经营核算管理。

一日经营核算管理是融合财务精益管理理念和数字技术应用的管理会计创新实践。它通过实现电力企业实时燃料成本计算，从而开展企业每时每刻经营管理核算，将会计管理渗透到生产经营全过程。一日经营核算管理围绕发电企业生产、营销、燃料、基建、财务等核心业务，通过数字化手段推进业财融合，构建财务管理模型，打通系统底层信息链路，平台化整合实现数据同构、数据共享，每时每刻、每人每事，均从价值创造的角度，围绕着成本、质量、效率、效益、资源、约束等，进行连续不断地计算、衡量、评价、考核，进行持续动态的优化调整。它覆盖发电企业“全员、全要素、全过程、全价值链”业务流程，通过业、财一体化管控和企业资源持续优化配置，全景化、全程化、实时化呈现企业价值创造活动，不断提升企业价值创造能力，推动企业高质量发展。

一、背景描述

中国华能集团有限公司江西分公司（以下简称“江西分公司”）成立于2009年，是中国华能在江西区域的二级管理机构，主要负责中国华能在江西区域的能源开发建设及运营管理，下辖井冈山电厂、安源电厂、瑞金电厂、江西清洁能源公司及江西能源销售公司5家基层企业和电力交易运营中心、燃料调配中心2个直属单位，为江西老区振兴发展提供可靠的电源支撑，对增强江西电力安全保障、促进经济社会发展具有重要的意义。截至2022年底，江西分公司电力运营装机710万千瓦，位居集团公司第七、江西省第二，拥有总资产243亿元，累计发电2600亿千瓦时，上缴税收53亿元，在册员工1890人，机组能耗、清洁能源占比、盈利能力等经营指标在江西区域保持对标领先，正发展成为“管理做示范，创新勇争先”的一流区域公司。

2018年前，江西分公司财务管理存在着信息化程度不高、财务与业务融合不够深入等问题，管理水平落后导致企业整体发电盈利能力区域对标不领先、价值创造能力不高、市场竞争力不强。为此，江西分公司持续优化管理手段，不断创新管理模式，探索创建了一日经营核算管理这一财务管理工具，用于更好地支撑决策、服务业务、创造价值。

二、总体设计

（一）实施目标

开展财务管理实践创新，探索打造“规范、精益、集约、稳健、高效、智慧”的现代化财务管理工具，更好地支撑战略、支持决策、服务业务、创造价值和防控风险，加快建设一流财务管理体系。

（二）实施思路

以“一利五率”为核心，以华能集团YYPT（优化资源配置、约束边际贡献、强化结果评价、细化动态调整）价值引领型精益财务管理战略为遵循，按照数字化转型—精益化管理—业财深度融合的理念，以全价值链实时成本管控为导向，厘清价值流，找出问题点，搭建管理数学模型，构建一日经营核算管理平台，深挖数据价值，提升价值创造能力，实时监测风险，提升风险防范能力。

1. 厘清价值流，找出问题点

运用系统思维和精益理念，分析企业生产经营过程和创造价值的流程，识别影响价值创造的要素，按全价值链划分管理系统，从财务成本管控和价值创造的角度出发，分析全价值链生产、营销、燃料、采购、基建、财务等各核心环节中精益成本管控不到位、跨专业联动不深、生产经营决策时效性不够等痛点、难点和堵点。

2. 搭建管理模型，建立数字平台

坚持问题导向，运用数字化技术对管理数据模型进行重构和集成，对现有业务功能进行平台化整合。围绕燃料成本管控，构建智能配煤寻优模型、煤价预测模型、燃料采购寻优模型；围绕市场交易的成本因素，开展全员、全要素、全过程、全价值链的“大成本”管控，构建“三线四区”的现货交易模型；围绕集约化管理，构建“生产—燃料—营销”高效协同模型。

3. 深挖数据价值，提升价值创造能力

通过数字平台对电量电价、成本费用、边际贡献等关键指标进行在线计算、分析和预警，实时生成经营核算报表，及时反映企业经营活动成果、价值创造能力和资产管理水平，为生产经营辅助决策提供实时支撑。追本溯源生产经营关键环节、动作、要点的投入和产出，通过价值流变化分析，构建自适应、自寻优的数字化决策能力，深层次挖掘数据价值，对人、财、物、信息等核心资源进行优化配置，实施成本最低、价值最大的经营策略。例如，实施以电力市场为导向的协同联动，根据未来一段时期机组发电量、交易电量的预测情况，为燃料采购、机组检修和经济煤种掺烧精准施策，从空间维度优化发电结构（低耗能机组多发电，高耗能机组少发电）；实施以燃料成本为核心的协同联动，通过采购煤价走势预测，制定电力现货交易策略，从时间维度上优化发电结构（煤价低位时段多发电，煤价高位时段统筹设备检修）。

4. 在线风险监控，提升风险防范能力

建立风险监控指标体系，通过平台数据中心自动取数、计算和预警，自动生成数据分析图，直观呈现风险因素和风险变化趋势，辅助各业务部门调整风险应对计划，提升企业风险防范能力。

三、应用过程

华能江西分公司按照总体设计思路开展一日经营核算管理应用。成立组织机构，保障应用过程顺利进行；结合生产经营实际需求搭建管理模型；打通数据链路，建立数字化平台。通过管理模型的平台化运行，实施一日经营核算管理，为企业生产经营提供决策支撑作用。

（一）成立组织机构

为保障一日经营核算平台建设和一日经营核算管理工作顺利开展，成立组织保障机构。

1. 领导小组

成立以董事长和总经理为组长，各分管副总经理为副组长，各部门负责人为成员的一日经营核算管理领导小组。领导小组负责平台建设和管理实施工作的统筹协调和总体推进，协调解决在平台建设和管理实施过程中的重大共性问题和难点问题，从严督导各部门、各单位贯彻落实各阶段性工作任务。

2. 工作小组

成立以总经理为组长，经营副总为副组长、各部门负责人和匹配相应业务骨干为成员的工作小组。工作小组负责指导落实具体业务工作，协调解决相关问题，开展跟踪督导问效，强化责任闭环落实，定期向领导小组汇报工作进展。

3. 办公室

工作小组下设办公室，设在财务与预算部，具体负责一日经营核算管理的日常工作。

（二）搭建管理模型

为有效解决发电企业业务运行中的精益成本管控不到位、跨专业联动不深、生产经营决策时效性不够等痛点、难点和堵点，江西分公司充分梳理发电企业生产经营过程和价值流环节，以数学方式概括、表达、呈现与实际运行近似的结果，从而构建生产、燃料、营销等关键环节的管理模型（见图1）。

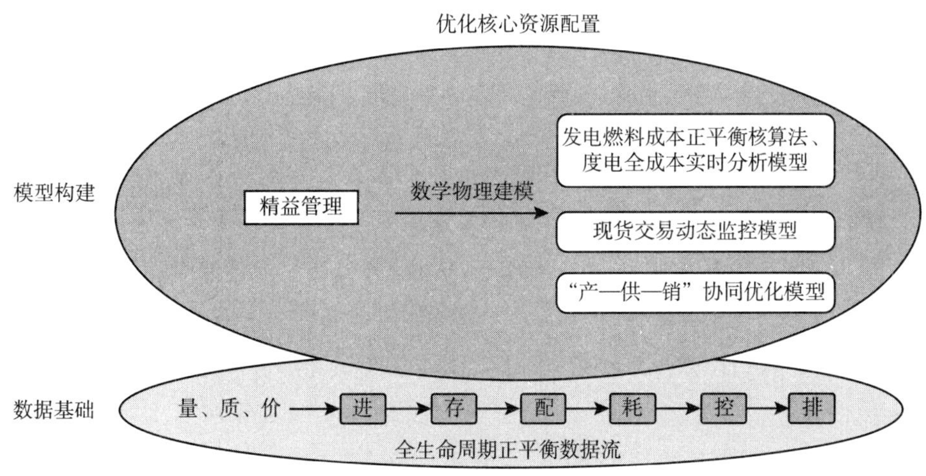

图1　多维数学管理模型

1. 度电全成本实时分析模型

火力发电企业主要生产经营环节包括燃料采购、生产发电、营销管理等环节，通过全景化、全程化、实时化抽取各环节业务数据，量化计算成财务量本利分析数据，根据量本利分析原理开展发电企业度电全成本实时分析，发电企业成本分为实时变动成本和周期性固定成本计算。实时变动成本主要包括实时入炉燃料成本、环保消耗性材料费用、耗水费用以及各辅机耗电费用等。周期性固定成本［折旧费用、四项费用（材料、大修、管理及其他费用）、财务费用、职工薪酬、销售费用、营业税金及附加］按照时间和电量进度分摊到实时成本。

度电实时成本分析具体步骤包括：一是对煤场硬件进行了改造升级和现场集成，实现数字化煤场管理，使每个单位重量的煤种从进厂开始就具备了“量、质、价”等“身份信息”。二是通过燃料全生命周期跟踪，对当前入炉的煤种组成、比例及其煤质、煤价都做到实时计算。三是自动读取负荷和给煤量数据，计算实时的正平衡入炉燃料成本。四是其他运行变动成本，通过实时从 SIS 数据库中读取负荷、石灰石、液氨、耗水量和各辅机电量等进行计算。五是周期性固定成本［折旧费用、四项费用（材料、大修、管理及其他费用）、财务费用、职工薪酬、销售费用、营业税金及附加］按照时间和电量进度分摊到实时成本。

2. 燃料成本寻优模型

燃料是电厂的生命线，占有电厂 70% 以上的成本，也是最大的变动成本，燃料成本寻优是发电企业最大的提质增效点。由于我国煤炭资源分布不均，国内燃煤电厂普遍采用多种煤种混烧，锅炉掺烧经济煤种时煤价下降，但煤耗上升，燃料成本寻优的逻辑是寻找到“煤价 × 煤耗”最低的点，这个点即最佳的燃料配置。江西分公司在一日经营核算管理中重点研发了燃料成本寻优模型，主要包括燃料采购寻优和配煤掺烧寻优两个部分。

燃料采购优化和配煤掺烧优化具体实现步骤如下：一是基于大数据平台，建立煤耗和发电成本预测分析模型，科学评价不同煤种的综合经济性。二是在此基础上，以热值为杠杆，通过月度负荷预测、煤价趋势分析、平衡煤价分析，优化月度燃料采购策略。三是根据日负荷预测，通过“煤—炉”耦合分析、配煤掺烧知识库，优化每天配煤掺烧策略，在安全环保的基础上，选择最佳掺烧方案。四是对配煤掺烧的效果进行后评价，将评价结果反馈到前端采购，从而实现燃料的闭环优化，不断挖掘燃料降本潜力。

3. 现货交易模型

随着电力市场变革的加速推进，现货交易在全国多地实施，江西分公司为了在电力市场中获得先机，提前布局现货市场，在一日经营核算管理中开展建立了现货交易模型。现货交易模型包括日前报价仿真决策和清洁能源月度电量决策两个部分。

日前报价仿真决策功能，结合电网的事前日信息披露数据，计算全网次日每 15 分钟的全网统调火电功率需求；通过对全网启停机、必开必停机组约束，结合对全网火电各台机组的信息摸底，模拟各台机组分负荷段的报价数据。按照电网出清规则，测算次日每15分钟的电量电价，共计96个点，并在日前出清后进行数据复核；日后现货数据通过同样手段进行复盘分析，从而指导后续的报价决策。

清洁能源月度电量决策功能，月度清洁能源申报保量报价、绿电电量的准确性，在特定生产情况下，决定了清洁能源的收益。通过月度计划、历史数据分析、新能源场站风光功率预测数据、风光功率预测进度分析结果、月度已发电量等数据，不间断滚动预测清能各场站总电量数据，辅助清洁能源月度电量申报决策。

4. 广义单元成本管理模型

成本竞争是市场制胜的关键，江西分公司在精益管理理念的指导下，进一步探索创新，开展广义单元成本管理，建立了广义单元成本管理模型。

广义单元成本管理TCM是精益成本管理“横向到边+纵向到底”的内涵深化。广义单元成本模块按照成本预测、成本决策、成本计划、成本控制、成本分析和成本考核6大管理部分，依据PDCA逻辑形成广义成本闭环管理体系。

成本预测根据企业成本统计的历史资料和市场调查预测，研究企业外部环境和内部影响因素的变化，对成本变化的影响作用关系，运用专门的方法，科学地估算一定时间内的成本目标、成本水平，以及成本变化的趋势。识别、确定、预防和控制成本风险。

成本决策按照既定的利润目标和降本节支目标，在充分收集成本信息的基础上，运用科学的决策理论和方法，强调划清可控与不可控因素，再全面分析方案中的各种约束条件，分析比较费用和效果的基础上，从多种可行方案中选定一个最佳方案的过程。

成本计划在成本预测和成本决策的基础上，根据计划期的生产任务和利润目标，结合成本定额管理标准，通过“由下而上”和“由上而下”的两条路线，在充分发挥和调动全体员工积极性的基础上，汇总编制具有可操作性的成本控制计划体系，制定各层级成本单元的定额标准（目标值、先进值）。

成本控制是成本管理的核心内容，在成本计划实施过程中，采取数字化手段，对影响成本的各项要素，采取一定的措施进行监督、调节和控制，例如，设定成本单元20%的限额偏离值，指标超过偏离值就自动预警“异常”，及时将预警信息发送到该单元成本责任人的OA邮箱，责任人必须限时上传分析报告并检讨责任漏洞，及时预防、发现和纠正偏差，保证成本目标的实现。

成本分析通过对成本的确认、计量、记录、分配、计算等一系列活动，进行成本核算，确定成本控制效果，分析成本指标和目标成本的实际完成情况、成本计划和成本责任的落实情况，与区域内、集团内的成本平均水平、最高水平进行对标分析，分析确定导致成本目标、计划执行差距的原因，以及可挖潜的空间。运用“剥5张皮”

和鱼骨图分析法，定期对“不合理”或“异常”的成本单元进行动态分析或专项精益分析，持续改进。同时通过分析，运用“PDCA”方法，把握成本变动规律，总结经验教训，寻求降低成本的途径，实现成本管理的良性循环。

成本考核通过月度、年度定期对成本管理的成效或失误进行总结和评价，根据每个管理层级和责任人降低成本的贡献大小，给予相应的奖励；对缺少成本意识、成本控制不到位、造成浪费的管理层级和责任人，给予处罚，促进成本管理目标责任制的落实。

5. “生产—燃料—营销”高效协同模型

江西分公司构建“生产—燃料—营销”高效协同模型，首先通过实时掌握度电变动成本和度电全口径成本，科学确定市场竞价、调峰报价等市场营销的“黄线”和“红线”，为市场营销策略提供了科学可靠的依据；其次通过对江西区域内气象信息、宏观经济指数、工业指数、居民生活指数等数据的分析与特征选择，建立大数据分析数学模型，对区域负荷进行中长期预测；再次通过对 CCI 产地煤价数据、北方港动力煤价格指数、秦皇岛锚地煤船数、北方四大港港存、沿海六大电厂港存等数据动态分析建模，对中长期煤价走势进行预测；最后通过度电变动成本实现电量电价与煤价趋势的联动分析，以总边际贡献最大化来寻优，确定合理的机组检修计划时间和市场电量结构。

（三）建设数字平台

江西分公司运用数字化技术对管理数学模型进行重构和集成，对生产、财务、采购、营销、物资等现有业务系统进行平台化整合，建立一日经营核算管理平台。管理平台是管理数学模型的关键载体，它通过打通底层数据，异构系统实现数据同构、数据共享，推动精益管理的数字化智能化升级，更好地为业务赋能，有效解决业务运行中的痛点、难点和堵点；更好地实现价值提升，推动企业卓越运营创新；更好地提高运营效率，加快形成企业竞争新优势。

一日经营核算平台整体架构分为业务服务端和财务管理端（见图 2）。

1. 业务服务端以服务业务作为支撑点

一是解决各业务板块现场多源异构数据融合问题，平台建立各生产环节之间的互联，使业务数据流通畅，全程不落地和闭环，从而支撑起数据融合、成本分析、资源优化的平台体系。二是建立了复杂多变燃料条件下电厂配煤掺烧与燃料采购协同寻优模型，以度电燃料成本最低作为燃料资源优化配置的最佳点。以热值为杠杆，通过月度负荷预测、煤价趋势分析、平衡煤价分析，优化月度燃料采购策略；根据日负荷预测，通过“煤—炉”耦合分析、配煤掺烧知识库，优化每天配煤掺烧策略，在安全环保的基础上，选择最佳掺烧方案。同时，对实际运行效果进行后评价，将评价结果反馈到前端采购，从而实现燃料的闭环优化。

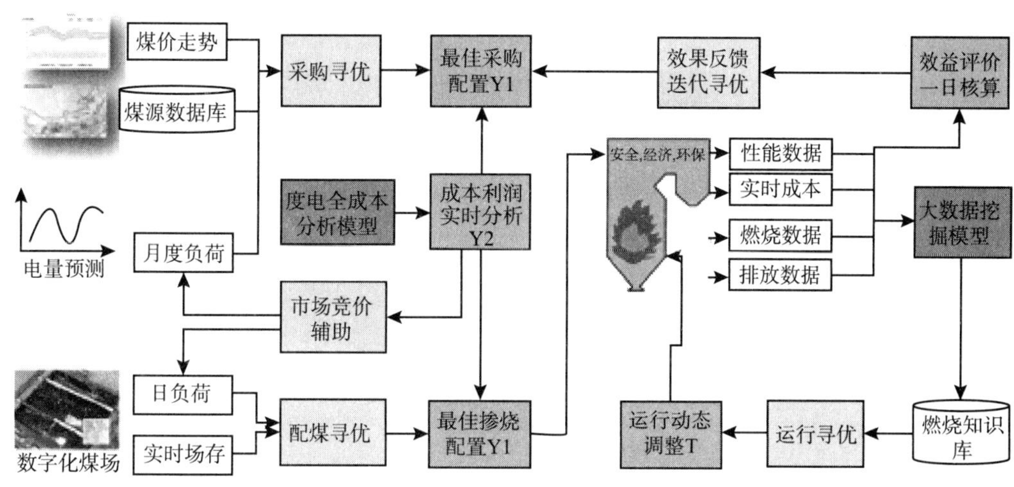

图 2　一日经营核算平台业务流程

2. 财务管理端以价值创造作为提升点

内部通过燃料采购、入厂、场存、取用、燃烧的智能化调度和数字化管控，建立度电全成本的实时分析模型，实现一日经营核算；外部强化“生产 + 营销 + 燃料”协同联动，以度电成本和一日经营核算为依据，主动适应电力市场和燃料市场要求，实现稳健高效的价值增长。

（四）深挖数据价值

1. 财务服务业务

一日经营核算管理从打通电厂全生命周期数据链路，实现全价值链数据平台化呈现入手，实现财务服务业务。

平台通过开发与 SIS、输煤程控、入厂煤无人值守系统、斗轮机定位系统、在线盘煤系统等的数据接口，实现燃料到厂、接卸、堆存、上筒仓、上原煤仓、入炉、排放全过程的煤种、量、质、价、掺混比例的跟踪，所有环节前后关联，煤流监视不间断，对锅炉实时入炉的煤种可实现全程回溯。从而使燃料在电厂的全生命周期量、质、价、时间等数据自动贯通，以及全流程各生产环节燃料实时价值自动归集与呈现。财务管理通过燃料数据的平台化呈现，深入燃料价值流各环节把脉问诊，进一步发现燃料采购、锅炉燃烧等业务环节中的痛点、难点问题，为燃料采购、掺烧等策略优化赋能（见图 3）。

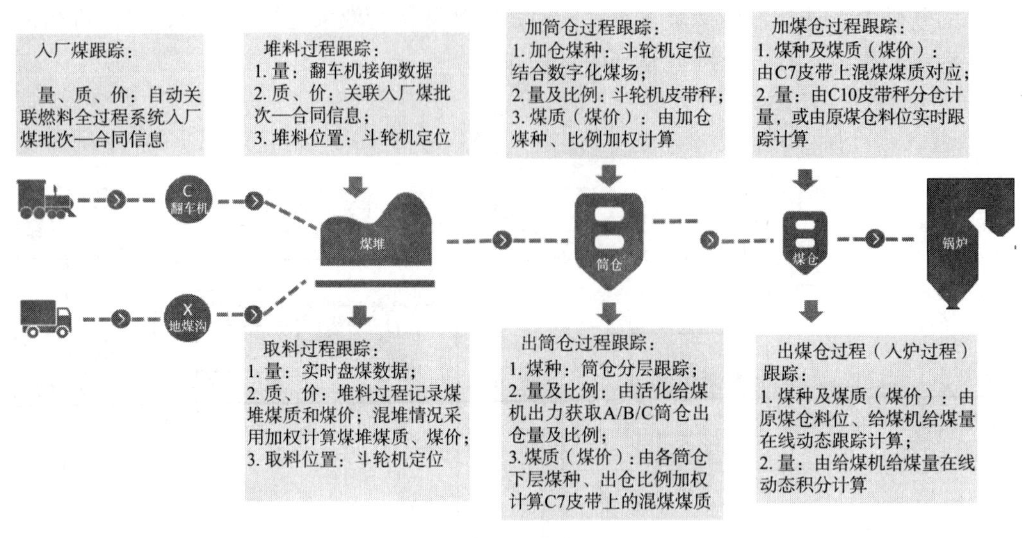

图 3　煤流不间断跟踪

2. 数据驱动决策

以生产经营关键指标、成本指标边际贡献为主要分析对象，实现一日经营核算功能；通过实时计算利润、边际贡献、分析成本，为优化资源配置提供决策依据，从而达到从成本过程管控到提高边际贡献的目的。

一是日数据实时呈现。平台搭设一日经营核算模块，基于实时全成本计算，结合电量实时累计，集中呈现包括每日发电量、上网电量、供电收入、供热收入、单位售电燃料成本、水费及动力费、四项费用（材料、大修、管理及其他）、职工薪酬、财务费用、销售费用、日总成本、日总利润等数据。

二是月盈亏分析比较。平台搭设月盈亏分析模块，对月度经营数据实现动态跟踪，对影响利润的各经营指标进行盈亏平衡分析与敏感性分析，为后续经营决策提供数据支撑，通过对月度盈亏进行预测，动态预估月度盈亏平衡点；跟踪月度生产经营情况，辅助月中进行经营决策调整，实现以日控月。

三是年度利润动态预测。平台搭设厂级辅助决策模块，通过专业算法建立了电量预测和煤价预测模型，对年度盈亏平衡时间、平衡电量、预计总利润等进行预测。若预测状态与目标发生偏差时，提供偏差修正的手段，如在保障采购煤质的前提下，限制采购煤价，调整长协电量、电价目标，设置竞价电量、电价范围，优化调整设备状态、提升运行水平，限定固定成本（如四项费用开支等）限值。通过厂级辅助决策功能实现以日控月、以月控年，最终完成年度财务目标。

3. 成本实时控制

建立成本定额控制功能，开展成本控制预警，设定成本单元 20% 的限额偏离值，指标超过偏离值就自动预警“异常”，生成“成本异动处置单”，并将预警信息发送到该单元成本责任人的 OA 邮箱，责任人必须限时上传分析报告并检讨责任漏洞，及时预防、发现和纠正偏差，保证成本目标的实现。

4. 优化资源配置

一是建立产供销协同联动机制。在平台基础上，打通生产、销售、供应、财务等原有业务流程断点，实现各环节的统一，使任何一项资产要素的变动均可量化反映到价值流，通过价值流变化分析和大数据分析，推动集约化管理，促进人、财、物、信息等核心资源的优化配置。安全生产、燃料供应、市场销售是发电企业最为重要的价值链环节，实施“生产 + 燃料 + 营销”（即产供销）的协同联动对于推进发电企业集约化管理尤为关键，因此建立“发电量—采购煤种—配煤掺烧—安全生产”和“煤价—煤耗—电量交易”协同机制，进行度电变动成本与电量、电价、煤价趋势的联动分析，有利于围绕电量销售目标、燃料采购计划、机组检修安排开展寻优，促使企业创造价值最大化。

二是实施以电力市场为导向的协同联动。江西分公司提出“营销是生产经营的龙头”，积极推进以电力市场为导向的协同联动，即根据未来一段时期机组发电量、交易电量的预测情况，推动营销与生产、燃料的协同联动。一是通过发电量 3 个月滚动预测模型，对江西省用电负荷、清洁能源电力负荷和江西分公司电源侧电量进行滚动预测，为燃料采购、机组检修安排和经济煤种掺烧精准施策。二是在煤价保持平稳时，以区域公司发电煤耗最低为目标，推进营销与生产的协同联动，即在区域公司层面开展高耗能的小机组向低耗能的大机组转移发电权，降低区域公司整体发电煤耗。以井冈山电厂一期机组（30 万级机组）为例，其综合供电煤耗高达 330 克/千瓦时，近几年每年向区域公司内综合供电煤耗低于 300 克/千瓦时的 60 万级机组转移发电量 10 亿千瓦时以上，节约区域公司整体发电燃料成本超过 3000 万元/年。

三是实施以燃料成本为核心的协同联动。江西分公司提出“燃料是成本制胜、市场竞争的核心”，推行以燃料成本为核心的协同联动，即利用煤价预测模型，预测煤价走势，加强与生产、营销的协同联动，全力降低发电成本，提高市场竞争力。一是基于发电机组近 7 天正平衡燃料成本统计数据和 D + 1 天成本预测数据的平均值，获取“三线”（度电边际成本线、盈亏平衡成本线、盈利目标成本线），划分“四区”（运行无效区、边际有效区、增量高效区、盈利超效区），科学确定市场竞价、调峰报价的“黄线”和“红线”，为月度集中竞价和现货交易提供辅助决策。二是根据中长期煤价走势预测情况，合理安排机组检修时间，从时间维度上优化机组全年 12 个月的发电结构，在满足电力调度要求的前提下，尽可能在煤价高位时段少存煤和安排机组大修，在煤价低位时段多存煤和多发电。

5. 防范化解风险

关注公司整体及各板块、各要素、各单位经营形势变化、指标异动情况，建立风险监控预警机制。设置风险监控指标体系，经营管理风险按照燃料、电量、电价和供热分类设置监控指标；节能环保风险按照节能和环保分类设置监控指标；财务管理风险设置资金风险相关监控指标。各指标按照绿灯安全、黄灯提醒、红灯预警分别分等级设定阈值量化管控（见表 1）。风险监控通过平台实现自动取数、计算和预警功能，自动生成数据分析图，直观呈现风险因素和风险变化趋势，辅助各业务领域调整风险应对措施，有效防范化解风险发生。

表 1　　风险监控指标体系

企业风险分类	风险编号	风险名称	风险监控指标	阈值			当月值	累计值	牵头部门
				绿灯	黄灯	红灯			
节能环保类	JN－01	节能风险	综合厂用电率						安生部
			综合供电煤耗						安生部
	JN－02	环保风险	二氧化硫排放量						安生部
			氮氧化物排放量						安生部
			烟尘排放量						安生部
经营管理类	SC－01	燃料风险	标煤采购单价						燃商部
	SC－02	电量风险	发电量						营销部
	SC－03	电价风险	综合结算电价						营销部
	SC－09	供热风险	售热量						营销部
			售热价格						营销部
财务管理类	CW－01	资金风险	资产负债率						财预部
			经营现金流量						财预部
			速动比率						财预部

四、取得成效

江西分公司实施一日经营核算管理实践，持续深化业财融合，不断优化资源配置，在提升企业价值创造能力和风险防范能力方面成效显著。

（一）提升决策支撑作用

江西分公司以一日经营核算平台为载体，推进了业务与财务的流程融合、数据融合，提高了电量电价、成本费用、利润等关键指标数据的“灵敏度”和“颗粒度”。追本溯源生产经营关键环节、动作、要点的投入和产出，通过价值流变化分析，对人、财、物、信息等核心资源进行优化配置，为电力交易、燃料采购、机组检修和配煤掺烧等生产经营活动精准施策，从而推动经营决策由经验主导向数据和模型驱动转变，有力提升了经营统筹能力和决策支撑作用。

（二）提升价值创造能力

一日经营核算管理通过每时每刻、每人每事、每个价值链环节进行持续动态优化调整和实时成本管控，企业价值创造能力得到大幅提升，以 2023 年为例，截至 2023 年 7 月，江西分公司累计实现营业收入 77.64 亿元，同比增收 5.53 亿元。其中发电量同比增加 12.48 亿千瓦时，售电收入同比增加 5.74 亿元。累计实现利润总额 3.91 亿元，同比增利 7.29 亿元。

（三）提升风险防范能力

通过建立财务指标数据异动分析与预警机制，强化对重大经营风险因素的预判与评估能力，实现从财务数据呈现到业务数据预警的反向流动过程，督促业务部门根据数据异动开展原因分析，及时调整生产经营偏差，防范风险事故发生，应变能力和竞争力不断增强，企业持续保持平稳健康发展。

五、经验总结

（一）应用条件和成功因素

（1）高度重视企业管理提升和财务管理创新，企业上下齐心协力共同推进，是开展一日经营核算管理的前提条件。

（2）立足发电企业同质化竞争特性，树立“精细 + 扭住成本 + 价值增长”的精益管理理念，是开展一日经营核算管理的基础。

（3）厘清业务链条价值流程，找准优化资源配置的空间，是开展一日经营核算管理的重要环节。

（4）具备一定的信息化建设基础，能在信息化系统的支持下取得各业务链条客观有效的数据，是建设一日经营核算平台的关键。

（5）培养具有一定管理会计知识水平和业务经验的复合型、专业化人才队伍，是开展一日经营核算管理的必备条件。

（二）推广建议

一日经营核算管理已在华能系统 100 余家基层企业全面推广应用，《中国华能》杂志辟专刊进行报道，获得 2021 年度全国企业管理现代化创新成果一等奖。特别是以“一日经营核算管理”为基础的“五步三化精智管理”被选树为国资委创建世界一流企业十大标杆管理模式。以价值创造为导向的一日经营核算管理，旨在对全流程原料、物料等生产经营数据进行在线计量、监测与管控，深度挖掘数据价值，提升企业价值创造能力，在火电厂等连续型生产企业具有很高的普适价值和推广示范价值。

（中国华能集团有限公司江西分公司：赵　翼　卢怀钿　谢　洋
聂冬生　温志华　石　兰）

案例评语：

该案例聚焦电力企业价值管理，融合财务精益管理和数字化广泛应用，积极打造现代化会计核算平台和财务管理工具，构建新型数字财务管理模型，创新性地实现数据同构、数据实时共享，达到“一日经营核算管理”。系统覆盖发电企业“全员、全要素、全过程、全价值链”业务流程，通过业、财一体化管控和企业资源持续优化配置，呈现全景化、全程化、实时化企业价值创造活动，有利于提升企业价值管理能力，推动高质量发展。

中国华能集团有限公司江西分公司打造“一日经营核算管理”体系的探索过程、经验总结对同类行业企业具有一定的实践参考价值。

敏感性分析在城市轨道交通 BOT 项目的应用

摘要

本案例介绍了敏感性分析在 BOT 项目的应用。案例单位为某一从事城市轨道交通运营的 BOT 项目公司，其收入的主要来源为政府补贴，在该公司采用传统节能降耗模式以期获得高利润，却发现在利润增长的同时，可获得政府补贴额反而降低，甚至影响到了经营性现金流的自平衡。

该公司通过敏感性分析这一管理会计工具，探寻成本、补贴、利润这三者的平衡关系，经过不断试算，终于找到了三者的平衡临界点，保障在获得较高利润的同时，尽可能获得足够的补贴现金流，并合理分配政企双方的收益，充分体现 BOT 项目所倡导的合作共赢的精神理念，确保本 BOT 项目实现全生命周期运作。

一、背景描述

（一）单位基本情况

甲公司是一家 BOT 模式运作的项目公司，负责 T 市的 2 号线地铁 B 包（机电、信号通信、车辆等除土建工程之外的部分）投资、建设和全线运营，由某央企作为社会资本方与 T 市政府以 PPP 融资方式组建而成，双方签订 PPP 合同明确各自的权利义务与合作机制，合作期为 25 年。

PPP 合同约定，甲公司享有 2 号线票务收入、非票收入与政府可行性缺口补贴（以下简称“政府补贴”）的收益和权益，甲公司的营业收入也来源于此，而三项收入中，政府补贴比重最大，约占总营业收入的 85% 以上，因此研究政府补贴的构成、补贴机制和计算依据至关重要。

（二）应用基础

回归研究 PPP 合同，探寻政府补贴机制的内在含义，争取获得更多的补贴款，是甲公司赖以立足生存的关键，也是甲公司新的经济增长点。同时，甲公司是其所属央企集团在 T 市树立的一张“名片”，也是 BOT 项目运作的“试验田”，所以，甲公司应该积极、灵活地运用管理会计工具，潜心钻研本公司与当地政府在政府补贴方面及其他利益方面的关联规律，弄懂厘清政企双方利益分成的规则和博弈点，努力做好央企集团 BOT 项目的“先行者”。

（三）选择敏感性分析工具的主要原因

政府补贴中运营成本补贴是针对 2 号线正常运营维护成本的补贴，受甲公司主观能动影响最大，以多项国家、社会宏观经济指标和甲公司实际成本水平为计算参数，这些参数中，有的对甲公司政府补贴和利润影响敏感，有的影响则微乎其微，此种情况正适用于敏感性分析这种管理会计工具来进行探索剖析。

二、总体设计

（一）敏感性分析的目标

在 PPP 项目长达 20 多年之久的合作期内，政府补贴对于政府方而言，是一种长期支付责任，对于项目公司而言，则左右其能否实现正向现金流；利润分配则是政府和社会资本方收益共享的主要体现方式，那么如何控制运营成本，如何把握利润空间，如何处理收益分成，以上问题关系到政府和社会资本方能否在 20 多年合作期内风雨同舟、共克时艰，影响项目本身能否持续经营、一直延续到合作期结束，对项目公司长期战略决策来说是项重大的研究课题。

本案例采用敏感性分析工具的创新点正是针对以上问题，尝试甲公司在不同实际成本条件下，对政府补贴和利润“此消彼长”式的影响，在此过程中得到结论：将实际成本控制在何种程度，才能达到一个平衡点，对甲公司最为有利，同时实现与政府方合作共赢的局面。

（二）敏感性分析工具应用的总体思路

1. 总体思路

敏感性分析工具应用分为三步：

第一步，首先要分析运营成本补贴计算原理；

第二步，测算各项社会宏观经济指标和甲公司自身实际成本指标对政府补贴和利润在 25 年运营期的影响程度；

第三步，敏感性分析在2021年、2022年实际运用的成果。

2. 运营成本补贴的计算原理

运营成本补贴的计算原理，是应用的首要前提，需要先厘清三个成本概念，即实际车公里日常运营成本、约定车公里日常运营成本和车公里计算日常运营成本。

（1）实际车公里日常运营成本指的是单位运营车公里分摊的除大/架修费用、符合资本化条件的设备系统更新改造、追加投资、折旧摊销费用、财务费用外的客运业务简单日常运营、维护及管理成本，简言之，就是甲公司运营2号线每一运营公里实际耗费的成本，计算公式：实际车公里日常运营成本 = 年度实际运营成本总额/年度列车运营公里。

（2）约定车公里日常运营成本，可以理解为是政府方“期望”的一个“上限值”，即甲公司的实际车公里日常运营成本应该努力控制在这个“期望值”以下。指的是PPP合同中约定的以运营里程为计价基础、根据招标确定的在运营期年单位运营车公里日常运营成本（不含增值税）。基准约定车公里日常运营成本以2017年价格水平为基础，基准约定车公里日常运营成本为22.14元/车公里，计算年度具体约定价格在2017年底工资和物价水平基础上，根据工资、物价水平、行车计划调整等因素变化按照调整公式进行调整。也就是说，从2017年开始，以后的每一年都要依据当年相关经济指标重新测算。

PPP合同对约定车公里日常运营成本，设置了一个较为复杂的计算公式，如下所示：

补贴年度约定车公里日常运营成本 = K ×［测算定员数 × 当年T市非私人单位在岗职工平均工资（万元）×（1 + 15%）×（1 + 62.5%）+ 当年运营万车公里 ×（测算车公里平均牵引用电量 × 当年轨道交通平均电价/（1 + 16%）+（测算年度日常维修车公里成本/（1 + 16%）+ 测算年度营运车公里成本/（1 + 10%））×（$\prod_{i=1}^{n} cpi_1$ × 0.5 + $\prod_{i=1}^{n} ppi_1$ × 0.5））+ 测算年度平均每站动力照明耗电量（万度）× 车站数 × 当年轨道交通平均电价/（1 + 16%）］×（1 + 5%）/当年运营万车公里

K为约定车公里日常运营成本补贴调整系数，K = 乙方投标确定的基准约定车公里日常运营成本/以2017年基期价格为基础计算的运营车公里日常运营成本（均不含增值税），测算得到K = 0.9402；

i = 计算年度，计算的基期为2017年；

CPII = 第i年CPI指数（变动值）；

PPII = 第i年PPI指数（变动值）。

各项测算指标取值如下：

测算定员数为 1500 人（固定值）；

测算车公里平均牵引用电量为 2.07 度（固定值）；

测算年度日常维修车公里计算成本为 2.44 元（固定值）；

测算年度营运车公里成本为 3.45 元（固定值）；

测算年度平均每站动力照明耗电量为 200 万度（固定值）；

测算当年轨道交通平均电价为 0.634451 元/千瓦时（变动值）；

测算当年运营万车公里，根据实际运营里程数计算（变动值）。

以上公式中，当年 T 市非私人单位在岗职工平均工资、当年 CPI、当年 PPI、当年轨道交通平均电价、当年运营万车公里五项参数为变量，其他参数均为固定值。

（3）车公里计算日常运营成本，是计算政府补贴的“直接”参数，运营成本补贴由其直接计算：

$$当年运营成本补贴 = 当年车公里计算日常运营成本 \times (1 + 利润调节率)$$

利润调节率由当年中国人民银行公布的 LPR5Y 和甲公司期望收益率组成。

该车公里计算日常运营成本的确定可以简单理解为“孰低法”，是根据当年实际发生的车公里日常运营成本与约定运营车公里日常运营成本进行比较，根据激励机制进行奖励或惩罚。

当实际发生的车公里日常运营成本大于或等于约定运营车公里日常运营成本，市政府补贴按照约定运营车公里日常运营成本计算；当实际发生的车公里日常运营成本小于约定运营车公里日常运营成本，市政府补贴按照实际车公里日常运营成本 + 实际车公里日常运营成本与约定车公里日常运营成本差额的一定比例计算。

通过 PPP 合同计算运营成本补贴公式可以看出，约定车公里日常运营成本是“标杆”数值，无论实际车公里日常运营成本多少，都是围绕约定车公里日常运营成本这一“标杆”进行运营成本补贴金额的计算，所以研究影响运营成本补贴的变动值参数尤为重要，采用敏感性分析工具，研究判断参数是否为敏感性因素。

三、应用过程

（一）项目组织

甲公司成立了 2 号线全生命周期运营成本补贴额测算小组，由财务管理部牵头，商务合约部、企业管理部、人力资源部、运营事业部、生产技术部、审计法务部等部门配合，分工如下：

（1）商务合约部负责测算运营期25年的CPI、PPI指标；

（2）企业管理部负责分析国家、地方财经政策；

（3）人力资源部负责测算运营期25年的T市非私营单位在岗人均工资水平；

（4）运营事业部负责测算运营期25年各个年度的列车运营里程数；

（5）生产技术部提供技术支持；

（6）审计法务部负责校对数据；

（7）财务管理部汇总整合全部数据，做出最终分析判断。

该小组专门对未来25年各个年度的运营成本补贴进行合理的测算，通过实际车公里日常运营成本、约定车公里日常运营成本的变动，分析对政府补贴和利润的影响。

（二）数据资源与环境要求

1. 实际车公里日常运营成本的数据测算

测算实际车公里日常运营成本，原始基础数据来源于国家现行政策及取费标准，甲公司的可研报告、投标文件、实际情况的原始数据及增幅趋势。运营成本包括人工成本、动力费用、日常维修费用、营运费用和管理费用。成本测算周期从2021～2045年共计25年，并根据预测的居民消费价格总指数（CPI）、工业生产者出厂价格指数（PPI）、人工工资和电价增长对运营成本进行调整。

（1）人工成本。

人工成本分为运营人工成本及安检人工成本。

运营人工成本是指项目公司在轨道交通运营组织与管理活动使用劳动力而发生的各项费用总和，包括基本工资和各项工资性附加。运营人员包含了轨道运营组织与管理活动中的所有工种，包括但不限于：驾驶、调度、车辆检修、触网检修、电气检修、机修、通号检修、工务、保洁、值班、安全员、后勤保障、客运区域站长、场站管理人员和专业技术人员等，含车辆段、维修基地的员工，不包含非运营业务中的任何人员及安检人员。本测算将运营人工分为管理人员、技术人员和一般工作人员（除安检）三类。

定员参考国内运营公里定员统计数据，运营人工数量正线指标为60～75人/公里（包含安检、保洁人员等）；本测算中运营人工数量（不含安检、保洁人员等）按照初期55人/公里，近期58人/公里、远期60人/公里考虑。管理人员、技术人员和一般工作人员（除安检）分别占人数的15%、45%、40%。

运营人工成本单价即运营人员年人均工资总额，以2017年T市城镇非私营单位就业人员年平均工资71026元计算，根据以往经验，管理人员工资为基本工资上浮

70%，技术人员工资为基本工资上浮 10%，一般工作人员（不含安检）工资为基本工资下浮 30%，工资性费用相关费率按照 62.50% 测算。工资自运营期第二年起以 8.73% 的增长率增长，以后以每 5 年增长率下降 1% 进行计算。

①2021 年人员按照 763 人测算，其中管理人员 92 人，技术人员 114 人，一般工作人员（除安检）557 人；2022 年人员按照组织架构定编 807 人测算，其中管理人员 116 人，技术人员 148 人，一般工作人员（除安检）543 人。

②按照 PPP 合同人员增长比例，2023 年人员增长 1.06%，2030 年人员增长 1.034%。根据增长比例测算出 2023～2029 年的人员数量为 856 人/年，其中管理人员 123 人，技术人员 157 人，一般工作人员（除安检）576 人；2030～2045 年的人员数量为 885 人/年，其中管理人员 127 人，技术人员 162 人，一般工作人员（除安检）596 人。

③劳务派遣人员 2021～2045 年按照 12 人/年进行测算。

④薪酬标准测算依据《甲公司薪酬管理制度（暂行）》、薪酬架构体系，均已考虑人员晋升、工龄增长的变化。

⑤社会保险及住房公积金按照工资总额的 37.15% 计提，其中社会保险占 25.15%，住房公积金占 12%。职工教育经费按工资总额 1.5% 考虑，工会经费按工资总额 2% 考虑，福利费按工资总额 12% 考虑。

⑥2021 年人均收入从 10 月起按 5% 增幅，2022～2035 年人均收入按 5%/年增幅，2036～2045 年按 3%/年增幅进行测算。

安检人工成本是指项目公司在轨道交通运营安检活动中使用劳动力而发生的各项费用总和，包括基本工资和各项工资性附加。

年安检人工成本 = 12 人/站 × 站点数 × 安检人工成本单价

全线共设置 23 座车站；

安检人工成本单价即安检人员年人均工资总额，以 2017 年 T 市城镇非私营单位就业人员年平均工资 71026 元为基数下浮 40%，工资性费用相关费率按照 50% 测算。工资自运营期第二年起以 8.73% 的增长率增长，以后以每 5 年增长率下降 1% 进行计算。

（2）动力费用。

动力费用主要分为牵引用电费（牵引及车载空调电）和动力照明用电费（包括车站、控制中心和车场等的环控、照明及机电设备用电）。

本测算以 35～110 千伏以下电价增长率为基础进行测算，2017 年电价为 0.6345 元/千瓦时，运营期间，电价调整以 -11.22% 为增长率，并以此增长率以每 5 年下降一次进行计算。

①牵引用电量初期取 2. 45 度/车公里、近期 2. 75 度/车公里和远期 2. 95 度/车公里。

②动力照明以耗电量结合本项目特征和其他类似项目经验，初期取 7200 万度/年、近期 81400 万度/年、远期 8800 万度/年。

（3）日常维修费用。

日常维修费用由车辆日常维修费用（不含架修和大修）和其他设备设施维修费用两部分组成，运营期内根据预测的 CPI 和 PPI 进行调整。

①车辆日常维修费用：包括列车日常检查、维修和定修以及工程车及工艺设备日常维修费用。项目车辆日常单位车公里维修参照相类似线路比较后特征年分别为初期 1. 03 元/车公里、近期 1. 61 元/车公里、远期 1. 61 元/车公里计算。

②设备维修费用：指除车辆以外，轨道、路基、车站建筑等设备日常维修，根据其他项目经验，设施设备日常维修标准在 1. 5 ~2. 0 元/车公里，维修费用总额占维修建筑及设备资产原值的 15% ~20%，本次按照初期 1. 9 元/车公里，近期 2. 0 元/车公里，远期 2. 2 元/车公里进行测算。

③A 部分维修费：包括车站、区间、控制中心等部分的维护维修，根据其他项目经验，本次测算按照 A 部分建筑安装工程费用的 3%，在运营期内平摊支出。

（4）营运费用。

营运费用分为直接营运费用和间接营运费用，运营期内根据预测的 CPI 和 PPI 进行调整。

①直接营运费用。

直接营运费用是指地铁运营过程中实际消耗的直接用于营运的成本所产生的费用，包括水费、燃气费、车辆保洁费、车站保洁费、事故费、计量费、制票费、清洁费、牵引照明以外的耗电等。本次按照 1. 8 元/车公里进行测算。

②间接营运费用。

本项目间接营运费用即安检成本包括安检设备租赁或设备折旧摊销、设备的维护维修、设备更新的费用及其相关管理费用等（不含人工）。平均每个站点需要配备通道式 X 射线安全检查设备 2 ~3 台，手持金属探测器 4 ~6 台，防爆设施等相关设备，每个站点的设备购置、安装、培训及维修维护的分担成本按照初期 8 万元/站，近期 10 万元/站，远期 12 万元/站测算。

（5）管理费用。

管理成本包括办公经费、低值易耗品、公安经费以及项目公司作为一般企业应承担的行政事业性缴费等。管理成本根据本项目多次成本测算推估，按照其他各项成本加和的 2% 测算，运营期内根据预测的 CPI 和 PPI 进行调整。

（6）保险费。

根据《中华人民共和国保险法》等相关法律和行政法规的规定，并结合项目的实际情况，考虑项目公司在运营期将投保公众责任险、雇主责任险、财产一切险等险种。本次考虑每年保险费率按照运营期初不含税资产原值的 0.1% 进行测算，运营期内根据预测的 CPI 和 PPI 进行调整。

2. 约定车公里日常运营成本的数据测算

由于 PPP 合同中计算约定车公里日常运营成本的公式较为复杂，测算小组将其拆解，利用 Excel 表分解为五个板块，分别是人工成本、牵引电费、日常维修成本、营运成本、动力照明电费，单元格之间设置公式便于计算，测算出运营期 25 年各个年度的约定车公里日常运营成本，2021～2023 年约定车公里日常运营成本计算如表 1 所示。

表 1　　2021～2023 年约定车公里日常运营成本计算分解

项目	2021 年	2022 年	2023 年
K 值	0.9402	0.9402	0.9402
测算定员数（人）	1500	1500	1500
测算当年 T 市城镇非私营单位人均收入（万元）	9.350	10.580	11.270
本企业高于 T 市人均收入的比率（%）	15	15	15
社保费用占工资总额的比率（%）	62.5	62.5	62.5
测算当年薪酬总额（万元）	26209.219	29657.063	31591.219
测算当年总车公里数（万车公里）	1427.405	1322.947	1423.970
测算车公里平均牵引用电量（千瓦时/车公里）	2.070	2.070	2.070
测算当年轨道交通平均电价（元/千瓦时）	0.4988	0.5828	0.6134
电费税率（%）	16	16	16
测算当年牵引电费总额（万元）	1270.533	1375.861	1558.680
测算年度日常维修车公里计算成本（元/车公里）	2.440	2.440	2.440
测算年度营运车公里成本（元/车公里）	3.450	3.450	3.450
维修成本适用税率（%）	16	16	16
运营成本适用税率（%）	10	10	10

续表

项目	2021 年	2022 年	2023 年
测算年度日常维修车公里计算成本（不含税，元/车公里）	2. 1034	2. 1034	2. 1034
测算年度营运车公里成本（不含税，元/车公里）	3. 1364	3. 1364	3. 1364
测算当年 CPI	1. 0866	1. 1083	1. 1866
测算当年 PPI	1. 0954	1. 1403	1. 1954
测算当年 CPI、PPI 综合值	1. 0910	1. 1243	1. 1910
测算当年日常维修成本总额（万元）	3275. 6974	3128. 6470	3567. 3395
测算当年运营成本总额（万元）	4884. 2552	4664. 9945	5319. 1105
测算年度平均每站动力照明耗电量（万千瓦时）	200	200	200
测算年度车站数（个）	23	23	23
测算当年动照电费总额（万元）	1978. 00	2311. 10	2432. 44
企业管理费用比率（%）	5	5	5
补贴年度约定车公里日常运营成本（元/车公里）	26. 02	30. 70	30. 83

（三）应用模式和流程

1. 不同指标参数对成本、补贴及利润的影响

在本案例具体实施计算过程中，由于 CPI 与 PPI 指标往往形成“剪刀差”趋势，因此将二者指标合并进行测算分析；当年运营万车公里数据，在没有特殊情况下，各个年度数据相差不大，因此忽略变量，简化计算。

原定的约定车公里日常运营成本的 5 个变动值，当年 T 市非私人单位在岗职工平均工资、当年 CPI、当年 PPI、当年轨道交通平均电价和当年运营万车公里，合并删减为三项：

（1）当年 T 市非私人单位在岗职工平均工资。

（2）当年 CPI&PPI。

（3）当年轨道交通平均电价。

在不同前提假设情况下，某一参数对约定车公里日常运营成本和运营成本补贴的影响。

前提假设 1：CPI 与 PPI 指标在 25 年运营期变动，其他参数均不发生变化。

前提假设 2：电价指标在 25 年运营期变动，其他参数均不发生变化。

前提假设 3：当年 T 市非私人单位在岗职工平均工资在 25 年运营期变动，其他参数均不发生变化。

从图 1 至图 3 可以清楚看到，当年 T 市非私人单位在岗职工平均工资对约定车公里日常运营成本和运营成本补贴金额影响是最为敏感的。

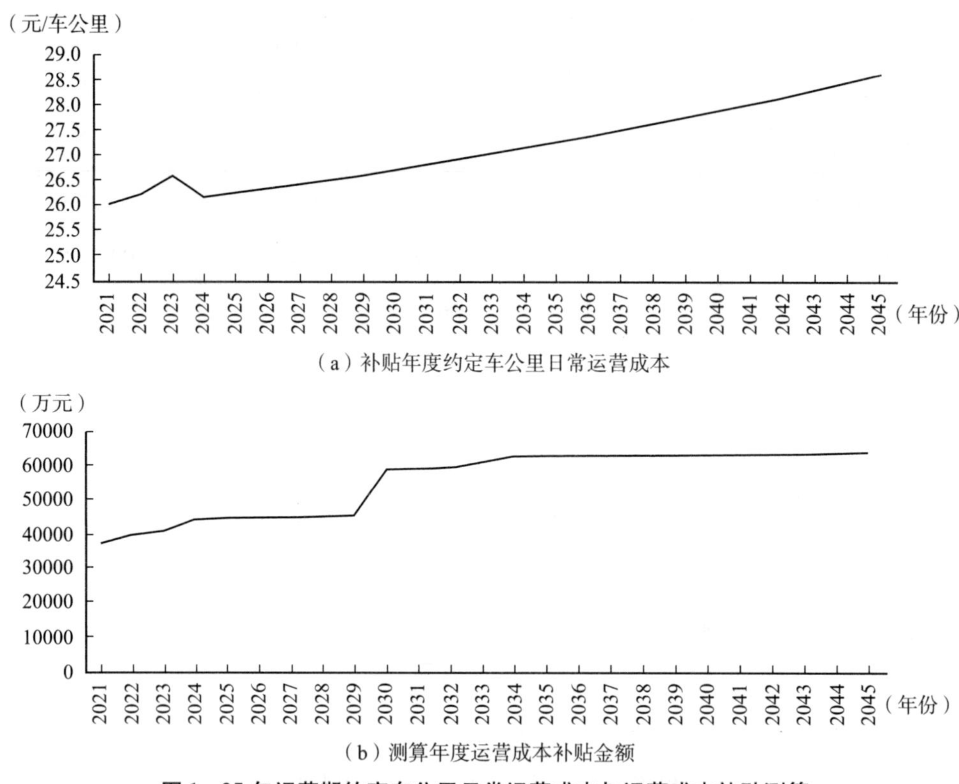

（a）补贴年度约定车公里日常运营成本

（b）测算年度运营成本补贴金额

图 1　25 年运营期约定车公里日常运营成本与运营成本补贴测算

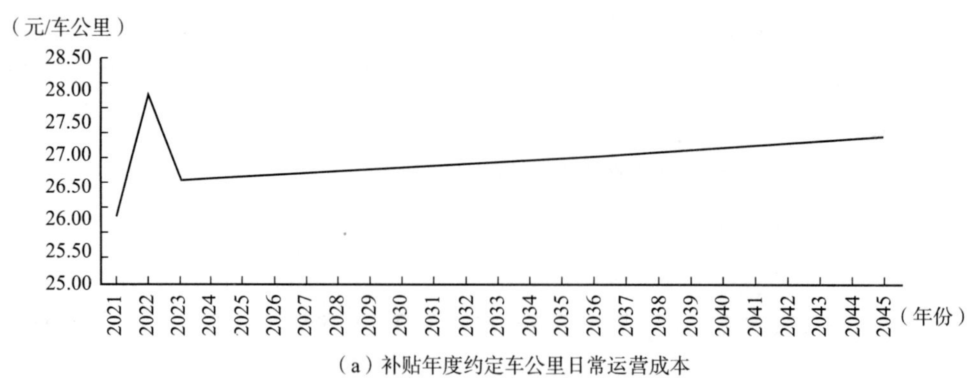

（a）补贴年度约定车公里日常运营成本

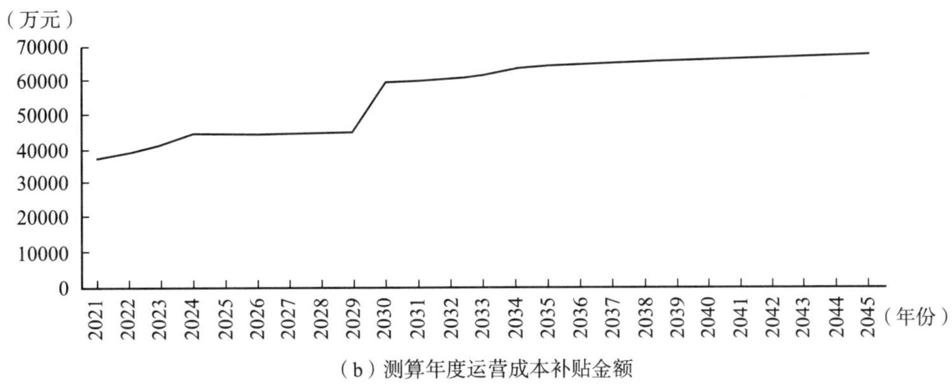

（b）测算年度运营成本补贴金额

图 2　25 年运营期约定车公里日常运营成本与运营成本补贴测算

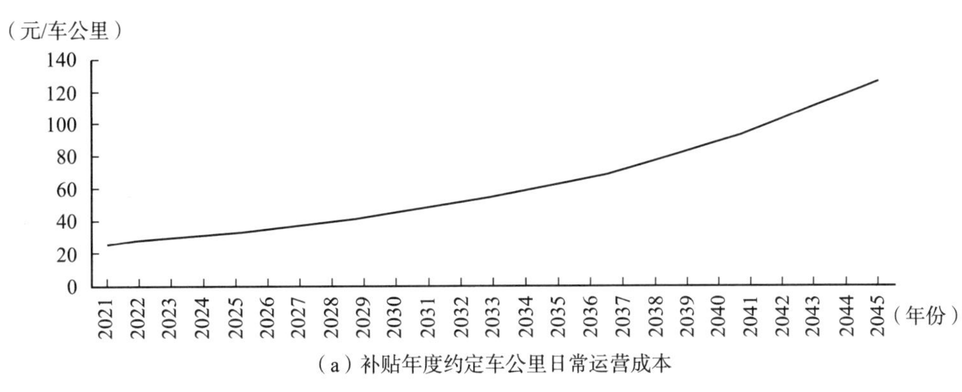

（a）补贴年度约定车公里日常运营成本

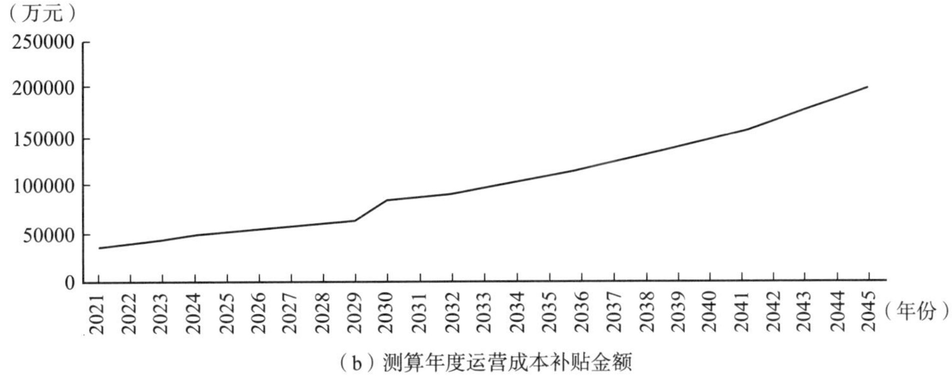

（b）测算年度运营成本补贴金额

图 3　25 年运营期约定车公里日常运营成本与运营成本补贴测算

甲公司根据当前熟知掌握的国家财经政策、宏观经济变动规律、T 市社会消费平均水平及中长期公司发展规划，结合实际车公里日常运营成本和约定车公里日常运营成本的 25 年期预测，整合其他经济要素，汇总编制测算了整个运营期 25 年的收益情况，并简要描述了实际、约定车公里日常运营成本对运营成本补贴和净利润的影响（见图 4 和图 5）。

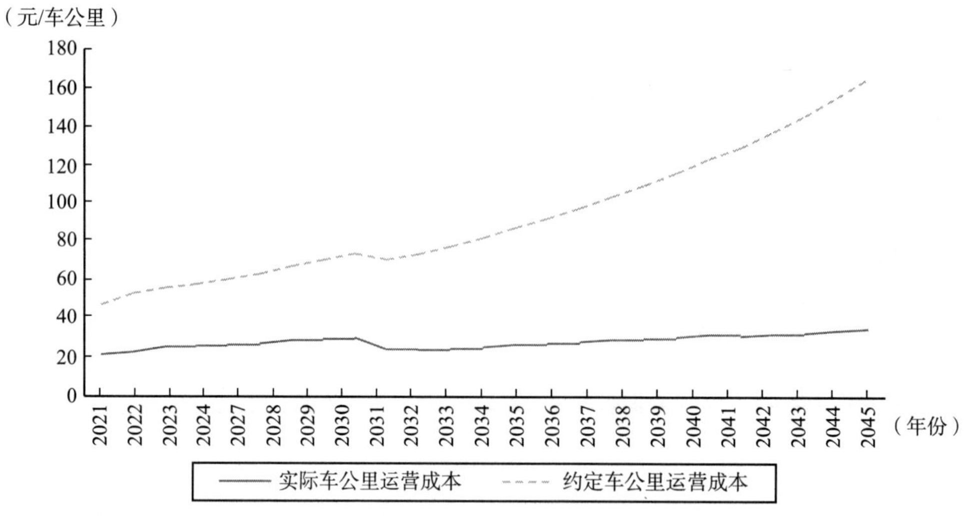

图 4　实际、约定车公里日常运营成本对运营成本补贴的影响

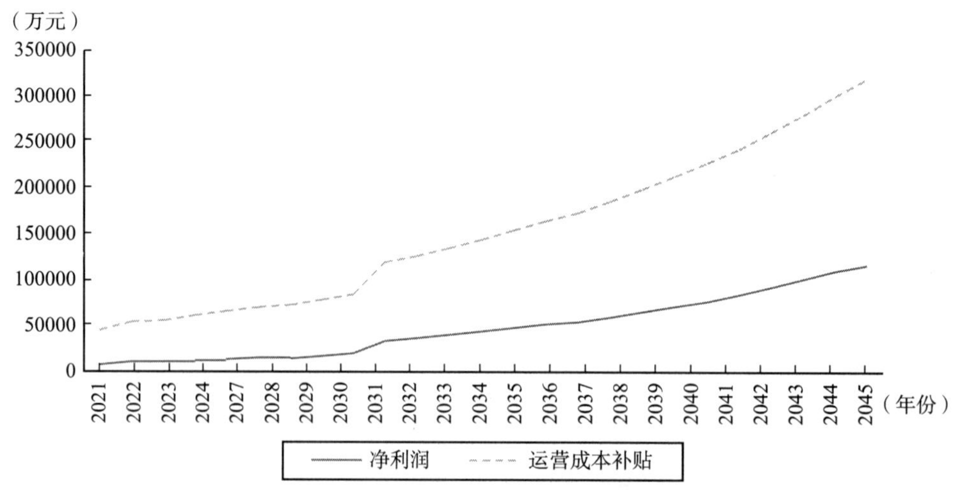

图 5　实际、约定车公里日常运营成本对净利润的影响

从图 4 和图 5 的数据变动趋势可以看出，随着时间推移，甲公司实际车公里日常运营成本增长变动幅度很小，而约定车公里日常运营成本增长变动幅度较大，并拉动着运营成本补贴大幅度提高。

通过测算 25 年全运营期的收益情况，分析发现，实际车公里日常运营成本逐年增幅较约定车公里日常运营成本会逐渐拉大距离，前者增长的“加速度”远小于后者，导致节约空间越来越大，换言之“机会成本”增大，甲公司“损失”的运营成本补贴也会逐步增加，因此应该适度追加运营成本以获得足额的运营成本补贴、维持日常运营资金需求（见图 6）。

数据测算显示，运营初期前5年（2021～2025年）当实际车公里日常运营成本控制在约定车公里日常运营成本的75%～85%范围，成本水平最为适度，可以获得较多的运营成本补贴，同时保证了净利润水平。

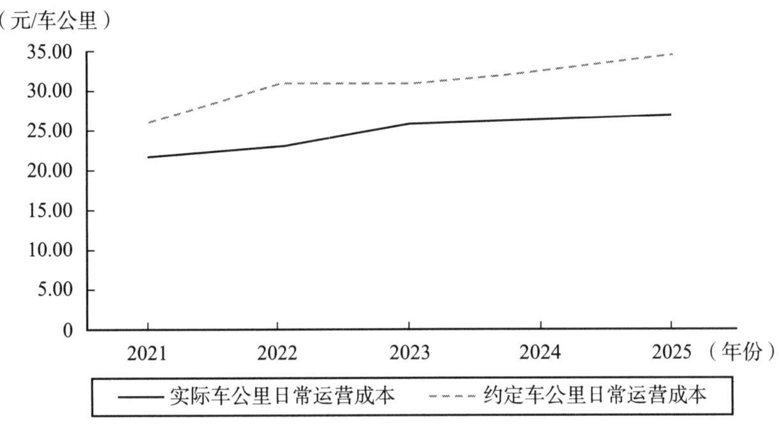

图6　2021～2025年实际、约定车公里日常运营成本测算趋势

因此，甲公司应努力控制实际车公里日常运营成本，使其维持在约定车公里日常运营成本的75%～85%，以期实现价值最大化。

2. 敏感性分析在2021年、2022年的实际应用

甲公司目前已经经历2021年、2022年两个完整的运营年度，通过敏感性分析，合理调整增长运营实际成本，增加对企业有益必要的科技和安全投入，不但促进了企业的经济良性运行，使甲公司获得了更多的政府补贴，同时利润也得到提高。

（1）2021年甲公司相关经济数据。

根据实际数据计算，2021年T市非私营单位人均在岗工资标准为9.35万元，2021年CPI和PPI指标分别为1.0866、1.0954，2021年轨道交通平均电价为0.4988元/千瓦时，结合其他固定值参数进行计算：

2021年补贴年度约定车公里日常运营成本＝0.9402×［1500×9.35×（1＋15%）×（1＋62.5%）＋1427.4049×（2.07×0.4988/（1＋16%）＋（2.44/（1＋16%）＋3.45/（1＋10%）×（1.0866×0.5＋1.0954×0.5））＋200×23×0.4988/（1＋16%）］×（1＋5%）/1427.4049＝26.02元/车公里

2021年甲公司财务账面实际日常运营成本总额为31168万元，实际车公里日常运营成本为21.84元/车公里，市政府（每车公里）奖励成本节约金额4.18元，2021年利润调节率12.39%，计算得出2021年运营成本补贴为38023万元，同时2021年甲公司财务报表净利润为4445万元。

2022 年初，甲公司对 2021 年成本执行情况进行细致分析，2021 年实际运营成本执行率为 92%，通过梳理成本项目，分析发现有部分设备运用科技提升的成本项目没有实施，人工费中薪酬的增幅小于 T 市当年平均工资的增幅，有部分管理活动未开展等，因此造成了 2021 年实际车公里运营成本较约定车公里运营成本少了 16%。在编制 2022 年成本计划时，充分考虑了此点，努力控制车公里节约额度。

（2）2022 年甲公司相关经济数据。

经查询，2022 年 T 市非私营单位人均在岗工资标准 10.58 万元，2022 年 CPI 和 PPI 指标分别为 1.1083、1.1403，2022 年轨道交通平均电价为 0.5828 元/千瓦时，结合其他固定值参数进行计算：

2022 年补贴年度约定车公里日常运营成本 =0.9402 ×［1500 ×10.58 ×（1 +15%）×（1 +62.5%）+1322.95 ×（2.07 ×0.5828/（1 +16%）+（2.44/（1 +16%）+3.45/（1 +10%））×（1.1083 ×0.5 +1.1403 ×0.5））+200 ×23 ×0.5828/（1 +16%）］×（1 +5%）/1322.95 =30.70 元/车公里

2022 年甲公司财务账面实际日常运营成本总额为 32862 万元，实际车公里日常运营成本为 24.84 元/车公里，市政府（每车公里）奖励成本节约金额 5.86 元，2022 年利润调节率 12.19%，计算得出 2022 年运营成本补贴为 41216 万元，同时 2022 年甲公司财务报表净利润为 6877 万元。

2023 年初，甲公司对 2022 年成本执行情况进行细致分析，2022 年实际运营成本总额较 2021 年增长 5%，实际车公里日常运营成本较 2021 年也增长了 14%，同时推动运营成本补贴的增长。

（3）现金流与净利润的权衡。

对于运营初期的甲公司来说，由于每月客流量远小于前期调研水平，每月的客运票务收入不足以支撑日常成本现金流开支，实现甲公司资金自平衡的关键是政府补贴款的足额、及时到位。因此，在假定政府补贴款在每年都能够足额、及时拨付甲公司的前提下，那么运营成本补贴款带来的现金流和净利润二者之间，“鱼与熊掌不可兼得”，甲公司经过慎重考虑，坚持“现金为王”的理念，还是优先选择前者。

甲公司在 2022 年成本追加、新增投入方面做了充分考虑和全盘布局，通过提高员工整体收入、追加车站服务质量、科技创新和安全生产费用投入，稳定了员工队伍，提升了员工工作士气、服务质量，擦亮了甲公司在 T 市的企业形象与品牌，保障了 2 号线的安全运营，为未来甲公司在 T 市可持续经营开发和长期合作打下了坚实的基础。更重要的是，充实了甲公司的运营成本，合理控制了实际车公里运营成本与约定车公里运营成本的节约空间，既增加了运营成本补贴金额，又在与政府方利益分成方面分配比例得当，政企双方均对此表示满意，充分体现了 BOT 项目社会资本与政府方合作共赢的精神。

四、取得成效

采用敏感性分析工具，提升了甲公司成本控制能力水平，在不损失较大利润的前提下，争取了更多的政府补贴款，甲公司在 2021 年获得运营成本补贴 38023 万元、实现净利润 4445 万元，在 2022 年获得运营成本补贴 41216 万元、实现净利润 6877 万元，同比上年，增加政府补贴款 3193 万元，增加净利润 2432 万元，获得了良好的经济效益。

通过敏感性分析得到的启示，2022 年甲公司运营成本“有的放矢”，在重点成本管控环节上，加大必要性支出，足额投入，对内提高了企业整体管理能力，对外提高了地铁客运服务质量，大幅提升了社会效益，美化了企业形象，甲公司在轨道交通运营指标方面也获得优秀的成绩，2022 年运营指标均优于 2021 年水平，尽管甲公司在同行业内起步晚，仅运营 2 年多，但列车运行图兑现率、列车准点率、列车服务可靠度等关键运营指标已经位列全国行业前列水平。

本项目是 T 市乃至所在省域范围首个交通行业 BOT 模式运作的大型项目，甲公司在战略决策中，在实现可行性研究报告中所期望的利润和收益后，不应止步于此，还应该巩固既有经营成果，深入与地方政府的合作，力争树立在所在区域 BOT 项目“标杆”形象，平衡与当地政府、融资银行、供应商、合作商的利益关系，尤其是要合理与当地政府分享运营收益所得，联合当地政府化解运营中出现的各种风险，真正做到“风险共担，收益共享”，同时，借助 2 号线地铁这一平台，为所在央企集团经营战略“冲锋陷阵”，深挖广扩当地政府其他可经略的资源，如追踪即将获批建设的 3 号线地铁、2 号线延伸线、地方铁路建设、厂矿专用线建设等，以点连线、成面，全方位铺开，努力形成区域内规模经济，产生规模效益。

五、经验总结

在本案例中，利用可预见的经济指标增长趋势、甲公司发展壮大的初步规划，采用敏感性分析工具对甲公司在 T 市 2 号线地铁的 25 年运营期收益进行了测算，并运用到了运营初期 2021 年、2022 年，从各种报表报告上的统计数字上看，确实收到了显著效果，但是在甲公司实际经济运行过程中，2021 年、2022 年两个年度内存在一些特定、突发的因素，诸如新冠疫情严重影响客流和客票收入、交通运输业免征增值税等，这些因素或多或少对净利润产生了影响，所以还应该在分析中将这一部分因素剔除。

甲公司应继续运用敏感性分析，将其运用的效果在 2023 年及以后年度对比分析，继续印证实际车公里日常运营成本、约定车公里日常运营成本项下的指标参数对政府补贴和净利润的敏感性影响。采用敏感性分析工具，探索研究国家宏观经济指标、地方社会发展状况与公司自身经济利益的关系，从而抓住宏观大环境浪潮的契机，掌握与政府博弈谈判的主动权，维护公司自身权益。

本案例中敏感性分析方法，是指从成本发生一系列变化的分析角度研究政府补贴和利润的影响程度，时间跨度从当前时间点直至到未来 20 多年，受社会经济变动影响较大，本身带有一种不确定性因素；另外，本案例中是通过逐一改变影响成本相关变量数值的参数，来分析成本变动影响大小的规律，缺点是每次只允许一个参数发生变化而假定其他参数不变，与实际情况可能不符。综上不足，未来要进一步研究敏感性分析中多个敏感性因素变动对某一个或一组关键指标的影响程度，其所需要了解的知识体系、计算内容更为复杂，需要更深层次探索。

（中铁电气化局集团有限公司：刘 娟 邓志军 樊鸿钢 郝文明 李 季
杨春燕 蔡民长 朱 静 马皓洁）

案例评语：

该案例以利润增长但获得政府补贴额反而降低，甚至影响经营性现金流的自平衡这一现象为出发点，以敏感性分析为工具方法研究其在 BOT 项目的应用。案例运行敏感性分析探寻成本、补贴、利润之间的平衡关系，经过不断试算，找到三者的平衡临界点，在获得较高利润的同时获得足够的补贴现金流。案例体现共赢思想，能够合理平衡政企双方的收益，确保本 BOT 项目实现全生命周期运作。该案例基于项目目标，既有总体思路，又有较为翔实的应用过程，还能体现实现既定目标和成果的路径，具有切实的可复制性，对于类似企业具有重要参考价值。

依托多维度盈利计量模型探析普惠金融业务高质量发展路径

摘要

中国建设银行股份有限公司（以下简称“建设银行”）管理会计建设与实践自2005年起步至今走过近20年历程，目前已建成涵盖盈利计量、成本分摊、业绩分成等模块，财务、业务等指标，支持客户、产品、部门等多维度效益计量和报告、多模块有机衔接、多方数据融合使用的综合性分析平台，为效益报告、绩效考核、资源配置、差异定价等提供了坚实支撑。

建设银行于2017年成立普惠金融事业部，并于2018年明确将普惠金融作为全行战略。经多年发展，普惠金融业务取得了较好成效，在此过程中，建设银行按照战略导向、业财融合和成本效益等原则，依托管理会计多维度盈利计量模型和数据，以挖掘增长潜力、寻找提升空间为出发点，围绕普惠金融贷款和普惠金融客户，从客户拓展、产品经营、渠道表现和综合效益等方面开展系列分析，关注点由业务规模扩展至核心产品、客户效益，并进一步扩展外延至政策衍生效益和业务联动效益，全方位展示了普惠金融业务取得的成绩和面临的挑战，有效助力普惠业务高质量发展。

管理会计工具方法在普惠金融高质量发展方面的有效应用体现了建设银行管理会计理论设计的科学性、计量结果的准确性和应用方式的灵活性。后续，建设银行将持续提升管理会计数据质量、强化推广应用、深化业财融合，服务内涵式、集约化发展，为支持金融“五篇大文章”落地落细发挥更大作用。

一、背景描述

（一）单位基本情况

建设银行是中国领先的大型商业银行，为全球8亿名个人客户和1000万个公司客户提供公司金融、个人金融、资金资管全面金融服务。截至 2023 年末，建设银行市值超 1500 亿美元，居全球上市银行第 8 位，按一级资本排序居全球银行第 2 位。建设银行总行财务会计部下设管理会计处，主要负责管理会计系统建设、应用推广和成本管理相关工作。

（二） 管理会计应用基础

建设银行管理会计系统基于全行统一机构、客户、产品视图，搭建多维度盈利计量、成本分摊、业绩分成、业绩计量功能模块，形成包含财务、非财务数据的全行统一数据集市和分析平台，主要应用于以下四个方面：一是多维度管理会计信息报告。二是服务考核评价与资源配置。三是开展专题分析服务全行高质量发展。四是为定价、营销、风险管理等其他领域数据挖掘、分析和应用提供支持。

（三） 选择相关管理会计工具方法的主要原因

普惠金融是商业银行业务拓展的重要阵地，也是践行社会责任的关键领域。为全面贯彻落实党的二十大精神、中央金融工作会议和中央经济工作会议精神，着力做好普惠金融等“五篇大文章”，建设银行牢牢把握金融工作的政治性和人民性，提前布局，提升普惠金融业务至战略高度，在经济发展与市场环境承压情况下，将金融资源向小微企业倾斜，通过强化金融科技应用、探索可复制可持续的业务模式，形成稳态经营的良好局面。选择管理会计这一全行唯一客户、产品价值计量平台为普惠金融战略高质量发展提供有效解决方案具有强烈迫切性。一是强化经营主体责任，支持业绩考核评价的迫切需要。二是加强产品等价值创造源头和过程分析，深度支持经营管理决策的迫切需要。三是及时、准确地掌握客户资产、负债等全面需求与业务信息，强化普惠客户综合服务能力的迫切需要。四是完善全面盈利报告体系，提升精细化管理水平的迫切需要。

二、总体设计

（一） 应用相关管理会计工具方法的目标

1. 实现普惠金融业务综合贡献计量

围绕普惠金融贷款和普惠金融客户，从客户拓展、产品经营、线上表现及综合效益等方面开展全面分析。

2. 提供精细化管理抓手推进业财深度融合

固化专题分析成果，系统化展示经营成效，并面向全行发布基础数据，为风险管理、定价、营销等微观数据需求提供支持。

（二）应用相关管理会计工具方法的总体思路

1. 了解业务痛点

在经营目标由量向质转变的过程中，由于缺乏数据和工具，业务经营在评价、定价、营销等方面存在一定困难。

2. 优化计量模型

在现有盈利计量模型的基础上，通过关联普惠金融业务标签，实现普惠金融贷款、客户效益精准计量。

3. 开展专题分析

基于财务、非财务数据，结合大数据工具，开展普惠金融业务专题分析，总结经营亮点和提升点。

4. 提供管理工具

根据分析结果发布数据、固化报表，支持开展普惠金融效益评价、风险管理、定价管理、精准营销等活动。

5. 跟踪应用反馈

根据业务重点和监管要求变化，适时调整计量口径，迭代优化系统功能，持续发挥对业务发展的支持作用。

（三）应用相关管理会计工具方法的内容

1. 多维度盈利计量

盈利计量以账户为核心，账户是多维度盈利计量的基础，也是建设银行管理会计最小的数据粒度，承载各类数据标签和属性信息。根据不同标签或属性信息向上汇总，可形成多维度盈利数据，从机构、客户、产品、部门等不同角度对经营成果进行计量、分析。

2. 成本分摊

成本分摊依据“谁受益、谁承担”原则，通过建立科学有效的路径，采用适当的方法，将机构维度核算的业务及管理费计量到客户、产品、部门等维度的过程。成本分摊是成本核算的延伸，根据全行各责任中心与客户、产品经营的密切程度分类构建成本池，并采用不同动因进行分摊，保障分摊结果的合理性。

3. 业绩计量

提供全量资金、有效客户、产品覆盖等非财务指标，体现价值创造源头和过程，作为盈利数据的重要补充。

4. 业绩分成

在协同经营场景下，针对各维度的业务量、收支等指标，应用佣金法、量价法、比例法等方式，在不同主体之间进行收益分享、成本共担。以代发工资为例，为促进公私联动、提升客户综合服务水平，针对小微企业代发工资业务新拓的个人存款账户净利息收入，在个人条线与普惠金融条线间进行分成，以体现普惠金融业务的联动效益。考虑到当前代发工资对个人存款账户的引流作用及后续个人条线对存款账户的维护作用，分成可采用比例法，首年从个人条线分存款账户 50% 的净利息收入至普惠金融条线，次年比例降为 20%，自第三年起不再分成。

（四）应用相关管理会计工具方法的创新

1. 报告维度创新

建立普惠金融业务专项报告板块，在建立分产品、分客户基础盈利性报表基础上，引入金融总量、有效客户数、产品覆盖等非财务指标以及行业分布、客户类型等属性信息，提供普惠金融业务全景视图。

2. 评价体系创新

明确“普惠金融贷款”“普惠金融客户”概念，统一行内普惠金融业务边界。在直接计量客户、产品盈利贡献基础上，搭建了内涵与外延可灵活调整的多层级效益计量体系，逐渐向外扩展至“定向降准衍生效益”“关联客户存款效益”和“业务联动效益”[①]，支持普惠金融业务综合评价。

3. 成本分摊方法论创新

结合普惠金融贷款线上运营模式，应用作业成本法的思路，剖析业务模式、作业环节对成本耗用的影响，并对成本计量模型进行优化，带来运营成本率有效降低。运营成本下降为普惠金融定价提供了更大的让利空间，对进一步履行社会责任、提升产品市场竞争力和业务拓展提供了有利条件。

---

① 定向降准衍生效益主要是定向降准释放的存款准备金带来的机会收益；关联客户存款效益主要是小微企业关联人（如企业主、企业法人等）的存款带来的收益；业务联动效益主要是小微企业公私联动业务（如代发工资等）相关的个人客户带来的收益。

三、应用过程

（一）参与部门

建信金融科技子公司财资团队是管理会计系统的开发优化、运维支持部门。在前期管理会计建设的基础上，2015 年以本行新一代建设为契机，基于统一机构、产品、客户视图对系统全面重构，实现系统功能和数据质量的大幅提升，形成了以多维度盈利计量为主体，以成本分摊、业绩分成和业绩计量为支撑的财务数据集市和价值分析平台。自 2019 年起，针对普惠金融业务，先后实现效益计量、报表开发和数据发布，初步搭建普惠金融效益评价模型，为日常经营管理提供平台和工具。

建设银行总行财务会计部针对普惠金融业务，日常与普惠金融事业部、乡村振兴金融部、住房金融与个人信贷部等前台业务部门，数据管理部、信贷管理部、战略与政策协调部等中后台管理部门密切配合，在监测、评价、分析、考核等方面推进应用，促进业务高质量发展。

（二）资源、环境、信息化条件等部署要求

1. 数据基础

建设银行管理会计系统已形成以 EVA 为核心的服务内部的财务数据集市，对于各维度计量对象，均形成了规模类、效益类、比率类指标。规模类指标包含资产负债规模和存贷款规模；效益类指标包含从利息收支、内转收支、手续费收支、减值支出到净利润、经济资本成本、EVA 的一整套盈利明细指标体系；比率类指标有反映价格的，如贷款收益率、存款付息率，有反映成本的，如运营成本率、信贷成本率，有反映产出效率的，如净利润产出率、经济资本回报率等。

2. 系统功能

建设银行管理会计系统能够提供可扩展的多维度盈利计量报表，包含客户、产品、机构和经营部门四类主要维度报表。另外，根据账户属性信息和业务需求，可灵活汇总形成其他维度报表。

3. 技术保障

集团建信金融科技子公司常设管理会计项目组，对管理会计系统的日常运行维护提供保障，对管理会计系统功能优化和数据需求提供支持。通过母子协同、业技合作持续深入，管理会计系统数据准确性、时效性得以保证，为全行各层级、各条线的应用转化奠定了基础。

（三）具体应用模式和应用流程

在探索构建具体模型和应用流程过程中，建设银行充分参考借鉴财政部《管理会计应用指引》各类信息，利用各类别指引中已总结、提炼形成普遍适用的指导性标准开展各项工作，确保相关应用与各项管理会计应用指引之间的一致性和协调性。

1. 模型搭建与优化（参照《管理会计应用指引第 802 号——管理会计信息系统》）

在管理会计账户级多维度盈利数据基础上，通过与信贷系统债项信息关联，区分普惠金融相关账户。对接监管要求，考虑普惠贷款利息收入增值税减免要求；对接行内激励政策，考虑普惠贷款内部转移价格优惠政策；结合普惠业务模式特点，以作业成本法思路优化普惠贷款账户成本分摊方法，综上计量得出准确合理的普惠金融业务账户级基础数据。

2. 作业成本法的深化（参照《管理会计应用指引第 304 号——作业成本法》）

建设银行推出“惠懂你”App，为小微企业提供一站式信贷服务。在此加持下，普惠金融新增贷款中来自线上平台的比例越来越大，与线下模式相比，线上贷款作业环节精简、作业效率更高，相应节约了更多作业成本，这些变化对传统成本分摊提出了新的要求。为此，建设银行以作业成本法为主要思路，对管理会计成本分摊模型进行优化。线上模式，普惠金融贷前、贷中和贷后的工作量均大幅降低，作业效率得到大幅提升。产品消耗作业，作业消耗资源，普惠金融经营模式的变化通过作业的节约最终带来了各类成本的节约。因此，按照普惠金融不同线上产品作业节约的幅度，结合其业务量，综合测算作业节约幅度，并以此作为其成本分摊主要动因的扣减比例。以网点作业为例，其业务流程分析及折算如表 1 所示。

上述优化，体现了新模式下普惠金融贷款对成本的实际耗用，有利于贯彻精细化成本分摊理念，提高普惠金融成本分摊合理性。

3. 报表完善与扩充（参照《管理会计应用指引第 801 号——企业管理会计报告》）

基于账户级普惠金融业务数据，汇总形成普惠金融贷款和普惠金融客户盈利情况表（含逐户查询功能），展示普惠金融业务整体情况。根据产品、行业标签，汇总形成“小微快贷”等新模式贷款产品表和普惠贷款行业分布表。结合业务需求，引入非财务指标，加工客户拓展、客户属性、产品覆盖情况报表。综上所述，提供普惠金融业务专项报告维度，初步形成普惠金融业务全景视图。

表 1 普惠金融贷款网点作业流程折算

<table>
<tr><td colspan="3">业务模式</td><td colspan="3">线上
信用快贷、质押快贷、其他快贷</td><td colspan="3">线上线下相结合
抵押快贷</td></tr>
<tr><td colspan="3">作业类别</td><td>作业量</td><td>作业模式</td><td>折算系数</td><td>折算后作业量</td><td>作业模式</td><td>折算系数</td><td>折算后作业量</td></tr>
<tr><td colspan="3">作业数量合计</td><td>15</td><td>—</td><td>—</td><td>2</td><td>—</td><td>—</td><td>4.5</td></tr>
<tr><td rowspan="2">客户营销</td><td colspan="2">获客</td><td>1</td><td>线上+线下</td><td>0.5</td><td>0.5</td><td>线上+线下</td><td>0.5</td><td>0.5</td></tr>
<tr><td colspan="2">营销</td><td>1</td><td>线上+线下</td><td>0.5</td><td>0.5</td><td>线上+线下</td><td>0.5</td><td>0.5</td></tr>
<tr><td rowspan="13">业务流程</td><td rowspan="4">贷前</td><td>资料受理</td><td>1</td><td>线上</td><td>0</td><td>0</td><td>线上</td><td>0</td><td>0</td></tr>
<tr><td>尽职调查</td><td>1</td><td>线上</td><td>0</td><td>0</td><td>线上</td><td>0</td><td>0</td></tr>
<tr><td>业务申报</td><td>1</td><td>线上</td><td>0</td><td>0</td><td>线上</td><td>0</td><td>0</td></tr>
<tr><td>合规审查</td><td>1</td><td>线上</td><td>0</td><td>0</td><td>线上</td><td>0</td><td>0</td></tr>
<tr><td rowspan="5">贷中</td><td>贷款审批</td><td>1</td><td>线上</td><td>0</td><td>0</td><td>线上+线下</td><td>0.5</td><td>0.5</td></tr>
<tr><td>合同签订</td><td>1</td><td>线上</td><td>0</td><td>0</td><td>线下</td><td>1</td><td>1</td></tr>
<tr><td>放款条件落实</td><td>1</td><td>线上</td><td>0</td><td>0</td><td>线下</td><td>1</td><td>1</td></tr>
<tr><td>放款审核</td><td>1</td><td>线上</td><td>0</td><td>0</td><td>线上</td><td>0</td><td>0</td></tr>
<tr><td>贷款发放</td><td>1</td><td>线上</td><td>0</td><td>0</td><td>线上</td><td>0</td><td>0</td></tr>
<tr><td rowspan="4">贷后</td><td>预警监测</td><td>1</td><td>线上</td><td>0</td><td>0</td><td>线上</td><td>0</td><td>0</td></tr>
<tr><td>预警核查</td><td>1</td><td>线上+线下</td><td>0.5</td><td>0.5</td><td>线上+线下</td><td>0.5</td><td>0.5</td></tr>
<tr><td>贷后检查</td><td>1</td><td>线上+线下</td><td>0.5</td><td>0.5</td><td>线上+线下</td><td>0.5</td><td>0.5</td></tr>
<tr><td>贷款回收</td><td>1</td><td>线上</td><td>0</td><td>0</td><td>线上</td><td>0</td><td>0</td></tr>
</table>

4. 经营情况报告与问题剖析（参照《管理会计应用指引第 405 号——多维度盈利能力分析》）

2020～2022 年，基于管理会计系统数据，连续 3 年对普惠金融业务发展开展专项分析，报告业务经营成效，剖析问题与提升要点。以 2021 年经营情况为例。

（1）整体情况。

①业务规模。

建设银行普惠贷款客户金融总量超 2 万亿元，持续快速增长，但增速有所放缓。其中，2021 年贷款占比超八成，存款和投资理财占比近两成（见图 1）。

②直接效益。

依托管理会计系统，直观反映普惠金融客户效益贡献。在减费让利背景下，受益于业务规模持续增长，普惠金融客户盈利能力较 2020 年提升（见图 2 和图 3）。

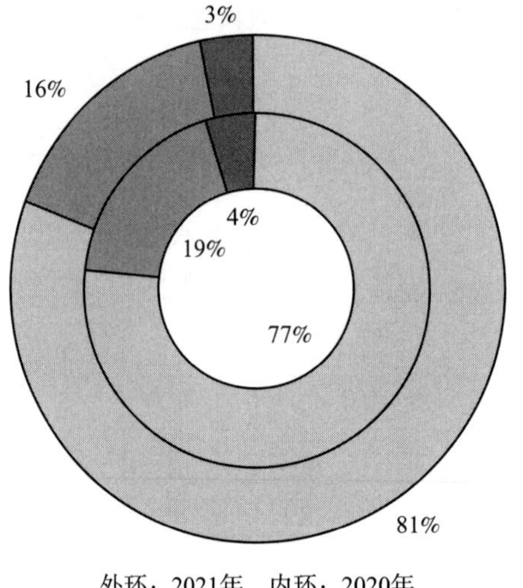

图 1　普惠金融客户金融总量

注：（1）贷款日均同比增速较快；在金融总量中占比较 2020 年提升。
（2）存款日均同比稳定增长；在金融总量中占比较 2020 年下降。
（3）投资理财日均同比微增；在金融总量中占比较 2020 年呈下降趋势。

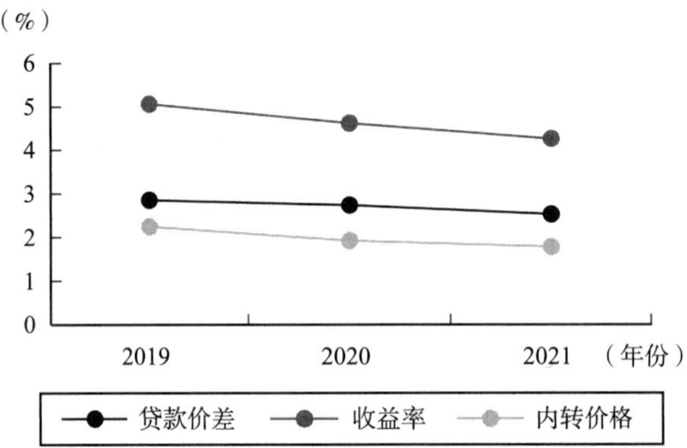

图 2　普惠贷款价格水平

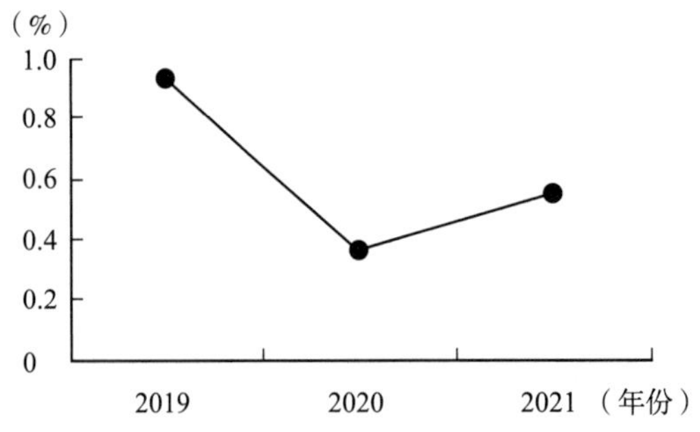

图 3　普惠客户产出水平

③综合效益。

考虑内转优惠、增值税减免、定向降准等外部政策效益和小微企业关联的个人存款效益，并采用一定的管理手段、测算方法还原到普惠金融客户，搭建综合效益模型，体现普惠金融价值贡献计量完整性（见图4）。

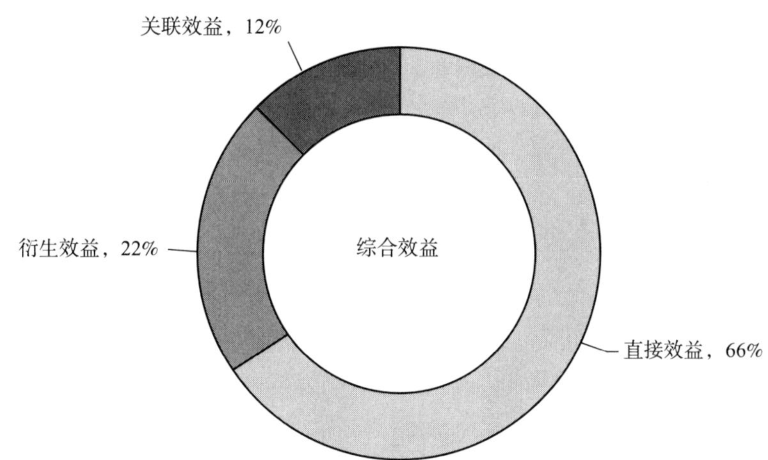

图4　普惠金融客户综合效益

注：（1）衍生效益：定向降准释放准备金带来的机会收益。
（2）关联效益：普惠贷款小微企业关联人存款带来的收益。
（3）增值税减免：完成两增两控考核，贷款收入减免增值税，带来让利空间。

（2）客户情况。

①客户增长。

小微企业客户数提升较快，个人客户数增长平稳，但增速均有所下降（见图5）。

②利润构成。

普惠贷款小微企业年度间盈利有所波动，普惠贷款个人客户盈利平稳增长（见图6、图7）。

（3）产品情况。

①利润构成。

建设银行为普惠贷款客户提供的金融服务涵盖贷款、存款、中间业务等全品类产品，其中，贷款产品是普惠贷款客户净利润的主要来源（见图8）。

	小微企业		个人客户	
	2021年	2020年	2021年	2020年
客户增速	*25.6%*	*38.1%*	*5.0%*	*15.2%*
有效客户占比	94.3% ↓	94.6%	87.8% ↓	89.1%
销户率	1.60% ↑	1.19%	0.01%	0.01%

图 5　普惠金融客户增长

注：(1) 普惠贷款小微企业客户数同比增长较快，其中，有效客户占比 94.3%，较 2020 年下降，受新冠疫情影响，有效客户销户率提升，但仍高于对公有贷户平均水平。

(2) 普惠贷款个人客户数同比增长平稳，增速较 2020 年放缓，其中有效客户占比 87.8%，较 2020 年下降，主要是当年新增客户中有效客户占比下降。

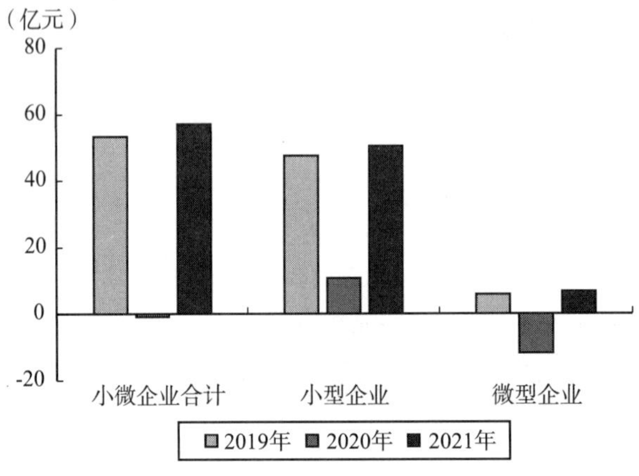

图 6　小微企业净利润

注：小型企业净利润较 2020 年增长较多，主要受益于存贷规模增长；微型企业净利润较 2020 年由负转正，主要是资产质量提升。

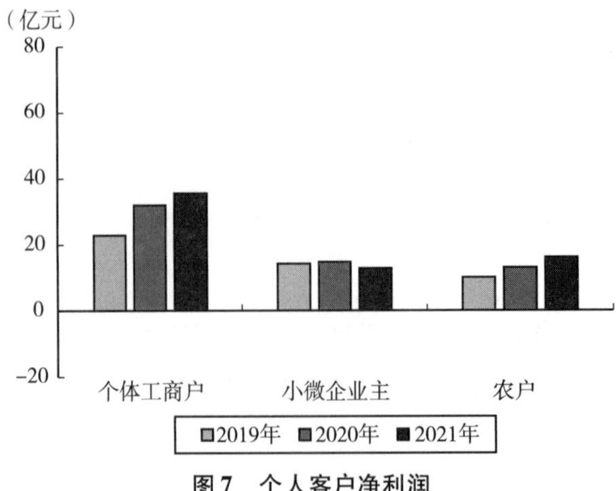

图 7　个人客户净利润

注：个体工商户净利润较 2020 年增长较快，主要受益于存贷规模增长；农户净利润年度增长情况良好，效益表现稳定；小微企业主净利润较 2020 年负增，主要受客户数量及业务规模下降影响。

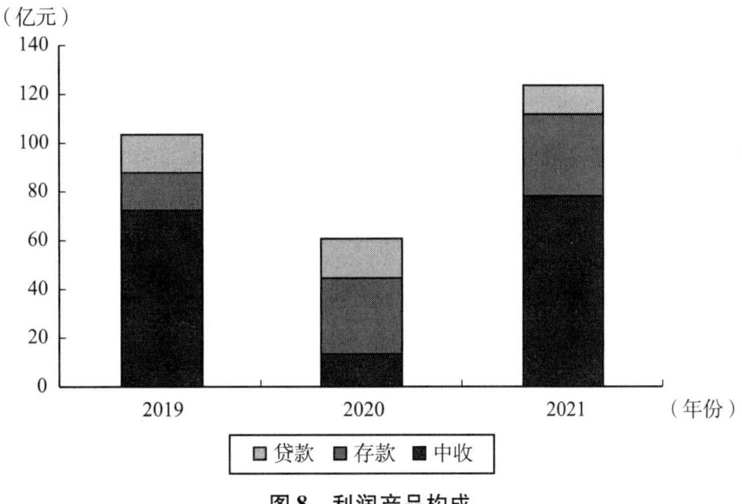

图 8　利润产品构成

注：(1) 贷款净利润较 2020 年大幅提升，在利差收窄情况下，主要受益于信贷成本率下降及规模快速增长。
(2) 存款净利润较 2020 年有所增长，主要受益于规模增长带动。
(3) 中收净利润受减费让利政策影响较 2020 年负增长。

②贷款产品情况。

普惠对公贷款较 2020 年扭亏为盈，其中"小微快贷"产品盈利较 2020 年快速增长。普惠个人贷款盈利表现好于对公贷款。其中个人经营贷款利润增长较快，但整体规模偏低（见图 9 和图 10）。

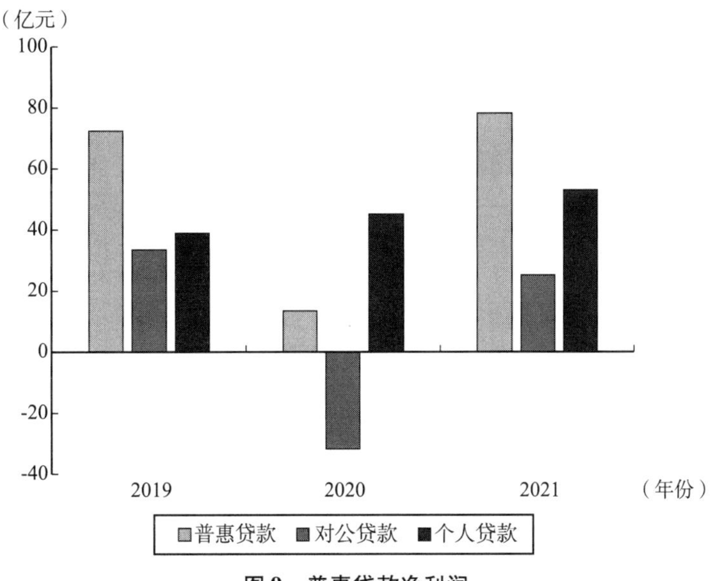

图 9　普惠贷款净利润

注：普惠贷款规模同比增长较快，其中，对公贷款受益于资产质量提升净利润较 2020 年扭亏为盈，个人净利润产出率高于对公贷款。

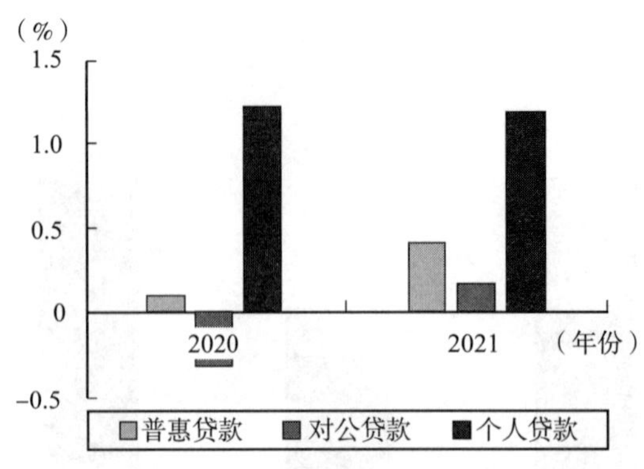

图 10　普惠贷款净利润产出率

注：普惠贷款规模同比增长较快，其中，2021 对公贷款受益于资产质量提升净利润较 2020 年扭亏为盈，个人净利润产出率高于对公贷款。

③存款产品情况。

受规模增速放缓影响，存款盈利增速较上年有所下降；普惠贷款客户存贷比明显高于全行有贷客户，显示在提升客户资金承接和资产保值增值能力上仍有发展空间（见图 11 和图 12）。

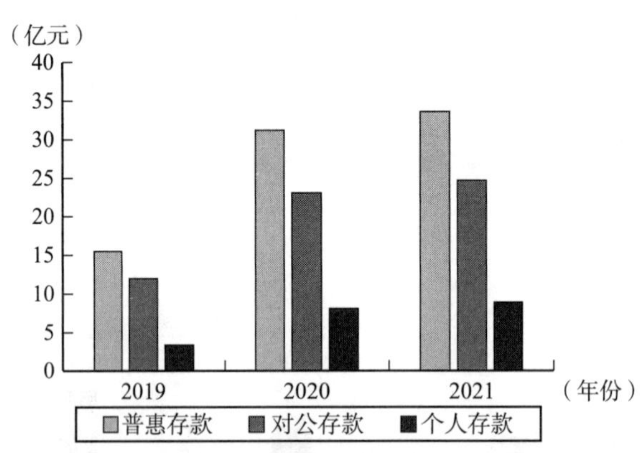

图 11　普惠存款净利润

注：普惠客户存款规模增速较 2020 年放缓；受规模增速放缓影响，净利润增速较 2020 年有所下降。

④中收产品情况。

在普惠金融减费让利背景下，中间业务不是收入重点，但作为银行提供金融服务、触达小微客户的重要着力点，目前普惠贷款客户中收产品主要集中于结算产品，代发工资、信用卡等产品渗透有待提升。

A. 普惠贷款小微企业中收产品覆盖度略高于全行对公有贷户平均水平；其中，结算类产品渗透率相对较高，但代发工资等弱于对公有贷户。

B. 普惠贷款个人客户中收产品覆盖度较全行个人有贷户平均水平略低，其中，网银、手机银行等渗透率较高，但信用卡使用率较低值得重点关注。

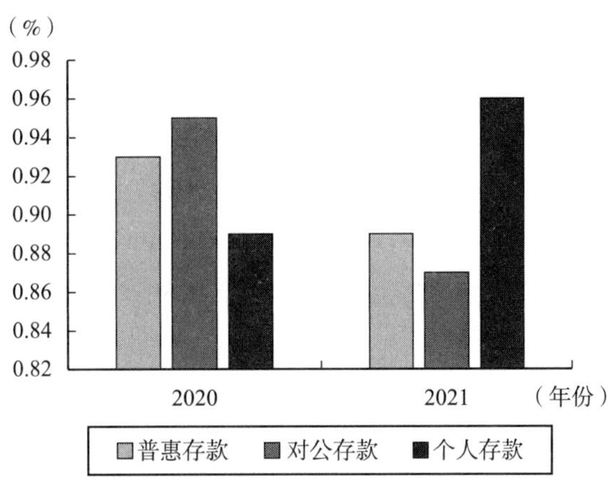

图 12　普惠存款净利润产出率

注：普惠贷款客户存贷比超过 5，显著高于全行有贷客户存贷比平均水平，这一方面说明建设银行推进普惠金融战略落地、支持实体经济卓有成效；另一方面在国家加大小微企业留抵退税、减费让利的背景下，也说明此类客户在加强资金承接、提升资产保值增值上仍有一定空间。

（4）平台运营情况。

"惠懂你"是建设银行为普惠金融客户打造的一站式金融服务平台，提供以信贷融资为核心的全生命周期服务。"惠懂你"平台自上线以来，用户数、业务量增速高，但活跃度、转化率有待提升，分行间表现差异较大（见图 13）。

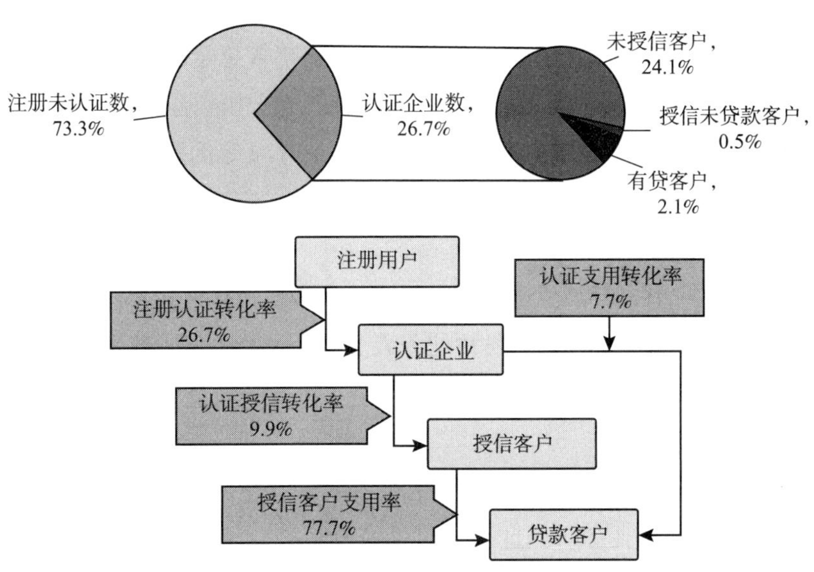

图 13　平台用户转化情况

注：①平台上线初期，用户数、业务量增速较高，但活跃度和转化率偏低。2019 年末注册用户年平均访问量 6 次，平均每两个月访问一次，认证用户到贷款客户的转化率不到 10%。后期伴随经营力度加强，活跃度与转化率明显提升。

②平台行际间转化率参差不齐，北上广深等发达地区分行存在较大提升空间。

5. 观点提炼与建议综述（参照管理会计应用指引第 100 号——战略管理）

根据数据分析结果，提炼建议如下所示。

（1）做大客户基础，提升普惠贷款渗透率。一是综合运用账户、结算、信贷等金融工具，加大对于普惠各类经营主体的金融服务力度，做大客户基础，深挖市场潜力。二是深入研究普惠客群区域、行业分布和经营特点，加大在科创、专精特新、涉农经营主体等方面的信贷投放力度，提升普惠贷款客户渗透率。

（2）加大普惠个人客户经营力度，补短板，促全面提质上量。加大个体工商户、小微企业主、农户等个人市场主体的拓展力度，丰富普惠个人产品供给，花大力气抓好“个体工商户经营快贷”等普惠个人信贷产品推广，提升普惠个人金融服务能力，推动普惠对公和个人业务均衡协调发展。

（3）重点区域结合自身优势，精准发力，推动普惠金融纵深发展。长三角地区重点提升小微企业拓展力度、环渤海地区重点加大个体工商户拓展力度、珠三角重点加大农户拓展力度，推进普惠业务纵深发展。

（4）加强结算类、信用卡等中收产品在普惠贷款客户的渗透力度，拓宽服务触达范围，增强客户黏性，深化客户关系。进一步利用普惠信贷资源优势，结合普惠客户生产经营需求，进一步做好结算类、信用卡等产品的渗透和服务。

（四）在实施过程中遇到的主要问题和解决方法

依托建设银行统一的管理会计工具方法，在支持普惠金融业务更好发展，从宏观和微观层面全面衡量普惠金融业务发展质效的过程中，遇到了业务融合不够充分、业务标识不全、成本分摊不够精细和报表不够丰富等问题，具体情况及解决方法如下所示。

1. 业财融合不够充分

组建柔性团队，共同开展专项分析，强化日常沟通衔接，在发挥财务人员在协调调度、数据挖掘方面优势的同时，发挥业务人员熟悉产品、洞悉客户、精通数字化营销等方面的优势。

2. 业务标识不全

虽然管理会计实现了账户层级盈利性的计量，但并未获取普惠金融业务标签，无法直接计量普惠金融业务。因此通过对接信贷系统，获取普惠金融债项标识以此区分普惠贷款账户，建立普惠金融业务账户级数据基础，解决普惠业务盈利计量的问题。

3. 成本分摊精细化不足

普惠金融业务模式持续变化，线上经营已成主流，传统分摊方法需要进行配套性优化。为此应用作业成本法的思路，剖析业务模式、作业环节对成本耗用的影响，并对成本计量模型进行优化，客观反映普惠贷款运营成本率。

4. 普惠金融报表不够丰富

在解决普惠业务效益产出计量的基础上，结合业务需求，丰富普惠金融业务报表，为普惠金融效益评价、风险管理、定价管理、精准营销等相关工作提供支持。

四、取得成效

（一）经营策略优化

1. 提升客户覆盖

瞄准行内平台客户、小额无贷户等客群，推动普惠金融客户拓展。

2. 加快产品创新

引入外部数据，丰富客户画像数据来源，优化“小微快贷”系列产品。推进个人经营性贷款“第二赛道”建设，并重塑传统线下业务流程，简化申报材料，开发智能化工具，提升业务效率。

3. 丰富平台生态

推进“惠懂你”平台迭代升级，打磨核心信贷功能的同时，引导客户使用高频金融服务和公共服务。

4. 强化风险管理

加强风险监测、跟踪、管理，通过开发优化评分卡模型、开展组合管理等方式，提高风控能力和风控效率。

5. 做好综合服务

推广一站式服务模式，推进代收代付与信贷服务融合，形成平台流量和数据沉淀，夯实客户信用数据来源。

（二）经营指标向好

1. 贷款及客户增长

建设银行普惠金融贷款余额、新增连续5年居同业首位，2022年末贷款余额超2万亿元，增速25%，贷款余额在全行占比约12%，占四行余额总量超1/3，当年贷款新增四行占比超1/4。当年客户新增近60万户，创历史新高。

2. 效益产出提升

在对客让利幅度持续加大、贷款外部价格逐年下降的情况下，普惠金融贷款净利润仍持续提升，盈利增长主要来源于业务规模扩大和内转价格优惠激励。

3. 资产质量稳定

拳头产品“小微快贷”实际违约率维持在 2% 左右，2022 年末，普惠金融不良贷款率较年初有所下降，普惠贷款不良率呈总体平稳态势。

4. 履行社会责任

积极助企纾困，2022 年新发放贷款利率 4%，较 2017 年累计下降超 200BPS。新冠疫情期间累计为超 44 万户小微客户提供超 2600 亿元贷款延期服务，延期客户近 12 万户、贷款余额超 600 亿元。小微企业信用快贷无还本续贷近 20 万户，贷款余额超 1000 亿元。

五、经验总结

（一）相关管理会计工具方法的基本应用条件

1. 完善的系统基础

一是搭建前瞻性的技术架构，统一系统标准、维度视图，实现系统边界清晰、架构灵活。二是统一数据粒度，拉平不同数据源差异，实现整合计量。三是构建完整的指标体系，实现从收入、费用，到净利润、EVA 全套盈利指标计量，匹配应用需要。四是保障运维能力，实现系统平稳有效运行，提升业务需求响应速度。

2. 深入的应用能力

一是夯实数据基础，提升数据合理性、完整性和时效性。二是开展引领应用，总行层面通过计划、考核、分析等方式，带动全行对管理会计工具方法的重视和研究，形成数据应用与系统完善的良性循环。三是培养人才队伍，加强培训宣导，传递价值导向，提高管理会计系统认知程度。

（二）对发展和完善相关管理会计工具方法的建议

1. 提升成本分摊计量认可度

在业务模式变化，中后台业务集约化趋势下，应进一步加强成本分摊模型研究，适时引入作业成本、内部定价等方法，建立后台集中处理中心内部服务定价体系，全方位提升分摊结果合理性。

2. 建立协同联动业务计量与统计模型

不断完善利益分享机制，实现客户、产品、机构间的利益分享，合理反映客户产品联动、总分行和境内外联动、跨区域经营等业务协同中各利益主体的价值贡献，调动参与各方积极性，实现综合效益最大化。

3. 探索搭建战略性业务价值评估体系

针对具体业务，管理会计数据应用的深度和广度在持续提升，但战略性业务的价值评估体系尚未有效搭建，应以财务指标为主体，以非财务指标为补充，探索建立战略业务价值评估体系，以综合反映战略执行成效和业务价值。

（三）对推广应用相关管理会计工具方法的建议

1. 夯实基础，以“可用”寻求管理层的支持

在系统建设上，不断完善管理会计数据质量，提升数据完整性、准确性和时效性，强化数据支持力度。在应用推进上，取得各级管理层的认可和支持，将管理会计系统建设纳入全行金融科技战略顶层设计框架，打通系统和数据边界，促进纵向上下联动，由上至下强化管理会计工具方法的应用，实现应用与优化互促互进。

2. 丰富灵活，以“好用”增加系统用户的黏性

管理会计产出丰富、信息多样，但多不如精、繁不如简，要以用户视角，加强盈利要素的结构化比较和展示，增强报表的可读性和友好性，为快速聚焦经营问题、准确定位原因、精准施策提供有效的管理分析手段，降低系统用户的使用成本。

3. 加大宣导，以“会用”提升分析应用的能力

管理会计是为应用主体服务的，需要在规则设计、参数设定、报表体系等方面加强与应用主体的沟通和宣导，让相关单位了解和熟悉管理会计的基本方法、数据结构和应用方向，重点加强大数据分析工具和管理会计分析方法的培训，持续提升财务条线数据分析和应用能力。

4. 创新实践，以“善用”取得应用主体的认可

一是积极鼓励和引导各单位创新实践，收集、整理优秀应用案例，快速复制推广，提高管理会计整体应用能力。二是不断推出类似普惠金融客户综合贡献分析典型案例，持续提升财会条线“自身分析能力”和“数据应用能力”，响应业务需求，解决业务痛点，最大限度促进业财融合。

（中国建设银行股份有限公司：刘方根　欧阳锋　朱　琳　张　锐
陈　谦　彭寿春　王明睿　王茜琳）

案例评语：

该案例在普惠金融业务方面引入多维度盈利计量模型，建成涵盖盈利计量、成本分摊、业绩分成等模块，财务、业务等指标，支持客户、产品、部门等多维度效益计量和报告、多模块有机衔接、多方数据融合使用的综合性分析平台，为效益报告、绩效考核、资源配置、差异定价等提供了坚实支撑。案例单位依托多维度盈利计量模型和数据，从客户拓展、产品经营、渠道表现和综合效益等方面开展分析，关注核心产品、客户效益、政策衍生效益和业务联动效益，有效助力普惠业务高质量发展。该案例的多维度盈利计算模型分析，体现了理论设计科学性、计量结果准确性和应用方式的灵活性，对于普惠金融业务高质量发展具有较大借鉴意义。

约束资源优化管理工具在公立医院运营管理中的应用研究

摘要

随着医改持续深化，提升运营管理效能成为公立医院的外在压力和内源需求。本案例单位是广西医科大学附属口腔医院，在“十四五”发展规划中，明确强调运用管理会计工具支持医院的战略规划、经营决策、风险控制和绩效评价等，为医院实现高质量发展助力。“全身麻醉下儿童口腔疾病综合治疗术”是近年来口腔医疗患者需求量大、技术成熟、效果显著的诊疗方式，在本项目实施前该手术存在资源消耗较大，手术等待时间过长，患者满意度低等问题，因此使用约束资源优化工具解决该手术资源约束的瓶颈和难题。

本案例实施以“业管融合”工作模式为主线，综合运用访谈法和层次分析法，充分识别手术中的非增值环节、流程效率低下以及资源错配问题，分约束资源和非约束资源。识别约束资源后，开展头脑风暴、借助专家评价意见，结合临床路径需求进行业务流程再造及资源重新分配，促进约束资源和非约束资源实现协同效应，解决多部门责任与资源不匹配、人员积极性不高及科室运营成本分配不科学等问题。

通过约束资源优化工具的运用，医院优化工作流程、提高整体运行效率，发展方式从规模扩张转向提质增效，运行模式从粗放化向精细化转换，减少资源错配风险，职工和患者满意度明显提升，取得良好的社会效益。通过案例实践，梳理约束资源优化工具的应用条件、细化应用过程、总结成功的关键因素、提炼改进和发展的建议，为科学推广运用该工具提供借鉴和参考。

一、背景描述

（一）单位基本情况

广西医科大学附属口腔医院（以下简称“口腔医院”）始建于 1993 年，是集医疗、教学、科研、预防、保健于一体的国家三级甲等口腔专科医院。2022 年三级公立医院绩效考核综合排名全国（口腔医院类别）第 6 名，位列 A 等，其中 CMI 值连续多年稳居全国第 2 名。医院采取双院区多门诊的运营管理模式，现有临床、医技科室 22 个、住院病区 3 个，设置口腔综合治疗椅 199 张，开放病床 100 张。五象院区于 2024 年开始逐步投入使用，其占地 253.18 亩，建筑面积 10.60 万平方米，开设牙椅 440 张，病床 150 张。

（二）管理会计应用基础

口腔医院在“十四五”发展规划中明确要以新发展理念为引领，运用管理会计工具支持医院的规划、决策、控制和评价，助力提升医院内部管理水平和促进战略目标的实现。管理会计在口腔医院的推广和使用体现在各个方面，如制度建设、人才培养、资源配置等层面，明确要求以管理会计工具和方法为指引，实现财务人员职能拓展、人员转型，同时引进、升级改造信息系统对财务、业务、人力等数据自动化处理，实现管理目标。

（三）选择约束资源优化工具的原因

约束资源优化工具适用于运营管理领域，通过相关资源改善和调整，以实现优化资源配置、破除资源约束与瓶颈的目标。现阶段公立医院迫切需要内涵式发展，使用约束资源优化工具可以识别制约公立医院实现运营目标的瓶颈资源、充分整合和调整现有资源，进而提升运营周转效率、化解运营管理压力、防范和管控运营风险。随着儿童口腔疾病医疗的高质量需求加大，选择全身麻醉下儿童口腔疾病综合治疗术（以下简称“儿童全麻治疗术”）方法来就诊的儿童越来越多，但是口腔医院现有的资源配置难以满足患者对儿童全麻治疗术的就诊需求，患者手术等待时间长，患者满意度不高，因此通过约束资源优化工具对核心资源进行充分调研、分析、调配和管理来优化资源配置，提高患者满意度，提升运营效能，实现医院高质量发展。

二、总体设计

（一）约束资源优化工具的应用目标

通过识别制约儿童全麻治疗术开展的瓶颈资源，调整和改变原有的管理模式和约束资源的配置方案，利用倒排方法对其他非约束资源进行调整，确保非约束资源的运作与约束资源协同，以达到缩短手术等待时长、提升资源使用效率和患者满意度的运营目标。

（二）应用约束资源优化工具的总体思路

约束资源优化工具主要划分为识别约束资源、寻找突破方法、协同非约束资源、评价实施效果四个阶段。在四个阶段中结合访谈法、层次分析法、头脑风暴法、专家评价法、对比分析法等研究方法实现阶段研究目标，应用思路和技术路线如图1所示。

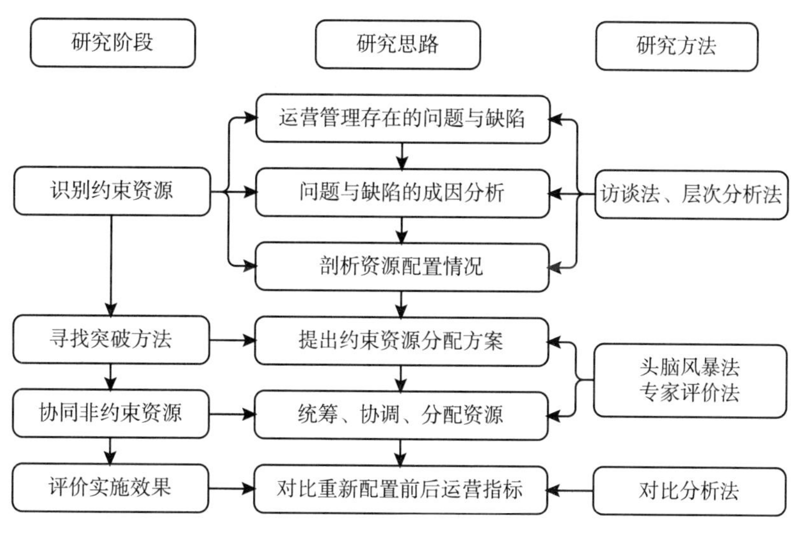

图1 应用思路和技术路线

（三）约束资源优化工具的内容

面对资源有限、众多领域都急需补给的矛盾，公立医院如何精细管理、合理调度、科学分配，这是摆在管理者面前的一道难题。利用约束资源优化工具扭转“重资源获取、轻资源配置”的倾向，推动医院转型发展，主要有以下四个步骤：

第一步，借助研究方法，准确识别约束资源。通过科学评价方法对影响患者就诊体验、医护诊疗效率和医院管理水平的事项进行剖析，寻找医院经济运行中存在的非增值作业环节，帮助医院识别现阶段所面临的瓶颈问题和错配资源。

第二步，结合临床路径，研判资源配置需求。医院的资源配置需要服务于临床诊疗、学科建设和科研能力，而临床产生的经济效益和社会效益是调动科研积极性、推动教育水平发展的坚实基础，因此在配置医院各项核心资源时，应重点考虑临床实际需求。对于约束资源的分配，应在深入调研临床具体路径的基础上，通过业管融合，准确判断不同临床路径对于约束资源需求的轻重缓急。

第三步，资源再配置，提升医院运营管理效能。明确约束资源需求的排序之后，由决策层、管理层和执行层提出不同分配方案，组织专题会议分析方案之间的差异、优势与劣势，在保证医疗质量的前提下综合优化方案以追求运营管理效率与效果最大化、运营管理效能稳步提升。

第四步，评价应用后的实施效果，总结应用经验并提出改进建议。采用对比分析法分析工具实施前后该手术关键运营指标的变动情况和趋势，提炼工具促进运营管理目标实现的关键因素，提出工具应用和发展的具体建议。

（四）应用约束资源优化工具的创新

有限资源与无限发展、供需不匹配是医院面临的固有矛盾，通过优化资源配置，利用有限资源发挥更大的社会效益和经济效益是医院发展的必然趋势，本案例的创新之处主要体现在两个层面：一是研究方法创新，将多种研究方法与约束资源优化工具相结合，解决案例医院面临的运营管理瓶颈问题，既具备一定的创新性和推广性，也为其他医院提升运营管理效能提供新思路。二是研究案例特殊性，口腔专科医院具有“大门诊小病房”特征，一张牙椅就是一张手术台，运营管理模式和分析重点与综合医院相比既有相通之处又有明显区别。针对口腔专科医院业务模式的特殊性，对人员、设备、时间、空间、资金等核心资源科学配置，丰富专科医院运营管理理论内涵与实践经验。

三、应用过程

（一）参与部门和人员

医院根据儿童全麻治疗术手术排期长的运营难题成立项目工作小组，该小组覆盖医院的决策层、管理层和执行层。决策层为医院领导班子，负责牵头组织和决策部署；管理层为手术麻醉科、儿童口腔科和财务科，作为项目实施的主要责任部门，负责制定方案和分工落实；执行层为后勤科、信息科、国资办、人事科、医务科、护理部、绩效办、检验科、放射科、院感等科室，主要负责协助制定优化方案并具体执行。通过搭建业务交流平台、跨部门业务协作，促进项目实施期间信息及时交互传递，为约束资源优化工作创造管理和实践条件。

（二）约束资源优化工具的应用环境

医院积极推动高质量发展，强调发展方式从规模扩张转向提质增效，运行模式从粗放管理转向精细化管理，引导职工运用理论、方法、工具为优化临床诊疗路径、提升运营效率献计献策，为患者提供更好、更优的高效医疗卫生服务。财务科人员熟悉掌握约束资源优化会计工具的适用范围、使用步骤，在识别出不同约束资源时可以灵活制定约束资源优化的实施方案，建立实现约束资源优化的长效机制。遇到瓶颈时，医院可以及时统筹全局，整合人力、资金、设备、时间、空间等各方资源，借助“三位一体”的智慧医院信息系统，分析不同资源配置方案、调整资源分配方案和监测方案实施效果，促进医院各层级作出最有益医院发展的决策。

（三）明确业务问题，开展调查分析

财务科业务下沉调研发现，医生接诊后，会向需要开展长时间手术并且配合度较低的患者家属建议实施全麻治疗术治疗。经梳理儿童全麻治疗术就诊流程及患者反馈，梳理出以下问题：（1）全麻手术治疗预约时间约为45天，家长需多次携儿童来院就诊；（2）科室只在工作日根据医生排班安排全麻手术，双休日及节假日不安排手术；（3）较多外地患者前来求医，但儿童全麻治疗术排期时间较长，部分患者因难以等待而放弃在本院开展手术治疗，可能错过最佳治疗时间，导致患者满意度下降；（4）由于该项手术要求空腹进行，且儿童口腔治疗中往往需要多名工作人员在实施麻醉前安抚低龄病患情绪；（5）手术时长不确定，开展手术对于时间和人员的限制较多。

针对上述问题，前期对医院各临床科室开展运营数据的横向及纵向比较，对于儿童全麻治疗术的术前评估宣教、预约治疗、手术当天评估、麻醉实施、口腔治疗、复苏观察及离院后随访等全流程开展分析，筛选出可能影响手术效率的因素。以此结果为基础，依据“业管融合”的理念对儿童口腔科、手术麻醉科实际工作情况开展调研访谈，涉及15名直接开展手术的医护人员及医疗质量管理人员，初步分析的影响因素如图2所示。

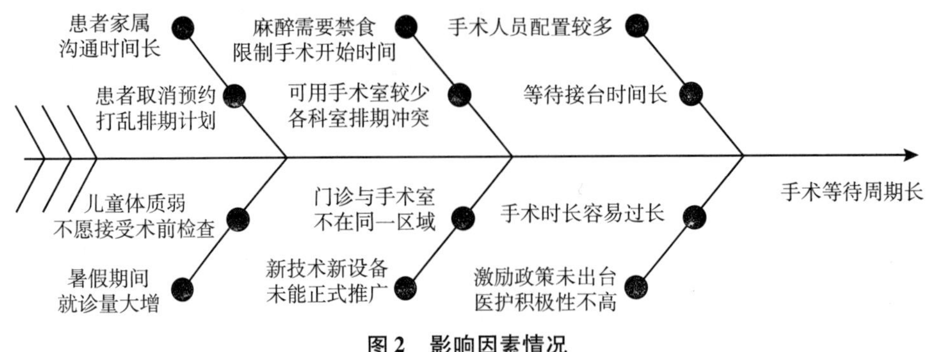

图 2　影响因素情况

根据运营数据分析结果及调研访谈内容，得到影响儿童全麻治疗术工作效率的因素包括：人员、空间、时间、技术和设备等因素，主要针对这 5 类影响因素进行重要程度的分析，准确区分出约束资源及非约束资源。

（四）识别约束资源，梳理关键流程

使用层次分析法判断各个影响因素的重要性，借助专家的经验判断各衡量目标相对重要程度，并合理地给出每个决策方案的每个标准的权重，利用权重求出各方案的优劣次序。医院通过层次分析，按重要性程度重新对初步筛选的五大影响因素进行排序，将得分较高、排序较前的因素定义为约束资源，具体步骤如下：

第一步，建立层次结构模型。将医院决策的目标、考虑的因素和决策对象按它们之间的相互关系分为目标层和准则层，本案例中目标层即为识别约束资源，准则层即为人员因素、设备因素、技术因素、时间因素和空间因素。

第二步，构造判断矩阵。采用因素之间两两相互比较的方式，如果认为 A 因素的影响比 B 因素的影响绝对的强，将设置参数为 9。如果 B 因素的影响比 A 因素的影响绝对的强，就设置参数为 1/9。判断矩阵元素 a_{ij} 的标度方法如表 1 所示。

判断矩阵的参数为医院各医疗业务专家、运营管理专家、人力资源专家、信息技术专家及医疗设备专家对影响该手术因素重要性的比较评分的均值，通过对专家的问卷调研得到。

第三步，层次单排序及其一致性检验。对应于判断矩阵最大特征根的特征向量，经归一化后记为 W，W 的元素为同一层次因素对于上一层次因素某因素相对重要性的排序权值，并通过一致性检验，得到矩阵的特征根。以特征根的各维度数值作为各因素重要性的得分，根据得分大小进行排序即可得到约束资源的排名。

经过数理计算，得到影响儿童全麻治疗术工作效率的 5 个因素重要性得分排序为：人员因素 > 时间因素 > 空间因素 > 设备因素 > 技术因素，并且人员因素、时间因素和空间因素的得分显著高于设备因素及技术因素。根据上述分析结果，将人员因素、时间因素和空间因素定义为约束资源，设备因素、技术因素及其他因素划分为非约束资源。

表 1　　因素标度划分

标度	含义
1	表示两个因素相比，具有同样重要性
3	表示两个因素相比，一个因素比另一个因素稍微重要
5	表示两个因素相比，一个因素比另一个因素明显重要
7	表示两个因素相比，一个因素比另一个因素强烈重要
9	表示两个因素相比，一个因素比另一个因素极端重要
2，4，6，8	上述两相邻判断的中值
倒数	因素 i 与 j 比较的判断 a_{ij}，则因素 j 与 i 比较的判断 $a_{ij}=1/a_{ij}$

进一步梳理医院开展在各环节作业的时间流程，在保障符合医疗安全、质量和操作规范的前提下，结合儿童全麻治疗术的实际就诊流程，逐项分析、界定时间因素下的关键、非关键流程（见图 3）。重点结合医院现有人员、空间进行联动，为后续优化诊疗流程、节约患者的等待时间、提升运营管理效率提供具体路径支撑。

（五）寻找约束资源突破口

在识别约束资源的基础上，系统分析约束资源形成原因和涉及的实施责任主体，从资源供给和需求两个方向制定约束资源优化的实施方案，建立实现约束资源优化的长效机制，促进约束资源的运用能力提升。

1. 约束资源为人员因素的优化方案

儿童全麻治疗术需要医生、护士、医疗助手、麻醉医师、麻醉护士及麻醉助手的参与，并且限制由中级职称以上的医师完成，因此对人力资源的需求较高。由人事科牵头，协同医务科、护理部、绩效办分析科室在职人员信息，结合医院科室实际情况及长期人力资源发展规划，初步提出解决方案如表 2 所示。

2. 约束资源为时间因素的优化方案

从全流程高效开展时间优化，由医务科牵头，信息科、护理部等科室配合，协调优化科室人员排班及各环节工作流程，初步提出优化方案如表 3 所示。

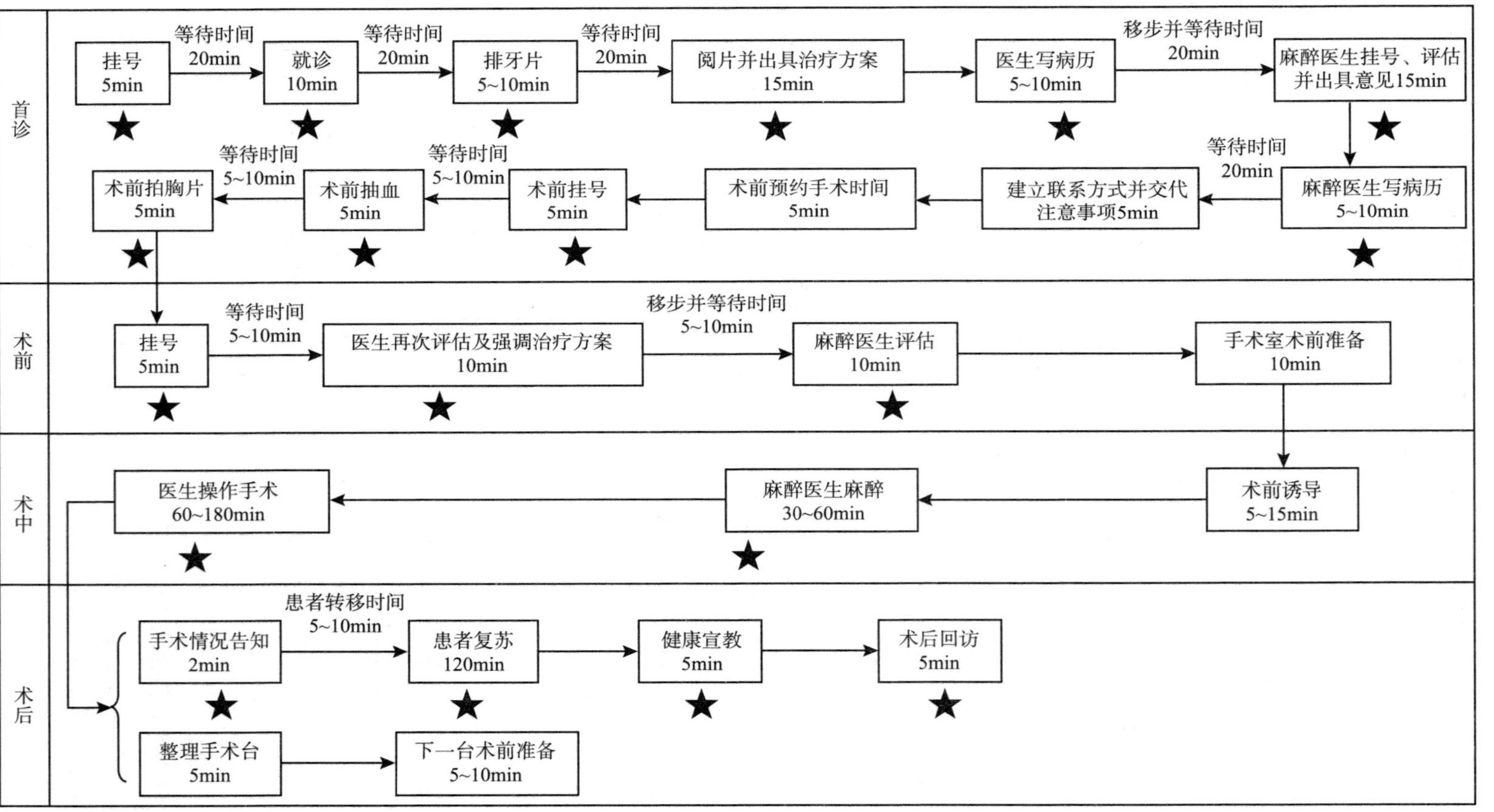

图3 儿童全麻治疗术作业流程

注：★为关键流程；min为分钟。

表 2　　约束资源——人员优化方案

约束资源——人员：受手术要求限制，可用人员数量不足			
类别	方案一： 引进临床高层次人才	方案二： 加强职工培养	方案三： 优化人员分配
实施难度	能否找到合适的人才引进目标对象，具有一定的不确定性	融入医院日常人才发展体系中，难度相对较低	调整进修生、规培生及新入院职工的岗位轮替在各科室间的优先级，实施难度低
方案成本	与新增人员数成正比，预计每人每年不超过××万元	增加外出进修、专家来院教学的费用	按劳分配，适当提高非正式职工待遇
花费时长	人事招聘整体流程用时较长，全过程预计不少于×个月	职工素质技能培养是一项长期工作，贯穿科室历年工作计划中	根据实际业务量情况动态规划方案，审批流程较短，耗时相对较少
目标效果	补充新生力量，有利于科室业务长期发展目标的实现	提高存量人力资源的质量	短期改善手术人员数量不足的问题，但效果相对有限

表 3　　约束资源——时间优化方案

约束资源——时间：非关键流程占用时间长，存在时间浪费			
类别	方案一： 优化术中流程	方案二： 适当增加开展手术天数	方案三： 改善首诊、术前和术后流程
实施难度	儿童口腔科和麻醉科医护人员同步开展工作，需要配合业务流程优化与人员工作效率提升	增加周末、节假日的开展手术天数，尤其是暑假期间的周末。短期可以迅速开展，长期需要匹配人员和绩效政策	缩短非核心、非关键环节的工作时间，将非关键环节同时或合并完成。要求提高职工工作效率、再造业务流程
方案成本	主要是内部管理效率的提升，基本无须新增支出	在节假日开诊需配合增加水电、安保等成本	主要是调整内部管理活动，增加人员工作量
花费时长	短期可收到成效，长期需要继续提升理念，提高工作效率	一般每个医师每周新增的手术时间不超过一天	短期可收到成效，部分环节需要中长期持续改善
目标效果	降低手术排期压力，提高手术室利用率	增加患者的预约时间选择，能够解决部分手术排队拥堵，降低季节性影响	减少患者在院等待时间，便于灵活安排手术时间

3. 约束资源为空间因素的优化方案

对于空间因素的制约问题，由后勤科牵头，协同设备科、国资办、院感办开展实地测量和成本估算，初步提出解决方案如表 4 所示。

表 4　　约束资源——空间优化方案

约束资源——空间：手术室空间有限，可开展手术的椅位不足			
类别	方案一： 新建手术室	方案二：划定原有 手术室使用优先级别	方案三：重新规划 儿童口腔科现有医疗区域
实施难度	双拥院区现有规模有限，基建工程审批和实施难度大	院内各科室之间协调难度大，容易造成新的资源分配不均衡问题	改造项目施工范围只影响单个科室，工作开展难度相对较低
方案成本	新建建筑，水电网络均需要铺设，成本高	无须实际成本支出，但可能提高机会成本	改建已有的诊疗空间，成本相对可控
花费时长	从前期论证到施工验收，总体流程花费时间长	根据政策变化，手术室使用优先级别可能持续变化	金额较小无须开展招投标流程，方案确定实施后 × 个月内可完成改造
目标效果	可从根本上解决空间不足的问题	暂时缓解儿童口腔科手术空间紧缺，但将增加其他科室的手术等待时长	有效提升空间利用率，解决部分问题

（六）业务流程再造及资源重新分配

对提出的初步方案进行进一步测算、研讨、分析，结合各方案优势，得出各约束资源的综合优化方案，同时兼顾非约束资源的协同发展。

1. 人员因素优化方案的选择与实施

针对人员因素的约束，结合对手术时间和区域的合理安排，在符合医疗质量、诊疗规范的前提下，结合手术难度进行评估，合理配置手术相关人员，提升医护人员的工作效率，合理减少人力资源总量需求。医院对进修生、规培生及新入院职工的科室轮岗及排班流程进行优化安排，保障手术工作的医疗助手人员充足。根据业务量增长和科室未来规划的需求，手术麻醉科引入高职称医师 1 人，科学配比医、护、工岗位新增招聘的数量。引导医护队伍个性化发展，以提升医护人员个体能力为核心思想，通过院内外、省内外研修相结合的方式，建立医护人员综合培训的层次体系和长效机制，提高医护人员专业技术水平，增强医疗队伍的凝聚力。

医院采用工作效率指标推导工作量，革新手术麻醉科绩效机制，按前期手术麻醉科业务开展情况测算效率指标基线。在完成绩效目标的前提下，追加业务绩效的发放，同时设置保底的奖励性绩效方法标准，减少就诊人数季节性波动的影响，充分调动人员积极性。

2. 时间因素优化方案的选择与实施

针对时间因素的约束：第一，在首诊环节，麻醉医师书写病历时，同时向患者及家属讲解常规的注意事项，帮助患者预约手术时间、下次就诊挂号等。增加周末、节假日开展手术的天数，尤其是暑假期间的周末，方便儿童来院就诊。将外地患者、预约等待时间较长的患者进行统一协调，优先安排接台手术。第二，在术前环节，优化患者就诊时非关键流程，减少患者在院内走动时间，在麻醉医生评估患者状况时，同步对手术室进行准备；节约患者术前检查时间，减少挂号、排队、就诊次数，在检查结果互认的范围内，患者可在居住地附近的医院开展各类术前检查，节约外地患者的路途时间，待结果出来后再到院进行手术。第三，在术中环节，采取措施提高手术室管理效率，严格首台手术时间管理，减少迟到、超时手术现象；将手术器械和耗材提前准备到位，术前诱导和手术准备工作同时开展，节约手术中的等待时间，提升后续手术的接台效率，减少手术室空置时间。第四，在术后环节，增加苏醒室床位，减少患者术后复苏占用手术室的时间，在患者复苏的同时对手术室进行整理和消毒，并对患者家属进行健康宣教，加快接台效率。

为优化手术效率，将每台手术时间控制在合理范围内，对于单台手术超时达到一定次数的医师，暂停其手术资质。在术前制定诊疗方案时针对疑难病患手术时间超长的情况，充分与患者家属沟通，将单次手术拆分为两次开展，减轻患者手术过程中的身体负担，降低医疗风险，同时不影响其他手术的排期，也不增加医护人员单日的工作时长。针对接台手术较多的情况，由科室统筹安排人员接班，不加重麻醉医护人员的工作负担。由于工作环节的优化和效率提升，患者手术全流程来院就诊的时间缩短，节约时间约 15%。

3. 空间因素优化方案的选择与实施

针对空间因素的约束，在符合院感要求的基础上，对于儿童口腔科现有诊疗区域进行重新布局，提高空间的利用效率，在本科室区域内开设舒适化治疗专用区域，增加 2 台儿童全麻治疗术台，节约医生和患者在科室与手术室之间走动的时间。经过改造，儿童口腔科减少对医院公共手术室的占用，释放手术室排期潜力，其他门诊临床科室也能够更充分利用空间资源，避免因各科室分配不均造成手术室闲置和紧缺共存的矛盾情况。在暑假儿童患者数量激增，季节性矛盾突出时，动态统计各科室闲置椅位数量，实时获取手术室占用情况信息，逐步探索跨科室共用诊疗空间的模式，如图 4 所示。

4. 非约束资源协同发展措施

除对约束资源进行优化外，医院还积极推动相关非约束资源的协同发展，配合约束资源进行共同优化，主要措施包括：开展无纸化、智能化手术预约和手术排期，节约医护人员的时间和精力；改良术前评估流程，多途径开展口腔健康宣教，降低医患沟通成本；定期进行设备设施维护检修，避免因设备设施损坏而影响手术开展；加强库存物流管理，药耗供给到位，支持手术高效开展；探索新型医疗技术的应用，以先进技术提高医疗质量和服务水平。

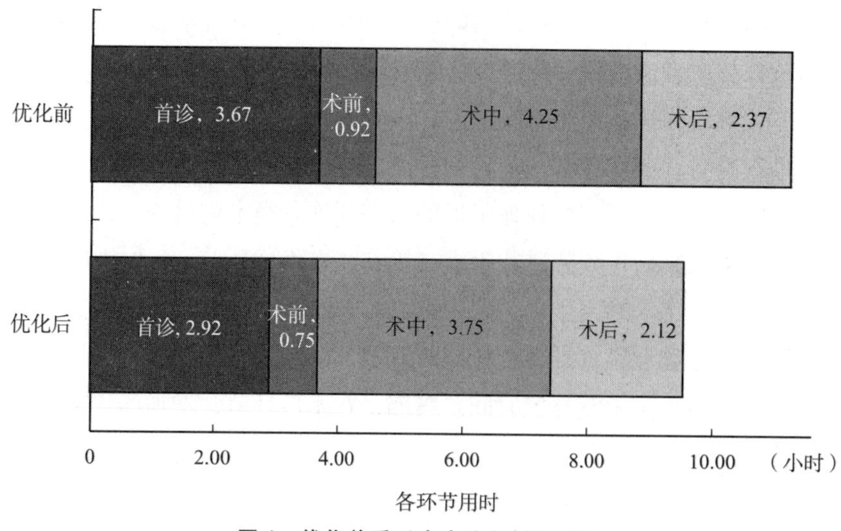

图 4　优化前后手术全流程时间对比

（七）在实施过程中遇到的主要问题和解决方法

1. 信息交互和沟通问题

约束资源优化工作开展的过程涉及多个责任主体，需要重新分配医院的各类资源，原有直线职能式组织架构缺乏横向组织机制，导致沟通不顺畅、协调效率低。针对上述问题，医院建立横向组织机制的形式，组织架构在纵向和横向相互协调、互通配合，形成矩阵式组织架构。从横向对项目具体目标进行划分，为划分后的每个目标设定责任部门，由责任部门牵头进行数据收集、组织调研讨论、提出改进方案并实施。矩阵式组织架构促进不同部门之间、不同层级之间沟通协调更顺畅，化解信息不对称困境，矩阵式组织架构信息交互模型如图 5 所示。

2. 人员积极性问题

受医保价格限制的影响，医院对于儿童全麻治疗术的收费固定，参加舒适化诊疗项目的手术麻醉医护人员相同工作时长创造的产值有限，但综合成本相对较高，用旧的分配方案计算的绩效较低。医院改革绩效分配方案，在分配系数上给予参加执行和推广舒适化诊疗项目的医护人员一定的倾斜，合理安排手术排班和调休，充分调动人员积极性。

3. 科室运营成本分配问题

对于因增加设备设施及办公用品等资源投入、业务流程改善造成的科室总成本增加，医院通过安排专项工作经费的方式予以解决，不增加临床科室的成本。长期看医院新增加的总体成本能够通过业务量增长、医疗水平等级提升、人才队伍培养成效及患者满意度上升等形成正向回馈，并达到投入与产出的平衡。

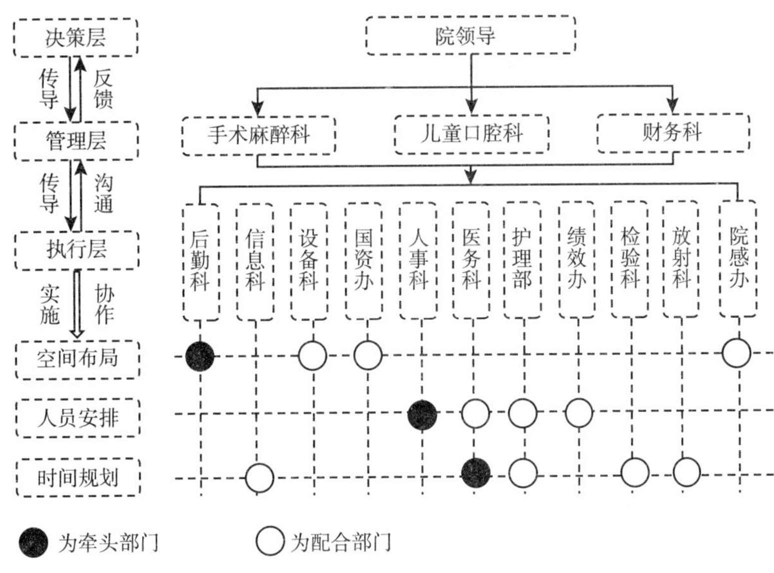

图 5 医院矩阵式组织架构信息交互模型

4. 智慧医院建设问题

约束资源优化对相关数据的量化、标准化程度要求较高，目前医院信息系统之间的数据获取不够自动化，数据处理不够标准化，数据分析不够智能化。针对以上问题，持续加大“三位一体”的智慧医院建设，推动综合运营管理平台、人事管理系统、消毒供应中心追溯系统、医务管理系统等系统落地应用，促进信息系统相辅相成、互通共享。

四、取得成效

（一）沟通协调更顺畅，形成协同效应

构建矩阵式管理模式后无效沟通时间减少、效率提高，通过有效沟通协调机制，项目实施主体构成协同关系，对项目实施的基本原则、具体路径、最终目标等方面达成统一共识，产生协同效应推动项目的顺利落地。

（二）诊疗路径优化、运营效率提升

通过优化人员、空间、时间等各方资源，优化后每间手术室手术开展台数提升 1～2 台，医生平均接诊人次提高 2 人/天，手术室利用率达到 95%，在业务量增长的情况下手术空间资源的高效利用，实现约束资源的科学配置、精细管理和有效使用。

（三）患者、职工满意度持续提升

减少患者等待时间约 30 天，减少患者来院次数 1 ~ 2 次，提高患者满意度；通过关键指标、绩效目标考核等调整，医护人员合理的薪酬结构不断优化，医护人员工作积极性和满意度双提升。

（四）经济及社会效益同步增长

在保障医疗质量的前提下降低患者负担，优化后患者的次均费用下降 6.85%。优化后手术量大幅上升，医院能够更及时满足患者的诊疗需求，医疗收入结构进一步优化，同时提升区域内医疗、科研和教育水平，实现经济效益和社会效益共赢的局面。

（五）提升管理决策水平科学化、规范化

医院决策层依据项目小组对约束资源的识别和分析结果，作出兼具成本效益、保障公平与激励、接受度和执行度高的决策，医院管理层和执行层在决策层的支持下，发挥主观能动性最大化利用约束资源，持续优化临床诊疗流程，实现职工、科室与医院整体目标和利益一致（见表 5）。

表 5　约束资源优化前后对比

成效方面	指标	优化前	优化后
管理模式	协调沟通	直线职能式组织架构	建立横向组织机制，形成矩阵式组织架构
运营效率	人员资源	麻醉医生缺乏	新增麻醉医生
	空间资源	手术室少，排班紧凑，空间利用率 100%，每间仅开展 1 ~ 2 台舒适化手术	在儿童口腔科新增两间手术室，空间利用率达到 95%，每间开展 2 ~ 4 台手术
	时间资源（医院）	手术接台时长约 30 分钟	手术接台时长约 15 分钟
	时间资源（患者）	患者移步、等待就诊、抽血、排牙片等时间 120 ~ 150 分钟	优化后 60 ~ 80 分钟
满意度	患者满意度	平均来院 4 ~ 5 次，等待时间约为 45 天	平均来院 2 ~ 3 次，等待时间缩短至 15 天
	人员满意度	产值有限、工作积极性不高	改革绩效方案、人员满意度提高
效益成效	经济效益	—	手术台数增加带动医疗收入增长
	社会效益	—	患者次均费用下降 6.58%，带动区域内医疗、科研和教育水平提升
管理决策	决策有用性	—	以真实数据为依据，做出更科学化、规范化的决策

五、经验总结

约束资源优化工具在寻找突破口和协同非约束资源阶段均涉及多部门、多责任主体，协调沟通难度大，对相关数据的量化要求较高，实际运用时要有更紧密的组织结构才能落地，因此运用该工具开展运营管理活动、优化资源配置的实践案例相对较少，与其他财务管理理论、管理会计工具结合更加缺乏。案例医院运用约束资源优化工具实现运营管理目标的关键因素主要体现以下三个方面：第一，领导重视、各部门上下联动。医院管理者高度重视，通过组建专项小组、召开研讨会、开展头脑风暴，明确解决问题的具体路径和责任人。第二，深度解读和灵活运用管理会计工具。医院经济管理人员需不断增强管理会计工具的选择和运用能力，在应对运营管理活动的问题与难点时，能够灵活组合使用管理会计工具。第三，具备工具落地的信息系统。分析不同资源配置方案、调整资源分配方案和监测方案实施效果需要建立在信息系统基础上，以信息系统保障工具落地，才能实现管理会计工具应用目标。

目前各地各级公立医院都在探索如何实现高质量发展，为约束资源优化工具的应用提供了实践的环节，医院可将该工具运用在不同运营管理领域，以不同研究视角切入，与其他管理会计工具组合运用，不断丰富约束资源优化的理论指引与实践经验，成为医院高质量发展的新质生产力。

（广西医科大学附属口腔医院：杨雪毅　李秋兰　倪艳琪　黄纪曦　许智莹　杨祖金）

案例评语：

该案例聚焦约束资源优化管理工具的应用实践，以“业管融合”工作模式为主线，充分识别手术中的非增值环节、流程效率低下以及资源错配等问题，区分约束资源和非约束资源。识别约束资源后，通过开展头脑风暴、借助专家评价意见，结合临床路径需求进行业务流程再造及资源重新分配，促进约束资源和非约束资源实现协同效应。约束资源优化工具的运用，促进了医院工作流程优化、提高整体运行效率，发展方式从规模扩张转向提质增效，职工和患者满意度明显提升，取得良好的社会效益。案例单位梳理约束资源优化工具的应用条件、细化应用过程、总结成功的关键因素、提炼改进和发展的建议等，对其他医疗机构具有较好的实践参考价值。